Renate Dockhorn

SDL Trados Studio 2019 für Einsteiger und Umsteiger

mit Alignment und
SDL MultiTerm 2019

Renate Dockhorn

SDL Trados Studio 2019 für Einsteiger und Umsteiger

mit Alignment und
SDL MultiTerm 2019

Die Deutsche Bibliothek – CIP Einheitsaufnahme

Renate Dockhorn: SDL Trados Studio 2019 für Einsteiger und Umsteiger
mit Alignment und SDL MultiTerm 2019

ISBN: 978-3-946702-05-4

verlegt von der BDÜ Weiterbildungs- und Fachverlagsgesellschaft mbH, Berlin,
einem Unternehmen des Bundesverbandes der Dolmetscher und Übersetzer e. V. (BDÜ)

© 2019 · BDÜ Weiterbildungs- und Fachverlagsgesellschaft mbH, Berlin
Gestaltung und Satz: Thorsten Weddig, Essen
Titelbild: Norbert Waldhausen/Pixabay.com
Druck: Elanders GmbH, Waiblingen

Für fehlerhafte Angaben wird keine Haftung übernommen. Das Werk einschließlich aller seiner Teile ist urheberrechtlich geschützt. Jede Verwendung außerhalb der engen Grenzen des Urheberrechtsgesetzes ist ohne Zustimmung des Verlegers und Herausgebers unzulässig und strafbar. Das gilt insbesondere für Vervielfältigungen, Übersetzungen, Mikroverfilmungen und die Einspeicherung und Verarbeitung in elektronischen Systemen. Gedruckt auf säurefreiem und alterungsbeständigem Werkdruckpapier.

Inhalt

Kapitel 1: Einrichtung, Einstellungen und Optionen **20**

Bevor Sie beginnen **20**

Zielgruppe und Buchstruktur 20

Systemanforderungen 20

Projektsprachen (Sprachen, in denen übersetzt werden kann) 21

Dialogsprachen (Sprachen für die Benutzeroberfläche) 22

Unterstützte Dateitypen 23

Kompatibilität 24

Standardspeicherorte (Einzelplatz) 25

Versionen 26
SDL Trados Studio 2019 Professional 26
SDL Trados Studio 2019 Freelance und Freelance Plus 26

Öffnen, Aktivieren und Einrichten von SDL Trados Studio 2019 .... **28**

Öffnen von SDL Trados Studio 2019 28

Lizenznummer und Aktivierung 28

Erstmalige Einrichtung 31

Kundenfeedback-Programm 34

Auswahl der Projektsprachen (Freelance) 35

Beispieldateien 37

Benutzeroberfläche **39**

Multifunktionsleisten 40

Navigationsleiste 41
Navigationsleiste → Willkommen 41
Navigationsleiste → Projekte 41
Navigationsleiste → Dateien 42
Navigationsleiste → Berichte 42
Navigationsleiste → Editor 43
Navigationsleiste → Translation Memorys 43
Navigationsleiste → Alignment 43
Verkleinern/Erweitern der Navigationsleiste 44

Arbeitsbereich 45

Ansichten 46
Ansicht Willkommen 46
Ansicht Projekte 48
Ansicht Dateien 50
Ansicht Berichte 52
Ansicht Editor 53
Fenster Übersetzungsergebnisse 54
Fenster gefundene Fragmente 55
Fenster Konkordanzsuche 56
Fenster Kommentare 56
Fenster Bewertungen 57
Fenster Meldungen 58
Fenster Terminologieerkennung 59
Ausgangs- und Zieltext 60
Ansicht Translation Memorys 61
Ansicht Alignment 65

Schaltflächen: Was möchten Sie tun / Nützliche Tipps 66
Was möchten Sie tun? (Tell me) 66
Nützliche Tipps (Walk me) 67

Vor dem ersten Projekt 69

Ändern der Dialogsprache 69

Ändern des Farbschemas 72

Einstellen von Optionen für die Arbeit in der Ansicht Editor 72
Einstellungen für die Rechtschreibung 76
Einstellungen für die AutoKorrektur 78
Einstellungen im Dialogfeld Fenster mit Übersetzungsergebnissen 79
Einstellungen für die Fragmenterkennung 83
Einstellungen für die Konkordanzsuche 84
Einstellungen im Dialogfeld Schriftartenanpassung 86
Einstellungen im Dialogfeld Automatisierung 88
Einstellungen für die AutoPropagate-Funktion 90
Einstellungen im Dialogfeld Sprachen 92
Einstellungen im Dialogfeld Überprüfung 93

Kapitel 2: Projektabwicklung 94

Anlegen von Projekten 94

Beginn der Projektanlage in der Ansicht Willkommen 95
Eingeben von Projektdetails 98
Anlegen von Translation Memorys bei der Projektanlage 101
Hinzufügen von Translation Memorys bei der Projektanlage 104
Anlegen und Hinzufügen von Termbanken bei der Projektanlage 106
Anlegen von Termbanken bei der Projektanlage 107
Hinzufügen von Termbanken bei der Projektanlage 108
Das Dialogfeld Trados GroupShare (Version Professional) 112
PerfectMatch (Version Professional) 113

Inhalt 11

Projektvorbereitung 118
Task-Sequenz Ohne Projekt-TM vorbereiten 120
Task-Sequenz Vorbereiten 121
Task-Sequenz Nur analysieren 122
Task-Sequenz Pseudo-Übersetzung von Dateien 123
Task-Sequenz Benutzerdefiniert 124
Einstellungen für die Batch-Verarbeitung 130
Batch-Verarbeitung: Analyse 131
Batch-Verarbeitung: Dateien vorübersetzen 134
Batch-Verarbeitung: Fuzzy-Match-Bereiche 136
Batch-Verarbeitung: PerfectMatch (Version Professional) 142
Projektzusammenfassung 144
Anlegen, Auswählen und Aktualisieren von Projektvorlagen 145
Anlegen von Projektvorlagen 146
Auswählen von Projektvorlagen 147
Aktualisieren von Projektanlagen 148

Beginn der Projektanlage in der Ansicht Projekte 151

Hinzufügen von Dateien zu einem bestehenden Projekt **152**

Schnell hinzufügen von Dateien zu einem bestehenden Projekt 153

Dateien hinzufügen und Batch-Tasks auswählen 155

Hinzufügen von Referenzdateien zu einem bestehenden Projekt 159

Löschen von Dateien aus einem bestehenden Projekt **161**

Aktualisieren von Dateien in einem bestehenden Projekt **163**

Übersetzen von einzelnen Dateien ohne Projektanlage **168**

Einbinden von Dateien mit Drag & Drop **174**

Anlegen und Öffnen von Projektpaketen **176**

Anlegen von Paketen (Version Professional) 177

Öffnen von Paketen 185

Erzeugen von Rückpaketen **190**

Bevor Sie mit der Übersetzung beginnen..**195**

Spalten für ausgangs- und zielsprachliche Segmente 195

Segmentstatus bei der Übersetzung 196

Segmentnummern...197

Dokumentstruktur 198

Benachrichtigungen 198

Vorschau...199

Erweiterter Anzeigefilter...202

Nützliche Tipps 203

Schaltfläche Was möchten Sie tun? 204

Registerkarten mit Dateinamen geöffneter Dateien 205

Matches 205
100%-Match 206
Kontext-Match 206
Fuzzy-Match 207
No Match 208

Der Übersetzungsprozess **209**

Vorbemerkungen 209

Workflow 1: Einfacher Übersetzungsprozess mit Projektabschluss **210**

Öffnen 211

Übersetzen 214
Bearbeiten von leeren zielsprachlichen Segmenten 214
Bearbeiten von Fuzzy-Matches 218
Bearbeiten von 100%-Matches und Kontext-Matches 223
Entsperren von 100%-Matches und Kontext-Matches 224
Verschiedene Möglichkeiten für das Bestätigen von Segmenten 225
Hinzufügen einer zweiten Übersetzung für ein ausgangssprachliches Segment 226

Abschließen 230
Zieltext speichern unter 230
Batch-Task-Sequenz Abschließen 232

Liefern 237

Workflow 2: Öffnen von Projekten, Spezifika in der Übersetzungsumgebung, Qualitätsprüfung, Überprüfung und Projektabschluss **238**

Öffnen von Projekten und Dateien für die Übersetzung 238
Öffnen einer einzelnen Projektdatei für die Übersetzung 240
Öffnen mehrerer Projektdateien gleichzeitig für die Übersetzung (QuickMerge) 240
Automatisches Öffnen von zuvor bearbeiteten Dokumenten 242

Spezifika im Übersetzungsprozess: 30 Punkte 242
Punkt 1: Alternative Übersetzungsansicht 242
Punkt 2: Ein- und Ausblenden von Leerzeichen 244
Punkt 3: Einfügen und Löschen von Formatierungen 244
Einfügen von Formatierungen beim Übersetzen 245
Nachträgliches Einfügen von Formatierungen 246
Einfügen von Formatierungen, die vom Ausgangstext abweichen 247
Löschen von Formatierungen 248
Punkt 4: Übernehmen von Tags, Variablen, Zahlen und Datumsangaben 248
Übernehmen von einzelnen Tags und Tag-Paaren 249
Übernehmen von einzelnen Tags 249
Übernehmen von Tag-Paaren 250
Kopieren von Tags 251

Übernehmen von Variablen und Zahlen 251
Übernehmen des Datums 252

Punkt 5: Bearbeiten des Ausgangstextes 254
Aktivieren der Bearbeitung des Ausgangstextes bei der Projektanlage 254
Aktivieren der Bearbeitung des Ausgangstextes bei der Übersetzung von Einzeldateien ohne Projektanlage 255
Vorgehen bei der Bearbeitung des Ausgangstextes 256

Punkt 6: Zusammenführen und Teilen von Segmenten 257
Zusammenführen von geteilten Segmenten über Absatzenden hinaus 257
Zusammenführen von vollständigen Segmenten 260
Teilen von Segmenten 261

Punkt 7: Kopieren von Ausgangssegmenten in das zielsprachliche Segment 263
Kopieren von einzelnen Ausgangssegmenten in das Zielfeld 263
Kopieren aller ausgangssprachlichen Segmente in die zielsprachlichen Segmente 264

Punkt 8: Übernehmen von Vorschlägen aus AutoSuggest 266

Punkt 9: Zieltext farbig (gelb) markieren 266

Punkt 10: Einfügen von Sonderzeichen 269

Punkt 11: Verwenden von Lesezeichen 269
Automatische Lesezeichen 270
Manuelles Hinzufügen von Lesezeichen 271
Anzeigen von Lesezeichen 272

Punkt 12: Suchen und Ersetzen 273
Suchen 273
Ersetzen 274

Punkt 13: Gehe zu 275

Punkt 14: Bearbeiten von Inhaltsverzeichnissen 277

Punkt 15: Verhalten von SDL Trados Studio 2019 in Bezug auf Grafiken 278

Punkt 16: Bearbeiten von Hyperlinks 279

Punkt 17: Bearbeiten von Fußnoten 279

Punkt 18: Zieltextkommentare 280
Hinzufügen von Kommentaren zu einer Datei oder zu einzelnen Segmenten 281
Auswählen der Gewichtung von Kommentaren 283
Bearbeiten und Löschen von Kommentaren 284
Anzeigen von Kommentaren in der Seitenansicht 285
Exportieren von Kommentaren mit Ausgangs- und Zieltext in ein zweisprachiges Microsoft Word-Dokument 287
Filtern von Kommentaren im Anzeigefilter 287
Beibehalten von Kommentaren in den zielsprachlichen Dateien
in doc-, docx-, rtf-, ppt-, pptx-, xls-, xlsx- oder Microsoft Visio-Formaten 291

Punkt 19: Konkordanzsuche 292
Hinzufügen von Benennungen aus der Konkordanzsuche heraus zu SDL MultiTerm 2019 294
Aktivieren der automatischen Konkordanzsuche 296
Aktivieren der zeichenbasierten Konkordanzsuche 298

Punkt 20: Fragmenterkennung 298

Punkt 21: Match-Optimierung 307

Punkt 22: LookAhead 310

Punkt 23: Anzeigefilter 311
Auswählen von Anzeigefiltern 311
Zurücksetzen von Filtern 313

Punkt 24: Erweiterter Anzeigefilter 314

Punkt 25: Maximieren der Übersetzungsoberfläche 317

Punkt 26: Fenster-Layout zurücksetzen 318

Punkt 27: Beim Öffnen automatisch zum zuletzt bearbeiteten Segment springen 318

Punkt 28: Ausgangstext mit Zieltext synchronisieren 319

Punkt 29: Alle Segmente gleichzeitig bestätigen bzw. auf einen bestimmten Segmentzustand setzen 320

Punkt 30: Groß-/Kleinschreibung ändern 321

Qualitätssicherung 322
Vorschlag für einen Qualitätssicherungsdurchlauf 323
Schritt 1: Auf nicht übersetzte Segmente prüfen 324
Schritt 2: Rechtschreibprüfung 326
Ergänzen des Wörterbuchs 328
Schritt 3: Qualitätsprüfung 329
Festlegen der Qualitätssicherungskriterien im QA Checker 3.0 331
Segmentprüfung 332
Auszuschließende Segmente 333
Inkonsistenzen 333
Interpunktion 334
Zahlen 336
Wortliste 336
Reguläre Ausdrücke 337
Trademark-Prüfung 338
Längenprüfung 339
Exportieren und Importieren von QA Checker-Profilen 340
Festlegen der Qualitätsprüfungskriterien für eine Sprachkombination 344
Einstellungsmöglichkeiten für die Tag-Prüfung 345
Einstellungsmöglichkeiten für die Terminologieprüfung 346
Durchführen der formalen Qualitätsprüfung in der Qualitätssicherung 348
Beheben von Fehlermeldungen 350
Beispiele für Fehlermeldungen in der Qualitätsprüfung 351
Segment wurde nicht übersetzt 351
Ausgangs- und Zielsatz identisch 351
Satz wurde uneinheitlich übersetzt 351
Wortwiederholung gefunden 351
Das Zielsegment wurde ohne Bearbeitung bestätigt 352
Leerzeichen vor angegebenem Interpunktionszeichen 352
Überflüssige Leerzeichen gefunden 352
Überflüssiger Punkt gefunden 352
Zahl fehlt im Zielsegment bzw. wurde nicht korrekt lokalisiert 352
Zusätzliche Zahl im Zielsegment 353
Tag entfernt oder Tag-Paar entfernt 353
Fehlende/Zusätzliche öffnende oder schließende Klammer 353
Ignorieren von Fehlermeldungen 353
Löschen von Fehlermeldungen 354
Erstellen von Qualitätsprüfungsberichten 355
Schritt 4: Auf nicht bestätigte Segmente überprüfen 359

Überprüfen durch den Korrektor in SDL Trados Studio 2019 362
Öffnen von Dateien für die Überprüfung im Editor 363
Überprüfen von Dateien in der Ansicht Editor 365
Vornehmen von Änderungen 365
Annehmen einer einzelnen Änderung im Modus Überprüfung 365
Annehmen von mehreren Änderungen nacheinander im Modus Überprüfung 367
Annehmen aller Änderungen im Dokument im Modus Überprüfung 368
Ablehnen von Änderungen durch den Korrektor im Modus Überprüfung 368
Abschließen einer Überprüfung im Modus Überprüfung 369
Annehmen oder Ablehnen von Änderungen im Modus Übersetzen 370

Überprüfen außerhalb von SDL Trados Studio 2019
mit Export für zweisprachige Überprüfung 372
Export für zweisprachige Überprüfung 372
Aus zweisprachiger Überprüfung aktualisieren 377

Importieren von korrigierten zielsprachlichen Dokumenten
in SDL Trados Studio 2019 (Retrofit) 383
Aktualisieren einer einzelnen Projektdatei mit Retrofit in der Ansicht Editor 383
Aktualisieren einer oder mehrerer Projektdateien mit Retrofit in der Ansicht Projekte 390

Übersetzungsbewertung (Version Professional) 395
Erstellen von Übersetzungsbewertungen 396
Überprüfen von Übersetzungen mit Übersetzungsbewertung 399
Aktivieren des Modus Qualität bewerten 400
Der Batch-Task Übersetzungsbewertung 403

Abschließen von Projekten 406
Abspeichern von Dateien als Zieltext 406
Batch-Task-Sequenz Abschließen 408
Abschließen einer oder mehrerer Dateien in der Ansicht Projekte 408
Auswahl der abzuschließenden Dateien 409
Auswahl der Translation Memory-Aktualisierungen, wenn sich Zielsegmente unterscheiden 411
Auswahl der Segmentstatus 412

Projekt als beendet markieren 415

Weitere wichtige Funktionen für die Arbeit in SDL Trados Studio 2019 417
Einstellungsmöglichkeiten bei der Anlage von Translation Memorys 417
Anlegen von benutzerdefinierten Feldern 420
Typ Text 422
Typ Zahl 423
Typ Zeit/Datum 423
Typ Liste 424
Entfernen von benutzerdefinierten Werten 428
Weitere Einstellungsmöglichkeiten im Dialogfeld Felder und Einstellungen 429
Datumsangaben 429
Zeitangaben 430
Zahlen 430
Akronyme 430
Variablen 430
Maßeinheiten 430
Alphanumerische Zeichenfolgen 430
Einstellungen für: Wörter als ein Wort zählen 431

Anlegen von Translation Memorys auf Basis eines dateibasierten Translation Memorys
....433

Upgrade von Translation Memorys 439
Upgrade von Translation Memorys aus SDL Trados Studio-Vorversionen 439
Upgrade von Translation Memorys aus SDL Trados Studio-Vorversionen in der Ansicht Translation Memorys 440
Upgrade von Translation Memorys aus SDL Trados Studio-Vorversionen bei der Projektanlage 448
Upgrade von Translation Memorys aus der Translator's Workbench,
SDLX, TMX und Workbench- oder WinAlign-Exporten 450

Importieren und Exportieren von Translation Memory-Daten 456
Importieren von Translation Memory-Daten in der Ansicht Translation Memorys 457
Importieren von *.tmx-Dateien 460
Importieren von *.sdlxliff-, *.ttx- und *.itd-Dateien 462
Importieren von *.sdlalign-Dateien 464
Importieren von Translation Memory-Daten bei der Projektanlage 469
Exportieren von Translation Memory-Daten 473

Sprachressourcen 477
Erstellen einer neuen Sprachressourcen-Vorlage 478
Eingabe der Sprache 479
Eingabe von Variablen 480
Ergänzen der Abkürzungsliste 482
Ergänzen der Ordinalsubstantiv-Liste 484
Ändern der Segmentierungsregeln 486
Hinzufügen von Stoppzeichen 490
Wiederherstellen der Standard-Segmentierungsregeln 494
Speichern einer neuen Sprachressourcen-Vorlage 495
Öffnen von Sprachressourcen-Vorlagen 496

AnyTM 498
Übersetzen von Dokumenten mit mehrsprachigem Ausgangstext 498
Verwenden von Translation Memorys mit umgekehrter Sprachrichtung mit AnyTM 504
Verwenden von Translation Memorys mit abweichender Subsprache mit AnyTM 507

AutoSuggest 509
Anlegen von AutoSuggest-Wörterbüchern 512
Hinzufügen von AutoSuggest-Wörterbüchern bei der Projektanlage 519
Hinzufügen von AutoSuggest-Wörterbüchern nach der Projektanlage 522

Batch-Tasks 524
Batch-Task Abschließen 525
Batch-Task Analyse 528
Batch-Task Übersetzungsbewertung (Version Professional) 534
Batch-Task Dateien exportieren 538
Batch-Task Zielsprachliche Versionen erstellen 543
Batch-Task PerfectMatch anwenden (Version Professional) 543
Batch-Task Projekt-Translation Memorys erstellen 548
Batch-Task Pseudoübersetzung 553
Batch-Task Aktualisierung aus überprüfter Zieldatei (Retrofit) 557
Batch-Task Export für zweisprachige Überprüfung 558
Batch-Task Aus zweisprachiger Überprüfung aktualisieren 558
Batch-Task Zielsprachliche Arbeitskopien erstellen 559
Batch-Task Dateien vorübersetzen 562
Batch-Task Übersetzte Wörter zählen 569
Batch-Task Master-Translation Memorys aktualisieren 573
Batch-Task Projekt-Translation Memorys aktualisieren 577
Batch-Task Dateien prüfen 578
Batch-Task Wortzählung 581
Batch-Task Projektfortschritt 585
Batch-Task Benutzerdefiniert (Version Professional) 588
Festlegen eines benutzerdefinierten Batch-Tasks zur sofortigen Ausführung 589
Erstellen von Task-Sequenzen mit benutzerdefinierten Batch-Tasks für die Projektvorbereitung 593

Datenpflege 597
Anzahl der Übersetzungseinheiten pro Seite verändern 598
Wechsel zwischen den Seiten eines Translation Memorys 599
Bearbeiten von ausgangs- und zielsprachlichen Segmenten 599
Nach Text suchen 600

Nach Duplikaten suchen 602
Setzen von Filtern 603
Suchen und Ersetzen von Text 606
Bearbeitung im Batch 606
Suchen und Ersetzen von Text 607
Ändern und Löschen von Feldwerten.. 610
Löschen von Tags 618

Verwalten von Benutzern 621

Ändern der TM-Benutzer-ID im Bereich Setup 622
Ändern der TM-Benutzer-ID beim Projektabschluss 623
Exportieren und Importieren von Benutzerprofilen.. 627
Exportieren von Benutzerprofilen 627
Importieren von Benutzerprofilen 630

Anpassen von Schnellzugriffsleiste und Multifunktionsleiste 634

Anpassen der Schnellzugriffsleiste 634
Zurücksetzen der Schnellzugriffsleiste 636
Anpassen der Multifunktionsleiste 637
Hinzufügen von Registerkarten zur Multifunktionsleiste.. 639
Hinzufügen von Gruppen und Funktionen zu Standardregisterkarten 644
Zurücksetzen der Multifunktionsleiste 645

Kapitel 3: Alignment 647

Alignieren von einzelnen Dateipaaren 649

Aktivieren von Segmenten und Rechtschreibkorrektur 652

Bestätigen von einzelnen Zuordnungen in einem Alignment 652

Trennen von Segmenten in einem Alignment 653

Verbinden von einzelnen Segmenten mit dem Befehl Verbinden 654

Verbinden von einzelnen Segmenten mit Drag & Drop 655

Verbinden von mehreren Segmenten 655

Verbinden von Segmenten, die weit auseinanderliegen mit dem Befehl Verbinden oder mit Drag & Drop 656

Teilen von Segmenten 658

Einfügen von leeren Segmenten mit Davor einfügen/Dahinter einfügen 659

Dateien erneut alignieren 659

Der Befehl Gehe zu im Alignment 660

Die Funktion Suchen im Alignment 661

Bestätigen aller Segmente in einem Alignment 662

Speichern von Alignment-Ergebnissen 662

Importieren von Alignment-Ergebnissen in ausgewähltes Translation Memory 663
Schnellimport 663
Erweiterter Import 664
Speichern von Alignment-Ergebnissen im *.sdlxliff-Format 669

Alignieren von mehreren Dateipaaren 671

Öffnen von gespeicherten Alignments für die Prüfung 678

Kapitel 4: Terminologiearbeit mit SDL MultiTerm 2019 680

Anlegen von Termbanken 682
Erstellen einer neuen Termbankdefinition 684
Hinzufügen von Sprachen...685
Hinzufügen von beschreibenden Feldern 690
Definieren der Eigenschaften von beschreibenden Feldern...691
Zuordnen von beschreibenden Feldern 696
Feldeinstellungen..700
Verwenden einer physikalisch vorhandenen Termbank als Vorlage................................. 703

Öffnen von Termbanken in SDL MultiTerm 2019 711

Hinzufügen von Einträgen in SDL MultiTerm 2019 714
Hinzufügen von Benennungen...717
Hinzufügen von Synonymen...719
Hinzufügen von beschreibenden Feldern auf Eintrags- und Termebene 720
Hinzufügen von beschreibenden Feldern mit der Eigenschaft Multimedia.......................720
Hinzufügen von beschreibenden Feldern mit der (Standard)-Eigenschaft Text................723
Hinzufügen von beschreibenden Feldern mit der Eigenschaft Pickliste.............................726
Hinzufügen von beschreibenden Feldern mit der Eigenschaft Ja/Nein 727
Hinzufügen von beschreibenden Feldern mit der Eigenschaft Datum 729
Hinzufügen von beschreibenden Feldern mit der Eigenschaft Zahl 730
Nachträgliches Bearbeiten von Einträgen.. 731
Hinzufügen von Querverweisen 732
Querverweise zu Benennungen...732
Querverweise zu Einträgen 734
Querverweise zu Hyperlinks..736
Löschen von Einträgen in SDL MultiTerm 2019... 737

Schnittstelle zwischen SDL MultiTerm 2019 und SDL Trados Studio 2019 738
Neuen Terminus hinzufügen 739
Terminus schnell hinzufügen 742
Übernehmen von Terminologie im Übersetzungsprozess mit AutoSuggest 746

Konvertieren und Importieren von Glossaren **747**

Konvertieren von Glossaren am Beispiel von Microsoft Excel 748

Anlegen von Termbanken anhand der in einer Konvertierung
erstellten Termbankdefinitionsdatei 766

Importieren von konvertierten Glossaren 775

Exportieren von Termbankdaten in das MultiTerm *.xml-Format **784**

Exportieren von Termbankdaten in Microsoft Word..**789**

Exportieren von Termbankdaten in tabulatorgetrennte Textdateien......................**795**

Definieren von Filtern in SDL MultiTerm 2019...**800**

Anlegen eines einfachen Filters...800

Anlegen von erweiterten Filtern..805

Verwenden von Filtern..**814**

Harte und bedingte Filter...814

Anlegen von Eingabemodellen..**816**

Hinzufügen von beschreibenden Feldern auf Eintragsebene 820

Hinzufügen von beschreibenden Feldern auf Termebene 822

Hinzufügen von Standardwerten 823

Auswählen von Eingabemodellen...**825**

Suchoptionen und Suchmodi in MultiTerm **826**

Normale Suche 827

Unscharfe Suche 827

Volltextsuche 827

Platzhaltersuche 828

Erweiterte Suche → Suche nach Duplikaten 828

Erweiterte Suche → Nach Ad-hoc-Einträgen suchen 829

Hierarchischer Modus 829

Paralleler Modus 830

Sequentieller Modus...830

Index..**831**

KAPITEL 1: EINRICHTUNG, EINSTELLUNGEN UND OPTIONEN

Bevor Sie beginnen

Zielgruppe und Buchstruktur

Dieses Buch richtet sich an Übersetzer, Korrektoren und Projektleiter, die eine grundlegende Einführung in SDL Trados Studio 2019 in der Version Professional oder Freelance erhalten möchten, und die entweder noch nicht oder nur wenig mit SDL Trados Studio 2019 oder einem anderen Translation Memory-System und SDL MultiTerm 2019 gearbeitet haben und sich Schritt für Schritt einarbeiten möchten. Darüber hinaus wird in diesem Buch auch das Alignment-Tool erläutert, mit dem Übersetzungen und die dazugehörigen Ausgangstexte für die Nutzung in SDL Trados Studio 2019 integriert werden können.

Die Struktur des Buchs ist so gewählt, dass es nicht vollständig gelesen werden muss, sondern der Leser die Möglichkeit hat, kapitelweise (abhängig vom jeweiligen Einsatzbereich) vorzugehen. Falls erforderlich, werden Verweise gezogen.

Systemanforderungen

SDL Trados Studio 2019 unterstützt Microsoft Windows 7, Windows 8.1 und Windows 10. Als Mindestanforderung empfiehlt SDL einen Computer mit einem Intel- oder Intel-kompatiblen Prozessor, 4 GB RAM und einer Bildschirmauflösung von 1074 × 768. SDL empfiehlt den Einsatz eines Computers mit einem aktuellen Intel- oder einem aktuellen Intel-kompatiblen Prozessor, einem 64-Bit-Betriebssystem, 16 GB RAM und einer SSD-Festplatte, um eine optimale Leistung zu erzielen.

Projektsprachen (Sprachen, in denen übersetzt werden kann)

SDL Trados Studio 2019 unterstützt alle Sprachkombinationen, die auch von Microsoft Windows unterstützt werden. Die Sprachunterstützung variiert nach Betriebssystem, wobei die umfassendste Sprachunterstützung unter Windows 8.1 erfolgt.

Eine Liste der von SDL Trados Studio 2019 unterstützten Sprachen finden Sie in der **Hilfe** zu SDL Trados Studio 2019 unter **Unterstützte Sprachen**.

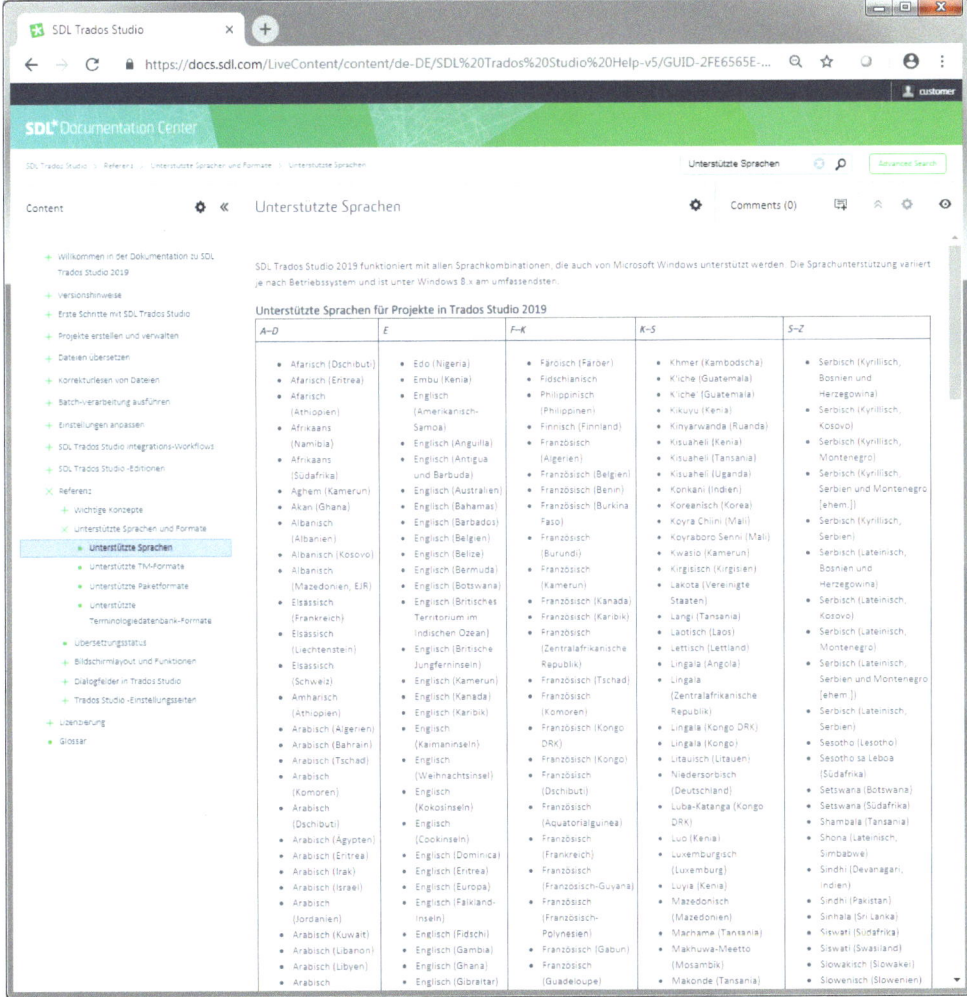

Auszug aus der Liste unterstützter Sprachen in der Hilfe zu SDL Trados Studio 2019

Dialogsprachen (Sprachen für die Benutzeroberfläche)

In SDL Trados Studio 2019 kann die Benutzeroberfläche in verschiedenen Sprachen dargestellt werden.

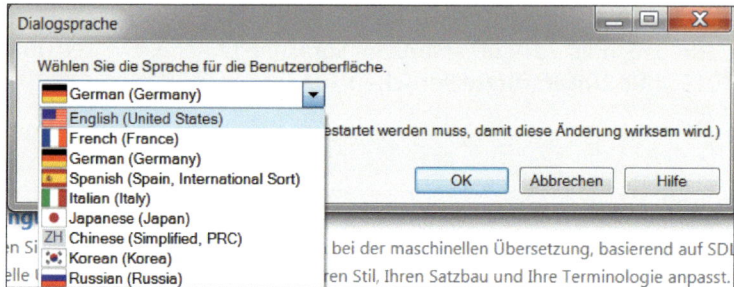

Eine Änderung der Dialogsprache kann in allen Ansichten auf der Registerkarte **Ansicht** in der Gruppe **Benutzeroberfläche → Dialogsprache** vorgenommen werden.

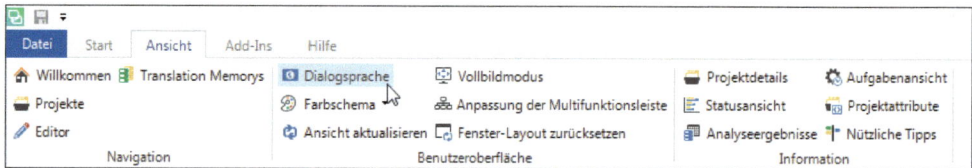

Nach einer Änderung der Dialogsprache muss SDL Trados Studio 2019 neu gestartet werden, damit die Änderung der Dialogsprache wirksam wird.

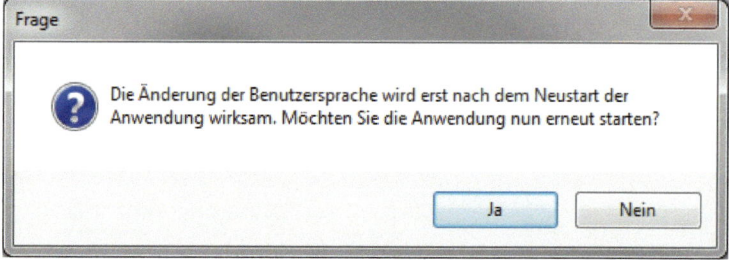

Unterstützte Dateitypen

Die folgenden Dateitypen werden von SDL Trados Studio 2019 unterstützt.

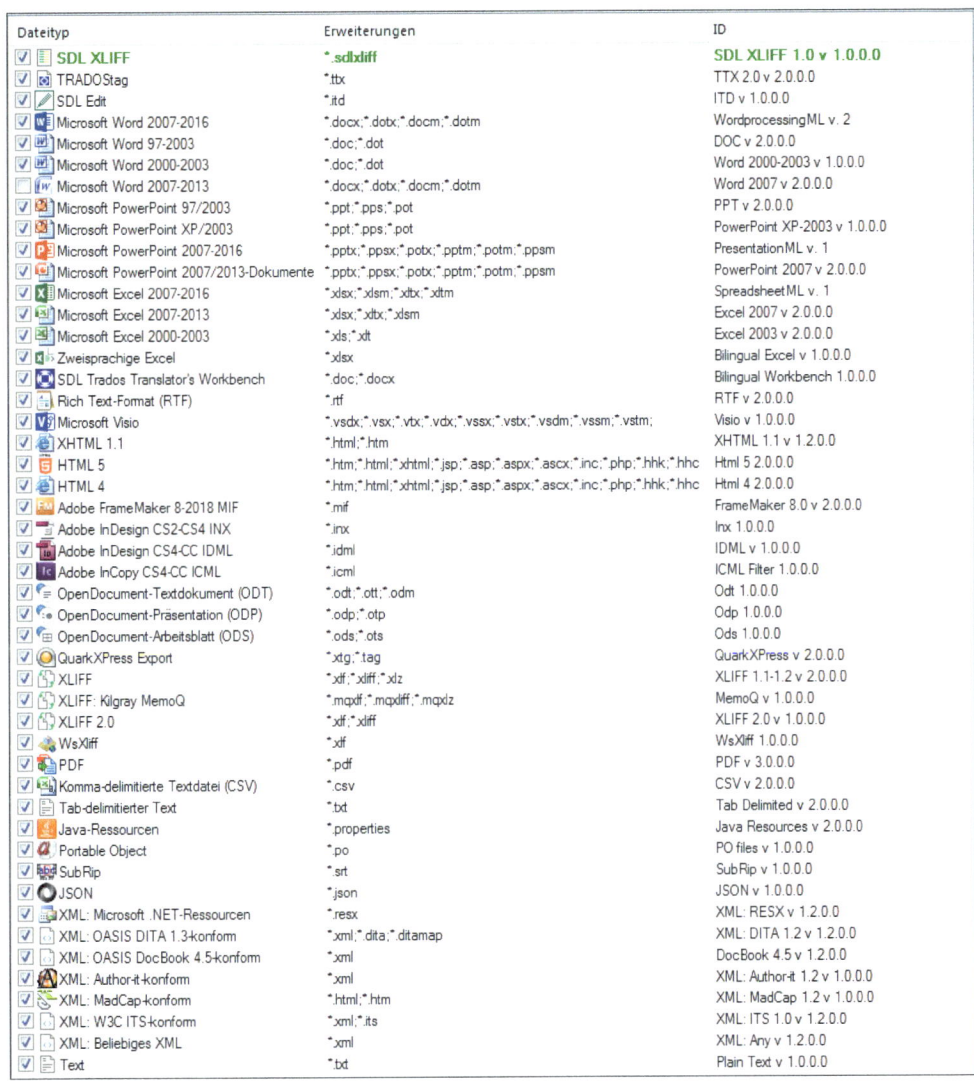

Neu ist hierbei in SDL Trados Studio 2019 die Unterstützung von Microsoft Visio-Dateien.

Kompatibilität

SDL Trados Studio 2019 ist vollständig kompatibel mit SDL Trados Studio 2017 und SDL Trados Studio 2015 in Bezug auf Translation Memorys[1] und zweisprachige Dateien. Einige der neuesten Funktionen wie upLIFT stehen jedoch nur in SDL Trados Studio 2017 und 2019 zur Verfügung. Auch mit den Translation Memorys und zweisprachigen Dateien aus den SDL Trados Studio-Versionen 2009-2014 ist SDL Trados Studio 2019 grundsätzlich kompatibel, es kann jedoch zu Abweichungen bei der Verfügbarkeit von Funktionen, bei der Wortzählung und Dateitypen kommen, wenn Sie in älteren Versionen arbeiten. Terminologiedatenbanken, die in SDL MultiTerm 2009-2017 erstellt wurden, sind mit in SDL MultiTerm 2019 Desktop erstellten Terminologiedatenbanken vollständig kompatibel.

Darüber hinaus bietet SDL Trados Studio 2019 die Möglichkeit, in Zeiten „vor Studio" in SDL Trados oder SDLX erstellte bilinguale Dateien im TTX- und ITD-Format zu öffnen, zu bearbeiten und wieder im TTX- bzw. ITD-Format abzuspeichern. Des Weiteren ist es in SDL Trados Studio 2019 möglich, mit der Translator's Workbench in Microsoft Word erstellte bilinguale Word-Dokumente zu öffnen, zu bearbeiten und wieder in diesem Format zu speichern.

Über den Austausch mit früheren Versionen vor SDL Trados Studio hinaus bietet SDL Trados Studio 2019 die Möglichkeit, Daten im TMX-Format zu exportieren und zu importieren. TMX ist ein Branchenstandard für den Austausch von Translation Memory-Daten. Durch dieses Format ist es möglich, Translation Memory-Daten für den Einsatz in verschiedenen Translation Memory-Systemen nutzbar zu machen. Dabei ist zu berücksichtigen, dass es aufgrund spezifischer Einstellungen in einzelnen Systemen zu einem Verlust von Daten beim Austausch zwischen Systemen kommen kann.

SDL Trados Studio 2019 unterstützt außerdem den Austauschstandard TBX für Terminologiedatenbanken und memoQ XLIFF *.mqxlf, *.mqxliff, *.mqxlz als eigenen Dateityp.

❗ Eine etwas andere Kompatibilität, aber nicht weniger wichtig, ist die verbesserte Kompatibilität mit hochauflösenden 4K-Bildschirmen. Die Darstellung von SDL Trados Studio 2019 wurde optimiert und die Benutzeroberfläche ist nun DPI-kompatibel und passt sich automatisch an die DPI-Einstellung des Computers an, auf dem es aufgeführt wird.

---

[1] Substantive in der Fremdsprache mit Endung auf „y" werden nach Dudenvorgabe mit einem „s" im Plural versehen.

Standardspeicherorte (Einzelplatz)

Projekte	• Dieser PC bzw. • Bibliotheken → Dokumente → Studio 2019 → Projects
Translation Memorys	• Dieser PC bzw. • Bibliotheken → Dokumente → Studio 2019 → Translation Memorys
Termbanken	• Dieser PC bzw. Bibliotheken → Dokumente → Studio 2019 → Termbases oder • Dieser PC bzw. Bibliotheken → Dokumente → SDL → Termbases
AutoSuggest-Wörterbücher	• Dieser PC bzw. • Bibliotheken → Dokumente → Studio 2019 → AutoSuggest Dictionaries
Projektvorlagen	• Dieser PC bzw. • Bibliotheken → Dokumente → Studio 2019 → Project Templates
Alignments	• Dieser PC bzw. • Bibliotheken → Dokumente → Studio 2019 → Alignment Results

Versionen

Die Erläuterungen in diesem Buch beziehen sich auf die SDL Trados Studio 2019-Versionen Professional und Freelance. Verwendet wurde das Service Release 1 (SR1).

SDL Trados Studio 2019 Professional

SDL Trados Studio 2019 Professional umfasst alle verfügbaren Funktionen von SDL Trados Studio und ist in Bezug auf die Anzahl verwendeter Sprachen unbeschränkt. Die Version kann sowohl als Einzelplatzversion als auch in einem domänenbasierten Netzwerk eingesetzt werden.

SDL Trados Studio 2019 Freelance und Freelance Plus[2]

SDL Trados Studio 2019 Freelance ist eine Einzelplatzversion, die über eine Vielzahl von Funktionalitäten der Professional-Version verfügt. SDL Freelance Plus verfügt über die Funktionalitäten einer Freelance-Version hinaus über eine zweite Aktivierungsmöglichkeit der Lizenznummer auf einem zweiten Computer (z.B.[3] Desktop und Notebook), sodass lästiges Deaktivieren und Neuaktivieren bei einem Wechsel zwischen zwei Computern entfällt. Sowohl SDL Trados Studio 2019 Freelance als auch Freelance Plus sind in Bezug auf die folgenden Funktionalitäten im Vergleich zur Professional-Version eingeschränkt:

- Es können nur fünf Sprachen gleichzeitig installiert werden.
- Die Freelance-Version kann nicht auf einem Computer genutzt werden, der zu einem domänenbasierten Netzwerk gehört.
- Der AutoSuggest Creator ist nicht im Lieferumfang der Freelance-Version enthalten. Hierzu ist ein zusätzliches AutoSuggest Creator Add-on erforderlich. Es ist aber möglich, AutoSuggest-Wörterbücher in SDL Trados Studio 2019 Freelance zu verwenden.
- Pakete können geöffnet und bearbeitet, aber nicht erstellt werden. Lediglich das Erstellen von Rückpaketen ist möglich.
- PerfectMatch ist nicht in der Freelance-Version enthalten.
- Bewertungskonfigurationen zur Übersetzungsbewertung können mit der Freelance-Version nicht erstellt, aber bearbeitet werden.
- Es ist nicht möglich, benutzerdefinierte Task-Sequenzen zu erstellen.

---

2 Im Fließtext wird im weiteren Text Freelance statt Freelance und Freelance Plus verwendet.
3 Aus Gründen der besseren Lesbarkeit wird im Text die Abkürzung z.B. ohne Leerzeichen verwendet.

❗ Bitte beachten Sie, dass SDL MultiTerm 2019 im Lieferumfang von SDL Trados Studio 2019 Professional, Freelance und Freelance Plus enthalten und im Preis inbegriffen ist. Es steht als separater Download im SDL Kundenkonto zur Verfügung.

Öffnen, Aktivieren und Einrichten von SDL Trados Studio 2019

Öffnen von SDL Trados Studio 2019

Rufen Sie SDL Trados Studio 2019 in Microsoft Windows unter **SDL Trados Studio 2019** → **SDL Trados Studio 2019** auf oder klicken Sie auf das Icon 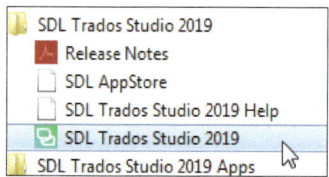 für SDL Trados Studio 2019, das bei der Installation auf dem Desktop abgelegt wurde.

Lizenznummer und Aktivierung

Beim ersten Öffnen öffnet sich das Dialogfeld **Produktaktivierung** → **SDL Trados Studio 2019 Produktaktivierung**. Klicken Sie auf **Aktivieren**.

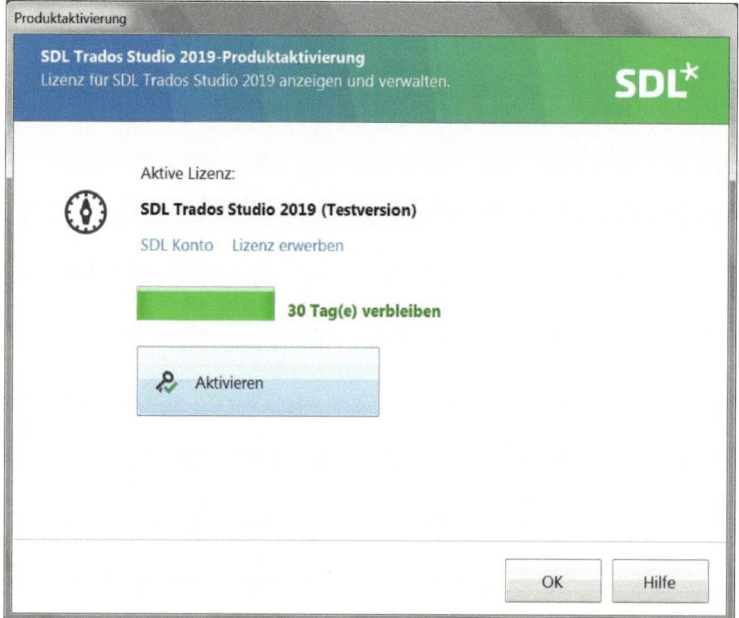

Das Dialogfeld **Produktaktivierung** → **Online-Aktivierung** öffnet sich. Geben Sie den Aktivierungscode ein, der sich in Ihrem SDL Konto unter **Licenses** befindet, und klicken Sie auf **Aktivieren**.

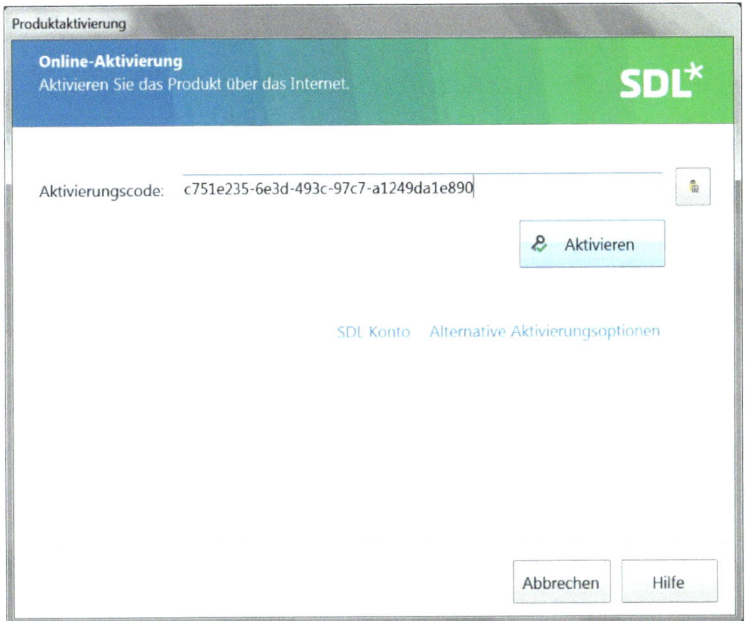

Ihr System stellt über das Internet eine Verbindung zu Ihrem SDL-Konto her, prüft, ob die Lizenznummer vorhanden und eine Aktivierung möglich ist, und bestätigt die Aktivierung im sich öffnenden Dialogfeld **Produktaktivierung**. Klicken Sie auf **OK**.

Klicken Sie danach im sich öffnenden Dialogfeld **Produktaktivierung** → **SDL Trados Studio 2019-Produktaktivierung** auf **OK**, um mit der Einrichtung zu beginnen.

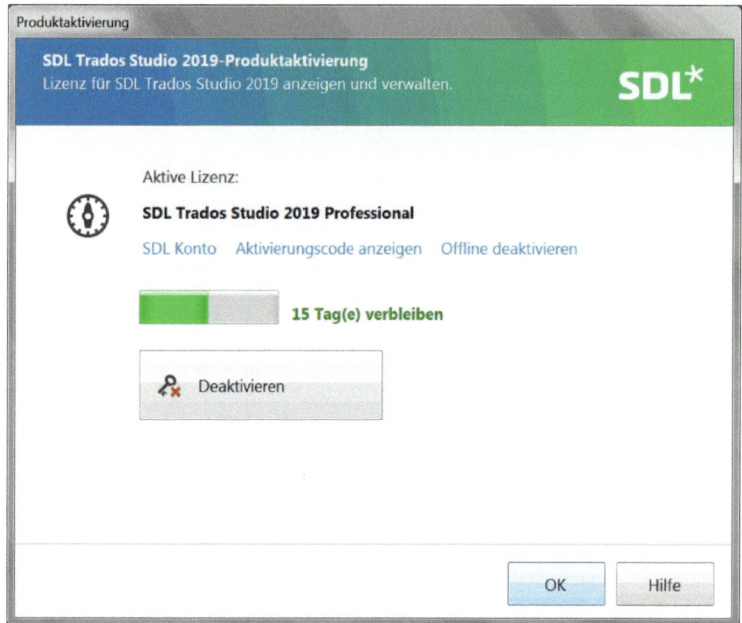

❗ SDL Trados Studio 2019 bietet über die zuvor beschriebene Online-Aktivierung hinaus alternative Aktivierungsoptionen. Diese können bei Verbindungsproblemen des Computers mit dem Internet oder dem SDL Aktivierungsserver verwendet werden. Klicken Sie im Dialogfeld **Produktaktivierung** → **Online-Aktivierung** auf **Alternative Aktivierungsoptionen** und folgen Sie der Beschreibung, wenn Sie die alternativen Aktivierungsoptionen nutzen möchten.

Schaltfläche Alternative Aktivierungsoptionen

Erstmalige Einrichtung

SDL Trados Studio 2019 öffnet sich nach der Aktivierung mit einem Assistenten, der Sie durch die erstmalige Einrichtung führt. Klicken Sie im Dialogfeld **SDL Trados Studio: Erstmalige Einrichtung → Willkommen** auf **Weiter**.

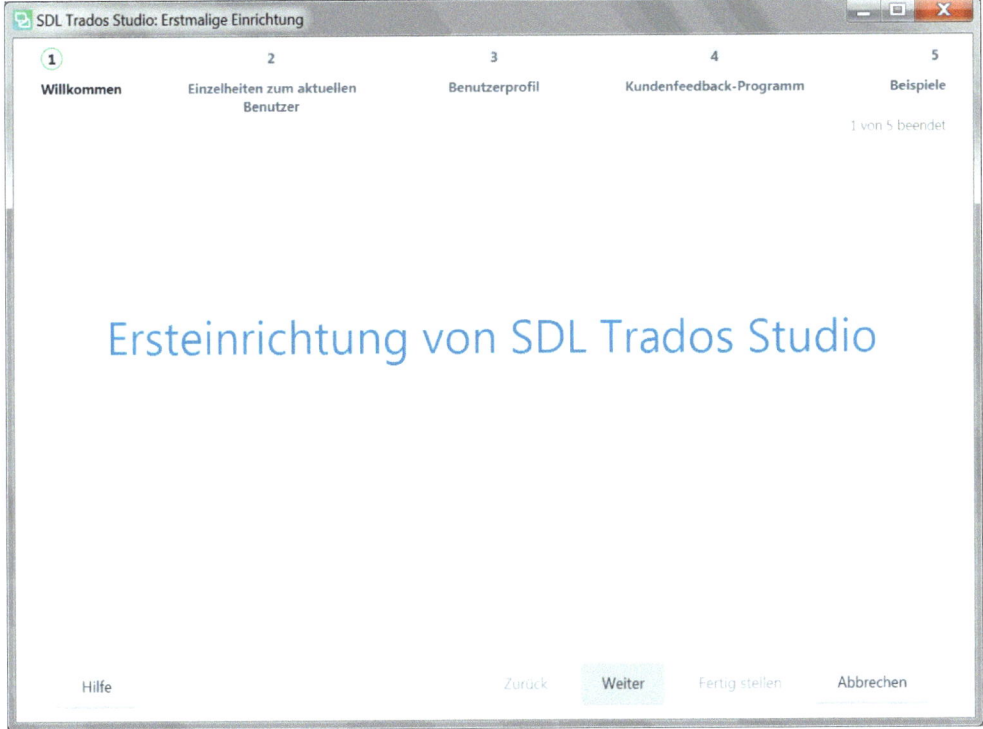

Geben Sie im sich öffnenden Dialogfeld **SDL Trados Studio: Erstmalige Einrichtung** → **Einzelheiten zum aktuellen Benutzer** den Namen und die E-Mail-Adresse des Benutzers, die TM-Benutzer-ID, die jeder Übersetzungseinheit in den Systemfeldern hinzugefügt werden soll, und ggf. die Telefonnummer und eine Beschreibung ein.

Klicken Sie danach auf **Weiter**.

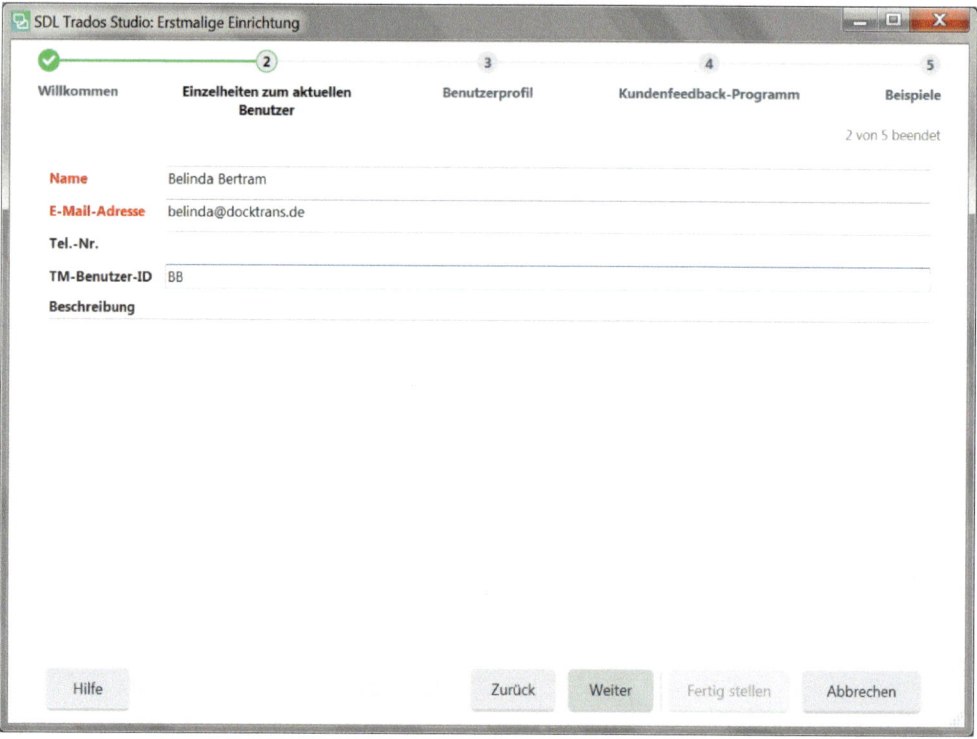

Das Dialogfeld **SDL Trados Studio: Erstmalige Einrichtung → Benutzerprofil** öffnet sich. In diesem Dialogfeld haben Sie die Möglichkeit, zwischen drei Benutzerprofilen auszuwählen: **Standard**, **SDL Trados** oder **SDLX**. In den Benutzerprofilen sind Einstellungen eines Benutzers enthalten. Hierzu gehören Tastenkombinationen, die benutzerdefinierte Anordnung der Fenster, das ausgewählte Erscheinungsbild und alle Einstellungen, die auf der Registerkarte **Datei** in den **Optionen** vorgenommen werden.

Bei Neueinsteigern empfiehlt SDL die Auswahl des Standardprofils. Falls Sie zuvor mit Trados-Versionen aus der Zeit „vor Studio" oder mit SDLX gearbeitet haben, empfiehlt es sich ggf., das Profil **SDL Trados** oder **SDLX** zu verwenden. Diese Profile ermöglichen Ihnen das Verwenden der Tastenkombinationen aus einer der vorgenannten Applikationen in SDL Trados Studio 2019 und das Verwenden ähnlicher Einstellungen für Vorübersetzung und Übersetzung wie zuvor in den Vorgängerversionen vor SDL Trados Studio.

Klicken Sie nach Auswahl des gewünschten Benutzerprofils auf **Weiter**.

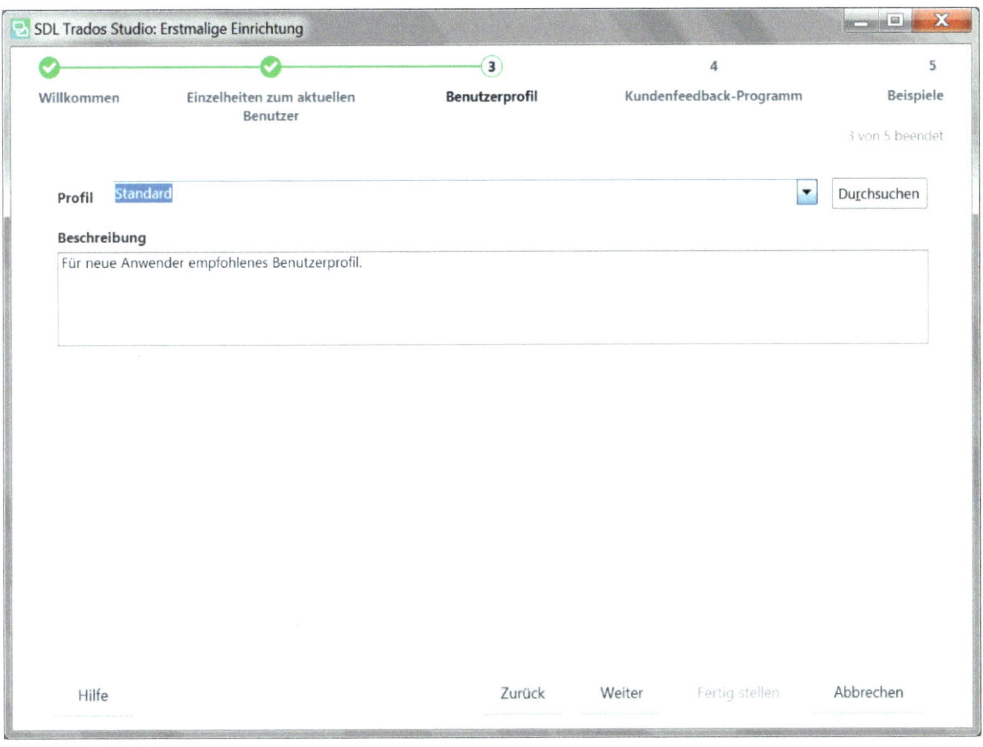

Kundenfeedback-Programm

Das Dialogfeld **SDL Trados Studio: Erstmalige Einrichtung** → **Kundenfeedback-Programm** öffnet sich. Wählen Sie aus, ob Sie am SDL Kundenfeedback-Programm teilnehmen möchten oder nicht, und klicken Sie danach auf **Weiter**.

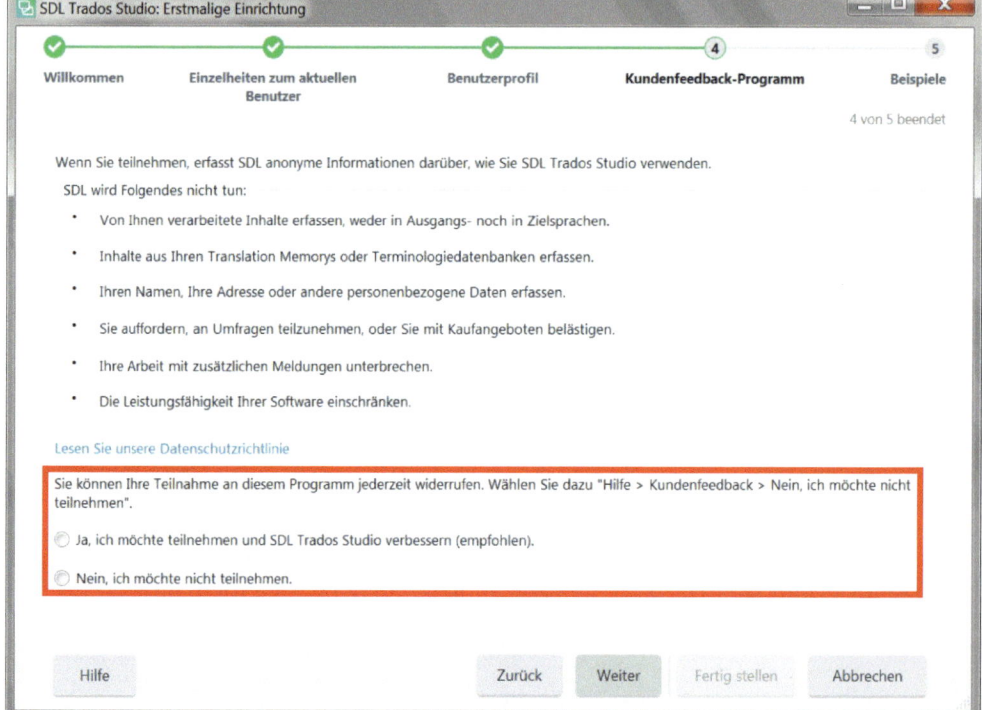

Auswahl der Projektsprachen (Freelance)

Das Dialogfeld **SDL Trados Studio: Erstmalige Einrichtung → Sprachwahl** öffnet sich, wenn Sie mit der Freelance-Version arbeiten. In der Professional-Version wird dieser Schritt übersprungen, da in der Professional-Version alle in SDL Trados Studio 2019 enthaltenen Sprachen zur Verfügung stehen. In der Freelance-Version werden in diesem Dialogfeld fünf Sprachen für die Arbeit in SDL Trados Studio 2019 ausgewählt, die beliebig miteinander kombiniert werden können.

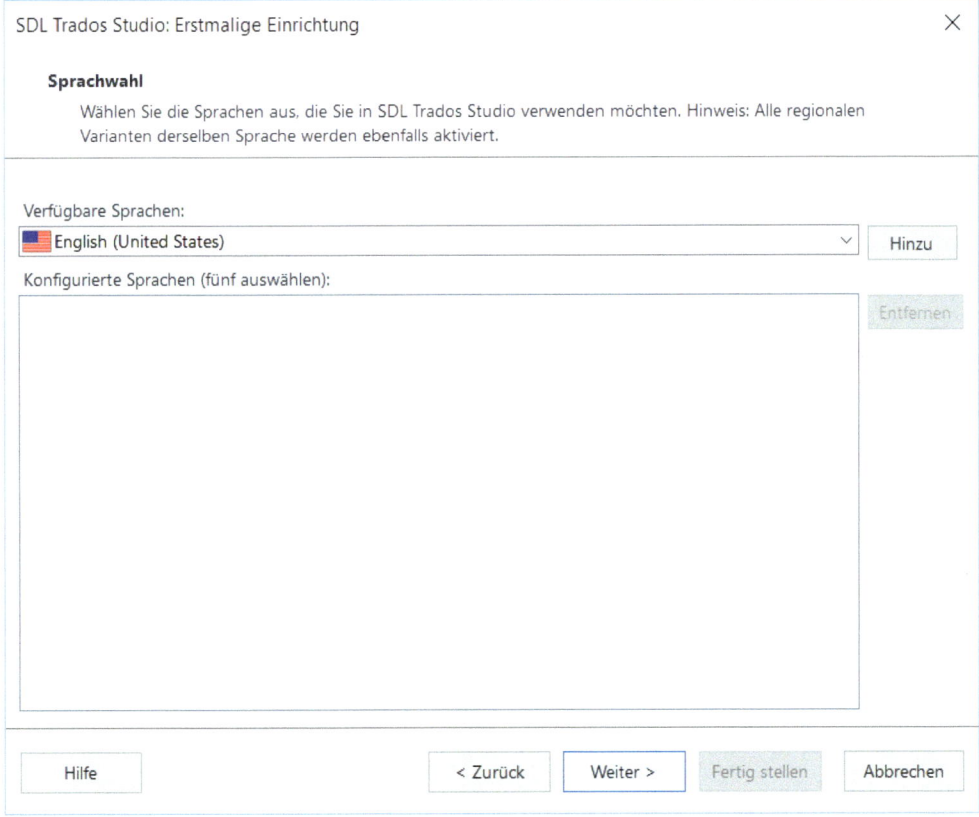

❗ Bitte denken Sie daran, auch Ihre Muttersprache auszuwählen, dies wird bei der Einrichtung „gerne" vergessen.

Wählen Sie nacheinander fünf Sprachen aus der Dropdown-Liste unter **Verfügbare Sprachen:** aus und klicken Sie nach Auswahl jeder einzelnen Sprache auf **Hinzu**. Die ausgewählte Sprache wird in das Feld **Konfigurierte Sprachen (fünf auswählen):** aufgenommen. Bitte beachten Sie, dass in der Auswahl zwar Sprachenvarianten vorhanden sind, tatsächlich jedoch bei Auswahl einer Sprachenvariante die Hauptsprache mit allen Sprachenvarianten aktiviert wird und alle gemeinsam als eine Sprache zählen. Klicken Sie auf **Weiter**, wenn Sie die fünf Sprachen eingegeben haben.

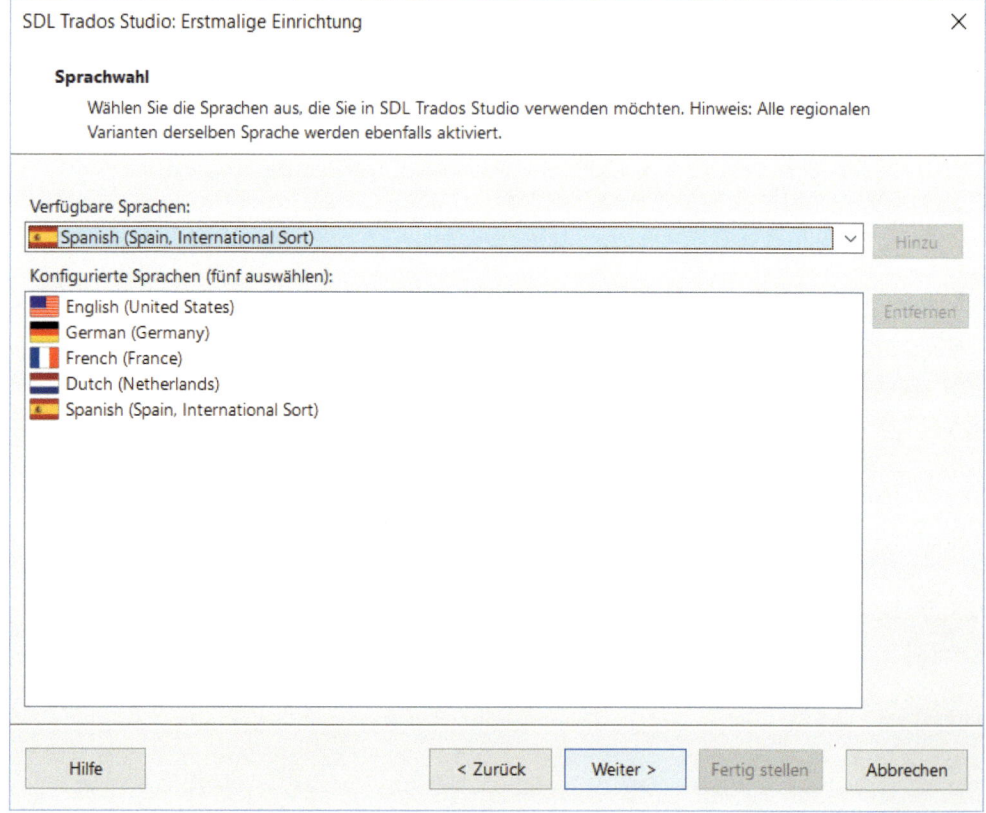

Bei älteren SDL Trados-Versionen (vor Studio) war es in der Freelance-Version möglich, zwischen zwei und fünf Sprachen auszuwählen. Dies ist in SDL Trados Studio in keiner Version möglich. Es müssen fünf Sprachen eingegeben werden.

Beispieldateien

Das Dialogfeld **SDL Trados Studio: Erstmalige Einrichtung → Beispiele** öffnet sich. Wählen Sie aus, ob Sie die von SDL mitgelieferten Beispieldateien beim ersten Starten zum Testen laden möchten und klicken Sie dann auf **Fertig stellen**. Der Einrichtungsvorgang ist damit abgeschlossen und Sie können SDL Trados Studio 2019, wie unter **Öffnen von SDL Trados Studio 2019** beschrieben, starten.

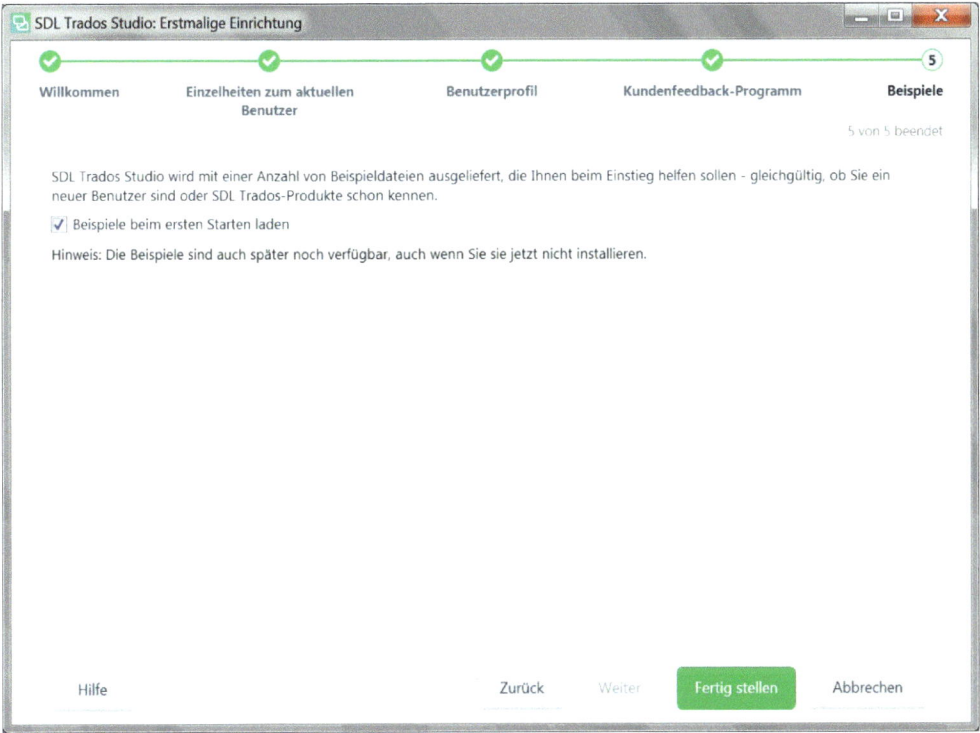

Nach Abschluss der ersten Einrichtung öffnet sich SDL Trados Studio 2019 mit dem Dialogfeld **Willkommen in SDL Trados Studio**.

Sie haben in diesem Dialogfeld die Möglichkeit, das „Erste Schritte"-Video anzusehen oder sich die Neuerungen in SDL Trados Studio 2019 anzeigen zu lassen:

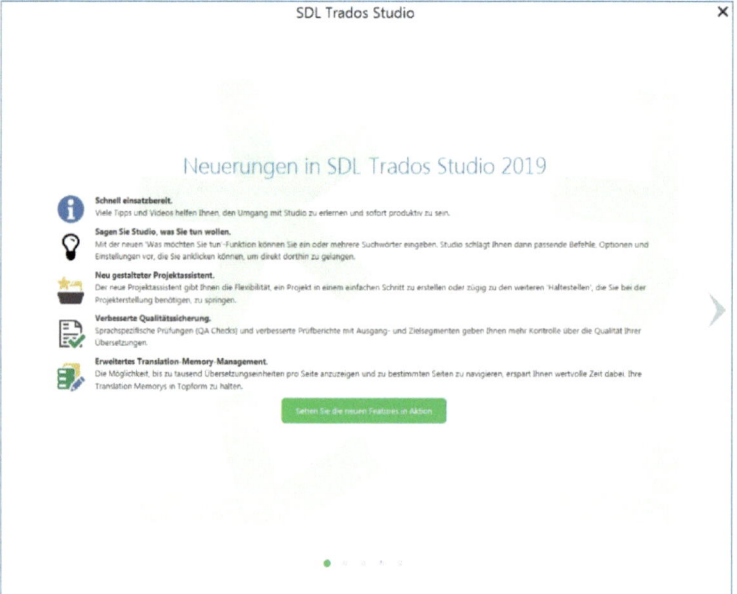

Benutzeroberfläche

Die Benutzeroberfläche ist in SDL Trados Studio 2019 in fünf Bereiche aufgeteilt:

- Am oberen Bildschirmrand befinden sich die Multifunktionsleisten und die Schnellzugriffsleiste,
- auf der linken Seite im oberen Bereich die Navigationsleiste,
- auf der linken Seite im unteren Bereich die Schaltflächen für die Ansichten,
- im rechten Bereich der Benutzeroberfläche der Arbeitsbereich.
- Rechts neben dem Arbeitsbereich befinden sich die Schaltflächen für Benachrichtigungen und Nützliche Tipps.

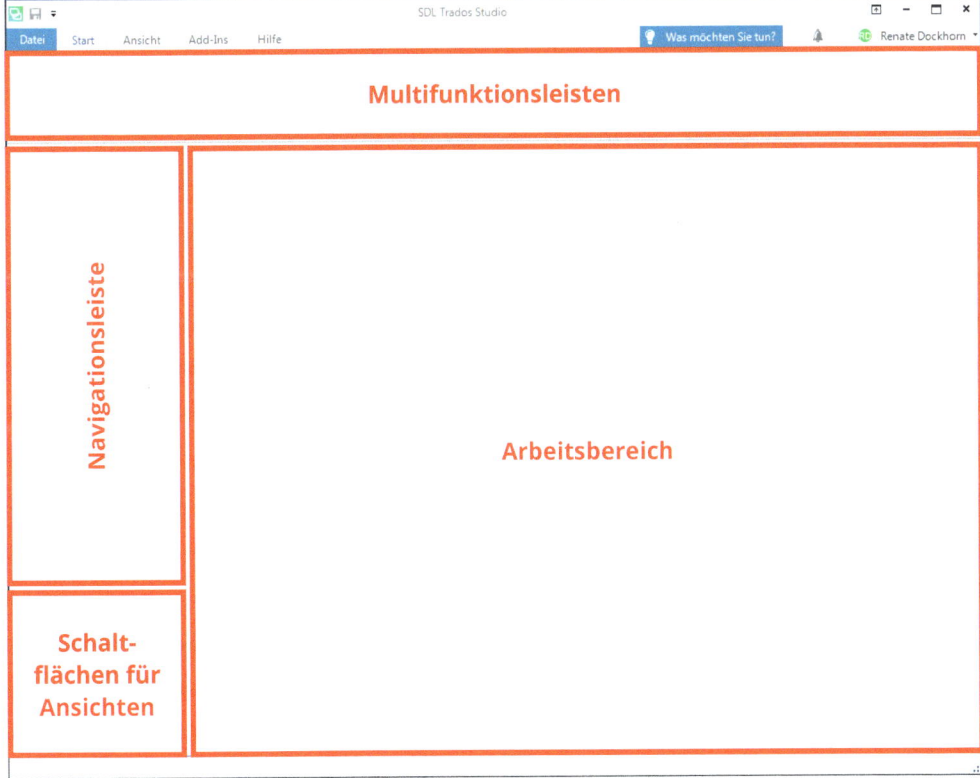

Der Benutzer hat die Möglichkeit, in einer beliebigen Ansicht auf der Registerkarte **Ansicht** in der Gruppe **Benutzeroberfläche** → **Farbschema** zwischen drei Farbschemata zu wählen: **Weiß**, **Dunkelgrau** und **Hellgrau**. Als Standard ist Weiß eingestellt.

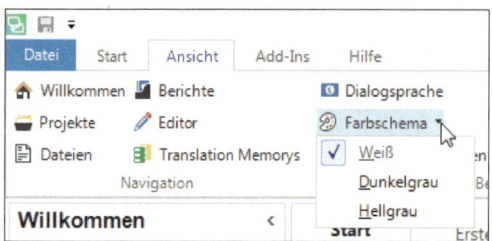

Multifunktionsleisten

SDL setzt in SDL Trados Studio 2019 wie auch bereits in SDL Trados Studio 2017, 2015 und 2014 Multifunktionsleisten mit Registerkarten, Gruppen und Symbolen und die oberhalb der Registerkarten angeordnete Schnellzugriffsleiste ein. Nachfolgend sehen Sie ein Beispiel für eine Multifunktionsleiste in der Ansicht **Willkommen**. Die Registerkarten sind oberhalb, die Gruppen unterhalb der Symbole angeordnet. Oberhalb der Registerkarten befindet sich in allen Ansichten die Schnellzugriffsleiste, auf der sich die Symbole abhängig von der ausgewählten Ansicht ändern.

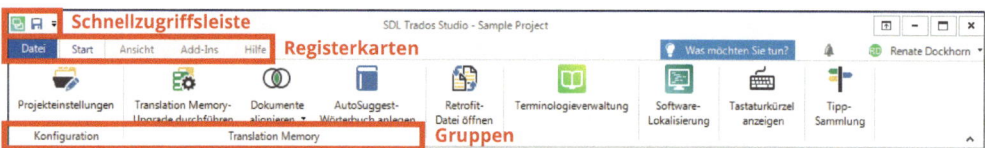

Registerkarten in der Ansicht Willkommen

In SDL Trados Studio 2019 sind auf der Multifunktionsleiste in allen Ansichten die Registerkarte **Datei**, die blau unterlegt ist, und die Registerkarten **Add-Ins** und **Hilfe** in identischer Form enthalten. Die Registerkarten **Start** und **Ansicht** sind abhängig von der ausgewählten Ansicht unterschiedlich konfiguriert und dem jeweiligen Aufgabenbereich angepasst.

Die Ansicht **Editor** verfügt darüber hinaus über zwei weitere Registerkarten: **Überprüfung** und **Erweitert**, sobald und solange eine oder mehrere Datei(en) für die Übersetzung oder Überprüfung geöffnet ist/sind.

Registerkarten in der Ansicht Editor

Navigationsleiste

Auf der linken Seite der Benutzeroberfläche befindet sich in SDL Trados Studio 2019 im oberen Bereich die Navigationsleiste. Am oberen Rand dieser Navigationsleiste wird jeweils angezeigt, welche Ansicht geöffnet ist. Die Navigationsleiste variiert abhängig von der ausgewählten Ansicht.

Navigationsleiste → Willkommen

In der Ansicht **Willkommen** finden Sie in der Navigationsleiste die Schaltfläche für das **SDL Plugin Management**, über das auf installierte Plugins zugegriffen werden kann, und den direkten Link zum SDL AppStore.

Der SDL AppStore ist das Entwicklungszentrum von SDL Language Technologies, in dem Benutzern kostenfreie und kostenpflichtige Apps für die Arbeit in SDL Trados Studio sowie SDL MultiTerm zur Verfügung stehen.

Navigationsleiste → Projekte

In der Ansicht **Projekte** besteht in der Navigationsleiste die Möglichkeit, die Anzeige von Projekten im Arbeitsbereich zu filtern. Dieser Filter bietet die Möglichkeit, alle Projekte, alle in Bearbeitung befindlichen Projekte oder alle beendeten Projekte anzuzeigen. Des Weiteren können Projekte nach Termin und Typ (Standardprojekte, Projekte mit nur einer Datei, Trados GroupShare-Projekte) gefiltert werden.

 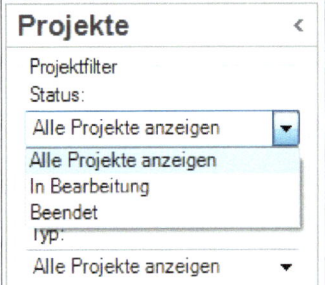

Navigationsleiste → Dateien

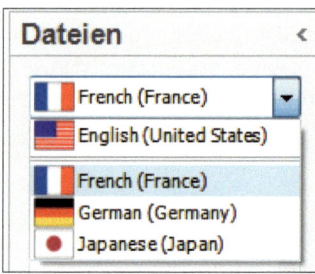

In der Ansicht **Dateien** werden in der Navigationsleiste die jeweiligen Zielsprachen ausgewählt. Dies ist dann relevant, wenn Sie in einem Projekt mit mehreren Zielsprachen arbeiten, da SDL Trados Studio 2019 einen Satz Dateien für jede Zielsprache erzeugt und so die jeweilige Zielsprache für die Bearbeitung von Dateien in einem Projekt ausgewählt werden kann.

Navigationsleiste → Berichte

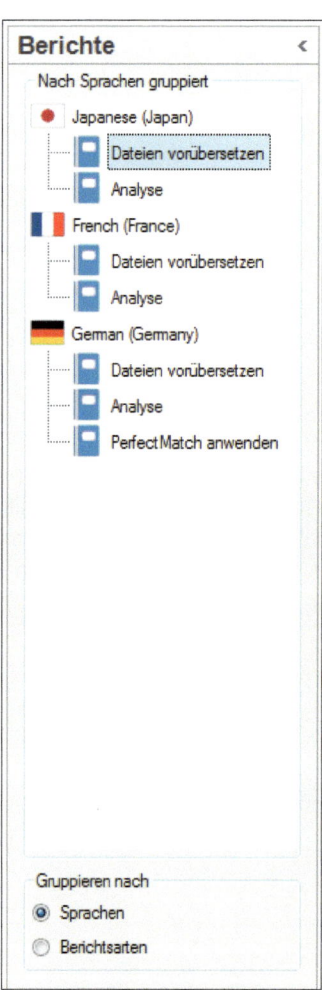

In der Ansicht **Berichte** werden in der Navigationsleiste vorhandene Berichte (z.B. Analyse- und Vorübersetzungsberichte) wahlweise nach Sprachen oder Berichtsarten gruppiert angezeigt und aufgerufen.

Navigationsleiste → Editor

In der Ansicht **Editor** werden in der Navigationsleiste die aktuell geöffneten Dokumente angezeigt. Sind mehrere Dokumente geöffnet, kann durch einen Klick auf den jeweiligen Dokumentennamen ohne Scrollen zwischen diesen gewechselt werden.

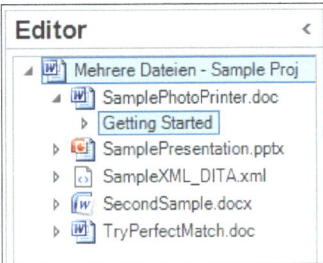

Navigationsleiste → Translation Memorys

In der Ansicht **Translation Memorys** sind in der Navigationsleiste zuletzt geöffnete Translation Memorys und Sprachressourcen-Vorlagen aufgelistet.

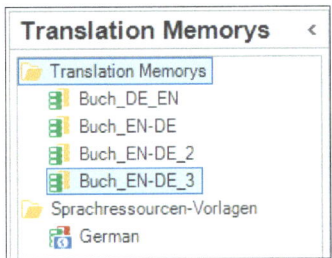

Navigationsleiste → Alignment

In der Ansicht **Alignment** werden in der Navigationsleiste für die Prüfung aktive Alignments dargestellt. Dabei ist es wichtig zu wissen, dass die Ansicht **Alignment** nur bei einem geöffneten Alignment angezeigt wird/aktiv ist.

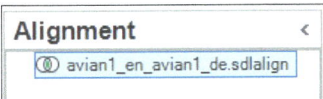

Verkleinern/Erweitern der Navigationsleiste

Als Standard ist die Navigationsleiste erweitert. Klicken Sie in einer beliebigen Ansicht auf den Pfeil nach links, wenn Sie die Navigationsleiste verkleinern möchten. Dies kann zum Beispiel bei der Arbeit mit einem Notebook von Vorteil sein. Durch Klicken auf den Pfeil nach rechts kann die verkleinerte Navigationsleiste wieder erweitert werden.

Arbeitsbereich

Der Arbeitsbereich ist die zentrale Arbeitsfläche für die Arbeit in SDL Trados Studio 2019.

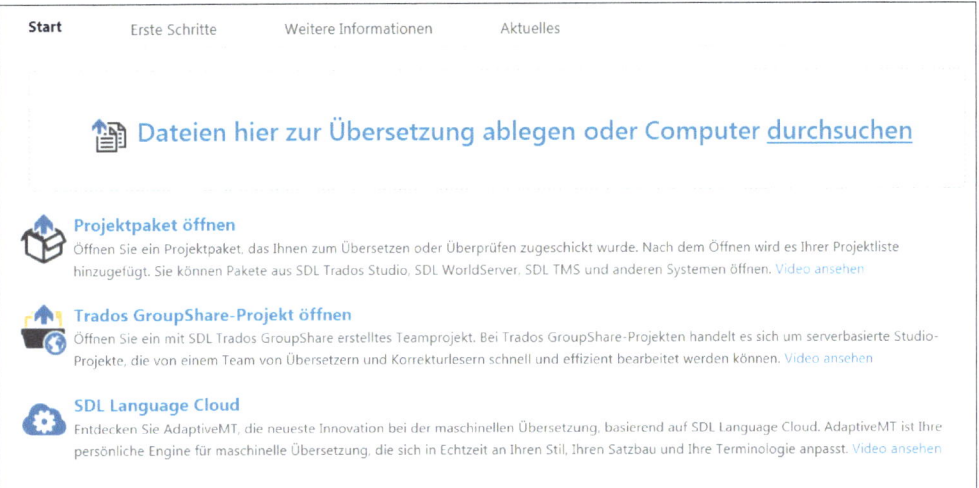

Arbeitsbereich in der Ansicht Willkommen

Abhängig von der jeweiligen Ansicht können in diesem Bereich

- Projekte erstellt,
- Einzeldateien für die Übersetzung ohne Projektanlage geöffnet,
- Pakete geöffnet,
- GroupShare-Projekte geöffnet,
- Übersetzungen angefertigt,
- Korrekturen vorgenommen,
- Berichte überprüft,
- Translation Memory-Inhalte gesichtet und bearbeitet und
- Alignments geprüft werden.

Weitere Informationen zu den Möglichkeiten im Arbeitsbereich erhalten Sie in den folgenden Kapiteln zu den verschiedenen Ansichten.

Ansichten

Die Schaltflächen für die Ansichten, von denen jede im Grunde genommen eine eigene Benutzeroberfläche für den jeweiligen Einsatzbereich ist, sind im linken unteren Bildschirmbereich unterhalb der Navigationsleiste zu finden. Die Ansicht **Alignment** ist nur dann eingeblendet, wenn ein Alignment für die Bearbeitung geöffnet ist.

Ansicht Willkommen

Als Standard wird die Ansicht **Willkommen** nach dem Starten von SDL Trados Studio 2019 geöffnet.

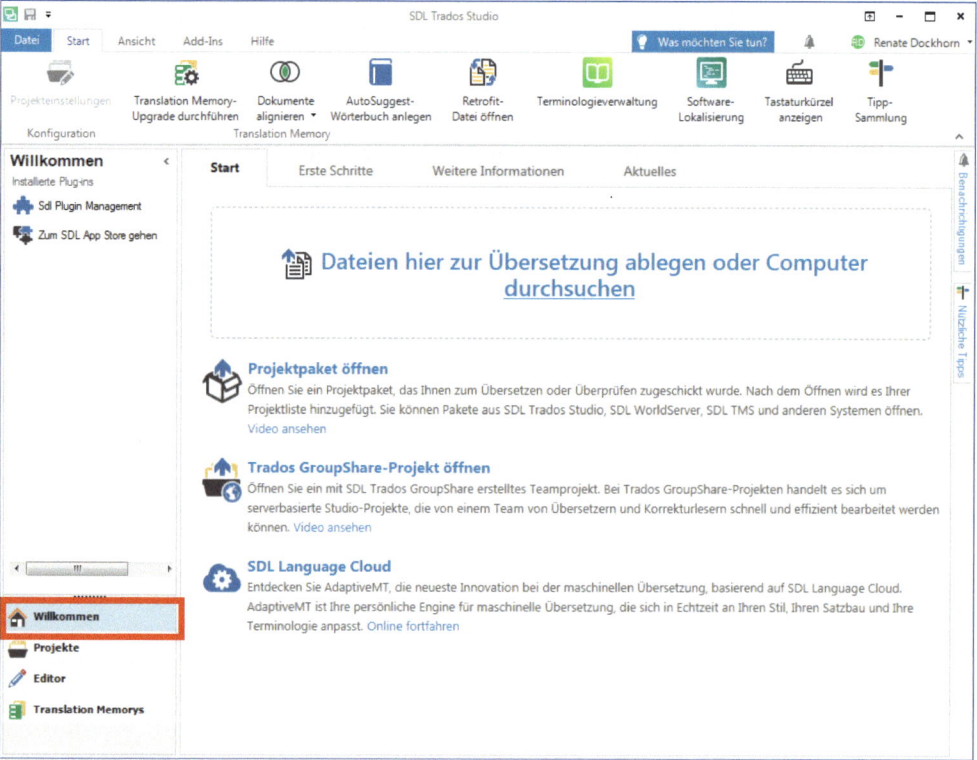

In der Ansicht **Willkommen** haben Sie im Arbeitsbereich die Möglichkeit, Dateien für die Übersetzung auszuwählen und in der Folge neue Projekte anzulegen oder Einzeldateien für die Übersetzung zu öffnen, Pakete und GroupShare-Projekte zu öffnen und auf die SDL Language Cloud zuzugreifen. Darüber hinaus finden Sie im Arbeitsbereich der Ansicht **Willkommen** die Registerkarten **Erste Schritte**, **Weitere Informationen** und **Aktuelles**, die Kurzanleitungen, Videos und aktuelle Informationen für den Einstieg in SDL Trados Studio 2019 enthalten.

Weitere wichtige Funktionen in der Ansicht **Willkommen**:

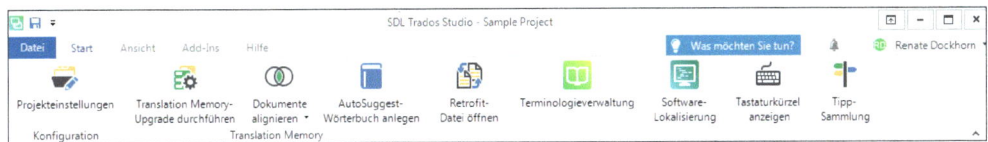

- Projekteinstellungen
- Aktualisieren (Upgraden) von Translation Memorys
- Dokumente alignieren
- AutoSuggest-Wörterbücher anlegen (Version Professional oder mit separatem SDL AutoSuggest Creator Add-on in der Freelance-Version)
- Retrofit-Datei öffnen (Aktualisieren der *.sdlxliff-Datei aus lektorierter Zieldatei)
- Terminologieverwaltung
- Softwarelokalisierung (nur aktiv, wenn SDL Passolo installiert ist)
- Tastaturkürzel anzeigen und bei Bedarf drucken
- Benachrichtigungen zu Upgrades
- Tipp-Sammlung

Ansicht Projekte

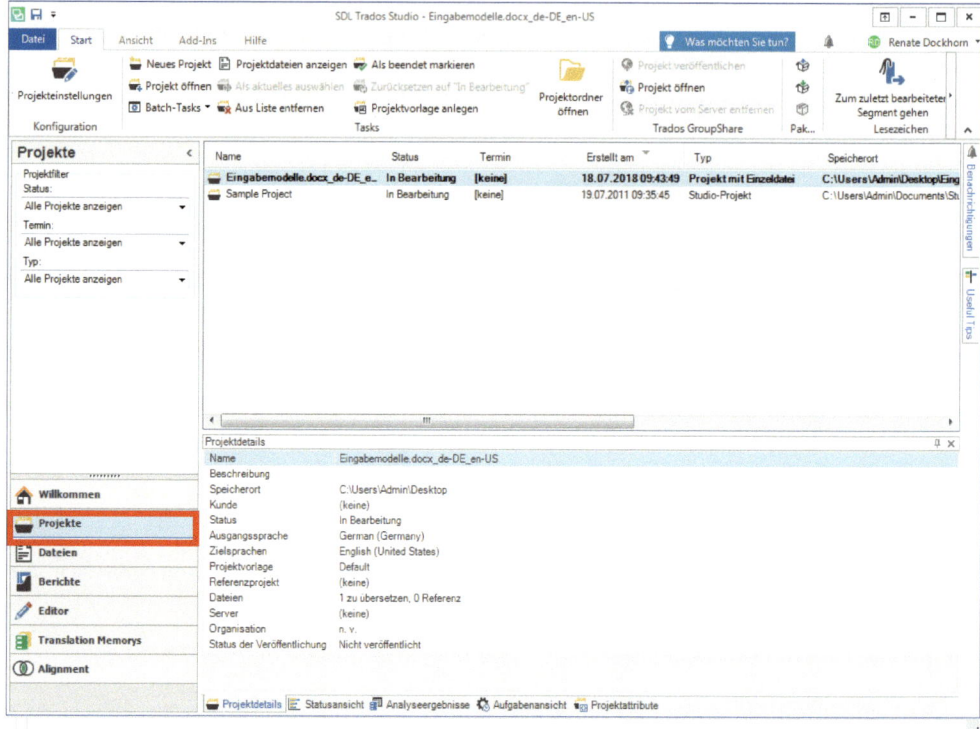

In der Ansicht **Projekte** erhalten Sie im Arbeitsbereich eine Projektübersicht. Das für die Bearbeitung aktive Projekt ist in Fettdruck dargestellt. Dokumente, die in SDL Trados Studio 2019 mit der Option **Als einzelnes Dokument übersetzen** ohne Projektanlage für die Übersetzung geöffnet werden, erhalten in dieser Ansicht unter **Typ** die Bezeichnung **Projekt mit Einzeldatei**, in SDL Trados Studio 2019 angelegte Projekte den Typ **Studio-Projekt**.

Am unteren Rand des Arbeitsbereichs sind in der Ansicht **Projekte** fünf Registerkarten mit den dazugehörigen Fenstern aufgeführt. Der Benutzer erhält auf diesen Registerkarten folgende Informationen:

- Projektdetails
- Statusansicht
- Analyseergebnisse
- Aufgabenansicht
- Projektattribute

des gesamten aktiven Projekts und hat die Möglichkeit, zwischen den verschiedenen Registerkarten zu wechseln.

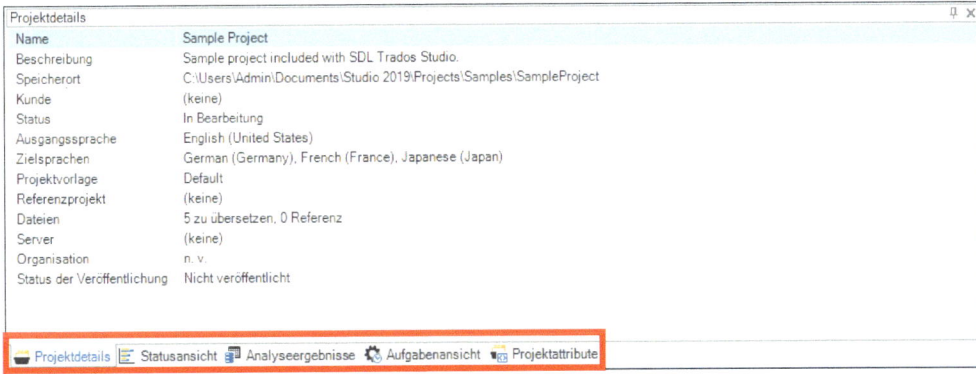

Weitere wichtige Funktionen in der Ansicht **Projekte**:

- Projekteinstellungen
- Anlegen von Projekten (Neues Projekt)
- Öffnen von Projekten und Paketen
- Batch-Tasks
- Projekte als beendet markieren und aus der Liste entfernen
- Anlegen von Projektvorlagen
- Erstellen (Version Professional) und Öffnen von Paketen
- Lesezeichen

Ansicht Dateien

Die Ansicht **Dateien** ist nach dem Öffnen eines Projekts der Bereich, in dem eine oder mehrere Dateien des aktiven Projekts für die Übersetzung/Überprüfung im Editor ausgewählt werden. In der Ansicht **Dateien** sind im Arbeitsbereich alle Dateien eines aktiven Projekts aufgeführt.

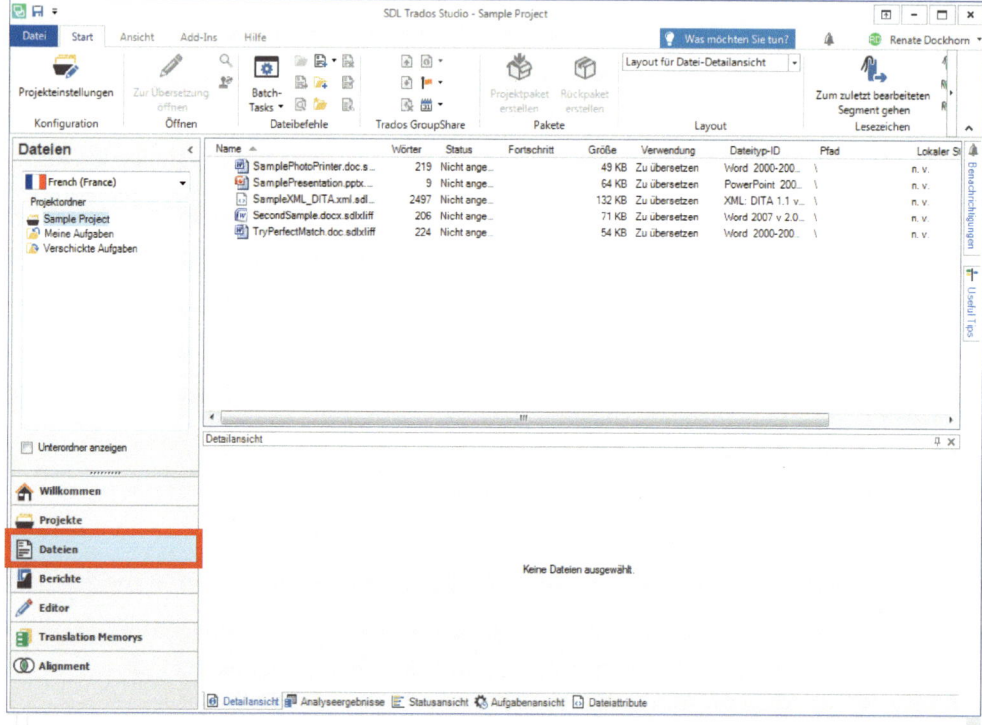

In der Ansicht **Dateien** erhält der Benutzer unter dem Arbeitsbereich eine **Detailansicht**, **Analyseergebnisse**, eine **Statusansicht**, eine **Aufgabenansicht** und **Dateiattribute**. Diese Informationen werden angezeigt, sobald eine Datei in der Übersicht angeklickt wird, sodass sie farbig unterlegt ist. Auch hier hat der Benutzer die Möglichkeit, zwischen den einzelnen Registerkarten zu wechseln.

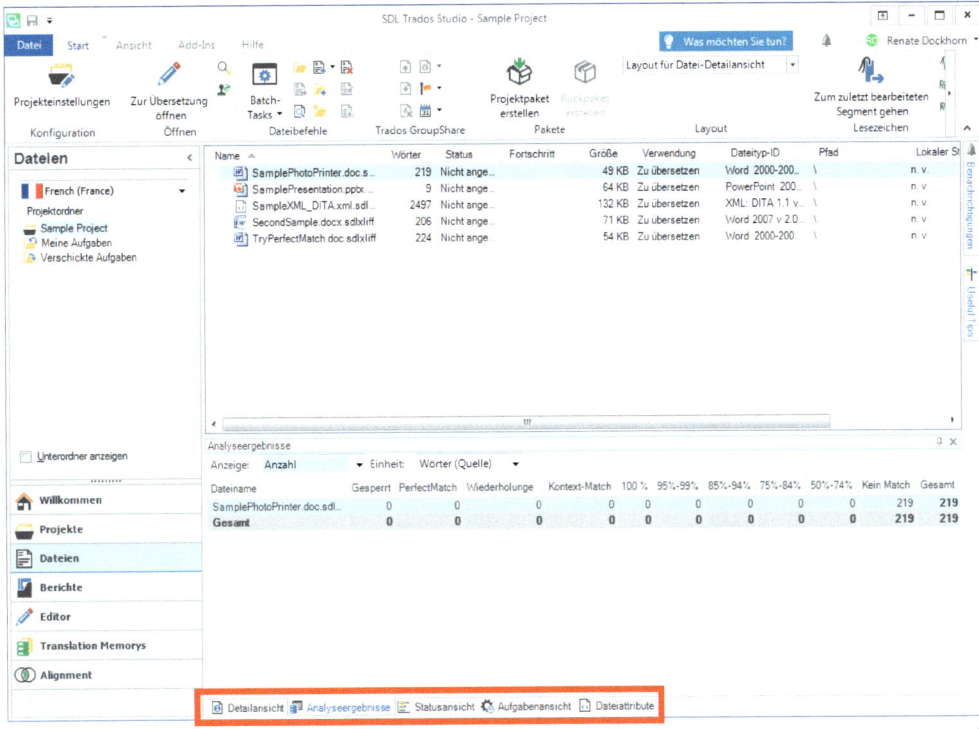

Weitere wichtige Funktionen in der Ansicht **Dateien**:

- Projekteinstellungen
- Öffnen von Dateien für die Übersetzung, Überprüfung oder Freigabe
- Batch-Tasks
- Hinzufügen, Aktualisieren und Löschen von Dateien nach der Projektanlage
- Einchecken, Auschecken, Ändern und Zuweisen von Phasen in Trados GroupShare
- Erstellen von Paketen (Version Professional) und Rückpaketen
- Auswählen von Layouts
- Lesezeichen

Ansicht Berichte

In der Ansicht **Berichte** werden im Arbeitsbereich Berichte zu den Batch-Tasks **Analyse** und **Dateien vorübersetzen** und ggf. weiteren ausgeführten Batch-Tasks angezeigt, die entweder bei der Projektanlage oder durch das Ausführen von Batch-Tasks erzeugt werden. Die Auswahl der Berichte erfolgt in der Navigationsleiste.

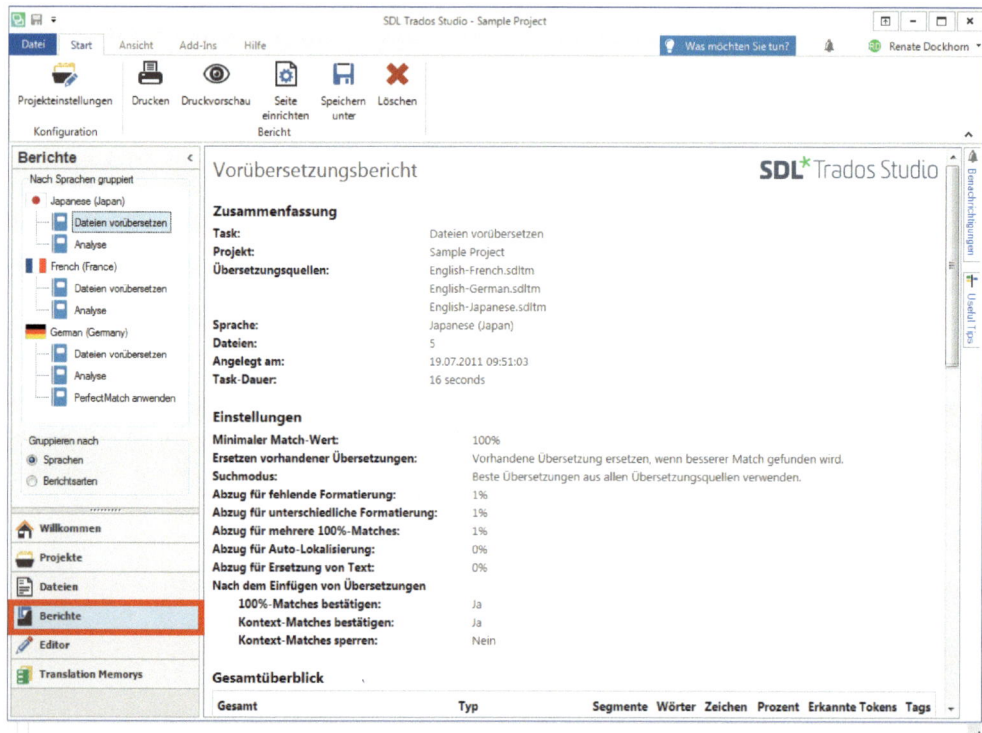

Über das Anzeigen der Berichte hinaus ist in der Ansicht **Berichte** auf der Registerkarte **Start** in der Gruppe **Bericht** → **Speichern unter** das Abspeichern von Berichten in verschiedenen Formaten möglich.

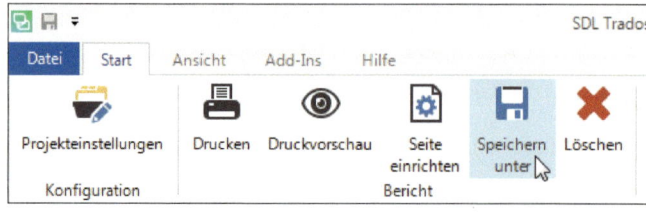

Ansicht Editor

Die Ansicht **Editor** ist in SDL Trados Studio 2019 die Benutzeroberfläche für Übersetzungen, Überprüfungen und Freigaben.

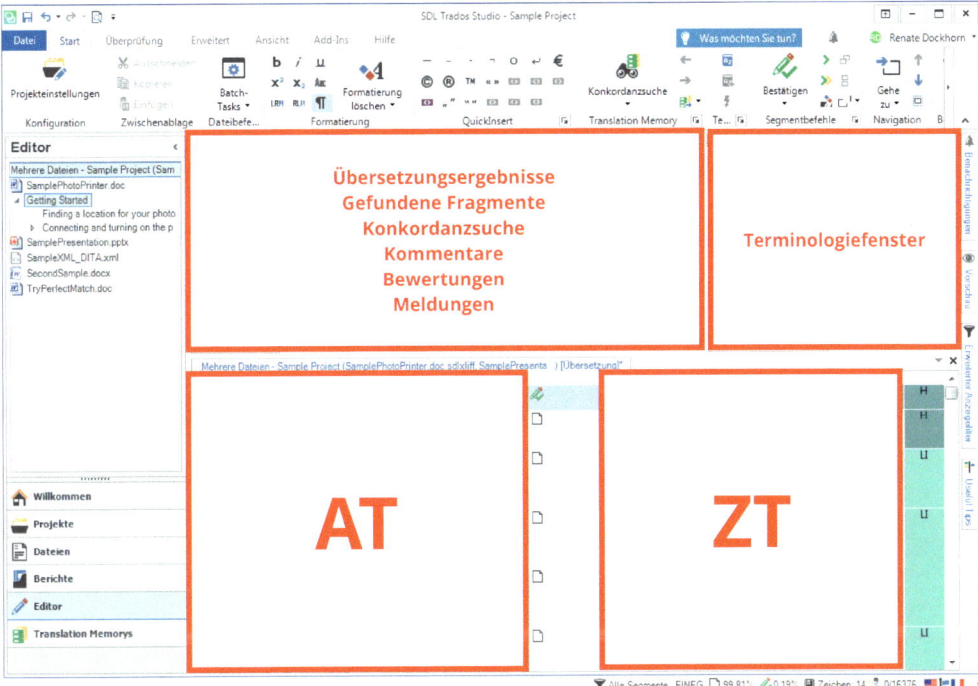

Wie bereits im Kapitel **Benutzeroberfläche** erwähnt, verfügt die Ansicht **Editor** über zwei Registerkarten mehr als die anderen Ansichten: **Datei**, **Start**, **Überprüfung**, **Erweitert**, **Ansicht**, **Add-Ins** und **Hilfe**, sobald eine oder mehrere Datei(en) in der Ansicht **Editor** geöffnet ist/sind.

Unterhalb der Registerkarten und Gruppen befindet sich ein Fenster mit sechs Registerkarten:

- Übersetzungsergebnisse
- Gefundene Fragmente
- Konkordanzsuche
- Kommentare
- Bewertungen
- Meldungen

Mit einem Klick auf die jeweilige Registerkarte haben Sie die Möglichkeit, zwischen den Registerkarten und dem zu der jeweiligen Registerkarte gehörigen Fenster zu wechseln.

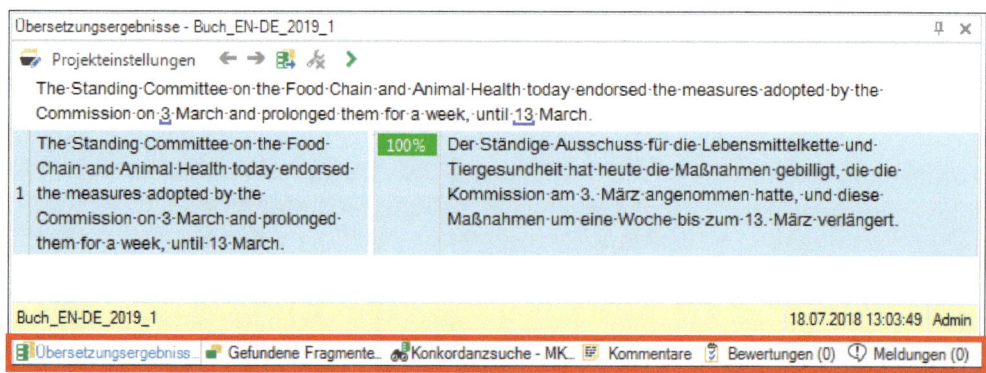

Fenster Übersetzungsergebnisse

Im Fenster **Übersetzungsergebnisse** werden mögliche Übereinstimmungen eines neuen Segments mit einer bereits im Translation Memory enthaltenen Übersetzungseinheit angezeigt. Das neue ausgangssprachliche Segment ist als Standard über der bereits im Translation Memory enthaltenen Übersetzungseinheit aufgeführt, der Prozentsatz zwischen dem ausgangs- und zielsprachlichen Segment in der Übersetzungseinheit weist auf den Prozentsatz der Übereinstimmung hin.

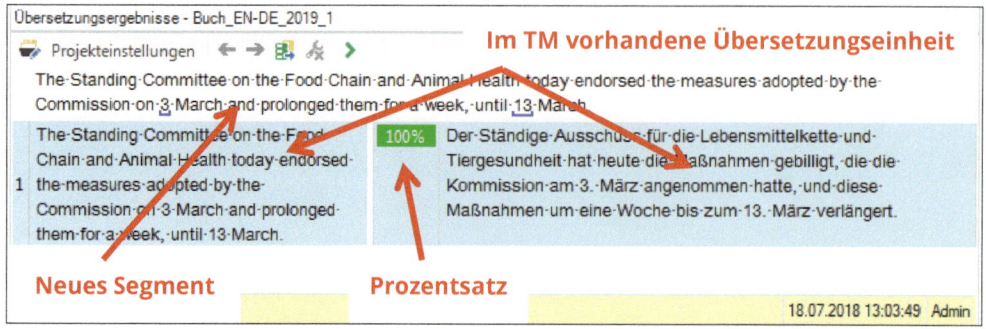

Am unteren Rand des Fensters **Übersetzungsergebnisse** wird auf der linken Seite auf dem gelben Balken angezeigt, in welchem Translation Memory eine angezeigte Übersetzungseinheit abgelegt ist.

Auf der rechten Seite erscheinen Datum und Zeit, an dem/zu der die Übersetzungseinheit angelegt wurde, und die ID des Verfassers.

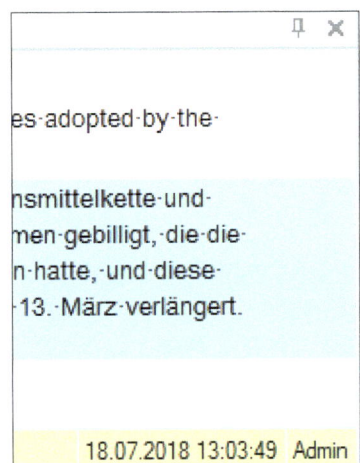

Fenster gefundene Fragmente

Im Fenster **Gefundene Fragmente** werden von SDL Trados Studio 2019 im Translation Memory in einer Übersetzungseinheit ermittelte Fragmente angezeigt. Entweder wenn es sich um ganze Übersetzungseinheiten handelt oder wenn das Translation Memory groß genug für eine Fragmentsuche innerhalb von Übersetzungseinheiten ist, ein Übersetzungsmodell erstellt wurde und der Fragment-Alignment-Status entsprechend aktiviert ist. Das Fragment-basierte Alignment für Teile von Übersetzungseinheiten ist verfügbar, wenn Translation Memorys über 1000 Übersetzungseinheiten oder mehr verfügen. Eine gute Leistung wird ab 5000 Übersetzungseinheiten erreicht. Die Ergebnisse der Fragmentsuche können mit einem Klick auf die Schaltfläche **Erkanntes Fragment einfügen** in das aktive zielsprachliche Segment übernommen werden.

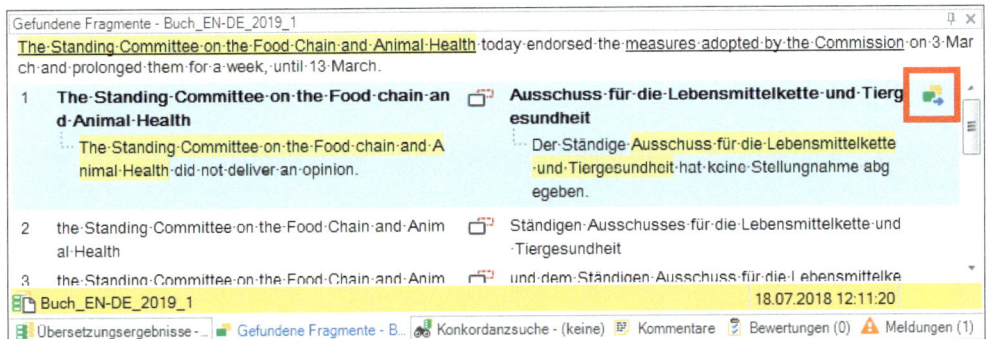

Fenster Konkordanzsuche

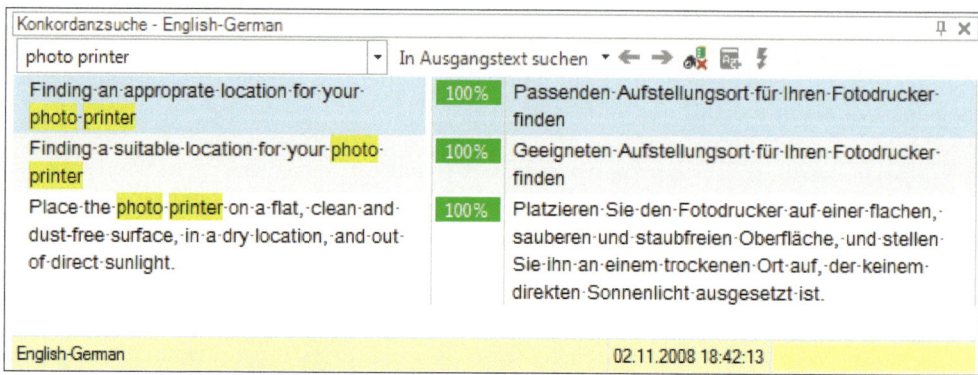

Über die Konkordanzsuche können einzelne Wörter oder Wortfolgen, die für den Übersetzungs- oder Überprüfungsprozess relevant sind, im Translation Memory durch Markieren einer Benennung im ausgangs- oder zielsprachlichen Segment und Drücken von F3 gesucht werden.

Klicken Sie alternativ in der Ansicht **Editor** auf der Registerkarte **Start** in der Gruppe **Translation Memory** auf den kleinen Pfeil unter **Konkordanzsuche**, um eine Konkordanzsuche entweder in der Ausgangs- oder der Zielsprache durchzuführen.

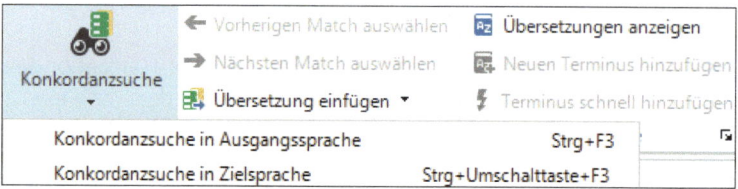

Eine Konkordanzsuche kann zum einen von Vorteil sein, wenn kundenspezifische Fachterminologie in einem bestehenden Translation Memory gesucht werden soll, die nicht in SDL MultiTerm 2019 eingetragen ist, zum anderen ist die Konkordanzsuche ein wichtiges Hilfsmittel, um ein Translation Memory auf die konsistente Verwendung von Terminologie in der Übersetzung zu untersuchen. Weitere Informationen zur Konkordanzsuche erhalten Sie im Kapitel **Spezifika im Übersetzungsprozess** → **Punkt 19: Konkordanzsuche**.

Fenster Kommentare

Im Fenster **Kommentare** werden alle Zieltextkommentare aufgelistet, die ein Benutzer bei der Arbeit in SDL Trados Studio 2019 in ein Dokument in der Ansicht **Editor** eingegeben hat. Klicken Sie mit der rechten Maustaste in das zielsprachliche Segment eines aktiven Segments (blau unterlegt) und wählen Sie **Kommentar hinzufügen** aus, um einen Kommentar zu einer Übersetzung hinzuzufügen.

Klicken Sie alternativ in der Ansicht **Editor** auf der Registerkarte **Überprüfung** in der Gruppe **Kommentare** auf **Kommentar hinzufügen**, um einen Kommentar hinzuzufügen.

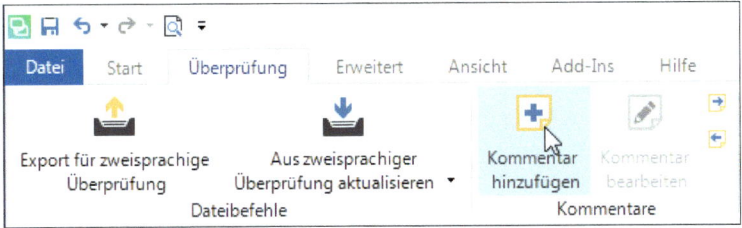

Der Kommentar erscheint nach Eingabe und Bestätigung im Fenster **Kommentare**.

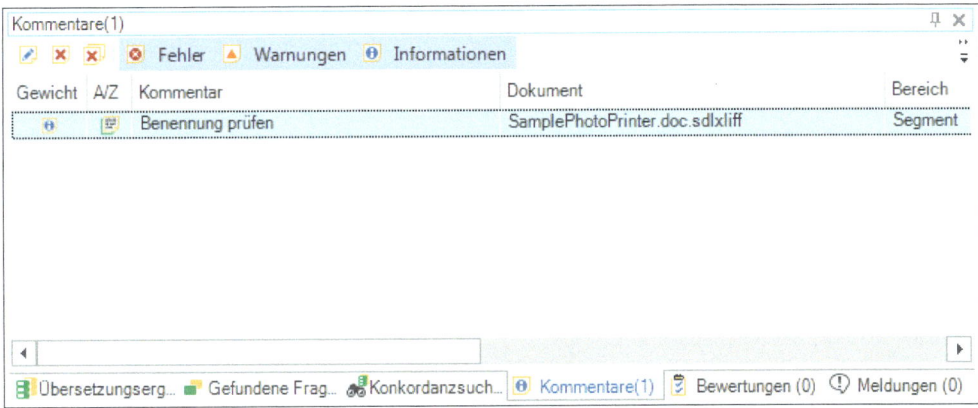

Weitere Informationen zur Arbeit mit Kommentaren erhalten Sie im Kapitel **Spezifika im Übersetzungsprozess → Punkt 18: Zieltextkommentare**.

Fenster Bewertungen

Im Fenster **Bewertungen** können Übersetzungsbewertungen, die zielsprachlichen Segmenten zugeordnet sind, angezeigt und hinzugefügt, bearbeitet oder gelöscht werden.

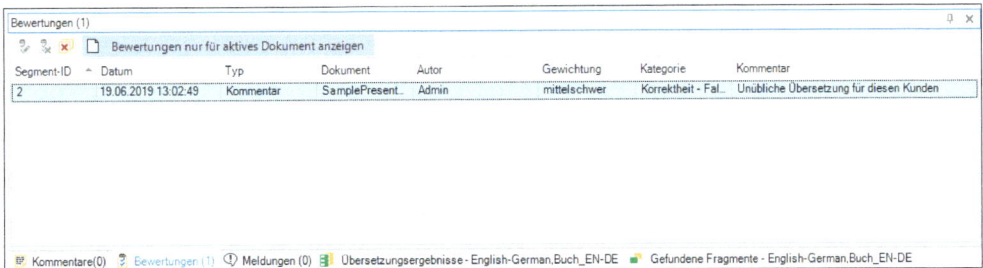

Fenster Meldungen

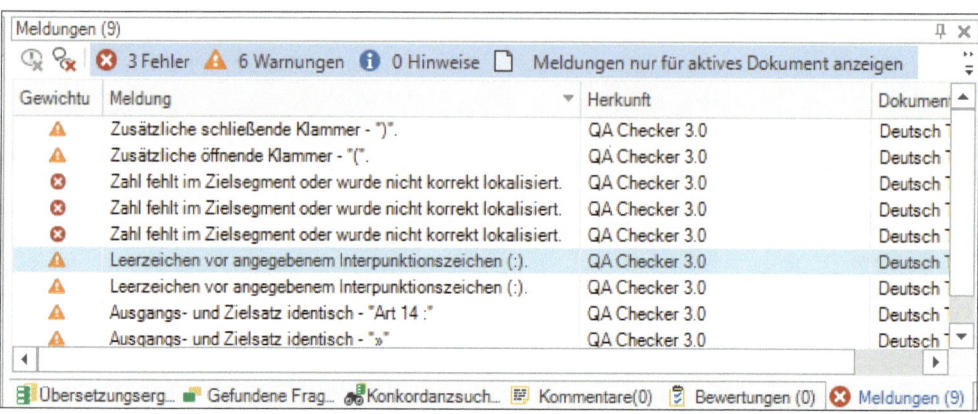

Im Fenster **Meldungen** werden beim Bestätigen von Segmenten und bei Durchführung der Qualitätssicherung in der Ansicht **Editor** auf der Registerkarte **Überprüfung** → **Qualitätssicherung** → **Prüfen** (F8) potenzielle Fehler aufgelistet, die von SDL Trados Studio 2019 anhand von vordefinierten Qualitätssicherungskriterien gefunden werden.

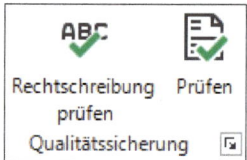

Weitere Informationen zu den Qualitätssicherungskriterien erhalten Sie im Kapitel **Qualitätssicherung** → **Schritt 3: Qualitätsprüfung**.

❗ Bitte beachten Sie, dass Rechtschreibprüfung und Qualitätsprüfung in SDL Trados Studio 2019 zwei separate Arbeitsschritte sind.

Fenster Terminologieerkennung

Rechts neben dem Fenster mit den Übersetzungsergebnissen, Fragmenterkennung, Konkordanzsuche usw. befindet sich das Fenster **Terminologieerkennung**.

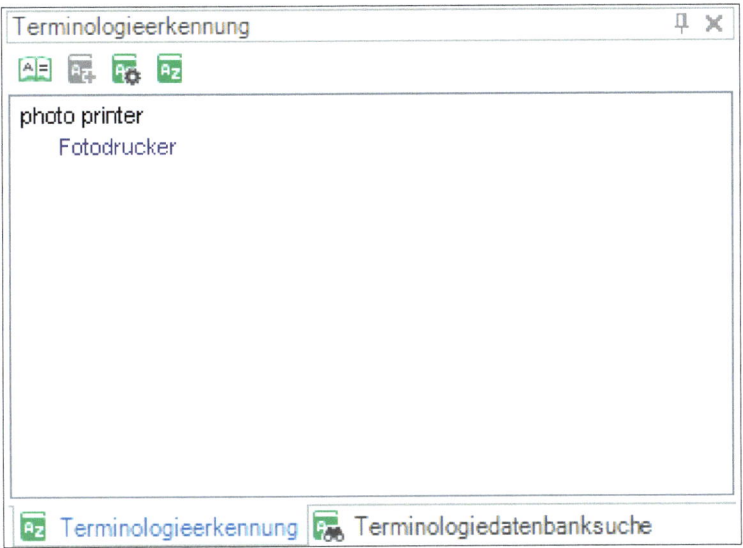

Wurden bei der Projektanlage oder später im angelegten Projekt eine oder mehrere in SDL MultiTerm 2019 angelegte Termbanken ausgewählt, prüft SDL Trados Studio 2019 bei der Übersetzung/Überprüfung in der Ansicht **Editor** bei jedem Wechsel von Segment zu Segment, ob Terminologieeinträge zu diesem Segment vorhanden sind. Die entsprechenden Benennungen erhalten im ausgangssprachlichen Segment einen roten Balken, der darauf hinweist, dass es einen Terminologieeintrag zu dieser Benennung gibt. Der gefundene Terminologieeintrag bzw. die jeweilige ausgangs- und zielsprachliche Benennung wird/werden in der Ansicht **Editor** im Fenster **Terminologieerkennung** dargestellt (siehe Abbildung oben).

Ausgangs- und Zieltext

Der eigentliche Arbeitsbereich für Übersetzung/Überprüfung und Freigabe ist in der Ansicht **Editor** als Standard unter den Fenstern für Übersetzungsergebnisse und Terminologie angeordnet. Der Ausgangstext befindet sich nach Segmenten[4] angeordnet in der linken Spalte, der Zieltext wird in der rechten Spalte eingetragen. Das jeweils blau unterlegte Segment ist das für die Übersetzung aktive Segment. Ein Wechsel zwischen den Segmenten erfolgt durch Bestätigen des zielsprachlichen Segments, die Pfeiltasten [↑] bzw. [↓] oder Klicken auf ein für die Übersetzung gewünschtes Segment.

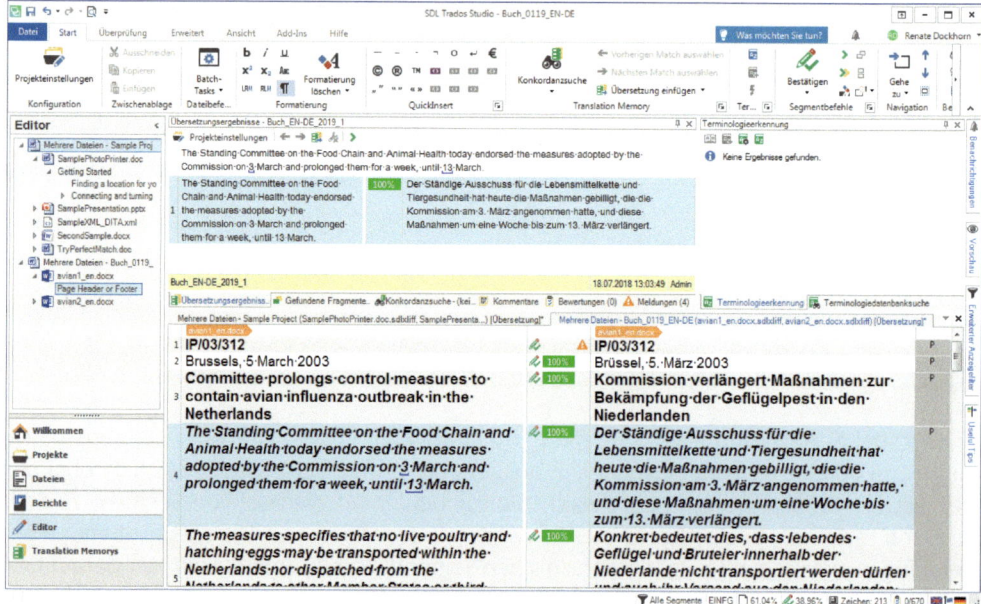

Weitere wichtige Funktionen in der Ansicht **Editor**:

- Benachrichtigungen (bei anstehenden Updates)
- Vorschau
- Anzeigefilter/Erweiterter Anzeigefilter
- Nützliche Tipps
- Projekteinstellungen
- Zwischenablage

---

[4] Man spricht von „Segmenten", nicht von „Sätzen", da die in SDL Trados Studio 2019 gespeicherten Übersetzungseinheiten nicht unbedingt aus einem Ausgangs- und einem Zielsatz bestehen, sondern zum Beispiel gegebenenfalls auch aus einer Überschrift oder einem anderen Textelement wie einer Auflistung, die nicht einem Satz entsprechen.

- Batch-Tasks
- Formatierung
- QuickInsert
- Konkordanzsuche
- Hinzufügen von Terminologie
- Bestätigen von Segmenten
- Navigation (Gehe zu)
- Suchen und Ersetzen
- Export für zweisprachige Überprüfung
- Aus zweisprachiger Überprüfung aktualisieren
- Aktualisierung aus überprüfter Zieldatei (Retrofit)
- Kommentare
- Änderungen und Bewertungen
- Qualitätssicherung
- Formatierung
- Dateibefehle
- Segmentbefehle
- AnyTM
- Lesezeichen
- Sonderzeichen

Ansicht Translation Memorys

Die Ansicht **Translation Memorys** ist für alle Aktionen rund um Translation Memorys vorgesehen:

- Datenpflege
- Anlegen von Translation Memorys
- Öffnen von Translation Memorys
- Aktualisieren (Upgraden) von Translation Memorys
- Importieren und Exportieren von Translation Memory-Daten
- Filtern von Translation Memory-Daten

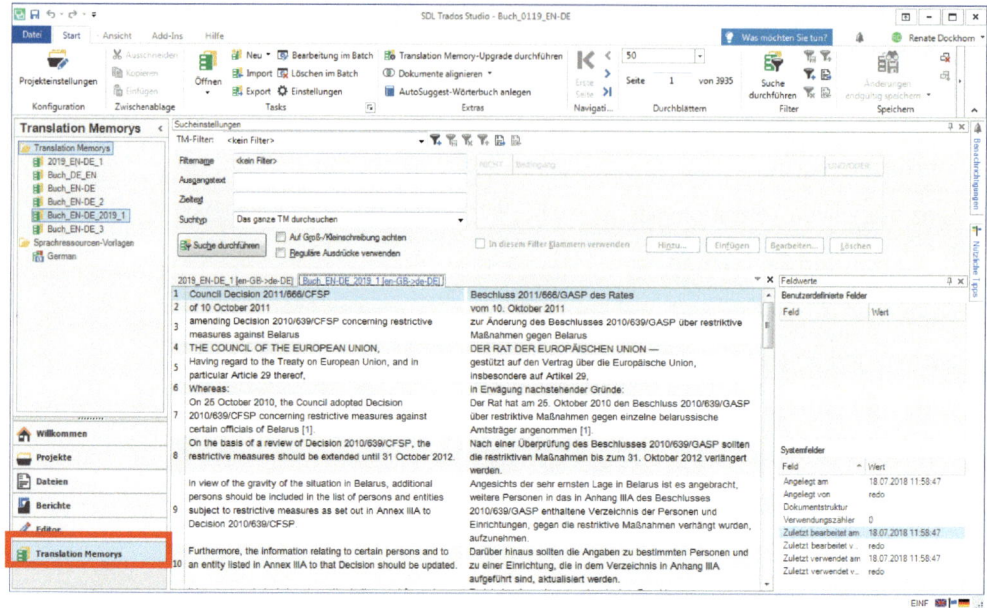

Die Multifunktionsleiste verfügt in der Ansicht **Translation Memorys** auf der Registerkarte **Start** über eine Vielzahl von Optionen; vom Öffnen eines Translation Memorys bis hin zur Suche in Translation Memorys.

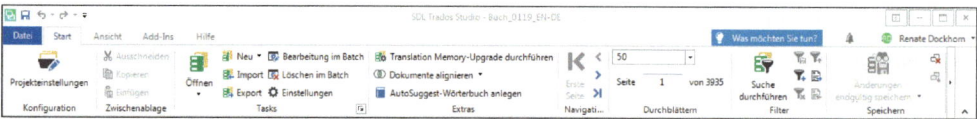

Unter der Multifunktionsleiste befindet sich das Fenster für die Suche im aktuell geöffneten Translation Memory. Dabei ist es möglich, mit und ohne Filter zu arbeiten und im Ausgangs- oder Zieltext zu suchen.

Unter dem Fenster für die Sucheinstellungen sind in der Ansicht **Translation Memorys** im Arbeitsbereich die Übersetzungseinheiten eines geöffneten Translation Memorys aufgelistet.

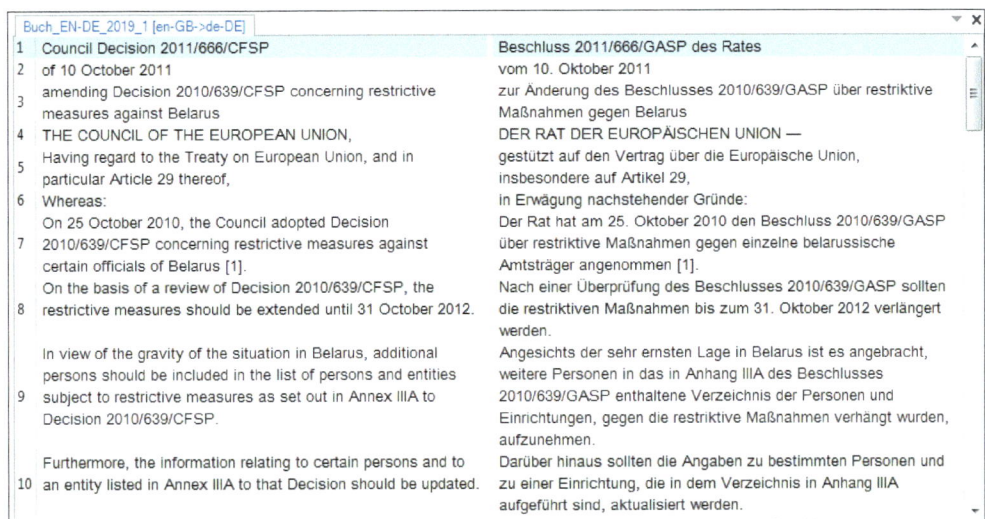

Sie können manuell bearbeitet und durchsucht werden und eine Bearbeitung mit **Suchen und Ersetzen** ist für einzelne Seiten möglich,

wobei die Anzahl der Übersetzungseinheiten pro Seite angezeigter Übersetzungseinheiten zwischen 50 und 1000 Übersetzungseinheiten eingestellt werden kann.

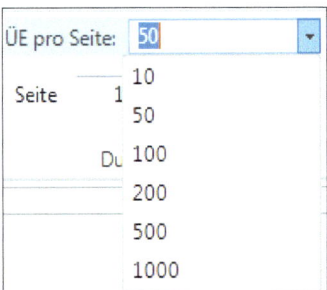

Darüber hinaus können Übersetzungseinheiten im gesamten Translation Memory in der Ansicht **Translation Memorys** auf der Registerkarte **Start** in der Gruppe **Tasks** mit der Option **Bearbeitung im Batch** bearbeitet werden.

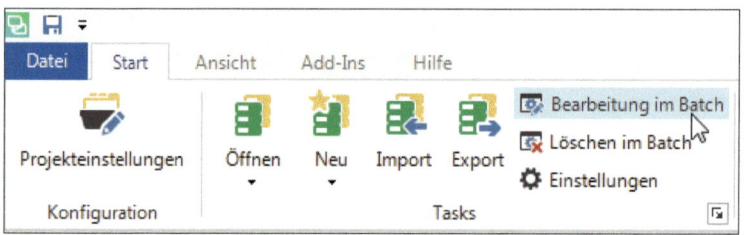

Rechts neben dem Fenster für die Übersetzungseinheiten befinden sich die benutzerdefinierten Felder und Systemfelder, die für jede einzelne Übersetzungseinheit vergeben bzw. gespeichert werden. Benutzerdefinierte Felder sind nur dann vorhanden, wenn für das Translation Memory spezifische Werte definiert wurden oder ein Alignment vorgenommen wurde. Systemfelder wie **Angelegt am**, **Angelegt von** werden vom System automatisch vergeben und zusammen mit der Übersetzungseinheit (bestehend aus Ausgangs- und Zielsegment) abgespeichert.

Ansicht Alignment

Die Ansicht **Alignment** erscheint nur dann in der Liste der Ansichten, wenn ein Alignment durchgeführt wurde und für die Bearbeitung geöffnet ist.

Die Multifunktionsleiste enthält Optionen für die Bearbeitung eines Alignments. Im Arbeitsbereich sind auf der linken Seite die Segmente des Ausgangstextes, auf der rechten Seite die Segmente des Zieltextes aufgeführt, die im Alignment von SDL Trados Studio 2019 durch Linien zugeordnet wurden und deren Zuordnung im Arbeitsbereich in der Ansicht **Alignment** geprüft werden kann, bevor die einander zugeordneten Segmente in Form von Übersetzungseinheiten in ein Translation Memory importiert oder als *.sdlxliff-Datei gespeichert werden. In der Navigationsleiste wird der Name des aktuell für die Bearbeitung geöffneten (oder der aktuell geöffneten) Alignments angezeigt.

Weitere Informationen zu Alignments erhalten Sie im Kapitel **Alignment**.

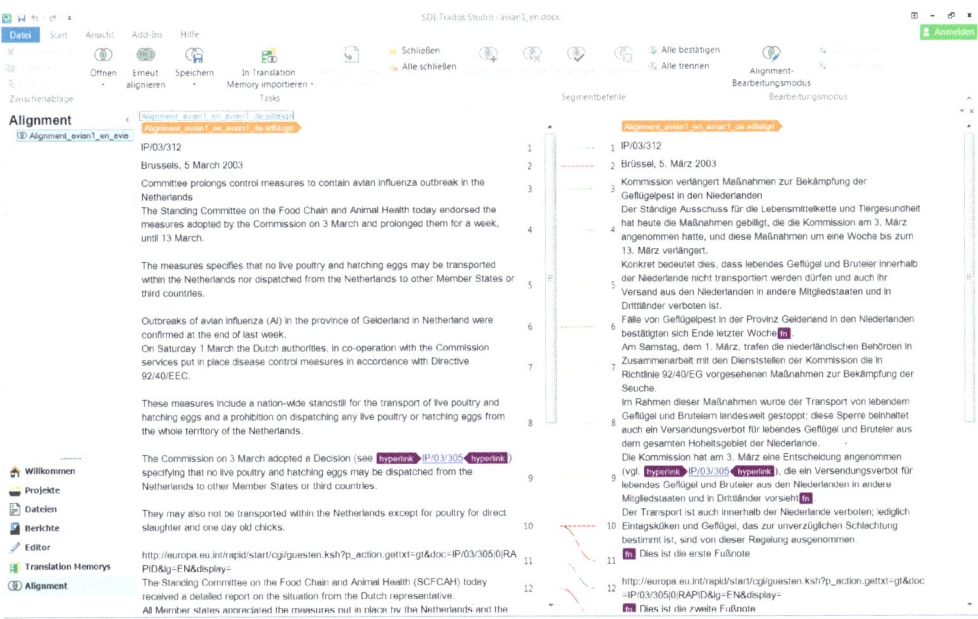

Schaltflächen: Was möchten Sie tun / Nützliche Tipps

Was möchten Sie tun? (Tell me)

Was möchten Sie tun (Tell me) ist eine in SDL Trados Studio 2019 neu eingeführte Funktion in Form einer Schaltfläche, über die der Benutzer eine Suche durchführen kann, die etwas komfortabler als die Hilfe ist, da SDL Trados Studio 2019 nach Eingabe der Suche eine Liste mit Befehlen, Optionen und Projekteinstellungen ausgibt und gleichzeitig die Möglichkeit zur Suche in der Hilfe anbietet, auf die der Benutzer entsprechend zugreifen kann.

Die blaue Schaltfläche **Was möchten Sie tun** befindet sich in allen Ansichten oben rechts auf der Benutzeroberfläche.

Nach Klicken auf die Schaltfläche öffnet sich das Dialogfeld für die Eingabe der Suche. Nach Eingabe des Suchbegriffs öffnet sich eine Ergebnisliste, aus der der Benutzer auswählen oder sich zur Hilfe weiterleiten lassen kann.

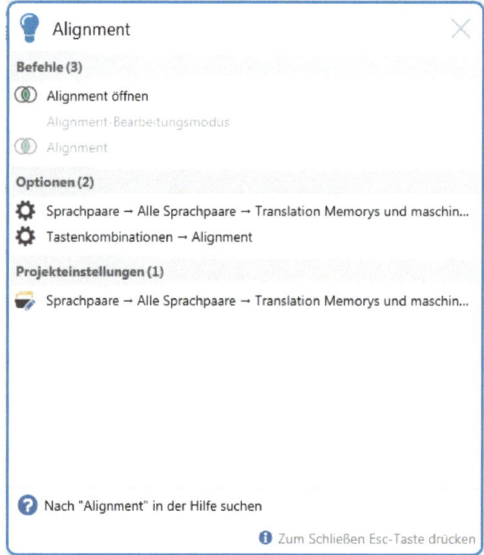

Nützliche Tipps (Walk me)

Die Funktion **Nützliche Tipps** (Walk me) ist in jeder Ansicht am rechten Bildschirmrand in Form einer Schaltfläche integriert. Sie bietet dem Benutzer Tipps für die Arbeit in der jeweiligen Ansicht.

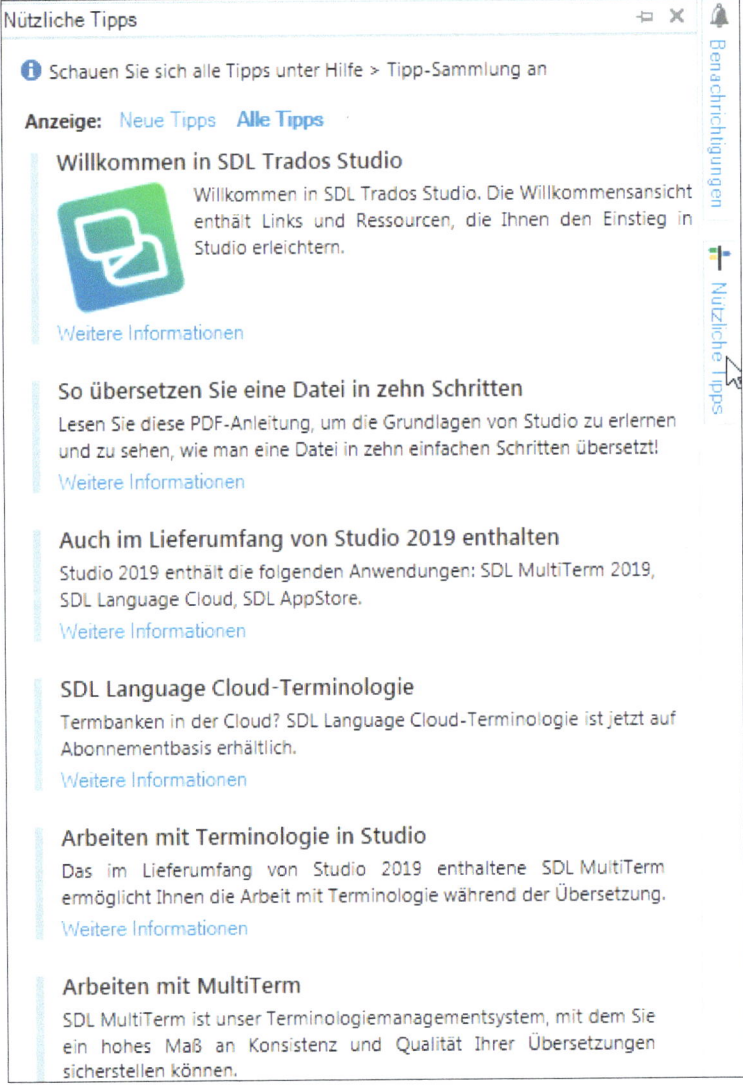

Über die nützlichen Tipps in den jeweiligen Ansichten hinaus ist in die Ansicht **Willkommen** auf der Registerkarte **Start** in der Gruppe **Translation Memory** eine Tipp-Sammlung integriert, die alle nützlichen Tipps umfasst.

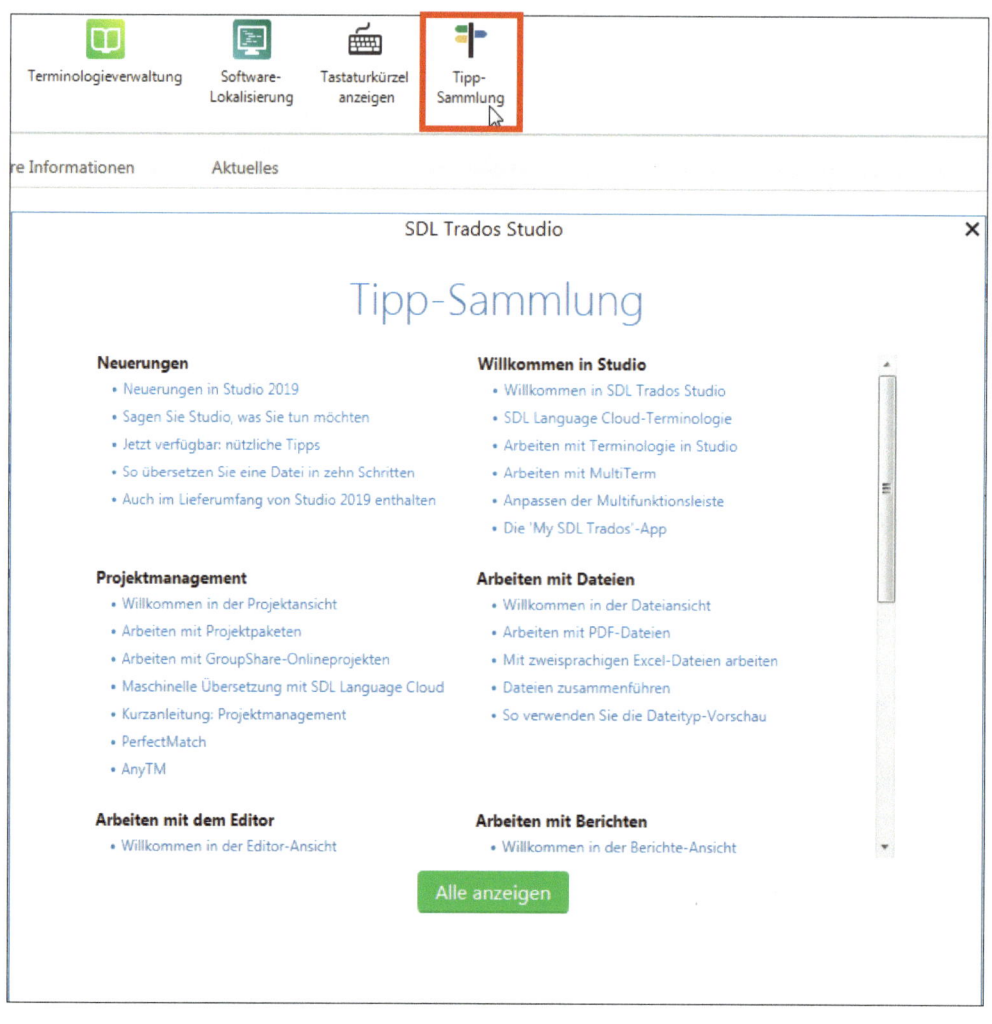

Vor dem ersten Projekt

In der Praxis hat es sich bewährt, einige Einstellungen bereits vor der ersten Projektanlage vorzunehmen, um die Sprache der Benutzeroberfläche, das optische Erscheinungsbild und die Optionen für die Arbeit in SDL Trados Studio 2019 festzulegen.

Ändern der Dialogsprache

Sie haben in SDL Trados Studio 2019 die Möglichkeit, die Dialogsprache für die Benutzeroberfläche anzupassen und zwischen den in der nachfolgenden Abbildung aufgeführten Sprachen zu wählen.

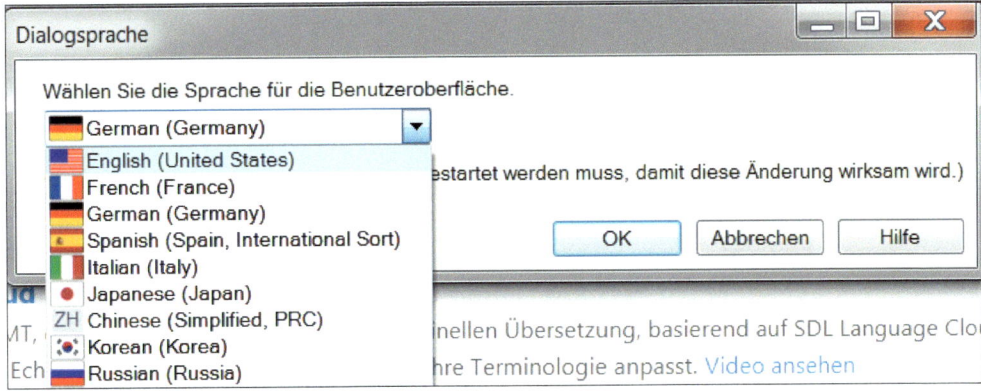

❗ Bitte beachten Sie dabei, dass mit dieser Option die Sprache für die Benutzeroberfläche, nicht die Ausgangs- und Zielsprache in den Projekten geändert wird.

Klicken Sie in einer beliebigen Ansicht auf der Registerkarte **Ansicht** in der Gruppe **Benutzeroberfläche** auf **Dialogsprache**.

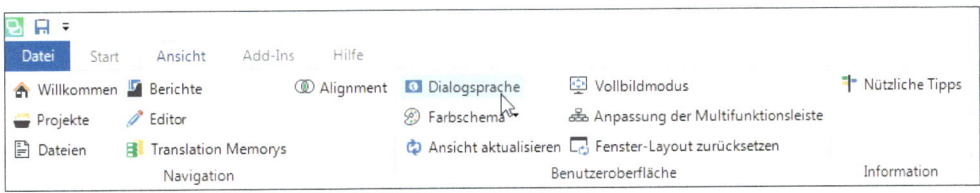

Das Dialogfeld **Dialogsprache** öffnet sich. Klicken Sie auf den kleinen Pfeil nach unten unter **Wählen Sie die Sprache für die Benutzeroberfläche**.

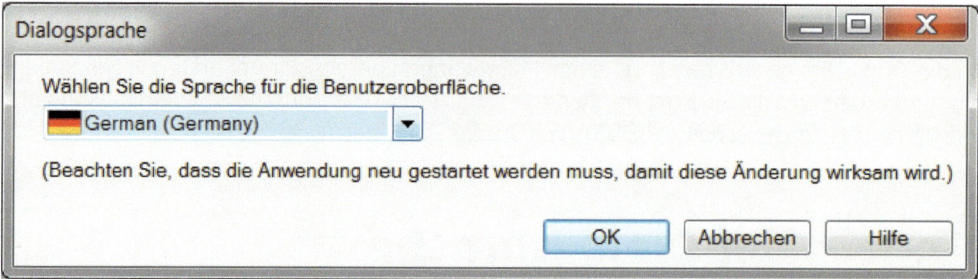

Wählen Sie aus der sich öffnenden Dropdown-Liste die gewünschte Sprache aus den möglichen Sprachen für die Benutzeroberfläche aus.

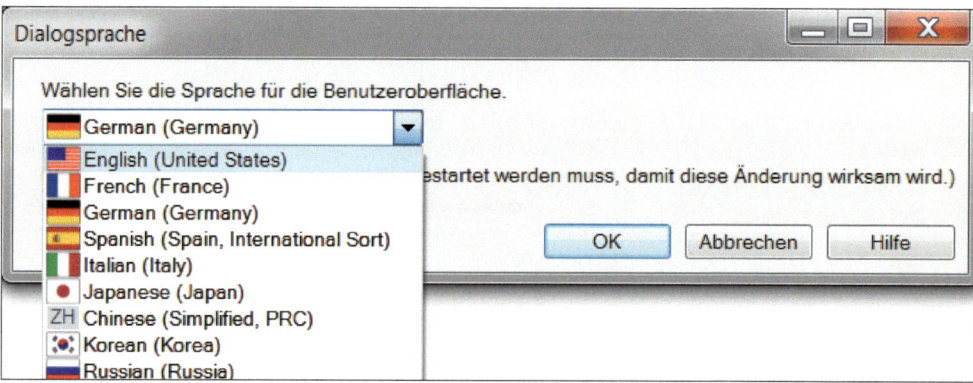

Klicken Sie auf **OK**, um die Auswahl zu bestätigen.

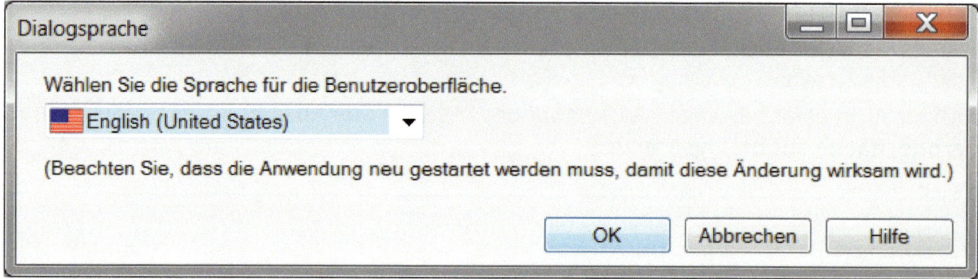

Ändern der Dialogsprache

SDL Trados Studio 2019 öffnet das Dialogfeld **Frage** und weist darauf hin, dass die Änderung der Dialogsprache erst nach dem Neustart der Anwendung wirksam wird. Klicken Sie auf **Ja**, damit SDL Trados Studio 2019 erneut mit der geänderten Dialogsprache geöffnet wird.

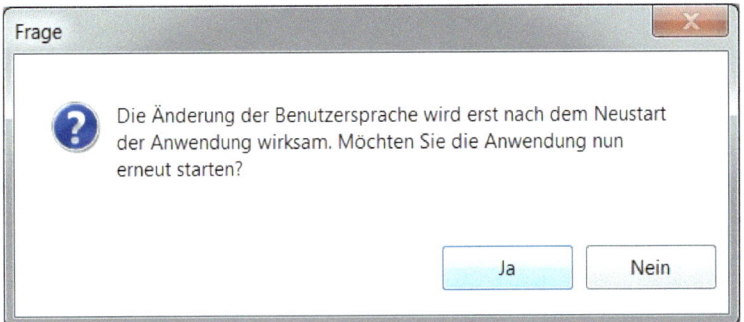

SDL Trados Studio 2019 wird neu gestartet und öffnet sich mit der neuen Benutzeroberfläche in der ausgewählten Dialogsprache.

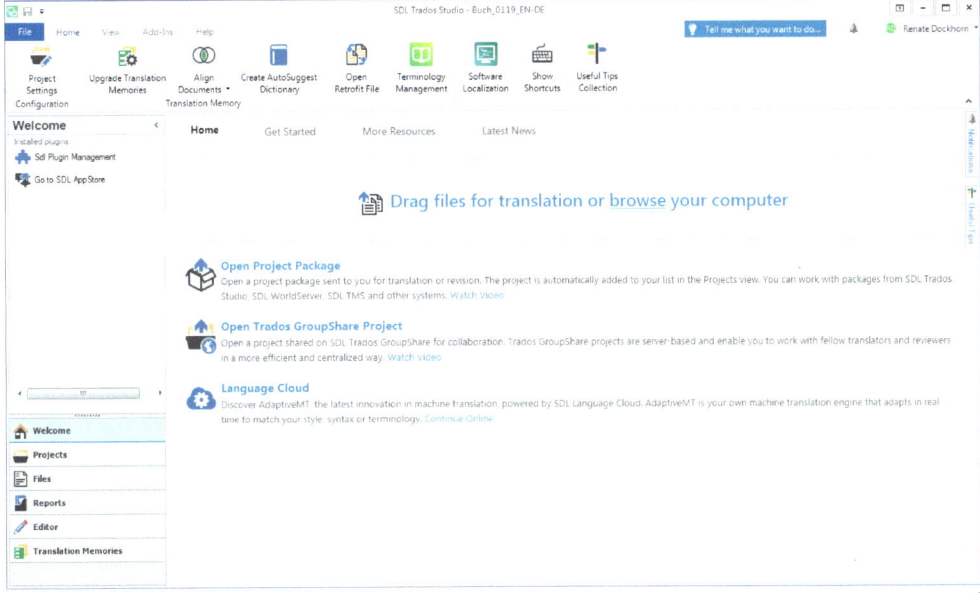

Ändern des Farbschemas

SDL Trados Studio 2019 bietet drei verschiedene Farbschemata für die Benutzeroberfläche(n). Das als Standard eingestellte Farbschema Weiß, Dunkelgrau und Hellgrau. Die Einstellung erfolgt in einer beliebigen Ansicht auf der Registerkarte **Ansicht** in der Gruppe **Benutzeroberfläche → Farbschema**.

Klicken Sie auf den kleinen Pfeil nach unten rechts neben **Farbschema** und klicken Sie in der sich öffnenden Dropdown-Liste auf das gewünschte Farbschema. Das Farbschema wird unmittelbar übernommen.

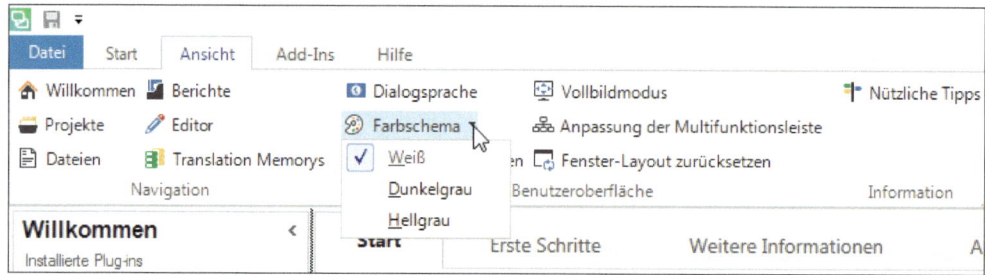

Einstellen von Optionen für die Arbeit in der Ansicht Editor

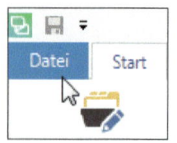

Der Bereich **Optionen** spielt eine besondere Rolle in SDL Trados Studio 2019, da in diesem viele Einstellungen vorgenommen werden können. Sie befinden sich auf der Registerkarte **Datei → Optionen** und umfassen eine Vielzahl an Einstellungsmöglichkeiten. In diesem Kapitel werden die Einstellungen für die Ansicht **Editor** behandelt, in weiteren Kapiteln Einstellungen zu AutoSuggest, Qualitätsprüfung und Übersetzungsbewertung.

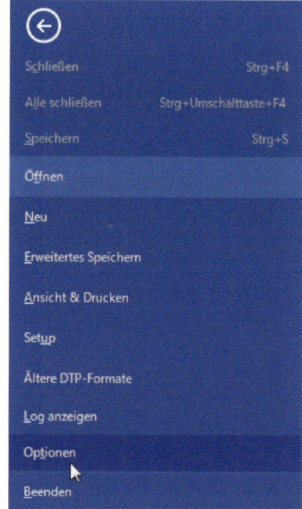

Einstellen von Optionen für die Arbeit in der Ansicht Editor

 Klicken Sie zunächst auf der Registerkarte **Datei** auf **Optionen**, um die Übersicht über die Optionen zu öffnen. Das Dialogfeld **Optionen** öffnet sich.

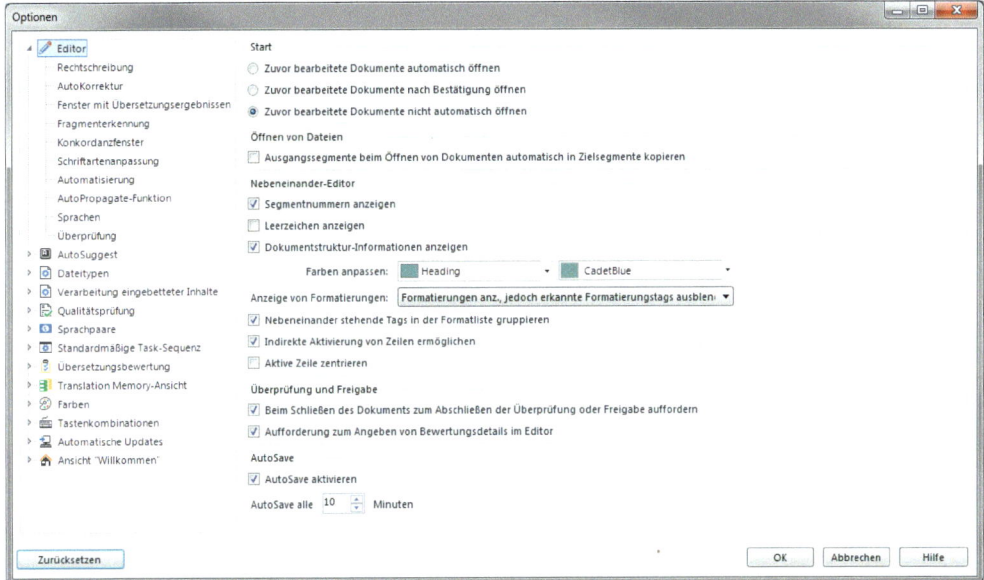

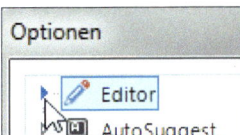 Die Einstellungen für die Ansicht **Editor** befinden sich im oberen Bereich der **Optionen**. Sie können durch Klicken auf den kleinen Pfeil nach rechts neben **Editor** heruntergeklappt werden.

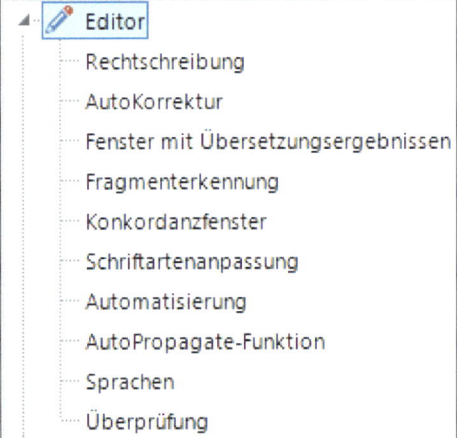

Auf der ersten Registerkarte haben Sie im Bereich **Start** die Möglichkeit festzulegen, ob zuvor bearbeitete Dokumente automatisch, nach Bestätigung oder nicht geöffnet werden sollen. Als Standard werden zuvor geöffnete Dokumente nicht automatisch geöffnet und Studio öffnet sich nach dem Start in der Ansicht **Willkommen**.

```
Start
○ Zuvor bearbeitete Dokumente automatisch öffnen
○ Zuvor bearbeitete Dokumente nach Bestätigung öffnen
◉ Zuvor bearbeitete Dokumente nicht automatisch öffnen
```

Im Bereich **Öffnen von Dateien** können Sie festlegen, ob SDL Trados Studio 2019 alle Ausgangssegmente beim Öffnen von Dokumenten automatisch in die Zielsegmente kopieren soll. Als Standard ist diese Funktion nicht aktiviert.

```
Öffnen von Dateien
☐ Ausgangssegmente beim Öffnen von Dokumenten automatisch in Zielsegmente kopieren
```

Im Bereich **Nebeneinander-Editor** legen Sie fest, ob Segmentnummern, Leerzeichen und Informationen zur Dokumentstruktur angezeigt werden sollen und Sie haben die Möglichkeit, die Farben anzupassen, die den jeweiligen Dokumentstruktur-Informationen zugeordnet sind.

Unter **Anzeige von Formatierungen:** wird festgelegt, wie Formatierungen/Formatierungstags angezeigt werden. Als Standard stellt SDL Trados Studio 2019 Formatierungen dar, erkannte Formatierungstags werden jedoch ausgeblendet.

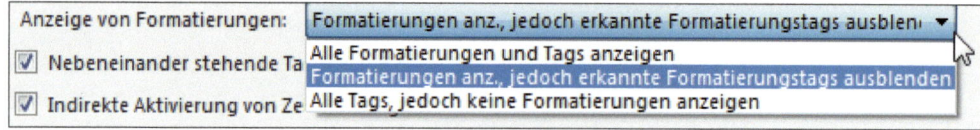

Darüber hinaus werden/wird

- nebeneinander stehende Tags in der Formatliste gruppiert, um dem Benutzer das Übertragen in die zielsprachlichen Segmente zu erleichtern
- die indirekte Aktivierung von Zeichen ermöglicht, damit jede Zeile, in welche der Benutzer den Cursor setzt, bzw. in welche der Benutzer wechselt, automatisch aktiv wird
- und es besteht die Möglichkeit, die Option **Aktive Zeile zentrieren** zu aktivieren, damit die aktive, blau unterlegte Zeile immer in der Mitte des Bildschirms für die Übersetzung/Überprüfung bleibt. Diese Option ist als Standard nicht aktiv.

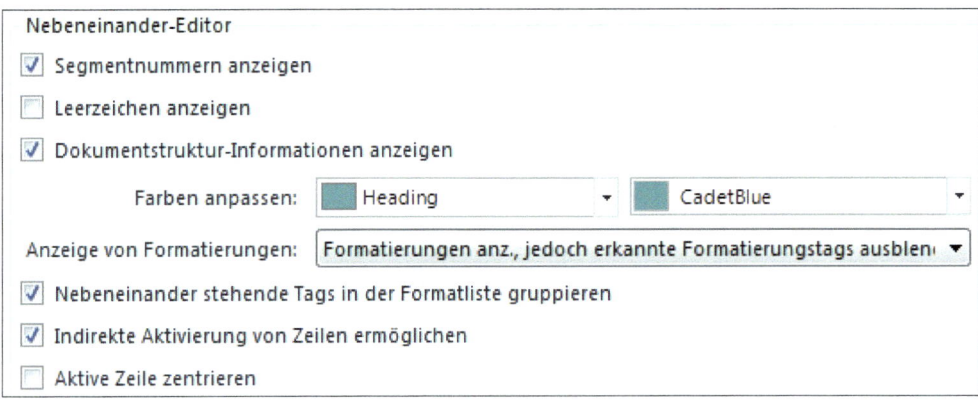

Im Bereich **Überprüfung und Freigabe** haben Sie die Möglichkeit festzulegen, ob beim Schließen eines Dokuments eine Meldung erscheint, in der SDL Trados Studio 2019 fragt, ob die Überprüfung oder Freigabe abgeschlossen werden soll. Darüber hinaus bietet SDL Trados Studio 2019 die Möglichkeit, dass der Korrektor zur Abgabe von Bewertungsdetails im Editor aufgefordert wird, wenn zuvor entsprechende Bewertungskriterien festgelegt wurden. Als Standard sind beide Optionen aktiv.

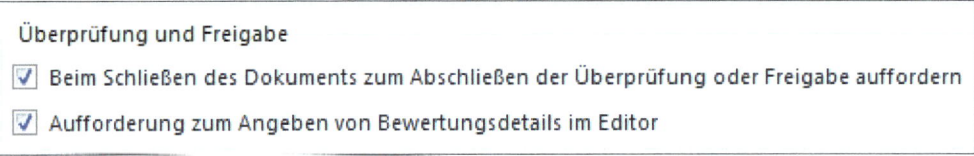

Im Bereich **AutoSave** ist in SDL Trados Studio 2019 eine automatische Speicherung hinterlegt, die alle 10 Minuten erfolgt. AutoSave kann deaktiviert, der Wert erhöht oder bis auf eine Minute gesenkt werden.

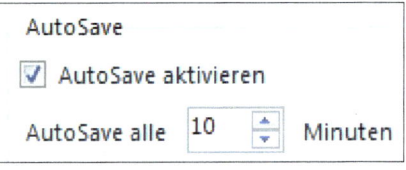

Einstellungen für die Rechtschreibung

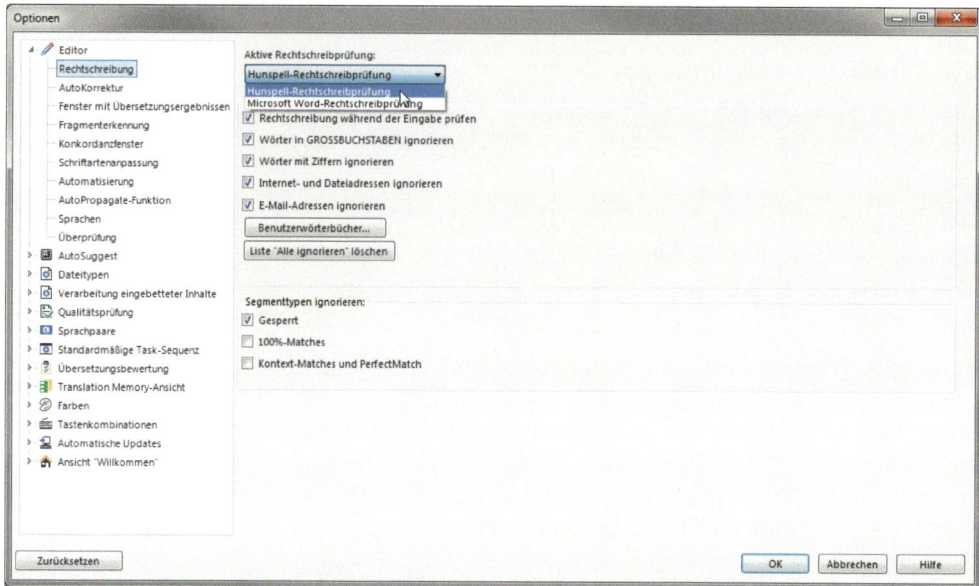

SDL Trados Studio 2019 bietet dem Benutzer zwei Rechtschreibprüfungen: Hunspell als Standard und optional auswählbar Microsoft Word.

Bei Hunspell als aktiver Rechtschreibprüfung legt der Benutzer selbst Einstellungen fest und fügt bei Bedarf Benutzerwörterbücher hinzu.

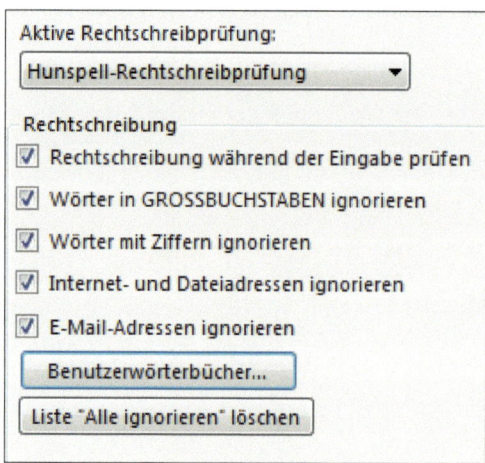

Wird Microsoft Word als aktive Rechtschreibprüfung ausgewählt, legt der Benutzer in diesem Dialogfeld nur fest, ob die Rechtschreibung während der Eingabe geprüft werden soll. Ähnlich wie in Word werden dann Wörter, die potenziell falsch geschrieben werden, mit einer roten Schlängellinie unter dem Wort versehen. Weitere Optionen werden in Microsoft Word angegeben.

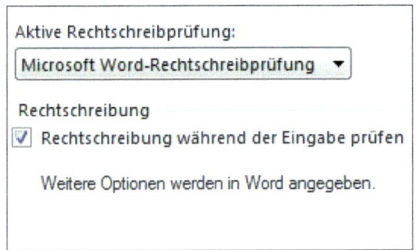

In der Mitte dieses Dialogfelds gibt es die Möglichkeit, die Liste „Alle ignorieren" zu löschen.

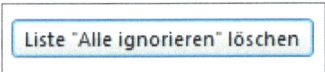

Wird diese Liste gelöscht, werden alle Wörter, die seit dem letzten Öffnen von SDL Trados Studio 2019 in der Rechtschreibprüfung mit „Alle ignorieren" markiert wurden, gelöscht. Beim Starten von SDL Trados Studio 2019 wird diese automatisch gelöscht.

Darüber hinaus bietet SDL Trados Studio 2019 im Dialogfeld **Rechtschreibung** die Möglichkeit, vier Segmenttypen (in drei Auswahlfeldern) von der Rechtschreibprüfung auszuschließen: **Gesperrt** (Standard), **100% Matches**, **Kontext-Matches und PerfectMatch**.

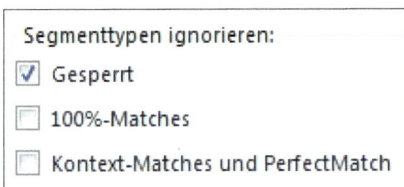

Einstellungen für die AutoKorrektur

Das Dialogfeld **AutoKorrektur** bietet einige sehr praktische Einstellungsmöglichkeiten für die automatische Korrektur. Sie ist nach Zielsprachen unterteilt einstellbar.

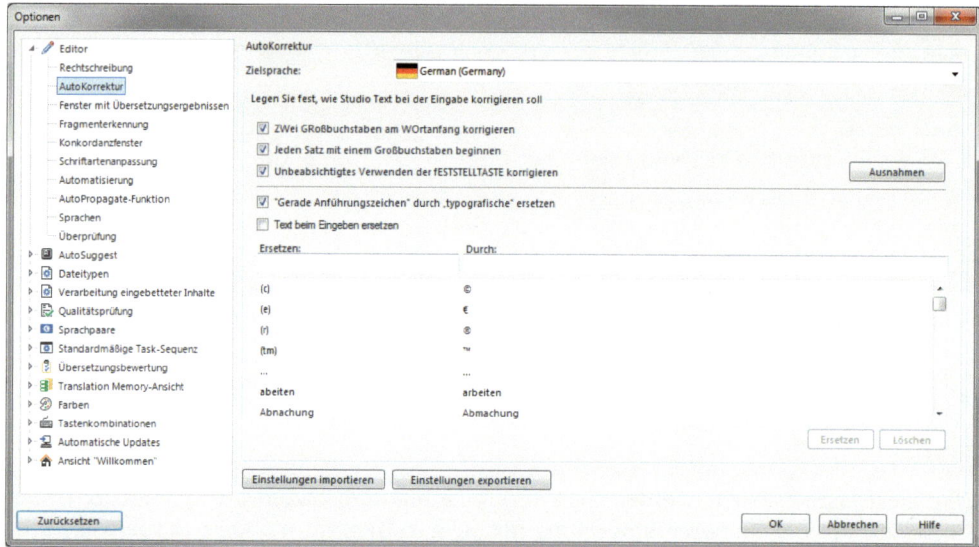

SDL Trados Studio 2019 bietet die Möglichkeit,

- zwei Großbuchstaben am Wortanfang zu korrigieren, sodass nur der erste Buchstabe groß geschrieben wird;
- zu vermeiden, dass jeder Satz/jedes Segment mit einem Großbuchstaben beginnt. Als Standard ist die Großschreibung am Satzanfang/Segmentanfang aktiv. Sie kann deaktiviert werden, wenn der Benutzer nicht möchte, dass SDL Trados Studio 2019 den Segmentanfang immer auf einen Großbuchstaben zurücksetzt, wenn ein Segment mit einem Kleinbuchstaben beginnen soll (z.B. bei einer Aufzählung);
- ein unbeabsichtigtes Verwenden der Feststelltaste ⇧ zu korrigieren.

Darüber hinaus bietet die **AutoKorrektur** die Möglichkeit, gerade Anführungszeichen durch typografische Anführungszeichen zu ersetzen. Diese Einstellung ist besonders bei Übersetzungen in die deutsche Sprache von Vorteil, damit gerade Anführungszeichen vermieden werden.

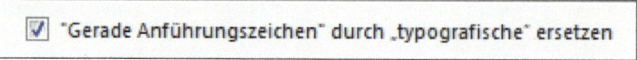

Und es besteht die Möglichkeit, in der **AutoKorrektur** Text beim Eingeben ersetzen zu lassen und alle Einstellungen, die für die AutoKorrektur gemacht wurden, zu exportieren, bzw. ggf. zuvor abgespeicherte Einstellungen zu importieren.

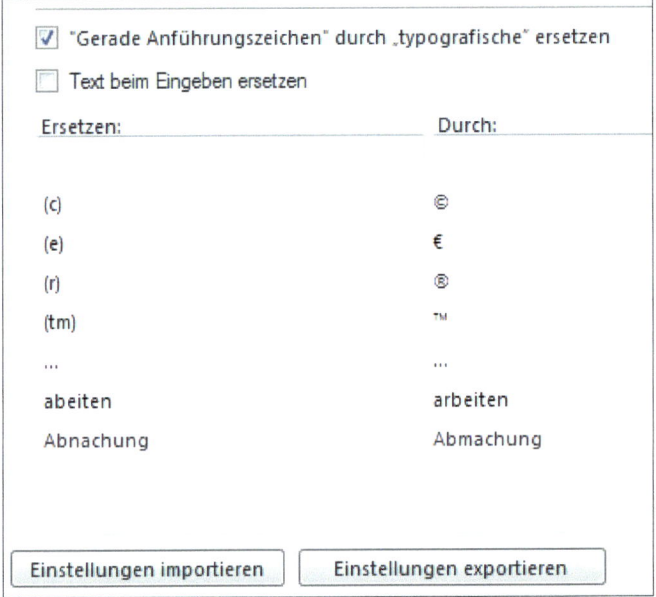

Einstellungen im Dialogfeld Fenster mit Übersetzungsergebnissen

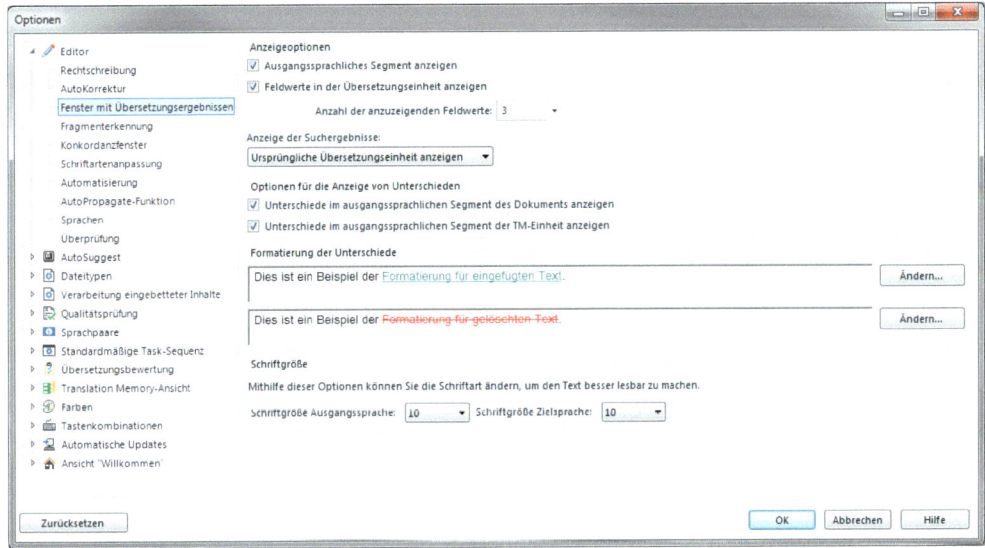

Im Dialogfeld **Fenster mit Übersetzungsergebnissen** haben Sie die Möglichkeit einzustellen, wie und mit welchen Informationen Übersetzungseinheiten in der Ansicht **Editor** im Fenster **Übersetzungsergebnisse** dargestellt werden.

Als Standard wird das neue ausgangssprachliche Segment oberhalb einer im Translation Memory befindlichen Übersetzungseinheit dargestellt und es werden bis zu drei Feldwerte angezeigt, wenn der Benutzer benutzerdefinierte Feldwerte angelegt hat oder durch ein Alignment benutzerdefinierte Feldwerte hinzugekommen sind. Diese Informationen werden im Bereich **Anzeigeoptionen** ausgewählt.

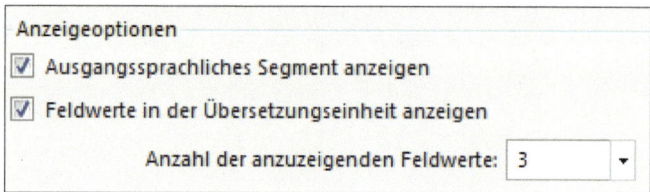

Die Feldwerte werden in der Ansicht **Editor** im Fenster **Übersetzungsergebnisse** in der Spalte rechts neben dem zielsprachlichen Segment anzeigt.

Im Bereich **Anzeige der Suchergebnisse** legen Sie fest, ob die ursprüngliche Übersetzungseinheit (dies ist der Standard) oder der Übersetzungsvorschlag in der Ansicht **Editor** im Fenster **Übersetzungsergebnisse** angezeigt werden soll, wenn SDL Trados Studio 2019 einen Match für ein neues ausgangssprachliches Segment ermittelt.

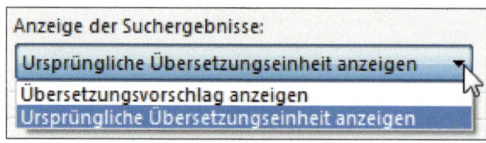

Wird die Anzeige der ursprünglichen Übersetzungseinheit ausgewählt, wird die Übersetzungseinheit so dargestellt, wie sie im Translation Memory abgespeichert ist. Wird **Übersetzungsvorschlag anzeigen** ausgewählt, werden in der ursprünglichen Übersetzungseinheit alle platzierbaren Elemente ersetzt.

Im Bereich **Optionen für die Anzeige von Unterschieden** legen Sie fest, ob in der Ansicht **Editor** im Fenster **Übersetzungsergebnisse** Änderungen im neuen ausgangssprachlichen Segment und im ausgangssprachlichen Segment der Übersetzungseinheit angezeigt werden sollen.

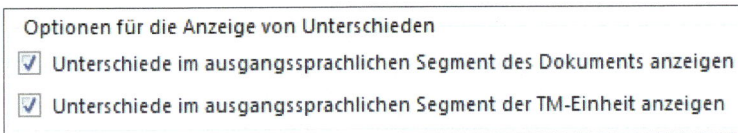

Nachfolgend sehen Sie ein Beispiel für eine Änderung, wenn beide Optionen aktiv sind:

❗ Bitte beachten Sie dabei, dass die Änderungen ausschließlich im Fenster **Übersetzungsergebnisse** angezeigt werden.

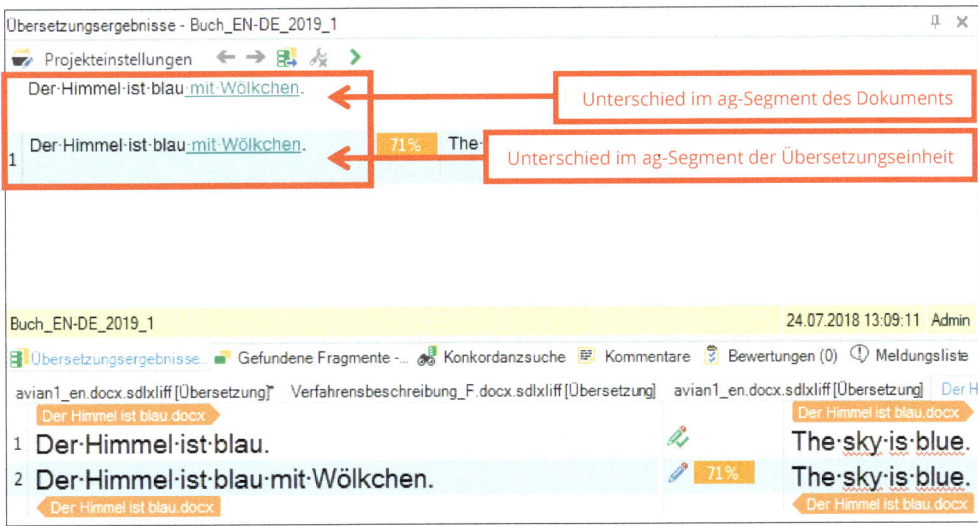

Dabei wird hinzugefügter Text als Standard grün und unterstrichen dargestellt, gelöschter Text rot und durchgestrichen.

Die Farben der Schrift können geändert werden und es kann eine Hintergrundfarbe hinzugefügt werden.

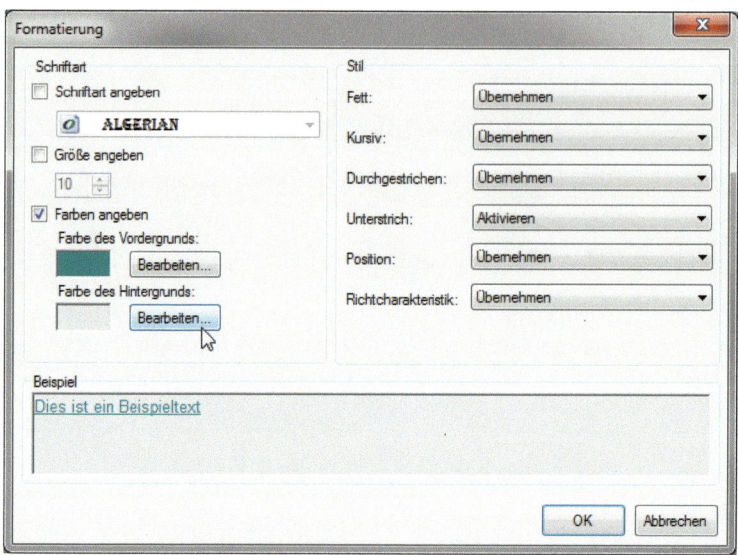

Nachfolgend sehen Sie ein Beispiel für eine geänderte Hintergrundfarbe.

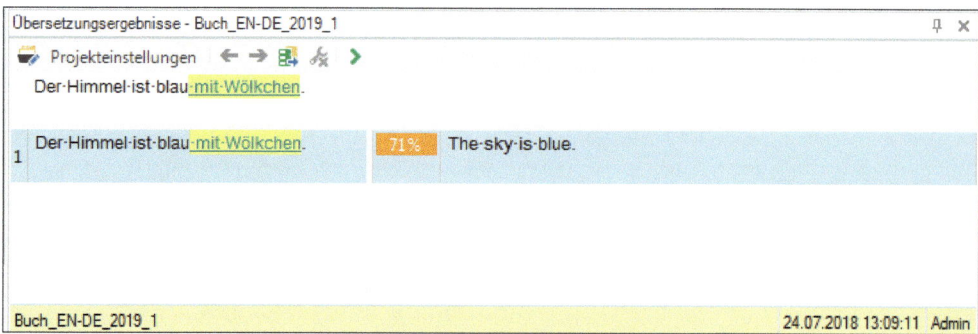

Darüber hinaus kann im Dialogfeld **Fenster mit Übersetzungsergebnissen** die Schriftgröße für die Darstellung in diesem Fenster festgelegt werden. Als Standard ist die Schriftgröße für Ausgangs- und Zieltext 10.

Einstellungen für die Fragmenterkennung

Die Fragmenterkennung ist in SDL Trados Studio 2019 als Standard aktiviert, erkannte Fragmente werden im ausgangssprachlichen und zielsprachlichen Segment in der Ansicht **Editor** im Fenster **Gefundene Fragmente** in der Farbe Khaki unterlegt und die Standard-Schriftgröße für ausgangs- und zielsprachliche Segmente ist 10. Als Standard erfolgt die Fragmenterkennung für ganze Segmente. Werden z.B. zwei Ausgangssätze in einer Übersetzungseinheit zusammengefügt und in einem Translation Memory gespeichert, erkennt SDL Trados Studio 2019 bei erneutem Auftreten mit der Fragmenterkennung, dass beide Sätze bereits im Translation Memory enthalten sind, auch wenn das Segment in der neuen Übersetzung beim ersten Punkt zu Ende ist, und zeigt dies im Fenster **Fragmenterkennung** an.

Darüber hinaus bietet SDL Trados Studio 2019 die Erkennung von Segmentteilen mit der Fragmenterkennung an. Diese (Teil)-Fragmenterkennung ist für jedes Translation Memory individuell mit einem Übersetzungsmodell zu konfigurieren und ist ab einer Größe des Translation Memorys von ca. 5000 Übersetzungseinheiten sinnvoll. Weitere Erläuterungen hierzu finden Sie im Kapitel **Spezifika im Übersetzungsprozess → Punkt 20: Fragmenterkennung**.

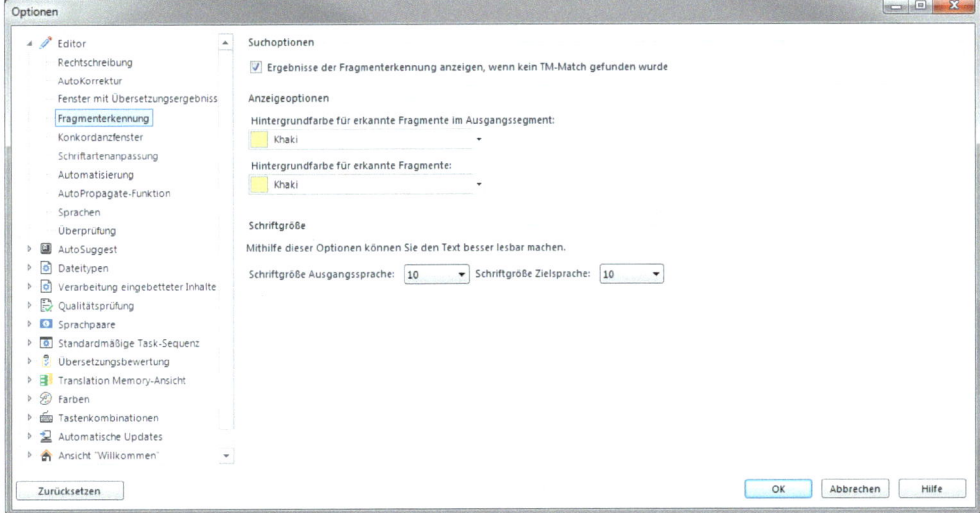

Einstellungen für die Konkordanzsuche

Die Einstellungen für die Konkordanzsuche nehmen Sie auf der Registerkarte **Datei** → **Optionen** im Dialogfeld **Konkordanzfenster** vor.

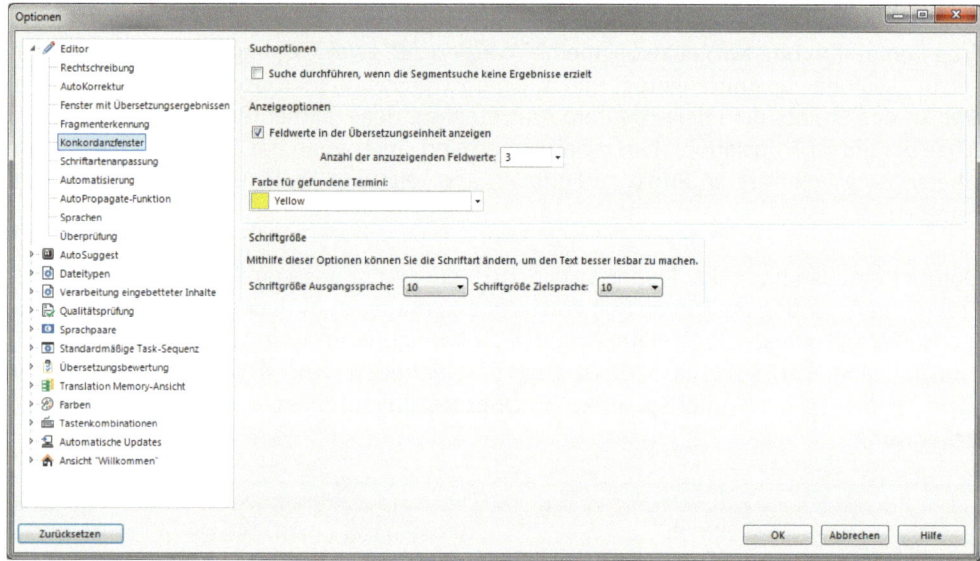

In diesem Dialogfeld haben Sie im Bereich **Suchoptionen** die Möglichkeit festzulegen, dass SDL Trados Studio 2019 immer dann eine Konkordanzsuche durchführt, wenn bei einem Wechsel in ein neues Segment kein Match gefunden wird. Als Standard ist diese Funktion nicht aktiviert.

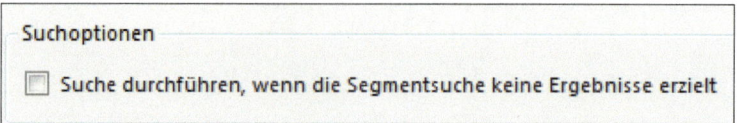

Darüber hinaus können Sie in diesem Dialogfeld im Bereich **Anzeigeoptionen** festlegen, ob in der Ansicht **Editor** bei der Bearbeitung von Dokumenten im Fenster **Konkordanzsuche** benutzerdefinierte Feldwerte rechts neben der Übersetzungseinheit angezeigt werden.

Und Sie haben die Möglichkeit, die Farbe für Konkordanztreffer zu ändern.

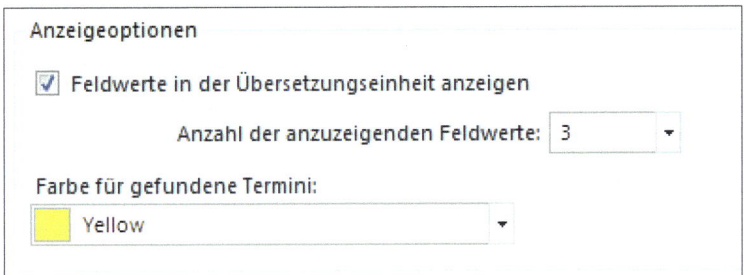

Als Standard werden diese in der Ansicht **Editor** im Fenster **Konkordanzsuche** gelb unterlegt dargestellt.

Beispiel für gelb markierte Konkordanztreffer im Fenster Konkordanzsuche

Im Bereich **Schriftgröße** wird die Schriftgröße für die ausgangs- und zielsprachlichen Segmente in der Ansicht **Editor** im Fenster **Konkordanzsuche** festgelegt. Die voreingestellte Schriftgröße ist 10.

Einstellungen im Dialogfeld Schriftartenanpassung

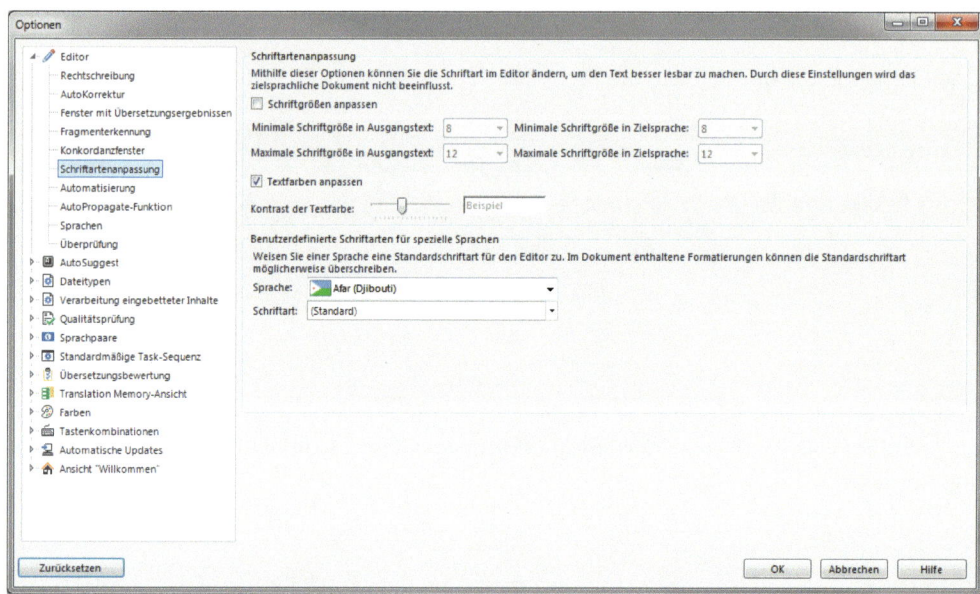

Als Standard stellt SDL Trados Studio 2019 Schriftarten und Schriftgrößen bei der Arbeit in der Ansicht **Editor** wie im ausgangssprachlichen Dokument dar. Falls dies im Übersetzungsprozess nachteilig ist, kann die Darstellung der Schriftgrößen in der Ansicht **Editor** verändert werden.

Im Dialogfeld **Schriftartenanpassung** kann zunächst die Anpassung der Schriftgrößen aktiviert werden.

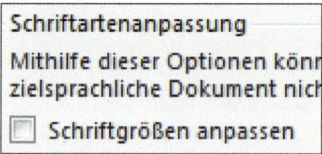

Darüber hinaus kann die minimale und maximale Schriftgröße von ausgangs- und zielsprachlichen Segmenten im Übersetzungs- und Überprüfungsprozess in der Ansicht **Editor** festgelegt werden. Diese Festlegung betrifft ausschließlich die Darstellung in SDL Trados Studio 2019, nicht in den ausgangs- oder zielsprachlichen Dateien. Besonders praktisch ist diese Einstellung bei der Arbeit mit Notebook- oder kleineren Bildschirmen, wenn die Schriftgröße entweder sehr klein (z.B. Fußnoten) oder sehr groß (z.B. PowerPoint-Präsentationen) ist.

Darüber hinaus ist es möglich, den Kontrast der Textfarbe anzupassen. Dies ist besonders bei Texten, in denen mit einer schwachen Textfarbe gearbeitet wird, von Vorteil.

Und Sie haben die Möglichkeit, Sprachen bestimmte Standardschriftarten für die Arbeit in der Ansicht **Editor** zuzuordnen.

Einstellungen im Dialogfeld Automatisierung

Im Dialogfeld **Automatisierung** wird festgelegt, welche Prozesse beim Wechsel zwischen Segmenten zwischen Translation Memory und zielsprachlichem Segment ablaufen.

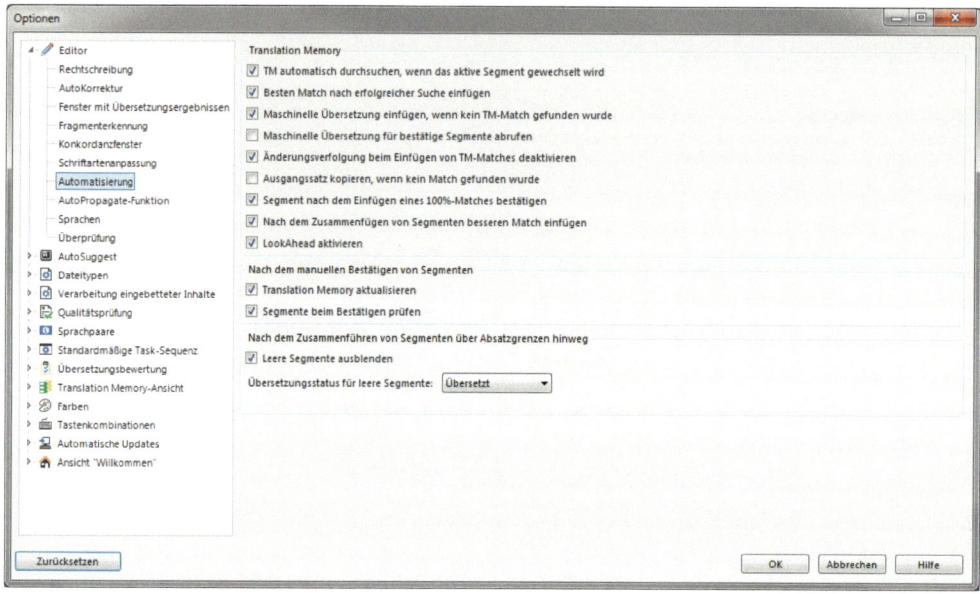

Im Bereich **Translation Memory** wird beim Wechsel zum Folgesegment das Translation Memory automatisch durchsucht und nach erfolgreicher Suche der beste Match in das zielsprachliche Segment eingefügt.

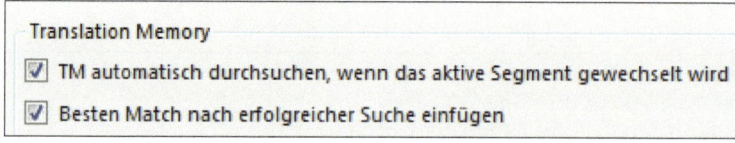

Wurde kein Match gefunden, wird als Standard eine maschinelle Übersetzung eingefügt, **allerdings nur dann**, wenn eine Verbindung zu einer maschinellen Übersetzung konfiguriert wurde. Darüber hinaus kann eine Option aktiviert werden, mit der auch dann eine maschinelle Übersetzung abgerufen wird, wenn Segmente bestätigt sind (als Standard nicht aktiv).

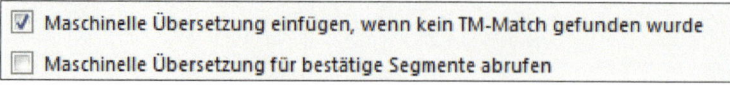

Darüber hinaus ist als Standard die Änderungsverfolgung beim Einfügen von TM-Matches deaktiviert. Im Modus **Übersetzen** ist in der Ansicht **Editor** die Funktion **Änderungen nachverfolgen** nicht aktiv, kann aber aktiviert werden, im Modus **Überprüfung** und **Frei-**

gabe ist die Funktion als Standard aktiv. Wird ein Match bei aktivierter Funktion **Änderungen nachverfolgen** unabhängig vom Modus in das zielsprachliche Segment eingetragen, wird mit dieser nachstehenden Option die Änderungsverfolgung für dieses eine Segment als Standard deaktiviert, damit Änderungen ohne Änderungsnachverfolgung vorgenommen werden können.

☑ Änderungsverfolgung beim Einfügen von TM-Matches deaktivieren

Eine durchaus sinnvolle Einstellung für Benutzer, die gerne das ausgangssprachliche in das zielsprachliche Segment kopieren möchten, wenn kein Match gefunden wurde, um es zu überschreiben, ist in diesem Dialogfeld mit der Option **Ausgangssatz kopieren, wenn kein Match gefunden wurde**, aktivierbar.

☐ Ausgangssatz kopieren, wenn kein Match gefunden wurde

Als Standard werden Segmente nach dem Einfügen eines 100%-Matches bestätigt und nach dem Zusammenfügen von Segmenten wird der bessere Match eingefügt (wenn ein besserer Match vorhanden ist). Beide Optionen sind als Standard aktiviert.

☑ Segment nach dem Einfügen eines 100%-Matches bestätigen
☑ Nach dem Zusammenfügen von Segmenten besseren Match einfügen

Und Sie haben die Möglichkeit zu entscheiden, ob **LookAhead** aktiv sein soll oder nicht. Auch diese Option ist als Standard aktiviert. Mit **LookAhead** bietet SDL Trados Studio 2019 die Möglichkeit, Ergebnisse aus Translation Memorys, Termbanken und maschinellen Übersetzungen bereits vorab für die jeweils nächsten beiden Segmente im Hintergrund abzurufen, um so bei einem Wechsel in diese Segmente schnellstmöglich auf Übersetzungsergebnisse zugreifen zu können.

☑ LookAhead aktivieren

Ein weiterer Bereich im Dialogfeld **Automatisierung** ist der Bereich **Nach dem manuellen Bestätigen von Segmenten**. Als Standard werden nach dem manuellen Bestätigen die im Projekt ausgewählten und für die Aktualisierung aktivierten Master-Translation Memorys aktualisiert und Segmente werden beim Bestätigen gemäß den Einstellungen in der Qualitätsprüfung geprüft. Diese zweite Option kann deaktiviert werden, wenn die Qualitätsprüfung am Ende der Übersetzung erfolgen soll.

Nach dem manuellen Bestätigen von Segmenten
☑ Translation Memory aktualisieren
☑ Segmente beim Bestätigen prüfen

Im Bereich **Nach dem Zusammenführen von Segmenten über Absatzgrenzen hinweg** werden als Standard leere Segmente ausgeblendet, wenn über Absatzgrenzen hinaus Segmente zusammengefügt werden, und der Benutzer hat die Möglichkeit festzulegen, welchen Status diese Segmente erhalten. Standard ist der Status **Übersetzt**.

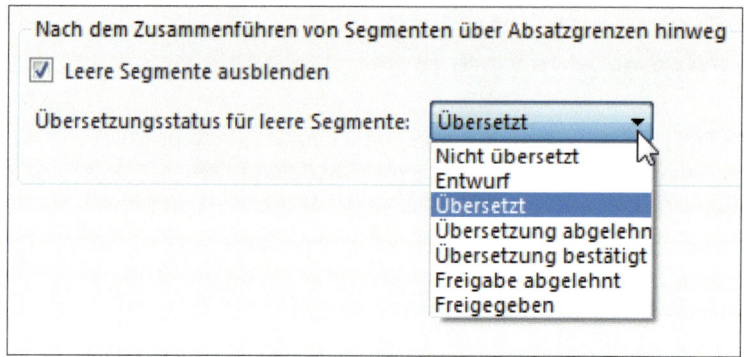

Einstellungen für die AutoPropagate-Funktion

Die als Standard aktivierte Funktion AutoPropagate bietet die Möglichkeit, Wiederholungen von Segmenten in Dokumenten automatisch einzusetzen, wenn ein Segment bestätigt wird, das sich im Dokument wiederholt. Diese Übereinstimmung ist als Standard zu 100% erforderlich, der Benutzer hat aber die Möglichkeit, den minimalen Match-Wert anzupassen. Den besonderen Wert erhält die Funktion dadurch, dass die Autopropagation für alle weiteren nachfolgenden Segmente im Dokument aber auch rückwärts und vorwärts ab dem ersten Segment erfolgen kann.

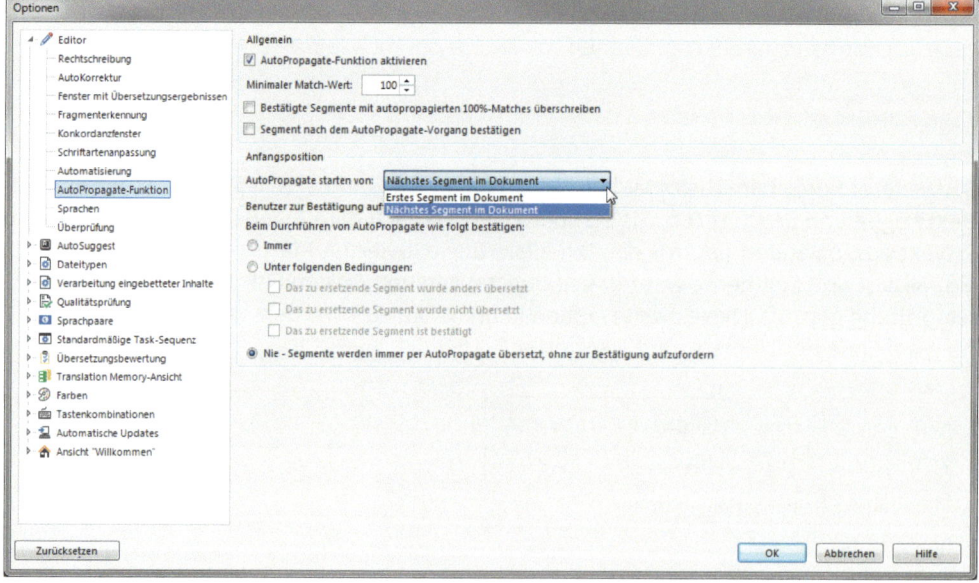

Weitere, zunächst nicht aktive Funktionen im Bereich **Allgemein** sind das Überschreiben von bestätigten Segmenten mit autopropagierten Matches und das Bestätigen von Segmenten nach dem AutoPropagate-Vorgang. Diese werden dann wichtig, wenn die Autopropagation ab dem ersten Segment im Dokument erfolgen soll, weil SDL Trados Studio 2019 bestätigte Segmente nur dann autopropagiert und auch wieder bestätigt, wenn in diesem Bereich Häkchen gesetzt sind.

Allgemein
- ☑ AutoPropagate-Funktion aktivieren
- Minimaler Match-Wert: 100
- ☐ Bestätigte Segmente mit autopropagierten 100%-Matches überschreiben
- ☐ Segment nach dem AutoPropagate-Vorgang bestätigen

Als Standard ist die **AutoPropagate-Funktion** so eingestellt, dass alle Segmente autopropagiert werden, die ab dem nächsten Segment im Dokument folgen. Die Alternative **Erstes Segment im Dokument** ist sinnvoll, wenn eine konsistente Übersetzung aller identischen Segmente in einem Dokument erfolgen soll, damit Änderungen, die im Verlauf eines Textes an autopropagierten Segmenten vorgenommen werden, auf alle zu propagierenden Segmente übertragen werden, nicht nur auf die nachfolgenden.

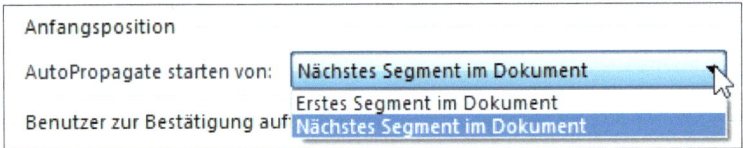

Im Bereich **Benutzer zur Bestätigung auffordern** haben Sie die Möglichkeit, jedes Mal zu einer Bestätigung aufgefordert zu werden, nur unter bestimmten Bedingungen oder nie. Als Standard wird der Benutzer nie zu einer Bestätigung aufgefordert, d.h., die Autopropagation erfolgt automatisch gemäß den in diesem Dialogfeld vorgenommenen Einstellungen.

Benutzer zur Bestätigung auffordern
Beim Durchführen von AutoPropagate wie folgt bestätigen:
- ○ Immer
- ○ Unter folgenden Bedingungen:
  - ☐ Das zu ersetzende Segment wurde anders übersetzt
  - ☐ Das zu ersetzende Segment wurde nicht übersetzt
  - ☐ Das zu ersetzende Segment ist bestätigt
- ⦿ Nie - Segmente werden immer per AutoPropagate übersetzt, ohne zur Bestätigung aufzufordern

Einstellungen im Dialogfeld Sprachen

Das Dialogfeld **Sprachen** bietet die Möglichkeit, ein Standardsprachpaar auszuwählen, das bei jeder neuen Projektanlage als Sprachpaar vorgeschlagen wird, wenn keine Projektvorlage mit eingestellten Standardsprachen verwendet wird.

Dabei wird als Standard ein Dialogfeld eingeblendet, wenn die Dokumentsprachen nicht automatisch ermittelt werden können.

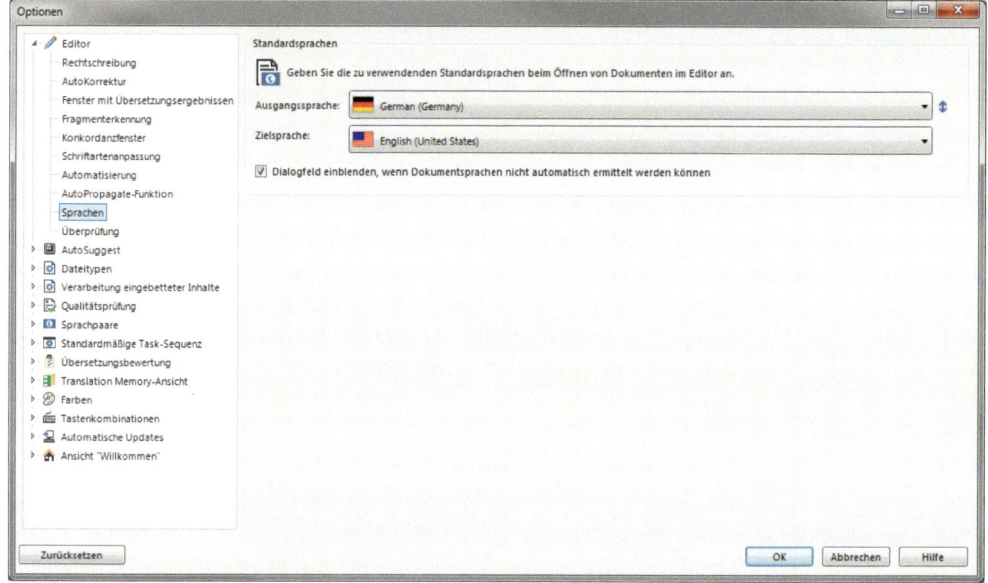

Einstellungen im Dialogfeld Überprüfung

Das Dialogfeld **Überprüfung** ist für die Einstellung der Überprüfung durch den Korrektor vorgesehen und nicht mit dem Dialogfeld **Qualitätsprüfung** zu verwechseln, in welchem eine Qualitätsprüfung nach festgelegten Kriterien durch SDL Trados Studio 2019 erfolgt.

Als Standard ist die Änderungsnachverfolgung in diesem Dialogfeld automatisch in den Modi **Überprüfung** und **Freigabe** aktiviert und es besteht die Möglichkeit, die Formatierungen für nachverfolgte Änderungen anzupassen.

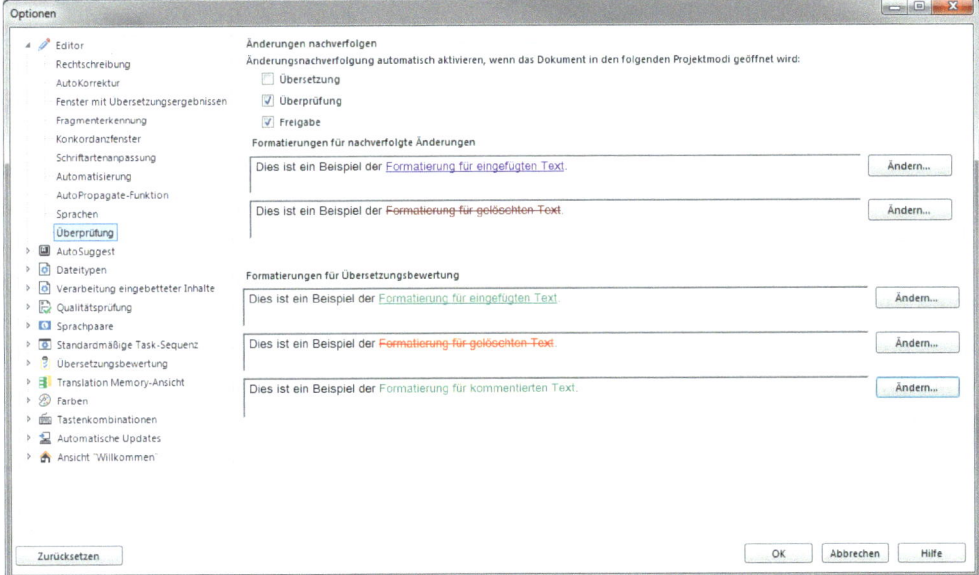

KAPITEL 2: PROJEKTABWICKLUNG

Anlegen von Projekten

Bei der Projektanlage haben Sie die Möglichkeit, eine oder mehrere Dateien, die in einem Dateiformat, aber (bei mehreren Dateien) auch in verschiedenen Dateiformaten vorliegen können, in ein Projekt zu integrieren. Dabei beinhaltet die Anlage eines Projekts:

- das automatische Erstellen eines eigenen Unterordners für die Projektdaten
- Projektübersichtsfunktionen wie die Eingabe des Projektnamens, des Kunden und Abgabetermins
- die Auswahl oder Anlage von Translation Memorys und Termbanken
- bei entsprechend ausgewählter Task-Sequenz für die Vorbereitung des Projekts **PerfectMatch** für das Einbinden von bilingualen Dokumenten aus Vorprojekten (Version Professional, nicht in Freelance enthalten)
- bei entsprechend ausgewählter Task-Sequenz für die Vorbereitung des Projekts das automatische Ausführen der Batch-Tasks **Analyse** und **Dateien vorübersetzen** mit der Ablage der dazugehörigen Berichte im Projektordner
- bei entsprechend ausgewählter Task-Sequenz für die Vorbereitung des Projekts die Integration eines Projekt-Translation Memorys (Optionen **Vorbereiten** / **Nur analysieren**) mit der Ablage des Projekt-TMs im Projektordner
- Einstellungsmöglichkeiten für die Batch-Verarbeitung
- die Möglichkeit zur Anlage von Projektvorlagen

Sie haben die Möglichkeit, die Projektanlage in der Ansicht **Willkommen** oder in der Ansicht **Projekte** zu beginnen.

Beginn der Projektanlage in der Ansicht Willkommen

Klicken Sie in der Ansicht **Willkommen** im Arbeitsbereich auf **Dateien hier zur Übersetzung ablegen oder Computer durchsuchen**.

Das Dialogfeld **Dateien auswählen...** öffnet sich. Klicken Sie auf die zu übersetzende Datei, sodass diese farbig unterlegt ist, und klicken Sie danach auf **Öffnen** oder doppelklicken Sie auf die zu übersetzende Datei, um diese zu öffnen. Drücken Sie die [Strg]-Taste, halten Sie diese gedrückt und klicken Sie nacheinander auf die zu übersetzenden Dateien, sodass diese unterlegt sind, und klicken Sie auf **Öffnen**, wenn Sie mehrere Dateien in das Projekt integrieren möchten.

❗ Über das Auswählen der Dateien hinaus haben Sie die Möglichkeit, für die Projektanlage eine oder mehrere Dateien mit Drag & Drop aus dem Windows Explorer in das Fenster **Dateien hier zur Übersetzung ablegen oder Computer durchsuchen** in der Ansicht **Willkommen** zu ziehen.

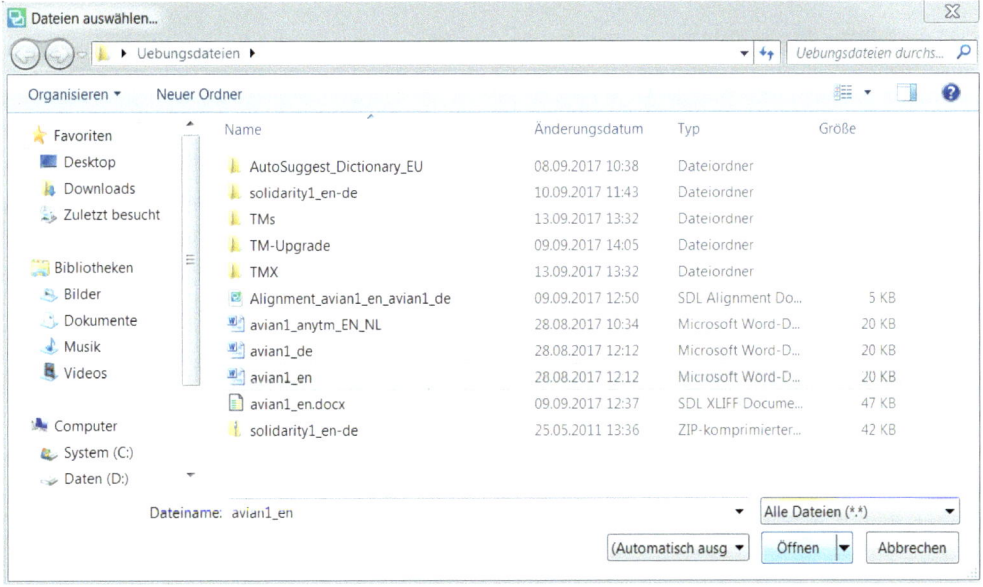

Das Dialogfeld **Übersetzen** öffnet sich. Wählen Sie **Neues Projekt erstellen** aus.

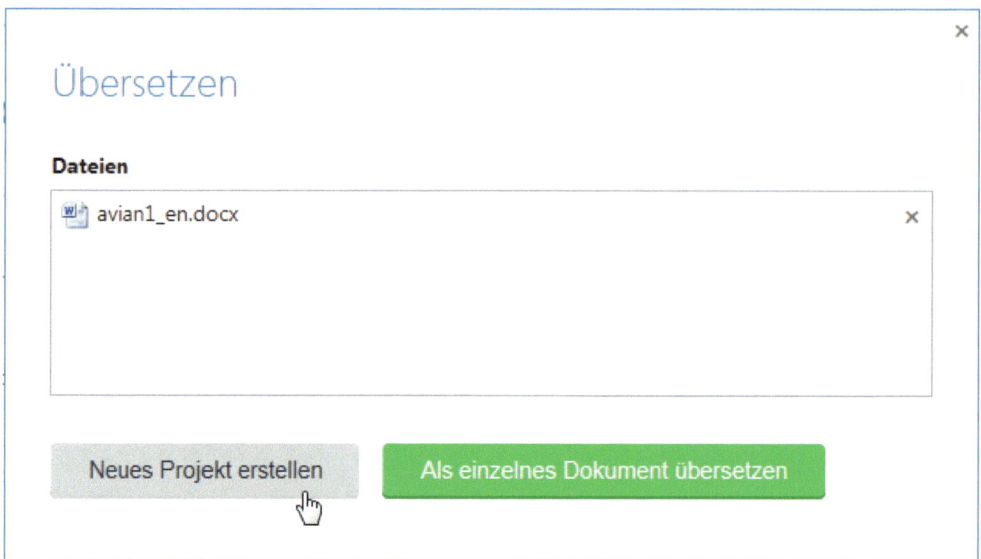

Das Dialogfeld **Neues Projekt anlegen** öffnet sich mit der „Metrostation"[5] **Nur ein Schritt**.

> Dieses Dialogfeld ist darauf ausgerichtet, möglichst viele Eingaben zu erfassen, sodass der Benutzer bei Verwenden von Projektvorlagen nur dieses eine Feld ausfüllen muss, um ein Projekt anzulegen. Bei Projektanlagen ohne Projektvorlage mit der Vorlage **Default**, in der keine Translation Memorys, Termbanken und angepassten Einstellungen für die Batch-Verarbeitung hinterlegt sind, empfehlen wir, die verschiedenen Schritte zu durchlaufen, damit ein oder mehrere Translation Memory/s, Termbanken und die Einstellungen für die Batch-Verarbeitung für das Projekt erfasst werden.

Bei der Anlage des ersten Projekts wird das Projekt auf Basis der Projektvorlage **Default (Standard-Projektvorlage für neue Anwender)** angelegt. Nach Abschluss der Projektanlage haben Sie die Möglichkeit, die Einstellungen dieses Projekts als Vorlage abzuspeichern. Dabei speichert SDL Trados Studio 2019 die Projekteinstellungen, welche Ausgangs- und Zielsprache(n), welches Translation Memory/welche Translation Memorys und welche Termbank(en) bei der Projektanlage ausgewählt wurden, und zieht diese Eingaben bei der nächsten Projektanlage bei Auswahl der gleichen Vorlage wieder heran. Dieses Verfahren bewährt sich bei häufig wiederkehrenden Kunden oder Fachgebieten, je nachdem, wonach die Translation Memorys und Termbanken aufgeteilt sind, und wenn ein Projekt in möglichst wenigen Schritten und damit mit möglichst wenig Aufwand angelegt werden soll.

---

5 Die Anordnung der Dialogfelder am oberen Dialogfeldrand erinnert an eine U-Bahn-Karte. Die einzelnen Dialogfelder werden deshalb auch „Metrostationen" genannt.

Natürlich haben Sie auch die Möglichkeit, dauerhaft mit der Vorlage **Default** zu arbeiten und in jedem neuen Projekt die Einstellungen festzulegen.

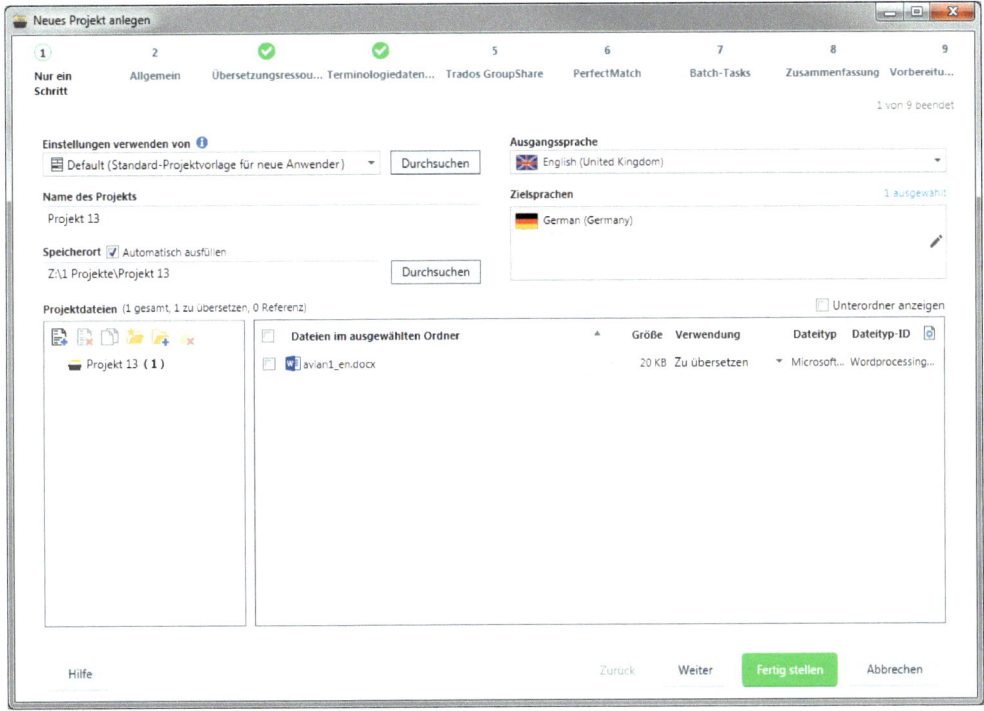

Eingeben von Projektdetails

Nehmen Sie im Dialogfeld **Neues Projekt anlegen** → **Nur ein Schritt** die folgenden Eingaben vor:

- Auswahl der Projektvorlage unter **Einstellungen verwenden von**, (wenn bereits Projektvorlagen vorhanden sind)
- Name des Projekts

    Der Speicherort wird als Standard automatisch mit dem Namen des Projekts erweitert. Darüber hinaus kann der Speicherort geändert werden.

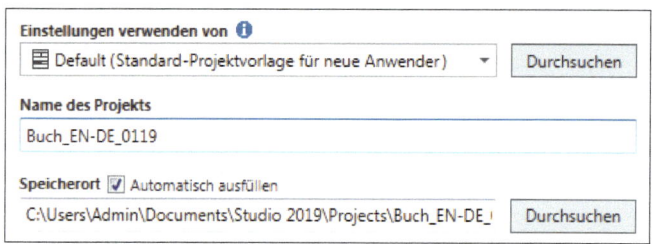

- Auswahl von Ausgangssprache und Zielsprache(n)

    ❗ Bitte beachten Sie dabei, dass die Sprachenvarianten der Ausgangs- und Zielsprache nicht identisch sein dürfen.

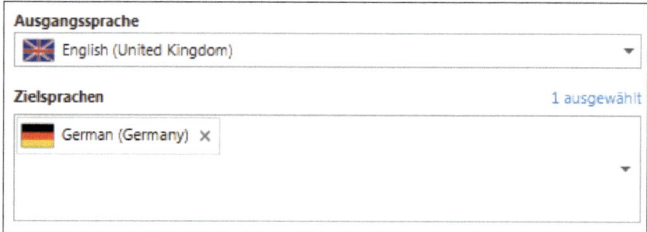

❗ Bitte beachten Sie, dass Sie die Möglichkeit haben, ein Standardsprachpaar einzustellen, wenn Sie häufig die gleiche Sprachkombination verwenden. Klicken Sie hierzu außerhalb der Projektanlage auf der Registerkarte **Datei** → **Optionen** → **Editor** auf **Sprachen** und wählen Sie im Dialogfeld **Standardsprachen** die gewünschte Standardsprachkombination aus, die bei Projektanlagen vorgeschlagen werden soll, aber auch geändert werden kann.

- Auswahl weiterer Dateien für die Übersetzung oder von Referenzdateien

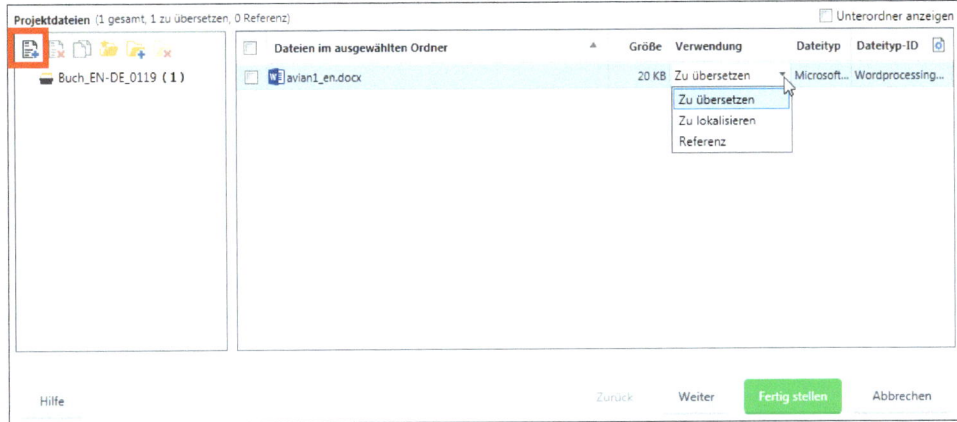

Klicken Sie nach erfolgter Auswahl auf **Weiter**.

Das Dialogfeld **Neues Projekt anlegen** → **Allgemein** öffnet sich.

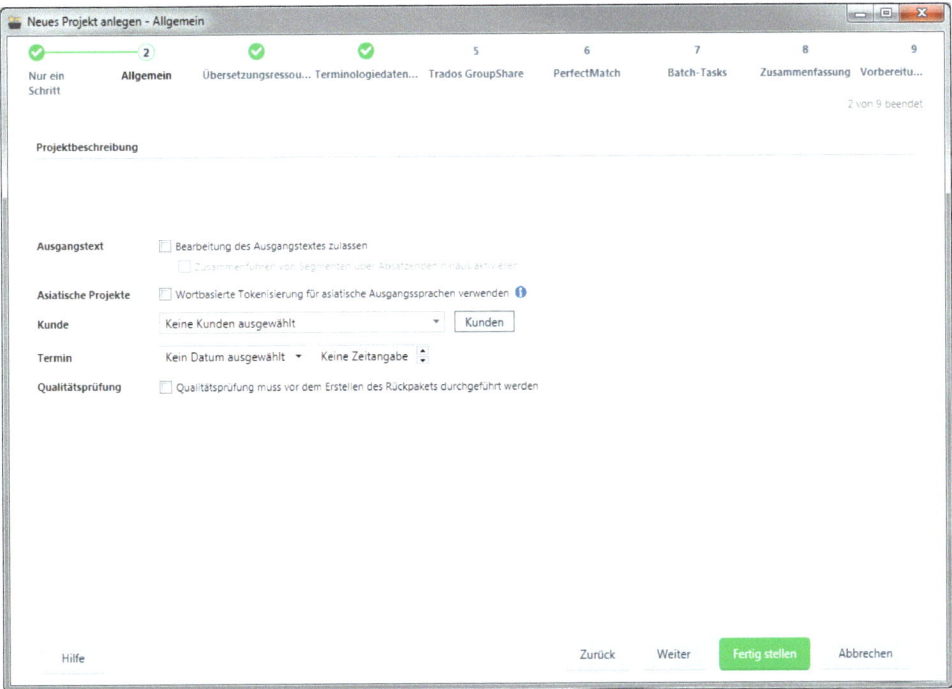

- Geben Sie bei Bedarf eine Projektbeschreibung ein.
- Wählen Sie aus, ob Sie die Bearbeitung des Ausgangstextes für unterstützte Dateitypen zulassen möchten. Diese Option ist als Standard nicht aktiv, bleibt jedoch bei Projektanlagen aktiv, wenn sie einmal bei einer Projektanlage aktiviert wurde.

- Wählen Sie aus, ob Sie das Zusammenführen von Segmenten über Absatzenden hinaus aktivieren möchten (nur möglich, wenn die Bearbeitung des Ausgangstextes zugelassen ist). Diese Option ist als Standard ebenfalls nicht aktiv, bleibt jedoch aktiv, wenn sie einmal bei einer Projektanlage aktiviert wurde.

- Wählen Sie bei asiatischen Projekten aus, ob eine wortbasierte Tokenisierung für asiatische Ausgangssprachen verwendet werden soll. Mit dieser Einstellung können asiatische Wörter ähnlich identifiziert werden, wie in westlichen Sprachen, in denen ein Leerzeichen zwischen den Wörtern steht. Ist diese Einstellung nicht aktiv, wird jedes asiatische Zeichen als ein Wort gezählt.

- Legen Sie einen Kunden an oder wählen Sie einen bereits angelegten Kunden aus.

- Wählen Sie einen Termin aus. Nach Eingabe des Termins wird die Zeitangabe automatisch auf 18 Uhr gesetzt, kann aber geändert werden.

- Wählen Sie aus, ob die Qualitätsprüfung vor dem Erstellen des Rückpakets durchgeführt werden muss (wenn Sie mit der Professional-Version Projektpakete erstellen und Rückpakete erhalten).

Klicken Sie nach Abschluss der Eingaben auf **Weiter**.

Das Dialogfeld **Neues Projekt anlegen** → **Übersetzungsressourcen** öffnet sich.

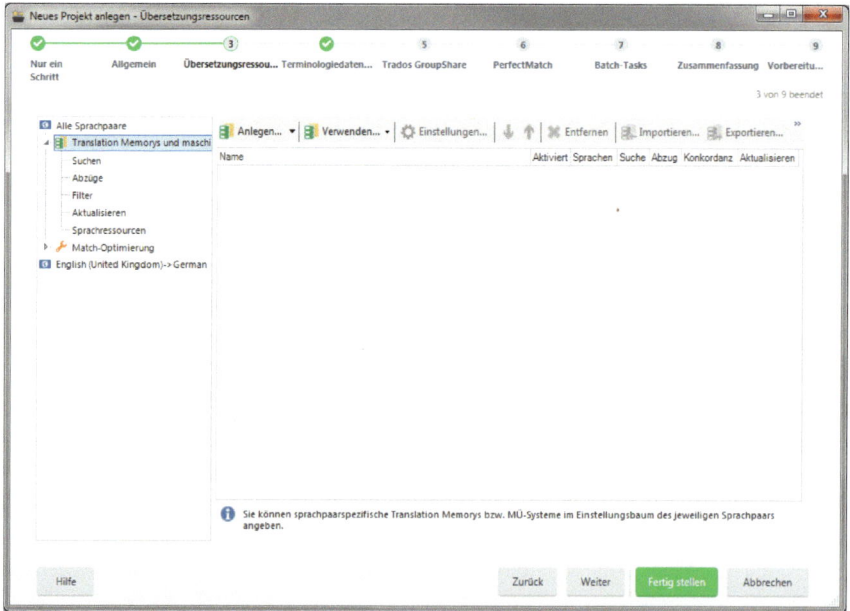

Anlegen von Translation Memorys bei der Projektanlage

Im Dialogfeld **Neues Projekt anlegen** → **Übersetzungsressourcen** haben Sie die Möglichkeit, mit der Option **Anlegen...** ein oder mehrere neue Translation Memorys anzulegen und im Projekt zu verwenden oder mit der Option **Verwenden...** ein oder mehrere Translation Memorys hinzuzufügen, die bereits zuvor angelegt wurden.

! Es ist von Vorteil, von vornherein festzulegen, auf welcher Grundlage die Übersetzungseinheiten in Translation Memorys, die dateibasiert immer für eine Sprachrichtung angelegt werden, abgelegt werden sollen. Manche Kolleginnen und Kollegen verwenden lediglich ein Translation Memory für jede Sprachrichtung. Andere unterteilen die Translation Memorys nach Kunden oder Fachgebieten und nehmen gegebenenfalls ein allgemeines Translation Memory hinzu, das sie bei der Projektanlage zusätzlich einbinden, da SDL Trados Studio 2019 mehrere Translation Memorys gleichzeitig in einem Projekt öffnen und aktualisieren kann. Es lohnt sich in jedem Fall, dies gedanklich vor der Arbeit mit SDL Trados Studio 2019 durchzuspielen, um sich später unnötige Zusatzarbeiten durch Exportieren und Importieren von Translation Memorys zu ersparen oder gegebenenfalls in nicht zufriedenstellend definierten Translation Memorys zu arbeiten.

Klicken Sie im Dialogfeld **Neues Projekt anlegen** → **Übersetzungsressourcen** auf **Anlegen...** → **Translation Memory anlegen...**, um ein dateibasiertes Translation Memory anzulegen. Darüber hinaus haben Sie die Möglichkeit, serverbasierte Translation Memorys anzulegen. Die Anlage von serverbasierten Translation Memorys ist dann möglich, wenn zusätzlich zu SDL Trados Studio 2019 Professional Trados GroupShare verfügbar ist. Im weiteren Verfahren wird das Anlegen eines dateibasierten Translation Memorys beschrieben.

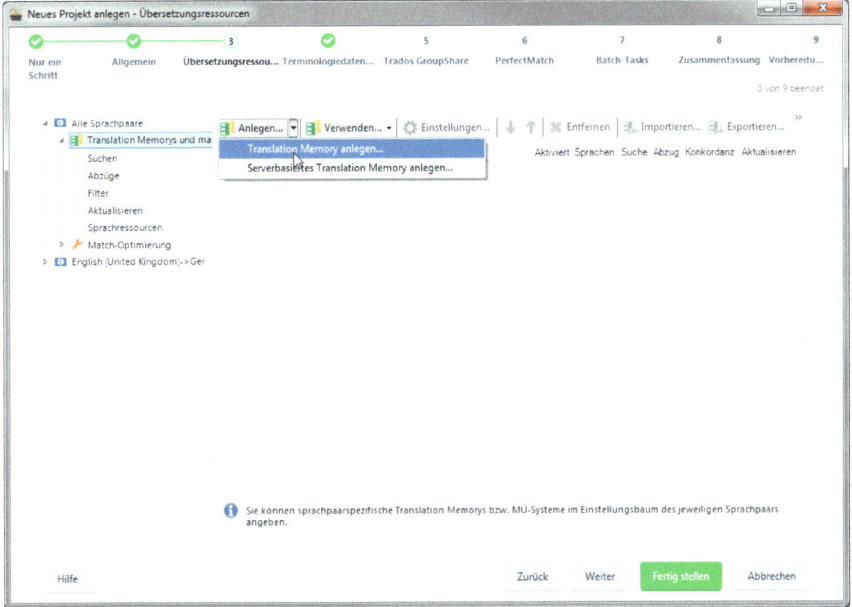

Das Dialogfeld **Neues Translation Memory** → **Allgemein** öffnet sich. Geben Sie einen Namen für das Translation Memory ein und legen Sie den Speicherort fest.

SDL Trados Studio 2019 vergibt bei der Anlage eines Translation Memorys **während der Projektanlage** automatisch Ausgangssprache und Zielsprache in Übereinstimmung mit den Projektsprachen, wenn *eine* Zielsprache ausgewählt wurde. Wurden mehrere Zielsprachen ausgewählt, kann/können für jede Sprachkombination ein oder mehrere Translation Memorys angelegt werden.

Wählen Sie danach aus, ob die zeichenbasierte Konkordanzsuche aktiviert werden soll. Die zeichenbasierte Konkordanzsuche ermöglicht die Suche nach Zeichenfolgen innerhalb von Wörtern. Klicken Sie zum Abschluss der Anlage des Translation Memorys auf **Fertig stellen**.

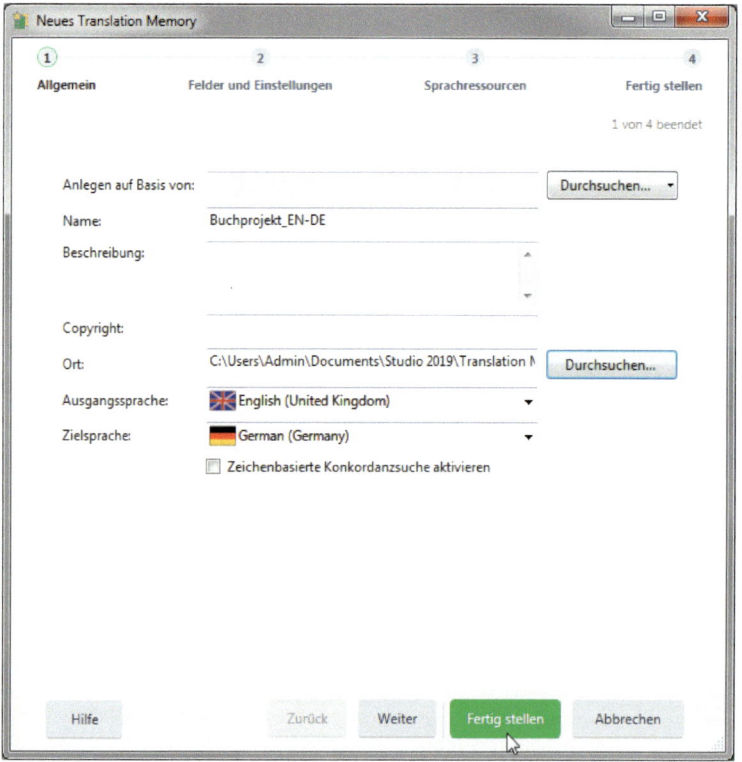

❗ In diesem Kapitel wird die einfache Anlage eines Translation Memorys für den Einstieg dargestellt. Weitere Einstellungsmöglichkeiten beim Anlegen von Translation Memorys finden Sie im Kapitel **Einstellungsmöglichkeiten bei der Anlage von Translation Memorys**.

Das Dialogfeld **Neues Translation Memory → Fertig stellen** öffnet sich. Klicken Sie auf **Schließen**.

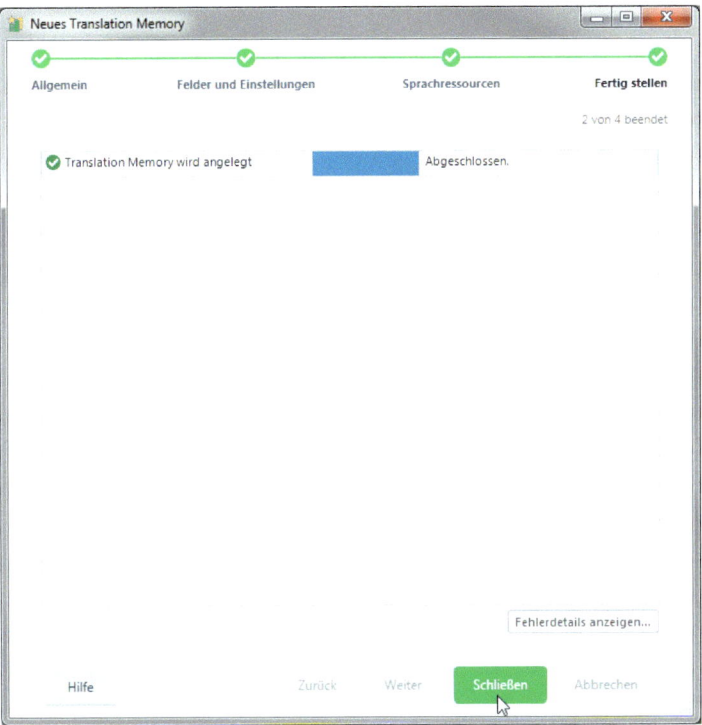

Das Translation Memory ist nun im Dialogfeld **Neues Projekt anlegen → Übersetzungsressourcen** aufgeführt. Es ist aktiviert, für die Suche und Konkordanzsuche vorbereitet und wird aktualisiert (befüllt), wenn Übersetzungseinheiten bestätigt werden. Klicken Sie auf **Weiter**, um mit der Projektanlage fortzufahren.

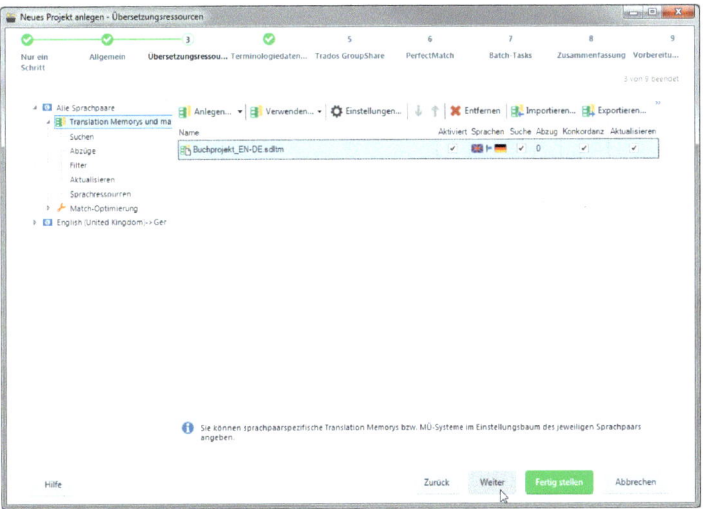

Hinzufügen von Translation Memorys bei der Projektanlage

Klicken Sie im Dialogfeld **Neues Projekt anlegen** → **Übersetzungsressourcen** auf **Verwenden...** und wählen Sie aus der sich öffnenden Dropdown-Liste **Dateibasiertes Translation Memory...** aus, um ein oder mehrere dateibasierte Translation Memorys zum Projekt hinzuzufügen. Wählen Sie **Serverbasiertes Translation Memory...** aus, wenn Sie ein oder mehrere serverbasierte Translation Memorys auswählen möchten. Im nachfolgenden Verfahren wird das Öffnen eines dateibasierten Translation Memorys beschrieben.

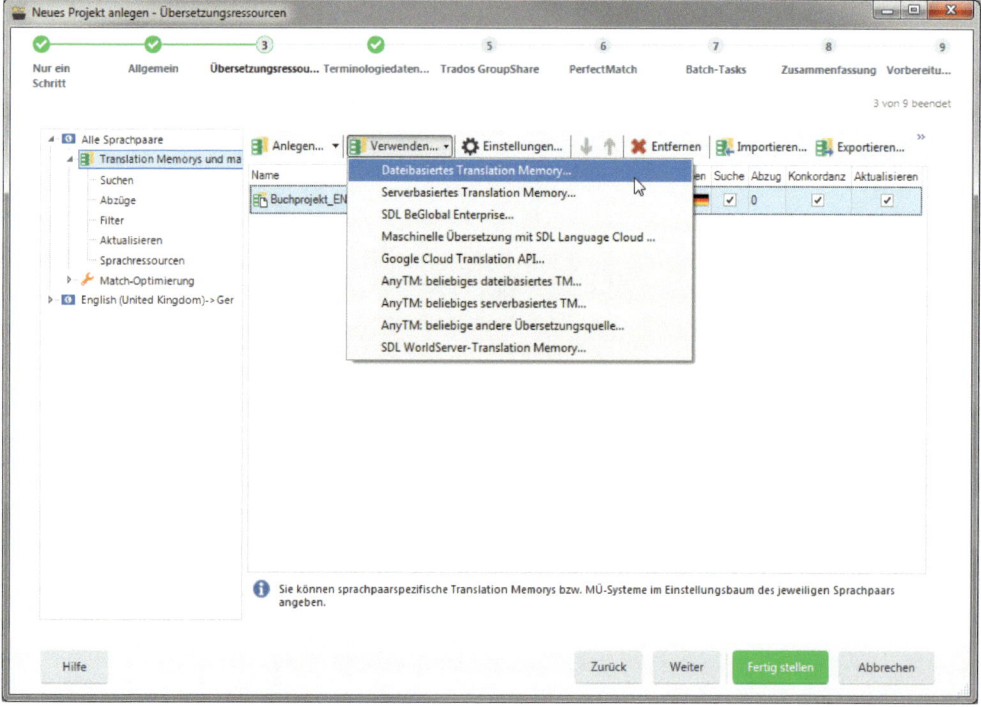

Das Dialogfeld **Dateibasiertes Translation Memory öffnen** öffnet sich. Wählen Sie den Ordner aus, in dem Ihre Translation Memorys abgelegt sind, wählen Sie das Translation Memory aus, das Sie hinzufügen möchten, sodass es farbig unterlegt ist, und klicken Sie auf **Öffnen**. Darüber hinaus können Sie das Translation Memory mit einem Doppelklick öffnen. Wenn Sie mehrere Translation Memorys gleichzeitig öffnen möchten, halten Sie die Strg-Taste gedrückt, klicken Sie auf die auszuwählenden Translation Memorys, sodass diese farbig unterlegt sind, und klicken Sie danach auf **Öffnen**.

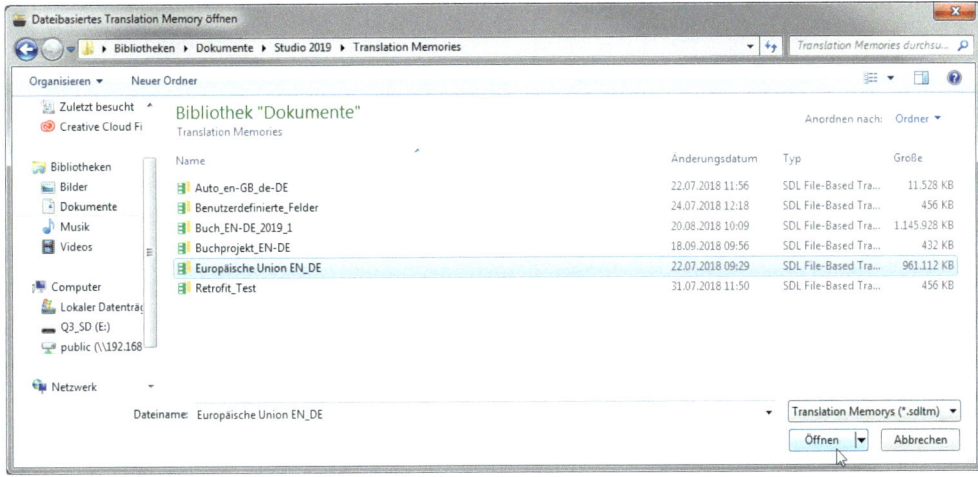

Das Translation Memory bzw. die Translation Memorys erscheint/erscheinen nun im Dialogfeld **Neues Projekt anlegen** → **Übersetzungsressourcen**. Prüfen Sie, ob alle Translation Memorys, die Sie aktualisieren (mit Übersetzungseinheiten befüllen) möchten, unter **Aktualisieren** mit einem Häkchen versehen sind. Als Standard ist zunächst nur das erste (oberste) geöffnete Translation Memory mit einem Häkchen für die Aktualisierung versehen. Klicken Sie danach auf **Weiter**, um fortzufahren.

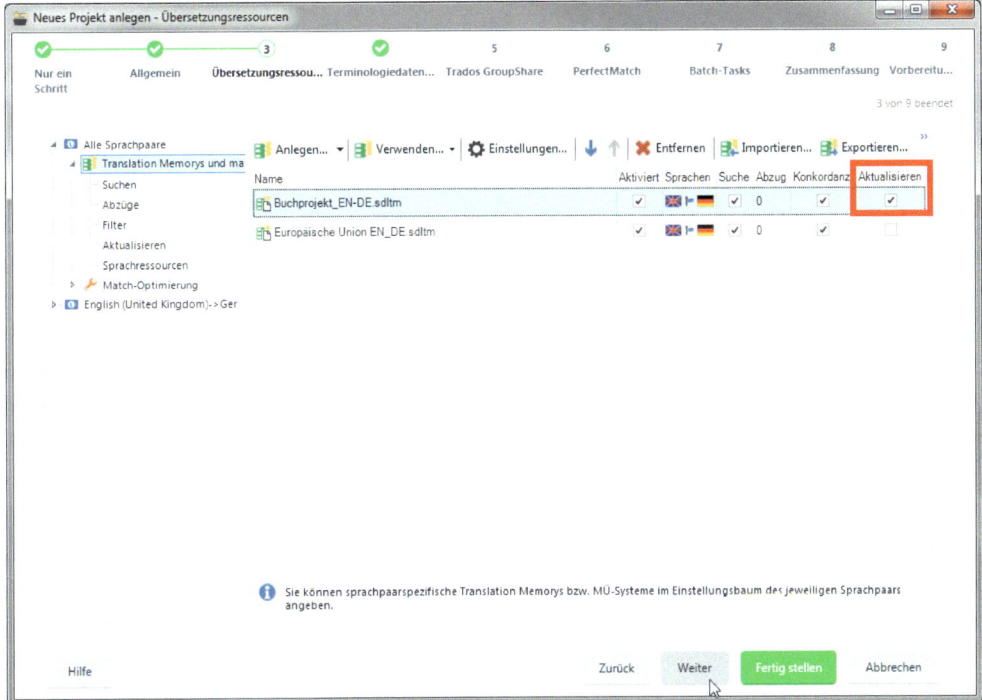

❗ Bitte beachten Sie, dass SDL Trados Studio 2019 eine Fehlermeldung ausgibt, wenn ein Translation Memory ausgewählt wird, das nicht die gleichen Subsprachen wie das Projekt selbst hat, oder bei dem die Sprachrichtung umgekehrt ist. SDL Trados Studio 2019 bietet aber die Möglichkeit, Translation Memorys mit anderer Subsprache/anderen Subsprachen oder umgekehrter Sprachrichtung mit AnyTM auszuwählen. Weitere Informationen zu AnyTM erhalten Sie im Kapitel **AnyTM**.

Das Dialogfeld **Neues Projekt anlegen** → **Terminologiedatenbanken** öffnet sich.

Anlegen und Hinzufügen von Termbanken bei der Projektanlage

Im Dialogfeld **Neues Projekt anlegen** → **Terminologiedatenbanken** haben Sie die Möglichkeit, eine oder mehrere Termbanken aus SDL MultiTerm hinzuzufügen und/oder Termbanken bei der Projektanlage anzulegen.

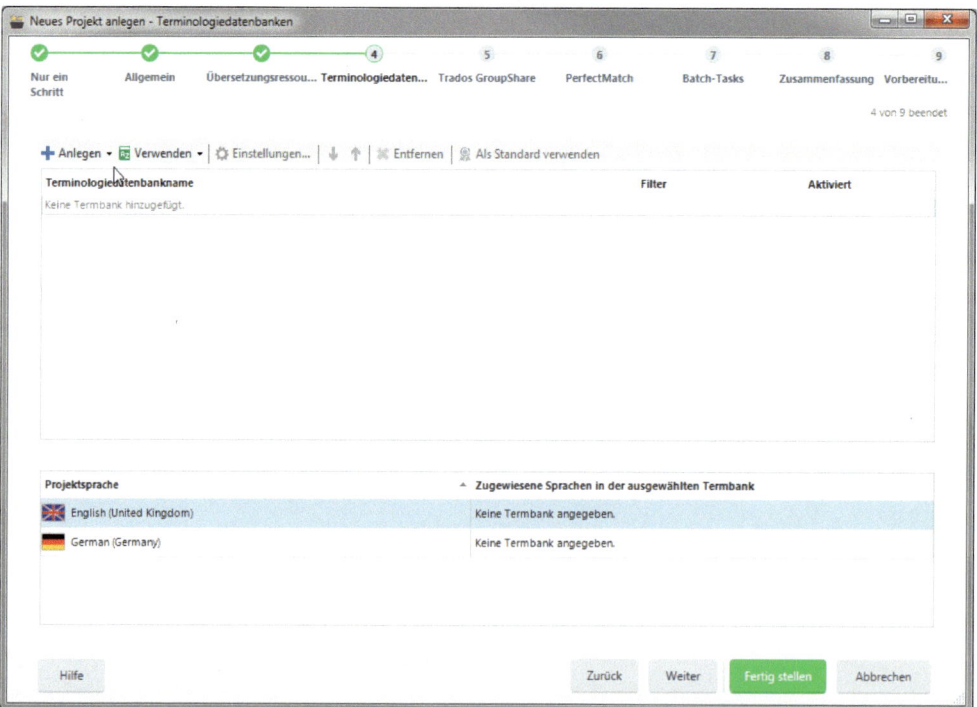

Anlegen von Termbanken bei der Projektanlage

Klicken Sie im Dialogfeld **Neues Projekt anlegen** → **Terminologiedatenbanken** auf **Anlegen** → **Neue dateibasierte Terminologiedatenbank...**, um eine dateibasierte Termbank in SDL MultiTerm 2019 anzulegen und in das Projekt zu integrieren.

Das Dialogfeld **Termbank-Assistent** öffnet sich. Eine Beschreibung für das Anlegen von Termbanken erhalten Sie im Kapitel **Terminologiearbeit mit SDL MultiTerm 2019** → **Anlegen von Termbanken**.

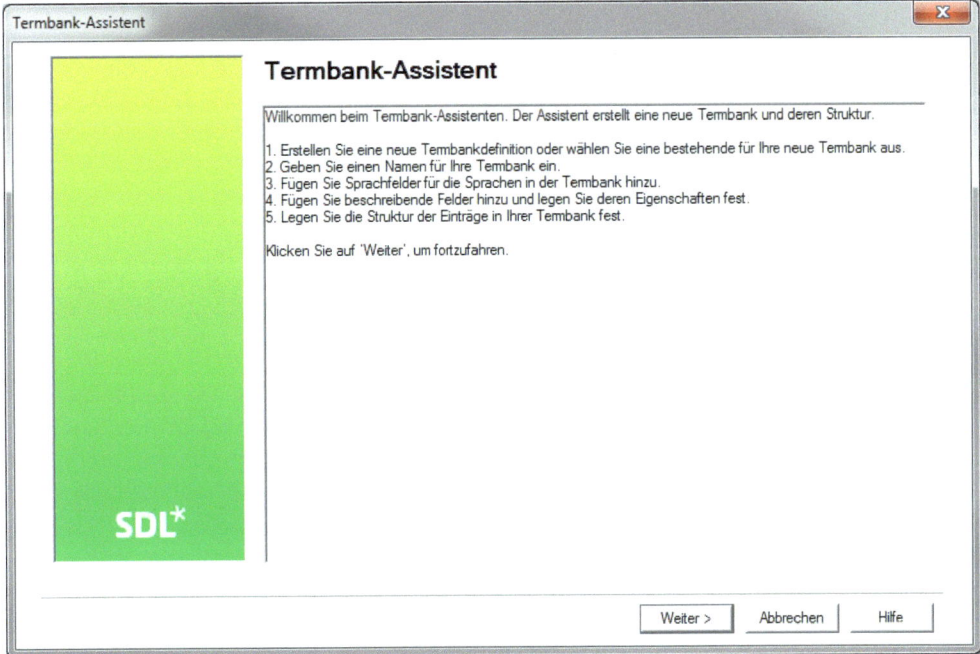

Hinzufügen von Termbanken bei der Projektanlage

Klicken Sie im Dialogfeld **Neues Projekt anlegen** → **Terminologiedatenbanken** auf **Verwenden** und wählen Sie aus der sich öffnenden Dropdown-Liste **Dateibasierte MultiTerm-Terminologiedatenbank...** aus, um eine oder mehrere bereits angelegte dateibasierte Termbank(en) auszuwählen. Wählen Sie **Serverbasierte MultiTerm-Terminologiedatenbank...** aus, wenn Sie über serverbasierte MultiTerm-Termbanken verfügen und diese verwenden möchten. Im vorliegenden Beispiel wird eine dateibasierte MultiTerm-Termbank geöffnet.

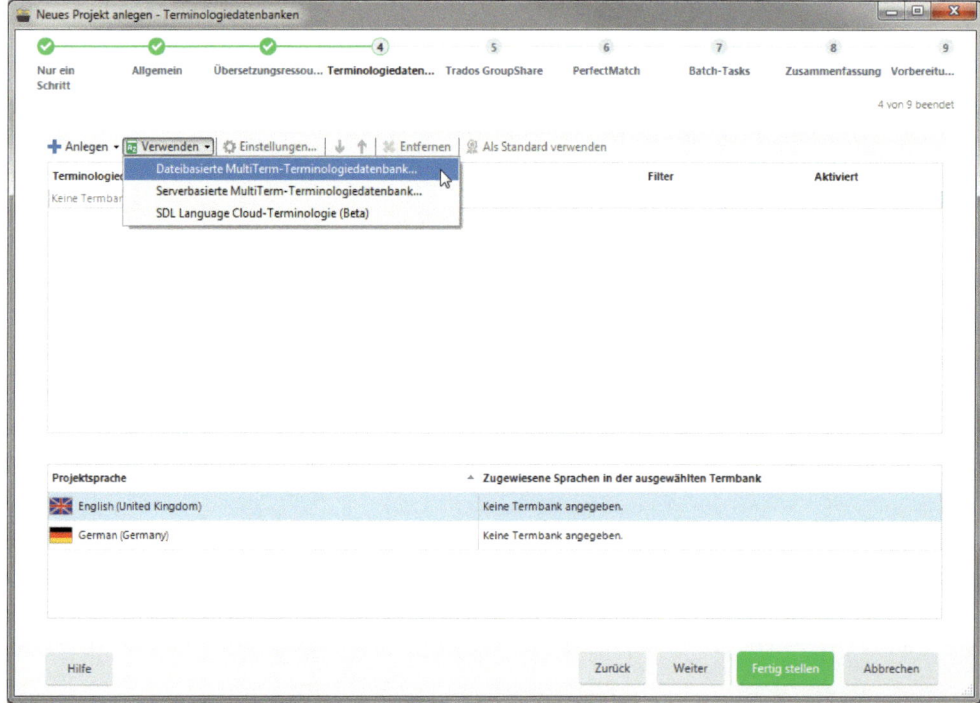

Wählen Sie im sich öffnenden Dialogfeld **Dateibasierte Terminologiedatenbank öffnen** eine Termbank aus, sodass diese farbig unterlegt ist, und klicken Sie auf **Öffnen** oder doppelklicken Sie auf die zu öffnende Termbank. Wenn Sie mehrere Termbanken auswählen möchten, drücken Sie die [Strg]-Taste, halten diese gedrückt und klicken auf mehrere Termbanken. Klicken Sie dann auf **Öffnen**.

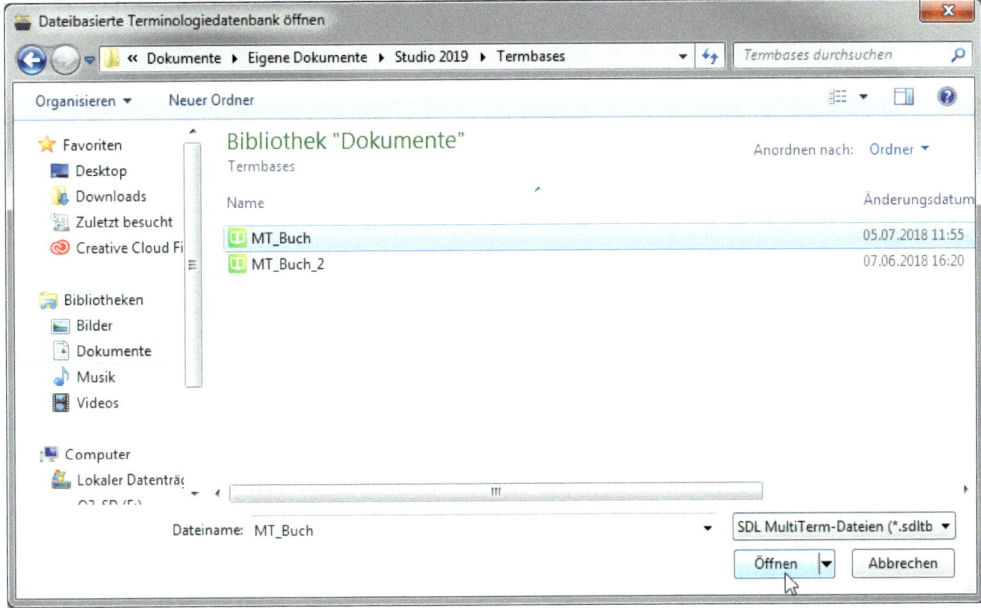

Die ausgewählte(n) Termbank(en) ist/sind nun im Dialogfeld **Neues Projekt anlegen** → **Terminologiedatenbanken** integriert, mit einem Häkchen versehen und damit aktiviert. Klicken Sie auf **Weiter**, um fortzufahren.

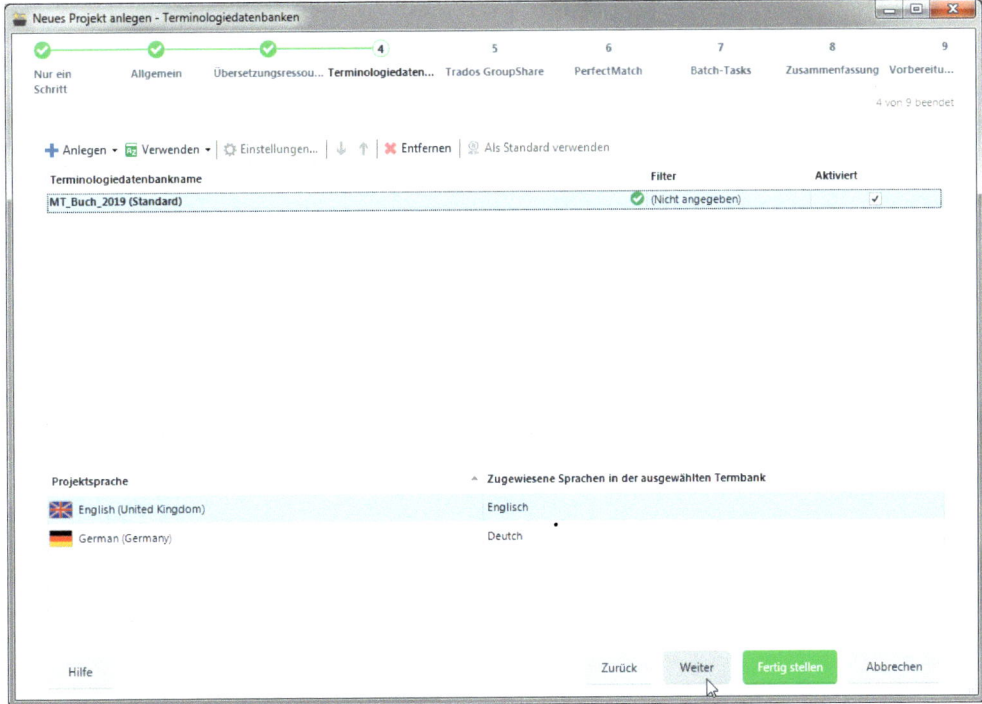

❗ Bitte beachten Sie, dass mehrere Termbanken für die Suche in SDL Trados Studio 2019-Projekte integriert werden können, jedoch immer nur eine, und zwar die Termbank, die als oberste Termbank erscheint und mit dem Zusatz **(Standard)** versehen ist, aktualisiert wird. Solange eine Termbank für die Aktualisierung festgelegt ist, wird sie Standardtermbank genannt. Sie haben jederzeit die Möglichkeit, eine andere für das Projekt ausgewählte Termbank als Standard festzulegen, indem Sie auf diese klicken, sodass sie farbig unterlegt ist, und **Als Standard verwenden** auswählen.

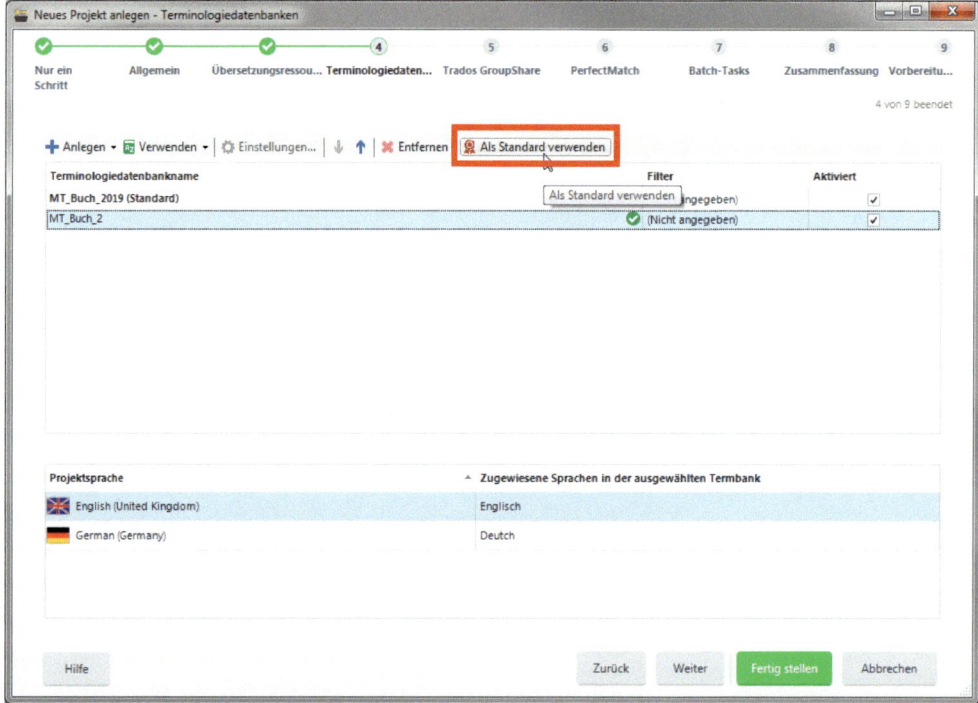

Die als Standard ausgewählte Termbank erscheint oben in der Liste. Sie hat den Vermerk **(Standard)** hinter dem Termbanknamen.

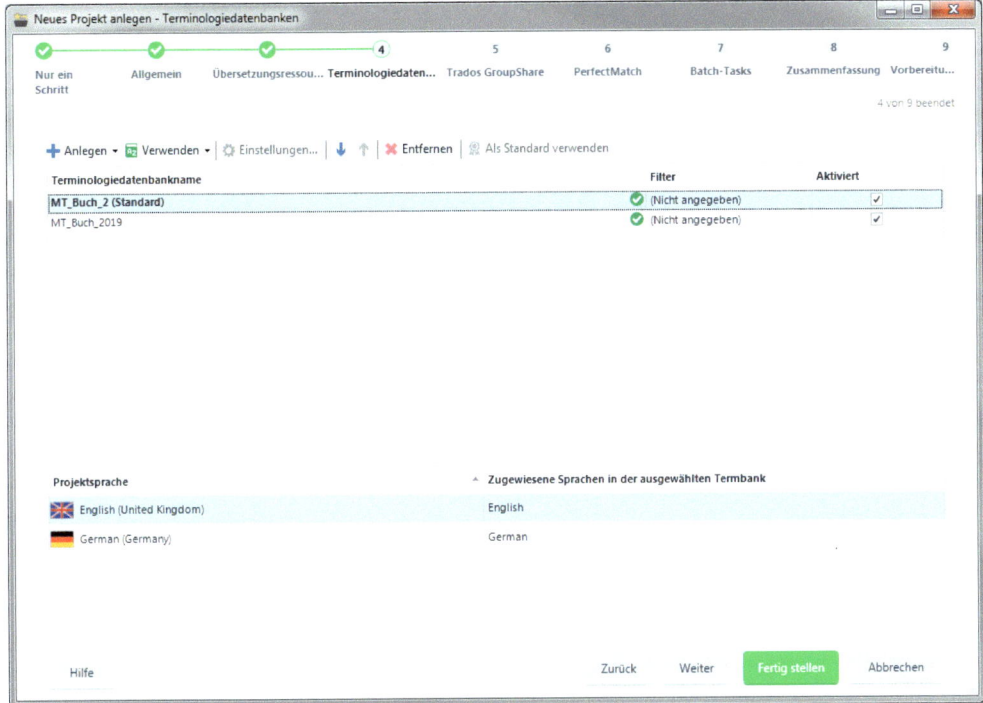

Klicken Sie auf **Weiter**, um fortzufahren. Das Dialogfeld **Neues Projekt anlegen → Trados GroupShare** öffnet sich.

❗ Bitte beachten Sie, dass das Dialogfeld **Trados GroupShare** nur in der Professional-Version zur Verfügung steht, nicht in der Freelance-Version.

Das Dialogfeld Trados GroupShare (Version Professional)

Trados GroupShare ist eine separat erhältliche Serverapplikation, in welcher der Benutzer die Möglichkeit hat, in SDL Trados Studio 2019 in der Projektanlage befindliche Projekte auf einem GroupShare-Server zu veröffentlichen und dort zu steuern. Stellen Sie ggf. eine Verbindung zum GroupShare-Server her und wählen Sie einen Speicherort für das Projekt aus, wenn Sie GroupShare gekauft und installiert haben und das vorliegende Projekt auf dem GroupShare-Server veröffentlichen möchten. Belassen Sie das Feld leer, wenn Sie nicht über Trados GroupShare verfügen. Klicken Sie danach auf **Weiter**, um fortzufahren.

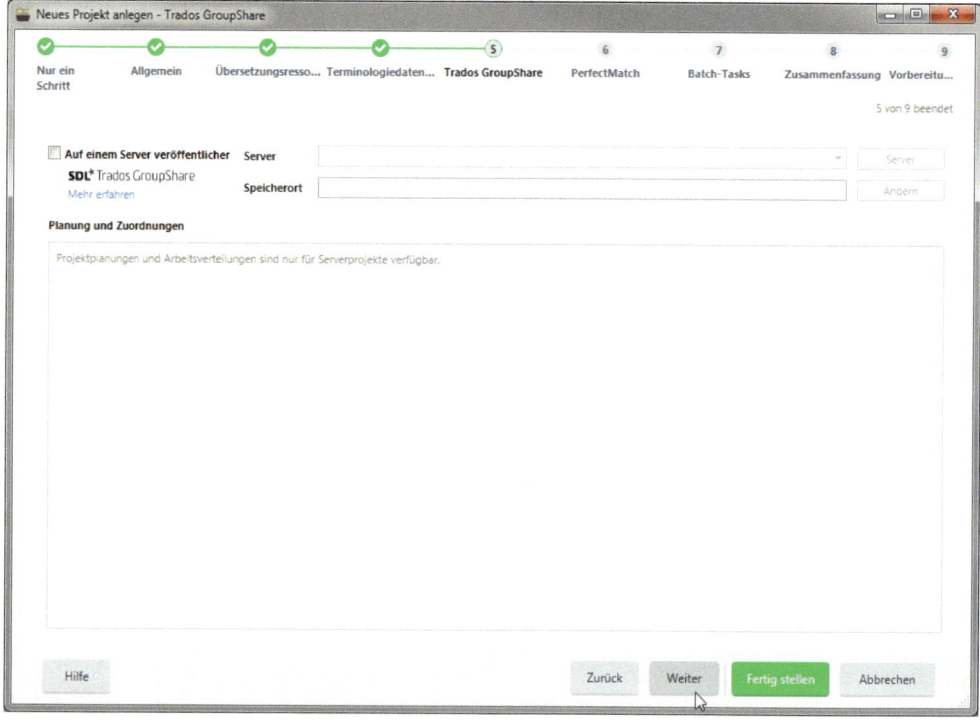

Das Dialogfeld **Neues Projekt anlegen** → **PerfectMatch** öffnet sich.

❗ Bitte beachten Sie, dass PerfectMatch nur in der Professional-Version zur Verfügung steht, nicht in der Freelance-Version.

PerfectMatch (Version Professional)

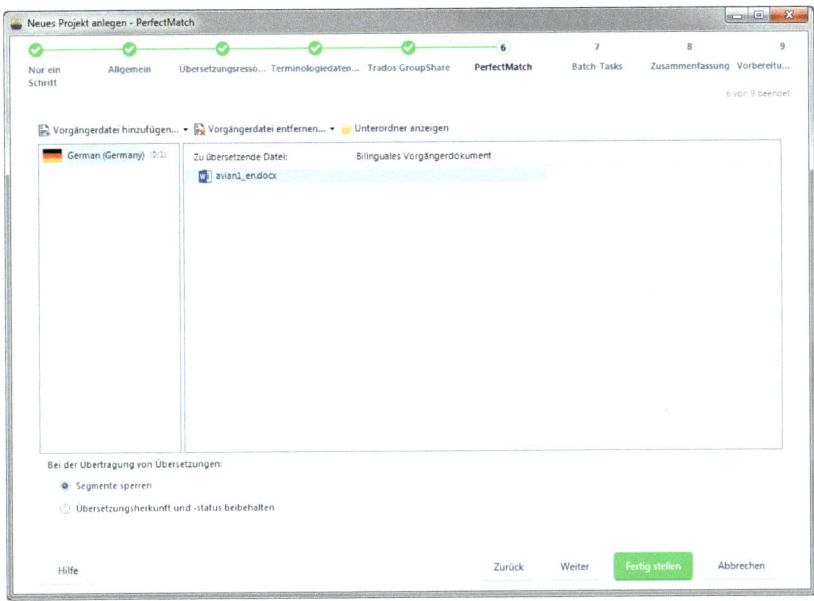

Ein PerfectMatch ist eine Variante des Kontext-Match, bei welcher der Abgleich von vorhandenen Übersetzungseinheiten in der Projektvorbereitung zunächst nicht gegen ein Translation Memory, sondern gegen vorhandene Übersetzungseinheiten aus einem bilingualen Vorgängerdokument erfolgt. Möglich ist dabei die Verwendung von *.sdlxliff-, *.ttx- oder *.itd-Vorgängerdokumenten. Die bereits im Vorgängerdokument vorhandenen Übersetzungseinheiten werden beim Abgleich in PerfectMatch für das neue Projekt herangezogen, bei Übereinstimmungen mit dem neuen zu übersetzenden Text eingesetzt und gegenüber Übersetzungseinheiten aus einem bei der Projektanlage verwendeten Translation Memory bevorzugt.

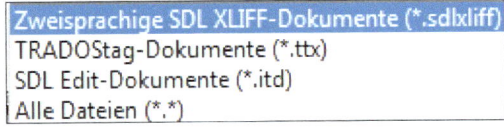

Für PerfectMatch einsetzbare Dokumentenformate

Der Einsatz von PerfectMatch ist immer dann sinnvoll, wenn ein neues Dokument einem bereits übersetzten und im bilingualen Dokumentenformat vorliegenden Dokument stark ähnelt. Durch den Abgleich des neuen zu übersetzenden Dokumentes mit dem bestehenden bilingualen Dokument wird in der Übersetzung durch den Abgleich und das Einsetzen der bereits vorhandenen Übersetzungseinheiten in die zielsprachlichen Segmente eine noch höhere Genauigkeit in Bezug auf Konsistenz erreicht.

Klicken Sie im Dialogfeld **Neues Projekt anlegen** → **PerfectMatch** auf ein Dokument in der Projektanlage, zu dem ein bilinguales Vorgängerdokument im *.sdlxliff-, *.ttx- oder *.itd-Format vorhanden ist, sodass dieses farbig unterlegt ist.

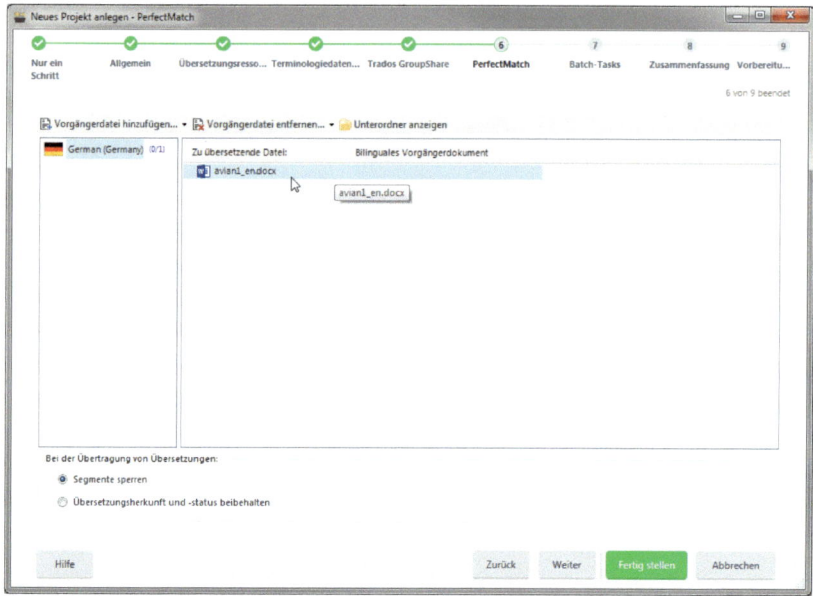

Klicken Sie danach auf **Vorgängerdatei hinzufügen...**, um ein spezifisches Vorgängerdokument auszuwählen. Wählen Sie **Passende Vorgängerdokumente aus Ordner...** aus, wenn mehrere Dateien gleichzeitig aus einem spezifischen Ordner zugeordnet werden sollen. Wählen Sie **Bestimmtes Vorgängerdokument...**, wenn ein einzelnes Dokument hinzugefügt werden soll. Im weiteren Verfahren wird das Hinzufügen eines einzelnen Vorgängerdokuments erläutert.

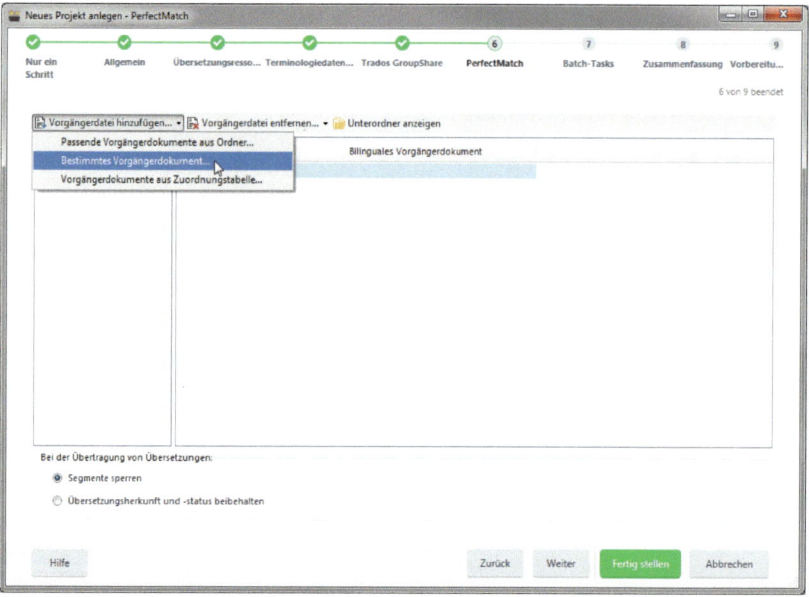

Alternativ haben Sie beim Hinzufügen einer einzelnen Datei die Möglichkeit, mit der rechten Maustaste 🖱 auf die farbig unterlegte Datei zu klicken und aus der sich öffnenden Dropdown-Liste **Vorgängerdokument hinzufügen...** auszuwählen.

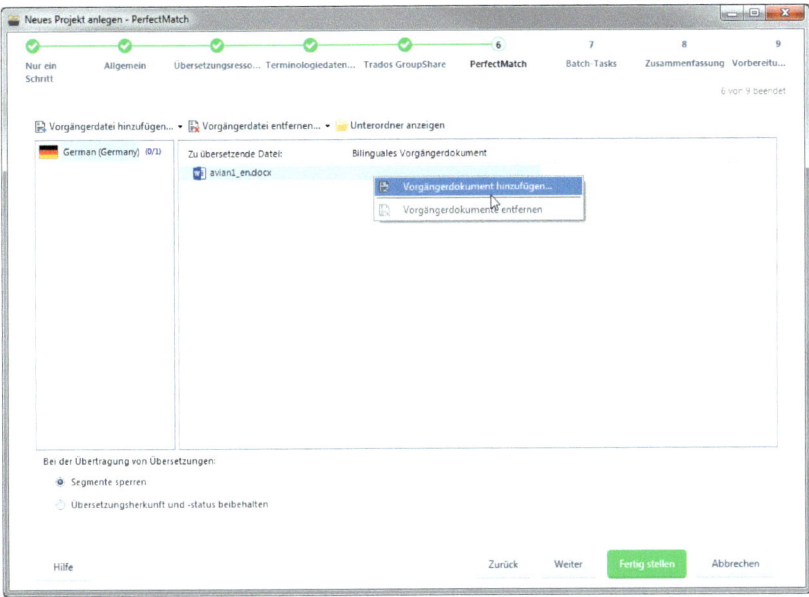

Das Dialogfeld **Zweisprachige Vorgängerdokumente öffnen** öffnet sich. Wählen Sie das bilinguale Vorgängerdokument aus und klicken Sie auf **Öffnen** oder doppelklicken Sie auf das bilinguale Vorgängerdokument.

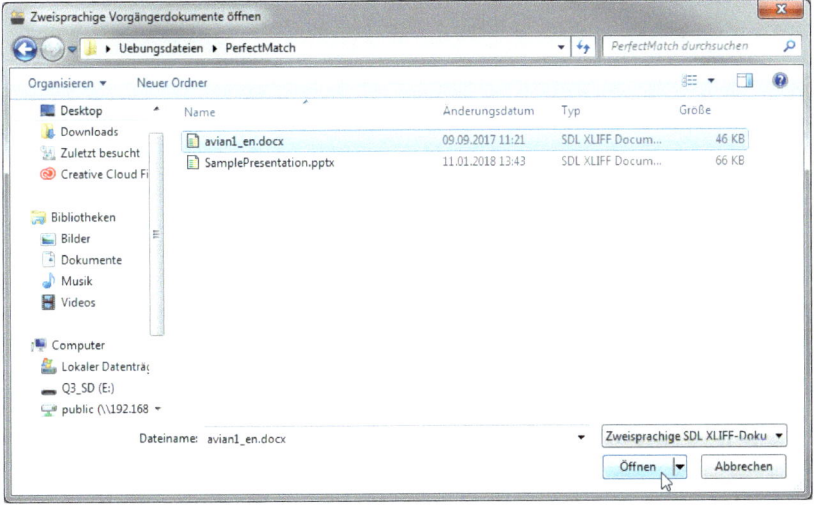

Das bilinguale Vorgängerdokument ist nun im Dialogfeld **Neues Projekt anlegen** → **PerfectMatch** dem neu zu übersetzenden Dokument zugeordnet. Verfahren Sie analog mit möglichen weiteren Vorgängerdokumenten, wenn mehrere Dateien in einem Projekt enthalten sind, die über ein bilinguales Vorgängerdokument in den vorgenannten Formaten verfügen.

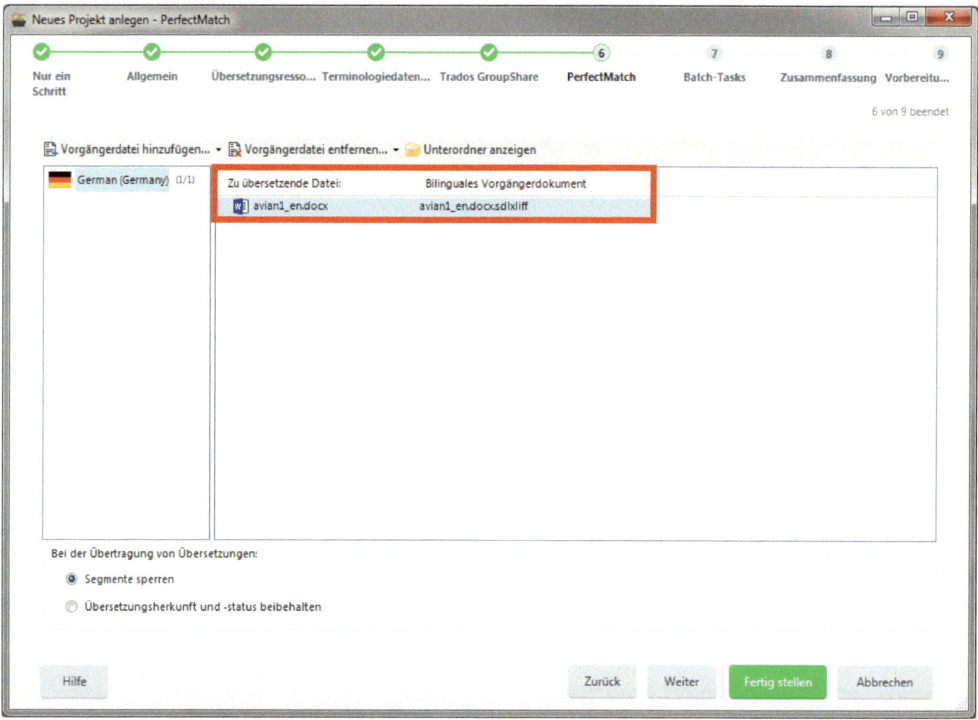

Wählen Sie im gleichen Dialogfeld **Neues Projekt anlegen** → **PerfectMatch** die Optionen für die Übertragung von Übersetzungen aus.

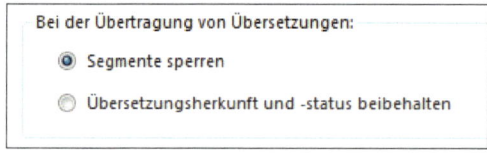

Als Standard ist hier **Bei der Übertragung von Übersetzungen:** → **Segmente sperren** ausgewählt. Belassen Sie diese Option, wenn Sie möchten, dass alle PerfectMatches übersetzt und gesperrt werden sollen. In diesem Fall werden die betroffenen Übersetzungseinheiten im neuen Projekt grau unterlegt und gesperrt. Das ist immer dann sinnvoll, wenn PerfectMatch mit einem bilingualen Vorgängerdokument verwendet wird, das vollständig geprüft ist, und bei dem die Übersetzungseinheiten aus PerfectMatch nicht mehr bearbeitet werden sollen.

Verwenden Sie die Option **Bei der Übertragung von Übersetzungen:** → **Übersetzungsherkunft und -status beibehalten**, wenn Sie Herkunft, Status, Werte und auch Kommentare in Zielsegmenten aus dem ursprünglichen, im bilingualen Format vorliegenden Dokument in das neue Projekt mit PerfectMatch übernehmen möchten und dabei die Segmente aus PerfectMatch im neuen Projekt nicht gesperrt erscheinen sollen.

! Darüber hinaus haben Sie bei der Projektanlage bei dem auf **PerfectMatch** folgenden Dialogfeld **Batch-Tasks** unter **Batch-Verarbeitung** → **PerfectMatch** die Möglichkeit zu entscheiden, ob Formatierungen im PerfectMatch-Prozess ignoriert werden sollen, und ob die Behandlung von doppelt vorhandenen Inhalten den Vorgaben in regulierten Branchen entspricht. Bei der zweiten Einstellung ignoriert PerfectMatch inkonsistente Übersetzungen, wenn inkonsistente Übersetzungen als doppelt vorhandene Inhalte beibehalten werden sollen.

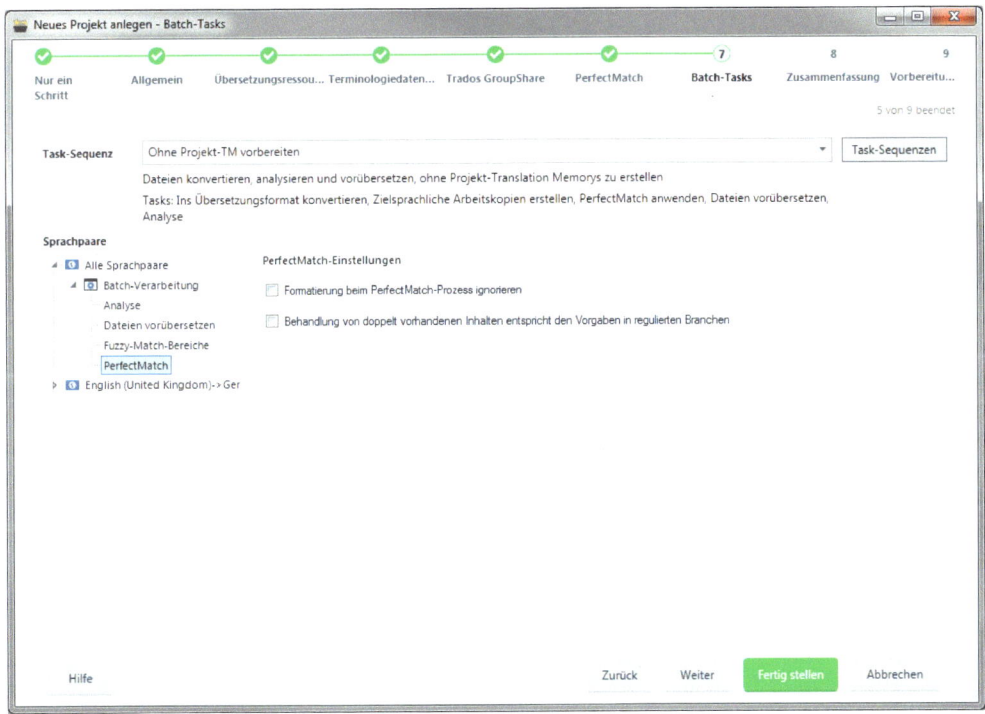

Treffen Sie im Dialogfeld **PerfectMatch** Ihre Auswahl und klicken Sie danach auf **Weiter**, um mit der Projektanlage fortzufahren. PerfectMatch wird im nächsten Schritt in der Projektvorbereitung ausgeführt, wenn die Task-Sequenz **Vorbereiten**, **Ohne Projekt-TM vorbereiten** oder ggf. **Benutzerdefiniert** (bei entsprechend in der Version Professional aktivierter Option PerfectMatch) ausgewählt wird.

Das Dialogfeld **Neues Projekt anlegen** → **Batch-Tasks** öffnet sich. In diesem Dialogfeld können verschiedene Task-Sequenzen für die Projektvorbereitung ausgewählt werden.

Projektvorbereitung

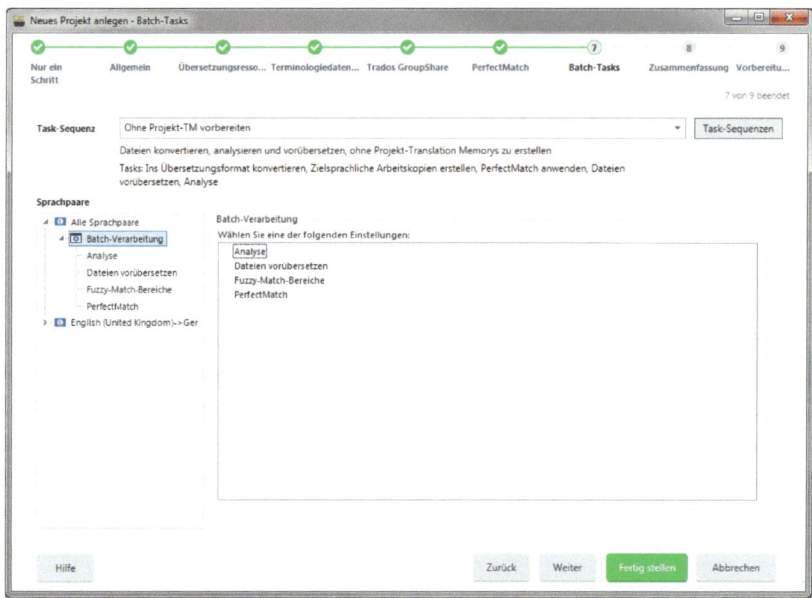

Im Dialogfeld **Neues Projekt anlegen** → **Batch-Tasks** werden in der Projektvorbereitung die im Projekt zu übersetzenden Dateien für die Arbeit in SDL Trados Studio 2019 in sogenannten Task-Sequenzen vorbereitet. Diese Task-Sequenzen bestehen aus einer Reihe von Schritten oder Aufgaben, die in der Projektvorbereitung eine abgeschlossene Aktion ergeben, d.h.[6], sie resultieren in einer Projektvorbereitung, die je nach Auswahl der Task-Sequenz verschiedene Elemente enthält.

SDL Trados Studio 2019 erstellt in der Projektvorbereitung im Ordner für Studio-Projekte einen Ordner für das jeweilige Projekt, in dem abhängig von der Art der Projektvorbereitung (der Task-Sequenz) bei der Projektanlage

- Unterordner für die Ausgangs- und Zieldateien mit den dazugehörigen *.sdlxliff-Dateien,
- die Berichte aus den Batch-Tasks **Analyse** und **Dateien vorübersetzen** oder ggf. nur der Analysebericht,
- eine Datei mit den Projekteinstellungen und
- ggf. ein Ordner für das Projekt-TM/mit dem Projekt-TM
- ggf. ein Ordner mit Exporten häufig vorkommender Segmente oder Segmenten ohne Match

angelegt werden.

---

[6] Aus Gründen der besseren Lesbarkeit wird in diesem Buch die Abkürzung d.h. ohne Leerzeichen verwendet.

Beginn der Projektanlage in der Ansicht Willkommen

Beispiel Projektordner nach Task-Sequenz Ohne Projekt-TM vorbereiten

Im Dialogfeld **Neues Projekt anlegen** → **Batch-Tasks** haben Sie die Möglichkeit, zwischen den nachfolgend aufgeführten Vorbereitungsarten für das Projekt auszuwählen. Die Dropdown-Liste mit den Optionen öffnet sich, wenn Sie auf den kleinen Pfeil nach unten rechts neben **Task-Sequenz:** klicken. Die Task-Sequenz **Benutzerdefiniert** ist nur in der Professional-, nicht in der Freelance-Version enthalten.

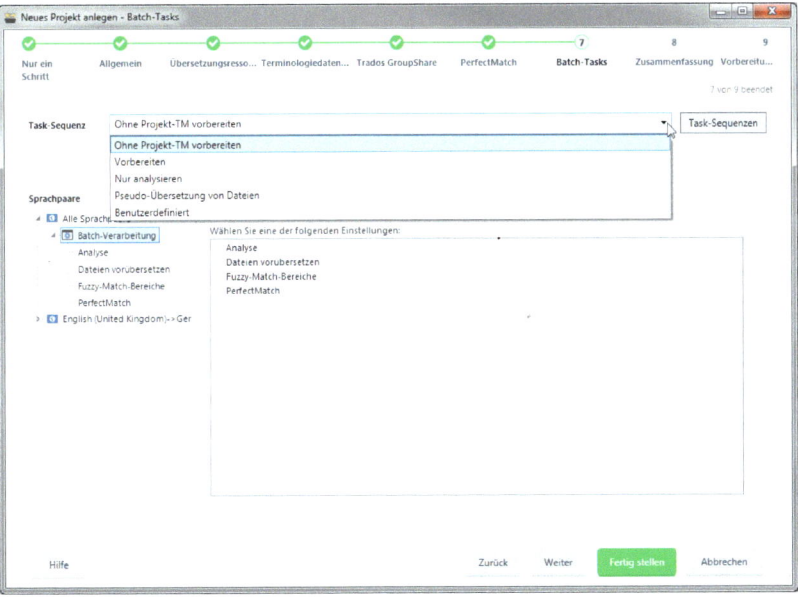

Task-Sequenz Ohne Projekt-TM vorbereiten

In der als Standard voreingestellten Task-Sequenz **Ohne Projekt-TM vorbereiten** werden im Projektordner von SDL Trados Studio 2019 Unterordner für die Ausgangs- und Zielsprachen eines Projekts angelegt und SDL Trados Studio 2019 erstellt die zugehörigen *.sdlxliff-Dateien, die einmal im Ordner für die Ausgangsdateien und einmal im Ordner für die Zieldateien abgelegt werden.

! Die *.sdlxliff-Dateien im Ordner für die Ausgangsdateien bleiben im Übersetzungsprozess unverändert, die *.sdlxliff-Dateien im Ordner für die zielsprachlichen Dateien werden im Übersetzungsprozess beim Bestätigen von Segmenten aktualisiert.

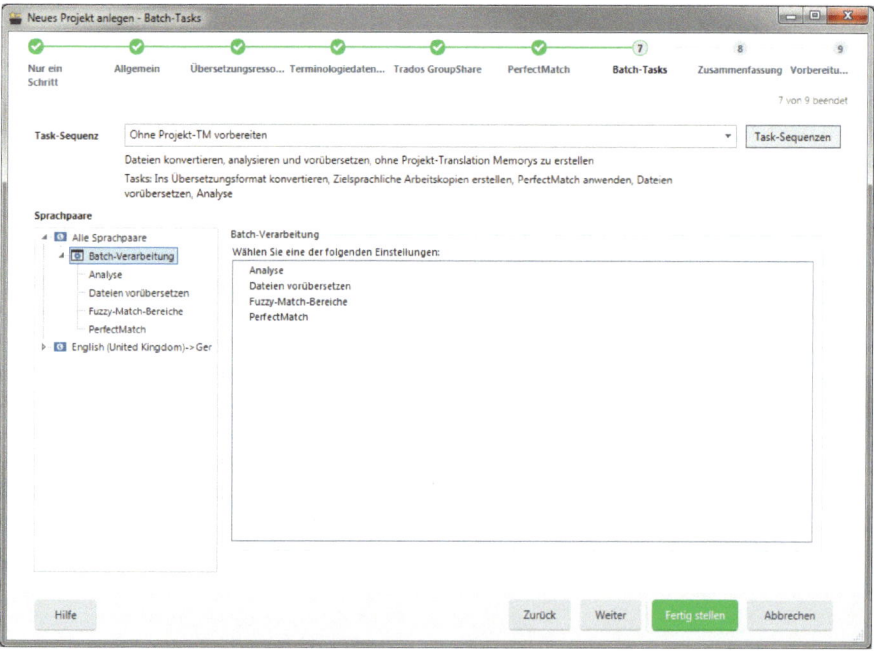

XLIFF ist ein offener Standard und auch ein Dateiformat, das SDL in der Abwandlung sdlxliff für die Bearbeitung der zu übersetzenden Dateien in der Übersetzungsumgebung, der Ansicht **Editor**, verwendet. Egal, welches Dateiformat Sie für die Übersetzung heranziehen, in SDL Trados Studio 2019 werden alle Dateien für die Bearbeitung in *.sdlxliff-Dateien konvertiert. Die Ausgangsdateien bleiben trotzdem in der ursprünglichen Dateiablage und im Ordner für die Ausgangsdateien im Projektordner von SDL Trados Studio 2019 erhalten. Nach Abschluss der Übersetzung werden die Dateien wieder als Zieldateien in ihre ursprünglichen Formate zurückkonvertiert.

Darüber hinaus wendet SDL Trados Studio 2019 in dieser Task-Sequenz ggf. das in der Professional-Version vorhandene PerfectMatch bei entsprechender Auswahl der Dateien an und führt zwei Batch-Funktionen aus: **Analyse** und **Dateien vorübersetzen**. Die Berichte zu diesen beiden Batch-Tasks werden im Projektunterordner **Reports** abgelegt und sind in SDL Trados Studio 2019 in der Ansicht **Berichte** enthalten/einsehbar.

SDL Trados Studio 2019 legt außerdem die Projekteinstellungen im Projektordner ab und stellt diese mit einem hell-/dunkelbraunen Symbol dar, das an einen Karteikasten erinnert: .

! Selbst wenn das abgelegte Projekt längst bearbeitet, geliefert und aus der Projektliste in SDL Trados Studio 2019 gelöscht wurde, kann das Projekt jederzeit durch Klicken auf diesen Unterordner mit den Projekteinstellungen wieder in die Ansicht **Projekte** in SDL Trados Studio 2019 aufgenommen werden. Wichtige Voraussetzung dafür ist, dass der Projektordner nicht verschoben wird und keine Dateien aus dem Projektordner gelöscht werden. Das Projekt öffnet sich dann bei einem Doppelklick auf das hell-/dunkelbraune Icon in SDL Trados Studio 2019, als sei es nie aus der Projektliste entfernt worden.

Task-Sequenz Vorbereiten

In der Task-Sequenz **Vorbereiten** wird über die im vorherigen Kapitel **Task-Sequenz Ohne Projekt-TM vorbereiten** genannten Funktionen hinaus ein Projekt-Translation Memory erstellt, in das ausschließlich die Übersetzungseinheiten aus dem vorliegenden aktuellen Projekt eingelesen werden. Dabei ist darauf zu achten, dass im Übersetzungsprozess des mit der Task-Sequenz **Vorbereiten** angelegten Projekts die Translation Memory-Daten zunächst so lange ausschließlich im Projekt-Translation Memory gespeichert werden, bis die Batch-Task-Sequenz **Abschließen** oder der Batch-Task **Master-TM aktualisieren** ausgeführt wird. Mit dieser Batch-Task-Sequenz (Abschließen) bzw. diesem Batch-Task (Master-TM aktualisieren) wird/werden dann auch das im Projekt ausgewählte bzw. die im Projekt ausgewählten und für die Aktualisierung aktivierten Master-Translation Memory(s) befüllt.

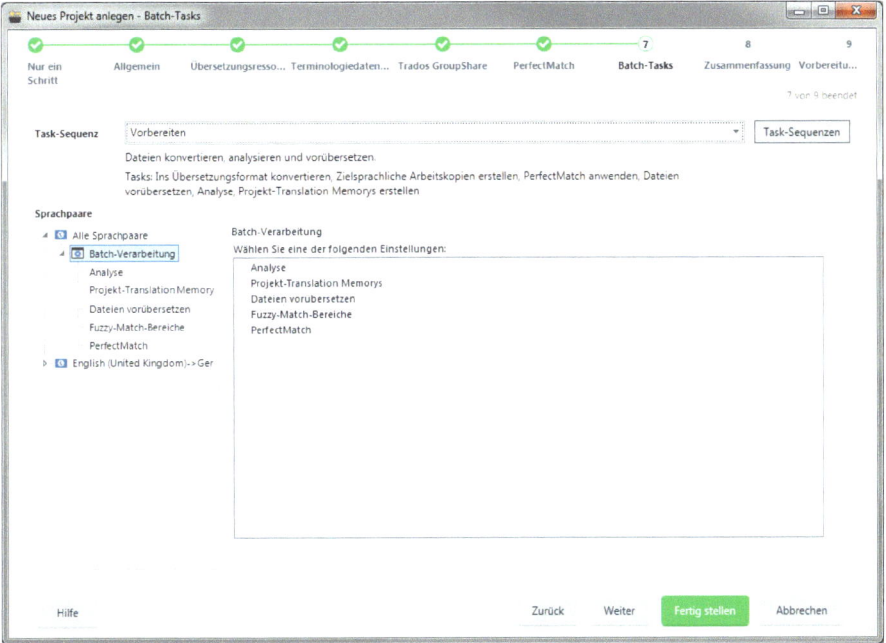

? **Was ist der Unterschied zwischen einem Master- und einem Projekt-Translation Memory?**

Ein Master-Translation Memory ist ein Translation Memory, das einmal angelegt und in beliebig vielen Projekten befüllt und gelesen wird. Es wird bei der Projektanlage ausgewählt und liegt entweder im SDL Trados Studio 2019-Standardordner für Translation Memorys oder in einem vom Benutzer definierten Ordner. In SDL Trados Studio 2019 können beliebig viele Master-Translation Memorys angelegt werden, es gibt also nicht nur ein Master-Translation Memory. Ein Projekt-Translation Memory hingegen ist ein Translation Memory, das lediglich für ein Projekt angelegt wird, z.B. um dem Kunden Übersetzungsdaten mitschicken zu können, ohne das ganze Master-Translation Memory zu exportieren. Es wird bei der Projektanlage von SDL Trados Studio 2019 in der Task-Sequenz **Vorbereiten** oder in einer der Ansichten **Projekte**, **Dateien** oder **Editor** mit dem Batch-Task **Projekt-Translation Memorys** erstellen angelegt und im Ordner des aktuellen Projekts im Unterordner abgelegt, der mit dem Namen **TM** versehen ist.

Task-Sequenz Nur analysieren

In der Task-Sequenz **Nur analysieren** werden die ausgangssprachlichen Dateien konvertiert und analysiert, aber es wird keine Vorübersetzung vorgenommen. Darüber hinaus werden zielsprachliche Arbeitskopien und Projekt-Translation Memorys erstellt und übersetzte Wörter gezählt.

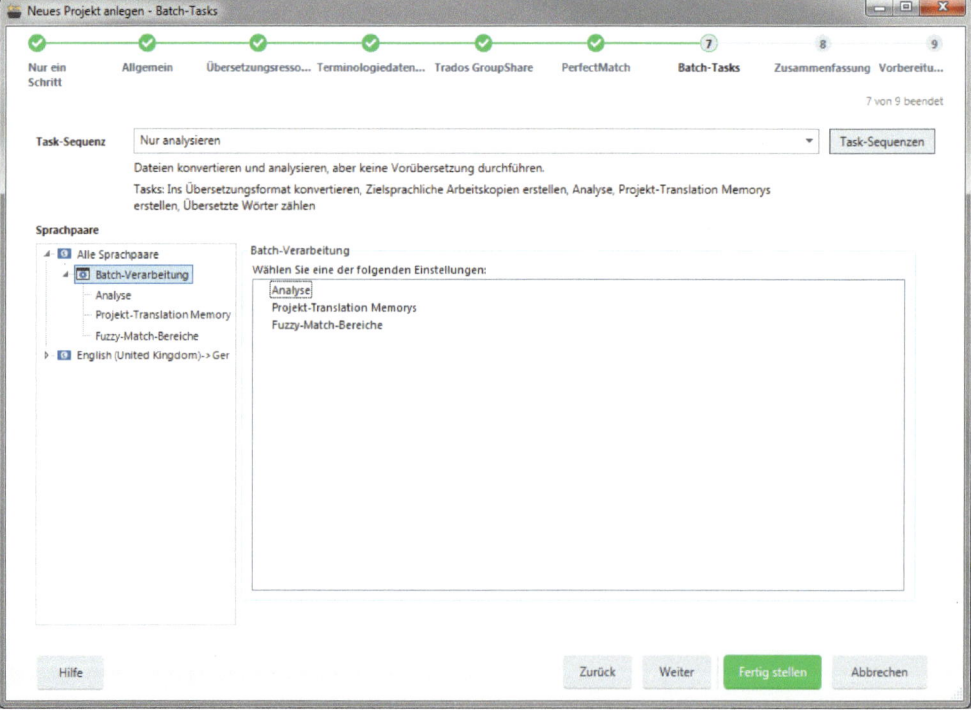

Task-Sequenz Pseudo-Übersetzung von Dateien

Die Task-Sequenz **Pseudo-Übersetzung von Dateien** wird eingesetzt, wenn eine Pseudo-Übersetzung in der Zielsprache erzeugt werden soll. Die ausgangssprachlichen Dateien werden konvertiert, es werden zielsprachliche Arbeitskopien erstellt, eine Pseudo-Übersetzung durchgeführt und die zielsprachlichen Dateien erstellt. Pseudo-Übersetzungen enthalten willkürlich zusammengestellte Wörter in der Zielsprache (keine Übersetzungen) und sind dann sinnvoll, wenn vor der Übersetzung geprüft werden soll, ob Längenkonventionen in der Zielsprache voraussichtlich eingehalten und Umlaute korrekt dargestellt werden.

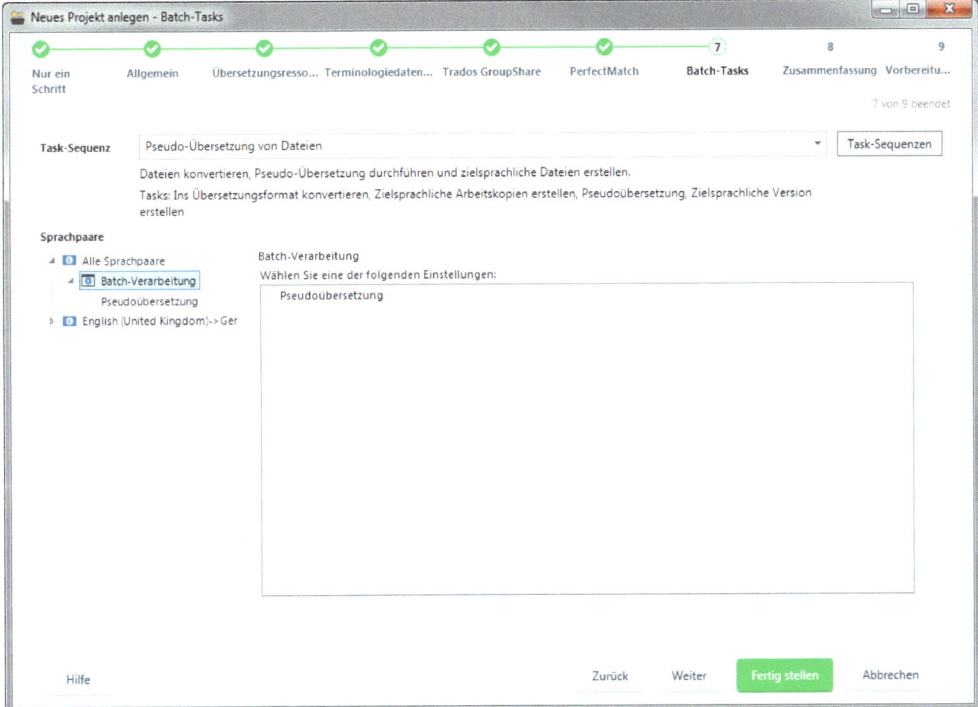

Task-Sequenz Benutzerdefiniert

Mit der Task-Sequenz **Benutzerdefiniert** haben Sie die Möglichkeit, selber auszuwählen, welche Vorbereitungsschritte in der Projektvorbereitung erfolgen sollen. Dabei gibt es drei Möglichkeiten:

1. Für die einmalige Verwendung: Auswahl der Task-Sequenz **Benutzerdefiniert** im Dialogfeld **Batch-Tasks** der Projektanlage und Auswahl von Tasks aus der Dropdown-Liste. Aufgaben, die nicht verwendet werden können, erscheinen ausgegraut.

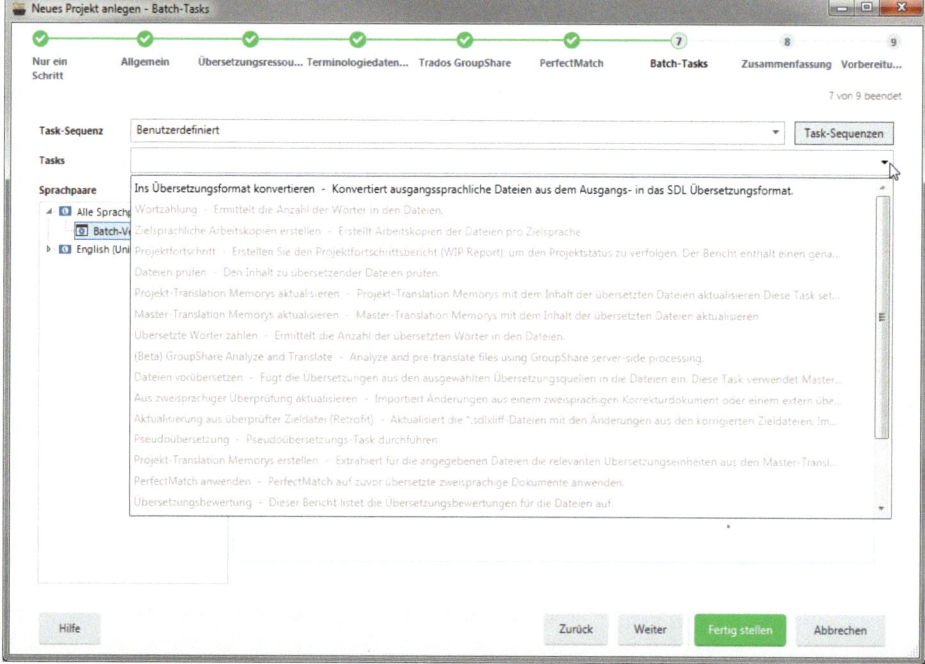

2. Für die mehrmalige Verwendung: Klicken Sie im Dialogfeld **Batch-Tasks** der Projektanlage auf **Task-Sequenzen**, um eine Task-Sequenz für die Projektvorbereitung anzulegen.

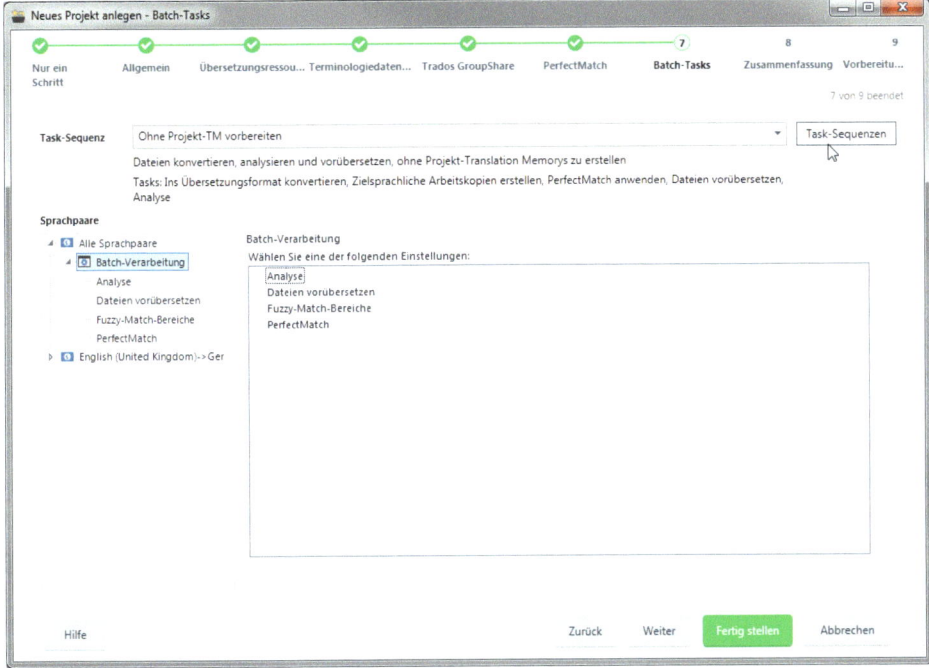

Klicken Sie im sich öffnenden Dialogfeld **Task-Sequenzen** auf **Hinzu...**.

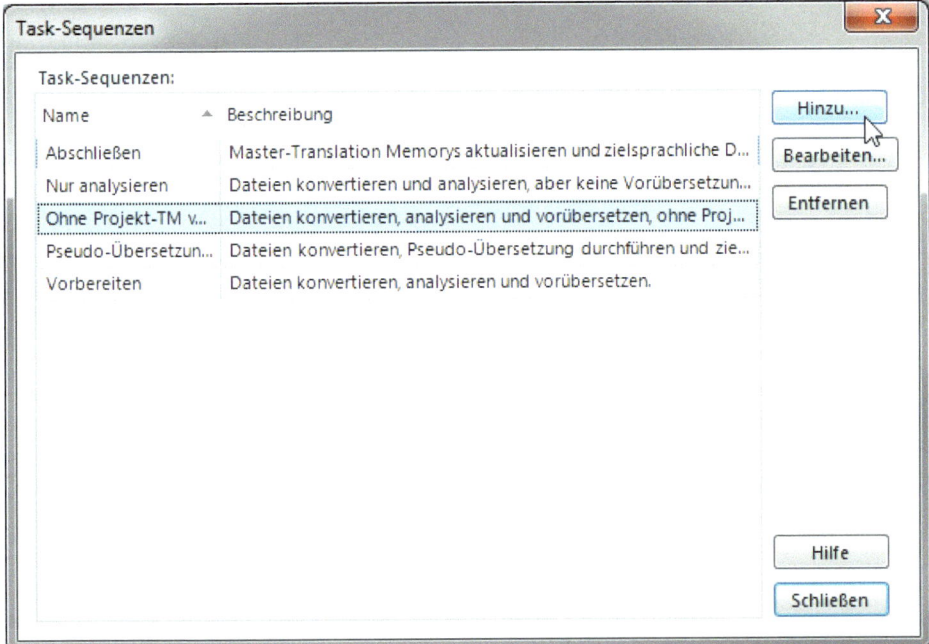

Das Dialogfeld **Neue Task-Sequenz** öffnet sich. Geben Sie zunächst einen Namen für die benutzerdefinierte Task-Sequenz ein. Fügen Sie dann eine Beschreibung hinzu, wählen Sie verfügbare Tasks aus und fügen Sie diese dem Feld **Ausgewählte Tasks:** hinzu. Felder, die in der Kombination nicht ausgewählt werden können, erscheinen ausgegraut. Klicken Sie zum Abschluss auf **OK**.

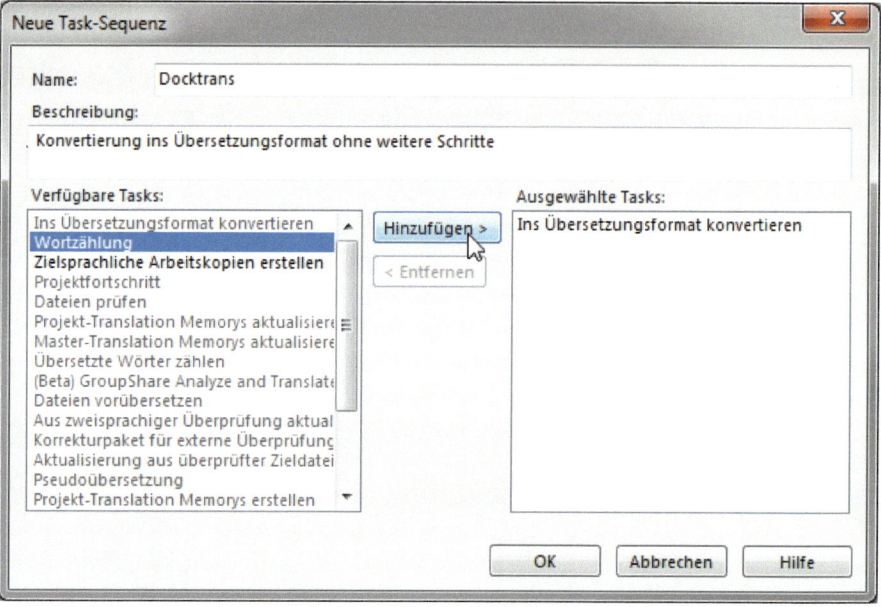

Die neue Task-Sequenz erscheint nun im Dialogfeld **Task-Sequenzen** ...

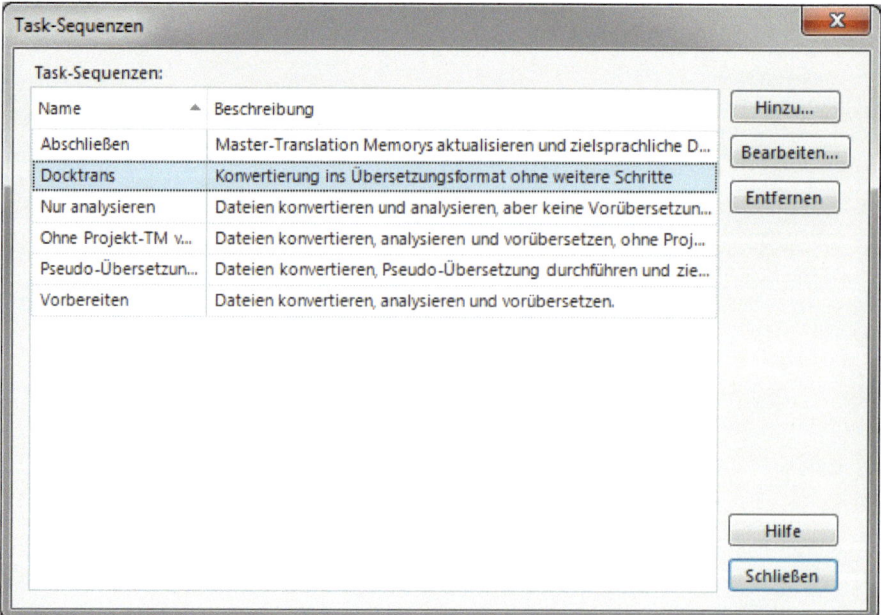

… und kann in dieser und zukünftigen Projektvorbereitungen ausgewählt werden.

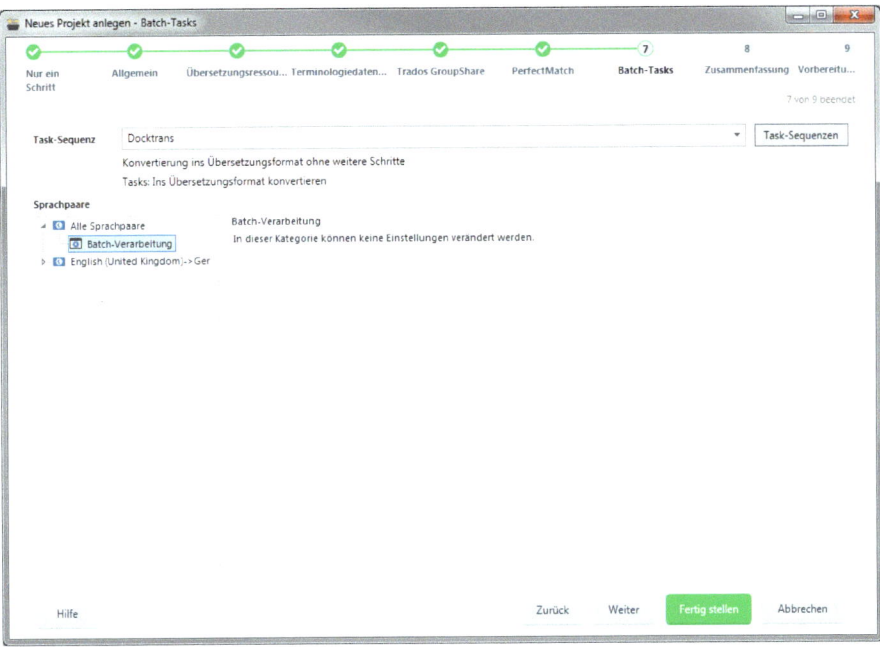

3. Die dritte Möglichkeit der Benutzerdefinierung besteht in der Möglichkeit, im Dialogfeld **Batch-Tasks** der Projektanlage bestehende Task-Sequenzen für die Projektvorbereitung zu bearbeiten. Klicken Sie hierzu zunächst auf **Task-Sequenzen**.

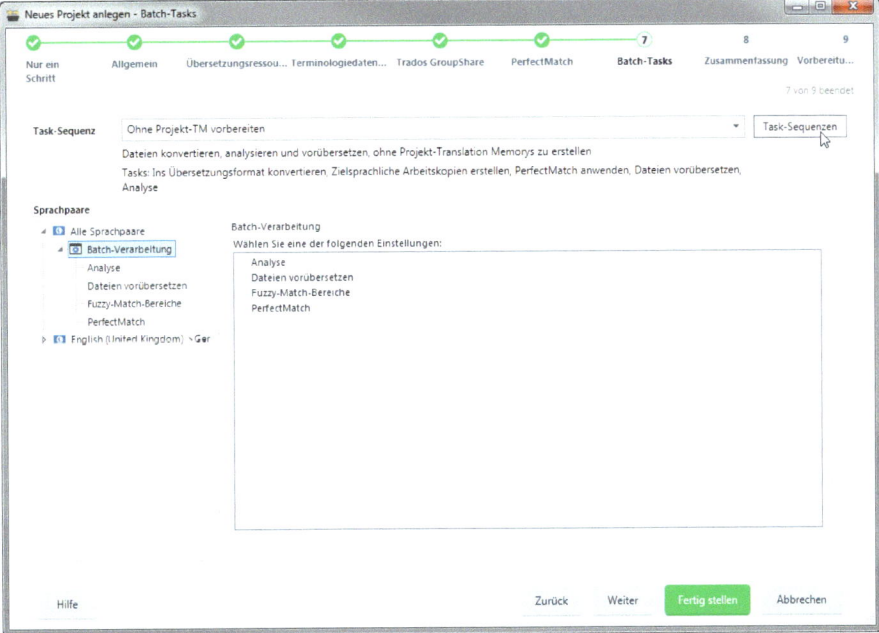

Wählen Sie im sich öffnenden Dialogfeld **Task-Sequenzen** eine Task-Sequenz aus, die Sie ändern möchten, und klicken Sie danach auf **Bearbeiten...**.

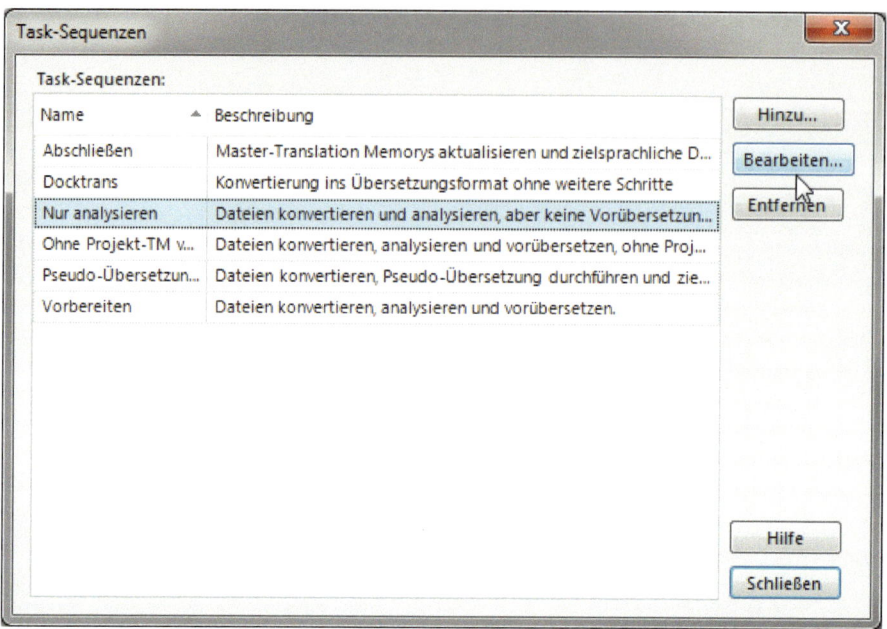

Fügen Sie im Dialogfeld **Task-Sequenz bearbeiten** den gewünschten Arbeitsschritt bzw. die gewünschten Arbeitsschritte zum Feld **Ausgewählte Tasks:** hinzu, ergänzen Sie die Beschreibung, um die Änderung später nachvollziehen zu können, und klicken Sie danach auf **OK**.

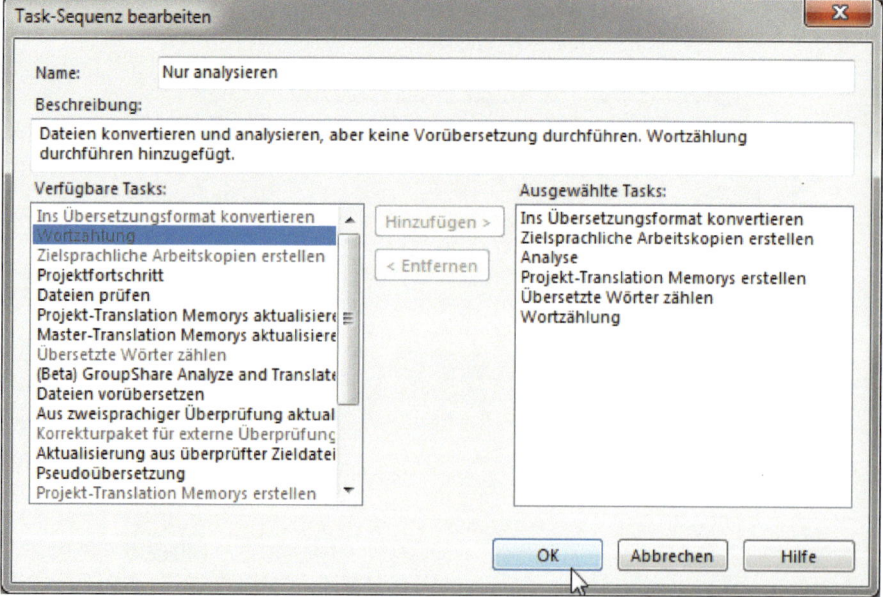

Der geänderte Batch-Task kann unmittelbar nach der Änderung aufgerufen werden und bleibt auch für zukünftige Projektanlagen in dieser Form erhalten.

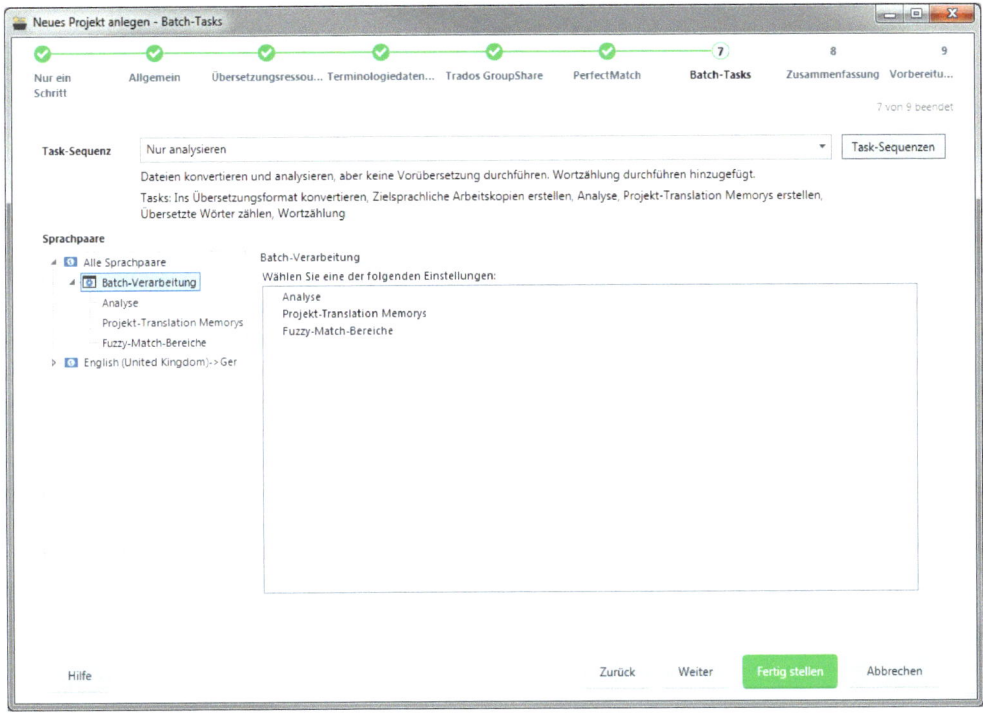

Im vorliegenden Beispiel wird bei der Projektanlage die Task-Sequenz **Ohne Projekt-TM vorbereiten** ausgewählt bzw. belassen, da diese Task-Sequenz die Standardeinstellung ist.

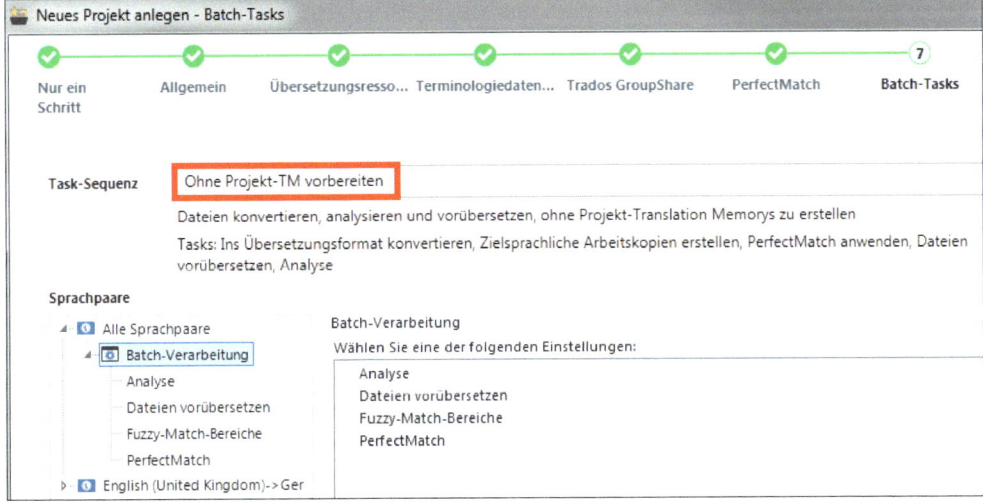

Einstellungen für die Batch-Verarbeitung

Über die Auswahl der Task-Sequenz für die Projektvorbereitung hinaus werden im Dialogfeld **Neues Projekt anlegen → Batch-Tasks** die Einstellungen für die Batch-Verarbeitung vorgenommen, und zwar unterhalb von **Sprachpaare → Alle Sprachpaare → Batch-Verarbeitung**.

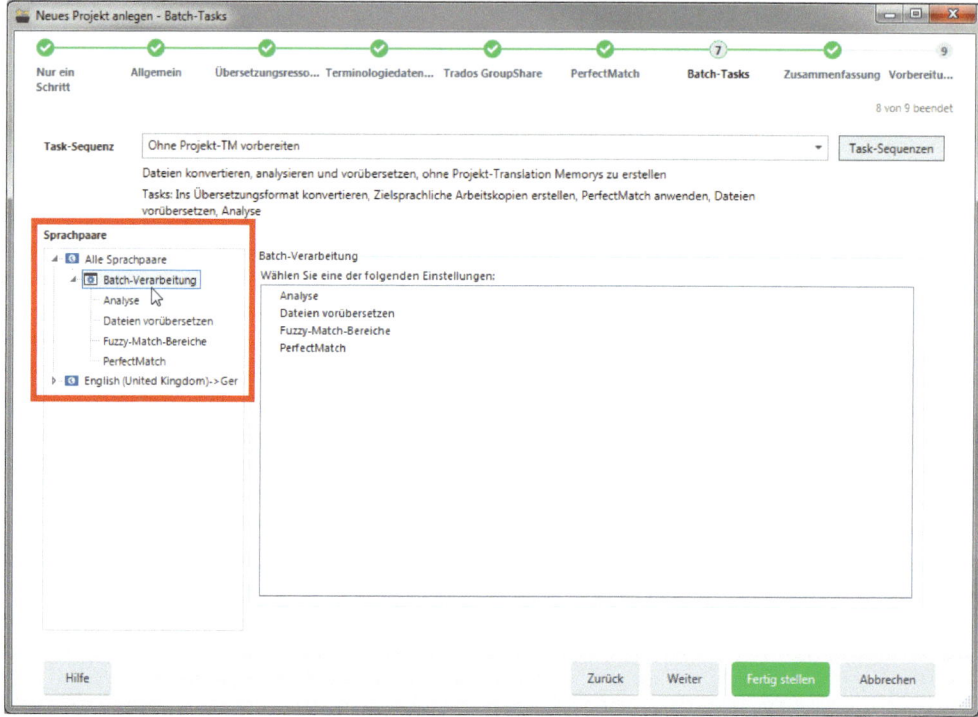

In diesem Bereich können Einstellungen für die Verarbeitung verschiedener Batch-Tasks wie **Analyse** und **Dateien vorübersetzen**, die Einstellung der **Fuzzy-Match-Bereiche** und in der Professional-Version eine Voreinstellung für **PerfectMatch** vorgenommen werden.

❗ Bitte beachten Sie, dass die für die Batch-Verarbeitung vorgenommenen Einstellungen in eine/die Projektvorlage übernommen werden, wenn zum Abschluss der Projektanlage eine Projektvorlage erstellt bzw. diese aktualisiert wird.

Batch-Verarbeitung: Analyse

Klicken Sie im Dialogfeld **Neues Projekt anlegen** → **Batch-Tasks** auf **Analyse**, um Einstellungen für die Dateianalyse, unbekannte und häufige Segmente vorzunehmen.

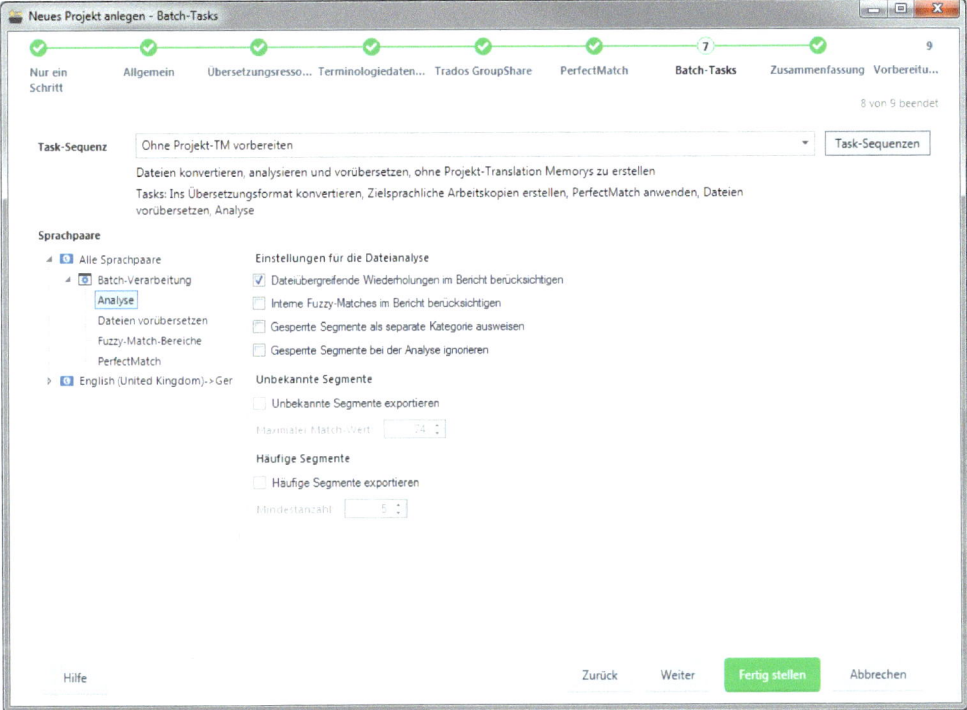

Dateiübergreifende Wiederholungen im Bericht berücksichtigen: Als Standard werden dateiübergreifende Wiederholungen im Bericht berücksichtigt. Mit dieser Einstellung prüft SDL Trados Studio 2019 neben den Wiederholungen von Segmenten innerhalb einzelner Dokumente auch die Wiederholungen zwischen allen Dokumenten eines Projekts.

Nach dem Projektabschluss erscheinen die dateiübergreifenden Wiederholungen (bei aktivierter Option) in der Ansicht **Berichte** im Analysebericht.

Gesamtüberblick						
Gesamt	Typ	Segmente	Wörter	Zeichen	Prozent	Erkannte Tokens
Dateien:1	PerfectMatch	0	0	0	0,00%	0
Zeichen/Wort:4.50	Kontext-Match	0	0	0	0,00%	0
	Wiederholungen	0	0	0	0,00%	0
	Dateiübergreifende Wiederholungen	**0**	**0**	**0**	**0,00%**	**0**
	100 %	0	0	0	0,00%	0
	95% - 99%	0	0	0	0,00%	0
	85% - 94%	0	0	0	0,00%	0
	75% - 84%	0	0	0	0,00%	0
	50% - 74%	0	0	0	0,00%	0
	Neu/MÜ	2	10	45	100,00%	0
	AdaptiveMT-Baseline	0	0	0	0,00%	0
	AdaptiveMT mit Lerneffekten	0	0	0	0,00%	0
	Gesamt	2	10	45	100 %	0

Interne Fuzzy-Matches im Bericht berücksichtigen: Werden interne Fuzzy-Matches im Bericht berücksichtigt, berechnet SDL Trados Studio 2019 bei der Analyse die maximale Anzahl zusätzlicher Matches innerhalb eines Dokuments, welche der Übersetzer erhält, wenn er die Übersetzung in der Übersetzungsreihenfolge vom Anfang bis zum Ende des Dokuments übersetzt (nicht zwischen den Segmenten/Kapiteln springt).

Nach dem Projektabschluss erscheinen die zuvor eingestellten Fuzzy-Match-Bereiche in der Ansicht **Berichte** im Analysebericht unter **Intern:**, und zwar so unterteilt, wie die Fuzzy-Match-Bereiche vom Benutzer eingestellt oder als Standard vorhanden sind.

Gesperrte Segmente als separate Kategorie ausweisen: Wird diese Option aktiviert, fügt SDL Trados Studio 2019 eine zusätzliche Zeile im Analysebericht ein, in der die entsprechenden Zeichen-/Wort-/Segmentzahlen gesperrter Segmente aufgeführt werden, wenn gesperrte Segmente im Projekt enthalten sind.

Gesamtüberblick					
Gesamt	Typ	Segmente	Wörter	Zeichen	Prozent
Dateien:1	Gesperrt	10	207	1094	65.09%
Zeichen/Wort:5.19	PerfectMatch	0	0	0	0.00%
	Kontext-Match	0	0	0	0.00%
	Wiederholungen	0	0	0	0.00%
	Dateiübergreifende Wiederholungen	0	0	0	0.00%
	100 %	0	0	0	0.00%
	85% - 99%	0	0	0	0.00%
	50% - 84%	0	0	0	0.00%
	Intern:				
	85% - 99%	0	0	0	0.00%
	50% - 84%	0	0	0	0.00%

Gesperrte Segmente bei der Analyse ignorieren: Wird diese Option aktiviert, werden Segmente, die bei der Projektanlage gesperrt wurden, nicht in die Analyse aufgenommen.

Unbekannte Segmente exportieren:

SDL Trados Studio 2019 exportiert bei aktivierter Option alle Segmente, für die im aktuellen Projekt kein Match vorliegt, in eine separate *.sdlxliff-Datei pro Zielsprache und legt diese im Projektordner in einem Unterordner mit dem Namen **Exports** ab.

Dabei ist es möglich, den maximalen Match-Wert einzustellen, bis zu dem Segmente als unbekannt exportiert werden sollen. Die *.sdlxliff-Dateien erhalten den Namen **UnknownSegments** gefolgt von der jeweiligen Sprachkombination.

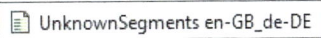

Häufige Segmente exportieren:

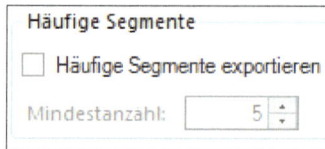

Wird die Option **Häufige Segmente exportieren** aktiviert, kann der Benutzer festlegen, wie häufig Segmente mindestens in einem Projekt vorkommen müssen, um als häufige Segmente exportiert zu werden. Genau wie beim Export von unbekannten Segmenten werden häufige Segmente in eine *.sdlxliff-Datei exportiert und es wird eine *.sdlxliff-Datei pro Zielsprache erzeugt. Diese Dateien werden ebenfalls im Projektordner im Unterordner **Exports** abgelegt. Die *.sdlxliff-Dateien erhalten den Namen **FrequentSegments** gefolgt von der jeweiligen Sprachkombination.

📄 FrequentSegments en-GB_de-DE

Batch-Verarbeitung: Dateien vorübersetzen

Klicken Sie im Dialogfeld **Neues Projekt anlegen** → **Batch-Tasks** auf **Dateien vorübersetzen**, um Einstellungen für die Vorübersetzung vorzunehmen.

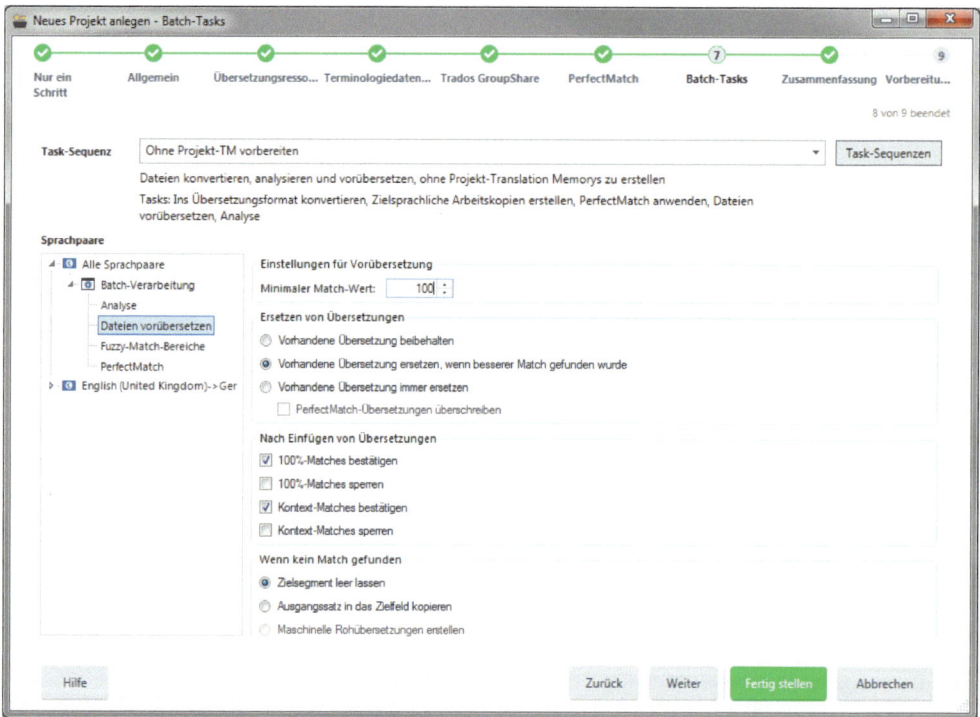

Minimaler Match-Wert: Mit dieser Einstellung haben Sie die Möglichkeit festzulegen, ab welchem Match-Wert SDL Trados Studio 2019 bei der Projektvorbereitung eine Vorübersetzung von Segmenten vornimmt, wenn eine Task-Sequenz ausgewählt wird, bei der eine Vorübersetzung erfolgt.

Ersetzen von Übersetzungen: Mit den drei Einstellungsmöglichkeiten zu dieser Option legen Sie fest, wie SDL Trados Studio 2019 mit Segmenten umgehen soll, die bereits eine Übersetzung beinhalten (z.B. bei der Bearbeitung von *.ttx-, *.itd- oder *.sdlxliff-Dateien, die bereits zum Teil übersetzt sind, und in ein neues Projekt eingelesen werden).

- **Vorhandene Übersetzung beibehalten**

    Matches aus dem Translation Memory werden ignoriert, die im Dokument vorhandenen Übersetzungen beibehalten.

    ```
    Ersetzen von Übersetzungen
    ◉ Vorhandene Übersetzung beibehalten
    ○ Vorhandene Übersetzung ersetzen, wenn besserer Match gefunden wurde
    ○ Vorhandene Übersetzung immer ersetzen
        ☐ PerfectMatch-Übersetzungen überschreiben
    ```

- **Vorhandene Übersetzung ersetzen, wenn besserer Match gefunden wurde** (als Standard aktiviert)

    Ist diese Option aktiv, ersetzt SDL Trados Studio 2019 die in zielsprachlichen Segmenten vorliegenden Übersetzungen mit Einträgen aus dem für das Projekt eingesetzten Translation Memory, wenn der Match besser ist und die Segmente nicht über den Status **Übersetzt** verfügen. *Übersetzt*

    ```
    Ersetzen von Übersetzungen
    ○ Vorhandene Übersetzung beibehalten
    ◉ Vorhandene Übersetzung ersetzen, wenn besserer Match gefunden wurde
    ○ Vorhandene Übersetzung immer ersetzen
        ☐ PerfectMatch-Übersetzungen überschreiben
    ```

- **Vorhandene Übersetzung immer ersetzen**

    Mit dieser Option werden im Dokument vorhandene übersetzte Segmente mit Übersetzungen aus dem Translation Memory ersetzt, wenn für die gleichen ausgangssprachlichen Segmente Übersetzungen im Translation Memory vorliegen, das für das Projekt ausgewählt wurde (ggf. auch mehrere). Wird diese Option ausgewählt, hat der Benutzer die Möglichkeit auszuwählen, ob auch PerfectMatch-Übersetzungen überschrieben werden sollen.

    ```
    Ersetzen von Übersetzungen
    ○ Vorhandene Übersetzung beibehalten
    ○ Vorhandene Übersetzung ersetzen, wenn besserer Match gefunden wurde
    ◉ Vorhandene Übersetzung immer ersetzen
        ☐ PerfectMatch-Übersetzungen überschreiben
    ```

Als Standard ist darüber hinaus aktiviert, dass 100%-Matches und Kontext-Matches nach dem Einfügen von Übersetzungen bestätigt werden. Sie haben darüber hinaus die Möglichkeit, 100%-Matches und Kontext-Matches sperren zu lassen. Diese erscheinen dann in der Ansicht **Editor** ausgegraut und mit einem kleinen Schloss 🔒 zwischen den Segmenten.

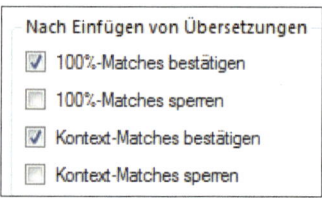

Wenn kein Match gefunden wurde, haben Sie die Möglichkeit, Zielsegmente leer zu lassen (Standardeinstellung), ausgangssprachliche Segmente in das zielsprachliche Segment zu kopieren, wenn kein Match vorliegt, und bei aktivierter maschineller Übersetzung maschinelle Rohübersetzungen in den Segmenten im Projekt durchführen zu lassen, bei denen kein Match vorliegt.

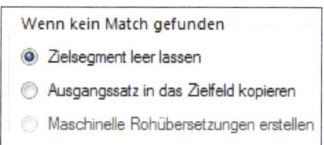

Batch-Verarbeitung: Fuzzy-Match-Bereiche

In den Optionen für die Fuzzy-Match-Bereiche sind in SDL Trados Studio 2019 vier Match-Bereiche als Standard vorgegeben, die individuell angepasst werden können und entsprechend im Analysebericht erscheinen. Darüber hinaus können Bereiche getrennt und Bereiche entfernt werden.

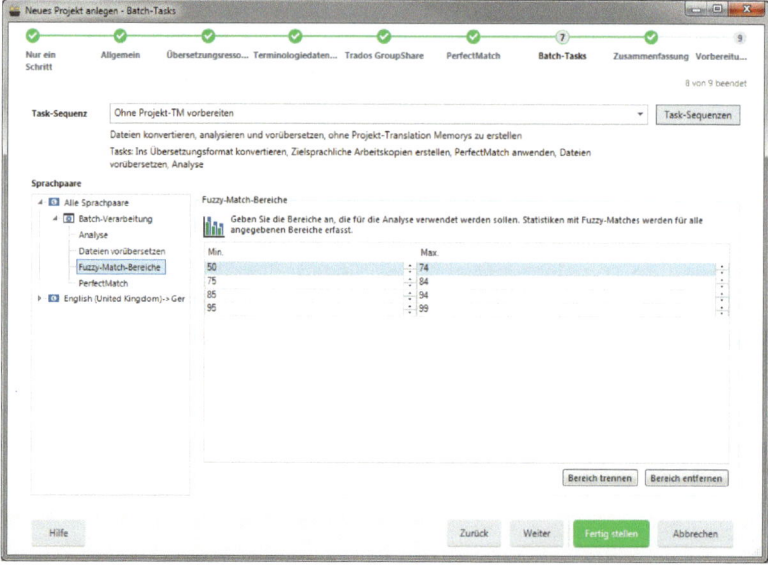

Im vorliegenden Beispiel werden die Fuzzy-Match-Bereiche so geändert, dass die erste Stufe 50–84% und die zweite Stufe 85–99% erfasst. 100%-Matches, Kontext-Matches und Wiederholungen werden immer separat in einem Analysebericht ausgewiesen.

Verfahren Sie wie folgt, wenn Sie Fuzzy-Match-Bereiche zusammenfügen möchten: Klicken Sie auf die erste Zeile unter **Max.**, sodass die Zeile farbig unterlegt ist und sich ein Eingabefenster unter **Max.** öffnet.

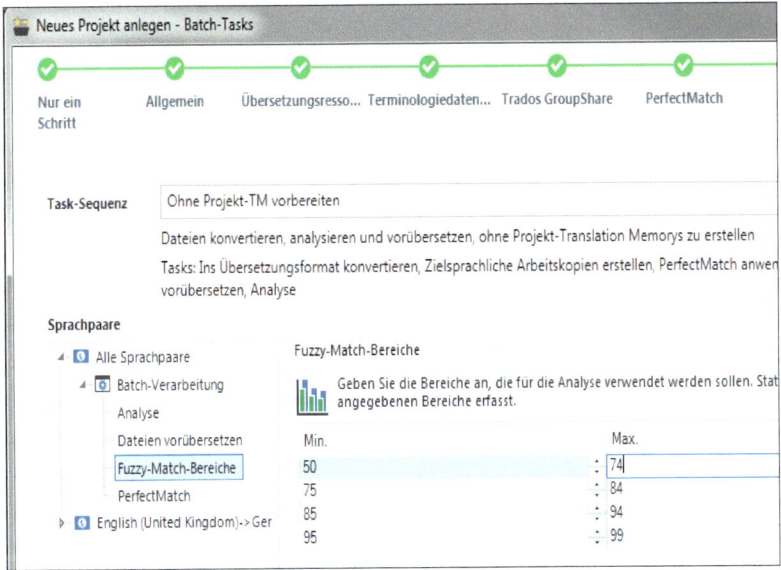

Geben Sie in der ersten Zeile unter **Max.** den ersten Wert ein, bis zu dem ein Fuzzy-Match-Bereich reichen soll. Im vorliegenden Beispiel 84%.

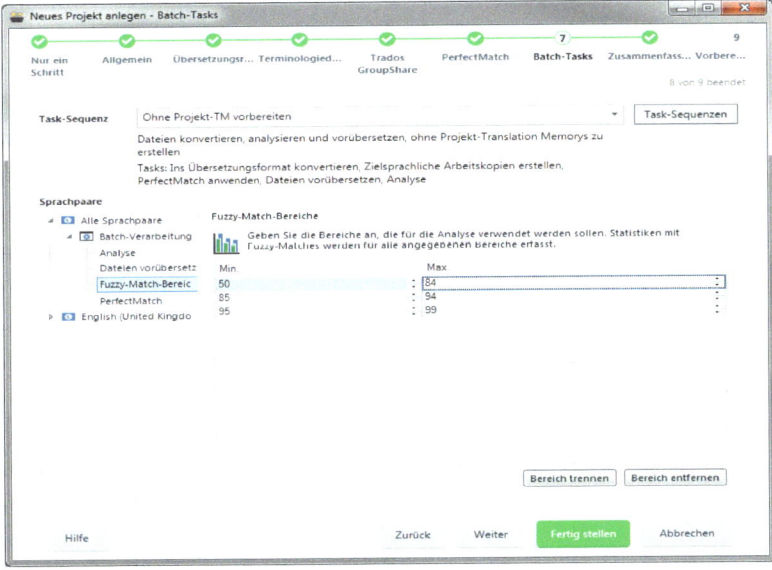

Bestätigen Sie mit der Eingabetaste ⏎. In der ersten Zeile sind nun die im Beispiel gewünschten 50–84% eingetragen bzw. entsprechend ein Wert Ihrer Wahl.

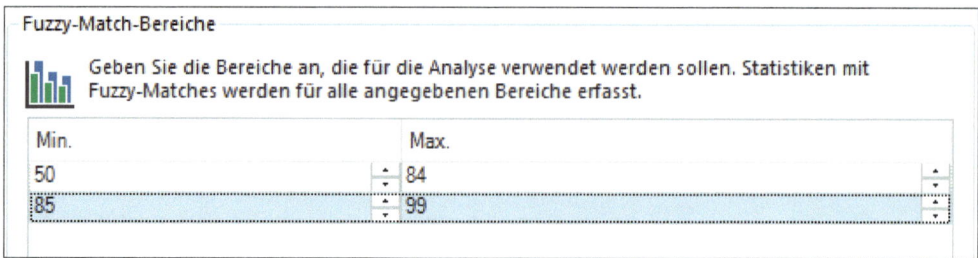

Klicken Sie auf die nächste Zeile, wenn eine weitere Änderung vorgenommen werden soll, sodass diese farbig unterlegt ist. Geben Sie im Max.-Bereich den nächsten maximalen Wert ein, bis zu dem der zweite Bereich reichen soll. Im vorliegenden Beispiel 99%.

Bestätigen Sie erneut mit der Eingabetaste ⏎, um den Wert zu bestätigen. SDL Trados Studio 2019 löscht im vorliegenden Beispiel die dritte Zeile, da hier bisher der Max.-Wert von 99% eingetragen war. In der zweiten Zeile sind nun die im vorliegenden Beispiel gewünschten 85–99% eingetragen.

Klicken Sie auf eine Zeile, deren Bereich Sie gegebenenfalls unterteilen möchten, sodass diese farbig unterlegt ist. Klicken Sie entweder im linken Bereich auf den Bereich unter **Min.** oder im rechten Bereich auf den Bereich unter **Max.** und klicken Sie danach auf **Bereich trennen**, wenn Sie eine Unterteilung einer Zeile vornehmen wollen.

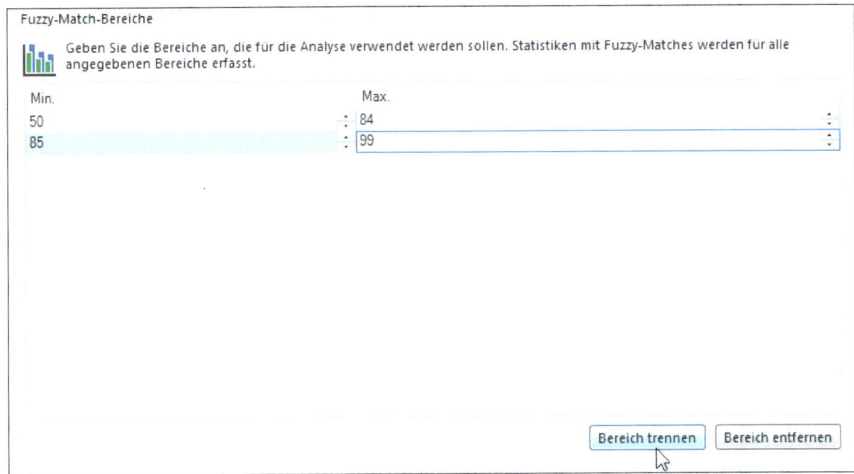

Das Dialogfeld **Bereich trennen** öffnet sich. Geben Sie den Wert ein, der den bestehenden Max.- oder Min.-Wert ersetzen soll, und klicken Sie dann auf **OK**.

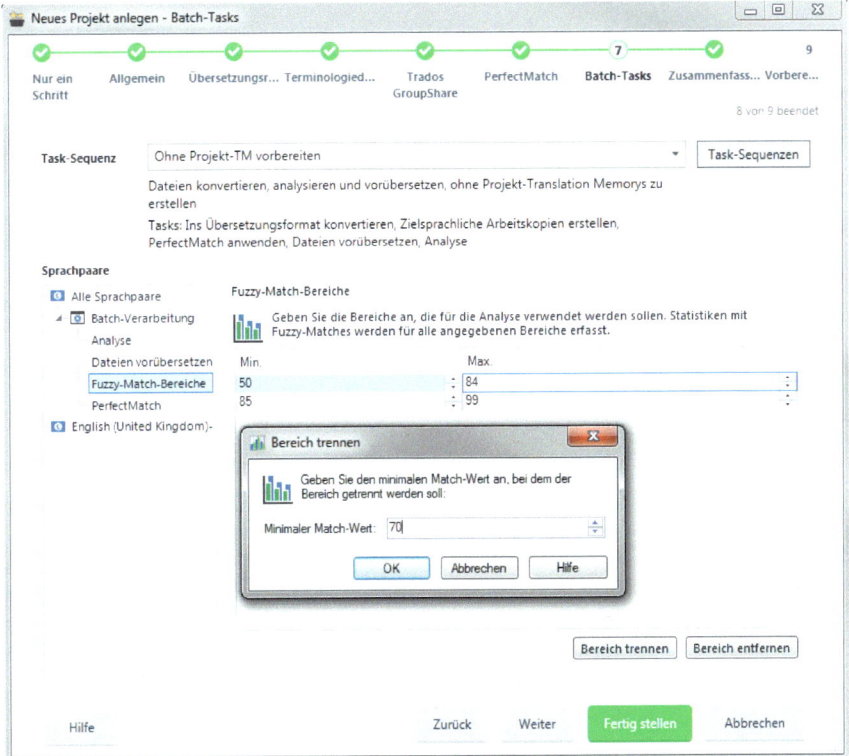

Der neue Wert wird eingetragen und es entsteht eine neue Zeile.

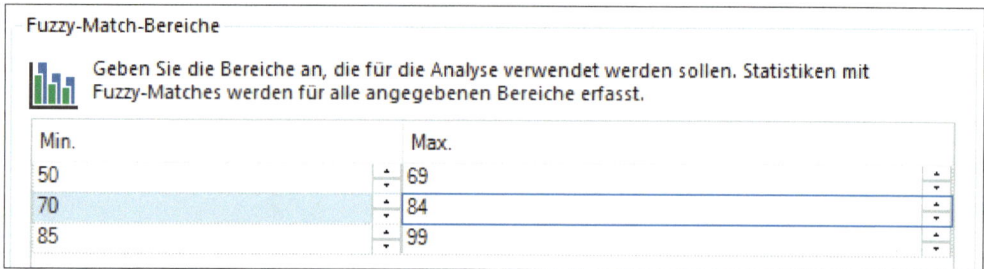

Klicken Sie auf einen Fuzzy-Match-Bereich, den Sie entfernen möchten, und klicken Sie dann auf **Bereich entfernen**, um den ausgewählten Bereich zu löschen.

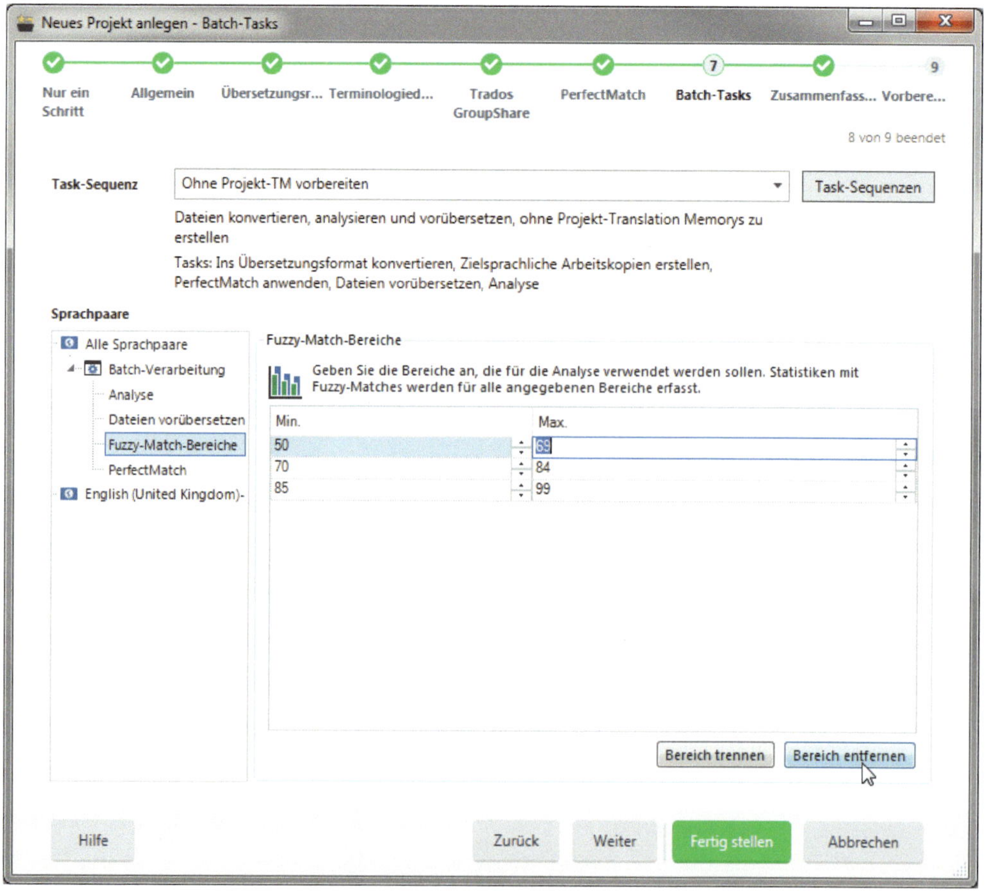

Der Fuzzy-Match-Bereich wird entsprechend aus der Liste entfernt. Darüber hinaus kann der Min.-Bereich entsprechend angepasst werden – hier an 50%.

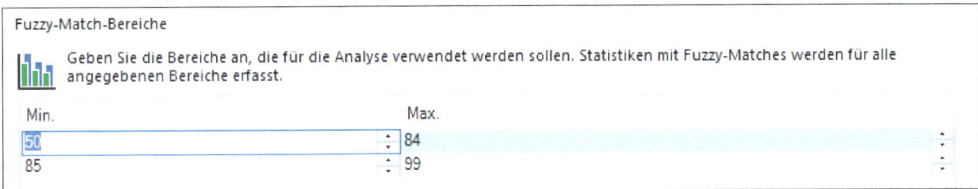

Nach dem Projektabschluss erscheinen die zuvor eingestellten Fuzzy-Match-Bereiche in der Ansicht **Berichte** im Analysebericht entsprechend dem zuvor gewählten Beispiel wie folgt aufgelistet. Gleichermaßen werden auch die von Ihnen eingestellten Fuzzy-Match-Bereiche dargestellt.

Gesamtüberblick					
Gesamt		Typ	Segmente	Wörter	Zeichen	Prozent
Dateien:1		PerfectMatch	0	0	0	0.00%
Zeichen/Wort:5.46		Kontext-Match	0	0	0	0.00%
		Wiederholungen	0	0	0	0.00%
		Dateiübergreifende Wiederholungen	0	0	0	0.00%
		100 %	0	0	0	0.00%
		85% - 99%	15	314	1725	92.08%
		50% - 84%	0	0	0	0.00%
		Neu/MÜ	2	27	137	7.92%
		AdaptiveMT-Baseline	0	0	0	0.00%
		AdaptiveMT mit Lerneffekten	0	0	0	0.00%
		Gesamt	17	341	1862	100 %

Batch-Verarbeitung: PerfectMatch (Version Professional)

Unter **PerfectMatch** haben Sie im Dialogfeld **Neues Projekt anlegen** → **Batch-Tasks** unter **Batch-Verarbeitung** die Möglichkeit auszuwählen, ob beim PerfectMatch-Prozess Formatierungen ignoriert werden sollen. Darüber hinaus kann festgelegt werden, dass die Behandlung von doppelt vorhandenen Inhalten den Vorgaben in regulierten Branchen entspricht.

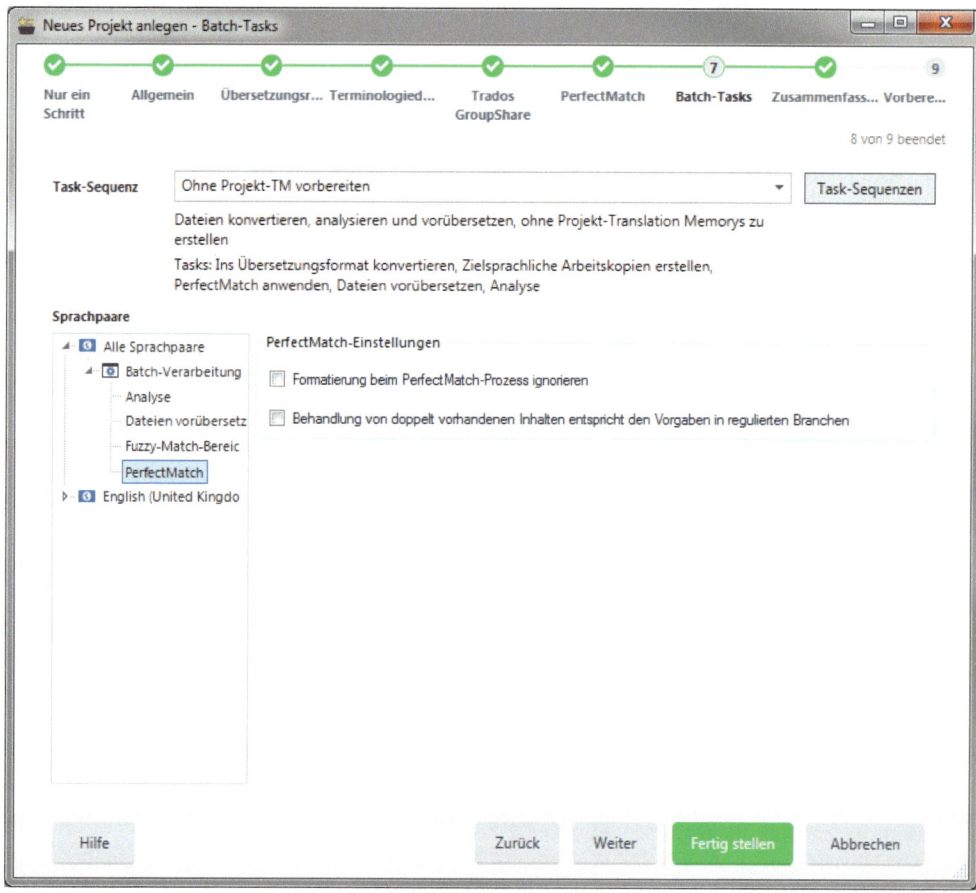

Klicken Sie im Dialogfeld **Neues Projekt anlegen** → **Batch-Tasks** auf **Weiter**, um mit der Projektanlage fortzufahren, wenn alle Einstellungen vorgenommen sind oder Sie die Standardeinstellungen belassen möchten.

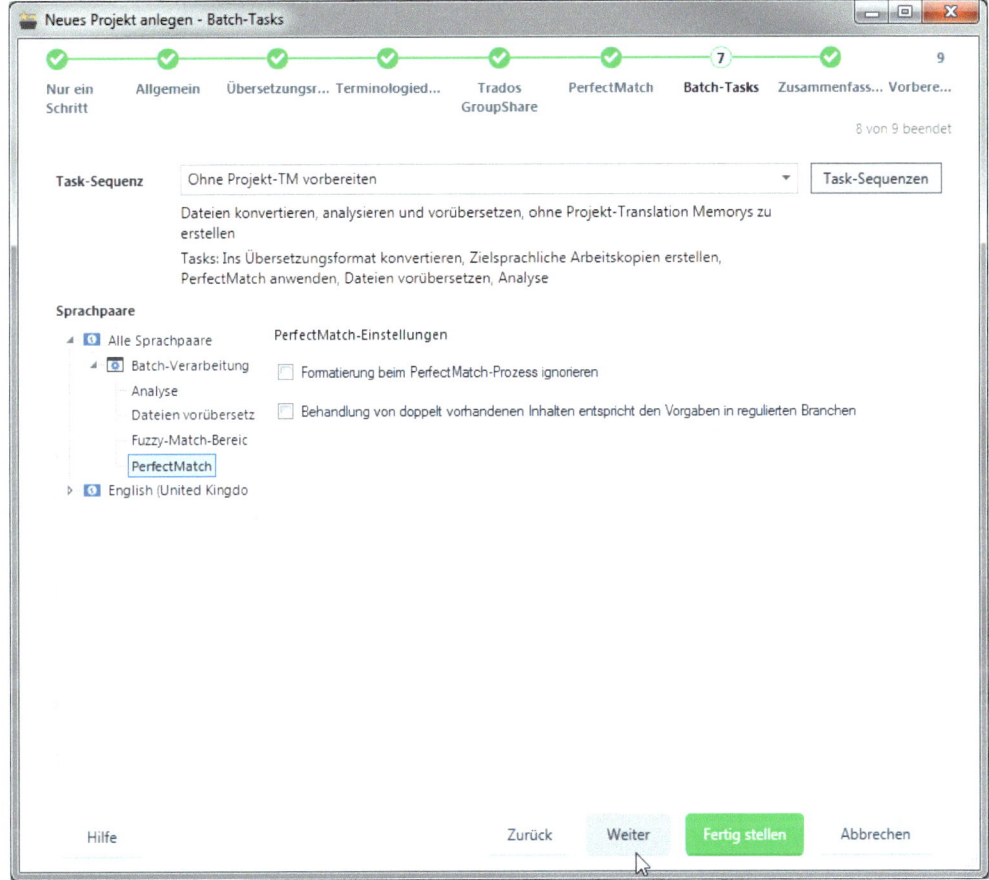

Projektzusammenfassung

Das Dialogfeld **Neues Projekt anlegen → Zusammenfassung** öffnet sich, in dem alle Einstellungen des aktuellen Projekts noch einmal zusammengefasst werden. Klicken Sie auf **Fertig stellen**, um die Anlage des aktuellen Projekts abzuschließen.

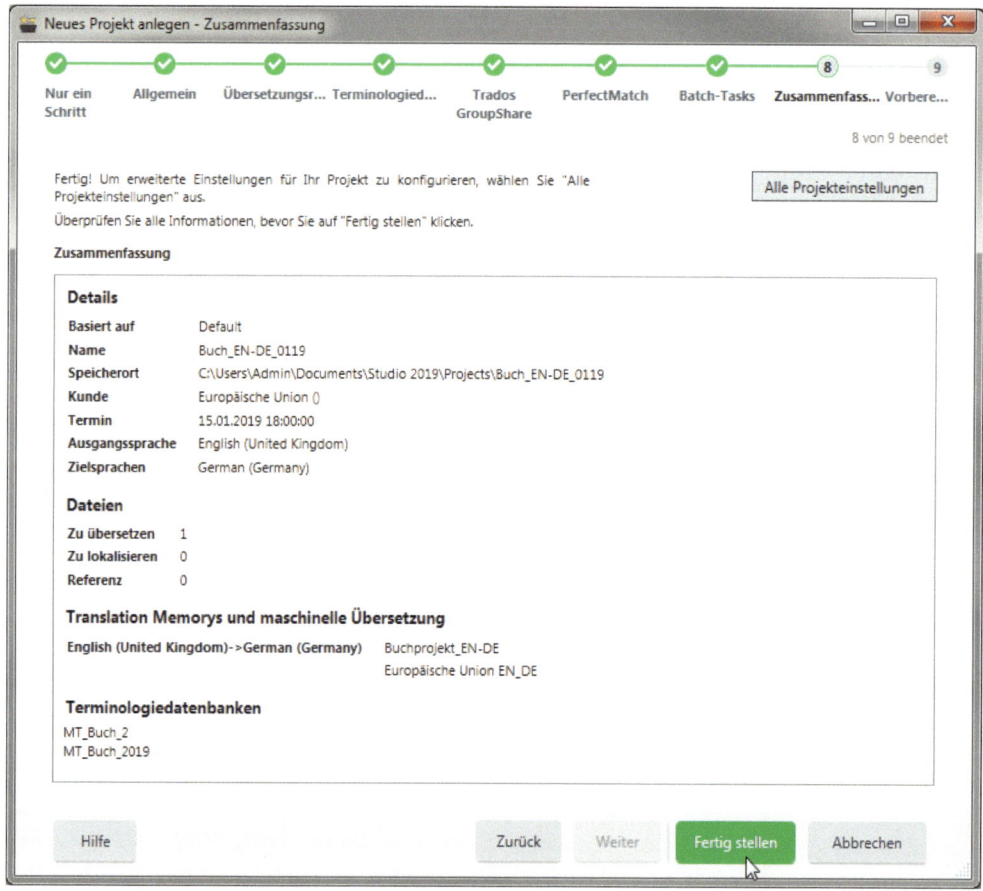

Das Dialogfeld **Neues Projekt anlegen → Vorbereitung** öffnet sich. SDL Trados Studio 2019 führt die verschiedenen Schritte der Projektvorbereitung aus und weist mit grünen Feldern mit weißem ✓ Häkchen darauf hin, dass die Projektvorbereitung erfolgreich abgeschlossen wurde. Misslingt die Projektvorbereitung, so kennzeichnet SDL Trados Studio 2019 z.B. bei einem Konflikt mit zu integrierenden Dateien den Schritt mit einem roten Feld mit weißem Kreuz ✗ und bricht die Projektvorbereitung ab. Beheben Sie in diesem Fall die Fehlerursache und klicken Sie auf das aktiv werdende **Vorbereitung erneut starten**.

Darüber hinaus haben Sie in diesem Dialogfeld die Möglichkeit, Projektvorlagen anzulegen oder zu aktualisieren, bevor Sie auf **Schließen** klicken und damit die Projektanlage beenden. Das Anlegen und Aktualisieren von Projektvorlagen wird im folgenden Kapitel beschrieben.

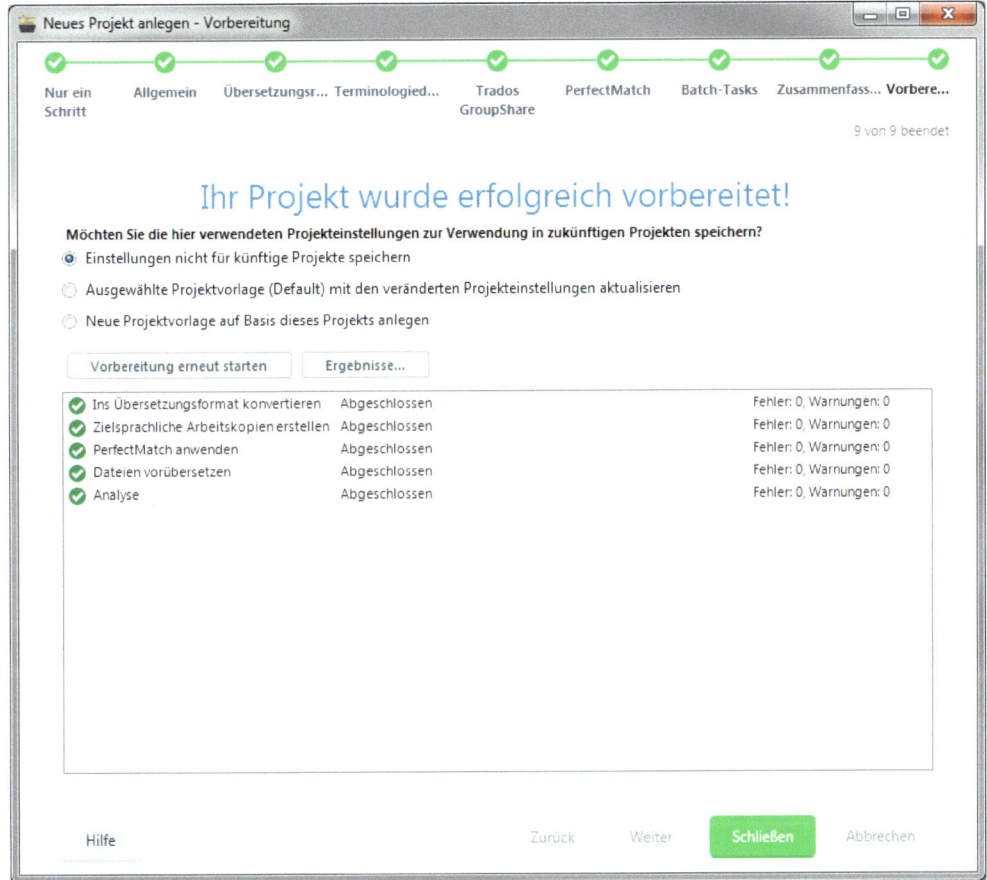

Anlegen, Auswählen und Aktualisieren von Projektvorlagen

Projektvorlagen unterstützen den Benutzer bei der Anlage von neuen Projekten, da in ihnen die bei einer Projektanlage verwendete(n) Sprachkombination(en) eines Projekts, die Projekteinstellungen, Translation Memorys und Termbanken gespeichert werden und dem Benutzer bei Auswahl der Projektvorlage während der Anlage eines neuen Projekts bereits als Vorauswahl in den verschiedenen Dialogfeldern zur Verfügung stehen.

Projektvorlagen sind zum Beispiel immer dann nützlich, wenn Projekte immer wieder für einen bestimmten Kunden oder ein bestimmtes Fachgebiet anzulegen sind und nicht alle Einstellungen bei jeder Projektanlage von neuem vorgenommen werden sollen.

Anlegen von Projektvorlagen

Projektvorlagen werden am Ende einer Projektanlage im Dialogfeld **Neues Projekt anlegen → Vorbereitung** angelegt.

❗ Darüber hinaus haben Sie die Möglichkeit, nach der Anlage von Projekten in der Ansicht **Projekte** im aktiven Projekt auf der Registerkarte **Start** in der Gruppe **Tasks → Projektvorlage anlegen** eine Projektvorlage anzulegen.

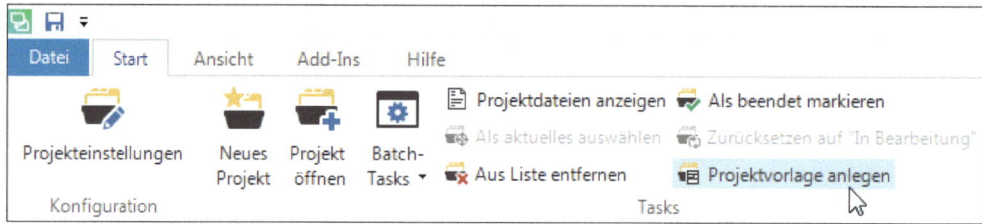

Aktivieren Sie innerhalb der Projektanlage zunächst im Dialogfeld **Neues Projekt anlegen → Vorbereitung** die Option **Neue Projektvorlage auf Basis dieses Projekts anlegen**, um eine Projektvorlage anzulegen. Klicken Sie danach auf **Schließen**.

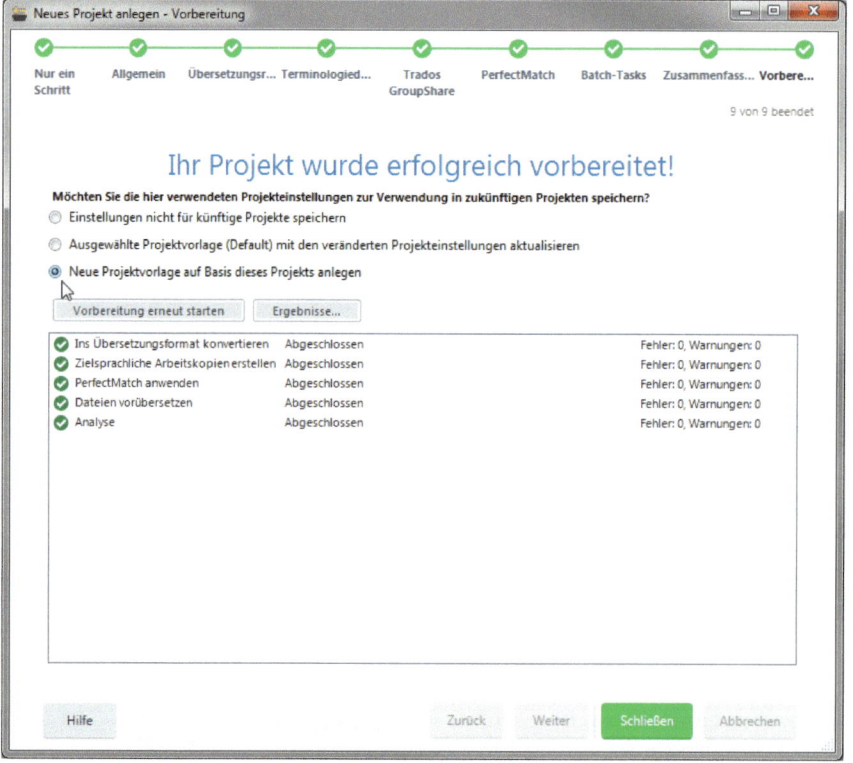

Das Dialogfeld **Projektvorlage speichern** öffnet sich. Vergeben Sie einen Namen für die Projektvorlage und klicken Sie dann auf **Speichern**. Die Projektvorlage ist nun abgespeichert und kann bei der Anlage von neuen Projekten verwendet werden.

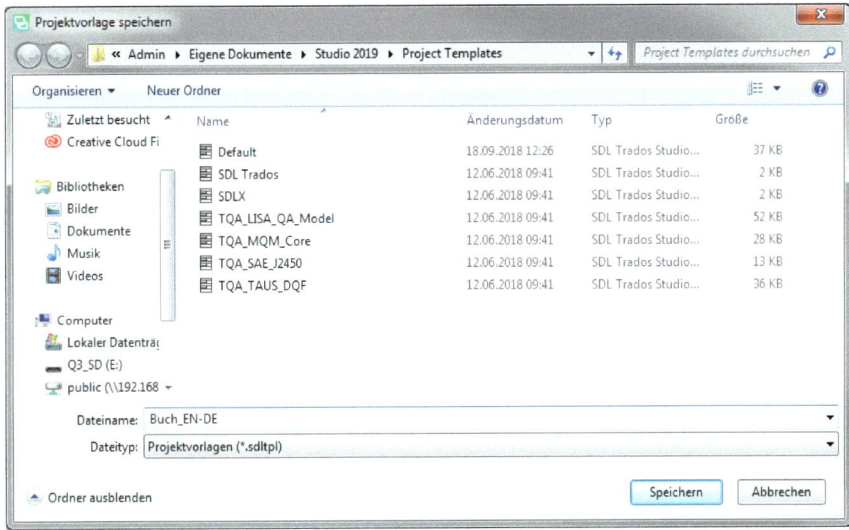

Auswählen von Projektvorlagen

Beim Anlegen eines neuen Projekts kann die zuvor angelegte Projektvorlage im Dialogfeld **Neues Projekt anlegen → Nur ein Schritt → Einstellungen verwenden von** durch Klicken auf **Durchsuchen** …

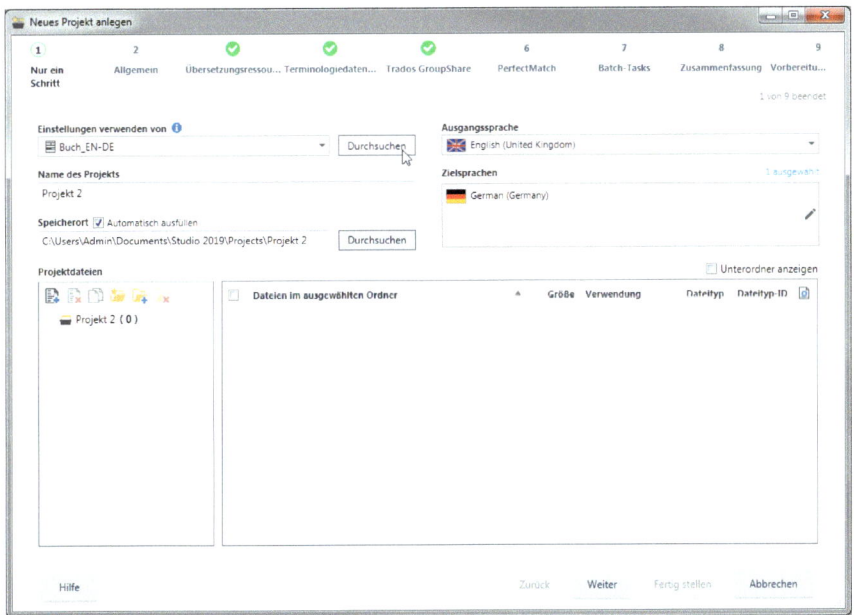

... im sich öffnenden Dialogfeld **Projekt bzw. Projektvorlage öffnen** ausgewählt werden.

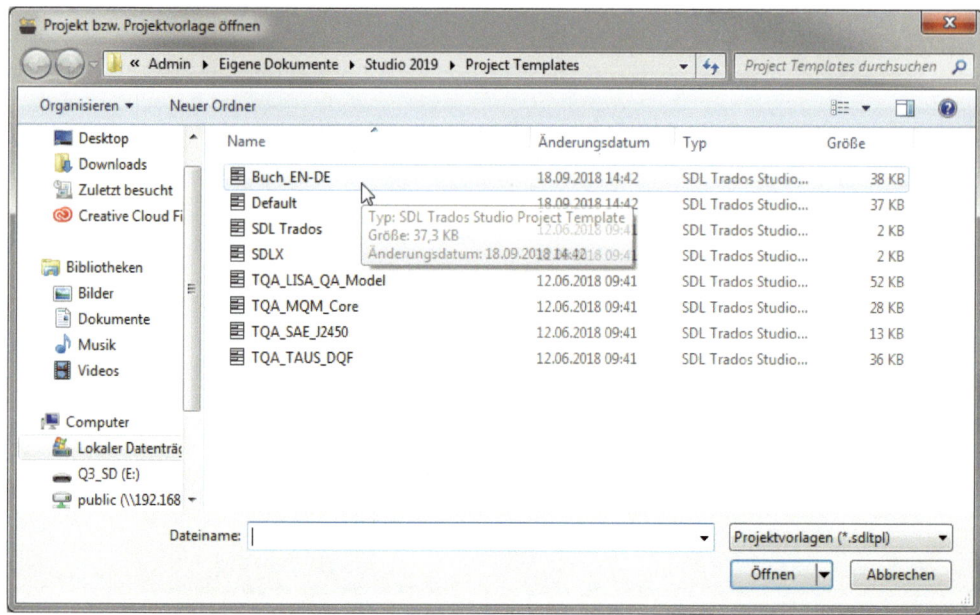

Aktualisieren von Projektanlagen

Klicken Sie bei der Projektanlage im Dialogfeld **Neues Projekt** → **Projektvorbereitung** auf **Ausgewählte Projektvorlage** (Name der Projektvorlage) **mit den veränderten Projekteinstellungen aktualisieren**, wenn zu Beginn der Projektanlage bereits eine Projektvorlage vorlag, deren Einstellungen bei der Projektanlage aktualisiert wurden und diese Aktualisierungen in der Projektvorlage gespeichert werden sollen. Dies ist nicht für die Projektvorlage **Default** zu empfehlen, da sie die Standard-Projektvorlage für die Anlage neuer Projekte ist.

Klicken Sie danach im Dialogfeld **Neues Projekt anlegen** → **Vorbereitung** auf **Schließen**. SDL Trados Studio 2019 schließt die Projektanlage ab und aktualisiert die Projektvorlage mit den vorgenommenen Änderungen.

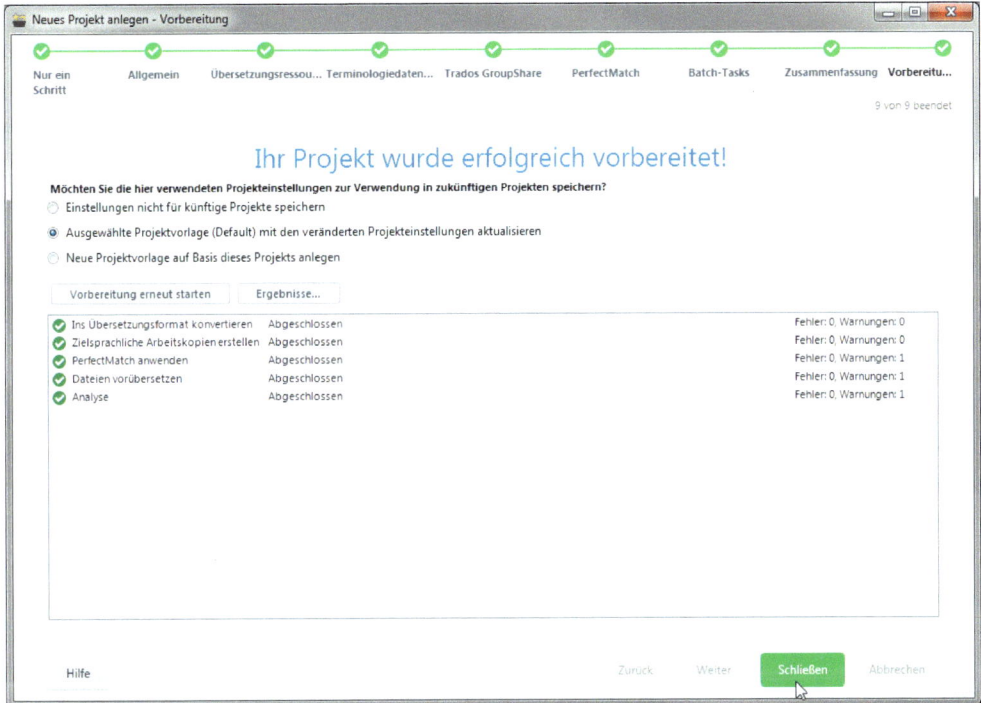

Nach Abschluss der Einstellungen für die Projektvorlage und Klicken auf **Schließen** ist das Projekt fertig angelegt und wird in der Ansicht **Projekte** als aktuell aktives Projekt fett hervorgehoben aufgeführt.

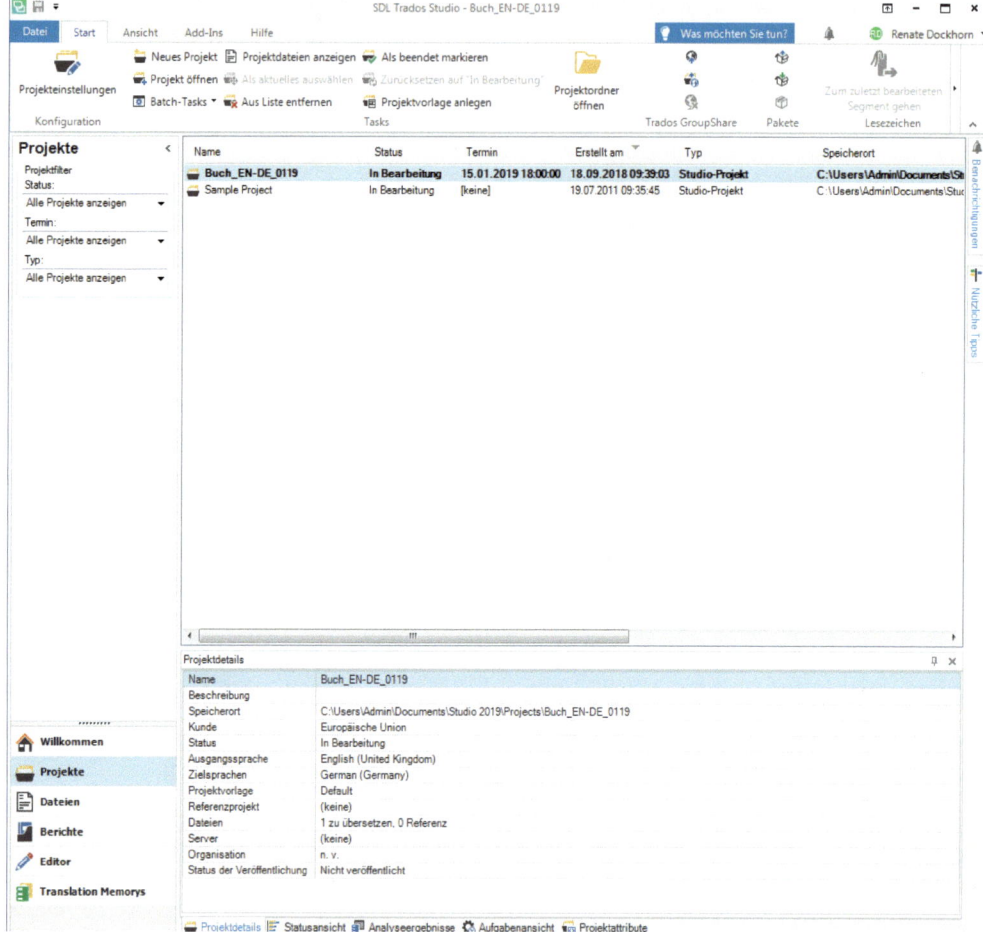

Beginn der Projektanlage in der Ansicht Projekte

Neben der Projektanlage, die in der Ansicht **Willkommen** begonnen wird, haben Sie die Möglichkeit, eine Projektanlage in der Ansicht **Projekte** zu beginnen. Klicken Sie in der Ansicht **Projekte** auf der Registerkarte **Start** in der Gruppe **Tasks** auf **Neues Projekt** und durchlaufen Sie die Projektanlage wie im vorherigen Kapitel **Anlegen von Projekten in der Ansicht Willkommen** beschrieben.

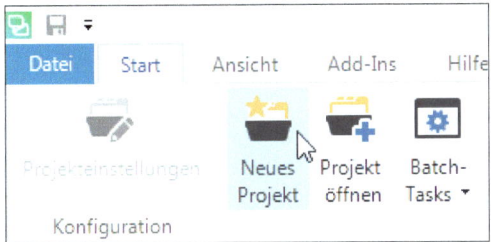

Dabei werden abweichend von der Beschreibung im Kapitel **Beginn der Projektanlage in der Ansicht Willkommen** bei der Projektanlage die zu übersetzenden Dateien im Dialogfeld **Nur ein Schritt** hinzugefügt.

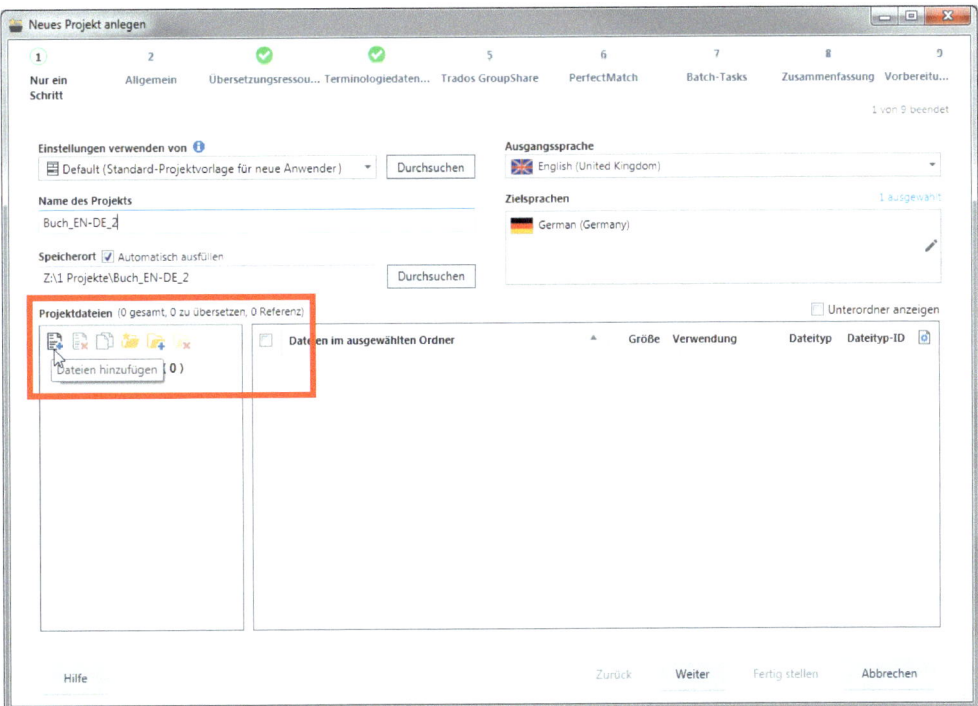

Hinzufügen von Dateien zu einem bestehenden Projekt

SDL Trados Studio 2019 bietet die Möglichkeit, Dateien nach der Projektanlage in der Ansicht **Dateien** hinzuzufügen, wenn ein Projekt ergänzt werden soll.

Öffnen Sie zunächst in der Ansicht **Projekte** das Projekt, dem eine oder mehrere Dateien hinzugefügt werden soll(en), indem Sie mit der rechten Maustaste auf das Projekt klicken, sodass es farbig unterlegt ist und **Als aktuelles auswählen** anklicken (falls das Projekt nicht bereits in Fettdruck erscheint).

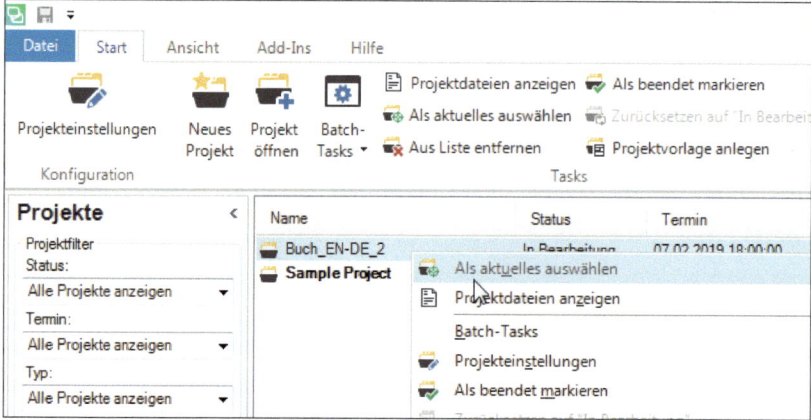

Schnell hinzufügen von Dateien zu einem bestehenden Projekt

Doppelklicken Sie nach dem Öffnen eines Projekts auf das Projekt oder wechseln Sie in die Ansicht **Dateien**. Die Ansicht **Dateien** öffnet sich. Klicken Sie auf der Registerkarte **Start** in der Gruppe **Dateibefehle** auf **Dateien hinzufügen**. Dieser Befehl entspricht dem Befehl **Schnell hinzufügen**, da SDL Trados Studio 2019 durch das Anklicken dieser Schaltfläche die Funktion **Schnell hinzufügen** ausführt und damit vollständig die weitere Vorbereitung der Datei(en) für die Übersetzung übernimmt. Weitere Funktionen für das Hinzufügen von Dateien werden in den beiden Folgekapiteln aufgeführt.

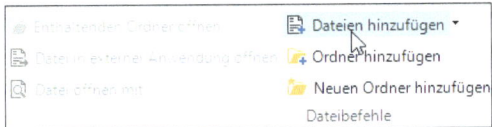

Das Dialogfeld **Dateien hinzufügen** öffnet sich. Wählen Sie die Datei aus, die dem Projekt hinzugefügt werden soll, und klicken Sie danach auf **Öffnen** oder doppelklicken Sie auf die zu öffnende Datei.

Wenn Sie mehrere Dateien auswählen möchten, drücken Sie die [Strg]-Taste, halten Sie diese gedrückt, klicken Sie nacheinander auf die hinzuzufügenden Dateien und wählen Sie **Öffnen** aus.

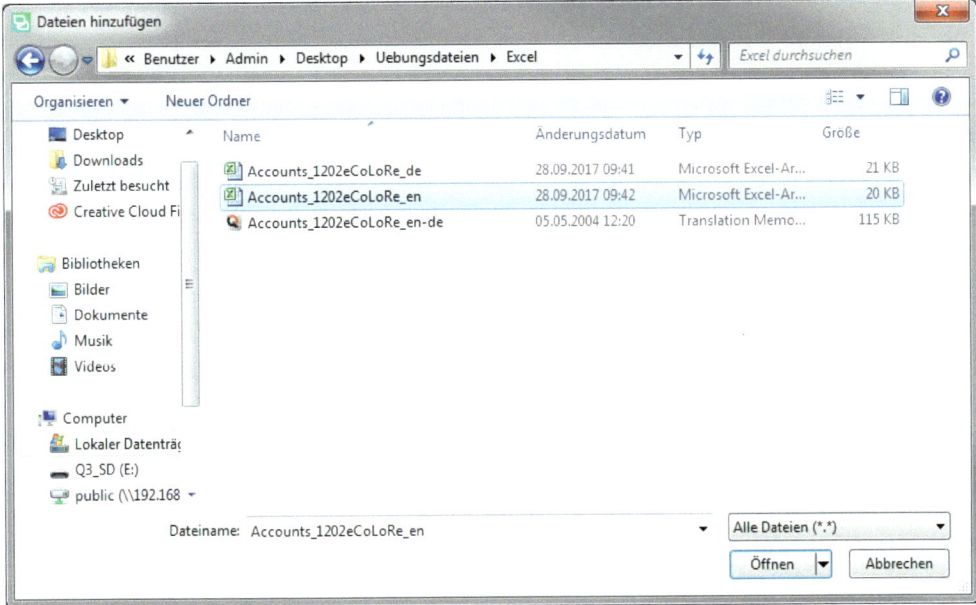

Das Dialogfeld **Bitte warten** öffnet sich. SDL Trados Studio 2019 führt die von Ihnen bei der Projektanlage für die Projektvorbereitung ausgewählte Task-Sequenz aus und fügt die ausgewählte Datei bzw. die ausgewählten Dateien zum Projekt hinzu.

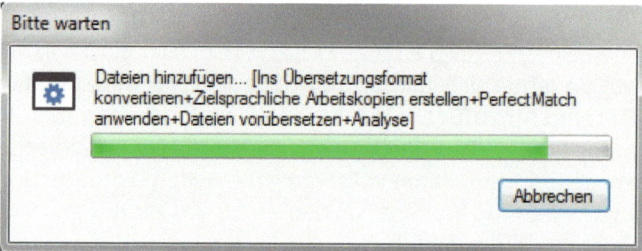

Danach ist die Datei/sind die Dateien in der Ansicht **Dateien** enthalten, für die Bearbeitung vorbereitet und mit der Endung *.sdlxliff versehen. Sie kann/können nun, wie jede andere bei der Projektanlage eingefügte Datei im geöffneten Projekt bearbeitet werden.

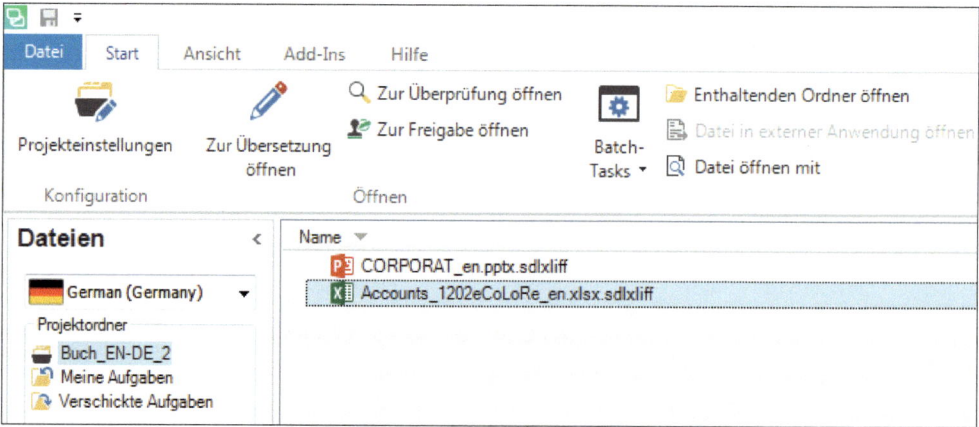

Darüber hinaus gibt es in der Ansicht **Dateien** auf der Registerkarte **Start** in der Gruppe **Dateibefehle** unter **Dateien hinzufügen** zwei weitere Möglichkeiten für das Hinzufügen von Dateien. Diese sind in einer Dropdown-Liste enthalten, die sich durch Klicken auf den kleinen Pfeil nach unten rechts neben **Dateien hinzufügen** öffnet.

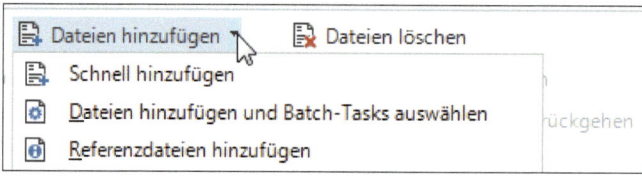

Dateien hinzufügen
und Batch-Tasks auswählen

Die zweite Option für das Hinzufügen von Dateien nach der Projektanlage ist die Option **Dateien hinzufügen und Batch-Tasks auswählen**. Mit ihr bietet sich die Möglichkeit, eine Task-Sequenz für das Vorbereiten von Dateien auszuwählen.

Klicken Sie in der Ansicht **Dateien** auf der Registerkarte **Start** in der Gruppe **Dateibefehle** auf den kleinen Pfeil nach unten rechts neben **Dateien hinzufügen**. Wählen Sie aus der sich öffnenden Dropdown-Liste **Dateien hinzufügen und Batch-Tasks auswählen** aus.

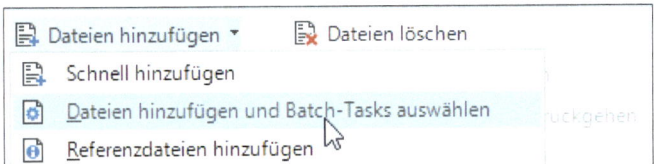

Das Dialogfeld **Dateien hinzufügen** öffnet sich. Wählen Sie die hinzuzufügende Datei bzw. die hinzuzufügenden Dateien aus und klicken Sie auf **Öffnen**.

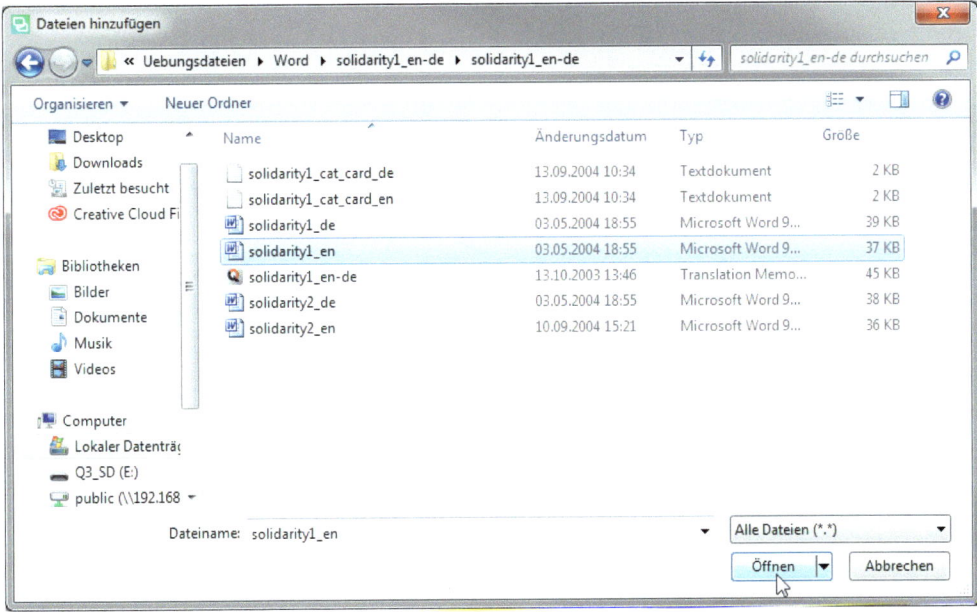

Das Dialogfeld **Batch-Verarbeitung** → **Batch-Tasks** öffnet sich. Wählen Sie eine Task-Sequenz aus, die Sie für die Dateivorbereitung verwenden möchten, und klicken Sie auf **Weiter**. Die einzelnen Task-Sequenzen für die Projektvorbereitung sind im Kapitel **Anlegen von Projekten** → **Projektvorbereitung** beschrieben.

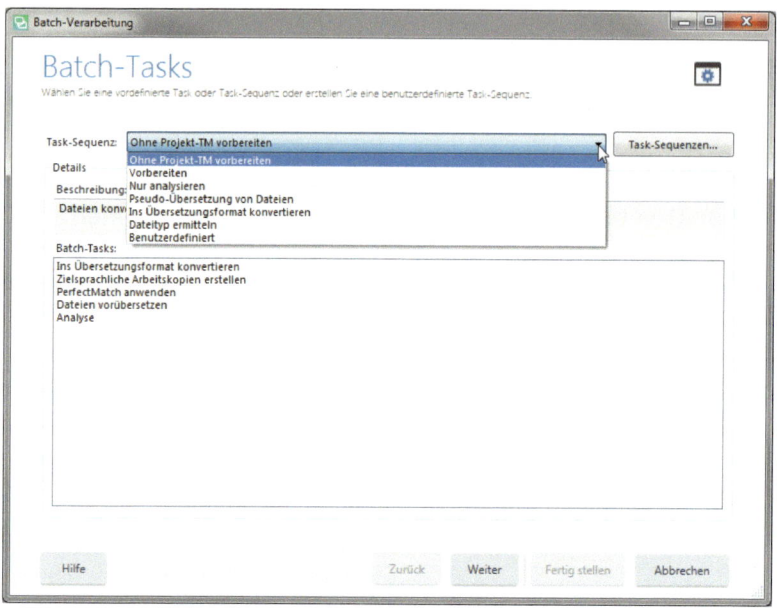

Das Dialogfeld **Batch-Verarbeitung** → **SDL PerfectMatch** öffnet sich in der Professional-Version. PerfectMatch ist nicht in der Freelance-Version enthalten. Fügen Sie der Datei/den Dateien ggf. eine bilinguale Vorgängerdatei hinzu und klicken Sie auf **Weiter**. Die Anwendung von **PerfectMatch** ist im Kapitel **Anlegen von Projekten** → **PerfectMatch** beschrieben.

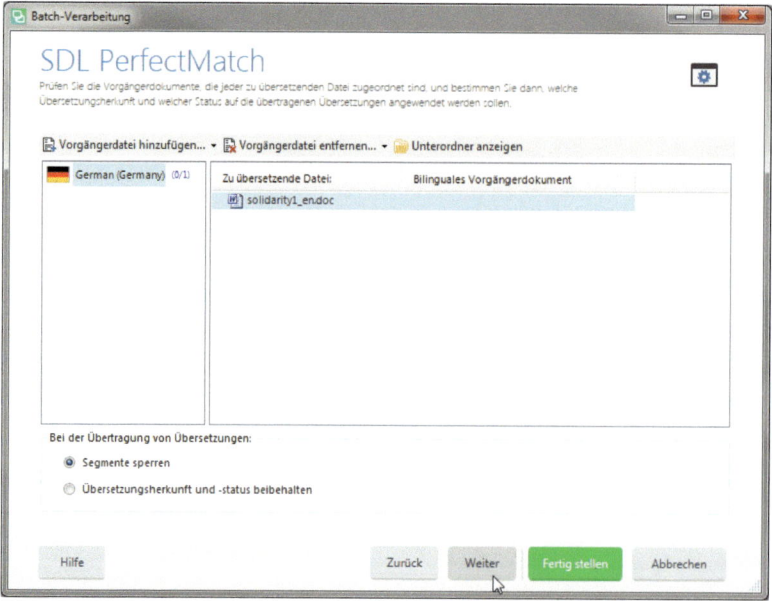

Das Dialogfeld **Batch-Verarbeitung → Einstellungen** öffnet sich. Nehmen Sie ggf. Einstellungen für die Batch-Verarbeitung vor und klicken Sie auf **Fertig stellen**. Die Einstellungen für die Batch-Verarbeitung sind im Kapitel **Anlegen von Projekten → Projektvorbereitung → Einstellungen für die Batch-Verarbeitung** beschrieben.

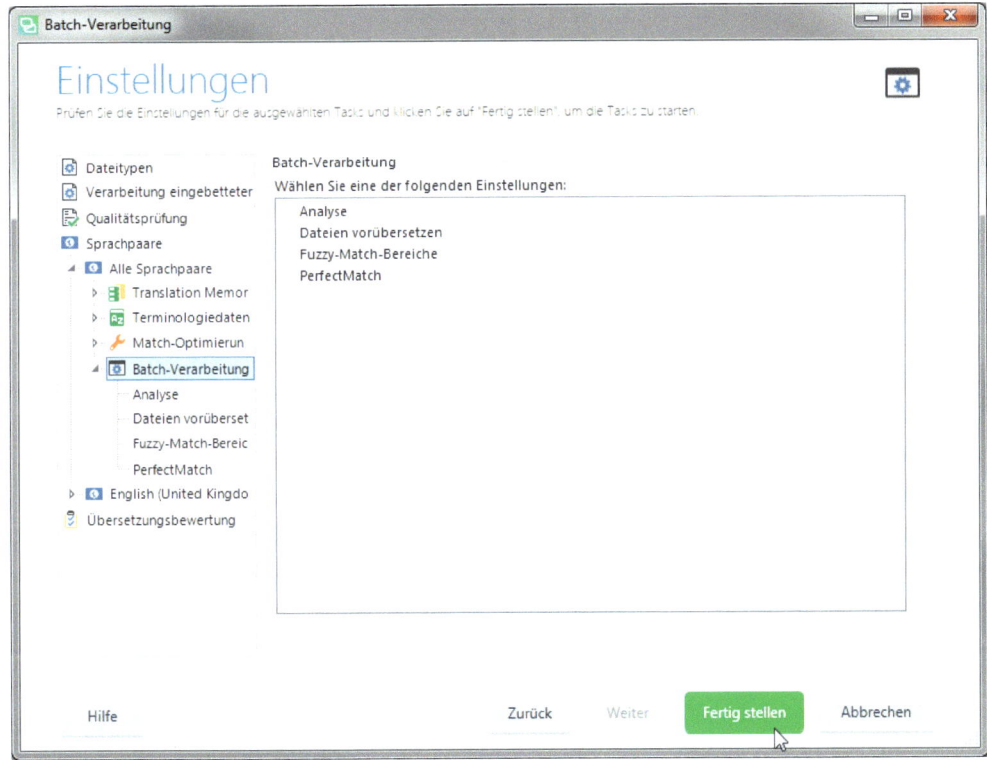

Das Dialogfeld **Batch-Verarbeitung → Fertig stellen** öffnet sich. SDL Trados Studio 2019 führt die Projektvorbereitung durch und weist mit grünen Feldern mit weißem Häkchen ✅ darauf hin, dass die jeweilige Aufgabe erfolgreich durchgeführt wurde. Befindet sich ein rotes Feld mit einem weißen Kreuz ❌ vor einer Aufgabe, konnte diese nicht erfolgreich durchgeführt werden. Beheben Sie in diesem Fall die Fehlerursache und klicken Sie auf das aktiv werdende **Vorbereitung erneut starten**.

Klicken Sie danach auf **Schließen**, um die Vorbereitung abzuschließen.

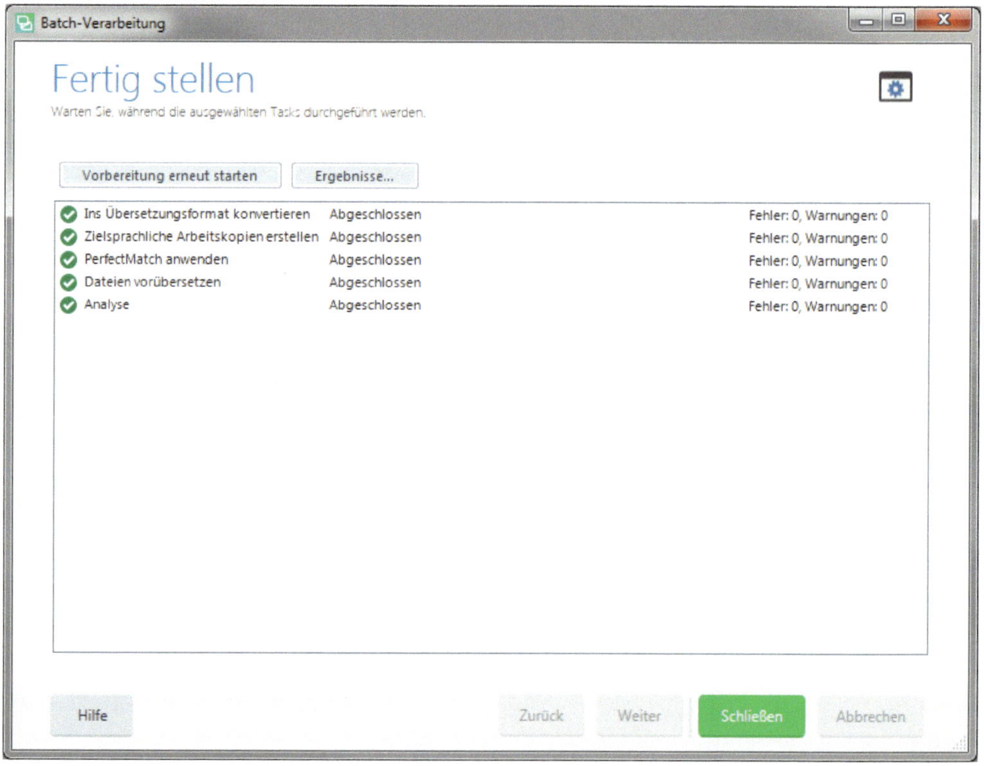

![Batch-Verarbeitung Fertig stellen Dialog]

❗ Falls Sie feststellen sollten, dass sich eine hinzugefügte Datei nach der Vorbereitung nicht durch einen Doppelklick in der Ansicht **Editor** öffnet, war beim Hinzufügen der Datei in der Ansicht **Datei** in der Navigationsleiste die Ausgangssprache, nicht die Zielsprache eingestellt. Sie können in diesem Fall die Zielsprache einstellen, indem Sie auf den kleinen Pfeil nach unten rechts neben der ausgewählten Sprache klicken, und die richtige Sprache, die Zielsprache, auswählen.

! Bitte beachten Sie, dass Dateien nur dann hinzugefügt werden können, wenn tatsächlich ein Projekt angelegt und nicht nur eine Einzeldatei ohne Projektanlage für die Übersetzung geöffnet wurde. Eine zu übersetzende Einzeldatei erscheint zwar auch in der Ansicht **Projekte**, es können dieser jedoch keine weiteren Dateien hinzugefügt werden. Der Befehl **Dateien hinzufügen** erscheint entsprechend ausgegraut.

Hinzufügen von Referenzdateien zu einem bestehenden Projekt

Über zu übersetzende Dateien hinaus können auch Referenzdateien zu einem bereits angelegten Projekt hinzugefügt werden. Referenzdateien werden in SDL Trados Studio 2019 nicht in die Wortzählung integriert und öffnen sich nicht in der Ansicht **Editor**, sondern in der jeweiligen Programmapplikation, in welcher sie erstellt wurden. Sie dienen der reinen Ansicht von Dateien.

Klicken Sie in der Ansicht **Dateien** auf der Registerkarte **Start** in der Gruppe **Dateibefehle** auf den kleinen Pfeil nach unten rechts neben **Dateien hinzufügen** und wählen Sie aus der sich öffnenden Dropdown-Liste **Referenzdateien hinzufügen** aus, wenn Sie einem Projekt Referenzdateien hinzufügen möchten.

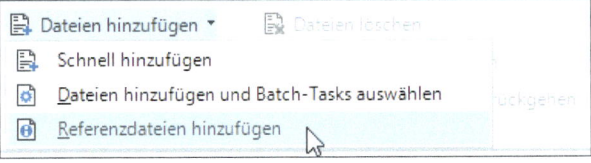

Das Dialogfeld **Dateien hinzufügen** öffnet sich. Wählen Sie die hinzuzufügende(n) Datei(en) aus und klicken Sie auf **Öffnen**.

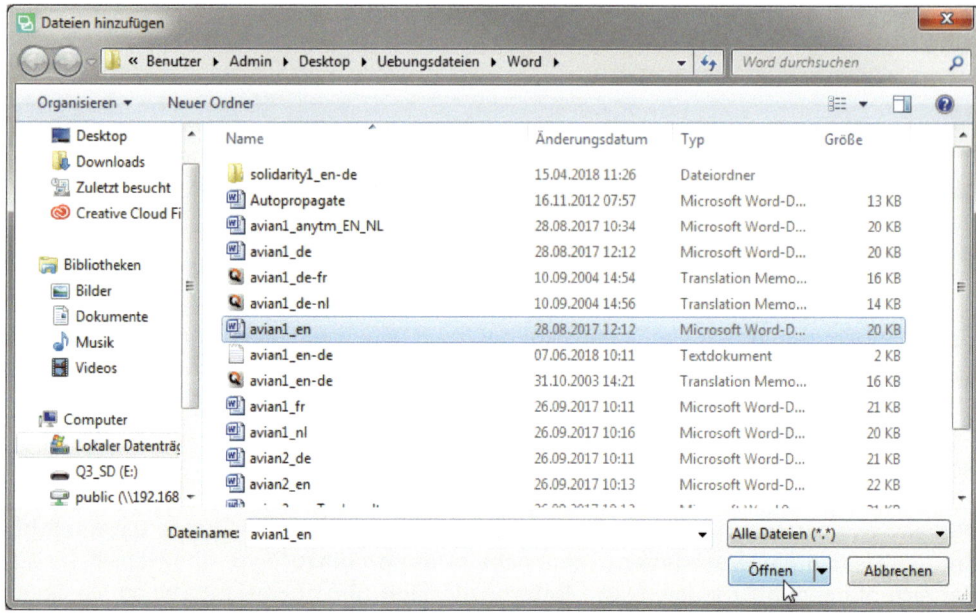

Die Referenzdatei wird dem Projekt hinzugefügt, erhält jedoch nicht die Erweiterung *.sdlxliff, da sie nicht für die Verarbeitung in SDL Trados Studio 2019 vorgesehen ist. Durch einen Doppelklick auf diese Datei in der Ansicht **Dateien** öffnet sich diese in der jeweiligen Applikation, in der sie erstellt wurde. Darüber hinaus erhält diese Datei in der Ansicht **Dateien** unter **Verwendung** die Bezeichnung **Referenz**.

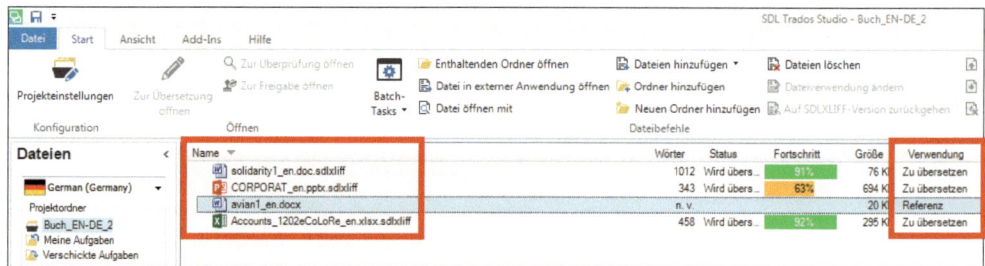

Löschen von Dateien aus einem bestehenden Projekt

Öffnen Sie das Projekt, aus dem eine oder mehrere Dateien gelöscht werden soll(en). Wechseln Sie danach in die Ansicht **Dateien** und klicken Sie in der Übersicht der Dateien auf die zu löschende Datei, sodass diese farbig unterlegt ist. Halten Sie die Strg-Taste gedrückt und klicken Sie nacheinander auf die zu löschenden Dateien, wenn Sie mehrere Dateien löschen möchten.

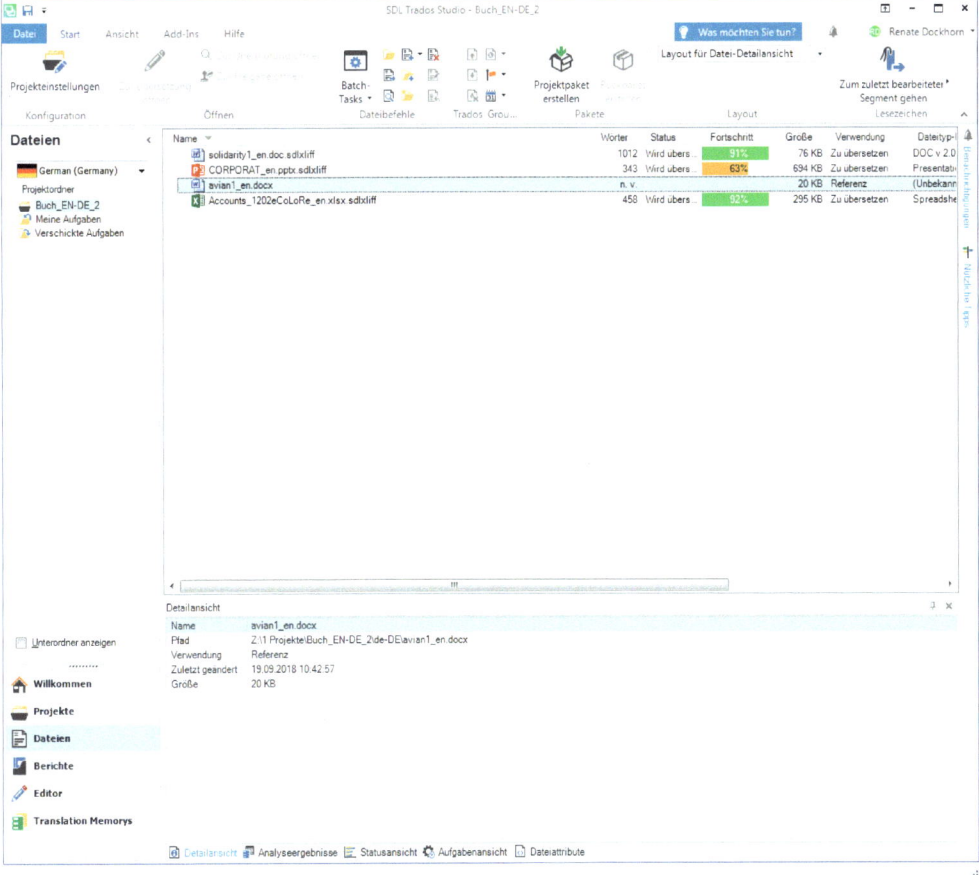

Klicken Sie nach Auswahl der Dateien in der Ansicht **Dateien** auf der Registerkarte **Start** in der Gruppe **Dateibefehle** auf **Dateien löschen**.

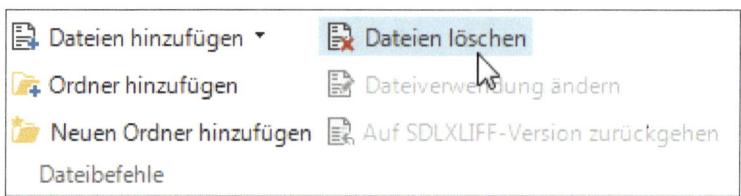

SDL Trados Studio 2019 öffnet einen Warnhinweis, dass die ausgewählte Datei bzw. die ausgewählten Dateien dauerhaft von der Festplatte gelöscht und der Vorgang nicht rückgängig gemacht werden kann. Hiermit ist gemeint, dass die Datei bzw. die Dateien aus dem aktuellen Projekt in SDL Trados Studio 2019 gelöscht wird/werden. Klicken Sie auf **OK**, wenn Sie die Datei(en) aus dem Projekt löschen möchten.

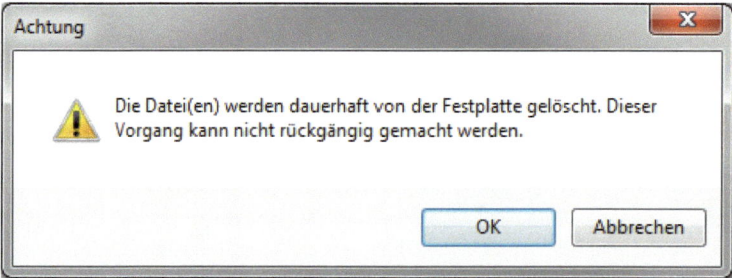

SDL Trados Studio 2019 entfernt die Datei(en) aus Dateiübersicht und Projekt.

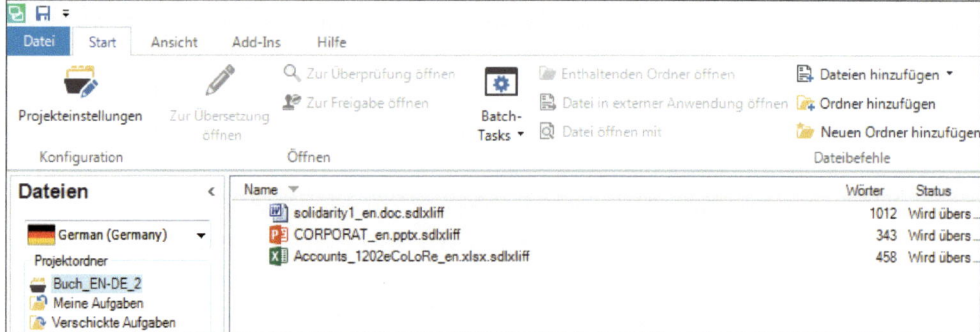

Aktualisieren von Dateien in einem bestehenden Projekt

SDL Trados Studio 2019 bietet die Möglichkeit, bereits in ein Projekt integrierte Dateien nachträglich zu aktualisieren, wenn Änderungen an Ausgangsdateien durchgeführt wurden, die in den Übersetzungsprozess einfließen sollen.

Im nachfolgenden Beispiel handelt es sich um eine kurze PowerPoint-Datei aus den Beispieldateien zu SDL Trados Studio 2019, die wie folgt in SDL Trados Studio 2019 dargestellt wird:

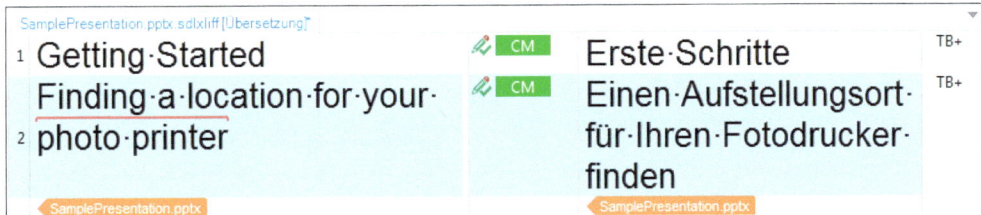

Klicken Sie in der Ansicht **Dateien** auf die zu aktualisierende Datei, sodass diese farbig unterlegt ist.

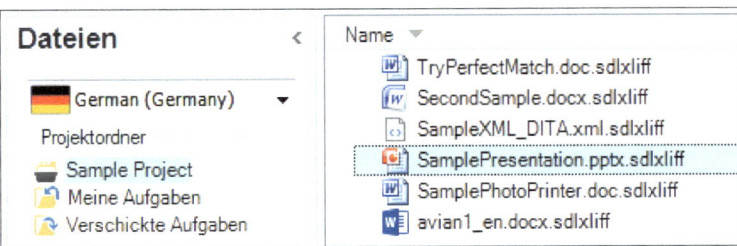

Klicken Sie danach mit der rechten Maustaste 🖰 auf die ausgewählte Datei und wählen Sie **Datei aktualisieren** aus.

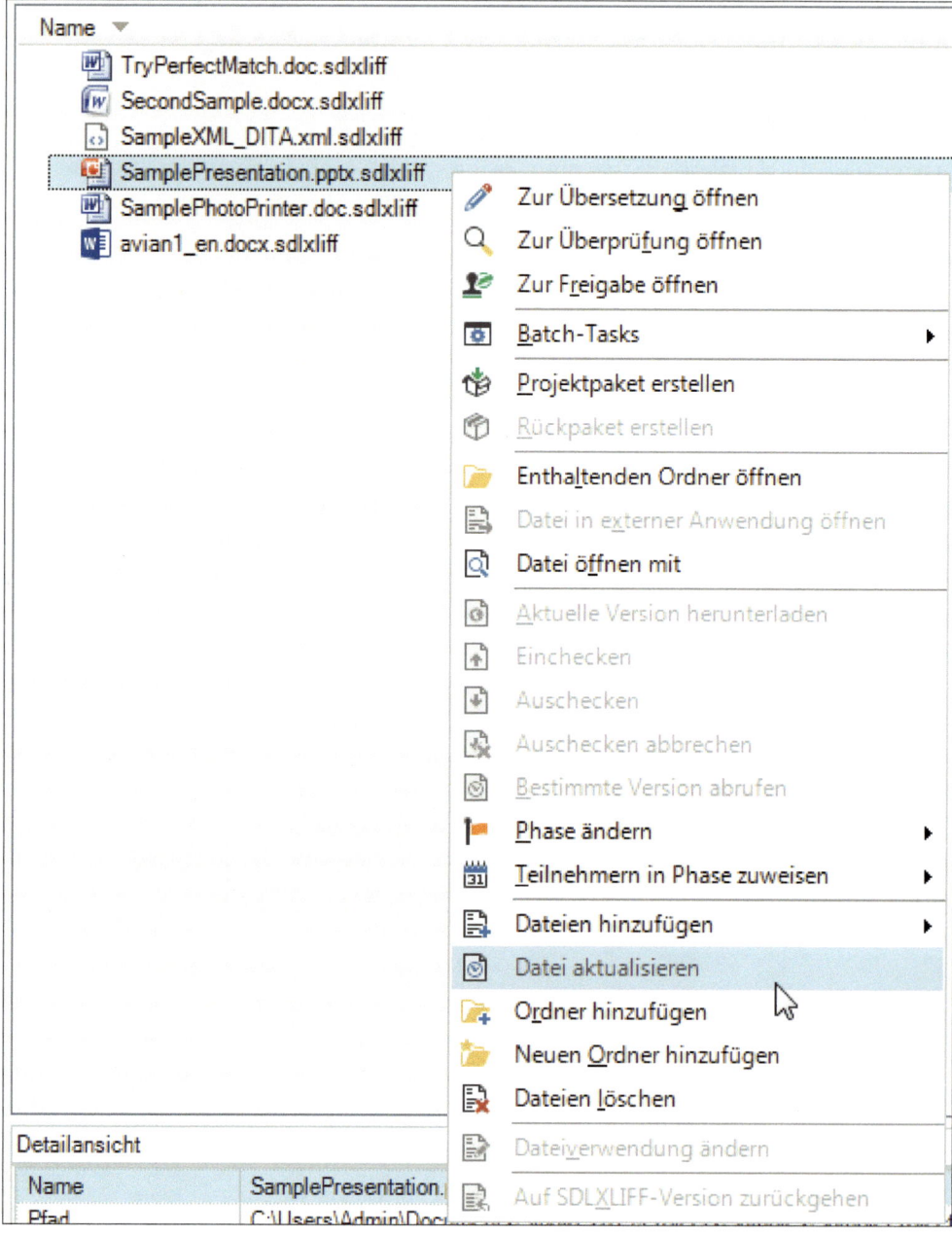

Das Dialogfeld **Dateien hinzufügen** öffnet sich. Wählen Sie die aktualisierte Fassung der Datei aus und klicken Sie auf **Öffnen** oder doppelklicken Sie auf die aktualisierte Fassung der Datei.

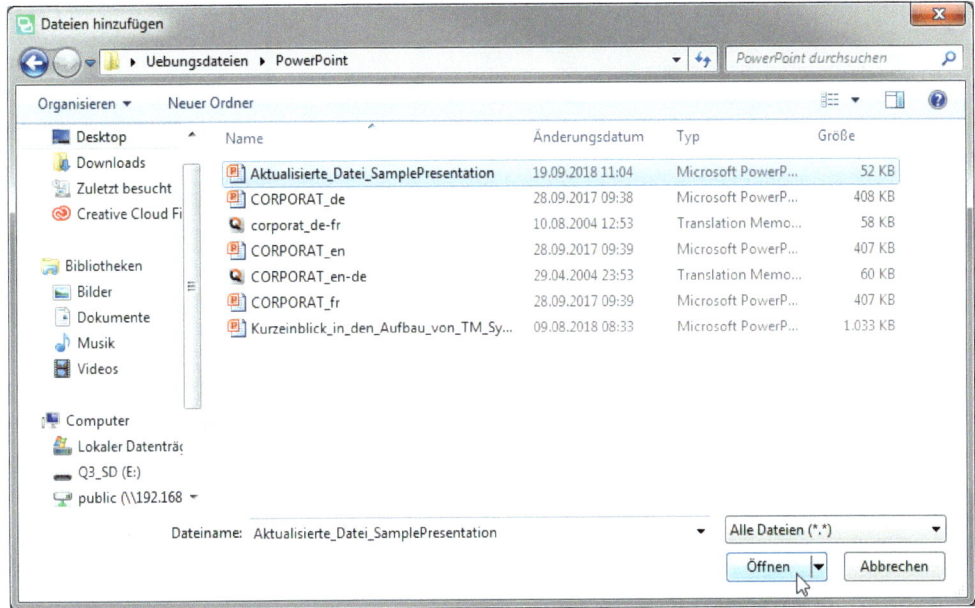

SDL Trados Studio 2019 aktualisiert die im Projekt befindliche Datei mit der neuen Fassung, behält aber den Namen der ursprünglichen Datei bei (nicht den Namen der aktualisierten Fassung, falls dieser anders sein sollte).

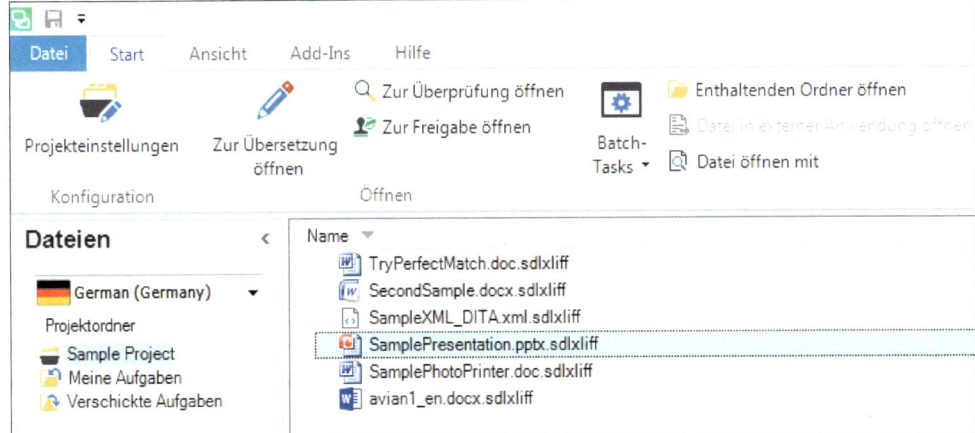

Erfolgte Änderungen werden in das aktualisierte Dokument übernommen und entsprechend in der Ansicht **Editor** dargestellt. Da die im vorliegenden Beispiel erfolgte Änderung „Finding a location" in „Finding a suitable location" bereits zu 100% im Translation Memory enthalten war, wurde hierfür direkt der entsprechende 100% Match eingefügt.

Ist lediglich ein Fuzzy Match enthalten, wird dieser ebenfalls dargestellt und kann entsprechend angepasst werden.

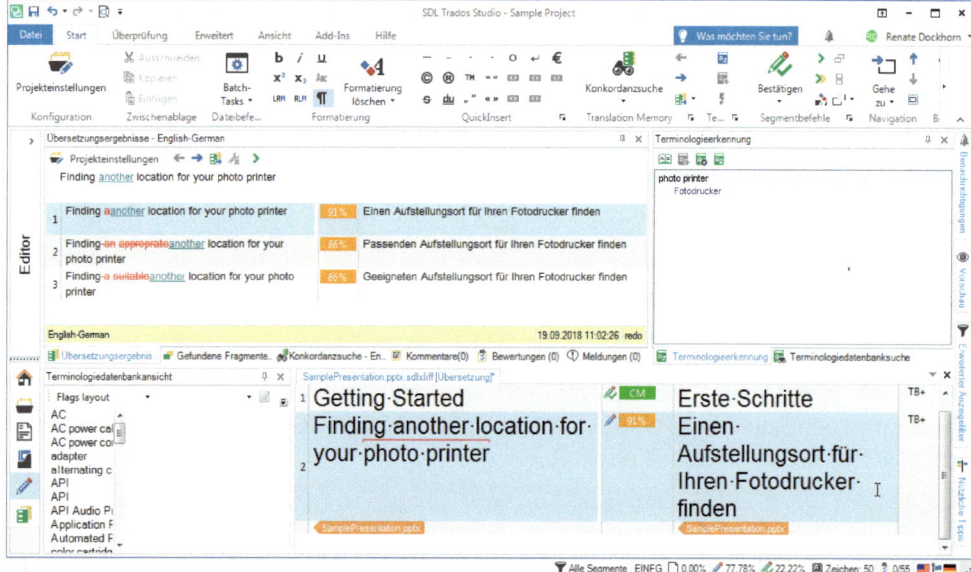

Ist kein Match für hinzugefügte Segmente vorhanden, erscheinen die zielsprachlichen Segmente leer:

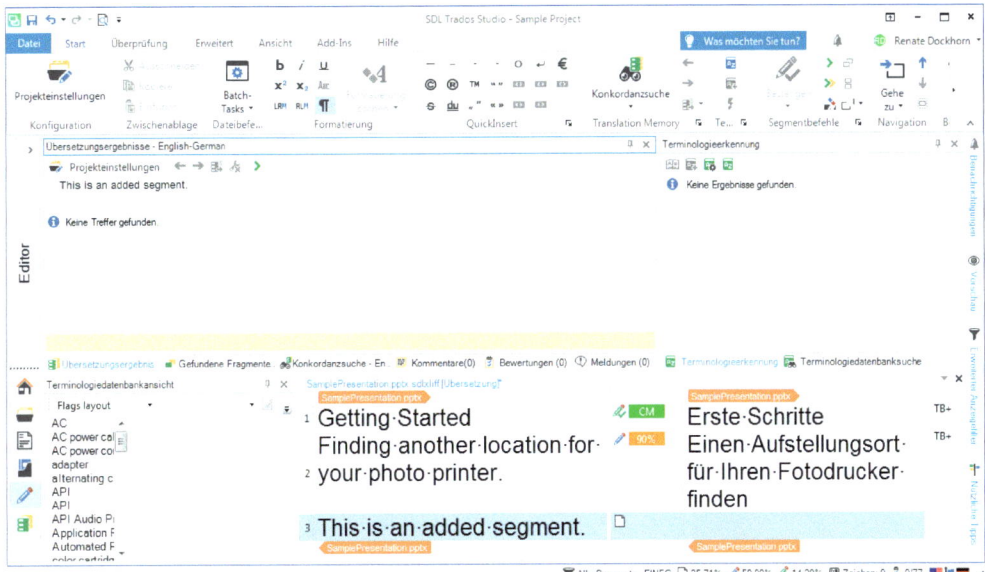

Gelöschte Segmente werden entfernt (hier: Getting Started):

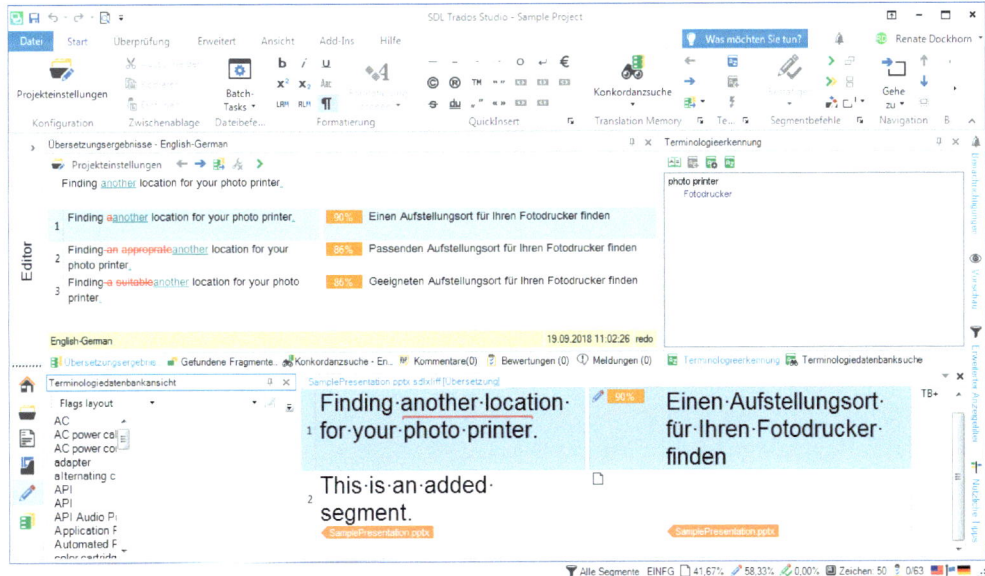

Übersetzen von einzelnen Dateien ohne Projektanlage

SDL Trados Studio 2019 bietet neben der Projektanlage für das Übersetzen einer oder mehrerer Dateien auch die Möglichkeit, eine einzelne Datei ohne Projektanlage zu übersetzen. Dabei hat der Übersetzer die Möglichkeit, ein oder mehrere Translation Memorys für die Bearbeitung des Dokuments anzulegen oder für die Bearbeitung hinzuzufügen, bevor die Datei in der Ansicht **Editor** geöffnet wird.

❗ Bitte beachten Sie bei der Verwendung dieser Option, dass SDL Trados Studio 2019 beim Übersetzen von einzelnen Dateien ohne Projektanlage keinen Unterordner für ausgangs- und zielsprachliche Dateien anlegt und die Batch-Tasks **Analyse** und **Dateien vorübersetzen** nicht automatisch vor Übersetzungsbeginn ausgeführt werden. Darüber hinaus müssen bei Bedarf Termbanken manuell in der Ansicht **Editor** hinzugefügt werden.

Klicken Sie in der Ansicht **Willkommen** zunächst auf **Dateien hier zur Übersetzung ablegen oder Computer durchsuchen**, um eine einzelne Datei für die Übersetzung zu öffnen.

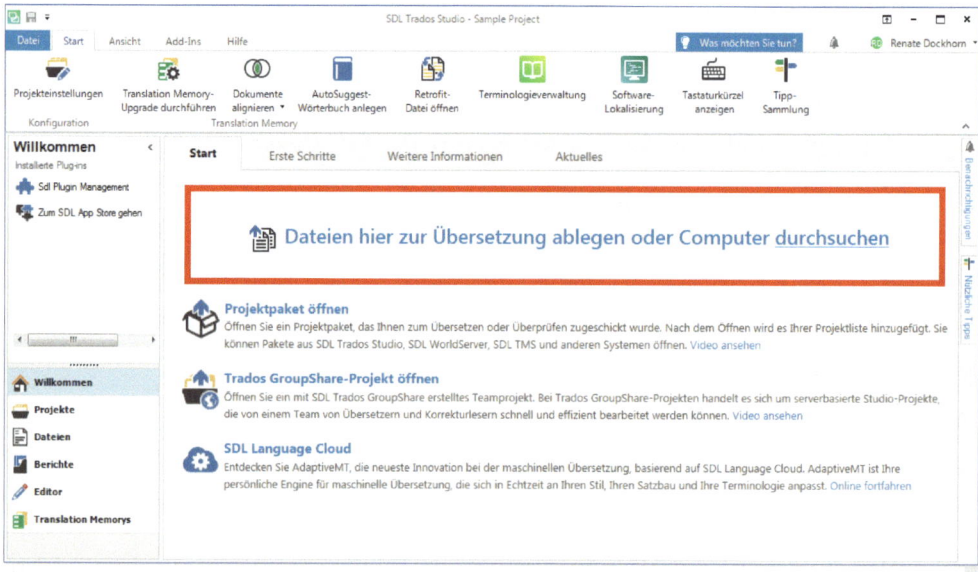

Das Dialogfeld **Dateien auswählen...** öffnet sich. Wählen Sie das zu übersetzende Dokument aus und klicken Sie auf **Öffnen** oder doppelklicken Sie auf die zu übersetzende Datei.

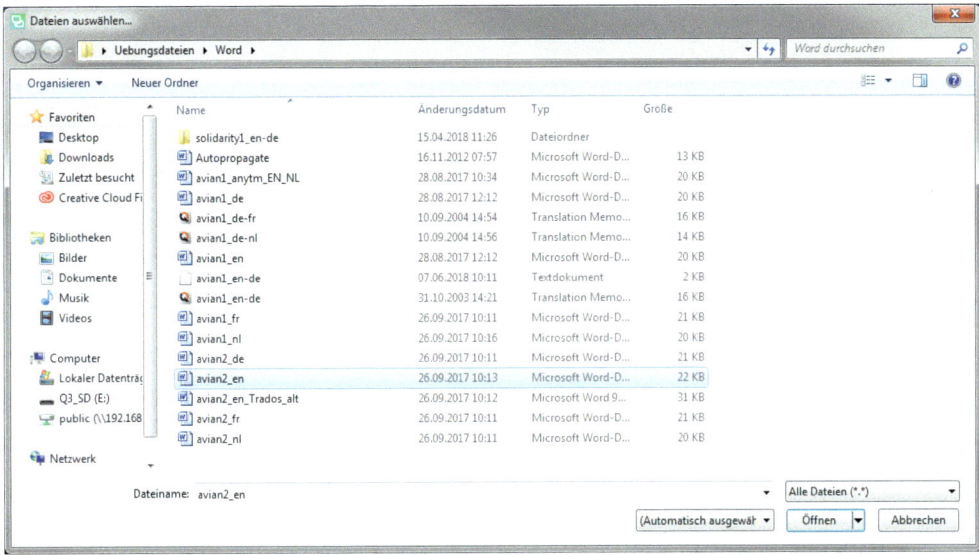

Das Dialogfeld **Übersetzen** öffnet sich. Die für die Übersetzung ausgewählte Datei ist aufgeführt. Klicken Sie auf **Als einzelnes Dokument übersetzen**.

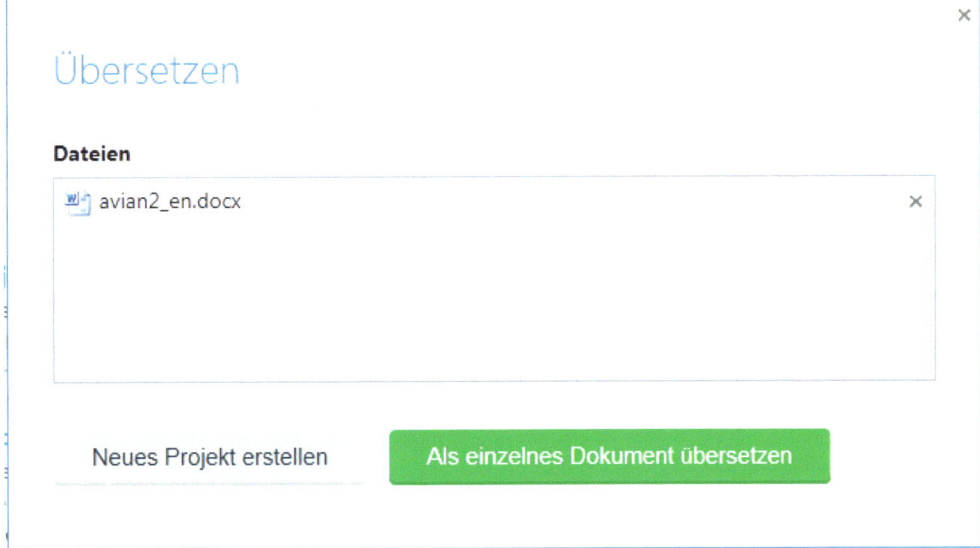

Das Dialogfeld **Translation Memory- und Dokumenteinstellungen** öffnet sich. Wählen Sie zunächst die Ausgangssprache und die Zielsprache für die Übersetzung aus.

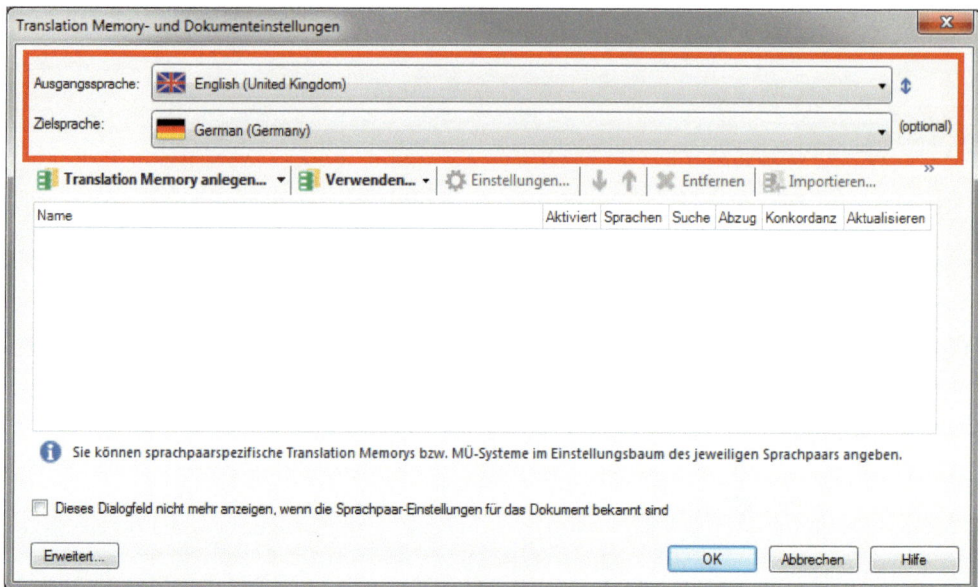

Darüber hinaus haben Sie in diesem Dialogfeld die Möglichkeit, ein oder mehrere Translation Memorys anzulegen oder für die Verwendung auszuwählen. Weitere Informationen zum Auswählen oder Anlegen von Translation Memorys und zu den Einstellungsmöglichkeiten von Translation Memorys erhalten Sie in den Kapiteln **Anlegen von Projekten → Anlegen von Translation Memorys bei der Projektanlage**, **Anlegen von Projekten → Hinzufügen von Translation Memorys bei der Projektanlage** und **Einstellungsmöglichkeiten bei der Anlage von Translation Memorys**.

Treffen Sie im Dialogfeld **Translation Memory- und Dokumenteinstellungen** Ihre Auswahl bezüglich des/der Translation Memorys und klicken Sie auf **OK**.

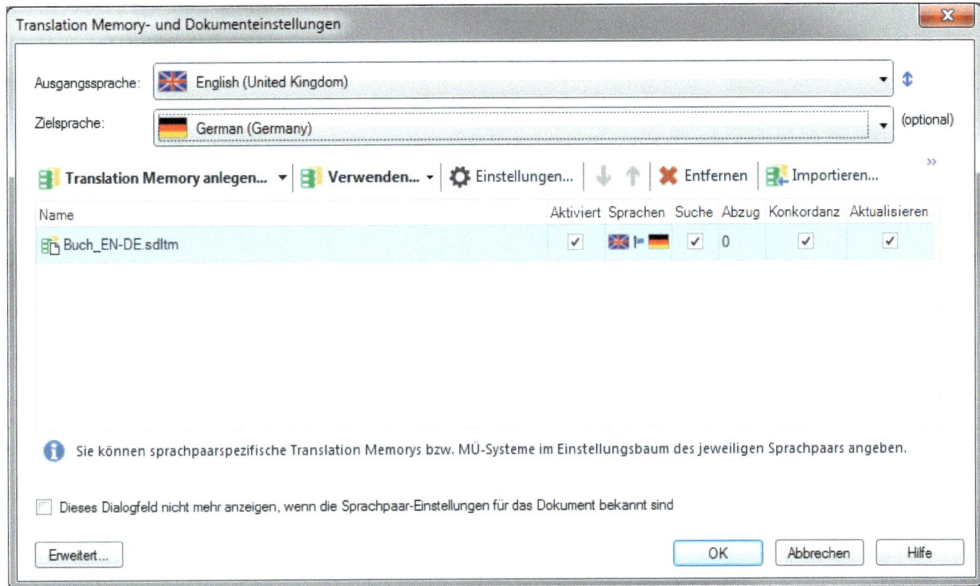

Die zu übersetzende Datei öffnet sich für die Bearbeitung in der Ansicht **Editor**.

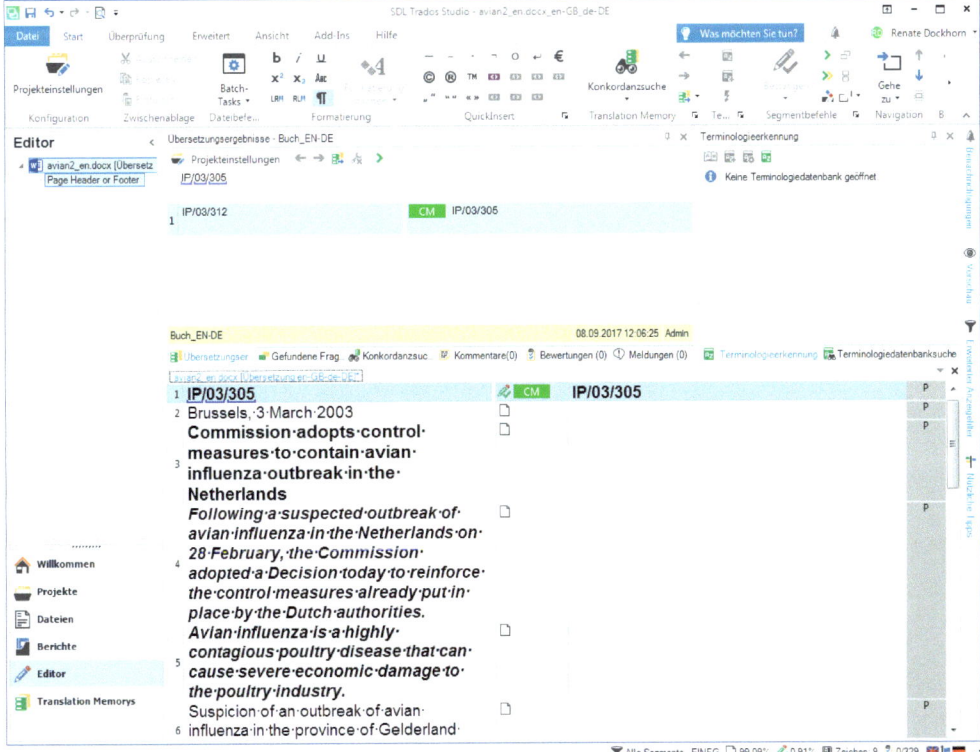

Klicken Sie nach dem Öffnen der Datei auf **Dokument speichern** auf der Schnellzugriffsleiste, um die beim Öffnen der zu übersetzenden Datei generierte *.sdlxliff-Datei abzuspeichern.

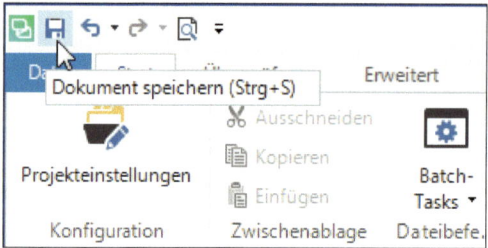

Das Dialogfeld **Speichern unter** öffnet sich. Wählen Sie einen Speicherort aus und klicken Sie auf **Speichern**.

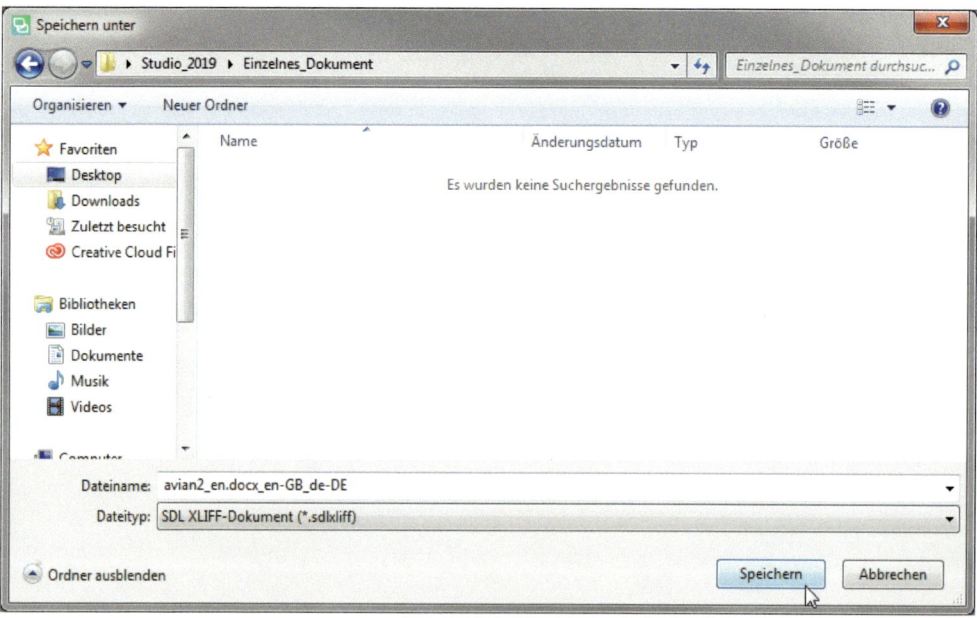

SDL Trados Studio 2019 legt sowohl die bei der Konvertierung für die Bearbeitung in Studio erstellte *.sdlxliff-Datei als auch die Datei mit den Einstellungen für die zu übersetzende Datei in diesem Ordner ab.

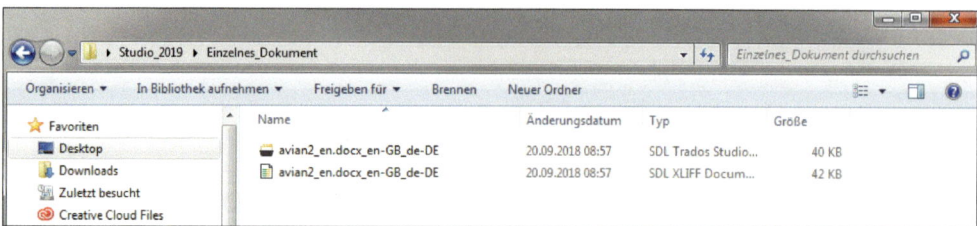

Übersetzen von einzelnen Dateien ohne Projektanlage

❓ Wo finde ich eine Datei, die als einzelne Datei ohne Projektanlage für die Übersetzung geöffnet wurde, wenn sie nach dem Schließen von SDL Trados Studio 2019 erneut für die Übersetzung geöffnet werden soll?

Eine Einzeldatei ohne Projektanlage wird ebenso wie Projekte in der Ansicht **Projekte** aufgeführt. Einzeldateien sind in der Ansicht **Projekte** unter **Typ** am Vermerk **Projekt mit Einzeldatei** zu erkennen.

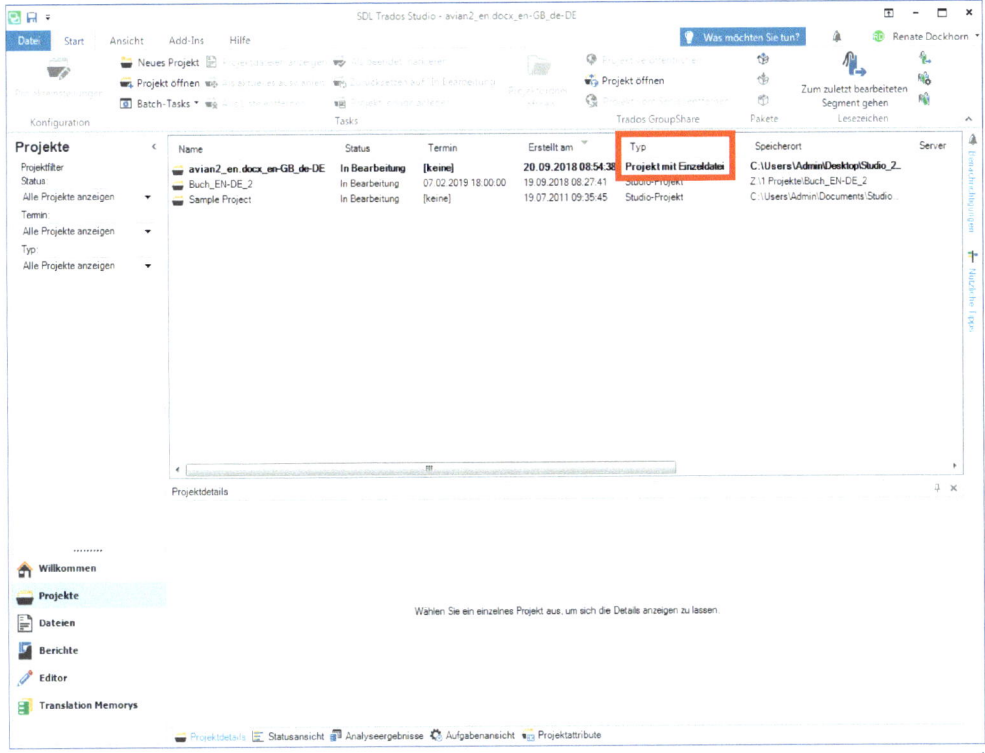

Einbinden von Dateien mit Drag & Drop

Sie haben in SDL Trados Studio 2019 die Möglichkeit, in der Ansicht **Willkommen** eine oder mehrere Dateien mit Drag & Drop aus dem Windows Explorer in das Feld **Dateien hier zur Übersetzung ablegen oder Computer durchsuchen** zu ziehen und mit dieser/diesen entweder ein neues Projekt zu erstellen oder sie als einzelnes Dokument ohne Projektanlage zu übersetzen. Werden mehrere Dateien ausgewählt und die Option **Als einzelnes Dokument übersetzen** statt **Neues Projekt erstellen** ausgewählt, werden diese jeweils in einem separaten Editorfenster geöffnet.

avian1_en.docx [Übersetzung de-DE-en-US]   avian2_en.doc [Übersetzung de-DE-en-US]

Öffnen Sie zunächst in SDL Trados Studio 2019 die Ansicht **Willkommen** und den Windows Explorer. Klicken Sie auf die zu öffnende(n) Datei(en), sodass diese farbig unterlegt ist/sind (bei mehreren Dateien mit gedrückter [Strg]-Taste), und halten Sie die Maustaste 🖱 gedrückt. Ziehen Sie dann die Datei(en) in der Ansicht **Willkommen** in das Feld **Dateien hier zur Übersetzung ablegen oder Computer durchsuchen**.

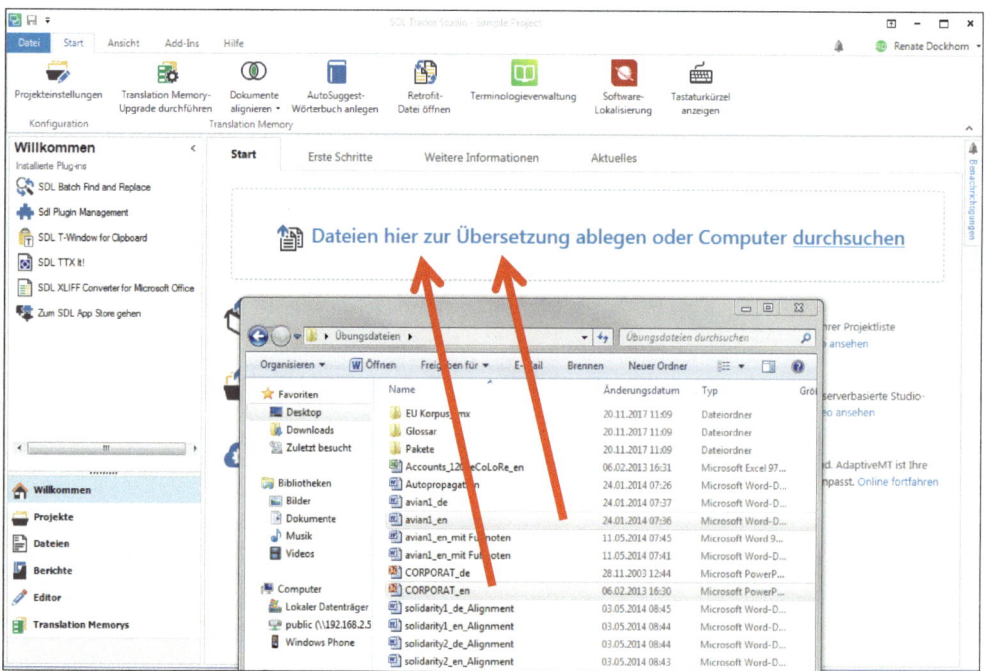

Das Dialogfeld **Übersetzen** öffnet sich und Sie haben die Möglichkeit, mit der bzw. den Dateien ein neues Projekt zu erstellen oder diese als einzelne Dateien zu übersetzen. Eine Anleitung hierzu finden Sie in den Kapiteln **Anlegen von Projekten** und **Übersetzen von einzelnen Dateien ohne Projektanlage**.

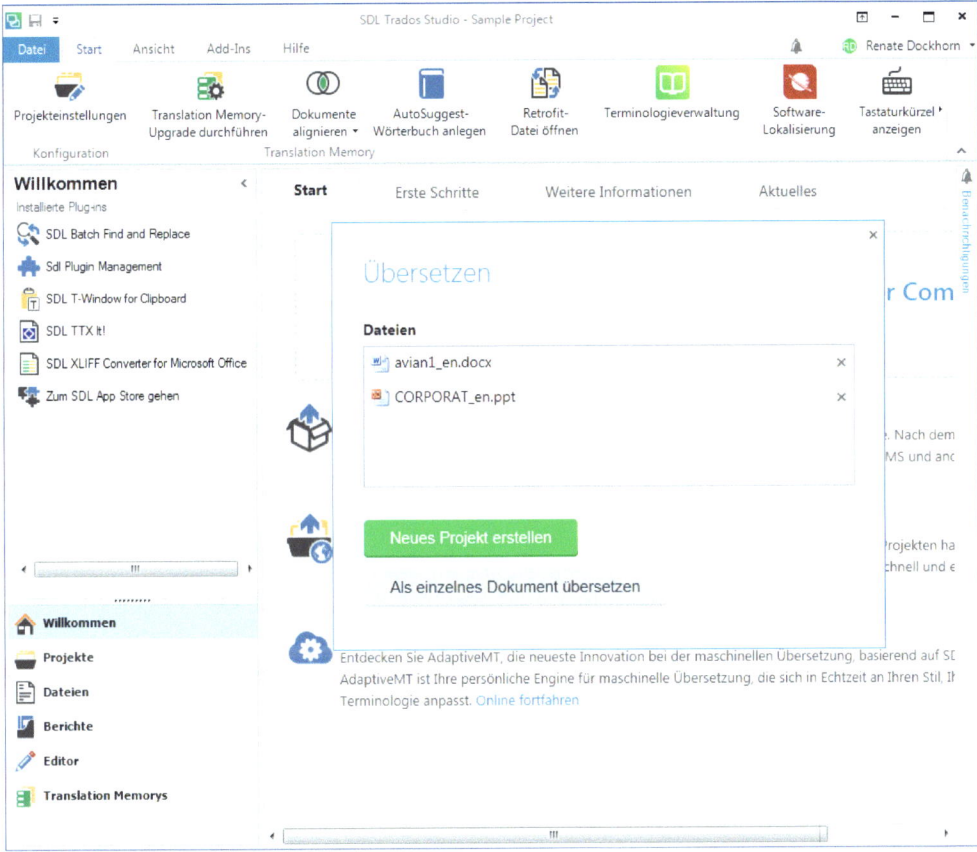

Anlegen und Öffnen von Projektpaketen

Nach Erstellen eines Projekts ist es mit der Professional-Version möglich, aus dem Projekt ein Paket zu erstellen, das neben den zu übersetzenden/überprüfenden Dateien, ggf. Referenzdateien und den eigentlichen Projekteinstellungen wie z.B. den Qualitätsprüfungsattributen und Berichten auch ein Projekt- und/oder Master-Translation Memorys, Auto-Suggest-Wörterbücher und Termbanken enthalten kann. Vorstellen kann man sich Projektpakete wie eine gezippte Datei, die alle Projektattribute und Dateien enthält. Projektpakete sind so zusammengestellt, dass das Paket als Projekt in SDL Trados Studio entpackt, bearbeitet und später als Rückpaket wieder gepackt und zurückgesendet werden kann.

Projektpakete werden eingesetzt, wenn Auftraggeber einen Auftrag gebündelt mit allen vorgenannten Hilfsmitteln versenden möchten, damit der Übersetzer/Überprüfer das Paket nach Erhalt in der Ansicht **Willkommen** mit der Option **Projektpaket öffnen** wie ein selbst angelegtes Projekt in SDL Trados Studio 2019 integrieren kann und dabei das Projekt so vorbereitet ist, wie der Kunde es benötigt. Nach Bearbeitung des Projekts wird dieses dann als Rückpaket zurück an den Auftraggeber geschickt.

Projektpakete können in der Version Professional von SDL Trados Studio 2019 (nicht in der Version Freelance) erstellt, aber sowohl in SDL Trados Studio 2019 Professional als auch in SDL Trados Studio 2019 Freelance geöffnet und bearbeitet werden. Das Rückpaket mit dem bearbeiteten Projekt kann ebenfalls sowohl in SDL Trados Studio 2019 Professional als auch in SDL Trados Studio 2019 Freelance erstellt werden. Die Pakete können auf dem vom Kunden gewünschten und mit dem Übersetzer abgesprochenen Übermittlungsweg übertragen werden.

Projektpakete haben ein Symbol, das an ein Paket erinnert, und zwar mit einem grünen Pfeil von oben nach unten.

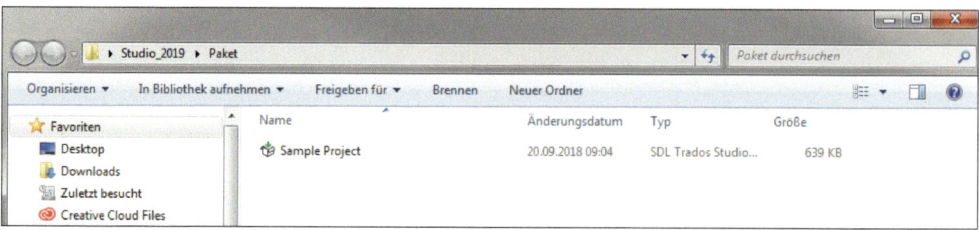

Anlegen von Paketen (Version Professional)

Klicken Sie in der Ansicht **Projekte** mit der rechten Maustaste auf ein Projekt, für das ein Paket erzeugt werden soll, und klicken Sie auf **Projektpaket erstellen**.

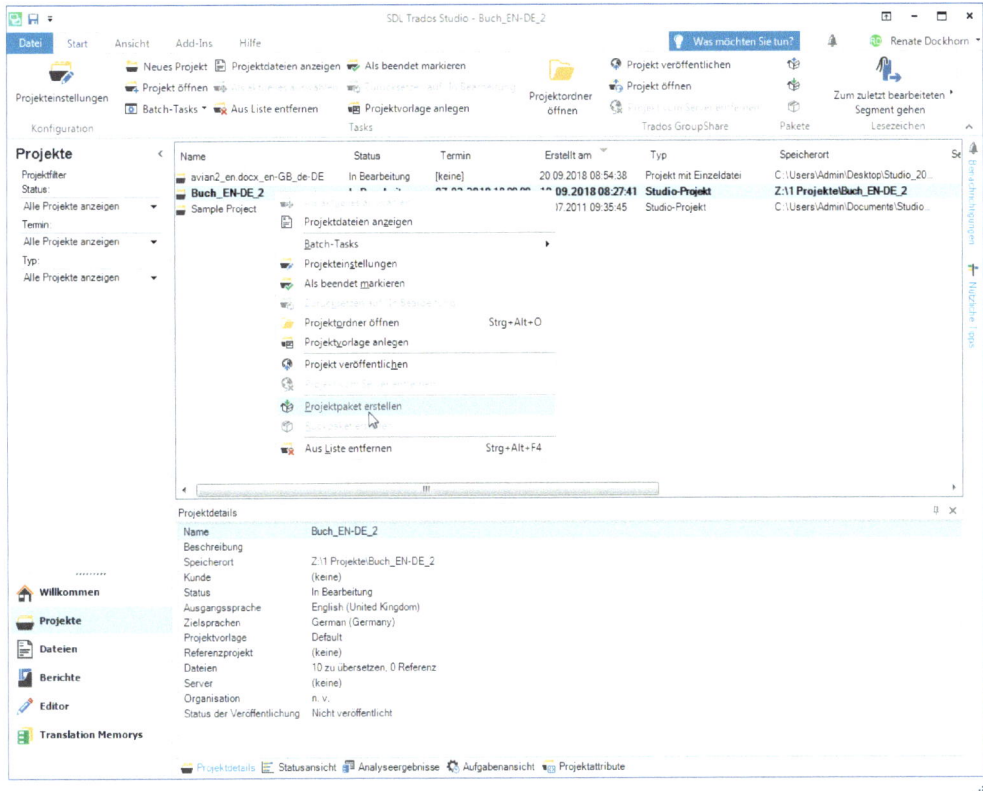

Das Dialogfeld **Projektpaket erstellen** → **Dateien auswählen** öffnet sich. Als Standard sind alle Dateien mit einem Häkchen versehen und damit für die Einbindung in das Paket markiert. Treffen Sie Ihre Auswahl und klicken Sie auf **Weiter**.

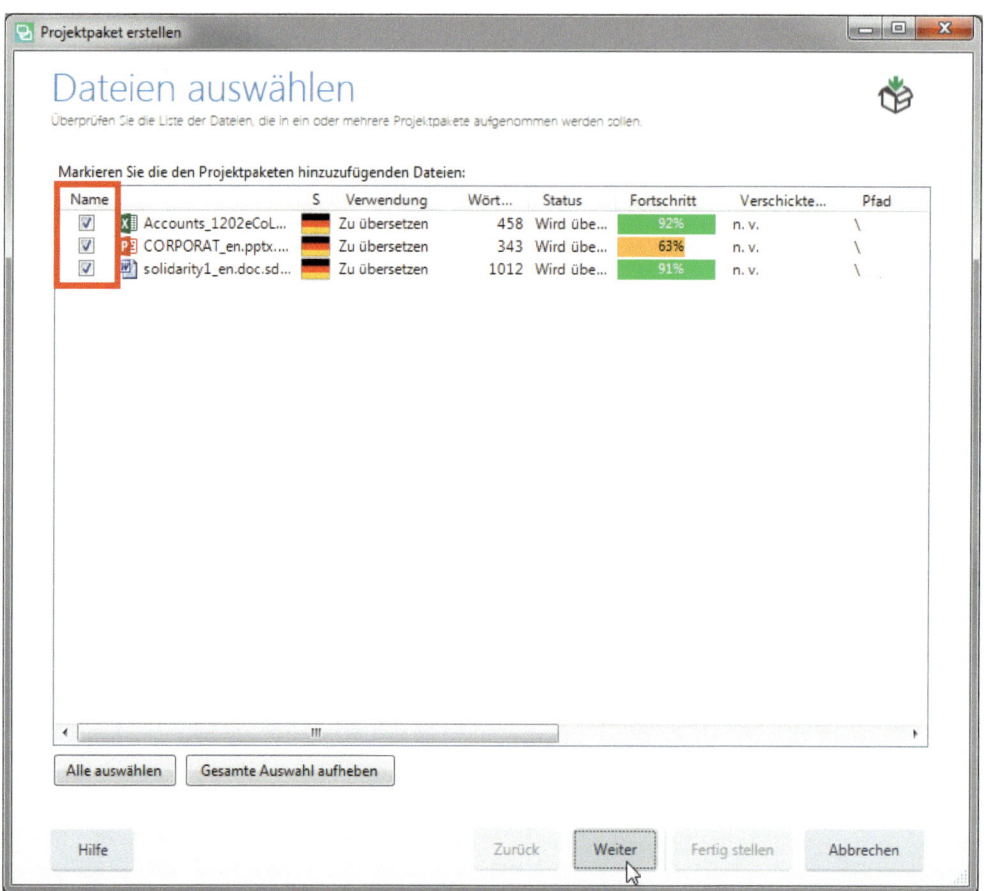

Wählen Sie im sich öffnenden Dialogfeld **Projektpaket erstellen** → **Projektpaket-Optionen** den Zielordner aus und legen Sie fest, ob ein Paket für das gesamte Projekt oder (bei mehreren Zielsprachen) ein Paket für jede Projektsprache erzeugt werden soll. Wird ein Projektpaket für jede Sprache erzeugt, kann darüber hinaus die maximale Anzahl Wörter pro Paket bzw. die maximale Anzahl nicht übersetzter oder nicht überprüfter Wörter ausgewählt werden. Klicken Sie nach erfolgter Auswahl auf **Weiter**.

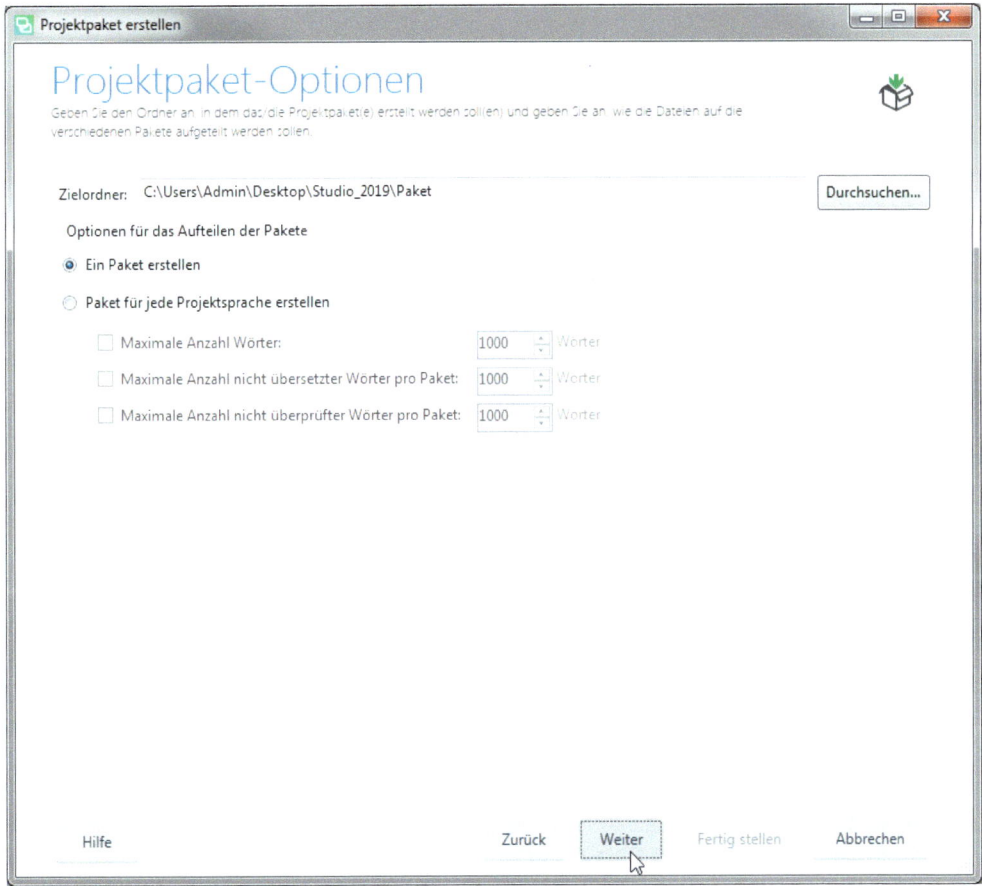

Das Dialogfeld **Projektpaket erstellen** → **Projektpakete überprüfen** öffnet sich.

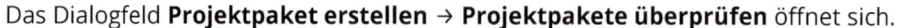

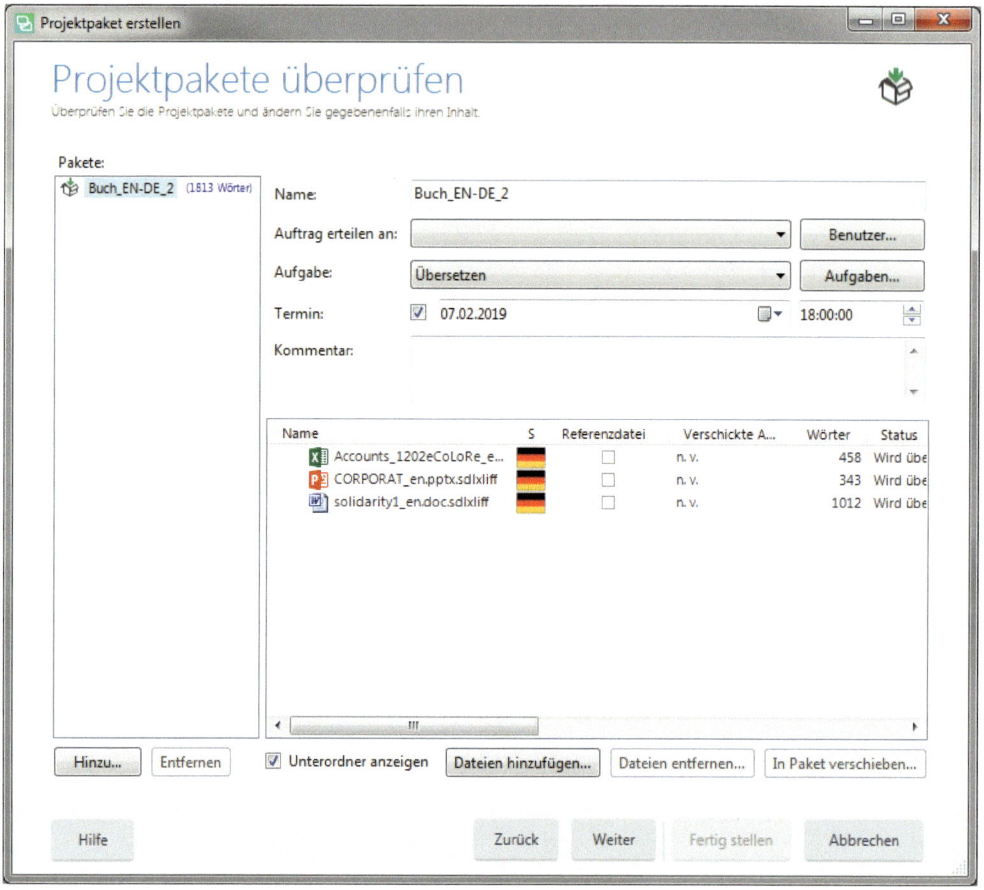

- Unter **Name:** ist bereits der Projektname eingetragen.
- Wählen Sie unter **Auftrag erteilen an:** einen Benutzer aus oder legen Sie diesen zunächst an und wählen ihn dann aus.
- Wählen Sie unter **Aufgabe:** aus, ob es sich um eine Übersetzung oder Überprüfung handelt.
- Legen Sie einen **Termin** fest.
- Geben Sie gegebenenfalls einen **Kommentar** ein, der mit dem Paket an den Benutzer gesendet wird.

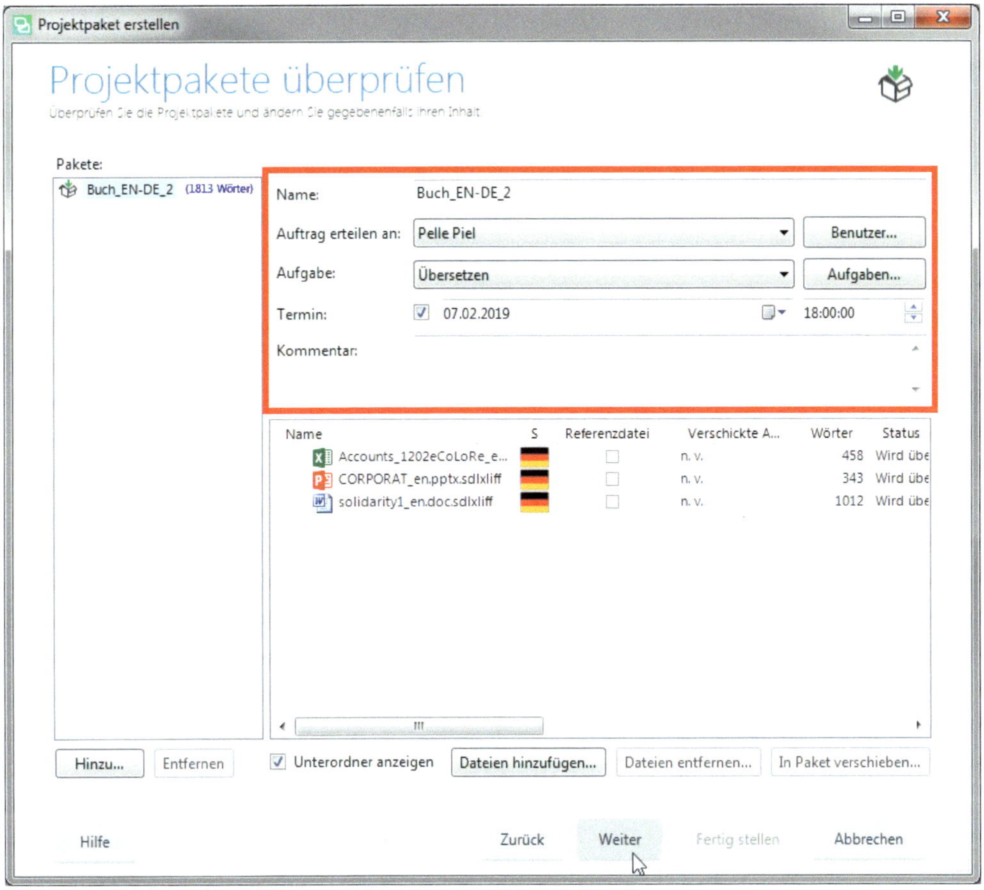

Anlegen von Paketen (Version Professional)

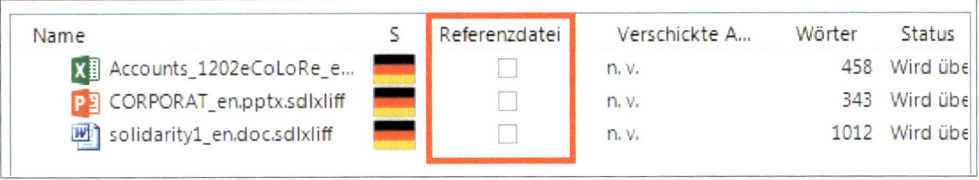

Legen Sie dann im gleichen Dialogfeld weiter unten fest, ob im Paket befindliche Dateien als Referenzdateien behandelt werden sollen.

Darüber hinaus haben Sie in diesem Dialogfeld die Möglichkeit, Dateien aus dem Paket zu entfernen oder Dateien hinzuzufügen.

Klicken Sie nach Abschluss der Eingaben auf **Weiter**.

Das Dialogfeld **Projektpaket erstellen** → **Zusätzliche Optionen** öffnet sich.

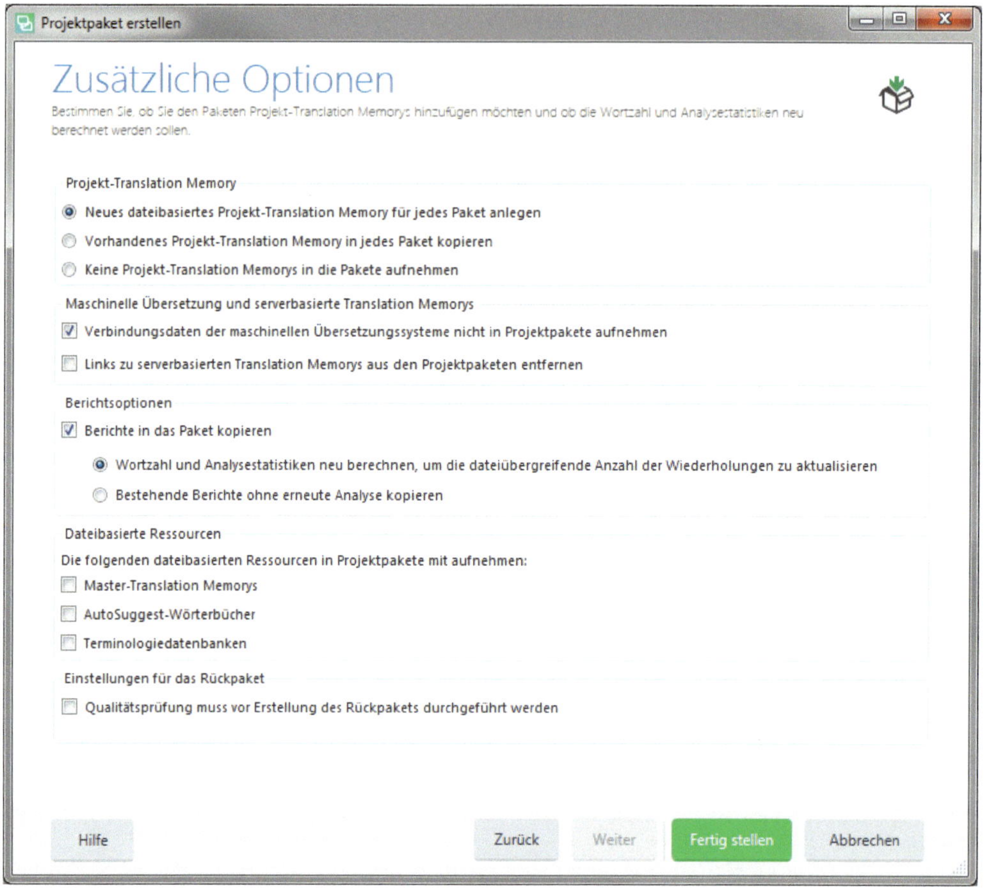

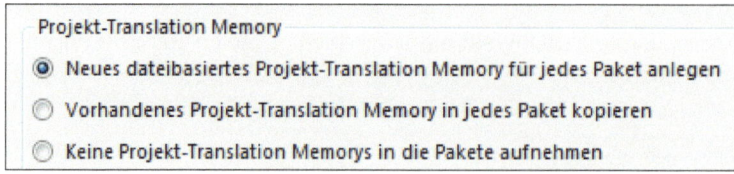

Als Standard wird in diesem Dialogfeld unter **Projekt-Translation Memory** ein neues dateibasiertes Projekt-Translation Memory für jedes Paket angelegt. Darüber hinaus haben Sie die Möglichkeit, ein vorhandenes Projekt-Translation Memory aus dem Projekt in jedes Paket zu kopieren. Oder Sie können auch darauf verzichten, ein Projekt-Translation Memory in das Paket zu integrieren. Dies kann zum Beispiel dann sinnvoll sein, wenn dem Projektpaket ein Master-TM hinzugefügt wird, das alle relevanten Übersetzungseinheiten enthält.

Unter **Maschinelle Übersetzung und serverbasierte Translation Memorys** werden als Standard die Verbindungsdaten von maschinellen Übersetzungssystemen (sofern verwendet) nicht in Projektpakete aufgenommen. Darüber hinaus können Links zu serverbasierten Translation Memorys aus den Projektpaketen entfernt werden. Dies ist dann sinnvoll, wenn der Übersetzer/Überprüfer keinen Zugriff auf serverbasierte Translation Memorys des Auftraggebers hat.

```
Maschinelle Übersetzung und serverbasierte Translation Memorys
☑ Verbindungsdaten der maschinellen Übersetzungssysteme nicht in Projektpakete aufnehmen
☐ Links zu serverbasierten Translation Memorys aus den Projektpaketen entfernen
```

Unter **Berichtsoptionen** werden als Standard Berichte in das Projektpaket importiert. Dabei ist es möglich, die Wortzahl und die Analysestatistiken neu zu berechnen, um die dateiübergreifende Anzahl der Wiederholungen zu aktualisieren oder bestehende Berichte ohne erneute Analyse zu kopieren, wenn nach Erstellung der Berichte keine Änderungen vorgenommen wurden und die Dateien gleich geblieben sind.

```
Berichtsoptionen
☑ Berichte in das Paket kopieren
    ⦿ Wortzahl und Analysestatistiken neu berechnen, um die dateiübergreifende Anzahl der Wiederholungen zu aktualisieren
    ○ Bestehende Berichte ohne erneute Analyse kopieren
```

Unter **Dateibasierte Ressourcen** können darüber hinaus Master-Translation Memorys, AutoSuggest-Wörterbücher und Termbanken in die Pakete eingebunden werden. Als Standard sind diese Optionen nicht aktiv.

```
Dateibasierte Ressourcen
Die folgenden dateibasierten Ressourcen in Projektpakete mit aufnehmen:
☐ Master-Translation Memorys
☐ AutoSuggest-Wörterbücher
☐ Terminologiedatenbanken
```

Sie haben außerdem die Möglichkeit, unter **Einstellungen für das Rückpaket** die Option zu aktivieren, dass vor Erstellung des Rückpakets eine Qualitätsprüfung durchgeführt werden muss.

```
Einstellungen für das Rückpaket
☐ Qualitätsprüfung muss vor Erstellung des Rückpakets durchgeführt werden
```

Klicken Sie nach Abschluss der Eingaben auf **Fertig stellen**.

Das Dialogfeld **Projektpaket erstellen → Pakete erstellen** öffnet sich und das Paket wird von SDL Trados Studio 2019 gepackt. Nach Fertigstellung des Pakets haben Sie in diesem Dialogfeld die Möglichkeit, den Zielordner mit dem Paket zu öffnen oder das Paket per E-Mail zu verschicken.

Klicken Sie auf **Schließen**, um die Paketanlage abzuschließen. Das Paket kann nun auf dem gewünschten Versandweg weitergegeben werden.

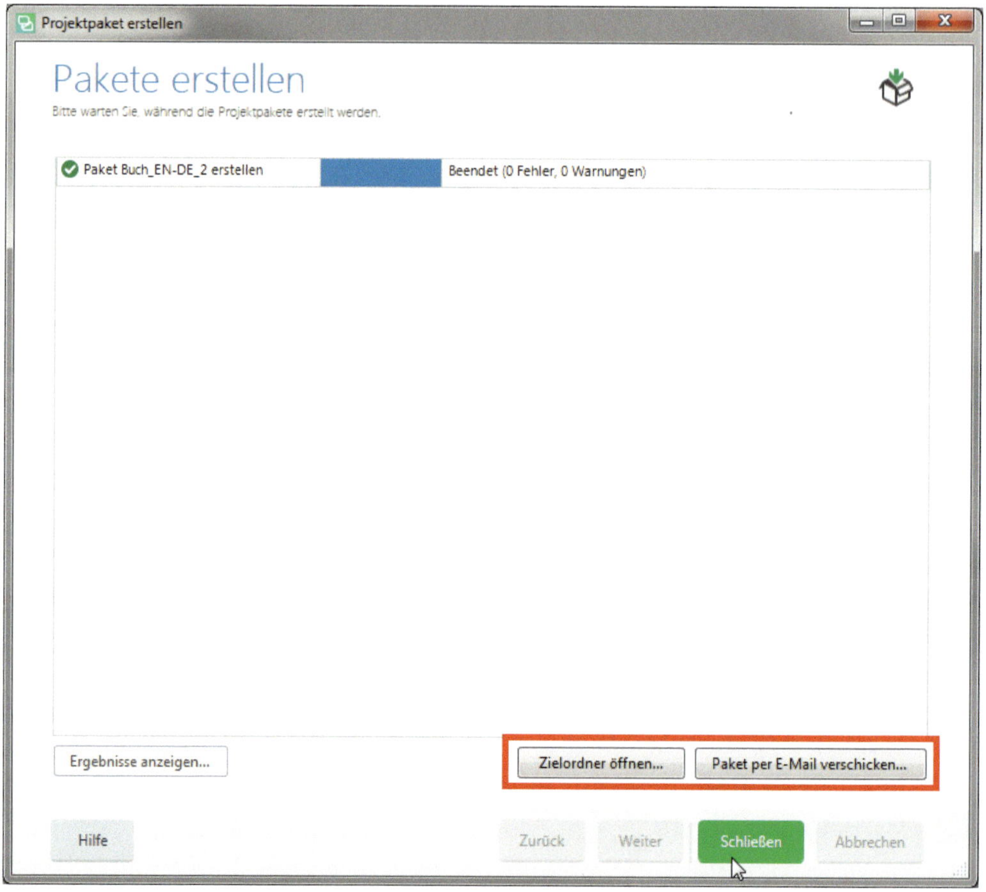

In der nachfolgenden Abbildung sehen Sie das Paket im Zielordner.

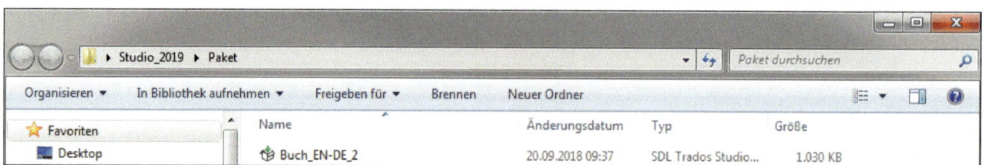

Gepacktes Paket im Zielordner

Öffnen von Paketen

Legen Sie ein Projektpaket nach Erhalt an einem Ort Ihrer Wahl ab. Klicken Sie danach in der Ansicht **Willkommen** auf **Projektpaket öffnen**.

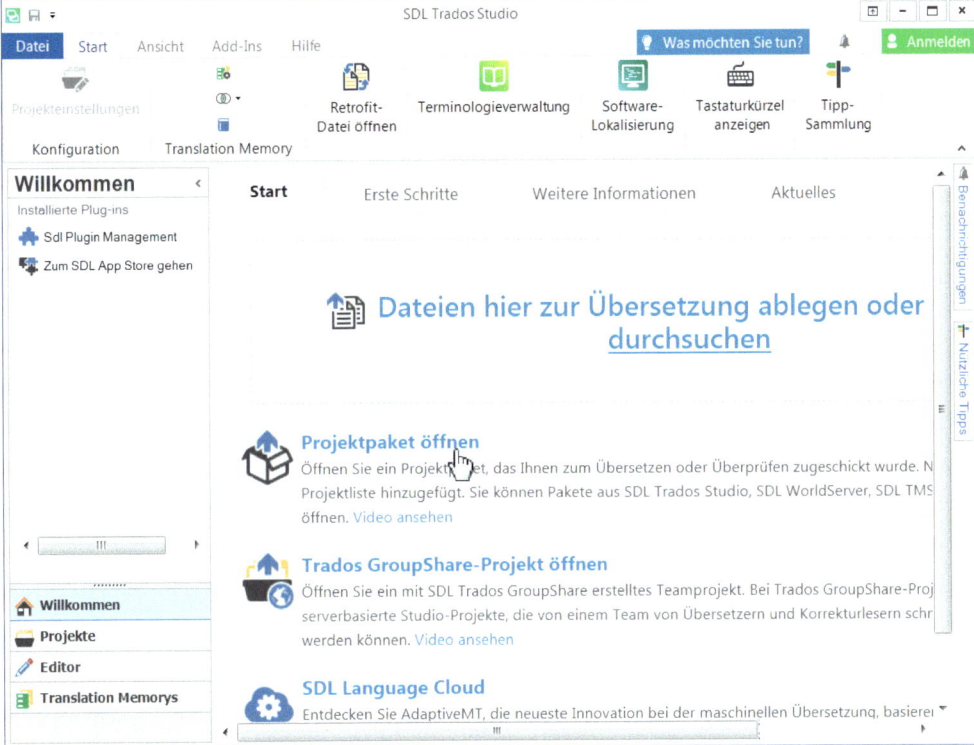

Wählen Sie im sich öffnenden Dialogfeld **Paket öffnen** ein Projektpaket aus und klicken Sie auf **Öffnen** oder doppelklicken Sie auf das zu öffnende Projektpaket.

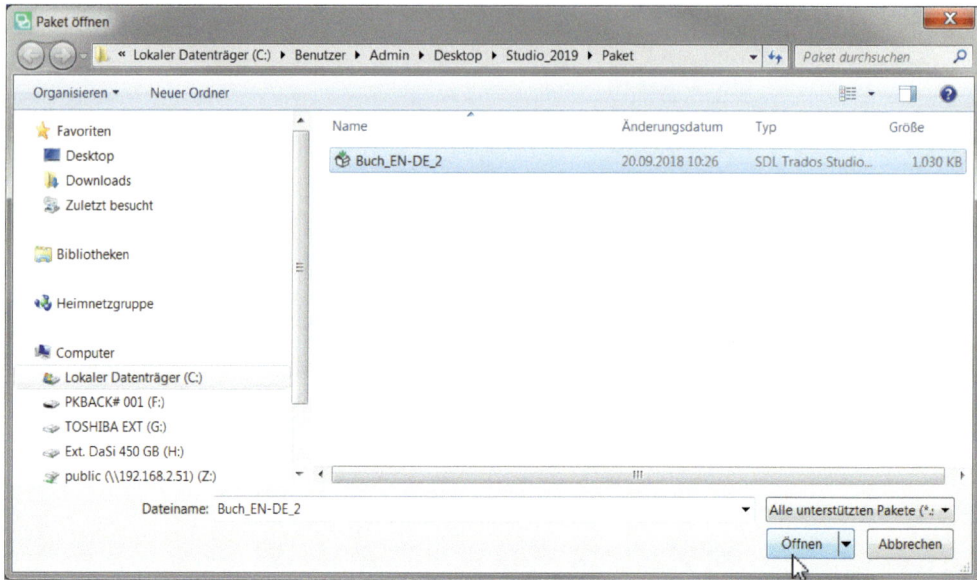

Das Dialogfeld **Paket öffnen** → **Paketinhalt prüfen** öffnet sich. In diesem Dialogfeld finden Sie neben dem Projektnamen

- die Aufgabe (Übersetzen oder Überprüfen)
- den Termin
- den Namen des Paketerstellers und des zugewiesenen Übersetzers bzw. Überprüfers
- den Kunden
- ggf. einen Kommentar
- die Anzahl der Dateien und Wörter
- die Anzahl der nicht übersetzten bzw. überprüften Wörter
- und natürlich die im Paket enthaltenen Dateien, die zu übersetzen oder zu überprüfen sind oder als Referenzdatei vorliegen

Überprüfen Sie den Paketinhalt und klicken Sie nach Abschluss der Prüfung auf **Fertig stellen**.

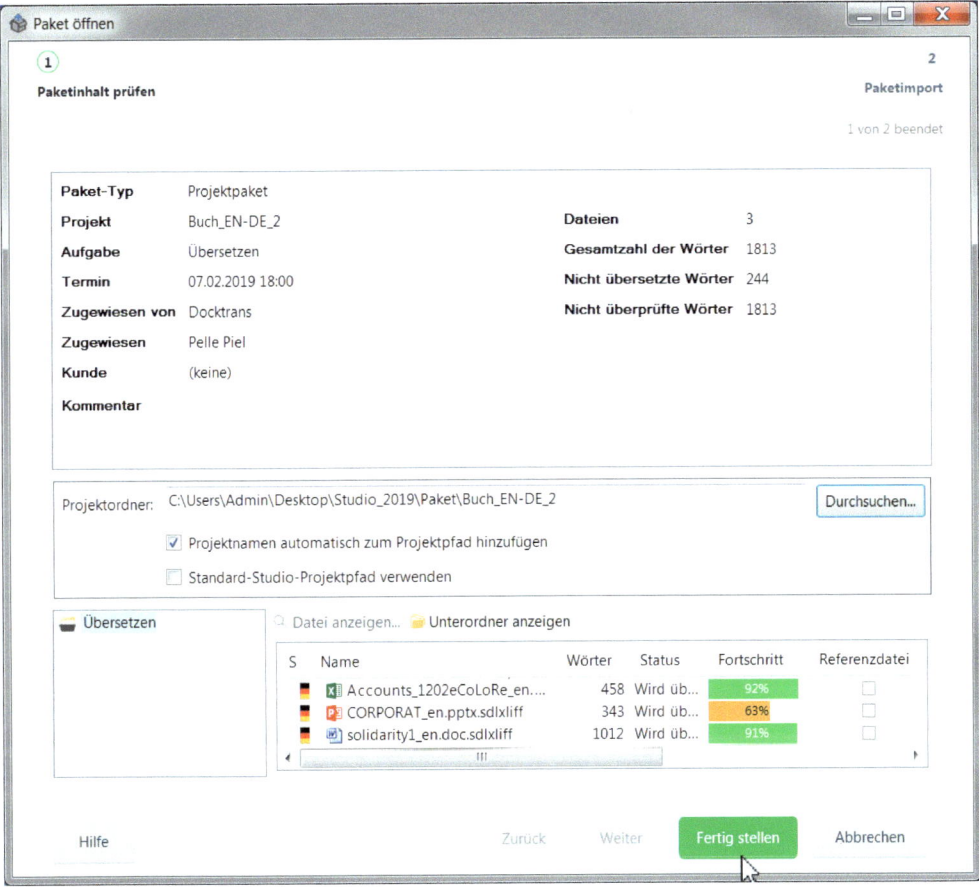

Das Dialogfeld **Paket öffnen** → **Paketimport** öffnet sich und das Paket wird als Projekt in SDL Trados Studio 2019 importiert. Verläuft der Import erfolgreich, erscheint ein grünes Feld mit weißem Häkchen ✓.

Beheben Sie die Fehlerursache und wiederholen Sie den Vorgang, wenn ein rotes Feld mit weißem Kreuz ✗ erscheint, das auf einen fehlgeschlagenen Import hinweist. Klicken Sie danach auf **Schließen**.

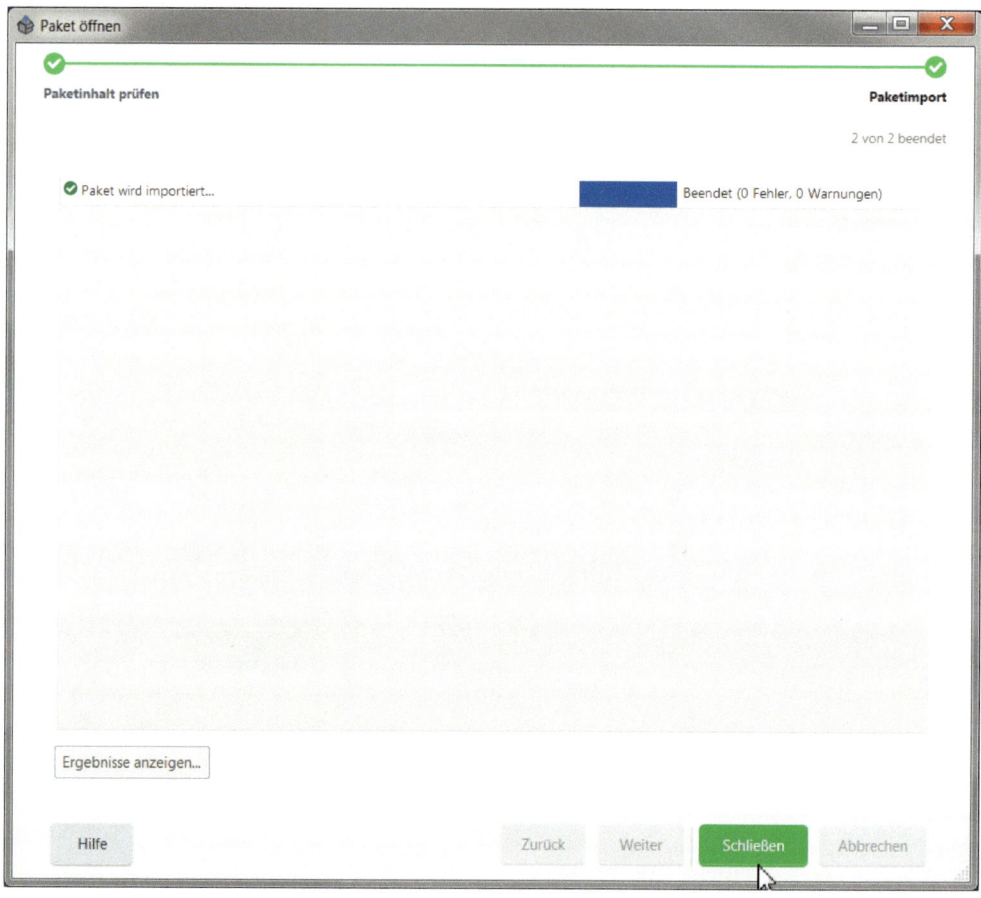

Öffnen von Paketen

Das Projektpaket wird von SDL Trados Studio 2019 wie jedes andere in SDL Trados Studio 2019 angelegte Projekt integriert und kann entsprechend in der Ansicht **Projekte** geöffnet und in der Ansicht **Editor** bearbeitet werden. Erkennbar sind Pakete in der Ansicht **Projekte** unter **Typ** am Vermerk **Studio-Paket**.

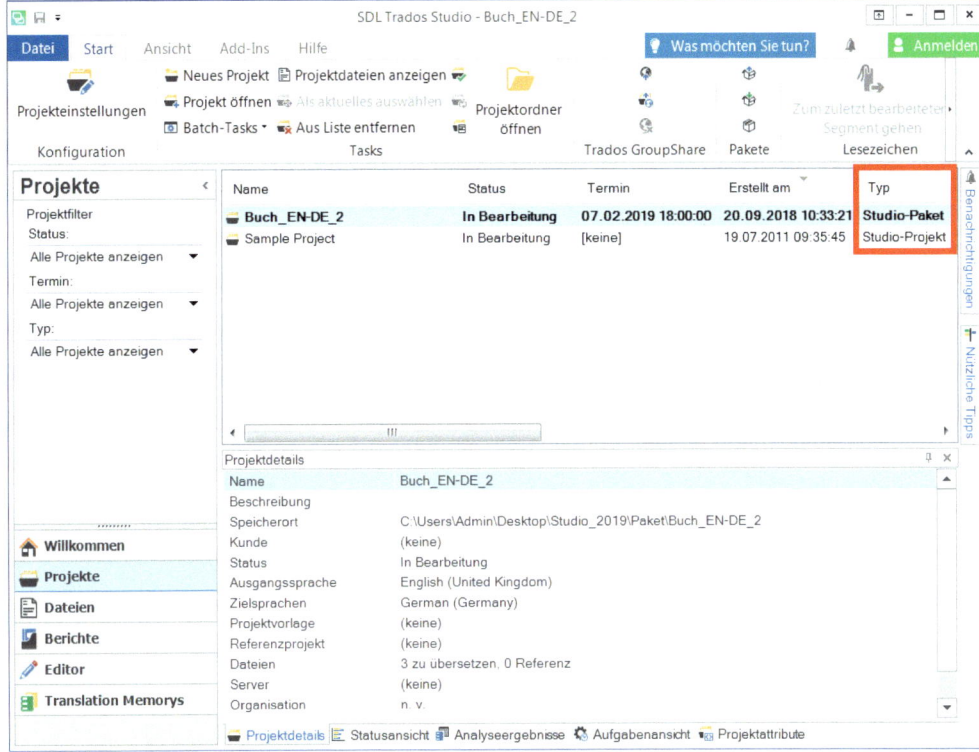

Erzeugen von Rückpaketen

Nach Abschluss der Bearbeitung eines Pakets wird das als Projekt bearbeitete Paket in einem Rückpaket zusammengefasst, damit es an den Kunden zurückgeschickt werden kann.

Bearbeiten Sie ein Projekt und klicken Sie nach Abschluss der Bearbeitung in der Ansicht **Projekte** mit der rechten Maustaste 🖱 auf das Projekt, für das ein Rückpaket erzeugt werden soll. Klicken Sie danach in der sich öffnenden Dropdown-Liste auf **Rückpaket erstellen**.

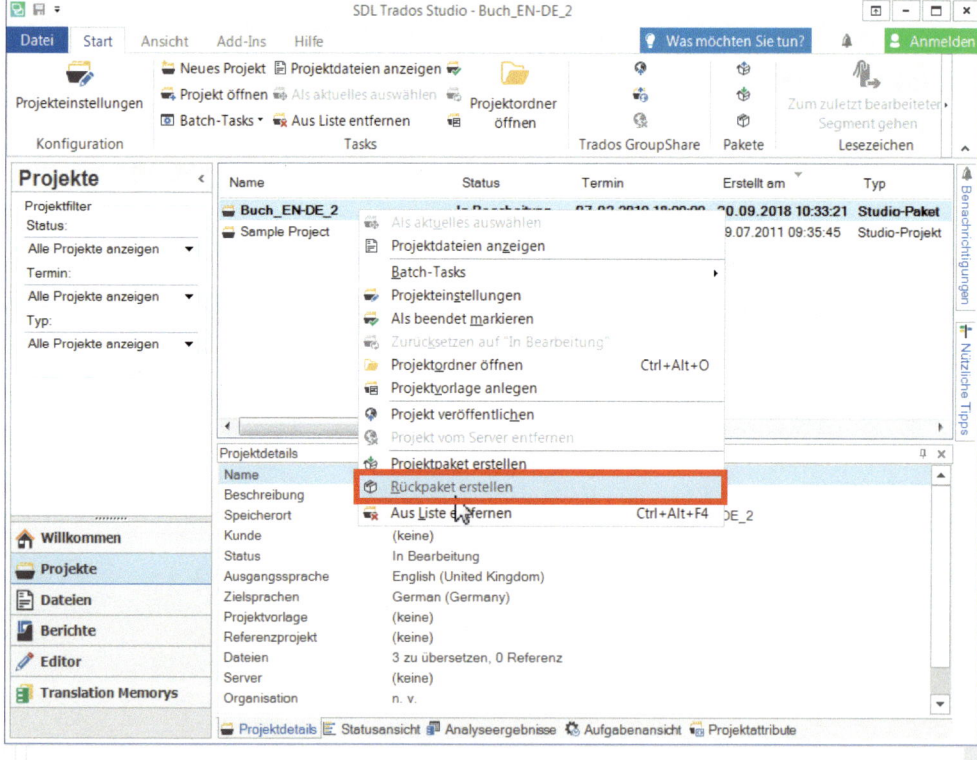

Das Dialogfeld **Rückpaket erstellen** → **Dateiauswahl** öffnet sich mit den im Projekt enthaltenen Dateien. Wählen Sie aus, welche Dateien in das Rückpaket integriert werden sollen, und klicken Sie auf **Weiter**, um fortzufahren.

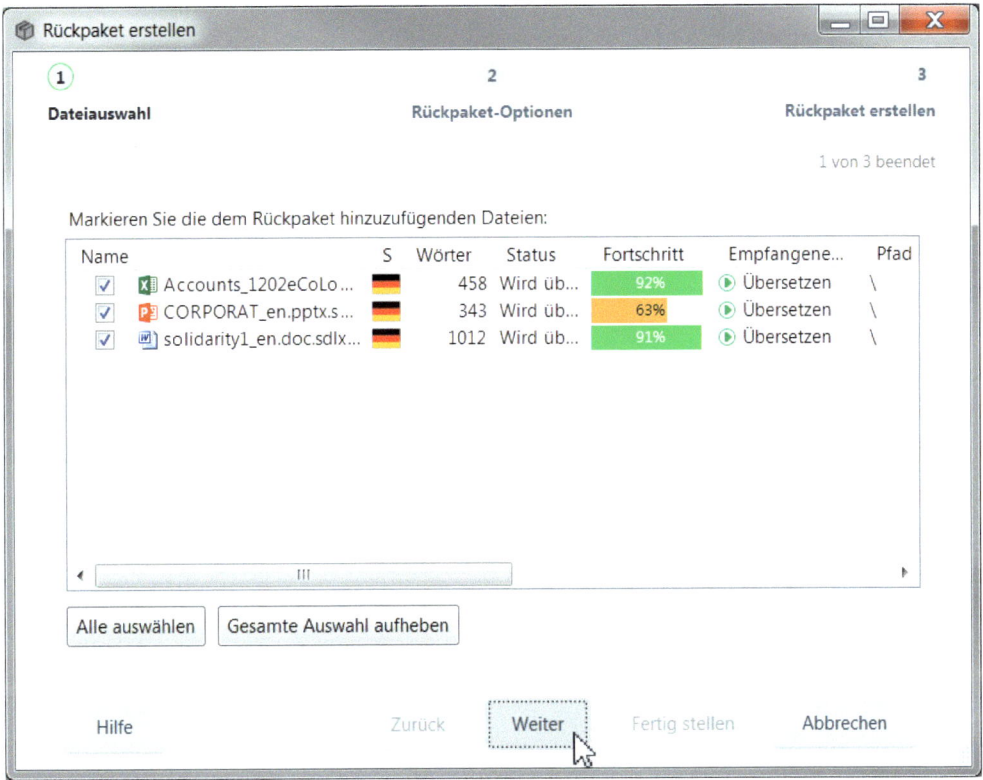

Wählen Sie im sich öffnenden Dialogfeld **Rückpaket erstellen** → **Rückpaket-Optionen** den Speicherort für das Rückpaket, geben Sie gegebenenfalls einen Kommentar ein und klicken Sie danach auf **Fertig stellen**.

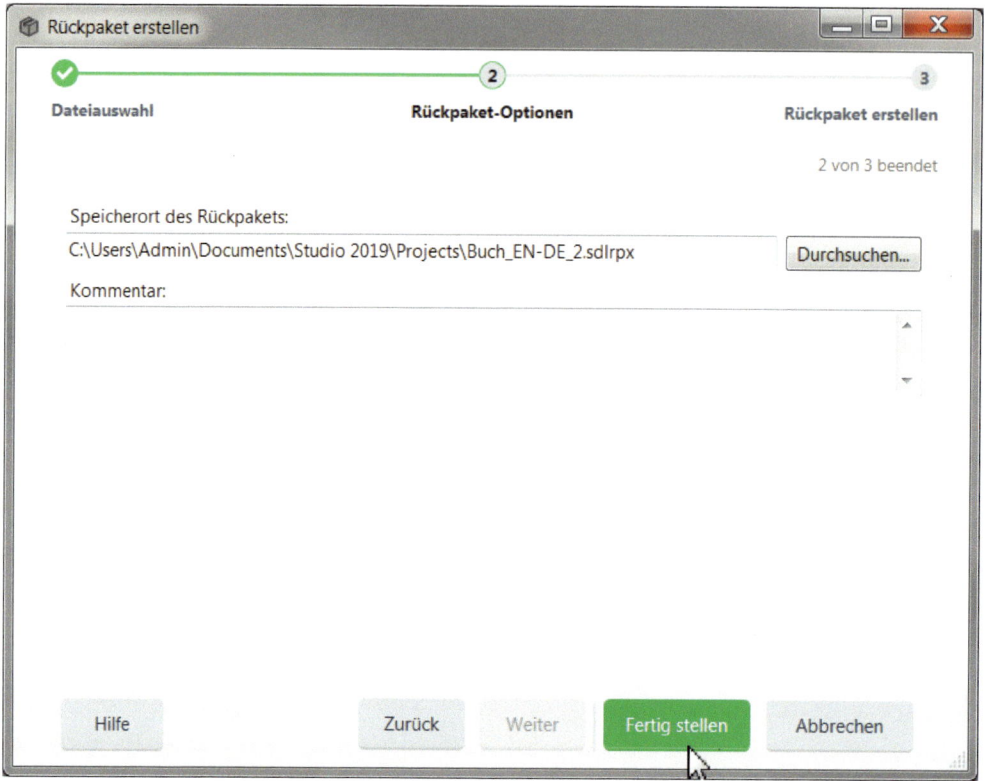

Das Dialogfeld **Rückpaket erstellen** → **Rückpaket erstellen** öffnet sich und das Rückpaket wird erstellt. Klicken Sie auf **Paket per E-Mail verschicken...**, wenn Sie das Paket direkt per E-Mail verschicken möchten oder auf **Zielordner öffnen...**, um den Zielordner des Rückpakets zu öffnen. Klicken Sie danach auf **Schließen**, um das Erstellen des Rückpakets abzuschließen.

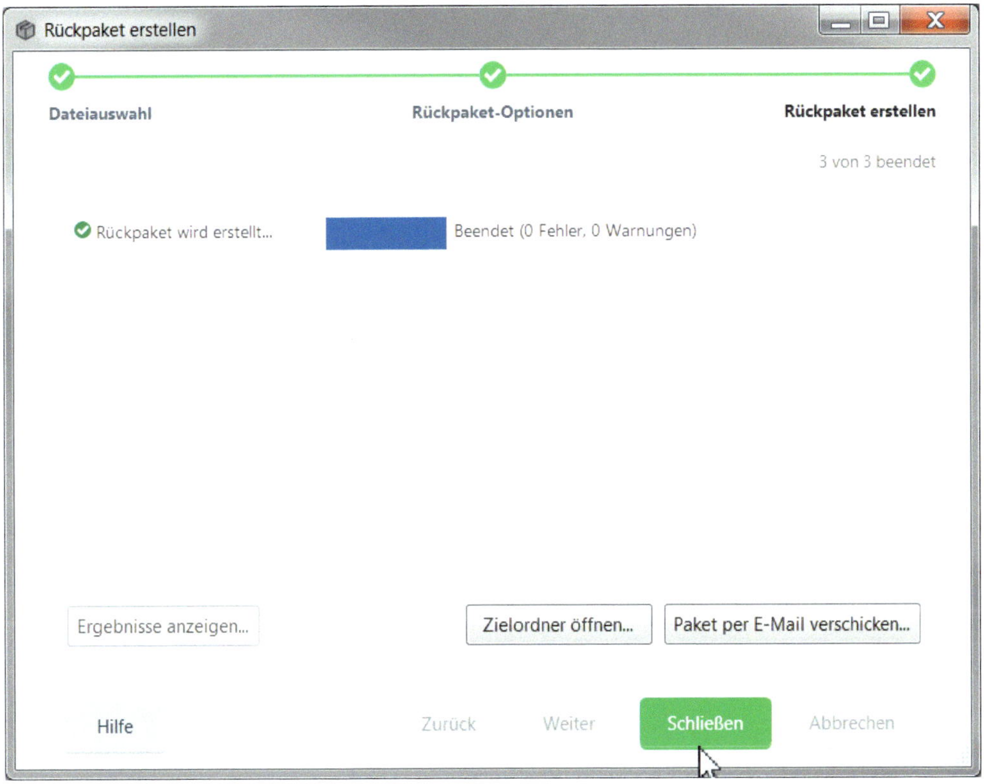

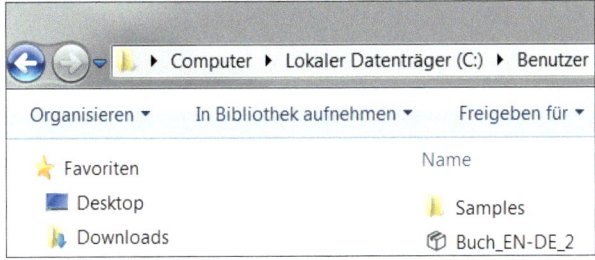

Das Rückpaket hat als Icon ein einfaches graues Paket ohne Pfeil.

Es kann, genau wie das ursprüngliche Paket, in der Ansicht **Willkommen** mit **Projektpaket öffnen** geöffnet werden.

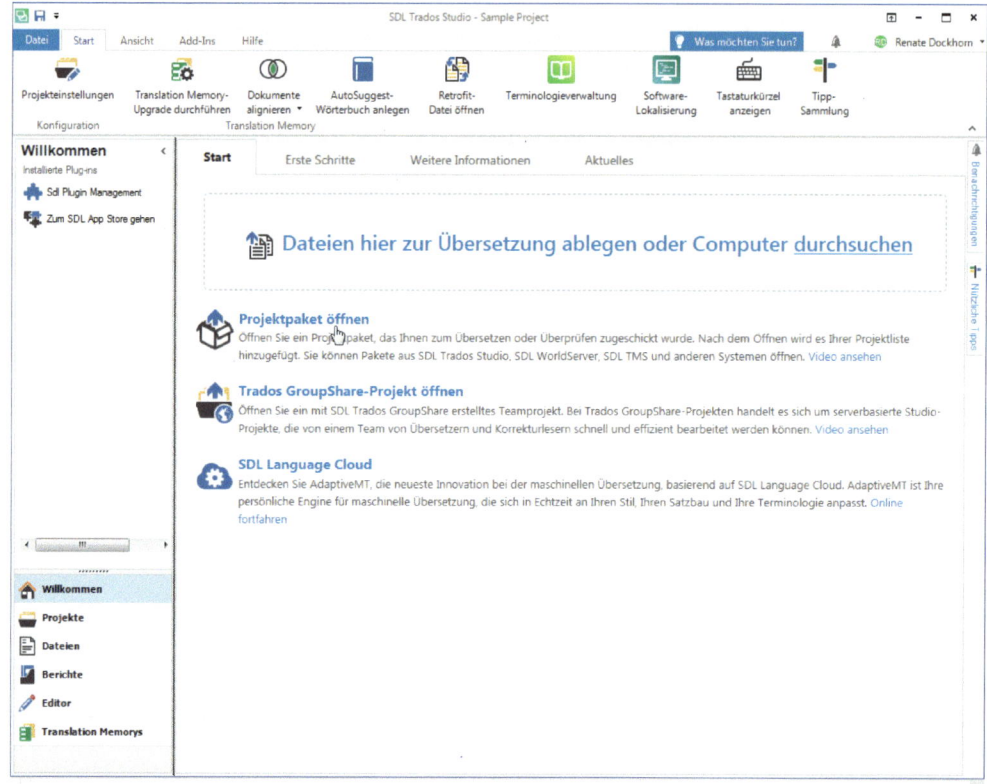

Bevor Sie mit der Übersetzung beginnen

Nachdem eine zu übersetzende Datei in SDL Trados Studio 2019 in der Ansicht **Editor** für die Übersetzung geöffnet wurde, kann der Übersetzungsprozess beginnen. Die Ansicht **Editor** ist also der eigentliche „Übersetzungsort".

Im Kapitel **Ansicht Editor** wurden bereits die verschiedenen Fenster in SDL Trados Studio 2019 beschrieben. In diesen Fenstern befindet sich eine ganze Reihe von Informationen, die für den Übersetzungsprozess relevant sind, und die hier vor dem eigentlichen Übersetzungsprozess erläutert werden sollen.

Spalten für ausgangs- und zielsprachliche Segmente

Die ausgangssprachlichen Segmente befinden sich in SDL Trados Studio 2019 in der Ansicht **Editor** in der Spalte auf der linken Seite. Die Übersetzung wird in die rechte Spalte eingetragen.

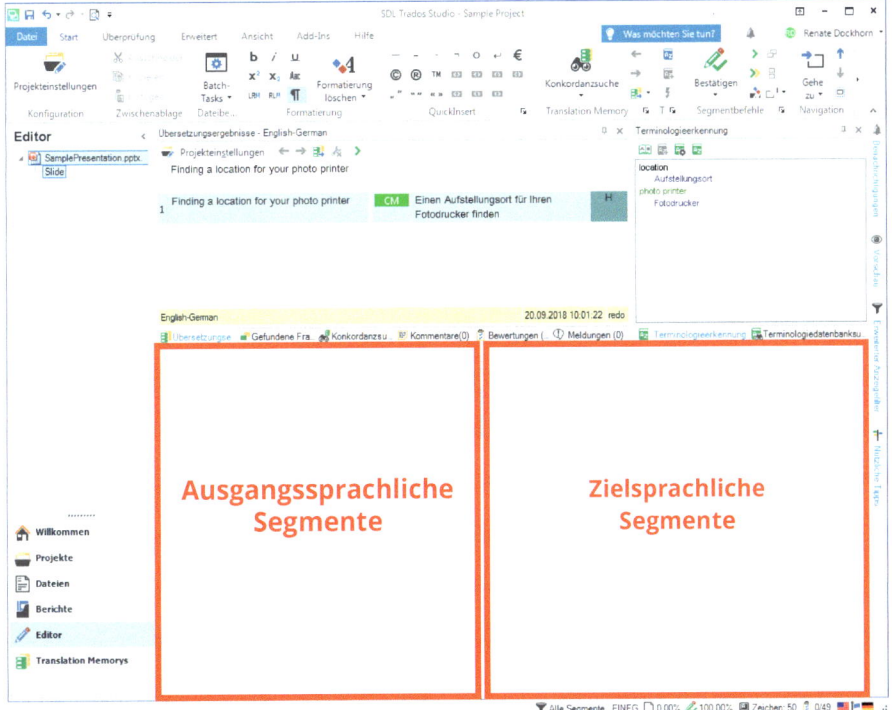

Das jeweils blau unterlegte Segment ist das gerade aktive Segment, in das in der rechten Spalte die Übersetzung eingetragen wird.

Segmentstatus bei der Übersetzung

Zwischen der Spalte für die ausgangssprachlichen und der Spalte für die zielsprachlichen Segmente befindet sich der **Segmentstatus**.

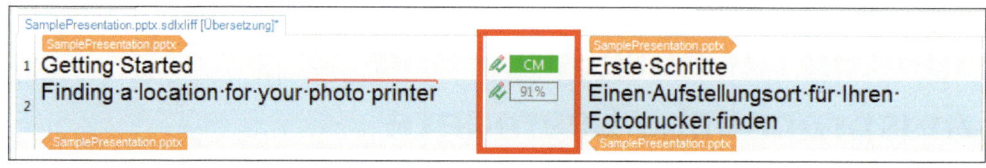

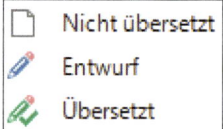

Segmentstatus bei der Übersetzung in SDL Trados Studio 2019

Bevor ein Segment bearbeitet wird, hat es den Status **Nicht übersetzt.**

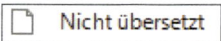

Wird eine Übersetzung in das zielsprachliche Segment eingetragen, wechselt SDL Trados Studio 2019 in den Status **Entwurf**. Das Segment ist in diesem Status zwar in der Ansicht **Editor** übersetzt, aber noch nicht im aktiven Translation Memory gespeichert. Wenn Sie ein übersetztes Segment im Entwurfstatus belassen möchten, wechseln Sie einfach mit der ↓-Taste in das nächste Segment oder klicken Sie auf das nächste Segment.

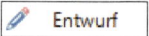

Möchten Sie ein übersetztes Segment im Translation Memory abspeichern, klicken Sie in der Ansicht **Editor** auf der Registerkarte **Start** in der Gruppe **Segmentbefehle** auf die Schaltfläche **Bestätigen**.

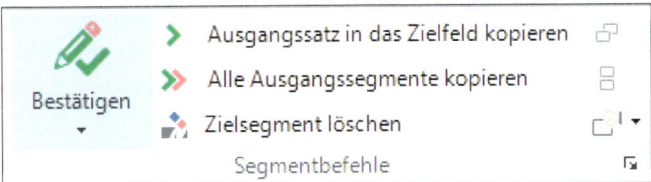

Das Segment wird als Übersetzungseinheit im Translation Memory gespeichert, mit einem grünen Stift mit grünem Häkchen gekennzeichnet und erhält den Status **Übersetzt**. Kommt ein identisches oder ähnliches Segment erneut in einem Dokument vor, wird dieses dem Übersetzer nach dem Bestätigen und dem damit verbundenen Speichern im Translation Memory im Gegensatz zum Status **Entwurf** direkt für die Übersetzung angeboten.

Segmentnummern

Jedes Segment erhält in SDL Trados Studio 2019 eine eigene Segmentnummer, die links neben der Spalte für die ausgangssprachlichen Segmente zu finden ist. Die Segmentnummern dienen zum einen der Orientierung im Text und zum anderen auch für Funktionen wie das Zusammenführen und Teilen von Segmenten.

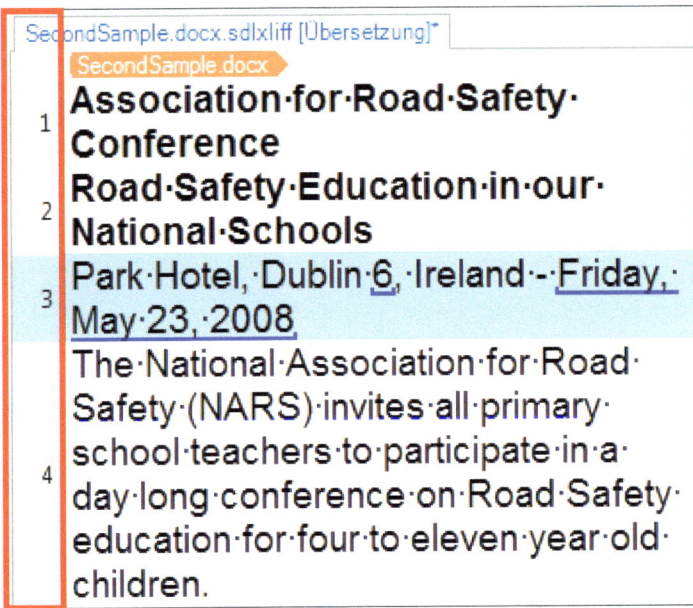

Dokumentstruktur

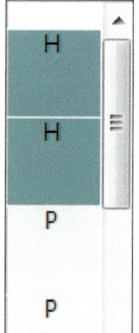

Rechts neben dem Fenster für die zielsprachlichen Segmente befindet sich die Spalte mit der **Dokumentstruktur**. Der Übersetzer erhält in dieser Spalte Informationen zur Struktur des zu übersetzenden Textes. **H** weist im nachfolgenden Beispiel darauf hin, dass es sich bei dem Segment um eine Überschrift, **P**, dass es sich um einen Absatz handelt. Die Spalte mit der **Dokumentstruktur** dient der Orientierung im Text.

Fahren Sie mit der Maus über den jeweiligen Buchstaben in der Dokumentstruktur, um nähere Informationen zur Art des Segments zu erhalten.

Benachrichtigungen

Rechts neben dem Terminologiefenster befindet sich das Fenster **Benachrichtigungen**. Im Benachrichtigungsfenster erscheinen Meldungen zu Updates.

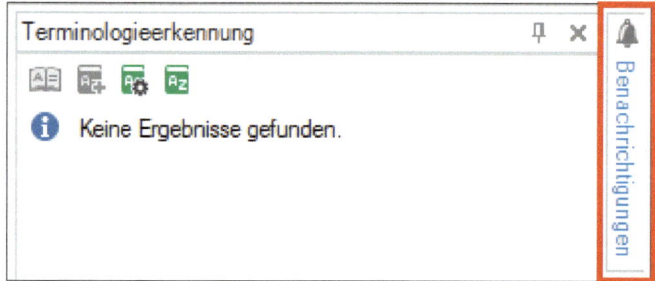

Es öffnet sich, wenn Sie mit der Maus über die Schaltfläche fahren.

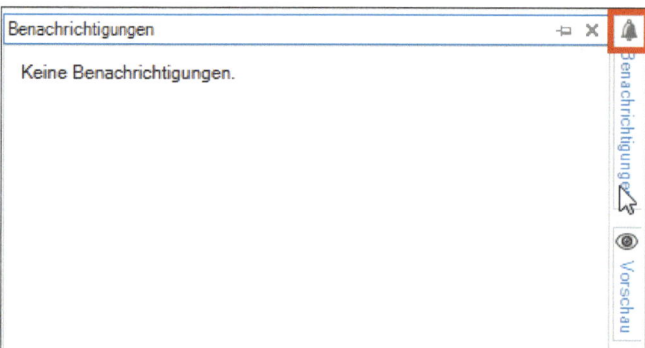

Am oberen Bildschirmrand rechts neben der Schaltfläche **Was möchten Sie tun?** befindet sich darüber hinaus ein Symbol in Form eines grauen Glöckchens 🔔, das orangefarben wird, wenn neue Updates vorliegen.

Vorschau

Die **Vorschau** ist in der Ansicht **Editor** unterhalb des Benachrichtigungsfensters rechts neben dem Fenster für die Terminologieerkennung angeordnet. Das Vorschaufenster öffnet sich, wenn Sie mit der Maus über die Schaltfläche fahren.

Klicken Sie alternativ in der Ansicht **Editor** auf der Registerkarte **Ansicht** in der Gruppe **Information** auf **Vorschau**, um das Vorschaufenster aufzurufen.

Wählen Sie aus, ob Sie eine Echtzeitvorschau erstellen möchten, die sich automatisch aktualisiert, wenn ein Segment bestätigt wird, oder ob Sie eine Vorschau erstellen möchten, die Sie selbst durch Klicken auf die Schaltfläche **Aktuelle Vorschau erneut laden** ↻ erneuern.

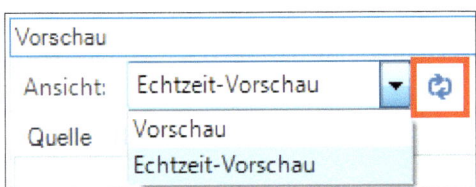

! Die **Vorschau** und **Echtzeit-Vorschau** kann für die Dateiformate: Microsoft Word (doc, docx), Microsoft PowerPoint (ppt, pptx), RTF, XML, HTML, PDF für Ausgangs- und Zieltext verwendet werden. Die Vorschau **Nebeneinander**, in der Ausgangs- und Zielsegmente parallel erscheinen, steht für HTML- oder XML-Dokumente zur Verfügung.

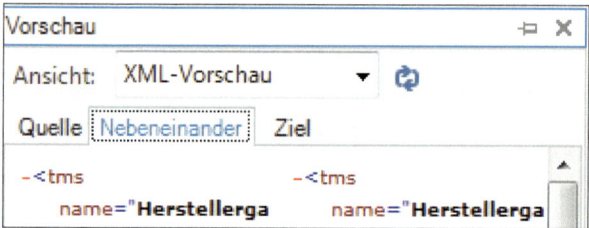

Klicken Sie nach Auswahl der Vorschau auf **Klicken Sie hier, um die Vorschau zu starten**, um die Vorschau zu aktivieren.

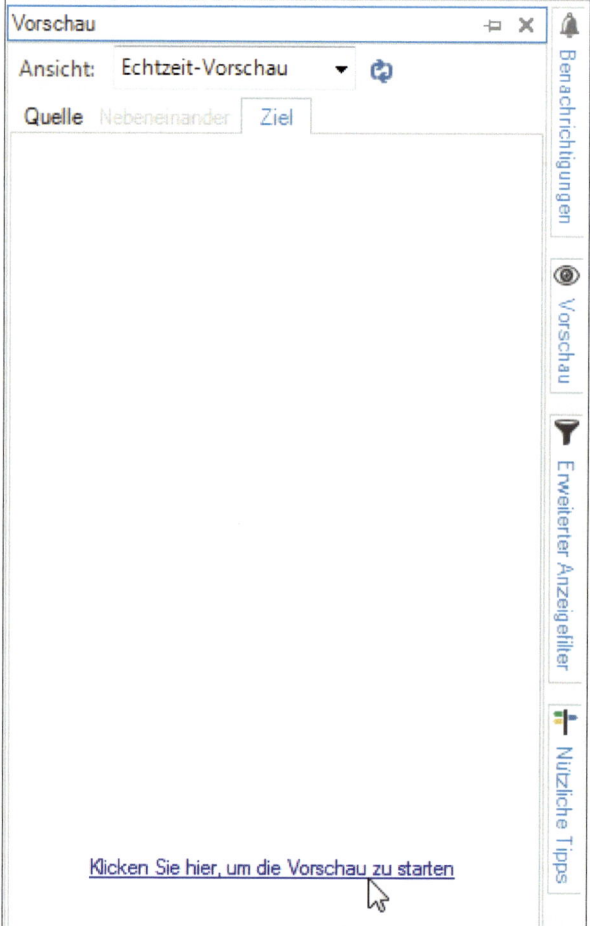

Das Fenster mit der (Echtzeit-)Vorschau öffnet sich und kann beliebig in der Größe verändert und bei Bedarf auf einen anderen Bildschirm gelegt werden.

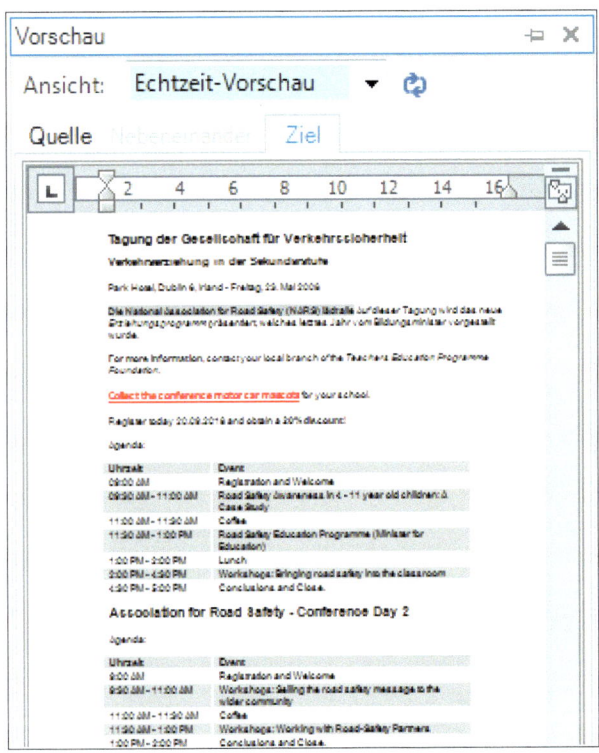

Neben der Vorschau in der Ansicht **Editor** haben Sie darüber hinaus die Möglichkeit, eine Vorschau im ursprünglichen Dateiformat auf der Registerkarte **Datei → Ansicht & Drucken → Vorschau in** zu erstellen (hier mit Microsoft Word als Beispiel), und zwar sowohl für die ausgangssprachliche als auch für die zielsprachliche Datei. Bitte beachten Sie, dass für diese Vorschau das jeweilige Programm installiert sein muss. Ist zum Beispiel Adobe InDesign nicht auf dem Computer installiert, kann eine aus Adobe InDesign generierte *.sdlxliff-Datei zwar in SDL Trados Studio 2019 übersetzt werden, das Erzeugen einer Vorschau in Adobe InDesign aus SDL Trados Studio 2019 heraus ist in diesem Fall aber nicht möglich.

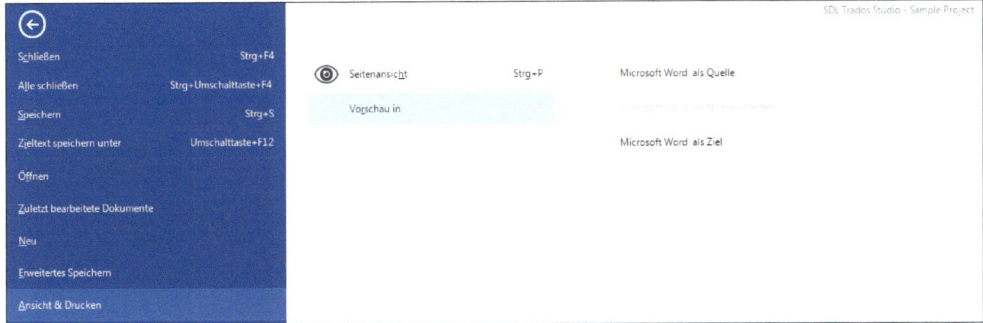

Erweiterter Anzeigefilter

Der erweiterte Anzeigefilter befindet sich in der Ansicht **Editor** am rechten Bildschirmrand unterhalb der Vorschau. Das Fenster öffnet sich, wenn Sie mit der Maus über die Schaltfläche fahren.

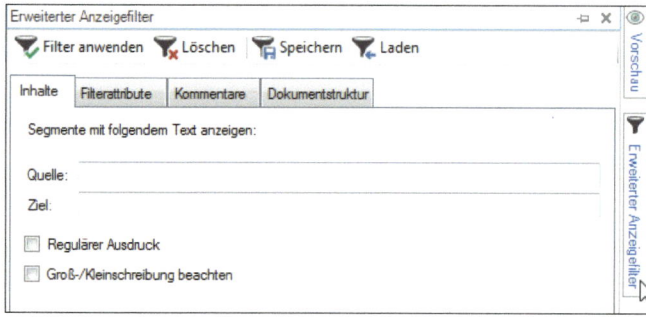

Der erweiterte Anzeigefilter ergänzt den im Kapitel **Anzeigefilter** beschriebenen Anzeigefilter. Er bietet dem Benutzer die Möglichkeit, nach Inhalten, Filterattributen, Kommentaren und Dokumentstruktur zu filtern, Filter zu speichern und zu laden.

Nützliche Tipps

Das Fenster **Nützliche Tipps** befindet sich in allen Ansichten am rechten Bildschirmrand. Das Fenster öffnet sich, wenn Sie mit der Maus über die Schaltfläche fahren.

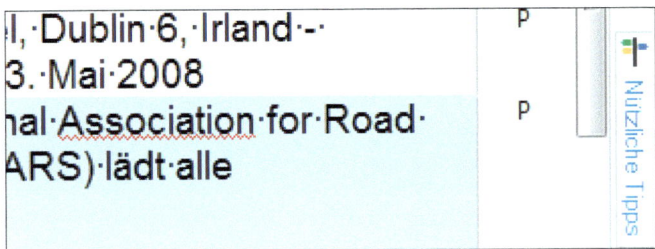

Hinter den nützlichen Tipps verbergen sich Kurzanleitungen und Videos, die je nach Ansicht variieren.

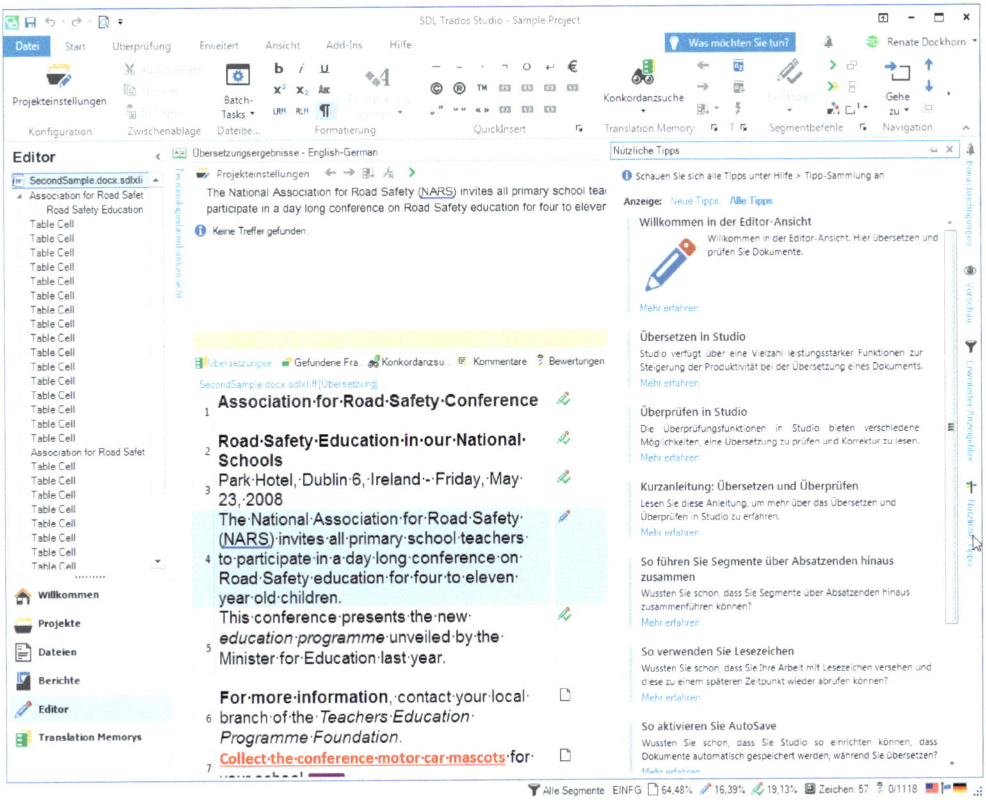

Schaltfläche Was möchten Sie tun?

In jeder Ansicht finden Sie am rechten oberen Bildschirmrand die blaue Schaltfläche **Was möchten Sie tun?**.

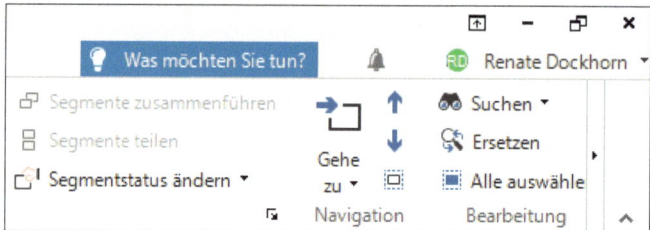

Hinter dieser Schaltfläche verbirgt sich die Möglichkeit, Schlagworte einzugeben, anhand derer ein einfaches Navigieren zu gesuchten Bereichen außerhalb der Hilfe erfolgen soll. Nachfolgend sehen Sie die Befehle, Optionen und Projekteinstellungen, die angezeigt werden, wenn das Schlagwort **Alignment** eingegeben wird. Darüber hinaus kann im unteren Bereich des Dialogfelds direkt nach dem eingegebenen Schlagwort in der Hilfe gesucht werden.

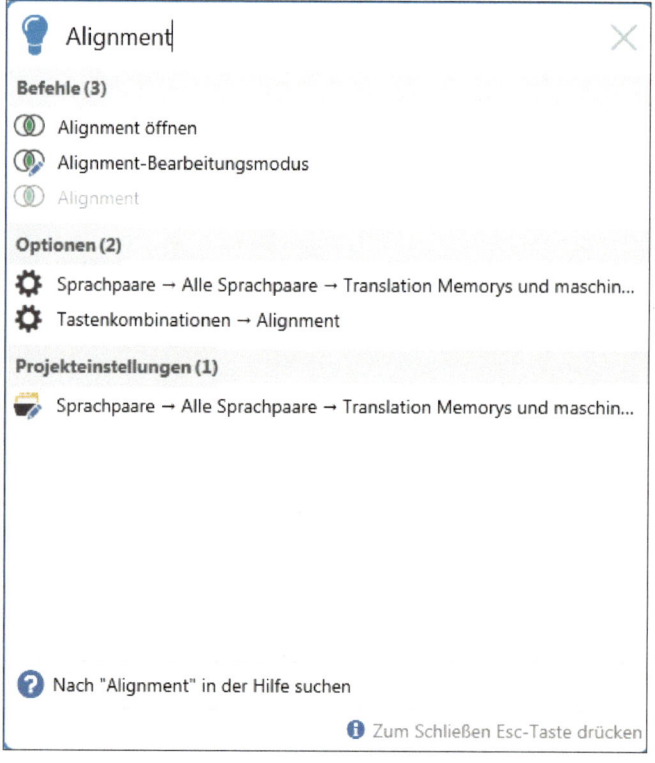

Registerkarten mit Dateinamen geöffneter Dateien

Oberhalb der Übersetzungssegmente sind in der Ansicht **Editor** die Registerkarten der jeweils für die Übersetzung (bzw. Überprüfung) geöffneten Dateien aufgeführt, wenn diese einzeln und nicht mit QuickMerge geöffnet wurden. Ein Wechsel zwischen den jeweiligen Dateien ist durch Klicken auf den Dateinamen auf der Registerkarte oder durch Auswählen einer Datei in der Navigationsleiste in der Ansicht **Editor** möglich. Die aktive Datei wird in blauer Schrift dargestellt.

Registerkarten mit geöffneten Dateien oberhalb der Übersetzungseinheiten

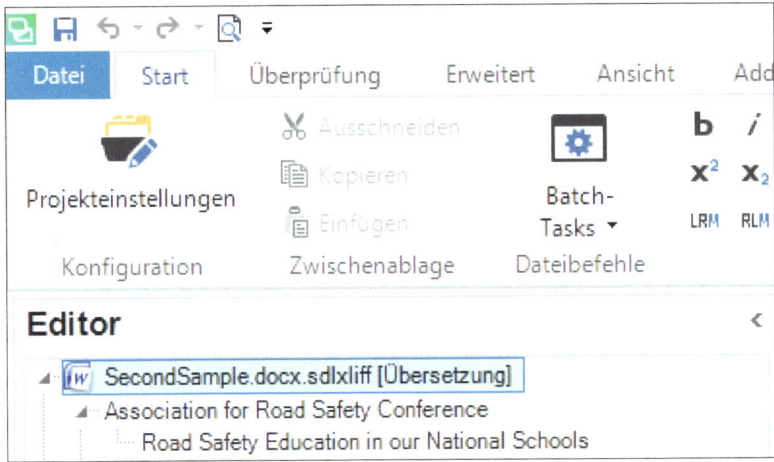

Für die Übersetzung/Überprüfung geöffnete Dateien, aufgeführt in der Navigationsleiste

Matches

Sicher haben Sie auch bereits vor dem Beginn Ihrer Arbeit mit SDL Trados Studio 2019 von den so genannten Matches gehört, von denen bei der Arbeit mit Translation Memory-Systemen und den damit zusammenhängenden Erleichterungen im Übersetzungsprozess immer wieder die Rede ist.

Matches zeigen eine genaue oder ungefähre Übereinstimmung eines neu zu übersetzenden Segments mit dem ausgangssprachlichen Segment einer bereits in einem Translation Memory enthaltenen Übersetzungseinheit an.

100%-Match

Man spricht von einem 100%-Match, wenn das neu zu übersetzende Segment genau mit einer Übersetzungseinheit in einem verwendeten Translation Memory übereinstimmt, das heißt, der Ausgangstext des zu übersetzenden Segments stimmt in Inhalt *und* Format genau mit dem ausgangssprachlichen Segment einer im verwendeten Translation Memory enthaltenen Übersetzungseinheit überein.

100%-Matches werden von SDL Trados Studio 2019 direkt in das zielsprachliche Segment eingetragen, sind mit 100% gekennzeichnet und werden bestätigt.

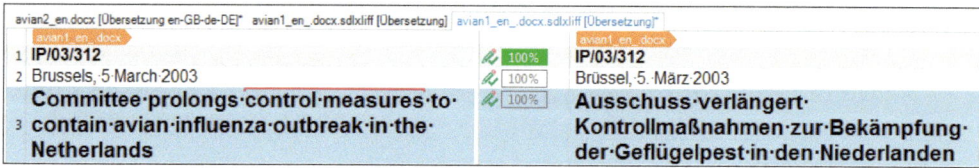

Sind mehrere 100%-Matches aus einem oder verschiedenen Translation Memorys vorhanden, weist SDL Trados Studio 2019 mit einem Abzug von einem Prozent (99%) und einem blauen Pluszeichen darauf hin.

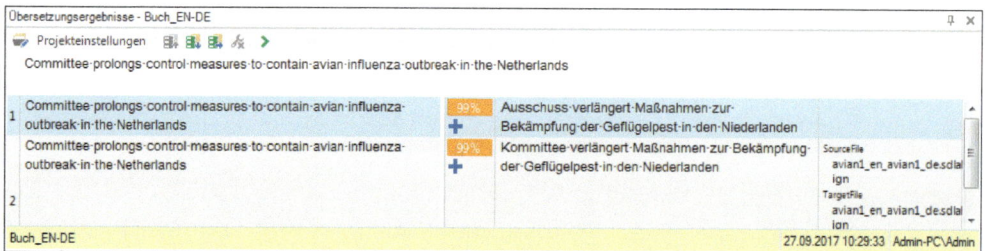

Kontext-Match

Ein **Kontext-Match** ist ein 100%-Match, bei dem das neu zu übersetzende Segment und die Übersetzungseinheit im Translation Memory über den gleichen Dokumentkontext verfügen. SDL Trados Studio 2019 zeigt ein Segment immer dann als Kontext-Match an, wenn dieses über die 100%ige Übereinstimmung mit einer im Translation Memory befindlichen Übersetzungseinheit hinaus ein zweites wichtiges Element aufweist: Auch das in einem Dokument vorausgehende Segment ist zu 100% im Translation Memory enthalten und wurde in der gleichen Konstellation mit dem vorliegenden 100%-Match bereits einmal übersetzt und im verwendeten Translation Memory gespeichert.

Fuzzy-Match

Bei einem Fuzzy-Match handelt es sich um einen Match, bei dem das neu zu übersetzende Segment zu einem bestimmten Prozentsatz mit dem ausgangssprachlichen Segment einer im verwendeten Translation Memory gespeicherten Übersetzungseinheit übereinstimmt. Bei SDL Trados Studio 2019 liegt der minimale Prozentsatz, bei dem ein Match als Übersetzungsvorschlag angezeigt wird, als Standard bei 70%.

Fuzzy-Matches werden von SDL Trados Studio 2019 beim Wechsel in das zu übersetzende Segment direkt in das zielsprachliche Segment eingetragen und die Abweichungen vom ursprünglichen ausgangssprachlichen Segment werden in der Ansicht **Editor** im Fenster **Übersetzungsergebnisse** angezeigt.

Kann ich den minimalen Match-Wert für Fuzzy-Matches individuell anpassen?
Ja, und zwar global für alle Sprachpaare auf der Registerkarte **Datei → Optionen → Sprachpaare → Alle Sprachpaare → Translation Memorys und maschinelle Übersetzung → Suchen → Minimaler Match-Wert:**

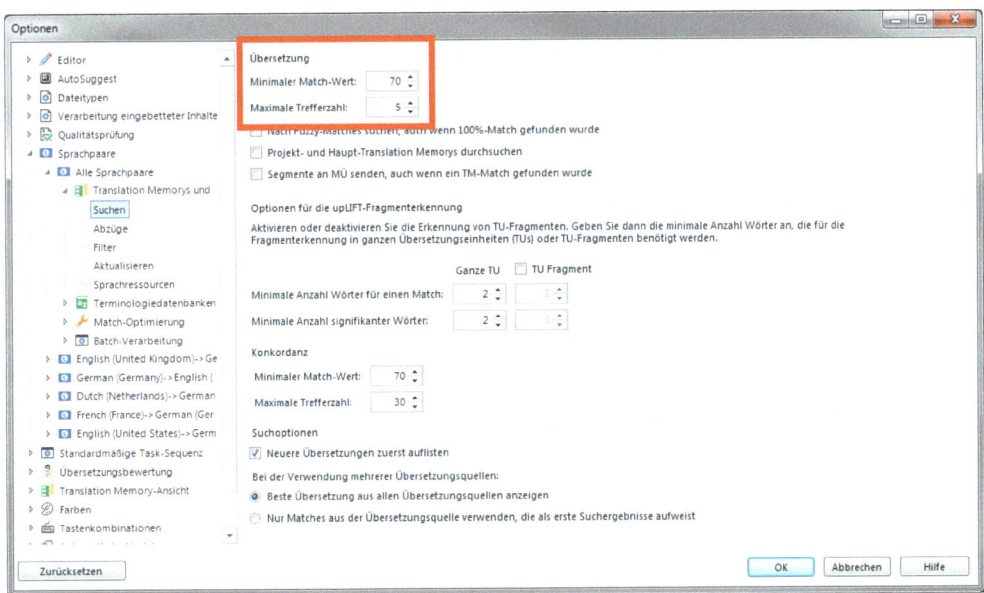

oder individuell für einzelne Sprachpaare auf der Registerkarte **Datei** → **Optionen** → **Sprachpaare** → Spezifisches Sprachpaar (hier: English (United Kingdom) – German (Germany)) → **Translation Memorys und maschinelle Übersetzung** → **Suchen** → **Minimaler Match-Wert:**.

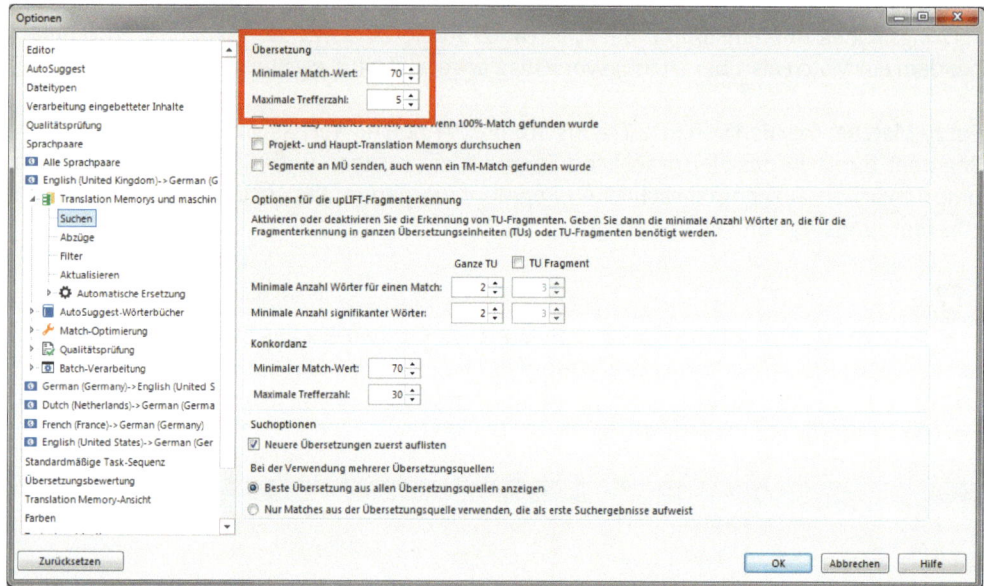

No Match

Als **No Match** werden neu zu übersetzende Segmente beschrieben, die entweder mit keinem in einem verwendeten Translation Memory vorliegenden ausgangssprachlichen Segment übereinstimmen, oder deren minimaler Match-Wert unter dem eingestellten minimalen Match-Wert in einem verwendeten Translation Memory liegt (als Standard 70%).

Der Übersetzungsprozess

Vorbemerkungen

Wie bereits weiter oben erwähnt, findet der eigentliche Übersetzungsprozess in SDL Trados Studio 2019 in der Ansicht **Editor** statt. Dabei ist es wichtig zu wissen, dass SDL Trados Studio 2019 Schriftarten und Schriftgrößen des Ausgangsdokuments im Zieldokument beibehält.

Kommt es bei der Formatierung von Ausgangs- und Zieltext zu Abweichungen in Schriftart und Schriftgröße, wurde in der Regel das Ausgangsdokument mangelhaft formatiert, sodass SDL Trados Studio 2019 die Vorlage nicht eindeutig im Zieltext umsetzen kann. Die Formatierung des jeweiligen zielsprachlichen Segments, bei dem sich die Schriftart geändert hat, kann entweder direkt in der Ansicht **Editor** an den Ausgangstext angepasst oder später im Zieldokument nachgearbeitet werden.

SDL Trados Studio 2019 öffnet alle in einem Dokument enthaltenen Textelemente, die zum jeweiligen Dokumentenformat gehören, in der Ansicht **Editor**, und zwar unabhängig davon, ob es sich bei diesen Textelementen um Fließtext, Tabelleneinträge oder andere Textelemente handelt. Die einzige Voraussetzung ist, dass es sich tatsächlich um Text handelt, und nicht um Bilder, die integriert wurden, und auf denen Text nur optisch dargestellt wird. In diesem Fall ist zunächst eine vorherige Bildbearbeitung der in Bildern angezeigten Texte mit einer Texterkennungssoftware erforderlich, bevor das Projekt in SDL Trados Studio 2019 angelegt wird. Darüber hinaus bietet SDL Trados Studio 2019 die Möglichkeit, eingebettete Inhalte in Dokumenten (eingebetteter Text in den Formaten Nur-Text, Microsoft Excel 2007-2016, HTML 5 und HTML 4) für die Übersetzung in der Ansicht **Editor** einzubinden.

Bei der Projektanlage wandelt SDL Trados Studio 2019 alle Dateiformate der Ausgangsdateien für die Bearbeitung in der Ansicht **Editor** in *.sdlxliff-Dateien um, die sowohl die ausgangssprachlichen als auch die zielsprachlichen Segmente erfassen (sogenannte bilinguale Dateien). Dabei bleiben alle ursprünglichen Dateien erhalten und SDL Trados Studio 2019 erzeugt eine Kopie der Daten und wandelt sie in *.sdlxliff-Dateien um, die in der Ansicht **Editor** bearbeitet werden können. Nach Abschluss der Übersetzung bleiben auch die *.sdlxliff-Dateien erhalten und SDL Trados Studio 2019 erzeugt beim Projektabschluss die Zieldateien im ursprünglichen Dateiformat im jeweiligen Projektordner.

Der Übersetzungsprozess ist in diesem Buch in zwei Kapitel unterteilt. Im ersten Kapitel **Workflow 1: Einfacher Übersetzungsprozess mit Projektabschluss** wird ein einfacher Übersetzungsverlauf mit Projektabschluss dargestellt, um einen Einstieg zu ermöglichen. Das Kapitel dient der Orientierung und für erste Tests. Im zweiten Kapitel **Workflow 2: Öffnen von Projekten, Spezifika in der Übersetzungsumgebung, Qualitätsprüfung, Überprüfung und Projektabschluss** werden Details eingefügt, die Ihnen als Benutzer das Arbeiten mit SDL Trados Studio 2019 erleichtern sollen, nachdem Sie erste Erfahrungen mit SDL Trados Studio 2019 gesammelt haben.

Workflow 1: Einfacher Übersetzungsprozess mit Projektabschluss

Die folgenden fünf Schritte verdeutlichen einen vereinfachten Übersetzungsablauf ohne Qualitätssicherung und Korrektur. Die Projektanlage wurde bereits im Kapitel **Anlegen von Projekten** erläutert, die weiteren Schritte folgen in den nächsten Kapiteln. Sie sollen zunächst einen einfachen Einstieg in die Übersetzung mit SDL Trados Studio 2019 aufzeigen.

Vereinfachter Übersetzungsablauf ohne Korrektur

Öffnen

Öffnen Sie vor dem Beginn einer Übersetzung zunächst das zu bearbeitende Projekt und die zu bearbeitende Datei. Aktivieren Sie dazu in der Ansicht **Projekte** das gewünschte Projekt, indem Sie mit der rechten Maustaste darauf klicken, sodass es farbig unterlegt ist, und klicken Sie in der sich öffnenden Dropdown-Liste auf **Als aktuelles auswählen**.

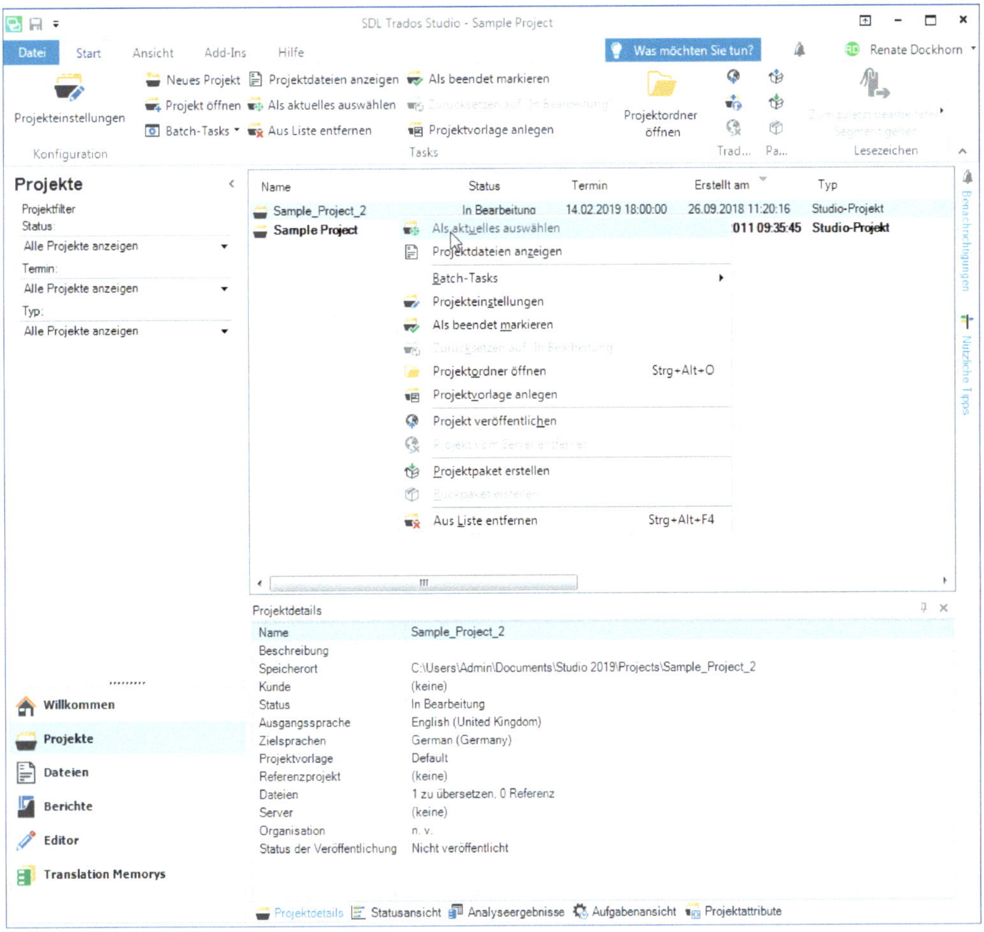

Sollte das gewünschte Projekt bereits in Fettdruck erscheinen und damit aktiv sein, ist dieser Schritt nicht erforderlich.

Doppelklicken Sie auf das aktivierte/aktive Projekt.

SDL Trados Studio 2019 wechselt automatisch in die Ansicht **Dateien**. Alternativ haben Sie auch die Möglichkeit, nach dem Öffnen des Projekts direkt auf die Schaltfläche für die Ansicht **Dateien** zu klicken.

SDL Trados Studio 2019 zeigt in der Ansicht **Dateien** die Datei(en) aus dem aktiven Projekt an. Doppelklicken Sie auf die Datei, die Sie übersetzen möchten.

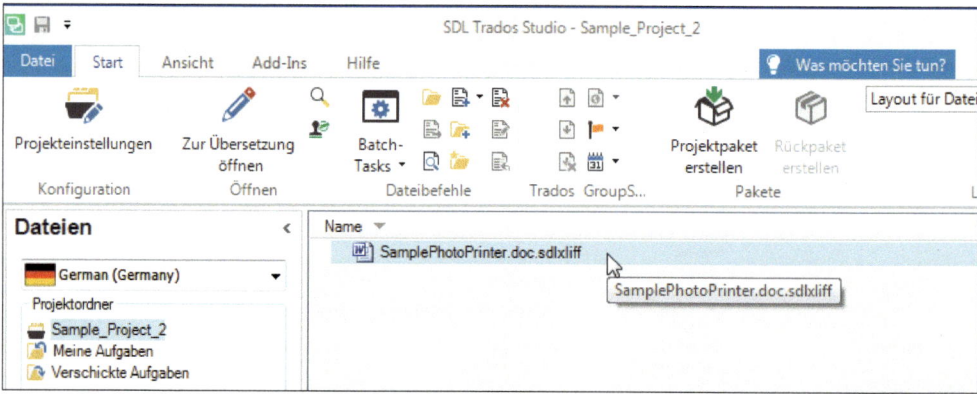

SDL Trados Studio 2019 wechselt automatisch in die Ansicht **Editor**, aktiviert das erste zu übersetzende Segment und setzt den Cursor in die rechte Spalte für das zielsprachliche Segment. Das für die Übersetzung aktive Segment ist immer blau unterlegt und kann durch Klicken auf ein anderes Segment, die ↑- oder ↓-Tasten und durch das Bestätigen von Übersetzungseinheiten gewechselt werden.

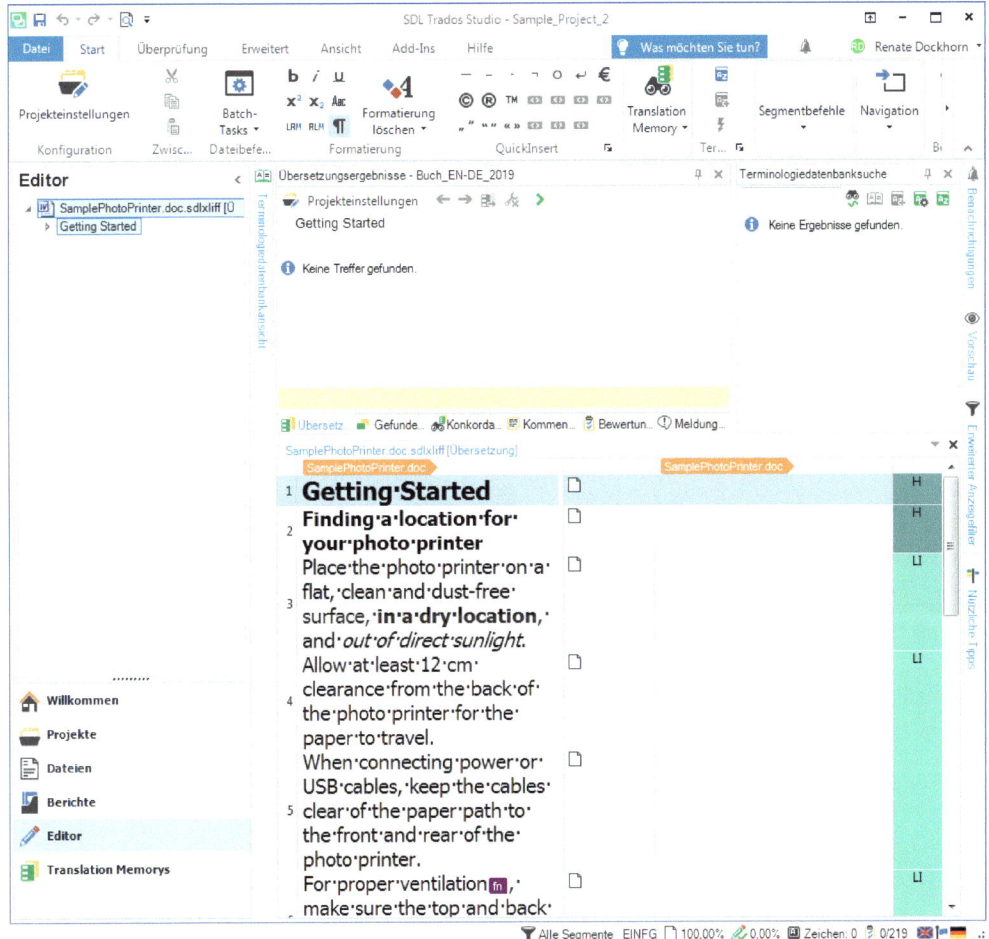

Übersetzen

Bearbeiten von leeren zielsprachlichen Segmenten

Im vorliegenden Beispiel wurde nach dem Öffnen des Dokuments im ersten Segment des zu übersetzenden Textes kein Match gefunden. Entsprechend ist das zielsprachliche Segment auf der rechten Seite leer und im Fenster **Übersetzungsergebnisse** erscheint der Vermerk **Keine Treffer gefunden**.

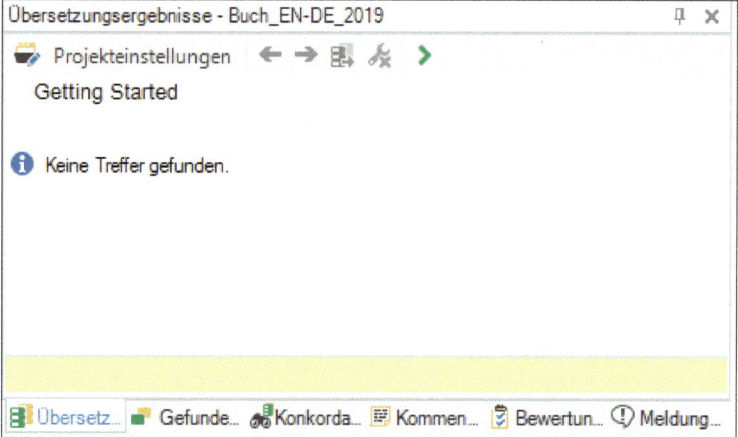

Übersetzen Sie die erste Übersetzungseinheit eines Dokuments in der rechten Spalte für die Übersetzung und bestätigen Sie die Übersetzungseinheit auf der Registerkarte **Start** in der Gruppe **Segmentbefehle** mit **Bestätigen**, wenn Sie die Übersetzungseinheit sofort im aktiven Translation Memory speichern möchten. Wechseln Sie mit der ↓-Taste in das nächste Segment oder klicken Sie auf das nächste Segment, wenn das Segment zunächst nicht im Translation Memory gespeichert werden und im Status **Entwurf** verbleiben soll. Im vorliegenden Beispiel wird das Segment bestätigt.

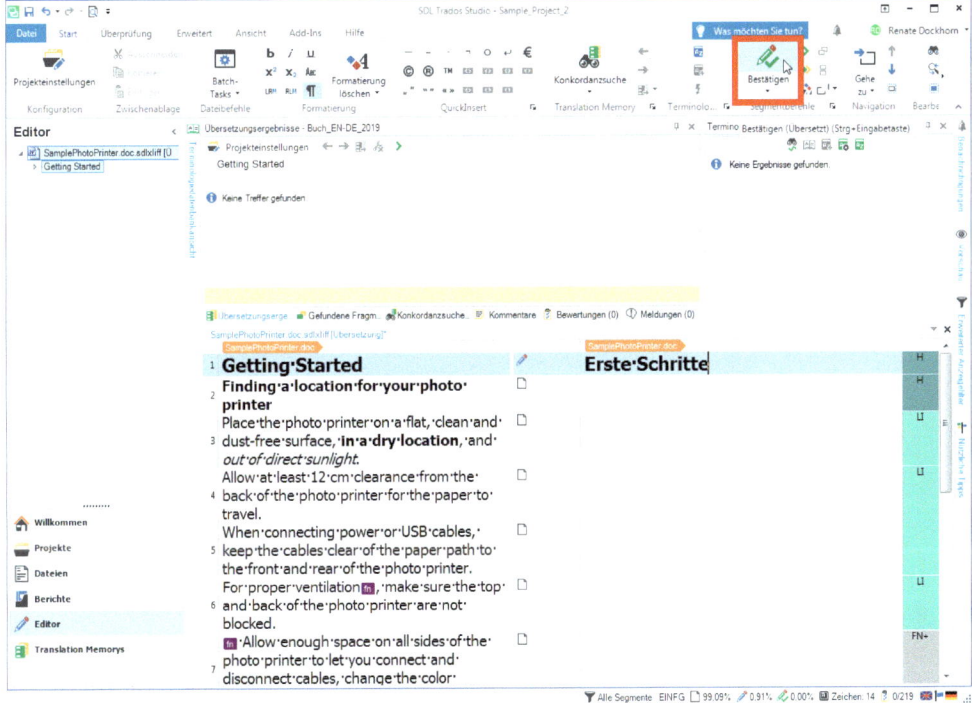

SDL Trados Studio 2019 wechselt nach dem Bestätigen in das nächste Segment.

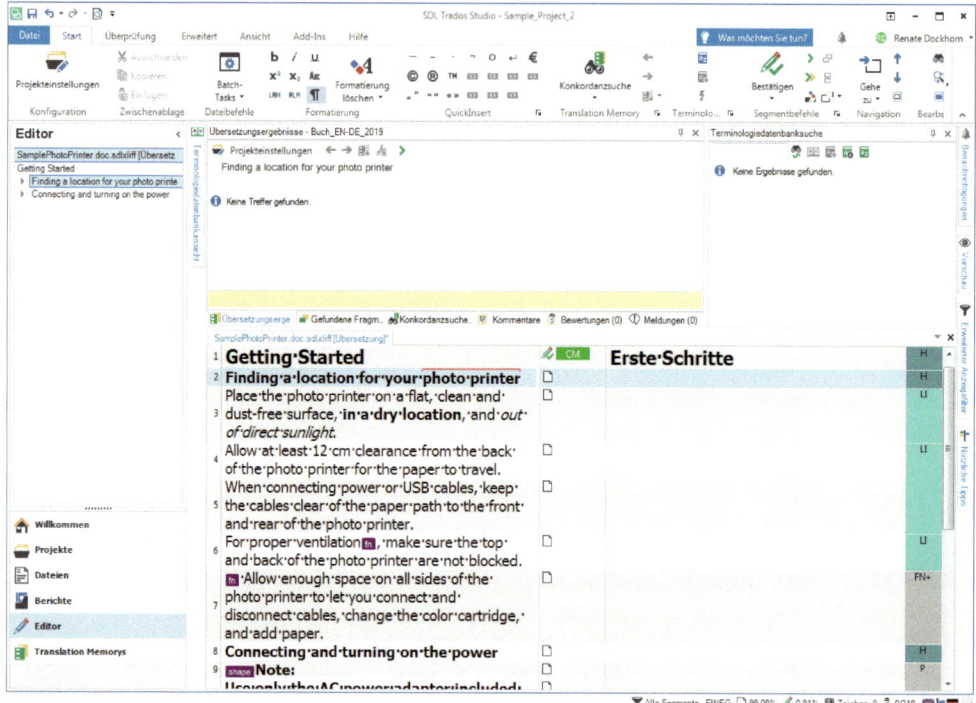

 Bitte beachten Sie, dass Segmente, die nicht bestätigt werden und im Entwurfstatus verbleiben, im weiteren Übersetzungsverlauf bei Auftreten von identischen oder ähnlichen Segmenten von SDL Trados Studio 2019 nicht als Übersetzungsvorschlag angezeigt werden, da sie nicht im Translation Memory gespeichert sind. Nachfolgend finden Sie ein Beispiel für ein Segment mit Status **Entwurf** (ohne Häkchen) und ein bestätigtes Segment mit Status **Übersetzt** (mit Häkchen), dargestellt in der mittleren Spalte **Segmentstatus**.

Die bestätigte Übersetzungseinheit wird im Fenster **Übersetzungsergebnisse** angezeigt, wenn das erste Segment noch einmal aktiviert wird, wenn ein ähnliches oder identisches Segment noch einmal im aktiven Dokument oder natürlich auch später in neuen Projekten vorkommt, bei denen das aktive Translation Memory verwendet wird. Darüber hinaus trägt SDL Trados Studio 2019 den zielsprachlichen Text der Übersetzungseinheit in der rechten Übersetzungsspalte ein, wenn ein identischer oder ähnlicher Satz erneut zu übersetzen ist.

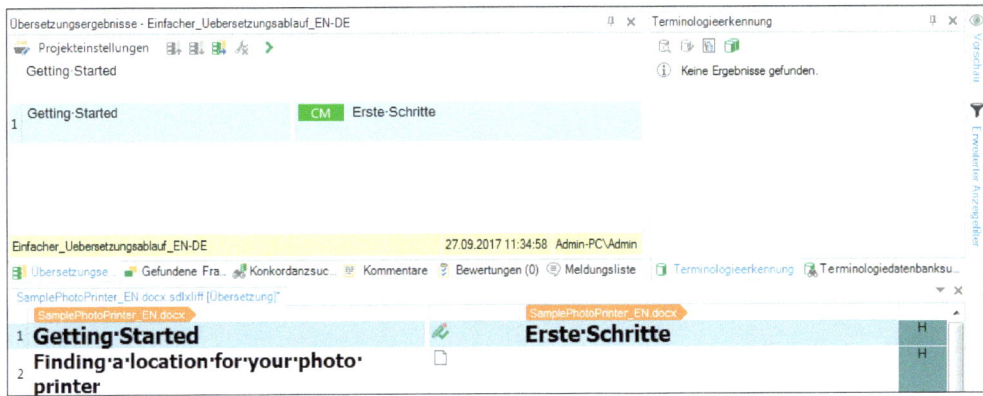

Wie bereits weiter oben erwähnt, wechselt SDL Trados Studio 2019 nach dem Bestätigen des bearbeiteten ersten Segments in das nächste zu übersetzende Segment, sodass dieses blau unterlegt wird und damit aktiv ist.

Geben Sie auch in das nächste Segment den Übersetzungstext ein.

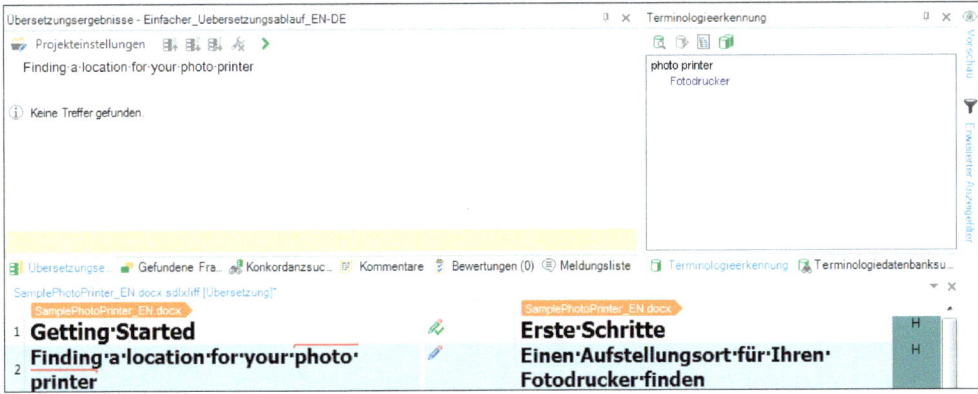

Bestätigen Sie das übersetzte Segment, indem Sie in der Ansicht **Editor** auf der Registerkarte **Start** in der Gruppe **Segmentbefehle** auf **Bestätigen** klicken oder die entsprechende Tastenkombination verwenden, oder wechseln Sie mit der ↓-Taste in das nächste Segment, wenn Sie das Segment nicht bestätigen und zunächst im Status **Entwurf** belassen möchten.

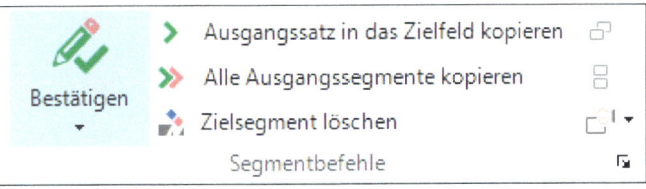

Das zweite Segment ist im vorliegenden Beispiel nun auch bestätigt und SDL Trados Studio 2019 wechselt in das nächste Segment.

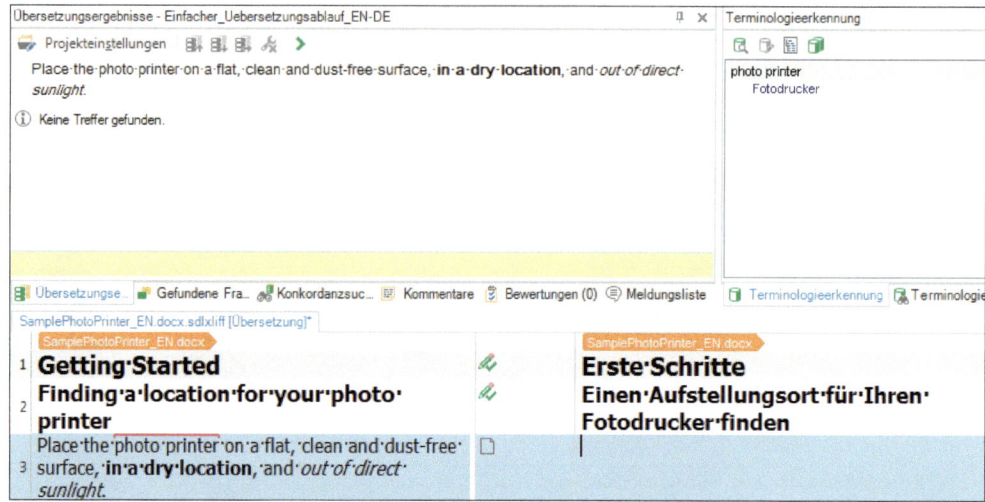

Fahren Sie fort, bis das letzte Segment in dem von Ihnen zu übersetzenden Dokument übersetzt und bestätigt ist, und verfahren Sie gegebenenfalls analog mit allen im Projekt enthaltenen Dateien. Dabei werden ggf. nicht nur neue Segmente, sondern auch genaue Übereinstimmungen von neuen Sätzen (Segmenten) und bereits im Translation Memory befindlichen Übersetzungseinheiten (100% Matches) oder ähnliche Segmente (Fuzzy Matches) auftreten.

Bearbeiten von Fuzzy-Matches

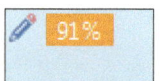 Wie im Kapitel **Fuzzy-Match** erläutert wurde, ist ein Fuzzy-Match eine im Translation Memory vorhandene Übersetzungseinheit, deren Ausgangstext in Teilen mit einem neu zu übersetzenden Segment übereinstimmt. Der Standardwert, ab dem in SDL Trados Studio 2019 ein Fuzzy-Match zur Überarbeitung bei der Übersetzung eines neuen Segments angeboten wird, ist eine Übereinstimmung der im aktiven Translation Memory[7] enthaltenen Übersetzungseinheit von mindestens 70% mit dem neu zu übersetzenden Segment. Ab diesem Wert wird ein Fuzzy-Match in SDL Trados Studio 2019 im Fenster **Übersetzungsergebnisse** angezeigt und in das zielsprachliche Segment eingefügt, wenn ein ähnlicher Satz in der Übersetzung auftritt. Dabei ist eine Anpassung des zielsprachlichen Segments, in das SDL Trados Studio 2019 den Fuzzy-Match beim Wechsel in dieses Segment einfügt, erforderlich.

Im nachfolgenden Beispiel soll anhand eines Beispielsegments mit drei Fuzzy-Matches verdeutlicht werden, wie Fuzzy-Matches in SDL Trados Studio 2019 bearbeitet werden, und

---

7 Als „aktives Translation Memory" wird in diesem Buch ein im Projekt ausgewähltes und für die Aktualisierung aktiviertes Master Translation Memory bezeichnet. Dies kann ein einzelnes Translation Memory sein, ggf. aber auch mehrere Translation Memorys.

wie der Benutzer zwischen den Fuzzy-Matches wechselt, wenn mehrere Fuzzy-Matches für ein neues ausgangssprachliches Segment gefunden und im Fenster **Übersetzungsergebnisse** angezeigt werden.

In der vorliegenden Datei „SecondSample.docx" aus den Beispieldateien von SDL Trados Studio 2019 wurde zunächst ein Fuzzy-Match erkannt. Das neue Segment stimmt zu 91% mit dem Ausgangstext einer im aktiven Translation Memory gespeicherten Übersetzungseinheit überein. SDL Trados Studio 2019 fügt diesen Fuzzy-Match automatisch in das zielsprachliche Segment ein, sobald der Übersetzer in das Segment wechselt und dieses damit für die Bearbeitung geöffnet wird. Sie erkennen das aktive Segment an der blauen Hintergrundfarbe. Darüber hinaus wird die ursprüngliche Übersetzungseinheit von SDL Trados Studio 2019 im Fenster **Übersetzungsergebnisse** angezeigt.

Dabei werden die Änderungen bei einem Fuzzy-Match im Fenster **Übersetzungsergebnisse** im Ausgangstext kenntlich gemacht. Als Standard erscheint hinzugefügter Text in grüner Schrift, gelöschter Text in roter Schrift und durchgestrichen.

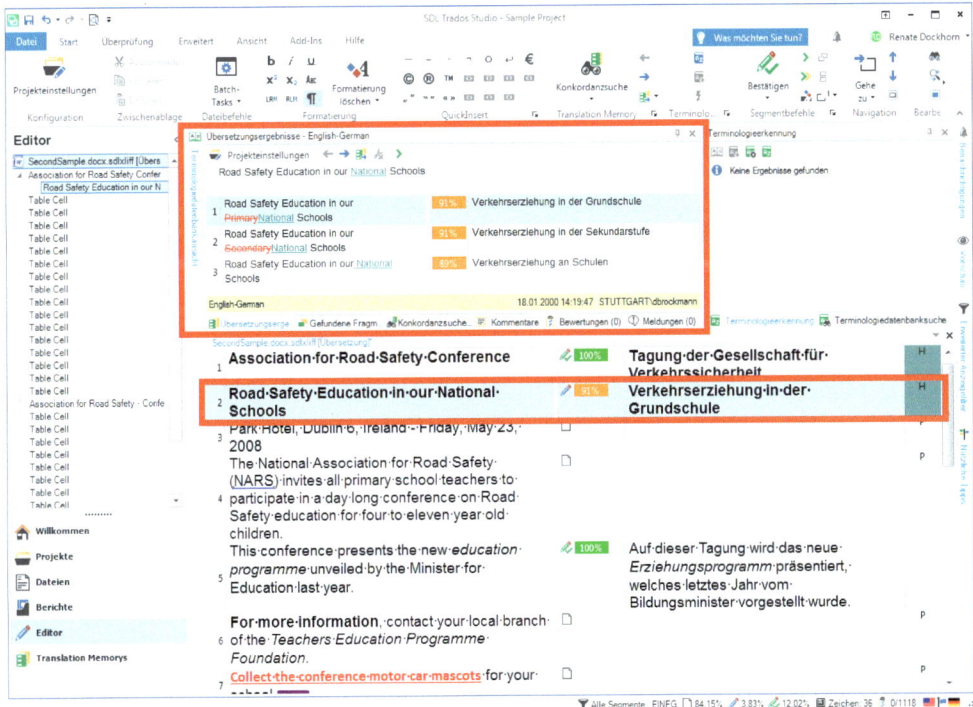

In SDL Trados Studio 2019 besteht die Möglichkeit, die Schriftfarbe für die Anzeige von Änderungen in Fuzzy-Matches festzulegen. Diese Einstellung kann auf der Registerkarte **Datei → Optionen → Editor → Fenster mit Übersetzungsergebnissen → Formatierung der Unterschiede → Ändern...** für eingefügten und gelöschten Text vorgenommen werden. Darüber hinaus kann eine Hintergrundfarbe hinzugefügt werden.

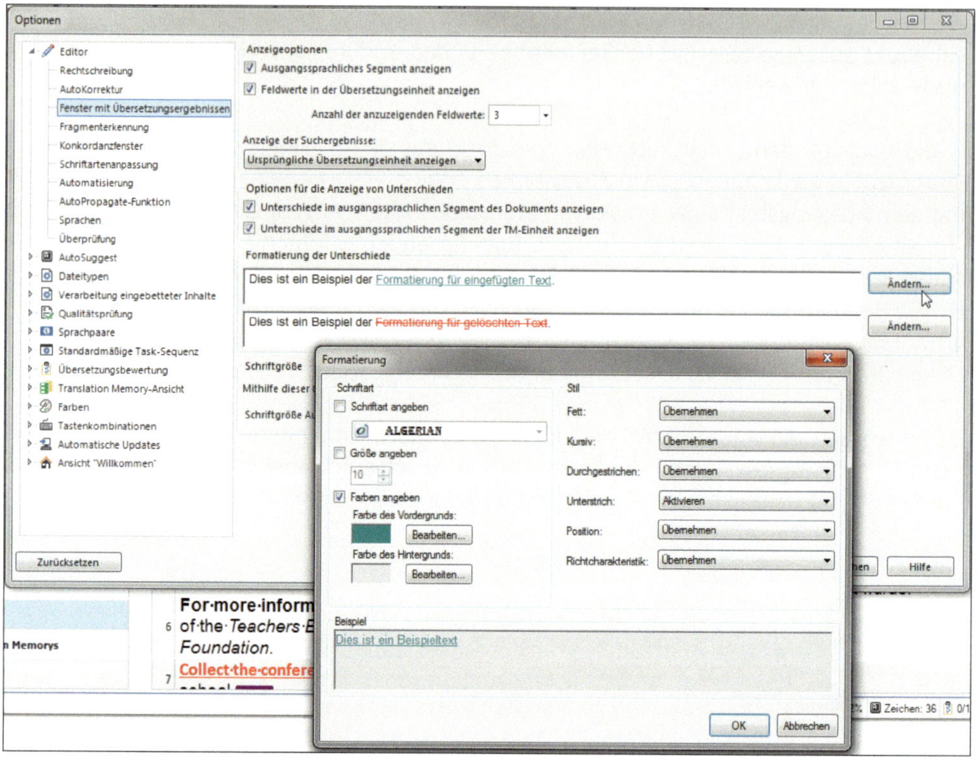

Das zu übersetzende aktive Segment im vorliegenden Beispiel heißt „Road Safety Education in our National Schools". Im ersten Fuzzy-Match ist im ausgangssprachlichen Segment das Wort „Primary" statt „National" enthalten, d.h., das aktuelle Segment enthält ein geändertes Wort, woraus in Relation zur Satzlänge der 91%-Match resultiert. Das Wort „Primary" wurde von SDL Trados Studio 2019 im Fenster **Übersetzungsergebnisse** rot markiert und durchgestrichen, um den Übersetzer darauf hinzuweisen, dass dieses Wort im neu zu übersetzenden Segment im Ausgangstext nicht mehr enthalten ist. Dahinter erscheint in grün und unterstrichen das Wort „National", das im neu zu übersetzenden Segment hinzugefügt wurde.

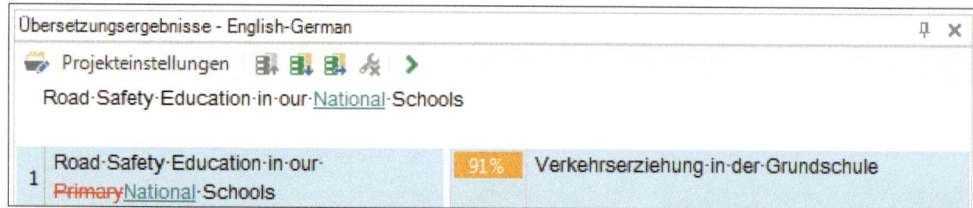

Nehmen Sie bei Auftreten eines Fuzzy-Matches die erforderliche(n) Änderung(en) am zielsprachlichen Segment in der Spalte für die Übersetzungen vor und klicken Sie in der Ansicht **Editor** im Menü **Start** in der Gruppe **Segmentbefehle** auf **Bestätigen**, um das neue Segment in das Translation Memory zu übernehmen. Das Segment wechselt in den Status **Übersetzt** und ist damit automatisch im aktiven Translation Memory gespeichert. Es wird auch bereits im aktuellen Projekt bei erneutem Auftreten eines identischen oder ähnlichen Segments unmittelbar als Übersetzungsvorschlag angeboten.

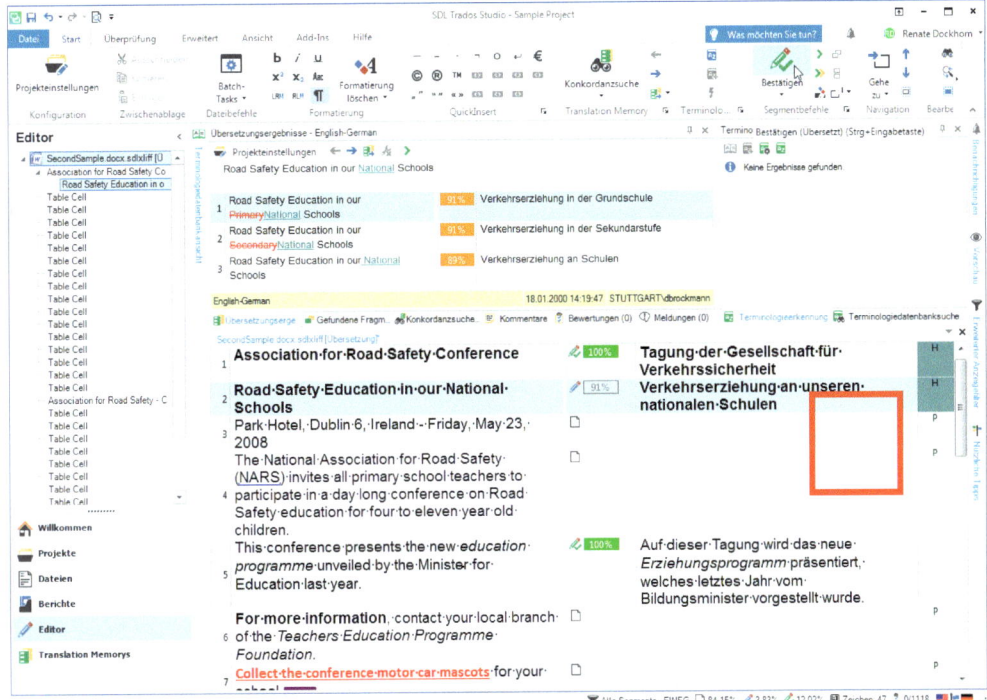

❗ Wenn Sie ein Segment zunächst im Entwurfstatus behalten und nicht im Translation Memory abspeichern möchten, wechseln Sie mit der ⬇-**Taste** in das nächste Segment oder klicken Sie auf das nächste Segment. Das zielsprachliche Segment ist dann zwar in der Ansicht **Editor** vorhanden und wird in der bilingualen *.sdlxliff-Datei und bei Abschluss des Projekts in der Zieldatei gespeichert, es ist jedoch noch nicht im Translation Memory gespeichert und hat den Status **Entwurf** ✏ Entwurf. In der Folge erscheint im aktiven Projekt kein Übersetzungsvorschlag, wenn ein identischer oder ähnlicher Satz für die Übersetzung aufgerufen wird.

Der zweite Fuzzy-Match im vorliegenden Segment ist ebenfalls ein 91%-Match.

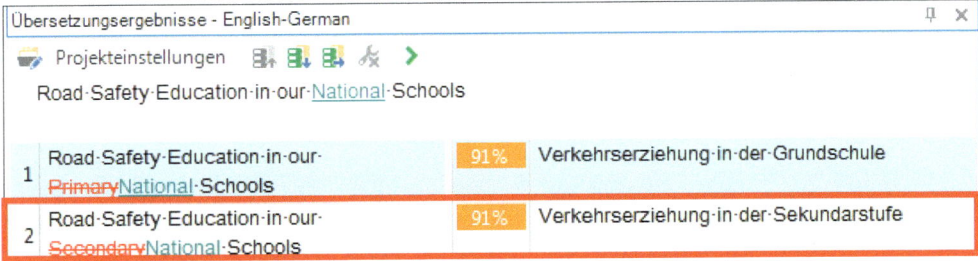

Das Wort „Secondary" ist rot und durchgestrichen. SDL Trados Studio 2019 weist damit darauf hin, dass der Text im neuen ausgangssprachlichen Segment nicht mehr enthalten ist, „National" ist in grüner Schrift dargestellt. SDL Trados Studio 2019 weist so darauf hin, dass „National" im neuen ausgangssprachlichen Segment hinzugefügt wurde.

Um statt des ersten im Fenster **Übersetzungsergebnisse** angezeigten Fuzzy-Matches den zweiten angezeigten Fuzzy-Match auszuwählen, klicken Sie im Fenster **Übersetzungsergebnisse** auf **Nächsten Match auswählen** (Alt + Bild↓).

Klicken Sie danach auf **Übersetzung einfügen** oder drücken Sie die Tastenkombination Strg + T, um den zweiten Fuzzy-Match im zielsprachlichen Segment einzufügen und danach anzupassen.

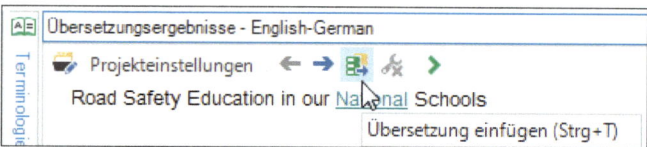

Der ausgewählte Fuzzy-Match erscheint nun im zielsprachlichen Segment und kann angepasst und bestätigt werden.

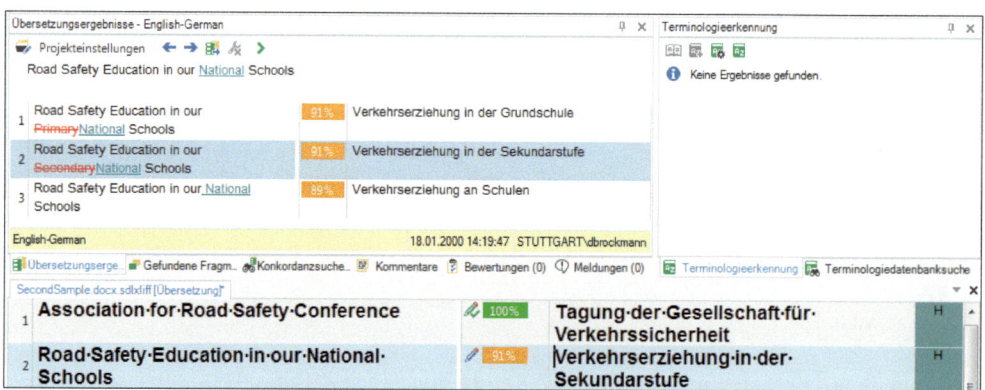

Der dritte Fuzzy-Match für dieses Segment hat eine Übereinstimmung von 89%. Am vorliegenden Beispiel wird deutlich, wie SDL Trados Studio 2019 ein Segment kennzeichnet, in dem ein Wort hinzugefügt, aber kein Wort gelöscht wird. Das Einfügen und Bearbeiten eines dritten Fuzzy-Matches erfolgt analog zur obigen Beschreibung.

Bearbeiten von 100%-Matches und Kontext-Matches

 100%-Matches sind im aktiven Translation Memory enthaltene Übersetzungseinheiten, die genau mit einem neu zu übersetzenden Segment übereinstimmen.

 Kontext-Matches sind grundsätzlich auch 100%-Matches, sie sind über den reinen 100%-Match hinaus aber auch bereits einmal im vorliegenden Kontext (bestehend aus dem vorhergehenden Segment) übersetzt worden.

Bei der Anlage eines Projekts werden 100%-Matches und Kontext-Matches als Standard automatisch im Schritt **Projektvorbereitung** in alle zielsprachlichen Segmente der zum Projekt gehörenden Dateien eingefügt und bestätigt, wenn bei der Projektvorbereitung eine Task-Sequenz ausgewählt wurde, welche die Vorübersetzung beinhaltet (**Vorbereiten**, **Ohne Projekt-TM vorbereiten** und ggf. in der Version Professional von SDL Trados Studio 2019 **Benutzerdefiniert**).

Wird eine Einzeldatei für die Übersetzung geöffnet, fügt SDL Trados Studio 2019 beim Wechsel in ein neues Segment einen 100%-Match oder Kontext-Match in das zielsprachliche Segment ein und bestätigt dieses, wenn eine im aktiven Translation Memory enthaltene Übersetzungseinheit identisch mit einem neu zu übersetzenden Segment ist.

Der Benutzer hat in einem Segment mit einem 100%-Match oder einem Kontext-Match die Möglichkeit, dieses zu überprüfen und zum nächsten Segment zu wechseln oder bei Bedarf zu ändern und die Änderung zu bestätigen.

Entsperren von 100%-Matches und Kontext-Matches

Wurden 100%-Matches und/oder Kontext-Matches bei der Projektanlage im Dialogfeld **Neues Projekt anlegen → Batch-Tasks → Alle Sprachpaare → Batch-Verarbeitung → Dateien vorübersetzen** (nähere Erläuterungen siehe Kapitel **Anlegen von Projekten → Projektvorbereitung → Einstellungen für die Batch-Verarbeitung**) so konfiguriert, dass eingefügte 100%-Matches und Kontext-Matches nach der Vorübersetzung gesperrt werden,

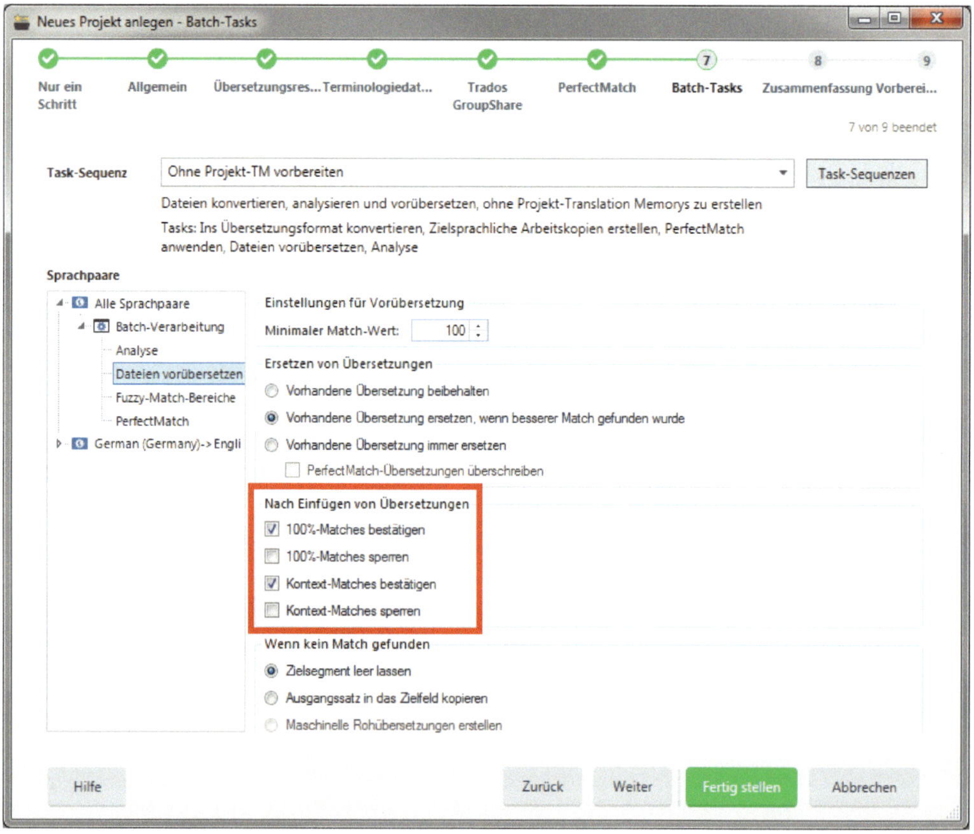

![Dialogfeld Neues Projekt anlegen - Batch-Tasks mit hervorgehobenen Optionen zum Sperren von 100%-Matches und Kontext-Matches]

so erscheinen diese im Übersetzungsprozess in der geöffneten **Datei** in der Ansicht **Editor** zunächst ausgegraut und mit einem Schloss versehen und sind entsprechend für die Bearbeitung gesperrt.

Einzelne Segmente können (ggf. nach Absprache mit dem Kunden) mit einem rechten Mausklick auf das zielsprachliche Segment eines aktiven Segments und der Auswahl von **Segmente entsperren** entsperrt werden, wenn eine Änderung vorgenommen werden soll. Das Segment wird dann wieder aktiv und kann ggf. geändert werden.

Verschiedene Möglichkeiten für das Bestätigen von Segmenten

Klicken Sie in der Ansicht **Editor** auf der Registerkarte **Start** in der Gruppe **Segmentbefehle** auf den kleinen Pfeil nach unten unter **Bestätigen**, wenn Sie sich die Optionen für das Bestätigen von Übersetzungseinheiten (und damit für das Speichern von Übersetzungseinheiten im Translation Memory) anzeigen lassen möchten. Es öffnet sich eine Dropdown-Liste mit fünf verschiedenen Bestätigungsmöglichkeiten.

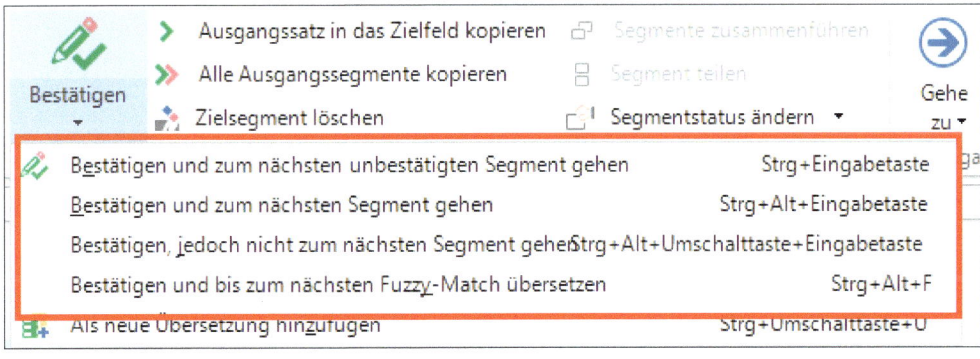

- **Bestätigen und zum nächsten unbestätigten Segment gehen**: SDL Trados Studio 2019 bestätigt das übersetzte Segment, speichert es im aktiven Translation Memory und wechselt in das nächste Segment in der Übersetzungsreihenfolge, das noch nicht bestätigt wurde. Das bestätigte Segment erhält den Status **Übersetzt**.

- **Bestätigen und zum nächsten Segment gehen**: SDL Trados Studio 2019 bestätigt das aktuell übersetzte Segment, speichert es im aktiven Translation Memory und wechselt in das nächste Segment in der Übersetzungsreihenfolge. Das bestätigte Segment erhält den Status **Übersetzt**. Diese Option ist immer dann von Vorteil, wenn der Übersetzer Segment für Segment durch einen zu übersetzenden Text gehen möchte, auch wenn eventuell bereits bestätigte Segmente folgen.

- **Bestätigen, jedoch nicht zum nächsten Segment gehen**: SDL Trados Studio 2019 bestätigt das aktuell übersetzte Segment, speichert es im aktiven Translation Memory und bleibt in diesem Segment. Das bestätigte Segment erhält den Status **Übersetzt**. Diese

Option ist besonders dann nützlich, wenn nachträglich Änderungen in einem zielsprachlichen Segment vorgenommen und bestätigt werden sollen, ohne dass SDL Trados Studio 2019 beim Bestätigen in ein anderes Segment wechselt.

- **Bestätigen und bis zum nächsten Fuzzy-Match übersetzen**: SDL Trados Studio 2019 bestätigt das aktuell übersetzte Segment, speichert es im aktiven Translation Memory und prüft im Translation Memory, ob für das nächste Segment in der Übersetzungsreihenfolge bereits eine Übersetzung im Translation Memory vorhanden ist, die zu 100% mit dem neuen Segment übereinstimmt (100%-Match oder Kontext-Match). Ist dies der Fall, wird die Übersetzung automatisch eingefügt, das Segment wird bestätigt und SDL Trados Studio 2019 wechselt so lange zum nächsten Segment und übersetzt und bestätigt dieses/diese, bis ein Segment mit einem Fuzzy-Match oder ohne Match folgt.

- **Als neue Übersetzung hinzufügen:** SDL Trados Studio 2019 fügt die Übersetzung im aktuellen Segment als zweite Übersetzungseinheit gemeinsam mit dem ausgangssprachlichen Segment zum Translation Memory hinzu, wenn bereits eine weitere Übersetzungseinheit mit dem gleichen Ausgangssegment, aber einem abweichenden Zielsegment im Translation Memory enthalten ist.

❗ Rechts neben diesen Befehlen sind Tastenkombinationen hinterlegt, die Sie verwenden können, wenn Sie die Auswahl nicht mit der Maustaste 🖱 treffen möchten. Bitte beachten Sie, dass die Tastenkombinationen abhängig vom Benutzerprofil und auch abhängig von vom Benutzer auf der Registerkarte **Datei → Optionen → Tastenkombinationen** vorgenommenen Änderungen variieren können.

Hinzufügen einer zweiten Übersetzung für ein ausgangssprachliches Segment

SDL Trados Studio 2019 bietet die Möglichkeit, ein zweites zielsprachliches Segment (oder mehr) für das gleiche Ausgangssegment zum Translation Memory hinzuzufügen. Dies kann dann wünschenswert sein, wenn ein identisches ausgangssprachliches Segment in einem anderen Kontext anders übersetzt werden muss.

Im nachfolgenden Beispiel soll exemplarisch zu einer Übersetzungseinheit mit dem Wort „Komitee" eine zweite Übersetzungseinheit mit dem geänderten Wort „Ausschuss" hinzugefügt werden. Die Übersetzungseinheit mit dem Wort „Komitee" ist bereits im Translation Memory enthalten.

Im vorliegenden Beispiel wird dazu im zielsprachlichen Segment „Komitee" durch „Ausschuss" ersetzt.

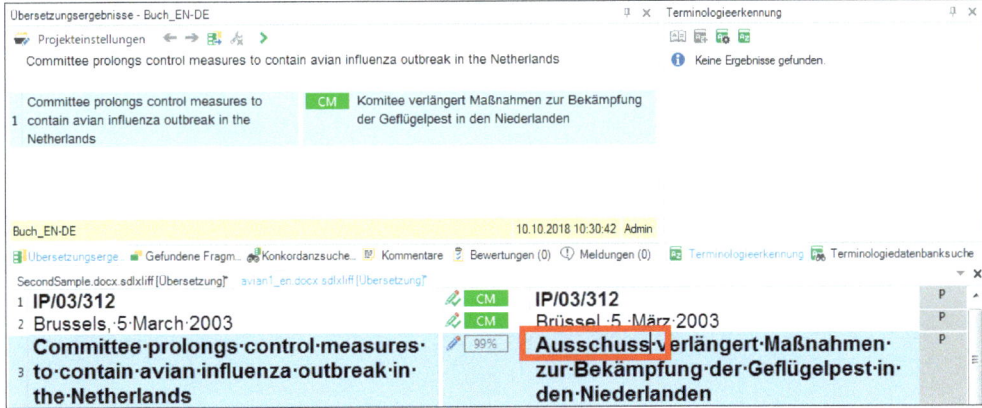

Klicken Sie zunächst in der Ansicht **Editor** auf der Registerkarte **Start** in der Gruppe **Segmentbefehle** auf den kleinen Pfeil unter **Bestätigen**, wenn Sie eine zweite Übersetzung für das gleiche ausgangssprachliche Segment im aktiven Translation Memory speichern möchten.

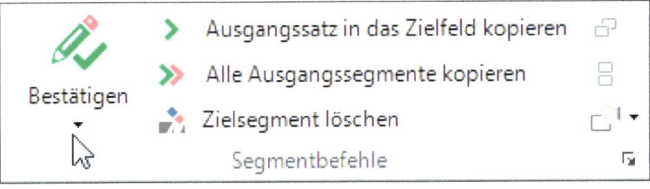

Wählen Sie in der sich öffnenden Dropdown-Liste **Als neue Übersetzung hinzufügen** aus.

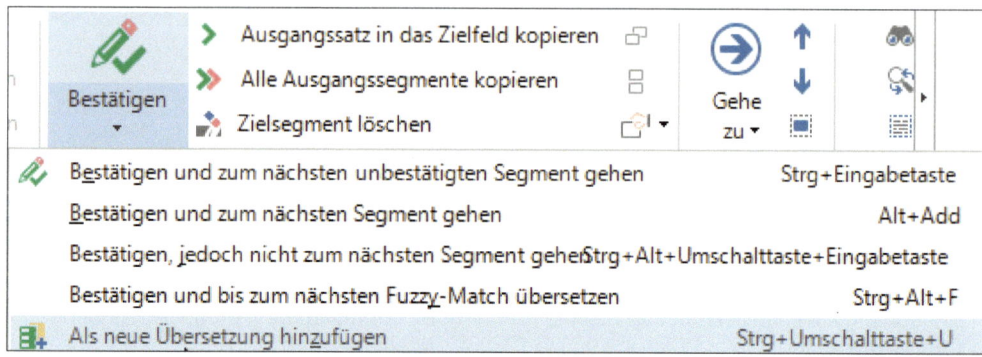

SDL Trados Studio 2019 speichert auch die zweite Übersetzungseinheit im Translation Memory ab, zeigt beide Übersetzungseinheiten im Fenster **Übersetzungsergebnisse** an und kennzeichnet diese mit 99% und einem blauen Pluszeichen , um darauf hinzuweisen, dass zwei Übersetzungseinheiten mit unterschiedlichen zielsprachlichen Segmenten für das gleiche Ausgangssegment im Translation Memory enthalten sind.

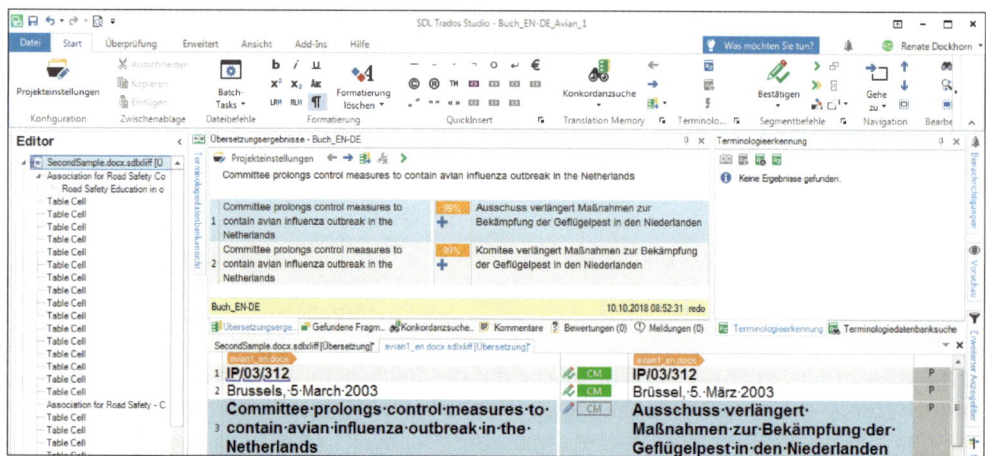

Dabei kann der zweite Match im Fenster **Übersetzungsergebnisse** durch die Schaltfläche **Nächsten Match auswählen** aktiviert und mit der Schaltfläche **Übersetzung einfügen** bzw. den entsprechenden Tastenkombinationen bei Bedarf in das zielsprachliche Segment eingefügt werden.

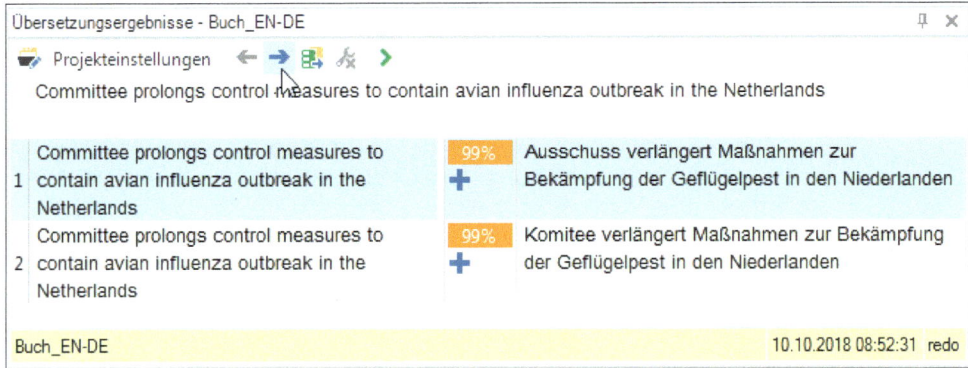

Nächsten Match auswählen

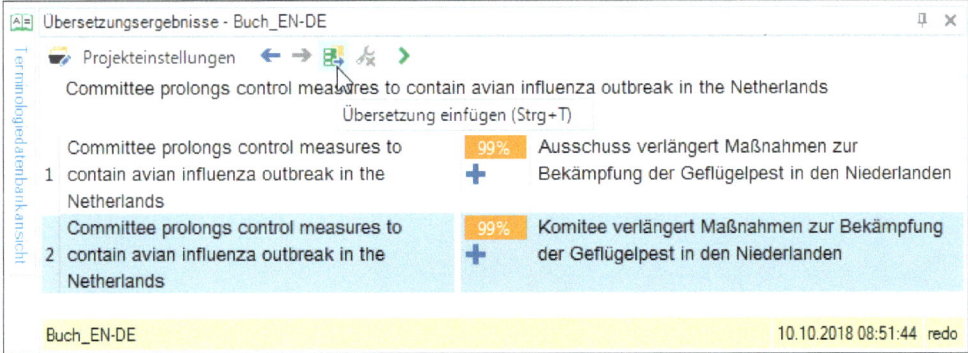

Übersetzung einfügen

Speichern Sie das Dokument/die Dokumente nach Abschluss der Übersetzung, indem Sie auf der Schnellzugriffsleiste auf die Schaltfläche **Speichern** klicken.

Abschließen

Schließen Sie nach Übersetzung einer Datei oder eines Projekts die Übersetzung der Datei/des Projekts ab. Dazu bietet Ihnen SDL Trados Studio 2019 zwei Möglichkeiten:

Zieltext speichern unter

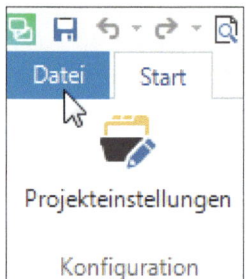

Bei der ersten Möglichkeit speichern Sie einen einzelnen Zieltext ganz einfach im ursprünglichen Dateiformat an einem Speicherort Ihrer Wahl ab, nachdem alle Segmente geprüft und bestätigt wurden. Klicken Sie dazu bei geöffnetem Dokument in der Ansicht **Editor** auf der Registerkarte **Datei**

auf **Zieltext speichern unter**.

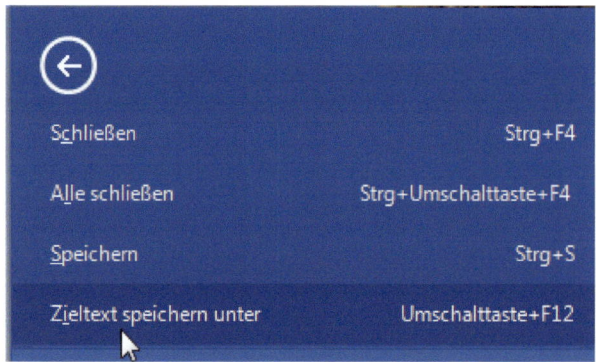

SDL Trados Studio 2019 öffnet das Dialogfeld **Zieltext speichern unter** und bietet als Standard den zielsprachlichen Unterordner des aktiven Projekts an (hier: de-DE). SDL Trados Studio 2019 speichert die Datei im ursprünglichen Dateiformat ab. Sind mehrere Dateien eines Projekts in der Ansicht **Editor** virtuell mit QuickMerge zusammengefügt und geöffnet, bietet SDL Trados Studio 2019 diese nacheinander für das Speichern als Zieltext im Projektordner an. Bei der Übersetzung einer Einzeldatei, die mit **Als einzelnes Dokument übersetzen** angelegt wurde, wird der Ordner als Speicherort angeboten, in dem auch die *.sdlxliff-Datei nach dem Öffnen gespeichert wurde. Klicken Sie auf **Speichern**, um eine Datei zu speichern.

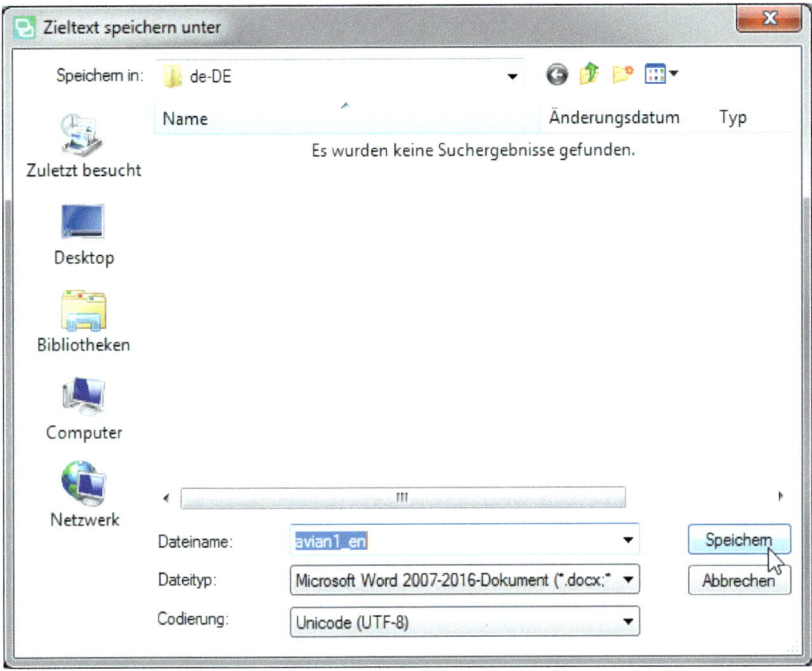

Darüber hinaus ist es auch möglich, jeden anderen beliebigen Speicherort auszuwählen. Klicken Sie dazu im Dialogfeld **Zieltext speichern unter** auf den kleinen Pfeil nach unten rechts neben **Speichern in:**. Wählen Sie danach in der sich öffnenden Dropdown-Liste den Speicherort aus, prüfen Sie den Dateinamen und klicken Sie auf **Speichern**.

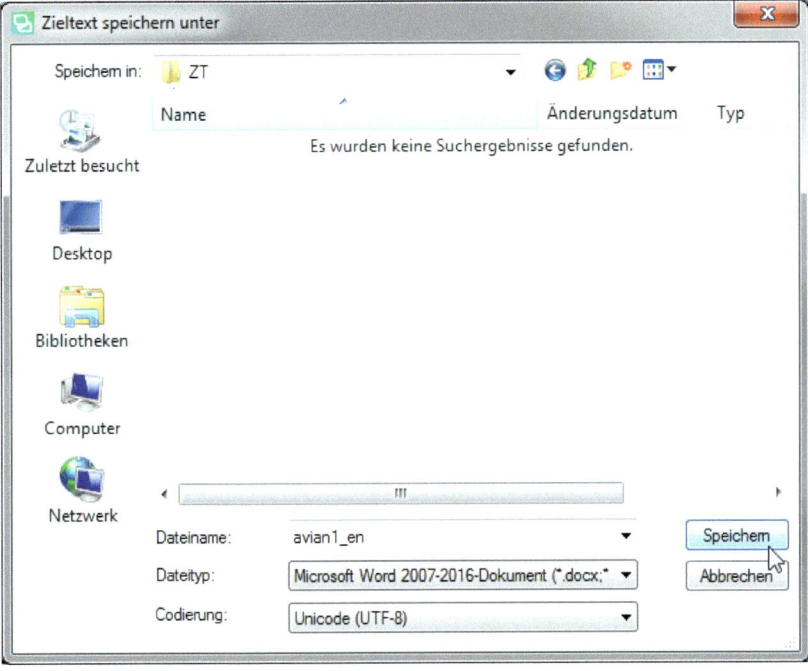

Die Datei ist nun am ausgewählten Speicherort gespeichert und kann nach der Prüfung geliefert werden.

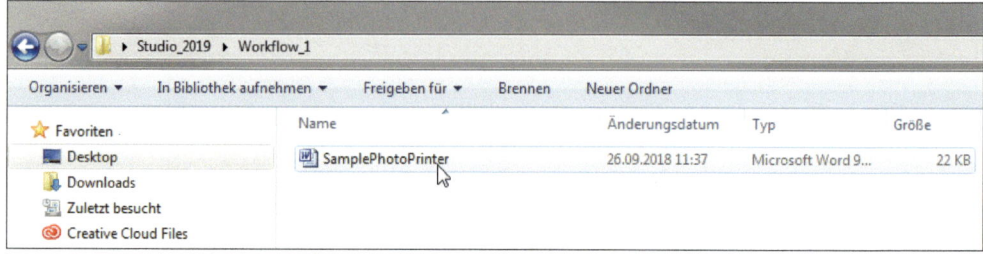

Batch-Task-Sequenz Abschließen

Die zweite und in SDL Trados Studio 2019 als eigentlicher Übersetzungsabschluss vorgesehene Möglichkeit ist das Verwenden der Batch-Task-Sequenz **Abschließen**. Die Batch-Task-Sequenz **Abschließen** umfasst zwei Schritte. Im ersten Schritt aktualisiert SDL Trados Studio 2019 das Master-Translation Memory (bzw. die Master-Translation Memorys, wenn im Projekt mehr als ein Master-Translation Memory für die Aktualisierung ausgewählt wurde), im zweiten Schritt werden die zielsprachlichen Dateien im Projektordner im Unterordner für die Zielsprache abgelegt. Bei der Übersetzung einer Einzeldatei, die ohne Projektanlage mit **Als einzelnes Dokument übersetzen** angelegt wurde, wird der Ordner als Ablagepfad angeboten, in dem auch die *.sdlxliff-Datei nach dem Öffnen gespeichert wurde.

Klicken Sie in einem geöffneten Projekt in der Ansicht **Projekte** auf der Registerkarte **Start** in der Gruppe **Tasks** → **Batch-Tasks** auf den kleinen Pfeil nach unten und wählen Sie **Abschließen** aus.

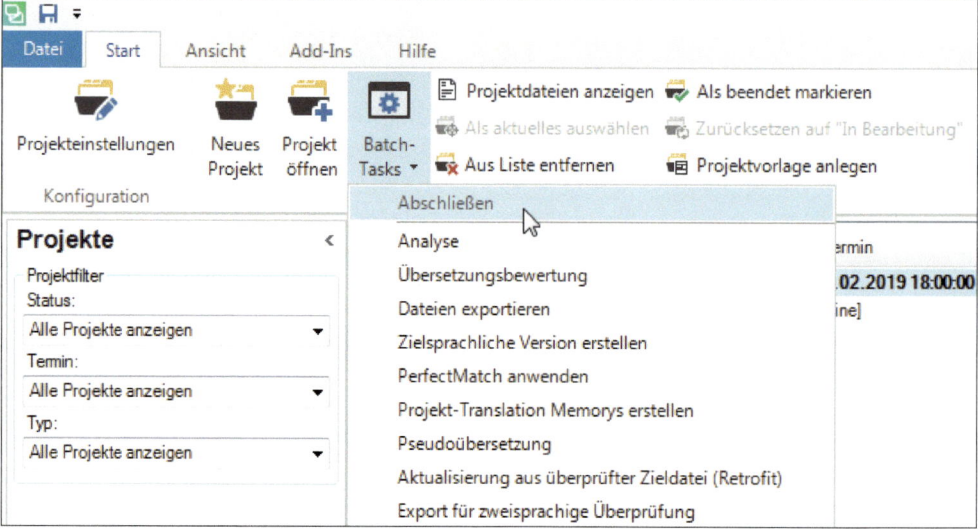

Das Dialogfeld **Batch-Verarbeitung** → **Batch-Tasks** öffnet sich. Die Task-Sequenz **Abschließen** ist vorausgewählt. Klicken Sie auf **Weiter**.

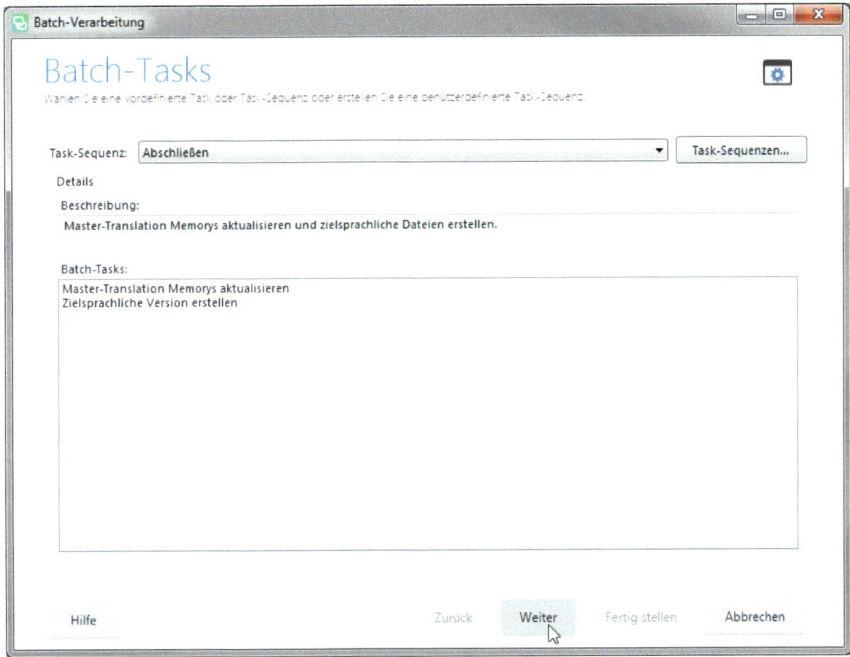

Das Dialogfeld **Batch-Verarbeitung** → **Dateien** öffnet sich.

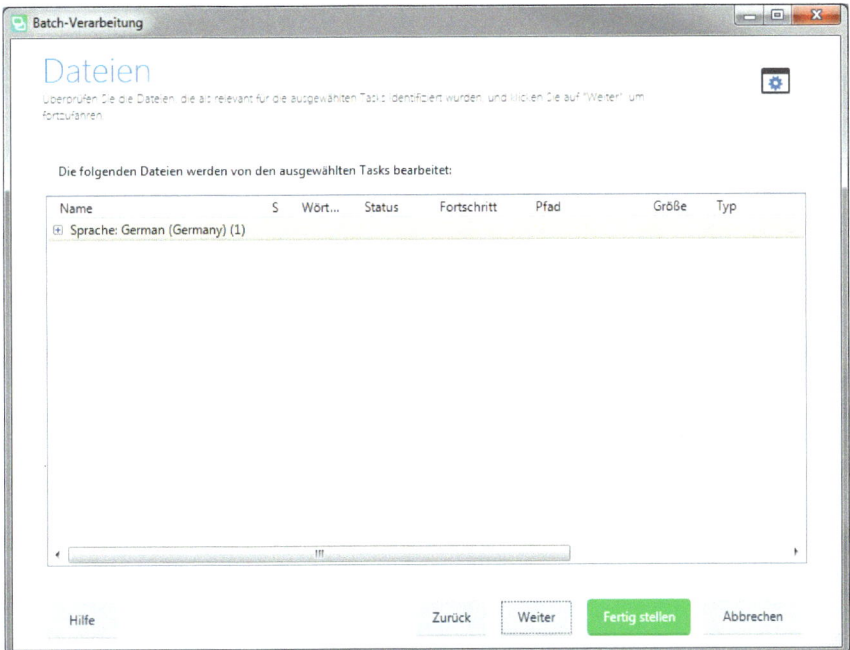

Klicken Sie auf das **+**-Zeichen neben einer Sprache, um eine Dropdown-Liste mit den in dieser Sprache enthaltenen Dateien zu öffnen.

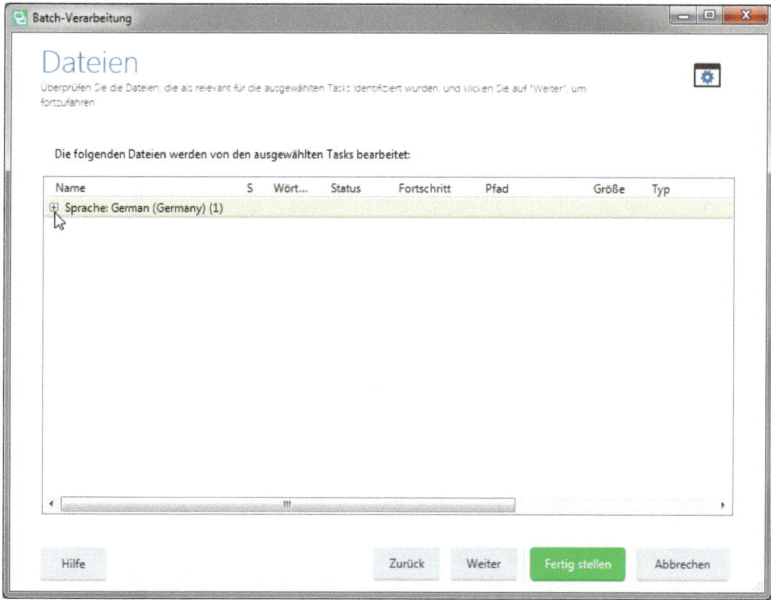

Die in einer Sprache enthaltene(n) Datei(en) werden angezeigt. Als Standard sind alle Dateien eines Projekts mit einem Häkchen versehen und somit für den Abschluss vorgesehen. Die Häkchen können entfernt werden, wenn nicht alle Dateien eines Projekts abgeschlossen werden sollen (falls mehrere Dateien im Projekt enthalten sind). Treffen Sie Ihre Auswahl und klicken Sie auf **Weiter**, um fortzufahren.

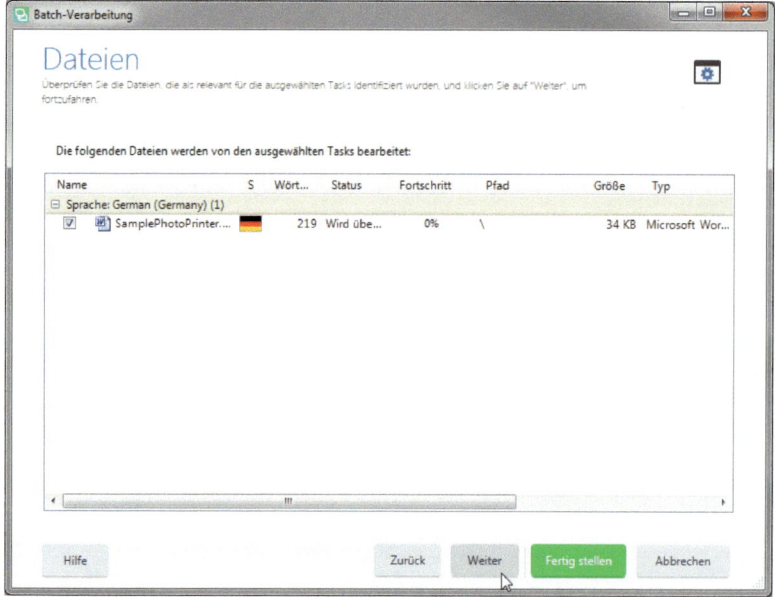

Das Dialogfeld **Batch-Verarbeitung → Einstellungen** öffnet sich. Legen Sie im Dialogfeld **Batch-Verarbeitung → Einstellungen** fest, welche Segmente in den Translation Memorys aktualisiert werden sollen, die im Projekt für die Aktualisierung aktiv sind, und ob Segmente ggf. als neue Übersetzungen hinzugefügt werden sollen, wenn sich Zielsegmente unterscheiden. Wählen Sie darüber hinaus aus, welche Segmentstatus zu importierende Übersetzungseinheiten haben dürfen und ob Informationen aus der zweisprachigen Datei verwendet werden sollen, um Systemfelder zu aktualisieren. Darüber hinaus haben Sie die Möglichkeit, die TM-Benutzer-ID für alle Übersetzungseinheiten aus den abzuschließenden Dateien festzulegen. Erläuterungen zu den einzelnen Optionen erhalten Sie im Kapitel **Workflow 2: Öffnen von Projekten, Spezifika in der Übersetzungsumgebung, Qualitätsprüfung, Überprüfung und Projektabschluss → Abschließen von Projekten**.

Klicken Sie nach Abschluss der Eingaben auf **Fertig stellen**.

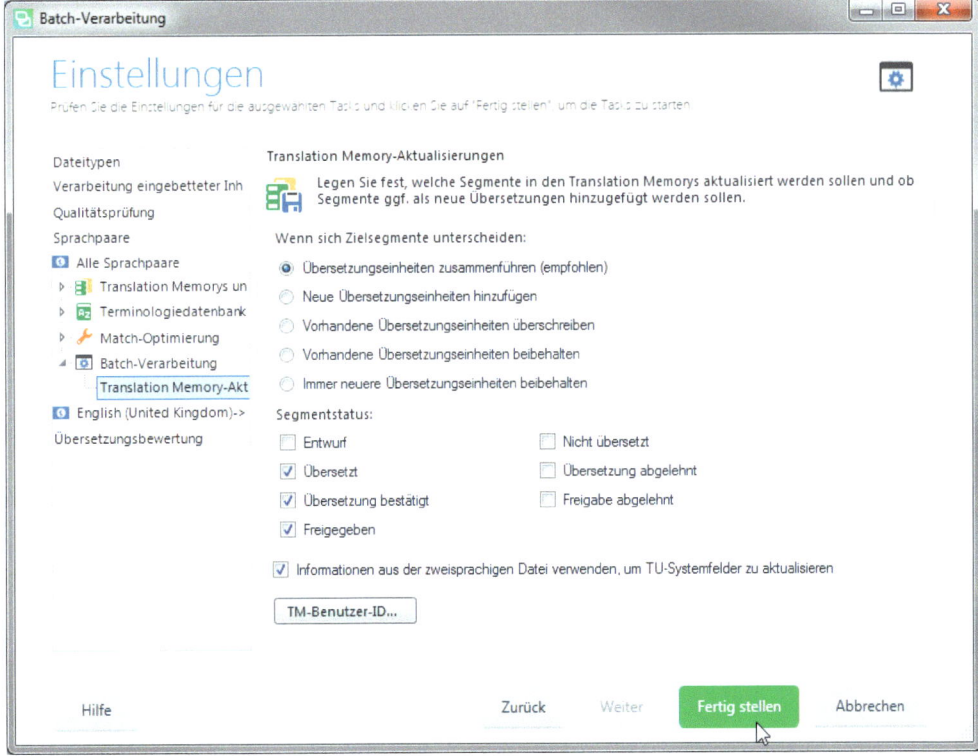

Das Dialogfeld **Batch-Verarbeitung** → **Fertig stellen** öffnet sich und SDL Trados Studio 2019 führt die Task-Sequenz[8] aus. Grüne Felder mit weißem Häkchen ✓ weisen auf den erfolgreichen Verlauf der Batch-Task-Sequenz hin. Klicken Sie auf **Fertig stellen**, um den Vorgang abzuschließen.

Überprüfen Sie den Vorgang, wenn statt der grünen Felder mit weißem Häkchen rote Felder mit weißem Kreuz ✗ erscheinen, und klicken Sie nach Behebung der Fehlerursache auf **Vorbereitung erneut starten**.

Klicken Sie danach auf **Schließen**. Die Dateien aus dem aktuellen Projekt sind nun als zielsprachliche Dateien abgelegt und können nach der Prüfung geliefert werden.

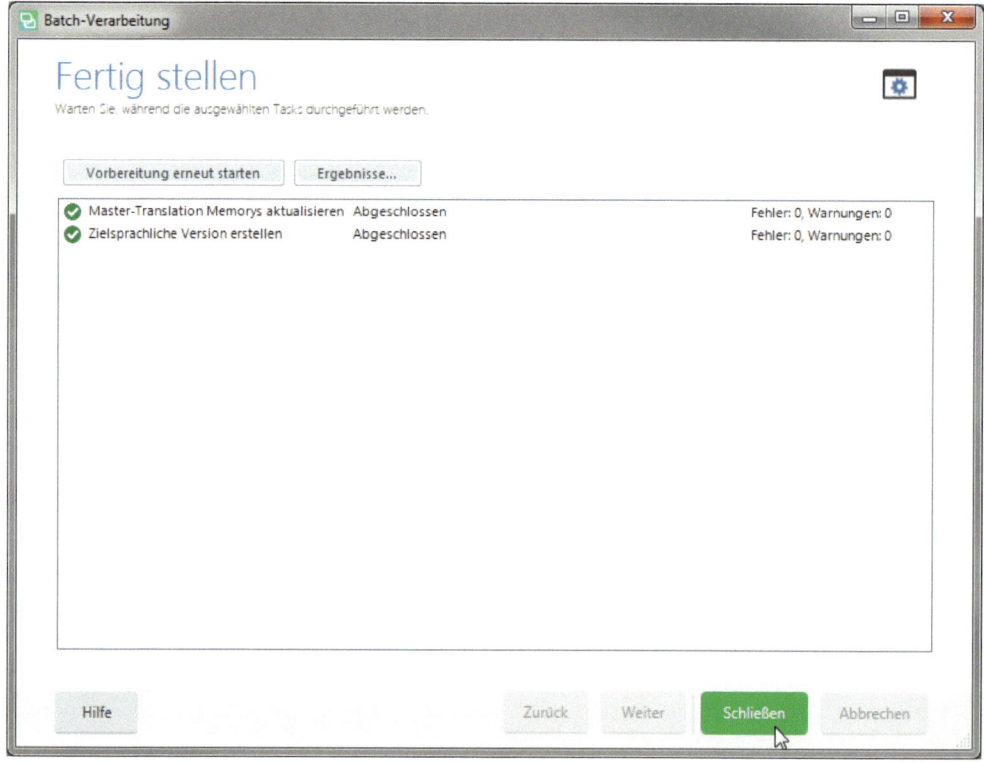

---

[8] Eine Task-Sequenz ist ganz einfach eine Aufgabenkombination, in der Aufgaben in der aufgeführten Reihenfolge vom System ausgeführt werden.

Liefern

Bei der Lieferung der übersetzten Dateien an den Kunden stellt sich zunächst die Frage, wo SDL Trados Studio 2019 die Dateien abgelegt hat, wenn ein Projekt mit der Batch-Task-Sequenz **Abschließen** abgeschlossen wurde. SDL Trados Studio 2019 legt die zielsprachlichen Dateien und auch die dazugehörigen finalen *.sdlxliff-Dateien im Projektordner ab, der bei der Projektanlage erzeugt wurde, und zwar als Standard im Unterordner, der mit dem Länderkürzel der zielsprachlichen Dateien versehen ist. Die Dateien können entsprechend aus diesem Ordner verwendet werden, um sie dem Kunden zu schicken. Oder sie werden in den jeweiligen Kunden-Projektordner außerhalb der SDL Trados-Projektstruktur kopiert und von dort aus versendet.

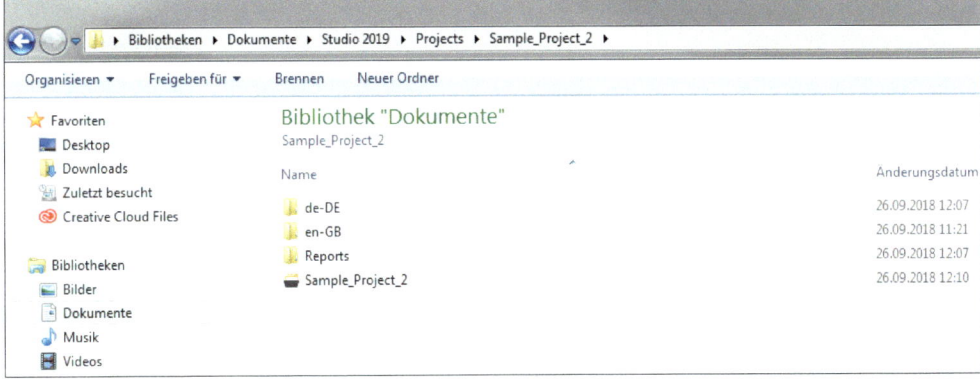

Projektordner mit Unterordner (versehen mit Name des Projekts)

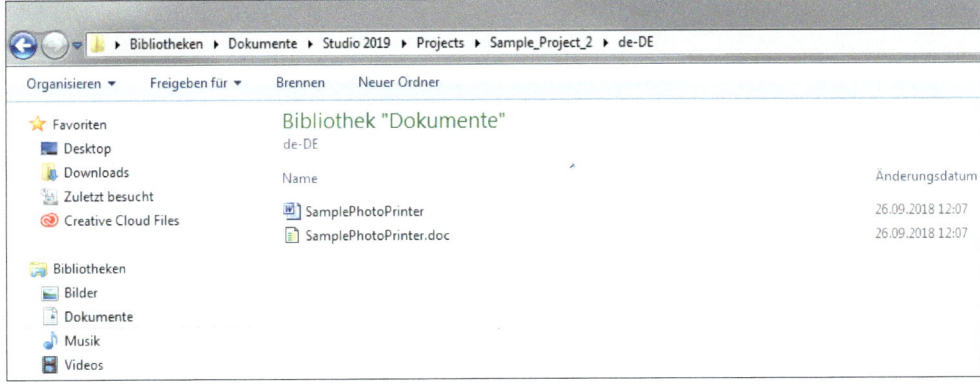

Ordner mit Länderkürzel, zielsprachlicher Datei und *.sdlxliff-Datei

Workflow 2: Öffnen von Projekten, Spezifika in der Übersetzungsumgebung, Qualitätsprüfung, Überprüfung und Projektabschluss

Das Übersetzen und Speichern ohne Auffinden von Matches im Translation Memory ist zu Beginn der Arbeit mit SDL Trados Studio 2019 sicherlich zunächst der Alltag, wenn keine Translation Memory-Daten vom Kunden zur Verfügung gestellt werden. Aus diesem Grund wurde im vorherigen Kapitel **Workflow 1: Einfacher Übersetzungsprozess mit Projektabschluss** zunächst ein einfacher Übersetzungsablauf dargestellt, in dem das Öffnen von Projekten und Einzeldateien für die Übersetzung von neuen Segmenten mit dem dazugehörigen Übersetzungsabschluss erläutert wird. Das Kapitel wurde durch Beispiele für die Arbeit mit Fuzzy-Matches und 100%-Matches bzw. Kontext-Matches ergänzt. Im nun folgenden Kapitel werden verschiedene Funktionalitäten dargestellt, die den Benutzer im Übersetzungsprozess mit SDL Trados Studio 2019 unterstützen und den Prozess vereinfachen sollen. Es wurden Dateien aus den SDL Trados Studio 2019-Beispieldateien und Dateien aus dem eCoLoRe-Projekt herangezogen, um die verschiedenen Funktionalitäten zu verdeutlichen.

Öffnen von Projekten und Dateien für die Übersetzung

Es gibt mehrere Möglichkeiten, Dateien in SDL Trados Studio 2019 für die Übersetzung zu öffnen.

Öffnen Sie zunächst die Ansicht **Projekte**, um ein zuvor angelegtes Projekt für die Übersetzung zu öffnen.

Wählen Sie ein zu übersetzendes Projekt aus, sodass es in Fettdruck erscheint (falls dies noch nicht der Fall ist), indem Sie mit der rechten Maustaste 🖱 zunächst auf das zu übersetzende Projekt und danach auf **Als aktuelles auswählen** klicken.

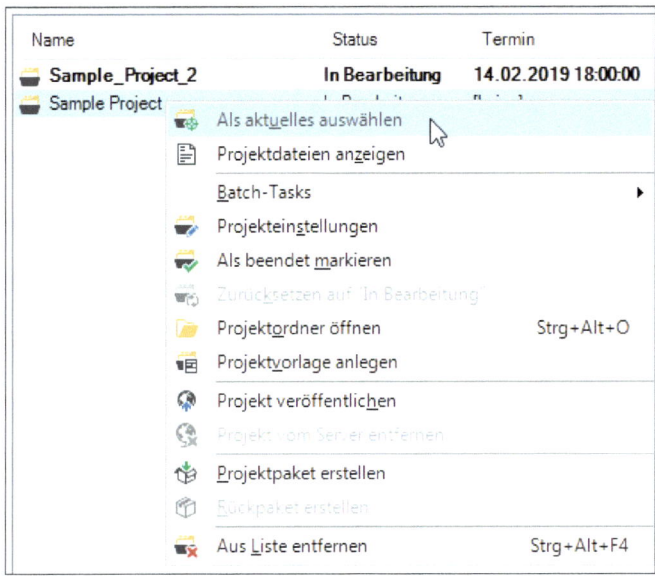

Das Projekt erscheint nun in Fettdruck und die im Projekt enthaltenen Dateien sind für die Übersetzung bereit.

Doppelklicken Sie auf das geöffnete Projekt, damit SDL Trados Studio 2019 in die Ansicht **Dateien** wechselt, oder klicken Sie auf die Ansicht **Dateien**.

Öffnen einer einzelnen Projektdatei für die Übersetzung

Doppelklicken Sie in einem geöffneten Projekt in der Ansicht **Dateien** auf die zu übersetzende Datei oder klicken Sie mit der rechten Maustaste 🖰 auf die zu übersetzende Datei und wählen Sie **Zur Übersetzung öffnen** aus, um eine einzelne Datei für die Übersetzung zu öffnen.

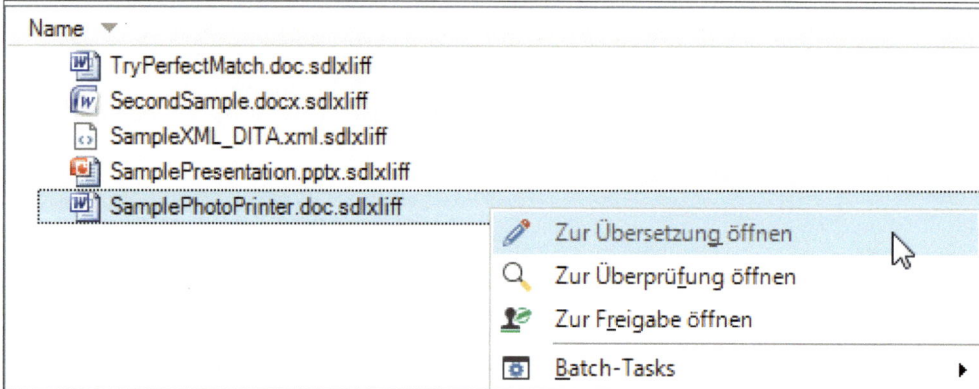

SDL Trados Studio 2019 öffnet die zu übersetzende Datei in der Ansicht **Editor**, unterlegt als Standard das erste zu übersetzende Segment blau (und aktiviert es damit) und setzt den Cursor in das erste zielsprachliche Segment.

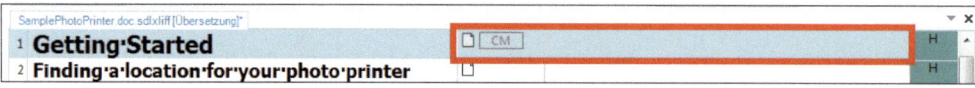

Öffnen mehrerer Projektdateien gleichzeitig für die Übersetzung (QuickMerge)

Drücken Sie in der Ansicht **Dateien** die [Strg]-Taste, halten Sie diese gedrückt und klicken Sie nacheinander auf mehrere Dateien eines Projekts, wenn Sie mehrere Dateien hintereinander für die Übersetzung öffnen möchten. Drücken Sie danach die Eingabetaste ⏎.

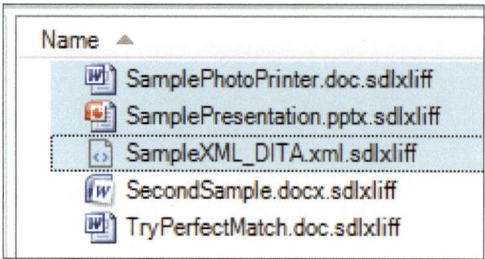

SDL Trados Studio 2019 führt die Dateien virtuell mit der Funktion **QuickMerge** zusammen, öffnet die ausgewählten Dateien hintereinander in der Ansicht **Editor** und trennt diese durch orangefarbene Balken, die mit dem Dateinamen und dem Dateiformat versehen sind. Die Dateien können so übersetzt werden, als sei es eine einzelne Datei.

! Wichtig ist beim Öffnen von Projekten und den damit verbundenen Dateien für die Übersetzung (und auch für die Überprüfung), dass die Reihenfolge der Ansichten berücksichtigt wird. Zunächst wird die Ansicht **Projekte** geöffnet, um das Projekt für die Bearbeitung zu aktivieren, dann die Ansicht **Dateien**, um eine oder mehrere Dateien für die Übersetzung auszuwählen. SDL Trados Studio 2019 öffnet dann nach Auswahl der Datei(en) und Drücken der Eingabetaste ⏎ oder Doppelklick 🖱 die Ansicht **Editor** für die Übersetzung.

Ansicht Projekte → Ansicht Dateien → Ansicht Editor

Abfolge der Ansichten beim Öffnen von Projektdateien für die Übersetzung

Automatisches Öffnen von zuvor bearbeiteten Dokumenten

Aktivieren Sie auf der Registerkarte **Datei** → **Optionen** → **Editor** → **Zuvor bearbeitete Dokumente automatisch öffnen**, wenn Sie möchten, dass SDL Trados Studio 2019 nach dem Start alle Dokumente automatisch öffnet, die auch vor dem Schließen von SDL Trados Studio 2019 in der Ansicht **Editor** geöffnet waren. Als Standard werden zuvor bearbeitete Dokumente nicht automatisch geöffnet.

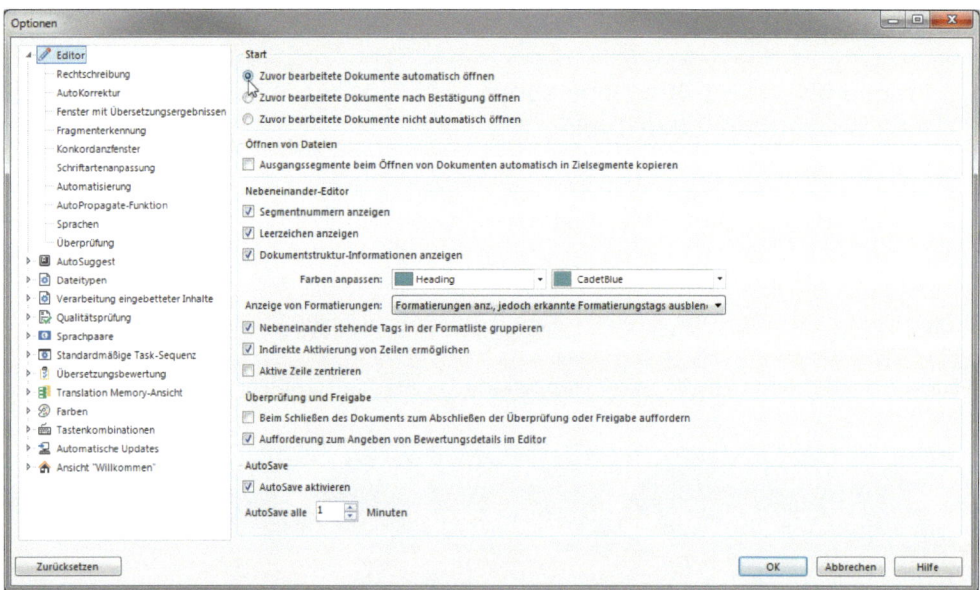

Spezifika im Übersetzungsprozess: 30 Punkte

Punkt 1: Alternative Übersetzungsansicht

Sie haben in der Ansicht **Editor** die Möglichkeit, das Fenster mit den Übersetzungsergebnissen, den gefundenen Fragmenten, der Konkordanzsuche, den Kommentaren, den Bewertungen und der Meldungsliste und das Terminologiefenster oberhalb oder unterhalb des zu übersetzenden Textes anzuordnen. Als Standard werden die Fenster oberhalb des zu übersetzenden Textes angeordnet.

Klicken Sie in der Ansicht **Editor** auf der Registerkarte **Ansicht** in der Gruppe **Funktionen** auf **Alternative Übersetzungsansicht**, um zwischen den beiden Einstellungsmöglichkeiten zu wechseln.

❗ Bitte beachten Sie, dass eine Datei in der Ansicht **Editor** geöffnet sein muss, damit die Gruppe **Funktionen** auf der Registerkarte **Ansicht** erscheint.

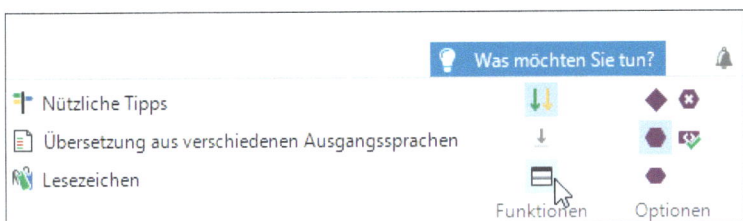

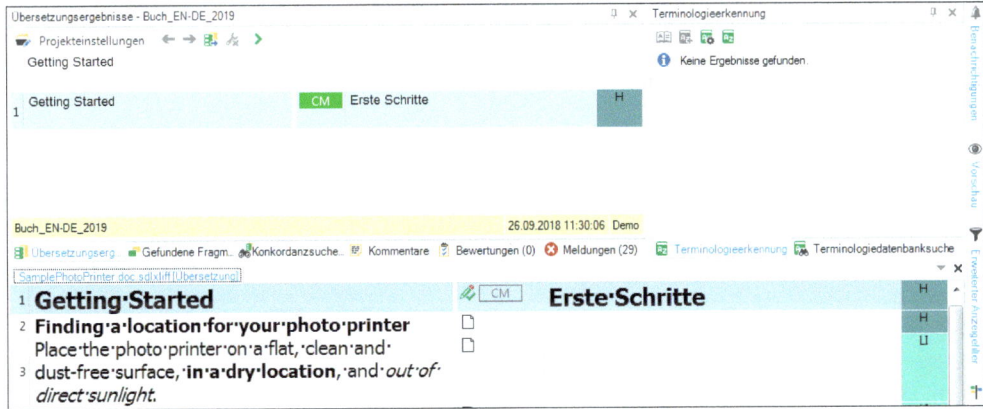

Fensteranordnung oberhalb des zu übersetzenden Textes

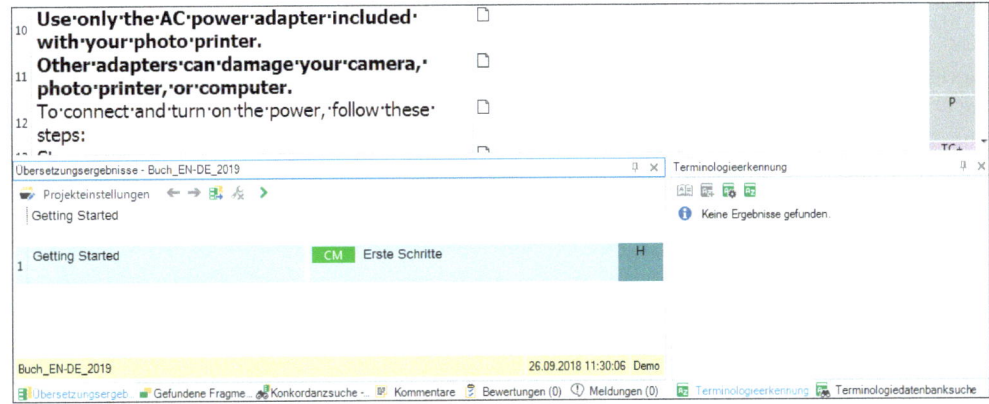

Fensteranordnung unterhalb des zu übersetzenden Textes

Punkt 2: Ein- und Ausblenden von Leerzeichen

Klicken Sie in der Ansicht **Editor** auf der Registerkarte **Start** in der Gruppe **Formatierung** auf **Leerzeichen anzeigen**, um Leerzeichen ein- oder auszublenden.

Punkt 3: Einfügen und Löschen von Formatierungen

SDL Trados Studio 2019 bietet während der Übersetzung die Möglichkeit, mit der Tastenkombination Strg + , Formatierungen, die im ausgangssprachlichen Segment vorhanden sind, in einer Dropdown-Liste anzuzeigen, auszuwählen und mit der Eingabetaste ⏎ in das zielsprachliche Segment zu übertragen.

Dies kann bei oder nach der Übersetzung des Segments erfolgen und ist Teil der Funktion **QuickPlace**, mit der neben Formatierungen auch platzierbare Elemente wie Tags, Zahlen, Variablen und Datumsangaben, die im ausgangssprachlichen Segment vorhanden sind, in den Zieltext eingefügt werden können. Neben der Tastenkombination Strg + , ist es möglich, mit der rechten Maustaste auf ein zielsprachliches Segment zu klicken und mit der Funktion **QuickPlace** das Dialogfeld **QuickPlace** zu öffnen.

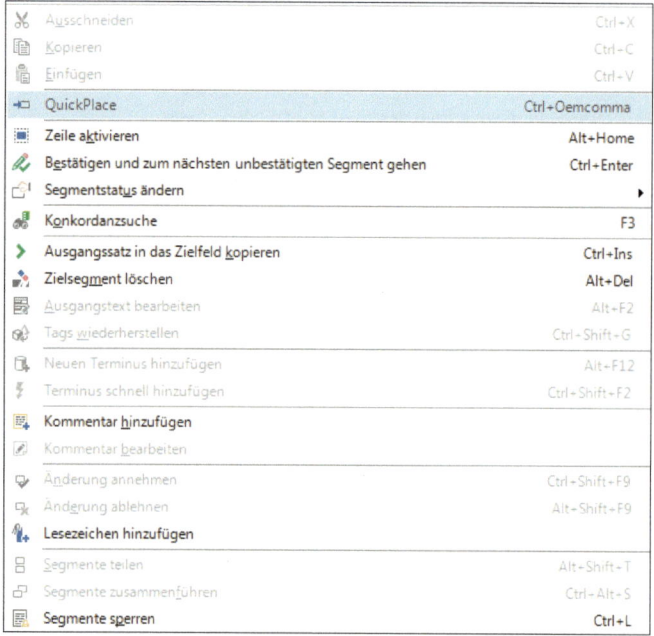

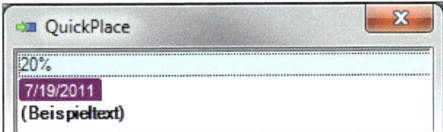 Die platzierbaren Elemente werden ausgewählt und mit der Eingabetaste ⏎ in den Zieltext übernommen.

Einfügen von Formatierungen beim Übersetzen

Die erste Möglichkeit für die Übernahme von Formatierungen aus dem ausgangssprachlichen Segment beim Übersetzen ist die Übernahme der Formatierung direkt beim Schreiben der Übersetzung. Drücken Sie am Anfang der ersten Formatierung, die von der Standardschriftart des ausgangssprachlichen Segments abweicht, die Tastenkombination Strg + ⎵. Es öffnet sich eine Dropdown-Liste mit den zur Verfügung stehenden Formatierungen, die mit dem Wort **Beispieltext** verdeutlicht werden. Die in der Dropdown-Liste aktive, blau unterlegte Formatierung wird gleichzeitig auch im Ausgangstext farblich gekennzeichnet. Ein Wechsel zwischen den verschiedenen Formatierungen erfolgt mit der ↓- bzw. ↑-Taste.

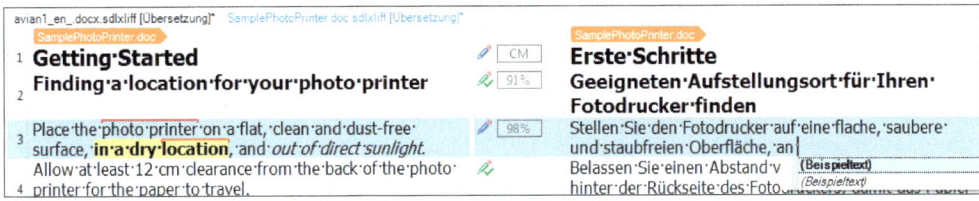

Drücken Sie die Eingabetaste ⏎, um die ausgewählte Formatierung zu aktivieren, und fahren Sie mit dem Schreiben bis zum Ende der Formatierung fort.

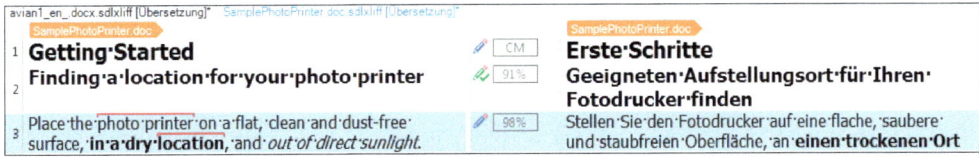

 Drücken Sie nun die Tastenkombination Strg + Leerz. oder klicken Sie auf der Registerkarte **Start** in der Gruppe **Formatierung** auf **Formatierung löschen**, um die Formatierung zu beenden und in der Standardschriftart des Segments weiterzuschreiben.

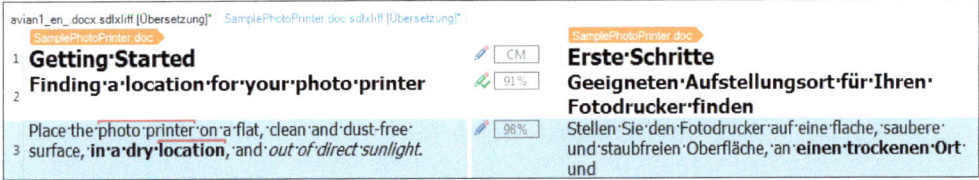

Drücken Sie erneut die Tastenkombination ⌈Strg⌉ + ⌈,⌉, wenn Sie eine weitere Formatierung im Segment beginnen möchten, die von der Standardschriftart im Segment abweicht. Die zweite Formatierung eines Segments wird nun von SDL Trados Studio 2019 in der Dropdown-Liste blau unterlegt und im Ausgangstext hervorgehoben und kann mit der Eingabetaste ⌈↵⌉ für die Eingabe aktiviert und mit der Tastenkombination ⌈Strg⌉ + ⌈Leerz.⌉ bzw. **Formatierung löschen** auf der Registerkarte **Start** in der Gruppe **Formatierung** beendet werden, wenn weiterer Standardtext im gleichen Segment folgt.

Auswahl der abweichenden Formatierung

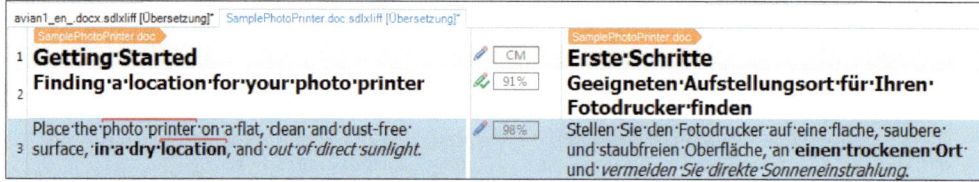
Integration der abweichenden Formatierung in den Text

Nachträgliches Einfügen von Formatierungen

Neben dem Einfügen von Formatierungen während der Übersetzung können auch Formatierungen nach der Übersetzung eines Segments eingefügt werden.

Im nachfolgenden Beispiel ist ein Segment aufgeführt, in dem über die Standardschrift hinaus auch Fett- und Kursivdruck im Ausgangstext verwendet wurden, die im zielsprachlichen Segment noch nicht enthalten sind. SDL Trados Studio 2019 zeigt aus diesem Grund einen 98% Match an, obwohl der reine Text bereits zu 100% im Translation Memory enthalten ist, um auf die unterschiedlichen Formatierungen hinzuweisen.

Markieren Sie zunächst im zielsprachlichen Segment den ersten Textteil, der eine abweichende Formatierung zur Standardschriftart erhalten soll. Im vorliegenden Beispiel wurde zunächst im zielsprachlichen Segment „an einen trockenen Ort" markiert. Drücken Sie dann ⌈Strg⌉ + ⌈,⌉. Im zielsprachlichen Segment öffnet sich eine Dropdown-Liste, in der im vorliegenden Beispiel das Wort **(Beispieltext)** einmal fett und einmal kursiv aufgeführt ist. Ist das fettgedruckte Wort **Beispieltext** aktiv, ist gleichzeitig der im Ausgangstext fett gedruckte Text farbig unterlegt. Sie wechseln mit der ⌈↓⌉- bzw. der ⌈↑⌉-**Taste** zwischen den Auswahlmöglichkeiten in der Dropdown-Liste.

Wählen Sie eine von Ihnen gewünschte Formatierung aus und drücken Sie danach die Eingabetaste ⏎, um die Formatierung in den Zieltext zu übernehmen. Im vorliegenden Beispiel erscheint nun „an einen trockenen Ort" fett gedruckt.

Analog können alle weiteren Formatierungen im aktiven Segment angepasst werden. Im vorliegenden Beispiel ist dies die Kursivschrift. Hier wurde zunächst „vermeiden Sie direkte Sonneneinstrahlung" markiert. Danach wurde die Tastenkombination Strg + . gedrückt. SDL Trados Studio 2019 öffnet wieder eine Dropdown-Liste und ordnet diesmal die nächste Formatierung im Segment (im Beispiel kursiv) oben an. Übernehmen Sie auch eine zweite Formatierung durch Drücken der Eingabetaste ⏎ in ein zielsprachliches Segment.

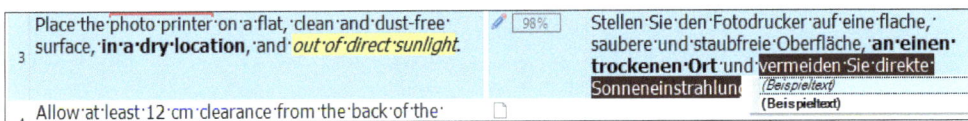

Im vorliegenden Beispiel ist nun auch die Kursivformatierung in das zielsprachliche Segment übernommen.

Einfügen von Formatierungen, die vom Ausgangstext abweichen

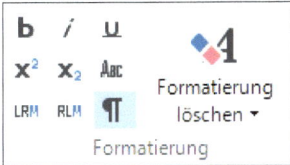

SDL Trados Studio 2019 bietet die Möglichkeit, einige Formatierungen abweichend vom Ausgangstext auch dann zu setzen, wenn diese nicht im ausgangssprachlichen Segment enthalten sind. Hierzu gehören neben Fett-, Kursivdruck und Unterstreichung auch die Verwendung von Kapitälchen und hoch- und tiefgestellt positioniertem Text. Sie finden diese Formatierungsmöglichkeiten in der Ansicht **Editor** auf der Registerkarte **Start** in der Gruppe **Formatierung**.

Löschen von Formatierungen

Wurde eine Formatierung falsch übernommen (z.B. fett und kursiv statt nur fett oder nur kursiv), kann die falsche Formatierung eines markierten Textteils in der Ansicht **Editor** auf der Registerkarte **Start** in der Gruppe **Formatierung** mit dem Befehl **Formatierung löschen** gelöscht und danach entsprechend angepasst werden. Alternativ haben Sie auch die Möglichkeit, die Tastenkombination [Strg] + [Leerz.] zu verwenden.

Darüber hinaus ist es möglich, alle Formatierungen im aktiven Segment zu löschen. Klicken Sie hierzu auf den kleinen Pfeil nach unten rechts neben **Formatierung löschen** und wählen Sie aus der sich öffnenden Dropdown-Liste **Alle Formatierungen löschen** aus.

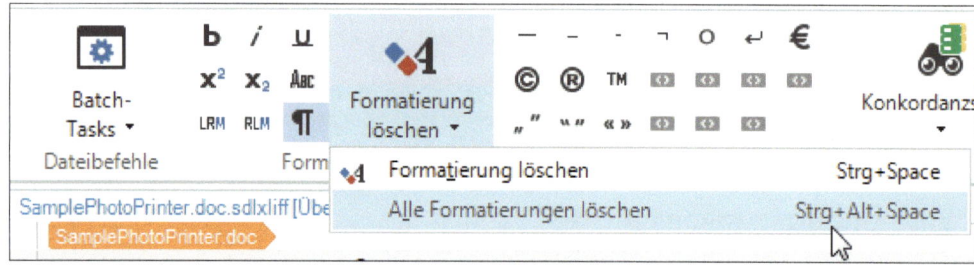

Alle Formatierungen im aktiven Segment werden gelöscht.

 Dieser Befehl wirkt sich nur auf das aktive Segment, nicht auf das gesamte Dokument aus.

Punkt 4: Übernehmen von Tags, Variablen, Zahlen und Datumsangaben

Neben den im vorangehenden Kapitel beschriebenen Formatierungen bietet SDL Trados Studio 2019 die Möglichkeit, mit der Funktion **QuickPlace** Tags, Variablen, Zahlen und Datumsangaben vom ausgangssprachlichen in das zielsprachliche Segment zu übernehmen. Dies kann, wie weiter oben bereits erläutert, entweder durch die Tastenkombination [Strg] + [,], das Auswählen des platzierbaren Elements aus einer Dropdown-Liste und Bestätigen mit der Eingabetaste [↵] oder durch Klicken mit der rechten Maustaste in ein zielsprachliches Segment, Auswählen von **QuickPlace** mit dem dazugehörigen Element aus dem Dialogfeld **QuickPlace** und anschließendes Drücken der Eingabetaste ⏎ in der Ansicht **Editor** erfolgen. In den nachfolgenden Kapiteln wird das Verfahren für Tags, Variablen, Zahlen und Datumsangaben mit deren jeweiligen Besonderheiten beschrieben.

Übernehmen von einzelnen Tags und Tag-Paaren

Tags können ebenso wie Formatierungen mit der Tastenkombination Strg + ⌨, Auswahl des gewünschten Tags aus der sich öffnenden Dropdown-Liste und Drücken der Eingabetaste ⏎ in den Zieltext übernommen werden. Darüber hinaus ist es möglich, die Darstellung von Tags im Ausgangstext in der Ansicht **Editor** auf der Registerkarte **Ansicht** in der Gruppe **Optionen** zu verändern. Als Standard ist die Einstellung **Teilweiser Tag-Text** ausgewählt, d.h., die Beschreibung des Tags wird verkürzt dargestellt und dient der besseren Übersicht im Editor.

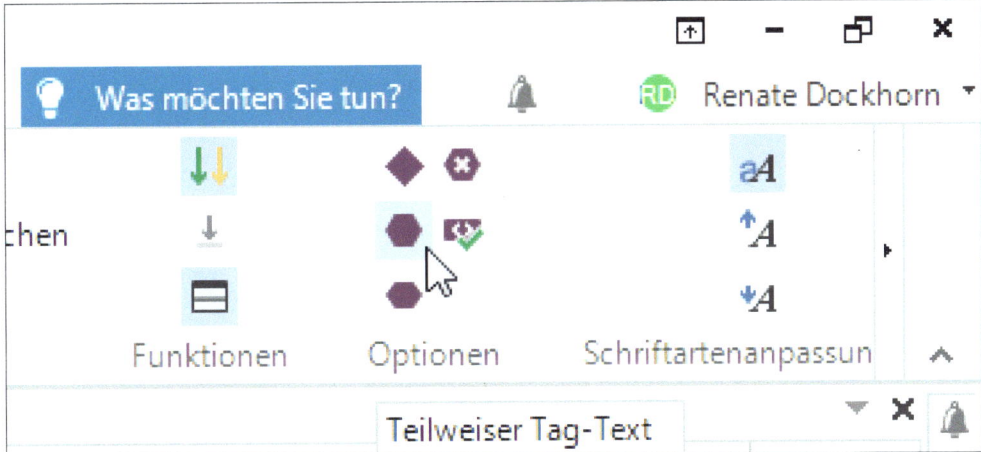

Übernehmen von einzelnen Tags

Im nachfolgenden Beispiel liegt im aktiven Segment zunächst ein einzelnes Tag in Form einer Fußnotenreferenz im Ausgangstext vor, das in den Zieltext zu übernehmen ist, damit die Fußnotenreferenz ordnungsgemäß im Zieltext dargestellt wird.

Drücken Sie an der Stelle, an der ein Tag eingefügt werden soll, die Tastenkombination Strg + ⌨, um die Dropdown-Liste mit den vorhandenen QuickPlace-Elementen zu öffnen. QuickPlace zeigt Fußnotenreferenzen in der Standardeinstellung als „footnotereference" an.

Drücken Sie die **Eingabetaste** ⏎ (sollten weitere QuickPlace-Elemente in der Dropdown-Liste enthalten sein und Sie möchten ein anderes Tag auswählen, wählen Sie mit der ↓-Taste das gewünschte Tag aus, sodass dieses blau unterlegt ist, und drücken Sie dann die Eingabetaste ⏎). Das Tag wird in den Zieltext eingefügt und das Segment kann nach Abschluss der Übersetzung bestätigt werden.

6	For proper ventilation[footnotereference], make sure the top and back of the photo printer are not blocked.	✎	Stellen Sie sicher, dass die Vorder- und Rückseite des Fotodruckers frei zugänglich sind, um eine ordnungsgemäße Belüftung[footnotereference] sicherzustellen.

Übernehmen von Tag-Paaren

Tag-Paare weisen beim Einfügen des öffnenden Tags in das zielsprachliche Segment eine Besonderheit auf, da nach dem Einfügen des öffnenden Tags vom System ein zusätzliches Ghost-Tag in blasserer Farbe eingesetzt wird, mit dem darauf hingewiesen wird, dass das öffnende Tag ein schließendes Tag benötigt, um vollständig zu sein. Das Ghost-Tag verschwindet, sobald das schließende Tag eingesetzt wird.

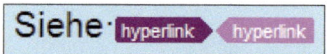

Öffnendes Tag mit Ghost-Tag

Im nachfolgenden Beispiel werden der Anfang und das Ende eines Hyperlinks durch ein Tag-Paar gekennzeichnet. Drücken Sie an der Stelle, an der ein öffnendes Tag gesetzt werden soll, die Tastenkombination [Strg] + [,], wählen Sie mit der ↓-Taste das gewünschte Tag aus der sich öffnenden Dropdown-Liste aus, sodass es blau unterlegt ist, und drücken Sie danach die Eingabetaste ⏎.

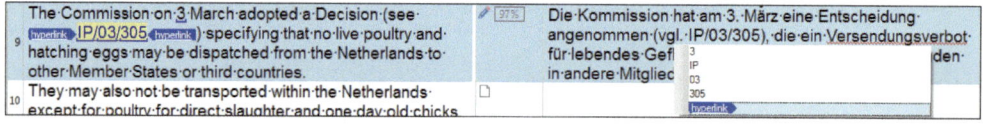

SDL Trados Studio 2019 setzt das öffnende Tag gefolgt von einem Ghost-Tag ein, das darauf hinweist, dass das öffnende Tag ein zusätzliches schließendes Tag erfordert. Ghost-Tags erscheinen in blassem Pink und verschwinden, sobald das richtige schließende Tag eingefügt ist.

9	The Commission on 3 March adopted a Decision (see [hyperlink] IP/03/305 [hyperlink]) specifying that no live poultry and hatching eggs may be dispatched from the Netherlands to other Member States or third countries.	✎ 97%	Die Kommission hat am 3. März eine Entscheidung angenommen (vgl. [hyperlink] [hyperlink] IP/03/305) die ein Versendungsverbot für lebendes Geflügel und Bruteier aus den Niederlanden in andere Mitgliedstaaten und in Drittländer vorsieht.

❗ Sind mehrere Tags in der Dropdown-Liste aufgeführt, so ist das jeweils einzusetzende Tag ganz einfach daran zu erkennen, dass das in der Dropdown-Liste aktive (blau unterlegte) Tag jeweils auch farbig im Ausgangstext unterlegt wird.

Drücken Sie an der Stelle, an der das schließende Tag eingesetzt werden soll, erneut die Tastenkombination ⌈Strg⌉ + ⌈,⌉, wählen Sie mit der ⌈↓⌉-Taste aus der sich öffnenden Dropdown-Liste das gewünschte Tag aus, sodass es blau unterlegt ist, und drücken Sie danach die Eingabetaste ⌈↵⌉.

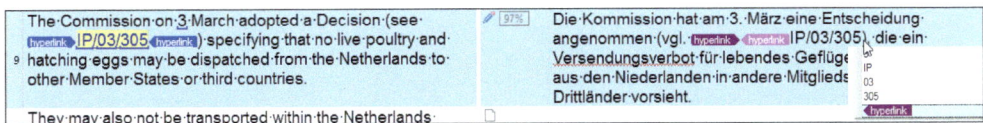

SDL Trados Studio 2019 setzt das schließende Tag ein und entfernt das Ghost-Tag. Schließen Sie die Übersetzung des Segments ab und bestätigen Sie dieses.

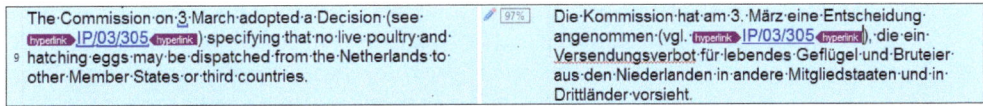

Kopieren von Tags

Neben dem vorgenannten Verfahren ist es in SDL Trados Studio 2019 auch möglich, Tags aus den ausgangssprachlichen Segmenten in den Zieltext zu kopieren. Markieren Sie in einem aktiven und damit blau unterlegten Segment das gewünschte Tag im Ausgangstext, kopieren Sie dieses mit ⌈Strg⌉ + ⌈C⌉ in die Zwischenablage und fügen Sie es an der entsprechenden Stelle mit ⌈Strg⌉ + ⌈V⌉ in das zielsprachliche Segment ein. Oder kopieren Sie das gesamte ausgangssprachliche Segment mit allen Tags mit ⌈Strg⌉ + ⌈Einf⌉ in das zielsprachliche Segment.

Übernehmen von Variablen und Zahlen

Variablen und Zahlen werden ebenso wie Tags oder Formatierungen mit der Tastenkombination ⌈Strg⌉ + ⌈,⌉ und der Auswahl aus der entsprechenden Dropdown-Liste bzw. einem rechten Mausklick 🖱 auf das zielsprachliche Segment und der Auswahl von **QuickPlace** mit dem dazugehörigen Element und das Drücken der Eingabetaste ⌈↵⌉ vom ausgangssprachlichen in das zielsprachliche Segment übertragen. Dabei versteht SDL Trados Studio 2019 unter Variablen nicht zu übersetzende Elemente, wie z.B. Produktnamen. Zahlen und Variablen werden in den ausgangssprachlichen Segmenten von SDL Trados Studio 2019 mit einem blauen Balken unterlegt, sobald ein Segment mit Variablen und Zahlen für die Bearbeitung aktiv ist.

Übernehmen Sie Zahlen und Variablen wie alle anderen Elemente an der jeweiligen Textstelle mit ⌈Strg⌉ + ⌈,⌉, Auswahl des entsprechenden Elements in der sich öffnenden Dropdown-Liste und Drücken der Eingabetaste ⌈↵⌉. Die Übernahme von Zahlen erscheint bei kurzen Zahlen wenig sinnvoll, kann jedoch z.B. bei langen Artikelnummern durchaus von Vorteil sein.

Klicken Sie alternativ mit der rechten Maustaste 🖱 auf das zielsprachliche Segment, in welches das platzierbare Element eingefügt werden soll, und wählen Sie **QuickPlace** aus.

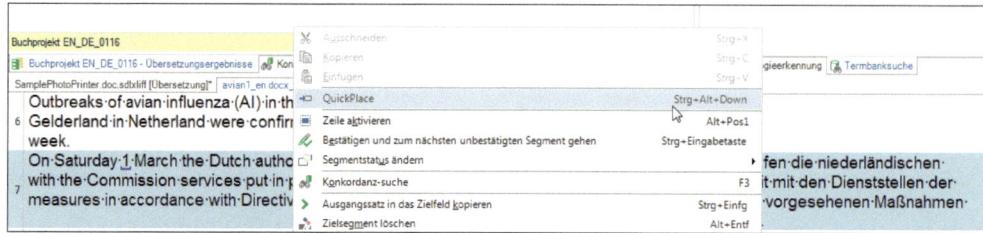

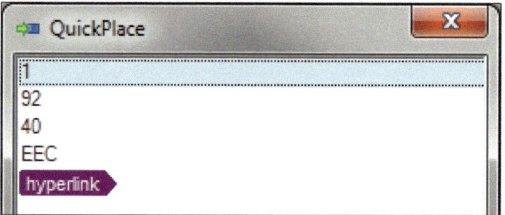

SDL Trados Studio 2019 öffnet das Dialogfeld **QuickPlace**, in dem alle in einem Segment verfügbaren platzierbaren Elemente enthalten sind. Das ausgewählte Element erscheint farbig unterlegt. Markieren Sie das gewünschte Element und drücken Sie die Eingabetaste ↵.

Das gewünschte platzierbare Element wird in das zielsprachliche Segment eingefügt.

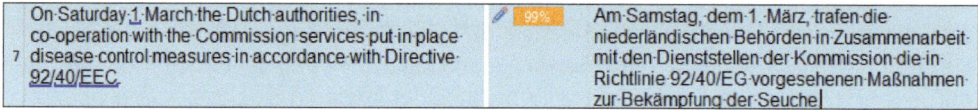

Übernehmen des Datums

Eine Besonderheit stellt die Übernahme des Datums mit QuickPlace dar, da SDL Trados Studio 2019 neben dem eigentlichen Datum als Standard den Wochentag für die Übernahme in den Zieltext anbietet.

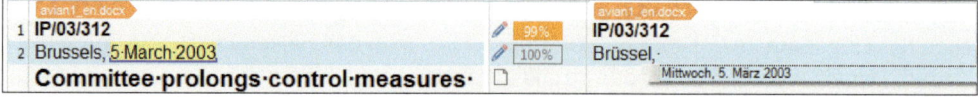

Gehen Sie wie folgt vor, um SDL Trados Studio 2019 so einzustellen, dass das Datum in QuickPlace ohne Wochentag erscheint: Klicken Sie auf der Registerkarte **Datei** → **Optionen** → **Sprachpaare** → Name des spezifischen Sprachpaars → **Translation Memorys und maschinelle Übersetzung** → **Automatische Ersetzung** auf **Datums- und Zeitangaben**.

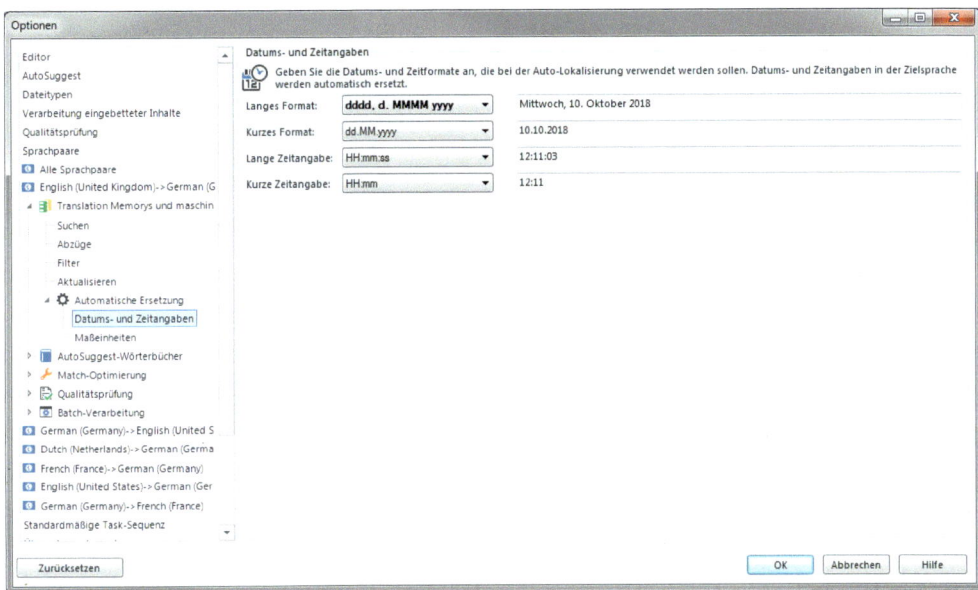

Klicken Sie auf den kleinen Pfeil nach unten neben **Langes Format:** und wählen Sie aus der sich öffnenden Dropdown-Liste die Option aus, durch die der Wochentag nicht eingebunden wird (im vorliegenden Beispiel d.MMMM.yyyy). Bestätigen Sie mit **OK**.

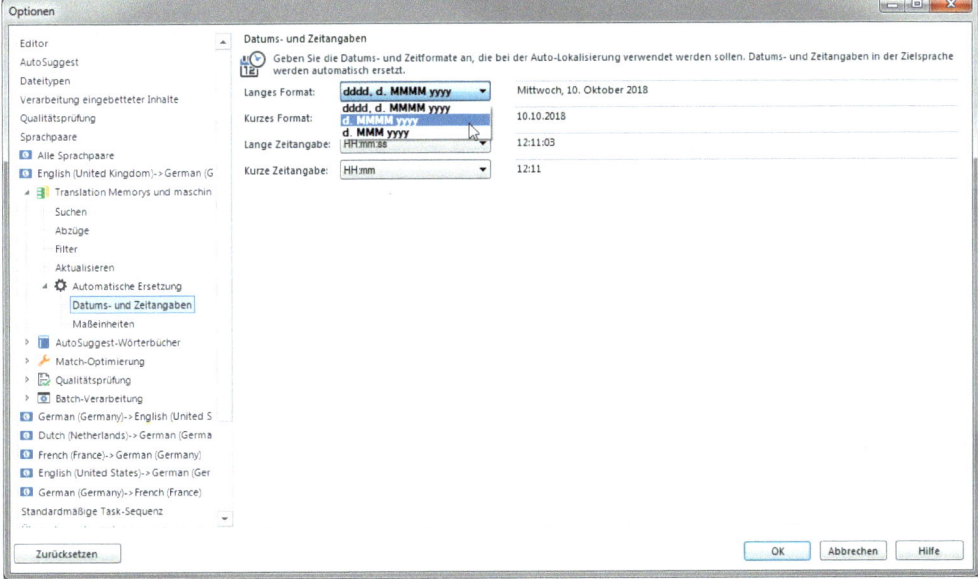

SDL Trados Studio 2019 bietet nun in neuen Projekten das Datum ohne Wochentag als QuickPlace an.

Setzen Sie Daten ebenso wie andere platzierbare Elemente in den Zieltext ein, indem Sie den Cursor an der entsprechenden Stelle im Zieltext platzieren, Strg + , drücken oder mit der rechten Maustaste klicken und **QuickPlace** und danach das gewünschte Datum aus der sich öffnenden Dropdown-Liste auswählen und dieses durch Drücken der Eingabetaste in den Zieltext übernehmen.

Punkt 5: Bearbeiten des Ausgangstextes

SDL Trados Studio 2019 bietet die Möglichkeit, Rechtschreibfehler in einzelnen ausgangssprachlichen Segmenten von Dateien in der Ansicht **Editor** zu bearbeiten.

Aktivieren der Bearbeitung des Ausgangstextes bei der Projektanlage

Die Einstellung für das Bearbeiten von Ausgangstext wird bei der Projektanlage im Dialogfeld **Neues Projekt anlegen → Allgemein** vorgenommen. Sie ist als Standard bei der Projektanlage zunächst deaktiviert. Wurde **Bearbeitung des Ausgangstextes zulassen** einmal bei einer Projektanlage aktiviert, bleibt diese Einstellung auch bei zukünftigen Projektanlagen aktiv.

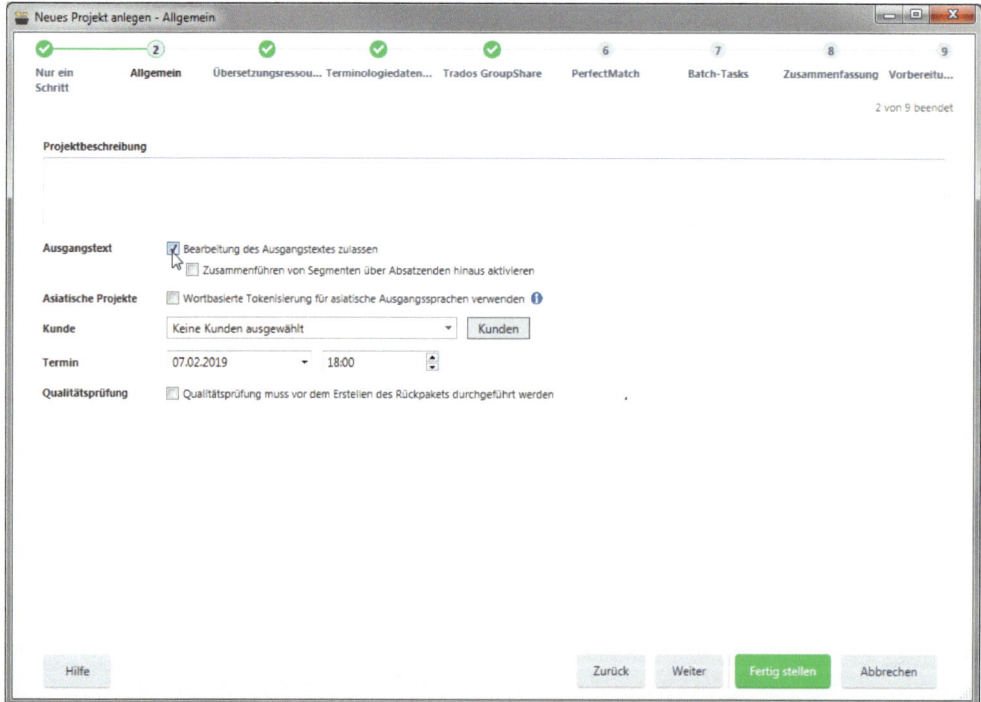

Aktiveren der Funktion Bearbeitung des Ausgangstextes zulassen bei der Projektanlage

Aktivieren der Bearbeitung des Ausgangstextes bei der Übersetzung von Einzeldateien ohne Projektanlage

Beim Öffnen einer Einzeldatei mit der Option **Als einzelnes Dokument übersetzen** in der Ansicht **Willkommen** für die Übersetzung ist die Option **Bearbeiten des Ausgangstextes zulassen** ebenfalls als Standard nicht aktiviert. Sie haben aber die Möglichkeit, dies in der Ansicht **Editor** auf der Registerkarte **Start** in der Gruppe **Konfiguration** in den **Projekteinstellungen** zu ändern, sobald die Datei in der Ansicht **Editor** geöffnet ist.

❗ Bitte beachten Sie, dass beim Öffnen einer Einzeldatei ohne Projektanlage für die Übersetzung das Bearbeiten des Ausgangstextes für jedes Dokument neu aktiviert werden muss.

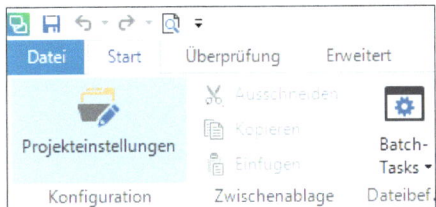

Klicken Sie zunächst auf der Registerkarte **Start** in der Gruppe **Konfiguration** auf **Projekteinstellungen**, um die Bearbeitung von ausgangssprachlichen Segmenten bei der Bearbeitung von Einzeldateien ohne Projektanlage nachträglich zu aktivieren.

Klicken Sie im sich öffnenden Dialogfeld **Projekteinstellungen** auf **Projekt**. Setzen Sie ein Häkchen vor **Bearbeitung des Ausgangstextes zulassen** und klicken Sie auf **OK**. Die Option für die Bearbeitung von Ausgangstext ist nun in der aktuellen Datei aktiv.

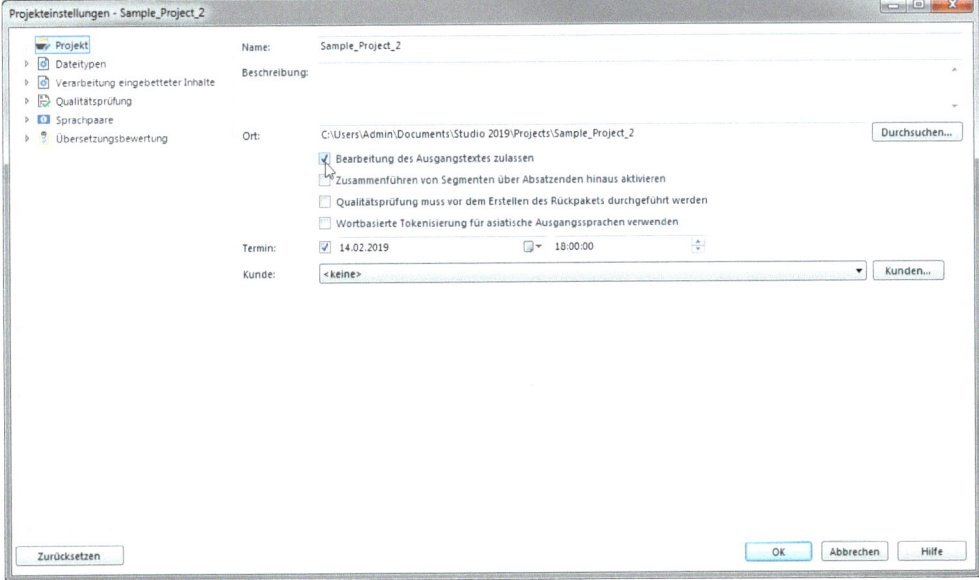

Vorgehen bei der Bearbeitung des Ausgangstextes

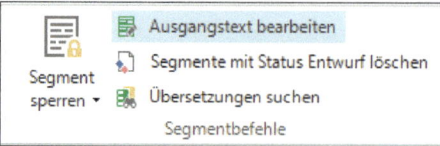

Aktivieren Sie im Übersetzungsprozess ein Segment, dessen Ausgangstext Sie bearbeiten möchten, sodass es farbig unterlegt ist, indem Sie auf der rechten Seite im Bereich für das zielsprachliche Segment darauf klicken. Wählen Sie dann auf der Registerkarte **Erweitert** in der Gruppe **Segmentbefehle → Ausgangstext bearbeiten** aus oder drücken Sie die Tastenkombination [Alt] + [F2].

Klicken Sie alternativ mit der rechten Maustaste 🖱 auf ein aktives, blau unterlegtes Segment und wählen Sie in der sich öffnenden Dropdown-Liste **Ausgangstext bearbeiten** aus, um den Ausgangstext zu bearbeiten.

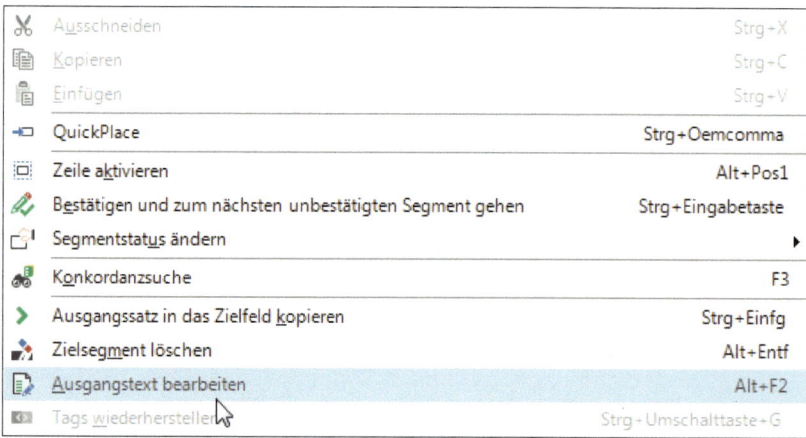

Das ausgangssprachliche Segment erhält einen ockerfarbenen Rahmen und kann bearbeitet werden.

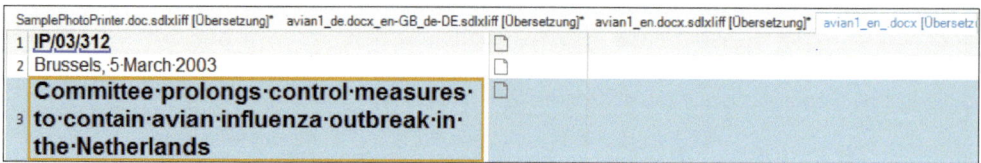

Sobald Sie mit dem Cursor in das zielsprachliche Segment wechseln, verschwindet der ockerfarbene Rahmen und der Bearbeitungsmodus für das ausgangssprachliche Segment ist aufgehoben. Die Übersetzung kann vorgenommen werden.

1	IP/03/312	
2	Brussels, 5 March 2003	
3	Commission prolongs control measures to contain avian influenza outbreak in the Netherlands	

Punkt 6: Zusammenführen und Teilen von Segmenten

In SDL Trados Studio 2019 ist es möglich, ausgewählte Segmente zusammenzuführen und zu teilen. Dabei ist es ab der Version SDL Trados Studio 2017 möglich, dass Segmente auch über Absatzmarken hinaus zusammengeführt (erweitert) werden können. Dies kann z.B. dann sinnvoll sein, wenn Sätze bei der Konvertierung aus PDF-Dateien in der Mitte durch Absatzmarken getrennt wurden. Darüber hinaus können natürlich auch ganze Segmente für die Übersetzung als ein Segment zusammengeführt werden.

Zusammenführen von geteilten Segmenten über Absatzenden hinaus

Voraussetzung für das Zusammenführen von Segmenten über Absatzenden hinaus ist zunächst die Aktivierung der Funktion **Bearbeitung des Ausgangstextes zulassen**. Dies ist bei der Projektanlage und in den Projekteinstellungen möglich. Ist diese Funktion aktiviert, kann die Funktion **Zusammenführen von Segmenten über Absatzenden hinaus aktivieren** bei der Projektanlage im Dialogfeld **Neues Projekt anlegen** → **Allgemein**

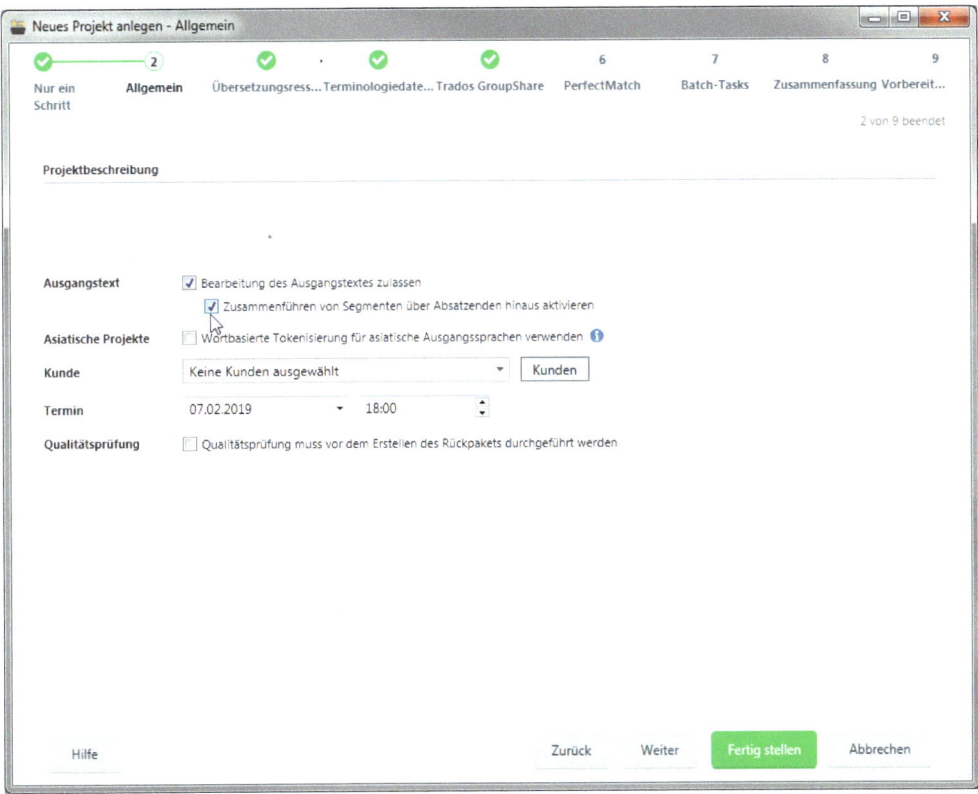

oder in einem aktiven Projekt oder einer ohne Projektanlage geöffneten Einzeldatei in einer beliebigen Ansicht auf der Registerkarte **Start** in der Gruppe **Konfiguration** unter **Projekteinstellungen** → **Projekt** vorgenommen werden.

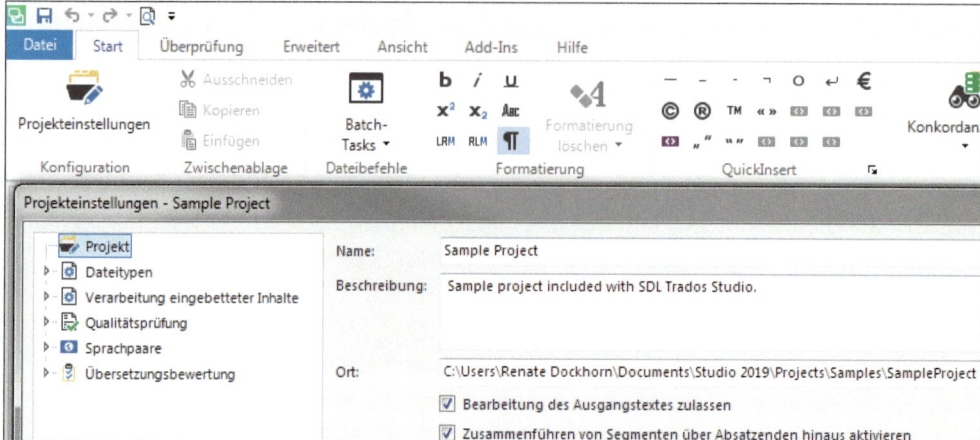

! Bitte beachten Sie, dass die Funktion **Zusammenführen von Segmenten über Absatzenden hinaus aktivieren** erst aktiviert werden kann, nachdem die Funktion **Bearbeitung des Ausgangstextes zulassen** aktiviert ist.

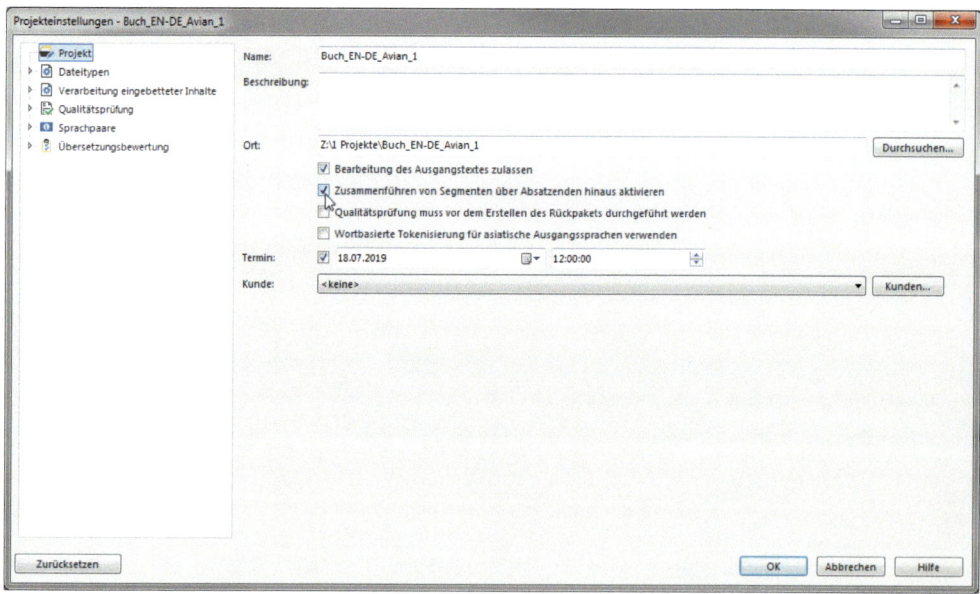

Im nachfolgenden Beispiel wird ein Satz, der durch eine Absatzmarke getrennt wurde und sich in zwei Segmenten befindet, zusammengeführt.

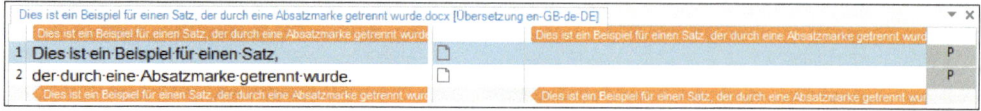

Klicken Sie zum Zusammenführen von Segmenten über Absatzenden hinaus zunächst auf die **Segmentnummer** links neben dem ersten ausgangssprachlichen Segment, das mit dem Folgesegment zusammengeführt werden soll. Drücken Sie danach die Strg-Taste und halten Sie diese gedrückt. Klicken Sie auf die Segmentnummer des Folgesegments. Das Folgesegment wird ockerfarben unterlegt.

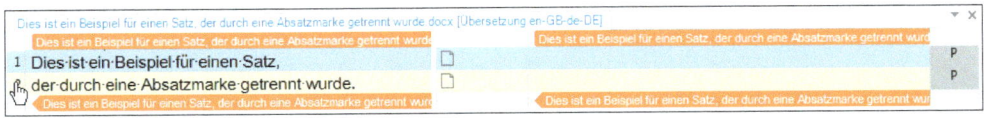

Gleichzeitig wird auf der Registerkarte **Start** in der Gruppe **Segmentbefehle** die Funktion **Segmente zusammenführen** aktiv. Klicken Sie auf **Segmente zusammenführen**.

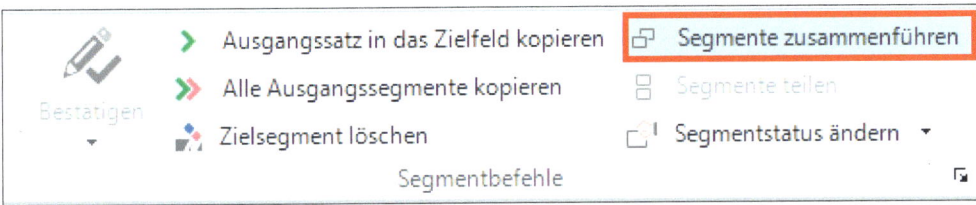

Alternativ haben Sie die Möglichkeit, nach dem Klicken mit der Maus auf die beiden Segmentnummern bei gedrückter Strg-Taste mit der rechten Maustaste auf die Segmentnummern zu klicken und aus der sich öffnenden Dropdown-Liste **Segmente zusammenführen** auszuwählen.

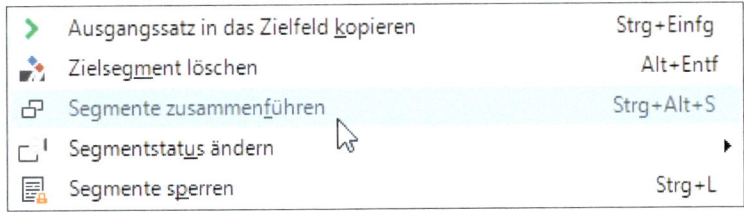

Die beiden Segmente werden zu einem Segment zusammengeführt.

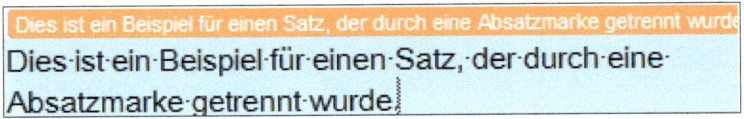

? Kann ich mehr als zwei Segmente auf einmal zusammenführen?
Ja, das ist möglich, indem Sie bei gedrückter Strg-Taste nacheinander auf die Segmentnummern mehrerer Folgesegmente klicken und diese dann zusammenführen.

Zusammenführen von vollständigen Segmenten

Natürlich haben Sie auch die Möglichkeit, Segmente zusammenzuführen, die sich in unterschiedlichen vollständigen Segmenten befinden, wenn Sie z.B. zwei Ausgangssätze in einem Satz übersetzen möchten.

8	Connecting and turning on the power	
9	Note:	
10	Use only the AC power adapter included with your photo printer.	
11	Other adapters can damage your camera, photo printer, or computer.	

Klicken Sie zum Zusammenführen von vollständigen Segmenten zunächst auf die Segmentnummer links neben dem ersten ausgangssprachlichen Segment, das mit einem oder mehreren Folgesegmenten zusammengeführt werden soll. Drücken Sie danach die [Strg]-Taste und halten Sie diese gedrückt. Klicken Sie auf die Segmentnummer des Folgesegments bzw. der folgenden Segmente. Das Folgesegment wird/die Folgesegmente werden nun ockerfarben unterlegt.

8	Connecting and turning on the power	
9	Note:	
10	Use only the AC power adapter included with your photo printer.	
11	Other adapters can damage your camera, photo printer, or computer.	

Gleichzeitig wird auf der Registerkarte **Start** in der Gruppe **Segmentbefehle** die Option **Segmente zusammenführen** aktiv.

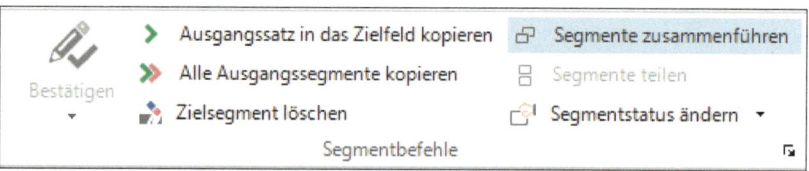

Alternativ haben Sie die Möglichkeit, nach dem Klicken mit der Maus auf die beiden Segmentnummern (bei gedrückter [Strg]-Taste) mit der rechten Maustaste auf die Segmentnummern zu klicken und aus der sich öffnenden Dropdown-Liste **Segmente zusammenführen** auszuwählen.

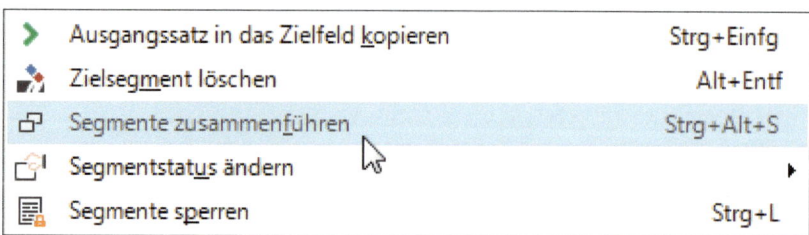

Die ausgewählten Segmente werden zu einem Segment zusammengeführt und können als ein Segment übersetzt werden.

| 10 | Use only the AC power adapter included with your photo printer. Other adapters can damage your camera, photo printer, or computer. | |

Teilen von Segmenten

Sollen Segmente (wieder) geteilt werden, setzen Sie den Cursor an die zu trennende Stelle im ausgangssprachlichen Segment (hier: vor „Other").

8	**Connecting and turning on the power**	
9	**Note:**	
10	Use only the AC power adapter included with your photo printer. Other adapters can damage your camera, photo printer, or computer.	

Klicken Sie in der Ansicht **Editor** auf der Registerkarte **Start** in der Gruppe **Segmentbefehle** auf **Segmente teilen**, um ein Segment zu teilen.

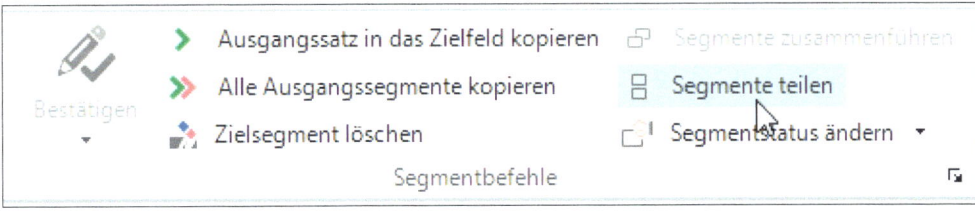

Alternativ haben Sie die Möglichkeit, nach dem Setzen des Cursors mit der rechten Maustaste 🖱 auf das zu trennende ausgangssprachliche Segment zu klicken und aus der sich öffnenden Dropdown-Liste **Segmente teilen** auszuwählen.

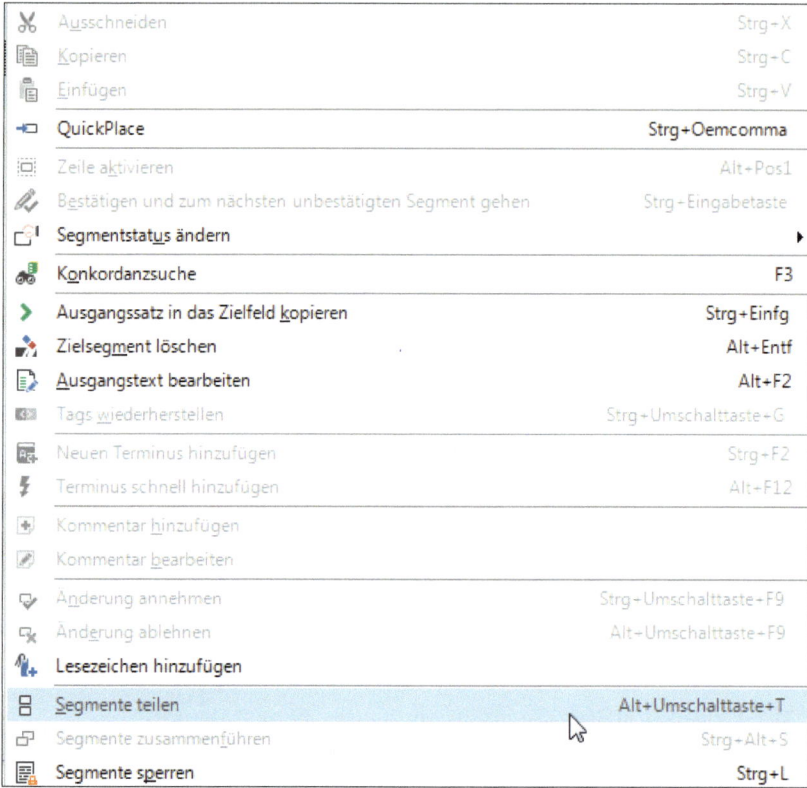

Die Segmente werden getrennt und in aufeinanderfolgenden Segmenten dargestellt. Dabei verändert sich die Segmentnummerierung.

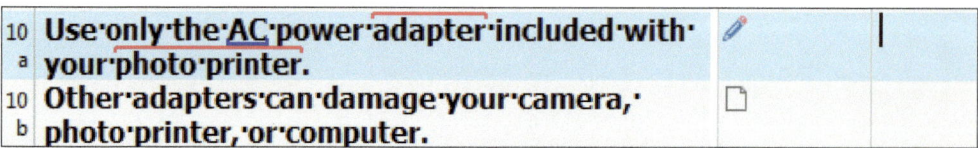

❗ Wichtig zu wissen ist, dass die Bildsymbole für die Funktionen **Segmente zusammenführen** und **Segmente teilen** auf kleineren Bildschirmen „etwas versteckt" ohne Beschriftung auf der Registerkarte **Start** in der Gruppe **Segmentbefehle** erscheinen.

Punkt 7: Kopieren von Ausgangssegmenten in das zielsprachliche Segment

In manchen Fällen ist es wünschenswert, Ausgangssegmente in das zielsprachliche Segment zu übertragen, wie im nachfolgenden Beispiel, in dem das zielsprachliche Segment identisch zum ausgangssprachlichen Segment sein soll.

Dabei bietet SDL Trados Studio 2019 verschiedene Möglichkeiten, Ausgangssegmente in den Zieltext zu kopieren:

Kopieren von einzelnen Ausgangssegmenten in das Zielfeld

Klicken Sie in der Ansicht **Editor** auf der Registerkarte **Start** in der Gruppe **Segmentbefehle** auf **Ausgangssatz in das Zielfeld kopieren**, um ein aktives und damit blau unterlegtes ausgangssprachliches Segment in das zielsprachliche Feld zu kopieren.

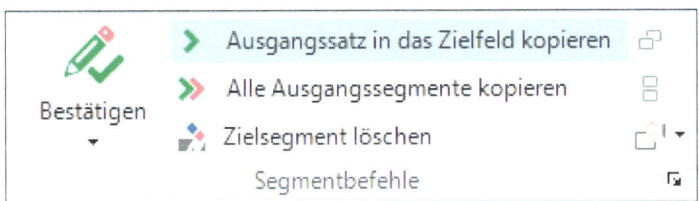

Klicken Sie alternativ mit der rechten Maustaste 🖱 auf das aktive Segment und wählen Sie in der sich öffnenden Dropdown-Liste **Ausgangssatz in das Zielfeld kopieren** aus, wenn Sie das ausgangssprachliche Segment in das zielsprachliche Segment kopieren möchten.

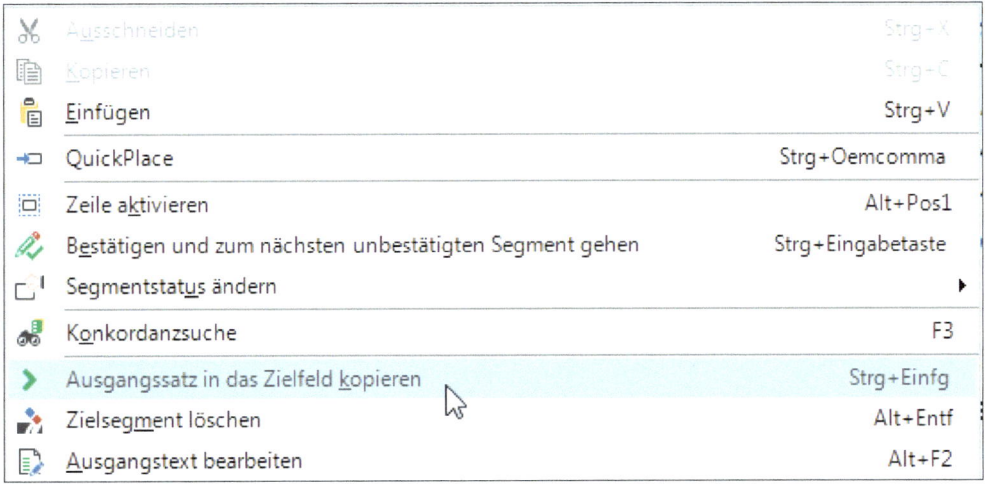

Das ausgangssprachliche Segment wird in das Zielsegment eingefügt und kann bestätigt oder bei Bedarf bearbeitet werden.

Kopieren aller ausgangssprachlichen Segmente in die zielsprachlichen Segmente

Über das Kopieren von einzelnen Segmenten hinaus haben Sie mehrere Möglichkeiten, alle Ausgangssegmente eines Dokuments in die zielsprachlichen Segmente zu kopieren.

1. Klicken Sie im Übersetzungsprozess in der Ansicht **Editor** auf der Registerkarte **Start** in der Gruppe **Segmentbefehle** auf **Alle Ausgangssegmente kopieren**, um alle ausgangssprachlichen Segmente eines Dokuments in die Zielfelder zu kopieren.

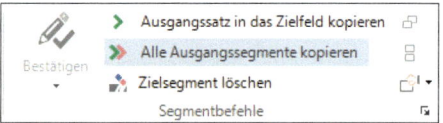

Darüber hinaus haben Sie in allen Ansichten zwei Möglichkeiten, ausgangssprachliche Segmente dauerhaft in zukünftigen Projekten in die zielsprachlichen Segmente zu kopieren:

2. Auf der Registerkarte **Datei → Optionen → Editor → Öffnen von Dateien → Ausgangssegmente beim Öffnen von Dokumenten automatisch in Zielsegmente kopieren** (als Standard nicht aktiviert). Mit dieser Einstellung werden beim Öffnen von Dateien in SDL Trados Studio 2019 projektübergreifend alle Ausgangssegmente automatisch unabhängig vom Status der Segmente in die Zielsegmente kopiert.

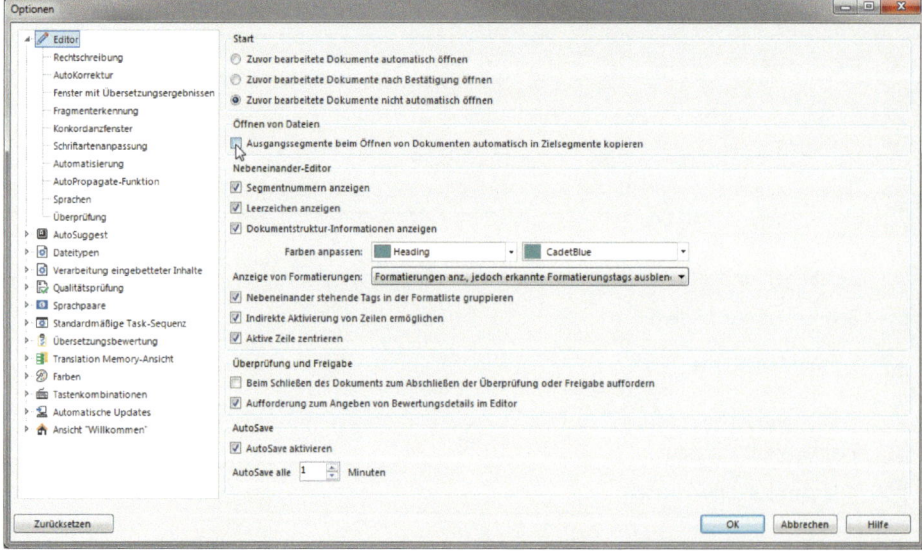

3. Auf der Registerkarte **Datei → Optionen → Editor → Automatisierung → Ausgangssatz kopieren, wenn kein Match gefunden wurde** (als Standard nicht aktiviert). Mit dieser Einstellung wird bei zukünftigen Projekten projektübergreifend im Übersetzungsprozess beim Wechsel in Segmente, bei denen kein Match vorhanden ist, das ausgangssprachliche Segment in das Zielsegment kopiert.

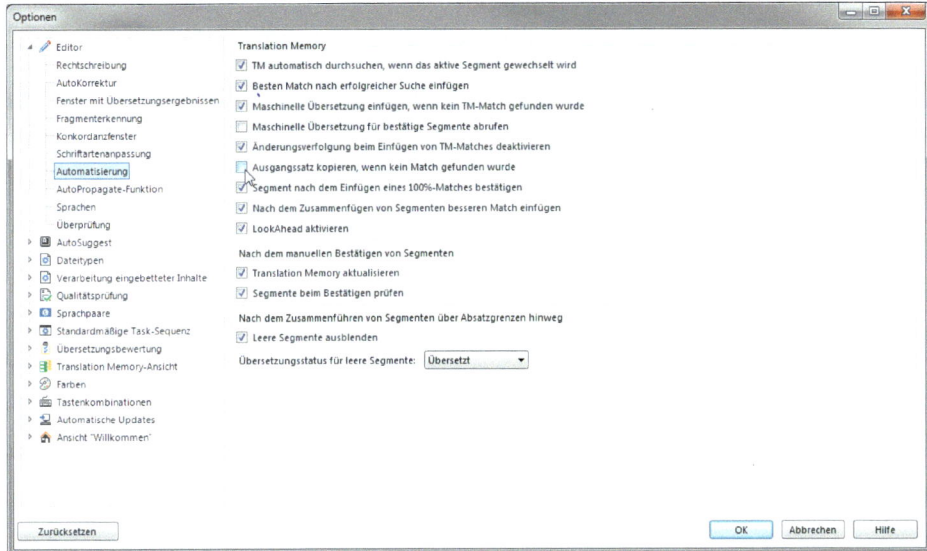

❗ Die Einstellungen auf der Registerkarte **Datei** in den **Optionen** greifen nach Änderung zum Teil unmittelbar, zum Teil ab der nächsten Projektanlage projektübergreifend für alle Projekte, bis sie wieder geändert werden, während Einstellungen in den Projekteinstellungen nur für das jeweils aktive Projekt gelten. Weichen die Einstellungen in den Optionen und die für ein einzelnes Projekt aktiven Projekteinstellungen voneinander ab, z.B., wenn ein Paket mit Einstellungen des Kunden geöffnet wurde, gelten für das eine Projekt die Projekteinstellungen, nicht die Einstellungen, die im Bereich **Datei → Optionen** gemacht wurden.

Punkt 8: Übernehmen von Vorschlägen aus AutoSuggest

AutoSuggest ist eine in SDL Trados Studio 2019 als Standard aktivierte Option, mit der SDL Trados Studio 2019 im Übersetzungsprozess auf Einträge aus Termbanken, AutoSuggest-Wörterbüchern, Translation Memorys und maschineller Übersetzung[9], gefundene Fragmente und AutoText, die im aktuellen Projekt aktiv sind, zugreift und diese beim Schreiben der Übersetzung an den entsprechenden Stellen im Text in Form einer Dropdown-Liste anzeigt.

Der Benutzer hat die Möglichkeit, mit der ↓- und der ↑-Taste zwischen den Vorschlägen aus der Dropdown-Liste zu wechseln und diese mit der Eingabetaste ↵ in den Zieltext zu übernehmen. Und natürlich auch, diese zu ignorieren und weiterzuschreiben.

Weitere Informationen zu AutoSuggest, wie z.B. zum Anlegen von AutoSuggest-Wörterbüchern, erhalten Sie im Kapitel **AutoSuggest**.

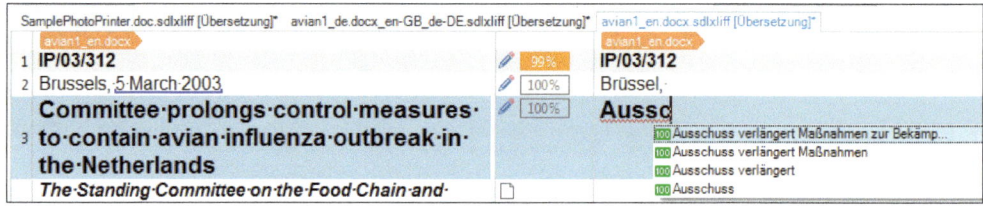

Beispiel für AutoSuggest-Vorschläge beim Schreiben des Zieltexts

Punkt 9: Zieltext farbig (gelb) markieren

Übersetzer schätzen oft die Möglichkeit, ein Wort oder eine Zahl im Zieltext farbig markieren zu können, um den Kunden auf eine Textstelle aufmerksam zu machen. Dies ist in SDL Trados Studio 2019 über **Hervorhebungsfarbe anwenden** in einigen Dokumentenformaten, wie z.B. Microsoft Word, mit der Farbe Gelb möglich. Markieren Sie zunächst einen Textteil in einem zielsprachlichen Segment.

---

9   Falls maschinelle Übersetzung konfiguriert/aktiviert wurde

Klicken Sie danach in der Ansicht **Editor** auf der Registerkarte **Start** in der Gruppe **QuickInsert** auf den kleinen Pfeil nach unten rechts neben **QuickInsert**.

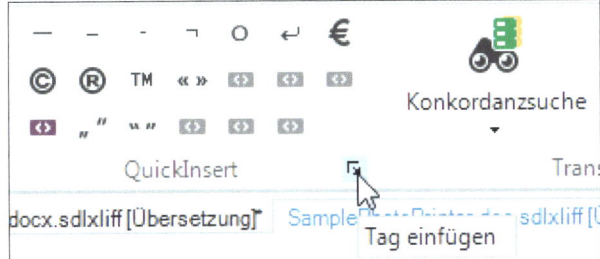

Klicken Sie im sich öffnenden Dialogfeld **Tag einfügen** auf **Hervorhebungsfarbe anwenden** und dann auf **Einfügen**.

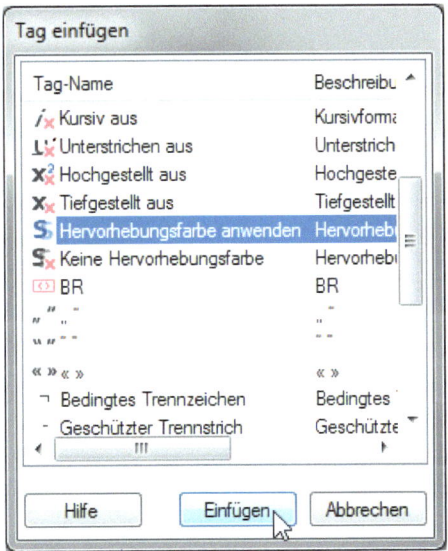

Der zuvor markierte Text erscheint nun gelb markiert. Diese gelbe Markierung bleibt auch im Zieltext erhalten.

! In Dokumentenformaten, in denen die Hervorhebungsfarbe nicht eingesetzt werden kann, erscheint der Befehl **Hervorhebungsfarbe anwenden** nicht im Dialogfeld **Tag einfügen**.

Markieren Sie einen mit **Hervorhebungsfarbe anwenden** farbig markierten Text und klicken Sie im Dialogfeld **Tag einfügen** auf **Keine Hervorhebungsfarbe** und danach auf **Einfügen**, um die farbige Markierung eines Textelements wieder zu entfernen. Alternativ haben Sie auch die Möglichkeit, den Textteil zu markieren, für den die Hervorhebungsfarbe entfernt werden soll, und die Tastenkombination Strg + Leerz. zu drücken.

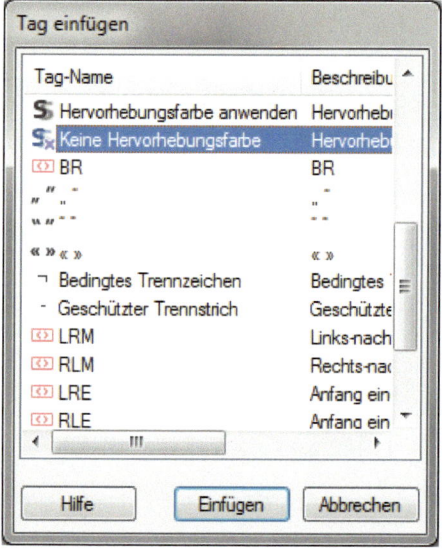

Die Hervorhebungsfarbe kann ebenso durch das Markieren des entsprechenden Textteils im Segment und klicken auf **Formatierung löschen** in der Ansicht **Editor** auf der Registerkarte **Start** in der Gruppe **Formatierung** gelöscht werden.

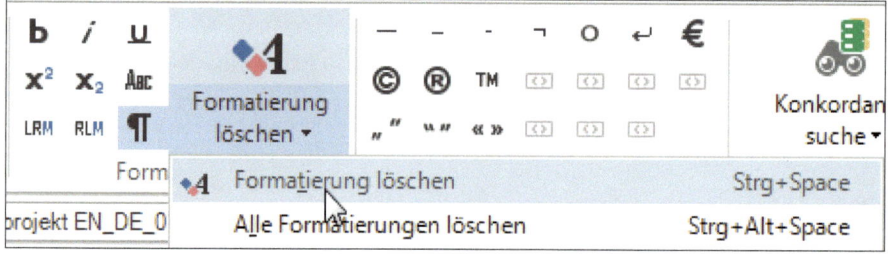

Punkt 10: Einfügen von Sonderzeichen

SDL Trados Studio 2019 enthält eine umfassende Liste von Sonderzeichen. Klicken Sie in der Ansicht **Editor** auf der Registerkarte **Erweitert** in der Gruppe **Sonderzeichen** auf **Sonderzeichen einfügen**, um die hinterlegte Liste der Sonderzeichen zu öffnen.

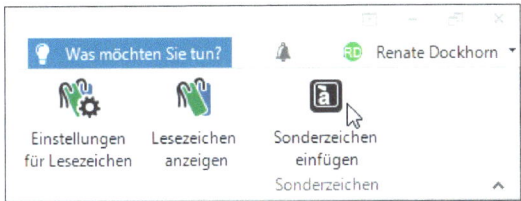

Das Dialogfeld **Sonderzeichen einfügen** öffnet sich. Wählen Sie ein Sonderzeichen aus und klicken Sie auf **Einfügen**, um es in den Text zu übernehmen.

Punkt 11: Verwenden von Lesezeichen

SDL Trados Studio 2019 bietet dem Benutzer in der Ansicht **Editor** auf der Registerkarte **Erweitert** in der Gruppe **Lesezeichen** die Möglichkeit, automatisch vom System gesetzte Lesezeichen zu verwenden und manuell Lesezeichen zu setzen.

Automatische Lesezeichen

Automatische Lesezeichen werden von SDL Trados Studio 2019 gesetzt. Mit ihnen ist es möglich, automatisch zum zuletzt bearbeiteten Segment in einzelnen Dokumenten oder in Projekten zu springen.

Zum zuletzt bearbeiteten Segment gehen: Verwenden Sie diese Option, damit SDL Trados Studio 2019 automatisch zum zuletzt bearbeiteten Segment springt, das Sie im zuletzt geöffneten Dokument aufgerufen haben.

Zum zuletzt bearbeiteten Segment im Projekt gehen: Mit dieser Option gelangen Sie zum zuletzt bearbeiteten Segment im aktuellen Projekt. Sie ist von Vorteil, wenn Sie häufig an mehreren Projekten gleichzeitig arbeiten.

Einstellungen für Lesezeichen: Mit der Funktion **Einstellungen für Lesezeichen** haben Sie die Möglichkeit, SDL Trados Studio 2019 so zu konfigurieren, dass es bei jedem Öffnen eines Dokuments automatisch zum zuletzt bearbeiteten Segment springt. Diese Option ist als Standard nicht aktiviert.

Klicken Sie in der Ansicht **Editor** auf der Registerkarte **Erweitert** in der Gruppe **Lesezeichen** auf **Einstellungen für Lesezeichen**, um das Dialogfeld **Einstellungen für Lesezeichen** zu öffnen.

Setzen Sie ein Häkchen vor **Beim Öffnen automatisch zum zuletzt bearbeiteten Segment springen**, damit SDL Trados Studio 2019 automatisch das zuletzt bearbeitete Segment aktiviert, wenn Sie ein Dokument öffnen. Klicken Sie danach auf **OK**.

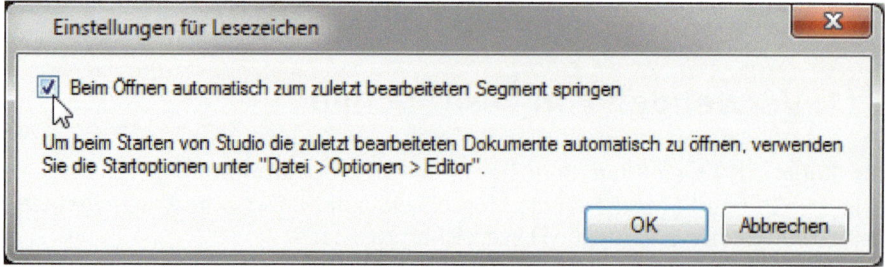

SDL Trados Studio 2019 wechselt nach Aktivieren dieser Funktion projektübergreifend beim Öffnen von Dokumenten automatisch zum zuletzt bearbeiteten Segment. Diese Einstellung ist projektübergreifend so lange aktiv, bis sie wieder geändert wird.

Manuelles Hinzufügen von Lesezeichen

SDL Trados Studio 2019 bietet die Möglichkeit, Lesezeichen manuell zu einem Dokument hinzuzufügen und ggf. mit einer Notiz zu versehen.

Klicken Sie in einem geöffneten Dokument in der Ansicht **Editor** auf der Registerkarte **Erweitert** in der Gruppe **Lesezeichen** auf **Lesezeichen hinzufügen**, wenn Sie ein Lesezeichen zu einem aktiven Segment in einem Dokument hinzufügen möchten.

Das Dialogfeld **Lesezeichen hinzufügen** öffnet sich. Geben Sie bei Bedarf eine Notiz ein und klicken Sie auf **Lesezeichen hinzufügen**, um das Lesezeichen zu erstellen.

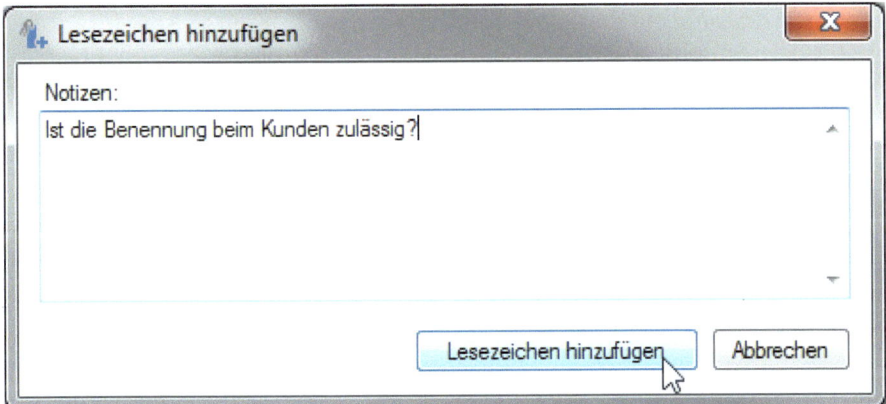

Anzeigen von Lesezeichen

Klicken Sie in einem geöffneten Dokument in der Ansicht **Editor** auf der Registerkarte **Erweitert** in der Gruppe **Lesezeichen** auf **Lesezeichen anzeigen**, wenn Sie Lesezeichen im Bereich **Lesezeichen** anzeigen lassen möchten. Bitte beachten Sie, dass die Symbole gegebenenfalls bei einer anderen Bildschirmauflösung in einer anderen Anordnung erscheinen.

Der Bereich **Lesezeichen** öffnet sich im unteren Bereich von SDL Trados Studio 2019 in der Ansicht **Editor**. Dabei haben Sie die Möglichkeit, Lesezeichen aus einem **beliebigen Dokument** (alle Lesezeichen aus allen Dokumenten aus allen Projekten), allen für die Bearbeitung in der Ansicht **Editor** geöffneten Dokumenten (**allen geöffneten Dokumenten**), aus dem aktuell für die Bearbeitung aktiven Dokument (**aktuellem Dokument**) oder dem aktuell geöffneten Projekt (**aktuellem Projekt**) anzeigen zu lassen. Als Standard werden alle Lesezeichen aus allen Dokumenten und aus allen Projekten angezeigt.

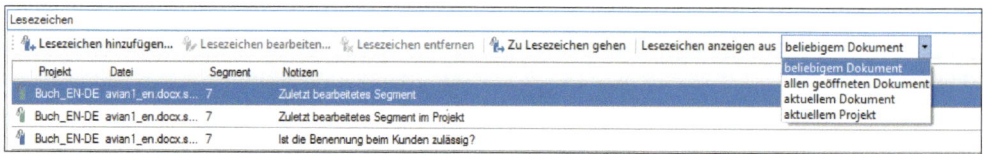

Sie haben die Möglichkeit, im Lesezeichenbereich Lesezeichen für aktive Segmente hinzuzufügen und manuelle Lesezeichen zu bearbeiten und zu entfernen. Doppelklicken Sie auf ein Lesezeichen, wenn Sie möchten, dass SDL Trados Studio 2019 zum entsprechenden zielsprachlichen Segment springt, in dem ein manuelles Lesezeichen gesetzt ist.

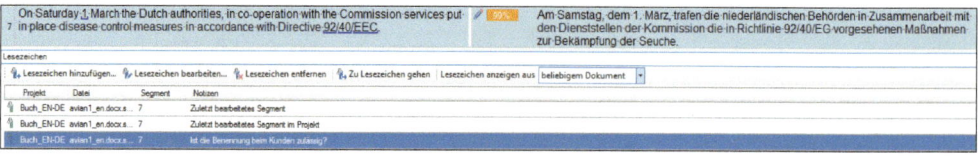

Bei automatischen Lesezeichen ist das Bearbeiten und Entfernen von Lesezeichen ausgegraut.

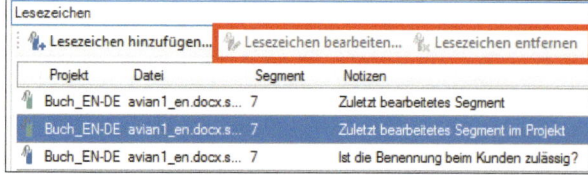

Punkt 12: Suchen und Ersetzen

SDL Trados Studio 2019 bietet die Möglichkeit, in der Ansicht **Editor** in geöffneten Dokumenten Text in ausgangs- und zielsprachlichen Segmenten zu suchen und in zielsprachlichen Segmenten zu ersetzen.

Suchen

Klicken Sie in der Ansicht **Editor** auf der Registerkarte **Start** in der Gruppe **Bearbeitung** auf **Suchen** oder drücken Sie die Tastenkombination [Strg] + [F], um die Suche zu öffnen.

Das Dialogfeld **Suchen und Ersetzen** öffnet sich. Geben Sie auf der Registerkarte **Suchen** Text ein, den Sie entweder in Quelle oder Ziel suchen möchten, und klicken Sie auf **Weitersuchen**.

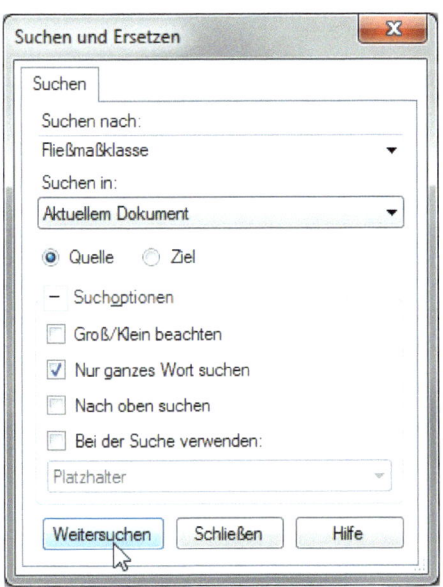

SDL Trados Studio 2019 wechselt zum nächsten Segment mit dem gesuchten Text im Dokument.

Ersetzen

Geben Sie auf der Registerkarte **Ersetzen** unter **Suchen nach:** den zu suchenden Text, und unter **Ersetzen durch:** den Text ein, der stattdessen in die zielsprachlichen Segmente eingesetzt werden soll. Klicken Sie danach zunächst auf **Weitersuchen** oder auf **Ersetzen**, um zur ersten Stelle im Text zu gehen, in welcher der gesuchte Text vorkommt. Klicken Sie danach auf **Ersetzen** oder **Alle ersetzen**, um die Ersetzungen entweder einzeln nacheinander oder global im Text vorzunehmen.

> Wenn Sie unter **Ersetzen** nach Eingabe des Textes nicht zunächst auf **Weitersuchen** oder **Ersetzen** klicken, sondern direkt auf **Alle ersetzen**, bleibt SDL Trados Studio 2019 inaktiv.

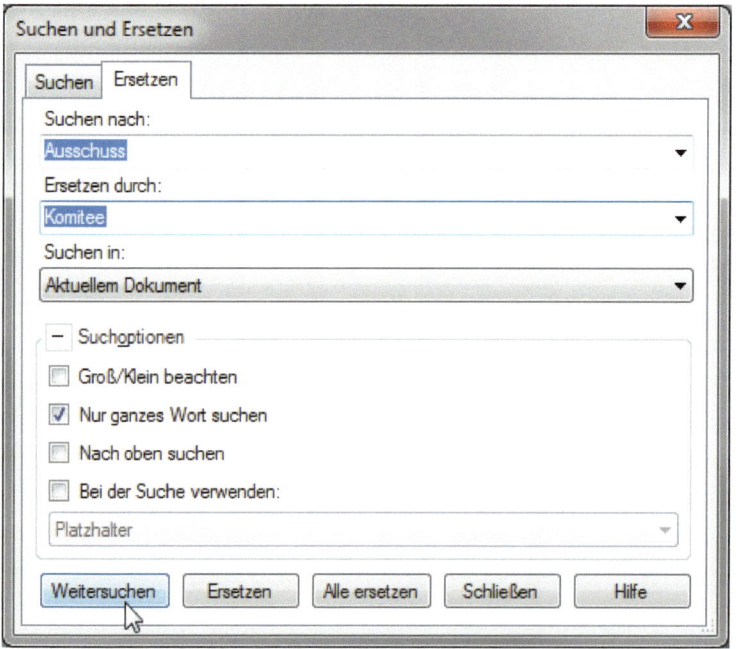

SDL Trados Studio 2019 ersetzt den Text und ändert den Status des Segments in **Entwurf**. Das Segment ist damit zwar in der sdlxliff-Datei geändert, aber die Änderung noch nicht im aktiven Translation Memory gespeichert. Das Segment muss zunächst erneut bestätigt werden.

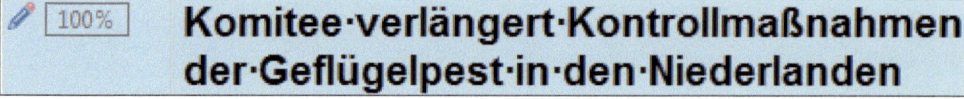

Punkt 13: Gehe zu

Mit der Funktion **Gehe zu** bietet SDL Trados Studio 2019 die Möglichkeit, zu einer bestimmten Segmentnummer, Segmentkategorie, einem bestimmten Status oder Kommentar in einem geöffneten Dokument zu navigieren.

Klicken Sie zunächst in der Ansicht **Editor** auf der Registerkarte **Start** in der Gruppe **Navigation** auf **Gehe zu**.

Das Dialogfeld **Gehe zu** öffnet sich mit den möglichen Einstellungen **Nummer**, **Kategorie**, **Status** und **Kommentar**:

- **Nummer**: Geben Sie eine Segmentnummer ein und klicken Sie auf **Gehe zu**, wenn Sie zu einer bestimmten Segmentnummer navigieren möchten. SDL Trados Studio 2019 aktiviert das gewünschte Segment.

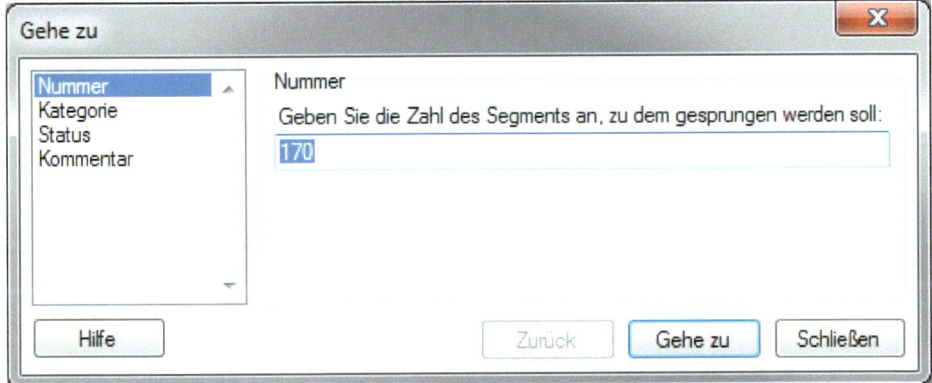

- **Kategorie**: Aktivieren Sie eine oder mehrere Segmentkategorien und klicken Sie auf **Weiter**. SDL Trados Studio 2019 wechselt bei jedem Klicken auf **Weiter** zum nächsten Segment, das der oder den ausgewählten Segmentkategorie(n) entspricht.

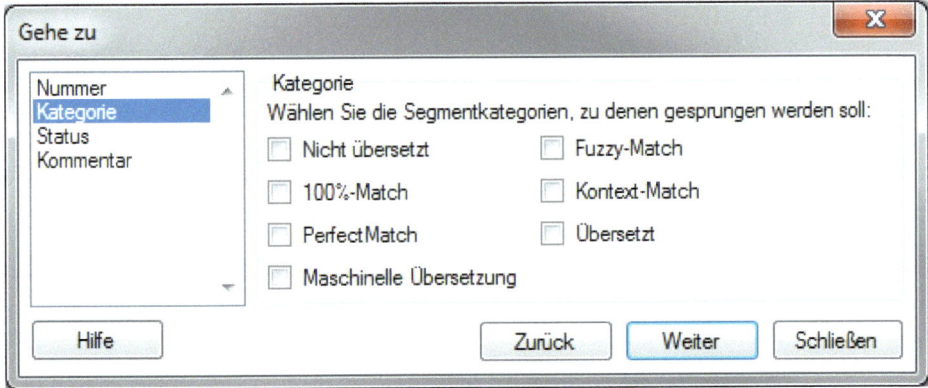

- **Status**: Aktivieren Sie einen oder mehrere Segmentstatus und klicken Sie auf **Weiter**. SDL Trados Studio 2019 wechselt bei jedem Klicken auf **Weiter** zum nächsten Segment, das einem der ausgewählten Segmentstatus entspricht.

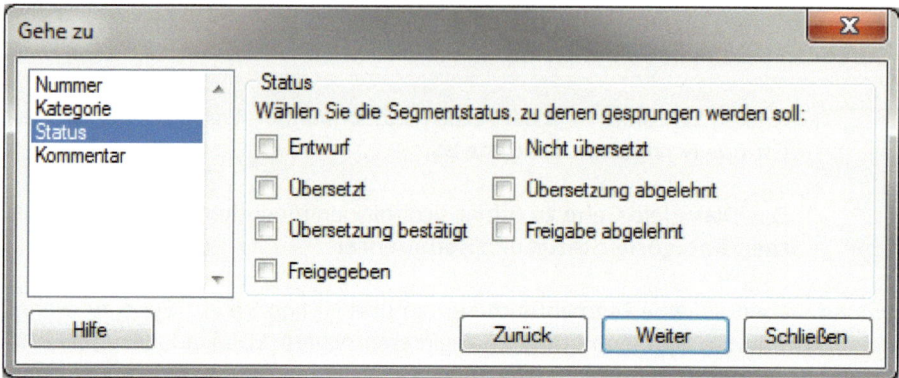

- **Kommentar**: Klicken Sie auf **Weiter** bzw. **Zurück**, um zu Segmenten mit Kommentaren zu navigieren.

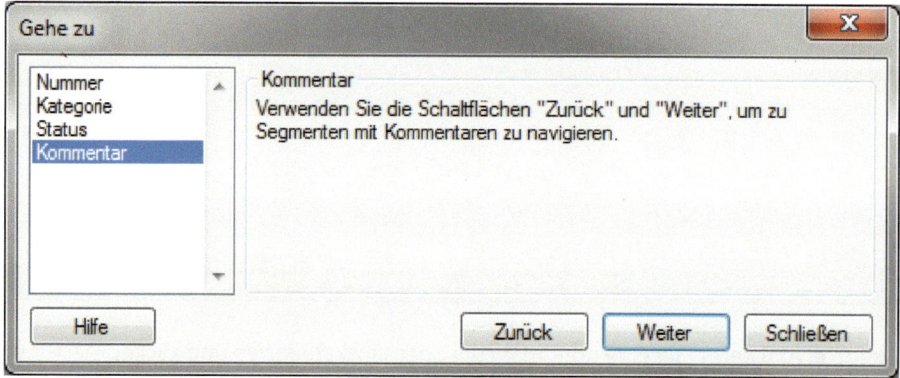

Punkt 14: Bearbeiten von Inhaltsverzeichnissen

Inhaltsverzeichnisse werden nicht für die Bearbeitung in SDL Trados Studio 2019 geöffnet, sie werden nach der Übersetzung und Rückkonvertierung in der zielsprachlichen Applikation generiert. Da der Inhalt der Inhaltsverzeichnisse aus den Überschriften der Kapitel besteht, die im Übersetzungsprozess bearbeitet werden, ist es lediglich erforderlich, im zielsprachlichen Text die Felder des Inhaltsverzeichnisses zu aktualisieren.

Beispiel Microsoft Word: Klicken Sie mit der rechten Maustaste auf das Inhaltsverzeichnis, sodass es grau unterlegt ist, und wählen Sie **Felder aktualisieren** aus. Das Inhaltsverzeichnis wird danach in der Zielsprache generiert.

Punkt 15: Verhalten von SDL Trados Studio 2019 in Bezug auf Grafiken

Grafiken werden in SDL Trados Studio 2019 nicht in die ausgangssprachlichen Segmente in der Ansicht **Editor** integriert. Handelt es sich bei den Grafiken um Bilder, in denen Text dargestellt wird, wird dieser Text bei der Projektvorbereitung vom System ignoriert. Obwohl die Grafiken in ihrer eigentlichen Darstellungsweise nicht im Ausgangstext erscheinen, ist eine Anzeige der Grafiken trotzdem über die Vorschau möglich. Nachfolgend sehen Sie ein Beispiel von einer Datei mit einer Grafik, die auf der linken Seite in der Art dargestellt wird, wie sie in der Ansicht **Editor** erscheint. Auf der rechten Seite sehen Sie die Darstellung in der Vorschau.

Die Überschrift und die Beschriftung mit Abbildungsnummer der Beispielgrafik erscheinen in den ausgangssprachlichen Segmenten in SDL Trados Studio 2019 für die Übersetzung, die eigentliche Grafik nicht, da es sich in diesem Fall um ein integriertes Bild handelt.

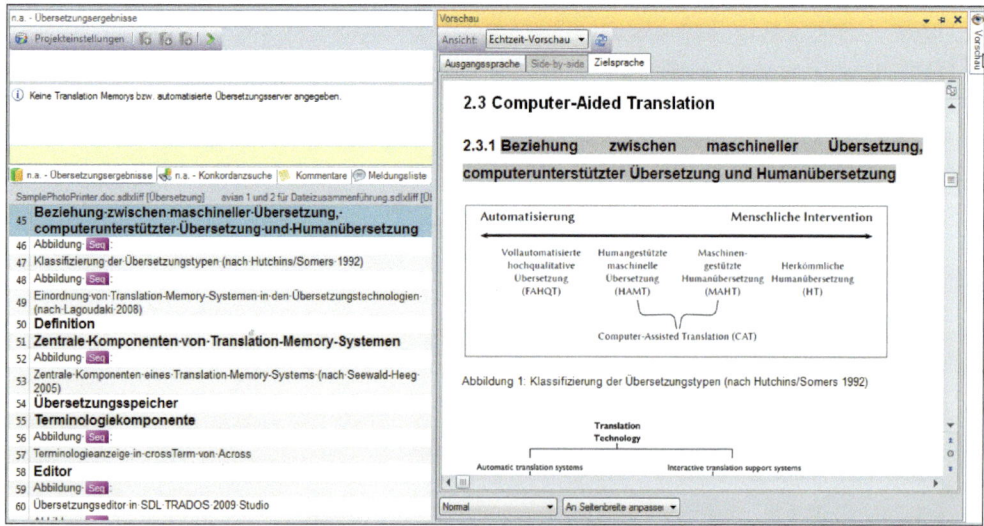

Punkt 16: Bearbeiten von Hyperlinks

Hyperlinks werden in SDL Trados Studio 2019 in Tags eingebettet, in blauer Schrift und unterstrichen dargestellt (siehe Segment 9 in der nachfolgenden Abbildung). Am Ende des Absatzes folgt die eigentliche URL noch einmal, und zwar als bearbeitbarer Text (in der nachfolgenden Abbildung in Segment 11). Das heißt, der Hyperlink kann am Ende des Absatzes gegebenenfalls an den Zielpfad des Hyperlinks angepasst werden, der zur Internetseite in der entsprechenden Zielsprache führt, wenn dieser bereits bei der Übersetzung vorliegt und vom Kunden vorgegeben wird. Die den Hyperlink umschließenden Tags müssen in das jeweilige zielsprachliche Segment übertragen werden (siehe Kapitel **Übernehmen von einzelnen Tags und Tag-Paaren**).

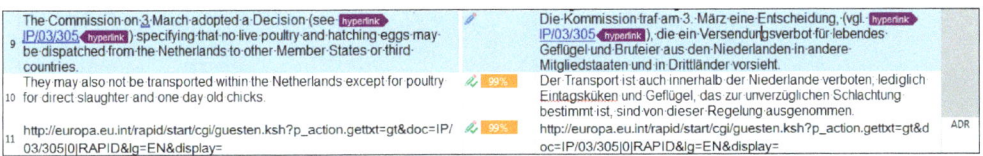

Punkt 17: Bearbeiten von Fußnoten

Das Bearbeiten von Fußnoten ist in SDL Trados Studio 2019 denkbar einfach. Die Fußnotenreferenz wird im ausgangssprachlichen Text als Tag dargestellt, das vom Benutzer in den Zieltext kopiert oder mit der Tastenkombination [Strg] + [.], Auswahl des Tags und Drücken der Eingabetaste [↵] übernommen wird. Der zur Fußnotenreferenz gehörende zu übersetzende Fußnotentext wird von SDL Trados Studio 2019 am Ende des Absatzes der Fußnotenreferenz angezeigt und kann entsprechend übersetzt werden.

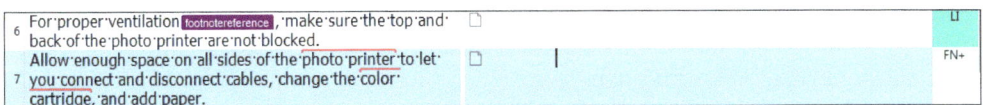

Zu erkennen ist der Fußnotentext am Vermerk **FN** in der Dateistruktur rechts neben dem zielsprachlichen Segment.

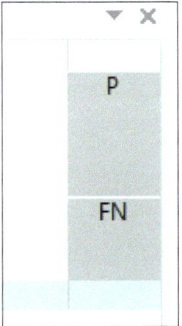

Im eigentlichen Text erscheint eine Fußnote wie gewohnt am Ende der Seite und die dazugehörige Fußnotenreferenz an der entsprechenden Stelle im Text.

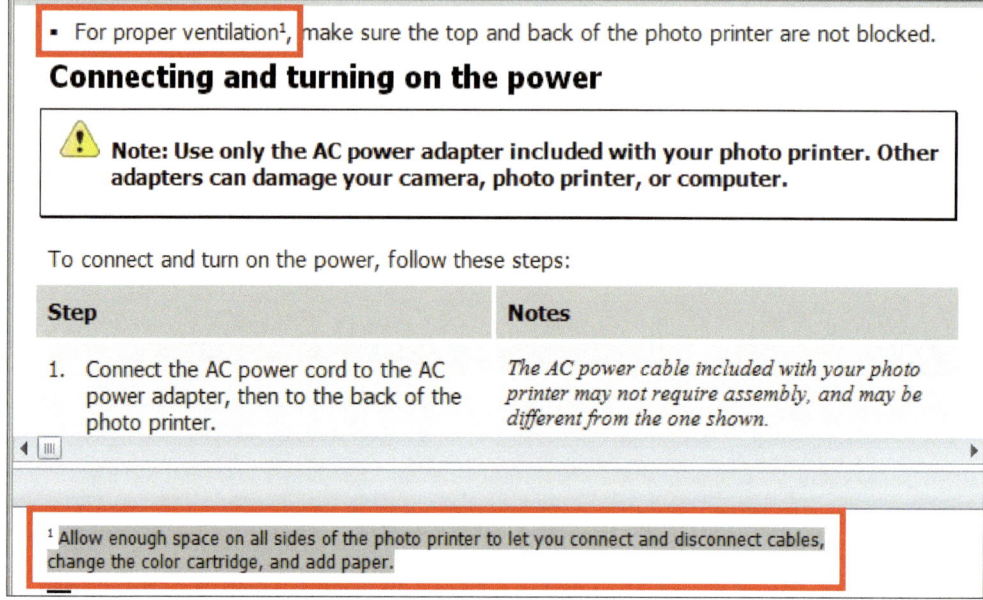

Ansicht einer Fußnotenreferenz und Fußnote in der Vorschau

Punkt 18: Zieltextkommentare

SDL Trados Studio 2019 bietet die Möglichkeit, zielsprachliche Segmente oder eine ganze Datei mit Kommentaren zu versehen, um zum Beispiel vorab Fragen gezielt im Kontext einer *.sdlxliff-Datei an den Kunden zu stellen, ohne diese noch einmal mühevoll in einer Liste in einer E-Mail aufführen zu müssen.

Folgende Möglichkeiten stehen zur Verfügung:

- einzelne Segmente oder eine Datei mit einem Kommentar zu versehen
- Segmente mit Kommentar in einer Seitenansicht mit Kontext abzubilden und abzuspeichern
- Kommentare zusammen mit dem Ausgangs- und Zieltext in ein zweisprachiges Microsoft Word-Dokument zu exportieren
- gefiltert ausschließlich die Segmente im Editor anzeigen zu lassen, die mit einem Kommentar versehen sind
- Kommentare in Dokumenten, die im doc-, docx-, rtf-, ppt-, pptx-, xls-, xlsx- oder Microsoft Visio-Format vorliegen, zusammen mit dem Zieltext zu exportieren

Hinzufügen von Kommentaren zu einer Datei oder zu einzelnen Segmenten

Klicken Sie in der Ansicht **Editor** auf der Registerkarte **Überprüfung** in der Gruppe **Kommentare** auf **Kommentar hinzufügen**, um einen Kommentar zu erstellen.

Klicken Sie alternativ mit der rechten Maustaste auf ein aktives zielsprachliches Segment und wählen Sie aus der sich öffnenden Dropdown-Liste **Kommentar hinzufügen** aus, um einen Kommentar zu erstellen.

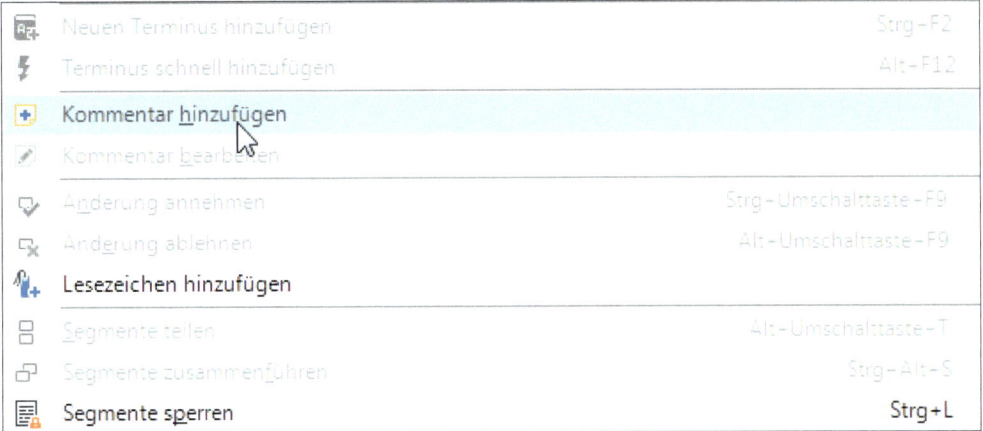

Das Dialogfeld **Kommentar hinzufügen** öffnet sich. Klicken Sie neben **Bereich:** auf den kleinen Pfeil nach unten und wählen Sie aus, ob Sie dem aktuell aktiven Segment oder der aktuellen Datei einen Kommentar hinzufügen möchten.

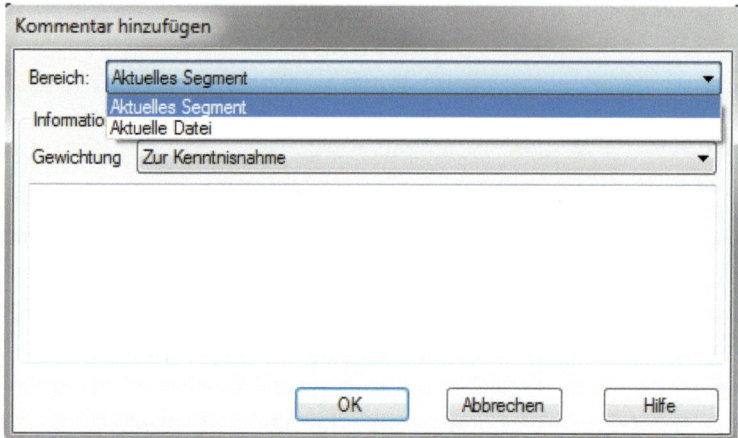

Wird der Kommentar der aktuellen Datei hinzugefügt, erscheint dieser in der Ansicht **Editor** im Fenster **Kommentare**.

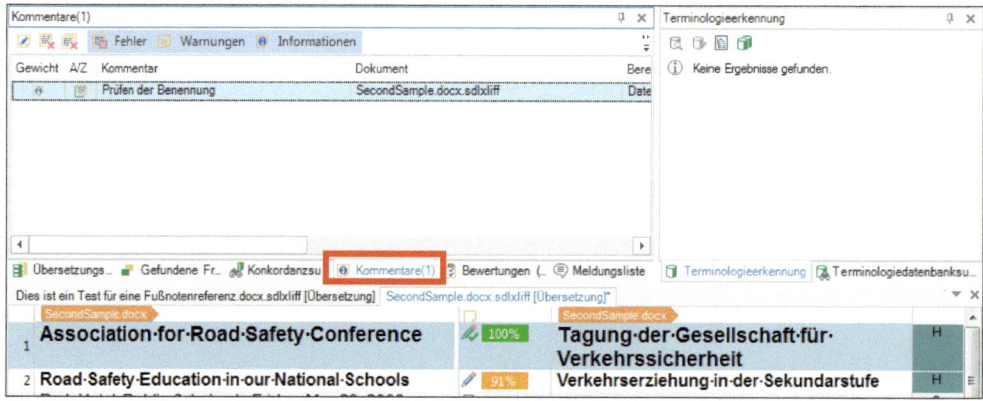

Wird der Kommentar dem aktuell aktiven Segment hinzugefügt, erscheint dieser ebenfalls im Fenster **Kommentare** und das Segment wird farblich unterlegt.

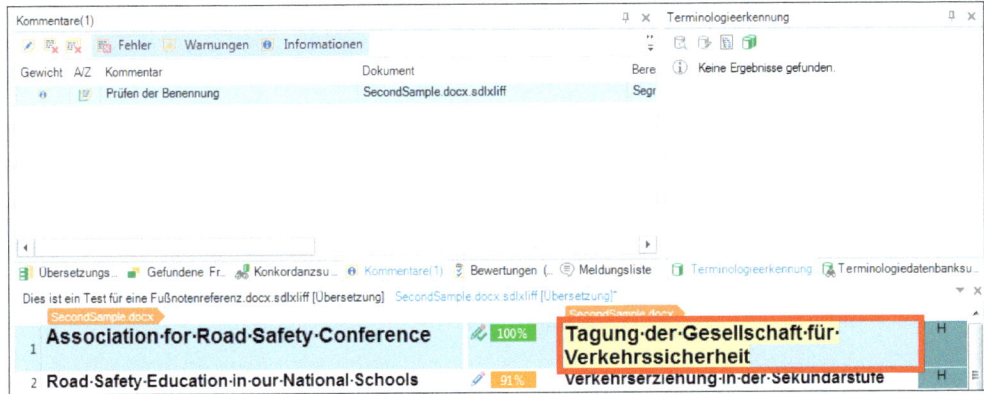

Auswählen der Gewichtung von Kommentaren

Klicken Sie im Dialogfeld **Kommentar hinzufügen** neben **Gewichtung** auf den kleinen Pfeil nach unten und wählen Sie in der sich öffnenden Dropdown-Liste aus, ob der Kommentar zur Kenntnisnahme gedacht ist (erscheint im Fenster **Kommentare** als Hinweis ⓘ unter Information) oder mit einem Achtung-Zeichen ⚠ (erscheint im Fenster **Kommentare** als Warnung) oder einem Fehler-Zeichen ⊗ versehen werden soll.

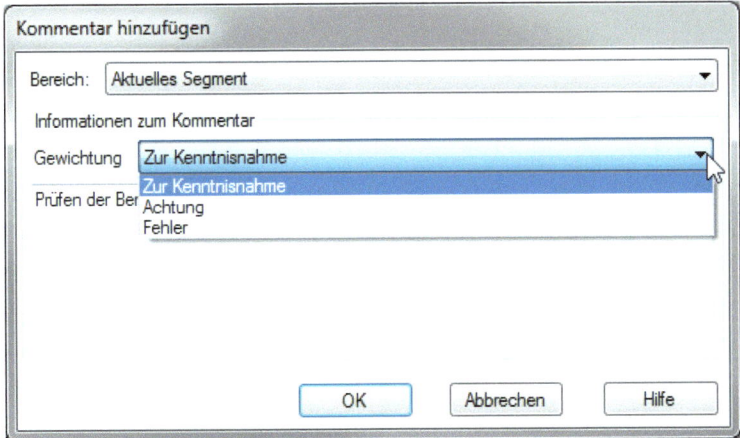

Bearbeiten und Löschen von Kommentaren

In der Ansicht **Editor** haben Sie im Fenster **Kommentare** die Möglichkeit,

- Zieltextkommentare zu bearbeiten, indem Sie auf den Kommentar klicken, sodass dieser farbig unterlegt ist, und auf **Kommentar bearbeiten** klicken.

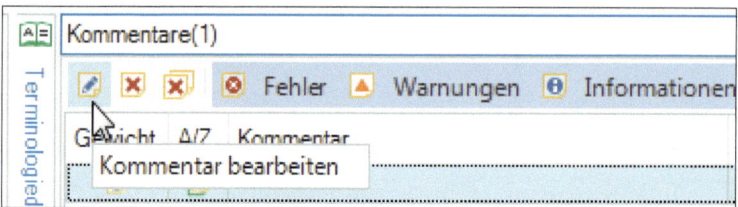

- einzelne Zieltextkommentare zu löschen, indem Sie auf den Kommentar klicken, sodass dieser farbig unterlegt ist, und auf **Kommentar löschen** klicken.

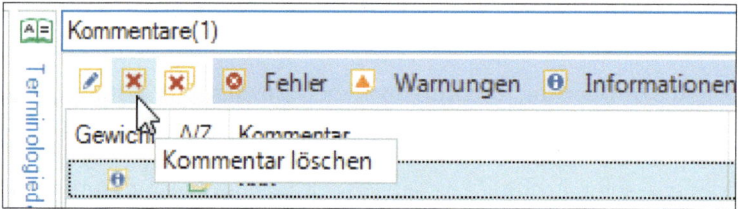

- alle Zieltextkommentare im aktiven Dokument zu löschen.

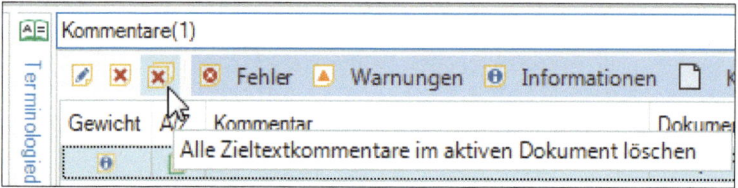

Anzeigen von Kommentaren in der Seitenansicht

SDL Trados Studio 2019 verfügt auf der Registerkarte **Datei** → **Ansicht & Drucken** → **Seitenansicht** über die Möglichkeit, ein Dokument in Zweispaltenansicht mit Ausgangs- und Zieltext oder nur als Ausgangstext oder Zieltext in einer HTML-basierten Druckvorschau mit Zieltextkommentaren im Browser anzeigen zu lassen.

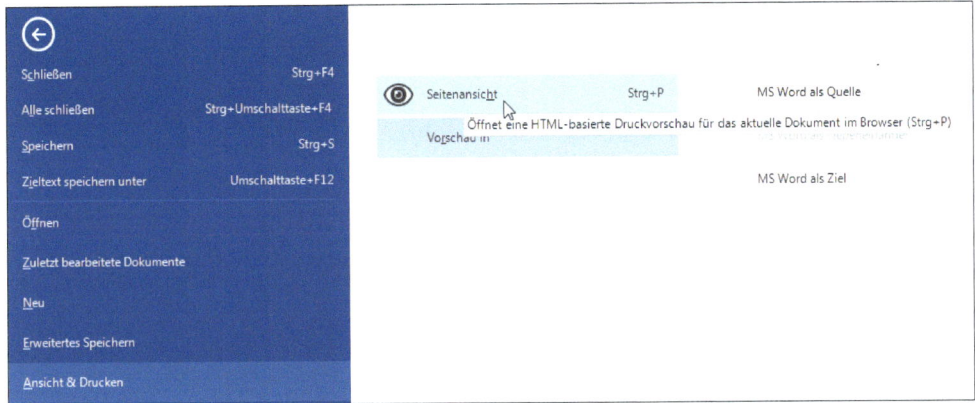

Dabei ist es möglich, dass auch die Kommentare in der **Seitenansicht** eingeblendet werden. Klicken Sie dazu in der Seitenansicht auf ein ockerfarben unterlegtes Segment. Der Kommentar wird im Kontext eingeblendet.

In den **Optionen** oben rechts über dem Text der Seitenansicht haben Sie die Möglichkeit, weitere Einstellungen vorzunehmen, wie zum Beispiel nur den Zieltext anzuzeigen.

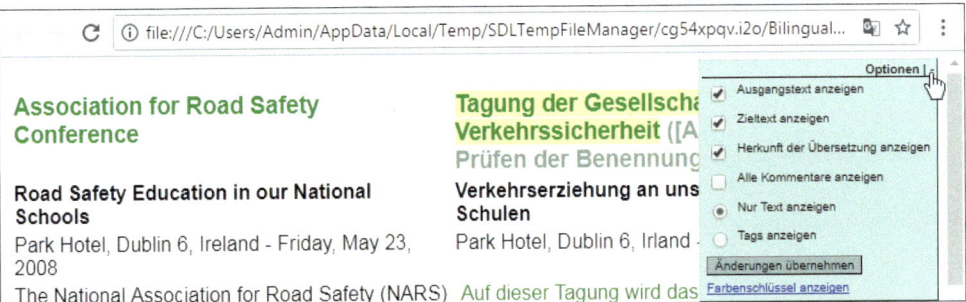

Darüber hinaus haben Sie die Möglichkeit, die Datei (zum Beispiel im pdf-Format) zu drucken und an den Kunden zu senden.

❗ Bitte beachten Sie, dass die Ansicht abhängig vom verwendeten Browser unterschiedlich ist.

Die **Seitenansicht** hat den Vorteil, dass alle Kommentare im Kontext dargestellt und dem Kunden geschickt werden können, damit der Kunde gegebenenfalls aufgetretene Fragen beantworten kann. Ein mühsames Auflisten von Fragen in einer E-Mail entfällt damit. Ähnlich ist dies auch in der nächsten Option.

Exportieren von Kommentaren mit Ausgangs- und Zieltext in ein zweisprachiges Microsoft Word-Dokument

Zieltextkommentare können gemeinsam mit Ausgangs- und Zieltext in ein Microsoft Word-Dokument exportiert werden.

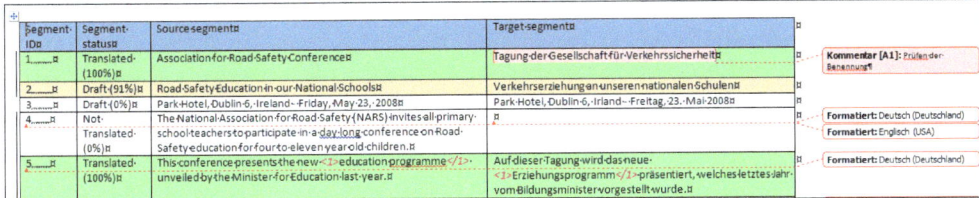

Dieser Vorgang wird in der Ansicht **Editor** auf der Registerkarte **Überprüfung** in der Gruppe **Dateibefehle** mit **Export für zweisprachige Überprüfung** für das gewünschte Dokument angestoßen. Weitere Informationen hierzu erhalten Sie im Kapitel **Überprüfen außerhalb von SDL Trados Studio 2019 mit Export für zweisprachige Überprüfung → Export für zweisprachige Überprüfung**.

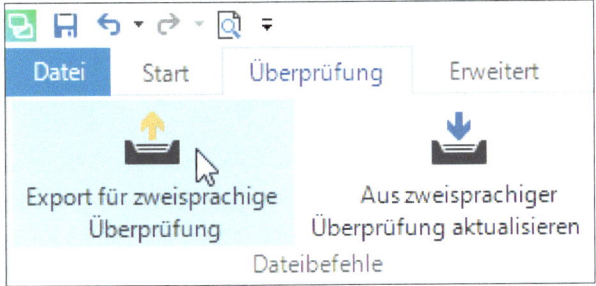

Filtern von Kommentaren im Anzeigefilter

SDL Trados Studio 2019 verfügt in der Ansicht **Editor** auf der Registerkarte **Überprüfung** über die Gruppe **Anzeigefilter**, in welcher die Anzeige der in der Ansicht **Editor** dargestellten Übersetzungseinheiten gefiltert werden kann (linker Trichter).

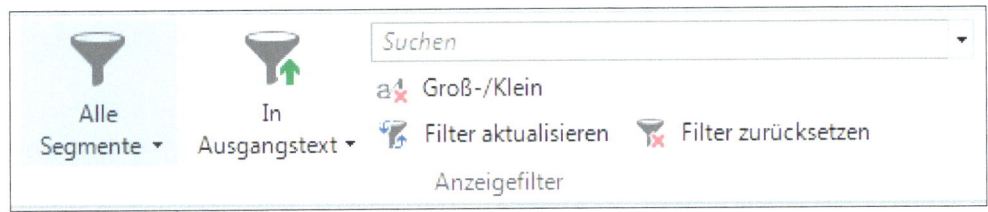

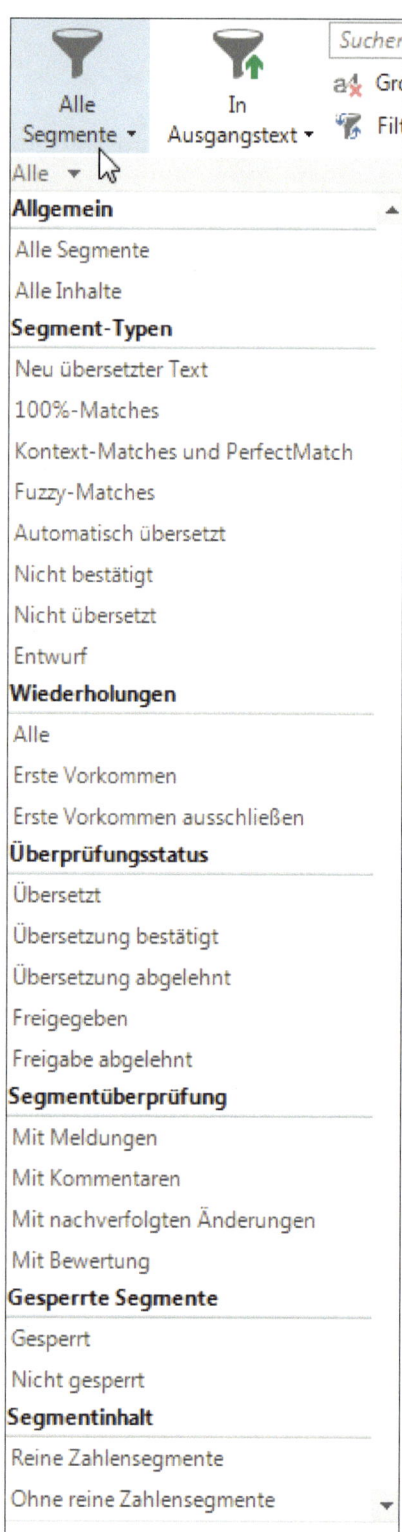

Die Standardeinstellung im **Anzeigefilter** ist **Alle Segmente**, das heißt, alle im aktuell aktiven Dokument enthaltenen Segmente werden in der Ansicht **Editor** dargestellt. Klicken Sie auf den kleinen Pfeil neben der Schaltfläche **Alle Segmente**, um die Dropdown-Liste mit allen Anzeigefiltern anzuzeigen. Eine Übersicht aller möglichen Anzeigefilter öffnet sich.

Klicken Sie zum Filtern der Kommentare unter **Segmentüberprüfung** auf **Mit Kommentaren**.

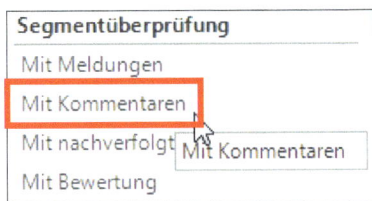

In der Ansicht **Editor** wird nun auf der Registerkarte **Überprüfung** in der Gruppe **Anzeigefilter** angezeigt, dass der Filter für Übersetzungseinheiten mit Kommentaren gesetzt ist.

Darüber hinaus wird der aktuelle Filter auch in der Statusleiste am unteren rechten Rand des Bildschirms dargestellt.

In der Ansicht **Editor** werden nun ausschließlich Segmente mit Kommentaren angezeigt.

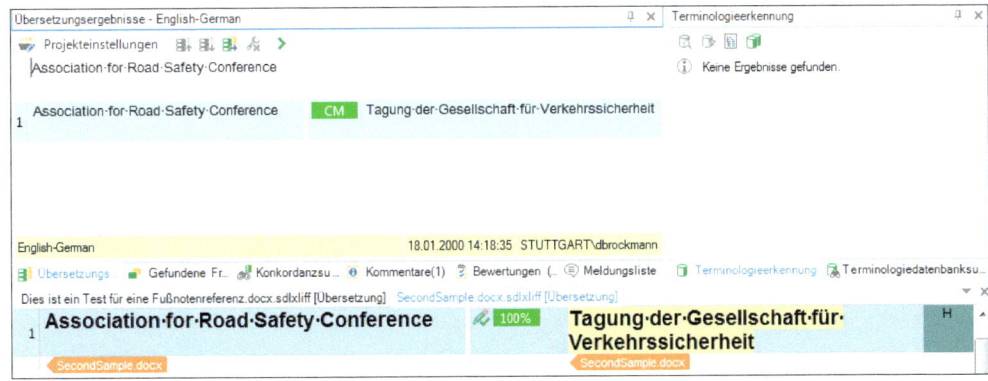

Die Kommentare können bearbeitet, gelöscht oder belassen werden.

Klicken Sie im **Anzeigefilter** unter dem linken Trichter auf **Alle Segmente**, um wieder alle Übersetzungseinheiten in der Ansicht **Editor** anzeigen zu lassen.

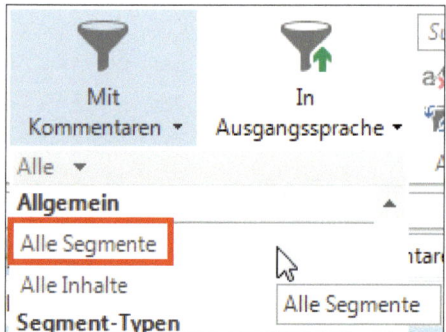

Oder wählen Sie in der Ansicht **Editor** auf der Registerkarte **Überprüfung** in der Gruppe **Anzeigefilter** → **Filter zurücksetzen** aus.

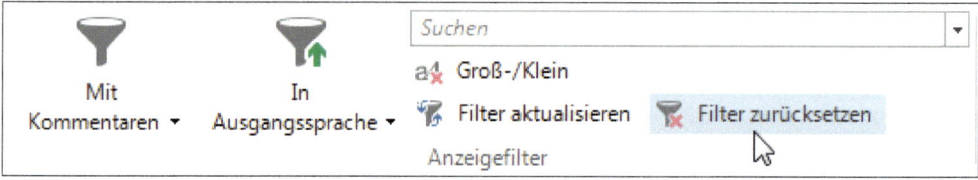

Beibehalten von Kommentaren in den zielsprachlichen Dateien in doc-, docx-, rtf-, ppt-, pptx-, xls-, xlsx- oder Microsoft Visio-Formaten

Es ist in SDL Trados Studio 2019 als Standard vorgesehen, im Übersetzungsprozess zu zielsprachlichen Segmenten hinzugefügte Kommentare bei Dateien in den vorgenannten Formaten zusammen mit dem Zieltext zu exportieren.

Die Einstellung für diese Option wird auf der Registerkarte **Datei** → **Optionen** → jeweiliger Dateityp → **Allgemein** → **Kommentare in Studio-Zielsegmenten in der Zieldatei beibehalten** vorgenommen. Die Formulierung der Funktion kann je nach Dokumentenformat geringfügig abweichen.

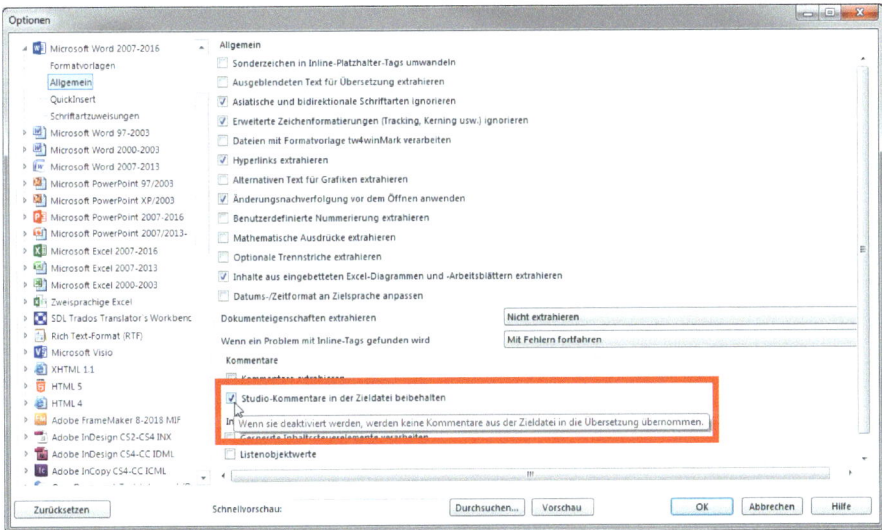

Beispiel für die Einstellung Beibehalten von Kommentaren in der Zieldatei (Microsoft Word)

Beim Abspeichern der Zieldatei oder einem Projektabschluss bleiben die Kommentare im Zieltext als Standard erhalten.

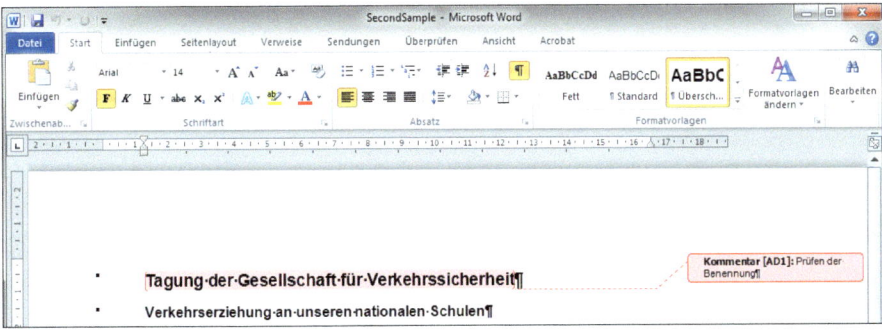

Deaktivieren Sie diese Option, wenn Kommentare nicht in die zielsprachlichen Dateien exportiert werden sollen.

Punkt 19: Konkordanzsuche

Über die Konkordanzsuche können einzelne Wörter oder Wortfolgen, die für den Übersetzungs- oder Überprüfungsprozess relevant sind, im Translation Memory durch Markieren einer Benennung im ausgangs- oder zielsprachlichen Segment und Drücken von [F3] gesucht werden. Alternativ kann diese Funktion nach Markieren des Textelements in der Ansicht **Editor** auf der Registerkarte **Start** in der Gruppe **Translation Memory** aufgerufen werden.

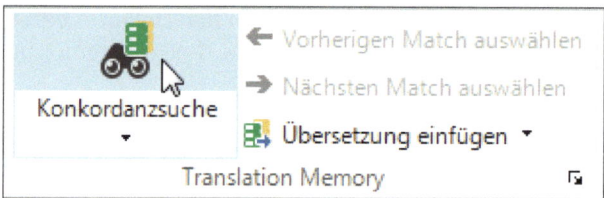

Eine Konkordanzsuche kann zum einen von Vorteil sein, wenn kundenspezifische Fachterminologie in einem bestehenden Translation Memory gesucht werden soll, die nicht in SDL MultiTerm 2019 eingetragen ist, zum anderen ist die Konkordanzsuche ein wichtiges Hilfsmittel, um ein Translation Memory auf die konsistente Verwendung von Terminologie zu untersuchen.

Markieren Sie zunächst den gesuchten Text in einem ausgangs- oder zielsprachlichen Segment, um eine Konkordanzsuche durchzuführen. Im vorliegenden Beispiel wurde „Road Safety" im ausgangssprachlichen Segment in einer der Beispieldateien von SDL Trados Studio 2019 markiert.

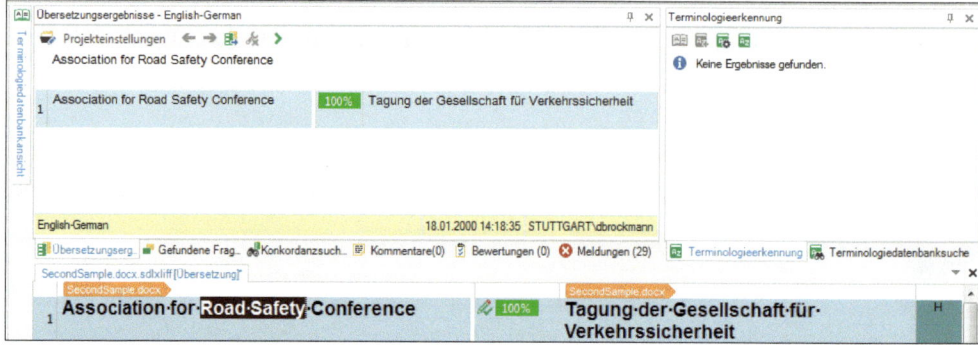

Drücken Sie danach entweder [F3] oder klicken Sie in der Ansicht **Editor** auf der Registerkarte **Start** in der Gruppe **Translation Memory** auf **Konkordanzsuche**, um die Konkordanzsuche durchzuführen.

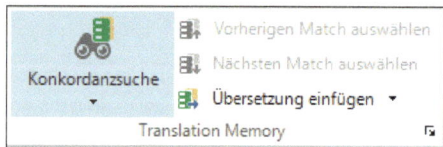

SDL Trados Studio 2019 öffnet das Fenster **Konkordanzsuche** und unterlegt die gesuchte Benennung gelb, wenn sie im Translation Memory gefunden wurde. Werden Treffer in mehreren Übersetzungseinheiten gefunden, werden diese untereinander in einer Liste dargestellt (Standard für die maximale Trefferzahl ist 30).

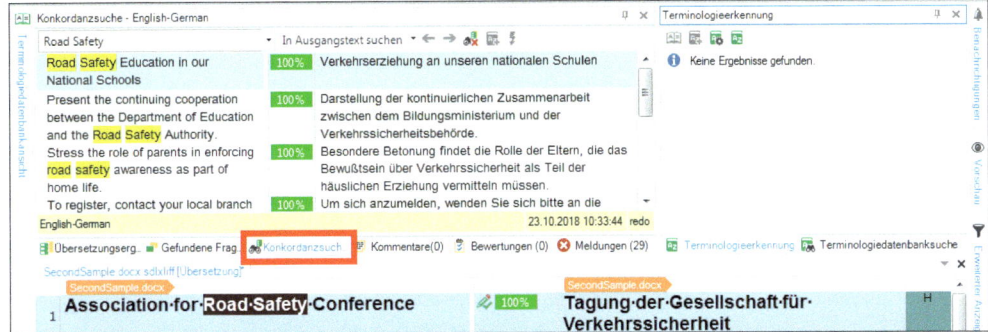

Die Suchtiefe und die maximale Trefferzahl für die Konkordanzsuche können auf der Registerkarte **Datei → Optionen → Sprachpaare** entweder unter **Alle Sprachpaare** oder unter einem spezifischen Sprachpaar → **Translation Memorys und maschinelle Übersetzung → Suchen** eingestellt werden.

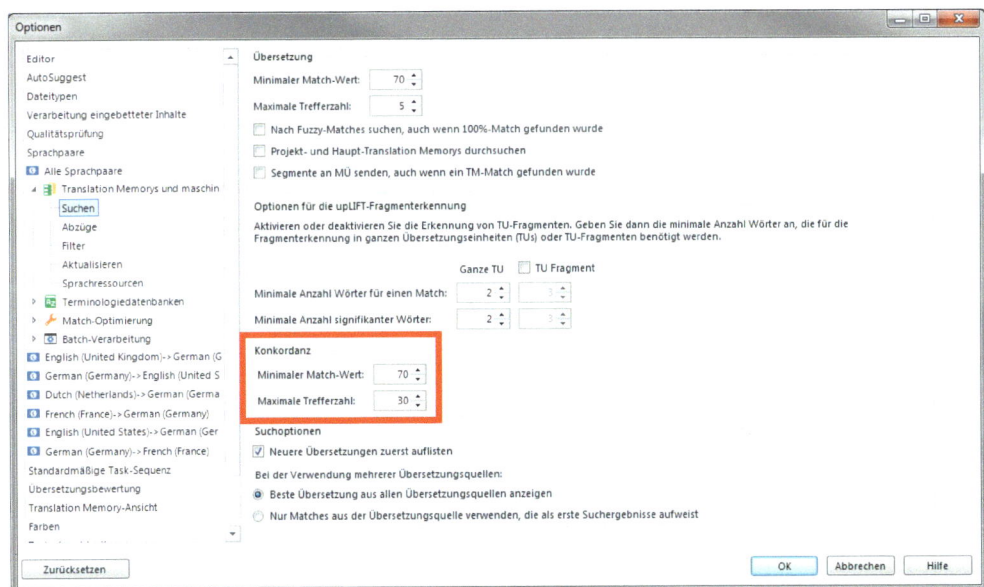

Hinzufügen von Benennungen aus der Konkordanzsuche heraus zu SDL MultiTerm 2019

SDL Trados Studio 2019 verfügt über die Möglichkeit, Benennungen in der Ansicht **Editor** aus dem Fenster **Konkordanzsuche** heraus zu der im Projekt aktiven Standardtermbank in SDL MultiTerm hinzuzufügen.

Markieren Sie zunächst die mit der Konkordanzsuche zu suchende Benennung im ausgangs- oder zielsprachlichen Segment und drücken Sie F3 oder klicken Sie in der Ansicht **Editor** auf der Registerkarte **Start** in der Gruppe **Translation Memory** auf **Konkordanzsuche**. SDL Trados Studio 2019 öffnet das Fenster **Konkordanzsuche**.

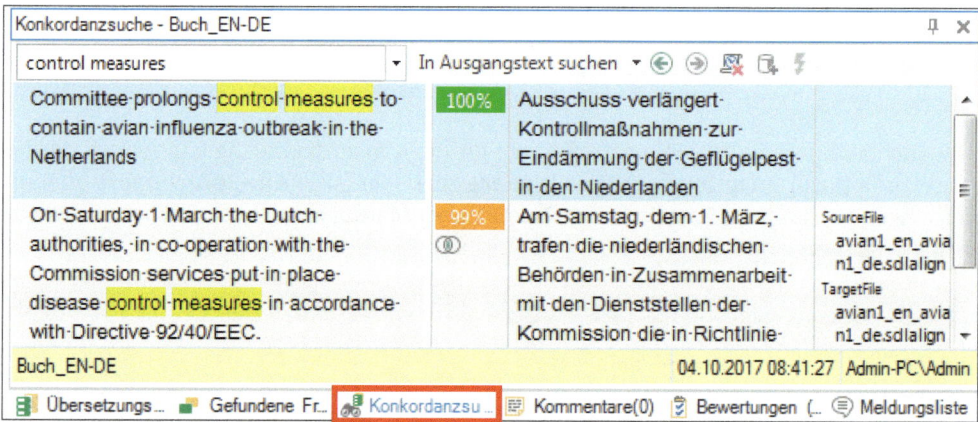

Markieren Sie dann die in SDL MultiTerm 2019 einzugebende Benennung im Fenster **Konkordanzsuche** im ausgangs- und zielsprachlichen Segment, sodass diese dunkel unterlegt sind. Ignorieren Sie dabei die gelbe Markierung.

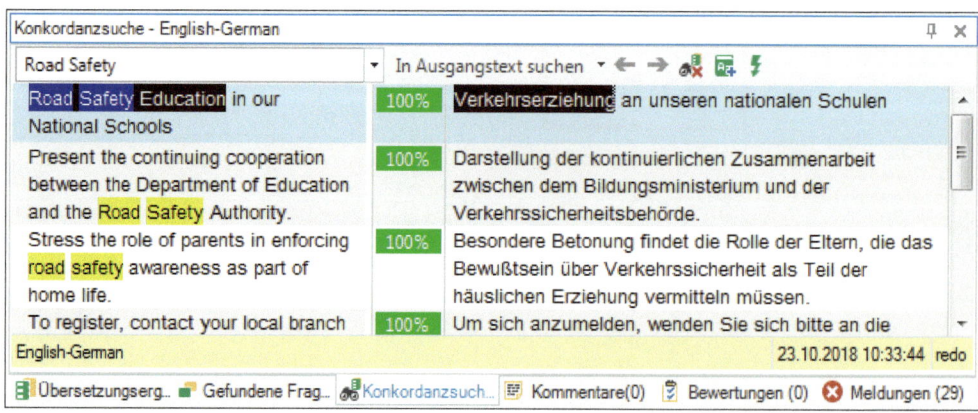

Klicken Sie im Fenster **Konkordanzsuche** auf **Neuen Terminus hinzufügen** oder **Terminus schnell hinzufügen**.

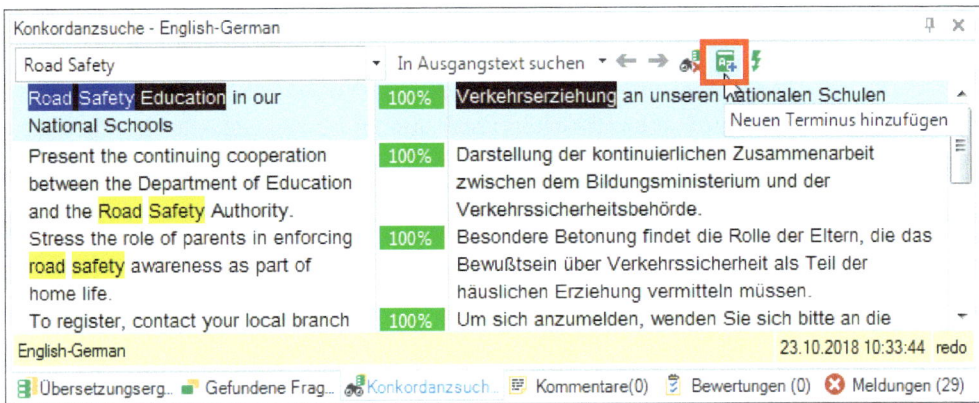

Das Fenster **Terminologiedatenbankansicht** öffnet sich. SDL Trados Studio 2019 hat den Eintrag bereits eingetragen und gespeichert. Klicken Sie auf eine Benennung im Fenster **Terminologiedatenbankansicht**, wenn Sie die Rechtschreibung ändern möchten, und drücken Sie nach Abschluss der Änderung die Eingabetaste ↵].

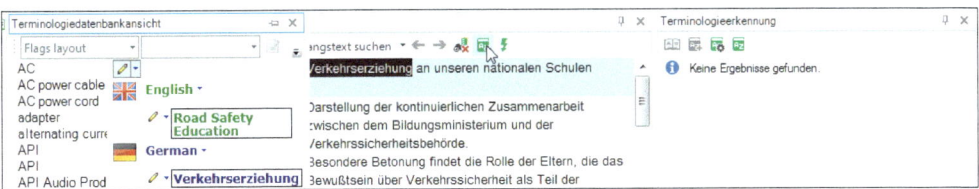

Aktivieren der automatischen Konkordanzsuche

In SDL Trados Studio 2019 besteht die Möglichkeit einer automatischen Konkordanzsuche, wenn kein Match gefunden wird.

Wählen Sie zunächst auf der Registerkarte **Datei → Optionen → Editor → Konkordanzfenster** aus. Setzen Sie dann ein Häkchen unter **Suchoptionen → Suche durchführen, wenn die Segmentsuche keine Ergebnisse erzielt** (als Standard nicht aktiviert).

Klicken Sie danach auf **OK**, um die Eingabe abzuschließen.

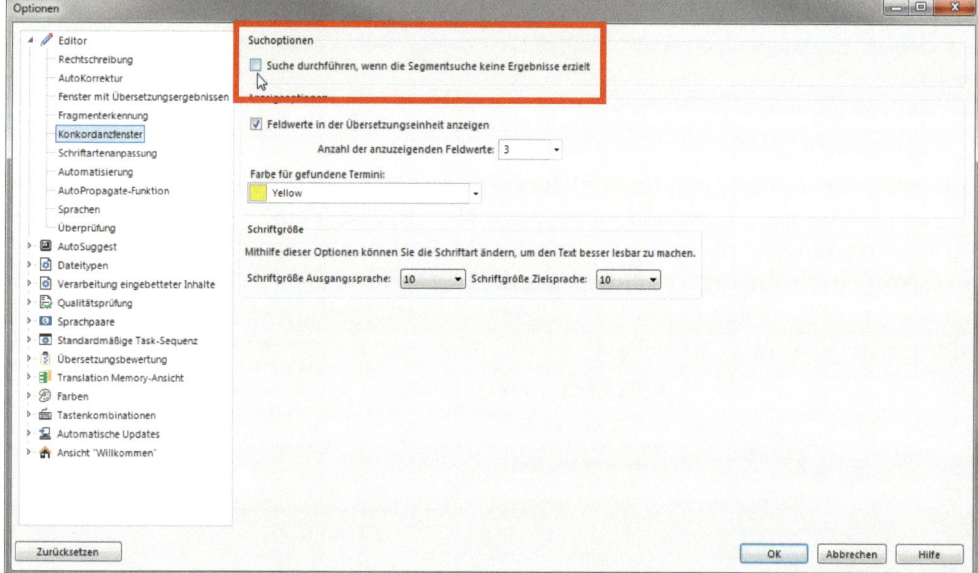

Die Konkordanzsuche wird nun immer dann durchgeführt, wenn beim Öffnen eines Segments oder beim Wechsel zu einem Segment kein Match gefunden wird. Die Konkordanzergebnisse werden in der Ansicht **Editor** im Fenster **Konkordanzsuche** angezeigt.

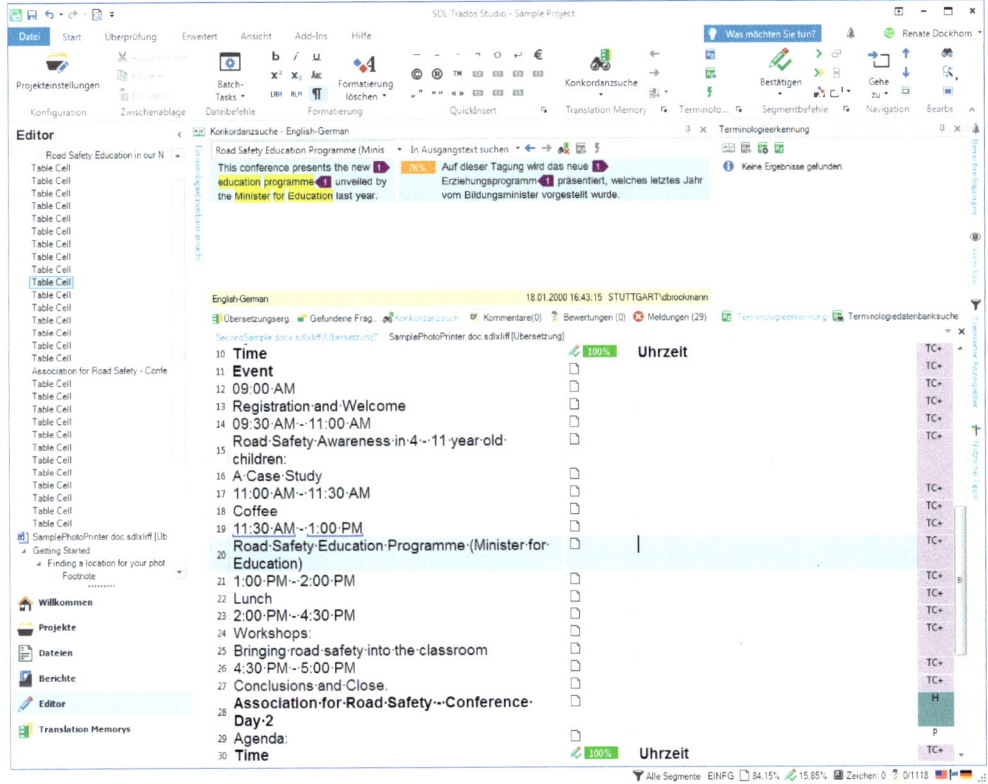

Aktivieren der zeichenbasierten Konkordanzsuche

Aktivieren Sie bei der Anlage eines Translation Memorys im Dialogfeld **Neues Translation Memory** → **Allgemein** → **Zeichenbasierte Konkordanzsuche aktivieren**, wenn Sie neben Wörtern oder Phrasen auch Zeichengruppen innerhalb eines Wortes mit der Konkordanzsuche finden möchten.

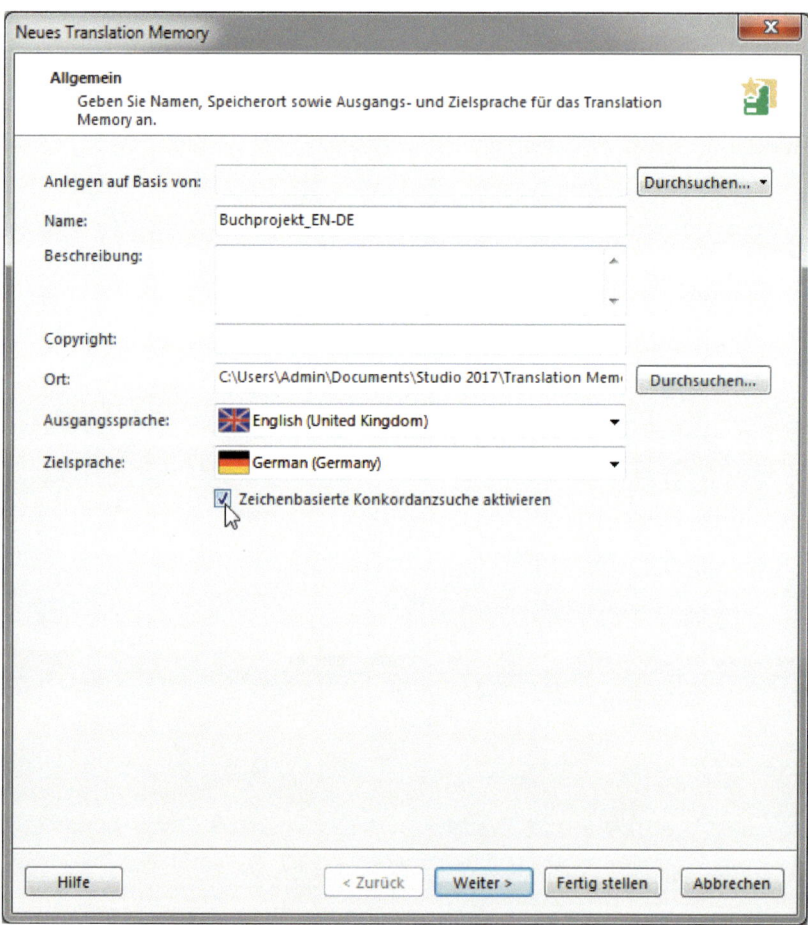

Punkt 20: Fragmenterkennung

Die Fragmenterkennung ist eine praktische Ergänzung zu Matches aus dem Translation Memory und zur Konkordanzsuche. Sie ist Teil der mit SDL Trados Studio 2017 eingeführten upLIFT-Technologie, mit der SDL Trados Studio 2019 automatisch nach Fragmenten aus zuvor übersetzten Segmenten in einem oder mehreren in einem Projekt aktiven Translation Memorys sucht. Und zwar immer dann, wenn kein Match gefunden wird.

Die Fragmenterkennung erfolgt auf zwei Wegen: Einmal werden neue Segmente mit ganzen Übersetzungseinheiten abgeglichen. Diese Funktion ist als Standard aktiv. Darüber hinaus werden Fragmente neuer Übersetzungen mit entsprechenden Fragmenten vorhandener Übersetzungseinheiten abgeglichen. Damit diese Funktion aktiv wird, ist eine Vorbereitung des Translation Memorys erforderlich, das über mindestens 1000 Übersetzungseinheiten verfügen muss. Empfohlen werden 5000.

Mit der Fragmenterkennung werden Fragment-Matches direkt beim Schreiben als Dropdown-Liste über AutoSuggest vorgeschlagen und SDL Trados Studio 2019 verfügt darüber hinaus über ein eigenes Fenster für gefundene Fragmente in der Ansicht **Editor** direkt neben dem Fenster für die Übersetzungsergebnisse. Im Fenster für die Fragmenterkennung ist eine Schaltfläche integriert, mit der ausgewählte Fragmente direkt in den Text übernommen werden können.

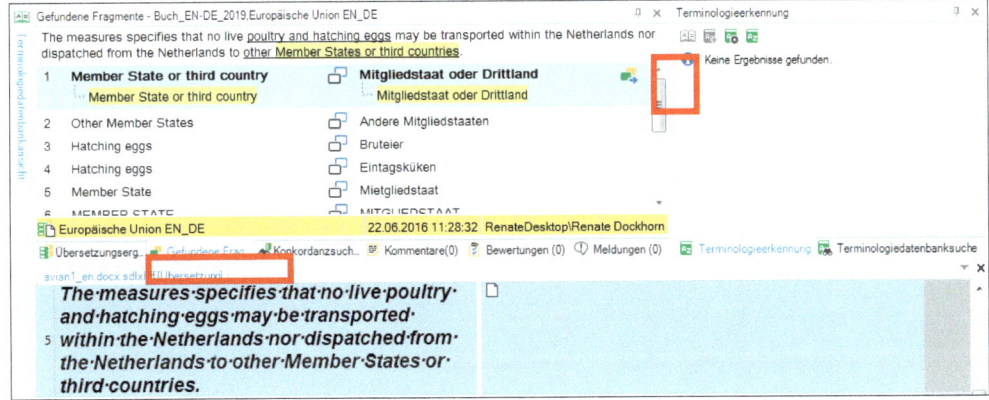

Nachfolgend sehen Sie ein Beispiel für ein Fragment, das aus einer ganzen Übersetzungseinheit besteht. Die Vierecke zwischen den Segmenten sind gleich groß.

Und hier ein Beispiel für ein Teilfragment. Die Vierecke zwischen den Segmenten haben eine unterschiedliche Größe.

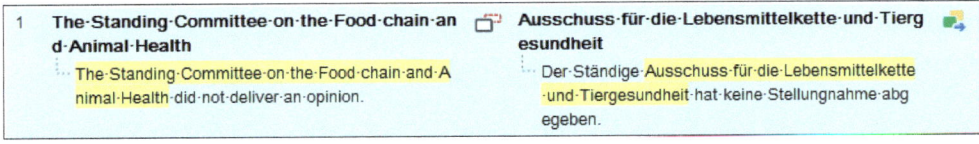

Einstellungen für die Vorbereitung von Translation Memorys für die Fragmenterkennung werden in folgenden Dialogfeldern vorgenommen:

Auf der Registerkarte **Datei** in den **Optionen** → **Editor** → **Fragmenterkennung** werden die Suchoptionen, Anzeigeoptionen und die Schriftgröße für die Fragmenterkennung festgelegt. Als Standard ist die Fragmenterkennung aktiviert.

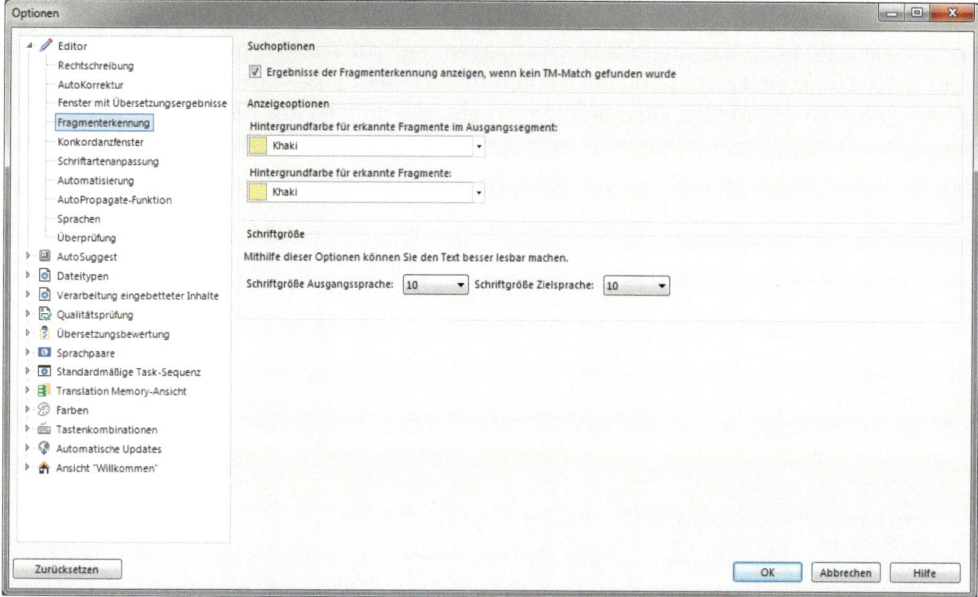

Die Vorbereitung eines Translation Memorys / von Translation Memorys für die Fragmenterkennung kann in der Ansicht **Translation Memorys** oder bei der Projektanlage in Form eines Upgrades vorgenommen werden. Das Verfahren bei der Projektanlage wird im Kapitel **Upgrade von Translation Memorys** beschrieben. Nachfolgend wird das Verfahren in der Ansicht **Translation Memorys** beschrieben.

Öffnen Sie zunächst ein Translation Memory in der Ansicht **Translation Memorys** und wählen Sie dann auf der Registerkarte **Start** in der Gruppe **Tasks** → **Einstellungen** aus, um mit der Vorbereitung eines Translation Memorys für die Fragmenterkennung zu beginnen.

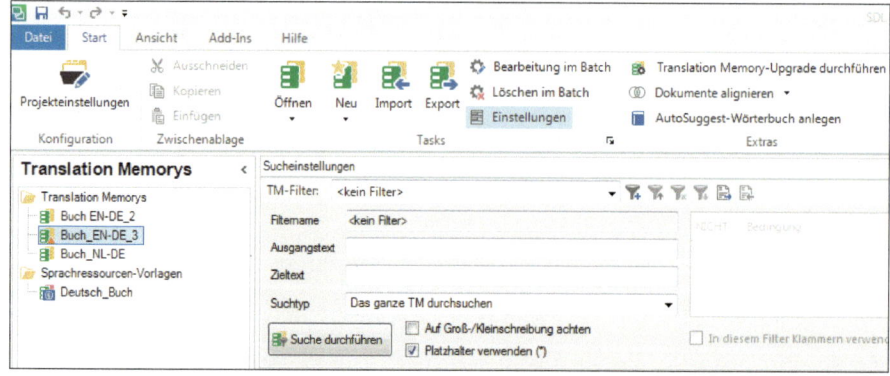

Das Dialogfeld **Translation Memory-Einstellungen** öffnet sich. Klicken Sie auf **Fragment-basiertes Alignment**.

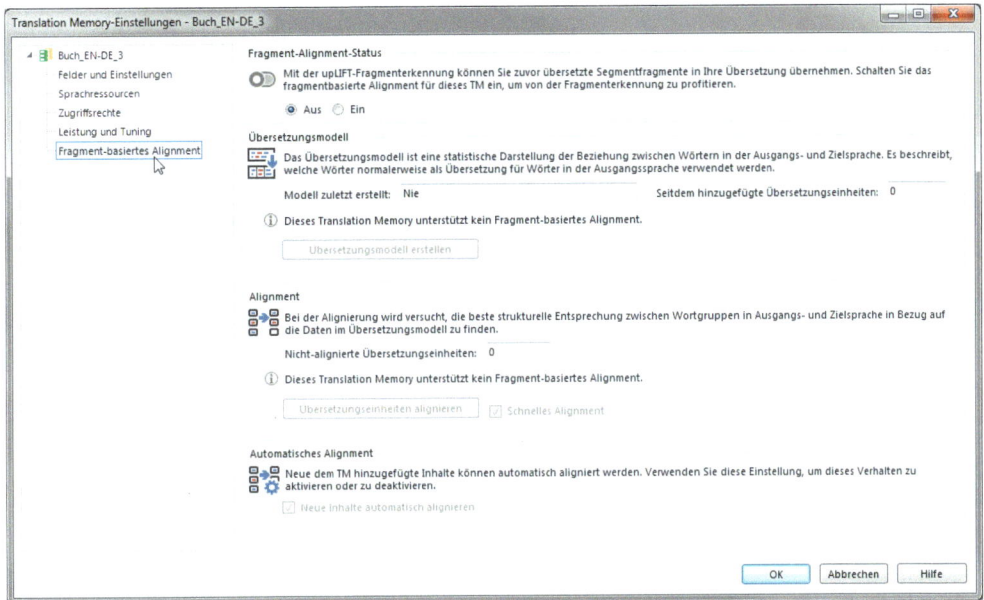

Zunächst wird unter **Fragment-Alignment-Status** die Fragmenterkennung aktiviert. Die Schaltfläche **Ein** ist nur dann aktivierbar, wenn das Translation Memory mindestens 1000 Übersetzungseinheiten beinhaltet (empfohlen sind 5000).

Nach dem Aktivieren der Fragmenterkennung öffnet sich das Dialogfeld **Fragment-basiertes Alignment verwenden**. SDL Trados Studio 2019 bietet mit diesem Dialogfeld die Möglichkeit, in einem Schritt ein Übersetzungsmodell für die Fragmenterkennung anzulegen und danach die Übersetzungseinheiten für die Fragmenterkennung in SDL Trados Studio 2019 zu alignieren. Klicken Sie auf **Ja**, um fortzufahren.

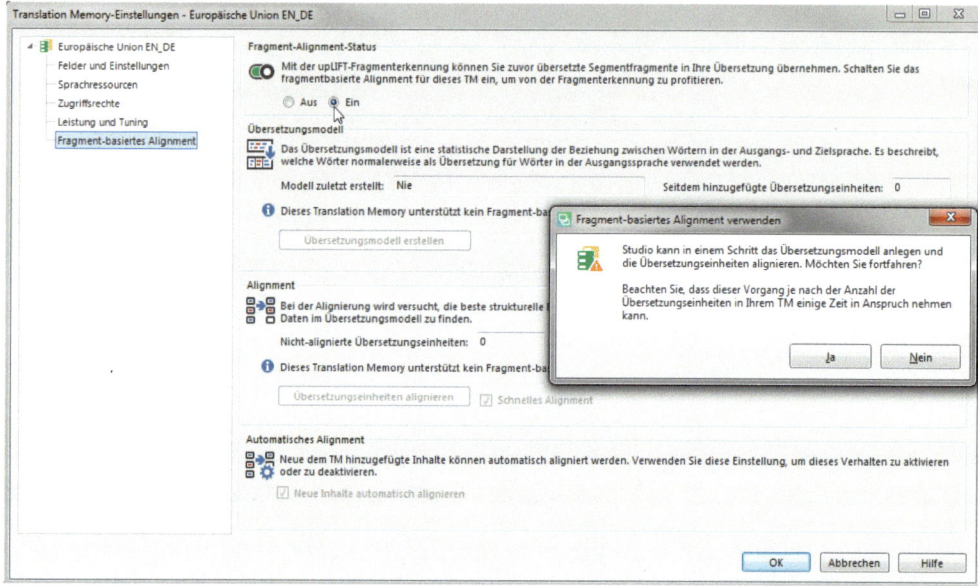

SDL Trados Studio 2019 aktualisiert das Translation Memory, indiziert es neu, legt ein Übersetzungsmodell an und aligniert die Übersetzungseinheiten.

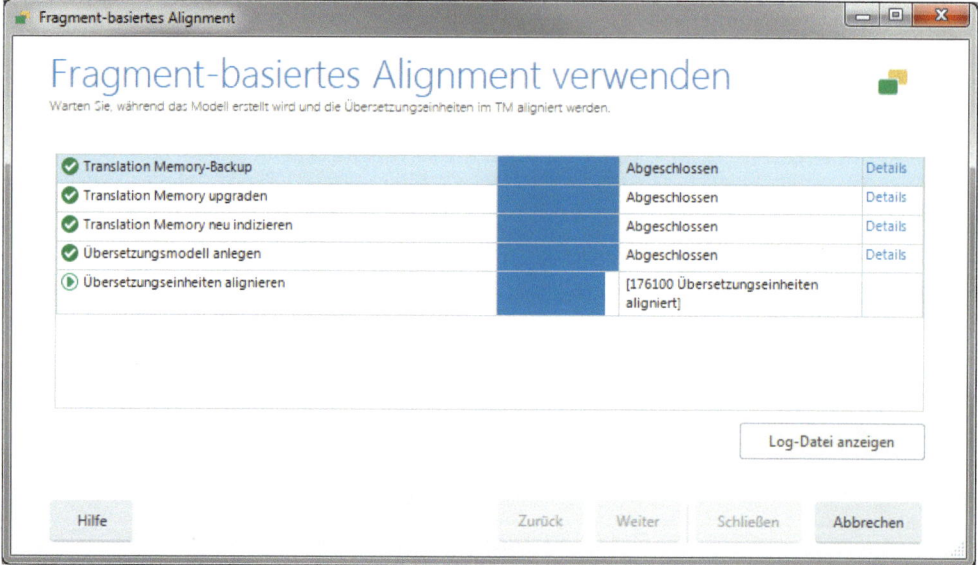

Klicken Sie nach Abschluss des Vorgangs auf **Schließen**.

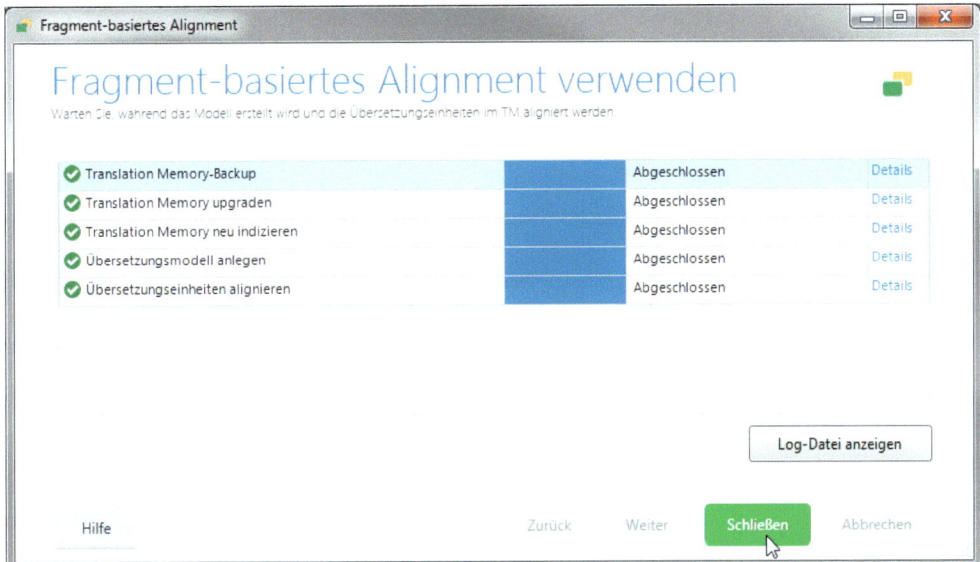

Das Translation Memory ist nun für den Einsatz bei der Fragmenterkennung in SDL Trados Studio 2019 vorbereitet.

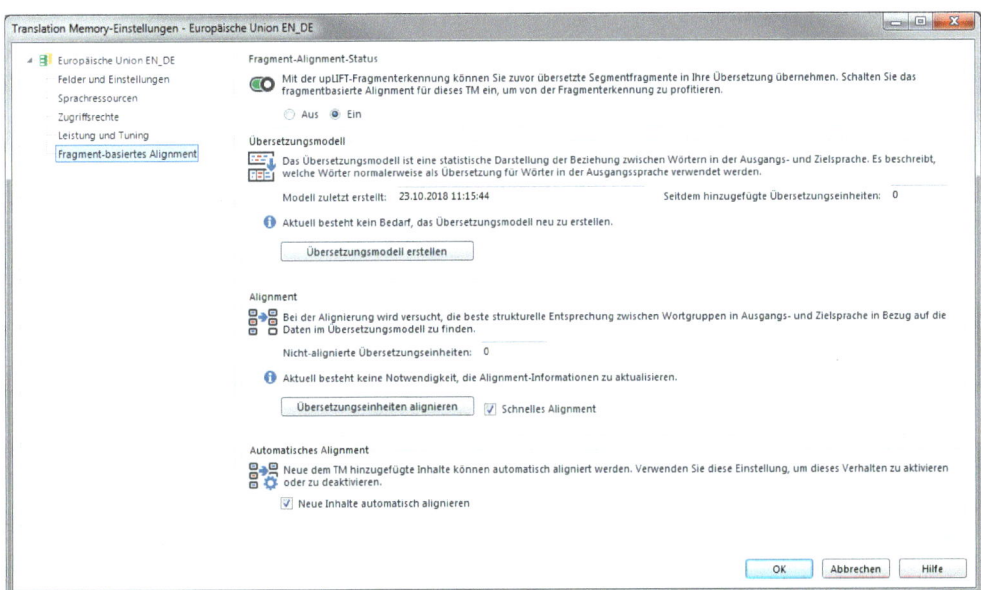

Alternativ haben Sie die Möglichkeit, manuell ein Übersetzungsmodell im Dialogfeld **Translation Memory-Einstellungen** zu erstellen und ein Alignment durchzuführen.

Unter **Übersetzungsmodell** wird das Übersetzungsmodell erstellt. Klicken Sie auf **Übersetzungsmodell erstellen**, um mit der Anlage des Übersetzungsmodells zu beginnen.

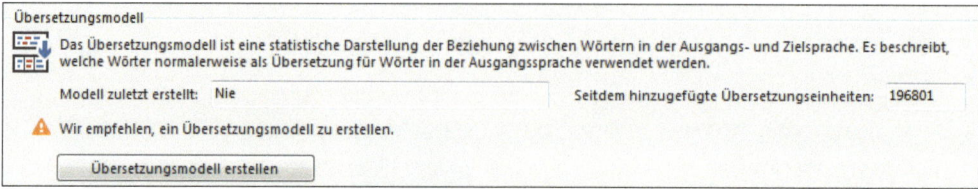

Unter **Alignment** wird die beste strukturelle Entsprechung zwischen Wortgruppen in Ausgangs- und Zielsprache in Bezug auf die Daten im Übersetzungsmodell ermittelt. Im Unterschied zum Alignment auf Segmentebene werden bei diesem Alignment auf Teilsegmentebene Textfragmente in Übersetzungseinheiten in den ausgangs- und zielsprachlichen Segmenten miteinander verglichen. Die Übersetzungseinheiten können durch Klicken auf **Übersetzungseinheiten alignieren** aligniert werden. Darüber hinaus ist es sinnvoll, dass die Option **Neue Inhalte automatisch alignieren** aktiviert ist, damit das Alignment auf Teilsegmentebene bei neuen Übersetzungseinheiten, die dem TM hinzugefügt werden, automatisch erfolgt.

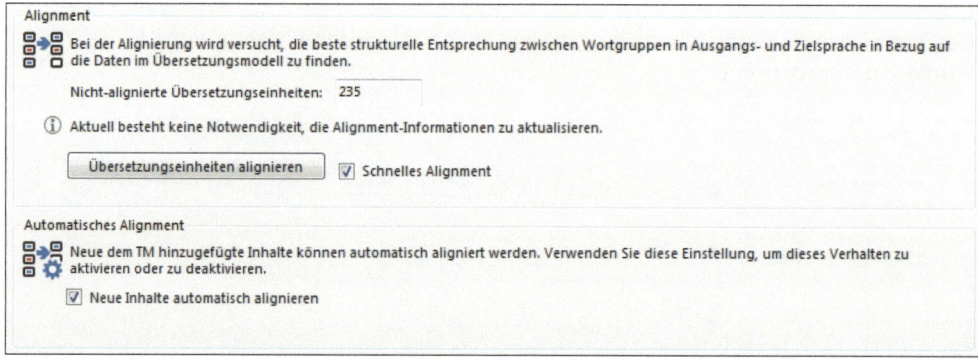

Die letztendliche Aktivierung für den Übersetzungsprozess erfolgt dann in den Projekteinstellungen von Projekten. Klicken Sie dazu in den jeweiligen geöffneten Projekten in einer beliebigen Ansicht auf der Registerkarte **Start** in der Gruppe **Konfiguration** auf **Projekteinstellungen**.

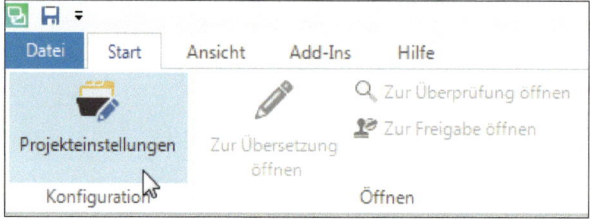

Das Dialogfeld **Projekteinstellungen** öffnet sich. Klicken Sie unter **Sprachpaare** → **Alle Sprachpaare** → **Translation Memorys und maschinelle Übersetzung** auf **Suchen**.

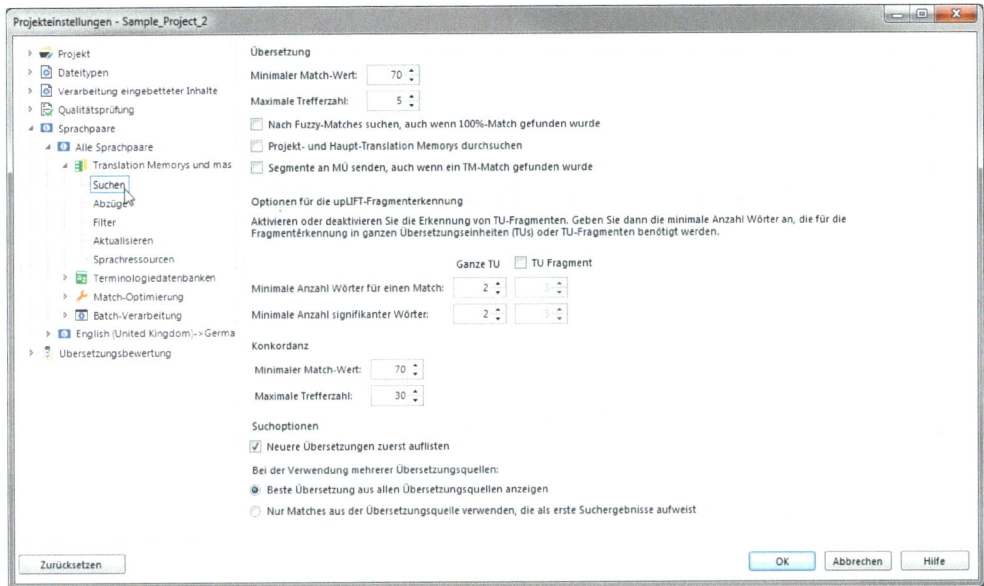

Setzen Sie ein Häkchen vor **TU Fragment**, um die Fragmenterkennung zu aktivieren, falls noch kein Häkchen gesetzt ist. Darüber hinaus haben Sie die Möglichkeit, die minimale Anzahl Wörter für einen Match und die minimale Anzahl signifikanter Wörter anzupassen.

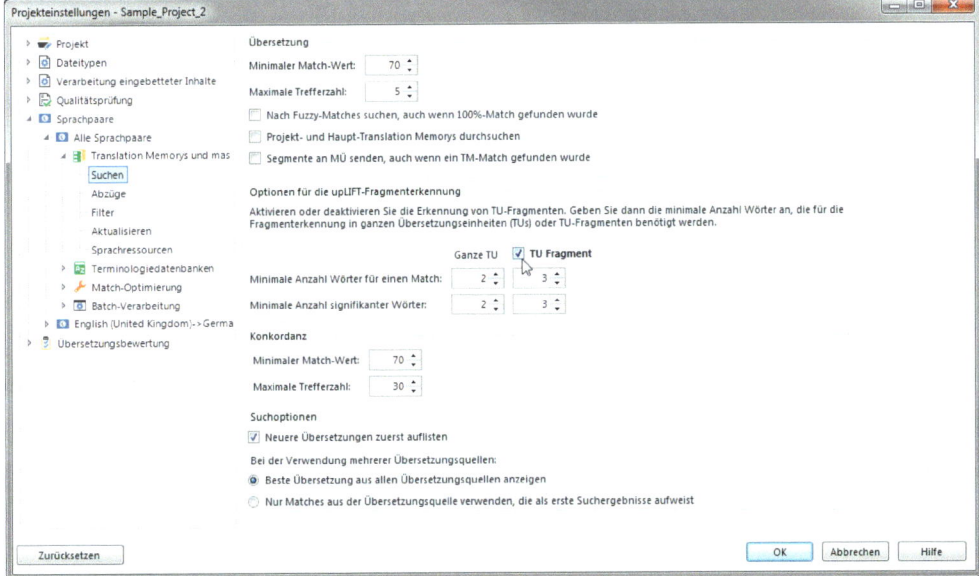

In der nachfolgenden Abbildung sehen Sie ein Beispiel für erkannte TU-Fragmente.

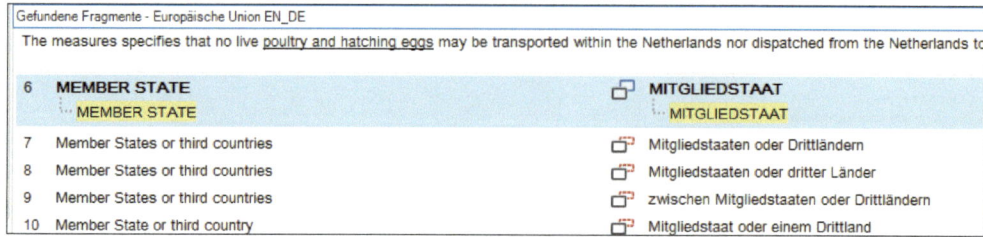

Das blau unterlegte und damit aktive Fragment kann durch Klicken auf das Icon **Erkanntes Fragment einfügen** rechts von der Übersetzungseinheit oder durch die entsprechende Tastenkombination in das zielsprachliche Segment übernommen werden.

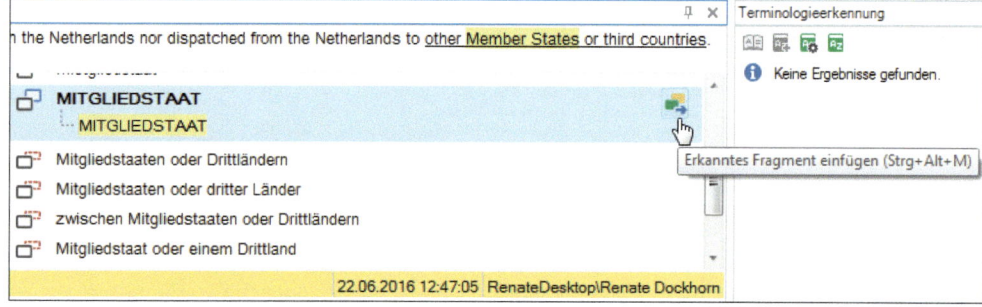

Punkt 21: Match-Optimierung

Die Match-Optimierung ist wie die Fragmenterkennung Teil der upLIFT-Technologie. Mit ihr werden Daten aus Ressourcen wie Termbanken, gefundenen Fragmenten oder maschineller Übersetzung (falls verwendet) genutzt, damit SDL Trados Studio 2019 Fuzzy-Matches automatisiert optimieren kann.

Nachfolgend finden Sie ein Beispiel für ein mit der Match-Optimierung optimiertes Segment. Dieses ist neben der Prozentzahl für den Fuzzy-Match zwischen den Segmenten und im Fenster **Übersetzungsergebnisse** mit einem Maulschlüssel gekennzeichnet: .

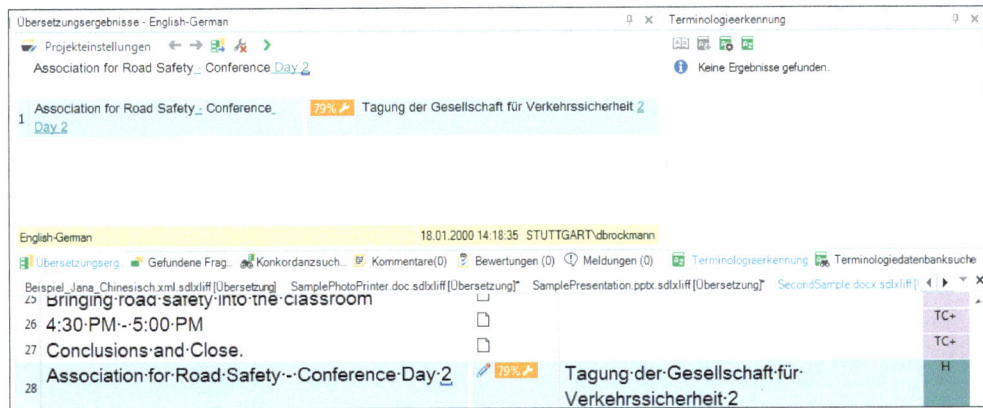

SDL Trados Studio 2019 hat bei der Korrektur des obigen Fuzzy-Matches die Zahl „2" bereits hinzugefügt. Das Wort „- Konferenztag" ist noch vom Benutzer zu ergänzen.

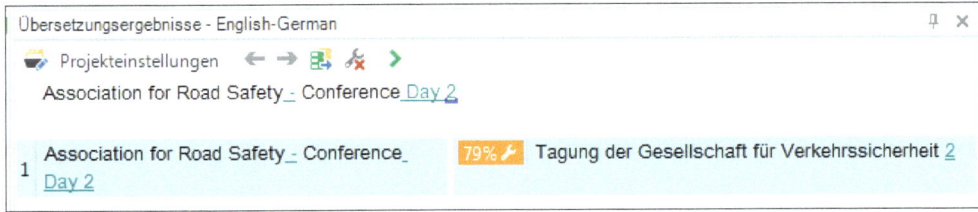

Wenn der Benutzer mit der Maus über den Fuzzy-Match-Wert zwischen den Segmenten fährt, öffnet sich ein Fenster, mit dem dargestellt wird, woher die erfolgte Änderung genommen wurde.

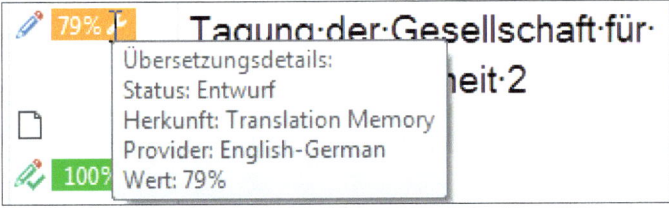

Als Standard ist die Match-Optimierung für die Arbeit in der Ansicht **Editor** aktiviert. Darüber hinaus hat der Benutzer die Möglichkeit, die Match-Optimierung für Batch-Tasks zu aktivieren, um die Match-Optimierung auch in Analyse und Vorübersetzung zu nutzen. Weitere Quellen für die Match-Optimierung sind die in einem Projekt aktiven Termbanken. Und bei aktivierter maschineller Übersetzung besteht darüber hinaus die Möglichkeit, diese ebenfalls für die Match-Optimierung zu verwenden. Als Standard ist diese Funktion nicht aktiviert.

Einstellungen für die Match-Optimierung werden projektübergreifend auf der Registerkarte **Datei** in den **Optionen** → **Sprachpaare** → Name des Sprachpaars → **Match-Optimierung**

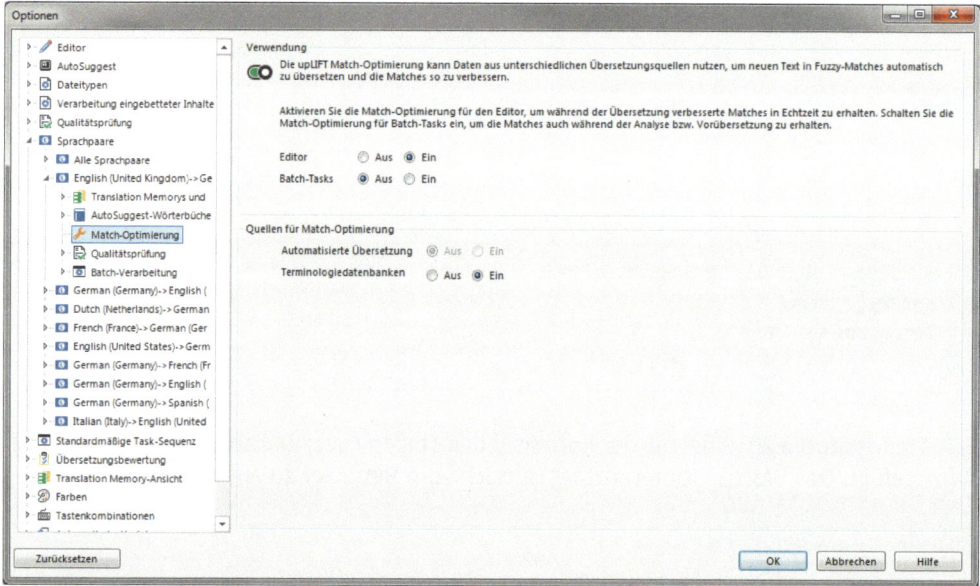

oder für das aktuelle Projekt in der Ansicht **Editor** auf der Registerkarte **Start** in der Gruppe **Konfiguration** in den **Projekteinstellungen**

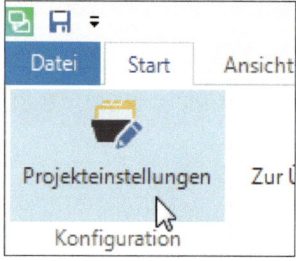

unter **Sprachpaare** → Name des Sprachpaars → **Match-Optimierung** vorgenommen.

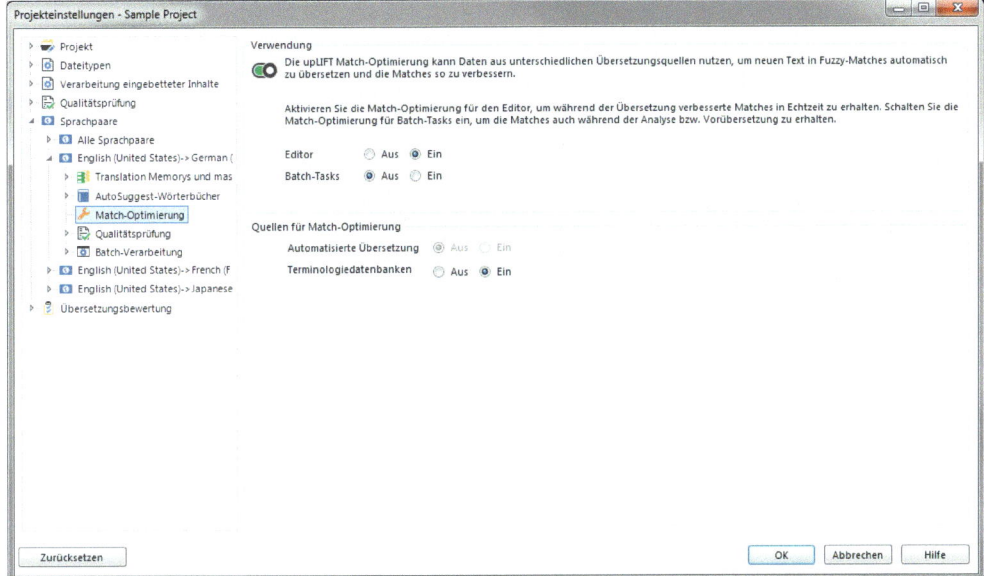

Punkt 22: LookAhead

LookAhead ist eine Funktion, mit der die Abrufgeschwindigkeiten von Suchergebnissen beim Navigieren von Segment zu Segment verbessert werden. Sobald ein Text für die Übersetzung in SDL Trados Studio 2019 geladen ist, beginnt SDL Trados Studio 2019 mit dem Abgleich des Textes zu den verschiedenen Ressourcen (für ein Projekt ausgewählte Translation Memorys, Termbanken, maschinelle Übersetzung (falls aktiviert)). Eingestellt wird LookAhead auf der Registerkarte **Datei** in den **Optionen** → **Automatisierung** → **LookAhead**. Als Standard ist die Funktion aktiviert und verkürzt die Zugriffszeiten beim Wechsel zwischen Segmenten.

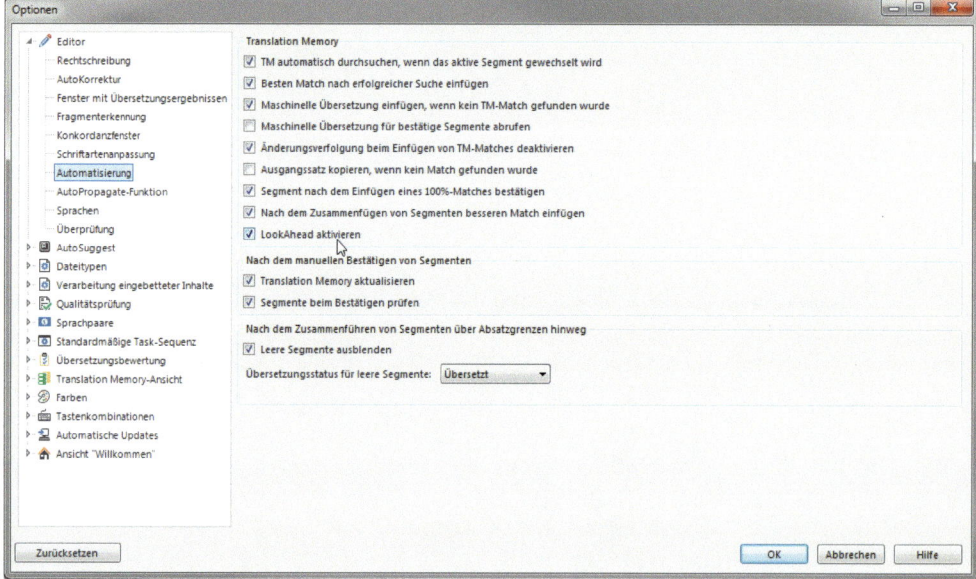

Punkt 23: Anzeigefilter

SDL Trados Studio 2019 verfügt über einen umfassenden Anzeigefilter, der es ermöglicht, einzelne Segment-Typen, Wiederholungen, Überprüfungsstatus, Segmente mit Meldungen, Kommentare, nachverfolgte Änderungen, gesperrte und nicht gesperrte Segmente und Zahlensegmente zu filtern und in der Ansicht **Editor** gefiltert darzustellen.

Auswählen von Anzeigefiltern

Klicken Sie in der Ansicht **Editor** auf der Registerkarte **Überprüfung** in der Gruppe **Anzeigefilter** auf **Alle Segmente**, um die Dropdown-Liste mit allen verfügbaren Anzeigefiltern zu öffnen und einen Anzeigefilter auszuwählen.

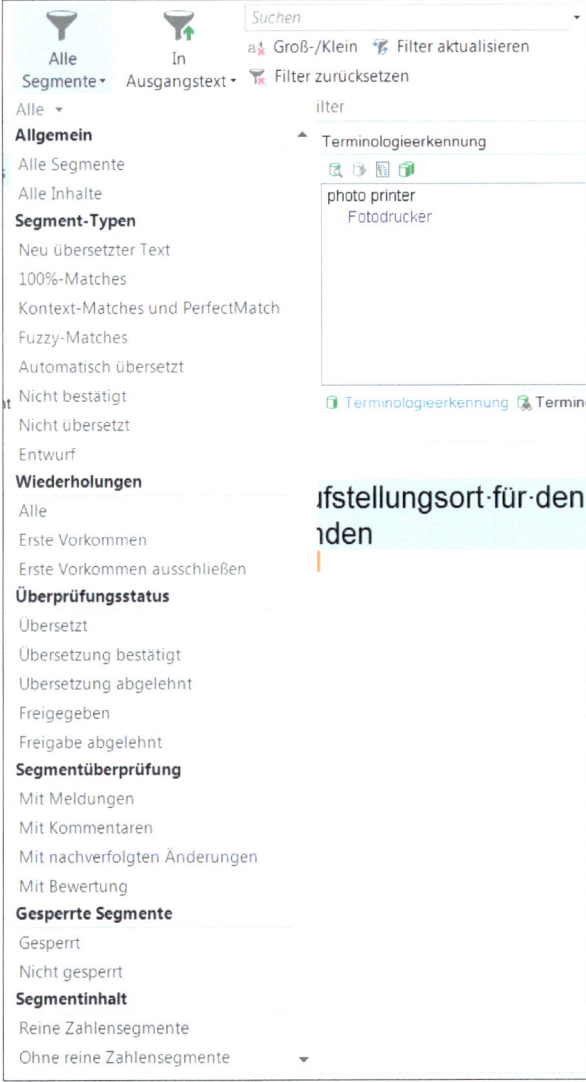

Im nachfolgenden Beispiel sind einige Segmente bereits übersetzt und bestätigt, andere noch nicht übersetzt. Es sollen nun alle Segmente herausgefiltert werden, die noch nicht bestätigt sind.

Klicken Sie in der Ansicht **Editor** auf der Registerkarte **Überprüfung** in der Gruppe **Anzeigefilter** auf **Alle Segmente**, um zunächst die Dropdown-Liste mit allen verfügbaren Anzeigefiltern zu öffnen. Wählen Sie dann unter **Segment-Typen → Nicht bestätigt** aus, um alle nicht bestätigten Segmente des aktuellen Dokuments zu filtern und nur diese im Editor anzuzeigen.

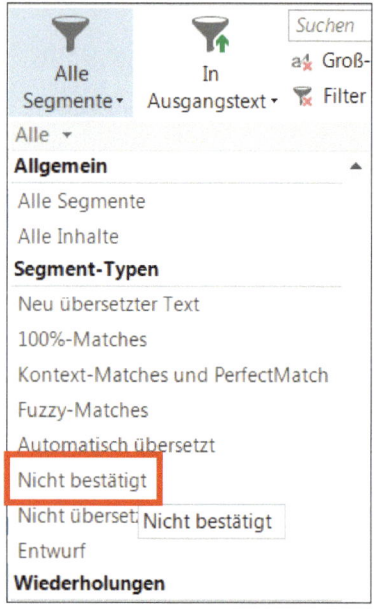

Der Anzeigefilter wird auf der Registerkarte **Überprüfung** in der Gruppe **Anzeigefilter**

und in der Statusleiste unten rechts im Bildschirm angezeigt.

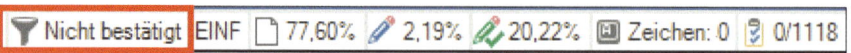

❗ Durch Klicken auf den Filter in der Statusleiste wird die Dropdown-Liste des Anzeigefilters geöffnet, ohne dass Sie über die Registerkarte navigieren müssen.

In der Ansicht **Editor** werden nun alle Segmente des geöffneten Dokuments angezeigt, die noch nicht bestätigt wurden, alle bestätigten Segmente sind ausgeblendet. Durch die Segmentnummern ist dies leicht nachvollziehbar.

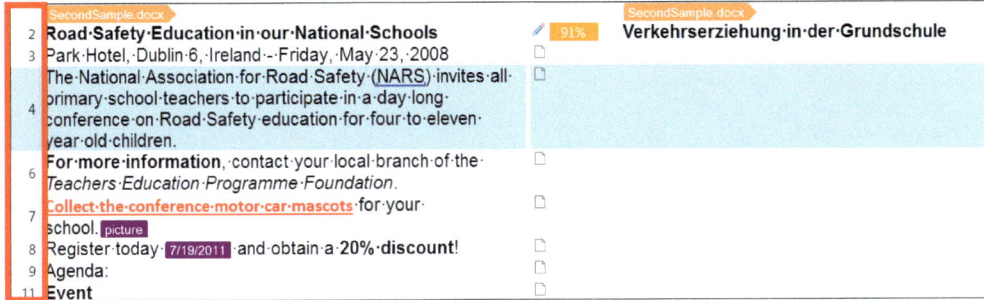

Verfahren Sie analog mit allen anderen Anzeigefiltern, wenn Sie Filter setzen möchten.

Zurücksetzen von Filtern

Klicken Sie in der Ansicht **Editor** auf der Registerkarte **Überprüfung** in der Gruppe **Anzeigefilter** auf **Filter zurücksetzen**, um einen gesetzten Anzeigefilter zu entfernen und wieder alle Segmente anzeigen zu lassen.

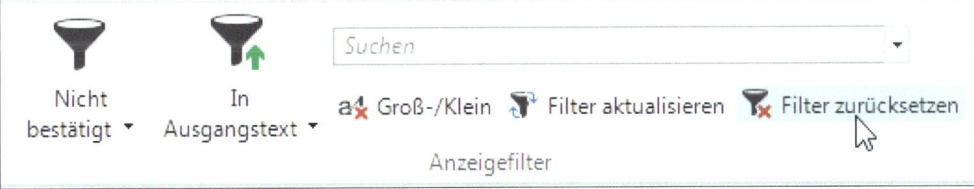

Es erscheinen nun wieder alle Segmente.

Punkt 24: Erweiterter Anzeigefilter

Am rechten Seitenrand von SDL Trados Studio 2019 wurde unterhalb der Vorschau eine neue Schaltfläche integriert, hinter der sich der erweiterte Anzeigefilter verbirgt, und mit dem Benutzer neben den eigentlichen Merkmalen des Anzeigefilters zusätzliche Attribute filtern können.

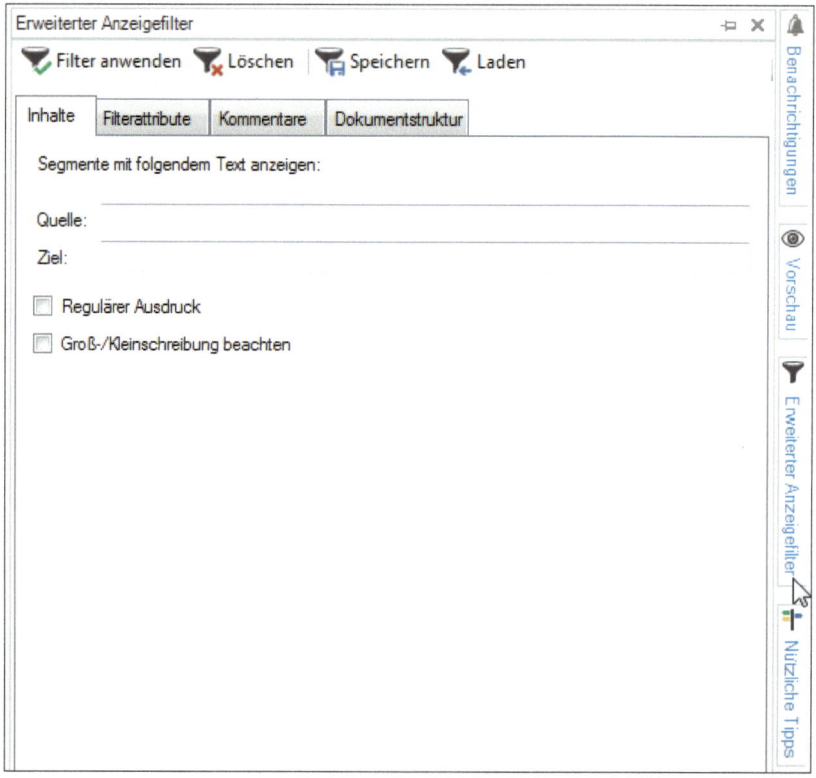

Über die Schaltfläche am Seitenrand hinaus kann der erweiterte Anzeigefilter in der Ansicht **Editor** auf der Registerkarte **Ansicht** in der Gruppe **Information** → **Erweiterter Anzeigefilter** aufgerufen werden.

Die Attribute, anhand derer gefiltert werden kann, sind auf vier Registerkarten aufgeteilt:

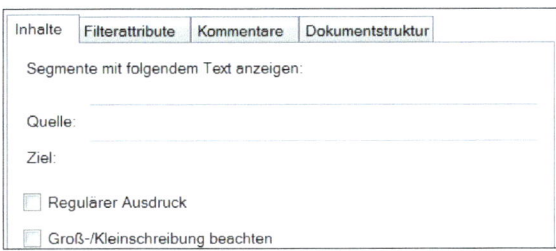

Auf der Registerkarte **Inhalte** können Segmente gefiltert werden, die einen bestimmten Text beinhalten. Dabei kann durch den Benutzer zusätzlich festgelegt werden, ob es sich dabei um einen regulären Ausdruck handelt und ob die Groß-/Kleinschreibung beachtet werden soll.

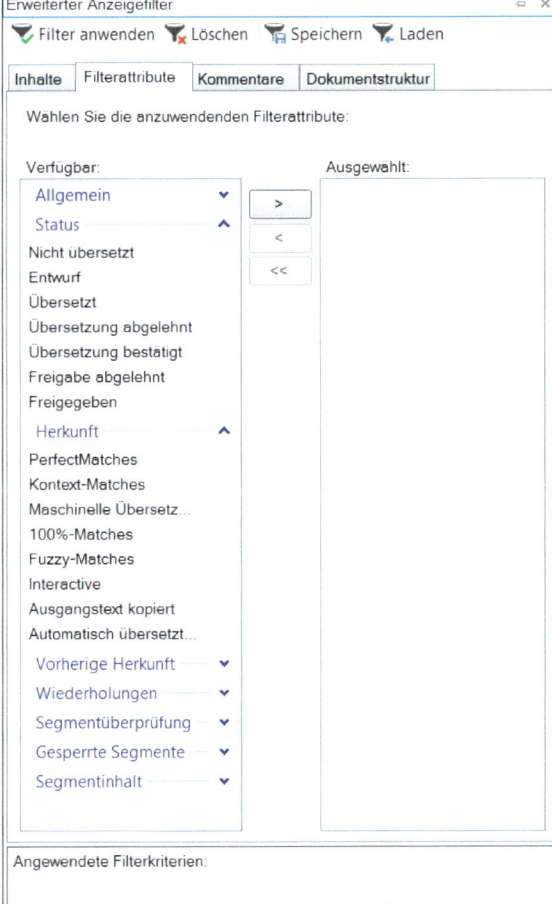

Auf der Registerkarte **Filterattribute** können Segmente nach Status, Herkunft, vorheriger Herkunft, Wiederholungen, Segmentüberprüfung, gesperrten Segmenten und Segmentinhalt gefiltert werden.

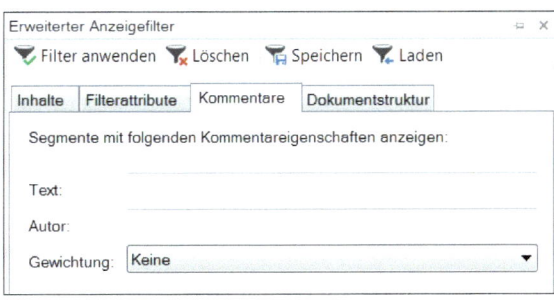

Auf der Registerkarte **Kommentare** ist es möglich, Segmente so zu filtern, dass nur von bestimmten Benutzern kommentierte Segmente ohne oder mit einer bestimmten Gewichtung sichtbar gemacht werden.

Auf der Registerkarte **Dokumentstruktur** können Segmente nach ihrer Dokumentstruktur gefiltert werden.

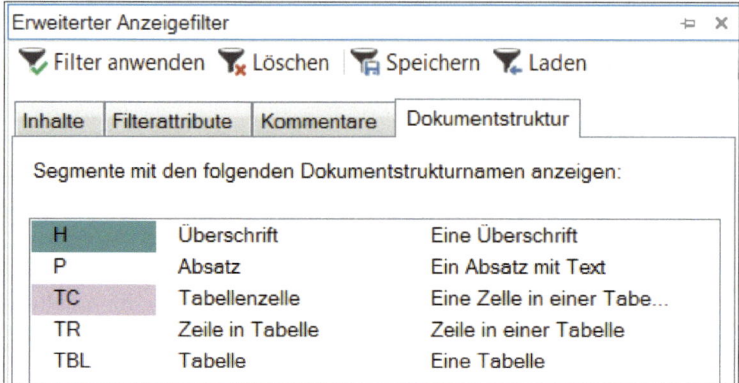

Nach Auswahl auf den verschiedenen Registerkarten kann die Filterkombination angewendet, gespeichert, geladen und gelöscht werden.

❗ Sollte die Schaltfläche für den erweiterten Anzeigefilter nicht mehr am rechten Bildschirmrand erscheinen, kann diese auf der Registerkarte **Ansicht** in der Gruppe **Benutzeroberfläche** mit **Fenster-Layout zurücksetzen** wieder aktiviert werden. Dabei ist zu beachten, dass durch diesen Befehl alle Fenster in SDL Trados Studio 2019 wieder auf die Standardeinstellung zurückgesetzt werden.

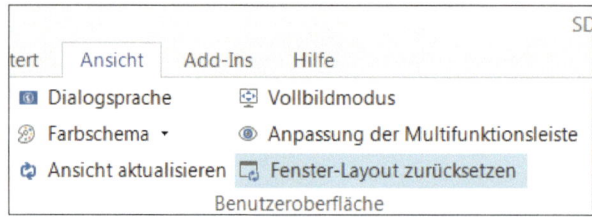

Punkt 25: Maximieren der Übersetzungsoberfläche

Sie haben die Möglichkeit, den Arbeitsbereich in den Ansichten zu maximieren. Drücken Sie hierzu in einer beliebigen Ansicht die Taste [F11] oder wählen Sie in einer beliebigen Ansicht auf der Registerkarte **Ansicht** in der Gruppe **Benutzeroberfläche** die Option **Vollbildmodus** aus.

SDL Trados Studio 2019 maximiert das Bearbeitungsfenster.

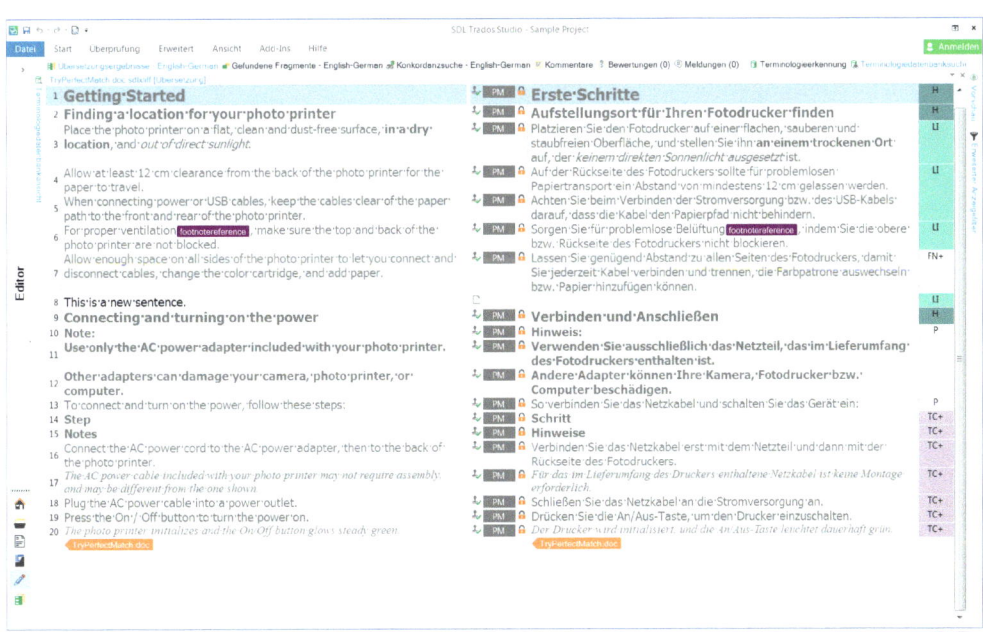

Drücken Sie erneut die Taste [F11], um die Einstellung rückgängig zu machen, oder klicken Sie noch einmal in einer beliebigen Ansicht auf der Registerkarte **Ansicht** in der Gruppe **Benutzeroberfläche** auf **Vollbildmodus**.

Punkt 26: Fenster-Layout zurücksetzen

Klicken Sie in einer beliebigen Ansicht auf der Registerkarte **Ansicht** in der Gruppe **Benutzeroberfläche** auf **Fenster-Layout zurücksetzen**, wenn Fenster innerhalb von SDL Trados Studio 2019 verstellt oder geschlossen wurden und das Standard-Fenster-Layout wiederhergestellt werden soll.

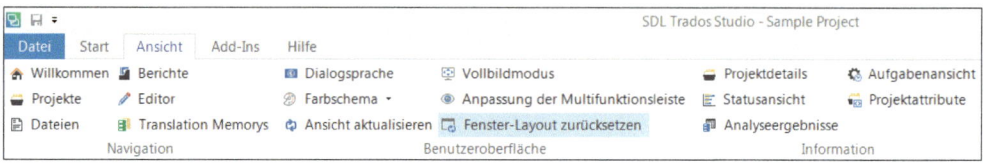

Punkt 27: Beim Öffnen automatisch zum zuletzt bearbeiteten Segment springen

Klicken Sie in der Ansicht **Editor** auf der Registerkarte **Erweitert** in der Gruppe **Lesezeichen** auf **Einstellungen für Lesezeichen**.

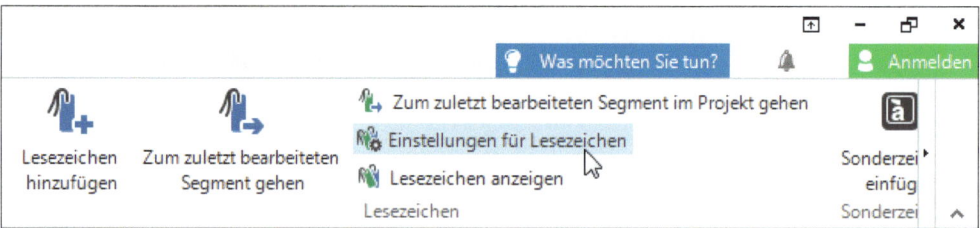

Das Dialogfeld **Einstellungen für Lesezeichen** öffnet sich und bietet die Möglichkeit, SDL Trados Studio 2019 so einzustellen, dass das Programm automatisch beim Öffnen von Dokumenten in der Ansicht **Editor** zum zuletzt bearbeiteten Segment springt. Als Standard ist diese Option nicht aktiviert.

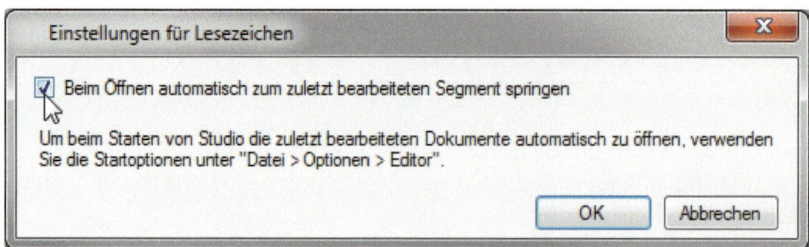

Punkt 28: Ausgangstext mit Zieltext synchronisieren

Im vergangenen Jahr tauchte bei mir ein Problem mit einem nicht parallel laufenden Ausgangs- und Zieltext auf. Als Standard „laufen" ausgangs- und zielsprachliche Segmente parallel und es befindet sich eine Laufleiste rechts neben dem zielsprachlichen Text. Bei mir verschob sich der Text und ich hatte plötzlich eine zweite Laufleiste neben dem Ausgangstext.

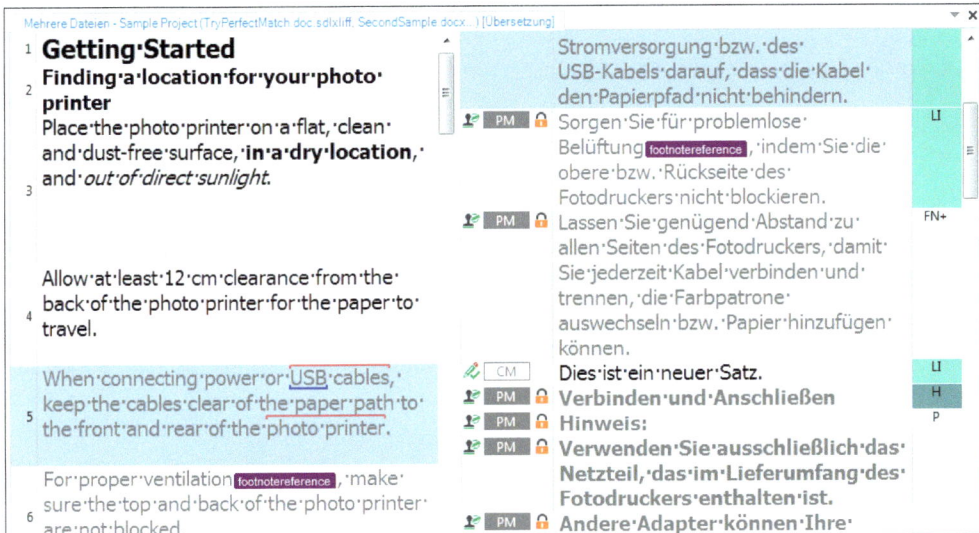

Nachdem das Problem bzw. die Frage nun auch bereits in einigen Seminaren aufgetreten ist, haben wir diesen Punkt in unsere Liste aufgenommen. Klicken Sie bei nicht parallel laufendem Ausgangs- und Zieltext in der Ansicht **Editor** auf der Registerkarte **Ansicht** in der Gruppe **Funktionen** auf **Ausgangstext mit aktuellem Zielsegment automatisch synchronisieren**.

Nach Ausführen des Befehls laufen die Segmente wieder parallel, die zweite Laufleiste neben dem Ausgangstext verschwindet.

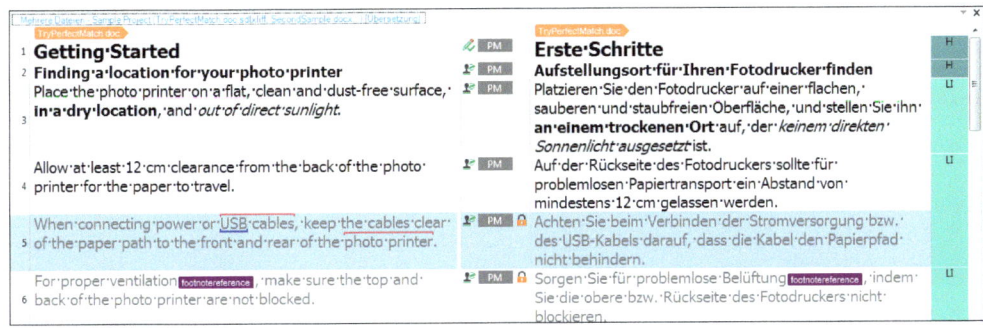

Punkt 29: Alle Segmente gleichzeitig bestätigen bzw. auf einen bestimmten Segmentzustand setzen

Klicken Sie oberhalb des ersten Segments auf die kleine Freifläche links neben dem orangefarbenen Dokumentennamen, um alle Segmente eines Dokuments in der Ansicht **Editor** zu markieren.

SDL Trados Studio 2019 unterlegt alle Segmente farbig.

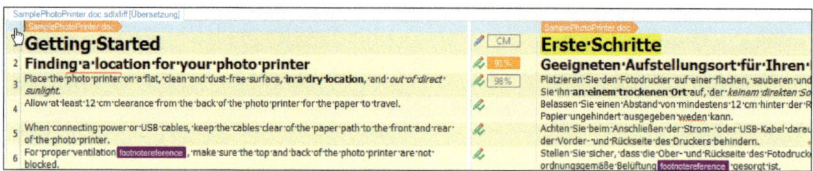

Klicken Sie mit der rechten Maustaste auf den Segmentnummernbereich und wählen Sie in der sich öffnenden Dropdown-Liste **Segmentstatus ändern** und den gewünschten Status aus.

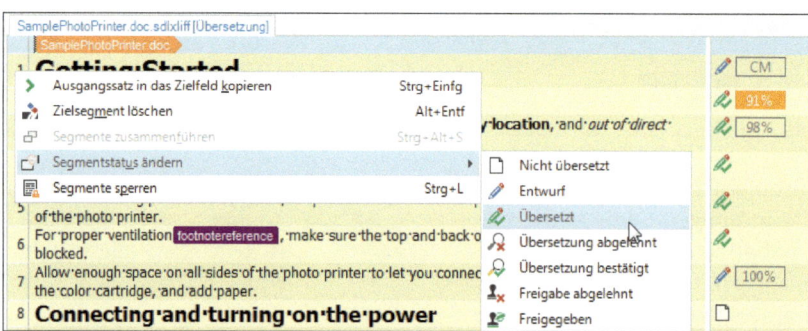

Die Segmente haben nun alle den gewünschten Status.

❗ Wichtig zu wissen ist dabei, dass das dokumentenweite Setzen von Segmenten auf **Übersetzt** nicht bedeutet, dass die Segmente auch automatisch gleichzeitig im Translation Memory gespeichert werden.

Punkt 30: Groß-/Kleinschreibung ändern

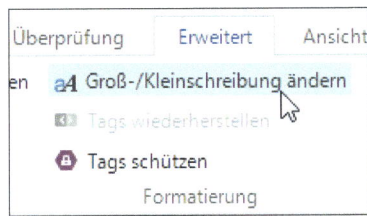

Markieren Sie in der Ansicht **Editor** in einem geöffneten Dokument einen Textteil, bei dem Sie die Groß-/Kleinschreibung ändern möchten. Klicken Sie danach auf der Registerkarte **Erweitert** in der Gruppe **Formatierung** auf **Groß-/Kleinschreibung ändern**.

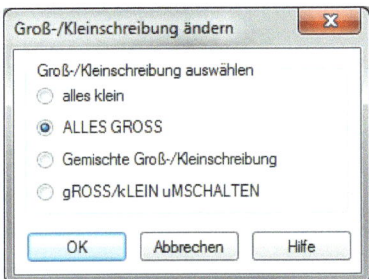

Das Dialogfeld **Groß-/Kleinschreibung ändern** öffnet sich. Wählen Sie die gewünschte Schreibung aus und klicken Sie auf **OK**.

Der markierte Textteil erscheint nun in der gewünschten Groß-/Kleinschreibung.

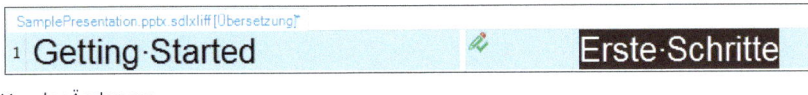
Vor der Änderung

Nach der Änderung

Alternativ haben Sie auch die Möglichkeit, die entsprechende Tastenkombination zu verwenden. Als Standard ist hier die Tastenkombination ⇧ + F3 auf der Registerkarte **Datei** in den **Optionen** unter **Tastenkombinationen** hinterlegt.

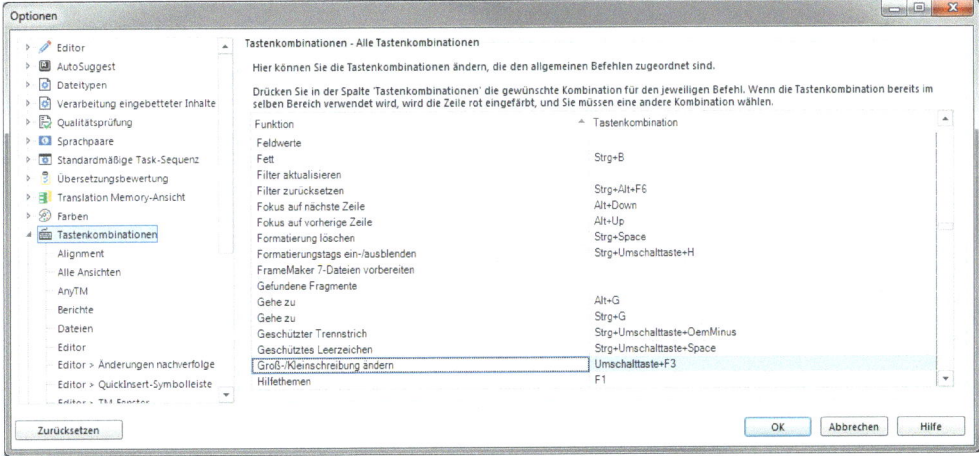

Qualitätssicherung

Die aus Rechtschreibprüfung und Qualitätsprüfung bestehende Qualitätssicherung ist ein wichtiges Element von SDL Trados Studio 2019, das den Übersetzungs- und Korrekturprozess ergänzt und Übersetzer und Korrektoren im Arbeitsalltag entlastet.

Für die Rechtschreibprüfung stehen zwei Tools zur Auswahl: Hunspell, das als Standard eingestellt ist, und die Microsoft Word-Rechtschreibprüfung. Mit den Qualitätsprüfungsoptionen im sogenannten **QA Checker 3.0** bietet SDL Trados Studio 2019 dem Benutzer umfassende Prüfmöglichkeiten, die individuell angepasst werden können. Über die Optionen im **QA Checker 3.0** hinaus stehen dem Benutzer eine Tag- und eine Terminologieprüfung zur Verfügung. Die Einstellungsmöglichkeiten für diese Optionen finden Sie in diesem Kapitel unter **Schritt 3: Qualitätsprüfung**.

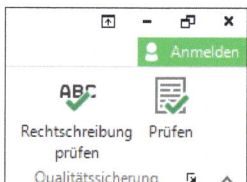
Die Symbole für das Durchführen der Rechtschreib- und Qualitätsprüfung finden Sie in SDL Trados Studio 2019 in der Ansicht **Editor** auf der Registerkarte **Überprüfung** in der Gruppe **Qualitätssicherung**. Alternativ haben Sie die Möglichkeit, F7 zu drücken, um die Rechtschreibprüfung auszuführen, F8, um die Qualitätsprüfung anzustoßen.

❗ Bitte verwechseln Sie die formale Qualitätsprüfung in diesem Kapitel nicht mit der inhaltlichen Korrektur/Überprüfung, die zusätzlich durch den Korrektor im Modus **Überprüfung** durchgeführt wird.

Über die Rechtschreibprüfung und die formale Qualitätsprüfung hinaus hat es sich in der Praxis als sinnvoll erwiesen, zunächst manuell vor der Qualitätssicherung zu prüfen, ob tatsächlich alle Segmente übersetzt sind und damit eine vollständige Prüfung aller in einem Dokument enthaltenen übersetzten Segmente ohne zusätzliche Arbeitsschritte zu ermöglichen.

Weiterhin ist es von Vorteil, nach der Rechtschreibprüfung und Qualitätsprüfung zu kontrollieren, ob tatsächlich alle Segmente bestätigt sind. Nur dann sind auch alle vorgenommenen Änderungen in den im Projekt für die Aktualisierung aktivierten Master-Translation Memorys enthalten. Hierbei ist es wichtig zu wissen, dass SDL Trados Studio 2019 Segmente vom Status **Übersetzt** in den Status **Entwurf** zurücksetzt, sobald eine Rechtschreibkorrektur vorgenommen oder ein Fehler bei der Durchführung der Qualitätsprüfung korrigiert wurde.

❗ Noch einmal zur Verdeutlichung: Eine Änderung im zielsprachlichen Segment wird erst dann in das im Projekt für die Aktualisierung aktivierte Translation Memory bzw. die für die Aktualisierung aktivierten Translation Memorys übernommen, wenn ein geändertes Segment erneut bestätigt wird.

Vorschlag für einen Qualitätssicherungsdurchlauf

Schritt 1
- Überprüfen, ob alle Segmente übersetzt sind:
Ansicht Editor → Registerkarte Überprüfung
→ Gruppe Anzeigefilter → Dropdown-Liste unter dem linken Trichter → Segment-Typen → Nicht übersetzt.

Schritt 2
- Rechtschreibprüfung (Hunspell oder Microsoft Word):
Ansicht Editor → Registerkarte Überprüfung
→ Gruppe Qualitätssicherung → Rechtschreibung prüfen.
Alternativ Taste [F7] (Alle korrigierten Segmente werden automatisch in den Status Entwurf zurückgesetzt.)

Schritt 3
- Durchführen der formalen Qualitätssicherung (Qualitätsprüfung):
Ansicht Editor → Registerkarte Überprüfung
→ Gruppe Qualitätssicherung → Prüfen.
Alternativ Taste [F8] (Alle korrigierten Segmente werden automatisch in den Status Entwurf zurückgesetzt.)

Schritt 4
- Überprüfen, ob alle Segmente bestätigt sind:
Ansicht Editor → Registerkarte Überprüfung
→ Gruppe Anzeigefilter → Dropdown-Liste unter Alle Segmente → Segment-Typen → Nicht bestätigt.

Schritt 1: Auf nicht übersetzte Segmente prüfen

Klicken Sie in der Ansicht **Editor** auf der Registerkarte **Überprüfung** in der Gruppe **Anzeigefilter** auf den linken Trichter. Ist kein Filter gesetzt, ist dieser mit der Beschriftung **Alle Segmente** versehen.

Die Dropdown-Liste des Anzeigefilters öffnet sich. Klicken Sie unter **Segment-Typen** auf **Nicht übersetzt**.

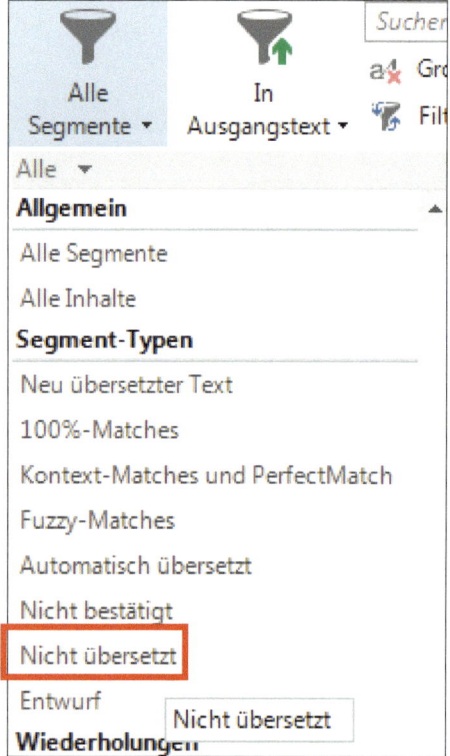

SDL Trados Studio 2019 zeigt nun im Editor nicht mehr alle Segmente an, sondern nur die, die noch nicht übersetzt wurden.

Geben Sie die Übersetzungen für die entsprechenden noch nicht übersetzten Segmente ein und bestätigen Sie diese jeweils in der Ansicht **Editor** auf der Registerkarte **Start** in der Gruppe **Segmentbefehle** mit **Bestätigen** oder verwenden Sie die in SDL Trados Studio 2019 für das Bestätigen hinterlegte Tastenkombination. SDL Trados Studio 2019 speichert die Übersetzungseinheiten jeweils im aktiven Translation Memory/den im Projekt aktiven Translation Memorys ab.

Klicken Sie danach erneut in der Ansicht **Editor** auf der Registerkarte **Überprüfung** in der Gruppe **Anzeigefilter** in der Dropdown-Liste auf **Nicht übersetzt**, um zu überprüfen, ob tatsächlich alle Übersetzungen vorgenommen wurden. Wurden alle Segmente übersetzt, ist die Ansicht leer und Sie sind sicher, dass alle Segmente im aktiven Dokument übersetzt wurden.

Klicken Sie nach Abschluss der Prüfung, ob alle Segmente im aktiven Dokument übersetzt sind, in der Ansicht **Editor → Überprüfung → Anzeigefilter** auf **Filter zurücksetzen**, sodass wieder alle Segmente angezeigt werden.

Über die Anzeige auf der Registerkarte **Überprüfung** in der Gruppe **Anzeigefilter** hinaus wird der jeweils aktuelle Anzeigefilter in der Statusleiste angezeigt, die sich rechts unterhalb der zielsprachlichen Segmente in der Ansicht **Editor** befindet. Klicken Sie ganz einfach auf das Symbol für den Filter in der Statusleiste, wenn Sie die Dropdown-Liste des Anzeigefilters öffnen möchten.

Schritt 2: Rechtschreibprüfung

In SDL Trados Studio 2019 haben Sie bei der Rechtschreibprüfung die Wahl zwischen der als Standard eingestellten Hunspell-Rechtschreibprüfung und der optional auswählbaren Microsoft Word-Rechtschreibprüfung. Wird die Microsoft Word-Rechtschreibprüfung ausgewählt, greift SDL Trados Studio 2019 auf die von Ihnen in Microsoft Word für die Rechtschreibung vorgenommenen Einstellungen zu.

Die Konfiguration der Rechtschreibprüfung erfolgt auf der Registerkarte **Datei** → **Optionen** → **Editor** → **Rechtschreibung**.

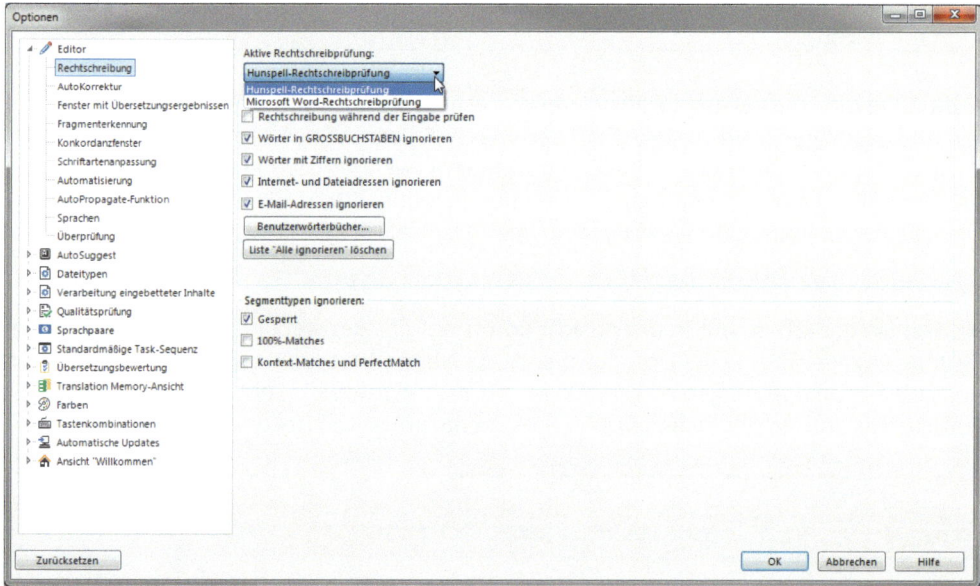

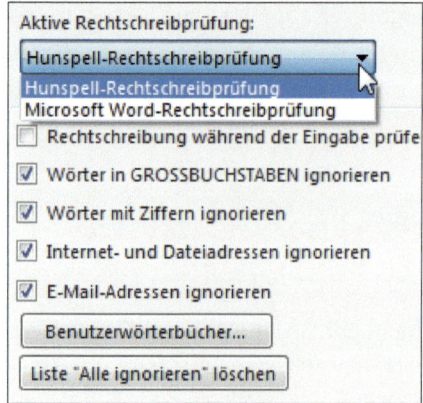

Klicken Sie unter **Aktive Rechtschreibprüfung:** auf den kleinen Pfeil nach unten rechts neben **Hunspell-Rechtschreibprüfung**. Eine Dropdown-Liste mit den beiden Optionen **Hunspell-Rechtschreibprüfung** und **Microsoft Word-Rechtschreibprüfung** öffnet sich.

Wählen Sie die von Ihnen gewünschte Rechtschreibprüfung aus. Wurde die Microsoft Word-Rechtschreibprüfung aktiviert, weist SDL Trados Studio 2019 darauf hin, dass weitere Optionen in Word angegeben werden. Darüber hinaus kann der Benutzer bei beiden Rechtschreibprüfungen festlegen, ob die Rechtschreibung während der Eingabe geprüft werden soll. Diese Einstellung ist als Standard aktiviert.

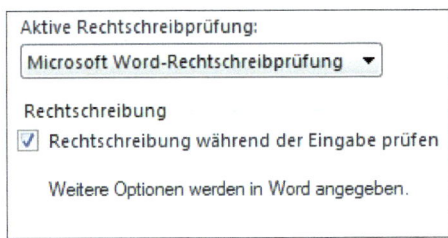

Klicken Sie nach der Einrichtung der Rechtschreibprüfung in der Ansicht **Editor** auf der Registerkarte **Überprüfung** in der Gruppe **Qualitätssicherung** auf **Rechtschreibprüfung prüfen**, um eine Rechtschreibprüfung für ein geöffnetes Dokument oder mehrere durch QuickMerge virtuell zusammengeführte und geöffnete Dokumente durchzuführen.

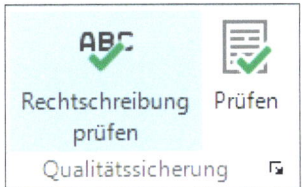

Das Dialogfeld **Rechtschreibprüfung** öffnet sich, wenn potenzielle Rechtschreibfehler vorhanden sind, und SDL Trados Studio 2019 führt den Benutzer Schritt für Schritt durch die Rechtschreibprüfung, bis alle potenziellen Rechtschreibfehler korrigiert, dem Wörterbuch hinzugefügt oder ignoriert wurden.

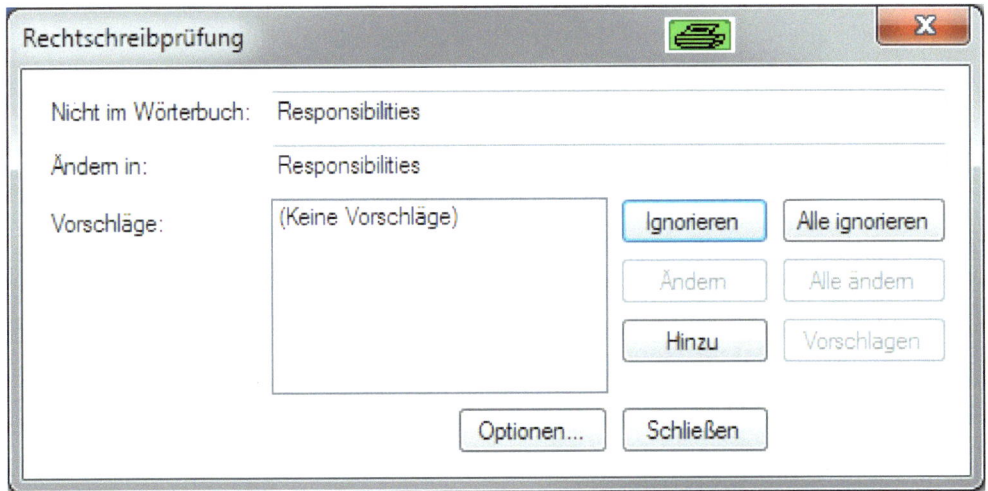

❗ Bitte beachten Sie, dass alle Segmente, in denen während der Rechtschreibprüfung Änderungen vorgenommen werden, vom Status **Übersetzt** in den Status **Entwurf** zurückgesetzt und die Änderungen erst nach dem erneuten Bestätigen des Segments in das Translation Memory übernommen werden.

Ergänzen des Wörterbuchs

Bei der Auswahl der Rechtschreibprüfung kann der Benutzer auf der Registerkarte **Datei** → **Optionen** → **Editor** → **Rechtschreibung** unabhängig von der Wahl der Rechtschreibprüfung (Hunspell oder Word) festlegen, ob die Rechtschreibung während der Eingabe geprüft werden soll. Diese Einstellung ist als Standard bei beiden Rechtschreibprüfungen aktiviert.

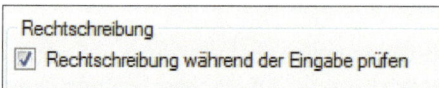

Bei aktiver Prüfung erscheint im Übersetzungsprozess eine rote Unterschlängelung im zielsprachlichen Segment, wenn das Wort der Rechtschreibprüfung nicht bekannt ist. Im nachfolgenden Beispiel wurde „Fotodrucker" nicht vom Benutzerwörterbuch erkannt.

Korrigieren Sie ein Wort, wenn es tatsächlich falsch geschrieben ist, oder klicken Sie mit der rechten Maustaste auf das Wort und wählen Sie in der sich öffnenden Dropdown-Liste **Zum Wörterbuch hinzufügen** aus, wenn das Wort in das Wörterbuch aufgenommen werden soll.

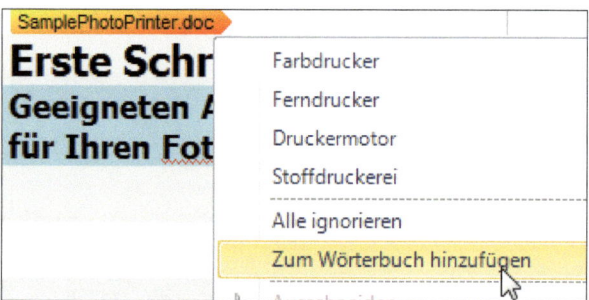

Das Wort „Fotodrucker" wird im vorliegenden Beispiel nun als richtig erkannt.

Schritt 3: Qualitätsprüfung

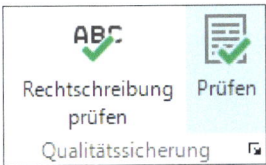

Die Qualitätsprüfung gibt dem Benutzer die Möglichkeit, eine in der Ansicht **Editor** geöffnete Datei bzw. mehrere geöffnete Dateien, die virtuell mit QuickMerge zusammengeführt wurden und die in der Ansicht **Editor** geöffnet sind, von SDL Trados Studio 2019 auf formale Kriterien untersuchen zu lassen. Bevor die eigentliche in diesem Kapitel beschriebene Qualitätsprüfung stattfindet, haben Sie zunächst die Möglichkeit, Einstellungen für die Qualitätsprüfung auf der Registerkarte **Datei** in den **Optionen** vorzunehmen, damit die Qualitätsprüfung den von Ihnen gewünschten Kriterien entspricht. Einmal global für alle Sprachenkombinationen auf der Registerkarte **Datei** → **Optionen** → **Qualitätsprüfung**.

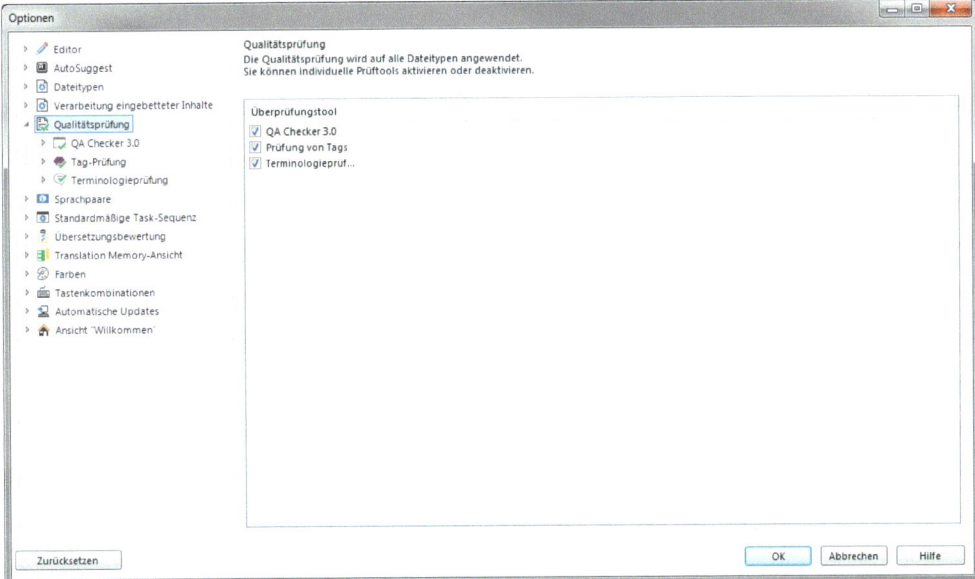

Und einmal pro Sprachpaar auf der Registerkarte **Datei** → **Optionen** → **Sprachpaare** → Spezifisches Sprachpaar → **Qualitätsprüfung**.

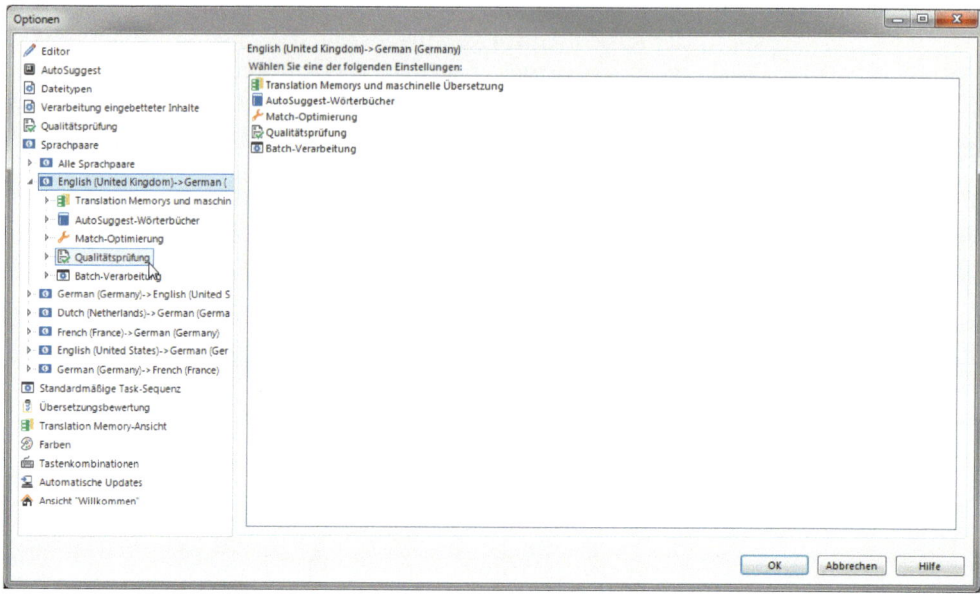

Nachfolgend werden zunächst die globalen Qualitätsprüfungseinstellungen beschrieben. Sie sind unterteilt in den QA Checker 3.0, die Tag-Prüfung und die Terminologieprüfung.

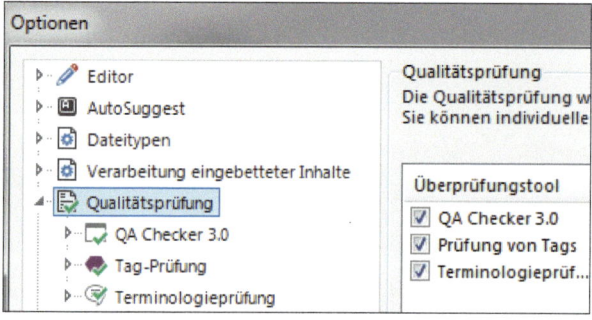

Festlegen der Qualitätssicherungskriterien im QA Checker 3.0

Der QA Checker 3.0 verfügt über mehrere Dialogfelder, auf denen der Benutzer die für ihn erforderlichen Einstellungen für die Qualitätsprüfung vornehmen kann.

Klicken Sie in einer beliebigen Ansicht auf der Registerkarte **Datei** → **Optionen** → **Qualitätsprüfung** auf **QA Checker 3.0**, um den QA Checker 3.0 zu öffnen.

Öffnen Sie die Dialogfelder des QA Checker 3.0, indem Sie auf das jeweilige Element unter **QA Checker 3.0** klicken.

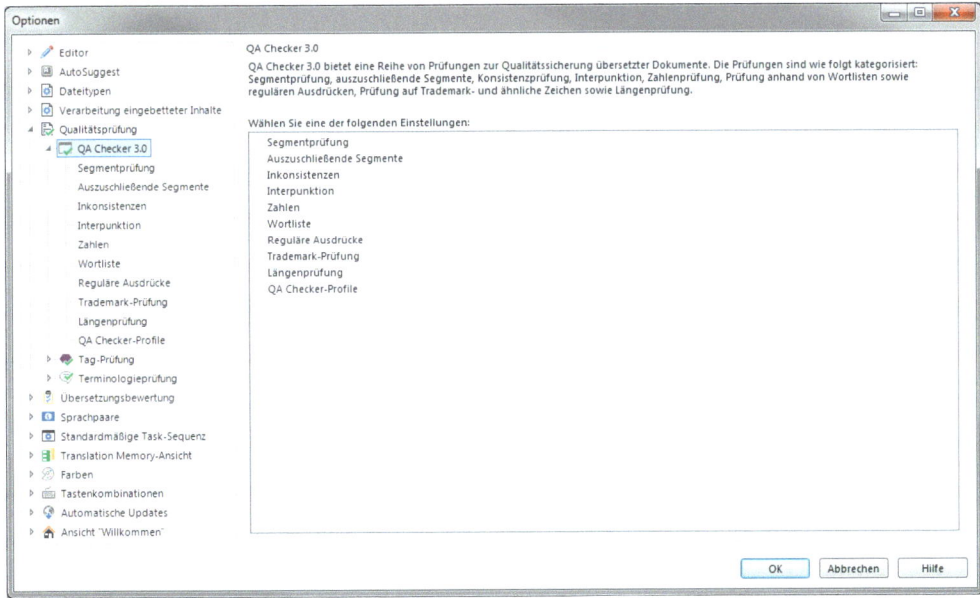

Neben dem angeklickten Element wird ein Dialogfeld geöffnet. Setzen Sie ein Häkchen vor die jeweiligen Optionen in den Dialogfeldern, um gewünschte Einstellungen zu aktivieren, falls diese noch nicht als Standard gesetzt sind.

Bei allen Prüfungen kann eine Gewichtung der Fehlermeldung eingegeben werden. SDL Trados Studio 2019 hat bereits eine Voreinstellung vorgenommen, die aber geändert werden kann.

- ❌ Fehler: hohe Fehlergewichtung
- ⚠ Achtung: mittlere Fehlergewichtung
- ℹ Hinweis: niedrige Fehlergewichtung

Nachfolgend erhalten Sie einen Überblick über die Optionen der verschiedenen Dialogfelder. Dabei sind jeweils die Standardeinstellungen dargestellt.

Segmentprüfung

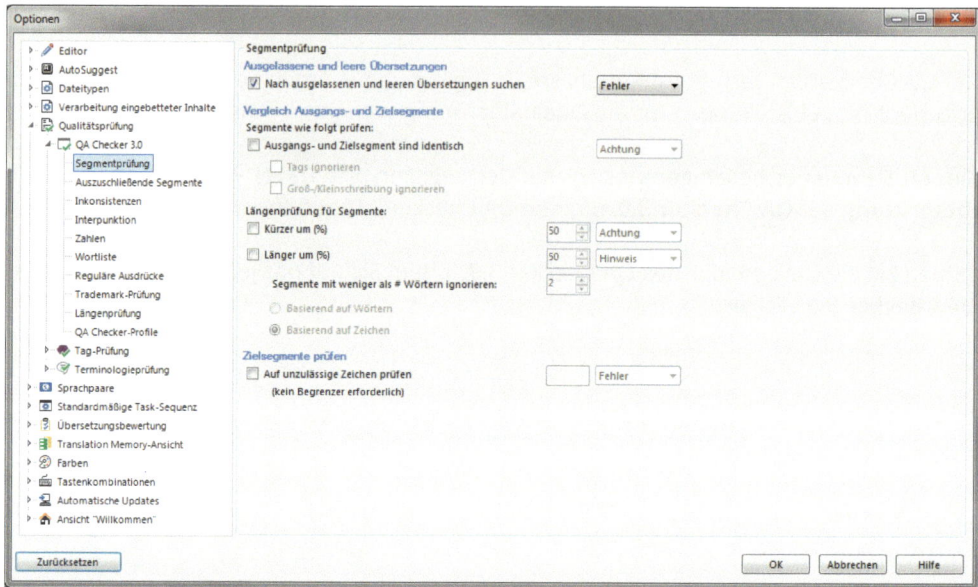

Im Dialogfeld **Segmentprüfung** haben Sie die Möglichkeit, nach ausgelassenen und leeren Übersetzungen zu suchen. SDL Trados Studio 2019 prüft, ob Zielsegmente noch nicht übersetzt (leer) sind.

Darüber hinaus können Sie prüfen, ob **Ausgangs- und Zielsegmente identisch sind**. Wurde zum Beispiel ein ausgangssprachliches Segment lediglich in das Zielsegment kopiert, aber nicht übersetzt, kann dieses Segment zwar bestätigt werden, SDL Trados Studio 2019 weist allerdings in der Qualitätsprüfung darauf hin, dass es Segmente mit gleichem Inhalt im ausgangs- und zielsprachlichen Segment gibt, und welche Segmente davon betroffen sind. Es gibt natürlich Fälle, in denen es durchaus sinnvoll ist, den gleichen Text im Ausgangs- und Zielsegment zu haben. Ein Beispiel wäre „Copyright XXXX 2019". In der Regel sind jedoch Segmente nicht übersetzt worden und SDL Trados Studio 2019 weist auf diesen potenziellen Fehler hin.

Ein weiterer Aspekt im Dialogfeld **Segmentprüfung** ist die **Längenprüfung für Segmente**. SDL Trados Studio 2019 warnt bei Aktivierung dieser Option, wenn ein zielsprachliches Segment um einen festgelegten Prozentsatz kürzer oder länger ist als das ausgangssprachliche Segment. Dies kann zum Beispiel dann sinnvoll sein, wenn der Kunde ein Überschreiten oder Unterschreiten einer vorgegebenen Länge der zielsprachlichen Segmente nicht wünscht, z.B. in PowerPoint-Präsentationen, in denen ein zu langer Text zu einer Verschiebung des Gesamtbildes führen kann.

Die Option **Zielsegmente prüfen** ermöglicht die Prüfung auf unzulässige Zeichen.

Auszuschließende Segmente

Im Dialogfeld **Auszuschließende Segmente** können Segmentstatus von der Überprüfung ausgeschlossen werden. Dies kann zum Beispiel dann von Vorteil sein, wenn eine Prüfung von PerfectMatch-Einheiten, Kontext- und 100%-Matches vom Kunden ausdrücklich nicht gewünscht ist. Als Standard werden PerfectMatch-Einheiten und gesperrte Segmente nicht geprüft.

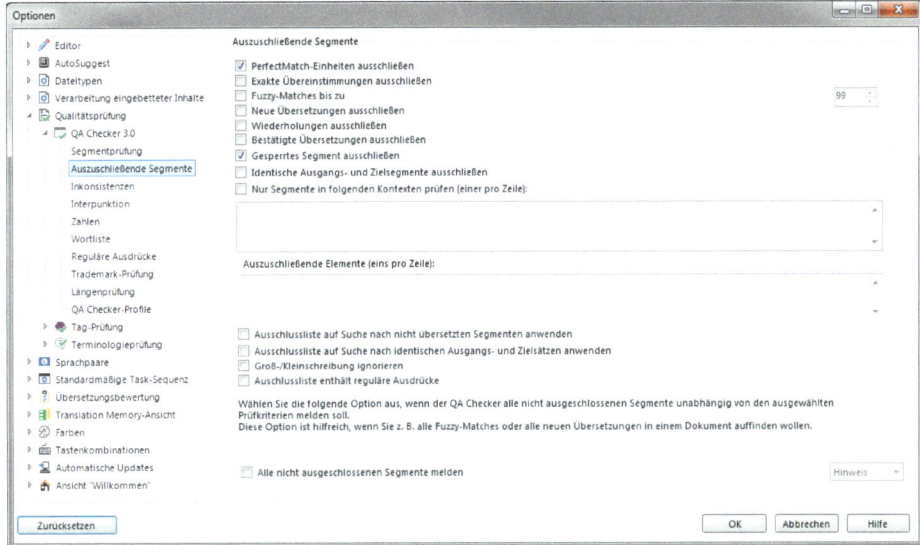

Inkonsistenzen

Im Dialogfeld **Inkonsistenzen** kann die Suche nach inkonsistenten Übersetzungen, Wortwiederholungen und die Prüfung auf unbearbeitete Fuzzy-Matches aktiviert werden.

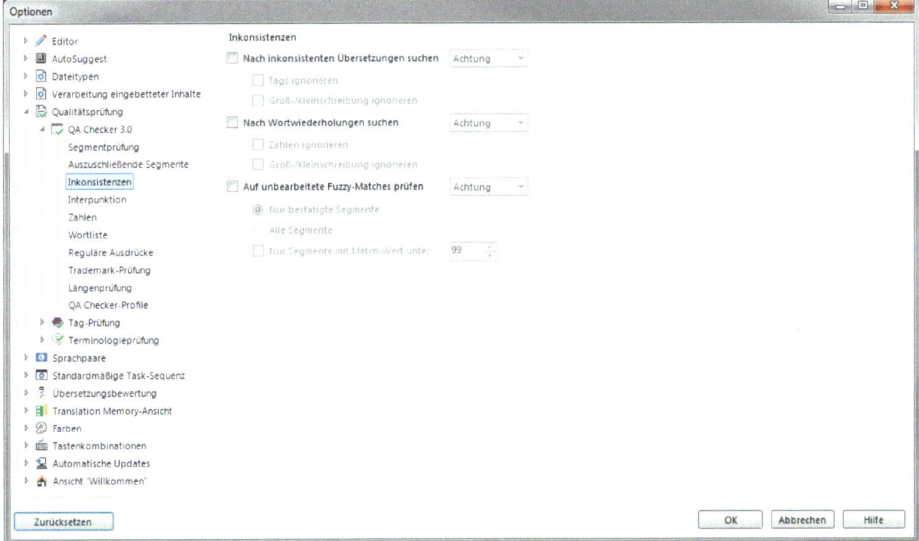

Inkonsistente Übersetzungen liegen dann vor, wenn im aktiven Dokument zwei oder mehr verschiedene Übersetzungen für das gleiche Ausgangssegment eingegeben und bestätigt wurden. Das kann bei unterschiedlichem Kontext gewünscht sein, ist jedoch bei gleichem Kontext von Nachteil.

Nach Wortwiederholungen suchen ermöglicht das Auffinden von doppelten Wörtern.

Auf unbearbeitete Fuzzy-Matches prüfen ist wohl eines der wichtigsten Elemente in der Qualitätsprüfung, da dieser Fehler häufig im Übersetzungsprozess auftritt. Beim Öffnen eines Segments und Auffinden eines Fuzzy-Matches im Translation Memory wird dieser Match automatisch in das zielsprachliche Segment eingetragen. Wird dieser Fuzzy-Match vom Übersetzer bestätigt, aber davor nicht bearbeitet, zum Beispiel aufgrund einer Störung während der Übersetzung, akzeptiert SDL Trados Studio 2019 die Bestätigung zwar, weist aber bei aktivierter Option **Auf unbearbeitete Fuzzy-Matches prüfen** durch ein Achtung-Zeichen ⚠ zwischen dem ausgangs- und zielsprachlichen Segment und im Fenster **Meldungen** bei der Qualitätsprüfung darauf hin, dass der Fuzzy-Match nicht bearbeitet, aber bestätigt wurde.

Interpunktion

Im Dialogfeld **Interpunktion** haben Sie verschiedene Möglichkeiten, SDL Trados Studio 2019 auf potenzielle Fehler im Bereich **Interpunktion** suchen zu lassen.

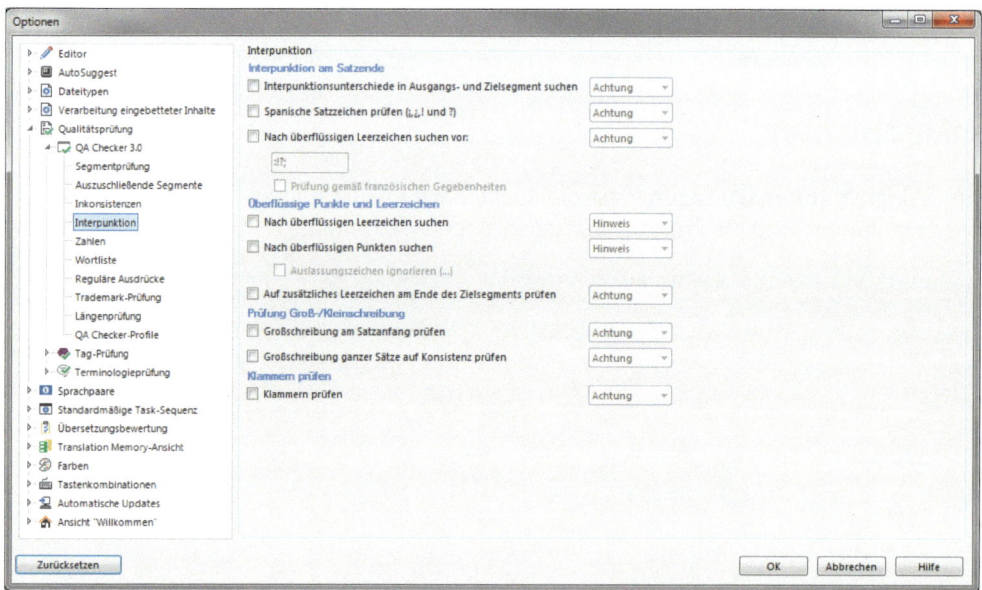

Mit der Funktion **Interpunktionsunterschiede in Ausgangs- und Zielsegment suchen** prüft SDL Trados Studio 2019, ob die Interpunktion im ausgangssprachlichen und zielsprachlichen Segment identisch ist. Dies kann gewünscht sein, häufig sind aber unterschiedliche Länderkonventionen in Ausgangs- und Zielsprache gegeben, die ein Aktivieren dieser Option nicht wünschenswert erscheinen lassen.

Darüber hinaus ermöglicht SDL Trados Studio 2019 in Texten mit Spanisch als Zielsprache die Prüfung auf die korrekte Verwendung der spanischen Satzzeichen mit der Option **Spanische Satzzeichen prüfen**.

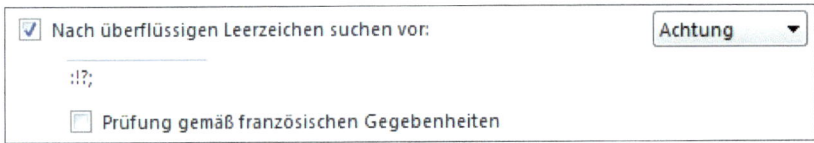

Eine weitere Möglichkeit auf dieser Registerkarte ist die Suche nach überflüssigen Leerzeichen vor :!?;. Hier gibt SDL Trados Studio 2019 die Möglichkeit, bei Bedarf gemäß französischer Gegebenheiten zu prüfen.

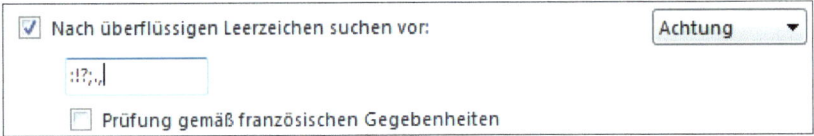

Darüber hinaus kann die Liste der Segmentendezeichen, vor denen nach überflüssigen Leerzeichen gesucht werden soll, ergänzt werden, z.B. durch Punkt und Komma.

Weitere Optionen sind die Suche nach überflüssigen Leerzeichen und Punkten (wobei Auslassungszeichen ignoriert werden können) und auf ein zusätzliches Leerzeichen am Ende des Zielsegments, die Prüfung der Großschreibung am Satzanfang, die Großschreibung ganzer Sätze und die Prüfung von Klammern, damit zum Beispiel sichergestellt werden kann, dass jede öffnende Klammer auch eine schließende Klammer hat (und umgekehrt) und Klammern im Ausgangstext auch im Zieltext enthalten sind, wenn dies gewünscht ist.

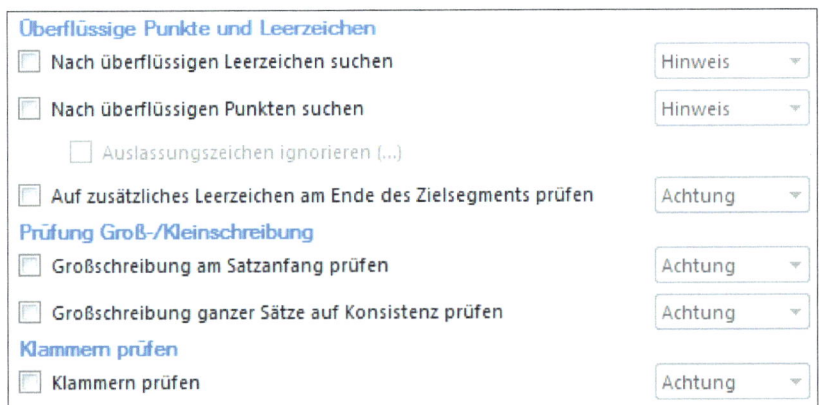

Zahlen

Im Dialogfeld **Zahlen** haben Sie die Möglichkeit, **Zahlen**, **Zeitangaben**, **Datumsangaben** und **Maßeinheiten** für die Prüfung in SDL Trados Studio 2019 zu aktivieren.

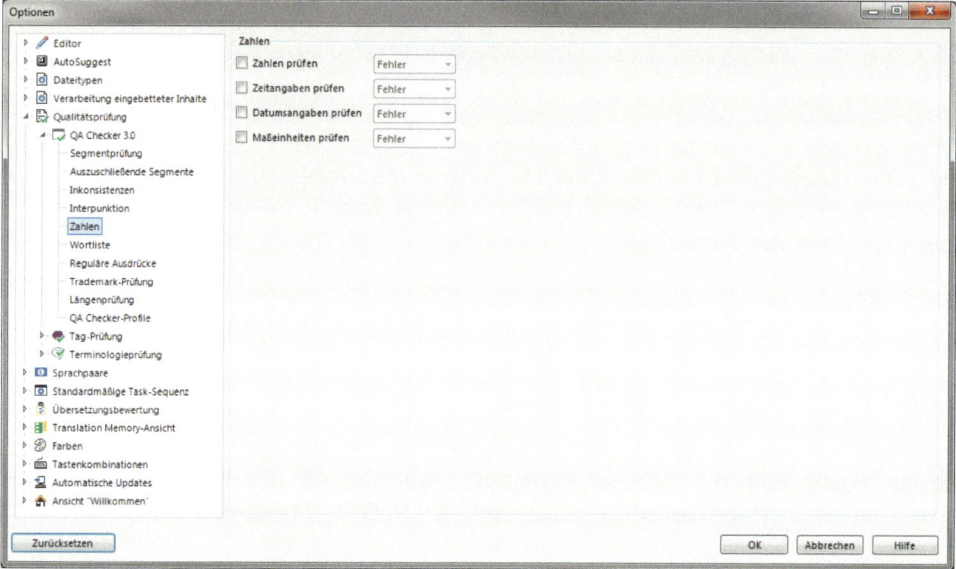

Wortliste

Im Dialogfeld **Wortliste** haben Sie die Möglichkeit, falsche Wörter und deren korrekte Gegenstücke in einer Liste festzulegen und diese prüfen zu lassen.

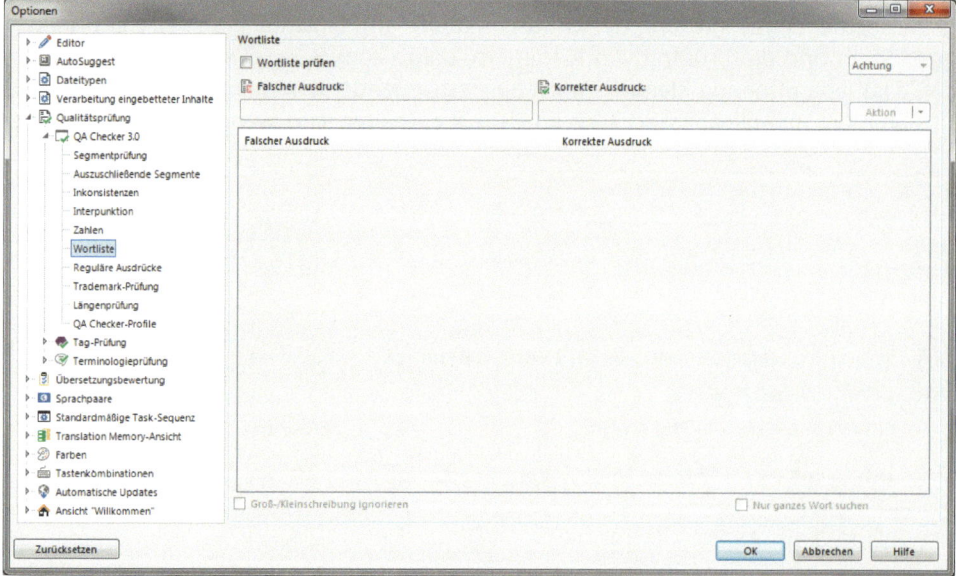

Aktivieren Sie zunächst **Wortliste prüfen**. Der Hintergrund der zunächst leeren Liste ändert sich von grau in weiß. Geben Sie in der linken Spalte den falschen, in der rechten Spalte den korrekten Ausdruck ein, klicken Sie auf den kleinen schwarzen Pfeil nach unten neben **Aktion** und wählen Sie aus der sich öffnenden Dropdown-Liste **Element hinzufügen** aus.

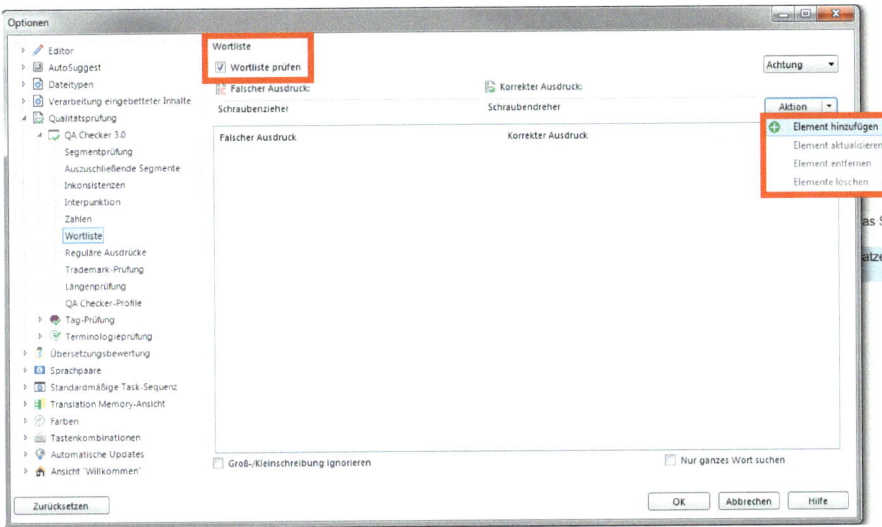

Der Ausdruck wird in die Liste übernommen und der nächste Eintrag kann verfasst werden.

Reguläre Ausdrücke

Im Dialogfeld **Reguläre Ausdrücke** können reguläre Ausdrücke festlegt werden, mit denen bestimmte Zeichenkettenmuster von SDL Trados Studio 2019 in der Qualitätsprüfung im Projekt gesucht werden. Dabei wird der Text mit dem Muster des regulären Ausdrucks abgeglichen.

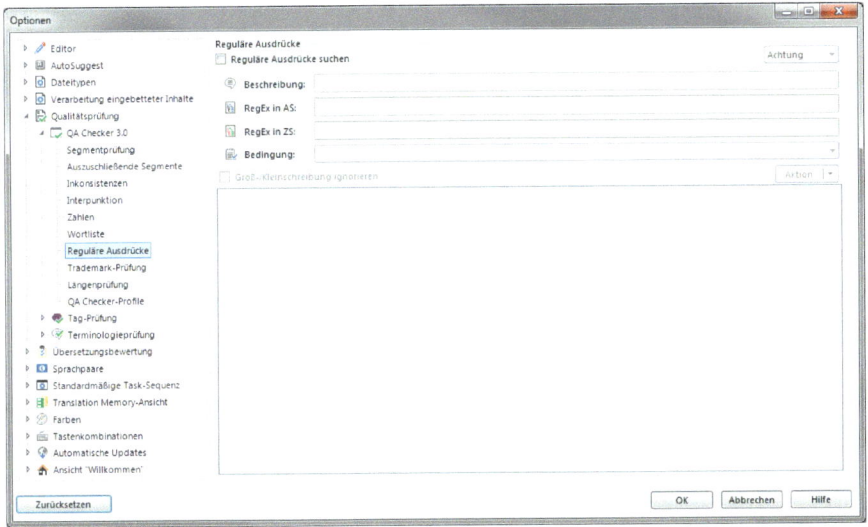

Trademark-Prüfung

Im Dialogfeld **Trademark-Prüfung** können Sie festlegen, dass die Übernahme von Trademark-Zeichen in den Zieltext geprüft wird.

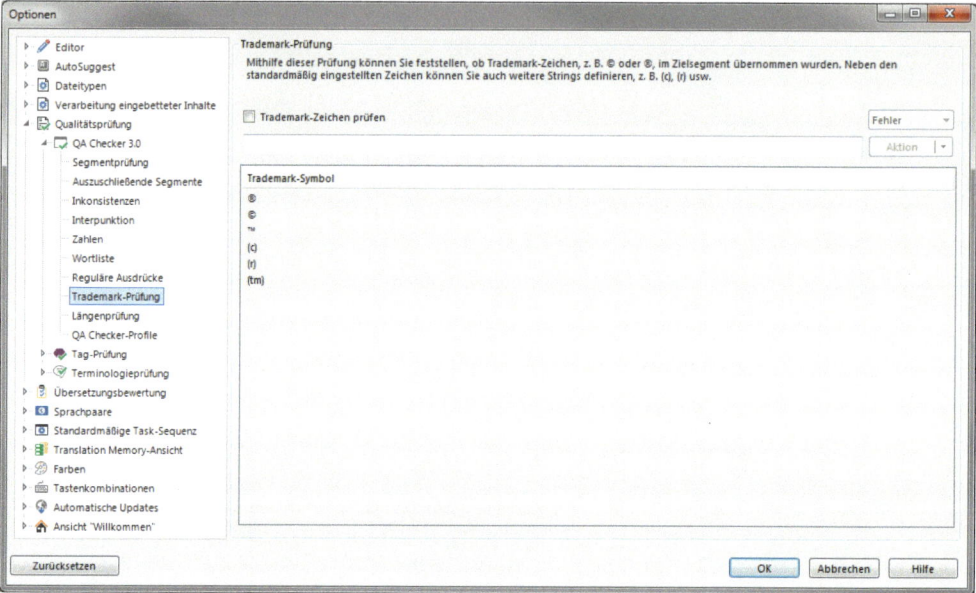

Folgende Zeichen werden bei aktivierter Prüfung geprüft:

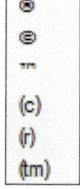

Sie haben darüber hinaus die Möglichkeit, weitere Trademark-Zeichen zu definieren. Geben Sie dazu ein Trademark-Zeichen ein und klicken Sie auf den kleinen Pfeil neben **Aktion**. Wählen Sie **Element hinzufügen** aus.

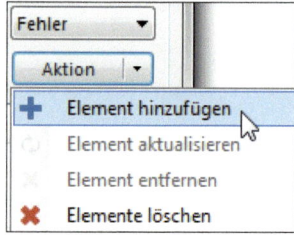

Längenprüfung

Im Dialogfeld **Längenprüfung** wird als Standard geprüft, ob die Länge der Zielsegmente die Vorgaben des Dateiformats erfüllt.

Alternativ können Zielsegmente gesucht werden, die eine vom Benutzer festgelegte Zeichenzahl überschreiten. Dies kann dann der Fall sein, wenn der Kunde aufgrund von Platzbeschränkungen im Dokument eine Überschreitung einer bestimmten Zeichenanzahl pro zielsprachlichem Segment untersagt.

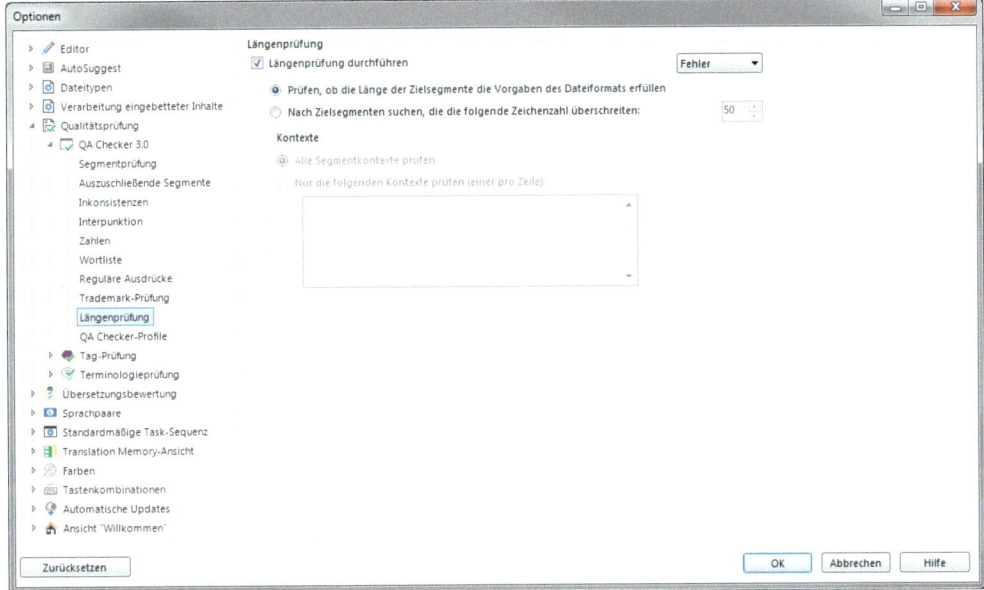

Exportieren und Importieren von QA Checker-Profilen

Mit der Option **QA Checker-Profile** ermöglicht SDL Trados Studio 2019 das Exportieren und Importieren der Einstellungen, die ein Benutzer in den Dialogfeldern des **QA Checker 3.0** vorgenommen hat.

Das ist insbesondere dann von Vorteil, wenn der Benutzer verschiedene Einstellungen für verschiedene Kunden vornehmen oder seine Einstellungen mit Anderen austauschen möchte. Wählen Sie, nachdem Sie Ihre Einstellungen in den Dialogfeldern des QA Checker 3.0 vorgenommen haben, im Dialogfeld **QA Checker-Profile → Einstellungen exportieren** aus, um die Einstellungen in Form einer XML-Datei mit Einstellungen (*.sdlqasettings) an einem Speicherort Ihrer Wahl zu speichern.

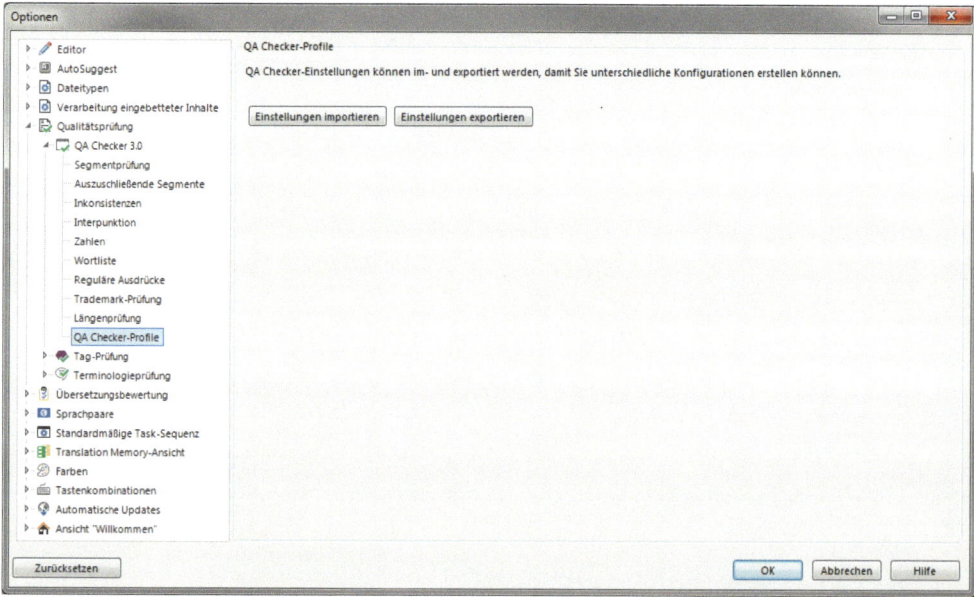

Das Dialogfeld **Einstellungen exportieren** öffnet sich. Wählen Sie einen Speicherort aus, vergeben Sie einen Dateinamen für das QA Checker-Profil und klicken Sie auf **Speichern**.

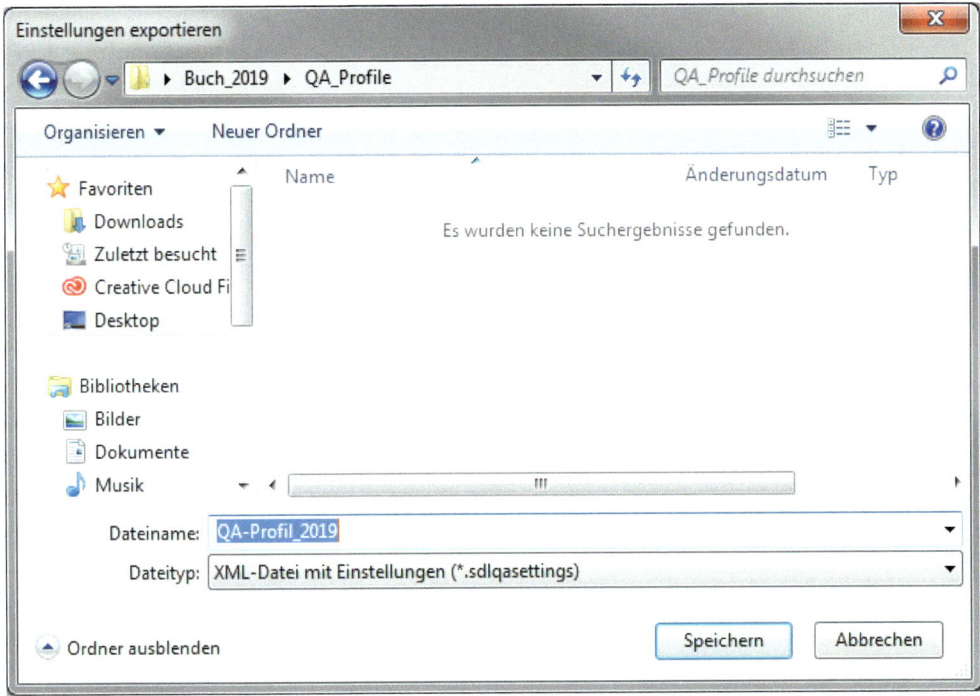

Das QA Checker-Profil wird exportiert.

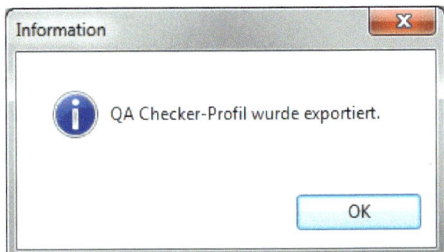

Wählen Sie im Dialogfeld **QA Checker-Profile** → **Einstellungen importieren** aus, wenn Sie die in ein QA Checker-Profil exportierten Einstellungen importieren und verwenden möchten.

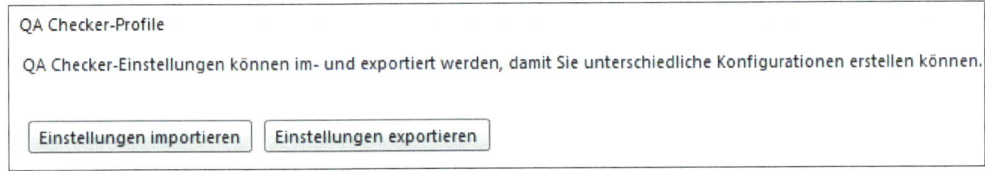

SDL Trados Studio 2019 weist Sie darauf hin, dass beim Importieren eines QA Checker-Profils alle aktuellen Einstellungen ersetzt werden. Bestätigen Sie mit **Ja**, wenn Sie fortfahren möchten.

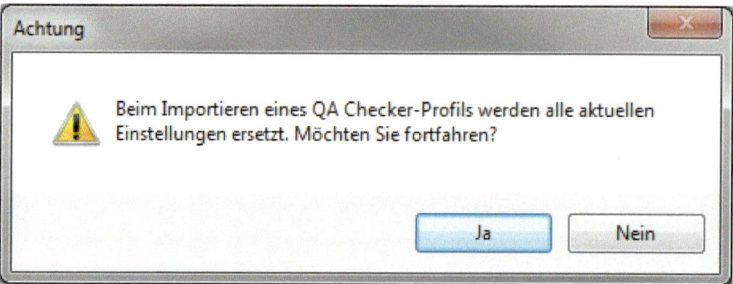

Das Dialogfeld **Einstellungen importieren** öffnet sich. Wählen Sie die zu importierende Datei mit den QA Checker-Einstellungen aus und klicken Sie auf **Öffnen**.

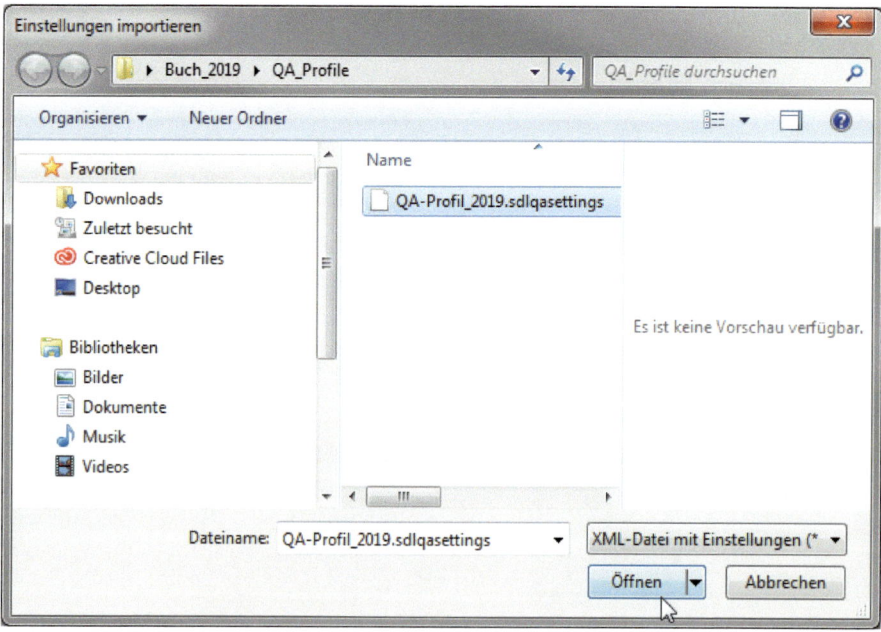

Das QA Checker-Profil wird importiert.

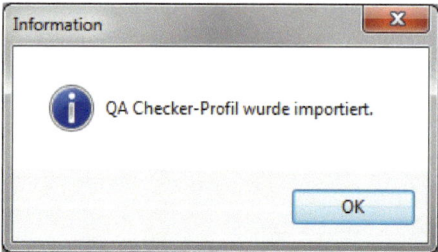

Die im importierten QA Checker-Profil vorgenommenen Einstellungen bleiben so lange projektübergreifend aktiv, bis Sie wiederum Änderungen vornehmen oder ein anderes QA Checker-Profil importieren. Es ist möglich, ein exportiertes Profil mit anderen Benutzern auszutauschen.

Darüber hinaus können Änderungen an den Einstellungen der Qualitätsprüfung auch für einzelne Projekte in den **Projekteinstellungen** vorgenommen werden, die sich auf der Registerkarte **Start** in der Gruppe **Konfiguration** befinden, wenn das jeweilige Projekt für die Bearbeitung aktiviert ist. Diese gelten dann für das jeweils aktive Projekt.

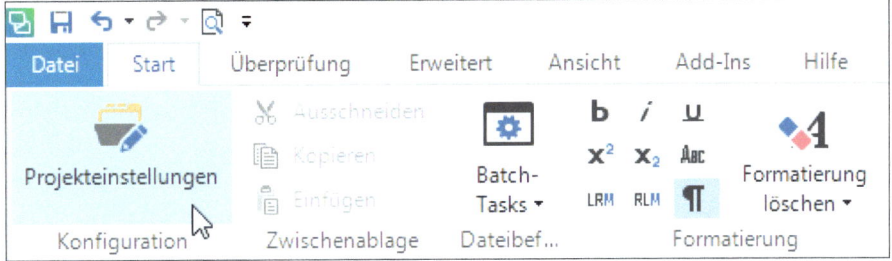

Festlegen der Qualitätsprüfungskriterien für eine Sprachkombination

Über die im vorherigen Kapitel beschriebene sprachübergreifende Festlegung der Qualitätssicherungskriterien des QA Checker 3.0 hinaus bietet SDL Trados Studio 2019 die Möglichkeit, abweichend für einzelne Sprachkombinationen Qualitätsprüfungskriterien festzulegen, und zwar auf der Registerkarte **Datei** → **Optionen** → **Sprachpaare** → Spezifisches Sprachpaar → **Qualitätsprüfung** → **QA Checker 3.0**.

Die Qualitätsprüfung für einzelne Sprachkombinationen umfasst die Dialogfelder **Interpunktion**, **Zahlen**, **Wortliste**, **Reguläre Ausdrücke** und **QA Checker-Profile**. Als Standard sind die Einstellungen aktiv, die der Benutzer in den sprachübergreifenden Einstellungen unter **Datei** → **Optionen** → **Qualitätsprüfung** → **QA Checker 3.0** festgelegt hat, bzw. die in SDL Trados Studio 2019 als Standard voreingestellt sind. Sobald Änderungen im Bereich der jeweiligen Sprachkombination vorgenommen werden, sind diese in den Projekten aktiv, in denen die jeweilige Sprachkombination in SDL Trados Studio 2019 verwendet wird.

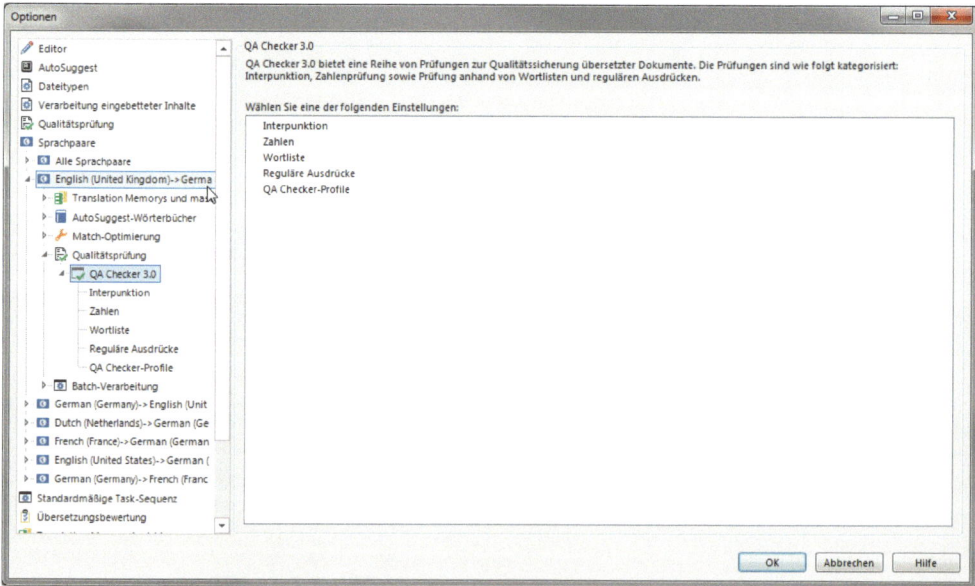

Einstellungsmöglichkeiten für die Tag-Prüfung

Unterhalb des QA Checker 3.0 befindet sich auf der Registerkarte **Datei** in den **Optionen** unter **Qualitätsprüfung** die **Tag-Prüfung** mit dem Dialogfeld **Allgemein**. Als Standard werden in diesem Dialogfeld hinzugefügte und gelöschte Tags, eine Änderung der Tag-Reihenfolge, unvollständige Tag-Paare und Leerzeichen um Tags geprüft. Formatierungstags werden ignoriert.

Darüber hinaus können gesperrte Segmente und der Unterschied zwischen normalem und geschütztem Leerzeichen ignoriert werden.

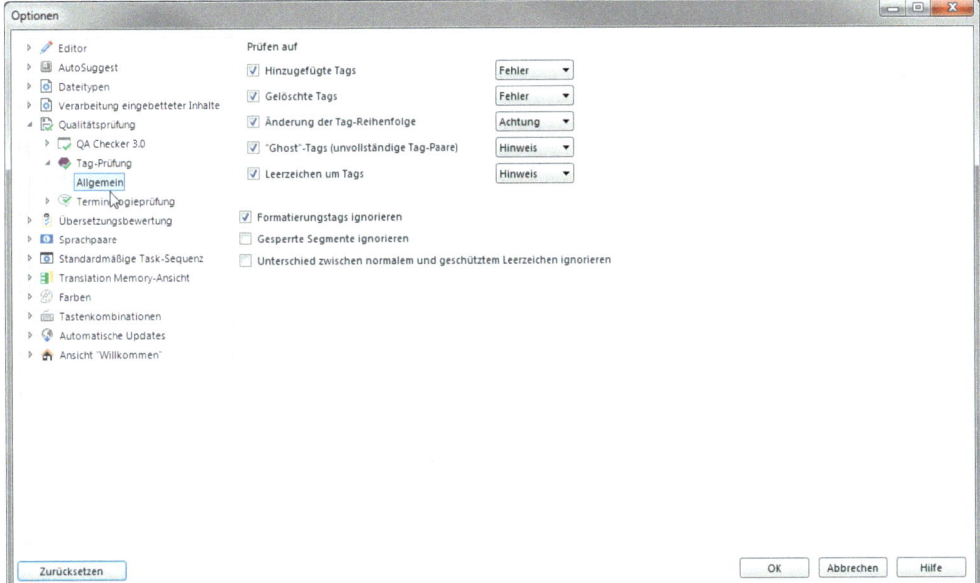

Einstellungsmöglichkeiten für die Terminologieprüfung

Die Einstellungsmöglichkeiten für die Terminologieprüfung befinden sich ebenfalls auf der Registerkarte **Datei** → **Optionen** → **Qualitätsprüfung**, und zwar unterhalb der Tag-Prüfung. Sie umfasst zwei Dialogfelder: die eigentlichen **Prüfungseinstellungen** und **Profile**.

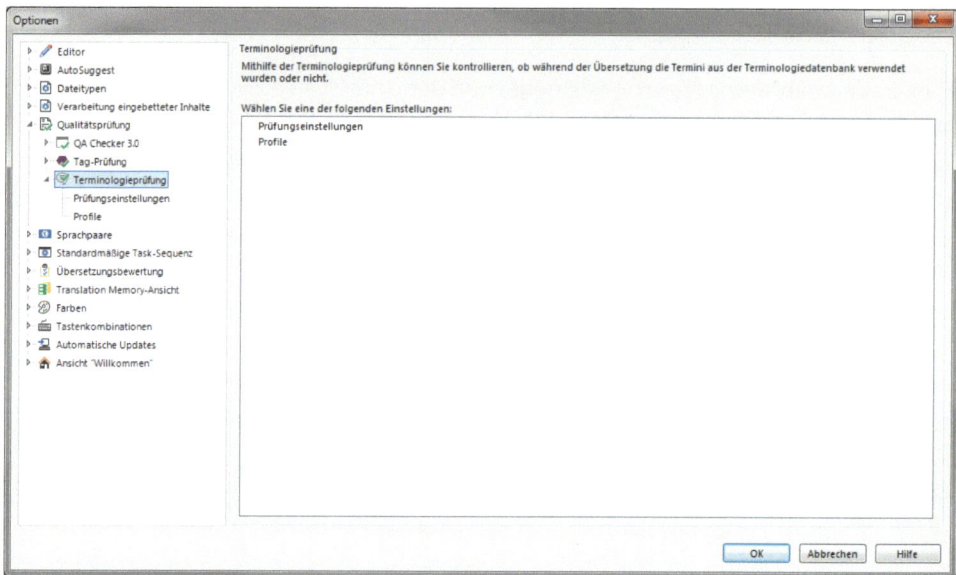

Damit diese Prüfung durchgeführt werden kann, muss zunächst auf der Registerkarte **Datei** → **Optionen** → **Sprachpaare** → **Alle Sprachpaare** → **Terminologiedatenbanken** eine Termbank mit **Verwenden** ausgewählt werden. Es besteht auch die Möglichkeit, eine Termbank aus diesem Dialogfeld heraus anzulegen.

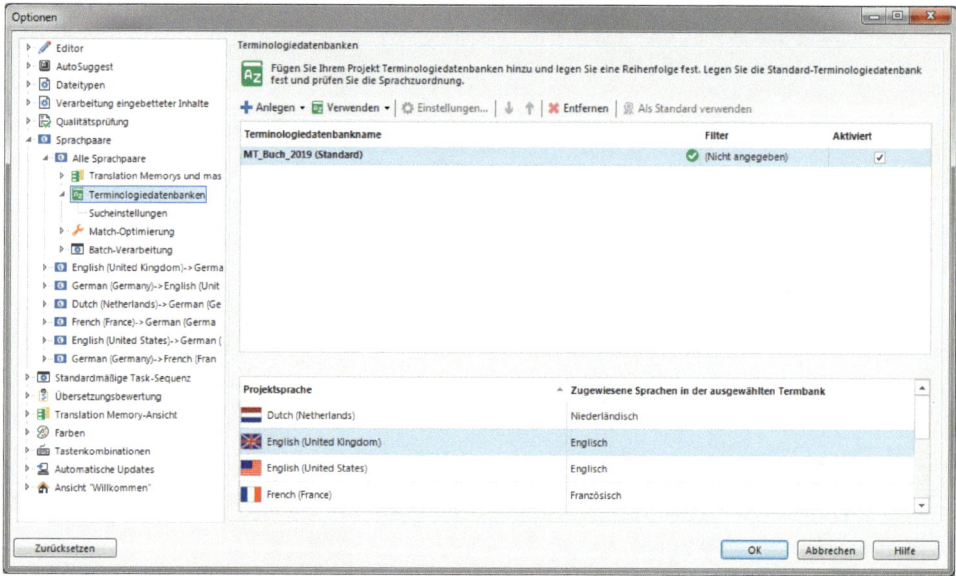

Diese erscheint dann im Dialogfeld **Prüfungseinstellungen** der **Terminologieprüfung** neben **Terminologiedatenbankname:**.

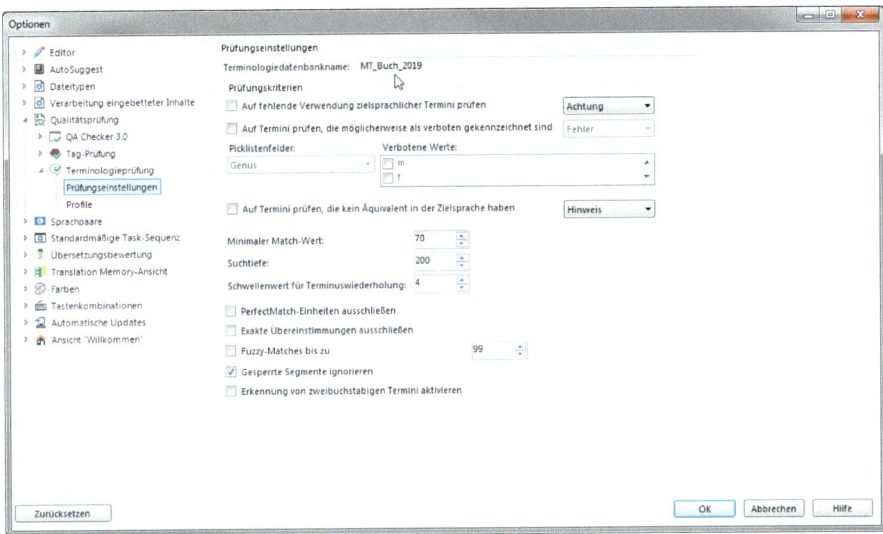

In der **Terminologieprüfung** besteht im Dialogfeld **Prüfungseinstellungen** die Möglichkeit, Einstellungen für nicht verwendete zielsprachliche Termini, Termini, die als verboten gekennzeichnet sind, bestimmte Picklistenfelder und verbotene Werte und Benennungen vorzunehmen, die kein Äquivalent in der Zielsprache haben. Dabei können Minimalwerte und Suchtiefe festgelegt und bestimmte Segmentzustände ausgeschlossen oder ignoriert werden. Und es ist möglich, die Erkennung von zweibuchstabigen Termini zu aktivieren.

Im Dialogfeld **Profile** können die unter **Prüfungseinstellungen** vorgenommenen Einstellungen exportiert bzw. importiert werden.

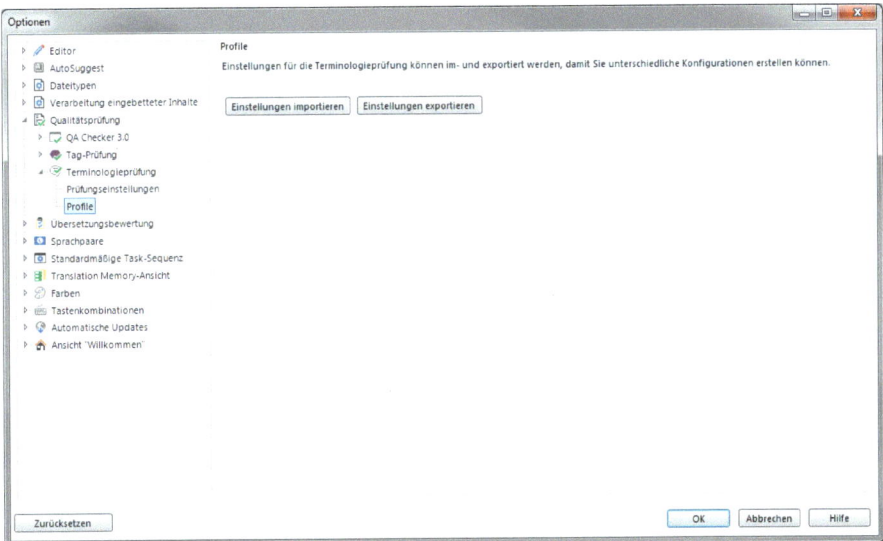

Sie werden beim Export im Format *.sdltvsettings gespeichert und können entsprechend wieder in SDL Trados Studio 2019 importiert werden.

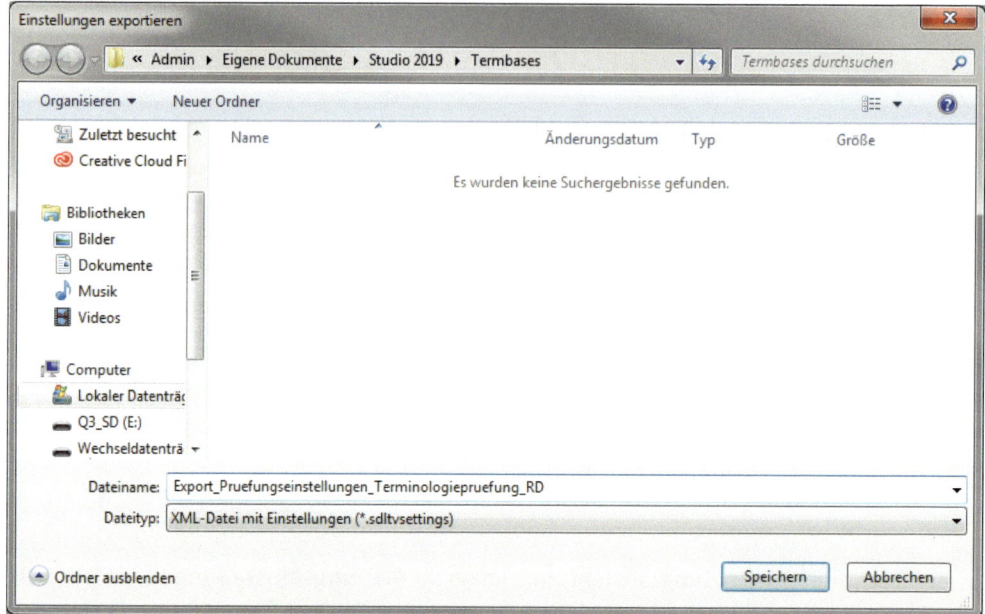

Durchführen der formalen Qualitätsprüfung in der Qualitätssicherung

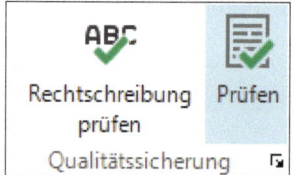

Öffnen Sie das zu prüfende Dokument (bzw. die zu prüfenden Dokumente mit QuickMerge) in SDL Trados Studio 2019 in der Ansicht **Editor**, um eine formale Qualitätsprüfung durchzuführen. Wählen Sie auf der Registerkarte **Überprüfung** in der Gruppe **Qualitätssicherung** → **Prüfen** aus oder drücken Sie F8.

SDL Trados Studio 2019 führt eine Überprüfung gemäß den Einstellungen im **QA Checker 3.0**, der **Tag-Prüfung** und der **Terminologieprüfung** auf der Registerkarte **Datei** → **Optionen** → **Qualitätsprüfung** und ggf. der jeweiligen Sprachkombination aus und zeigt im Anschluss an die Überprüfung in der Ansicht **Editor** im Fenster **Meldungen** eine Liste aller potenziellen Fehler an. Dabei wird zwischen **Fehler**, **Achtung** und **Hinweis** unterschieden.

- ❌ Fehler: hohe Fehlergewichtung
- ⚠ Achtung: mittlere Fehlergewichtung
- ℹ Hinweis: niedrige Fehlergewichtung

Nachfolgend finden Sie ein Beispiel für das Fenster **Meldungen** nach einer Überprüfung in der Qualitätssicherung.

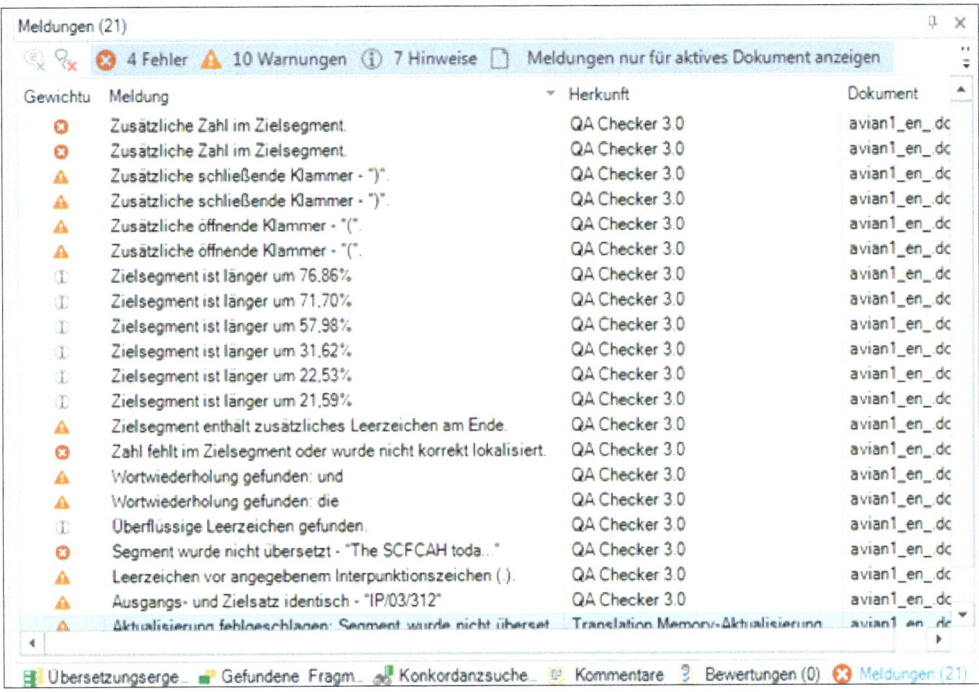

Beheben von Fehlermeldungen

Verfahren Sie wie folgt, um Fehlermeldungen zu beheben. Klicken Sie in der Ansicht **Editor** im Fenster **Meldungen** auf die Fehlermeldung. SDL Trados Studio 2019 wechselt in das Segment mit dieser Fehlermeldung. Prüfen Sie die Fehlermeldung und nehmen Sie gegebenenfalls Änderungen vor. Bestätigen Sie bei vorgenommenen Änderungen das Segment danach auf der Registerkarte **Start → Segmentbefehle → Bestätigen** oder mit der entsprechenden Tastenkombination, um die Änderung im aktiven Translation Memory zu speichern. SDL Trados Studio 2019 entfernt den behobenen Fehler aus der Liste der Meldungen.

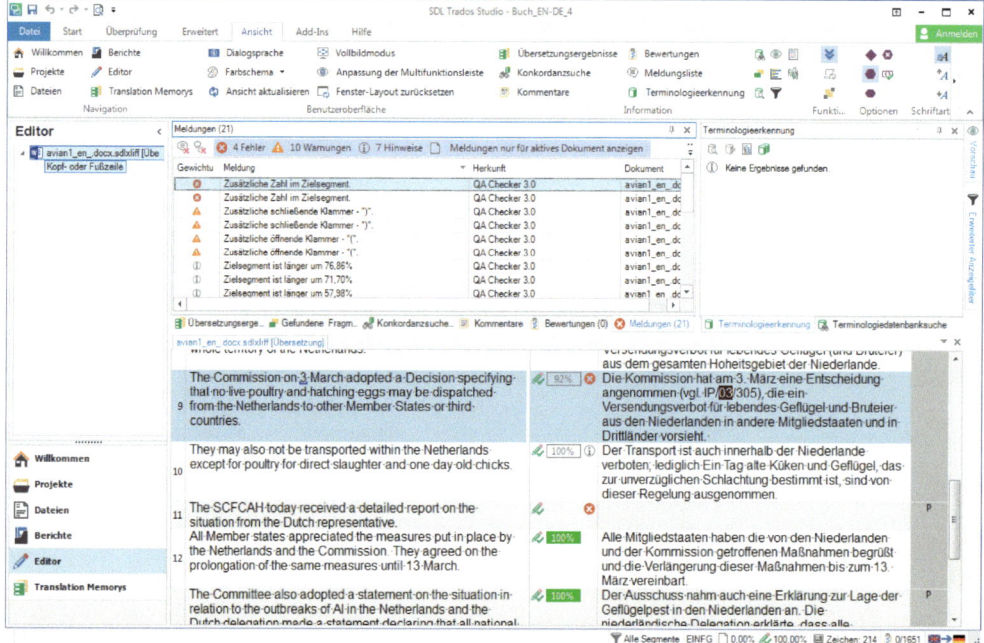

Bitte beachten Sie, dass Fehlermeldungen nur dann angezeigt werden, wenn diese auf der Registerkarte **Datei → Optionen → Qualitätsprüfung** sprachübergreifend für alle Qualitätsprüfungen oder unter **Datei → Optionen → Sprachpaare → Spezifisches Sprachpaar → Qualitätsprüfung** für ein Sprachpaar aktiviert wurden oder als Standard in SDL Trados Studio 2019 in der **Qualitätsprüfung** voreingestellt sind.

Beispiele für Fehlermeldungen in der Qualitätsprüfung

Segment wurde nicht übersetzt

> ⊗ Segment wurde nicht übersetzt - "The SCFCAH toda..."   QA Checker 3.0

Die Fehlermeldung **Segment wurde nicht übersetzt** weist darauf hin, dass ein Segment noch nicht übersetzt wurde und leer ist.

Ausgangs- und Zielsatz identisch

> ⚠ Ausgangs- und Zielsatz identisch - "IP/03/312"   QA Checker 3.0

Sobald das ausgangssprachliche und zielsprachliche Segment identisch sind, erscheint die Meldung **Ausgangs- und Zielsatz identisch**. In manchen Fällen müssen Segmente nicht übersetzt werden (z.B.: „Copyright XXX 2019"), in der Regel wurde bei dieser Fehlermeldung aber das ausgangssprachliche Segment in das zielsprachliche Segment kopiert, nicht übersetzt, aber bestätigt.

Satz wurde uneinheitlich übersetzt

> ⚠ Satz wurde uneinheitlich übersetzt - siehe Segment 2.   QA Checker 3.0

Die Meldung **Satz wurde uneinheitlich übersetzt** erscheint immer dann, wenn für das gleiche Ausgangssegment zwei oder mehr unterschiedliche Übersetzungen in einem Dokument vorliegen. Dies kann dann der Fall sein, wenn *mehrere* Translation Memorys in einem Projekt aktiviert wurden, welche Segmente enthalten, die in Bezug auf den Ausgangstext identisch, aber unterschiedlich in der Übersetzung sind und in ein zu übersetzendes Dokument übernommen wurden, oder wenn in der Ansicht **Editor** auf der Registerkarte **Start** in der Gruppe **Segmentbefehle → Bestätigen → Als neue Übersetzung hinzufügen** eine zweite Übersetzung für ein Segment zu einem Translation Memory hinzugefügt wurde und für das aktuelle Dokument beide in einem Translation Memory enthaltenen Segmente in der Übersetzung verwendet wurden.

Wortwiederholung gefunden

> ⚠ Wortwiederholung gefunden: zur   QA Checker 3.0

Mit der Fehlermeldung **Wortwiederholung gefunden** weist SDL Trados Studio 2019 auf doppelt hintereinander verwendete Wörter hin.

Das Zielsegment wurde ohne Bearbeitung bestätigt

> ⚠ Das Zielsegment wurde ohne Bearbeitung bestätigt.   QA Checker 3.0

Die Fehlermeldung **Das Zielsegment wurde ohne Bearbeitung bestätigt** weist darauf hin, dass bei der Übersetzung beim Öffnen des Segments ein Fuzzy-Match vorlag, der ohne Bearbeitung des zielsprachlichen Segments bestätigt wurde. Dabei kann es sich um Text- und/oder Formatänderungen handeln, die entsprechend an das ausgangssprachliche Segment angepasst werden müssen, sobald ein Fuzzy-Match und damit kein vollständig mit einer Übersetzungseinheit im Translation Memory übereinstimmender Satz für die Übersetzung vorliegt.

Leerzeichen vor angegebenem Interpunktionszeichen

> ⚠ Leerzeichen vor angegebenem Interpunktionszeichen (.).   QA Checker 3.0

Mit der Meldung **Leerzeichen vor angegebenem Interpunktionszeichen** weist SDL Trados Studio 2019 darauf hin, dass ein Leerzeichen vor einem angegebenen Interpunktionszeichen vorhanden ist. SDL Trados Studio 2019 bietet die Möglichkeit, eine Prüfung gemäß französischer Gegebenheiten in der Qualitätsprüfung zu aktivieren, wenn dies gewünscht ist, und zusätzliche Interpunktionszeichen hinzuzufügen. Die Liste der im QA Checker 3.0 angegebenen Interpunktionszeichen wurde im vorliegenden Beispiel durch einen Punkt ergänzt.

Überflüssige Leerzeichen gefunden

> ⓘ Überflüssige Leerzeichen gefunden.   QA Checker 3.0

Die Prüfung auf überflüssige Leerzeichen ermittelt alle doppelten oder mehrfachen Leerzeichen im Text.

Überflüssiger Punkt gefunden

> ⓘ Überflüssiger Punkt gefunden.   QA Checker 3.0

Mit der Meldung **Überflüssiger Punkt gefunden** weist SDL Trados Studio 2019 darauf hin, dass sich in einem Segment zwei oder mehr Punkte hintereinander befinden. Dabei kann SDL Trados Studio 2019 so konfiguriert werden, dass Auslassungszeichen ignoriert werden.

Zahl fehlt im Zielsegment bzw. wurde nicht korrekt lokalisiert

> ✖ Zahl fehlt im Zielsegment bzw. wurde nicht korrekt lokalisiert.   QA Checker 3.0

Mit der Meldung **Zahl fehlt im Zielsegment bzw. wurde nicht korrekt lokalisiert** weist SDL Trados Studio 2019 auf eine falsche oder fehlerhaft lokalisierte Zahl hin.

Zusätzliche Zahl im Zielsegment

| ⊗ | Zusätzliche Zahl im Zielsegment. | QA Checker 3.0 |

Mit dieser Fehlermeldung weist SDL Trados Studio 2019 darauf hin, dass sich im Zielsegment Zahlen befinden, die im Ausgangssegment nicht vorhanden sind.

Tag entfernt oder Tag-Paar entfernt

| ⊗ | Tag "<footnotereference style="Footnote Reference" autonumber="1"/>" entfernt. | Tag-Prüfung |
| ⊗ | Tag-Paar "<hyperlink value="http://europa.eu.int/scadplus/leg/en/lvb/g24217.htm"></hyperlink>" entfernt. | Tag-Prüfung |

Die Fehlermeldung **Tag entfernt** oder **Tag-Paar entfernt** macht deutlich, dass im ausgangssprachlichen Segment befindliche Tags noch nicht in das Zielsegment eingefügt wurden.

Fehlende/Zusätzliche öffnende oder schließende Klammer

| ⚠ | Fehlende schließende Klammer - ")". | QA Checker 3.0 |
| ⚠ | Fehlende öffnende Klammer - "(". | QA Checker 3.0 |

| ⚠ | Zusätzliche schließende Klammer - ")". | QA Checker 3.0 |
| ⚠ | Zusätzliche öffnende Klammer - "(". | QA Checker 3.0 |

SDL Trados Studio 2019 weist mit diesen Fehlermeldungen darauf hin, dass sich im ausgangssprachlichen Segment eine öffnende bzw. schließende Klammer befindet, die im Zieltext fehlt oder dass eine Klammer im zielsprachlichen Segment vorhanden ist, die im ausgangssprachlichen Segment nicht vorlag.

Ignorieren von Fehlermeldungen

In einigen Fällen sind Sie vielleicht mit einem Änderungsvorschlag von SDL Trados Studio 2019 nicht einverstanden. Dies kann zum Beispiel dann der Fall sein, wenn zwar eine Überprüfung von Klammern im QA Checker 3.0 aktiviert wurde und eine Meldung erscheint, weil eine Klammer nicht in das zielsprachliche Segment eingefügt wurde, diese Klammer aus dem Ausgangstext aber gar nicht in den Zieltext passt, weil die Erläuterung in der Ausgangssprache sinnvoll, in der Zielsprache aber überflüssig ist. Oder wenn eine Wortwiederholung im Text im zielsprachlichen Segment erforderlich ist, SDL Trados Studio 2019 aber aufgrund der Einstellungen im QA Checker 3.0 doppelte Wörter als potenziellen Fehler erkennt.

Falls Sie einen von SDL Trados Studio 2019 vorgeschlagenen potenziellen Fehler nicht akzeptieren möchten, klicken Sie mit der rechten Maustaste  auf die Meldung und wählen Sie **Meldung ignorieren** aus. Wählen Sie **Alle Meldungen ignorieren** aus, wenn Sie alle Meldungen des gleichen Typs ignorieren möchten.

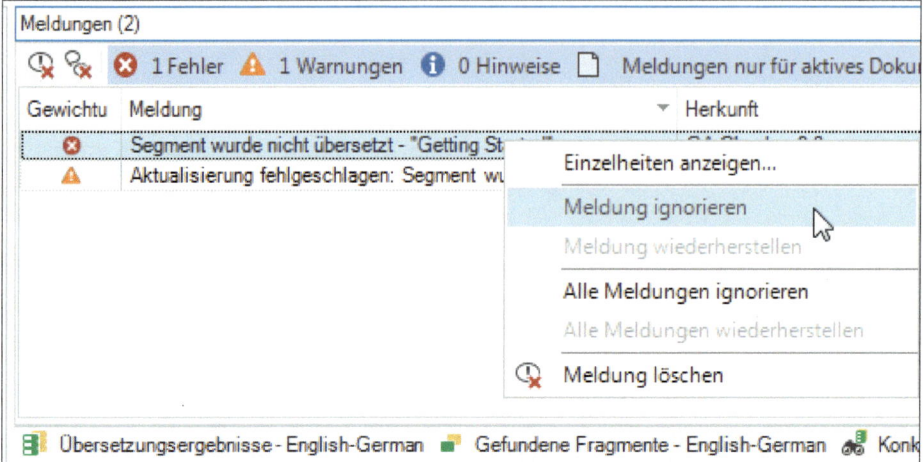

SDL Trados Studio 2019 entfernt die Fehlermeldung(en) aus der Liste im Fenster **Meldungen**.

❗ Wird die Qualitätsprüfung noch einmal für das gleiche aktive Projekt durchgeführt, erscheinen ignorierte Meldungen nicht noch einmal.

Löschen von Fehlermeldungen

Neben dem Ignorieren von Meldungen haben Sie auch die Möglichkeit, Meldungen zu löschen. Klicken Sie mit der rechten Maustaste 🖱 auf die Meldung und wählen Sie **Meldung löschen** aus, wenn Sie eine Meldung löschen möchten.

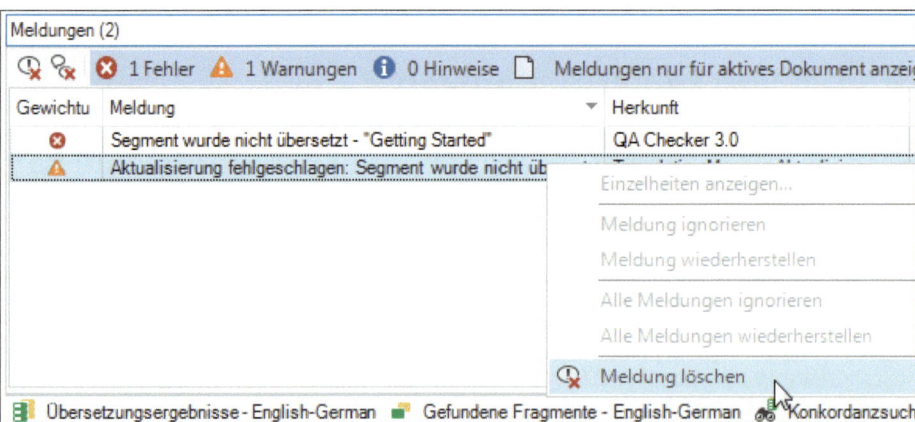

SDL Trados Studio 2019 entfernt die Fehlermeldung aus der Liste im Fenster **Meldungen**.

❗ Wird die Qualitätsprüfung noch einmal für das gleiche aktive Projekt durchgeführt, erscheinen gelöschte Meldungen erneut.

Erstellen von Qualitätsprüfungsberichten

Qualitätsprüfungsberichte können in SDL Trados Studio 2019 mithilfe einer Batch-Funktion erstellt werden. Öffnen Sie ein Projekt, für das Sie einen Qualitätsprüfungsbericht erstellen wollen, und klicken Sie dann in der Ansicht **Projekte** auf der Registerkarte **Start** in der Gruppe **Tasks** auf den kleinen Pfeil nach unten rechts neben **Batch-Tasks**.

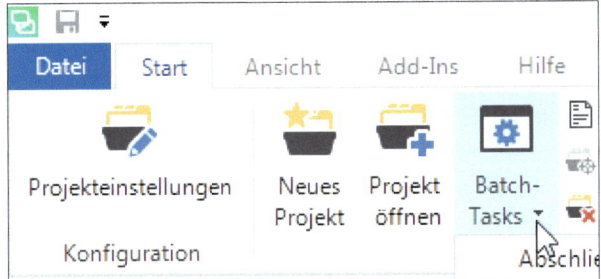

Wählen Sie aus der sich öffnenden Dropdown-Liste die Option **Dateien prüfen** aus.

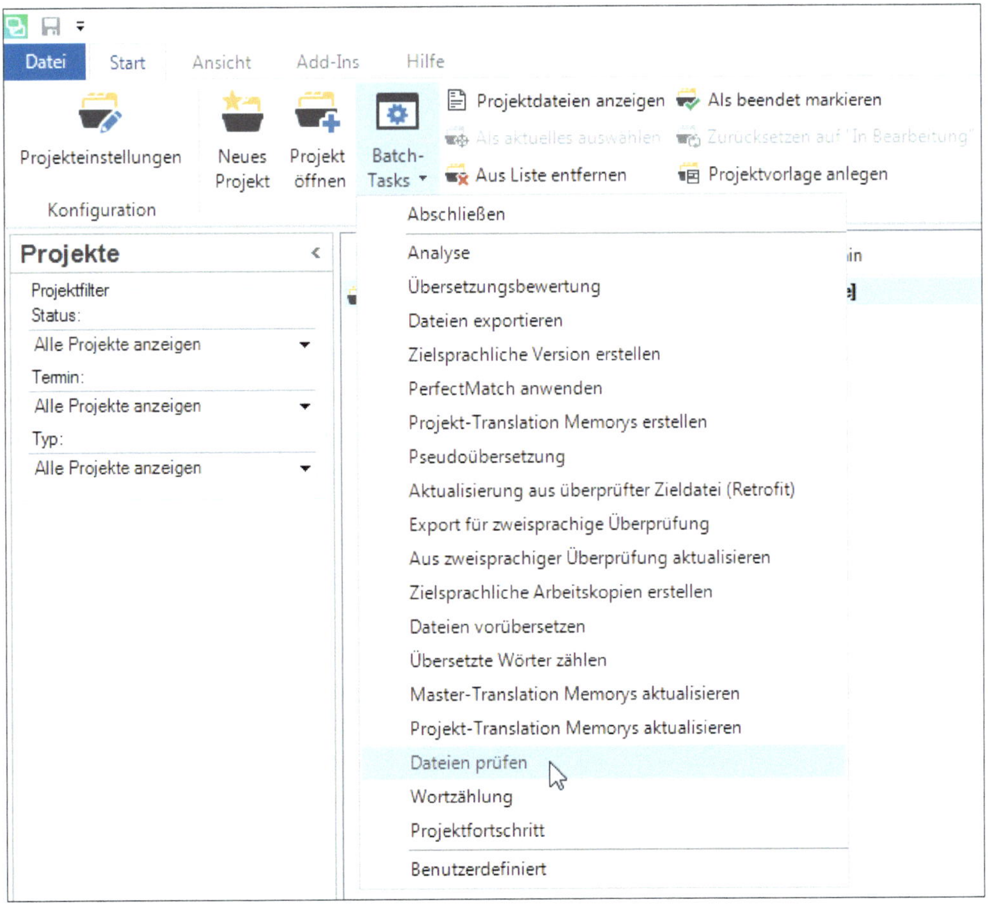

Das Dialogfeld **Batch-Verarbeitung → Batch-Tasks** öffnet sich mit der voreingestellten Task-Sequenz **Dateien prüfen**. Klicken Sie auf **Weiter**.

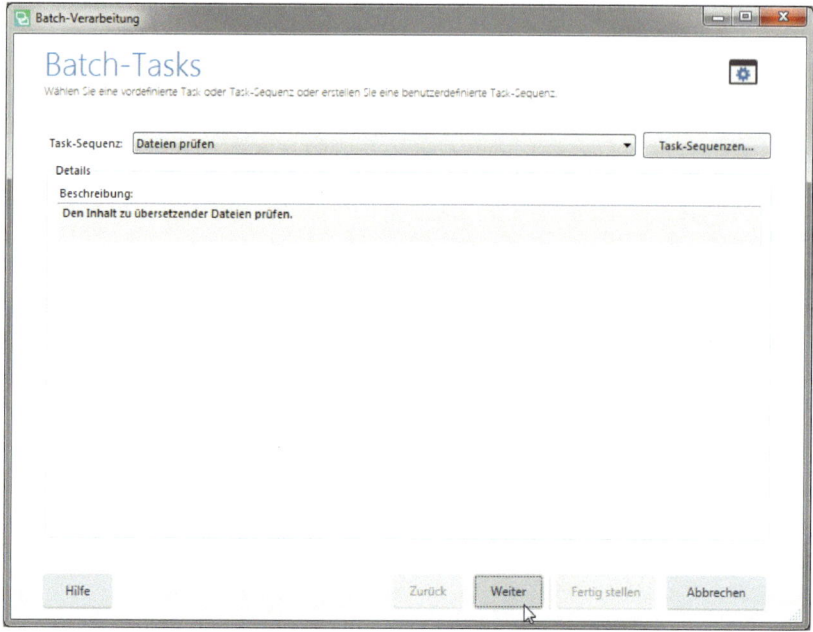

Das Dialogfeld **Batch-Verarbeitung → Dateien** öffnet sich. Wählen Sie aus, welche Dateien in welcher Sprache, bzw. in welchen Sprachen, wenn Sie mehrere Zielsprachen ausgewählt haben, geprüft werden sollen. Klicken Sie hierzu zunächst auf das kleine **+**-Zeichen links neben einer Sprache.

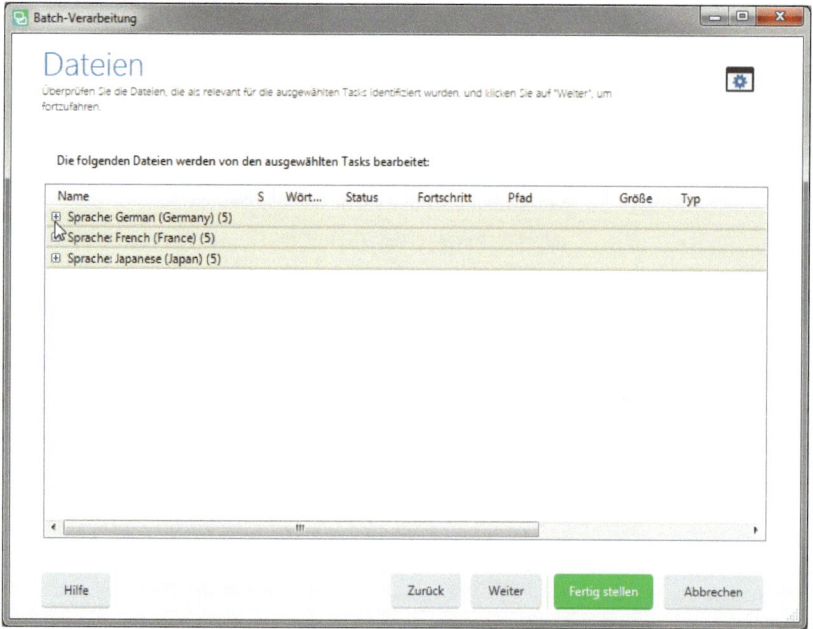

Die Liste der im Projekt in der Sprache vorhandenen Dateien öffnet sich. Als Standard sind alle Dateien ausgewählt, einzelne Dateien können durch das Entfernen des Häkchens links neben dem Dateinamen abgewählt werden. Klicken Sie nach erfolgter Auswahl auf **Weiter**.

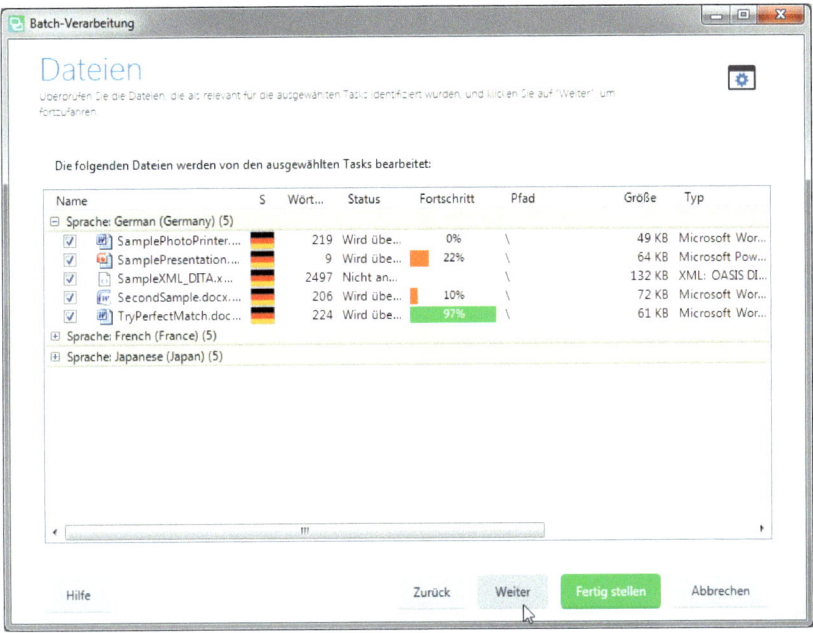

Das Dialogfeld **Batch-Verarbeitung → Einstellungen** öffnet sich. Prüfen Sie die Einstellungen, legen Sie fest, ob ignorierte Meldungen in den Bericht aufgenommen werden sollen, und klicken Sie auf **Fertig stellen**.

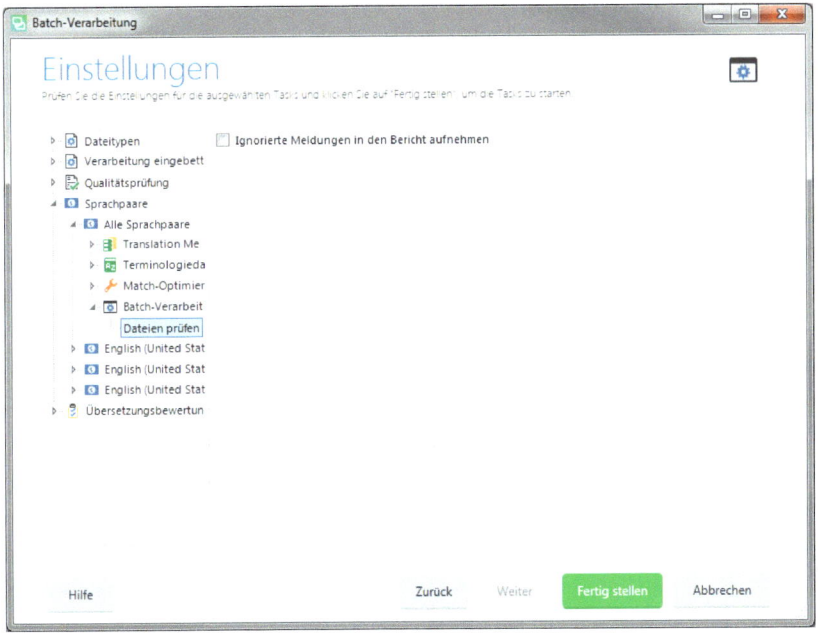

SDL Trados Studio 2019 führt eine Qualitätsprüfung durch und speichert den Qualitätsprüfungsbericht in der Ansicht **Berichte** ab. Klicken Sie auf **Schließen**, um den Vorgang abzuschließen.

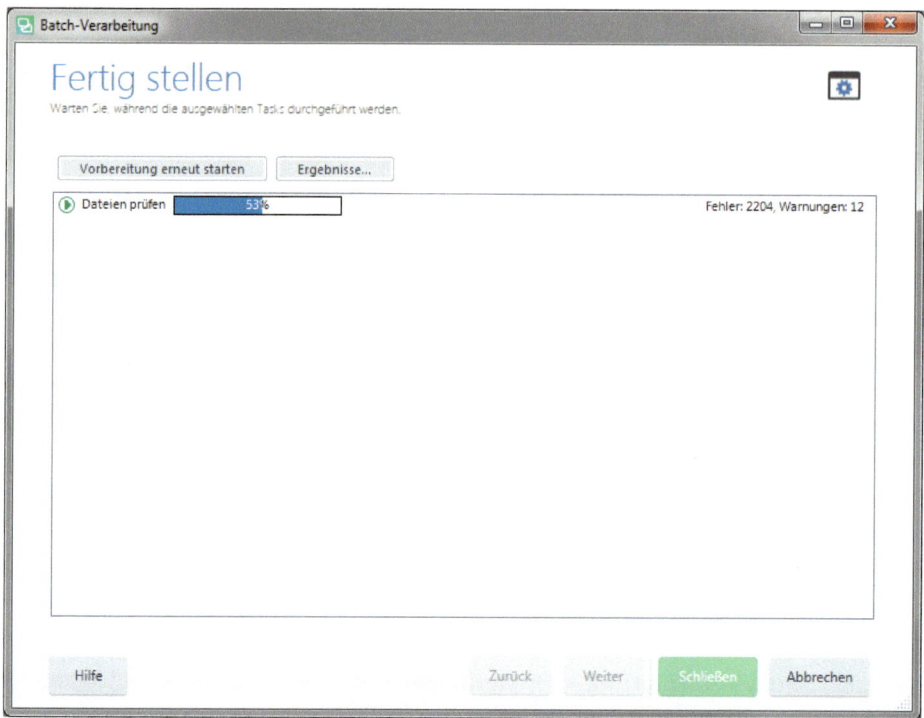

Der Bericht kann in der Ansicht **Berichte** in der Navigationsleiste aufgerufen werden.

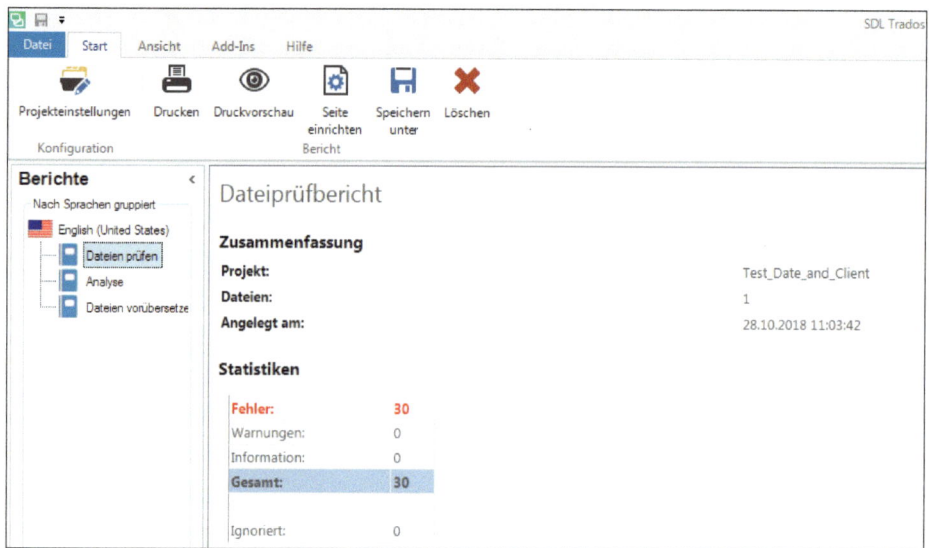

Falls Sie die Qualitätsprüfung mehrmals für ein Projekt mit dem Batch-Task **Dateien überprüfen** durchführen, ist der oberste Bericht mit dem Namen **Dateien prüfen** der jeweils aktuellste Bericht.

Schritt 4: Auf nicht bestätigte Segmente überprüfen

Nachdem in den ersten drei Schritten zunächst eine Überprüfung auf nicht übersetzte Segmente erfolgt ist und die Rechtschreibprüfung und die formale Qualitätsprüfung durchgeführt sowie entsprechende Korrekturen vorgenommen oder Fehlermeldungen abgelehnt wurden, hat sich in der Praxis ein vierter Schritt bewährt: die Prüfung auf nicht bestätigte Segmente. Dies hat den Hintergrund, dass in SDL Trados Studio 2019 bei jeder Rechtschreib- und Qualitätsprüfung Segmente, die zuvor den Status **Übersetzt** hatten und korrigiert wurden, in den Status **Entwurf** zurücksetzt werden. Werden nicht alle korrigierten Segmente erneut bestätigt, ist die Übersetzung zwar vollständig bearbeitet, die Änderungen sind jedoch bei den nicht erneut bestätigten Segmenten nicht im Translation Memory gespeichert, sondern lediglich in der Ansicht **Editor** in der entsprechenden *.sdlxliff-Datei und später in der zielsprachlichen Datei enthalten.

Dies ist insbesondere dann von Nachteil, wenn ein Projekt oder eine zu übersetzende Datei nicht mit der Batch-Task-Sequenz **Abschließen** beendet wird (in der Batch-Task-Sequenz **Abschließen** ist es möglich, auch Segmente im Entwurfstatus im Translation Memory abzuspeichern), sondern die Übersetzung mit dem Speichern der Zieldatei abgeschlossen wird, da in diesem Fall die erfolgten Änderungen nicht im Translation Memory gespeichert werden.

Um diese potenzielle Fehlerquelle zu vermeiden, kann **Schritt 4: Auf nicht bestätigte Segmente überprüfen** durchgeführt werden.

Auch in diesem vierten Schritt wird (wie in Schritt 1) der Anzeigefilter zur Unterstützung herangezogen.

Klicken Sie in der Ansicht **Editor** auf der Registerkarte **Überprüfung** in der Gruppe **Anzeigefilter** auf den kleinen Pfeil nach unten rechts neben dem linken Trichter in der Gruppe (im vorliegenden Beispiel mit der Beschriftung **Alle Segmente**; dies kann aber bei einem zuvor anders gesetzten Filter abweichen) und wählen Sie unter **Segment-Typen** → **Nicht bestätigt** aus.

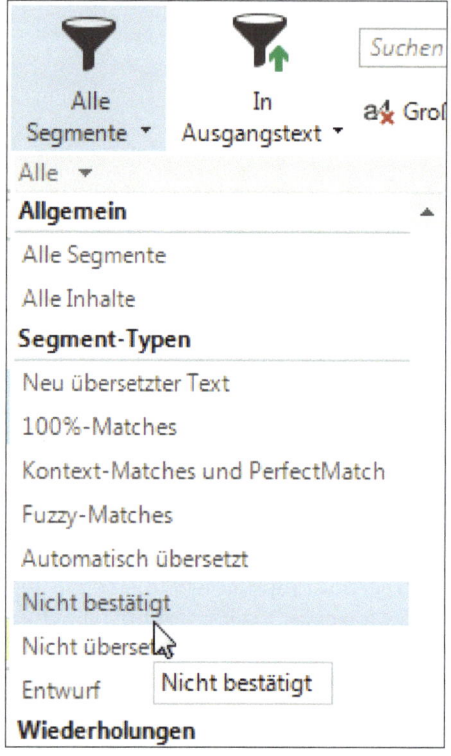

SDL Trados Studio 2019 zeigt nun nur noch alle Segmente des aktiven Dokuments an, die nach erfolgter Prüfung und Korrektur noch nicht erneut bestätigt wurden, und entsprechend im Entwurfstatus vorliegen.

Überprüfen Sie die nicht bestätigten Segmente, nehmen Sie gegebenenfalls Änderungen vor und bestätigen Sie diese jeweils in der Ansicht **Editor** auf der Registerkarte **Start** in der Gruppe **Segmentbefehle** mit **Bestätigen** oder verwenden Sie die entsprechende Tastenkombination. Wählen Sie zur Überprüfung, ob alle nicht bestätigten Segmente nun bestätigt sind, erneut in der Ansicht **Editor** auf der Registerkarte **Überprüfung** in der Gruppe **Anzeigefilter** den Anzeigefilter **Nicht bestätigt** aus, indem Sie auf den kleinen Pfeil neben dem linken Trichter klicken und den gewünschten Filter aus der sich öffnenden Dropdown-Liste auswählen. Wurden alle Segmente vollständig bestätigt, werden keine Segmente mehr in der Ansicht **Editor** angezeigt.

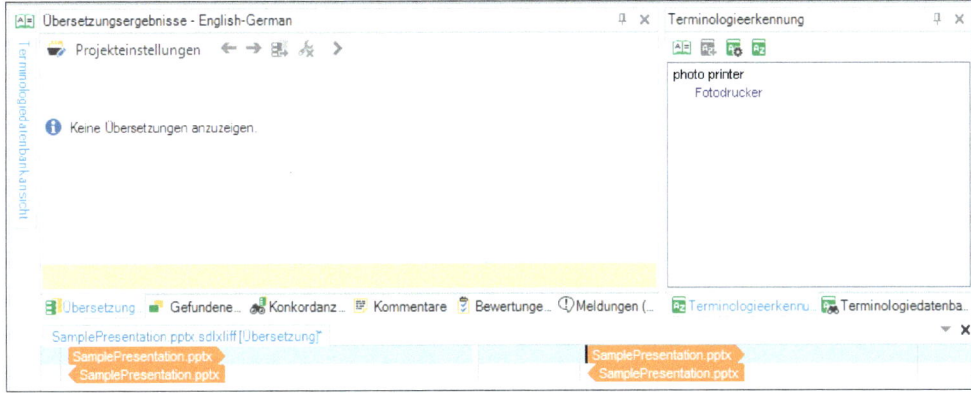

Setzen Sie den Filter in der Ansicht **Editor** auf der Registerkarte **Überprüfung** → **Anzeigefilter** → **Filter zurücksetzen** zurück.

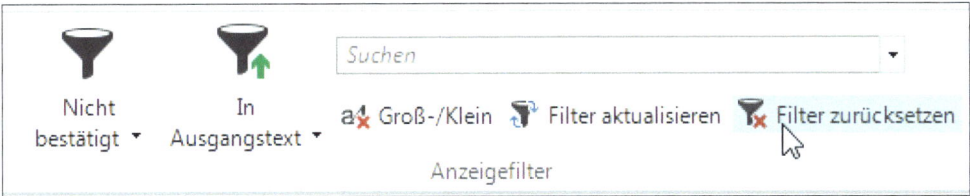

Speichern Sie das Dokument.

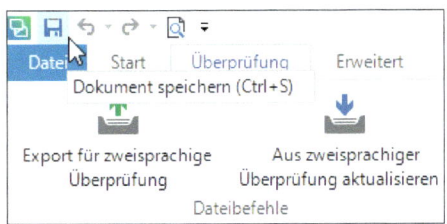

In der Ansicht **Dateien** wird nun ein Fortschritt von 100% angezeigt. Das Dokument ist damit vollständig übersetzt.

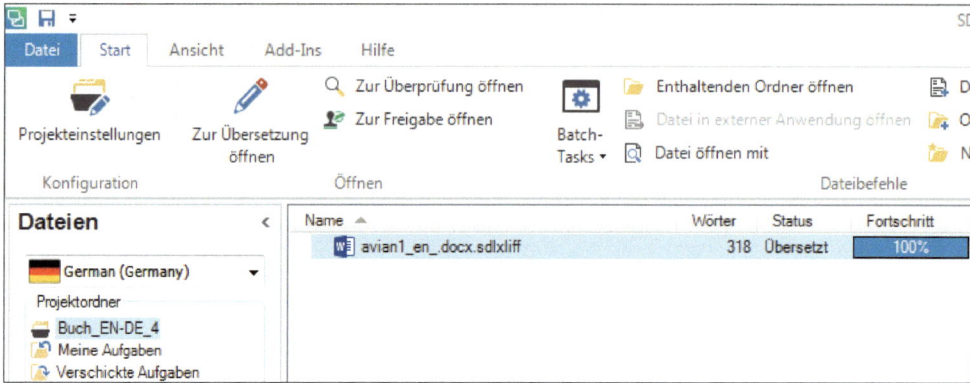

Nach der vollständigen Übersetzung und formalen Qualitätsprüfung kann nun die Überprüfung (Korrektur) durch den Korrektor erfolgen.

Überprüfen durch den Korrektor in SDL Trados Studio 2019

SDL Trados Studio 2019 verfügt über die Möglichkeit, Dateien für die Überprüfung (Korrektur) zu öffnen und zu bearbeiten. Dabei werden die in der Korrektur am Text vorgenommenen Änderungen als Standardeinstellung im Text mit Änderungen nachverfolgen markiert und können im Anschluss an die Überprüfung entweder vom Korrektor selbst oder vom Übersetzer angenommen oder abgelehnt werden.

❗ Bitte verwechseln Sie die Überprüfung in diesem Kapitel, die mit der Übersetzungskorrektur gleichzusetzen ist, nicht mit der Qualitätsprüfung, die in der Ansicht **Datei → Optionen → Qualitätsprüfung** eingestellt wird, in der Ansicht **Editor** auf der Registerkarte **Überprüfung** in der Gruppe **Qualitätssicherung → Prüfen** zu finden ist, und in der formale Kriterien überprüft werden. Die in diesem Kapitel beschriebene Überprüfung wird durch den Korrektor vorgenommen. Das Überprüfen in der Gruppe **Qualitätssicherung** erfolgt durch das System mit einer nachträglichen „manuellen" Überprüfung der durch das System erzeugten Fehlermeldungen.

Im vorliegenden Beispiel wird die kurze PowerPoint-Datei „Sample Presentation.pptx" für die Überprüfung herangezogen, die den Beispieldateien von SDL Trados Studio 2019 entnommen und für die Beispielkorrektur mit Fehlern versehen wurde.

Öffnen von Dateien für die Überprüfung im Editor

Öffnen Sie eine zu überprüfende Datei, indem Sie zunächst das zugehörige Projekt in der Ansicht **Projekte** öffnen und dann in der Ansicht **Dateien** mit der rechten Maustaste 🖱 auf die zu überprüfende Datei klicken. Wählen Sie aus der sich öffnenden Dropdown-Liste **Zur Überprüfung öffnen** aus.

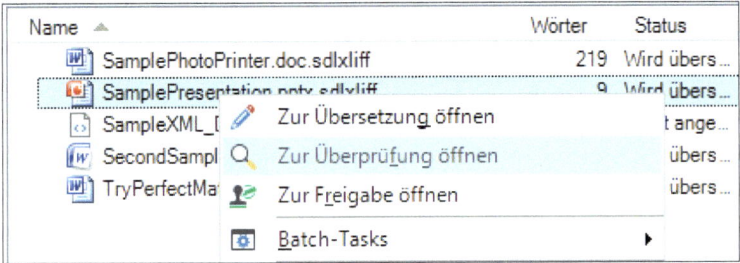

Klicken Sie alternativ nach dem Öffnen des Projekts in der Ansicht **Dateien** auf eine Datei, sodass diese farbig unterlegt ist, und klicken Sie auf der Registerkarte **Start** in der Gruppe **Öffnen** auf **Zur Überprüfung öffnen**.

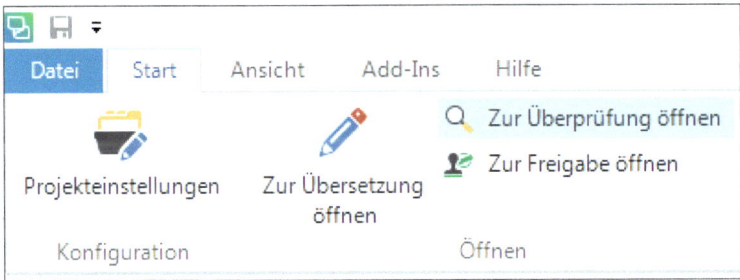

Der Überprüfungsmodus öffnet sich mit der zu korrigierenden Datei in der Ansicht **Editor**. **Änderungen nachverfolgen** ist in der Überprüfung (im Gegensatz zur Übersetzung) auf der Registerkarte **Überprüfung** in der Gruppe **Änderungen und Bewertungen** als Standard aktiviert.

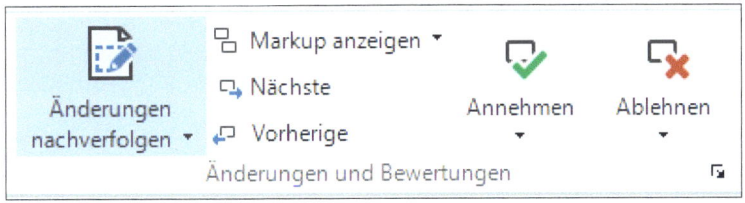

Darüber hinaus erkennen Sie den Überprüfungsmodus daran, dass die Fenster für Kommentare, Bewertungen, Meldungen, Übersetzungsergebnisse und gefundene Fragmente unterhalb der zu überprüfenden Segmente angeordnet sind.

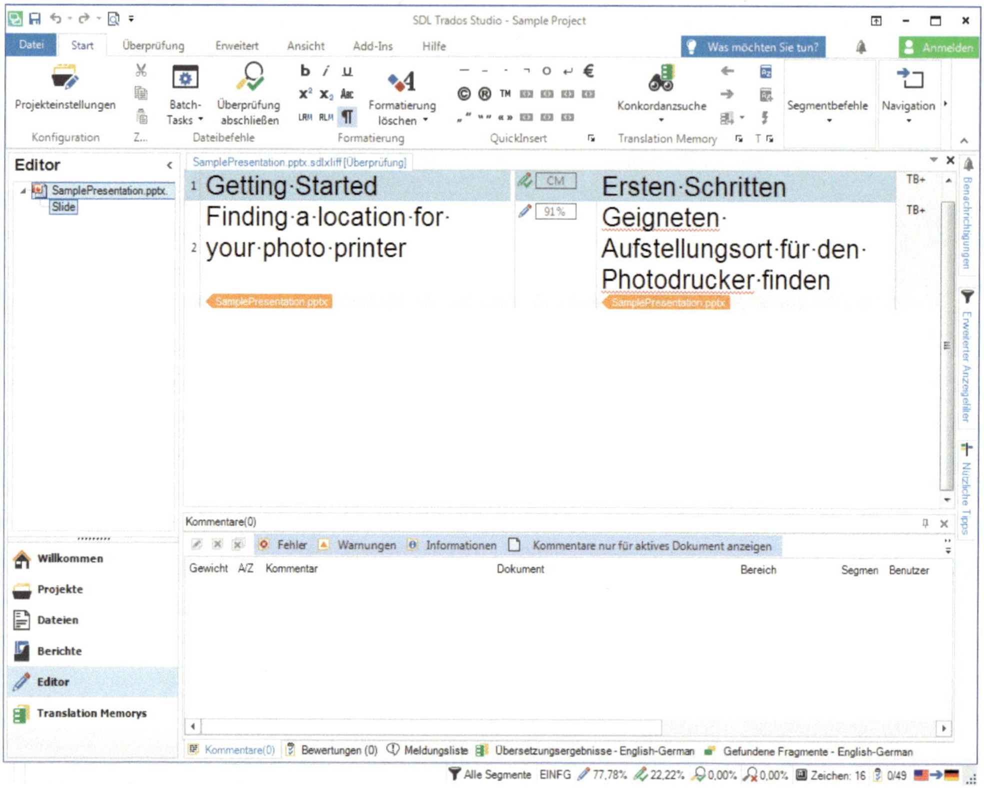

Des Weiteren erhält der Dateiname auf der Registerkarte oberhalb der zu überprüfenden Segmente die Ergänzung **[Überprüfung]**.

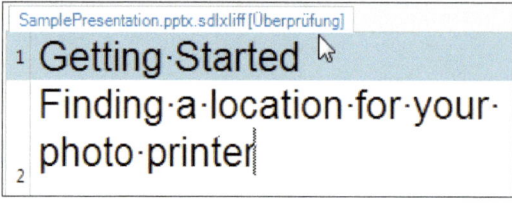

Überprüfen von Dateien in der Ansicht Editor

Vornehmen von Änderungen

Im ersten Segment wird im vorliegenden Beispiel zunächst „Ersten Schritten" in „Erste Schritt" geändert. Der Segmentstatus ändert sich von **Bestätigt** in **Übersetzung abgelehnt** und SDL Trados Studio 2019 markiert die Änderung, indem der gestrichene Buchstabe rot und durchgestrichen dargestellt wird.

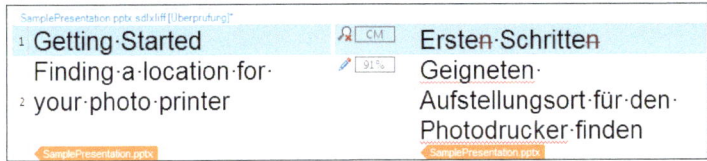

Im zweiten Segment wird zunächst das Wort „Geigneten" in „Geeigneten" geändert. Darüber hinaus wird das Wort „den" in „Ihren" abgewandelt. Und „Photodrucker" wird in „Fotodrucker" geändert. SDL Trados Studio 2019 markiert den gelöschten Text rot und durchgestrichen, der ergänzte Text wird in lila und unterstrichen dargestellt.

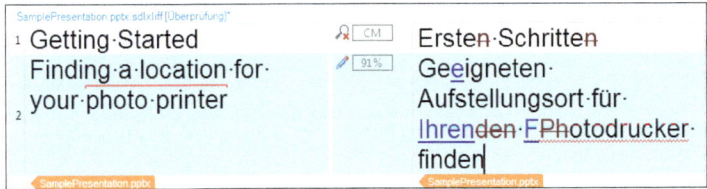

Nehmen Sie in Ihren Dokumenten entsprechend Änderungen vor. Sie haben sowohl in der Rolle des Korrektors (im Modus Überprüfung) als auch in der Rolle des Übersetzers (im Modus Übersetzung) im Anschluss an die Korrektur die Möglichkeit, Änderungen anzunehmen oder abzulehnen.

Annehmen einer einzelnen Änderung im Modus Überprüfung

Klicken Sie im Modus **Überprüfung** in der Ansicht **Editor** in einem aktiven Segment auf eine Änderung, die Sie annehmen möchten, und anschließend auf der Registerkarte **Überprüfung** in der Gruppe **Änderungen und Bewertungen** auf den kleinen Pfeil nach unten unter **Annehmen**.

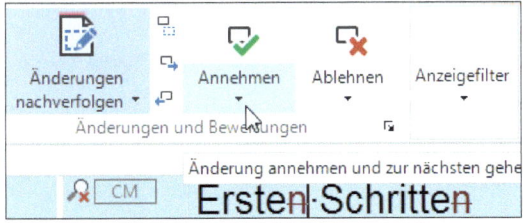

Wählen Sie in der sich öffnenden Dropdown-Liste **Änderung annehmen** aus, wenn Sie eine Änderung annehmen und das Segment danach bestätigen möchten, ohne direkt zur nächsten Änderung zu springen, damit die Änderung unmittelbar im Translation Memory gespeichert wird.

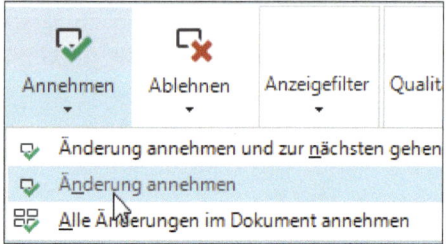

Alternativ zur Auswahl von **Änderung annehmen** über die Registerkarte **Überprüfung** haben Sie auch die Möglichkeit, mit der rechten Maustaste auf eine Änderung in einem Segment zu klicken und in der sich öffnenden Dropdown-Liste **Änderung annehmen** auszuwählen.

✂	Ausschneiden	Strg+X
📋	Kopieren	Strg+C
📋	Einfügen	Strg+V
	QuickPlace	Strg+Oemcomma
	Zeile aktivieren	Alt+Pos1
	Bestätigen und zum nächsten unbestätigten Segment gehen	Strg+Eingabetaste
	Segment ablehnen	Strg+Umschalttaste+Eingabetaste
	Segmentstatus ändern	▶
	Konkordanzsuche	F3
	Ausgangssatz in das Zielfeld kopieren	Strg+Einfg
	Zielsegment löschen	Alt+Entf
	Ausgangstext bearbeiten	Alt+F2
	Tags wiederherstellen	Strg+Umschalttaste+G
	Neuen Terminus hinzufügen	Strg+F2
	Terminus schnell hinzufügen	Strg+Umschalttaste+F2
	Kommentar hinzufügen	
	Kommentar bearbeiten	
	Änderung annehmen	Strg+Umschalttaste+F9
	Änderung ablehnen	Alt+Umschalttaste+F9
	Lesezeichen hinzufügen	

Im vorliegenden Beispiel wurden nacheinander zwei Änderungen von „Ersten Schritten" in „Erste Schritte" angenommen.

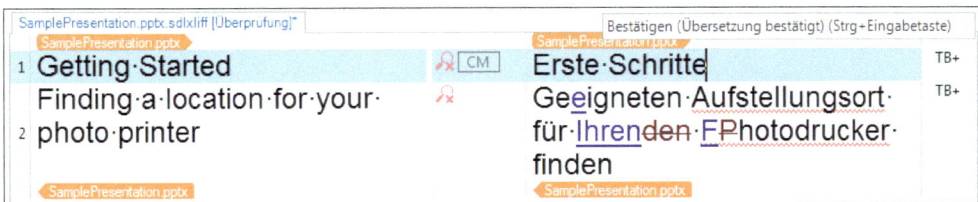

Die Änderung wurde eingefügt, das Segment aber noch nicht bestätigt. Klicken Sie auf der Registerkarte **Start** in der Gruppe **Segmentbefehle** auf **Bestätigen**, um die Korrektur zu bestätigen, oder wählen Sie die entsprechende Tastenkombination aus.

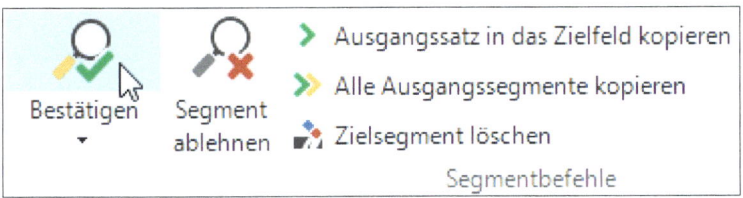

Das Segment erhält den Status **Übersetzung bestätigt**.

Annehmen von mehreren Änderungen nacheinander im Modus Überprüfung

Sollen mehrere Änderungen in einem Segment oder auch in einem ganzen Dokument angenommen werden, ohne dabei jedes einzelne Segment zu bestätigen, klicken Sie zunächst in der Ansicht **Editor** auf die erste Änderung in einem Segment, die Sie annehmen möchten, und klicken Sie danach auf der Registerkarte **Überprüfung** in der Gruppe **Änderungen und Bewertungen** auf den kleinen Pfeil nach unten unter **Annehmen** → **Änderung annehmen und zur nächsten gehen**.

Nehmen Sie nacheinander alle gewünschten Änderungen im Segment oder Dokument an. Bitte achten Sie darauf, vor dem Schließen/Abschließen des Dokuments alle Segmente zu bestätigen, in denen Änderungen vorgenommen wurden, damit diese im aktiven Translation Memory gespeichert werden.

Annehmen aller Änderungen im Dokument im Modus Überprüfung

Klicken Sie in der Ansicht **Editor** auf der Registerkarte **Überprüfung** in der Gruppe **Änderungen und Bewertungen** auf den kleinen Pfeil nach unten unter **Annehmen** und wählen Sie in der sich öffnenden Dropdown-Liste **Alle Änderungen im Dokument annehmen** aus, wenn Sie alle Änderungen in einem Dokument auf einmal annehmen möchten. Dies kann zum Beispiel dann der Fall sein, wenn Sie die Korrekturen in einem Dokument zunächst gelesen haben, ohne die Änderungen sofort anzunehmen.

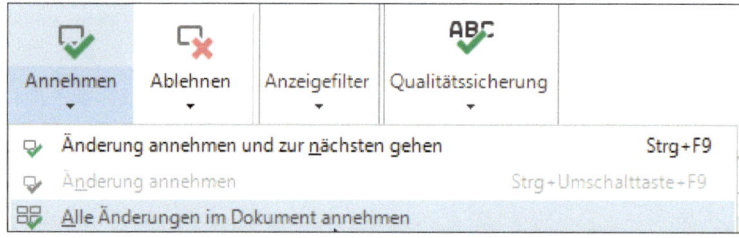

Bitte beachten Sie, dass auch in diesem Fall alle geänderten Segmente bestätigt werden müssen, in denen Änderungen akzeptiert wurden, damit diese im Translation Memory gespeichert werden.

Ablehnen von Änderungen durch den Korrektor im Modus Überprüfung

Verfahren Sie analog zum im vorherigen Kapitel **Annehmen von Änderungen im Modus Überprüfung** beschriebenen Verfahren, um Änderungen in Dokumenten abzulehnen, wählen Sie dabei jedoch **Änderung ablehnen** statt **Änderung annehmen** aus. Klicken Sie dazu in der Ansicht **Editor** zunächst auf die erste abzulehnende Änderung in einem zielsprachlichen Segment und klicken Sie dann auf der Registerkarte **Überprüfung** in der Gruppe **Änderungen und Bewertungen** auf den kleinen Pfeil nach unten unter **Ablehnen** und wählen Sie zwischen **Änderung ablehnen und zur nächsten gehen**, **Änderung ablehnen** und **Alle Änderungen im Dokument ablehnen** aus.

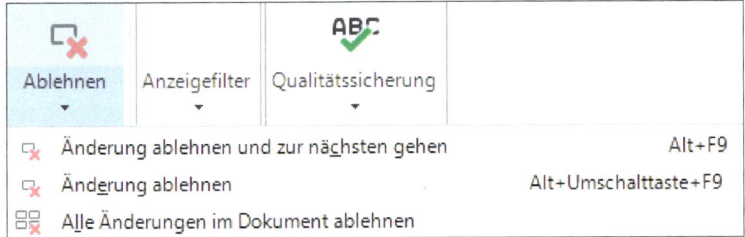

Segmente mit abgelehnten Änderungen erhalten den Status **Übersetzung abgelehnt**.
Die zuvor vorgenomme Änderung wird verworfen.

Bestätigen Sie auch nach dem Ablehnen von Änderungen die jeweiligen Segmente. Der Segmentstatus ändert sich von **Übersetzung abgelehnt** in **Übersetzung bestätigt**.

Abschließen einer Überprüfung im Modus Überprüfung

Klicken Sie nach dem Annehmen oder Ablehnen aller Änderungen und dem anschließenden Bestätigen der entsprechenden Segmente auf der Registerkarte **Start** in der Gruppe **Dateibefehle** auf **Überprüfung abschließen**, um eine Überprüfung zu beenden.

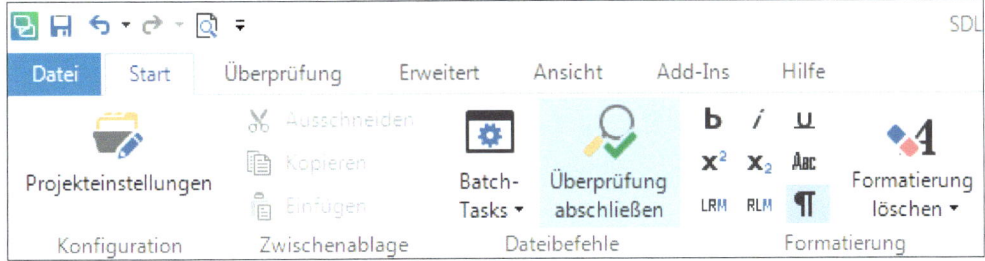

SDL Trados Studio 2019 öffnet das Dialogfeld **Frage** mit der Frage, ob alle noch nicht überprüften Segmente als „Bestätigt" gekennzeichnet werden und das Dokument gespeichert und geschlossen werden soll. Klicken Sie auf **Ja**, wenn Sie fortfahren, alle nicht überprüften Segmente bestätigen und das Dokument schließen möchten oder auf **Nein**, um noch einmal in den Prozess zurückzukehren und weitere Änderungen vorzunehmen.

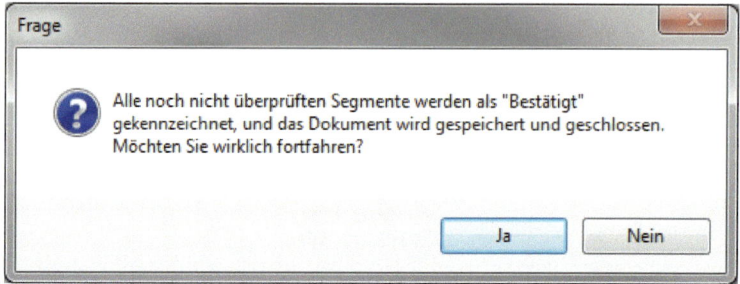

Die Überprüfung und Bestätigung der Änderungen im Modus **Überprüfung** ist nun abgeschlossen.

Annehmen oder Ablehnen von Änderungen im Modus Übersetzen

Alternativ zum Annehmen oder Ablehnen von Änderungen im Modus **Überprüfung** ist es auch möglich, dass nicht der Korrektor (im Modus **Überprüfung**), sondern der Übersetzer (im Modus **Übersetzung**) in der Überprüfung vorgenommene Änderungen bestätigt oder ablehnt.

Öffnen Sie eine Datei mit Änderungen im Modus **Übersetzung**, indem Sie nach Öffnen des Projekts in der Ansicht **Projekte** in der Ansicht **Dateien** auf eine Datei doppelklicken oder mit der rechten Maustaste auf die zu öffnende Datei klicken und dann **Zur Übersetzung öffnen** auswählen.

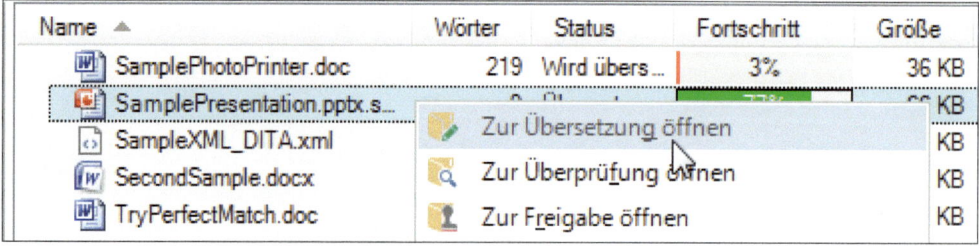

Die Ansicht **Editor** öffnet sich.

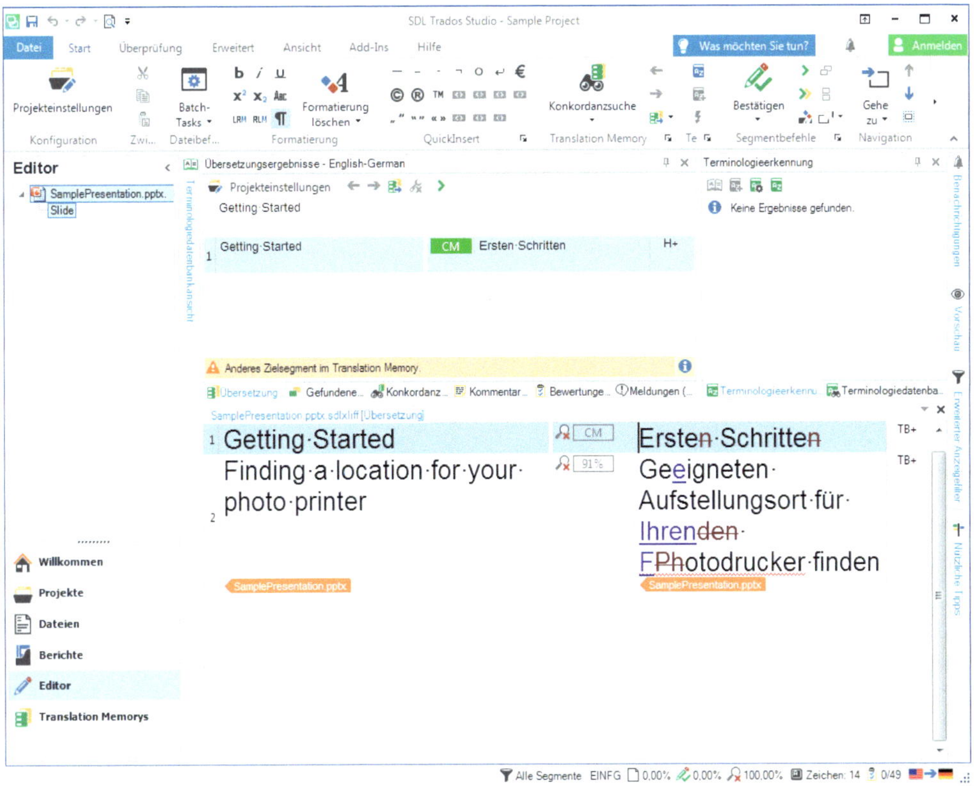

![Screenshot SDL Trados Studio Editor-Ansicht]

Sie haben in der Ansicht **Editor** auf der Registerkarte **Überprüfung** in der Gruppe **Änderungen und Bewertungen** die Möglichkeit, die Änderungen einzeln oder kollektiv anzunehmen oder abzulehnen und die erfolgten Änderungen im (im Projekt) aktiven Translation Memory/in den aktiven Translation Memorys zu speichern.

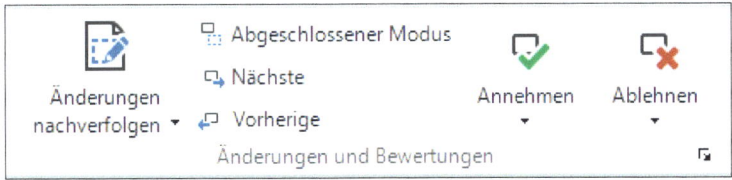

Das Verfahren hierzu finden Sie in den Kapiteln zum Annehmen und Ablehnen von Änderungen im Modus **Überprüfung**.

Lediglich der letzte Schritt **Überprüfung abschließen** ist im Modus **Übersetzung** nicht vorgesehen. Bitte achten Sie auch hier darauf, abschließend alle geänderten Segmente zu bestätigen, damit diese in dem oder den Translation Memory(s), die in einem Projekt für die Aktualisierung aktiviert sind, gespeichert werden.

Überprüfen außerhalb von SDL Trados Studio 2019 mit Export für zweisprachige Überprüfung

SDL Trados Studio 2019 bietet neben der Überprüfung (Korrektur) innerhalb von SDL Trados Studio 2019 auch die Möglichkeit, eine Überprüfung außerhalb von SDL Trados Studio 2019 in einem bilingualen Microsoft Word-Dokument durchzuführen, falls der Korrektor z.B. nicht mit SDL Trados Studio 2019 arbeitet. Nach der Überprüfung kann die außerhalb von SDL Trados Studio 2019 überprüfte bilinguale Microsoft Word-Datei zusammen mit allen Änderungen wieder in SDL Trados Studio 2019 zurückimportiert und die Änderungen können akzeptiert oder verworfen werden.

Export für zweisprachige Überprüfung

Öffnen Sie zunächst das Projekt und dann die übersetzte Datei, die für eine externe Überprüfung exportiert werden soll, in der Ansicht **Editor**. Klicken Sie in der Ansicht **Editor** auf der Registerkarte **Überprüfung** in der Gruppe **Dateibefehle** auf **Export für zweisprachige Überprüfung**, um ein Dokument für eine Überprüfung aus SDL Trados Studio 2019 heraus in ein bilinguales Microsoft Word-Dokument zu exportieren.

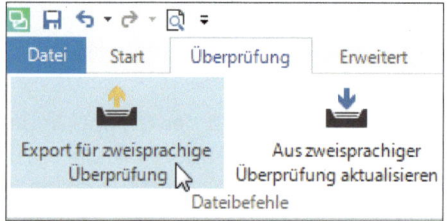

Das Dialogfenster **Batch-Verarbeitung** → **Batch-Tasks** öffnet sich mit der voreingestellten Task-Sequenz **Export für zweisprachige Überprüfung**. Klicken Sie auf **Weiter**.

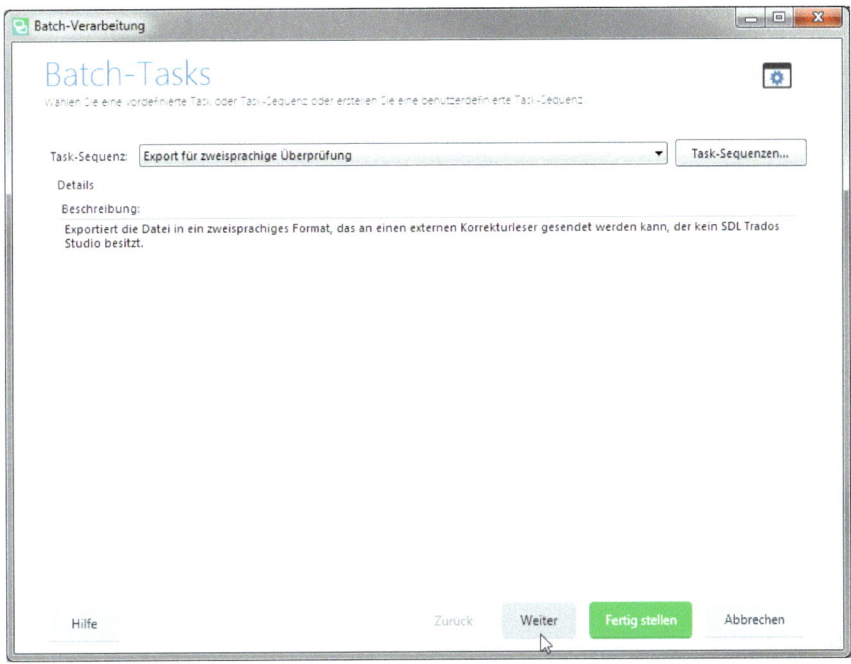

Das Dialogfeld **Batch-Verarbeitung** → **Einstellungen** öffnet sich.

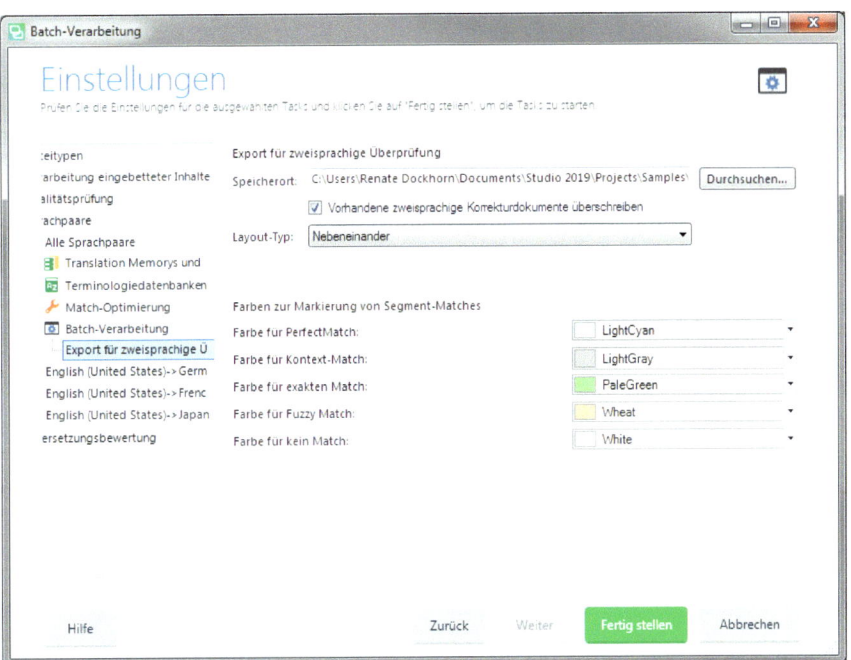

Legen Sie in diesem Dialogfeld zunächst den Speicherort für die außerhalb von SDL Trados Studio 2019 zu prüfende Datei fest und wählen Sie aus, ob vorhandene zweisprachige Korrekturdokumente (falls vorhanden) überschrieben werden sollen.

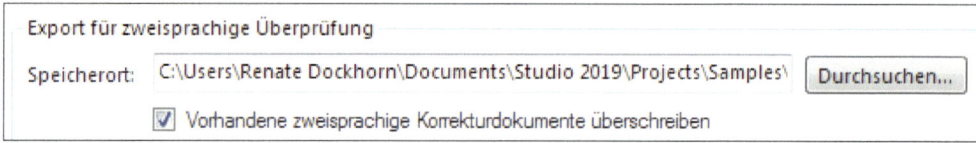

Danach wählen Sie den Layout-Typ aus.

Im Layout-Typ: **Nebeneinander** werden die ausgangssprachlichen und zielsprachlichen Segmente wie in der Ansicht **Editor** nebeneinander dargestellt. Im Layout-Typ: **Von oben nach unten** werden die ausgangs- und zielsprachlichen Segmente untereinander angezeigt.

Segment-ID	Segment-status	Source-segment	Target-segment
1	Draft-(CM)	Getting-Started	Erste-Schritten
2	Draft-(91%)	Finding-a-location-for-your-photo-printer	Geigneten-Aufstellungsort-für-den-Photodrucker-finden

Layout-Typ Nebeneinander

Segment-ID	Source-segment
Segment-status	Target-segment
1	Getting-Started
Draft-(CM)	Erste-Schritten
2	Finding-a-location-for-your-photo-printer
Draft-(91%)	Geigneten-Aufstellungsort-für-den-Photodrucker-finden

Layout-Typ Von oben nach unten

Darüber hinaus haben Sie die Möglichkeit, Farben für Match-Typen festzulegen.

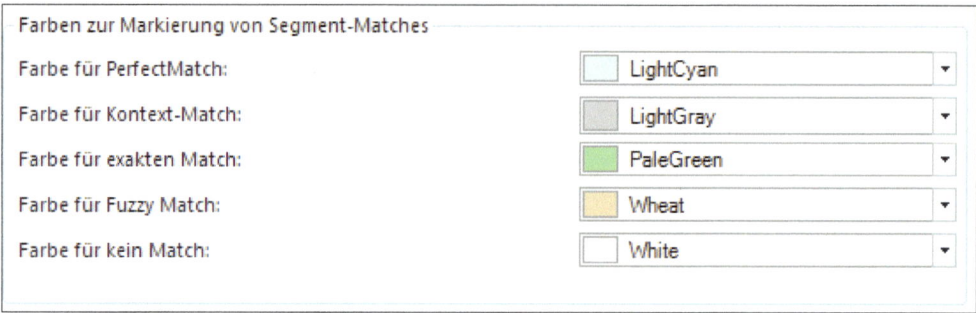

Im vorliegenden Beispiel wurde der Layout-Typ **Nebeneinander** ausgewählt. Klicken Sie auf **Fertig stellen**, um den Export durchzuführen.

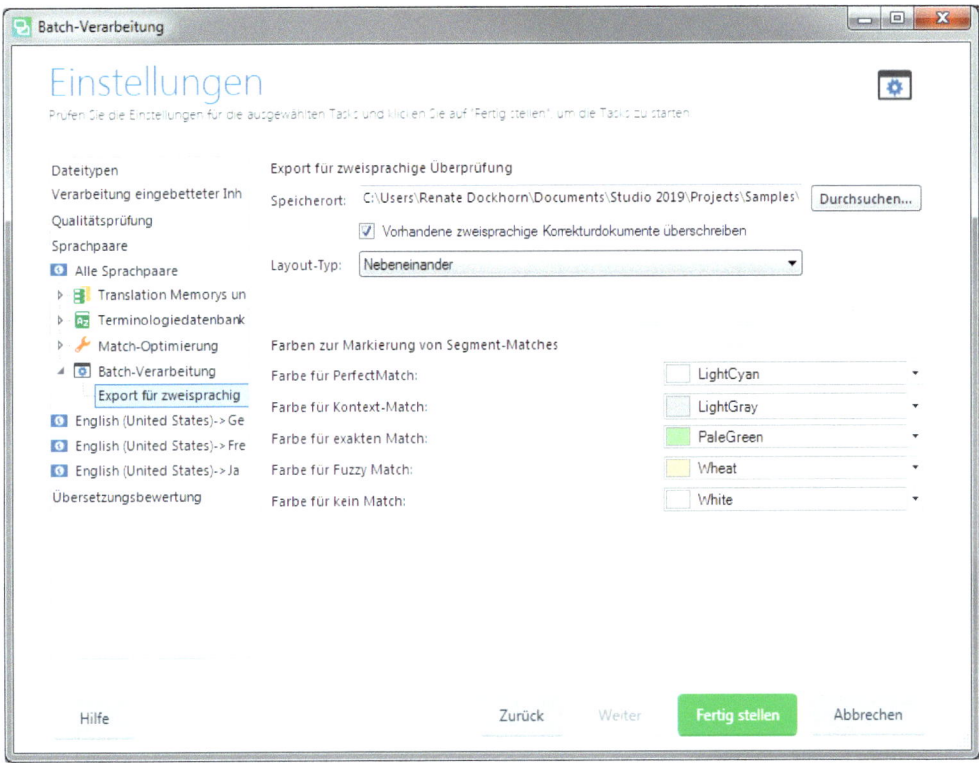

SDL Trados Studio 2019 zeigt im Dialogfeld **Batch-Verarbeitung → Fertig stellen** an, ob die Batch-Verarbeitung erfolgreich war. Ein weißes Häkchen auf einem grünen Feld ⊘ bedeutet, dass der Export erfolgreich war. Ein weißes Kreuz auf einem roten Feld ⊗ bedeutet, dass der Export fehlgeschlagen ist. Überprüfen und beheben Sie in diesem Fall die Fehlerursache und führen Sie den Export mit **Vorbereitung erneut starten** noch einmal aus.

Klicken Sie auf **Schließen**, um den Export zu beenden.

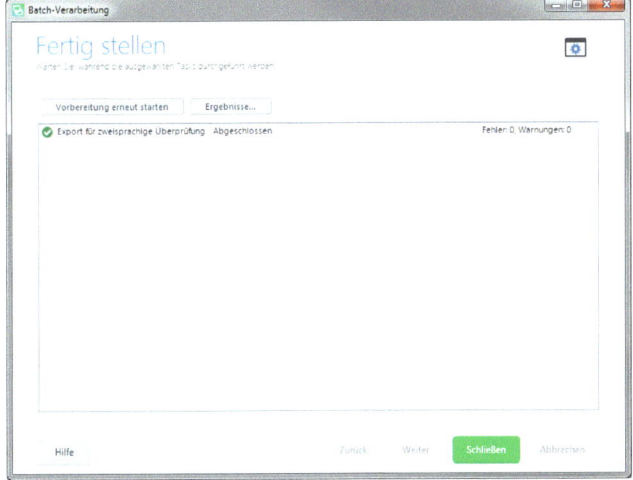

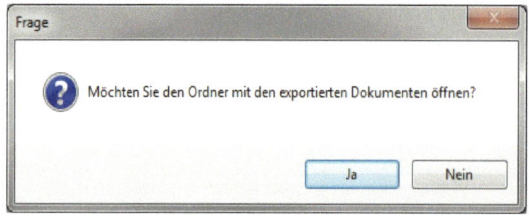

SDL Trados Studio 2019 stellt die Frage, ob Sie den Ordner mit den exportierten Dokumenten öffnen möchten, sodass Sie den Ordner mit der exportierten Datei nicht selbst aufrufen müssen. Klicken Sie auf **Ja**, damit der Ordner im Windows Explorer geöffnet wird.

SDL Trados Studio 2019 öffnet den Ordner, in dem die Datei für die zweisprachige Überprüfung abgelegt wurde. Da es sich beim Zieltext im vorliegenden Beispiel um einen deutschen Text handelt, wurde für die aus SDL Trados Studio 2019 exportierte Datei ein Unterordner **de-DE** angelegt, in dem sich die Datei für die zweisprachige Überprüfung befindet.

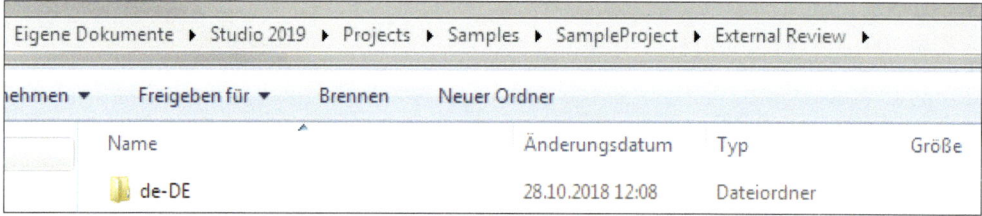

Die außerhalb von SDL Trados Studio 2019 zu überprüfende Datei enthält den Zusatz **.review**.

Name	Änderungsdatum	Typ	Größe
SamplePresentation.pptx.review	28.10.2018 12:08	Microsoft Word-D...	8 KB

Öffnen Sie die Datei. Sie wird im gewünschten Layout-Typ in einem Microsoft Word-Dokument dargestellt.

Segment-ID	Segment-status	Source-segment	Target-segment
1.	Draft (CM)	Getting Started	Erste Schritten
2.	Draft (91%)	Finding a location for your photo printer	Geigneten Aufstellungsort für den Photodrucker finden

Layout-Typ Nebeneinander

Segment-ID	Source-segment
Segment-status	Target-segment
1.	Getting Started
Draft (CM)	Erste Schritten
2.	Finding a location for your photo printer
Draft (91%)	Geigneten Aufstellungsort für den Photodrucker finden

Layout-Typ Von oben nach unten

In beiden Layouts ist die Option **Änderungen nachverfolgen** bereits aktiviert und die entsprechenden Korrekturen können im Zieltext vorgenommen werden. Darüber hinaus ist es möglich, Zieltextkommentare einzugeben. Der Kommentar erscheint rechts neben dem zielsprachlichen Segment.

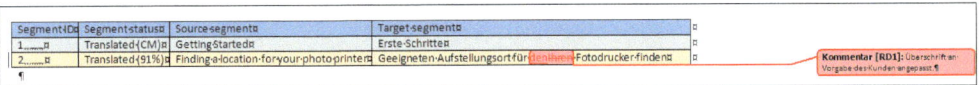

Änderungen und Kommentar in Datei für zweisprachige Überprüfung

Speichern Sie die Datei nach der Eingabe aller Änderungen und (gegebenenfalls) dem Hinzufügen aller Kommentare in Microsoft Word. Die Datei kann nun wieder in SDL Trados Studio 2019 importiert werden.

❗ Achten Sie bei der Bearbeitung der Datei für die zweisprachige Überprüfung in Microsoft Word darauf, nicht die ausgangssprachlichen Segmente oder die Spalten mit Segment-ID oder Segment-Status zu verändern, damit die Datei später in SDL Trados Studio 2019 zurückimportiert werden kann.

Aus zweisprachiger Überprüfung aktualisieren

Nachdem eine Datei für die externe Überprüfung aus SDL Trados Studio 2019 exportiert und bearbeitet wurde, kann sie im nächsten Schritt mit allen Änderungen wieder in SDL Trados Studio 2019 in die *.sdlxliff-Datei zurückimportiert werden.

Öffnen Sie zunächst die ursprüngliche Datei, welche die Grundlage für den Export bildete, in SDL Trados Studio 2019 für die Überprüfung, indem Sie im aktiven Projekt in der Ansicht **Dateien** mit der rechten Maustaste 🖱 auf die entsprechende Datei klicken und **Zur Überprüfung öffnen** auswählen.

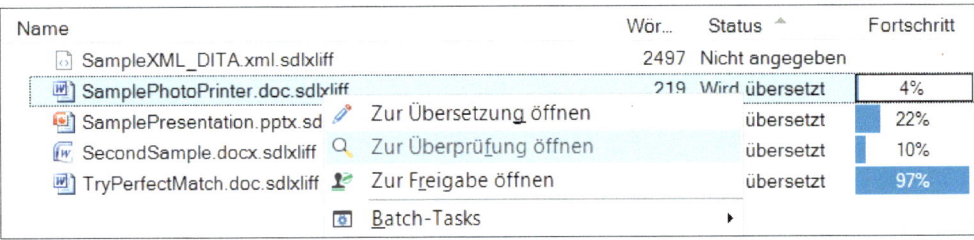

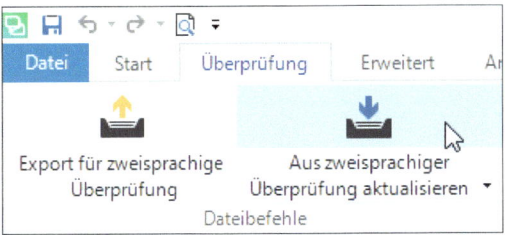

Die Ansicht **Editor** öffnet sich. Klicken Sie in der Ansicht **Editor** auf der Registerkarte **Überprüfung** in der Gruppe **Dateibefehle** auf **Aus zweisprachiger Überprüfung aktualisieren**.

Das Dialogfeld **Batch-Verarbeitung** → **Batch-Tasks** öffnet sich. Die Task-Sequenz **Aus zweisprachiger Überprüfung aktualisieren** ist ausgewählt. Klicken Sie auf **Weiter**, um fortzufahren.

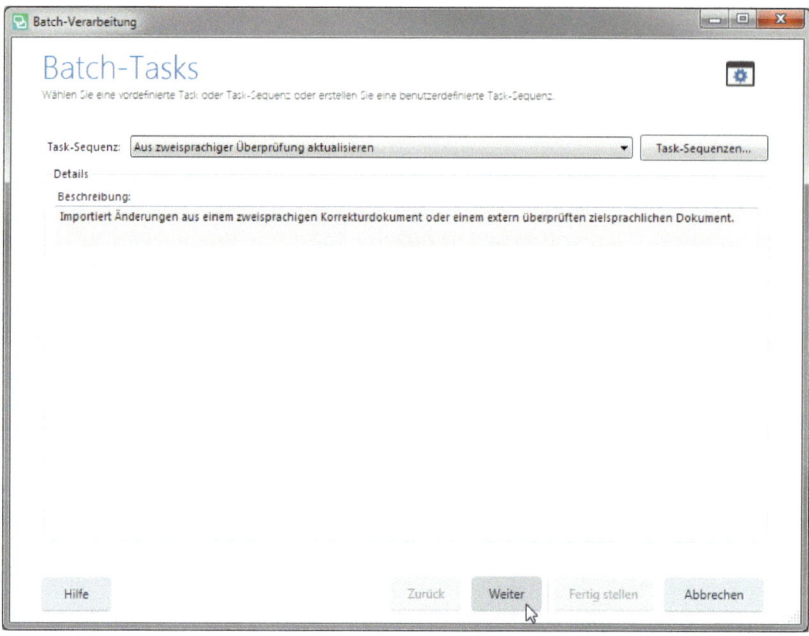

Das Dialogfeld **Batch-Verarbeitung** → **Aktualisierung aus zweisprachigem Korrekturdokument** öffnet sich.

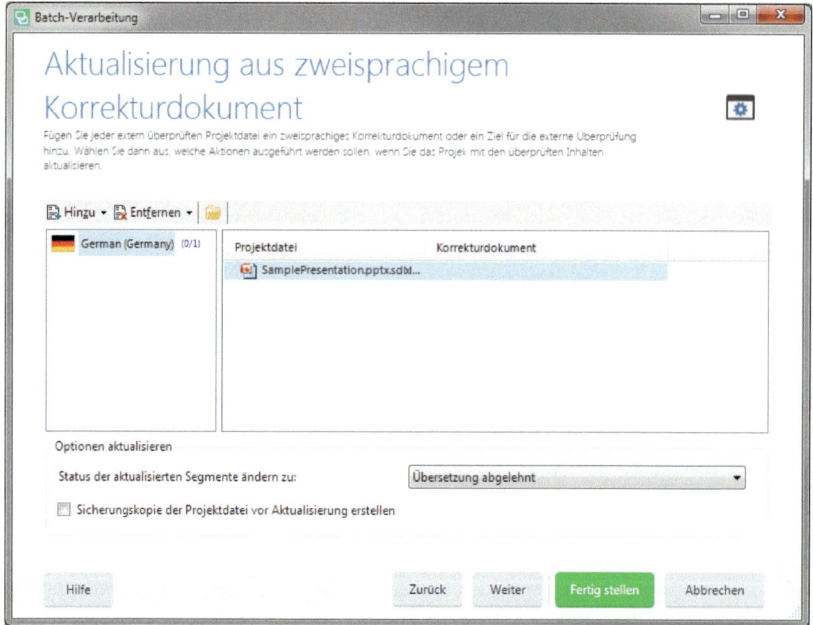

Wählen Sie das Korrekturdokument aus, in dem die Änderungen und (ggf.) Kommentare eingefügt wurden. Klicken Sie dazu zunächst auf den kleinen Pfeil nach unten rechts neben **Hinzu** und wählen Sie **Spezifisches Korrekturdokument...** aus.

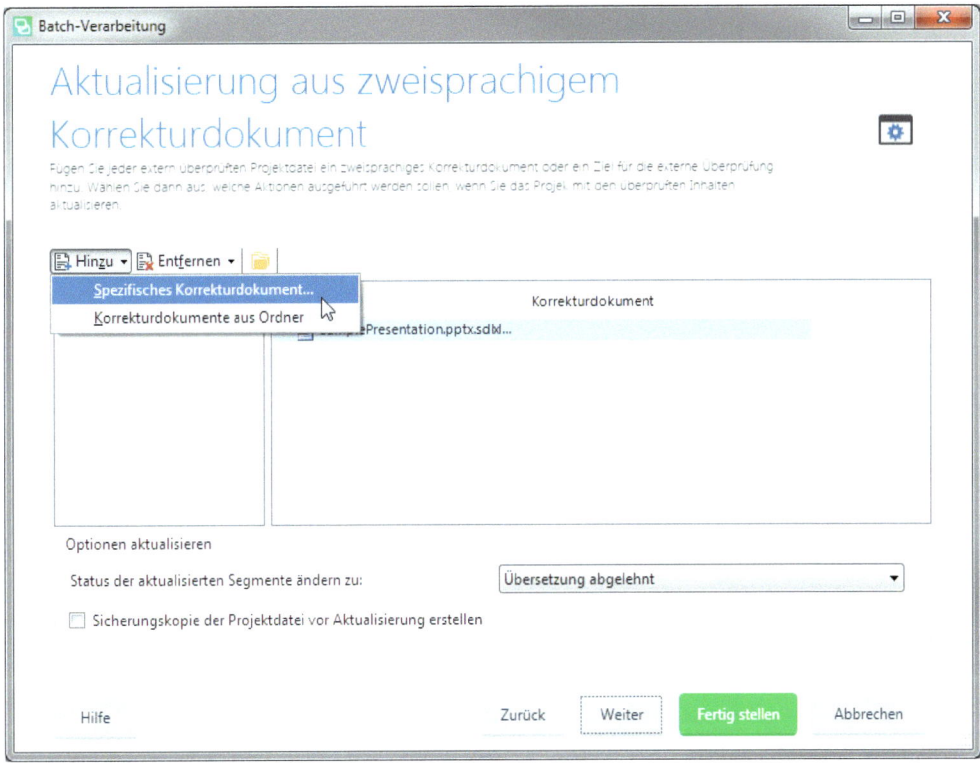

Das Dialogfeld **Zweisprachige Korrekturdateien öffnen** öffnet sich. Wählen Sie die überprüfte Datei aus.

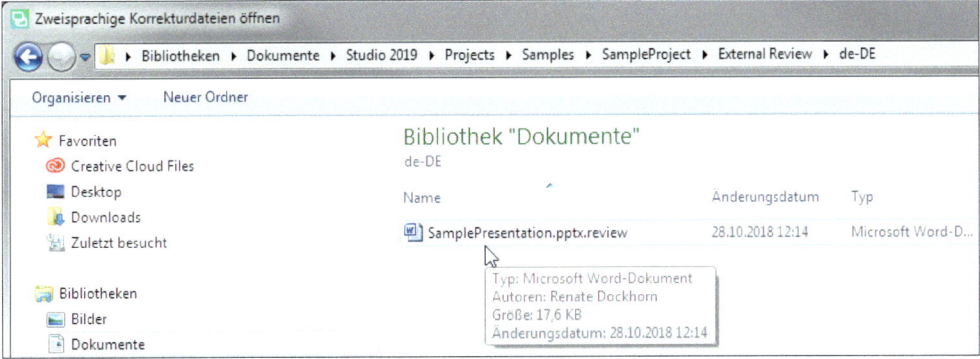

Das Korrekturdokument ist nun der Projektdatei zugeordnet. Die aktualisierten Elemente bekommen als Standard den Status **Übersetzung abgelehnt**, da der Korrektor an diesen Segmenten Änderungen vorgenommen hat. Sie haben in diesem Dialogfeld die Möglichkeit, eine Sicherungskopie der Projektdatei vor der Aktualisierung erstellen zu lassen. Klicken Sie auf **Weiter**, um fortzufahren.

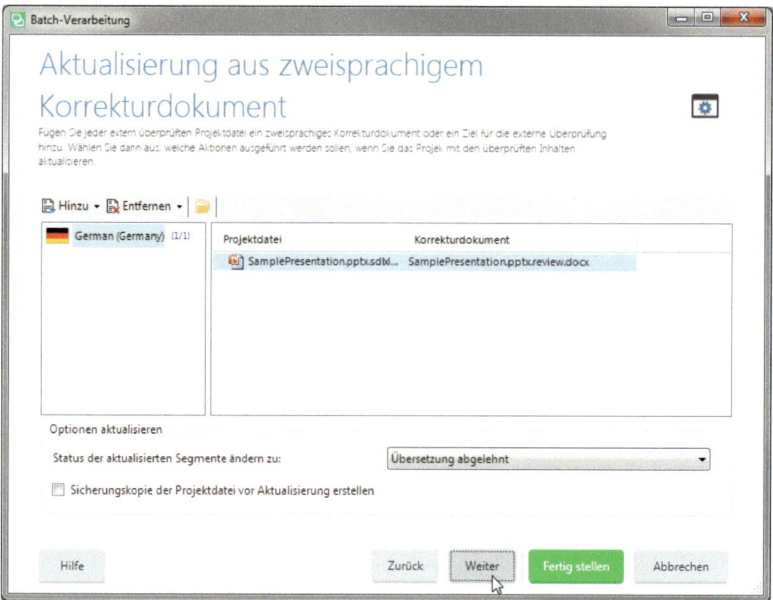

Klicken Sie im sich öffnenden Dialogfeld **Batch-Verarbeitung → Einstellungen** auf **Fertig stellen**, um das bearbeitete Dokument in SDL Trados Studio 2019 zu importieren und die *.sdlxliff-Datei des überprüften Dokuments zu aktualisieren.

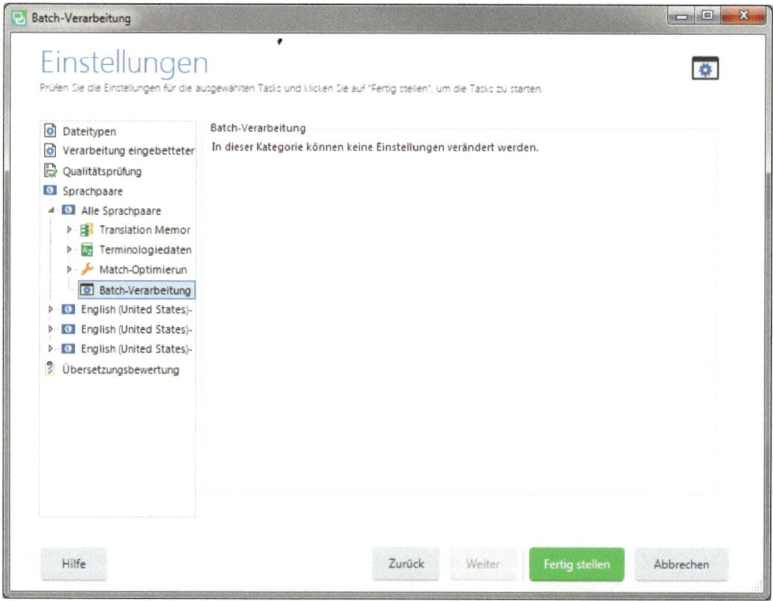

SDL Trados Studio 2019 weist mit einem grünen Feld mit weißem Häkchen ✅ darauf hin, dass die Aktualisierung erfolgreich war. Ein rotes Feld mit weißem Kreuz ❌ erscheint, wenn ein Konflikt bei der Aktualisierung aufgetreten ist. Prüfen Sie in diesem Fall die Fehlermeldung und klicken Sie danach auf das aktiv werdende **Vorbereitung erneut starten**. Klicken Sie auf **Schließen**, wenn die Aktualisierung erfolgreich durchlaufen wurde.

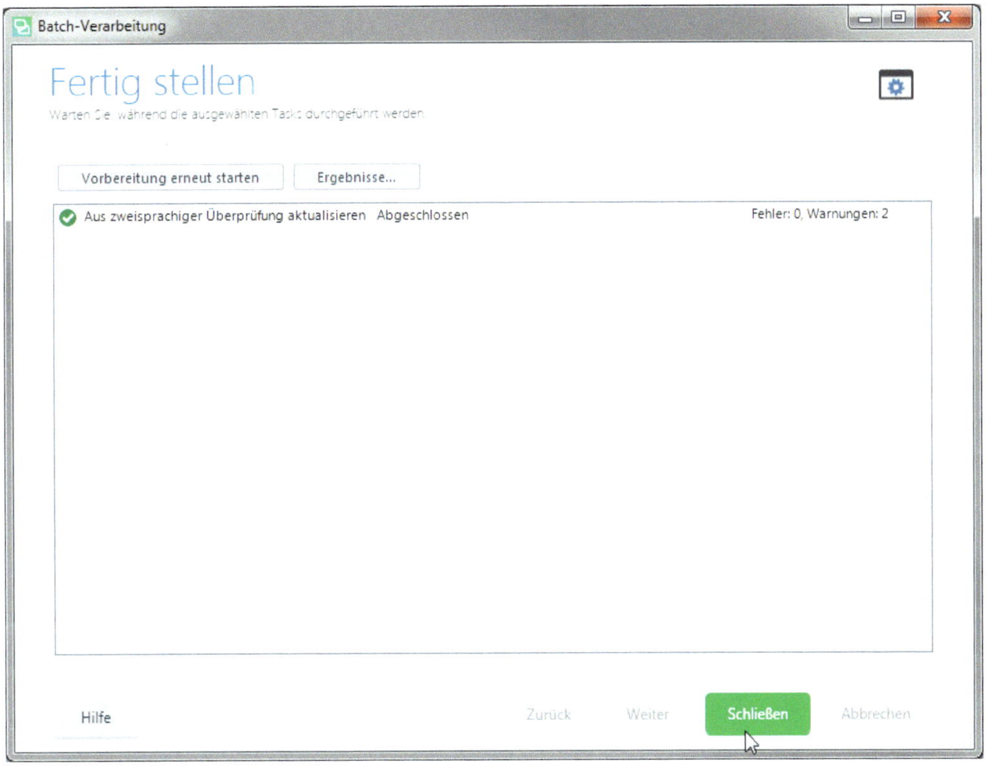

Wurden Änderungen in der zweisprachigen Überprüfung vorgenommen, öffnet SDL Trados Studio 2019 das Dialogfeld **Frage**. Klicken Sie auf **Ja**, wenn Sie die importierte Datei erneut in der Ansicht **Editor** öffnen möchten.

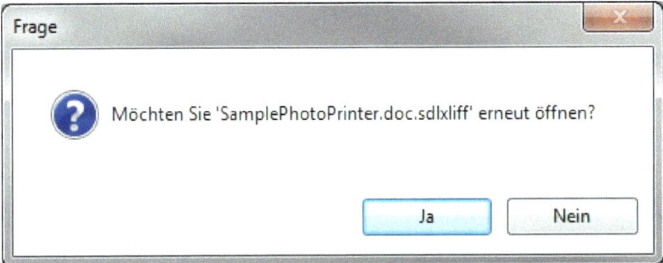

SDL Trados Studio 2019 öffnet das in Microsoft Word aktualisierte Dokument mit den Änderungen in der Ansicht **Editor** und unterlegt die zielsprachlichen Segmente, in denen Kommentare eingefügt wurden.

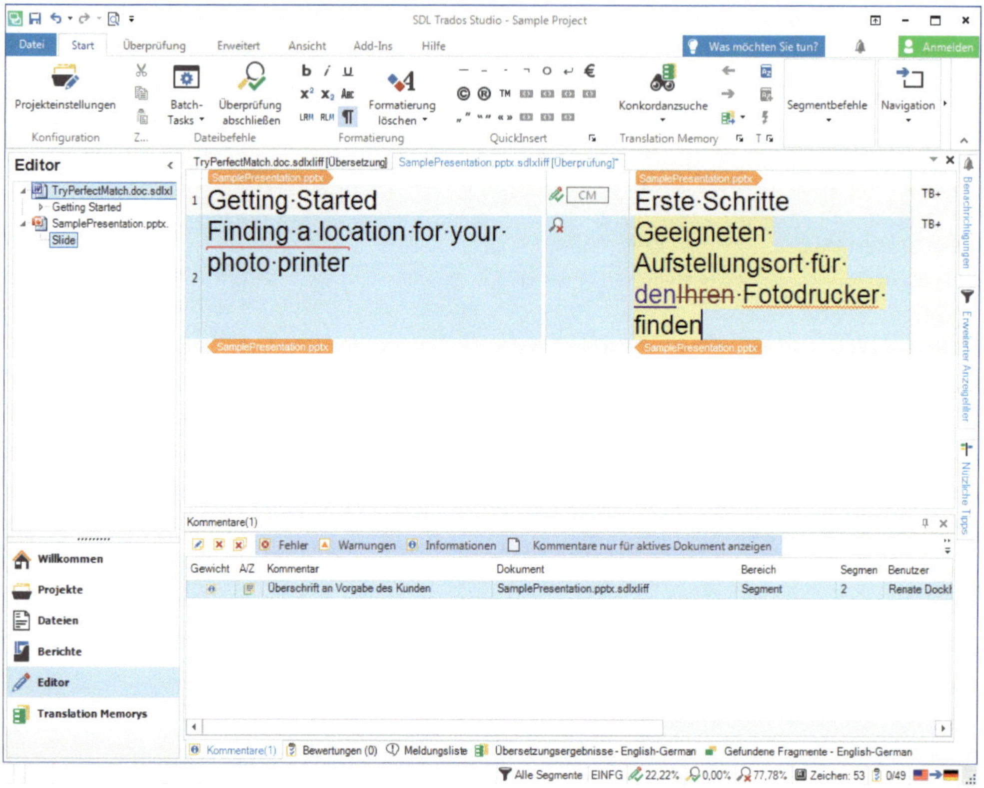

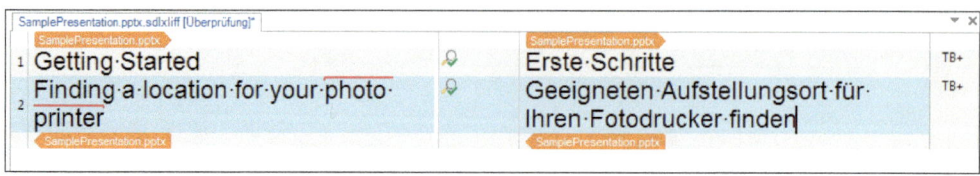

Sie haben nun in der Ansicht **Editor** auf der Registerkarte **Überprüfung** in der Gruppe **Änderungen und Bewertungen** die Möglichkeit, die Änderungen einzeln oder kollektiv anzunehmen oder abzulehnen und die erfolgten Änderungen im aktiven Translation Memory zu speichern. Das Verfahren hierzu finden Sie in den Kapiteln zum Annehmen und Ablehnen von Änderungen im Modus **Überprüfung**.

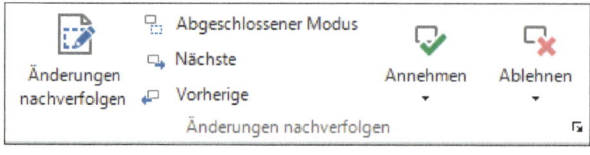

Dokument nach Annahme der Änderungen

Importieren von korrigierten zielsprachlichen Dokumenten in SDL Trados Studio 2019 (Retrofit)

SDL Trados Studio 2019 bietet die Möglichkeit, Dateien, die nach der Übersetzung im Zieltext außerhalb von SDL Trados Studio endlektoriert wurden, in SDL Trados Studio 2019 zu importieren und die im Zieltext erfolgten Änderungen mit der Funktion **Aktualisierung aus überprüfter Zieldatei (Retrofit)** in SDL Trados Studio 2019 anzeigen zu lassen und zu importieren.

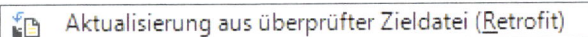

Der Korrektor oder Kunde liest die zielsprachliche Datei zunächst außerhalb von SDL Trados Studio 2019 Korrektur und der Übersetzer/Projektleiter hat danach die Möglichkeit, mit der Funktion **Aktualisierung aus überprüfter Zieldatei (Retrofit)** die im Zieltext erfolgten Änderungen (keine Kommentare) in das entsprechende Projekt in die *.sdlxliff-Dateien zu importieren, die im Zieltext vorgenommenen Änderungen anzeigen zu lassen, diese anzunehmen oder abzulehnen und danach im aktiven Translation Memory zu speichern. Dabei ist es *nicht* erforderlich, dass bei der Korrektur außerhalb von SDL Trados Studio 2019 in der zielsprachlichen Datei Änderungen mit **Änderungen nachverfolgen** sichtbar gemacht werden.

Aktualisieren einer einzelnen Projektdatei mit Retrofit in der Ansicht Editor

Klicken Sie zunächst in einem geöffneten Projekt in der Ansicht **Dateien** mit der rechten Maustaste auf eine Datei und wählen Sie **Zur Überprüfung öffnen** aus, damit die Datei in der Ansicht **Editor** im Überprüfungsmodus geöffnet wird.

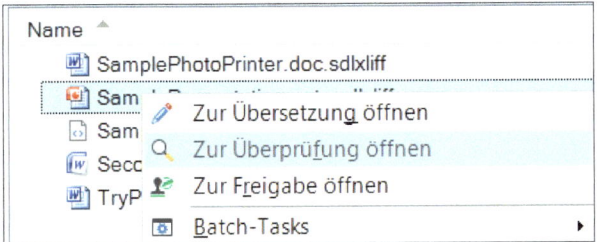

Klicken Sie dann in der Ansicht **Editor** auf der Registerkarte **Überprüfung** in der Gruppe **Dateibefehle** auf den kleinen Pfeil nach unten rechts neben **Aus zweisprachiger Überprüfung aktualisieren** und wählen Sie aus der sich öffnenden Dropdown-Liste **Aktualisierung aus überprüfter Zieldatei (Retrofit)** aus.

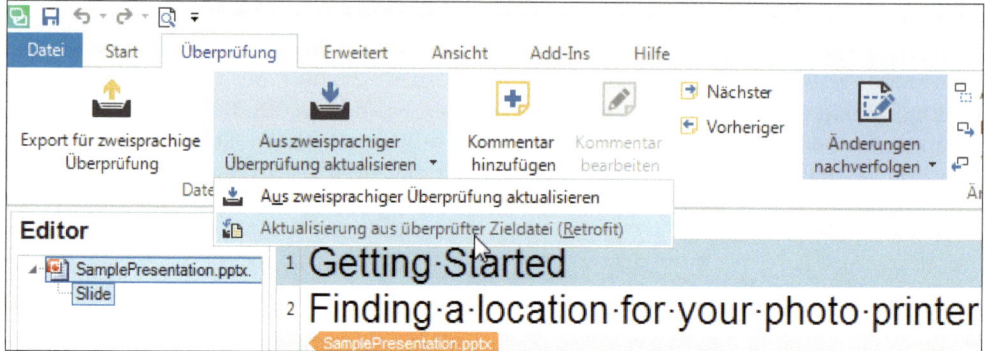

Das Dialogfeld **Batch-Verarbeitung** → **Batch-Tasks** öffnet sich mit der voreingestellten Task-Sequenz **Aktualisierung aus überprüfter Zieldatei (Retrofit)**. Klicken Sie auf **Weiter**.

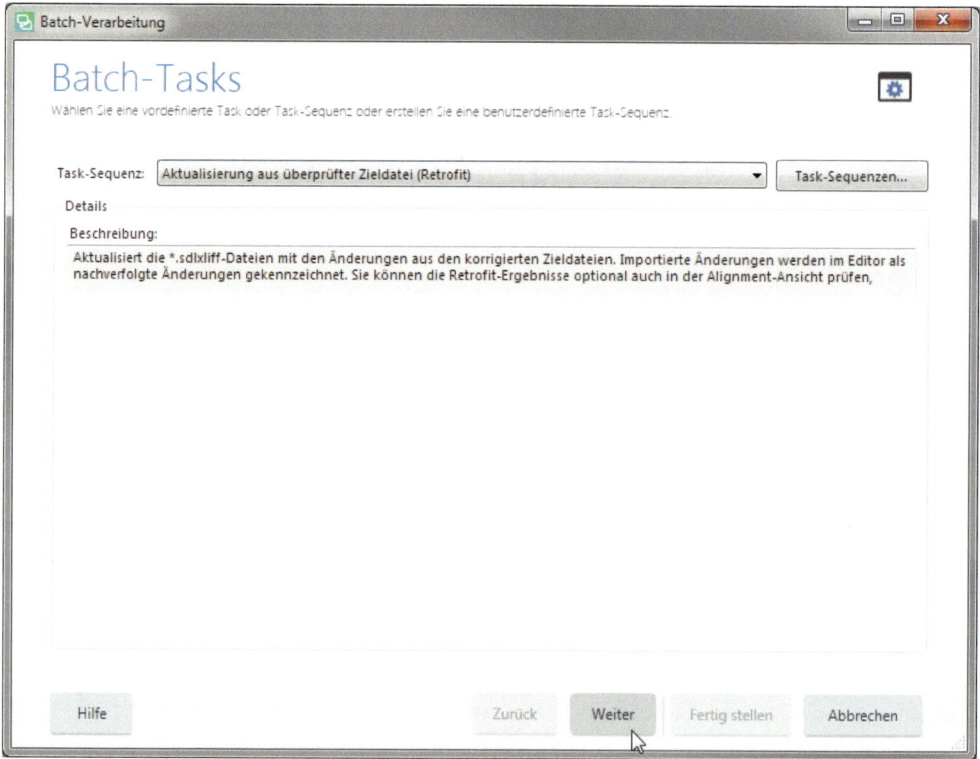

Das Dialogfeld **Batch-Verarbeitung → Aktualisierung aus überprüfter Zieldatei (Retrofit)** öffnet sich. Klicken Sie auf die zu aktualisierende *.sdlxliff-Datei, sodass diese farbig unterlegt ist, klicken Sie dann auf den kleinen Pfeil nach unten rechts neben **Hinzu** und wählen Sie in der sich öffnenden Dropdown-Liste **Spezifisches Korrekturdokument** aus, um den Speicherort auszuwählen, an dem die lektorierte Zieldatei liegt.

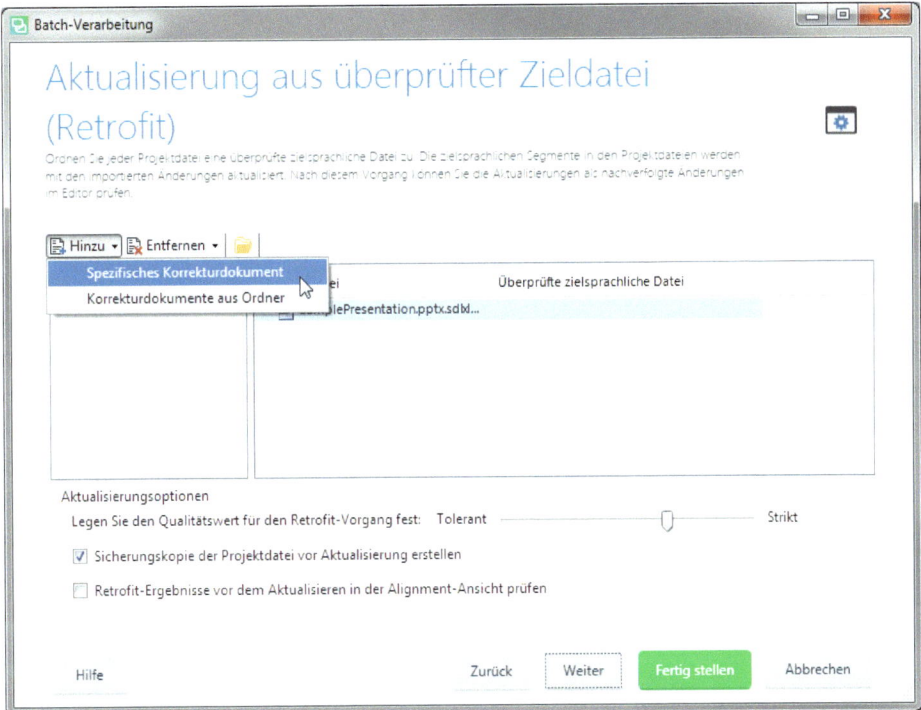

Das Dialogfeld **Überprüfte zielsprachliche Datei auswählen** öffnet sich. Wählen Sie die lektorierte Zieldatei aus, sodass diese farbig unterlegt ist, und klicken Sie auf **Öffnen** oder doppelklicken Sie auf die lektorierte Zieldatei.

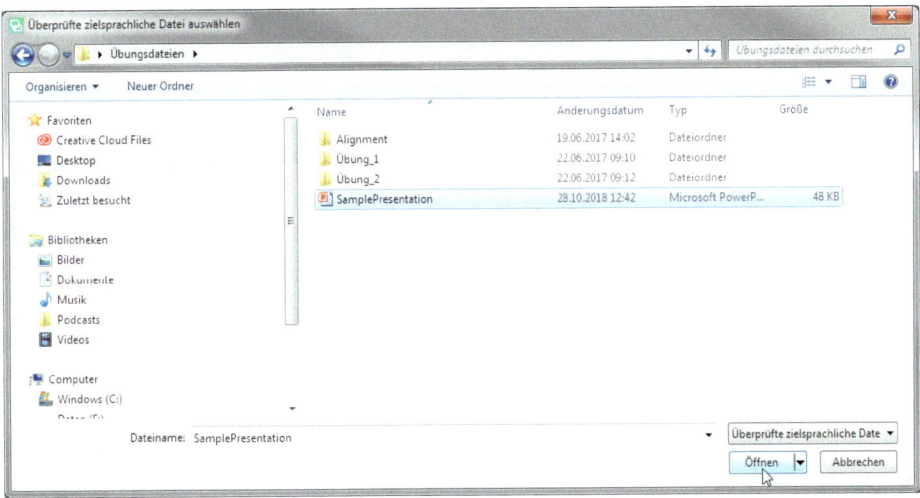

Die zielsprachliche Datei ist nun im Dialogfeld **Batch-Verarbeitung** → **Aktualisierung aus überprüfter Zieldatei (Retrofit)** der im Projekt befindlichen *.sdlxliff-Datei zugeordnet.

Legen Sie in den **Aktualisierungsoptionen** den Qualitätswert für den Aktualisierungsvorgang fest. Je strikter die Einstellung, desto genauer ist die Übernahme der Änderungen. Darüber hinaus ist als Standard eingestellt, dass eine Sicherung der Projektdatei vor der Aktualisierung erstellt wird. Und Sie haben die Möglichkeit, die Retrofit-Ergebnisse vor dem Aktualisieren in der Ansicht **Alignments** zu prüfen.

Setzen Sie kein Häkchen vor **Retrofit-Ergebnisse vor dem Aktualisieren in der Alignment-Ansicht prüfen**, wenn Sie die im Zieltext erfolgten Änderungen direkt in der geöffneten Datei in der Ansicht **Editor** prüfen und ggf. annehmen oder ablehnen möchten.

Aktivieren Sie **Retrofit-Ergebnisse vor dem Aktualisieren in der Alignment-Ansicht prüfen**, wenn Sie die im Zieltext erfolgten Änderungen zunächst in der Ansicht **Alignment** überprüfen und ggf. Zuordnungen von Segmenten ändern möchten (als Standard nicht aktiv), und klicken Sie danach auf **Weiter**.

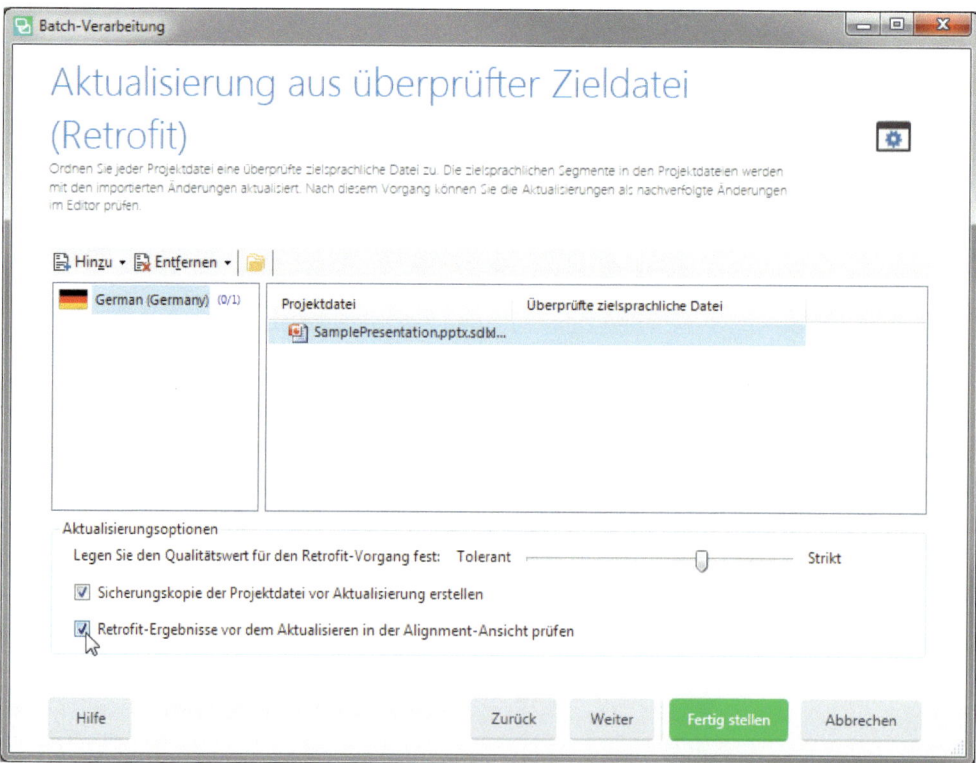

Das Dialogfeld **Batch-Verarbeitung** → **Einstellungen** öffnet sich. Klicken Sie auf **Fertig stellen**.

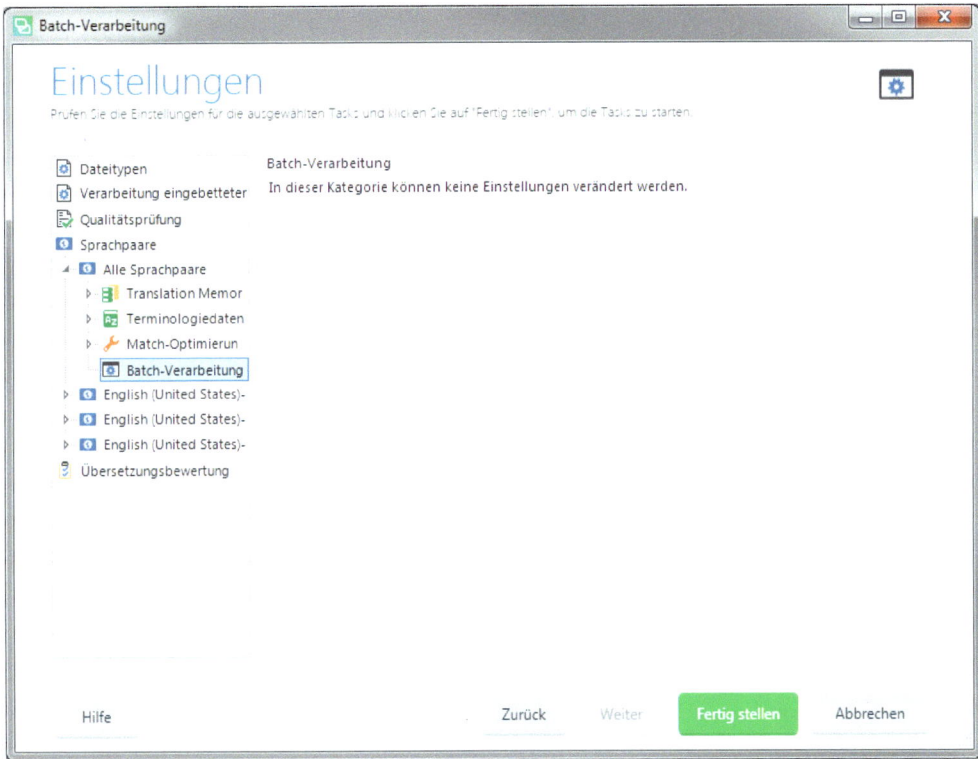

Das Dialogfeld **Batch-Verarbeitung** → **Fertig stellen** öffnet sich und SDL Trados Studio 2019 führt die Aktualisierung durch. Klicken Sie nach Abschluss auf **Schließen**.

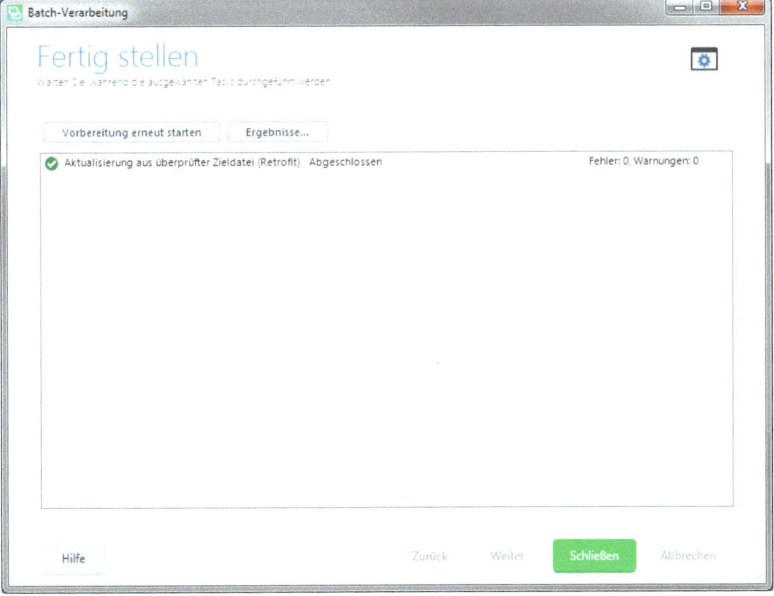

Das Dialogfeld **Datei in der Alignment-Ansicht öffnen** öffnet sich, wenn Sie im Dialogfeld **Batch-Verarbeitung → Aktualisierung aus überprüfter Zieldatei (Retrofit) → Retrofit-Ergebnisse vor dem Aktualisieren in der Alignment-Ansicht prüfen** aktiviert haben. Klicken Sie auf **OK**.

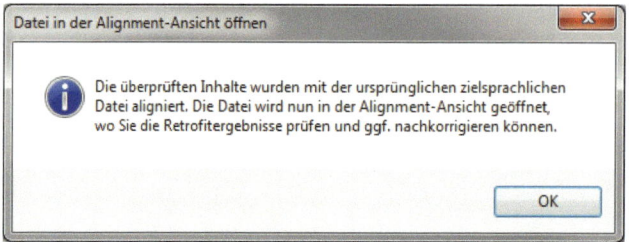

Die Ansicht **Alignment** öffnet sich in einer „retrofit-spezifischen Form", und zwar sind auf der linken Seite die ursprünglichen Übersetzungen, auf der rechten Seite die Korrekturen aufgeführt.

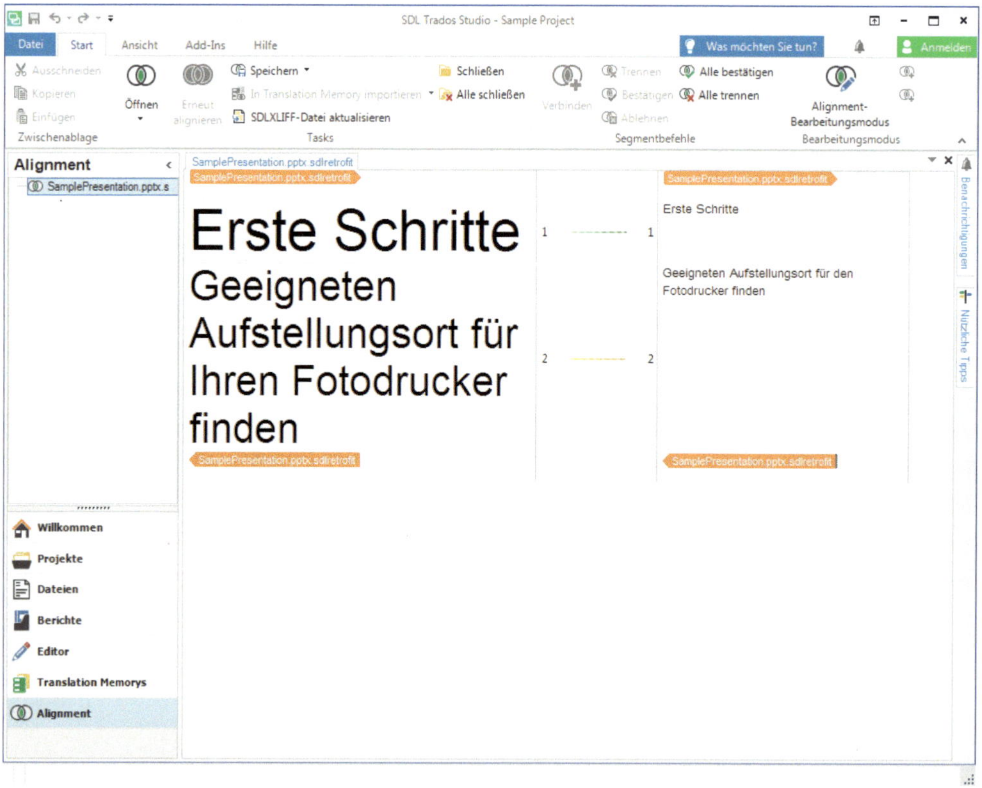

Überprüfen Sie die Korrekturen, ordnen Sie ggf. Segmente neu zu (Details hierzu finden Sie im Kapitel **Alignment**) und klicken Sie in der Ansicht **Alignment** auf der Registerkarte **Start** in der Gruppe **Tasks** auf **SDLXLIFF-Datei aktualisieren**, um die Änderungen aus der lektorierten Zieldatei in die *.sdlxliff-Datei im Projekt zu übernehmen.

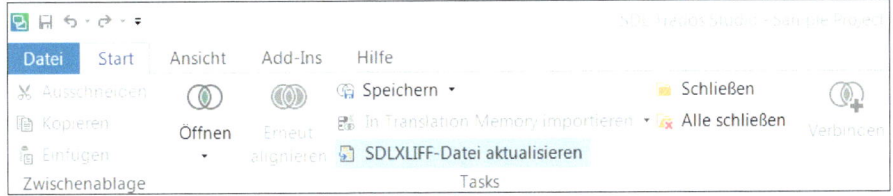

Das Dialogfeld **Frage** öffnet sich. Klicken Sie auf **Ja**, um die aktualisierte Datei zu öffnen.

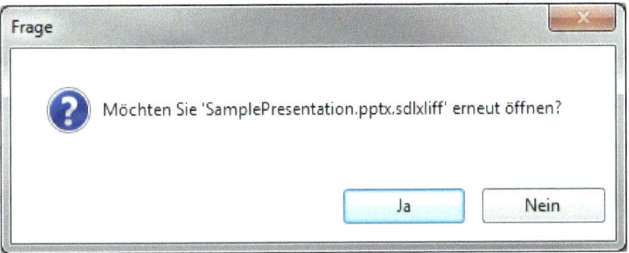

Die Ansicht **Editor** öffnet sich mit der aktualisierten *.sdlxliff-Datei, in der die Aktualisierungen angezeigt werden. Sie haben in der Ansicht **Editor** auf der Registerkarte **Überprüfung** in der Gruppe **Änderungen und Bewertungen** die Möglichkeit, die Änderungen einzeln oder kollektiv anzunehmen oder abzulehnen. Das Verfahren hierzu finden Sie in den Kapiteln zum Annehmen und Ablehnen von Änderungen im Modus **Überprüfung**.

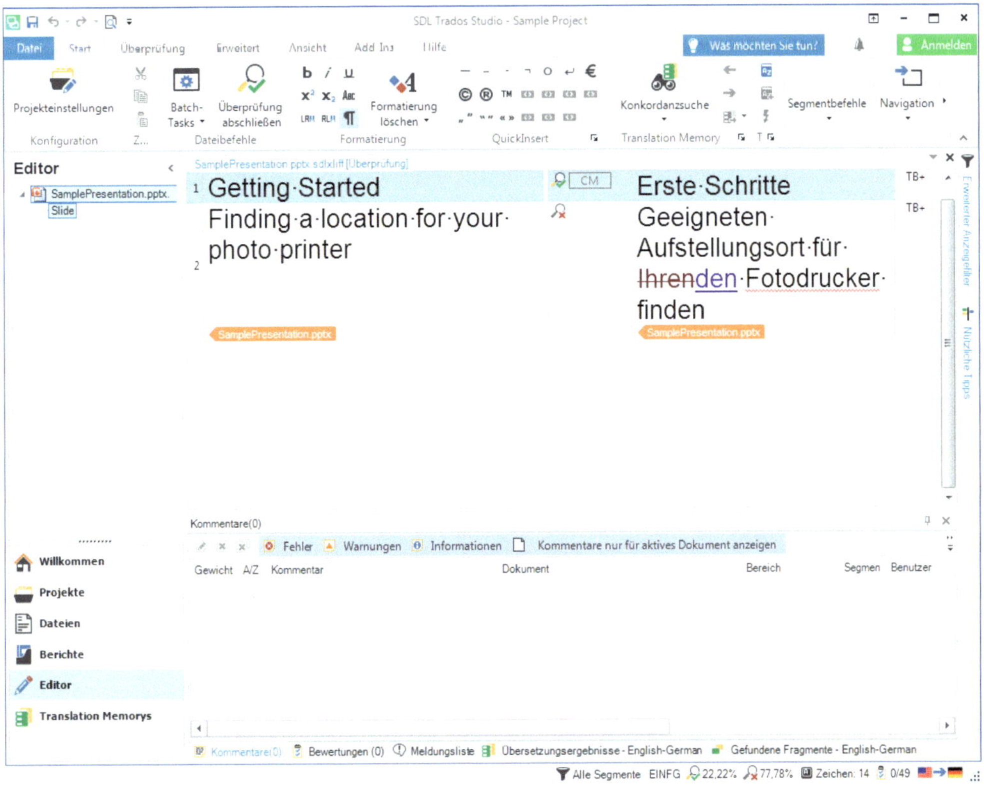

Aktualisieren einer oder mehrerer Projektdateien mit Retrofit in der Ansicht Projekte

Öffnen Sie ein Projekt in der Ansicht **Projekte** und klicken Sie in der Ansicht **Projekte** auf der Registerkarte **Start** in der Gruppe **Tasks** → **Batch-Tasks** auf **Aktualisierung aus überprüfter Zieldatei (Retrofit)**, wenn Sie eine oder mehrere Dateien mit Retrofit in einem Projekt in der Ansicht **Projekte** aktualisieren möchten.

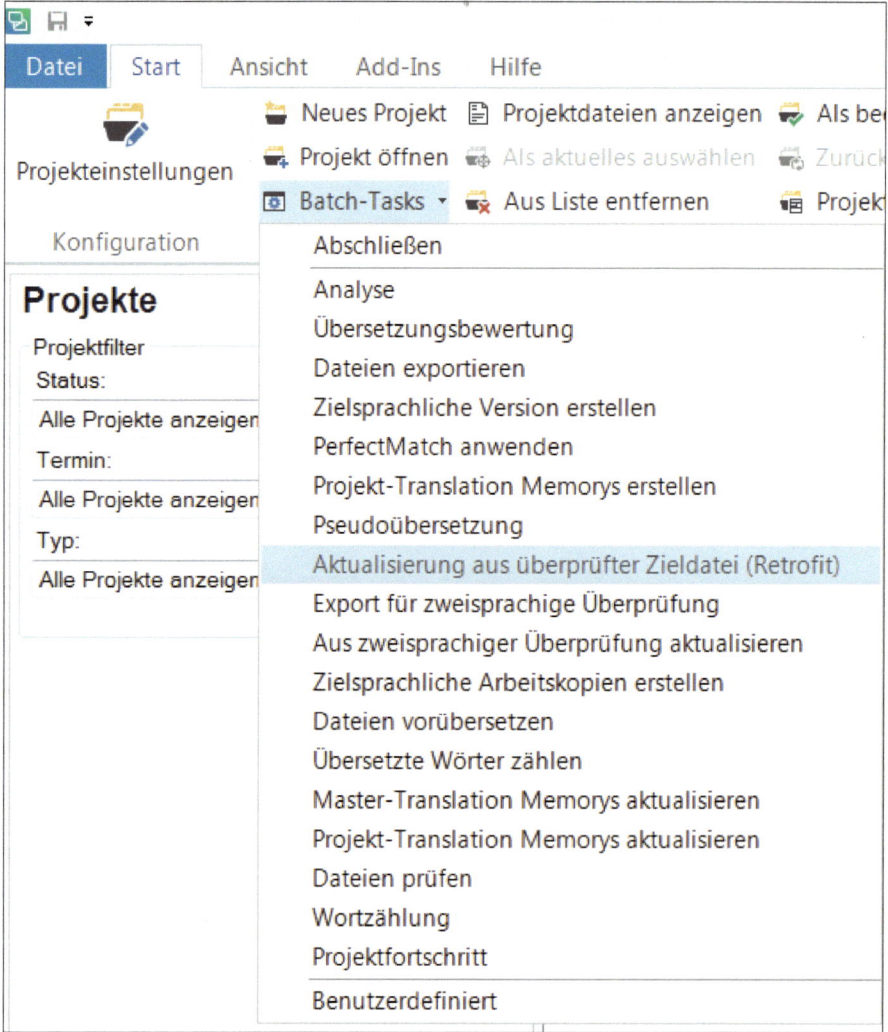

Das Dialogfeld **Batch-Verarbeitung** → **Batch-Tasks** öffnet sich mit der voreingestellten Task-Sequenz **Aktualisierung aus überprüfter Zieldatei (Retrofit)**. Klicken Sie auf **Weiter**.

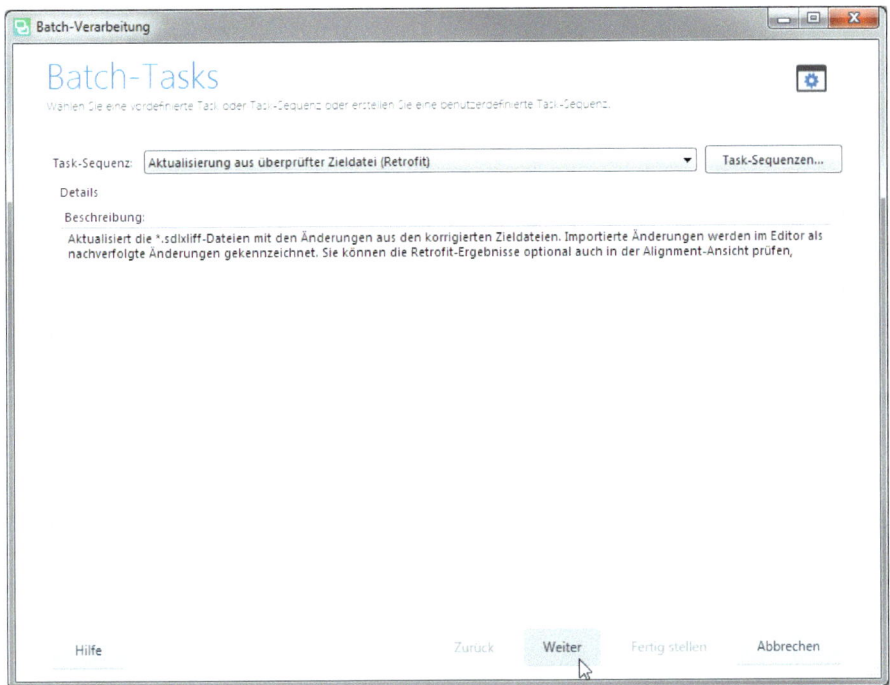

Das Dialogfeld **Batch-Verarbeitung** → **Dateien** öffnet sich. Als Standard sind alle in einem Projekt enthaltenen Dateien aktiv, d.h. mit einem Häkchen versehen, und nach Zielsprache unterteilt, wenn mehrere Zielsprachen im Projekt enthalten sind.

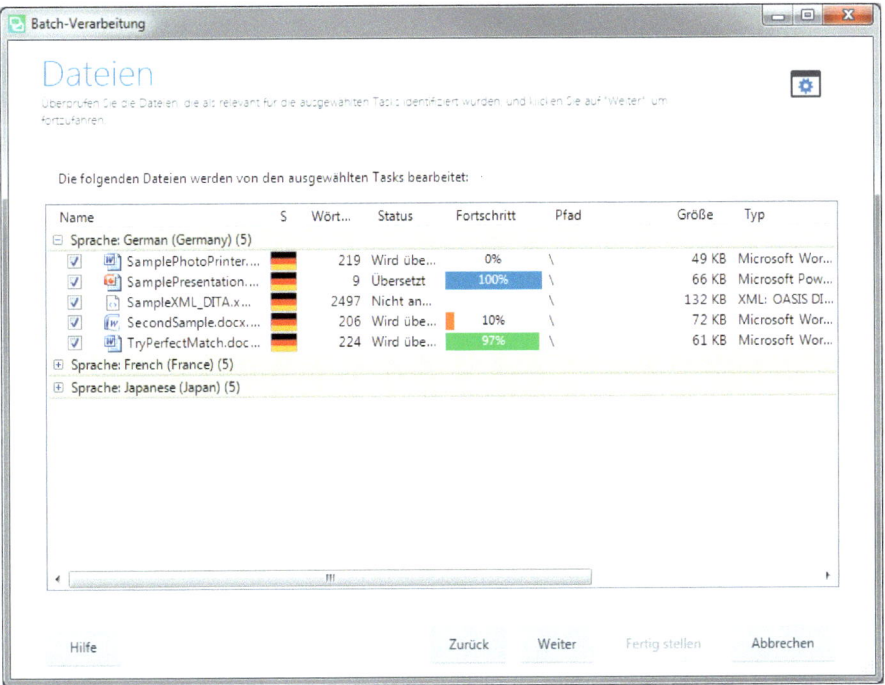

Belassen Sie diese Einstellung, wenn Sie alle Dateien aus einem Projekt mit Retrofit aktualisieren möchten, oder deaktivieren Sie einzelne Dateien. Klicken Sie danach auf **Weiter**.

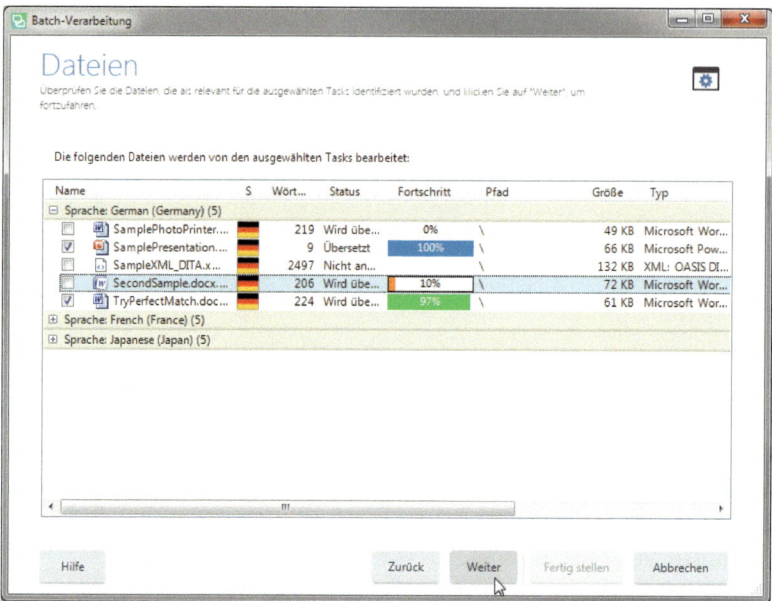

Das Dialogfeld **Batch-Verarbeitung → Aktualisierung aus überprüfter Zieldatei (Retrofit)** öffnet sich. Klicken Sie auf eine Projektdatei, sodass diese farbig unterlegt ist (als Standard ist die erste Datei bereits farbig unterlegt). Klicken Sie danach auf den kleinen Pfeil nach unten rechts neben **Hinzu** und wählen Sie aus der sich öffnenden Dropdown-Liste **Spezifisches Korrekturdokument** aus.

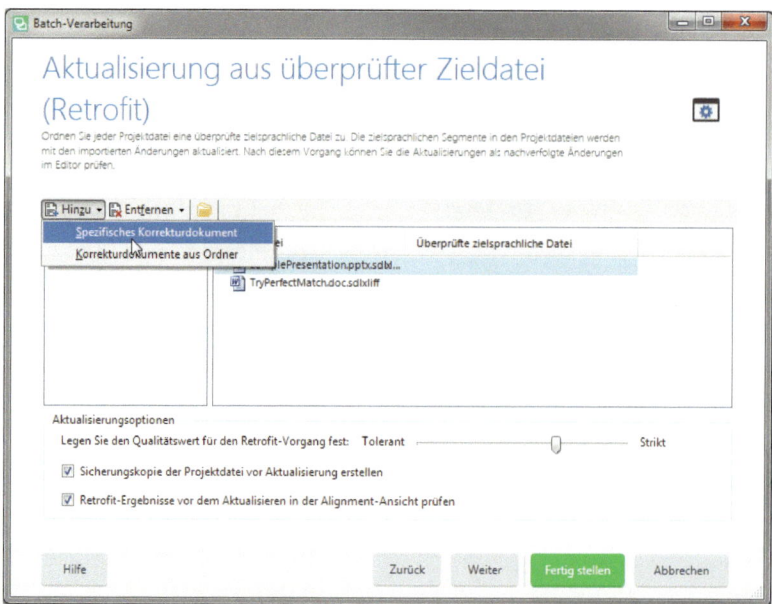

Das Dialogfeld **Überprüfte zielsprachliche Datei auswählen** öffnet sich. Wählen Sie zunächst den Ordner aus, in dem die zielsprachliche Datei abgelegt ist, und danach die lektorierte Zieldatei. Klicken Sie danach auf **Öffnen**. Alternativ ist die Auswahl durch Doppelklick auf die lektorierte Zieldatei möglich.

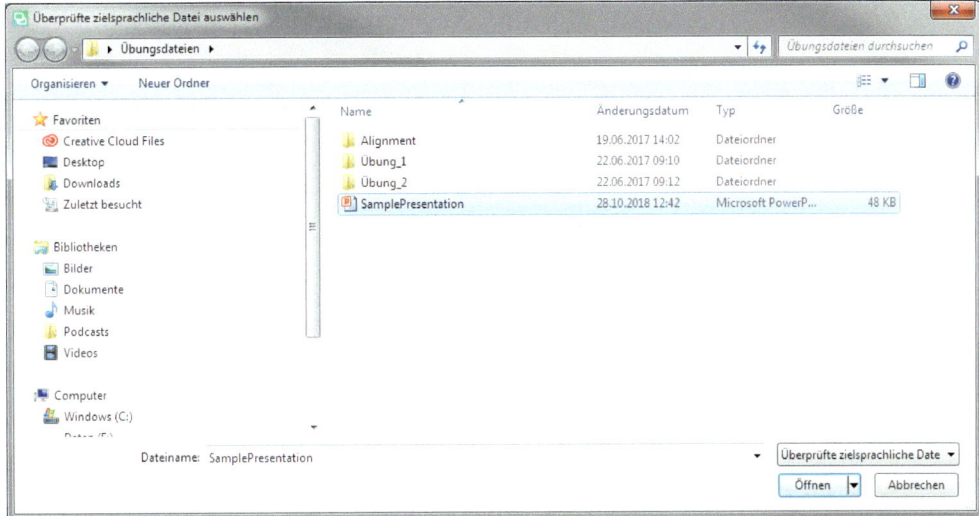

Die überprüfte zielsprachliche Datei ist nun der Projektdatei zugeordnet.

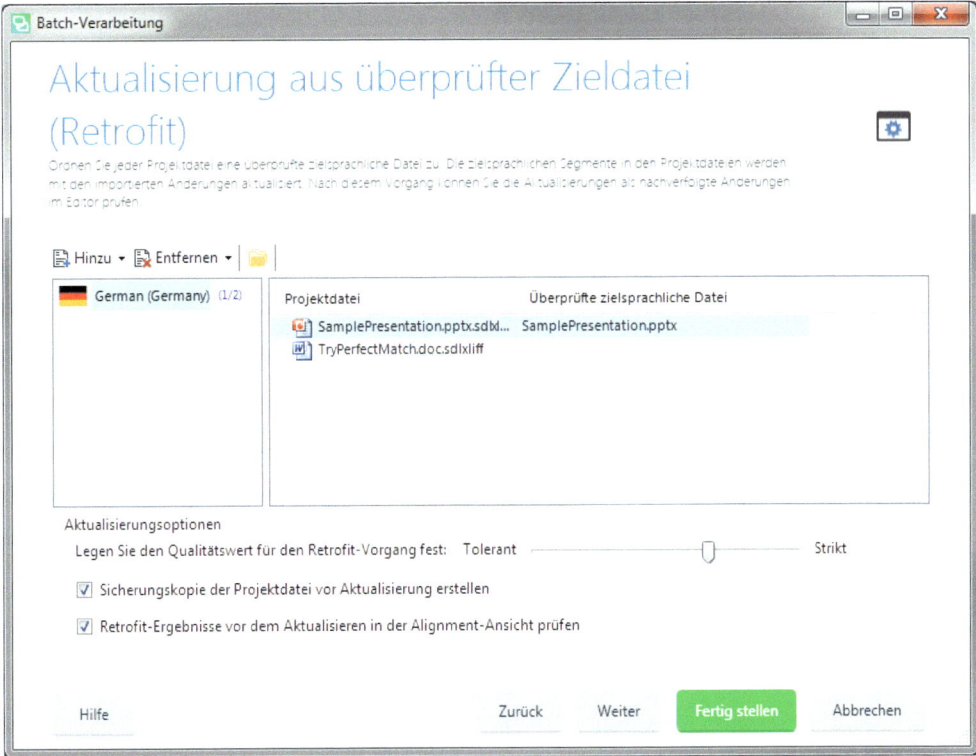

Verfahren Sie analog mit allen weiteren zum Projekt gehörenden Dateien.

Legen Sie danach den Qualitätswert fest und wählen Sie aus, ob Sie die Retrofit-Ergebnisse vor dem Aktualisieren in der Ansicht **Alignment** prüfen möchten. Erläuterungen zur Prüfung in der Ansicht **Alignment** finden Sie im vorherigen Kapitel **Aktualisieren einer einzelnen Projektdatei mit Retrofit in der Ansicht Editor**. Klicken Sie danach auf **Weiter**.

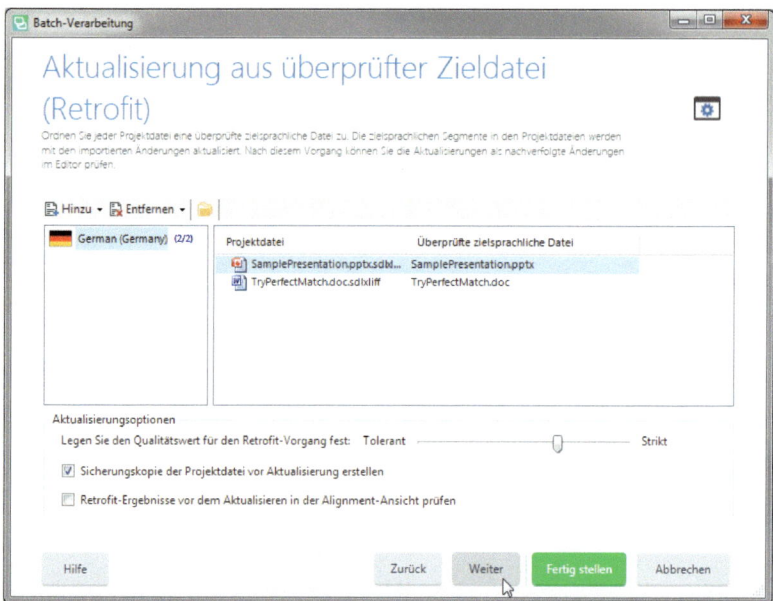

Das Dialogfeld **Batch-Verarbeitung → Einstellungen** öffnet sich. Klicken Sie auf **Fertig stellen**.

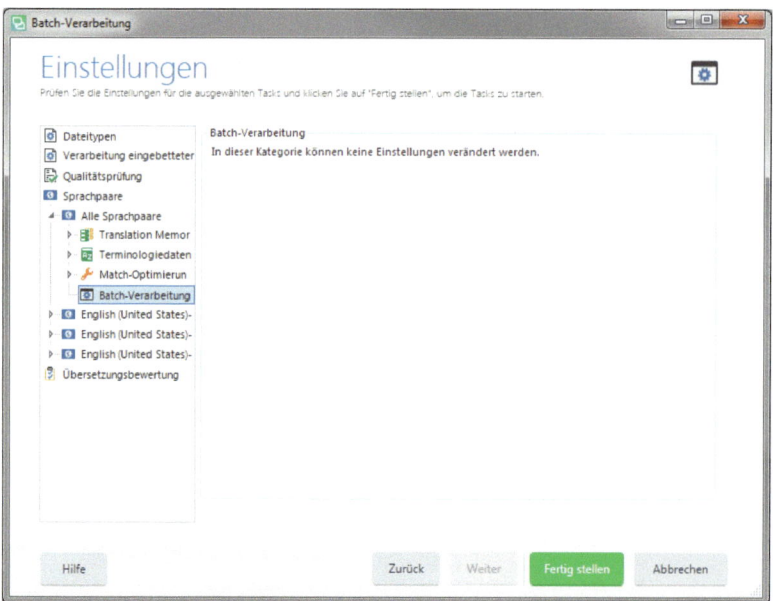

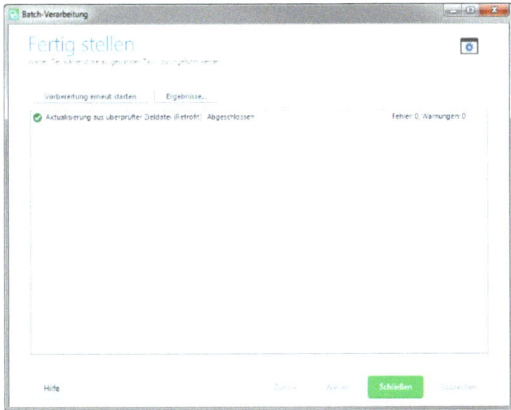

Das Dialogfeld **Batch-Verarbeitung → Fertig stellen** öffnet sich und SDL Trados Studio 2019 führt die Aktualisierungen in den *.sdlxliff-Dateien des Projekts durch. Klicken Sie zum Abschluss auf **Schließen**.

Die *.sdlxliff-Dateien des Projekts sind nun mit den Änderungen aus den zielsprachlichen Dateien aktualisiert und die erfolgten Änderungen können, wie in den Kapiteln zum Annehmen und Ablehnen von Änderungen im Modus **Überprüfung** beschrieben, bearbeitet werden.

Übersetzungsbewertung (Version Professional)

Die Übersetzungsbewertung bietet die Möglichkeit, eine Übersetzung nach festgelegten Kriterien anhand von Fehlerpunkten zu bewerten. Die Einstellungen für die Übersetzungsbewertung werden auf der Registerkarte **Datei** in den **Optionen** unter **Übersetzungsbewertung** vorgenommen.

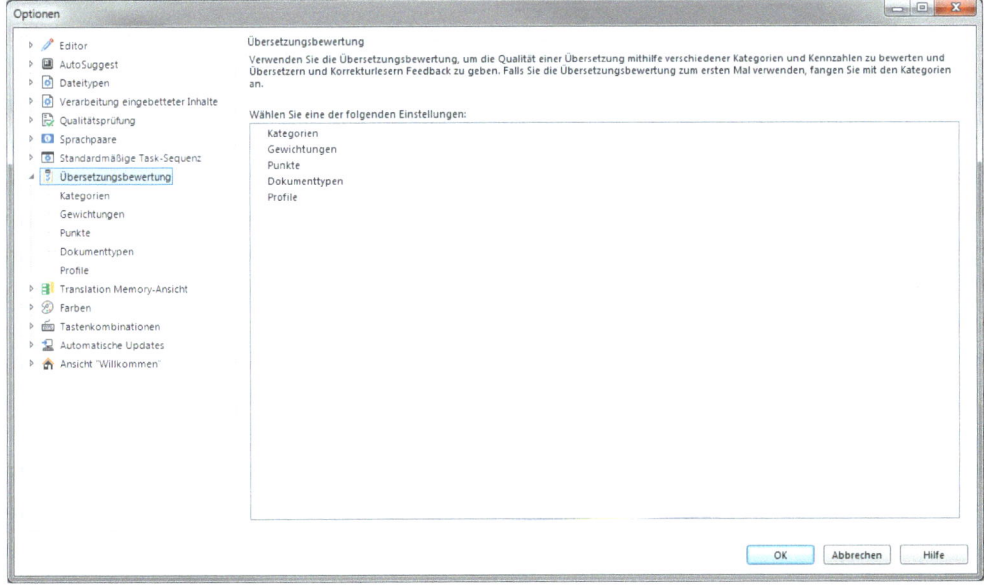

Erstellen von Übersetzungsbewertungen

Die Übersetzungsbewertung ist in fünf Dialogfelder aufgeteilt:

- Kategorien
- Gewichtungen
- Punkte
- Dokumenttypen
- Profile

Im Dialogfeld **Kategorien** werden zunächst Haupt- und Unterkategorien von Fehlern definiert. Dieses Dialogfeld ist zunächst leer. Im nachfolgenden Beispiel wurde eine Hauptkategorie mit sechs Unterkategorien angelegt.

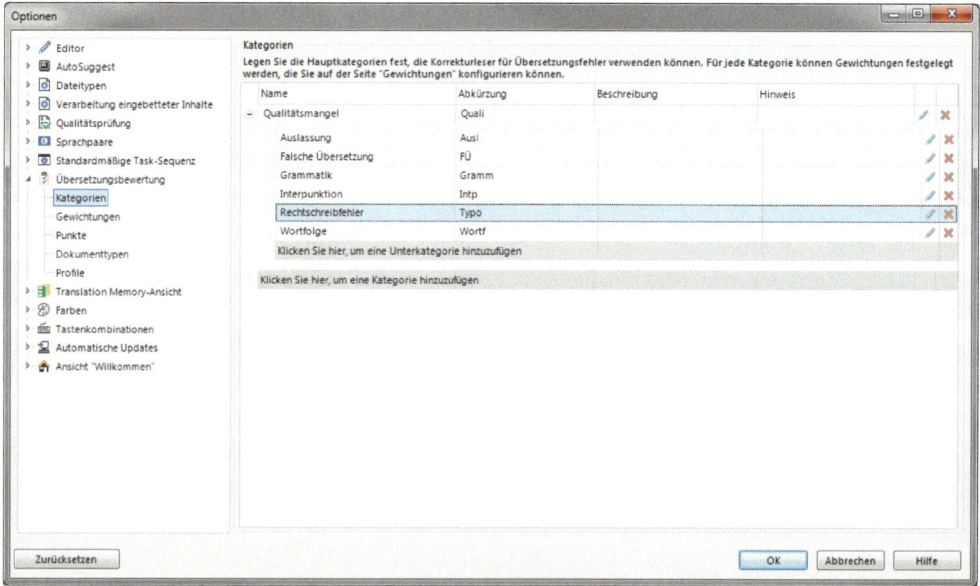

Im Dialogfeld **Gewichtungen** werden die „Schwereklassen" der Fehler angelegt. Dieses Dialogfeld ist ebenfalls zunächst leer. Im nachfolgenden Beispiel wurden die Gewichtungen schwerwiegend, mittelschwer und geringfügig hinzugefügt.

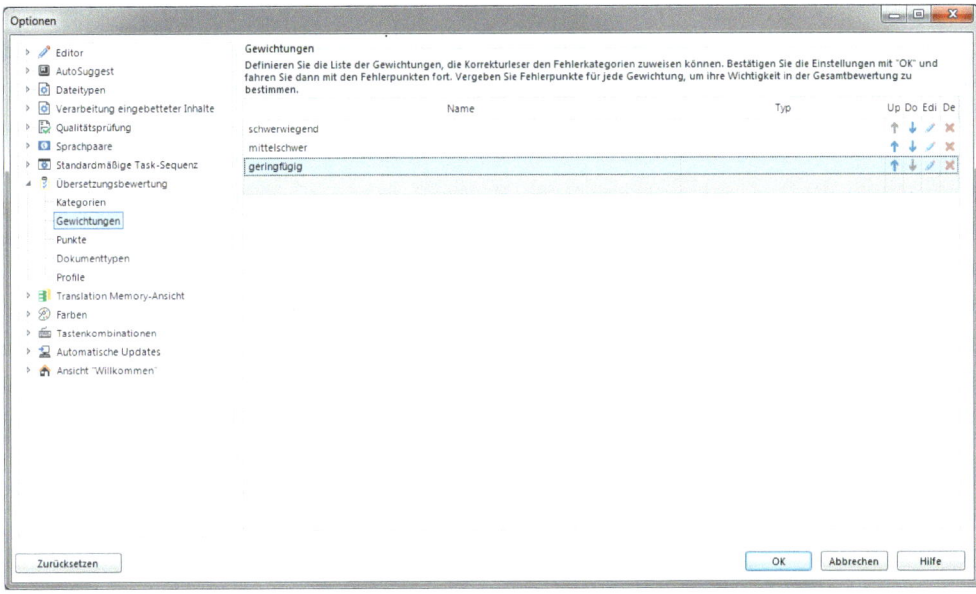

Im Dialogfeld **Punkte** werden die Fehlerpunkte für Kategorien und Gewichtungen vergeben. Als Standard sind alle Fehlerpunkte auf 1 gesetzt. Darüber hinaus wird in diesem Dialogfeld der Schwellenwert für bestanden/nicht bestanden festgelegt.

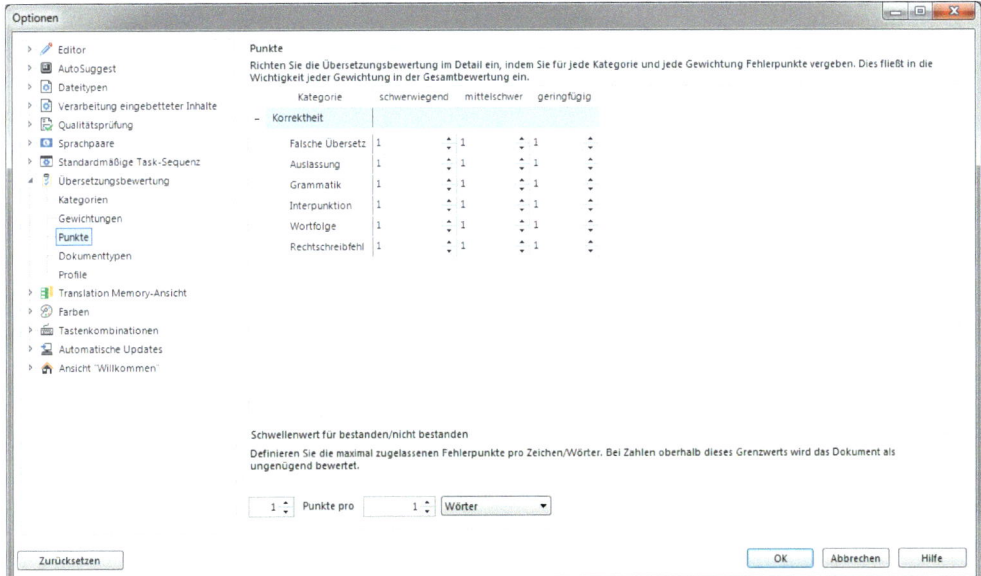

In diesem Dialogfeld wurden im vorliegenden Beispiel zehn mögliche Fehlerpunkte pro 100 Wörter und die nachfolgenden Punkte festgelegt:

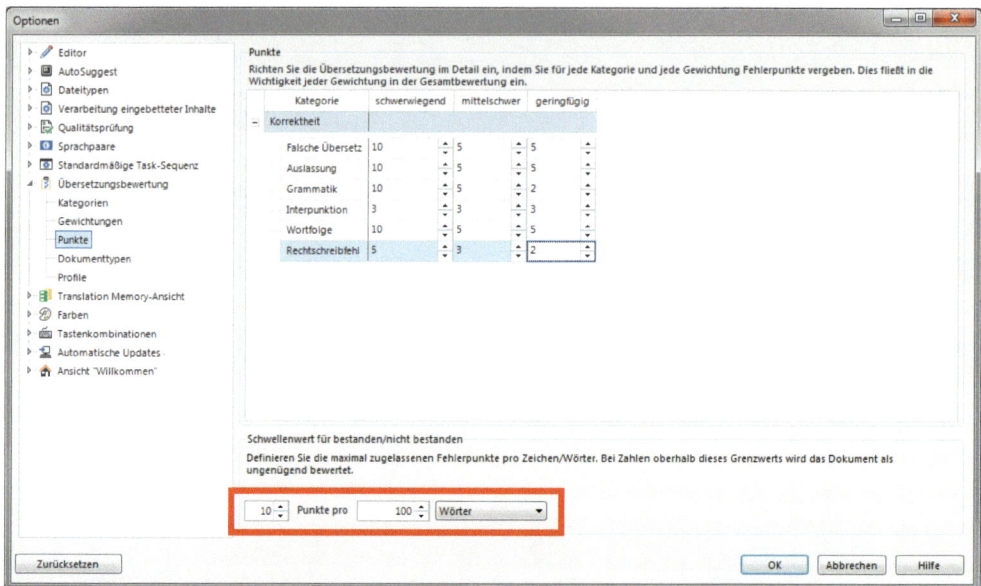

Im Dialogfeld **Dokumenttypen** können z.B. verschiedene Fachgebiete festgelegt werden, die zur Überprüfung weitergegeben werden, sodass in verschiedenen Profilen nach diesen unterschieden werden kann. Als Standard ist dieses Dialogfeld leer. Es muss zunächst befüllt werden. Klicken Sie auf **Hinzu...**, um einen neuen Dokumenttyp hinzuzufügen.

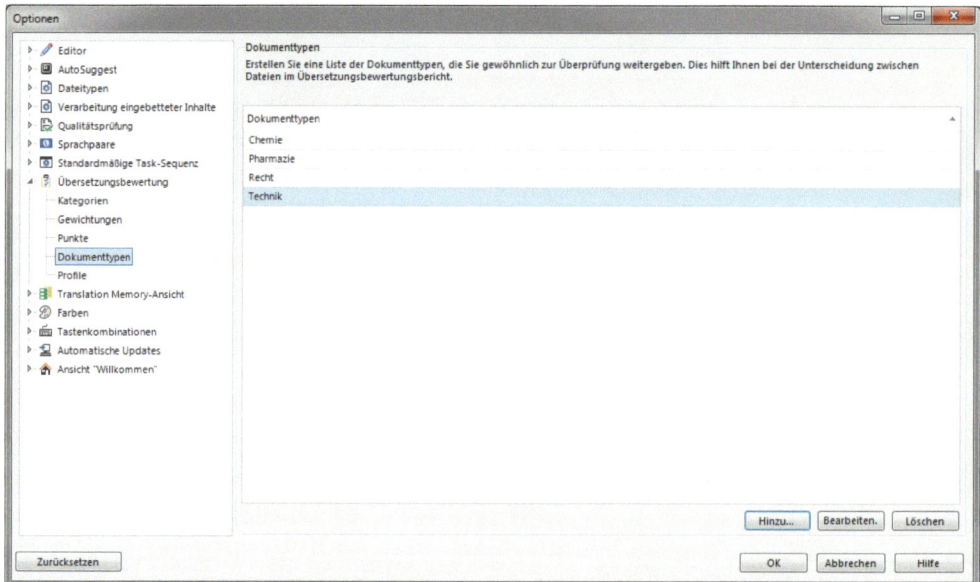

Im Dialogfeld **Profile** können vorgenommene Einstellungen exportiert und importiert werden. Dies ist insbesondere dann von Vorteil, wenn im gesamten Unternehmen die gleichen Einstellungen verwendet werden sollen oder verschiedene Profile zum Einsatz kommen.

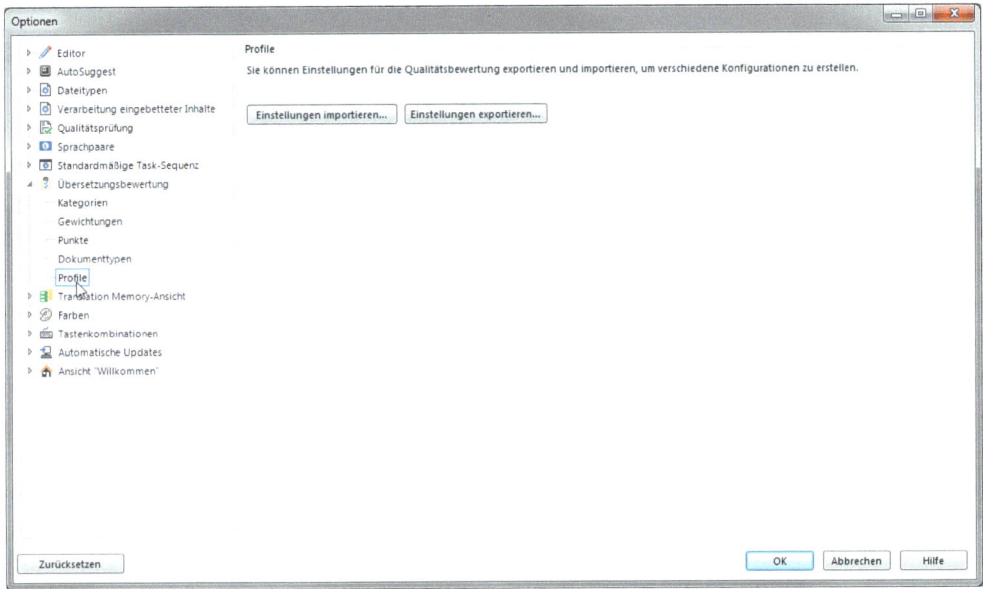

Überprüfen von Übersetzungen mit Übersetzungsbewertung

Die Überprüfung anhand der in der Übersetzungsbewertung definierten Kriterien erfolgt im Modus **Qualität bewerten**. Dieser ist nur verfügbar, wenn für das jeweilige Projekt Qualitätsmetriken vorliegen/erstellt wurden. Sobald einmal Qualitätsmetriken in den **Optionen** unter **Übersetzungsbewertung** vorliegen, gelten diese so lange automatisch für alle zukünftigen Projekte, bis ein neues Profil importiert wird oder Änderungen an den Metriken vorgenommen werden. Darüber hinaus kann das/ein Profil für ein einzelnes Projekt in den **Projekteinstellungen** geändert oder importiert werden. Die **Projekteinstellungen** befinden sich in allen Ansichten auf der Registerkarte **Start** in der Gruppe **Konfiguration**.

Aktivieren des Modus Qualität bewerten

Öffnen Sie zunächst eine Datei zur Überprüfung oder zur Freigabe, indem Sie in der Ansicht **Dateien** mit der rechten Maustaste 🖱 auf die gewünschte Datei klicken und den gewünschten Modus auswählen.

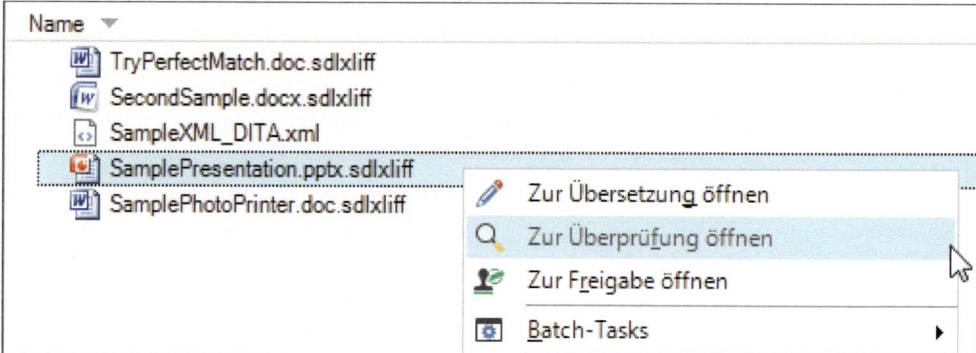

Die zu prüfende Datei öffnet sich in der Ansicht **Editor**. Klicken Sie nun auf der Registerkarte **Überprüfung** in der Gruppe **Änderungen und Bewertungen** auf den kleinen Pfeil nach unten rechts neben **Änderungen nachverfolgen** und wählen Sie aus der sich öffnenden Dropdown-Liste **Qualität bewerten** aus.

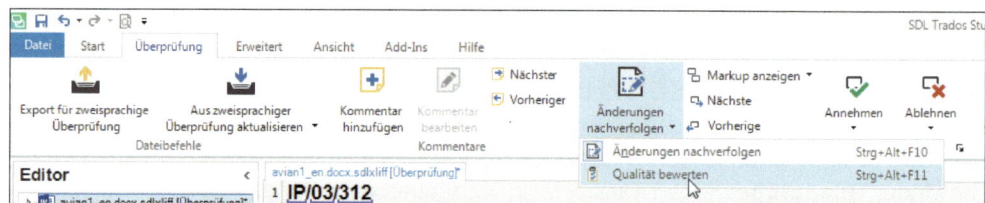

Das Symbol **Qualität bewerten** erscheint nun anstelle des Symbols **Änderungen nachverfolgen**, die Übersetzungsbewertung wird damit aktiv und es werden drei zusätzliche Schaltflächen angezeigt:

- Bewertung hinzufügen
- Bewertung bearbeiten
- Bewertung löschen

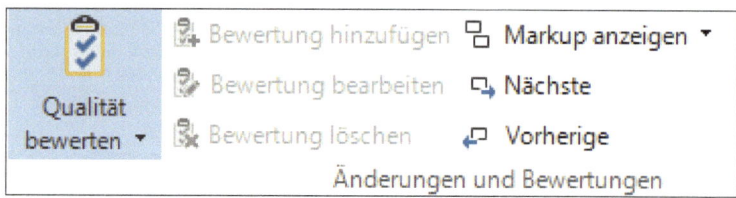

Sobald eine Korrektur im Text vorgenommen wurde, wird die Schaltfläche **Bewertung bearbeiten** aktiv und bleibt aktiv, solange sich der Cursor im geänderten zielsprachlichen Segment an der entsprechenden geänderten Stelle befindet. Klicken Sie auf **Bewertung bearbeiten**, um eine Bewertung vorzunehmen.

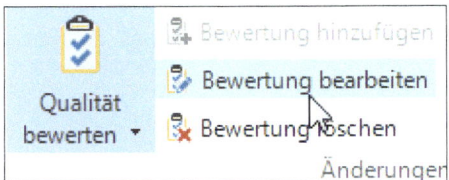

Das Dialogfeld **Übersetzungsbewertung hinzufügen** öffnet sich. Tragen Sie Ihre Bewertung und ggf. einen Kommentar ein und klicken Sie auf **OK**.

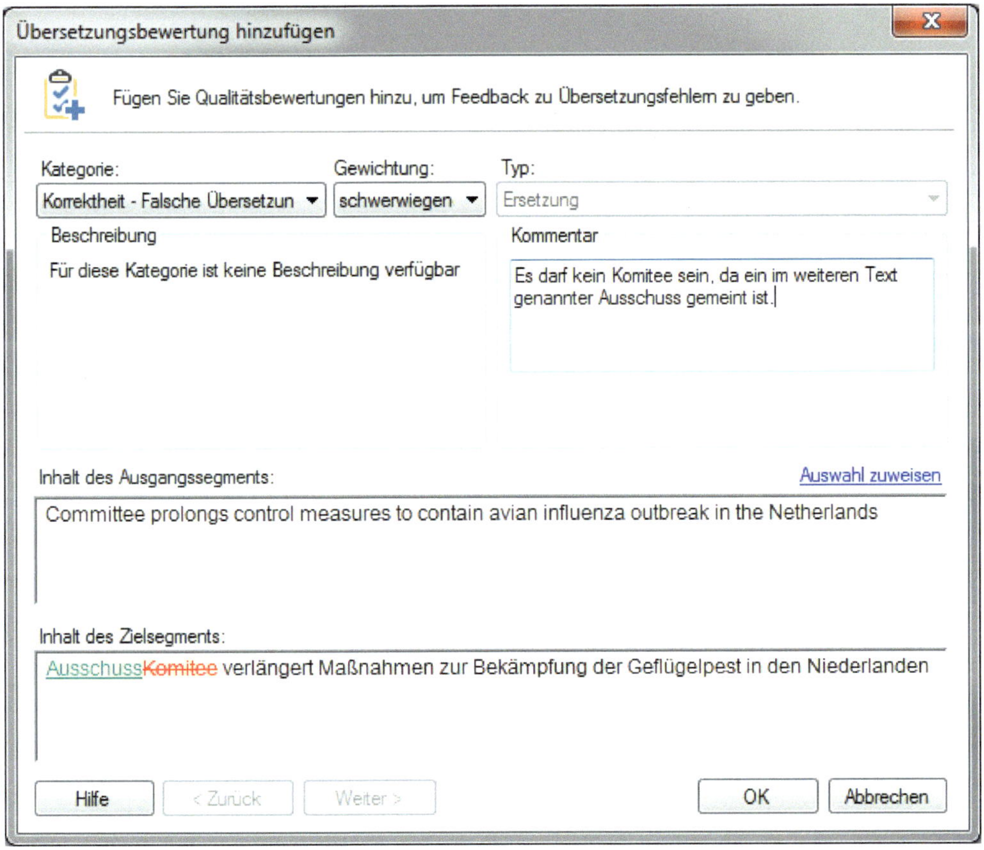

Die Bewertung erscheint nun unterhalb der zu prüfenden Segmente im Fenster **Bewertungen**

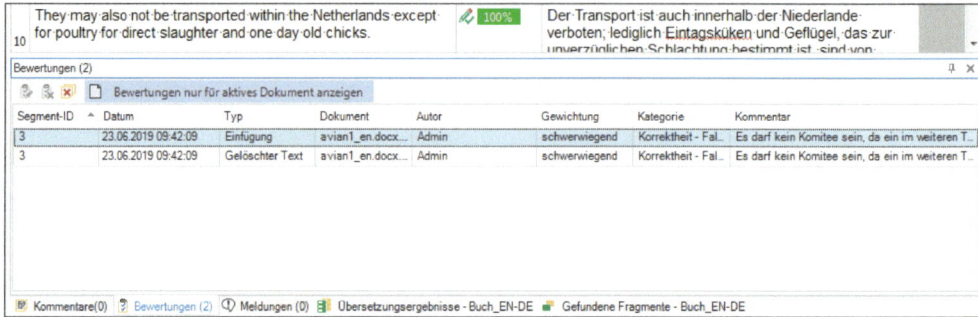

und in der Ansicht **Berichte** im zugehörigen Bericht, wenn der Batch-Task **Übersetzungsbewertung** ausgeführt und damit ein Übersetzungsbewertungsbericht erstellt wurde.

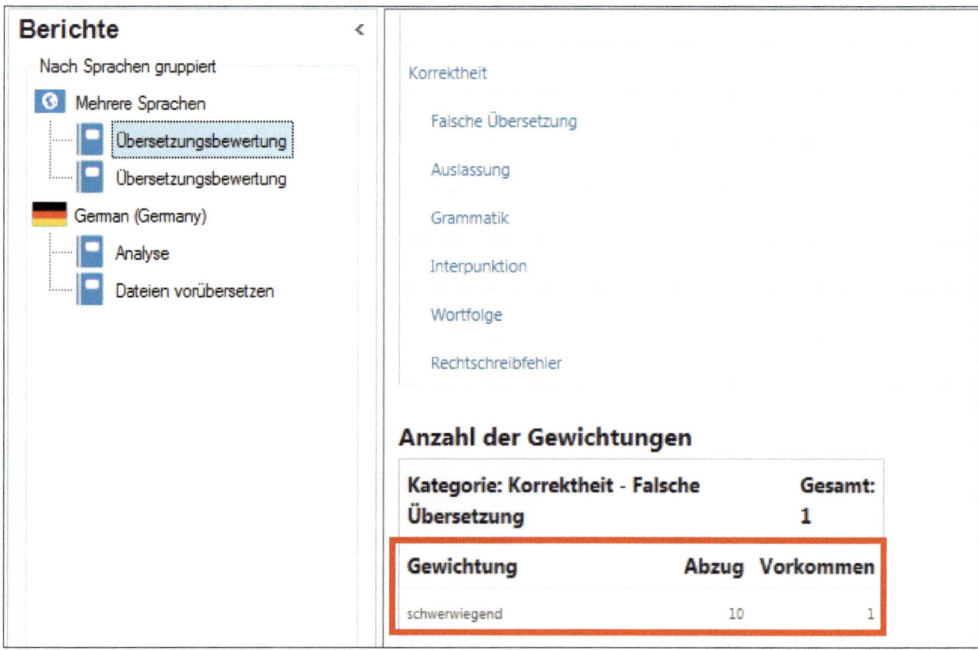

Der Batch-Task Übersetzungsbewertung

Klicken Sie in der Ansicht **Projekte** auf der Registerkarte **Start** in der Gruppe **Tasks** auf den kleinen Pfeil nach unten rechts neben **Batch-Tasks** und wählen Sie auf der sich öffnenden Dropdown-Liste **Übersetzungsbewertung** aus.

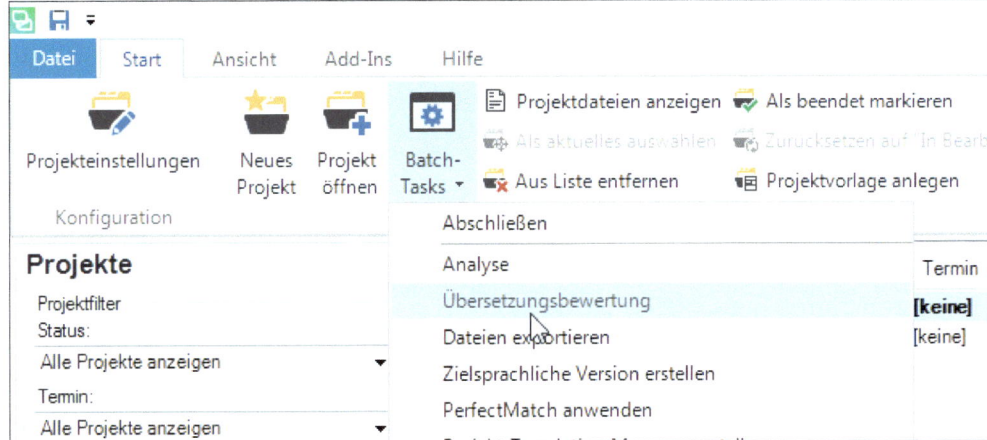

Das Dialogfeld **Batch-Verarbeitung → Batch-Tasks** öffnet sich mit der voreingestellten Task-Sequenz **Übersetzungsbewertung**. Klicken Sie auf **Weiter**.

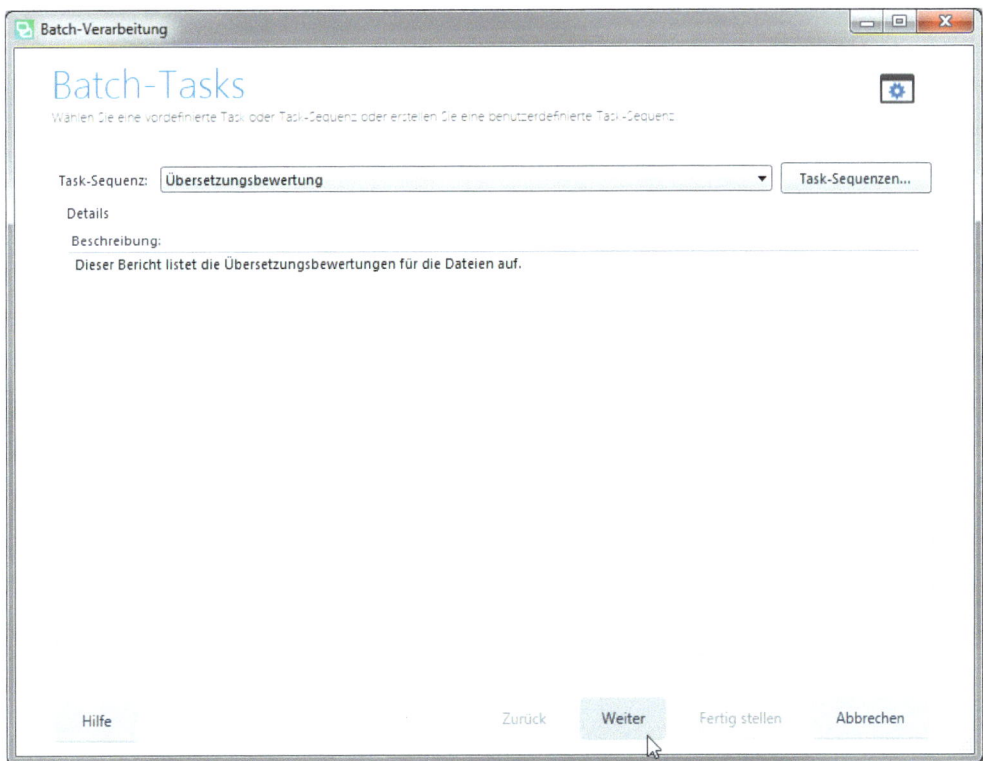

Das Dialogfeld **Batch-Verarbeitung** → **Dateien** öffnet sich. Klicken Sie auf das kleine Pluszeichen unter **Sprachen**, um alle Dateien einer Zielsprache im geöffneten Projekt sichtbar zu machen. Wählen Sie die Dateien aus, die geprüft werden sollen (als Standard sind alle Dateien mit einem Häkchen versehen und damit für die Prüfung aktiviert), und klicken Sie danach auf **Fertig stellen**.

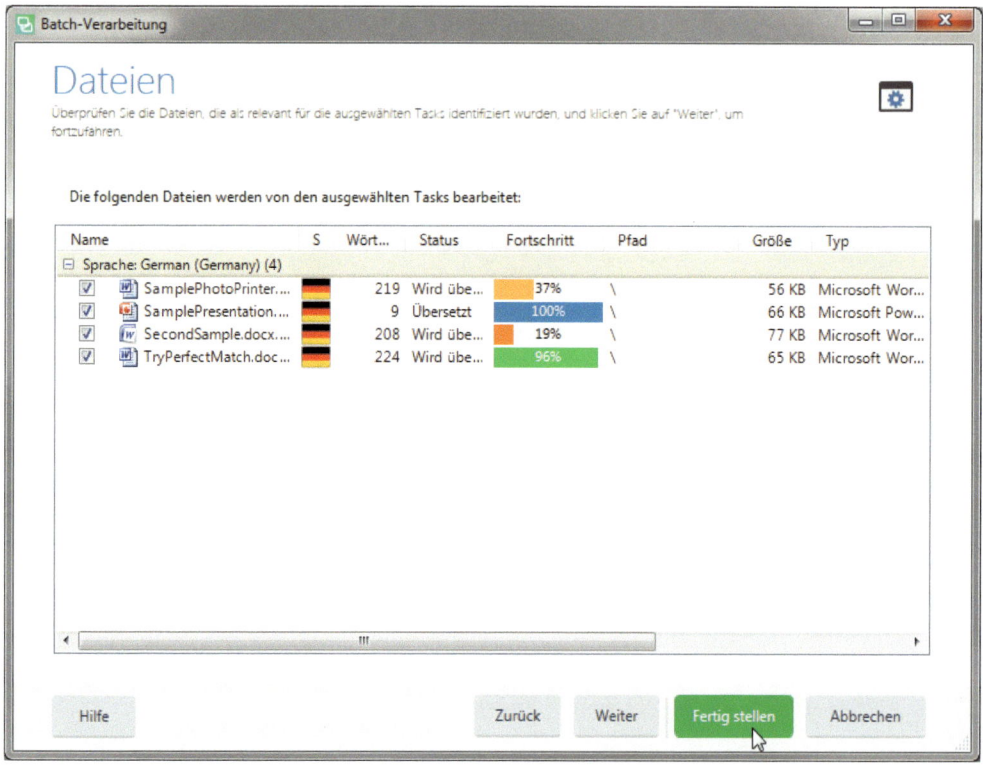

Das Dialogfeld **Batch-Verarbeitung → Fertig stellen** öffnet sich, SDL Trados Studio 2019 führt die Übersetzungsbewertung aus und schließt diese ab. Klicken Sie zum Abschluss auf **Schließen**.

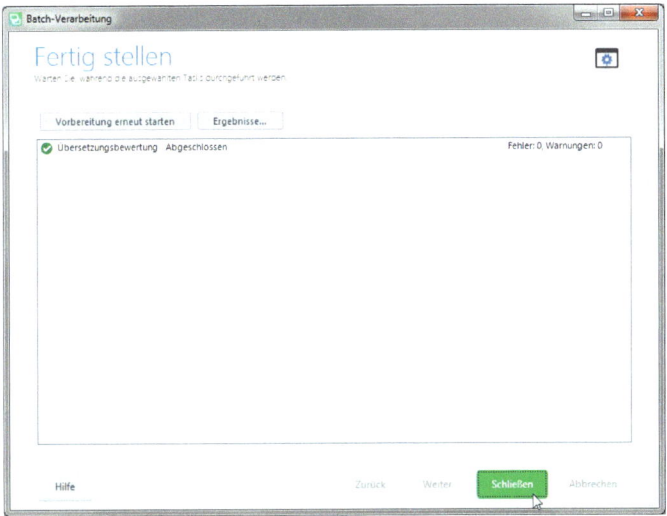

Wechseln Sie nun in die Ansicht **Berichte**. Der Bericht zur Übersetzungsbewertung ist in der Navigationsleiste aufgeführt.

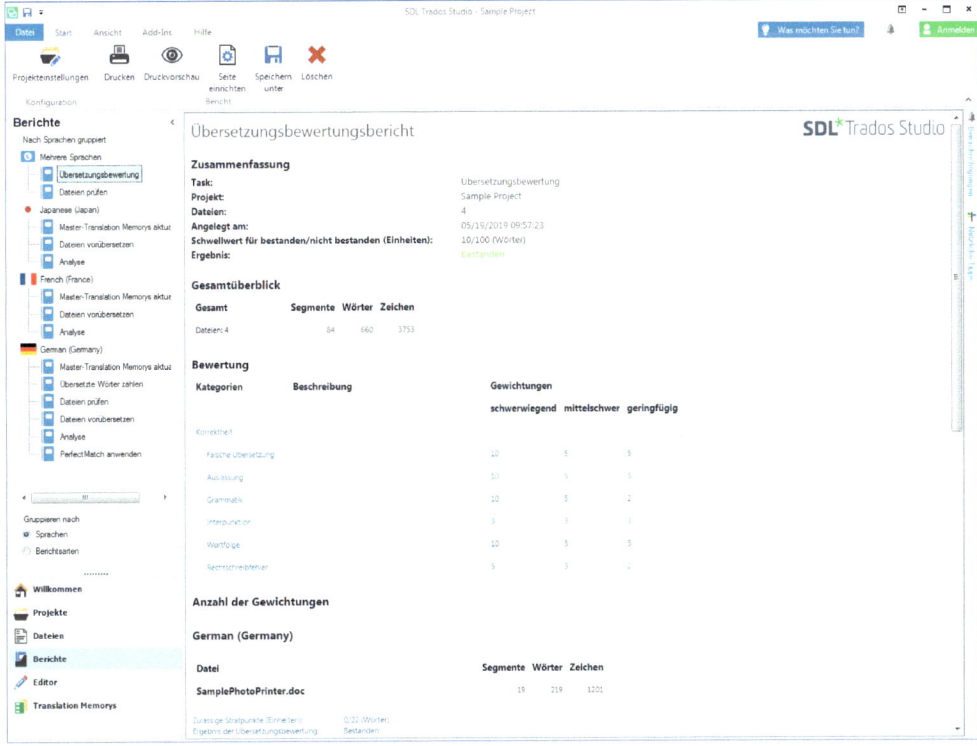

Abschließen von Projekten

Es gibt in SDL Trados Studio 2019 zwei verschiedene Wege, ein Projekt abzuschließen. Sie können entweder einzelne Dateien aus einem Projekt an einem Speicherort Ihrer Wahl abspeichern oder einzelne Dateien oder Projekte mit der Task-Sequenz **Abschließen** beenden. Beim Abspeichern des Zieltextes ohne Projektabschluss wird/werden eine einzelne in der Ansicht **Editor** geöffnete übersetzte Datei oder mehrere mit QuickMerge in der Ansicht **Editor** zusammengeführte Dateien (siehe Kapitel **Öffnen mehrerer Projektdateien gleichzeitig für die Übersetzung (QuickMerge)**) nacheinander im zielsprachlichen Format gespeichert und kann/können entsprechend geliefert werden. Mit der Task-Sequenz **Abschließen** werden zunächst die im Projekt für die Aktualisierung aktivierten Master-Translation Memorys aktualisiert und danach die zielsprachlichen Dateien im Projektordner im Unterordner für die zielsprachlichen Dateien gespeichert.

Abspeichern von Dateien als Zieltext

Öffnen Sie die abzuspeichernde(n) Datei(en) in der Ansicht **Editor**. Mehrere Dateien sind zuvor mit QuickMerge zusammenzuführen. Klicken Sie danach in der Ansicht **Editor** auf der Registerkarte **Datei** auf **Zieltext speichern unter**.

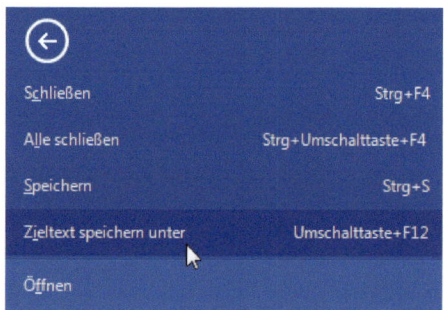

SDL Trados Studio 2019 öffnet das Dialogfeld **Zieltext speichern unter** mit dem Pfad, in dem das Projekt abgelegt ist, und bietet als Standard den Pfad für den Unterordner an, der in diesem Projekt für die zielsprachlichen Dateien vorgesehen ist. Klicken Sie auf **Speichern**, wenn Sie diesen Speicherort auswählen möchten. Sind mehrere Dateien virtuell mit QuickMerge zusammengeführt, führt SDL Trados Studio 2019 dieses Verfahren für jede einzelne der virtuell zusammengeführten Dateien aus.

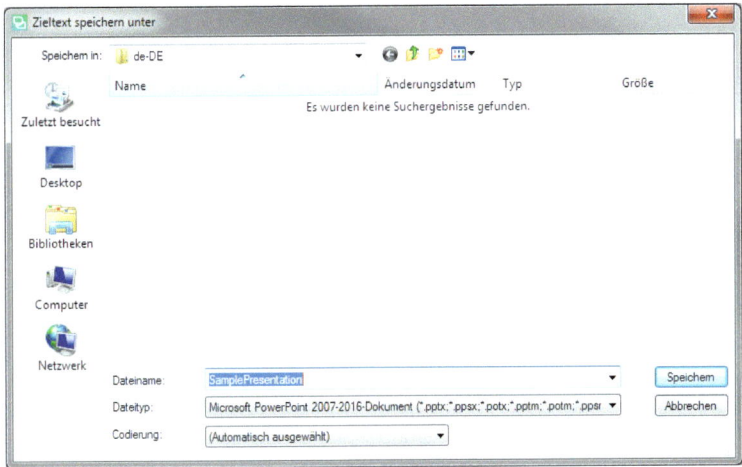

Natürlich ist es auch möglich, jeden anderen beliebigen Speicherort auszuwählen. Klicken Sie dazu im Dialogfeld **Zieltext speichern unter** auf den kleinen Pfeil neben **Speichern in:**.

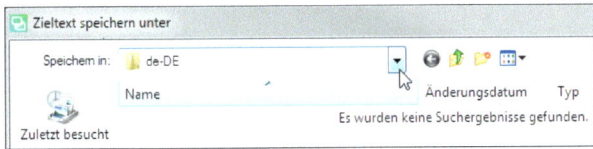

Wählen Sie danach im Dialogfeld **Zieltext speichern unter** den Zielordner aus, prüfen Sie den Dateinamen und klicken Sie auf **Speichern**.

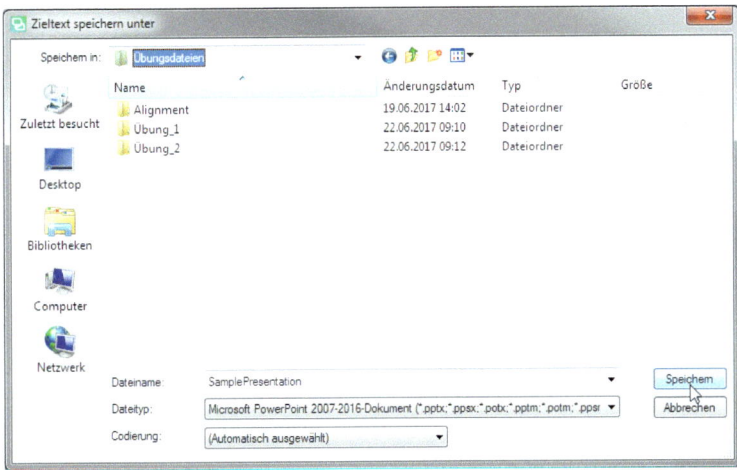

Die Datei ist nun im ausgewählten Zielordner abgespeichert.

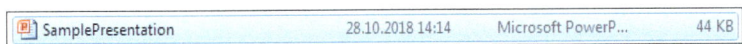

Fahren Sie ggf. analog mit allen weiteren zu speichernden Zieldateien fort.

Batch-Task-Sequenz Abschließen

Die zweite und in SDL Trados Studio 2019 als eigentlicher Übersetzungsabschluss vorgesehene Möglichkeit ist das Verwenden der Batch-Task-Sequenz **Abschließen**. Die Batch-Task-Sequenz **Abschließen** umfasst zwei Schritte. Im ersten Schritt aktualisiert SDL Trados Studio 2019 das Master-Translation Memory (bzw. die Master-Translation Memorys, wenn im Projekt mehr als ein Master-Translation Memory für die Aktualisierung ausgewählt wurde), im zweiten Schritt werden die zielsprachlichen Dateien im Projektordner abgelegt.

Bei der Übersetzung einer Einzeldatei, die mit **Als einzelnes Dokument übersetzen** ohne Projektanlage geöffnet wurde, wird in der Batch-Task-Sequenz **Abschließen** der Ordner als Ablagepfad angeboten, in dem auch die *.sdlxliff-Datei nach dem Öffnen gespeichert wurde.

Abschließen einer oder mehrerer Dateien in der Ansicht Projekte

Klicken Sie in der Ansicht **Projekte** auf der Registerkarte **Start** in der Gruppe **Tasks** auf den kleinen Pfeil nach unten rechts neben **Batch-Tasks** und wählen Sie **Abschließen** aus.

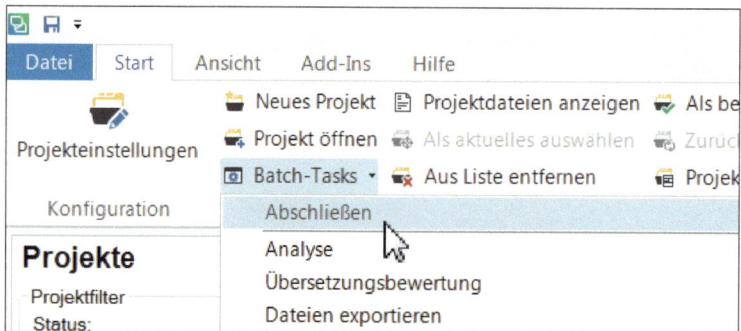

Das Dialogfeld **Batch-Verarbeitung → Batch-Tasks** öffnet sich. Die Task-Sequenz **Abschließen** ist vorausgewählt. Klicken Sie auf **Weiter**.

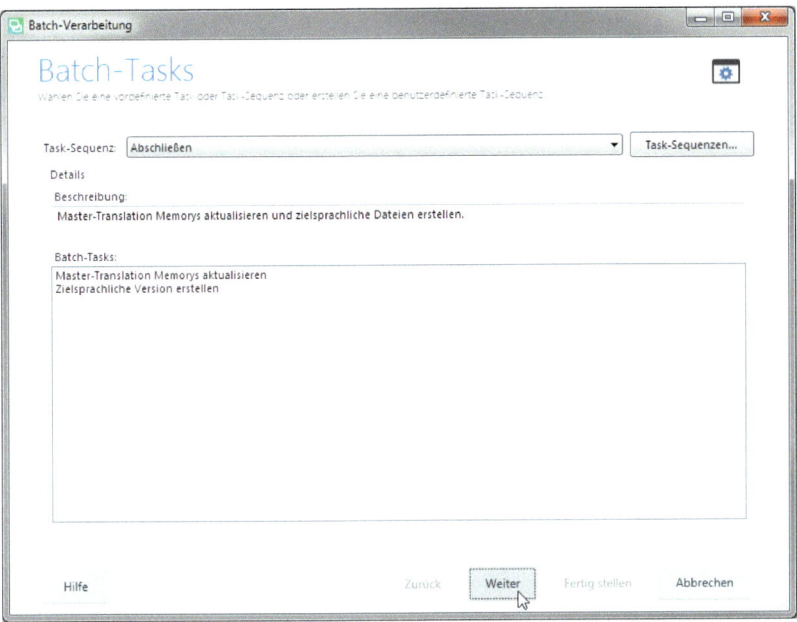

Auswahl der abzuschließenden Dateien

Das Dialogfeld **Batch-Verarbeitung → Dateien** öffnet sich. Als Standard sind alle Dateien einer Zielsprache innerhalb eines Projekts mit einem Häkchen versehen und somit für den Abschluss vorgesehen. Ist nur eine Zielsprache in einem Projekt vorhanden, ist entsprechend auch nur eine Zielsprache aufgeführt. Klicken Sie auf das Pluszeichen neben einer Sprache, um die Dateien aus einer Zielsprache anzeigen zu lassen.

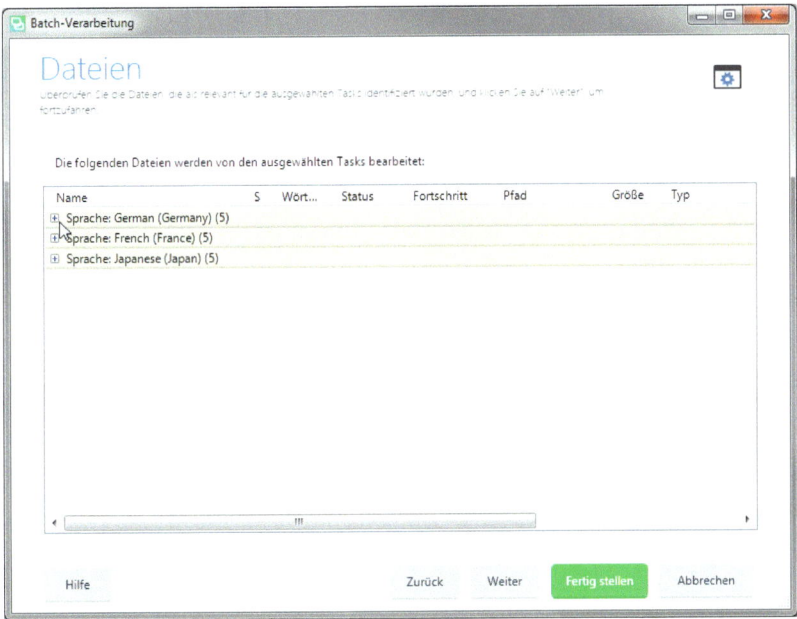

Die Häkchen können entsprechend entfernt werden, wenn nicht alle Dateien eines Projekts abgeschlossen werden sollen. Klicken Sie auf **Weiter**, um fortzufahren.

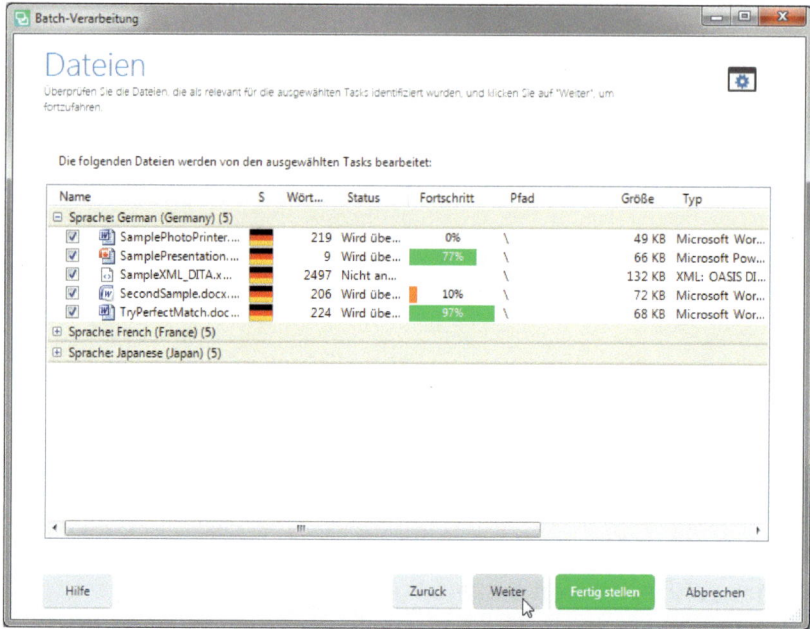

Das Dialogfeld **Batch-Verarbeitung → Einstellungen** öffnet sich.

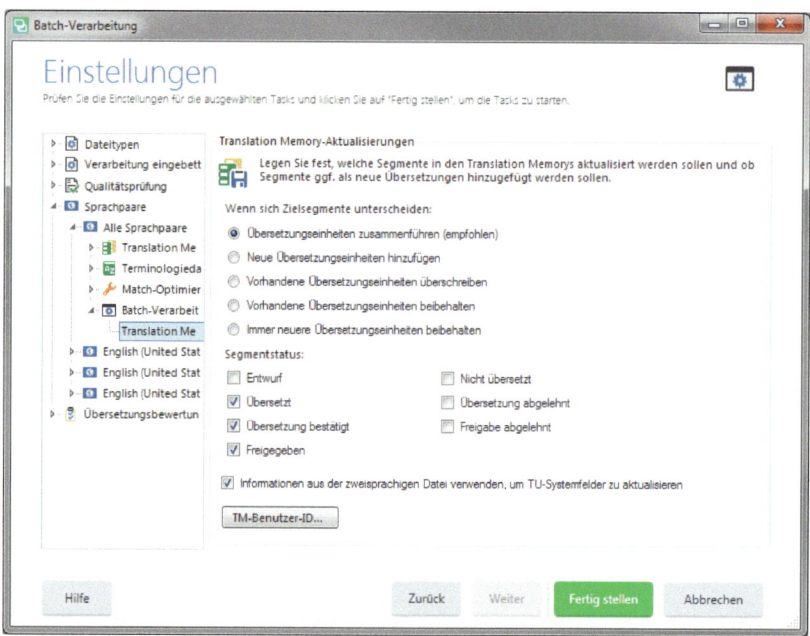

Folgende Auswahlmöglichkeiten sind im Dialogfeld **Batch-Verarbeitung → Einstellungen** möglich:

Auswahl der Translation Memory-Aktualisierungen, wenn sich Zielsegmente unterscheiden

Legen Sie im Dialogfeld **Batch-Verarbeitung** → **Einstellungen** fest, welche Übersetzungseinheiten in einem oder mehreren Translation Memorys, die in einem Projekt für die Aktualisierung aktiv sind, beim Projektabschluss aktualisiert werden sollen, und ob Segmente ggf. als neue Übersetzungseinheiten hinzugefügt werden sollen, wenn Ausgangssegmente identisch sind, sich die Zielsegmente aber unterscheiden. Folgende Optionen sind möglich:

```
Wenn sich Zielsegmente unterscheiden:
  ⦿ Übersetzungseinheiten zusammenführen (empfohlen)
  ○ Neue Übersetzungseinheiten hinzufügen
  ○ Vorhandene Übersetzungseinheiten überschreiben
  ○ Vorhandene Übersetzungseinheiten beibehalten
  ○ Immer neuere Übersetzungseinheiten beibehalten
```

- **Übersetzungseinheiten zusammenführen (empfohlen)**

  Mit dieser Einstellung werden bestehende Übersetzungseinheiten nur dann überschrieben, wenn neue Übersetzungseinheiten mit identischem Ausgangs-, aber abweichendem Zielsegment als Kontext-Match vorliegen.

- **Neue Übersetzungseinheiten hinzufügen**

  Ist diese Einstellung aktiv, werden Übersetzungseinheiten mit identischem Ausgangstext und unterschiedlicher Übersetzung als zusätzliche Übersetzungseinheiten hinzugefügt.

- **Vorhandene Übersetzungseinheiten überschreiben**

  Die Auswahl dieser Option bewirkt, dass bereits im Translation Memory vorhandene Übersetzungseinheiten von Übersetzungseinheiten mit identischem Ausgangstext und abweichender Übersetzung überschrieben werden.

- **Vorhandene Übersetzungseinheiten beibehalten**

  Die Auswahl dieser Option bewirkt, dass bereits im Translation Memory vorhandene Übersetzungseinheiten **nicht** von Übersetzungseinheiten mit identischem Ausgangstext und abweichender Übersetzung überschrieben werden.

- **Immer neuere Übersetzungseinheiten beibehalten**

  Die Auswahl dieser Option bewirkt, dass bereits im Translation Memory vorhandene Übersetzungseinheiten **nur dann** von Übersetzungseinheiten mit identischem Ausgangstext und abweichender Übersetzung überschrieben werden, wenn diese neueren Datums sind.

Auswahl der Segmentstatus

Wählen Sie darüber hinaus aus, welche Segmentstatus zu importierende Übersetzungseinheiten haben dürfen

und ob Informationen aus der zweisprachigen Datei verwendet werden sollen, um TU-Systemfelder zu aktualisieren.

☑ Informationen aus der zweisprachigen Datei verwenden, um TU-Systemfelder zu aktualisieren

Bei den Informationen aus der zweisprachigen Datei handelt es sich um die Systemfelder, die beim Bestätigen und damit Speichern von Übersetzungseinheiten in einem oder mehreren Translation Memorys, die in einem Projekt für die Aktualisierung aktiv sind, zugeordnet werden.

Systemfelder	
Feld ▲	Wert
Angelegt am	22.04.2019 12:30:14
Angelegt von	Admin
Dokumentstruktur	
Verwendungszähler	0
Zuletzt bearbeitet am	22.04.2019 12:43:03
Zuletzt bearbeitet v…	Admin-PC\Admin
Zuletzt verwendet a…	22.04.2019 12:30:14
Zuletzt verwendet v…	Admin

Beispiel TM-Systemfelder

Darüber hinaus haben Sie die Möglichkeit, die TM-Benutzer-ID für alle Übersetzungseinheiten aus den abzuschließenden Dateien zu ändern.

Klicken Sie auf **TM-Benutzer-ID...**, um die Benutzer-ID einzugeben, die den Systemfeldern unter **Angelegt von** (siehe Abbildung oben) in den Übersetzungseinheiten aus dem abzuschließenden Projekt zugewiesen wird, wenn diese vom aktuellen Benutzernamen abweichen soll.

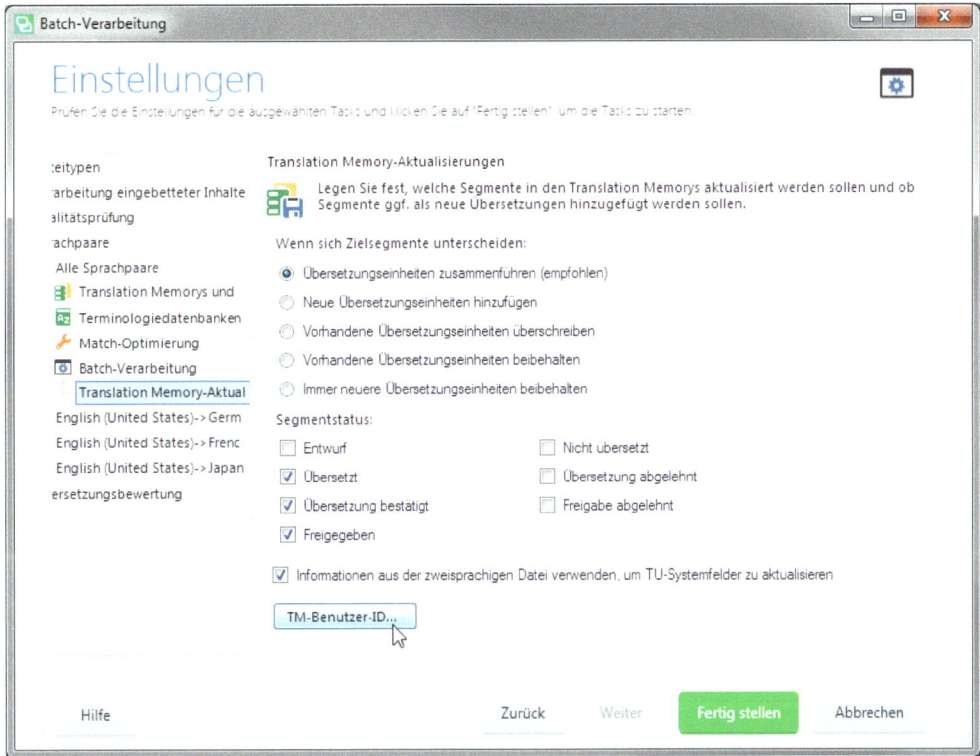

Das Dialogfeld **Benutzer bearbeiten** öffnet sich. Geben Sie die gewünschte TM-Benutzer-ID ein und klicken Sie auf **OK**.

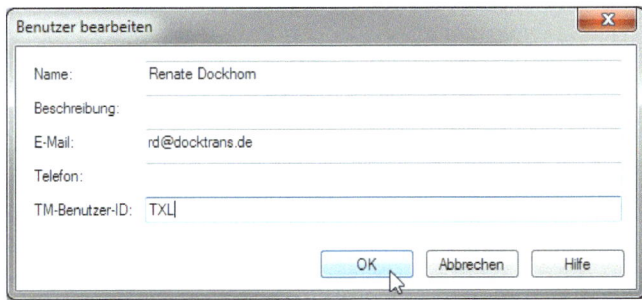

Klicken Sie nach Abschluss der Eingaben auf **Fertig stellen**.

Das Dialogfeld **Batch-Verarbeitung** → **Fertig stellen** öffnet sich und SDL Trados Studio 2019 führt die Task-Sequenz aus. Ein grünes Feld mit weißem Häkchen ◉ weist auf den erfolgreichen Verlauf der Task-Sequenz hin. Klicken Sie auf **Fertig stellen**, um den Vorgang abzuschließen.

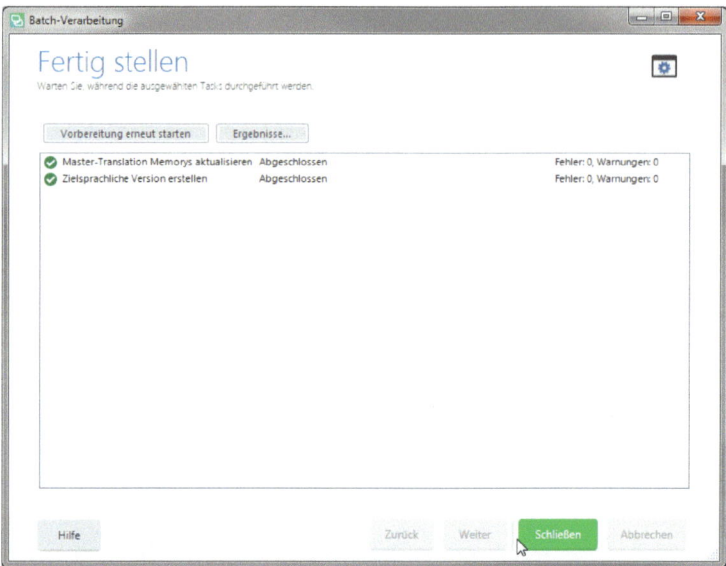

Überprüfen Sie den Vorgang, wenn statt des grünen Felds mit weißem Häkchen ◉ ein rotes Feld mit weißem Kreuz ⊗ erscheint, und wiederholen Sie nach Beheben der Fehlerursache mit **Vorbereitung erneut starten** den Vorgang.

Klicken Sie danach auf **Schließen**. Die Dateien aus dem aktuellen Projekt sind nun als zielsprachliche Dateien im Projektordner im Unterordner für die Zielsprache(n) abgelegt.

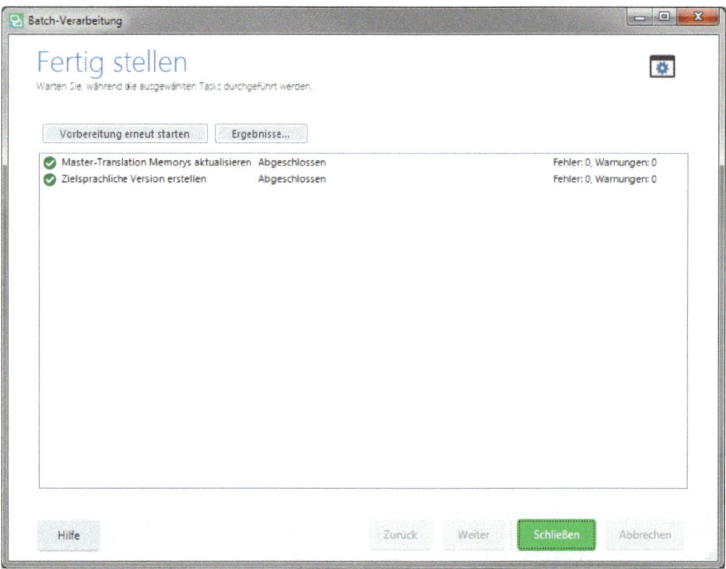

❗ Bitte beachten Sie, dass Sie die Einstellung der TM-Benutzer-ID manuell auf Ihre Standard-ID zurückstellen müssen, wenn Sie die TM-Benutzer-ID beim Projektabschluss ändern. Dies ist auf der Registerkarte **Datei** → **Setup** → **Benutzer** → **Benutzername** → **Bearbeiten...** möglich.

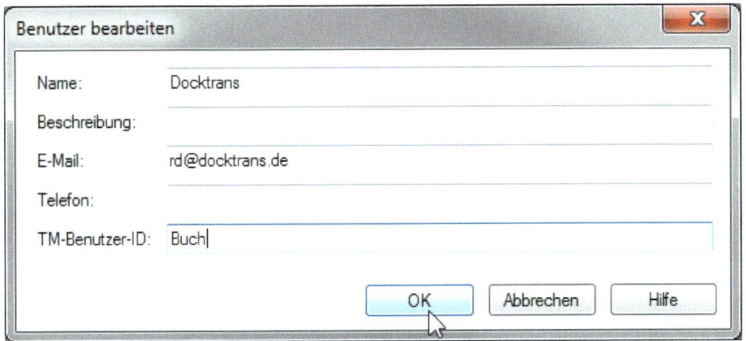

Projekt als beendet markieren

Klicken Sie nach Abschluss eines Projekts in der Ansicht **Projekte** mit der rechten Maustaste 🖱 auf das abgeschlossene Projekt, sodass es farbig unterlegt ist, und klicken Sie auf **Als beendet markieren**.

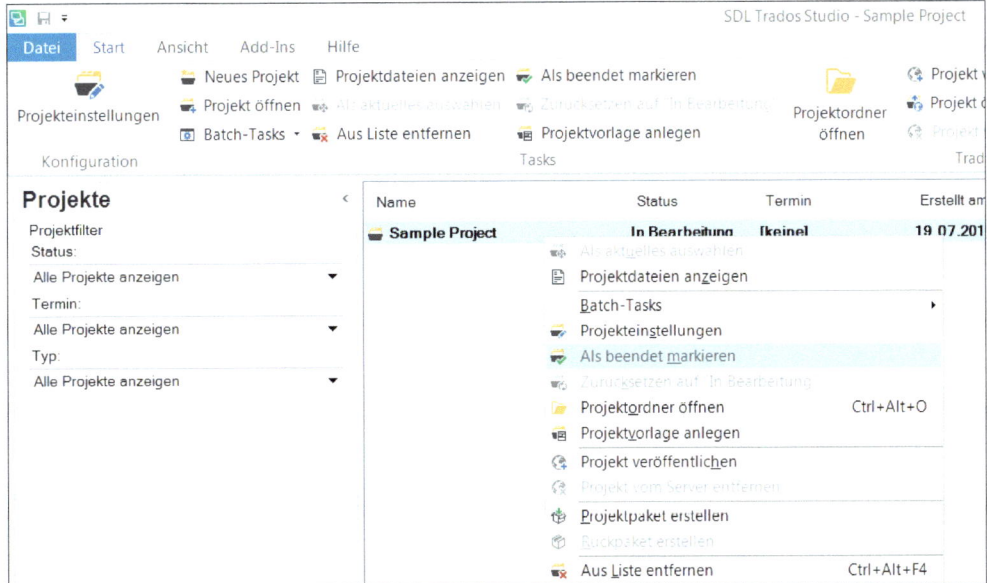

Das Projekt hat nun den Status **Beendet** und kann ggf. mit dem Projektfilter in der Navigationsleiste in der Ansicht **Projekte** ausgeblendet werden, indem ausschließlich alle in Bearbeitung befindlichen Projekte für die Ansicht eingeblendet werden.

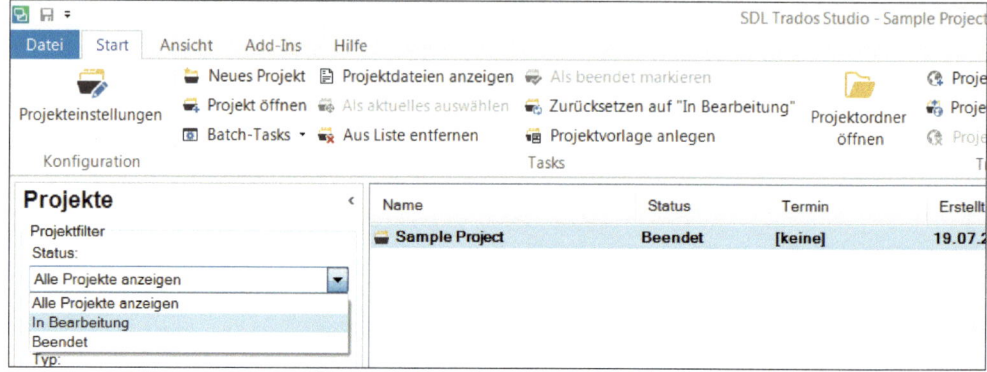

Weitere wichtige Funktionen für die Arbeit in SDL Trados Studio 2019

Einstellungsmöglichkeiten bei der Anlage von Translation Memorys

Im Kapitel **Anlegen von Projekten** wurde bereits das Anlegen von Translation Memorys im Prozess in vereinfachter Form beschrieben. In diesem Kapitel finden Sie nun einige Erläuterungen zu den Einstellungsmöglichkeiten bei der Anlage von Translation Memorys und für das Erstellen eines Translation Memorys auf Basis eines bereits vorliegenden Translation Memorys.

Klicken Sie zunächst in der Ansicht **Translation Memorys** auf der Registerkarte **Start** in der Gruppe **Tasks** auf den kleinen Pfeil nach unten unter **Neu** und wählen Sie in der sich öffnenden Dropdown-Liste **Neues Translation Memory** aus, um ein neues dateibasiertes Translation Memory anzulegen. Alternativ haben Sie die Möglichkeit, ein serverbasiertes Translation Memory anzulegen, wenn SDL Trados GroupShare als Applikation vorliegt. Im vorliegenden Beispiel wird ein dateibasiertes TM angelegt.

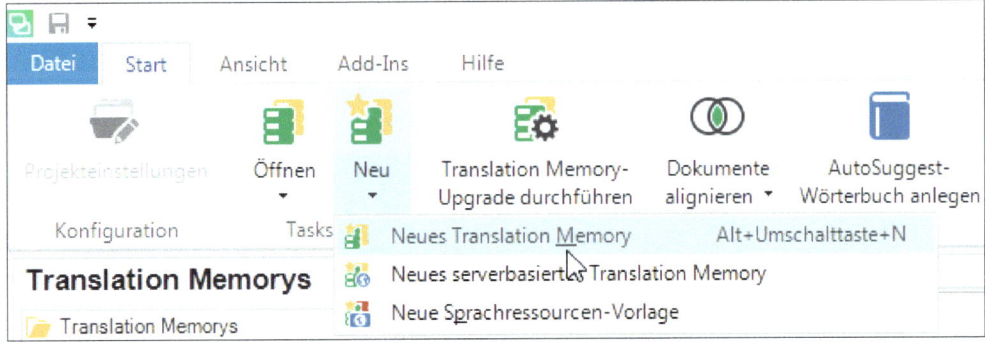

Das Dialogfeld **Neues Translation Memory → Allgemein** öffnet sich. Geben Sie einen Namen für das Translation Memory ein und legen Sie den Speicherort fest. Anders als bei der Projektanlage, bei der die Sprachen bereits durch die Sprachkombination des Projekts vorgegeben sind, wählen Sie bei der Anlage von Translation Memorys in der Ansicht **Translation Memorys** die Ausgangs- und Zielsprache des Translation Memorys selbst aus.

Wählen Sie danach aus, ob die zeichenbasierte Konkordanzsuche aktiviert werden soll. Die zeichenbasierte Konkordanzsuche ermöglicht die Suche nach Zeichenfolgen innerhalb von Wörtern. Mit ihr werden auch Wortteile gefunden. Klicken Sie danach auf **Weiter**.

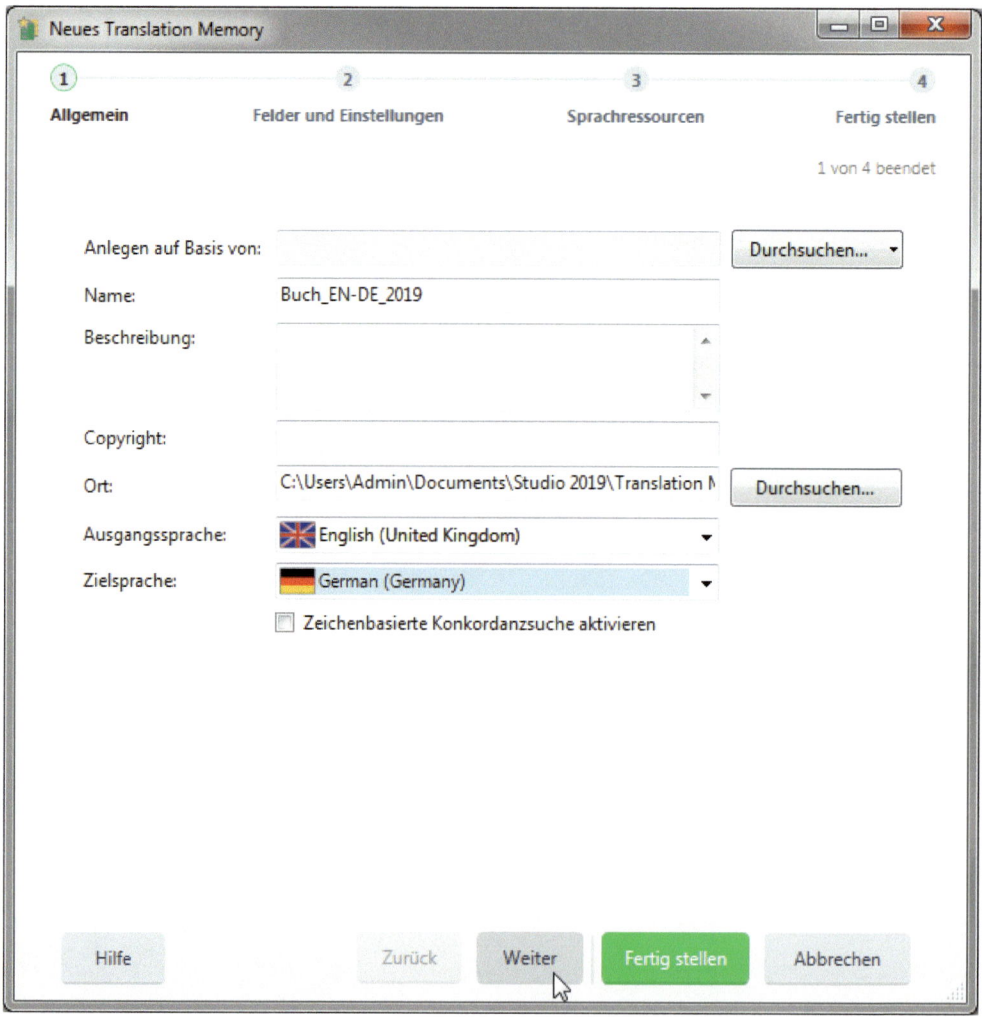

Das Dialogfeld **Neues Translation Memory** → **Felder und Einstellungen** öffnet sich.

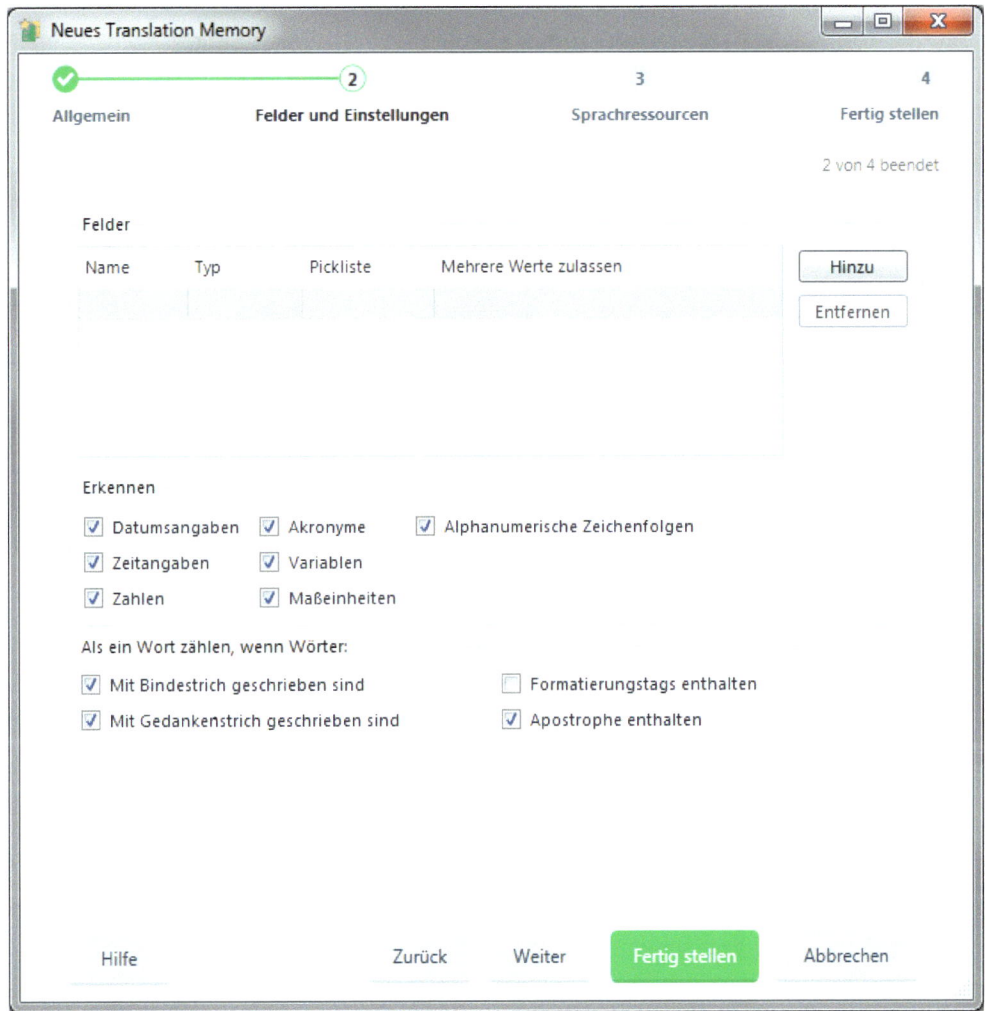

Anlegen von benutzerdefinierten Feldern

Im Dialogfeld **Neues Translation Memory** → **Felder und Einstellungen** haben Sie zunächst unter **Felder** die Möglichkeit, benutzerdefinierte Felder anzulegen, wenn Sie zusätzlich zu den Systemfeldern (**Angelegt am...**, **Angelegt von...** usw.) eigene Feldwerte festlegen möchten.

Wenn Sie ein benutzerdefiniertes Feld anlegen möchten, klicken Sie zunächst auf das graue Feld unter **Name**, sodass das Feld aktiv und weiß unterlegt ist, um einen Namen für das benutzerdefinierte Feld zu vergeben.

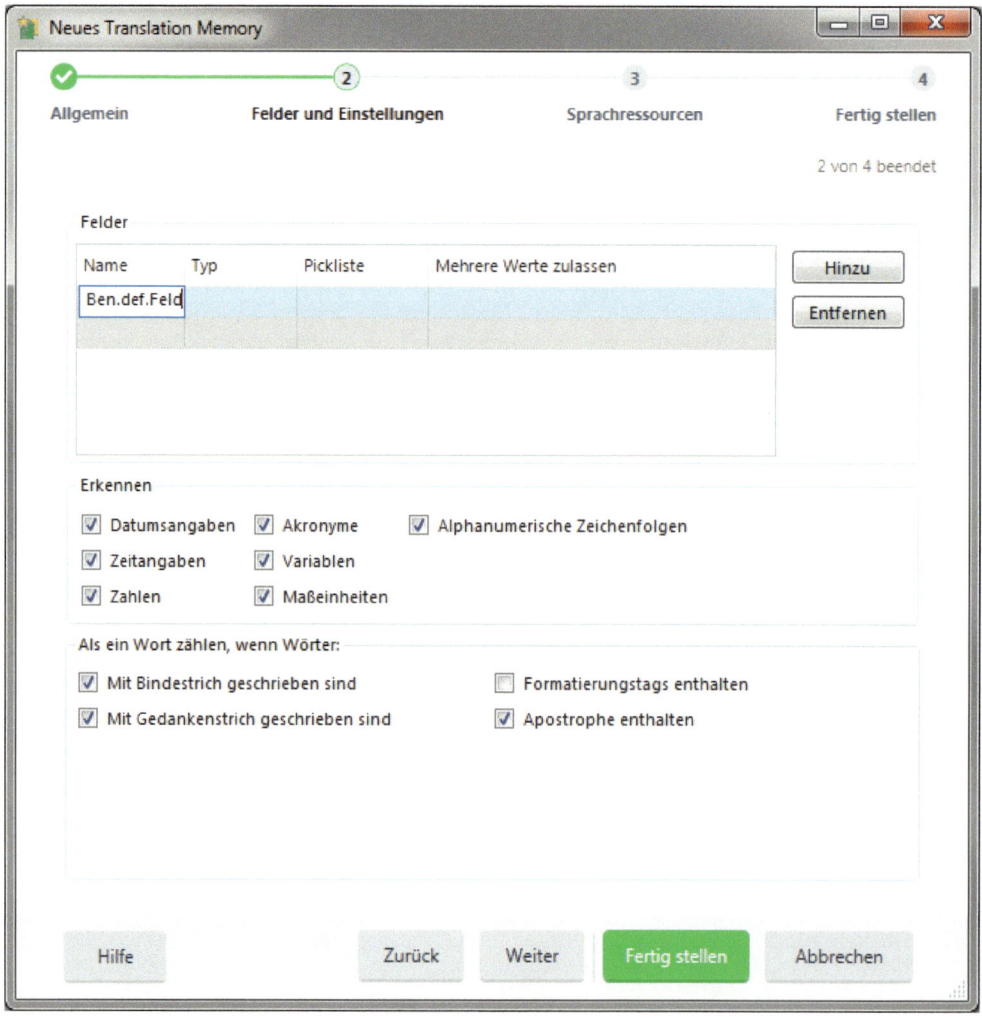

Klicken Sie danach auf den hellblauen Balken unter **Typ**. Es öffnet sich eine Dropdown-Liste mit vier Optionen.

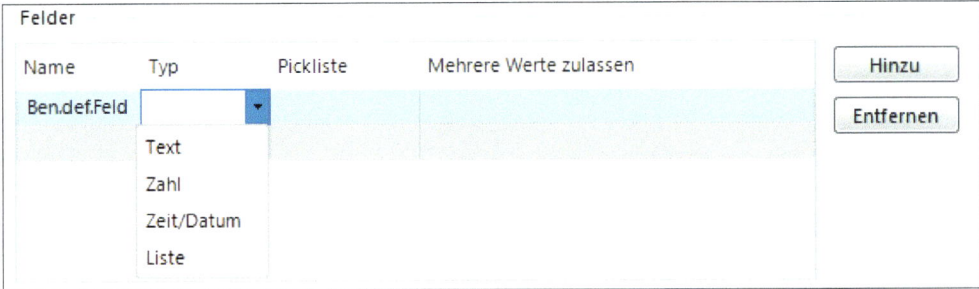

- **Text**: Wählen Sie die Option **Text** aus, wenn Sie die Möglichkeit haben möchten, freien Text in ein benutzerdefiniertes Feld einzugeben. Sie haben die Möglichkeit, mehrere Werte zuzulassen.

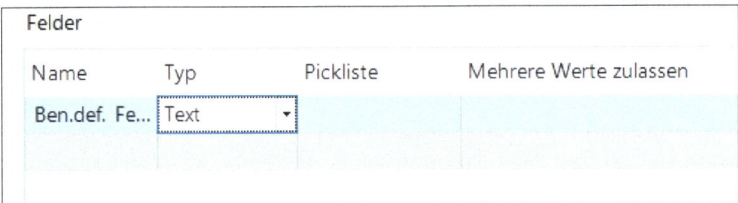

- **Zahl**: Wählen Sie die Option **Zahl** aus, wenn Sie die Möglichkeit haben möchten, eine Zahl in ein benutzerdefiniertes Feld einzugeben.

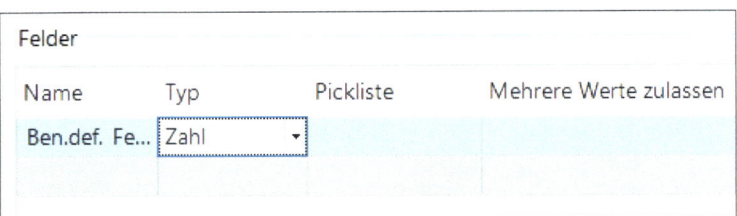

- **Zeit/Datum**: Wählen Sie die Option **Zeit/Datum** aus, wenn Sie die Möglichkeit haben möchten, eine Zeit oder ein Datum in ein benutzerdefiniertes Feld einzugeben.

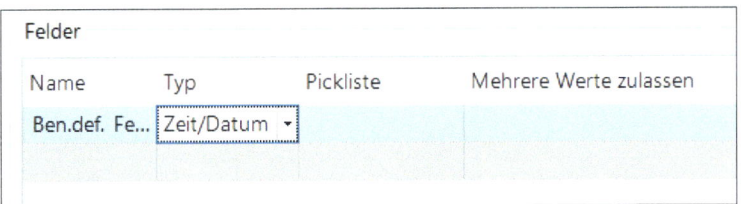

- **Liste**: Wählen Sie die Option **Liste** aus, wenn Sie eine Pickliste[10] bei der Anlage des Translation Memorys festlegen möchten, aus welcher der Benutzer später die Attribute für das benutzerdefinierte Feld auswählen kann.

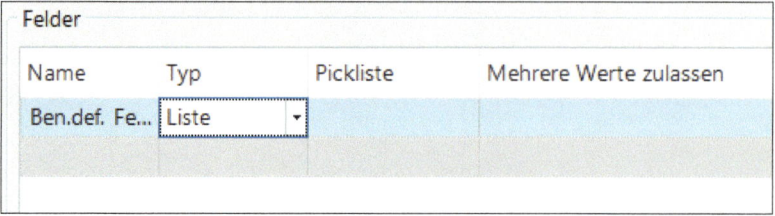

Nachfolgend wird die Anlage aller vier Typen bei der Anlage eines Translation Memorys beschrieben.

Typ Text

Zunächst soll im vorliegenden Beispiel ein Feld definiert werden, das den Namen **Auftrag** und den Typ **Text** erhält, damit Auftragskürzel in einem Textfeld frei eingetragen werden können. Klicken Sie im Dialogfeld **Neues Translation Memory → Felder und Einstellungen** zunächst auf das graue Feld unter **Name**, sodass dieses weiß unterlegt wird und aktiv ist, und geben Sie einen Namen für das Feld ein (hier: Auftrag). Klicken Sie dann auf den kleinen Pfeil nach unten unter **Typ** und wählen Sie in der sich öffnenden Dropdown-Liste **Text** aus, um ein freies Textfeld anzulegen. Bestätigen Sie danach mit der Eingabetaste ⏎. Eine Pickliste (Auswahlliste) ist bei freien Textfeldern nicht erforderlich, aber es besteht die Möglichkeit, mehrere Werte zuzulassen.

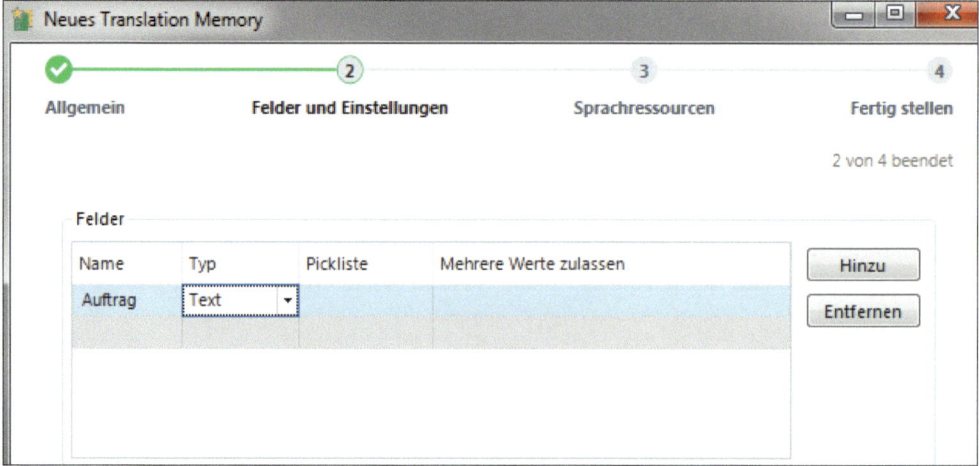

---

10 Eine Pickliste ist eine Auswahlliste.

Typ Zahl

Klicken Sie im Dialogfeld **Neues Translation Memory** → **Felder und Einstellungen** unter **Name** auf den grauen Balken, sodass das Feld aktiv und weiß unterlegt wird, um ein weiteres Feld einzutragen. Im vorliegenden Beispiel soll nun ein Zahlenfeld angelegt werden, in das später Zahlen eingetragen werden können. Vergeben Sie zunächst den Namen für das benutzerdefinierte Feld und klicken Sie dann auf das farbig unterlegte Feld unter **Typ**. Wählen Sie aus der sich öffnenden Dropdown-Liste **Zahl** aus, wenn Sie ein Zahlenfeld anlegen möchten. Beim Typ **Zahl** haben Sie nicht die Möglichkeit, mehrere Werte zuzulassen.

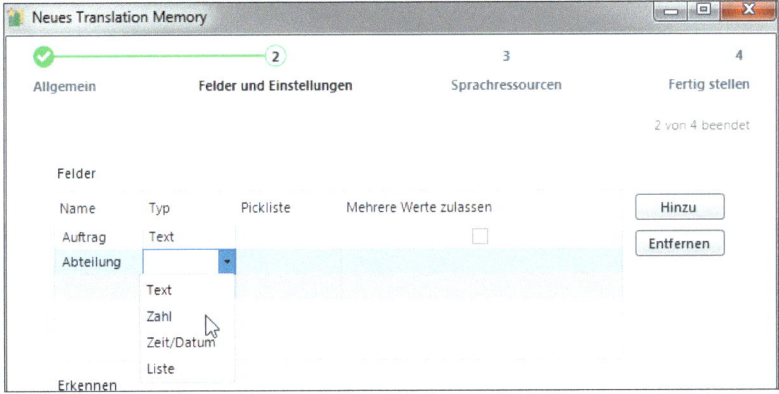

Typ Zeit/Datum

Klicken Sie im Dialogfeld **Neues Translation Memory** → **Felder und Einstellungen** unter **Name** auf den nächsten grauen Balken, sodass das Feld aktiv und weiß unterlegt wird, um ein weiteres Feld einzutragen. Im vorliegenden Beispiel soll nun ein Feld für **Zeit/Datum** angelegt werden, in das ein Datum und eine Uhrzeit eingetragen werden kann. Vergeben Sie zunächst den Namen und klicken Sie dann auf das farbig unterlegte Feld unter **Typ**. Wählen Sie aus der sich öffnenden Dropdown-Liste **Zeit/Datum** aus, wenn Sie ein Feld für Zeit und Datum anlegen möchten. Beim Typ **Zeit/Datum** haben Sie ebenfalls nicht die Möglichkeit, mehrere Werte zuzulassen.

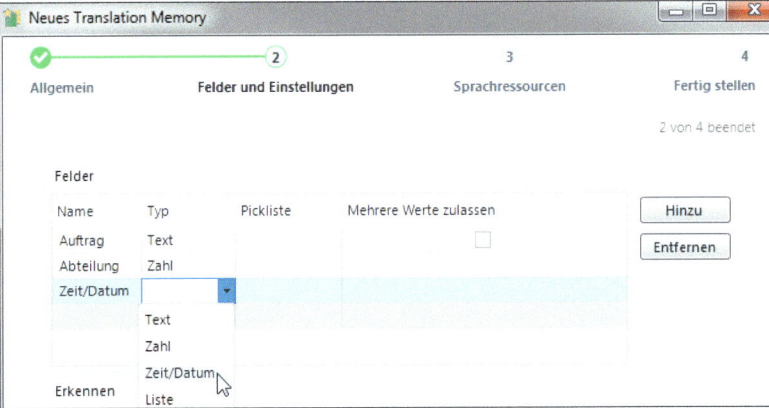

Typ Liste

Klicken Sie im Dialogfeld **Neues Translation Memory** → **Felder und Einstellungen** unter **Name** auf den nächsten grauen Balken, sodass das Feld aktiv und weiß unterlegt wird, um ein weiteres Feld einzutragen. Im vorliegenden Beispiel soll nun ein Listenfeld angelegt werden, in dem eine Pickliste hinterlegt wird, aus welcher der Benutzer bei der Projektanlage auswählen kann. Vergeben Sie zunächst den Namen. Im vorliegenden Beispiel soll das benutzerdefinierte Feld **Qualität** angelegt und die Möglichkeit zur Auswahl zwischen **intern** und **extern** gegeben werden. Wählen Sie unter **Typ** aus der Dropdown-Liste **Liste** aus.

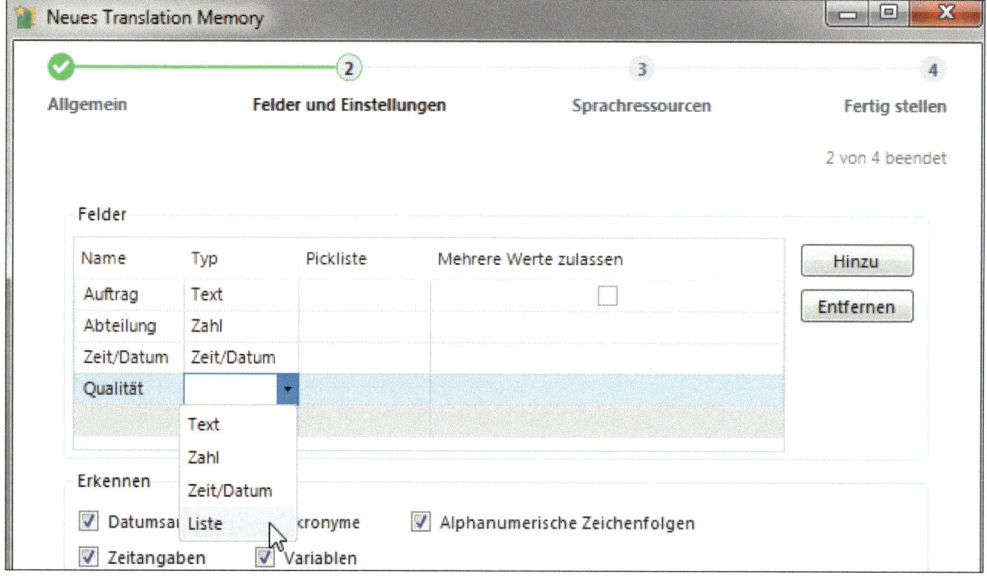

Klicken Sie danach auf den blauen Balken unter **Pickliste**, wenn Sie Attribute für eine Liste eingeben möchten. Das Feld wird aktiv.

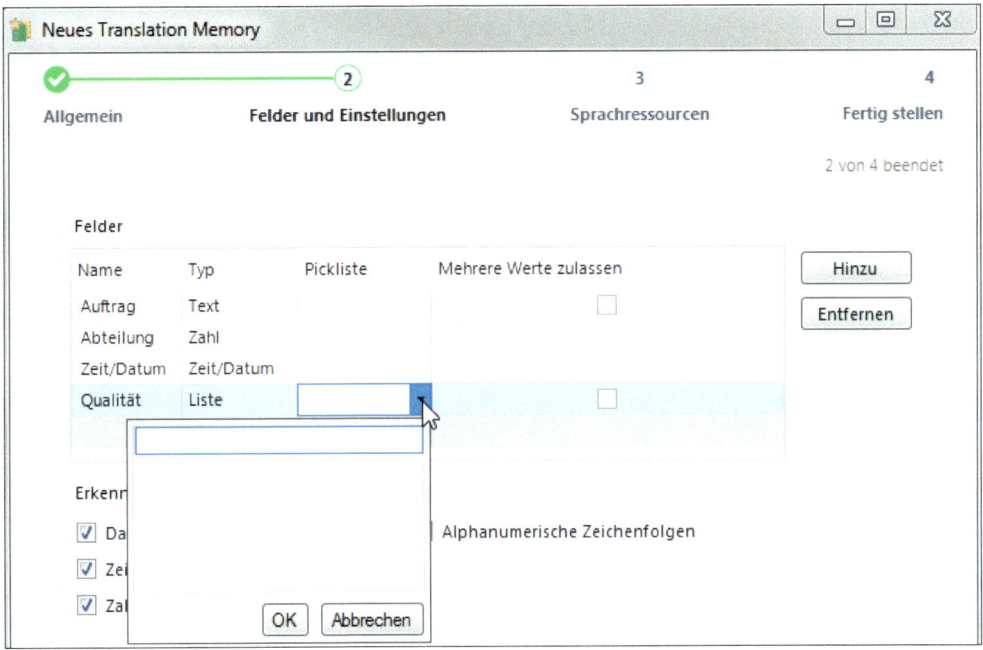

Geben Sie das erste Attribut ein.

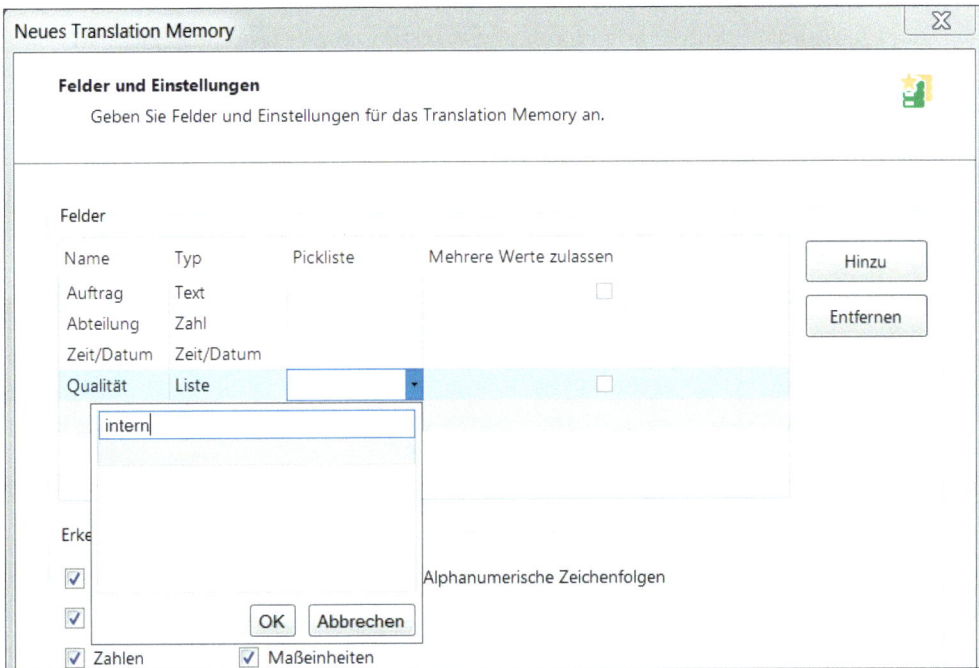

Bestätigen Sie das Feld mit der Eingabetaste ⏎. Ein zweites Eingabefeld öffnet sich. Geben Sie ein weiteres Attribut ein und bestätigen Sie mit der Eingabetaste ⏎, wenn Sie ein weiteres Picklistenfeld anlegen möchten. Klicken Sie auf **OK**, wenn Sie kein weiteres Picklistenfeld eingeben möchten.

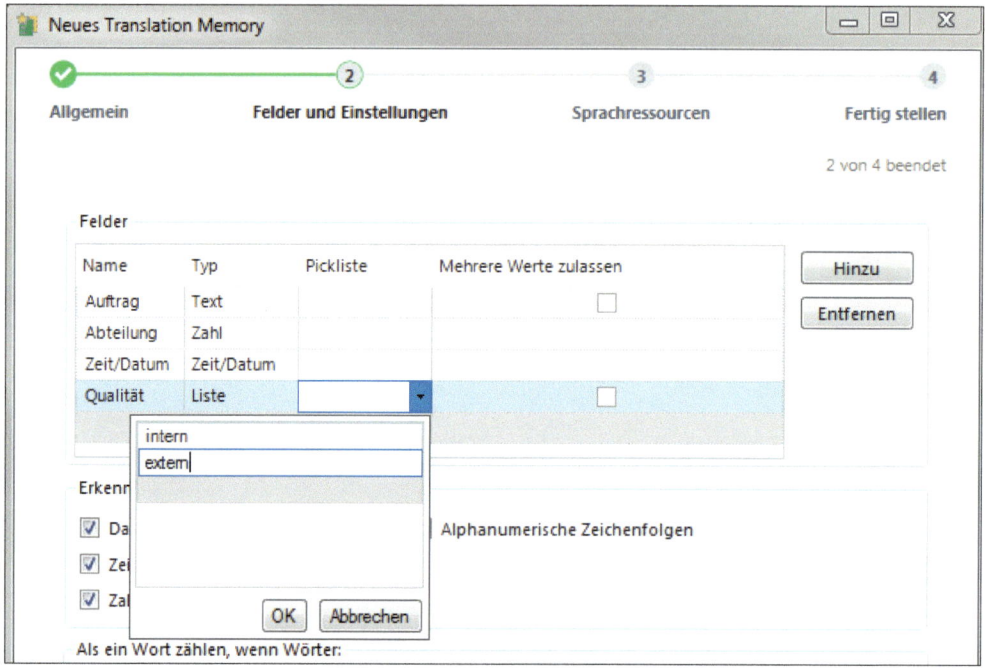

Die eingegebenen Attribute erscheinen nun durch Komma getrennt unter **Pickliste**. Beim Öffnen des Feldes unter **Pickliste** wurde gleichzeitig ein Feld unter **Mehrere Werte zulassen** geöffnet. Setzen Sie ein Häkchen unter **Mehrere Werte zulassen**, wenn die Möglichkeit bestehen soll, mehrere Werte gleichzeitig aus einer Pickliste auszuwählen.

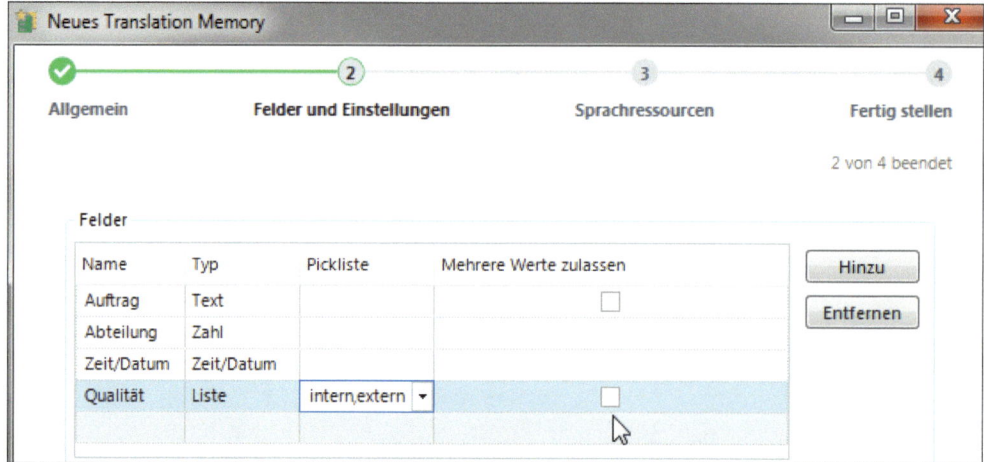

? **Wo kann ich die vorgenannten Felder später in den jeweiligen Projekten eintragen?**
Bei der Projektanlage im Dialogfeld **Neues Projekt anlegen** → **Übersetzungsressourcen** → **Translation Memorys und maschinelle Übersetzung** → **Alle Sprachpaare** → **Translation Memorys und maschinelle Übersetzung** → **Aktualisieren**

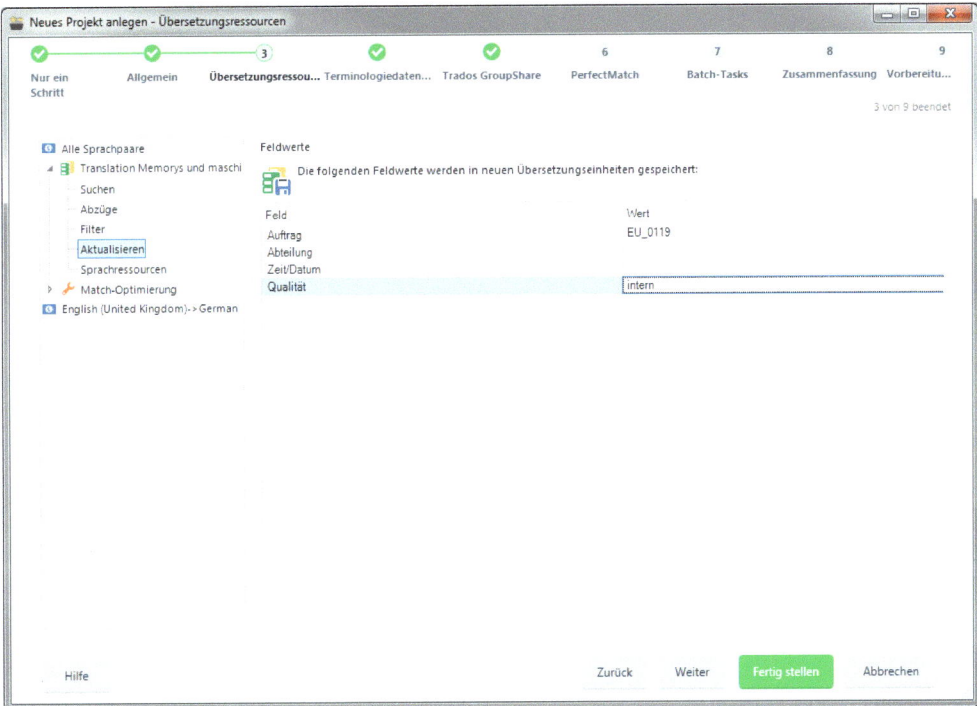

oder alternativ in den Projekteinstellungen in einer beliebigen Ansicht auf der Registerkarte **Start** in der Gruppe **Konfiguration** → **Projekteinstellungen**

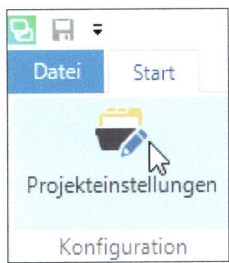

im sich öffnenden Dialogfeld **Projekteinstellungen** unter **Sprachpaare** → **Alle Sprachpaare** → **Translation** Memorys und maschinelle Übersetzung → **Aktualisieren**.

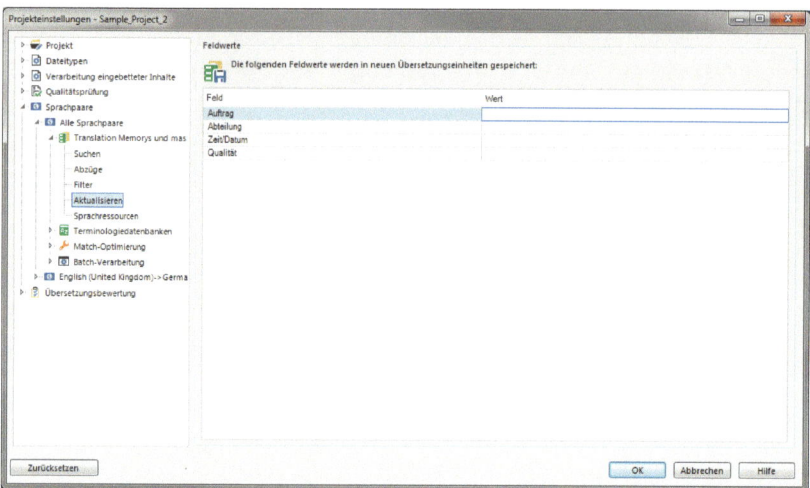

! Bitte beachten Sie, dass es nicht erforderlich ist, für jedes Translation Memory erneut alle Felder anzulegen. Sie haben die Möglichkeit, sich hierbei bei Anlage eines Translation Memorys im Dialogfeld **Neues Translation Memory** → **Allgemein** die Option **Erstellen auf Basis von:** zunutze zu machen, mit der alle bereits in einem Translation Memory angelegten Felder in ein neues Translation Memory übernommen werden. Weitere Informationen hierzu erhalten Sie im Kapitel **Anlegen von Translation Memorys auf Basis eines dateibasierten Translation Memorys**.

Entfernen von benutzerdefinierten Werten

Klicken Sie im Dialogfeld **Neues Translation Memory** → **Felder und Einstellungen** auf einen benutzerdefinierten Feldwert, sodass dieser farbig unterlegt ist, und klicken Sie danach auf **Entfernen**, um diesen aus der Liste der benutzerdefinierten Feldwerte zu löschen, wenn Sie einen benutzerdefinierten Wert entfernen möchten.

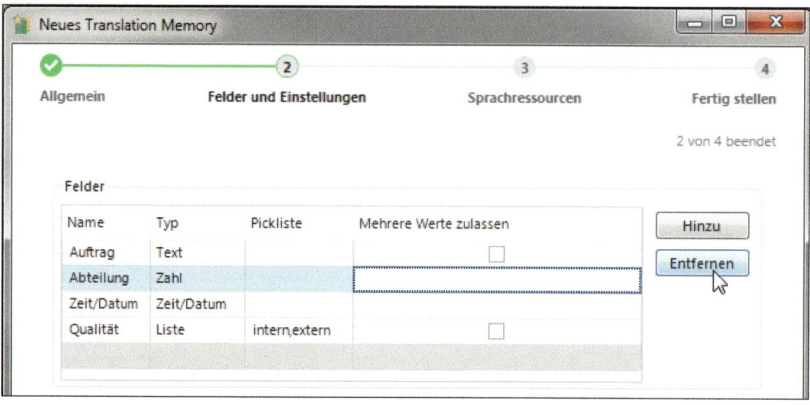

Weitere Einstellungsmöglichkeiten im Dialogfeld Felder und Einstellungen

Unter dem Bereich **Felder** legen Sie im Dialogfeld **Neues Translation Memory → Felder und Einstellungen** im Bereich **Erkennen** fest, welche Attribute SDL Trados Studio 2019 im Ausgangstext erkennen und im Zieltext entsprechend umsetzen soll. Als Standard sind alle Werte aktiviert.

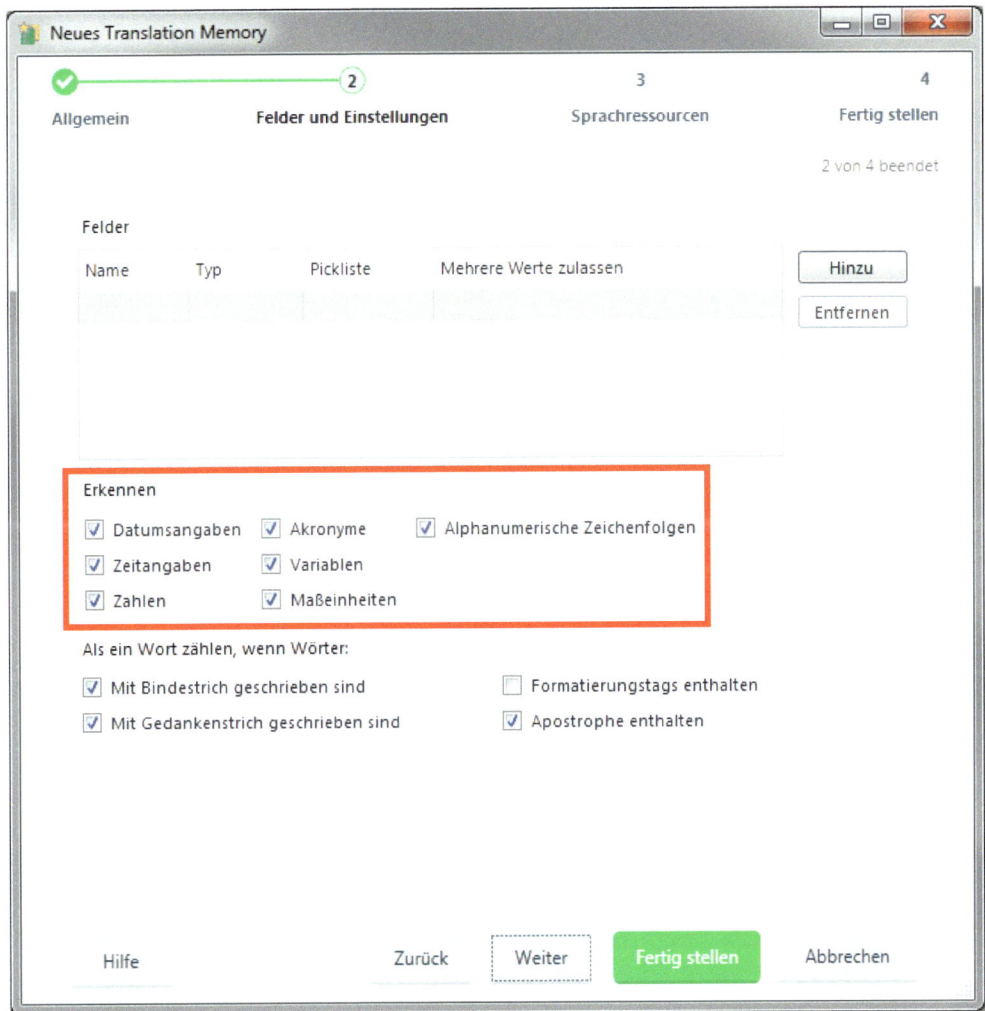

Datumsangaben

Sobald diese Option ausgewählt ist, werden Datumsangaben im Ausgangssegment erkannt und im Zielsegment automatisch in das für die Zielsprache vorliegende Datumsformat umgewandelt.

Zeitangaben

Mit dieser Option werden Zeitangaben in den Ausgangssegmenten erkannt und in den Zielsegmenten in das entsprechende Format konvertiert.

Zahlen

Diese Option dient der Erkennung von Zahlen im Ausgangssegment. Bei aktivierter Option werden diese in den Zielsegmenten in das für die Zielsprache vorliegende Format konvertiert.

Akronyme

Wird die Option **Akronyme**[11] aktiviert, stehen diese im Übersetzungsprozess im aktiven Segment in der Dropdown-Liste zur Auswahl, wenn bei der Übersetzung die Tastenkombination Strg + , gedrückt oder **QuickPlace** aufgerufen wird.

Variablen

Ist die Option **Variablen** aktiviert, werden alle in der Sprachressourcen-Vorlage für die jeweilige Sprache eingegebenen Variablen als nicht zu übersetzender Text erkannt. Sie stehen ebenfalls im aktiven Segment in der Dropdown-Liste zur Auswahl, wenn bei der Übersetzung die Tastenkombination Strg + , gedrückt oder **QuickPlace** aufgerufen wird.

Maßeinheiten

Wird die Option **Maßeinheiten** aktiviert, werden in den zielsprachlichen Segmenten die Maßeinheiten in das entsprechende Format für die Zielsprache gesetzt. Umrechnungen (wie z.B. von Metern in Fuß) erfolgen nicht.

Alphanumerische Zeichenfolgen

Wählen Sie die Option **Alphanumerische Zeichenfolgen** aus, wenn Sie möchten, dass alphanumerische Zeichenfolgen im Ausgangstext erkannt und vom Ausgangssegment in das Zielsegment übertragen werden.

---

11 Als Akronym wird ein Kurzwort bezeichnet, das aus den Anfangsbuchstaben mehrerer Wörter besteht.

Einstellungen für: Wörter als ein Wort zählen

Sie haben im Dialogfeld **Neues Translation Memory** → **Felder und Einstellungen** im unteren Bereich die Möglichkeit festzulegen, wann Wörter als ein Wort gezählt werden sollen. Folgende Einstellungsmöglichkeiten sind möglich:

Klicken Sie nach erfolgter Auswahl auf **Weiter**.

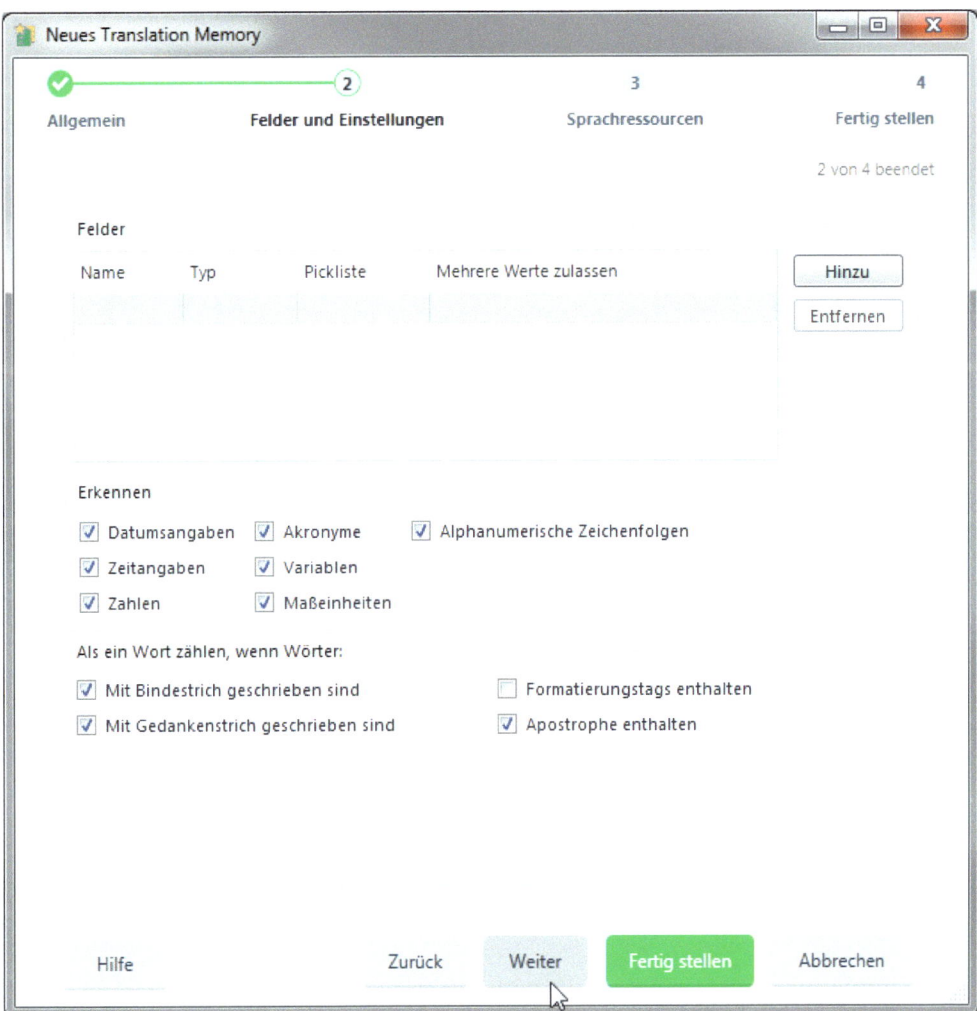

Das Dialogfeld **Neues Translation Memory → Sprachressourcen** öffnet sich. In diesem Dialogfeld haben Sie die Möglichkeit, eine Sprachressourcen-Vorlage im Format *sdltm.resource auszuwählen oder für die Ausgangs- oder Zielsprache die Standard-

- Variablenliste
- Abkürzungsliste
- Ordinalsubstantiv-Liste
- Segmentierungsregeln

zu verwenden, zu bearbeiten oder zurückzusetzen. Weitere Informationen zur Verwendung von Sprachressourcen-Vorlagen erhalten Sie im Kapitel **Sprachressourcen**.

Klicken Sie auf **Fertig stellen**, um die Anlage des Translation Memorys abzuschließen.

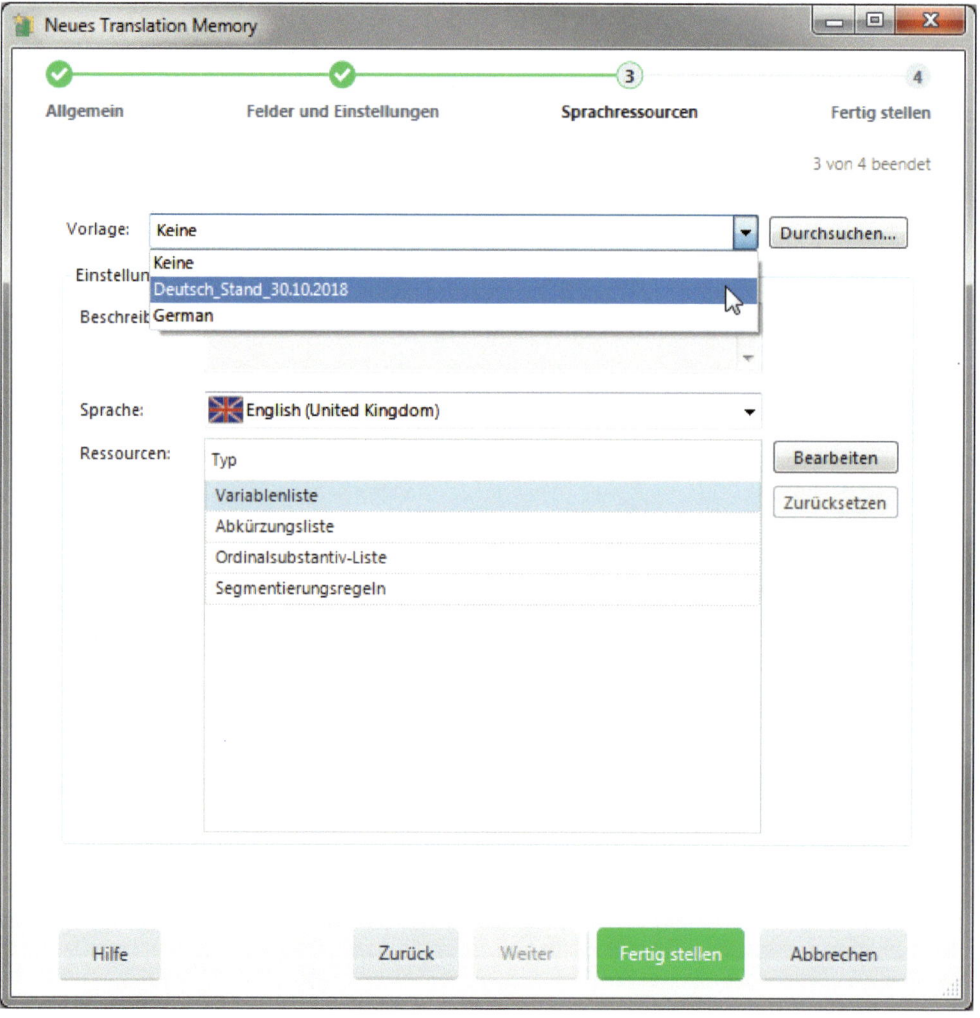

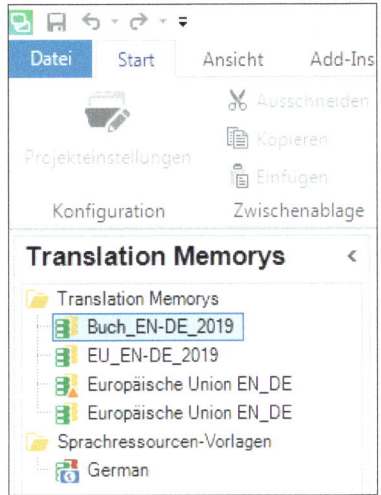

Das Translation Memory erscheint nun auf der Registerkarte **Translation Memorys** in der Navigationsleiste und kann in der Ansicht **Translation Memorys** auf der Registerkarte **Start** in der Gruppe **Tasks → Öffnen** oder bei Projektanlagen, in angelegten Projekten und beim Öffnen von Einzeldateien ohne Projektanlage aufgerufen werden.

Anlegen von Translation Memorys auf Basis eines dateibasierten Translation Memorys

SDL Trados Studio 2019 bietet die Möglichkeit, Einstellungen aus bereits angelegten Translation Memorys für die Anlage neuer Translation Memorys zu verwenden.

Klicken Sie zunächst in der Ansicht **Translation Memorys** auf der Registerkarte **Start** in der Gruppe **Tasks** auf **Neu → Neues Translation Memory**, um ein neues dateibasiertes Translation Memory anzulegen. Darüber hinaus haben Sie die Möglichkeit, ein serverbasiertes Translation Memory anzulegen, wenn SDL Trados GroupShare zur Verfügung steht. Im vorliegenden Beispiel wird ein dateibasiertes TM angelegt.

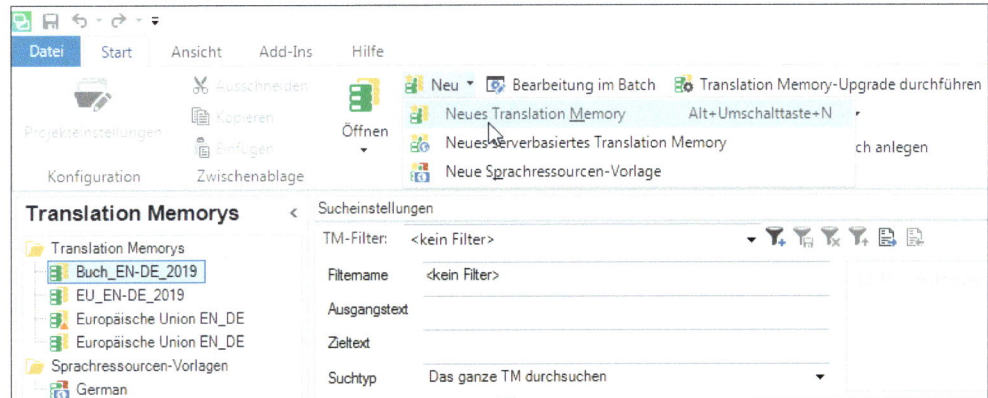

Das Dialogfeld **Neues Translation Memory** → **Allgemein** öffnet sich. Klicken Sie neben **Anlegen auf Basis von:** auf den kleinen Pfeil nach unten rechts neben **Durchsuchen...** und wählen Sie aus der sich öffnenden Dropdown-Liste **Dateibasiertem Translation Memory...** aus.

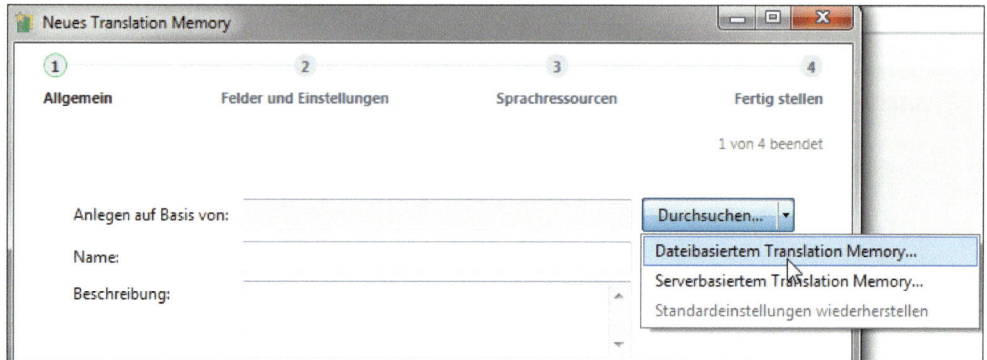

Das Dialogfeld **Dateibasiertes Translation Memory öffnen** öffnet sich. Klicken Sie auf das Translation Memory, dessen Einstellungen für die Anlage des neuen Translation Memorys verwendet werden sollen, und klicken Sie danach auf **Öffnen** oder doppelklicken Sie auf das entsprechende Translation Memory.

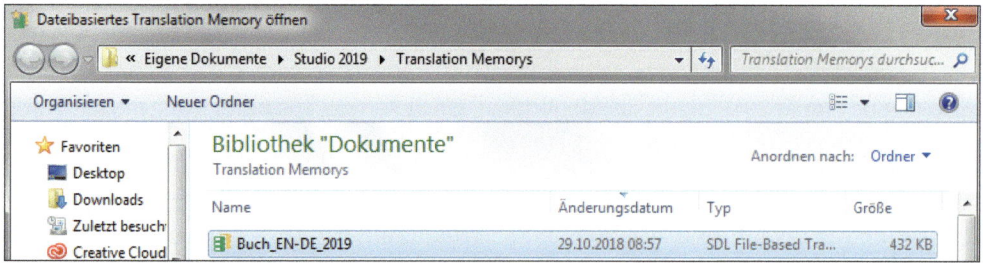

Der Name des Translation Memorys, auf Basis dessen das neue Translation Memory erstellt werden soll, erscheint nun im Dialogfeld **Neues Translation Memory → Allgemein** neben **Anlegen auf Basis von:**.

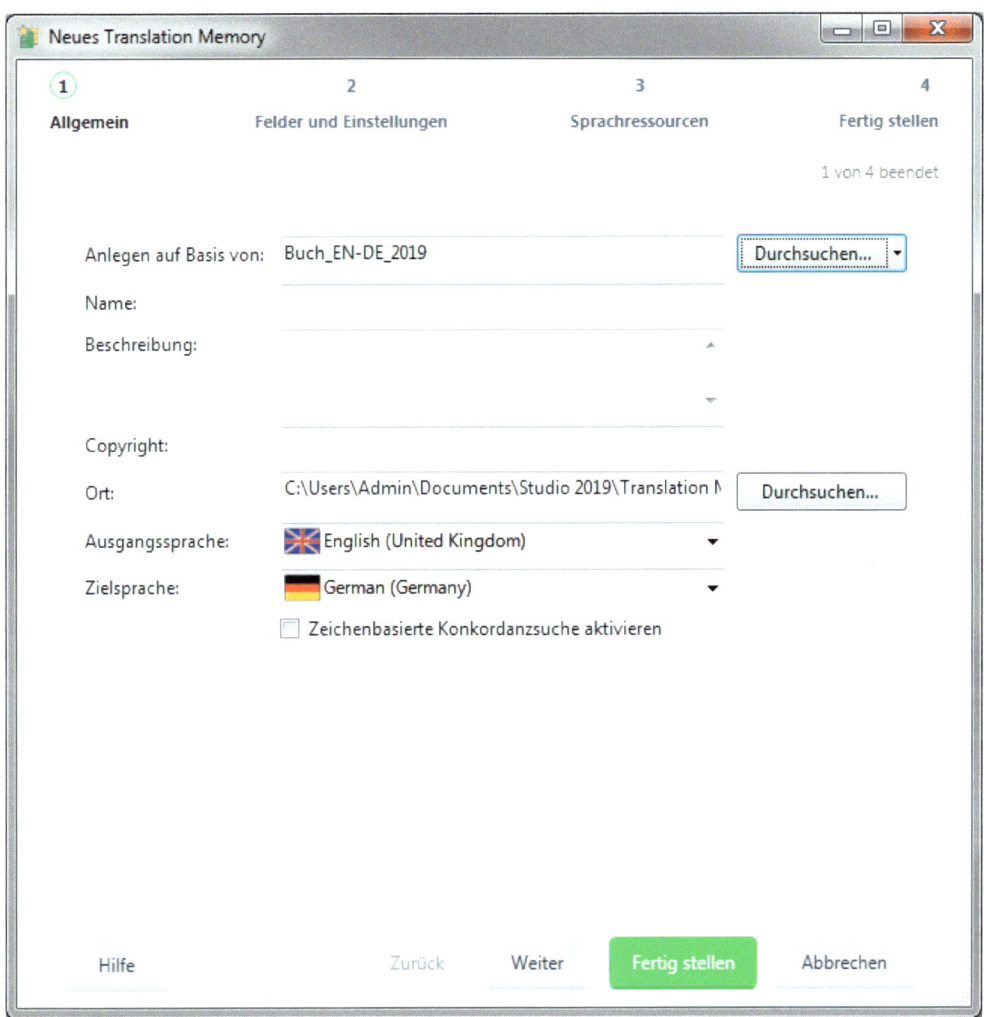

Geben Sie nun einen Namen, eine Beschreibung, ggf. ein Copyright und den Speicherort für das neu anzulegende Translation Memory ein und legen Sie fest, ob die zeichenbasierte Konkordanzsuche aktiviert werden soll, mit der auch Zeichenfolgen innerhalb von Wörtern in der Konkordanzsuche gefunden werden. Ausgangs- und Zielsprache werden bereits aus dem Translation Memory entnommen, auf dem das neue Translation Memory basiert. Ebenso benutzerdefinierte Felder, falls benutzerdefinierte Felder im Basis-Translation Memory angelegt wurden. Klicken Sie danach auf **Weiter**.

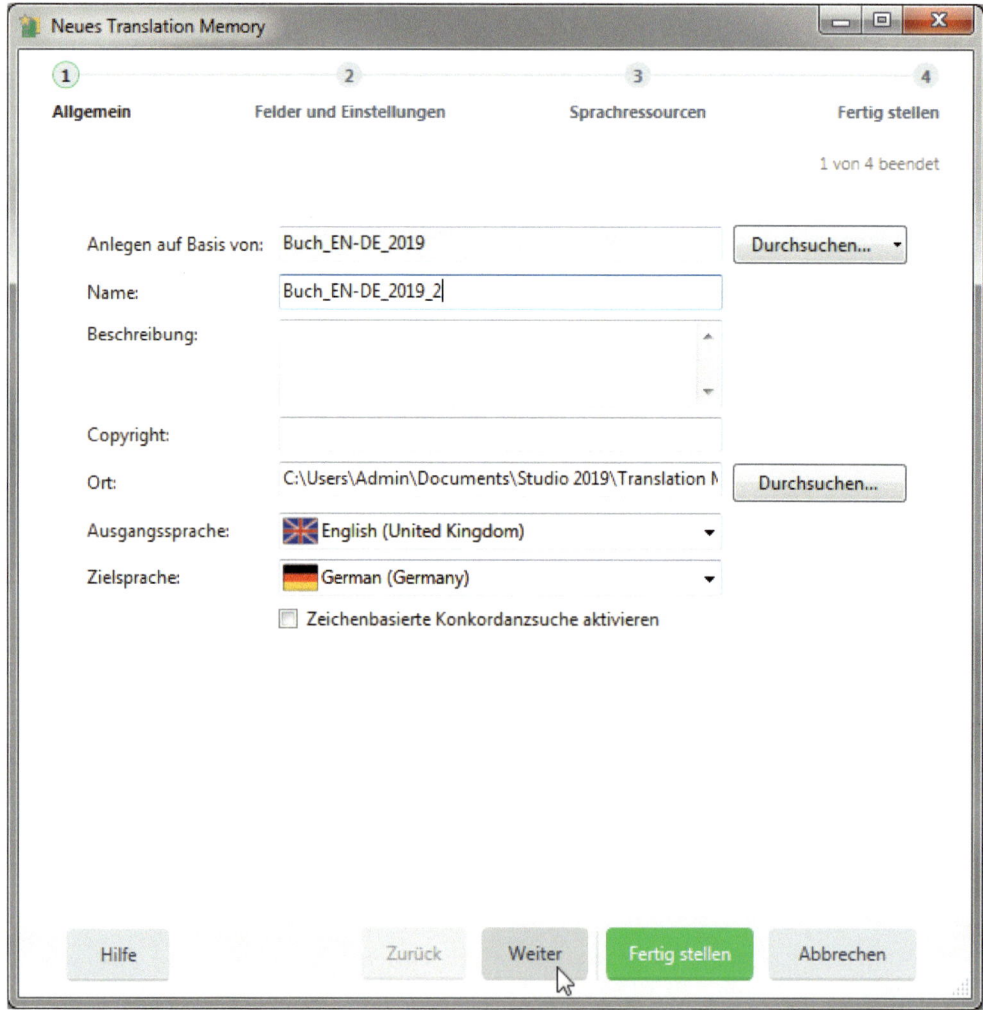

Das Dialogfeld **Neues Translation Memory** → **Felder und Einstellungen** öffnet sich. Alle Einstellungen aus dem Translation Memory, das als Basis für das neue Translation Memory dient, sind bereits vorgenommen. Wenn Sie möchten, haben Sie die Möglichkeit, Änderungen vorzunehmen. Klicken Sie danach auf **Weiter**.

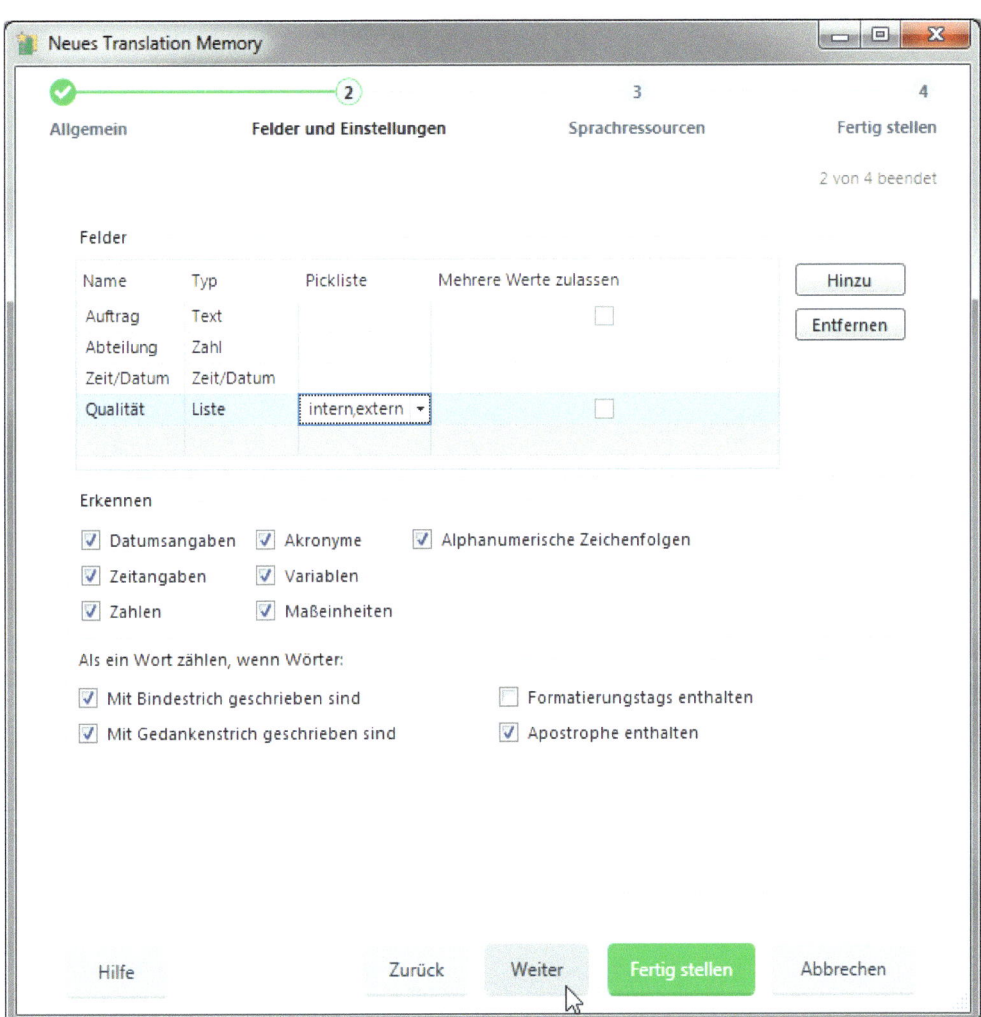

Das Dialogfeld **Neues Translation Memory** → **Sprachressourcen** öffnet sich. Alle Einstellungen, die für das Basis-Translation Memory vorgenommen wurden, sind in den entsprechenden Ressourcen enthalten. Auch in diesem Dialogfeld haben Sie die Möglichkeit, ggf. Änderungen vorzunehmen. Klicken Sie zum Abschluss auf **Fertig stellen**.

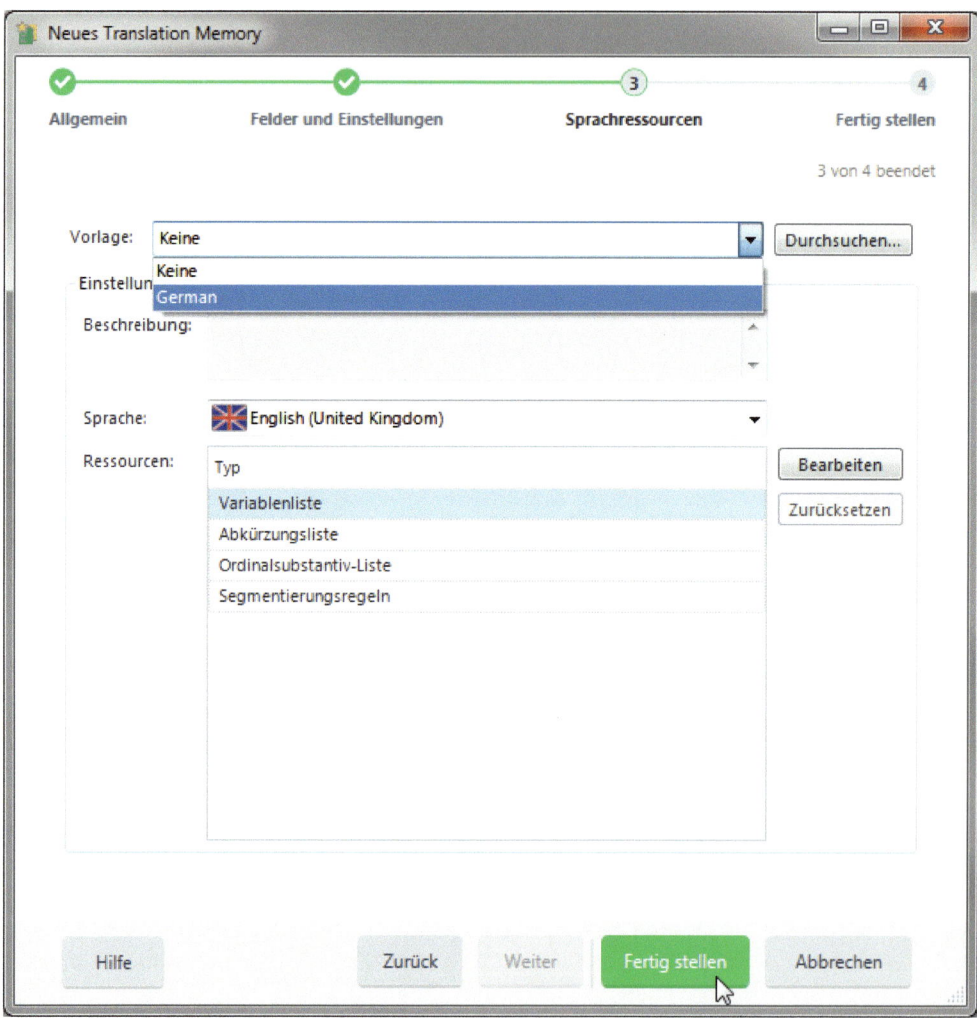

Das Translation Memory erscheint nun in der Ansicht **Translation Memorys** in der Navigationsleiste und kann in der Ansicht **Translation Memorys** auf der Registerkarte **Start** in der Gruppe **Tasks → Öffnen**, bei Projektanlagen, in angelegten Projekten und beim Öffnen von Einzeldateien ohne Projektanlage aufgerufen werden.

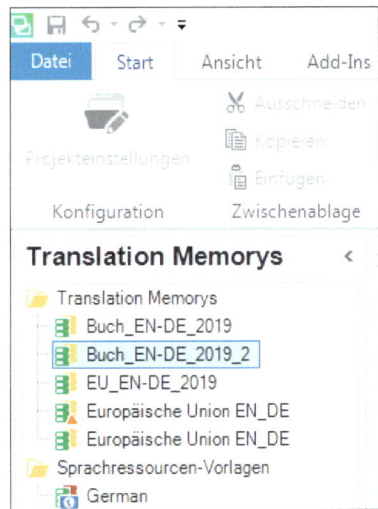

Upgrade von Translation Memorys

Ein Upgrade von Translation Memorys ist in SDL Trados Studio 2019 aus SDL Trados Studio-Vorversionen, aus Translation Memorys, die mit der Translator's Workbench oder mit SDLX erstellt wurden, aus TMX-Dateien und aus Workbench- oder WinAlign-Exporten im Format TXT möglich.

Upgrade von Translation Memorys aus SDL Trados Studio-Vorversionen

Translation Memorys aus SDL Trados Studio-Versionen vor SDL Trados Studio 2019, für die SDL Trados Studio 2019 ein Upgrade vorschlägt, sind bei der Projektanlage und in der Ansicht **Translation Memorys** in der Navigationsleiste mit einem orangefarbenem Dreieck neben dem TM-Symbol versehen.

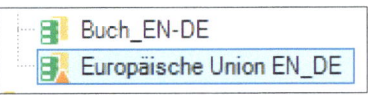

Upgrade von Translation Memorys aus SDL Trados Studio-Vorversionen in der Ansicht Translation Memorys

Klicken Sie in der Ansicht **Translation Memorys** auf der Registerkarte **Start** in der Gruppe **Tasks** auf **Öffnen**, um das zu aktualisierende Translation Memory zunächst zu öffnen.

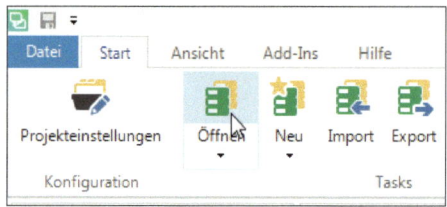

Klicken Sie danach auf der Registerkarte **Start** in der Gruppe **Extras** auf **Translation Memory-Upgrade durchführen**.

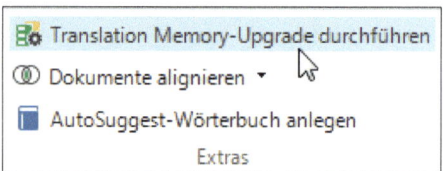

Das Dialogfeld **Translation Memory-Upgrade durchführen** öffnet sich. Klicken Sie auf **Dateibasierte TMs hinzufügen**, um ein oder mehrere dateibasierte Translation Memorys für ein Upgrade aufzurufen. Alternativ haben Sie die Möglichkeit, serverbasierte Translation Memorys aufzurufen. Im vorliegenden Beispiel wird ein dateibasiertes Translation Memory aktualisiert.

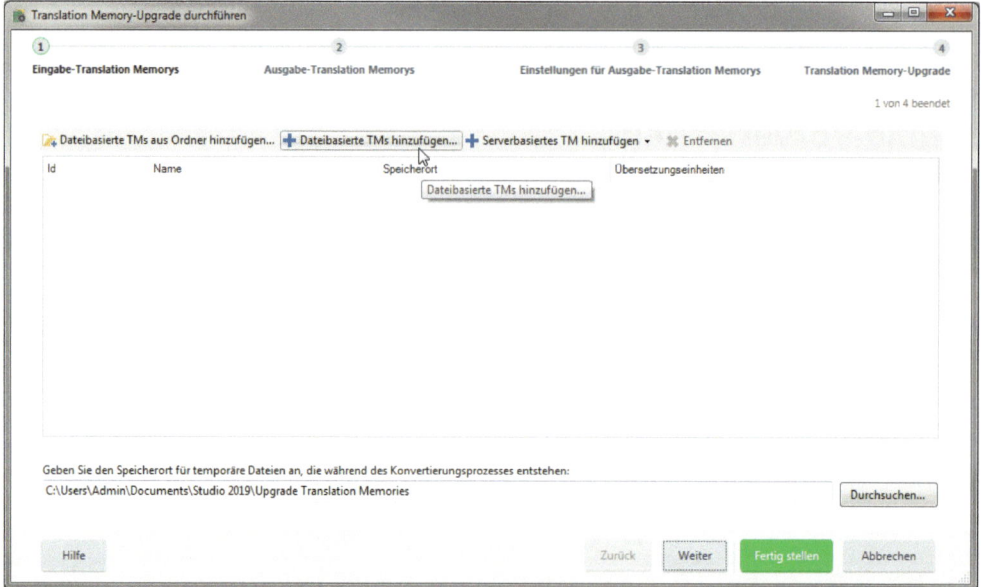

Das Dialogfeld **Eingabe-Translation Memorys auswählen** öffnet sich. Wählen Sie das zu aktualisierende Translation Memory (eins oder mehrere) aus und klicken Sie auf **Öffnen**.

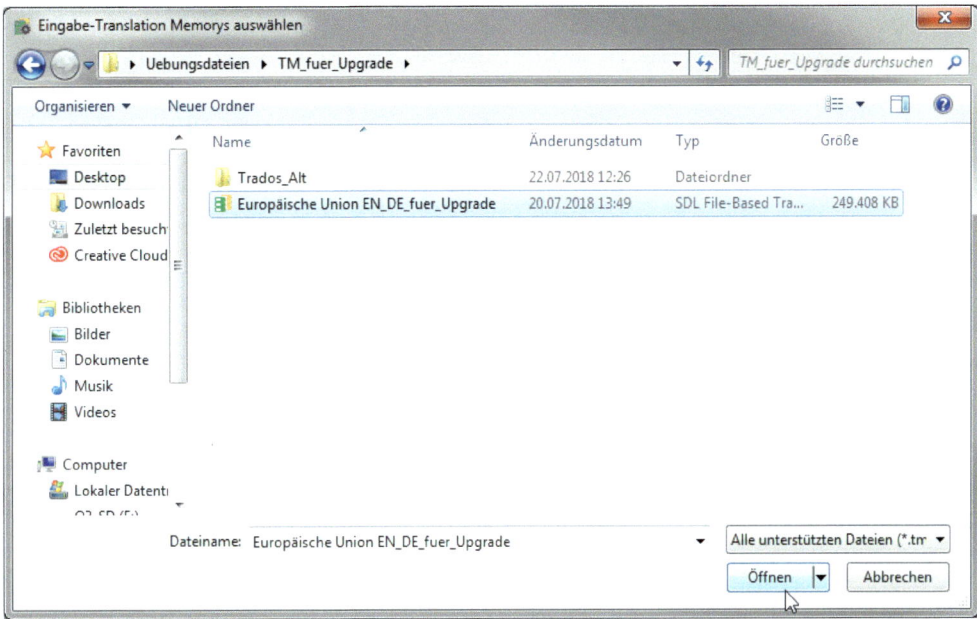

Das ausgewählte Translation Memory ist nun im Dialogfeld **Translation Memory-Upgrade durchführen → Eingabe-Translation Memorys** aufgeführt. Klicken Sie auf **Weiter**.

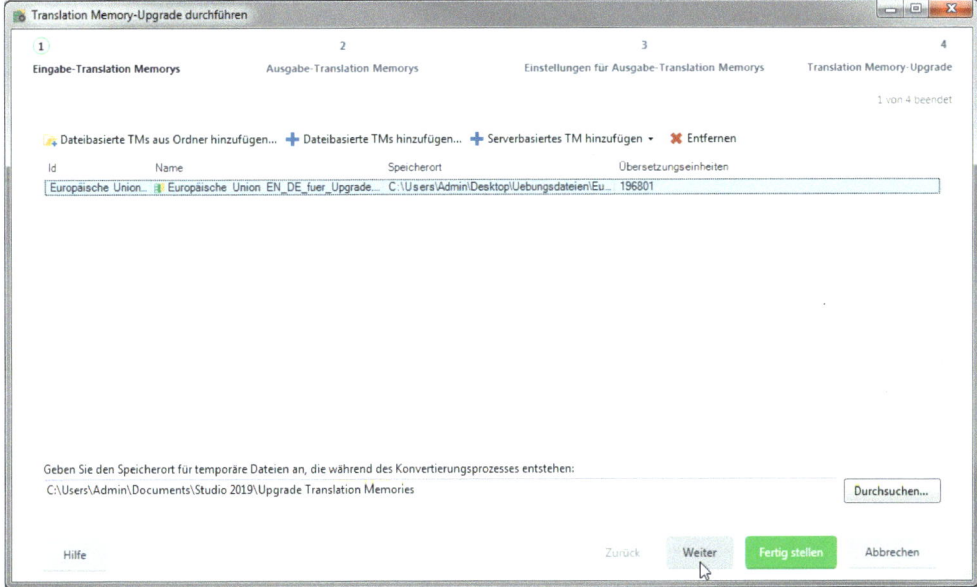

Das Dialogfeld **Translation Memory-Upgrade durchführen → Ausgabe-Translation Memorys** öffnet sich. Wählen Sie aus, ob Sie ein Ausgabe-Translation Memory für jedes zuvor ausgewählte Eingabe-Translation Memory oder ein Ausgabe-Translation Memory pro Sprachpaar anlegen möchten. Darüber hinaus haben Sie die Möglichkeit, eine benutzerdefinierte Auswahl zu treffen. Treffen Sie Ihre Auswahl und klicken Sie auf **Weiter**.

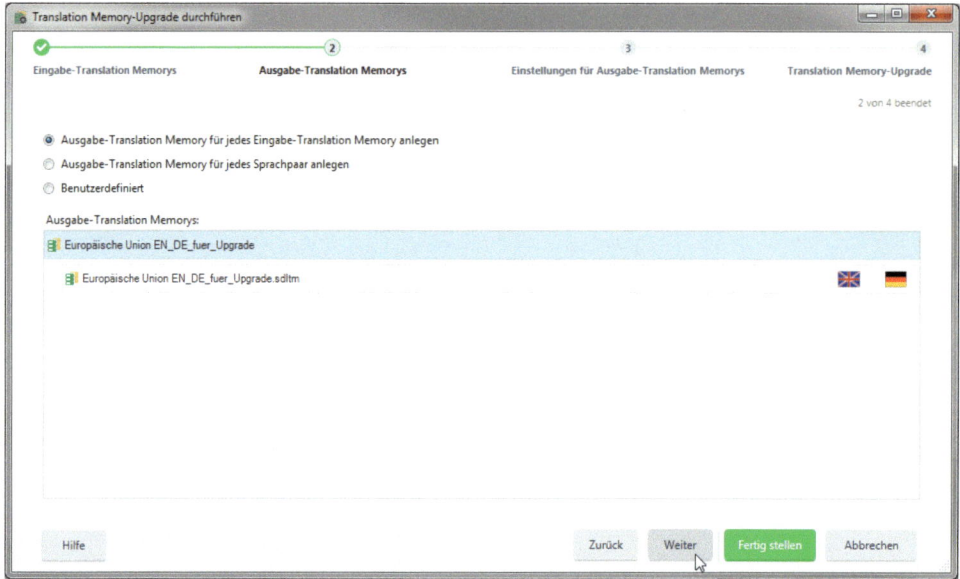

Das Dialogfeld **Translation Memory-Upgrade durchführen → Einstellungen für Ausgabe-Translation Memorys** öffnet sich.

Auf der Registerkarte **Ort** legen Sie den Speicherort für das Translation Memory fest.

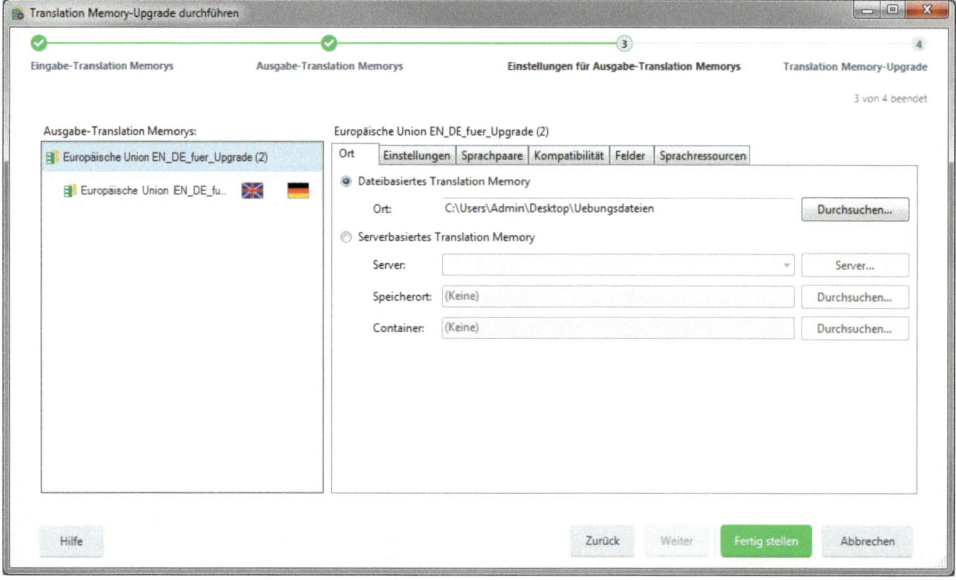

Auf der Registerkarte **Einstellungen** wählen Sie aus, ob im aktualisierten Translation Memory die zeichenbasierte Konkordanzsuche aktiviert sein soll, mit der in der Konkordanzsuche auch Zeichenfolgen innerhalb von Wörtern gefunden werden und Sie legen fest, ob das fragmentbasierte Alignment verwendet werden soll.

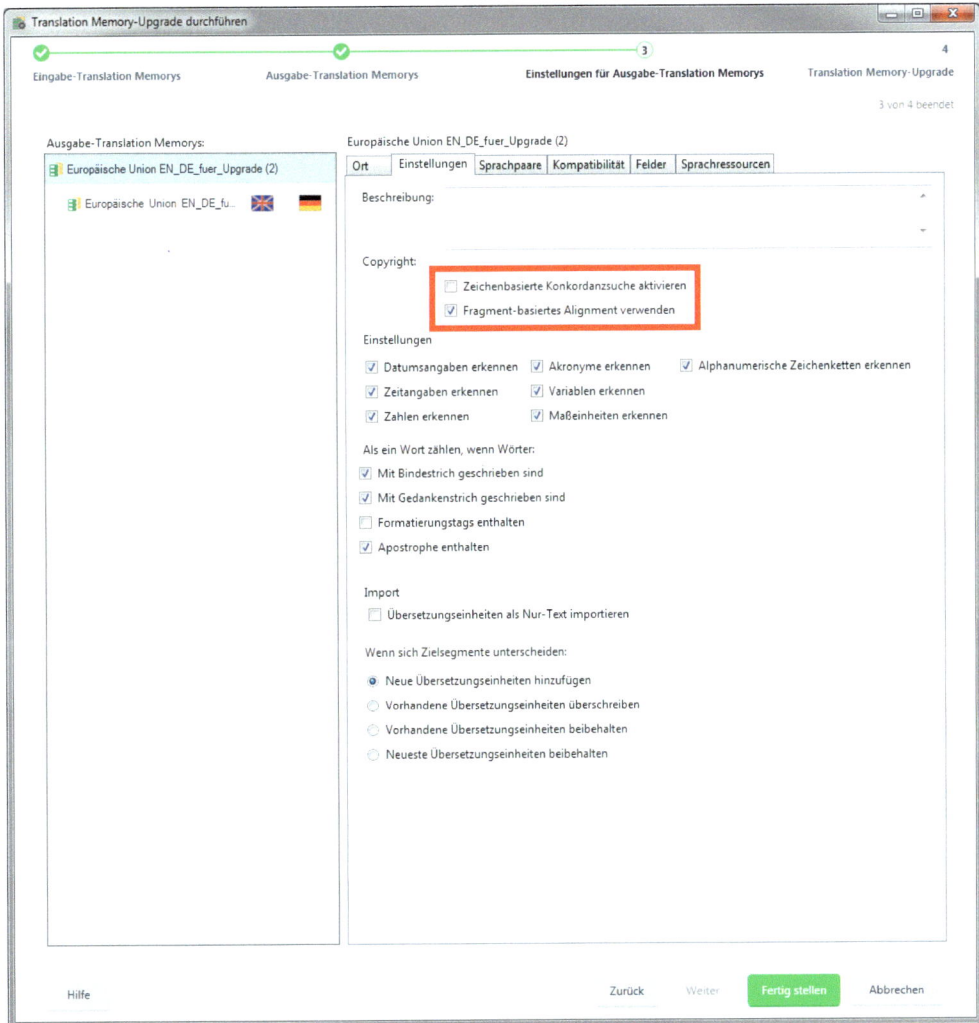

Darüber hinaus legen Sie in den **Einstellungen** fest, welche platzierbaren Elemente bei der Verwendung des aktualisierten Translation Memorys erkannt werden sollen.

Und Sie legen fest, wann Wörter als ein Wort gezählt werden sollen.

```
Als ein Wort zählen, wenn Wörter:
☑ Mit Bindestrich geschrieben sind
☑ Mit Gedankenstrich geschrieben sind
☐ Formatierungstags enthalten
☑ Apostrophe enthalten
```

Unter **Import** wählen Sie aus, ob die Übersetzungseinheiten mit Formatierungen importiert werden sollen (dies ist der Standard) oder ob sie als Nur-Text importiert werden sollen.

```
Import
☐ Übersetzungseinheiten als Nur-Text importieren
```

Und sie legen fest, ob neue Übersetzungseinheiten hinzugefügt, überschrieben oder beibehalten werden sollen, wenn sich Zielsegmente unterscheiden. Oder ob nur die neuesten Übersetzungseinheiten beibehalten sollen.

```
Wenn sich Zielsegmente unterscheiden:
● Neue Übersetzungseinheiten hinzufügen
○ Vorhandene Übersetzungseinheiten überschreiben
○ Vorhandene Übersetzungseinheiten beibehalten
○ Neueste Übersetzungseinheiten beibehalten
```

Auf der Registerkarte **Sprachpaare** ist die Sprachkombination bzw. sind die vorhandenen Sprachkombinationen aufgeführt.

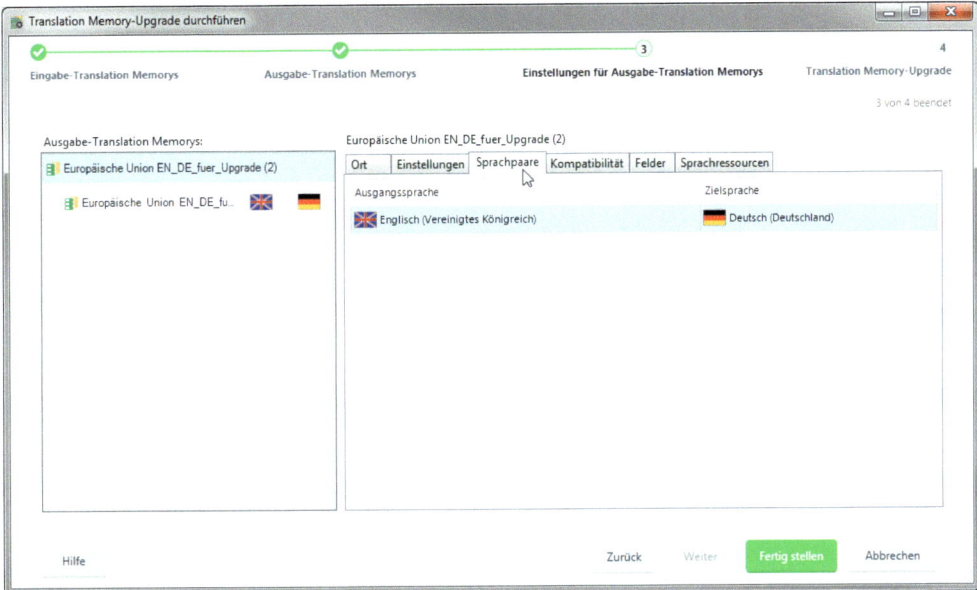

Auf der Registerkarte **Kompatibilität** wählen Sie aus, ob das zu aktualisierende Translation Memory nach der Aktualisierung vornehmlich in SDL Trados Studio-Umgebungen, in vorsegmentierten SDL ITD- oder TTX-Dateien (aus der Zeit vor Studio) oder in beiden Szenarien verwendet werden soll.

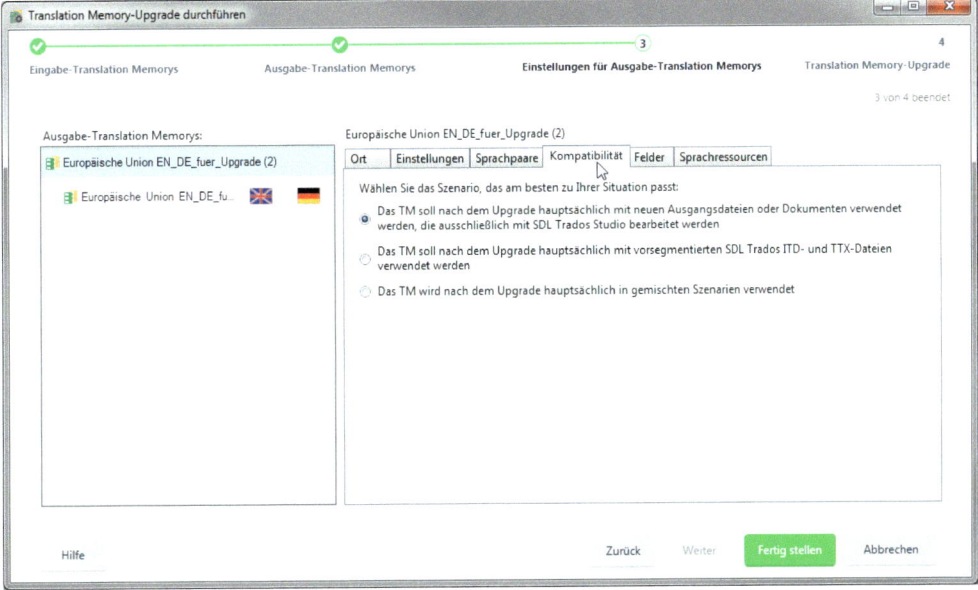

Auf der Registerkarte **Felder** sind benutzerdefinierte Felder aufgeführt, wenn im zu aktualisierenden Translation Memory benutzerdefinierte Felder enthalten waren.

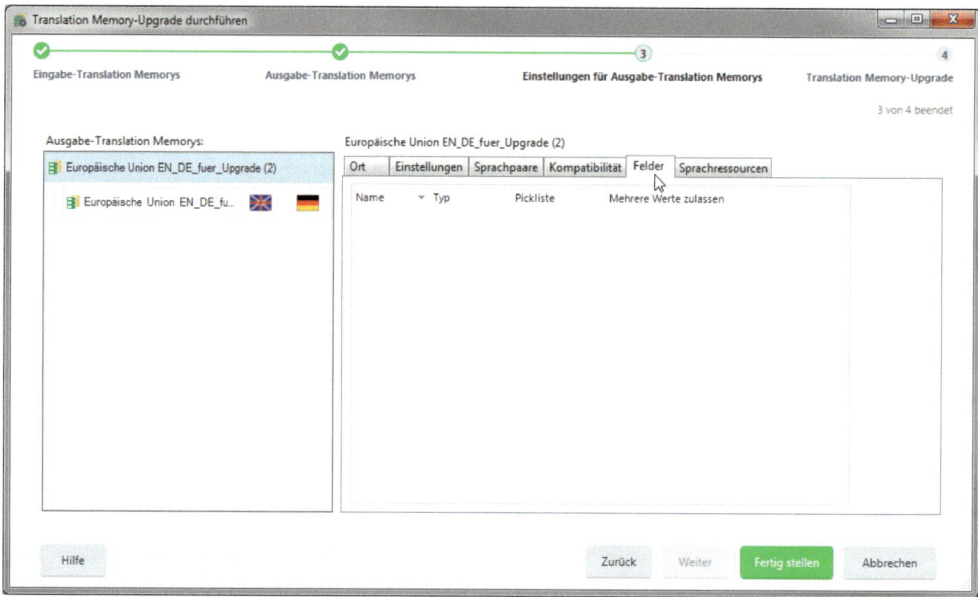

Auf der Registerkarte **Sprachressourcen** haben Sie die Möglichkeit, die vorhandene Standard-Sprachressource beizubehalten oder eine neue Sprachressource für die Ausgangssprache auszuwählen.

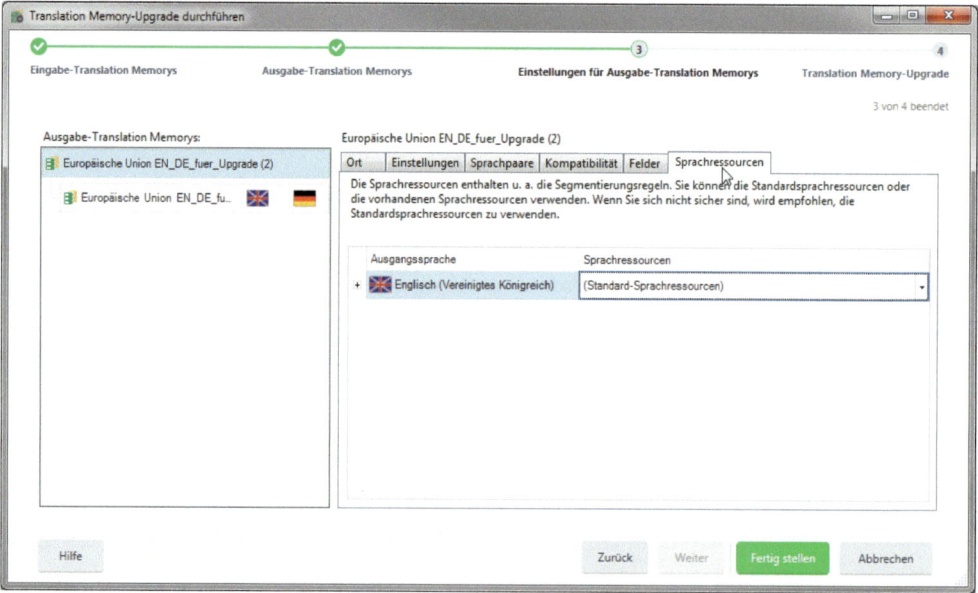

Klicken Sie nach Abschluss der Eingaben im Dialogfeld **Einstellungen für Ausgabe-Translation Memorys** auf **Fertig stellen**.

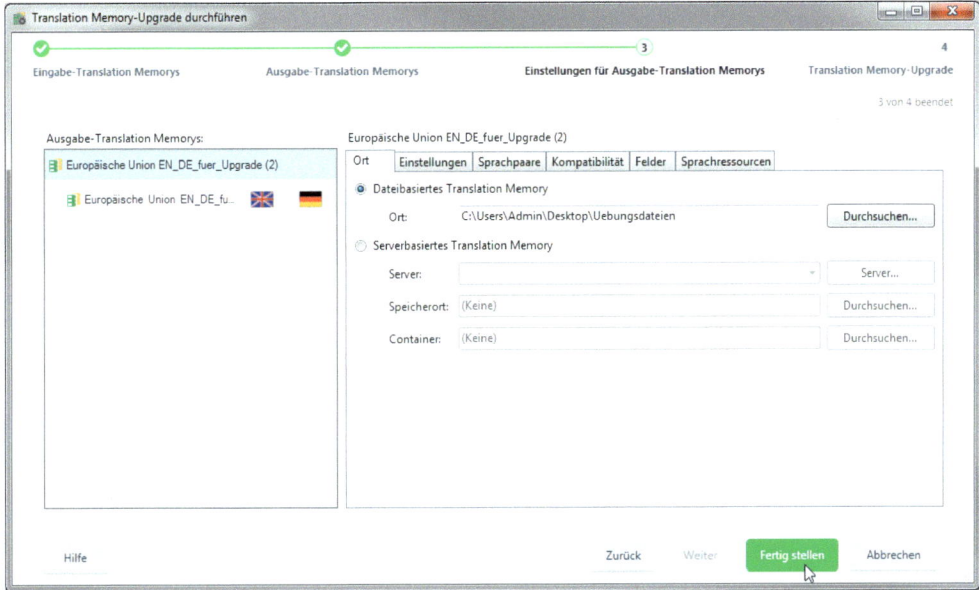

Das Dialogfeld **Translation Memory-Upgrade durchführen** öffnet sich und SDL Trados Studio 2019 führt das Upgrade durch. Dabei wird das neue Translation Memory angelegt, die Übersetzungseinheiten werden importiert, ein Übersetzungsmodell für die Fragmenterkennung erstellt und die Übersetzungseinheiten aligniert. Klicken Sie nach Abschluss des Upgrades auf **Schließen**.

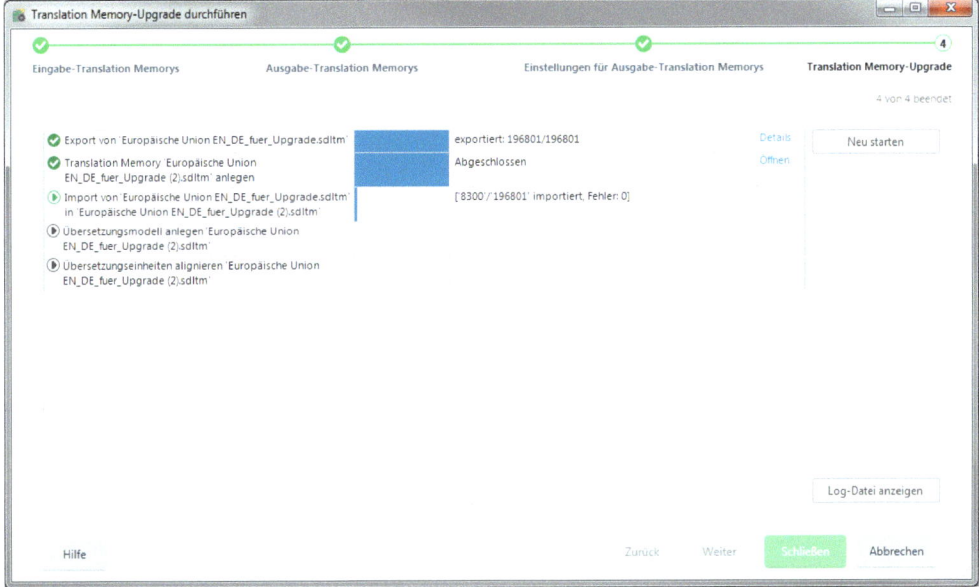

Das Translation Memory erscheint nun ohne orangefarbenes Dreieck in der Navigationsleiste der Ansicht **Translation Memorys** und ist für die weitere Verwendung in SDL Trados Studio 2019 optimal vorbereitet.

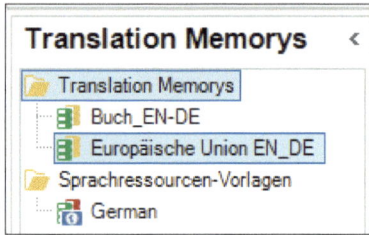

Upgrade von Translation Memorys aus SDL Trados Studio-Vorversionen bei der Projektanlage

Über das Aktualisieren von Translation Memorys in der Ansicht **Translation Memorys** hinaus ist es auch möglich, Translation Memorys bei der Projektanlage zu aktualisieren. Klicken Sie bei der Projektanlage in Schritt 3 im Dialogfeld **Neues Projekt anlegen → Übersetzungsressourcen** auf das zu aktualisierende Translation Memory, sodass es farbig unterlegt ist, und klicken Sie dann auf den Doppelpfeil nach rechts neben **Exportieren…**.

Wählen Sie danach aus der sich öffnenden Dropdown-Liste **Upgrade durchführen** aus.

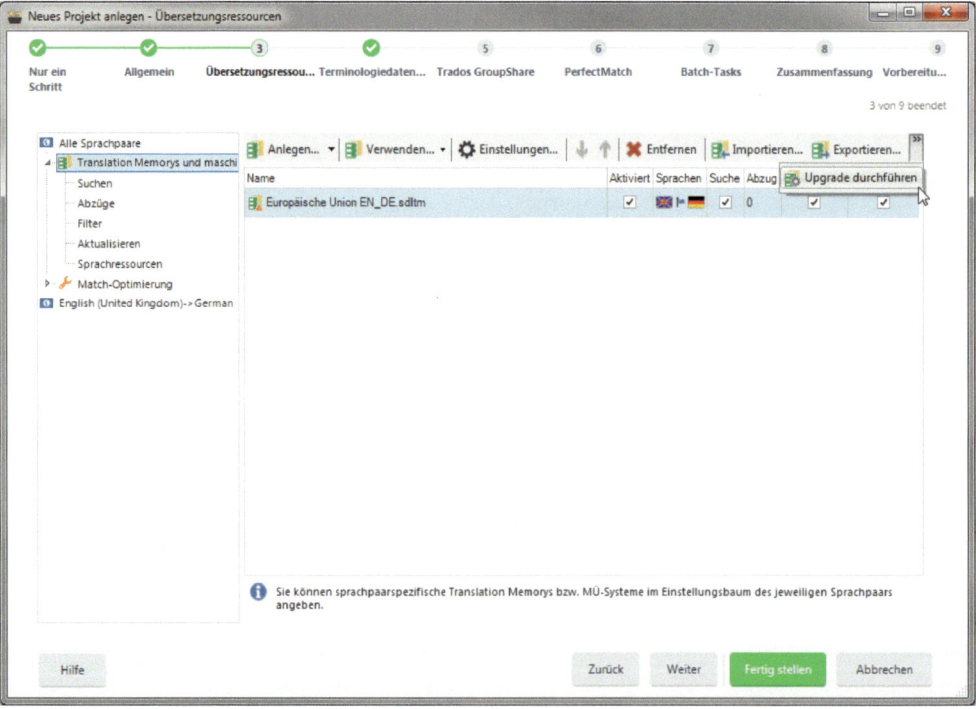

Das Dialogfeld **Translation Memory upgraden** öffnet sich und SDL Trados Studio 2019 erstellt ein Backup, aktualisiert das Translation Memory und indiziert es neu. Sobald das TM groß genug für die Fragmenterkennung ist (Minimum 1000 Übersetzungseinheiten) wird darüber hinaus ein Übersetzungsmodell erstellt und die Übersetzungseinheiten werden aligniert. Klicken Sie nach Abschluss des Upgrades auf **Schließen**.

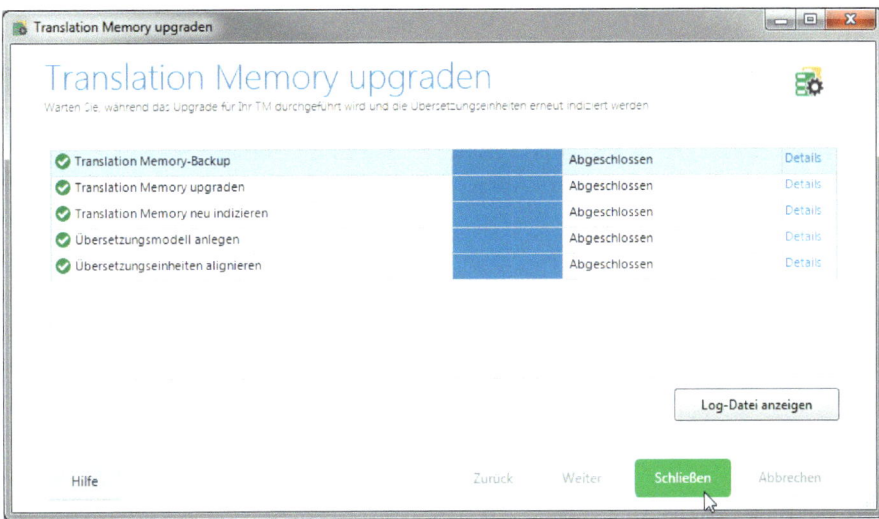

Das Translation Memory erscheint nun in der Projektanlage im Dialogfeld **Neues Projekt anlegen - Übersetzungsressourcen** ohne orangefarbenes Dreieck und ist für die Weiterverwendung in der Projektanlage vorbereitet.

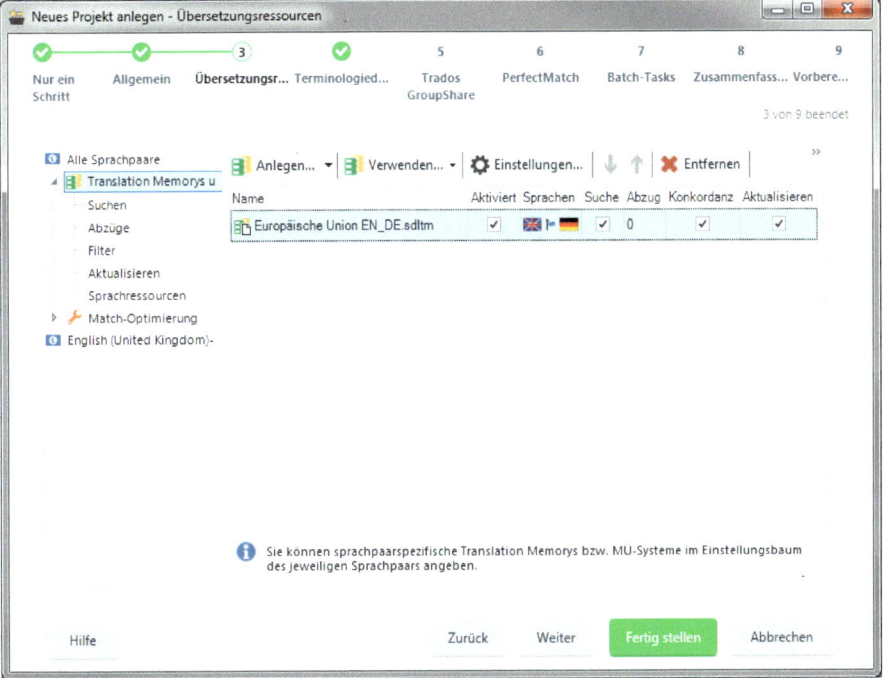

? Kann die Projektanlage auch ohne Upgrade des Translation Memorys fortgesetzt werden?
Ja, das ist möglich. Für eine optimale Verwendung des Translation Memorys mit allen Funktionen von SDL Trados Studio 2019 empfiehlt es sich jedoch, das Translation Memory für die Fragmenterkennung zu aktualisieren.

Upgrade von Translation Memorys aus der Translator's Workbench, SDLX, TMX und Workbench- oder WinAlign-Exporten

Sie haben in SDL Trados Studio 2019 darüber hinaus die Möglichkeit, Translation Memory-Daten aus SDLX, der Translator's Workbench, von TMX-Dateien und von Workbench- oder WinAlign-Exporten im Format TXT in ein SDL Trados Studio Translation Memory im Format *.sdltm aktualisieren („upgraden") zu lassen.

```
Alle unterstützten Dateien (*.tmw, *.mdb, *.tmx, *.txt, *.sdltm)
Alle bestehenden Dateien (*.tmw, *.mdb, *.tmx, *.txt)
Trados-Translation Memory (*.tmw)
SDLX-TM (*.mdb)
Translation Memorys in TMX (*.tmx)
Workbench- oder WinAlign-Export (*.txt)
Translation Memorys (*.sdltm)
```

Im vorliegenden Beispiel soll ein Translation Memory aus der Translator's Workbench mit der Endung *.tmw importiert werden. Verfahren Sie analog mit den anderen möglichen Dateiformaten, aus denen ein Upgrade möglich ist.

! Erstellen Sie vorsichtshalber zunächst eine Sicherungskopie des früheren Translation Memorys und verwenden Sie diese für das Upgrade.

Wählen Sie zum Aktualisieren von Translation Memorys in der Ansicht **Translation Memorys** auf der Registerkarte **Start** in der Gruppe **Extras → Translation Memory-Upgrade durchführen** aus.

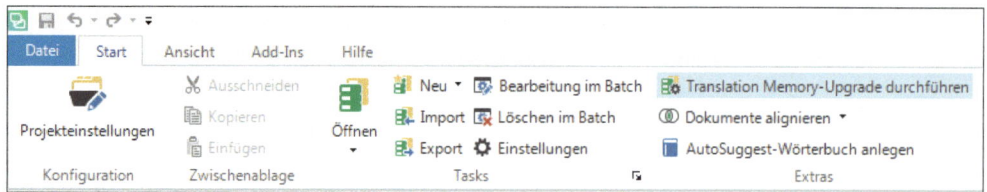

Alternativ finden Sie diese Option auch in der Ansicht **Willkommen** auf der Registerkarte **Start** in der Gruppe **Translation Memory** → **Translation Memory-Upgrade durchführen**.

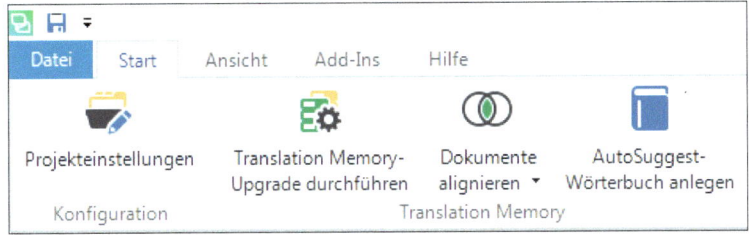

Klicken Sie im sich öffnenden Dialogfeld **Translation Memory-Upgrade durchführen** → **Eingabe-Translation Memorys** auf **Dateibasierte TMs hinzufügen...**, um ein oder mehrere dateibasierte Translation Memorys auszuwählen, die in das *.sdltm-Format von SDL Trados Studio 2019 aktualisiert werden sollen, oder klicken Sie auf **Serverbasiertes TM hinzufügen**, wenn Sie ein oder mehrere serverbasierte Translation Memorys hinzufügen möchten. Im vorliegenden Beispiel wird ein dateibasiertes Translation Memory aktualisiert.

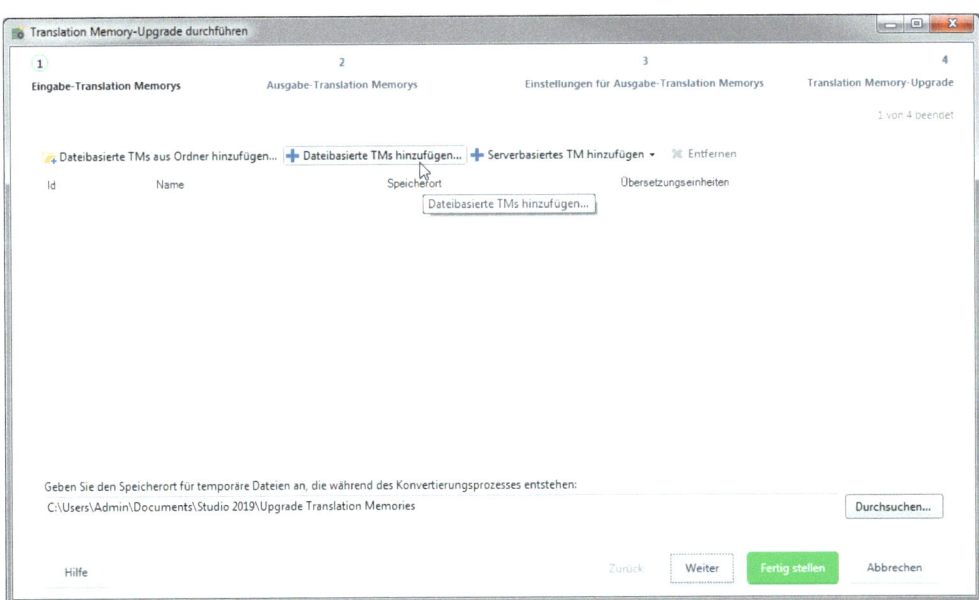

Das Dialogfeld **Eingabe-Translation Memorys auswählen** öffnet sich. Wählen Sie das zu aktualisierende Translation Memory aus und klicken Sie auf **Öffnen** oder doppelklicken Sie auf das Translation Memory, um es für die Aktualisierung zu öffnen.

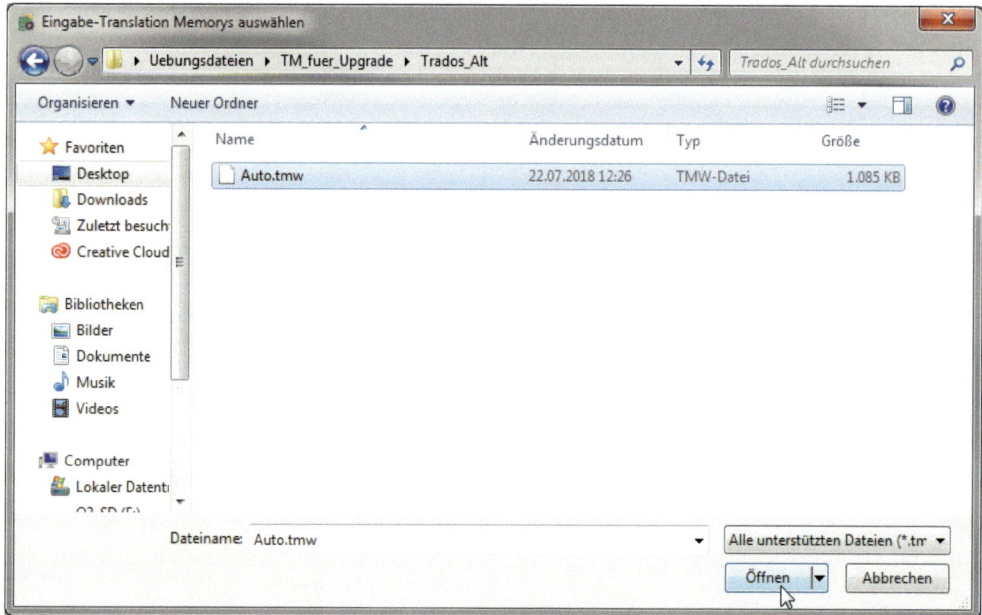

Das zu aktualisierende Translation Memory ist nun in das Dialogfeld **Translation Memory-Upgrade durchführen → Eingabe-Translation Memorys** integriert. Klicken Sie auf **Weiter**, um fortzufahren.

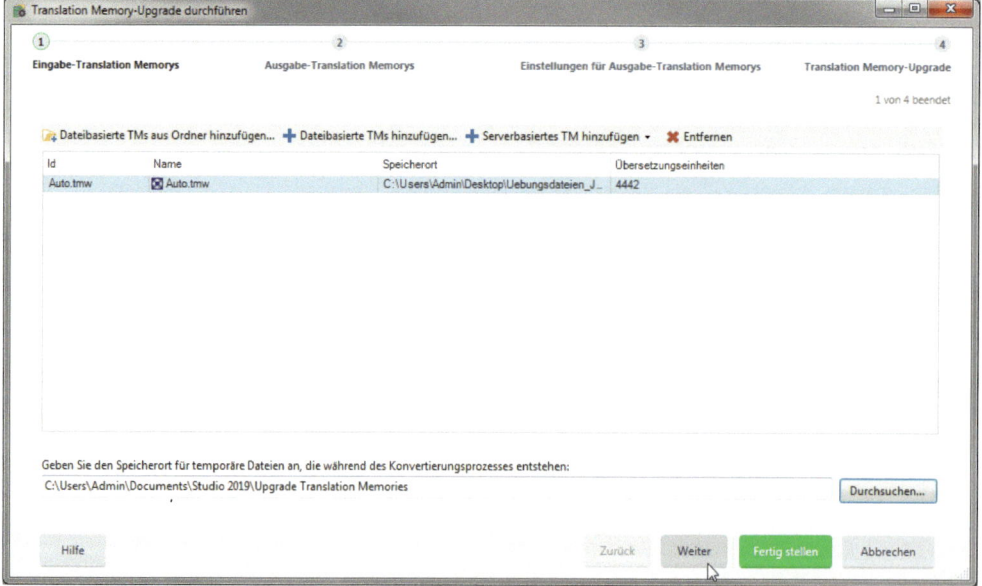

Im nächsten Schritt wählen Sie im Dialogfeld **Translation Memory-Upgrade durchführen** → **Ausgabe-Translation Memorys** aus,

- ob Sie ein neues Translation Memory für jedes zu aktualisierende Translation Memory anlegen möchten (**Ausgabe-Translation Memory für jedes Eingabe-Translation Memory anlegen**) oder
- ob Sie ein neues Translation Memory für jedes Sprachpaar eines zu aktualisierenden Translation Memorys anlegen möchten (**Ausgabe-Translation Memory für jedes Sprachpaar anlegen**).
- Darüber hinaus haben Sie die Möglichkeit, ein benutzerdefiniertes Verfahren auszuwählen.

Treffen Sie Ihre Auswahl und klicken Sie auf **Weiter**, um fortzufahren.

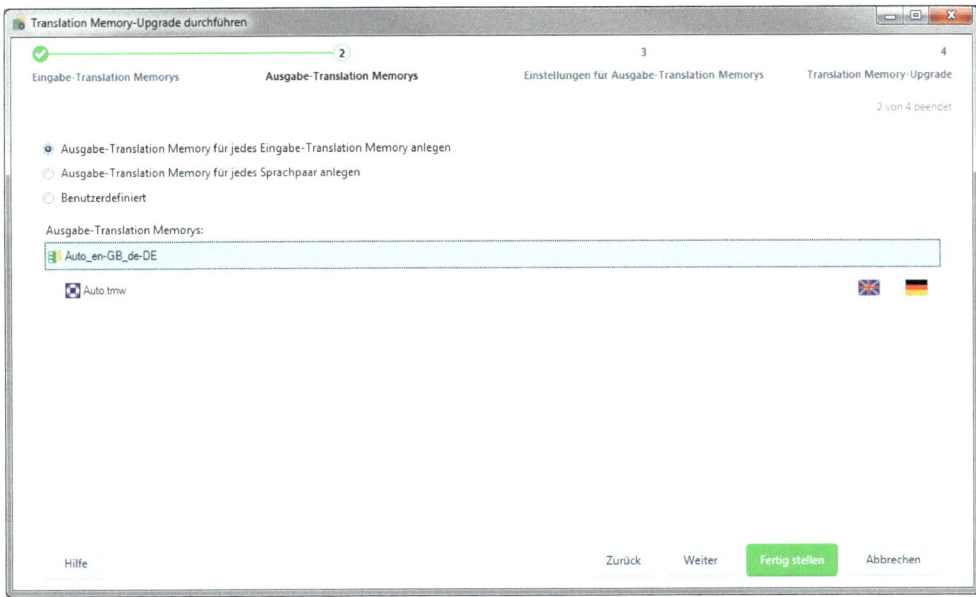

SDL Trados Studio 2019 gibt im sich öffnenden Dialogfeld **Translation Memory-Upgrade durchführen** → **Einstellungen für Ausgabe-Translation Memorys** den Speicherort für das neue Translation Memory an. Dieser entspricht dem Speicherort, aus dem das ursprüngliche Translation Memory entnommen wurde. Belassen Sie die Einstellungen unverändert, wenn Sie den gleichen Speicherort für das Ziel-Translation Memory im Format *.sdltm wie für das Ausgangs-Translation Memory wünschen, oder klicken Sie auf **Durchsuchen...**, um einen neuen Speicherort festzulegen.

Nehmen Sie ggf. weitere Einstellungen auf den weiteren Registerkarten vor (weitere Informationen hierzu finden Sie im Kapitel **Upgrade von Translation Memorys aus SDL Trados Studio-Vorversionen**) und klicken Sie auf **Fertig stellen**, um die Eingabe abzuschließen.

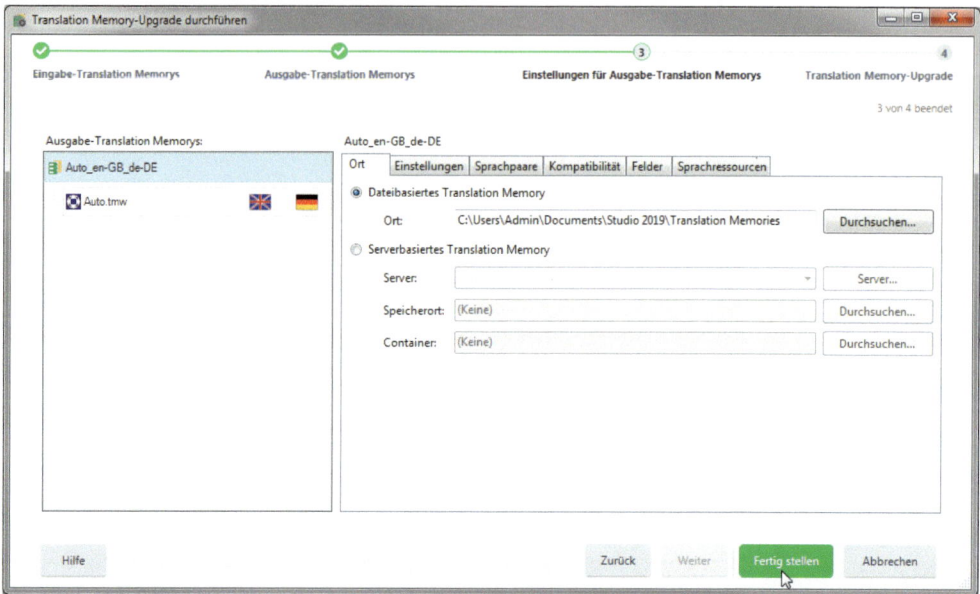

SDL Trados Studio 2019 öffnet das Dialogfeld **Translation Memory-Upgrade durchführen → Translation Memory-Upgrade** und aktualisiert das bestehende Translation Memory bzw. die bestehenden Translation Memorys in ein oder mehrere SDL Trados Studio 2019 Translation Memorys im *.sdltm-Format, zeigt durch ein grünes Feld mit weißem Häkchen ⊘ an, wenn die Aktualisierung erfolgreich war und listet die Anzahl der aus dem bestehenden Translation Memory exportierten und in das neue Translation Memory importierten Übersetzungseinheiten sowie die Anzahl der Fehler auf. Darüber hinaus legt SDL Trados Studio 2019 ein Übersetzungsmodell an und aligniert die Übersetzungseinheiten, um die Fragmenterkennung zu optimieren.

Klicken Sie auf **Schließen**, um fortzufahren.

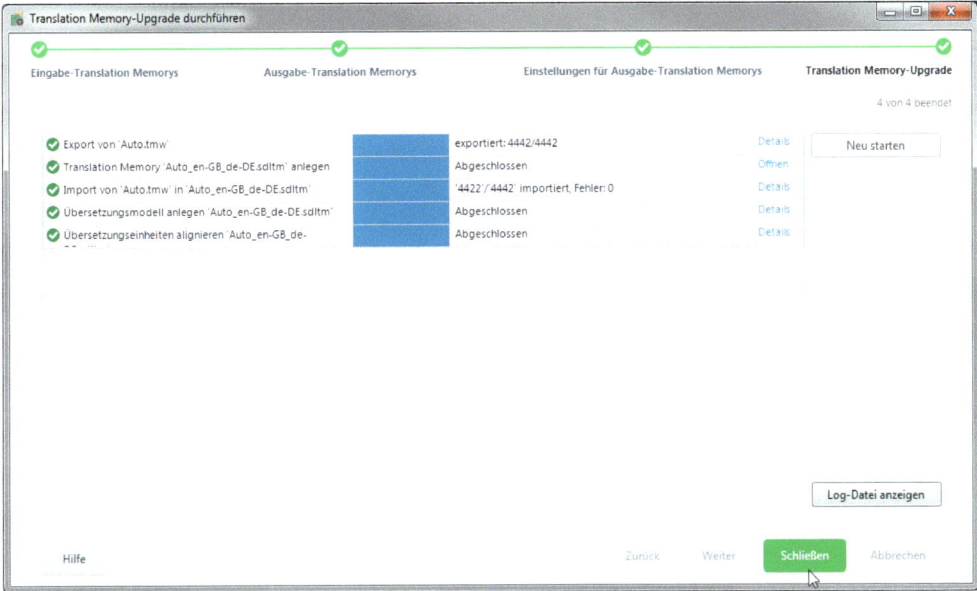

Bestätigen Sie die Frage, ob die temporären Dateien gelöscht werden sollen, mit **Ja**, wenn alle temporär für die Aktualisierung angelegten Dateien gelöscht werden sollen.

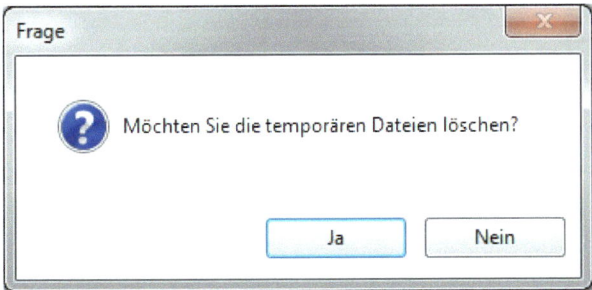

Das aktualisierte Translation Memory steht nun im SDL Trados Studio-Format *.sdltm und optimiert für die Verwendung mit SDL Trados Studio 2019 am von Ihnen gewählten Speicherort zur Verfügung. Es ist mit einem grün-gelben Symbol gekennzeichnet.

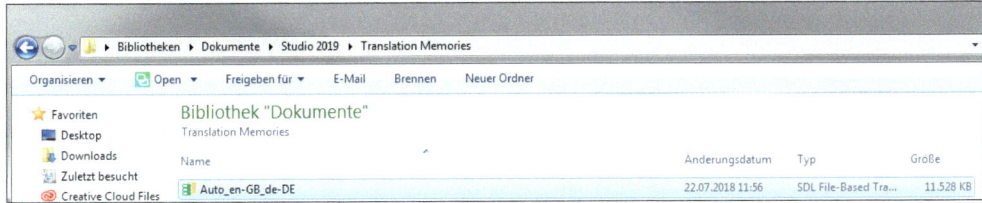

Doppelklicken Sie auf das neue Translation Memory, um dieses zur Ansicht oder für die Bearbeitung in SDL Trados Studio 2019 in der Ansicht **Translation Memorys** zu öffnen.

Importieren und Exportieren von Translation Memory-Daten

SDL Trados Studio 2019 gibt Ihnen die Möglichkeit, Translation Memory-Daten sowohl zu importieren als auch zu exportieren.

Dabei werden folgende Formate für den Import unterstützt:

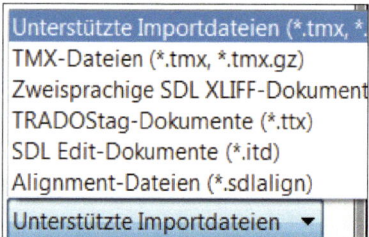

Ein Export ist in Form von *.tmx- und komprimierten *.tmx-Dateien möglich.

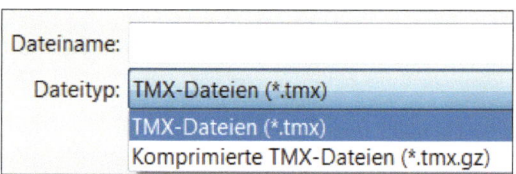

- **TMX-Dateien** sind Dateien, die im offenen Austauschformat für Translation Memory-Daten TMX aus einem Translation Memory-System exportiert wurden. Dies können Dateien sein, die aus SDL Trados oder aus einem anderen Translation Memory-System exportiert wurden.

- **Zweisprachige SDL XLIFF-Dokumente** sind Dokumente, die für die Bearbeitung in SDL Trados Studio bei einer Projektanlage oder beim Öffnen und Speichern einer Einzeldatei für die Bearbeitung in SDL Trados Studio erzeugt wurden.

- **TRADOStag-Dokumente** sind Dokumente, die bei der Übersetzung von Dokumenten im SDL Trados TagEditor (in SDL Trados-Versionen „vor Studio") erzeugt wurden.

- **SDL Edit-Dokumente** sind Dokumente, die bei der Übersetzung von Dokumenten in SDLX erzeugt wurden. SDLX ist ein Translation Memory-System, das von SDL vor dem Erscheinen von SDL Trados Studio parallel zu SDL Trados 2007 und anderen Vorversionen vertrieben wurde.

- **SDLALIGN** ist ein Dokumententyp, in dem Alignments aus SDL Trados Studio abgespeichert werden.

Importieren von Translation Memory-Daten in der Ansicht Translation Memorys

Klicken Sie zunächst in der Ansicht **Translation Memorys** auf der Registerkarte **Start** in der Gruppe **Tasks** auf den kleinen Pfeil nach unten unter **Öffnen** und wählen Sie aus der sich öffnenden Dropdown-Liste **Translation Memory öffnen** aus, wenn Sie ein dateibasiertes Translation Memory für den Import öffnen möchten. Wählen Sie **Serverbasiertes Translation Memory öffnen** aus, wenn Sie ein serverbasiertes Translation Memory öffnen möchten. Im vorliegenden Beispiel wird ein dateibasiertes Translation Memory geöffnet.

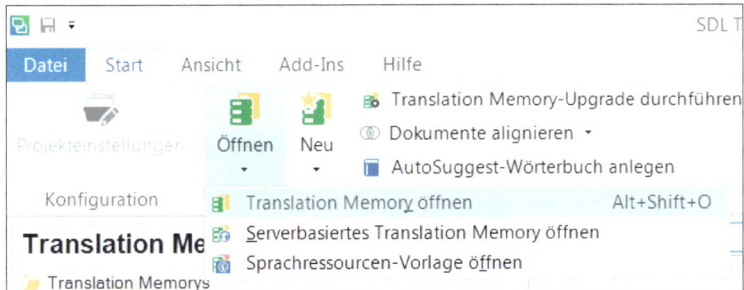

Das Dialogfeld **Dateibasiertes Translation Memory öffnen** öffnet sich. Wählen Sie das zu öffnende Translation Memory aus und klicken Sie danach auf **Öffnen** oder doppelklicken Sie zu diesem Zweck auf das zu öffnende Translation Memory.

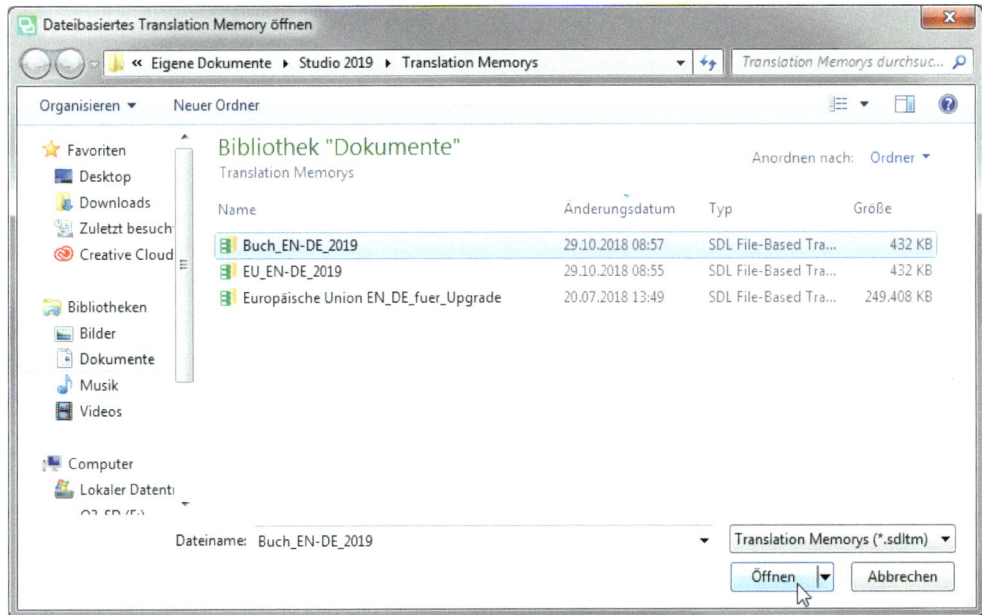

Das Translation Memory ist nun in der Ansicht **Translation Memorys** geöffnet.

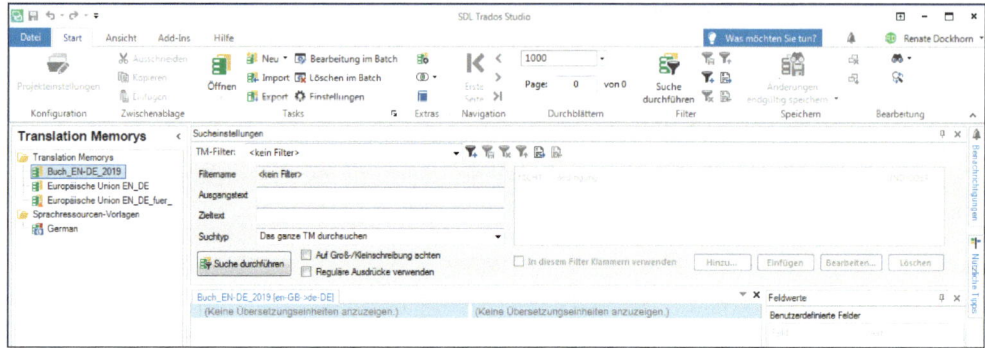

Klicken Sie in der Ansicht **Translation Memorys** auf der Registerkarte **Start** in der Gruppe **Tasks** auf **Import**.

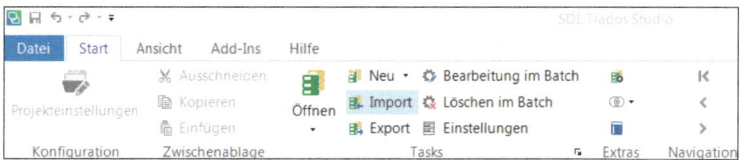

Das Dialogfeld **Import → Dateien importieren** öffnet sich. Klicken Sie auf **Dateien hinzufügen…**, um Translation Memory-Daten für den Import auszuwählen.

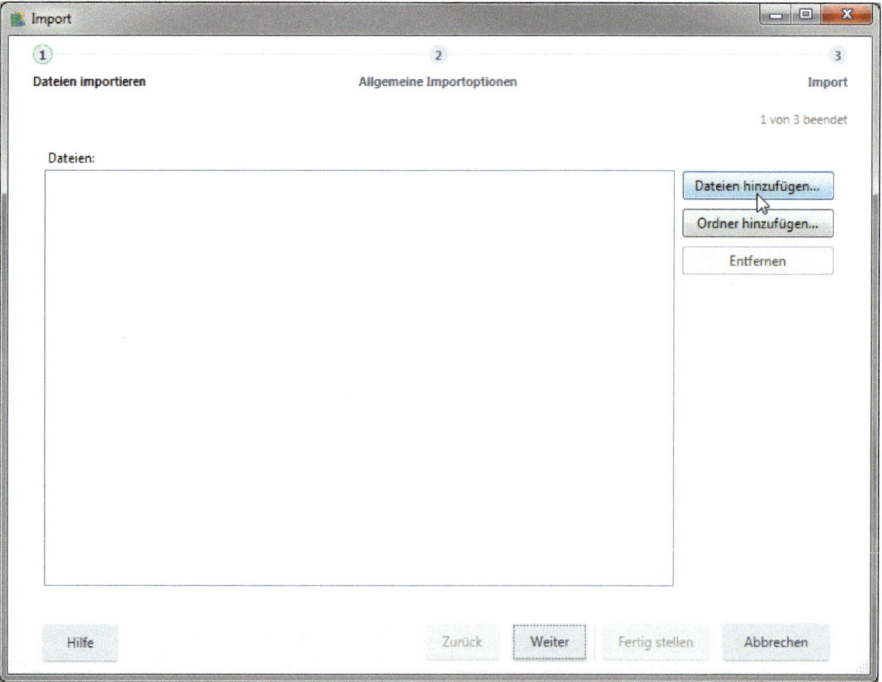

Das Dialogfeld **Dateien hinzufügen** öffnet sich. Wählen Sie die zu importierende Datei mit den Translation Memory-Daten aus und klicken Sie auf **Öffnen**. Wenn Sie möchten, können Sie auch mehrere Dateien gleichzeitig importieren. Drücken Sie dazu bei der Auswahl der Dateien die [Strg]-Taste und halten Sie diese gedrückt. Klicken Sie nacheinander auf die zu importierenden Dateien, sodass diese farbig unterlegt sind, und klicken Sie dann auf **Öffnen**.

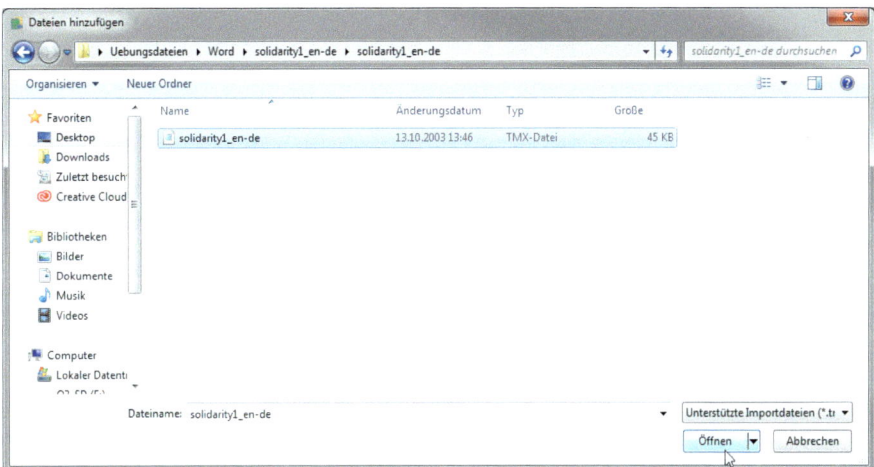

Die Datei ist nun im Dialogfeld **Import → Dateien importieren** hinzugefügt. Klicken Sie auf **Weiter**, um fortzufahren.

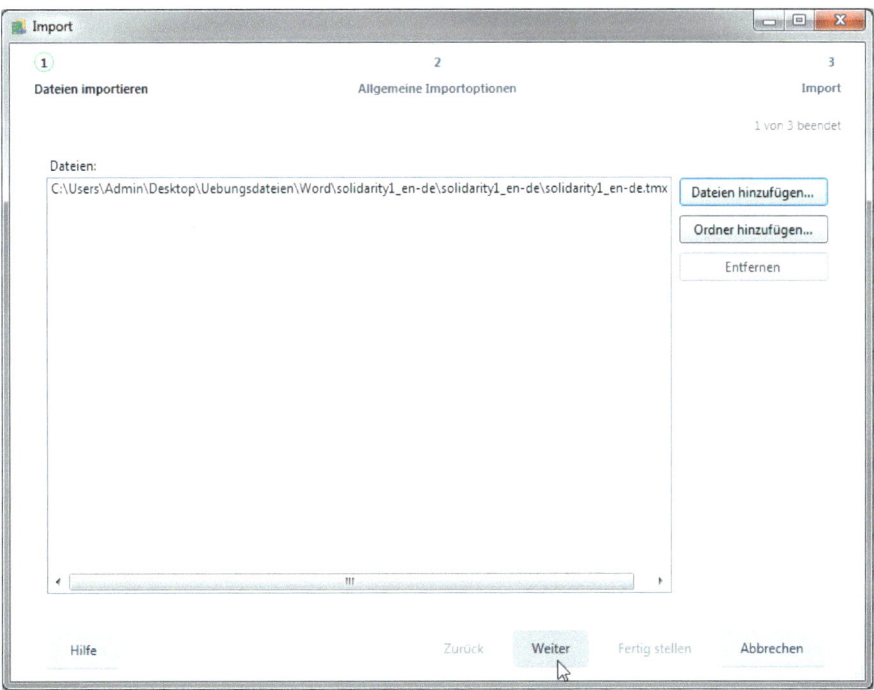

Das nachfolgende Dialogfeld unterscheidet sich abhängig vom Importformat:

Importieren von *.tmx-Dateien

Nach dem Hinzufügen von *.tmx-Datei(en) im vorgenannten Dialogfeld **Import → Dateien importieren** und Klicken auf **Weiter** öffnet sich das Dialogfeld **Import → Importoptionen für TMX**.

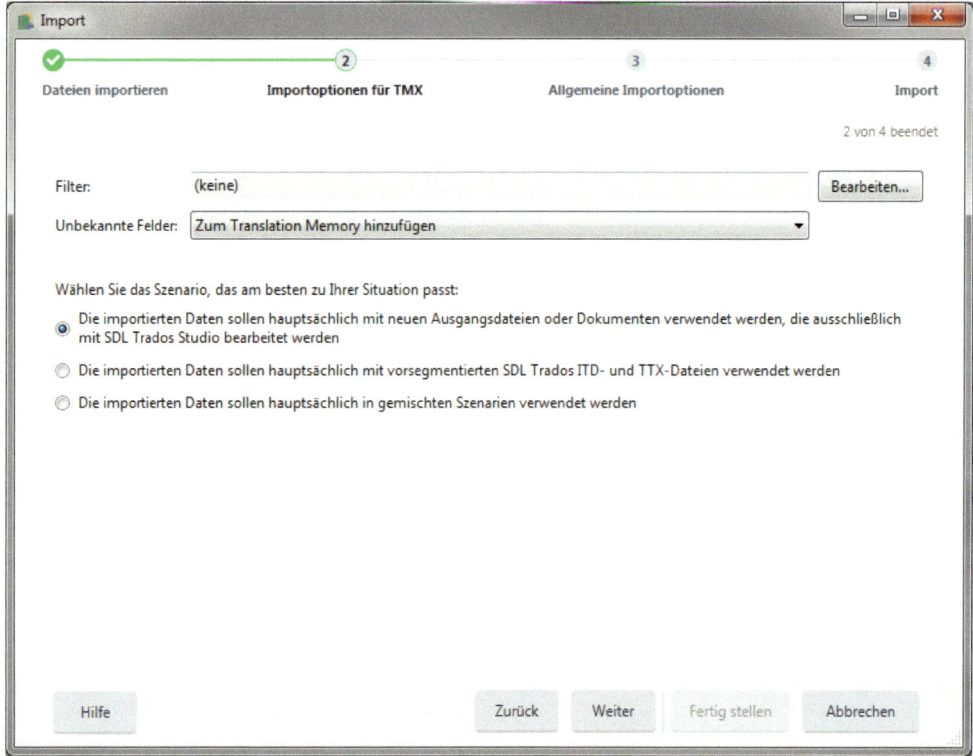

Wählen Sie zunächst aus, ob ein Filter gesetzt werden und wie SDL Trados Studio 2019 mit unbekannten Feldern verfahren soll.

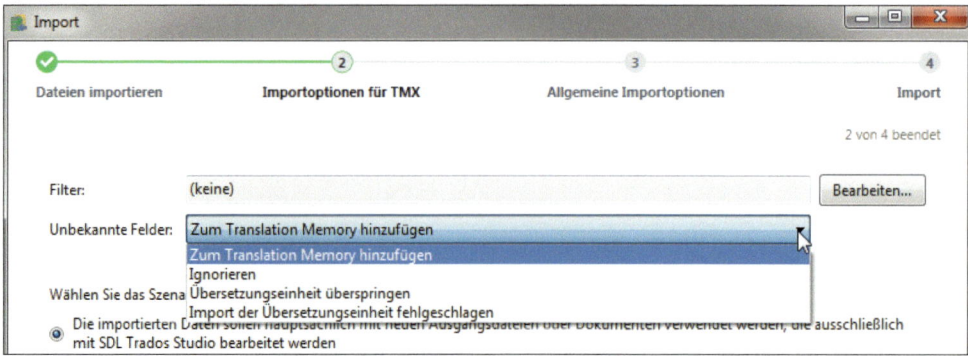

Zusätzlich haben Sie die Möglichkeit festzulegen,

- ob die Translation Memory-Daten vornehmlich in Projekten in SDL Trados Studio 2019 mit neuen ausgangssprachlichen Dokumenten verwendet werden sollen, die ausschließlich mit SDL Trados Studio 2019 bearbeitet werden,
- ob die Daten hauptsächlich mit vorsegmentierten SDL Trados ITD- und TTX-Daten verwendet werden sollen oder
- ob die importierten Daten in beiden vorgenannten Szenarien verwendet werden sollen.

Klicken Sie nach erfolgter Auswahl auf **Weiter**.

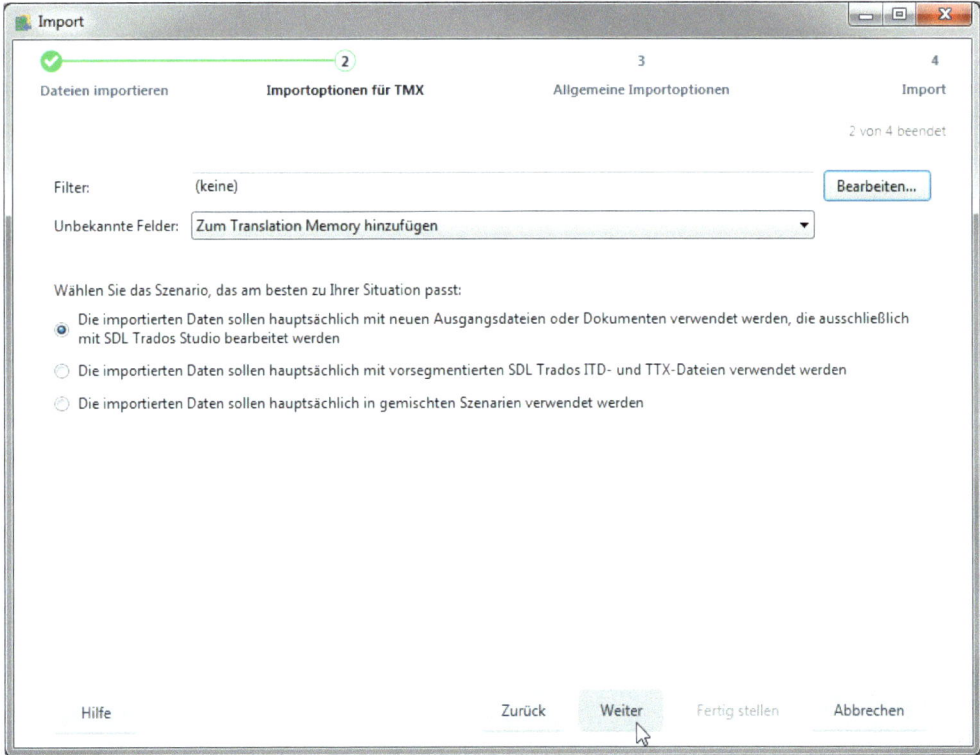

Das Dialogfeld **Import → Allgemeine Importoptionen** öffnet sich. Dieses Dialogfeld ist identisch für alle Importformate und wird weiter unten in diesem Kapitel behandelt.

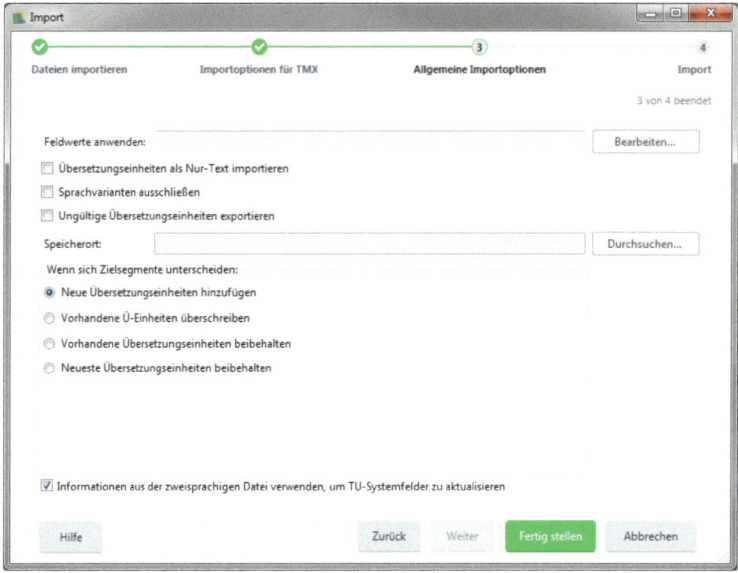

Importieren von *.sdlxliff-, *.ttx- und *.itd-Dateien

Nach dem Hinzufügen der Datei(en) im Dialogfeld **Import → Dateien importieren** und Klicken auf **Weiter** öffnet sich das Dialogfeld **Import → Importoptionen für zweisprachige Dokumente**. Wählen Sie aus, welche Übersetzungsstatus die zu importierenden Übersetzungseinheiten haben dürfen, und klicken Sie auf **Weiter**.

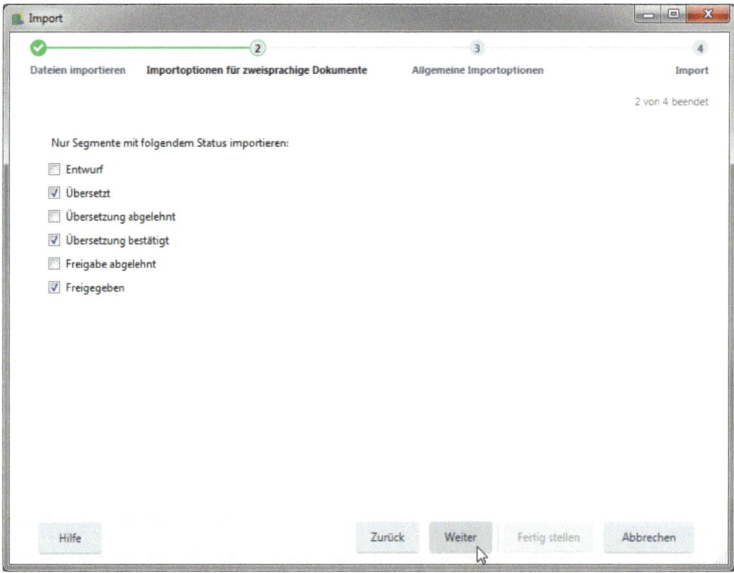

Das Dialogfeld **Import** → **Allgemeine Importoptionen** öffnet sich. Dieses Dialogfeld ist identisch für alle Importformate und wird weiter unten in diesem Kapitel behandelt.

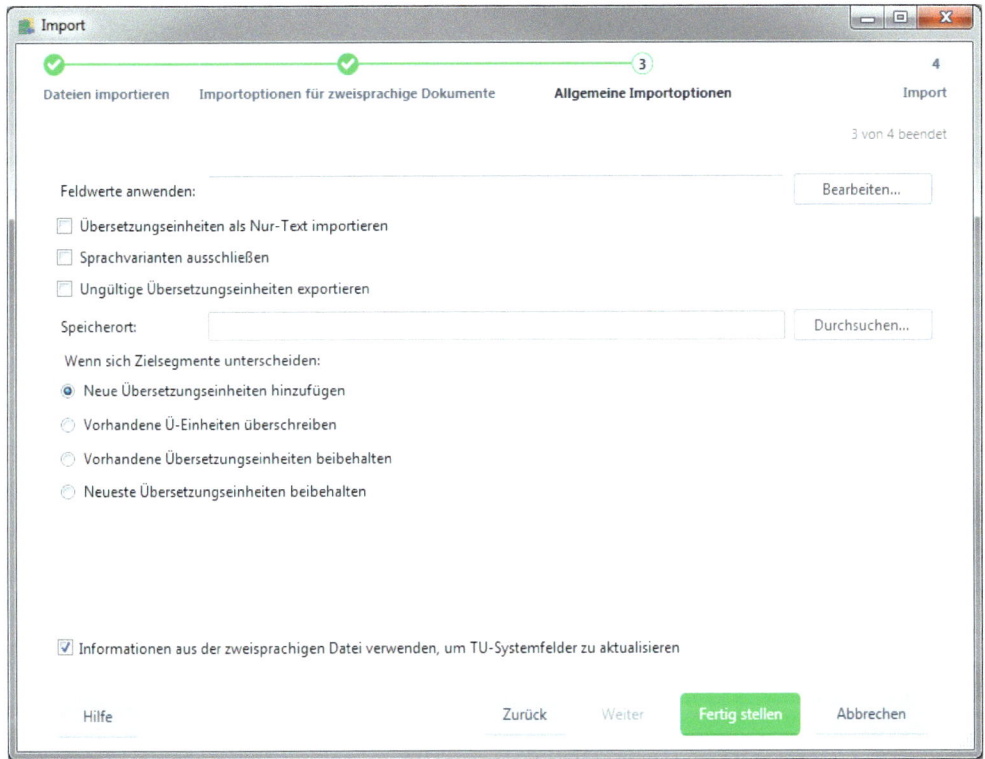

Importieren von *.sdlalign-Dateien

Nach dem Hinzufügen von *.sdlalign-Datei(en) im vorgenannten Dialogfeld **Import → Dateien importieren** und Klicken auf **Weiter** öffnet sich das Dialogfeld **Import → Alignment-Importoptionen**.

In diesem Dialogfeld haben Sie die Möglichkeit, einen Alignment-Qualitätswert für den Import festzulegen. Dies ist immer dann von Vorteil, wenn das Alignment vorab nicht geprüft wurde. Je höher der Prozentwert, desto höher ist die Wahrscheinlichkeit eines genauen Alignments. Nehmen Sie Ihre Einstellung vor und klicken Sie auf **Weiter**.

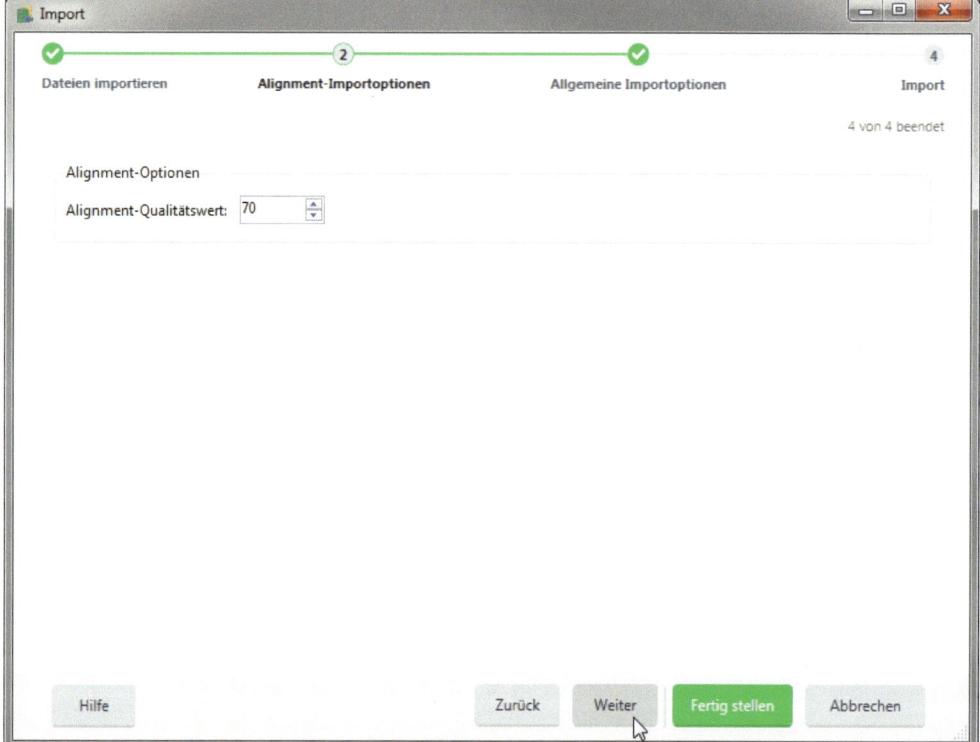

Das Dialogfeld **Import** → **Allgemeine Importoptionen** öffnet sich. Dieses Dialogfeld ist identisch für alle Importformate.

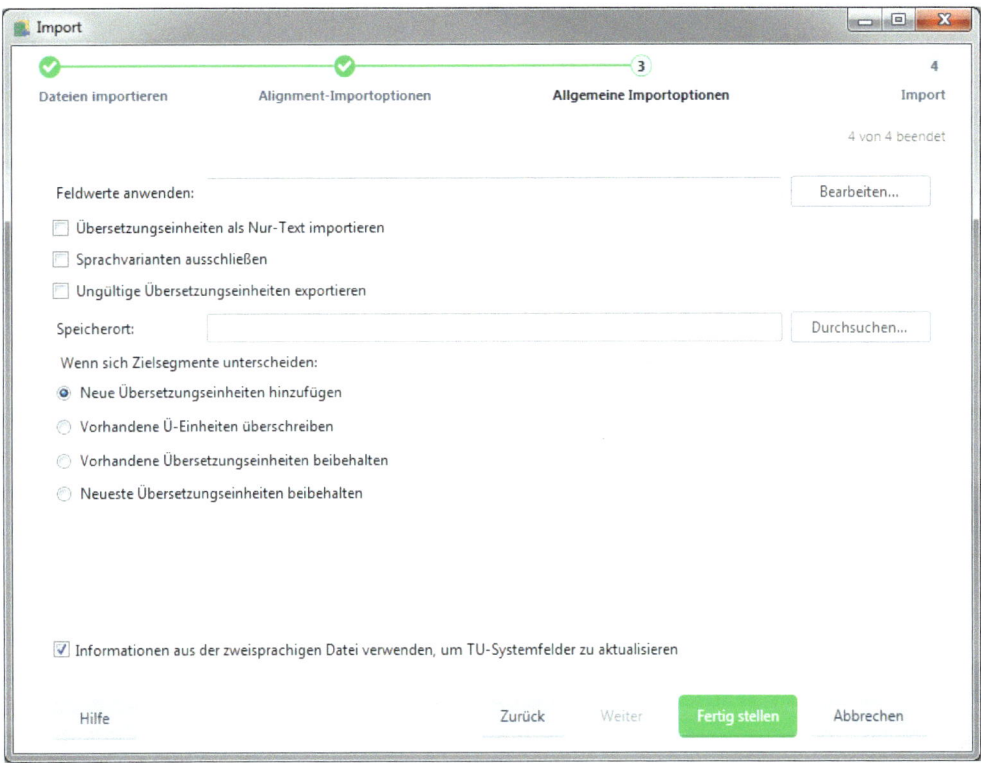

Sie haben in diesem Dialogfeld die Möglichkeit:

- Feldwerte anzuwenden, wenn die zu importierenden Translation Memory-Daten benutzerdefinierte Felder enthalten
- Übersetzungseinheiten als Nur-Text (ohne Formatierung) zu importieren
- Sprachvarianten (z.B. EN_UK statt EN_US) auszuschließen. Ist diese Option aktiviert, werden Übersetzungseinheiten, die eine andere Subsprache als die im Translation Memory enthaltenen Subsprachen haben, nicht importiert und
- ungültige Übersetzungseinheiten an einen spezifischen Speicherort zu exportieren

Als Standard sind diese Optionen nicht aktiviert.

Darüber hinaus legen Sie fest, wie SDL Trados Studio 2019 verfahren soll, wenn sich bereits im Translation Memory vorhandene Zielsegmente von zu importierenden Zielsegmenten bei gleichem Ausgangstext unterscheiden.

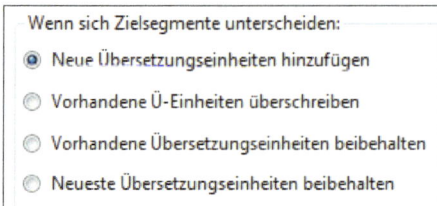

- **Neue Übersetzungseinheiten hinzufügen** ist als Standard eingestellt. Bleibt diese Einstellung aktiv, werden Übersetzungseinheiten mit identischem Ausgangstext und unterschiedlicher Übersetzung als zusätzliche Übersetzungseinheiten hinzugefügt.

- **Vorhandene Ü-Einheiten überschreiben**. Die Auswahl dieser Option bewirkt, dass bereits im Translation Memory vorhandene Übersetzungseinheiten von Übersetzungseinheiten mit identischem Ausgangstext und abweichender Übersetzung überschrieben werden.

- **Vorhandene Übersetzungseinheiten beibehalten**. Die Auswahl dieser Option bewirkt, dass bereits im Translation Memory vorhandene Übersetzungseinheiten **nicht** von Übersetzungseinheiten mit identischem Ausgangstext und abweichender Übersetzung überschrieben werden.

- **Neueste Übersetzungseinheiten beibehalten**. Die Auswahl dieser Option bewirkt, dass bereits im Translation Memory vorhandene Übersetzungseinheiten **nur dann** von Übersetzungseinheiten mit identischem Ausgangstext und abweichender Übersetzung überschrieben werden, wenn diese neueren Datums sind.

Legen Sie darüber hinaus fest, ob Informationen aus der zweisprachigen Datei verwendet werden sollen, um TU-Systemfelder zu aktualisieren.

☑ Informationen aus der zweisprachigen Datei verwenden, um TU-Systemfelder zu aktualisieren

Diese Einstellung betrifft die Systemfelder, die beim Bestätigen von Segmenten jeder Übersetzungseinheit (abhängig von den ID-Einstellungen des Benutzers) zugeordnet werden.

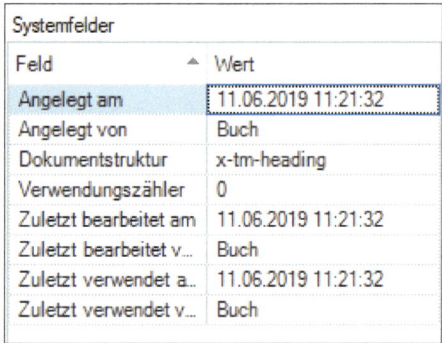

Systemfelder einer Übersetzungseinheit

Klicken Sie nach Abschluss der Eingaben auf **Fertig stellen**.

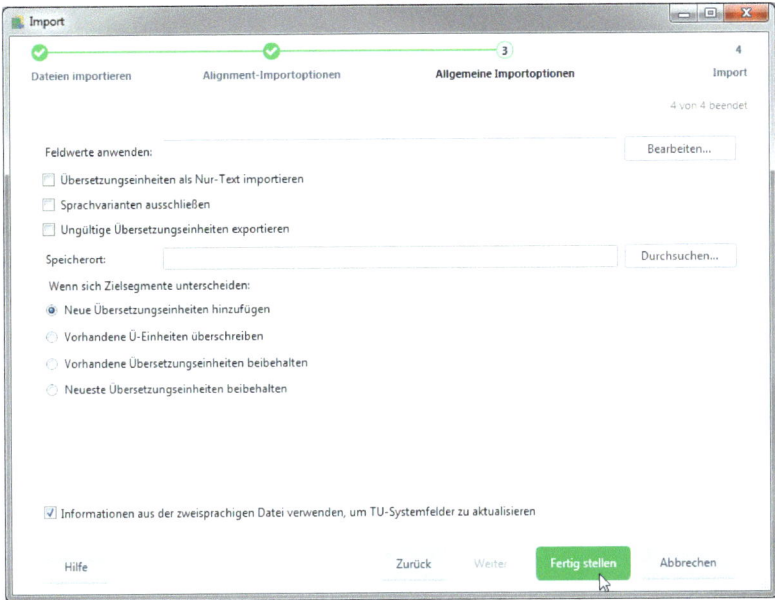

Das Dialogfeld **Import → Import** öffnet sich. Die Übersetzungseinheiten werden nun in das für den Import ausgewählte Translation Memory importiert und SDL Trados Studio 2019 weist mit einem grünen Feld mit weißem Häkchen ✅ darauf hin, dass der Import erfolgreich war und listet die Anzahl der gelesenen und importierten Übersetzungseinheiten und die Anzahl der Fehler auf. Ein rotes Feld mit einem weißen Kreuz ❌ weist darauf hin, dass der Import fehlgeschlagen ist. Ermitteln Sie in diesem Fall die Fehlerursache und wiederholen Sie den Vorgang. Klicken Sie zum Abschluss des Imports auf **Schließen**.

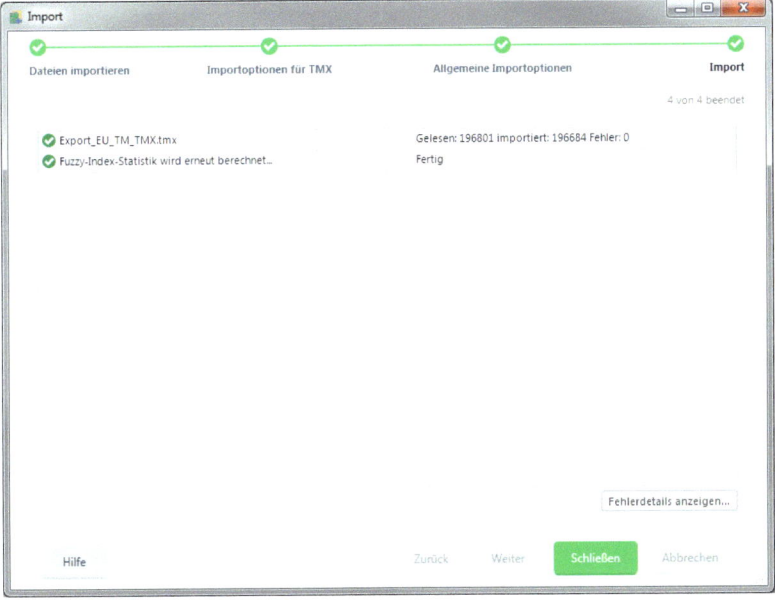

Die in das Translation Memory importierten Übersetzungsdaten werden nun in der Ansicht **Translation Memorys** dargestellt und können gesichtet und bearbeitet werden. Darüber hinaus stehen sie bei Auswahl des Translation Memorys, in das sie importiert wurden, ab sofort für den Übersetzungsprozess zur Verfügung.

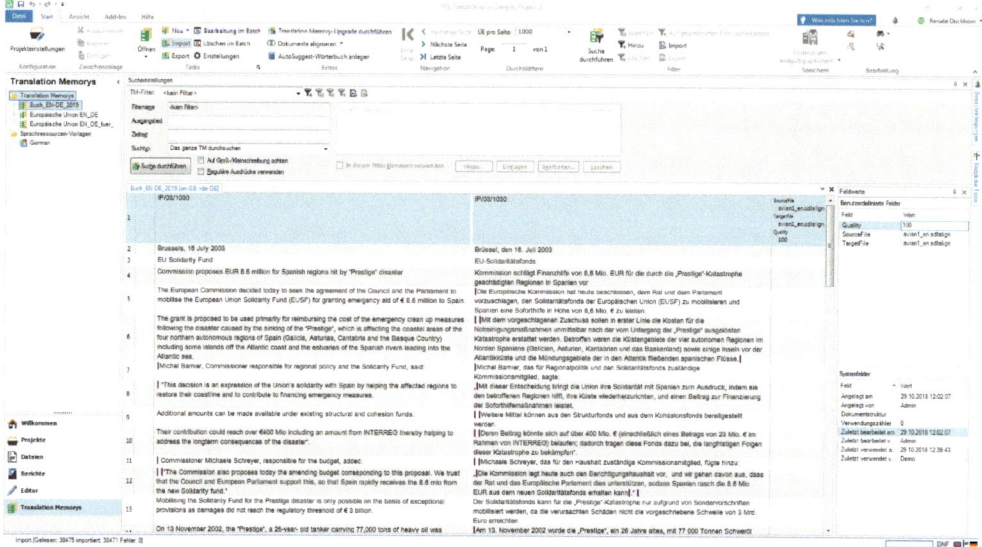

Importieren von Translation Memory-Daten bei der Projektanlage

Neben dem Importieren von Translation Memory-Daten in der Ansicht **Translation Memorys** haben Sie die Möglichkeit, bereits bei der Projektanlage Translation Memory-Daten zu importieren.

Klicken Sie bei der Projektanlage im Dialogfeld **Neues Projekt anlegen** → **Übersetzungsressourcen** auf das zuvor geöffnete Translation Memory, in das Sie Translation Memory-Daten importieren möchten, sodass es farbig unterlegt ist. Klicken Sie danach auf **Importieren...**.

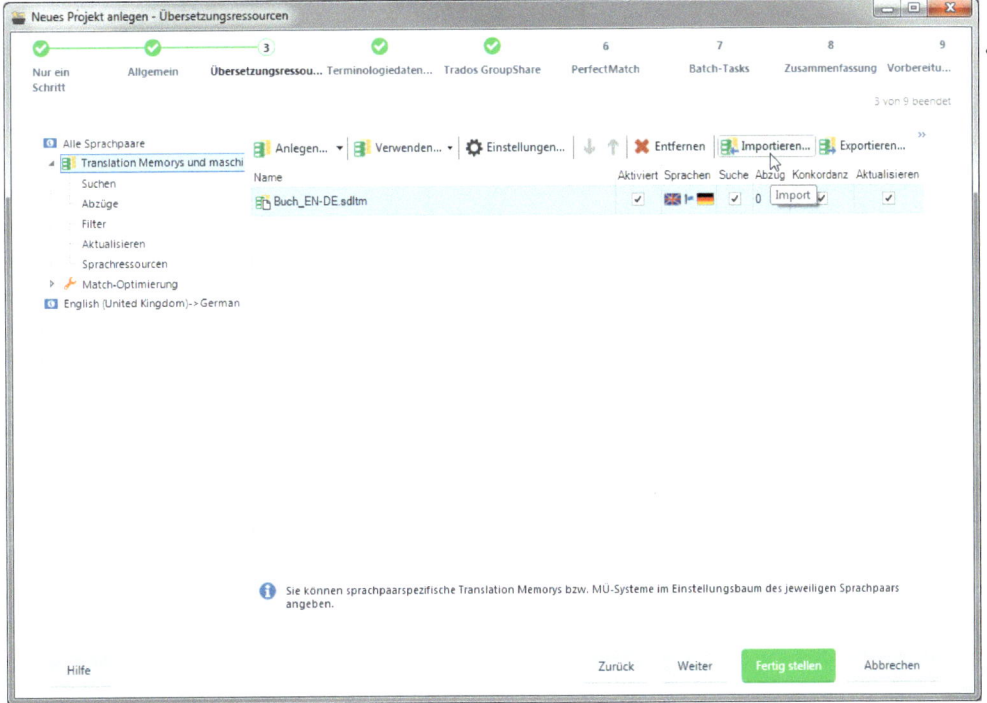

Das Dialogfeld **Import → Dateien importieren** öffnet sich. Klicken Sie auf **Dateien hinzufügen...**, um eine Datei mit Translation Memory-Daten auszuwählen.

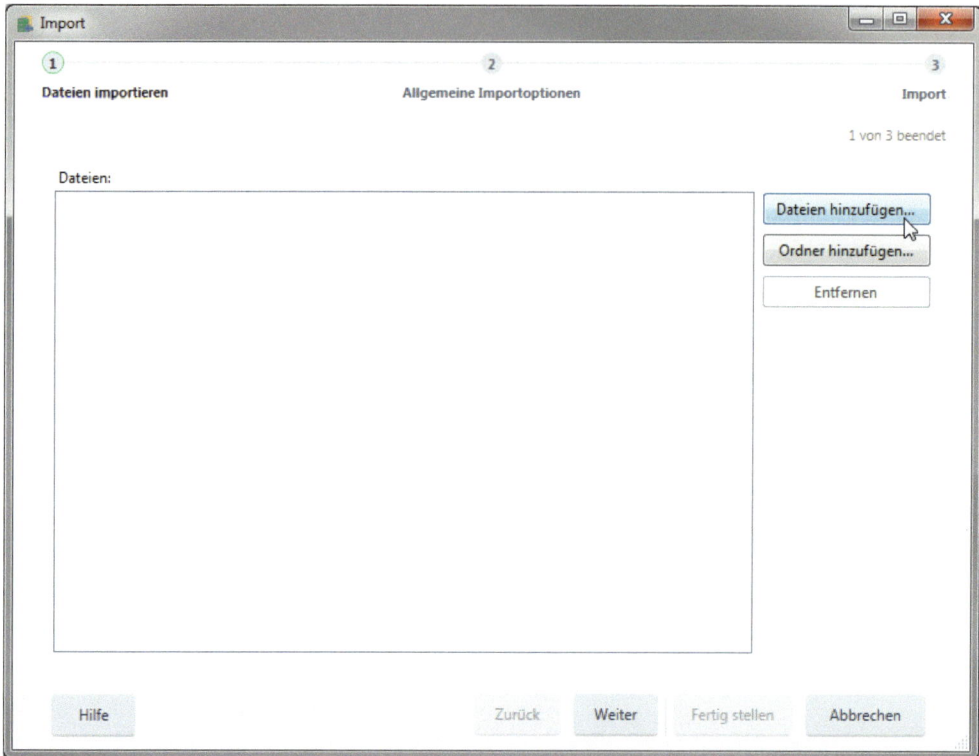

Das Dialogfeld **Dateien hinzufügen** öffnet sich. Wählen Sie eine Importdatei im Format *.tmx, *.sdlxliff, *.ttx, *.itd oder *.sdlalign aus und klicken Sie danach auf **Öffnen** oder doppelklicken Sie auf die zu öffnende Datei.

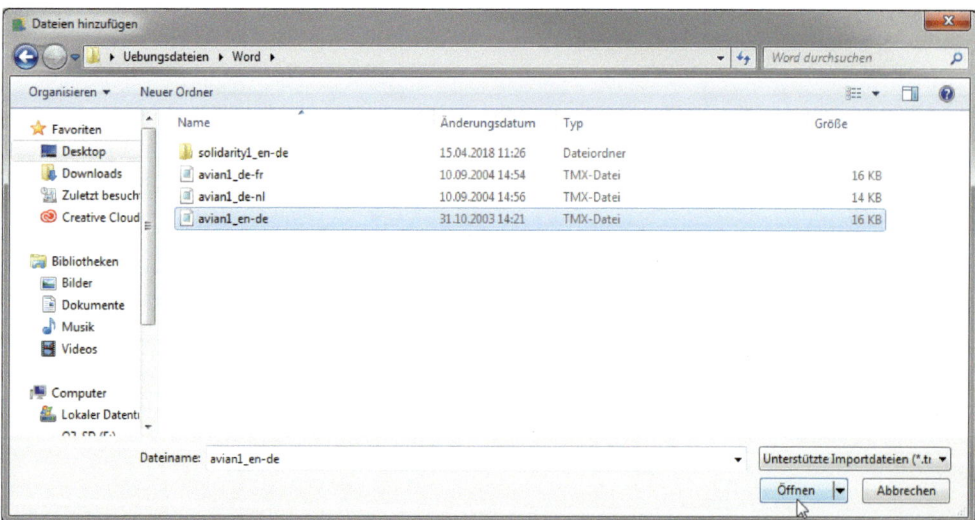

Der Speicherort der ausgewählten Importdatei ist nun im Dialogfeld **Import → Dateien importieren** eingetragen. Klicken Sie auf **Weiter**, um fortzufahren.

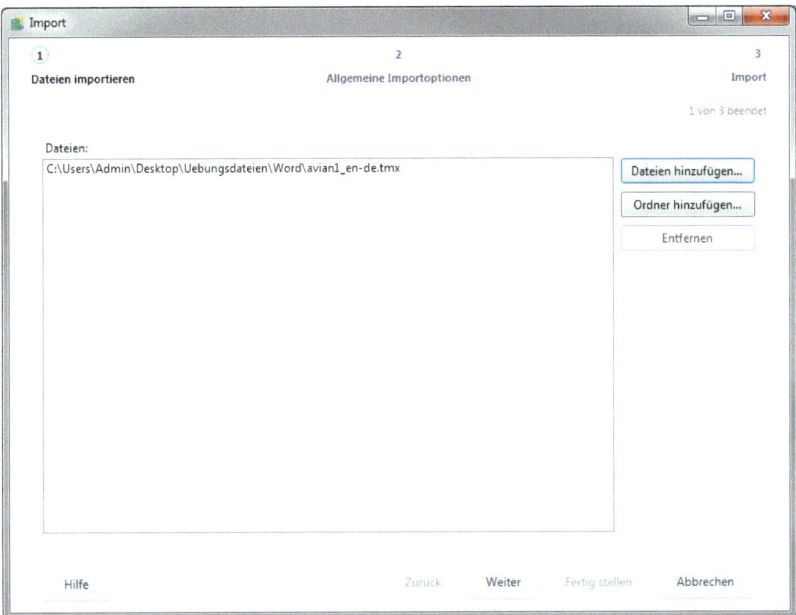

Das Dialogfeld **Import** öffnet sich mit Importoptionen für den jeweiligen zu importierenden Dateityp. Im vorliegenden Beispiel wurde eine *.tmx-Datei importiert. SDL Trados Studio 2019 bietet die Möglichkeit, Filter zu setzen, Einstellungen für unbekannte Felder vorzunehmen und anzupassen, in welcher Umgebung die Translation Memory-Einheiten zukünftig vornehmlich verwendet werden sollen. Klicken Sie auf **Weiter**, um fortzufahren.

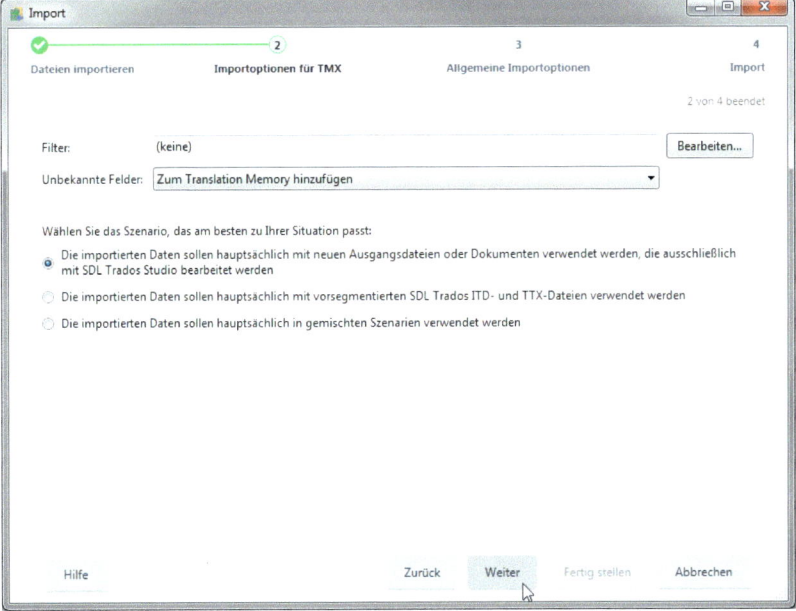

Das Dialogfeld **Import → Allgemeine Importoptionen** öffnet sich. Die Einstellungsmöglichkeiten in diesem Dialogfeld werden im Kapitel **Importieren von Translation Memory-Daten in der Ansicht Translation Memorys** erläutert. Nehmen Sie Ihre Einstellungen vor und klicken Sie auf **Fertig stellen**.

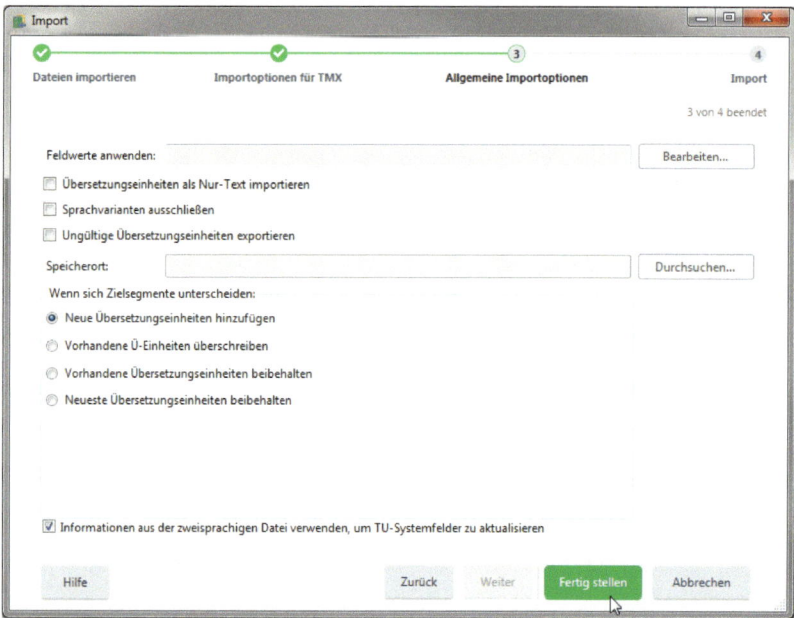

Das Dialogfeld **Import → Import** öffnet sich und SDL Trados Studio 2019 importiert die in der Importdatei enthaltenen Übersetzungseinheiten. Klicken Sie auf **Schließen**, um den Import abzuschließen und mit der Projektanlage fortzufahren.

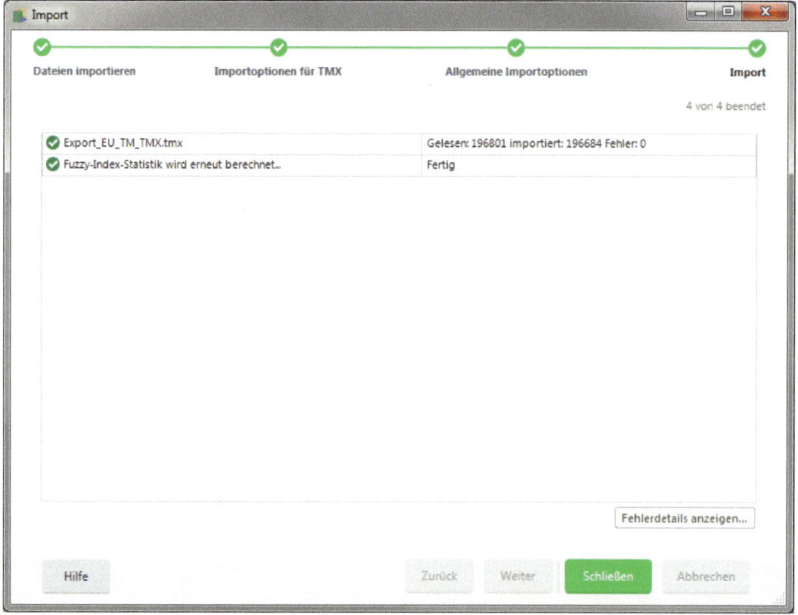

Exportieren von Translation Memory-Daten

Ebenso wie Translation Memory-Daten in SDL Trados Studio 2019 importiert werden können, ist es auch möglich, Translation Memory-Daten aus SDL Trados Studio 2019 zu exportieren.

Öffnen Sie in der Ansicht **Translation Memorys** das Translation Memory, aus dem der Export vorgenommen werden soll, und klicken Sie auf der Registerkarte **Start** in der Gruppe **Tasks** auf **Export**.

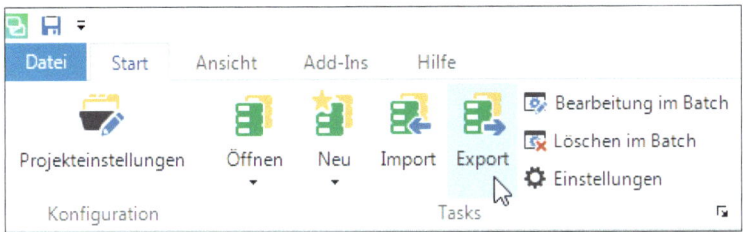

Das Dialogfeld **Export → Exportoptionen** öffnet sich. Klicken Sie auf **Durchsuchen...**, um den Speicherort festzulegen, an dem die Datei abgelegt werden soll.

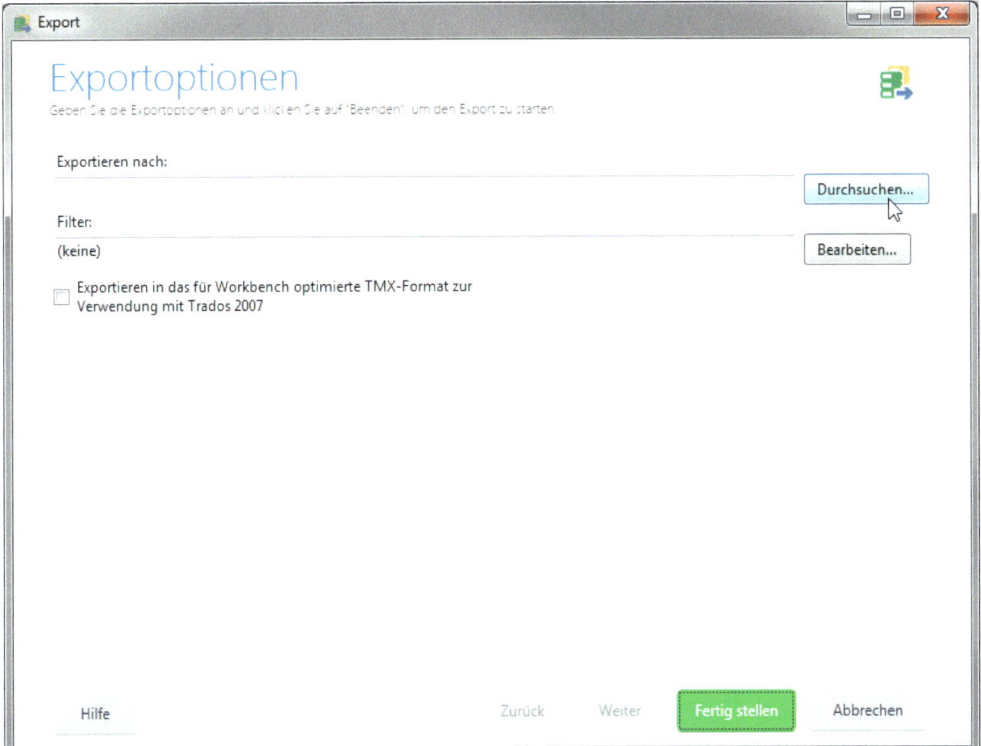

Das Dialogfeld **Exportdatei auswählen** öffnet sich. Wählen Sie den Exportpfad aus und vergeben Sie einen Namen für die zu exportierende Datei. Klicken Sie auf **Speichern**, um den Vorgang abzuschließen.

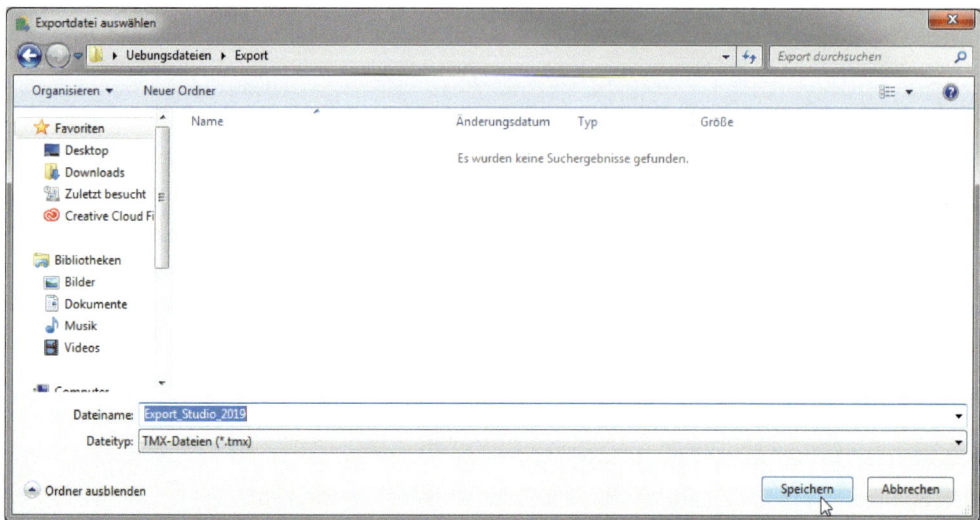

❗ Der Export kann als *.tmx-Datei oder als komprimierte *.tmx-Datei (*.tmx.gz) erfolgen. Die Auswahl erfolgt in der Dropdown-Liste neben **Dateityp**.

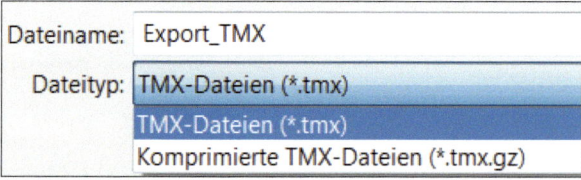

Der Exportpfad ist nun im Dialogfeld **Export** → **Exportoptionen** eingetragen.

Darüber hinaus bietet SDL Trados Studio 2019 die Möglichkeit, einen Filter zu setzen und einen Export in ein für die Translator's Workbench zur Verwendung mit SDL Trados 2007 optimiertes TMX-Format durchzuführen, wenn die exportierten Daten in SDL Trados 2007 verwendet werden sollen. Klicken Sie nach Beendigung der Eingaben auf **Fertig stellen**, um fortzufahren.

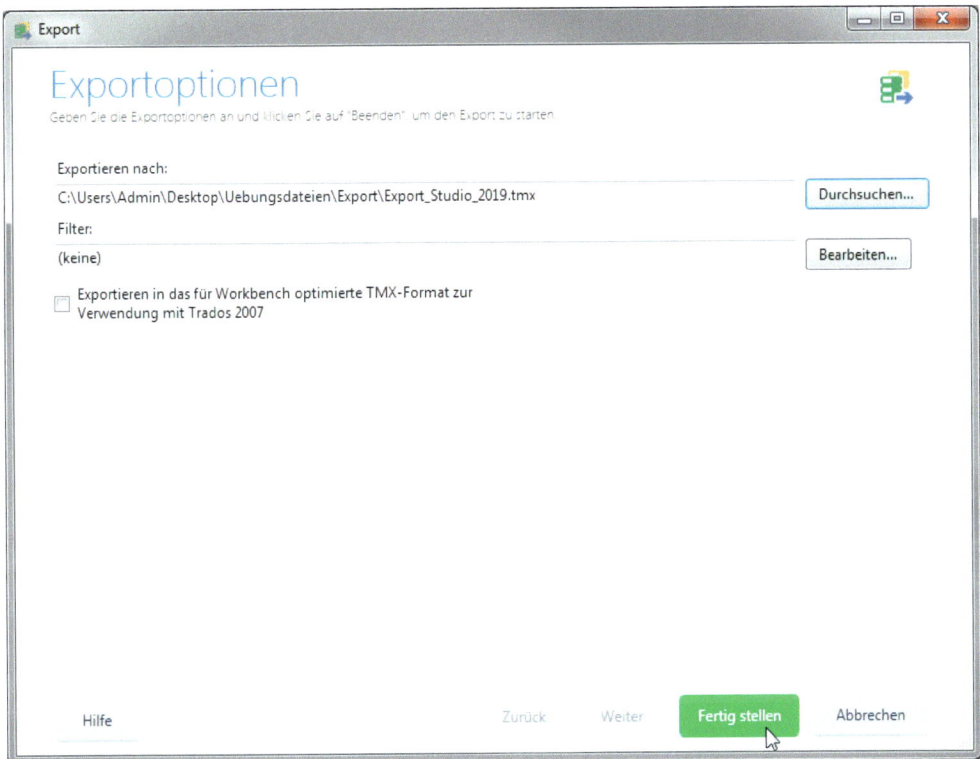

Das Dialogfeld **Export → Export** öffnet sich. Die Translation Memory-Daten werden exportiert und SDL Trados Studio 2019 zeigt durch ein grünes Feld mit einem weißen Häkchen an ✓, dass der Export erfolgreich war und stellt dar, wie viele Übersetzungseinheiten exportiert wurden. Klicken Sie auf **Fehlerdetails anzeigen…**, wenn SDL Trados Studio 2019 mit einem roten Feld mit weißem ✗ Kreuz darauf hinweist, dass der Export fehlgeschlagen ist, um die Fehlerursache zu ermitteln und den Vorgang zu wiederholen. Klicken Sie auf **Schließen**, um den Export zu beenden.

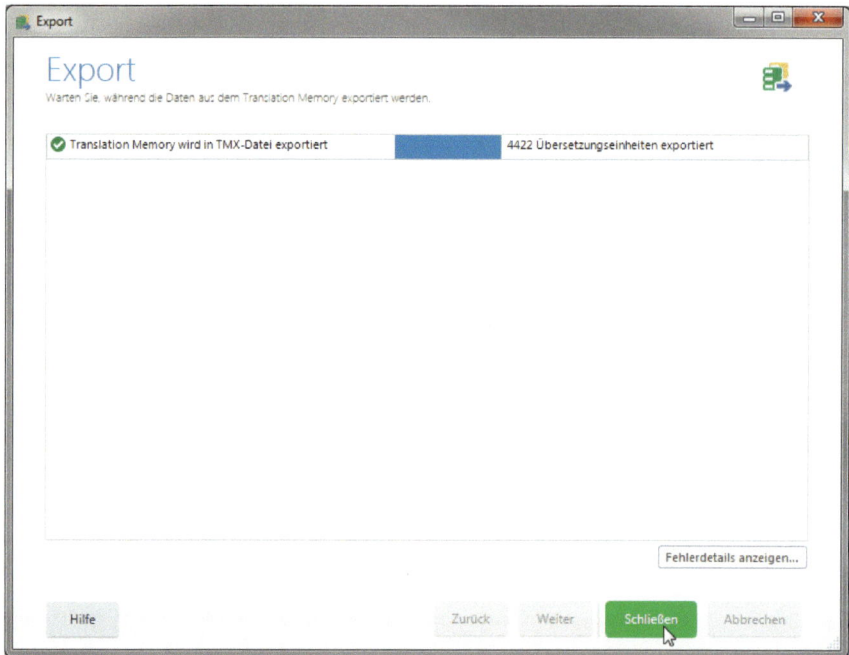

Die *.tmx-Datei ist nun am gewünschten Speicherort abgelegt und kann zum Beispiel für einen neuen Import verwendet werden.

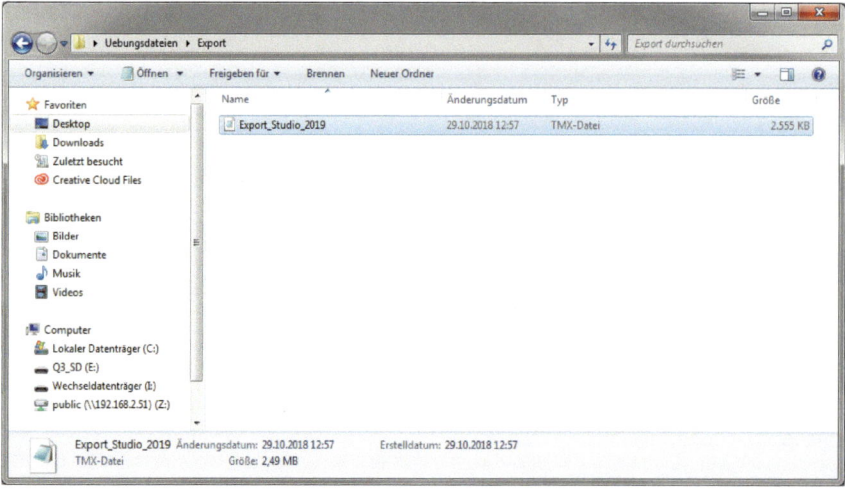

Sprachressourcen

Sprachressourcen dienen in SDL Trados Studio 2019 dazu, die Segmentierung des Ausgangstextes zu steuern, sodass:

- nach Abkürzungen und vor Ordinalsubstantiven keine Segmenttrennung erfolgt
- kundenspezifische Abkürzungen erkannt werden
- die Segmentierung klar durch gewünschte Stoppzeichen definiert wird
- Variablen so konfiguriert werden, dass sie als nicht übersetzbare Elemente bei der Übersetzung erkannt werden

SDL Trados Studio 2019 verfügt dazu über eine Standard-Sprachressourcen-Vorlage für jede Sprache. Sie wird bei der Anlage eines Translation Memorys als Standard verwendet und kann durch eine geänderte Sprachressourcen-Vorlage ersetzt werden.

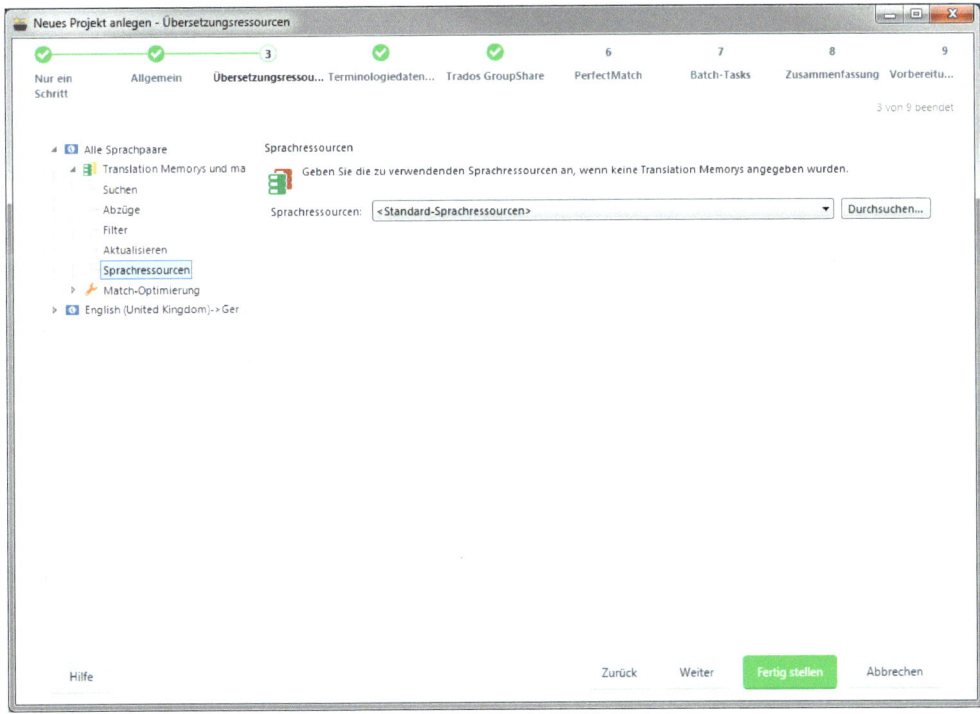

Sprachressourcen-Vorlagen enthalten in SDL Trados Studio 2019 für die jeweilige Sprache:

- die Segmentierungsregeln
- eine (zunächst leere) Variablenliste
- eine Abkürzungsliste (die ergänzt werden kann)
- eine Liste mit Ordinalsubstantiven (die ergänzt werden kann)

Erstellen einer neuen Sprachressourcen-Vorlage

Es ist in SDL Trados Studio 2019 möglich, die für jede Sprache zur Verfügung stehende Sprachressourcen-Vorlage zu ändern oder eine neue Vorlage anzulegen. Bei der Anlage einer neuen Sprachressourcen-Vorlage ist diese nicht leer, sondern es stehen die Standardeinstellungen bzw. Standardeinträge aus der Standardvorlage für die ausgewählte Sprache zur Verfügung, die entsprechend angepasst oder ergänzt werden können.

Klicken Sie in der Ansicht **Translation Memorys** auf der Registerkarte **Start** in der Gruppe **Tasks** auf den kleinen Pfeil nach unten unter **Neu** und wählen Sie aus der sich öffnenden Dropdown-Liste **Neue Sprachressourcen-Vorlage** aus, um eine neue Sprachressourcen-Vorlage anzulegen.

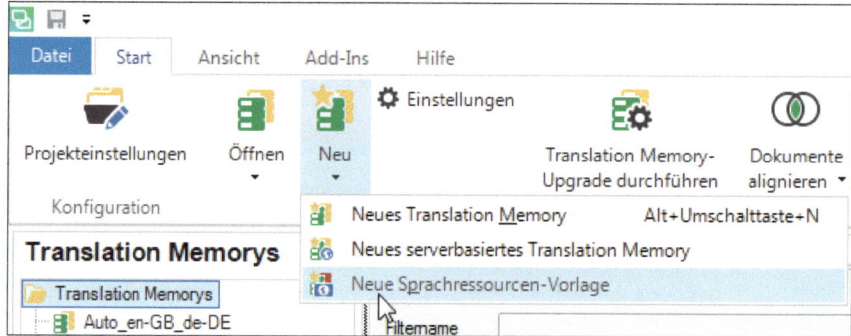

Das Dialogfeld **Neue Sprachressourcen-Vorlage** öffnet sich.

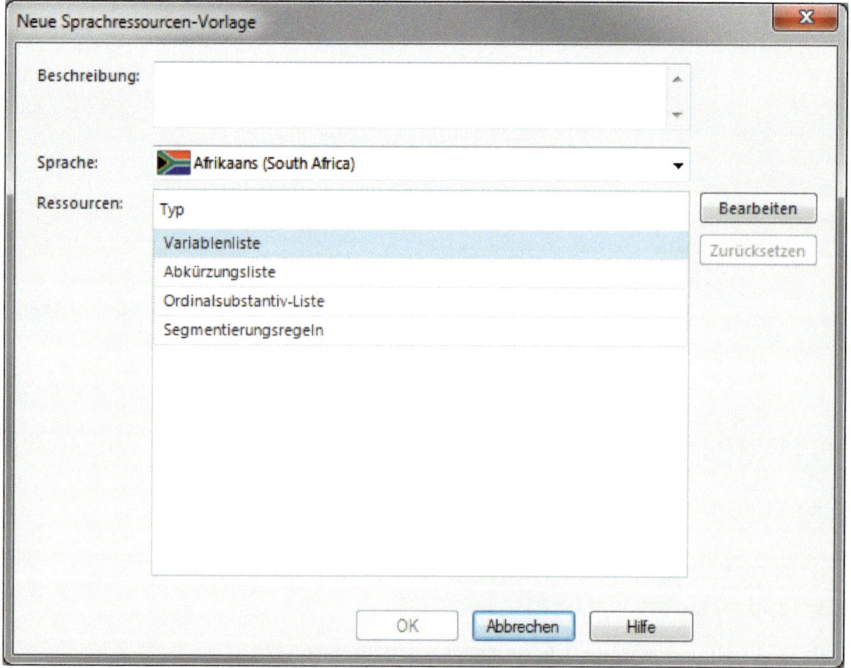

Eingabe der Sprache

Wählen Sie zunächst die Sprache aus, für die Sie eine neue Sprachressourcen-Vorlage erstellen möchten, indem Sie im Dialogfeld **Neue Sprachressourcen-Vorlage** auf den kleinen Pfeil nach unten rechts neben **Sprache:** klicken und eine Sprache aus der sich öffnenden Dropdown-Liste auswählen.

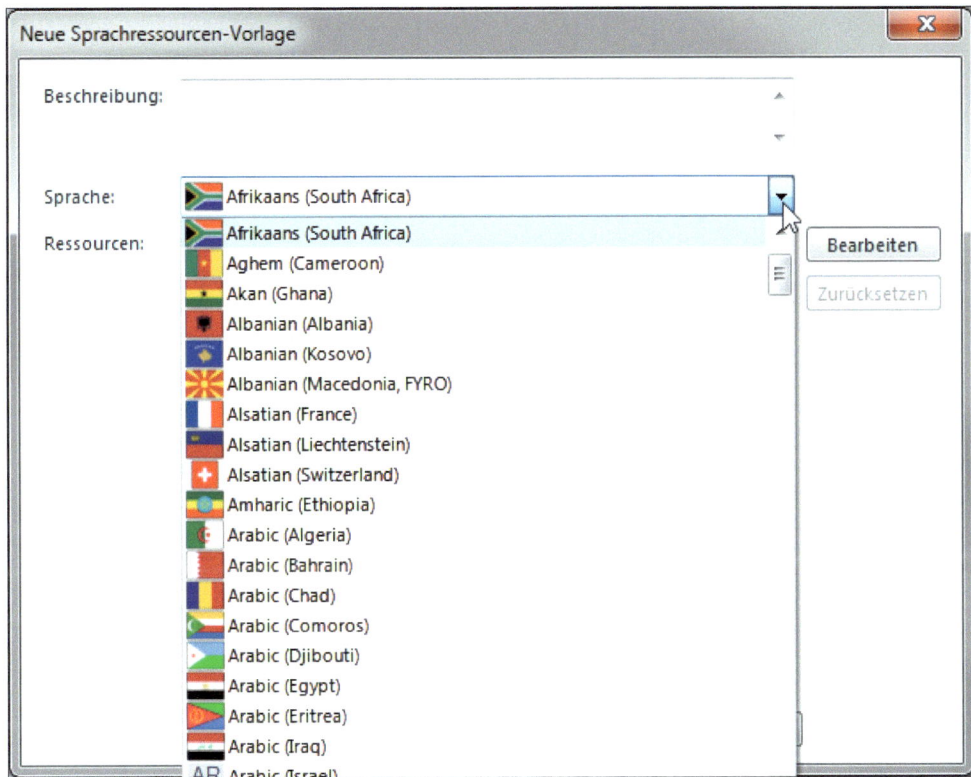

Eingabe von Variablen

Klicken Sie nach Eingabe der Sprache im Dialogfeld **Neue Sprachressourcen-Vorlage** neben **Ressourcen:** unter **Typ** auf **Variablenliste**, sodass diese farbig unterlegt ist, wenn Sie Einträge in der Variablenliste vornehmen möchten. Als Variablen werden in SDL Trados Studio nicht zu übersetzende Begriffe wie Produktnamen bezeichnet. Sie erscheinen in einer ausgewählten Sprache (im vorliegenden Beispiel Deutsch) in der Ansicht **Editor** in den ausgangssprachlichen Segmenten mit einem blauen Balken unterlegt, sobald das entsprechende Segment aktiv ist. Der Benutzer wird so darauf hingewiesen, dass der Begriff in der Variablenliste eingetragen ist. Variablen erscheinen darüber hinaus in der QuickPlace-Liste, wenn ein Segment aktiv ist, das die Variable enthält, und ebenfalls in der Dropdown-Liste, wenn Sie in einem aktiven Segment die Tastenkombination [Strg] + [,] drücken.

Klicken Sie danach auf **Bearbeiten**.

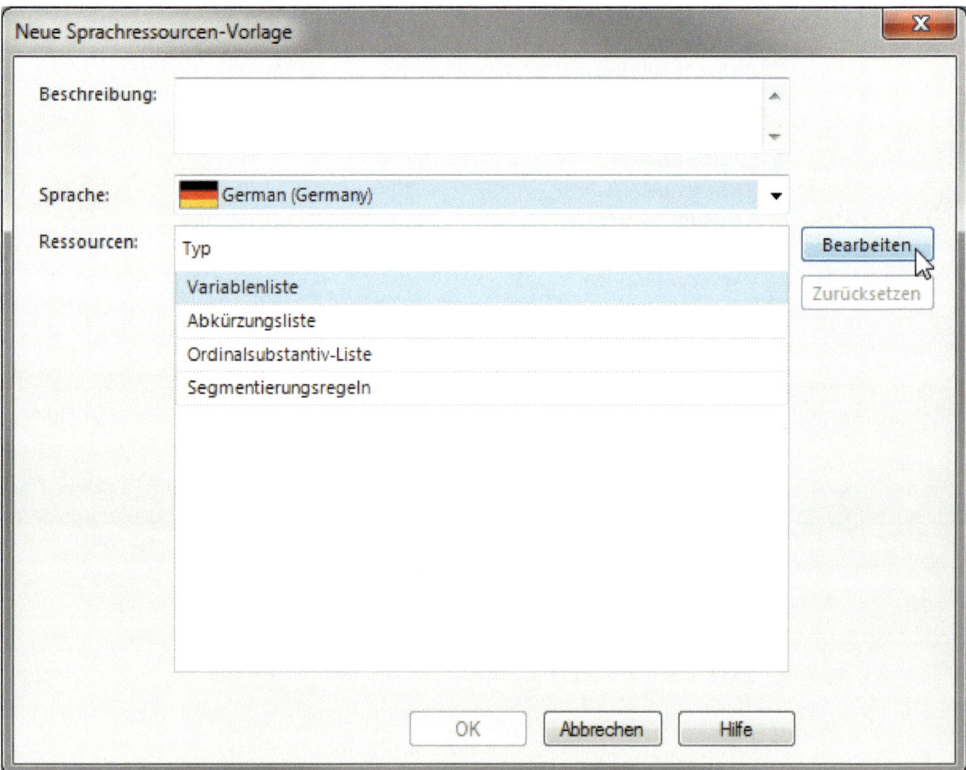

Das Dialogfeld **Variablen** öffnet sich und ist zunächst leer. Geben Sie die erste Variable ein und bestätigen Sie mit der Eingabetaste ⏎.

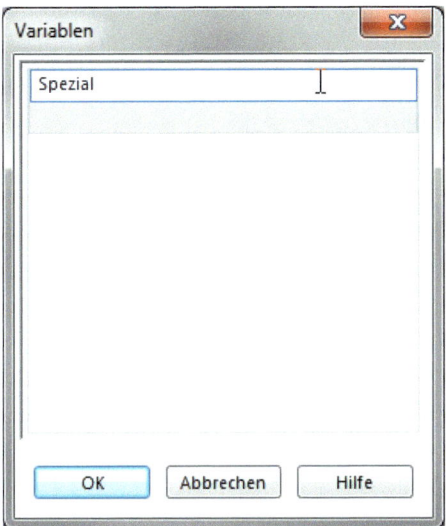

Der Eintrag erscheint nun oberhalb der Eingabe. Geben Sie den nächsten Eintrag ein und bestätigen Sie wiederum mit der Eingabetaste ⏎. Verfahren Sie danach analog mit allen weiteren Variablen. Klicken Sie auf **OK**, wenn Sie alle Variablen eingegeben haben.

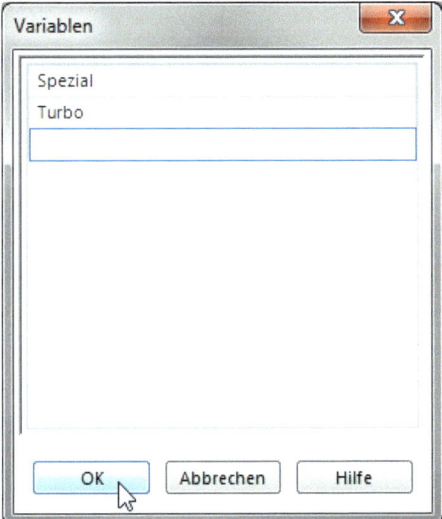

Ergänzen der Abkürzungsliste

Klicken Sie im Dialogfeld **Neue Sprachressourcen-Vorlage** neben **Ressourcen:** unter **Typ** auf **Abkürzungsliste**, sodass diese farbig unterlegt ist, wenn Sie Einträge in der Abkürzungsliste ergänzen möchten. Klicken Sie danach auf **Bearbeiten**.

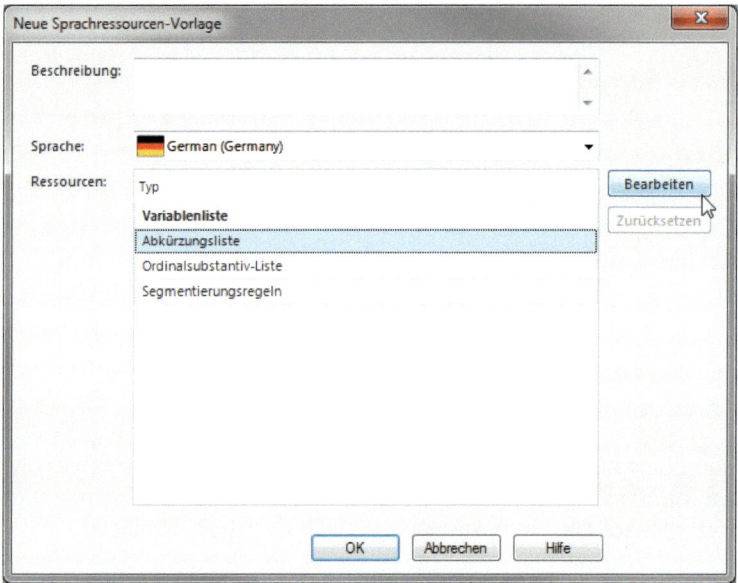

Das Dialogfeld mit den in der Standardressource bereits enthaltenen Abkürzungen öffnet sich.

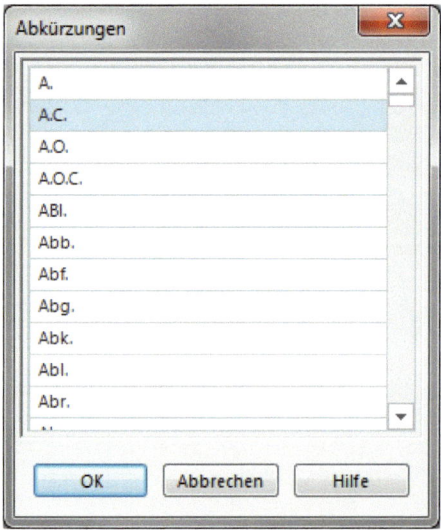

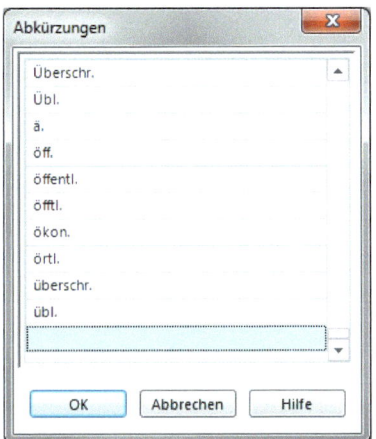
Scrollen Sie zum Ende der Abkürzungsliste und doppelklicken Sie auf den unteren Balken.

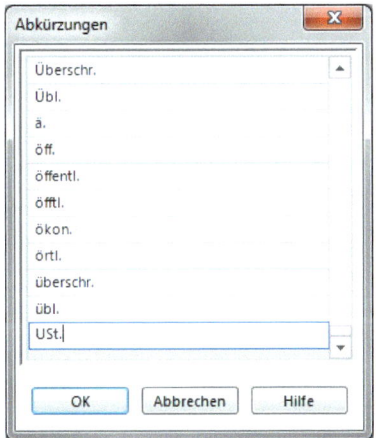
Das erst farbig unterlegte und mit einer gestrichelten Umrandung versehene Feld wird durch den Doppelklick weiß (unterlegt) und erhält einen durchgehenden blauen Rahmen. Geben Sie die Abkürzung ein.

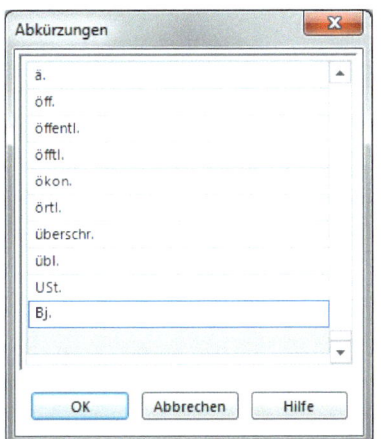
Bestätigen Sie danach mit der Eingabetaste ⏎. Ein weiteres Feld öffnet sich für die Bearbeitung. Geben Sie die nächste Abkürzung ein und bestätigen Sie mit der Eingabetaste ⏎. Verfahren Sie analog bei allen weiteren Abkürzungen und klicken Sie danach zum Abschluss auf **OK**.

Ergänzen der Ordinalsubstantiv-Liste

Ordinalsubstantive sind Substantive, denen in der Regel eine Zahl gefolgt von einem Punkt vorausgehen (nach denen das Segment nicht getrennt werden soll). Dies können zum Beispiel Monate sein, denen eine Tageszahl gefolgt von einem Punkt vorgestellt sind, oder Absätze und Kapitel, denen eine Zahl gefolgt von einem Punkt vorausgehen.

Klicken Sie im Dialogfeld **Neue Sprachressourcen-Vorlage** in einer Sprache Ihrer Wahl neben **Ressourcen:** unter **Typ** auf **Ordinalsubstantiv-Liste**, sodass diese farbig unterlegt ist, wenn Sie Einträge in der **Ordinalsubstantivliste** ergänzen möchten. Klicken Sie danach auf **Bearbeiten**.

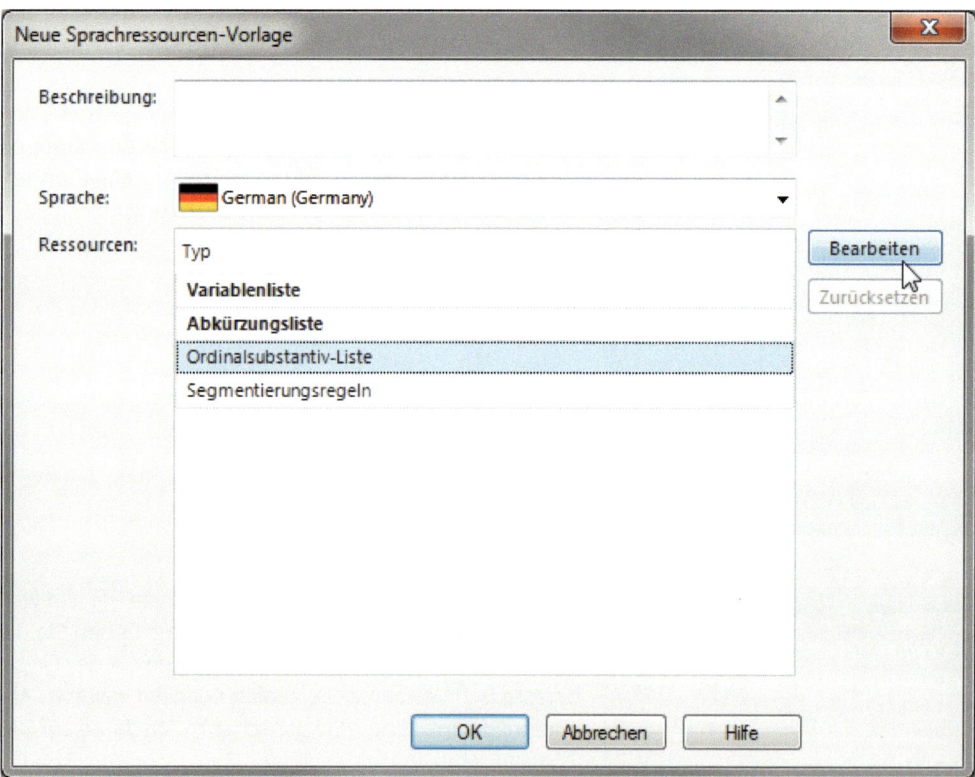

Die Liste mit den Standard-Ordinalsubstantiven für die zuvor ausgewählte Sprache wird geöffnet (im vorliegenden Beispiel Deutsch).

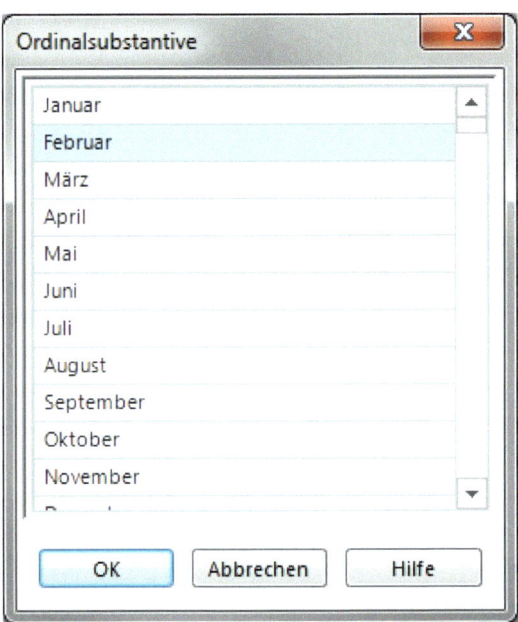

Scrollen Sie zum Ende der Liste, klicken Sie auf das grau unterlegte Feld, sodass dieses weiß unterlegt und für die Bearbeitung geöffnet wird, geben Sie das gewünschte Ordinalsubstantiv ein und bestätigen Sie mit der Eingabetaste ⏎.

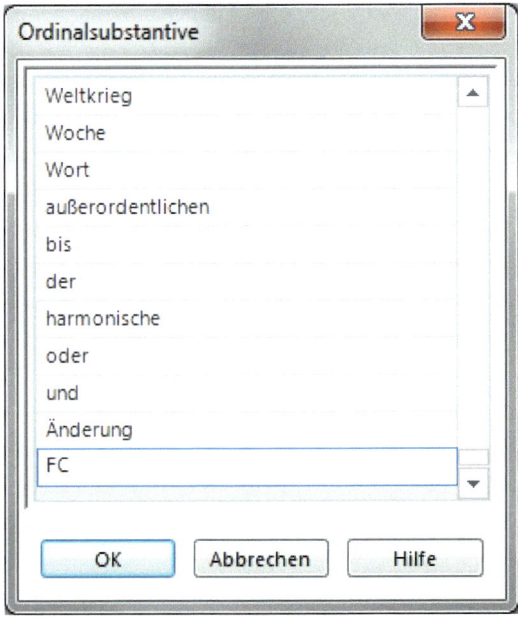

Das nächste Feld wird für die Bearbeitung aktiv. Geben Sie ggf. weitere gewünschte Ordinalsubstantive ein und bestätigen Sie danach mit **OK**.

Ändern der Segmentierungsregeln

Klicken Sie im Dialogfeld **Neue Sprachressourcen-Vorlage** neben **Ressourcen:** unter **Typ** auf **Segmentierungsregeln**, sodass das Feld farbig unterlegt ist, wenn Sie die Segmentierungsregeln ändern möchten, welche festlegen, nach welchen Stoppzeichen eine Übersetzungseinheit beendet ist. Klicken Sie danach auf **Bearbeiten**.

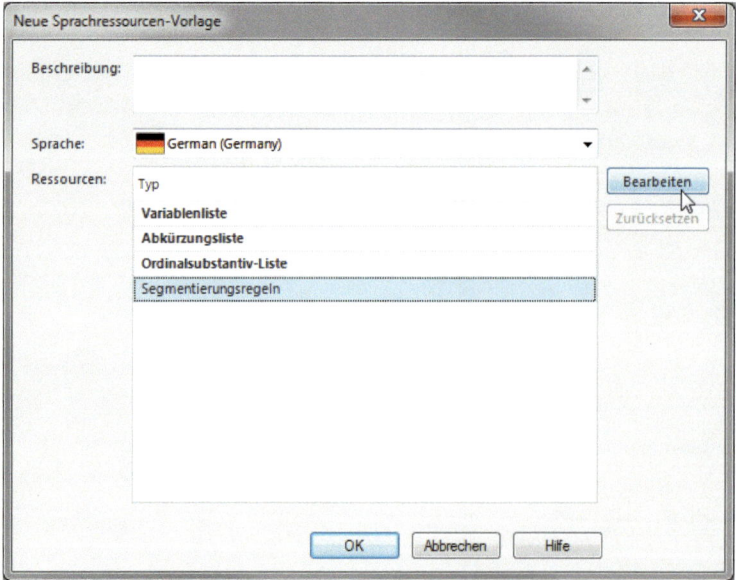

Das Dialogfeld **Segmentierungsregeln** öffnet sich. Als Standard sind in SDL Trados Studio 2019

- Punkt
- Fragezeichen
- Ausrufezeichen
- Doppelpunkt

als Stoppzeichen für die Segmentierung eingetragen. Außerdem signalisiert natürlich immer das

- Absatzzeichen (harter Zeilenumbruch)

ein Segmentende, da Absatzzeichen das Ende einer Sinneinheit darstellen.

Darüber hinaus bietet SDL Trados Studio 2019 die Möglichkeit, zwischen der als Standard eingestellten satzbasierten Segmentierung und der absatzbasierten Segmentierung zu wechseln.

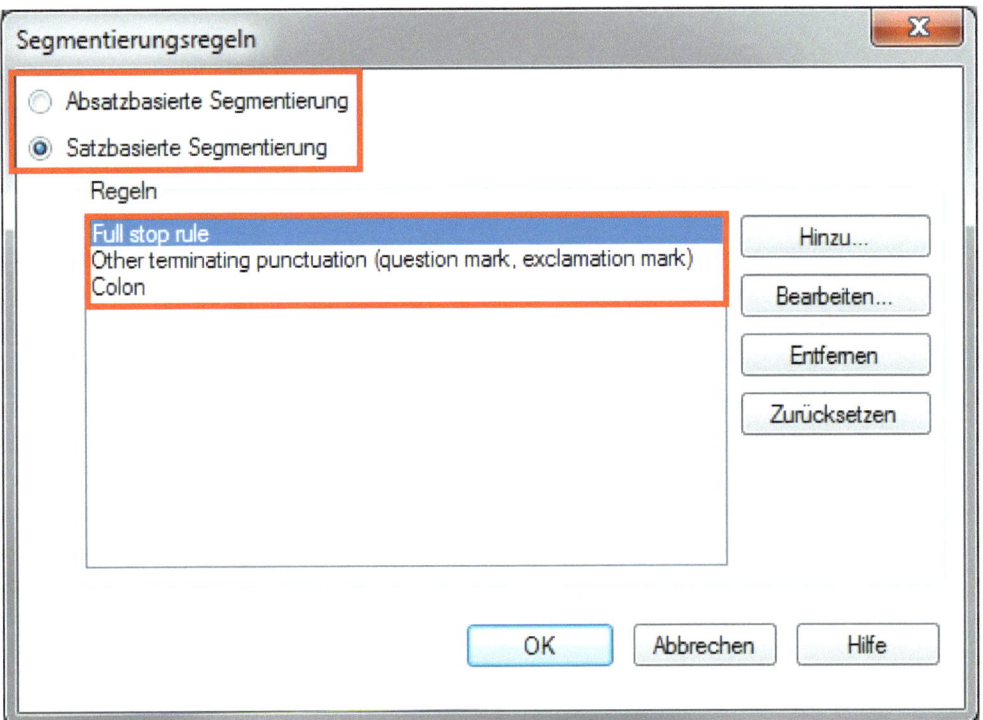

Klicken Sie im Dialogfeld **Segmentierungsregeln** unter **Regeln** auf eine Segmentierungsregel, sodass diese farbig unterlegt ist, und klicken Sie danach auf **Bearbeiten…**, um die Regeln für ein Stoppzeichen anzeigen zu lassen oder zu bearbeiten.

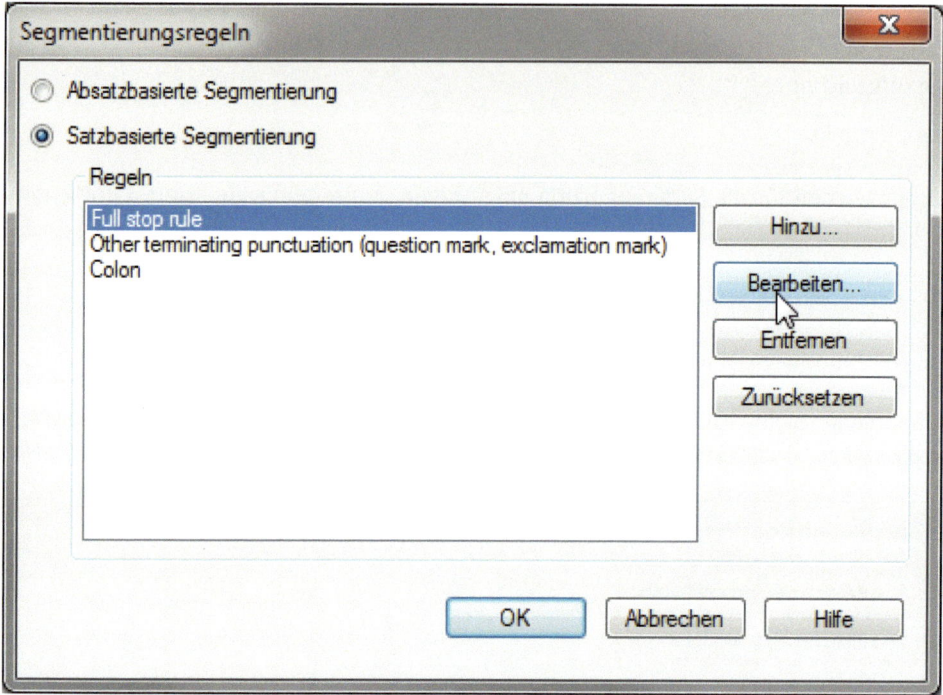

Die angeklickte Segmentierungsregel öffnet sich und es werden die jeweiligen Einstellungen dargestellt.

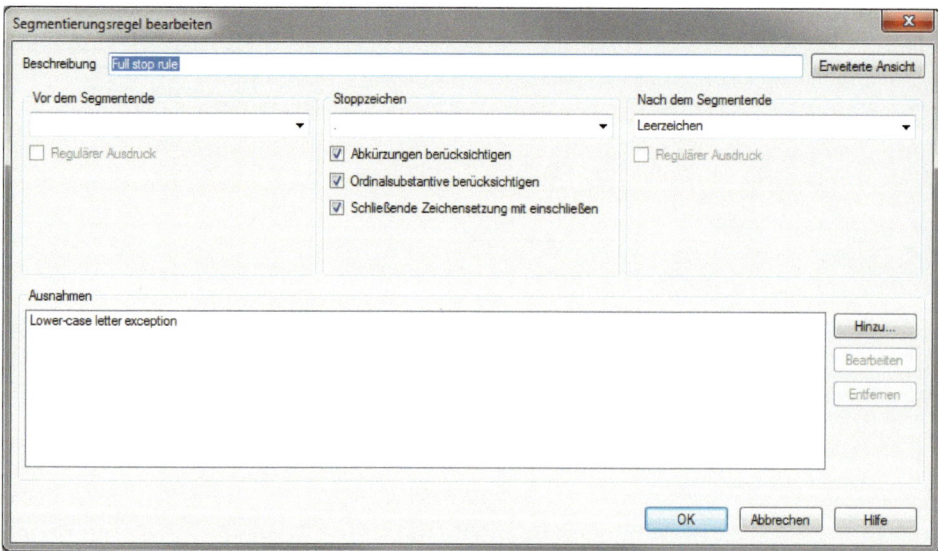

Segmentierungsregel für Punkt

Sprachressourcen

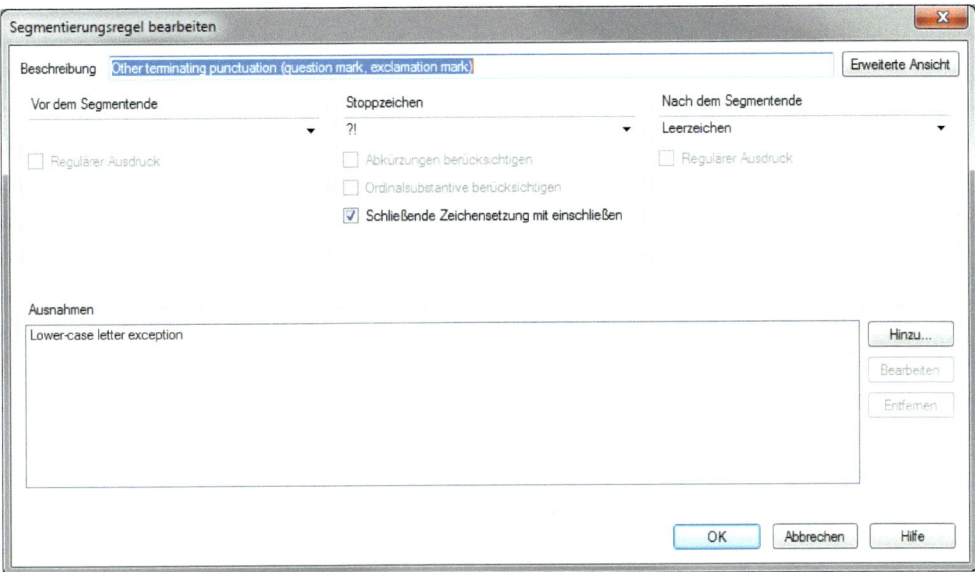
Segmentierungsregel für Frage- und Ausrufezeichen

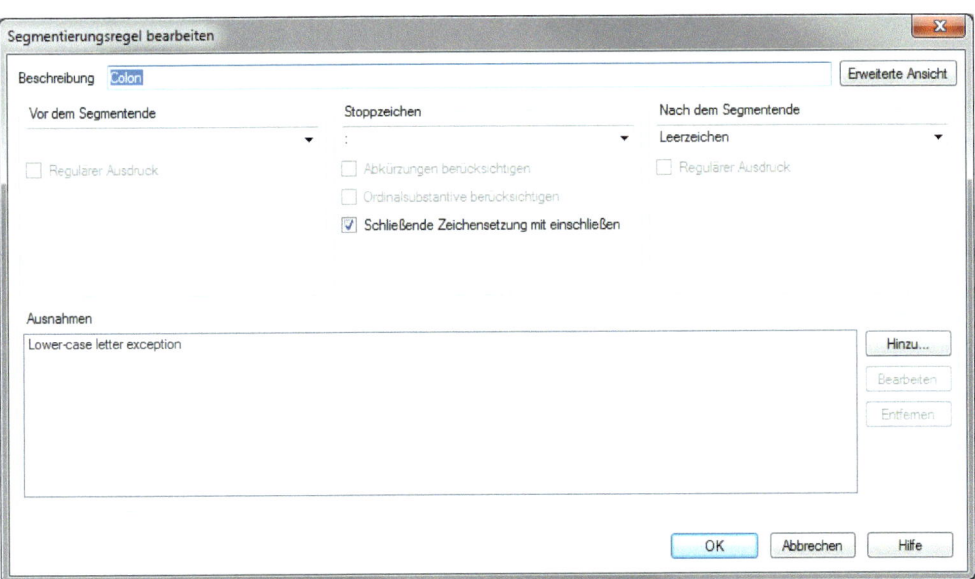
Segmentierungsregel für Doppelpunkt

Hinzufügen von Stoppzeichen

Über Punkt, Fragezeichen, Ausrufezeichen und Doppelpunkt hinaus können das Semikolon und das Tabulatorzeichen als Stoppzeichen eingestellt werden.

Klicken Sie im Dialogfeld **Segmentierungsregeln** auf **Hinzu...**, wenn Sie über die Standardstoppzeichen hinaus ein Semikolon und/oder Tabulatorzeichen als Stoppzeichen einstellen möchten.

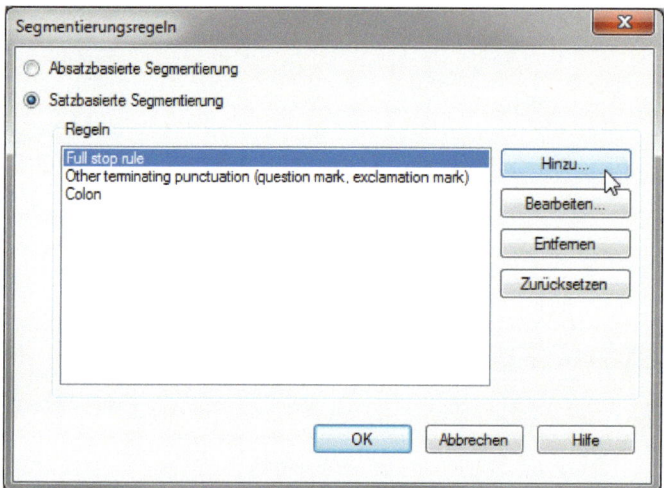

Das Dialogfeld **Segmentierungsregel hinzufügen** öffnet sich. Geben Sie zunächst im Feld **Beschreibung** einen Namen für die Segmentierungsregel ein. Im vorliegenden Beispiel ist dies zunächst das Semikolon.

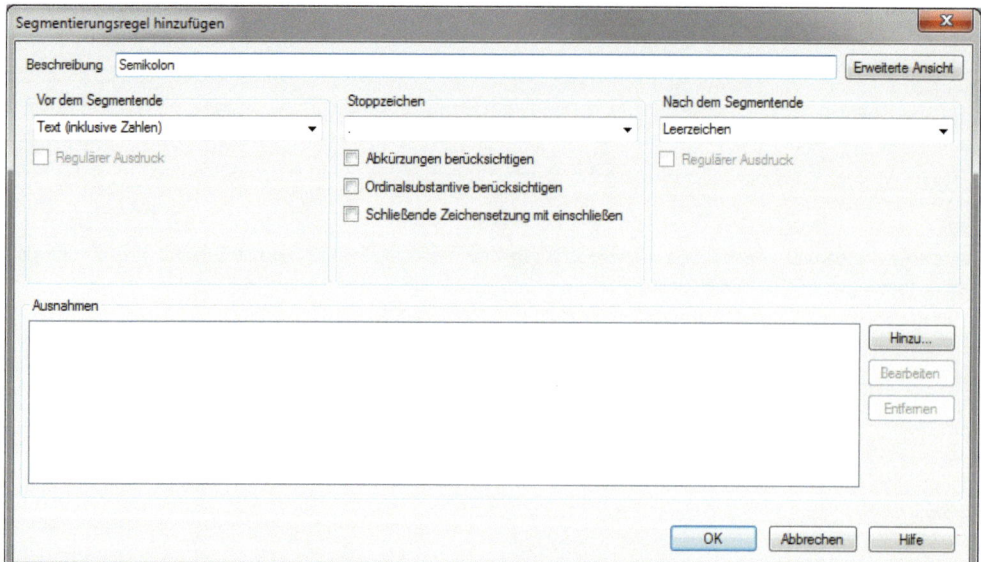

Klicken Sie auf den kleinen Pfeil nach unten rechts unter **Vor dem Segmentende**, um eine Dropdown-Liste mit den Elementen zu öffnen, die dem Semikolon vorangehen dürfen.

Für das Semikolon wurde im vorliegenden Beispiel für Deutsch **Text (inklusive Zahlen)** ausgewählt.

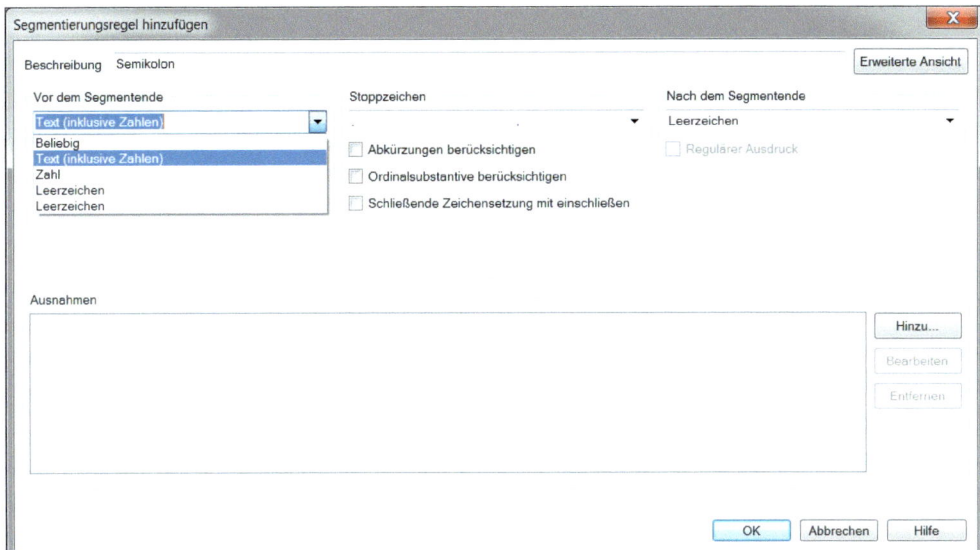

Wählen Sie danach das Stoppzeichen Semikolon aus, indem Sie auf den kleinen Pfeil nach unten rechts unter **Stoppzeichen** klicken. Eine Dropdown-Liste mit allen zur Verfügung stehenden Stoppzeichen öffnet sich. Im vorliegenden Beispiel wurde entsprechend das Semikolon ausgewählt.

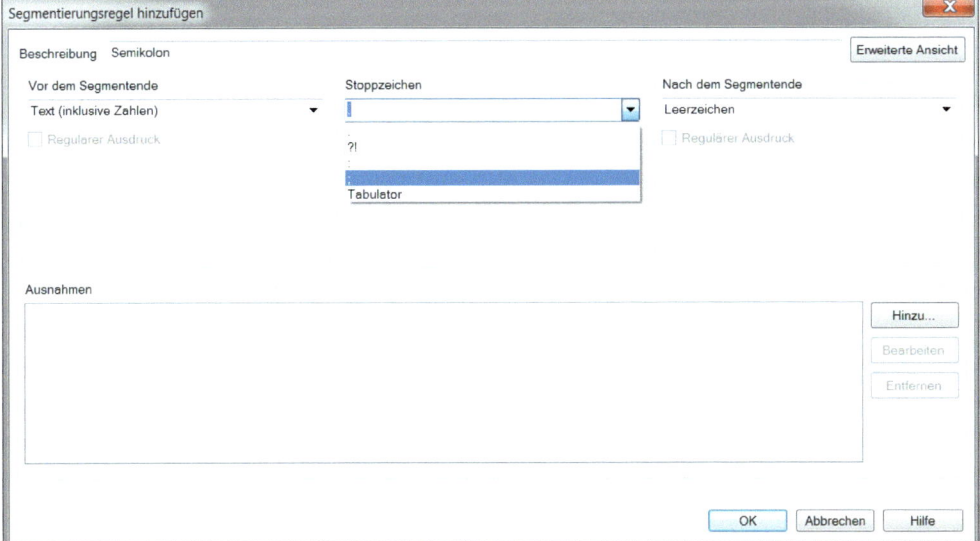

Da nach dem Stoppzeichen **Semikolon** ein Leerzeichen folgen soll, wurde unter **Nach dem Segmentende → Leerzeichen** ausgewählt.

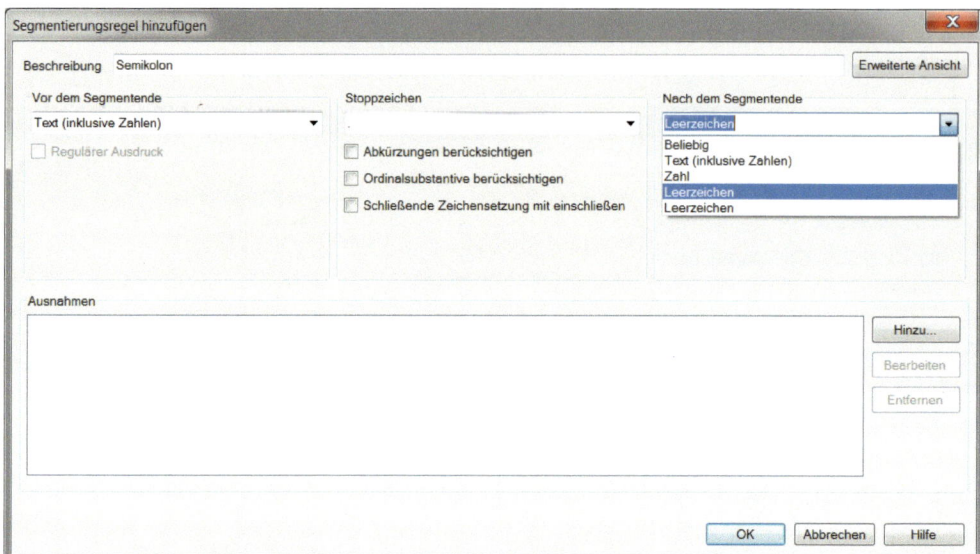

Klicken Sie auf **OK**, um die Eingabe abzuschließen, wenn Sie das Semikolon als Stoppzeichen verwenden möchten.

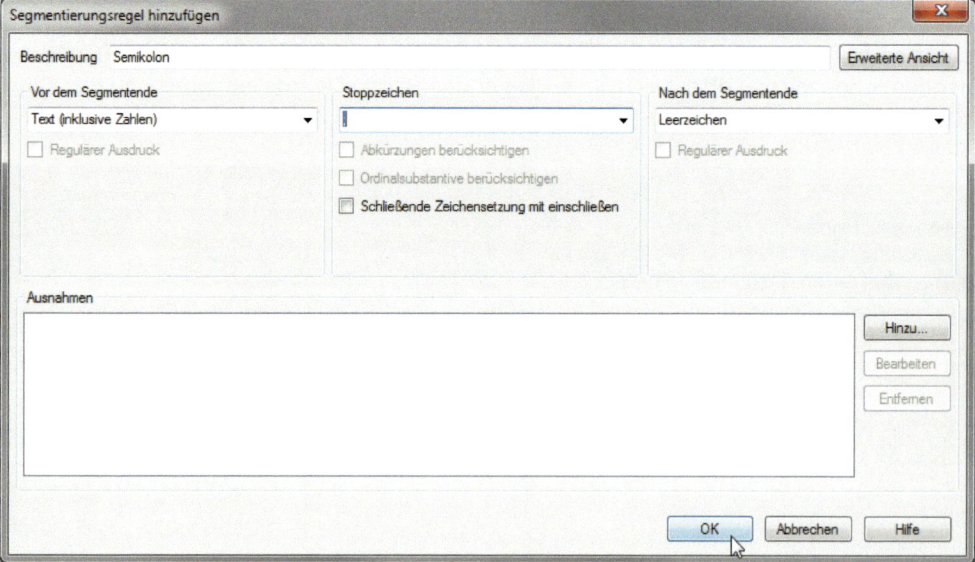

Sprachressourcen

In einem zweiten Schritt soll nun das Tabulatorzeichen als Stoppzeichen festgelegt werden. Klicken Sie zunächst im Dialogfeld **Segmentierungsregeln** auf **Hinzu...**, wenn Sie ein Tabulatorzeichen als Stoppzeichen einstellen möchten.

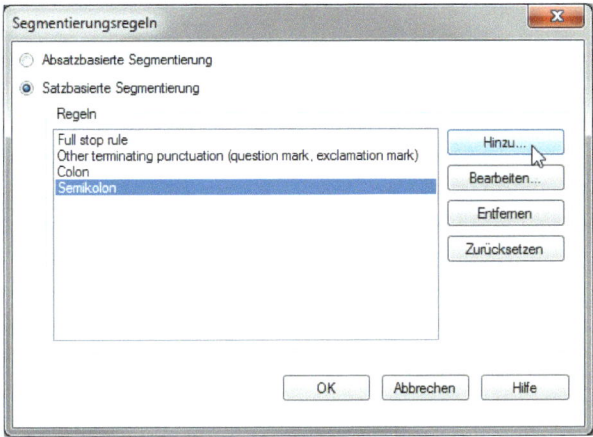

Geben Sie unter Beschreibung **Tabulator** ein. Die dem Tabulator vorhergehenden und nach dem Tabulator folgenden Elemente können Text, Zahlen, Leerräume und Leerzeichen sein, deshalb wurde unter **Vor dem Segmentende** und unter **Nach dem Segmentende** → **Beliebig** ausgewählt.

Darüber hinaus ist natürlich auch das eigentliche Stoppzeichen auszuwählen. Klicken Sie auf den kleinen Pfeil nach unten unter **Stoppzeichen**, wählen Sie aus der sich öffnenden Dropdown-Liste **Tabulator** aus und bestätigen Sie mit der Eingabetaste ⏎, wenn Sie das Stoppzeichen Tabulator hinzufügen möchten.

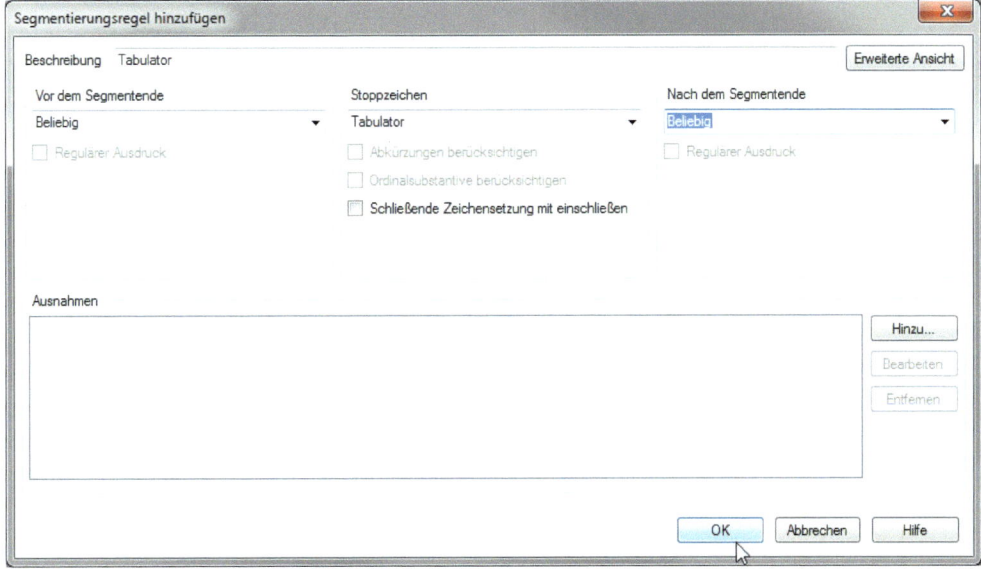

Klicken Sie danach auf **OK**.

Sowohl der Tabulator als auch das Semikolon sind nun im Dialogfeld **Segmentierungsregeln** als Stoppzeichen in der Liste der Stoppzeichen aufgeführt.

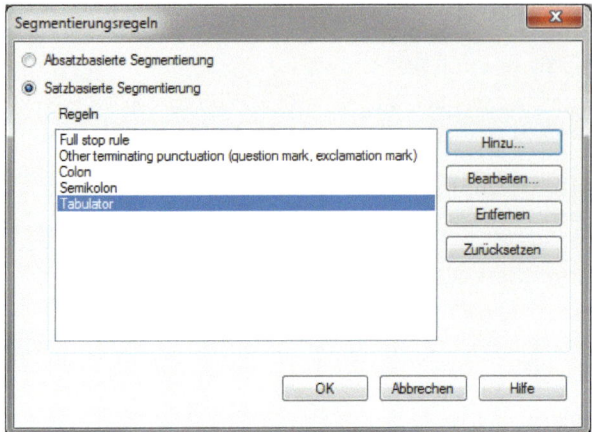

Wiederherstellen der Standard-Segmentierungsregeln

Neben dem Hinzufügen von Stoppzeichen haben Sie die Möglichkeit, im Dialogfeld **Segmentierungsregeln** auch die Standard-Segmentierungsregeln wiederherzustellen, indem Sie auf **Zurücksetzen** klicken.

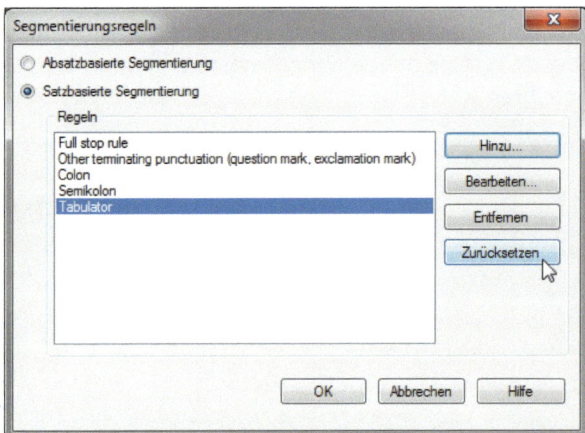

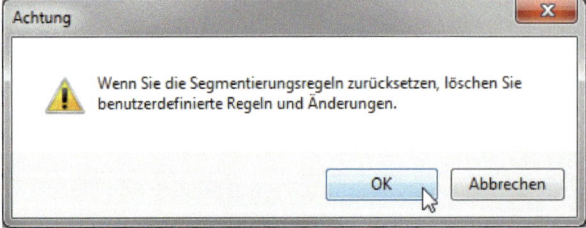

Das Dialogfeld **Achtung** öffnet sich. Klicken Sie auf **OK**, um benutzerdefinierte Regeln und Änderungen auf die Standardeinstellungen zurückzusetzen.

Klicken Sie im Dialogfeld **Segmentierungsregeln** auf **OK**, um die Bearbeitung der Segmentierungsregeln abzuschließen.

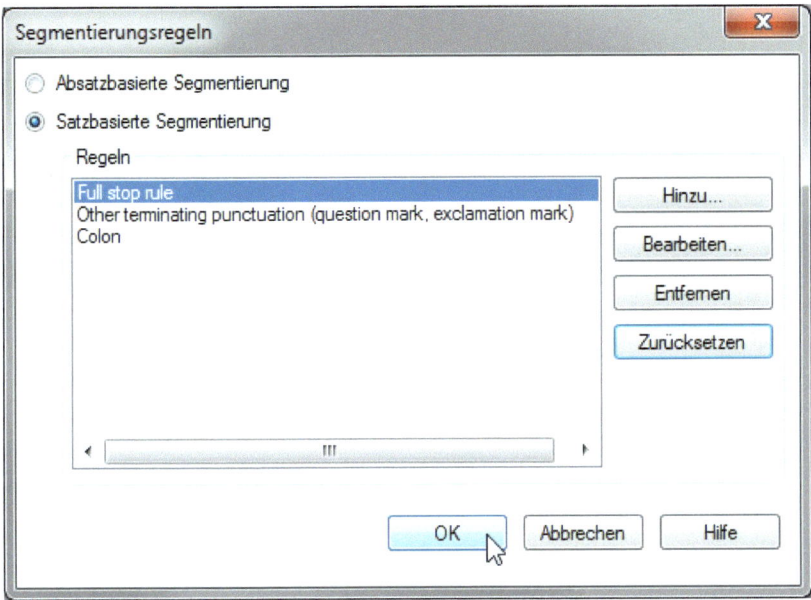

Speichern einer neuen Sprachressourcen-Vorlage

Das Dialogfeld **Neue Sprachressourcen-Vorlage** öffnet sich erneut. Klicken Sie auf **OK**, um die Eingaben für die neue Sprachressource abzuschließen.

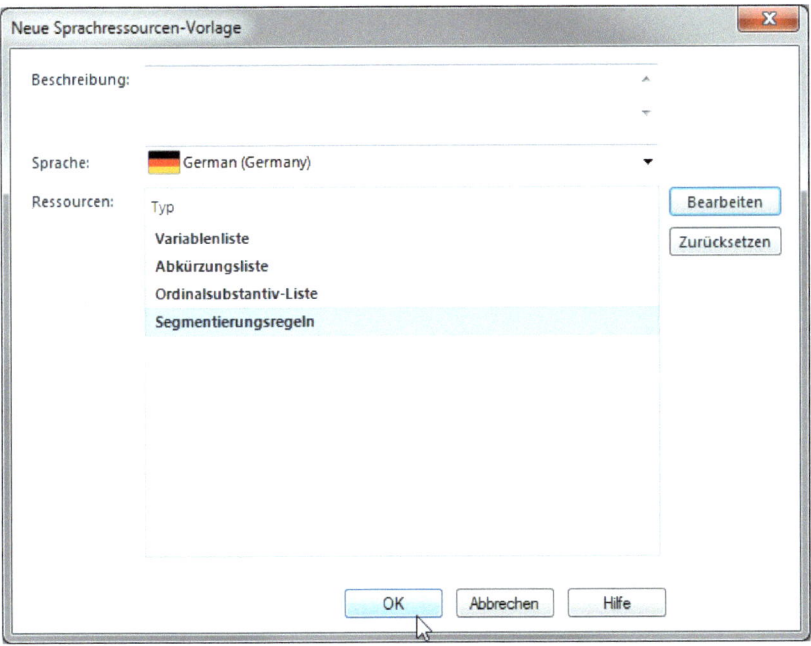

Das Dialogfeld **Sprachressourcen-Vorlage speichern unter...** öffnet sich. Vergeben Sie einen Namen für die neue Sprachressourcen-Vorlage und klicken Sie auf **Speichern**.

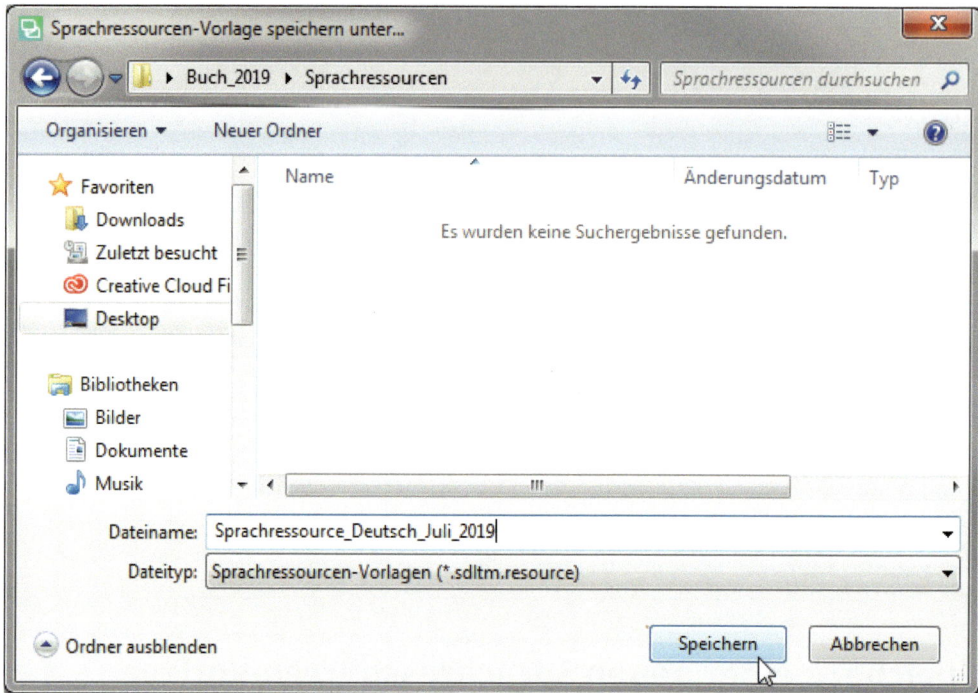

Öffnen von Sprachressourcen-Vorlagen

Die angelegte Sprachressource kann nun bei Bedarf bei der Anlage von Translation Memorys ausgewählt werden. Darüber hinaus ist es möglich, diese in der Ansicht **Translation Memorys** auf der Registerkarte **Start** in der Gruppe **Tasks** aufzurufen. Klicken Sie auf den kleinen Pfeil unter **Öffnen** und wählen Sie **Sprachressourcen-Vorlage öffnen** aus.

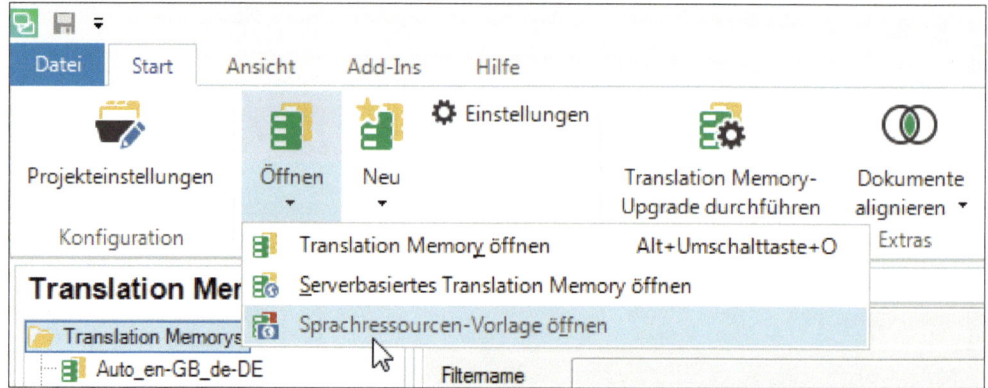

Das Dialogfeld **Sprachressourcen-Vorlage öffnen** öffnet sich. Wählen Sie die gewünschte Sprachressourcen-Vorlage aus und klicken Sie auf **Öffnen**.

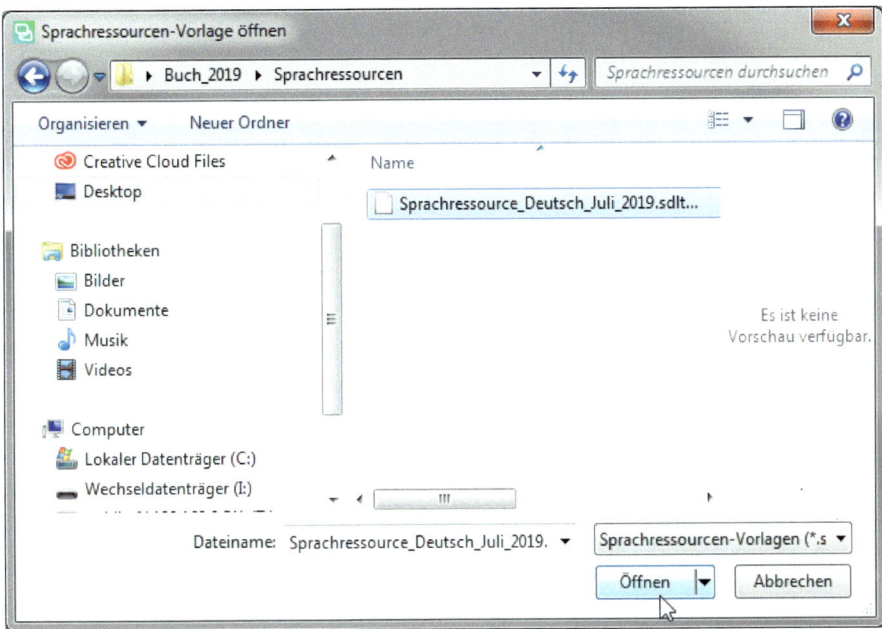

Das Dialogfeld **Einstellungen für die Sprachressourcen-Vorlage** öffnet sich und Sie können die Einstellungen der Vorlage einsehen und ggf. ändern.

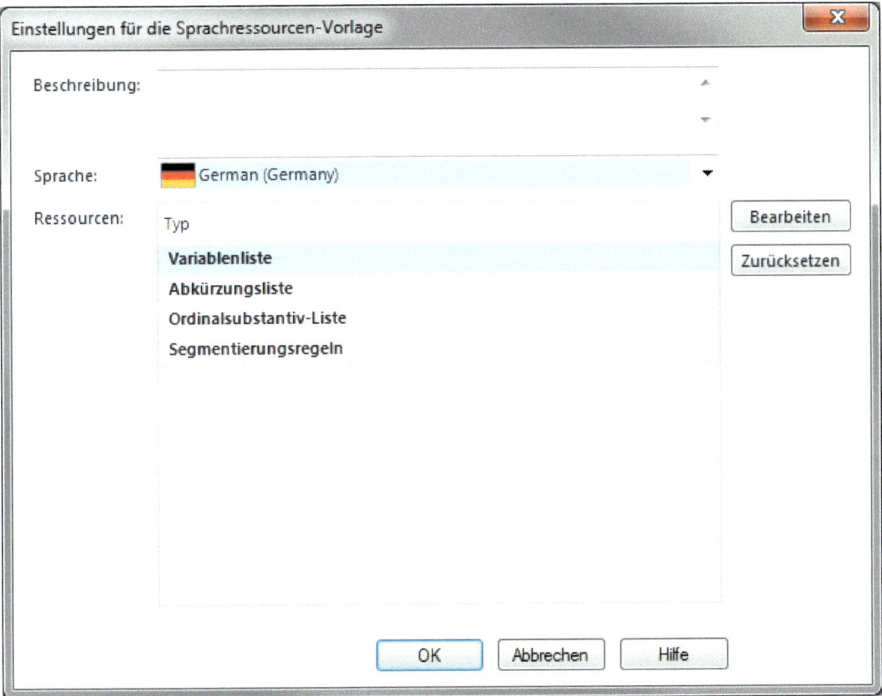

AnyTM

AnyTM ist ein Leistungsmerkmal von SDL Trados Studio 2019, das gleich dreifach einsetzbar ist, und zwar

- bei der Arbeit mit mehrsprachigen Ausgangstexten
- bei der Verwendung von TMs in umgekehrter Sprachrichtung
- bei der Verwendung von TMs mit abweichenden Subsprachen

Übersetzen von Dokumenten mit mehrsprachigem Ausgangstext

Sobald ein oder mehrere mehrsprachige Ausgangstexte vorliegen, kann AnyTM bei der Projektanlage oder beim Öffnen von Dokumenten in den Prozess integriert werden.

Wählen Sie bei der Projektanlage im Dialogfeld **Neues Projekt anlegen**→ **Nur ein Schritt** eine der Ausgangssprachen des Textes aus, wählen Sie danach die Zielsprache aus und setzen Sie die Projektanlage fort.

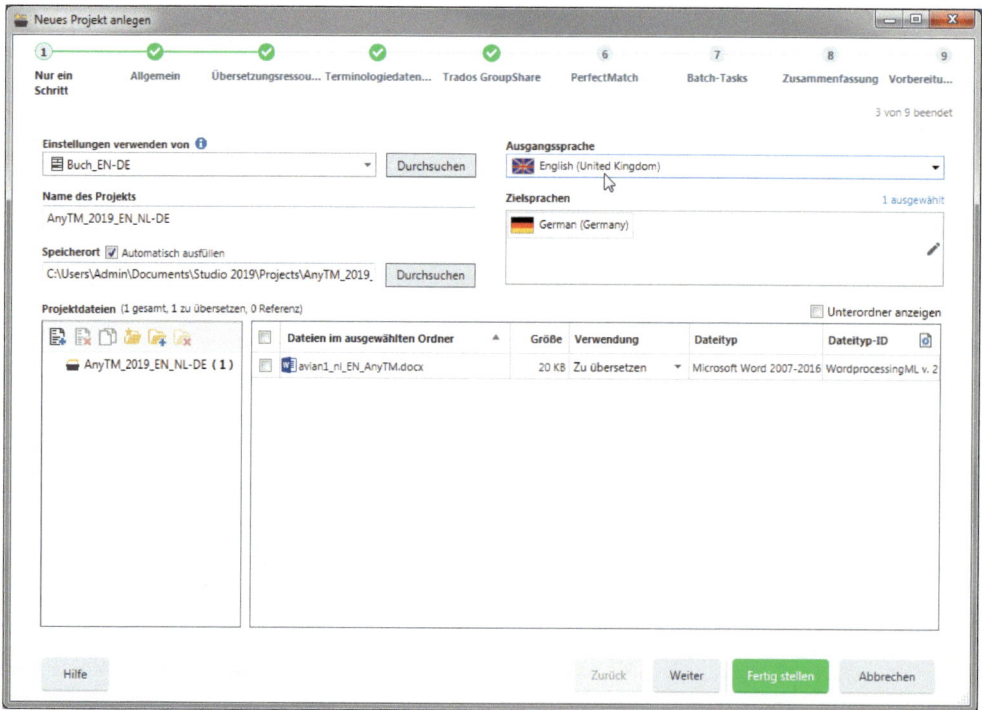

Klicken Sie im Dialogfeld **Neues Projekt anlegen** → **Übersetzungsressourcen** → **Translation Memorys und maschinelle Übersetzung** auf den kleinen Pfeil nach unten rechts neben **Verwenden...** und wählen Sie **AnyTM: beliebiges dateibasiertes TM...** aus, wenn Sie dateibasierte Translation Memorys verwenden. Alternativ **AnyTM: Beliebiges serverbasiertes TM...**, wenn Sie serverbasierte Translation Memorys einsetzen. Im vorliegenden Beispiel werden dateibasierte Translation Memorys verwendet.

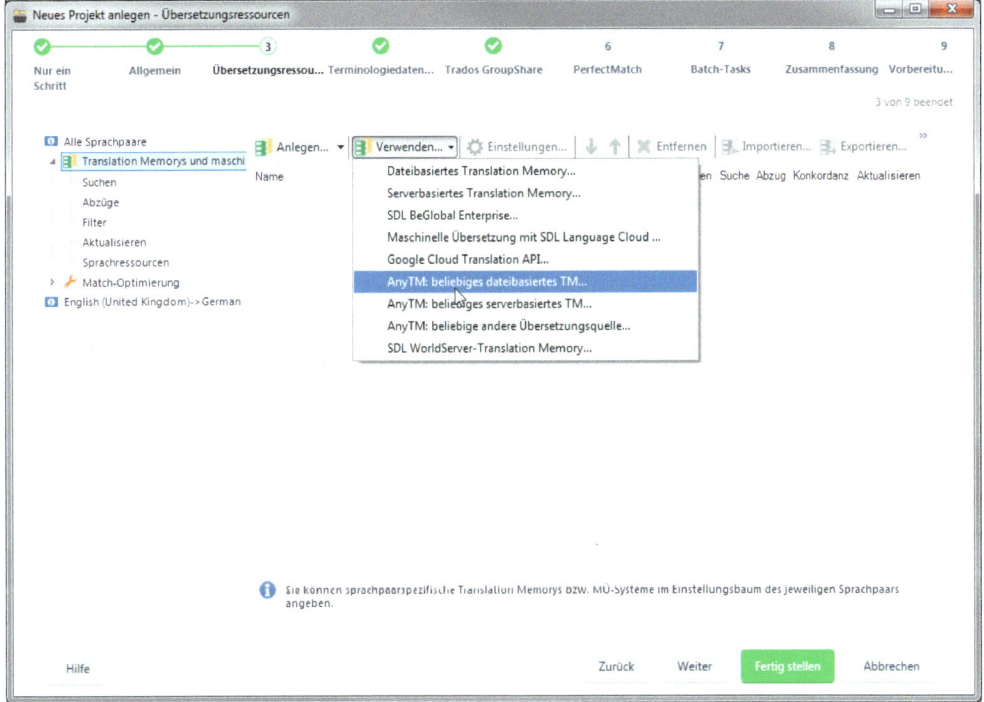

Das Dialogfeld **Dateibasiertes Translation Memory öffnen** öffnet sich. Wählen Sie die gewünschten Translation Memorys aus, indem Sie die Strg-Taste gedrückt halten und die Translation Memorys anklicken, und klicken Sie danach auf **Öffnen**. Im vorliegenden Beispiel sind dies Translation Memorys mit der Sprachkombination EN–DE und NL–DE, da der zu übersetzende Text ausgangssprachliche Segmente in englischer und Segmente in niederländischer Sprache enthält.

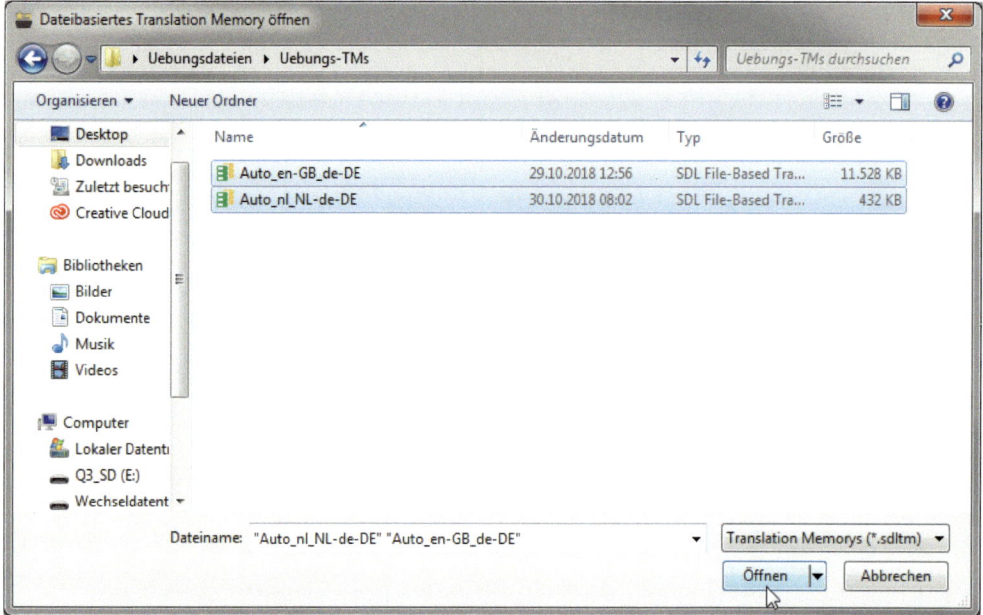

Die ausgewählten Translation Memorys sind nun im Dialogfeld **Neues Projekt anlegen** → **Übersetzungsressourcen** → **Alle Sprachpaare** → **Translation Memorys und maschinelle Übersetzung** eingetragen und haben das Präfix: **AnyTM:**. Achten Sie darauf, bei allen Translation Memorys ein Häkchen unter **Aktualisieren** zu setzen, damit alle Translation Memorys mit Übersetzungseinheiten befüllt werden können, und zwar jeweils mit der richtigen Ausgangs- und Zielsprache.

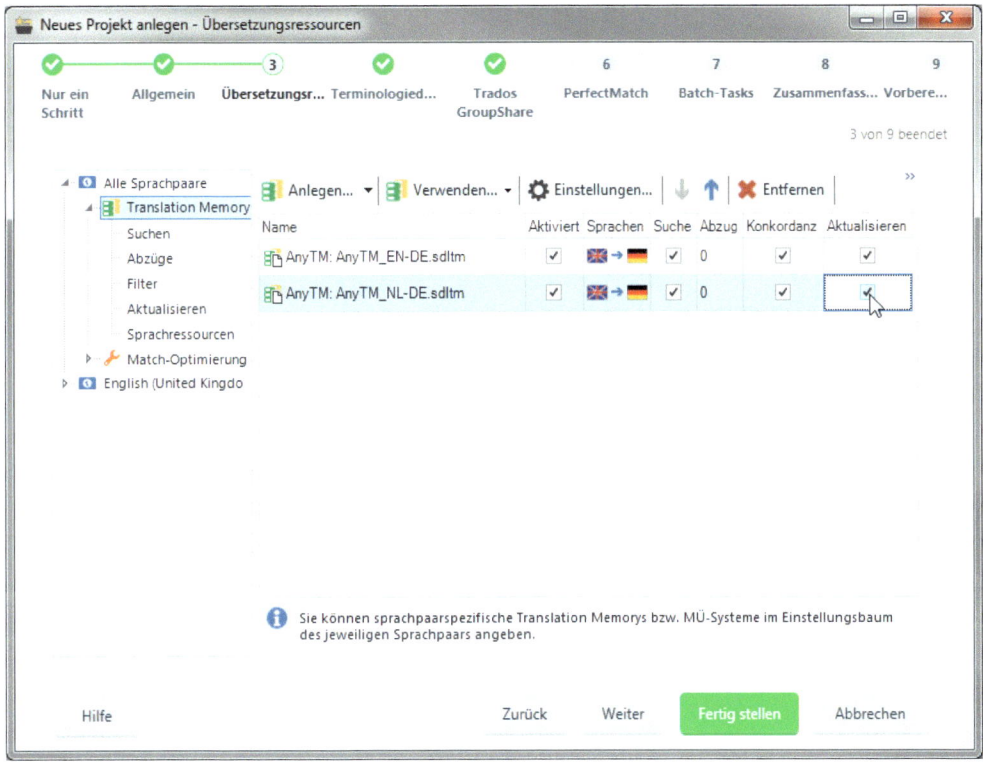

Schließen Sie die Projektanlage ab und öffnen Sie die/eine der Datei(en) mit mehrsprachigem Ausgangstext in der Ansicht **Editor**.

Klicken Sie auf der Registerkarte **Erweitert** in der Gruppe **AnyTM** auf **Übersetzung aus verschiedenen Ausgangssprachen**.

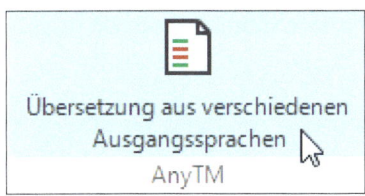

Unterhalb des zu übersetzenden Textes öffnet sich das Fenster **Übersetzung aus verschiedenen Ausgangssprachen**. Aktivieren Sie die Option **Dieses Projekt enthält Inhalte mit mehr als einer Ausgangssprache** und klicken Sie auf **Hinzu..**, um eine weitere Ausgangssprache auszuwählen.

Das Dialogfeld **Ausgangssprache hinzufügen** öffnet sich. Klicken Sie auf den kleinen Pfeil nach unten, um eine Dropdown-Liste mit den zur Verfügung stehenden Sprachen zu öffnen. Im vorliegenden Beispiel enthält die zu übersetzende Datei neben englischsprachigen auch niederländische Segmente. Wählen Sie die gewünschte zweite Sprache aus und klicken Sie danach auf **OK**. Wiederholen Sie ggf. den Vorgang, falls weitere Sprachen im Ausgangstext enthalten sind.

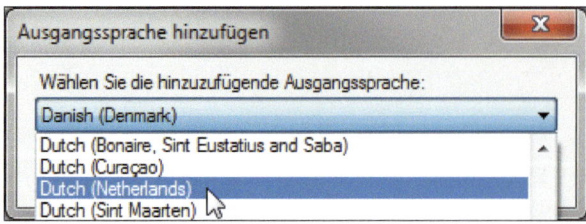

Die zusätzliche Sprache ist nun unter **Projekt-Ausgangssprachen:** eingetragen. Über das manuelle Auswählen von Ausgangssprachen eines Dokuments hinaus haben Sie mit der Auswahl von **Alle automatisch ermitteln** die Möglichkeit, die Ausgangssprachen des Dokuments von SDL Trados Studio 2019 ermitteln zu lassen. Nach der automatischen Ermittlung werden die ermittelten Sprachen geprüft und ggf. überflüssige Sprachen entfernt.

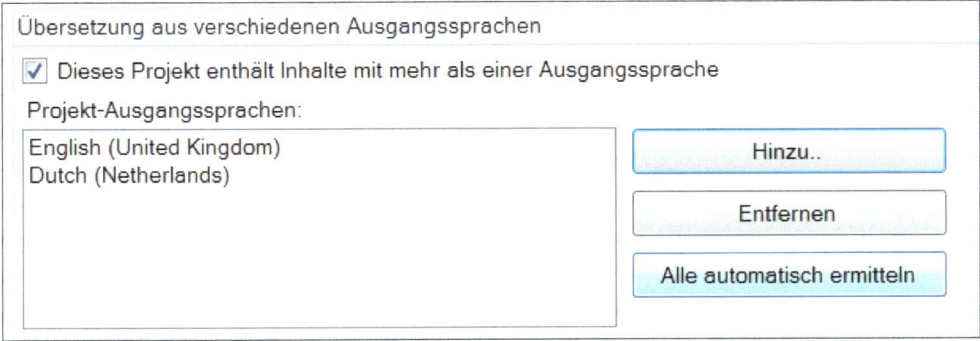

SDL Trados Studio 2019 ermittelt nun im geöffneten Dokument in SDL Trados Studio 2019 in jedem neuen zu übersetzenden Segment die Ausgangssprache und aktiviert das entsprechende Translation Memory für die jeweilige Sprachrichtung, sodass die Übersetzung mit dem Befehl **Bestätigen** in das richtige Translation Memory eingetragen wird.

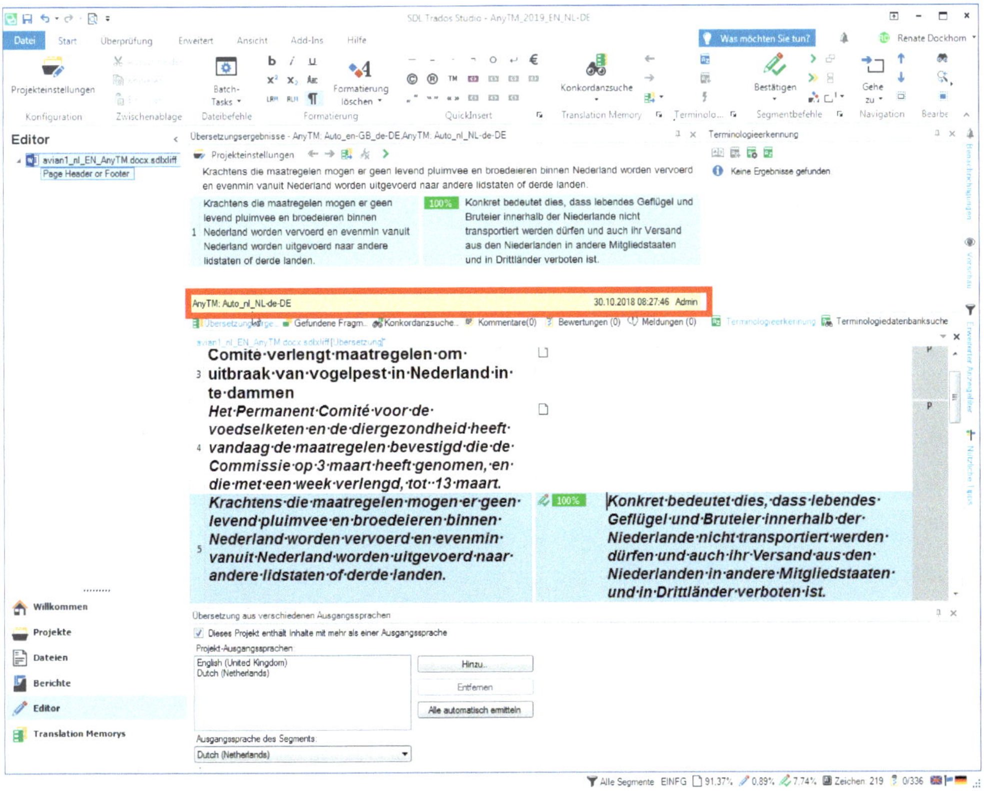

AnyTM: Ausgangssegment Niederländisch – Eintrag in TM NL-DE

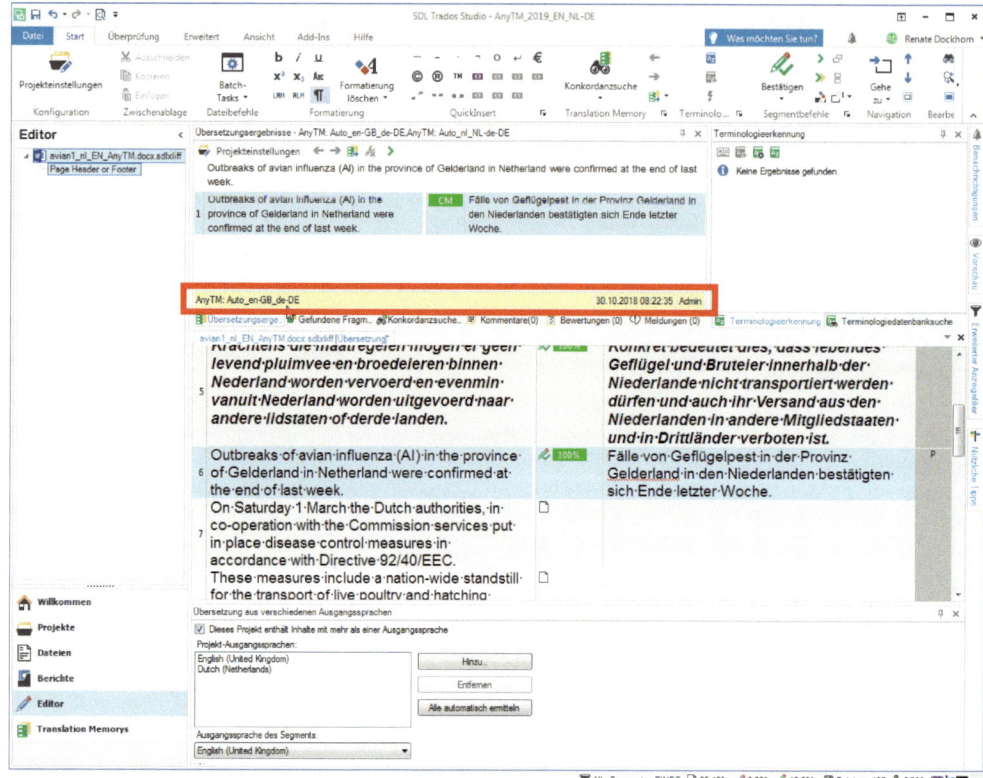

AnyTM: Ausgangssegment Englisch – Eintrag in TM EN-DE

Verwenden von Translation Memorys mit umgekehrter Sprachrichtung mit AnyTM

Neben dem Einsatz von AnyTM in Dokumenten mit mehr als einer Ausgangssprache können mit AnyTM in SDL Trados Studio 2019 auch Translation Memorys in der Übersetzung verwendet werden, die in umgekehrter Sprachrichtung vorliegen. So kann der Benutzer nun z.B. EN–DE Translation Memorys in Projekten mit der Sprachrichtung DE-EN verwenden.

Klicken Sie bei der Projektanlage im Dialogfeld **Neues Projekt anlegen → Übersetzungsressourcen → Alle Sprachpaare → Translation Memorys und maschinelle Übersetzung** auf den kleinen Pfeil nach unten rechts neben **Verwenden...** und wählen Sie in der sich öffnenden Dropdown-Liste **AnyTM: beliebiges dateibasiertes TM...** aus, wenn Sie ein dateibasiertes Translation Memory mit umgekehrter Sprachrichtung mit AnyTM verwenden möchten. Wählen Sie **AnyTM: beliebiges serverbasiertes TM...** aus, um ein serverbasiertes Translation Memory für AnyTM auszuwählen. Im vorliegenden Beispiel wird ein dateibasiertes Translation Memory verwendet.

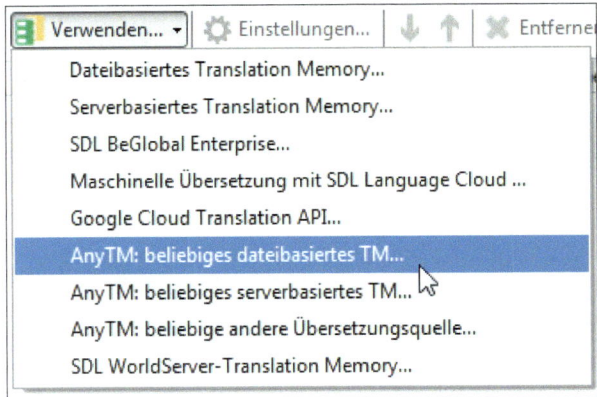

Das Dialogfeld **Dateibasiertes Translation Memory öffnen** öffnet sich. Sie haben nun die Möglichkeit, ein Translation Memory auszuwählen, das über die umgekehrte Sprachrichtung zu der für die Projektanlage ausgewählten Sprachrichtung verfügt. Im vorliegenden Beispiel wurde bei der Projektanlage die Sprachkombination DE-EN ausgewählt. Entsprechend kann mit AnyTM ein Translation Memory in der Sprachrichtung EN-DE ausgewählt werden. Verfahren Sie analog mit Sprachkombinationen, die Ihnen vorliegen.

Wählen Sie ein in umgekehrter Sprachrichtung vorliegendes Translation Memory aus, sodass dieses farbig unterlegt ist, und klicken Sie auf **Öffnen**.

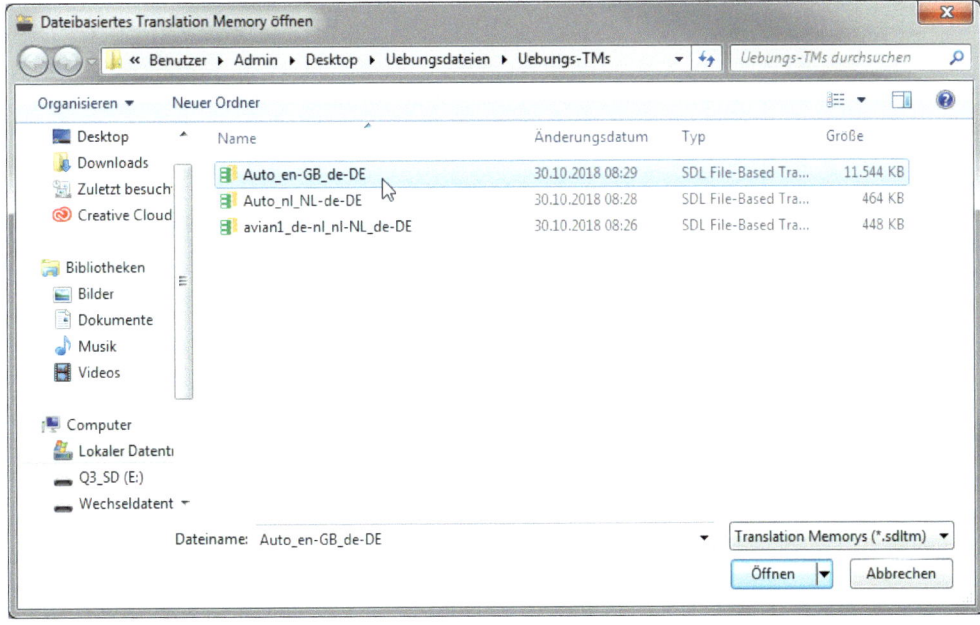

Das Translation Memory in umgekehrter Sprachrichtung ist nun im Dialogfeld **Neues Projekt anlegen** → **Übersetzungsressourcen** → **Alle Sprachpaare** → **Translation Memorys und maschinelle Übersetzung** eingetragen. Schließen Sie die Projektanlage ab.

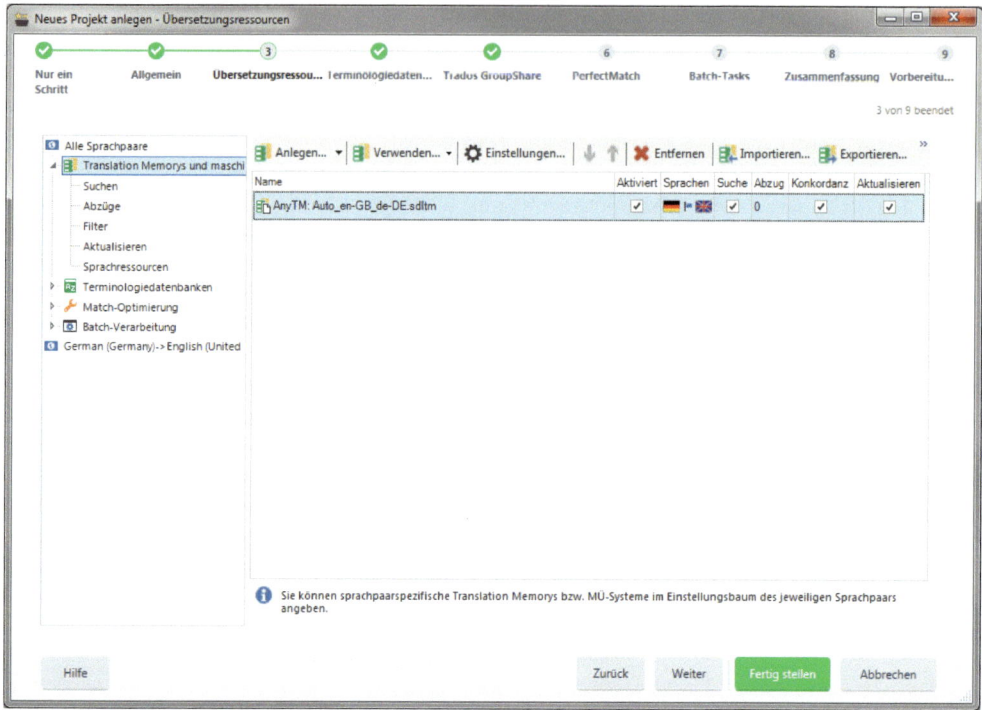

Beim Abschluss der Projektanlage erstellt SDL Trados Studio 2019 ein zusätzliches Translation Memory mit dem Zusatz *.anytmreverse.

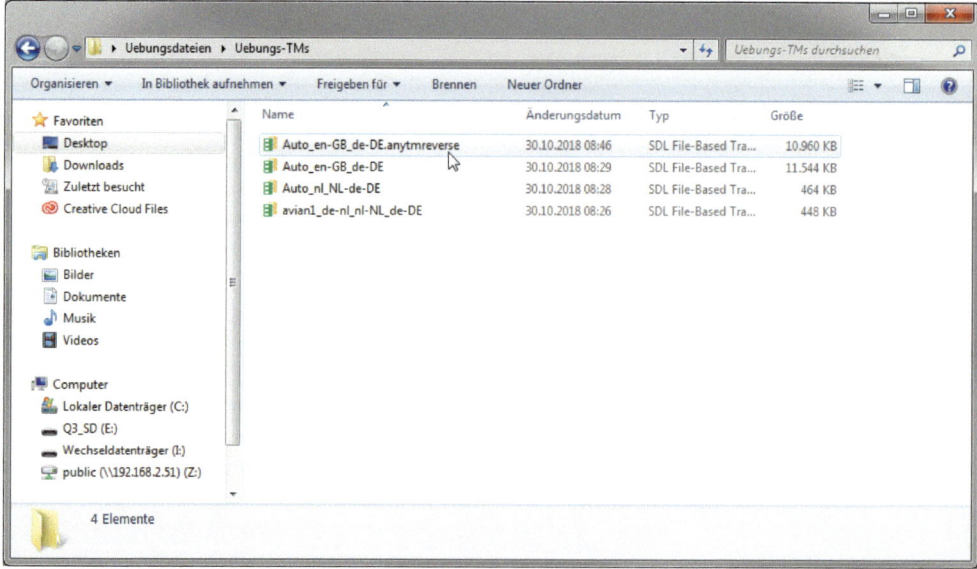

In diesem Translation Memory mit dem Zusatz *.anytmreverse sind die Übersetzungseinheiten des ausgewählten Translation Memorys bereits in umgekehrter Sprachrichtung enthalten.

Nach Abschluss der Projektanlage wird das mit AnyTM ausgewählte Translation Memory im aktuellen Projekt verwendet.

❗ Bei der Arbeit mit Translation Memorys, die mit AnyTM verwendet werden, werden bei umgekehrter Sprachrichtung beide Translation Memorys, das mit AnyTM ausgewählte Translation Memory und das in der Sprachrichtung umgekehrte Translation Memory mit der Endung *.anytmreverse, beim Bestätigen von Übersetzungseinheiten aktualisiert.

Verwenden von Translation Memorys mit abweichender Subsprache mit AnyTM

Über die Verwendung von Translation Memorys mit umgekehrter Sprachrichtung als der Sprachrichtung, die bei der Projektanlage ausgewählt wird, ist es in SDL Trados Studio 2019 auch möglich, Translation Memorys mit abweichenden Subsprachen in Projekten zu verwenden. Wird bei der Projektanlage z.B. EN(GB)-DE(DE) als Projektsprachrichtung verwendet, können mit AnyTM auch Translation Memorys verwendet werden, die mit einer anderen englischen oder deutschen Subsprache angelegt wurden.

Klicken Sie in diesem Fall bei der Projektanlage im Dialogfeld **Neues Projekt anlegen** → **Übersetzungsressourcen** → **Alle Sprachpaare** → **Translation Memorys und maschinelle Übersetzung** auf den kleinen Pfeil nach unten rechts neben **Verwenden...** und wählen Sie in der sich öffnenden Dropdown-Liste **AnyTM: beliebiges dateibasiertes TM...** aus, bzw. alternativ **AnyTM: beliebiges serverbasiertes TM...**, wenn Sie über ein serverbasiertes Translation Memory verfügen. Im vorliegenden Beispiel wird ein dateibasiertes Translation Memory verwendet.

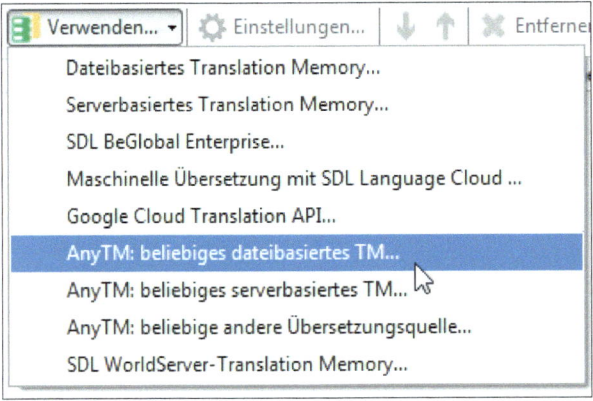

Wählen Sie im sich öffnenden Dialogfeld **Dateibasiertes Translation Memory öffnen** das Translation Memory mit der(n) abweichenden Subsprache(n) aus, sodass es farbig unterlegt ist, und klicken Sie auf **Öffnen**.

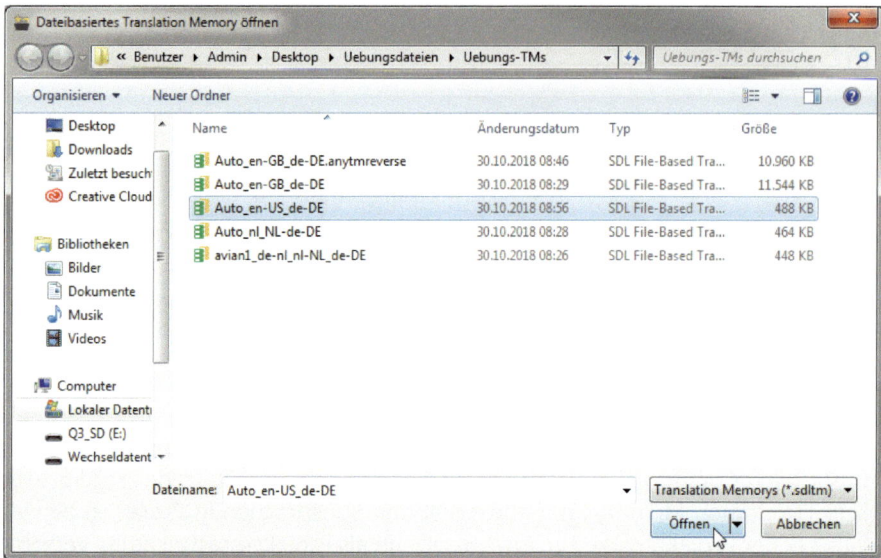

Das Translation Memory mit der(n) abweichenden Subsprache(n) ist nun im Dialogfeld **Neues Projekt anlegen → Übersetzungsressourcen → Alle Sprachpaare → Translation Memorys und maschinelle Übersetzung** eingetragen. Achten Sie darauf, alle Translation Memorys, die befüllt werden sollen, mit einem Häkchen unter **Aktualisieren** zu versehen und schließen Sie danach die Projektanlage ab.

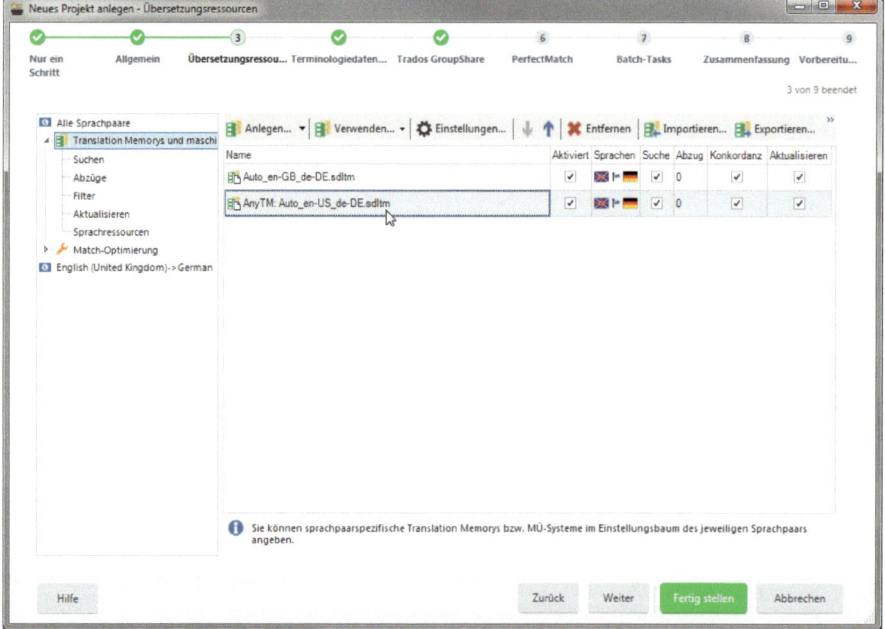

Nach Abschluss der Projektanlage wird das mit AnyTM ausgewählte Translation Memory im aktuellen Projekt verwendet, wie in den Projekteinstellungen deutlich wird.

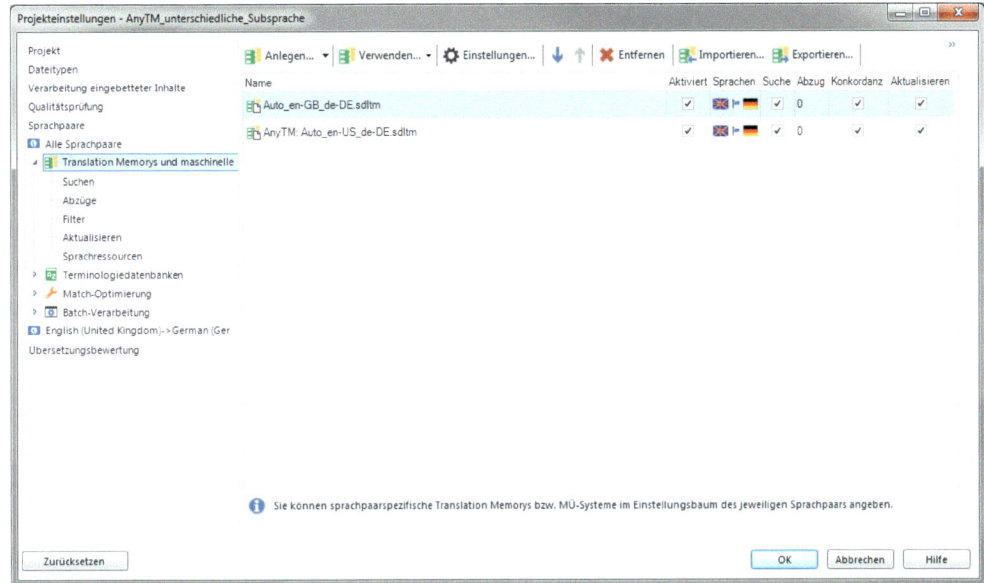

? Können Translation Memorys mit AnyTM in SDL Trados Studio 2019 verwendet werden, die sowohl über die umgekehrte Sprachrichtung als auch geänderte Subsprachen verfügen?
Ja, das ist möglich.

AutoSuggest

AutoSuggest ist eine Funktion in SDL Trados Studio 2019, mit der dem Benutzer während der Übersetzung in SDL Trados Studio 2019 Einträge aus in einem Projekt ausgewählten

- Terminologiedatenbanken
- AutoSuggest-Wörterbüchern
- Translation Memorys und maschineller Übersetzung (wenn maschinelle Übersetzung verwendet wird)
- gefundenen Fragmenten und
- AutoText

beim Schreiben als Dropdown-Liste anzeigt werden. Der Benutzer kann die vorgeschlagenen Einträge bei Bedarf durch Scrollen in der Liste und Drücken der Eingabetaste ⏎ in das zielsprachliche Segment übernehmen oder die Vorschläge ignorieren und weiterschreiben.

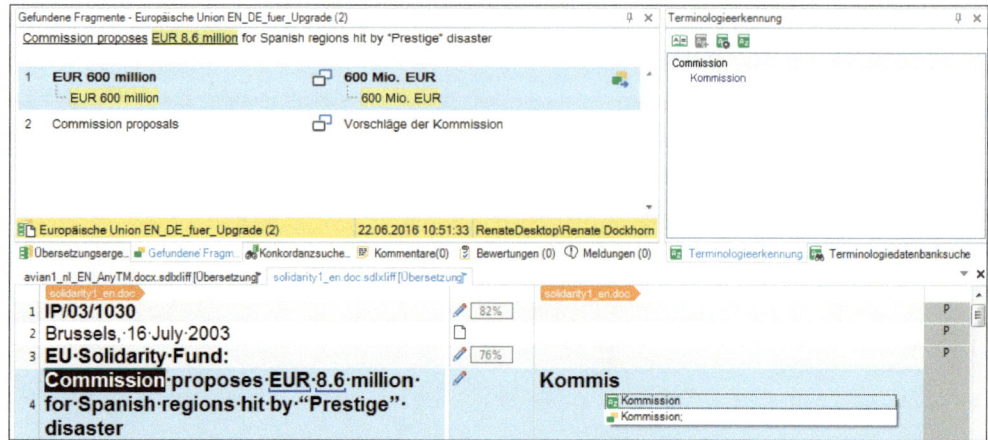

Die Einstellungen für AutoSuggest werden auf der Registerkarte **Datei** in den **Optionen** unter **AutoSuggest** vorgenommen.

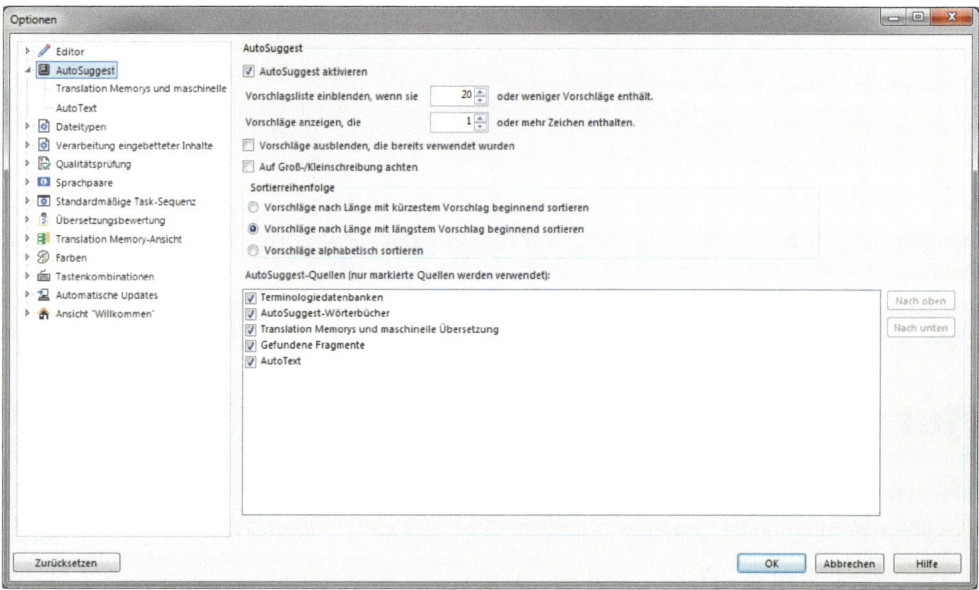

Als Standard ist AutoSuggest aktiviert und es wird eine Vorschlagsliste eingeblendet, wenn sie 20 oder weniger Vorschläge enthält. Dabei enthalten die Vorschläge ein oder mehr Zeichen.

Der Benutzer hat die Möglichkeit, Vorschläge auszublenden, die innerhalb eines Segments bereits einmal gemacht wurden, und auf die Groß-/Kleinschreibung zu achten.

```
AutoSuggest
☑ AutoSuggest aktivieren
Vorschlagsliste einblenden, wenn sie      20    oder weniger Vorschläge enthält.
Vorschläge anzeigen, die                   1    oder mehr Zeichen enthalten.
☐ Vorschläge ausblenden, die bereits verwendet wurden
☐ Auf Groß-/Kleinschreibung achten
```

Als Standard werden darüber hinaus Vorschläge beginnend mit dem längsten Vorschlag sortiert. Alternativ können die Vorschläge mit der kürzesten Sequenz beginnen oder alphabetisch sortiert werden.

```
Sortierreihenfolge
○ Vorschläge nach Länge mit kürzestem Vorschlag beginnend sortieren
◉ Vorschläge nach Länge mit längstem Vorschlag beginnend sortieren
○ Vorschläge alphabetisch sortieren
```

Als Standard sind alle möglichen, nachfolgend aufgelisteten Quellen aktiv. Die Quellen können deaktiviert werden, wenn sie nicht verwendet werden sollen.

```
AutoSuggest-Quellen (nur markierte Quellen werden verwendet):
☑ Terminologiedatenbanken
☑ AutoSuggest-Wörterbücher
☑ Translation Memorys und maschinelle Übersetzung
☑ Gefundene Fragmente
☑ AutoText
```

Voraussetzung für die Verwendung der einzelnen Quellen ist, dass

- **Terminologiedatenbank(en)** vorhanden sind und diese in das jeweils aktive Projekt integriert wurden.

- **AutoSuggest-Wörterbücher** erstellt und der jeweiligen Sprachrichtung zugeordnet wurden (Die Funktion für das **Anlegen** von AutoSuggest-Wörterbüchern ist in SDL Trados Studio 2019 in der Version Professional als Standard und in der Freelance-Version bei Zukauf des SDL AutoSuggest Creator-Add-ons enthalten. **Verwendet** werden können AutoSuggest-Wörterbücher sowohl in der Professional- als auch in der Freelance-Version). In SDL Trados Studio 2019 kann ein AutoSuggest-Wörterbuch immer dann aus einem Translation Memory erstellt werden, wenn es über mindestens 10.000 Übersetzungseinheiten verfügt.

- **Translation Memorys** vorhanden sind und diese in das jeweils aktive Projekt integriert wurden. Eine **maschinelle Übersetzung** wird nur dann verwendet, wenn diese vorab aktiviert wurde.

- **Gefundene Fragmente** in den im Projekt verwendeten Translation Memorys aktiviert sind und die Translation Memorys für die Fragmenterkennung vorbereitet wurden.

- **AutoText**-Einträge auf der Registerkarte **Datei** in den **Optionen** unter **AutoSuggest** → **AutoText** vorgenommen wurden.

Nachstehend sehen Sie ein Beispiel für eine geöffnete Dropdown-Liste in AutoSuggest, in der die längsten Vorschläge zuerst angezeigt werden. Der jeweils farbig unterlegte Vorschlag kann mit der Eingabetaste ⏎ übernommen werden und der Wechsel zwischen den verschiedenen Vorschlägen erfolgt mit der ↓-, bzw. ↑-Taste.

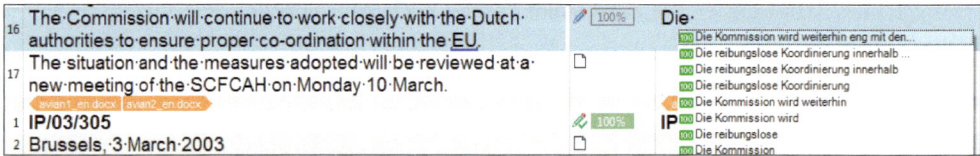

Beispiel Dropdown-Liste mit Vorschlägen aus AutoSuggest

Anlegen von AutoSuggest-Wörterbüchern

Bei der Anlage von AutoSuggest-Wörterbüchern konvertiert SDL Trados Studio 2019 die Übersetzungseinheiten eines Translation Memorys[12], das **mindestens 10.000 Übersetzungseinheiten** enthalten muss, in ein AutoSuggest-Wörterbuch, das aus kleinen Teilen der Übersetzungseinheiten besteht. Diese Segmentfragmente werden im Übersetzungsprozess in einer Dropdown-Liste als Übersetzungsvorschläge angeboten. Beim Anlegen von AutoSuggest-Wörterbüchern bleiben die ursprünglichen Translation Memorys erhalten. Aus Sicherheitsgründen ist es empfehlenswert, trotzdem zunächst eine Sicherungskopie des Translation Memorys zu erstellen und diese Kopie zu verwenden.

❗ Als Standard ist das Anlegen von AutoSuggest-Wörterbüchern in der Version Professional möglich. Benutzer der Freelance-Versionen haben die Möglichkeit, zusätzlich das AutoSuggest Creator Add-on zu kaufen, mit dem das Erstellen von AutoSuggest-Wörterbüchern möglich ist.

---

[12] Bitte beachten Sie, dass neben Translation Memorys (im Format *.sdltm) auch TMX-Dateien in ein AutoSuggest-Wörterbuch integriert werden können. Aus Gründen der Lesbarkeit wurde in den Ausführungen in diesem Kapitel nur auf das Translation Memory verwiesen.

Öffnen Sie die Ansicht **Translation Memorys**. Klicken Sie danach auf der Registerkarte **Start** in der Gruppe **Extras** auf **AutoSuggest-Wörterbuch anlegen**. Alternativ haben Sie die Möglichkeit, diesen Vorgang in der Ansicht **Willkommen** auf der Registerkarte **Start** in der Gruppe **Translation Memory** → **AutoSuggest-Wörterbuch anlegen** zu beginnen.

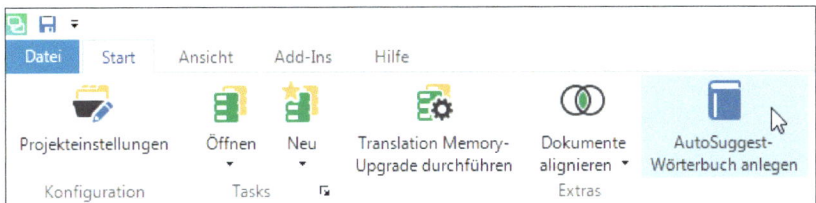

Das Dialogfeld **Neues AutoSuggest-Wörterbuch** → **Translation Memory-Auswahl** öffnet sich. Klicken Sie auf **Durchsuchen…**, um das Translation Memory auszuwählen, dessen Übersetzungseinheiten in ein AutoSuggest-Wörterbuch integriert werden sollen.

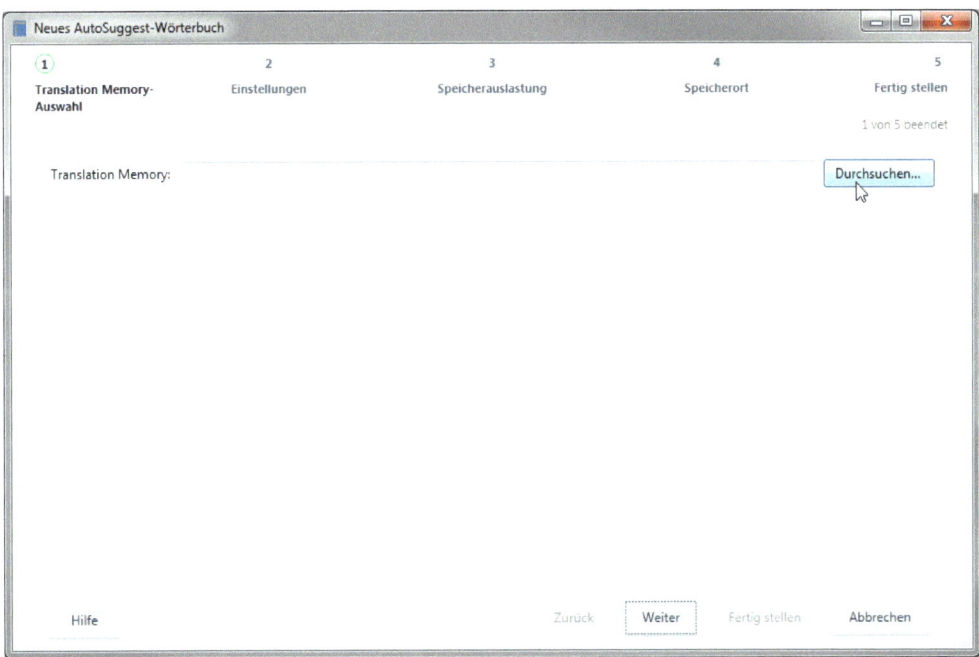

Das Dialogfeld **Dateibasiertes Translation Memory öffnen** öffnet sich. Wählen Sie das gewünschte Translation Memory aus und klicken Sie auf **Öffnen** oder doppelklicken Sie auf das gewünschte Translation Memory, um dieses für die Konvertierung der Translation Memory-Einheiten in ein AutoSuggest-Wörterbuch zu öffnen. Im vorliegenden Beispiel wurde das öffentlich zur Verfügung stehende Translation Memory der Europäischen Union in der Sprachkombination Englisch-Deutsch verwendet.

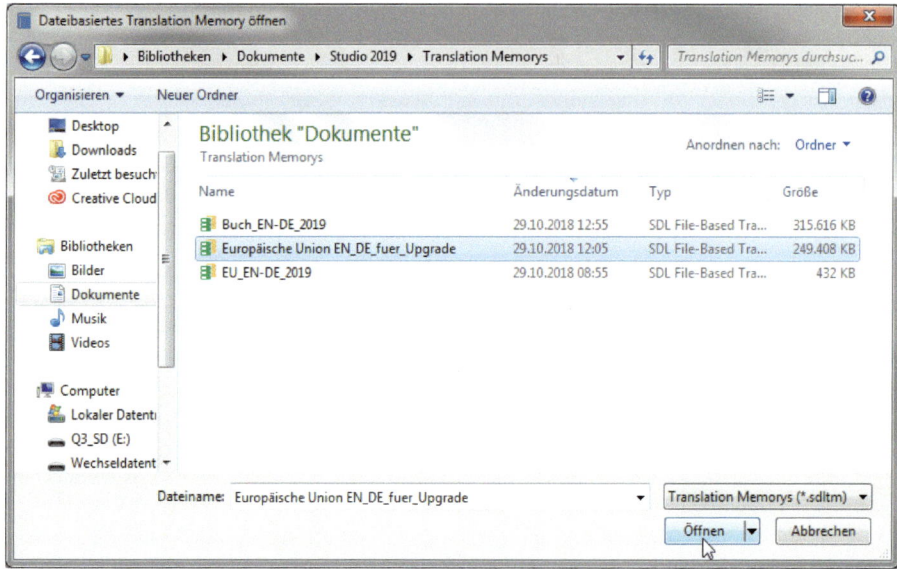

Der Speicherort des ausgewählten Translation Memorys erscheint nun im Dialogfeld **Neues AutoSuggest-Wörterbuch → Translation Memory-Auswahl**. Klicken Sie auf **Weiter**, um fortzufahren.

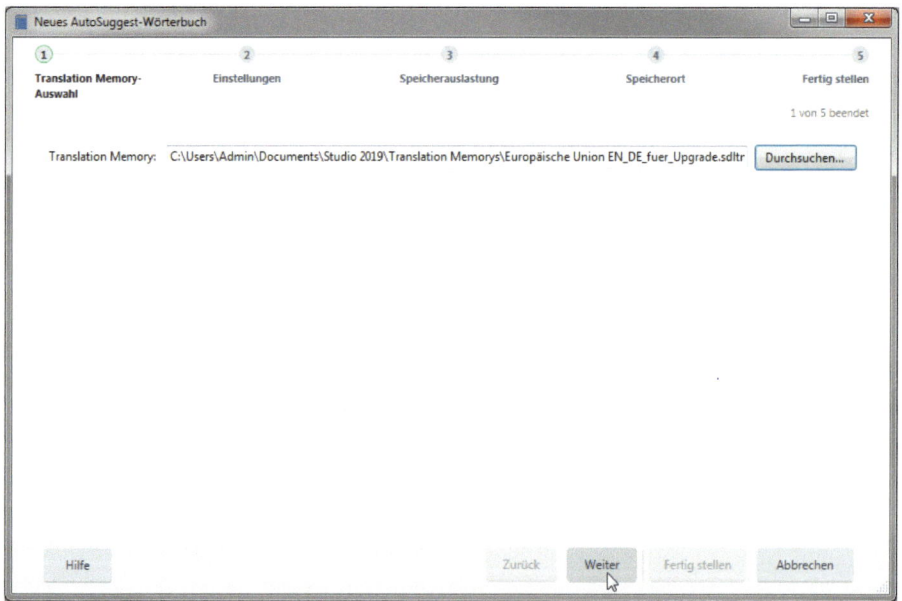

Das Dialogfeld **Neues AutoSuggest-Wörterbuch** → **Einstellungen** öffnet sich. Sie haben in diesem Feld die Möglichkeit, die Ausgangssprache und Zielsprache für das AutoSuggest-Wörterbuch festzulegen. Dabei liegen die Sprachen zugrunde, die bereits im Translation Memory enthalten sind, der Benutzer hat aber die Möglichkeit, die Sprachrichtung festzulegen. Optional können darüber hinaus Filter gesetzt werden. Im vorliegenden Beispiel wurde die Sprachrichtung EN_DE ausgewählt und es wurden keine Filter festgelegt. Klicken Sie nach erfolgter Auswahl auf **Weiter**.

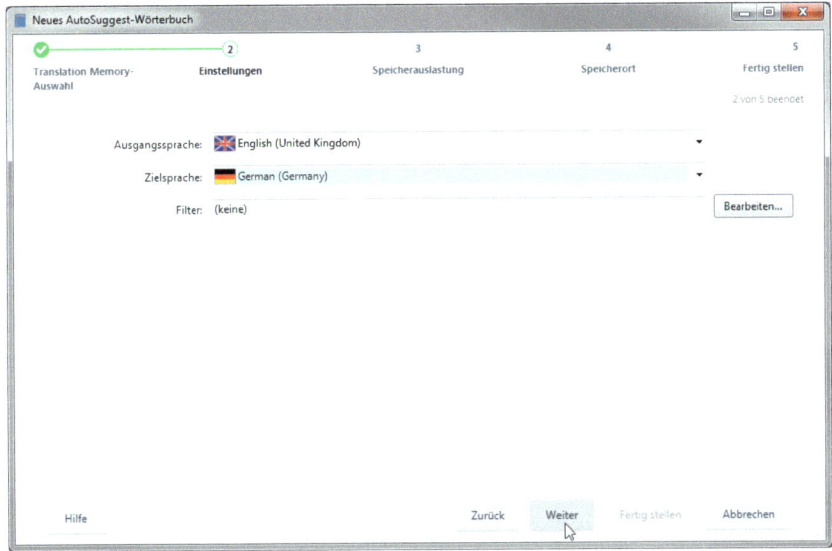

Das Dialogfeld **Neues AutoSuggest-Wörterbuch** → **Speicherauslastung** öffnet sich, in dem die Anzahl der zu verarbeitenden Übersetzungseinheiten angezeigt wird. Sie haben in diesem Feld die Möglichkeit, die Anzahl der Übersetzungseinheiten anzupassen. Nehmen Sie die entsprechende Einstellung vor und klicken Sie danach auf **Weiter**.

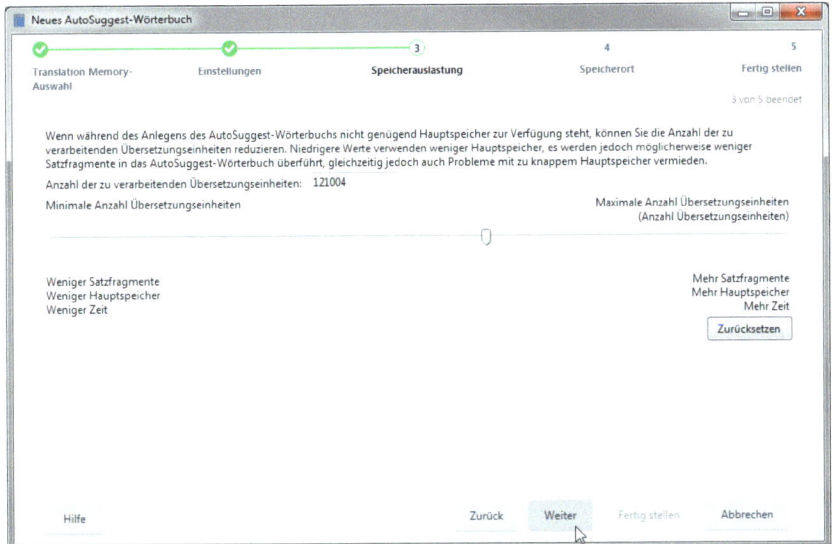

Klicken Sie im sich öffnenden Dialogfeld **Neues AutoSuggest-Wörterbuch** → **Speicherort** auf **Durchsuchen...**, wenn Sie einen neuen Speicherort für das AutoSuggest-Wörterbuch festlegen möchten.

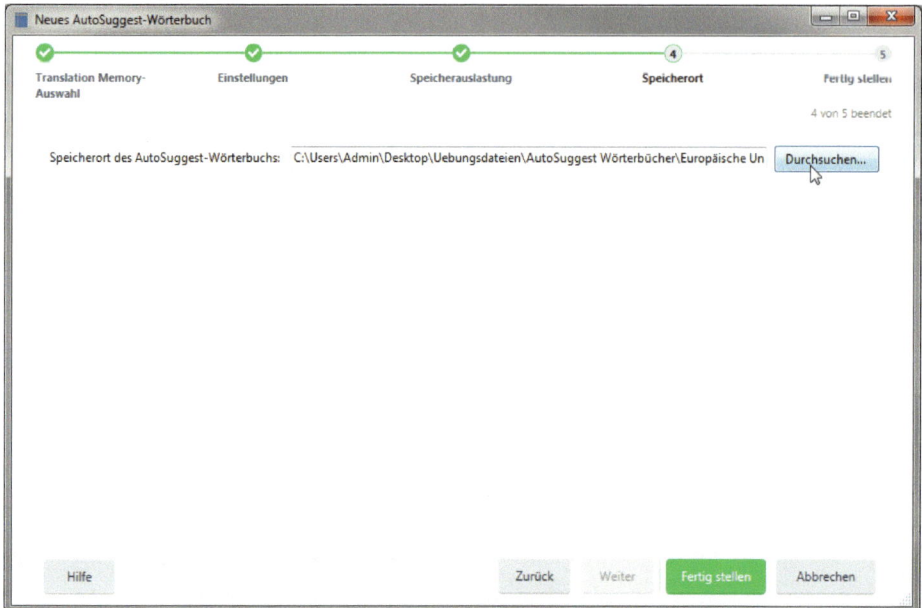

Das Dialogfeld **AutoSuggest-Wörterbuch speichern** öffnet sich. Wählen Sie einen Speicherort für das anzulegende Translation Memory aus, geben Sie einen Dateinamen ein und klicken Sie auf **Speichern**.

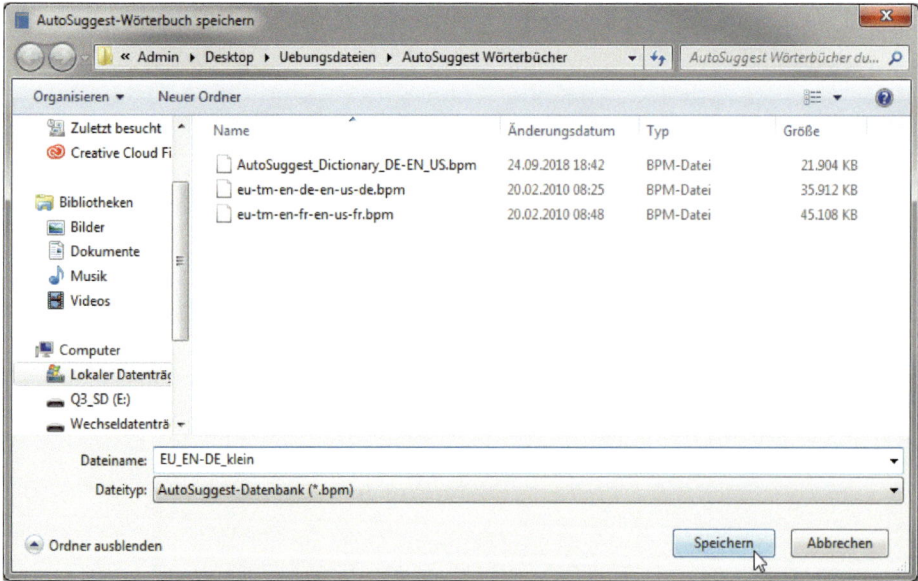

Der Speicherort wird neben **Speicherort des AutoSuggest-Wörterbuchs:** eingefügt. Klicken Sie auf **Fertig stellen**, um fortzufahren.

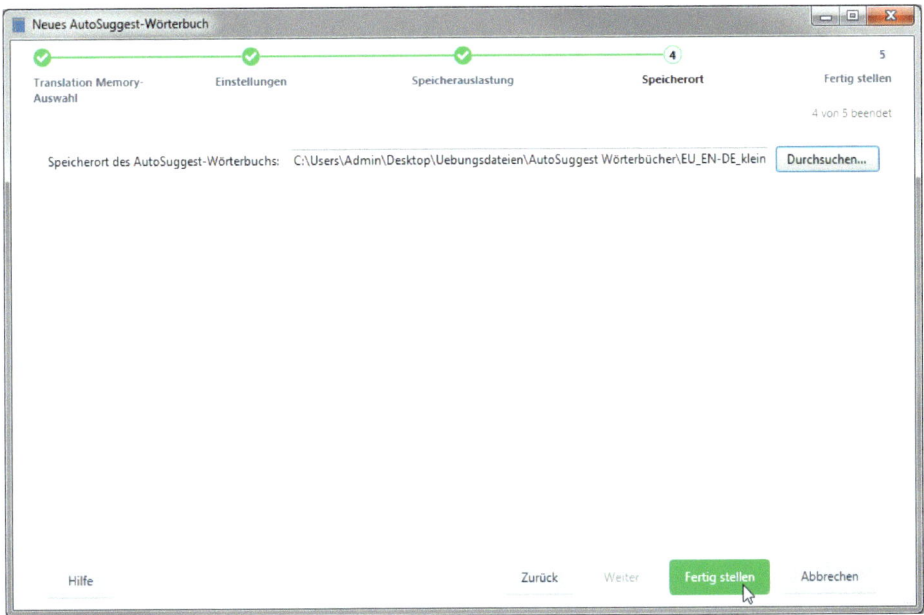

Das Dialogfeld **Neues AutoSuggest-Wörterbuch → Fertig stellen** öffnet sich. SDL Trados Studio 2019 erstellt das AutoSuggest-Wörterbuch und zeigt die erfolgreiche Erstellung durch ein grünes Feld mit weißem Häkchen ✓ an. Beheben Sie die Fehlerursache, wenn SDL Trados Studio 2019 ein rotes Feld mit weißem Kreuz ✗ anzeigt, und wiederholen Sie den Vorgang. Klicken Sie auf **Schließen**, um den Vorgang abzuschließen.

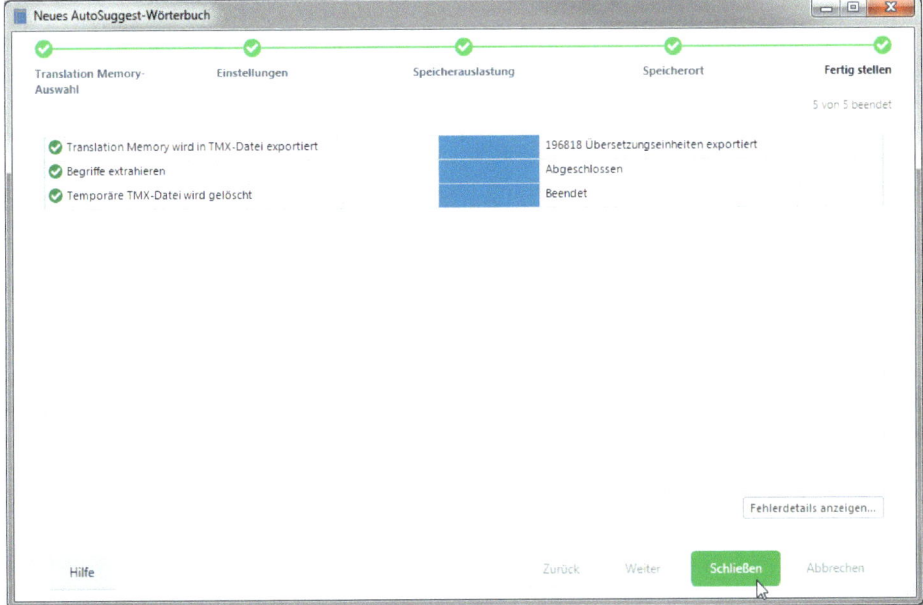

Das AutoSuggest-Wörterbuch ist nun im ausgewählten Ordner im Format *.bpm abgelegt und kann in SDL Trados Studio 2019-Projekten oder beim Übersetzen von Einzeldateien verwendet werden.

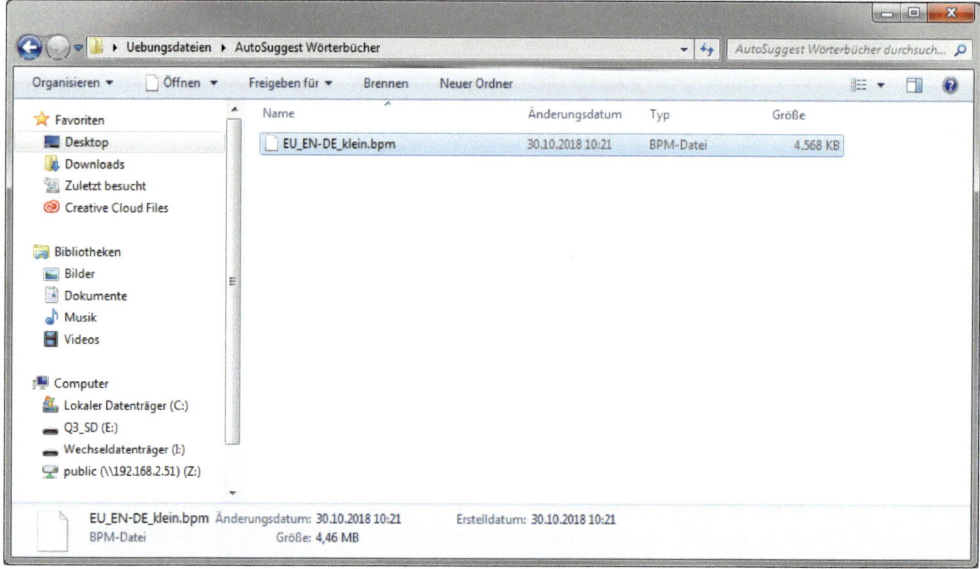

Hinzufügen von AutoSuggest-Wörterbüchern bei der Projektanlage

Wählen Sie bei der Projektanlage im Dialogfeld **Neues Projekt anlegen** → **Übersetzungsressourcen** das Sprachpaar aus, dem ein AutoSuggest-Wörterbuch zugewiesen werden soll.

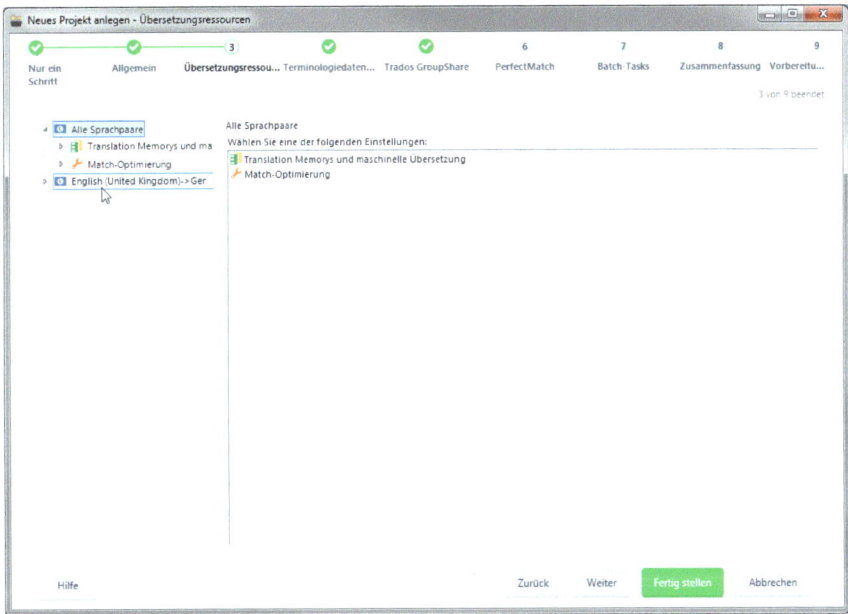

Wählen Sie **AutoSuggest-Wörterbücher** aus und klicken Sie auf **Hinzu**.

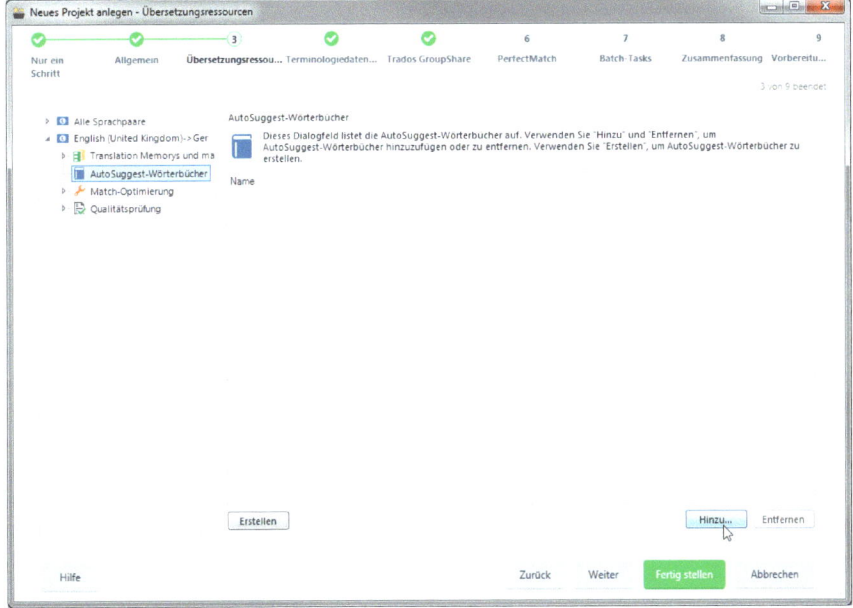

Das Dialogfeld **AutoSuggest-Wörterbuch öffnen** öffnet sich. Wählen Sie das AutoSuggest-Wörterbuch aus, das Sie verwenden möchten, und klicken Sie auf **Öffnen**.

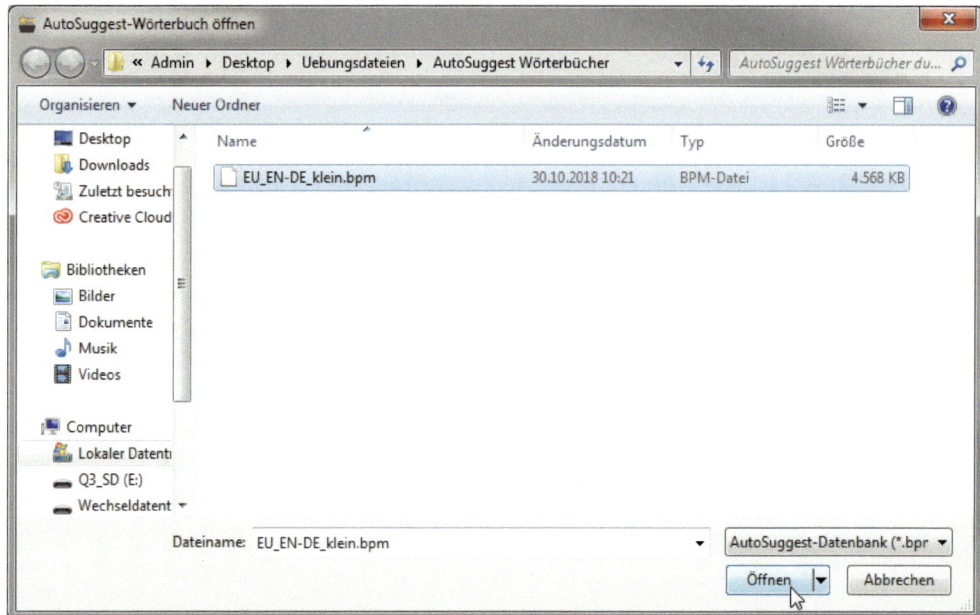

Das AutoSuggest-Wörterbuch ist nun im Dialogfeld **Neues Projekt anlegen** → **Übersetzungsressourcen** eingetragen und ist nach der Projektanlage aktiv.

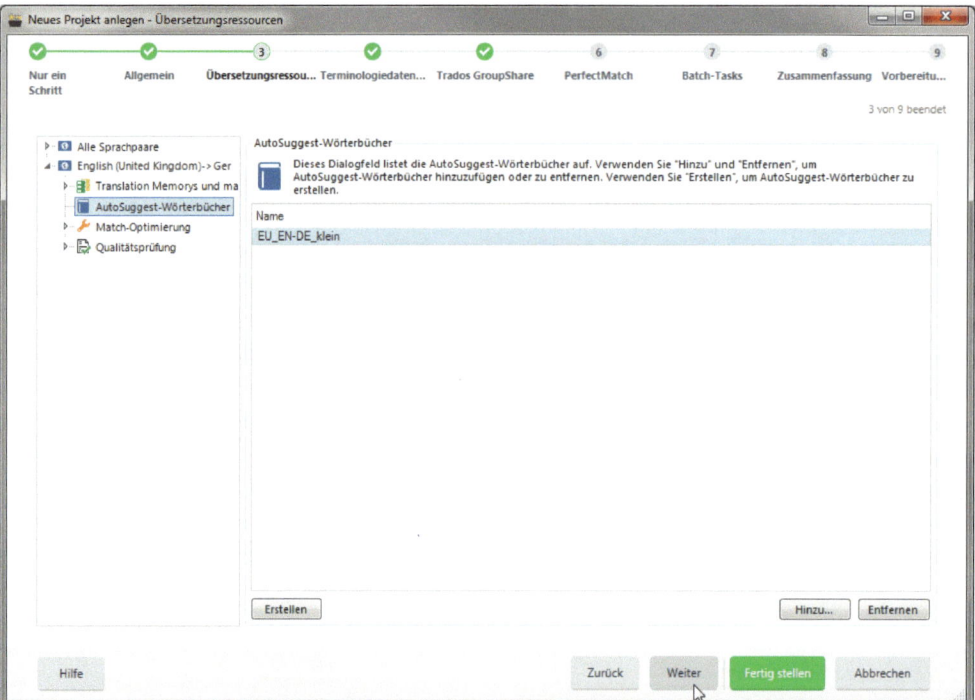

Sobald ein Übersetzungsvorschlag vorliegt, wird dieser in einer Dropdown-Liste beim Schreiben im aktiven Segment angezeigt. Der erste Vorschlag kann ohne weitere Aktion mit der Eingabetaste ⏎ übernommen werden. Wählen Sie die Übersetzungsvorschläge weiter unten mit der ↓-Taste aus und bestätigen Sie ebenfalls mit der Eingabetaste ⏎. Der Übersetzungsvorschlag wird an der entsprechenden Stelle im Segment, an der sich der Cursor befindet, eingefügt.

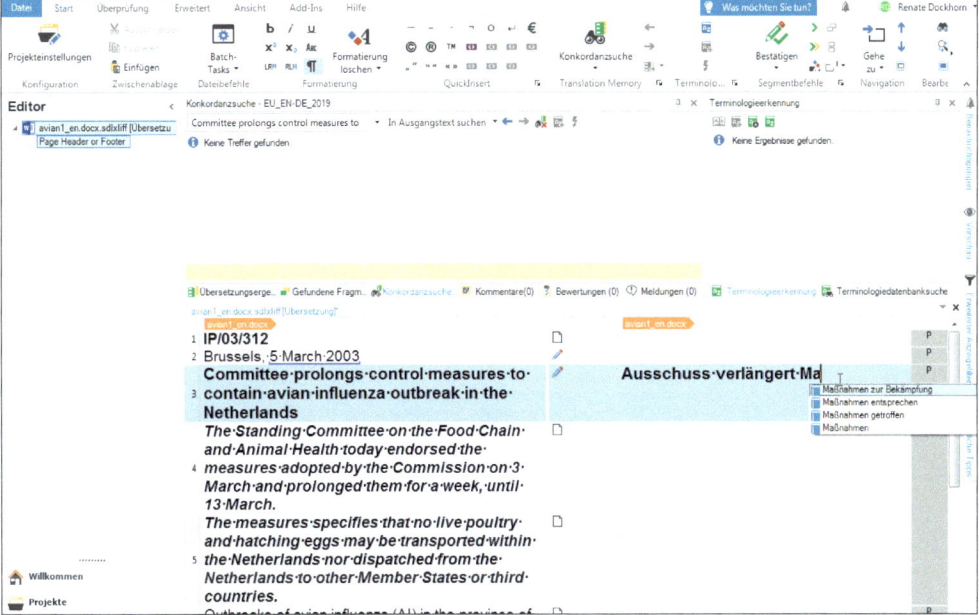

❗ AutoSuggest-Wörterbücher werden jeweils für eine Sprachrichtung angelegt. Englisch-Deutsche AutoSuggest-Wörterbücher zum Beispiel können nicht für Projekte in der Sprachrichtung Deutsch-Englisch verwendet werden. Hierfür muss ein separates AutoSuggest-Wörterbuch aus dem entsprechenden Translation Memory/der entsprechenden TMX-Datei erzeugt werden.

Hinzufügen von AutoSuggest-Wörterbüchern nach der Projektanlage

AutoSuggest-Wörterbücher können nach der Projektanlage in einem geöffneten Projekt in einer beliebigen Ansicht auf der Registerkarte **Start** in der Gruppe **Konfiguration** in den **Projekteinstellungen** hinzugefügt werden.

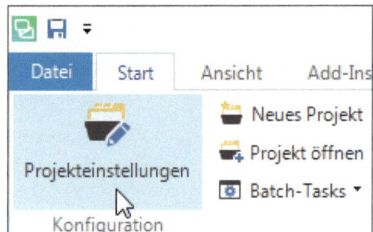

Klicken Sie im Dialogfeld **Projekteinstellungen** auf **Sprachpaare** und dann auf das spezifische Sprachpaar.

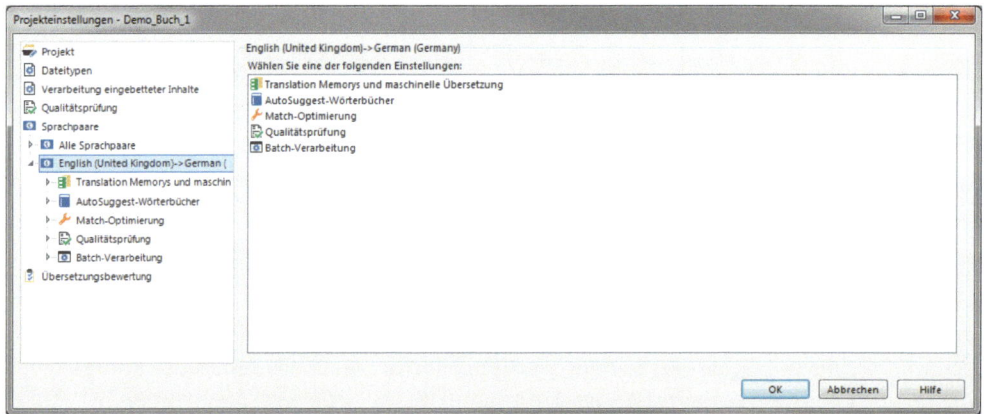

Wählen Sie **AutoSuggest-Wörterbücher** aus und klicken Sie auf **Hinzu...**.

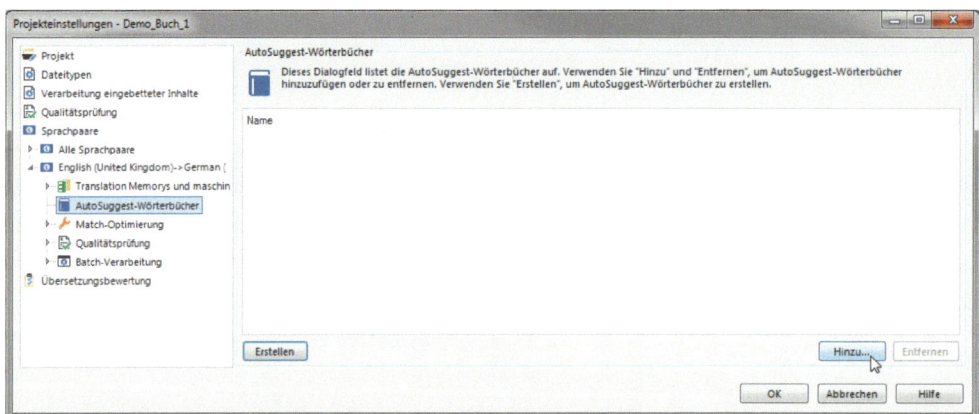

Das Dialogfeld **AutoSuggest-Wörterbuch öffnen** öffnet sich. Wählen Sie das AutoSuggest-Wörterbuch aus, das Sie einbinden möchten, und klicken Sie auf **Öffnen**.

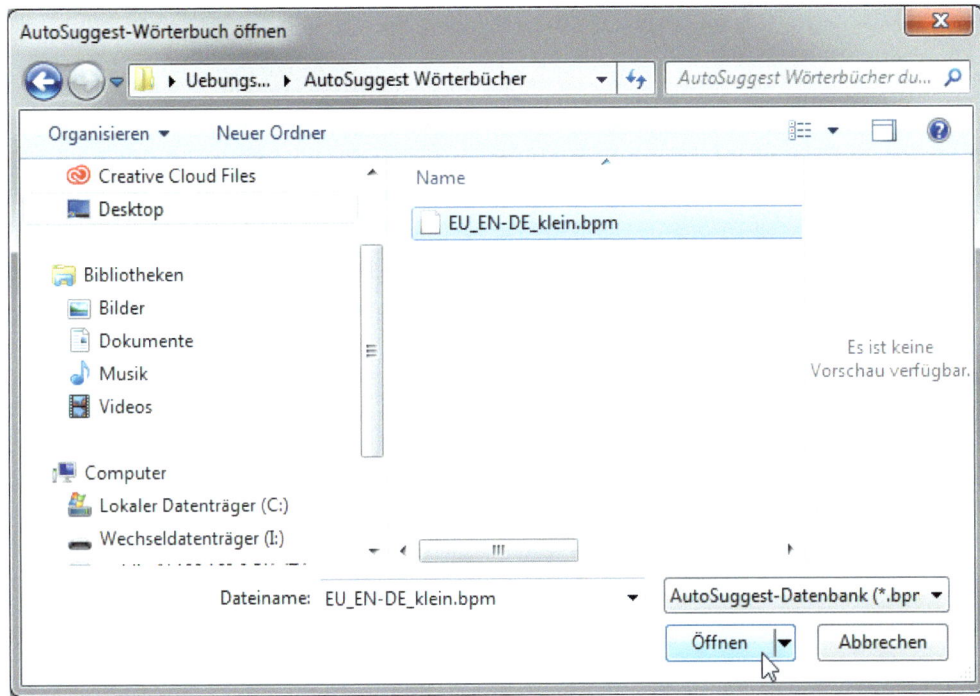

Das AutoSuggest-Wörterbuch ist nun im Dialogfeld **Projekteinstellungen** eingebunden und wird im aktiven Projekt verwendet. Klicken Sie auf **OK**, um die Eingabe abzuschließen.

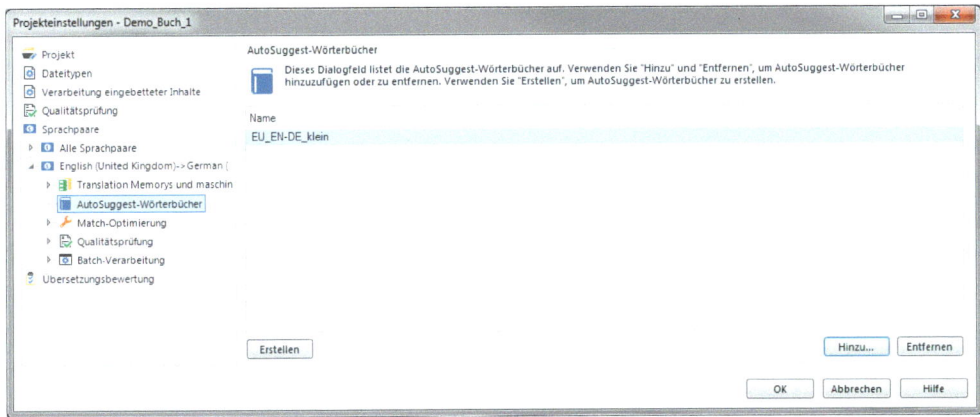

Batch-Tasks

Batch-Tasks sind in SDL Trados Studio 2019 Aufgaben, die vom Benutzer angestoßen und von SDL Trados Studio 2019 automatisiert ausgeführt werden. Dabei können in einer sogenannten Task-Sequenz eine oder mehrere Aufgaben (Batch-Tasks) enthalten sein. Batch-Tasks können in den Ansichten **Projekte**, **Dateien** und **Editor** ausgeführt werden. In der Ansicht **Projekte** werden Batch-Tasks für ganze Projekte oder optional Teile daraus ausgeführt, in den Ansichten **Dateien** bzw. **Editor** für einzelne oder mehrere Dateien aus Projekten. In diesem Kapitel wird das Arbeiten mit Batch-Tasks in der Ansicht **Projekte** beschrieben.

Nachfolgend sehen Sie eine Auflistung der Batch-Tasks in der Ansicht **Projekte**. Sie finden diese auf der Registerkarte **Start** in der Gruppe **Tasks** → **Batch-Tasks**. Klicken Sie nach dem Öffnen eines Projekts auf den kleinen Pfeil nach unten rechts neben **Batch-Tasks**, damit sich eine Dropdown-Liste der zur Verfügung stehenden Batch-Tasks öffnet.

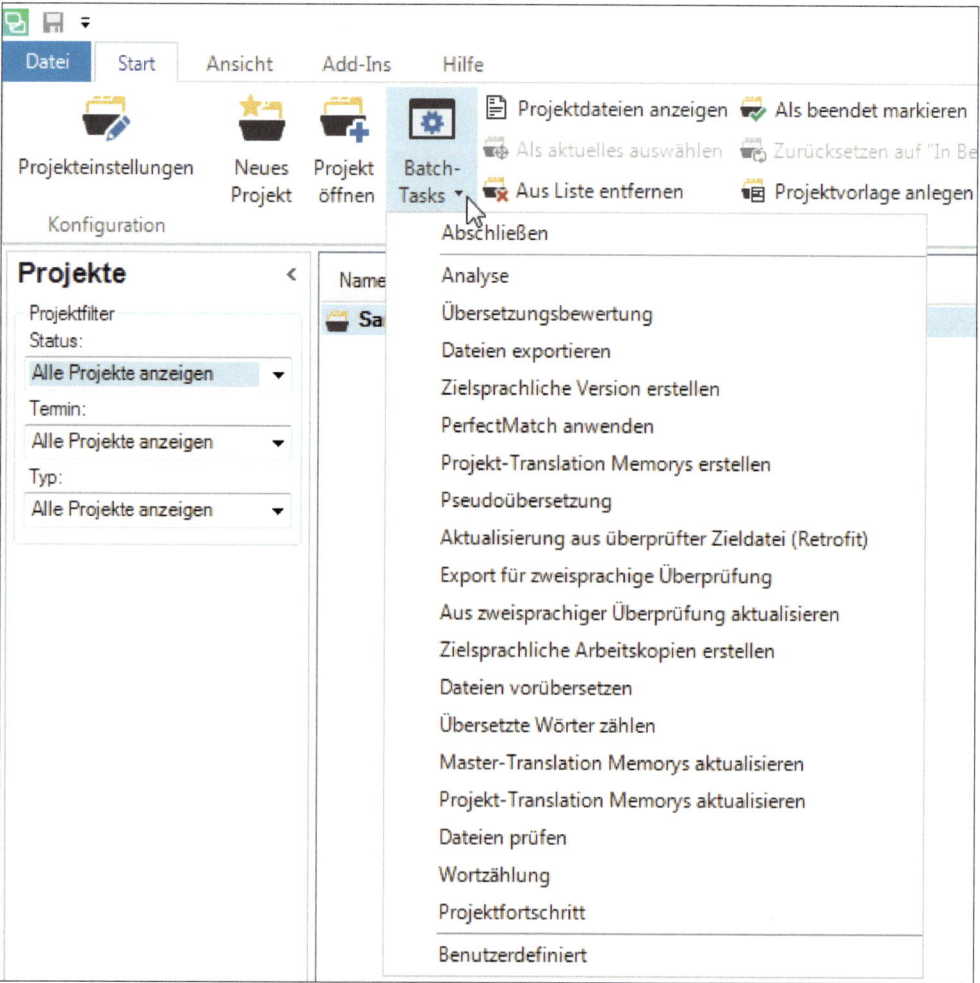

Batch-Task Abschließen

Mit dem Batch-Task **Abschließen** werden das oder die in einem aktiven Projekt befindliche(n) Master-Translation Memory(s) aktualisiert (wenn bei der Projektanlage vor dem jeweiligen Translation Memory ein Häkchen bei **Aktualisieren** gesetzt wurde) und zielsprachliche Versionen der übersetzten Dokumente im Unterordner für die Zielsprache im Projektordner abgelegt, der bei der Projektanlage von SDL Trados Studio 2019 generiert wurde.

Öffnen Sie das abzuschließende Projekt und klicken Sie zunächst in der Ansicht **Projekte** auf der Registerkarte **Start** in der Gruppe **Tasks** auf den kleinen Pfeil nach unten rechts neben **Batch-Tasks**. Wählen Sie dann aus der sich öffnenden Dropdown-Liste **Abschließen** aus.

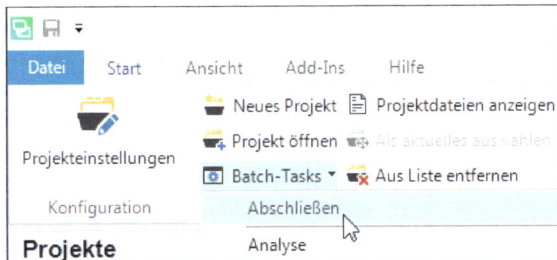

Das Dialogfeld **Batch-Verarbeitung** → **Batch-Tasks** öffnet sich mit der voreingestellten Task-Sequenz **Abschließen**. Klicken Sie auf **Weiter**, um fortzufahren.

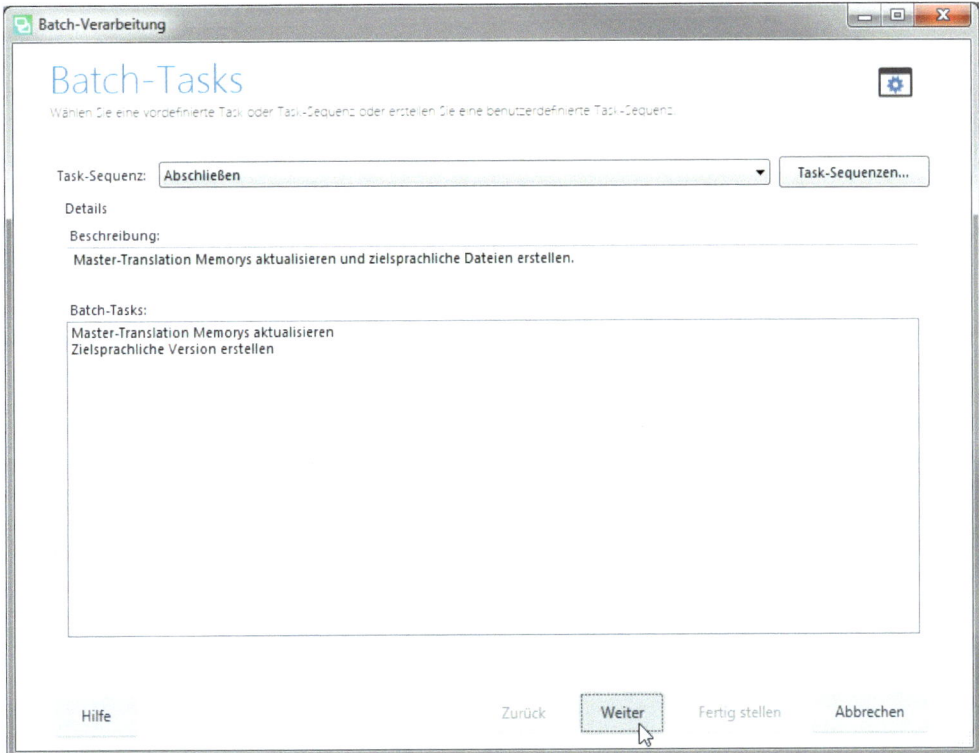

Klicken Sie auf das kleine Pluszeichen neben **Sprache:**, damit sich die Liste der zur Verfügung stehenden Dateien einer Zielsprache öffnet.

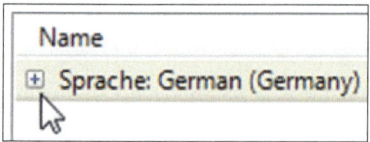

Wählen Sie die abzuschließenden Dateien aus. Als Standard sind alle Dateien des geöffneten Projekts aktiviert. Klicken Sie danach auf **Weiter**.

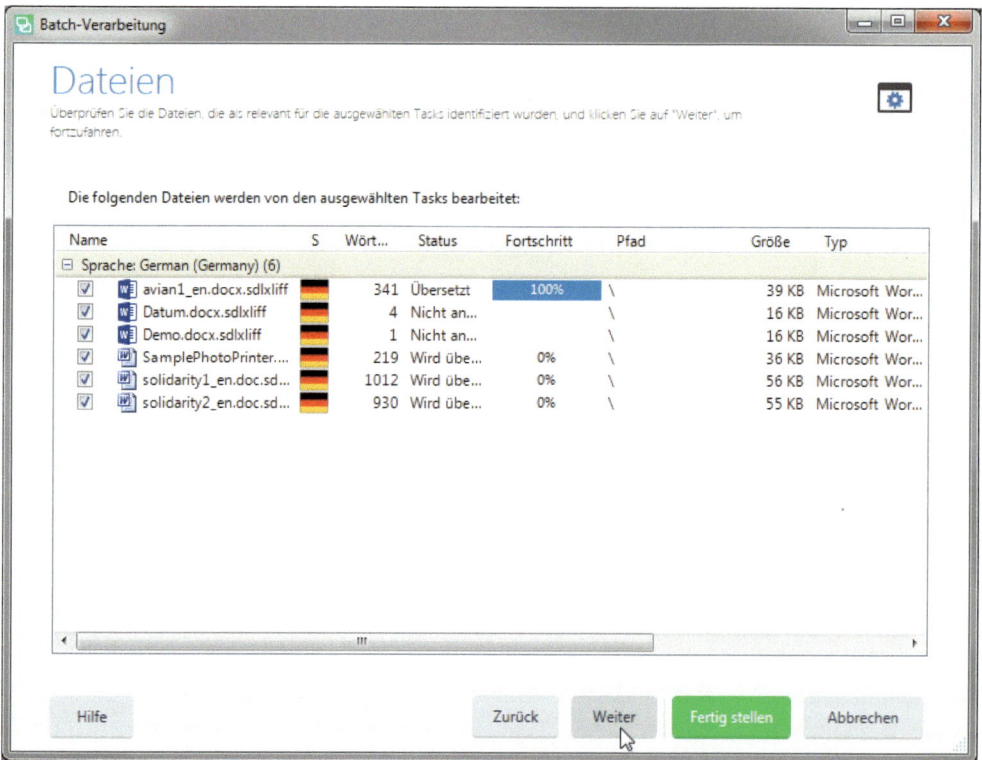

Das Dialogfeld **Batch-Verarbeitung → Einstellungen** öffnet sich. Die Einstellungsmöglichkeiten in diesem Dialogfeld werden im Kapitel **Abschließen von Projekten → Batch-Task-Sequenz Abschließen** erläutert. Klicken Sie auf **Fertig stellen**, um das aktive Projekt abzuschließen.

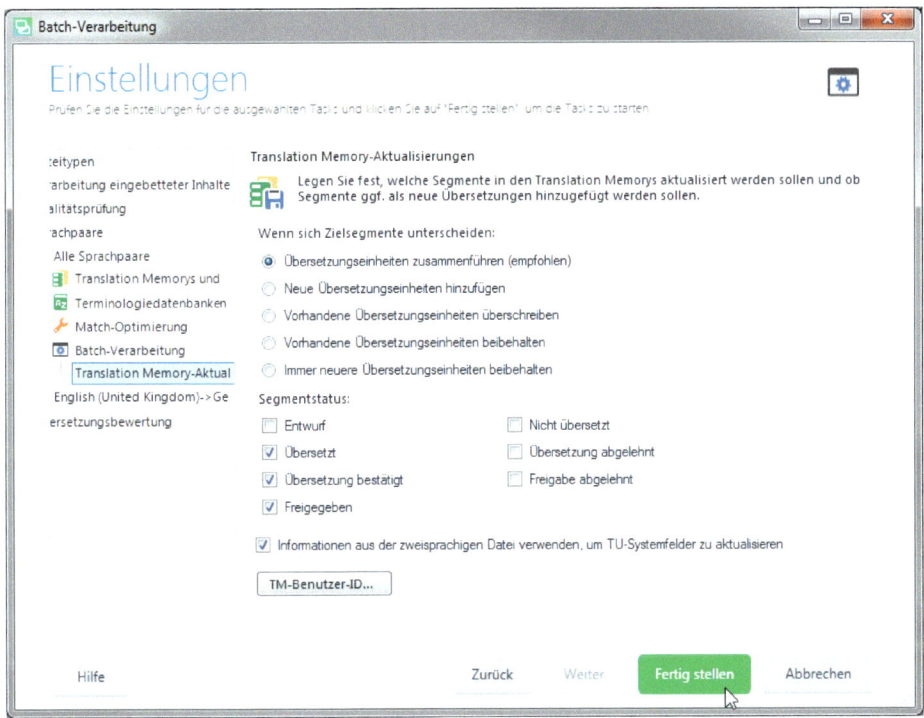

SDL Trados Studio 2019 aktualisiert alle im aktiven Projekt ausgewählten Translation Memorys (1+x), bei denen ein Häkchen unter **Aktualisieren** gesetzt ist. Darüber hinaus werden die zielsprachlichen Dateien im Unterordner für die Zielsprache im Projektordner abgelegt.

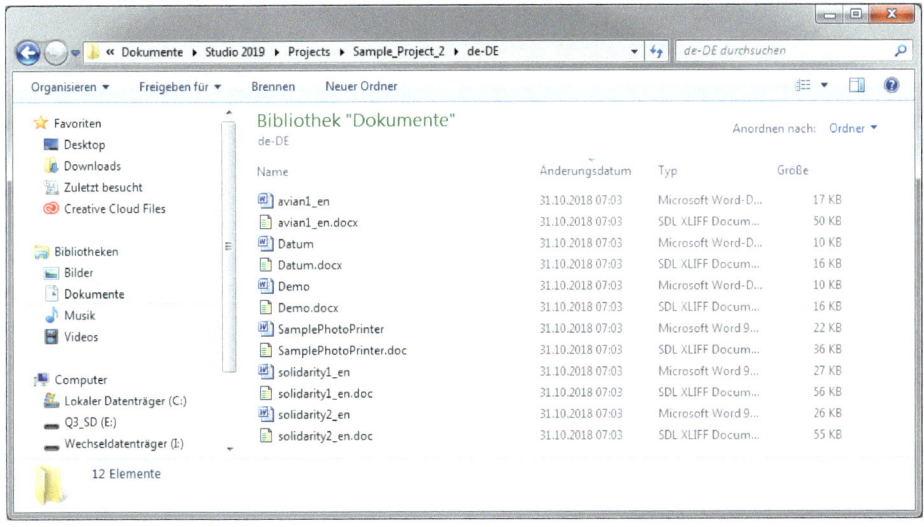

Batch-Task Analyse

Der Batch-Task[13] **Analyse** bzw. der dazugehörige Analysebericht ermöglicht eine Einschätzung des zu erwartenden Zeitaufwands für die Übersetzung einer Einzeldatei oder eines Projekts, indem SDL Trados Studio 2019 in diesem Batch-Task prüft, ob bereits Matches oder Wiederholungen in den für das Projekt/die Einzeldatei aktivierten Master-Translation Memorys vorliegen. Das Ergebnis dieser Analyse wird in SDL Trados Studio 2019 in der Ansicht **Berichte** in der Navigationsleiste für das jeweilige Projekt abgelegt.

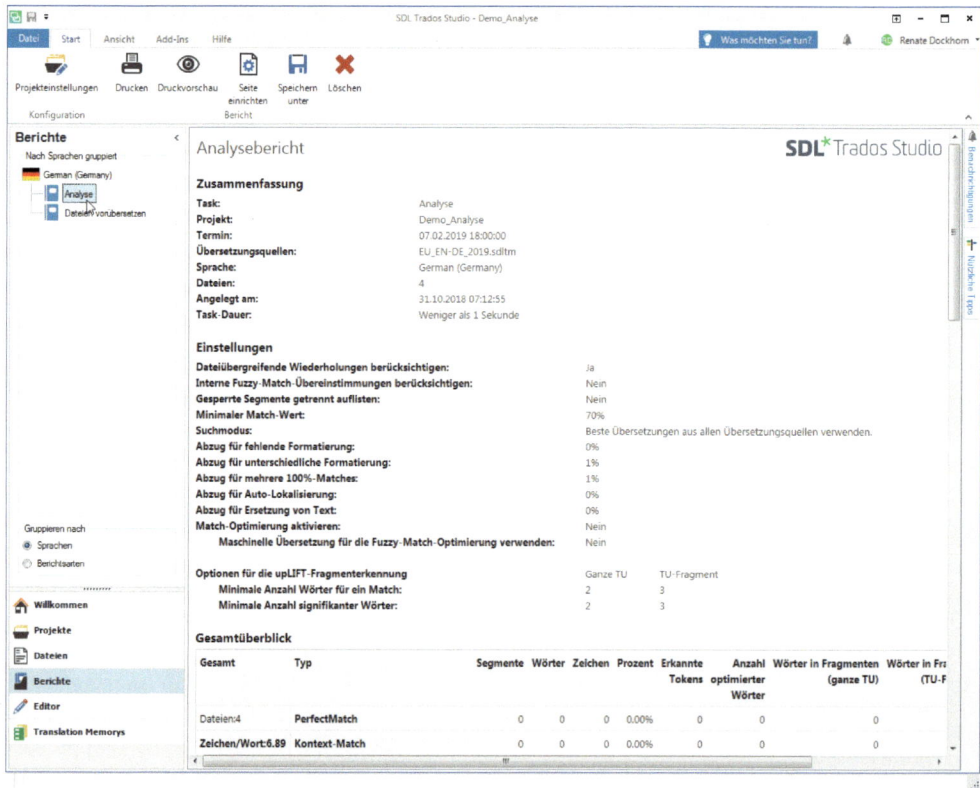

❗ Bei der Projektanlage wird die Analyse in den Task-Sequenzen **Ohne Projekt-TM vorbereiten**, **Vorbereiten** und **Analysieren** automatisch durchgeführt und der Analysebericht in der Ansicht **Berichte** abgelegt. Bei der Übersetzung von Einzeldateien ohne Projektanlage wird die Analyse nicht automatisch ausgeführt und kann manuell, wie in diesem Kapitel beschrieben, ausgeführt werden.

---

13 Es ist sowohl „der" als auch „die" Task möglich.

Öffnen Sie zunächst ein Projekt. Klicken Sie danach in der Ansicht **Projekte** auf der Registerkarte **Start** in der Gruppe **Tasks** auf den kleinen Pfeil nach unten rechts neben **Batch-Tasks** und wählen Sie aus der sich öffnenden Dropdown-Liste **Analyse** aus.

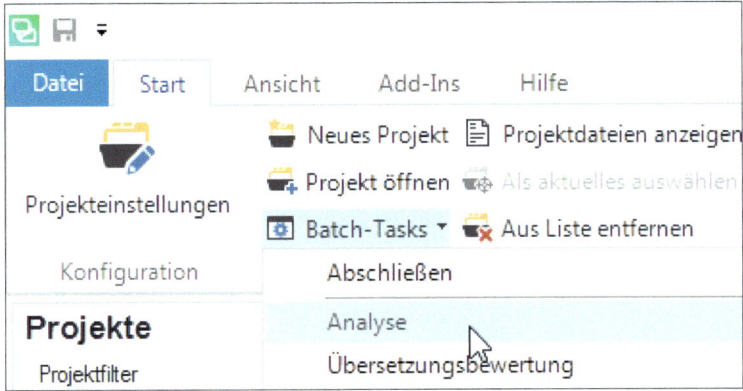

Das Dialogfeld **Batch-Verarbeitung** → **Batch-Tasks** öffnet sich mit der voreingestellten Task-Sequenz **Analyse**. Klicken Sie auf **Weiter**, um fortzufahren.

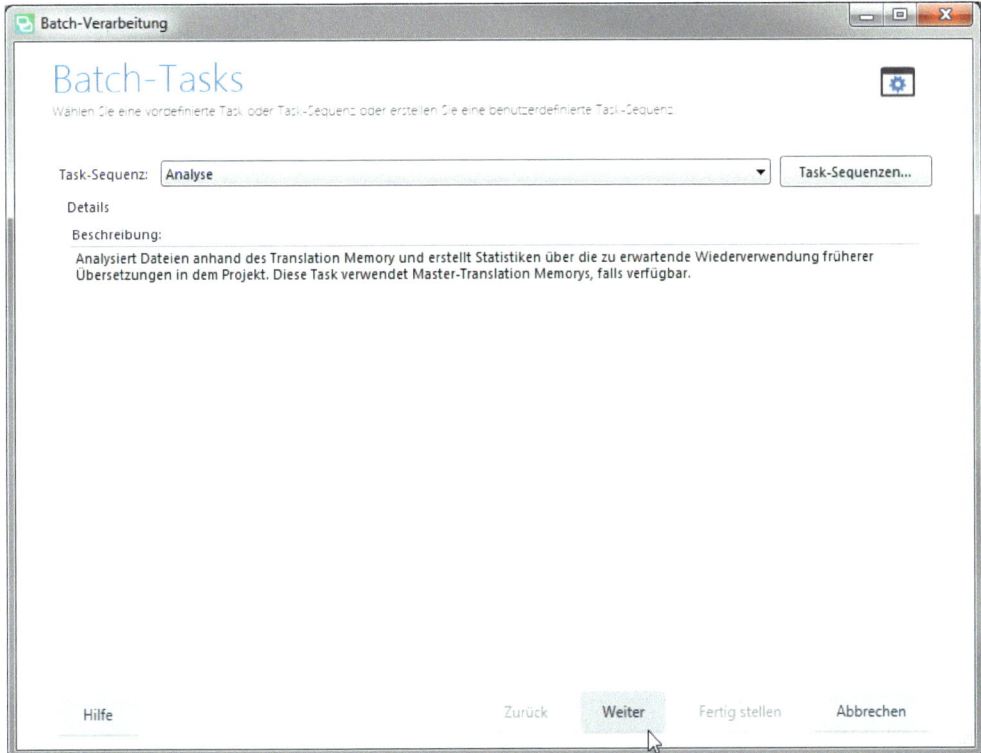

Das Dialogfeld **Batch-Verarbeitung** → **Dateien** öffnet sich. Unter **Name** erscheint die Zielsprache bzw. erscheinen die Zielsprachen, die im aktiven Projekt angelegt ist/sind.

Klicken Sie auf das Pluszeichen links neben einer Sprache,

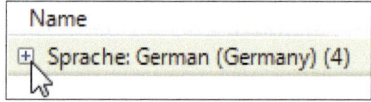

um alle Dateien anzeigen zu lassen, die im aktiven Projekt für die jeweilige Sprache enthalten sind. Als Standard sind alle Dateien für die Analyse aktiviert. Treffen Sie Ihre Auswahl und klicken Sie danach auf **Weiter**.

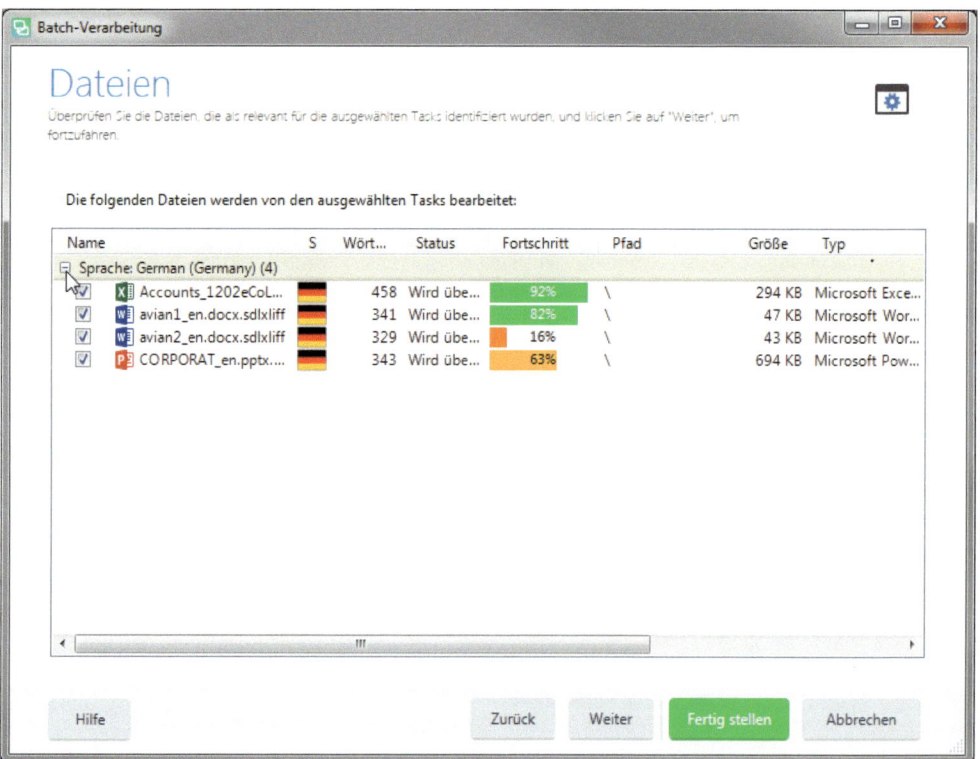

Das Dialogfeld **Batch-Verarbeitung → Einstellungen** öffnet sich. In diesem Dialogfeld haben Sie die Möglichkeit, Einstellungen für die Dateianalyse und die Fuzzy-Match-Bereiche vorzunehmen. Eine Beschreibung dieser Einstellungsmöglichkeiten finden Sie im Kapitel **Anlegen von Projekten → Einstellungen für die Batch-Verarbeitung**. Klicken Sie auf **Fertig stellen**, um die Analyse durchzuführen.

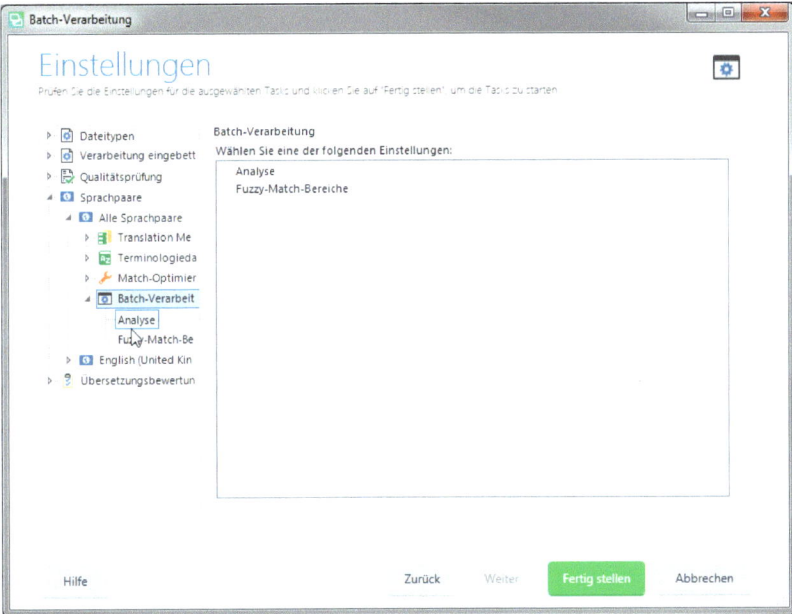

Das Dialogfeld **Batch-Verarbeitung → Fertig stellen** öffnet sich. Klicken Sie auf **Schließen**, um die Analyse abzuschließen.

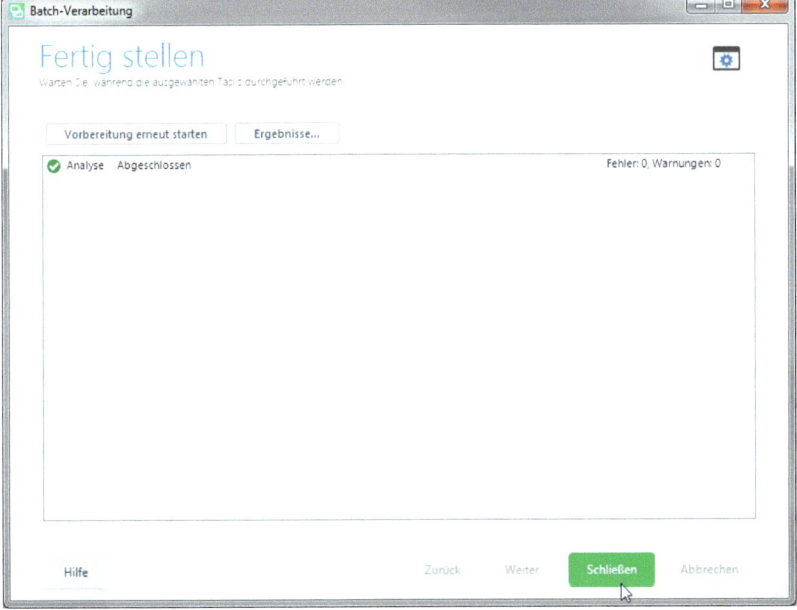

Wechseln Sie nun in die Ansicht **Berichte**. Der Analysebericht ist links in der Navigationsleiste aufgeführt und rechts im Arbeitsbericht detailliert dargestellt.

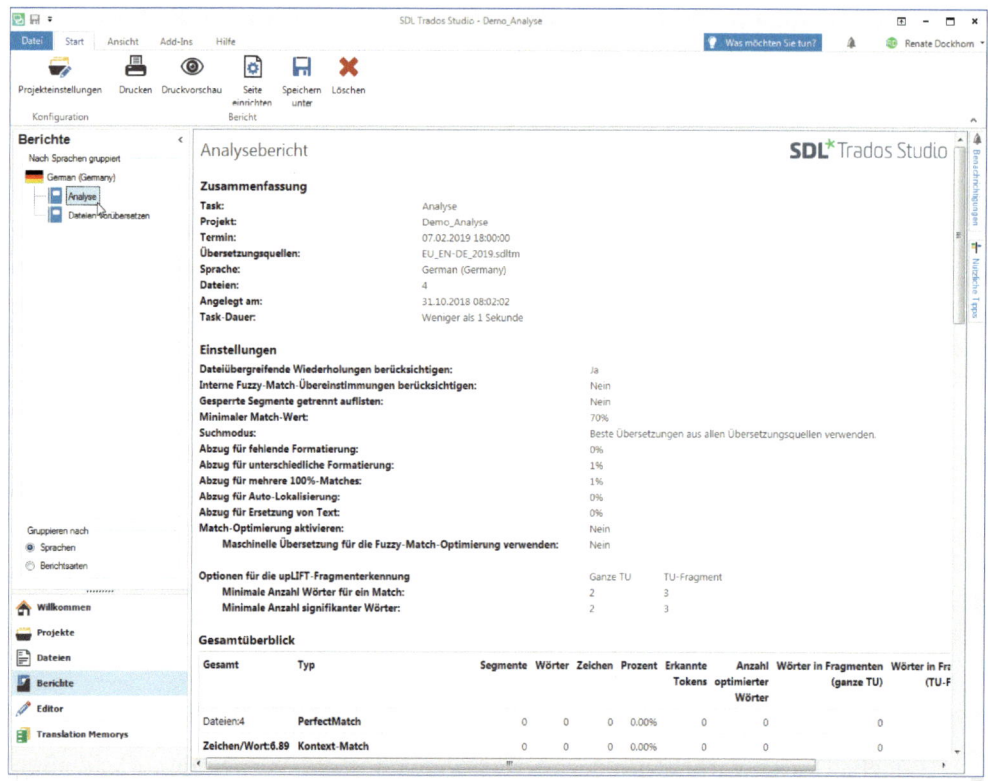

Unter der Projektzusammenfassung ist die Analyse in **Gesamtüberblick** und **Detailansicht** untergliedert. Der Gesamtüberblick enthält die Analyse aller Dateien.

Gesamt	Typ	Segmente	Wörter	Zeichen	Prozent	Erkannte Tokens	Anzahl optimierter Wörter	Wörter in Fragmenten (ganze TU)	Wörter in Fragmenten (TU-Fragment)	AdaptiveMT-Effekt	Tags
Dateien:4	PerfectMatch	0	0	0	0.00%	0	0	0	0		0
Zeichen/Wort:6.89	Kontext-Match	0	0	0	0.00%	0	0	0	0		0
	Wiederholungen	11	11	27	0.75%	10	0	0	0		0
	Dateiübergreifende Wiederholungen	0	0	0	0.00%	0	0	0	0		0
	100 %	352	976	6958	66.35%	97	0	0	0		0
	85% - 99%	30	171	1426	11.62%	42	0	0	0		4
	50% - 84%	3	27	151	1.84%	1	0	0	0		0
	Neu/MÜ	26	286	1570	19.44%	15	0	2	0		0
	AdaptiveMT-Baseline	0	0	0	0.00%	0	0	0	0		0
	AdaptiveMT mit Lerneffekten	0	0	0	0.00%	0	0	0	0	0.00%	0
	Gesamt	422	1471	10132	100 %	165	0	2	0	0.00%	4

In der Detailansicht wird die Analyse jeder einzelnen Datei aufgeführt.

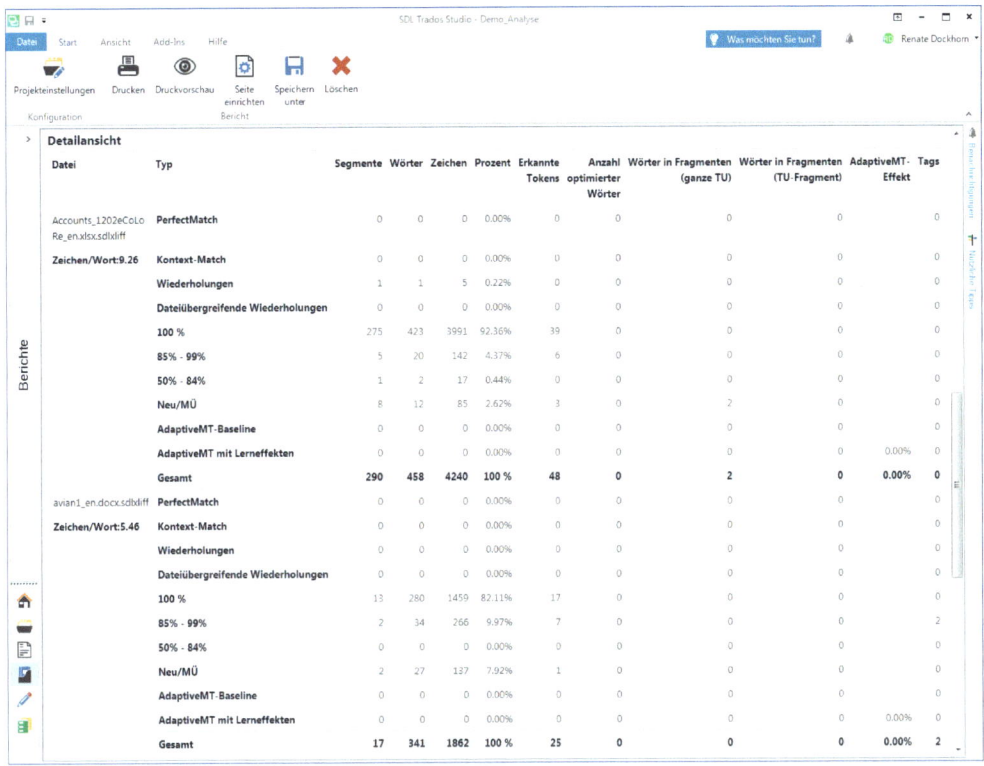

⚠ Werden im Verlauf der Arbeit an einem Projekt mehrere Analysen durchgeführt, erscheint die jeweils letzte Analyse im geöffneten Projekt in der Ansicht **Berichte** in der Navigationsleiste oben.

Batch-Task Übersetzungsbewertung (Version Professional)

Der Batch-Task **Übersetzungsbewertung** dient dazu, im Anschluss an eine Überprüfung, bei der vorab festgelegte Kriterien zur Übersetzungsbewertung angewendet wurden, einen Bericht zu erstellen.

Die Einstellungen zur Übersetzungsbewertung werden projektübergreifend auf der Registerkarte **Datei** in den **Optionen** unter **Übersetzungsbewertung** vorgenommen.

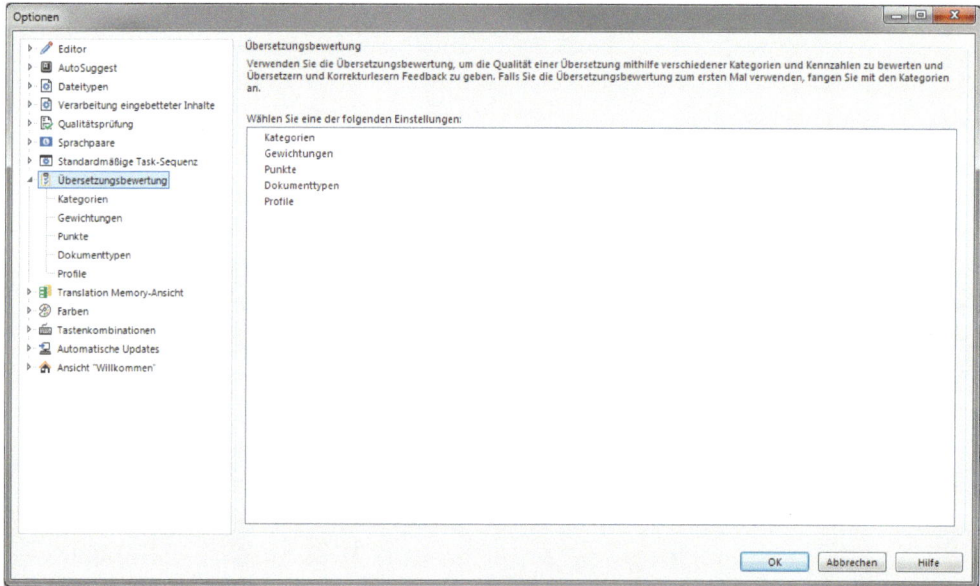

Alternativ für ein einzelnes geöffnetes Projekt in den **Projekteinstellungen** auf der Registerkarte **Start** in der Gruppe **Konfiguration**. Weitere Informationen zu den Einstellungsmöglichkeiten erhalten Sie im Kapitel **Übersetzungsbewertung**.

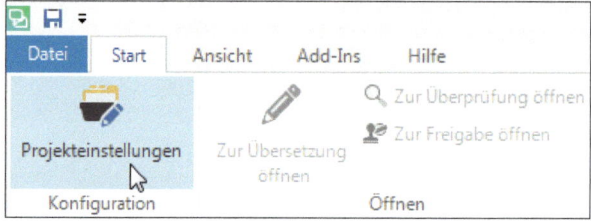

Wurden die Einstellungen für die Übersetzungsbewertung erstellt und in einer Überprüfung verwendet, kann hierzu im Batch-Task **Übersetzungsbewertung** der entsprechende Bericht erstellt werden.

Öffnen Sie dazu zunächst ein Projekt, in dem die Übersetzungsbewertung angewendet wurde. Klicken Sie danach in der Ansicht **Projekte** auf der Registerkarte **Start** in der Gruppe **Tasks** auf den kleinen Pfeil nach unten rechts neben **Batch-Tasks** und wählen Sie aus der sich öffnenden Dropdown-Liste **Übersetzungsbewertung** aus.

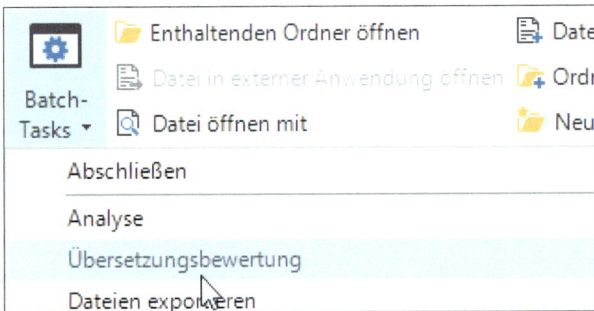

Das Dialogfeld **Batch-Verarbeitung** → **Batch-Tasks** öffnet sich mit der voreingestellten Task-Sequenz **Übersetzungsbewertung**. Klicken Sie auf **Weiter**, um fortzufahren.

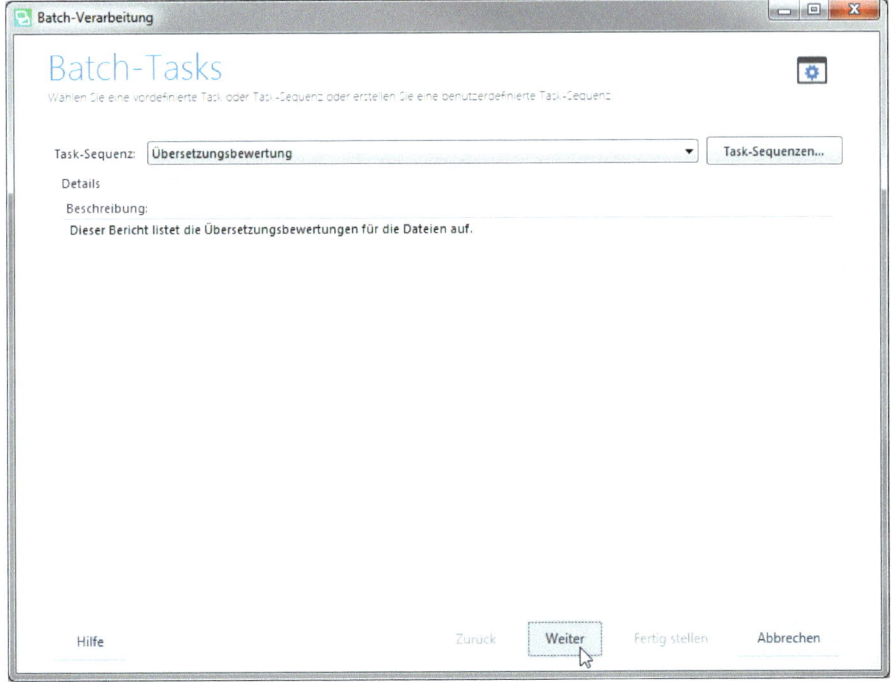

Das Dialogfeld **Batch-Verarbeitung** → **Dateien** öffnet sich. Klicken Sie auf das Pluszeichen links neben einer Sprache,

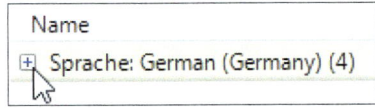

um alle Dateien anzeigen zu lassen, die im aktiven Projekt für die jeweilige Zielsprache enthalten sind. Als Standard sind alle Dateien für die Übersetzungsbewertung aktiviert. Treffen Sie Ihre Auswahl und klicken Sie danach auf **Weiter**.

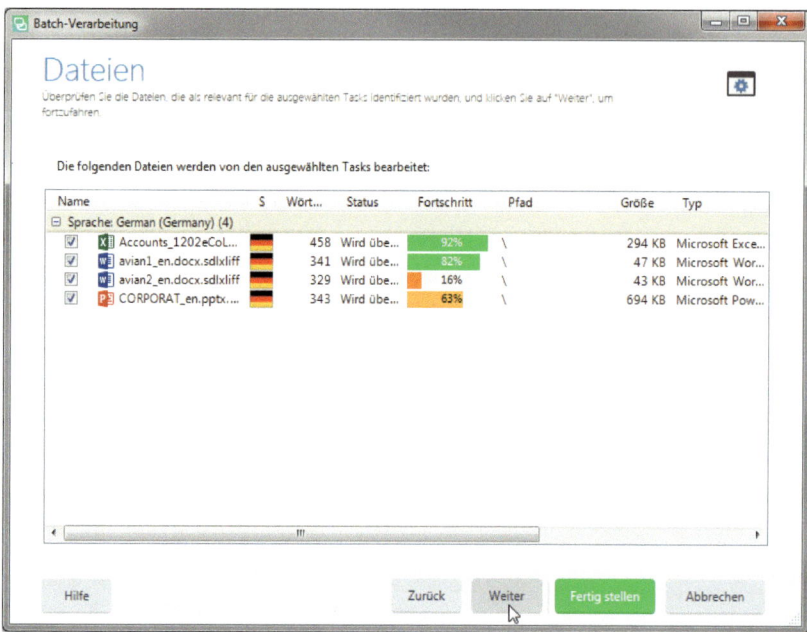

Das Dialogfeld **Batch-Verarbeitung → Einstellungen** öffnet sich. In diesem Dialogfeld können keine Einstellungen vorgenommen werden. Klicken Sie auf **Fertig stellen**, um die Übersetzungsbewertung durchzuführen.

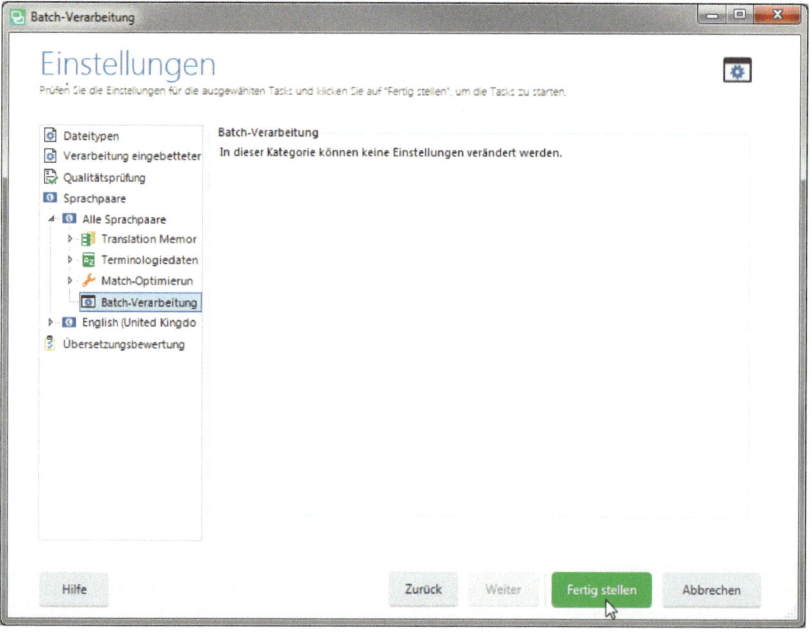

Das Dialogfeld **Batch-Verarbeitung** → **Fertig stellen** öffnet sich. Klicken Sie auf **Schließen**.

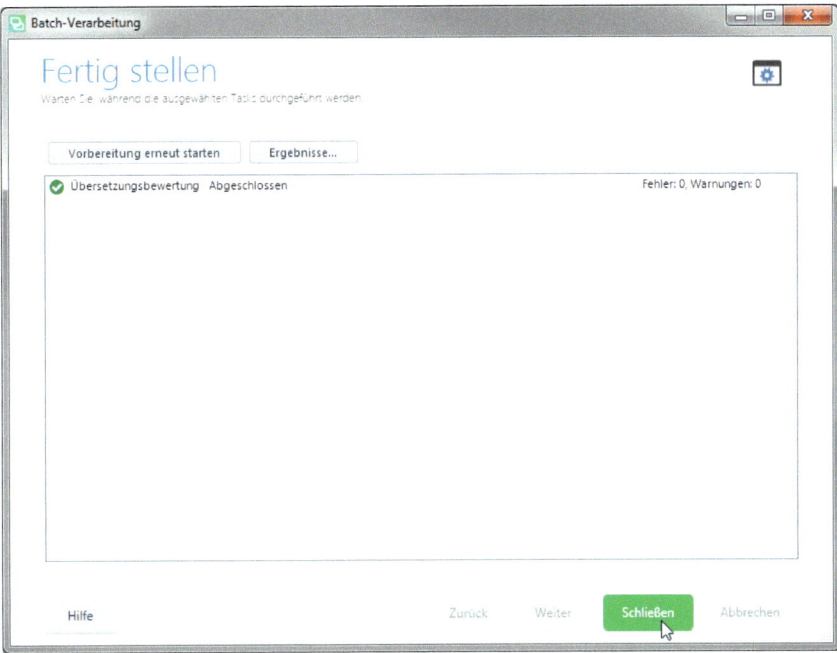

Das Ergebnis der Übersetzungsbewertung ist in der Ansicht **Berichte** im Bericht **Übersetzungsbewertung** aufgeführt. Der Bericht kann auf der Registerkarte **Start** in der Gruppe **Bericht** gespeichert werden.

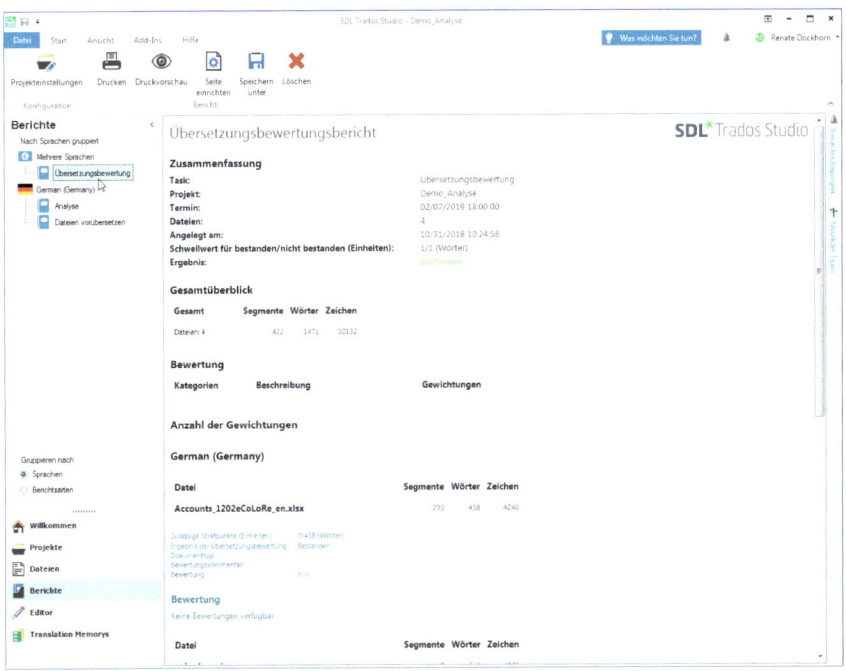

Batch-Task Dateien exportieren

Mit dem Batch-Task **Dateien exportieren** werden die zielsprachlichen oder zweisprachigen Versionen der Dateien in einem Projekt an einem Speicherort Ihrer Wahl abgelegt.

Öffnen Sie zunächst ein Projekt. Klicken Sie danach in der Ansicht **Projekte** auf der Registerkarte **Start** in der Gruppe **Tasks** auf den kleinen Pfeil nach unten rechts neben **Batch-Tasks** und wählen Sie aus der sich öffnenden Dropdown-Liste **Dateien exportieren** aus.

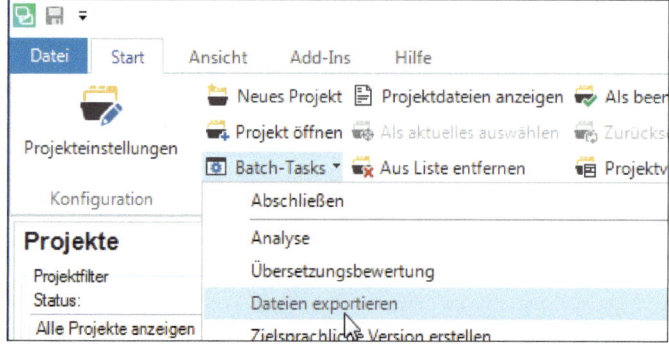

Das Dialogfeld **Batch-Verarbeitung → Batch-Tasks** öffnet sich mit der voreingestellten Task-Sequenz **Dateien exportieren**. Klicken Sie auf **Weiter**, um fortzufahren.

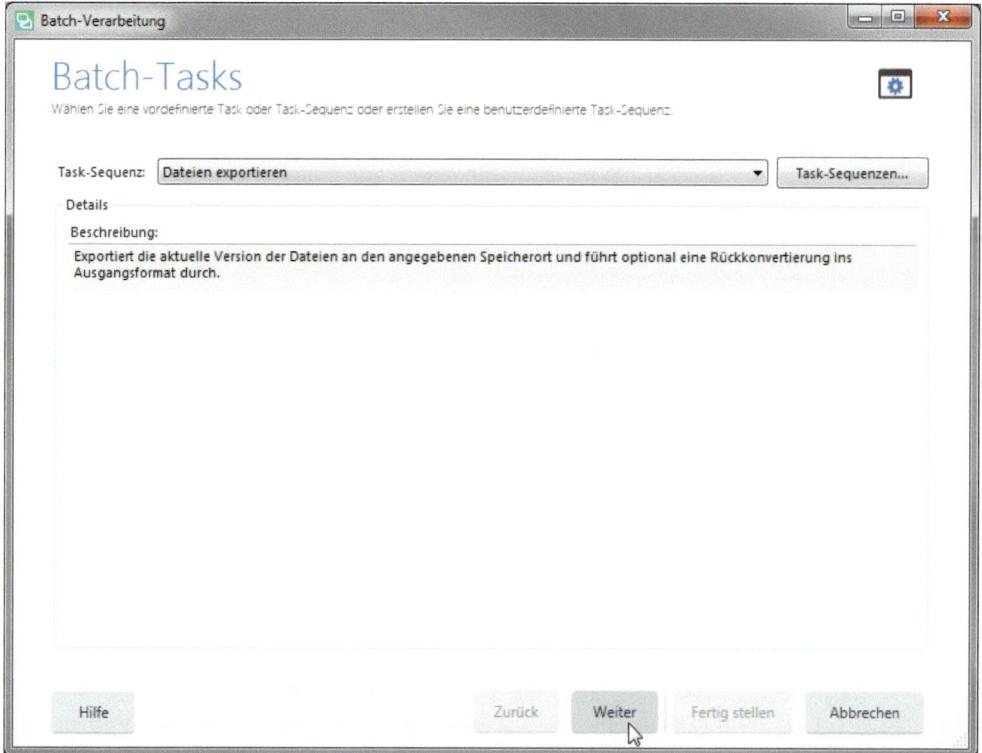

Das Dialogfeld **Batch-Verarbeitung** → **Dateien** öffnet sich. Klicken Sie auf das Pluszeichen links neben einer Sprache,

um alle Dateien anzeigen zu lassen, die im aktiven Projekt für die jeweilige Zielsprache enthalten sind. Als Standard sind alle Dateien für den Export aktiviert. Treffen Sie Ihre Auswahl und klicken Sie danach auf **Weiter**.

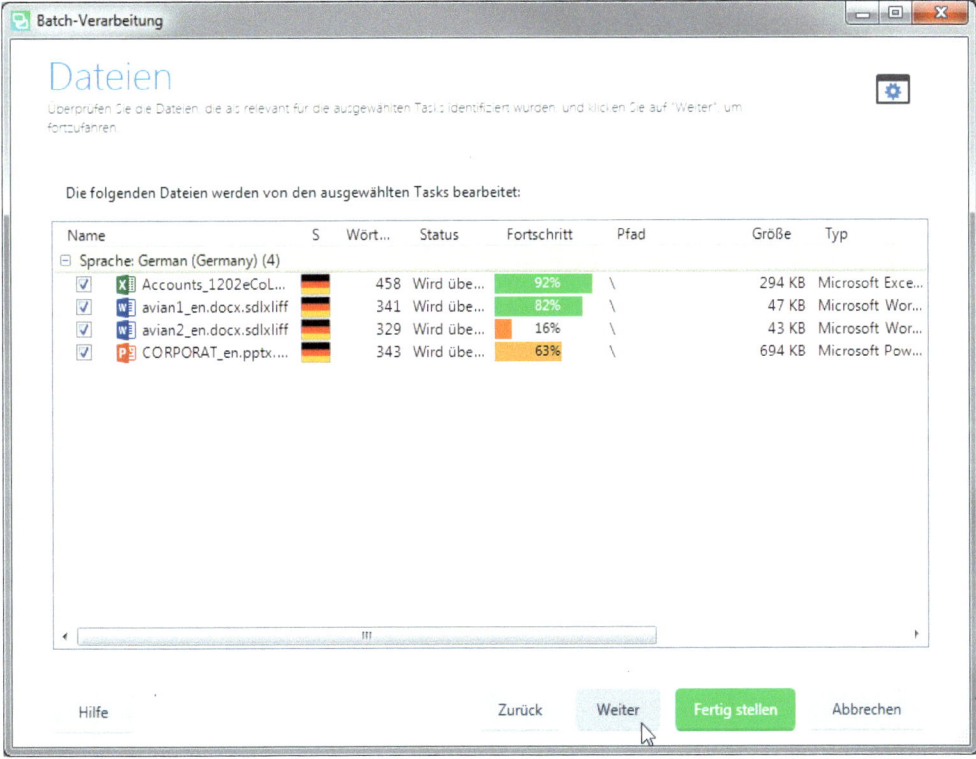

Das Dialogfeld **Batch-Verarbeitung** → **Einstellungen** öffnet sich. Klicken Sie zunächst auf **Durchsuchen…**.

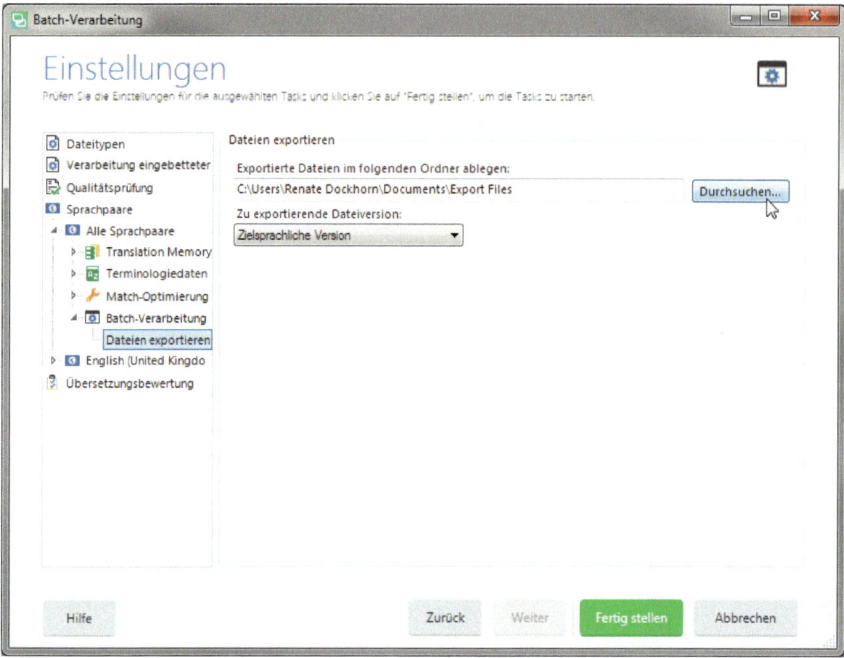

Wählen Sie im sich öffnenden Dialogfeld **Ordner auswählen** den Ordner aus, in dem die Dateien abgelegt werden sollen.

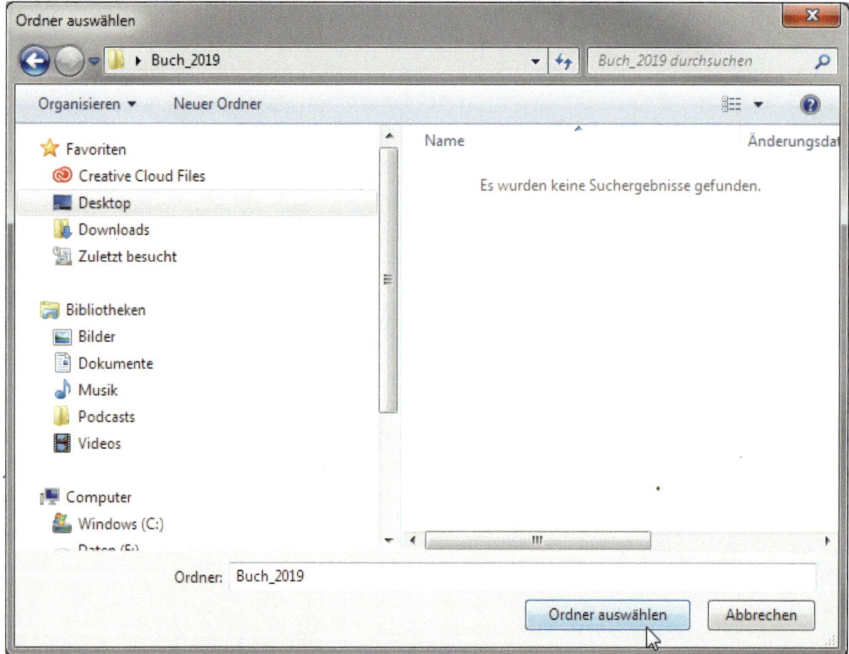

Wählen Sie danach unter **Zu exportierende Dateiversion:** aus, in welchem Format die Dateien abgelegt werden sollen.

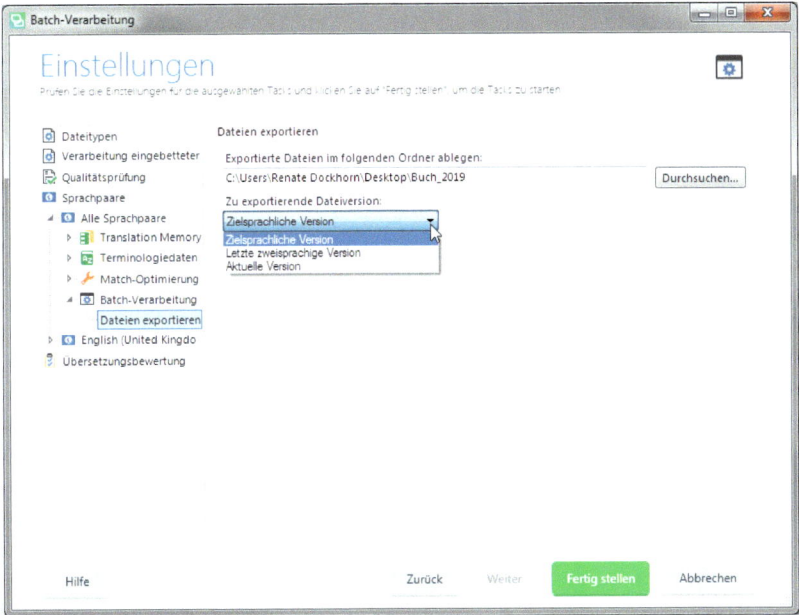

Beim Export in die zielsprachliche Version exportiert SDL Trados Studio 2019 die Dateien in das ursprüngliche Dokumentenformat. Beim Export in die letzte zweisprachige Version werden die Dateien als bilinguale *.sdlxliff-Dateien exportiert. **Aktuelle Version** exportiert die Dateien im aktuellen Format, in dem sie sich an diesem Punkt innerhalb eines Projekts befinden. Treffen Sie Ihre Auswahl und klicken Sie auf **Fertig stellen**.

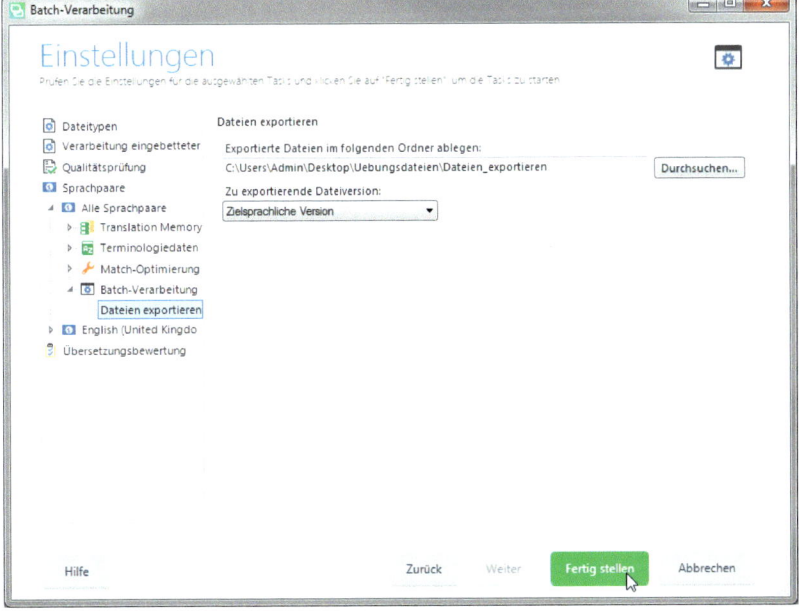

Das Dialogfeld **Batch-Verarbeitung** → **Fertig stellen** öffnet sich. SDL Trados Studio 2019 exportiert die ausgewählten Dateien. Klicken Sie auf **Schließen**.

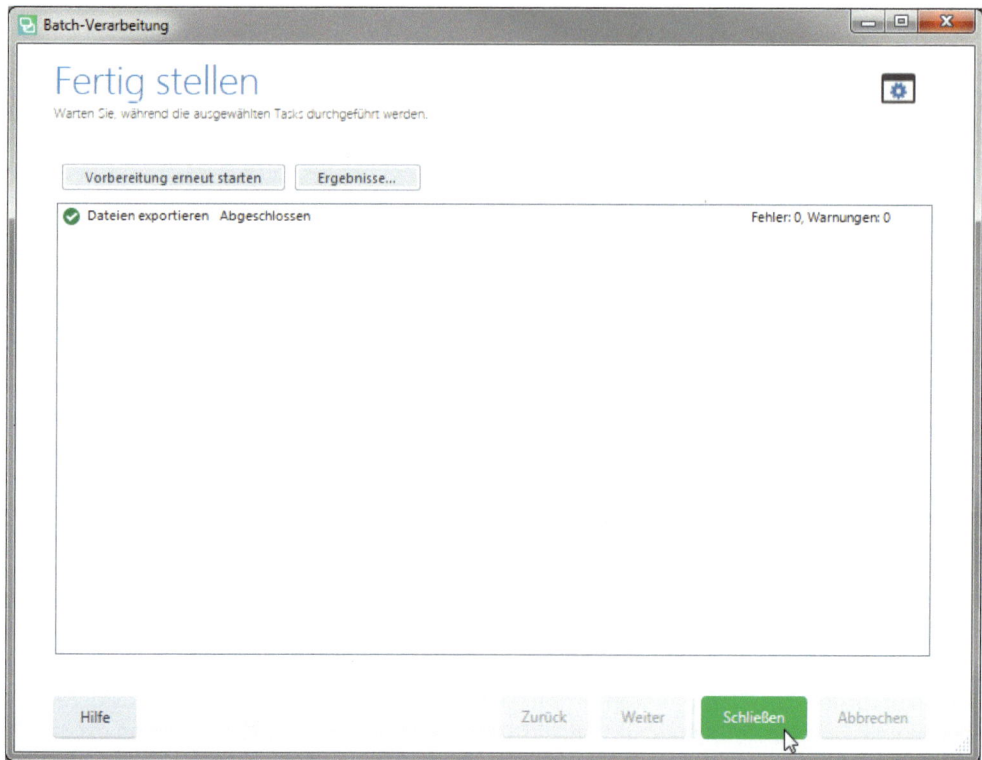

Die ausgewählten Dateien sind nun im entsprechenden Ordner in einem Unterordner mit dem Länderkürzel (hier: de-DE) abgelegt.

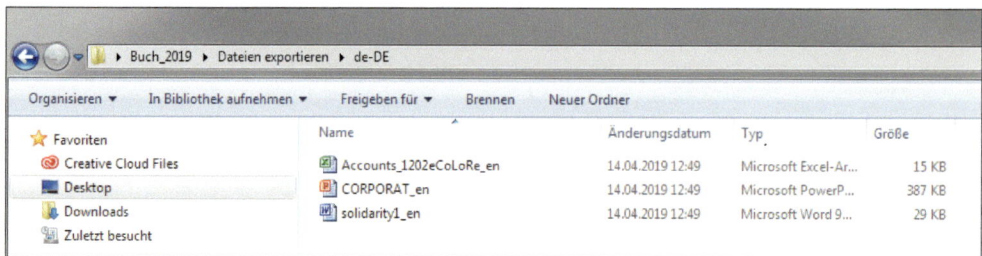

Batch-Task Zielsprachliche Versionen erstellen

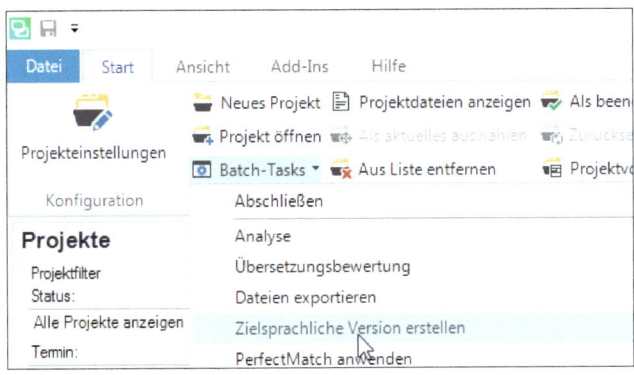

Mit dem Batch-Task **Zielsprachliche Version erstellen** werden die im Projekt befindlichen Dateien als zielsprachliche Dateien in ihrem ursprünglichen Format im Unterordner des Projektordners abgelegt, der bei der Projektanlage für das Projekt erstellt wurde. Das Verfahren ist nahezu identisch zum Batch-Task **Dateien exportieren**, der Benutzer hat jedoch nicht die Möglichkeit, zwischen ursprünglichem Dateiformat, zweisprachigem Format und aktuellem Format auszuwählen.

Batch-Task PerfectMatch anwenden (Version Professional)

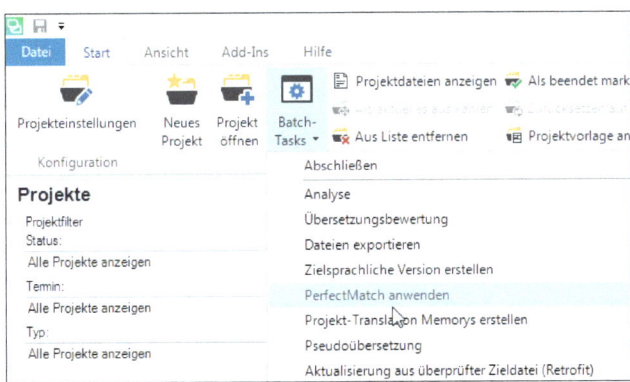

Der Batch-Task **PerfectMatch anwenden** gibt die Möglichkeit, auch nach der Projektanlage zweisprachige Vorgängerdokumente im *.sdlxliff-Format heranzuziehen, die mit Dateien aus dem aktuell aktiven Projekt abgeglichen werden. Nähere Erläuterungen zu PerfectMatch erhalten Sie im Kapitel **PerfectMatch**.

Öffnen Sie zunächst das Projekt, auf das PerfectMatch angewandt werden soll. Klicken Sie danach in der Ansicht **Projekte** auf der Registerkarte **Start** in der Gruppe **Tasks** auf den kleinen Pfeil nach unten rechts neben **Batch-Tasks** und wählen Sie aus der sich öffnenden Dropdown-Liste **PerfectMatch anwenden** aus.

Das Dialogfeld **Batch-Verarbeitung** → **Batch-Tasks** öffnet sich mit der voreingestellten Task-Sequenz **PerfectMatch anwenden**. Klicken Sie auf **Weiter**, um fortzufahren.

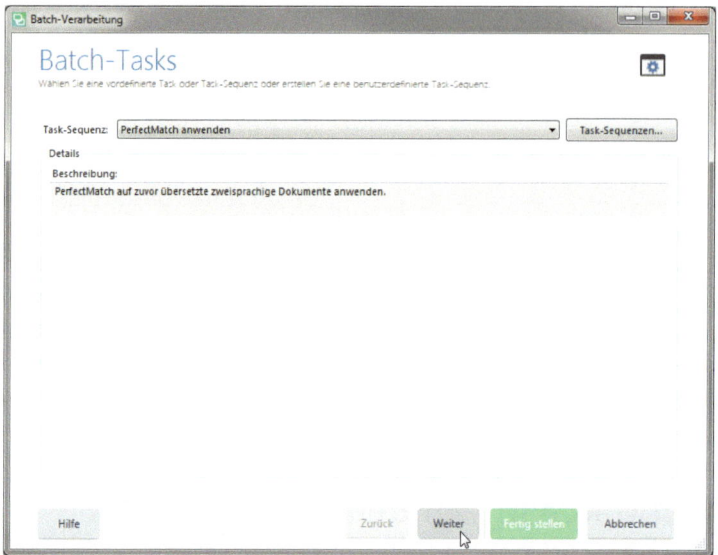

Klicken Sie auf das Pluszeichen links neben einer Sprache, um alle Dateien anzeigen zu lassen, die im aktiven Projekt für die jeweilige Zielsprache enthalten sind.

Die im Projekt für die jeweilige Zielsprache enthaltenen Dateien sind nun im Dialogfeld **Batch-Verarbeitung** → **Dateien** aufgeführt. Zunächst sind alle Projektdateien für die Anwendung von PerfectMatch mit einem Häkchen versehen und damit aktiviert. Wählen Sie aus, ob Sie PerfectMatch auf alle oder nur einige Dateien anwenden möchten, und klicken Sie danach auf **Weiter**.

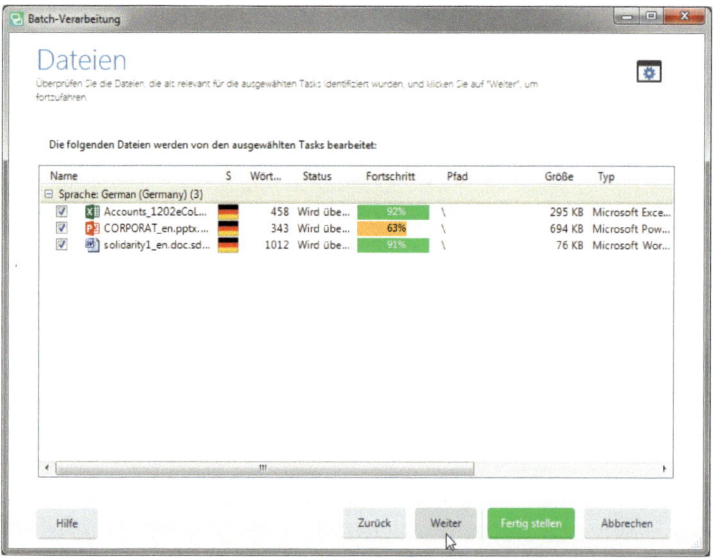

Das Dialogfeld **Batch-Verarbeitung → SDL PerfectMatch** öffnet sich. Klicken Sie mit der rechten Maustaste 🖱 auf einen Dateinamen, sodass dieser farbig unterlegt ist, und wählen Sie aus der sich öffnenden Dropdown-Liste **Vorgängerdokument hinzufügen** aus, um ein bilinguales Vorgängerdokument im Format *.sdlxliff, *.ttx oder *.itd auszuwählen.

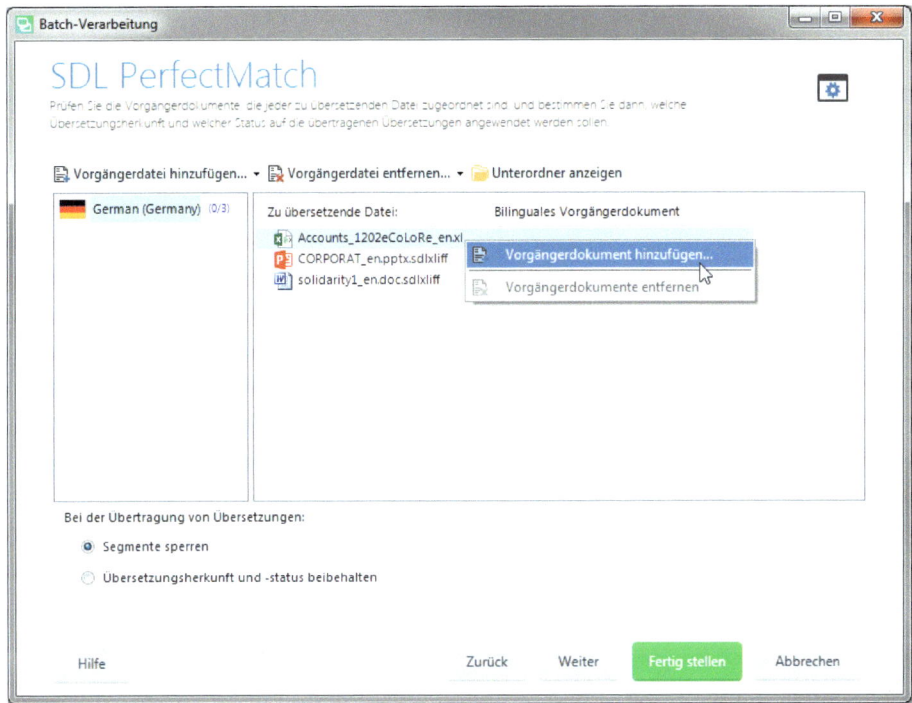

Das Dialogfeld **Zweisprachige Vorgängerdokumente öffnen** öffnet sich. Wählen Sie das zweisprachige Vorgängerdokument aus und klicken Sie auf **Öffnen**.

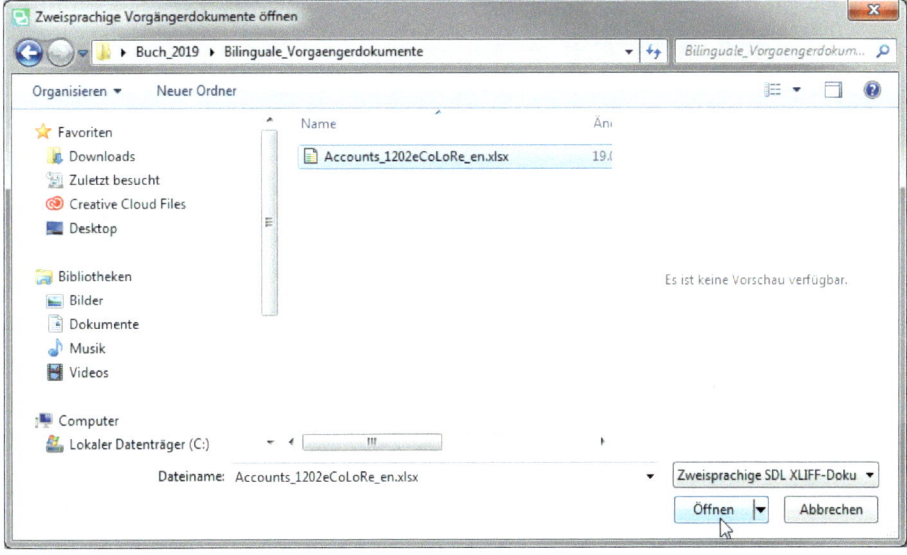

Das zweisprachige Vorgängerdokument ist nun eingetragen.

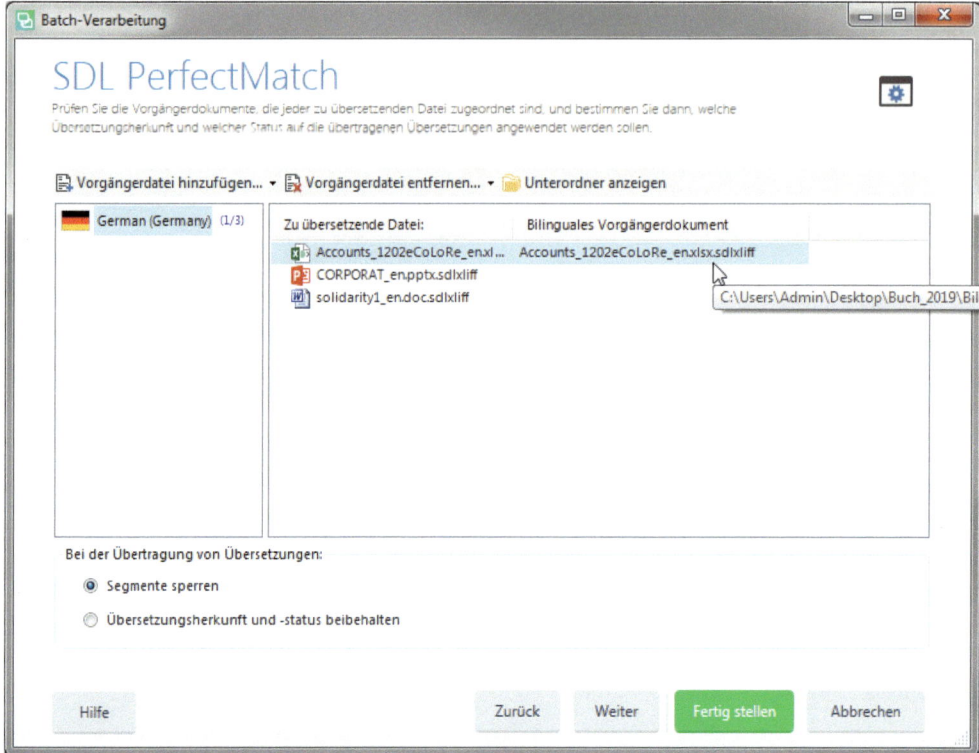

Verfahren Sie analog mit allen Dateien eines Projekts, auf die PerfectMatch angewandt werden soll. Wählen Sie danach aus, ob Segmente, die durch PerfectMatch übersetzt/befüllt werden, für die weitere Bearbeitung gesperrt werden sollen oder nicht. Wenn sie nicht gesperrt werden, sind sie als PerfectMatch gekennzeichnet, können aber bearbeitet werden, wie alle anderen Übersetzungseinheiten auch, ohne entsperrt zu werden. Wählen Sie **Übersetzungsherkunft und –status beibehalten** aus, wenn Sie Segmente, die mit PerfectMatch übersetzt werden, nicht sperren möchten. Als Standard werden die Segmente gesperrt, können aber in der Übersetzung/Überprüfung entsperrt werden.

Treffen Sie Ihre Auswahl und klicken Sie auf **Weiter**.

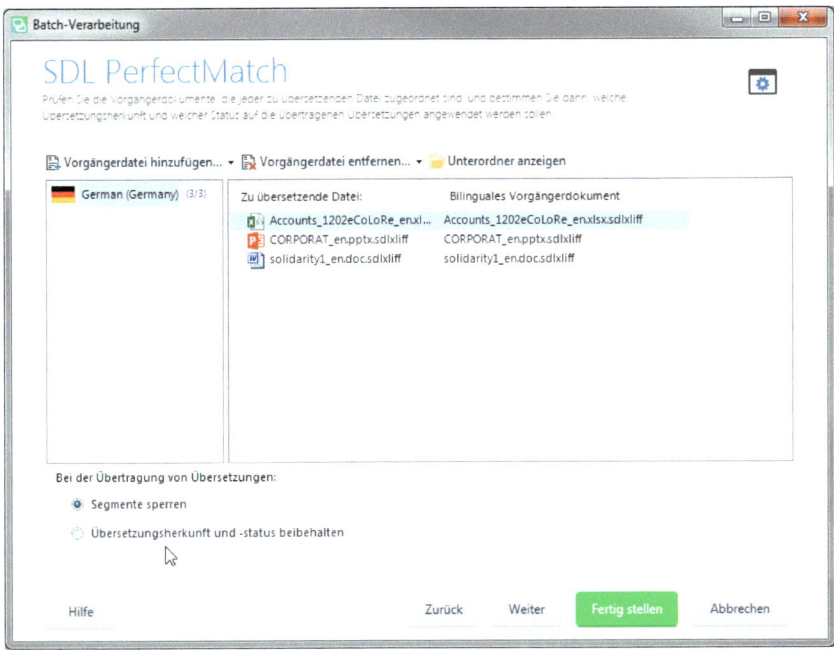

Das Dialogfeld **Batch-Verarbeitung → Einstellungen** öffnet sich. Wählen Sie aus, ob Formatierungen beim PerfectMatch-Prozess ignoriert werden sollen. Darüber hinaus haben Sie die Möglichkeit auszuwählen, ob die Behandlung von doppelt vorhandenen Inhalten den Vorgaben in regulierten Branchen entsprechen soll. Wird diese Funktion ausgewählt, bleiben inkonsistente Übersetzungen von Segmenten in doppelt vorhandenen Inhalten in einem Dokument erhalten. Klicken Sie nach erfolgter Auswahl auf **Fertig stellen**.

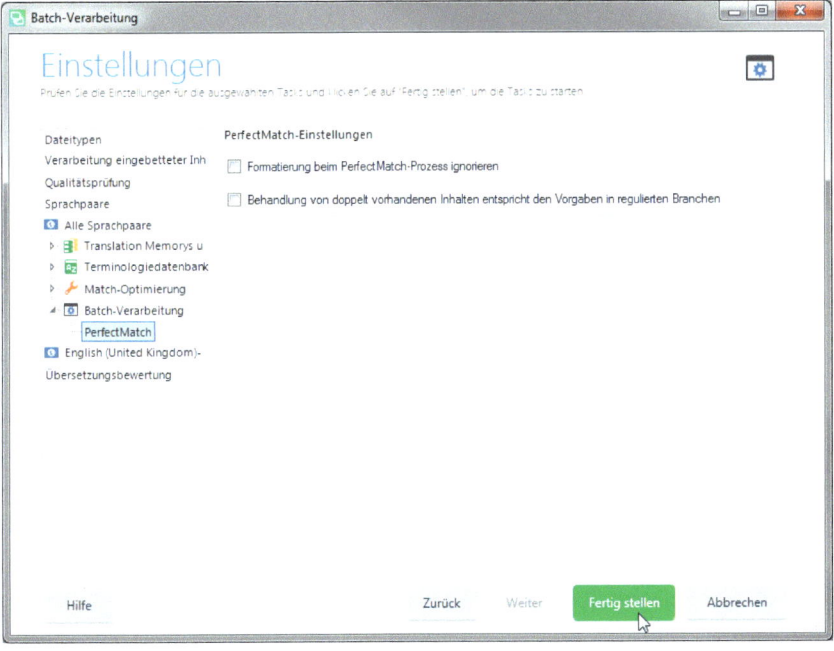

SDL Trados Studio 2019 führt den PerfectMatch-Prozess durch und die Ergebnisse können in den jeweiligen Dokumenten in Studio eingesehen werden. Übersetzungen aus PerfectMatch sind mit dem Kürzel PM zwischen den Segmenten versehen.

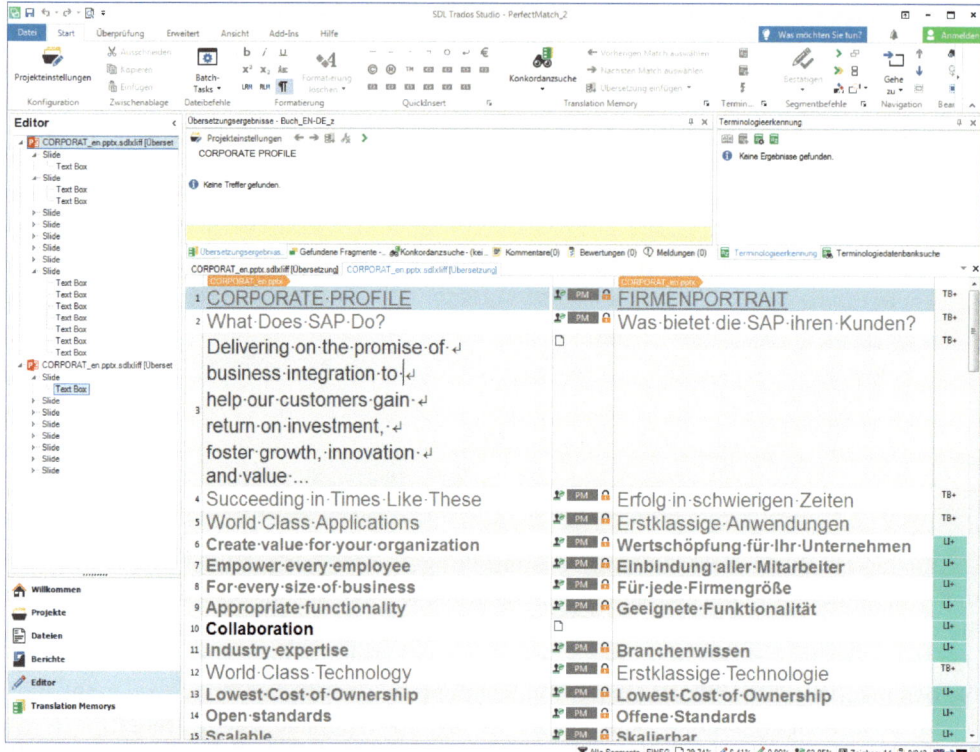

Batch-Task Projekt-Translation Memorys erstellen

In manchen Fällen kann es erforderlich sein, nachträglich ein oder mehrere Projekt-Translation Memorys für ein Projekt zu erstellen, wenn dies bei der Projektanlage nicht in der Projektvorbereitung erfolgt ist. Dies ist mit dem Batch-Task **Projekt-Translation Memorys erstellen** möglich. Im Projekt-Translation Memory werden alle für das Projekt relevanten/im Projekt enthaltenen Translation Memory-Daten gespeichert.

Öffnen Sie zunächst das Projekt, für das ein Projekt-Translation Memory erstellt werden soll. Klicken Sie danach in der Ansicht **Projekte** auf der Registerkarte **Start** in der Gruppe **Tasks** auf den kleinen Pfeil nach unten rechts neben **Batch-Tasks** und wählen Sie aus der sich öffnenden Dropdown-Liste **Projekt-Translation Memorys erstellen** aus.

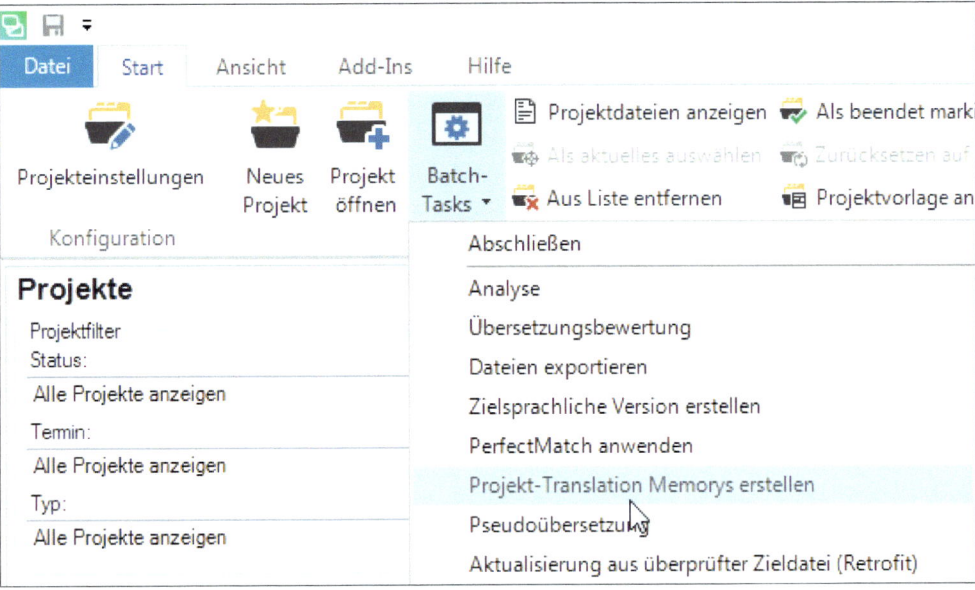

Das Dialogfeld **Batch-Verarbeitung** → **Batch-Tasks** öffnet sich mit der voreingestellten Task-Sequenz **Projekt-Translation Memorys erstellen**. Klicken Sie auf **Weiter**, um fortzufahren.

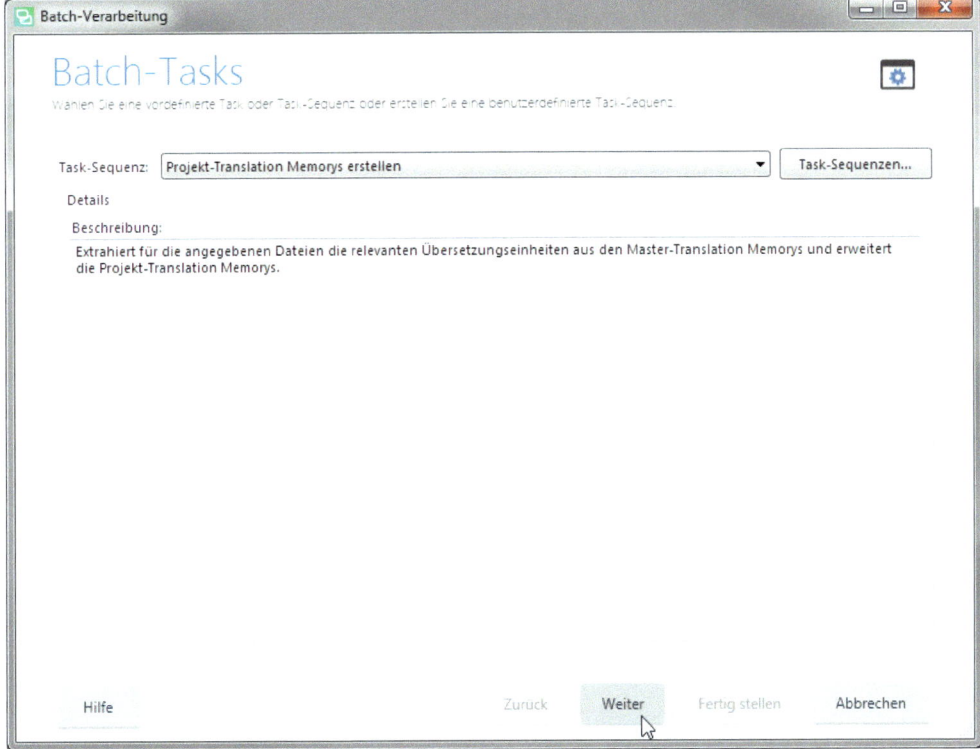

Das Dialogfeld **Batch-Verarbeitung → Dateien** öffnet sich. Unter **Name** erscheint die Zielsprache bzw. erscheinen die Zielsprachen, die im aktiven Projekt angelegt ist/sind.

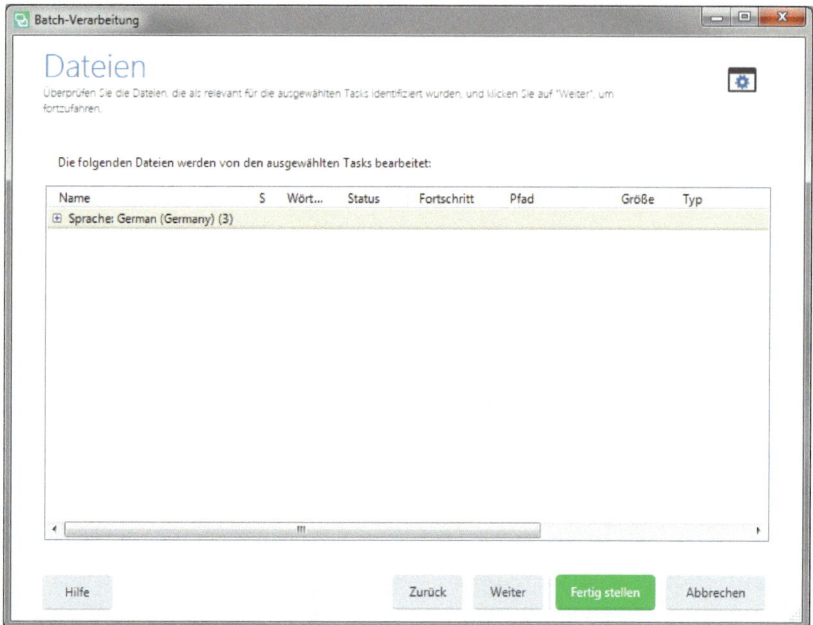

Klicken Sie auf das Pluszeichen links neben einer Sprache, um alle Dateien anzeigen zu lassen, die im aktiven Projekt für die jeweilige Sprache enthalten sind.

Die im Projekt für die jeweilige Zielsprache enthaltenen Dateien sind nun im Dialogfeld **Batch-Verarbeitung → Dateien** aufgeführt. Zunächst sind alle Projektdateien für das Erstellen von Projekt-Translation Memorys mit einem Häkchen versehen und damit aktiviert. Belassen Sie alle Dateien aktiviert, wenn Sie ein Projekt-TM aus allen Dateien erstellen lassen wollen, oder entfernen Sie Häkchen, wenn eine oder mehrere Dateien ausgeschlossen werden sollen. Klicken Sie danach auf **Weiter**.

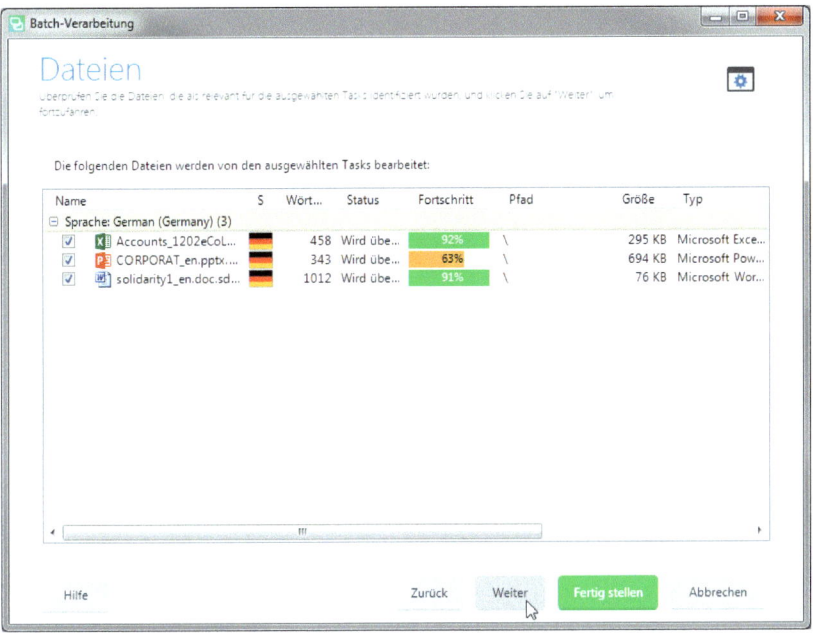

Wählen Sie im sich öffnenden Dialogfeld **Batch-Verarbeitung** → **Einstellungen** aus, ob dateibasierte oder serverbasierte Translation Memorys angelegt werden sollen. Bitte beachten Sie dabei, dass SDL Trados GroupShare mit den entsprechenden Zugangsdaten vorhanden sein muss, wenn serverbasierte Translation Memorys angelegt werden sollen. Im vorliegenden Beispiel werden für die Arbeit mit SDL Trados Studio 2019 Freelance oder SDL Trados Studio 2019 Professional ohne Trados GroupShare dateibasierte Projekt-Translation Memorys ausgewählt. Klicken Sie nach erfolgter Auswahl auf **Fertig stellen**.

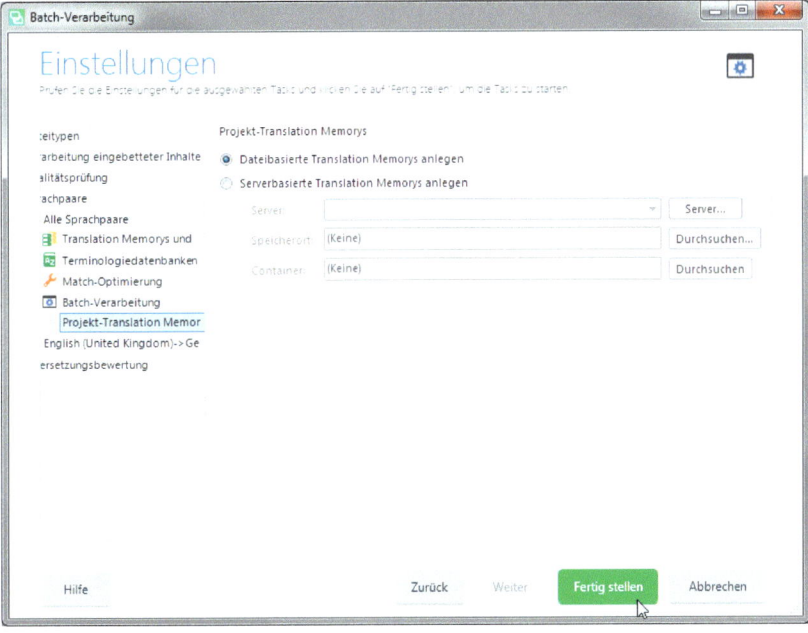

Das Dialogfeld **Batch-Verarbeitung** → **Fertig stellen** öffnet sich. SDL Trados Studio 2019 legt das/die Projekt-TM(s) an und weist mit einem weißen Häkchen in einem grünen Kreis ⊘ darauf hin, dass die Anlage erfolgreich abgeschlossen wurde. Ein rotes Feld mit weißem Kreuz ⊗ erscheint, wenn ein Konflikt bei der Anlage aufgetreten ist. Prüfen Sie in diesem Fall die Fehlermeldung und klicken Sie danach auf **Vorbereitung erneut starten**. Klicken Sie danach auf **Schließen**.

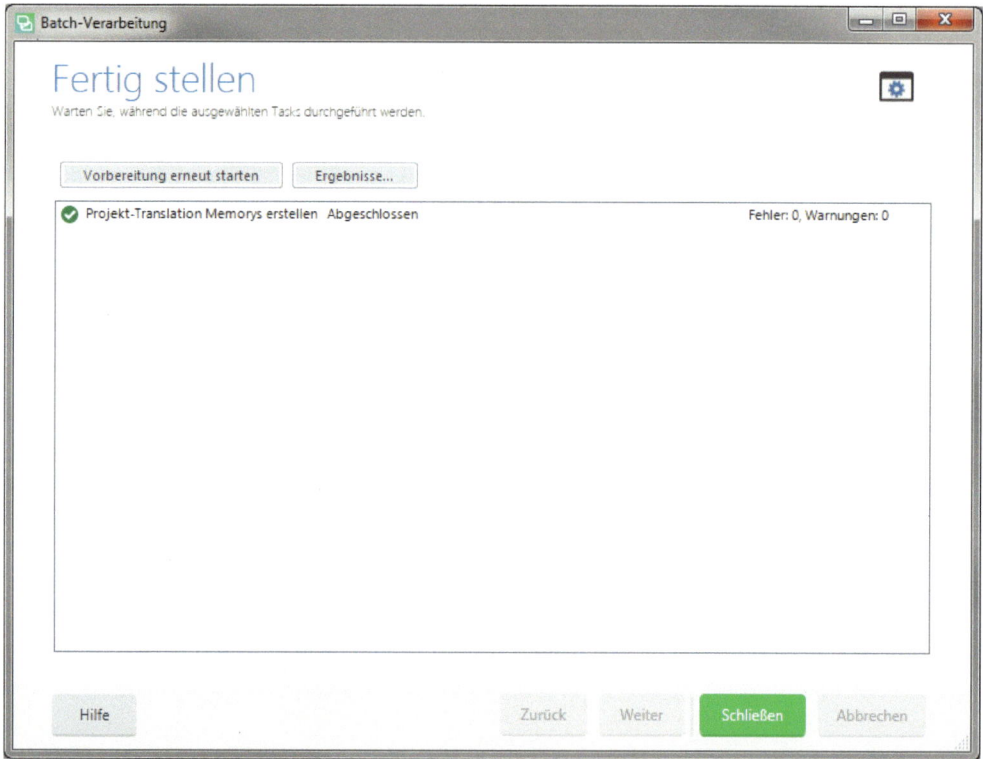

Das/Die Projekt-Translation Memory(s) wird/werden erstellt und von SDL Trados Studio 2019 im Projektordner in einem Unterordner mit dem Namen **Tm** abgelegt.

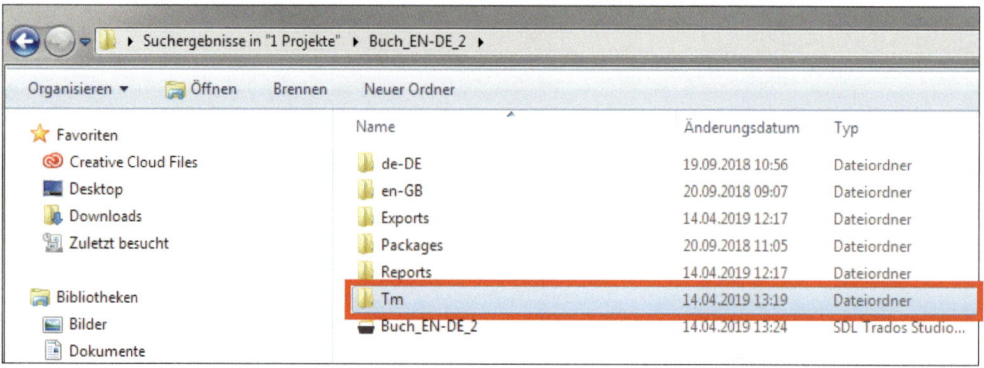

Dort erscheinen sie in einem Unterordner mit dem jeweiligen Sprachkürzel.

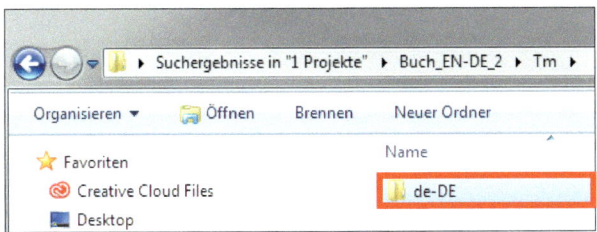

Ebenso wie Master-Translation Memorys, die auf mehrere Projekte ausgelegt sind, haben Projekt-Translation Memorys ein grün-gelbes Symbol.

Batch-Task Pseudoübersetzung

Mit dem Batch-Task **Pseudoübersetzung** soll simuliert werden, wie ein übersetzter Text nach der Übersetzung aussieht, damit möglicher zusätzlicher Aufwand nach der Übersetzung, z.B. aufgrund von unterschiedlichen Textlängen, ermittelt werden kann. Darüber hinaus soll durch die Pseudoübersetzung geprüft werden, ob alle Sonderzeichen in der übersetzten Zielsprache richtig dargestellt werden.

Öffnen Sie zunächst das Projekt, für das eine Pseudoübersetzung erstellt werden soll. Klicken Sie danach in der Ansicht **Projekte** auf der Registerkarte **Start** in der Gruppe **Tasks** auf den kleinen Pfeil nach unten rechts neben **Batch-Tasks** und wählen Sie aus der sich öffnenden Dropdown-Liste **Pseudoübersetzung** aus.

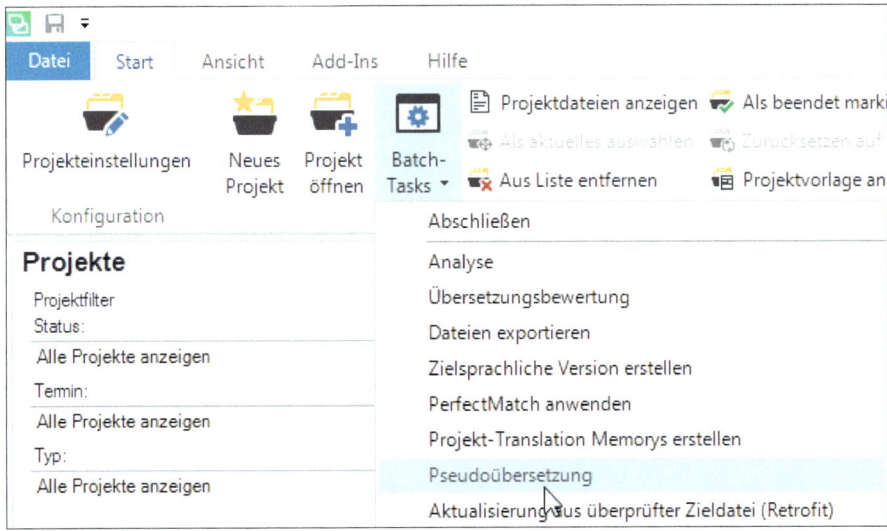

Das Dialogfeld **Batch-Verarbeitung → Batch-Tasks** öffnet sich mit der voreingestellten Task-Sequenz **Pseudoübersetzung**. Klicken Sie auf **Weiter**, um fortzufahren.

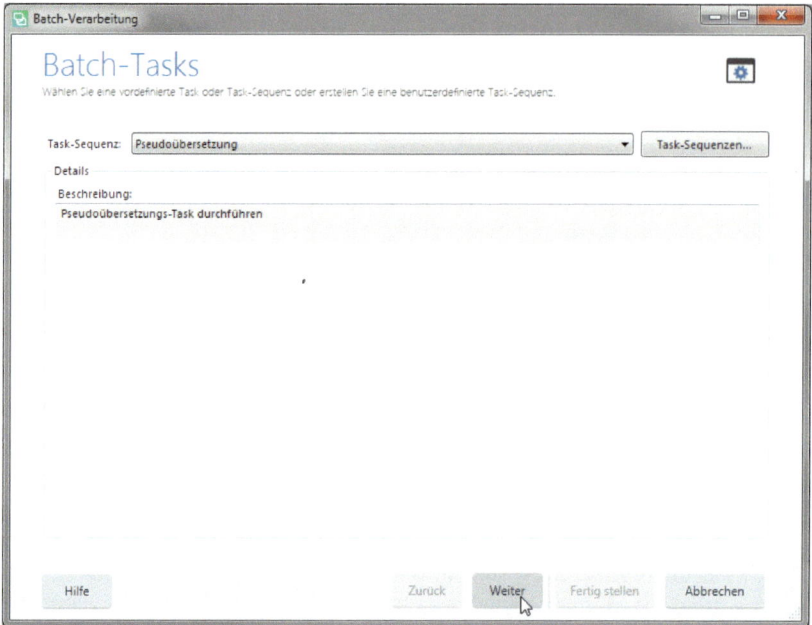

Das Dialogfeld **Batch-Verarbeitung → Dateien** öffnet sich. Klicken Sie zunächst auf das kleine Pluszeichen links neben **Sprache:**, damit die für die Zielsprache enthaltenen Dateien dargestellt werden. Wählen Sie danach aus, für welche Datei(en) die Pseudoübersetzung durchgeführt werden soll. Als Standard sind alle Dateien aktiviert. Klicken Sie danach auf **Weiter**.

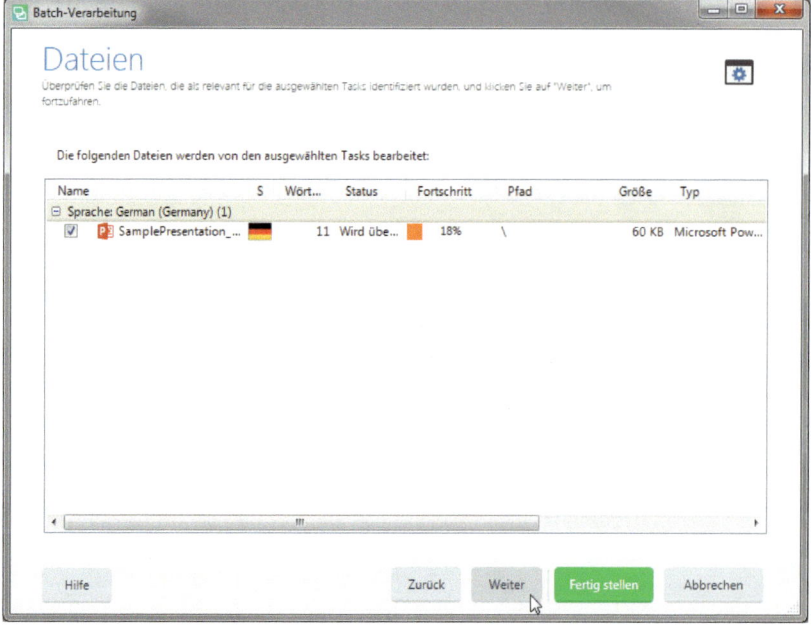

Nehmen Sie im sich öffnenden Dialogfeld **Batch-Verarbeitung → Einstellungen** Ihre Einstellungen vor oder belassen Sie die Standardeinstellungen und klicken Sie auf **Fertig stellen**.

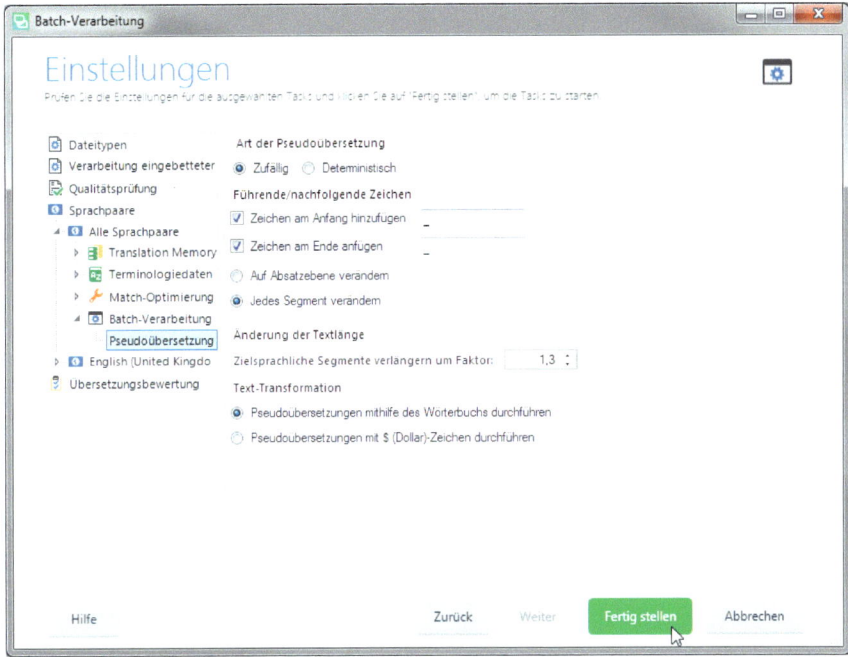

Das Dialogfeld **Batch-Verarbeitung → Fertig stellen** öffnet sich und SDL Trados Studio 2019 führt die Aufgabe aus. Klicken Sie nach Abschluss der Aufgabe auf **Schließen**.

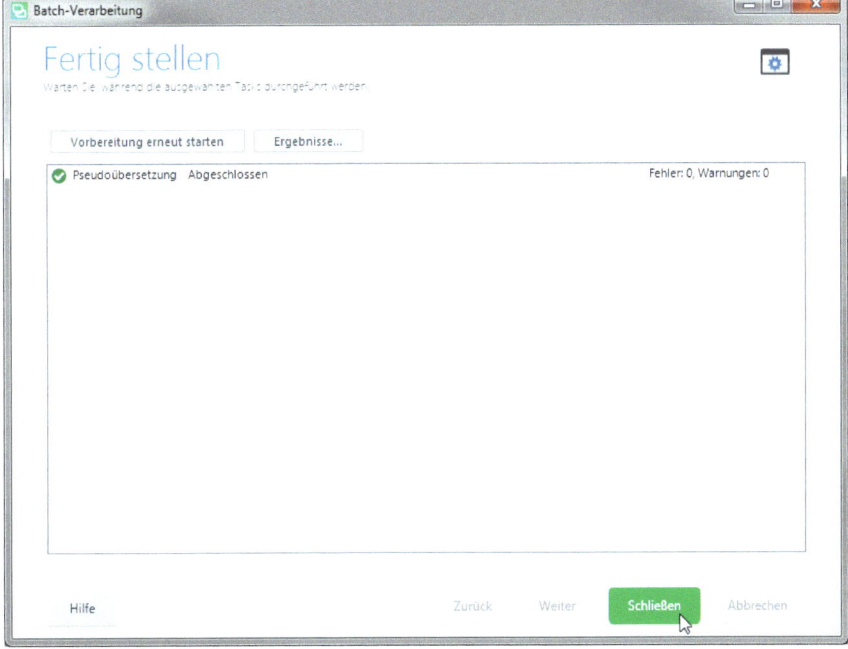

Nach Abschluss des Batch-Tasks kann die Pseudoübersetzung in der Ansicht **Editor** in der jeweiligen Datei/den jeweiligen Dateien eingesehen werden.

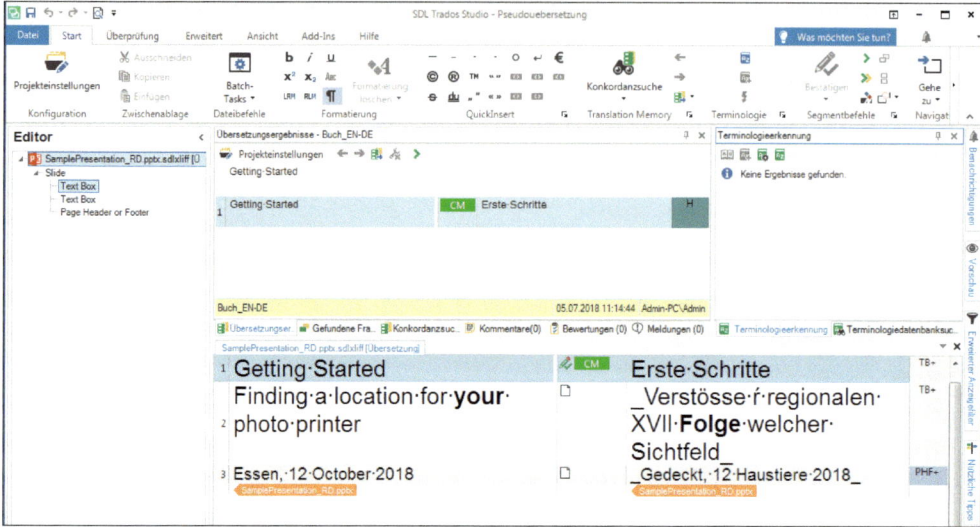

Darüber hinaus kann das Ergebnis in der Vorschau dargestellt werden. Klicken Sie dazu auf der Registerkarte **Datei** → **Ansicht und Drucken** → Zielformat **als Ziel** oder verwenden Sie die Vorschau in der Ansicht **Editor**.

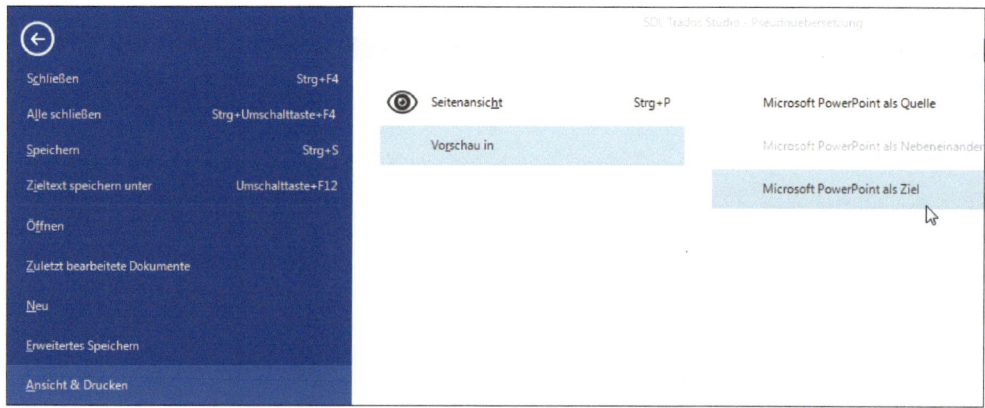

Das Ergebnis der Pseudoübersetzung wird im jeweiligen Dateiformat dargestellt und erhebt nicht den Anspruch auf eine richtige Übersetzung – es geht hier tatsächlich um Sonderzeichen und Lauflängen der jeweiligen Sprache.

Batch-Task Aktualisierung aus überprüfter Zieldatei (Retrofit)

Mit dem Batch-Task **Aktualisierung aus überprüfter Zieldatei (Retrofit)** werden Änderungen, die an zielsprachlichen Dateien vorgenommen wurden, in bilinguale *.sdlxliff-Dateien in einem in SDL Trados Studio 2019 aktiven Projekt übernommen.

Weitere Informationen zum Aktualisieren von Projektdateien mit Retrofit erhalten Sie im Kapitel **Aktualisieren einer oder mehrerer Projektdateien mit Retrofit in der Ansicht Projekte**.

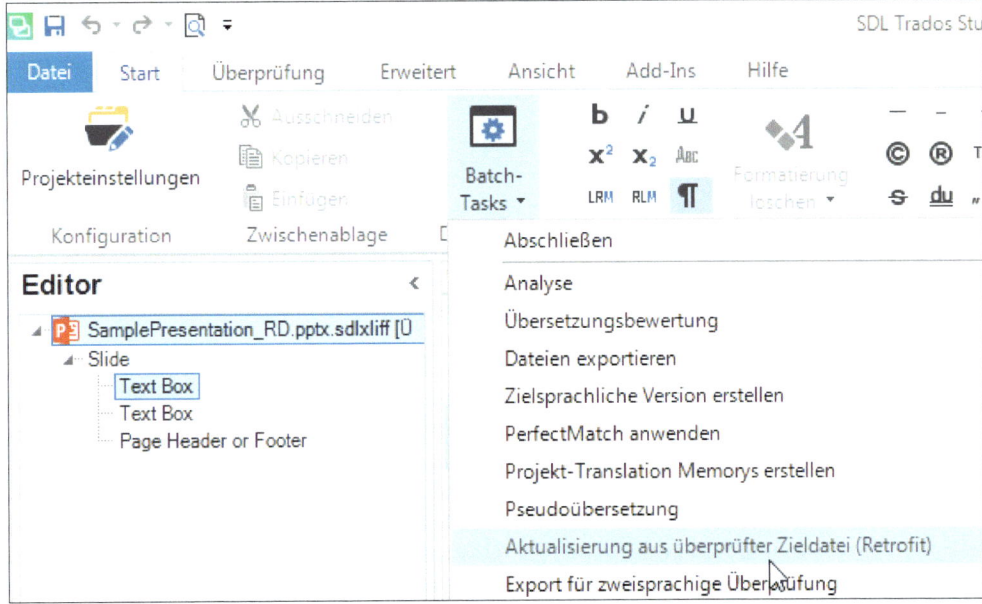

Batch-Task Export für zweisprachige Überprüfung

Mit dem Batch-Task **Export für zweisprachige Überprüfung** werden bilinguale *.sdlxliff-Dateien in bilinguale Word-Dateien im Spaltenformat exportiert, damit diese in Microsoft Word geprüft und nach der Prüfung zurück in SDL Trados Studio 2019 in die jeweilige *.sdlxliff-Datei importiert werden können.

Weitere Informationen zum Ablauf des Exports für die zweisprachige Überprüfung erhalten Sie im Kapitel **Export für zweisprachige Überprüfung**.

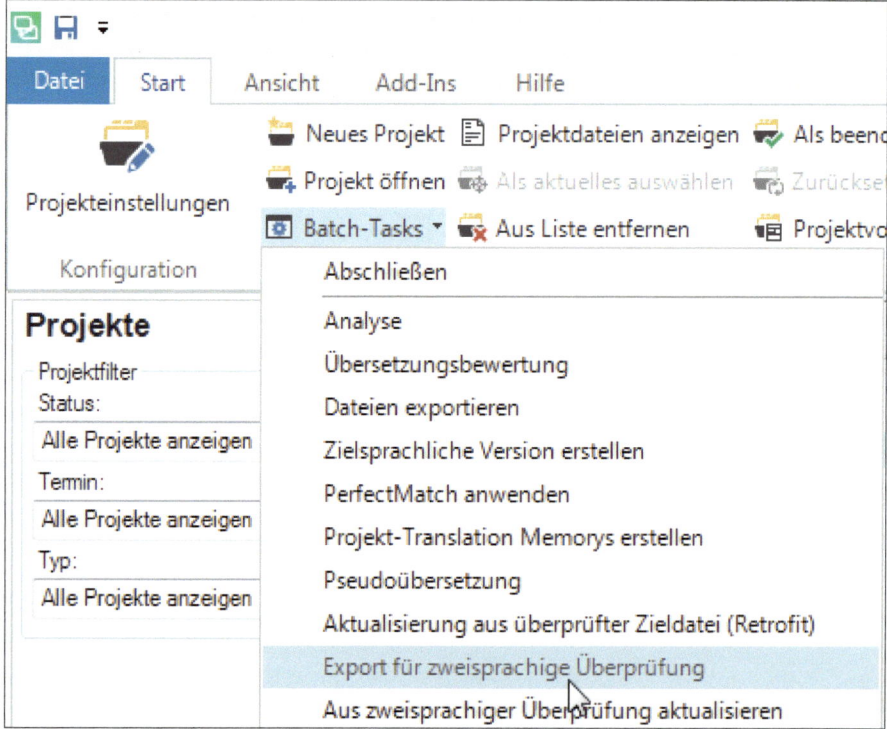

Batch-Task Aus zweisprachiger Überprüfung aktualisieren

Mit dem Batch-Task **Aus zweisprachiger Überprüfung aktualisieren** werden bilinguale *.sdlxliff-Dateien, die für eine Überprüfung in Word-Dateien im Spaltenformat exportiert wurden, mit allen Änderungen und Kommentaren zurück in die jeweiligen *.sdlxliff-Dateien in einem Projekt importiert.

Weitere Informationen zum Ablauf der Aktualisierung aus der zweisprachigen Überprüfung erhalten Sie im Kapitel **Aus zweisprachiger Überprüfung aktualisieren**.

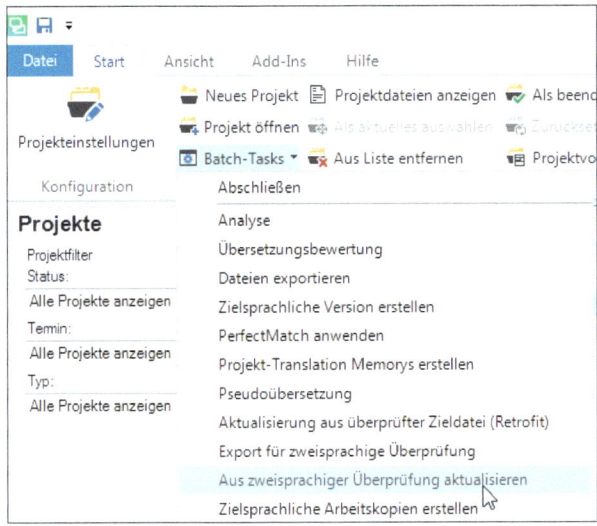

Batch-Task Zielsprachliche Arbeitskopien erstellen

Mit dem Batch-Task **Zielsprachliche Arbeitskopien erstellen** bietet SDL Trados Studio 2019 die Möglichkeit, zielsprachliche Arbeitskopien eines Projekts abzuspeichern. Als Standard werden diese im Projektordner abgelegt, der bei der Projektanlage in SDL Trados Studio 2019 angelegt wurde, und zwar im Unterordner für die jeweilige Zielsprache.

Öffnen Sie zunächst das Projekt, für das zielsprachliche Arbeitskopien erstellt werden sollen. Klicken Sie danach in der Ansicht **Projekte** auf der Registerkarte **Start** in der Gruppe **Tasks** auf den kleinen Pfeil nach unten rechts neben **Batch-Tasks** und wählen Sie aus der sich öffnenden Dropdown-Liste **Zielsprachliche Arbeitskopien erstellen** aus.

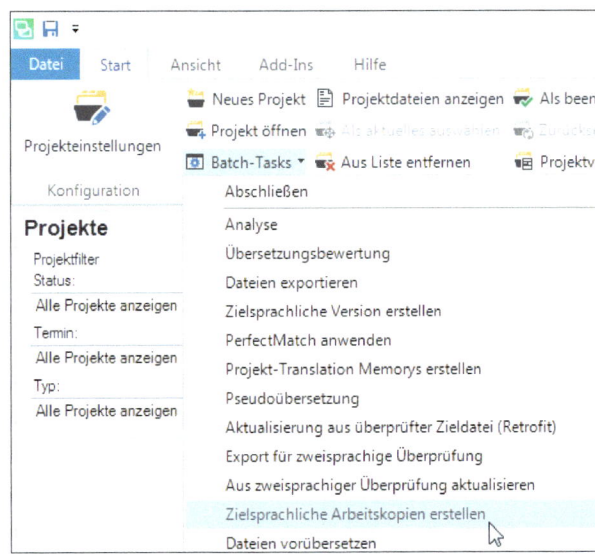

Das Dialogfeld **Batch-Verarbeitung → Batch-Tasks** öffnet sich mit der voreingestellten Task-Sequenz **Zielsprachliche Arbeitskopien erstellen**. Klicken Sie auf **Weiter**, um fortzufahren.

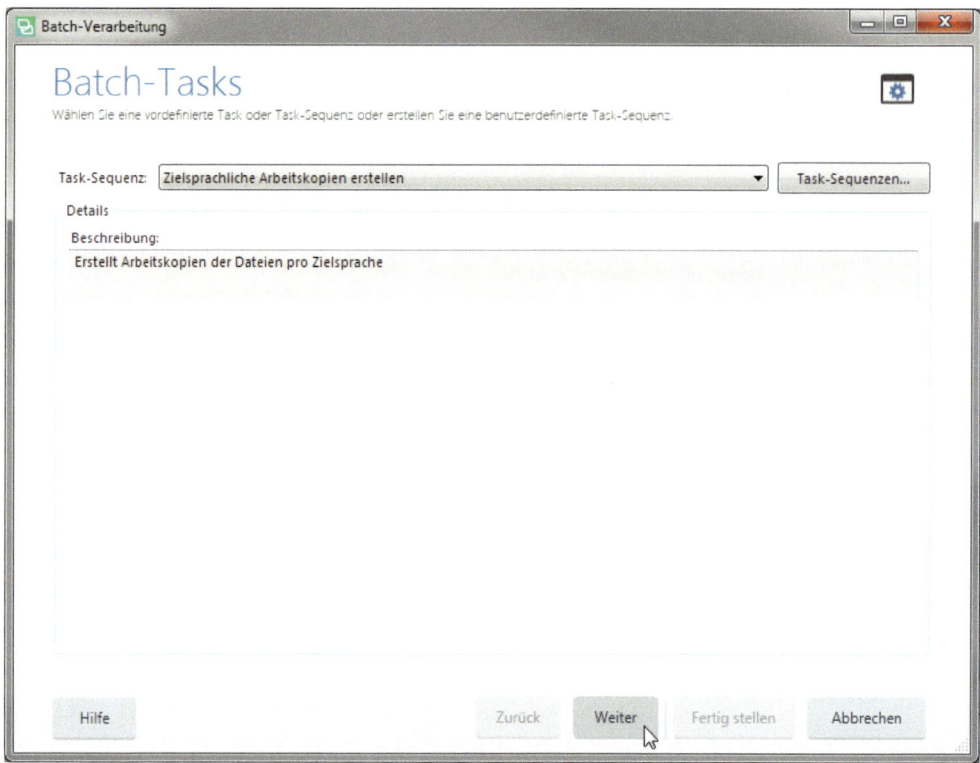

Das Dialogfeld **Batch-Verarbeitung → Dateien** öffnet sich. Klicken Sie auf das Pluszeichen links neben einer Sprache, um alle Dateien anzeigen zu lassen, die im aktiven Projekt für die jeweilige Zielsprache enthalten sind.

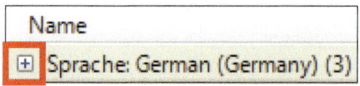

Als Standard sind alle Dateien aus einem Projekt ausgewählt und Sie haben die Möglichkeit, einzelne Dateien von der Erstellung der zielsprachlichen Arbeitskopien abzuwählen, indem Sie das Häkchen vor der jeweiligen Datei entfernen. Klicken Sie auf **Fertig stellen**, um die zielsprachlichen Arbeitskopien zu erstellen.

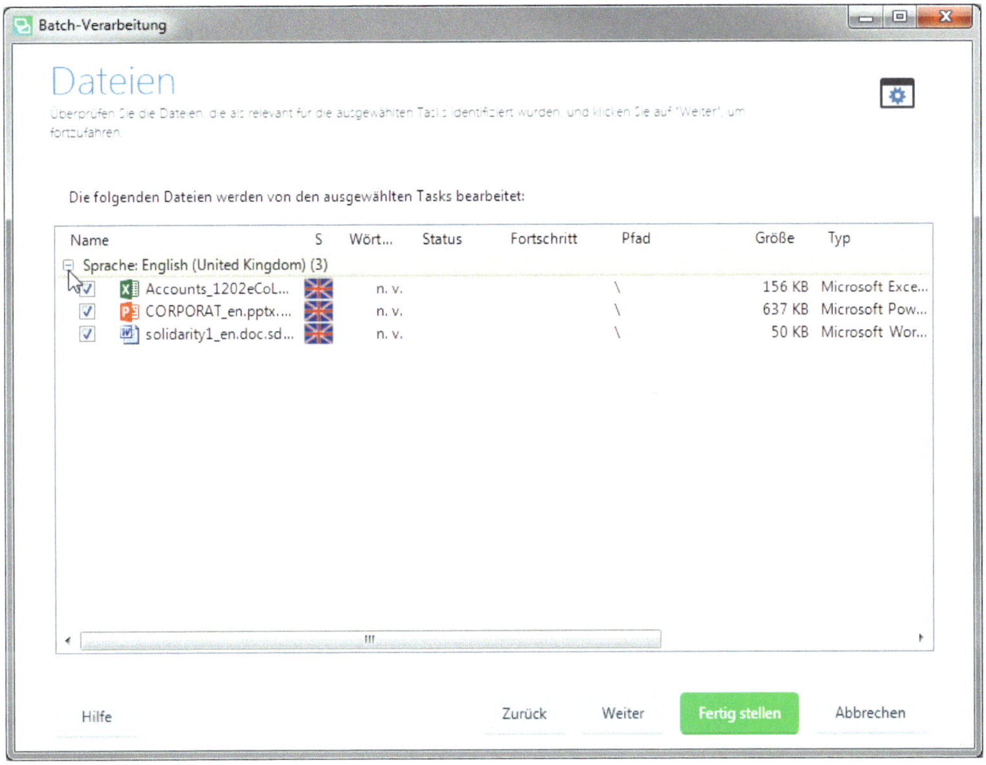

Die zielsprachlichen Arbeitskopien sind nun im jeweiligen Projektordner im Unterordner für die Zielsprache(n) abgelegt. Darüber hinaus sind in diesem Ordner auch die bilingualen *.sdlxliff-Dateien des Projekts enthalten, die bei der Arbeit in SDL Trados Studio 2019 durch das Speichern von zielsprachlichen Segmenten erweitert werden.

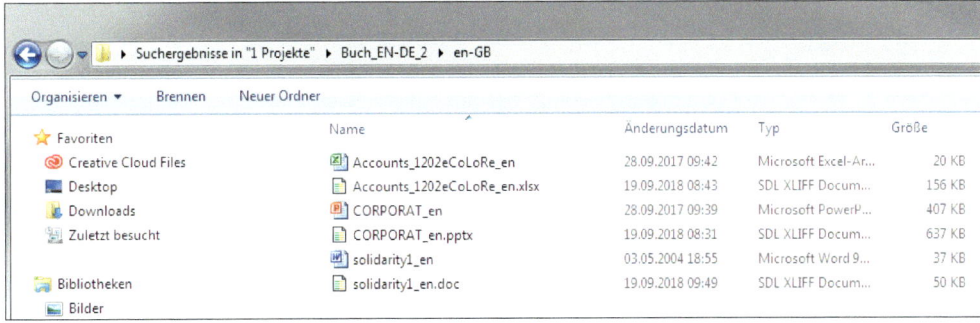

Batch-Task Dateien vorübersetzen

Im Batch-Task **Dateien vorübersetzen** überträgt SDL Trados Studio 2019 bereits im Translation Memory enthaltene Übersetzungseinheiten in die jeweiligen zielsprachlichen Segmente.

Als Standard werden in der Vorübersetzung 100%-Matches und Kontext-Matches in die zielsprachlichen Segmente der für die Übersetzung ausgewählten Dokumente automatisch eingesetzt. Dieser Wert kann jedoch bei der Ausführung des Batch-Tasks **Dateien vorübersetzen** geändert werden.

❗ Bei der Projektanlage wird die Vorübersetzung in den Task-Sequenzen **Ohne Projekt-TM vorbereiten** und **Vorbereiten** automatisch durchgeführt und der Bericht zur Vorübersetzung in der Ansicht **Berichte** abgelegt. Bei der Übersetzung von Einzeldateien ohne Projektanlage wird die Vorübersetzung nicht automatisch ausgeführt und kann manuell mit dem Batch-Task **Dateien vorübersetzen** ausgeführt werden.

Öffnen Sie zunächst ein Projekt in SDL Trados Studio 2019 und klicken Sie danach auf der Registerkarte **Start** in der Gruppe **Tasks** auf den kleinen Pfeil nach unten rechts neben **Batch-Tasks**. Wählen Sie aus der sich öffnenden Dropdown-Liste **Dateien vorübersetzen** aus.

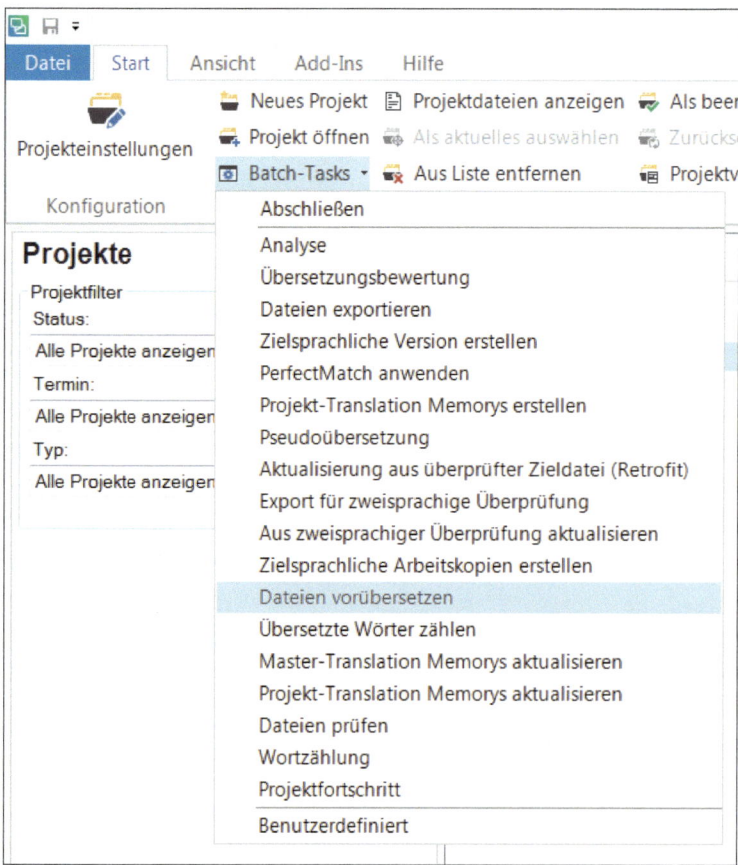

Das Dialogfeld **Batch-Verarbeitung** → **Batch-Tasks** öffnet sich mit der voreingestellten Task-Sequenz **Dateien vorübersetzen**. Klicken Sie auf **Weiter**, um fortzufahren.

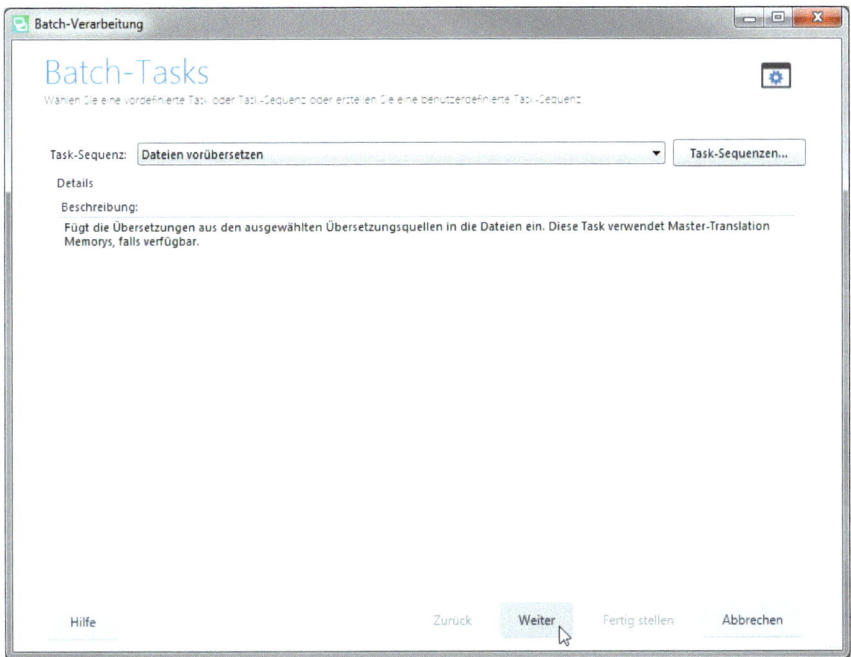

Das Dialogfeld **Batch-Verarbeitung** → **Dateien** öffnet sich. Unter **Name** erscheint die Zielsprache bzw. erscheinen die Zielsprachen, die im aktiven Projekt angelegt ist/sind.

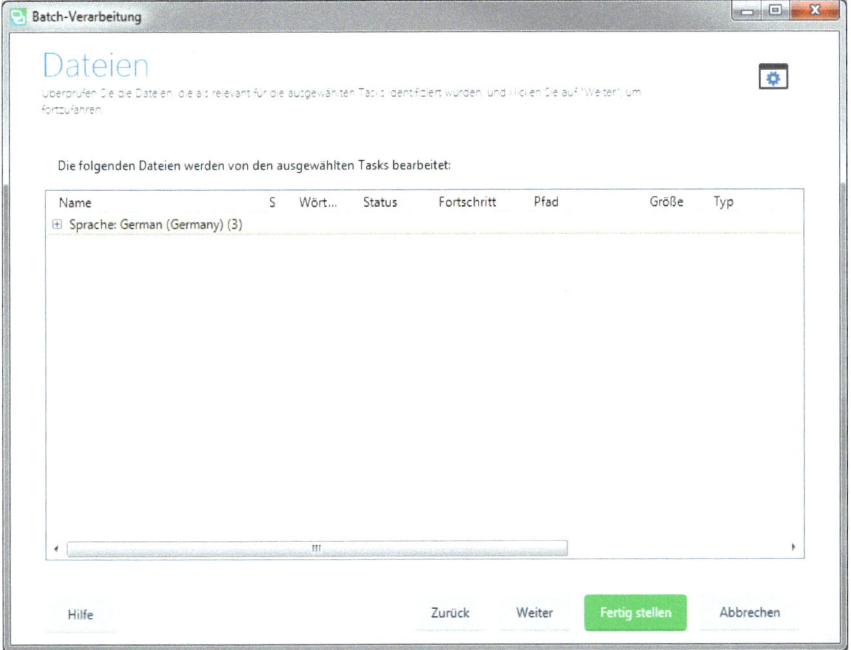

Klicken Sie auf das Pluszeichen links neben einer Sprache, um alle Dateien anzeigen zu lassen, die im aktiven Projekt für die jeweilige Zielsprache enthalten sind.

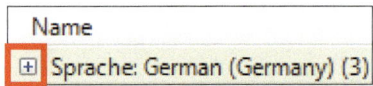

Die im Projekt für die jeweilige Zielsprache enthaltenen Dateien sind nun im Dialogfeld **Batch-Verarbeitung** → **Dateien** aufgeführt. Zunächst sind alle Projektdateien für die Vorübersetzung mit einem Häkchen versehen und damit aktiviert. Belassen Sie alle Dateien aktiviert, wenn Sie das gesamte Projekt für eine Zielsprache vorübersetzen möchten oder entfernen Sie Häkchen, wenn eine oder mehrere Dateien von der Vorübersetzung ausgeschlossen werden sollen. Klicken Sie danach auf **Weiter**.

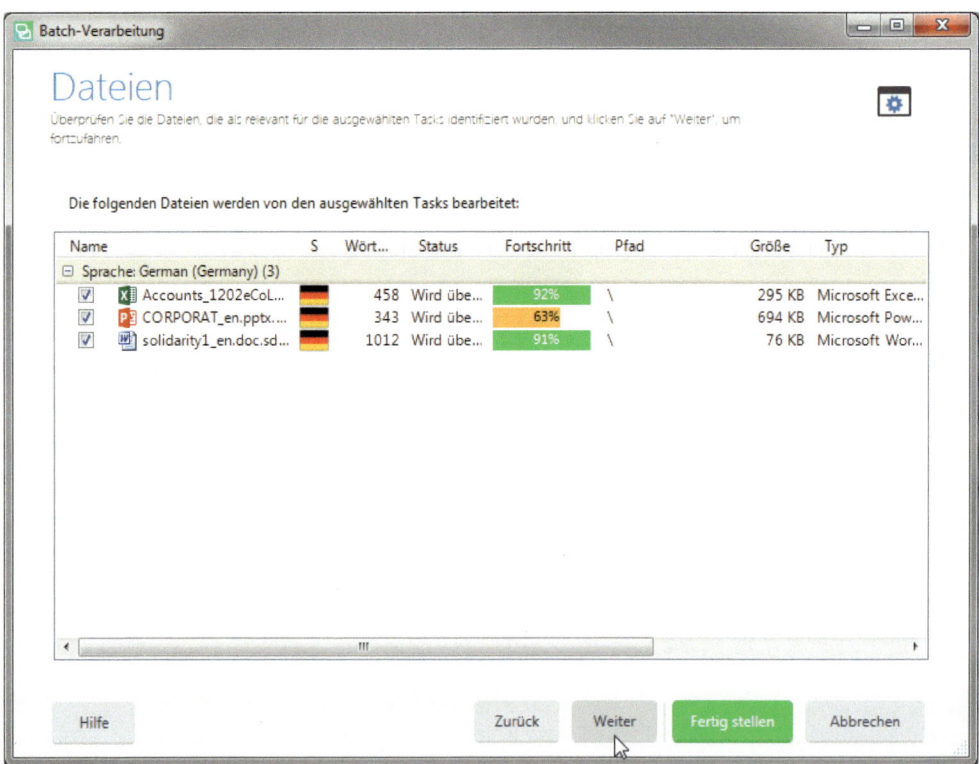

Das Dialogfeld **Batch-Verarbeitung** → **Einstellungen** öffnet sich. In diesem Dialogfeld wählen Sie den minimalen Match-Wert aus, ab dem SDL Trados Studio 2019 Übersetzungseinheiten aus dem aktiven Translation Memory in das zielsprachliche Segment einträgt. Darüber hinaus können Einstellungen für das Ersetzen von Übersetzungen vorgenommen werden und der Benutzer kann auswählen, ob 100%-Matches und Kontext-Matches nach der Vorübersetzung bestätigt und/oder gesperrt werden sollen und ob Zielsegmente leer bleiben oder Ausgangssegmente in die jeweiligen zielsprachlichen Segmente kopiert werden sollen, wenn kein Match gefunden wird. Treffen Sie Ihre Auswahl und klicken Sie auf **Fertig stellen**.

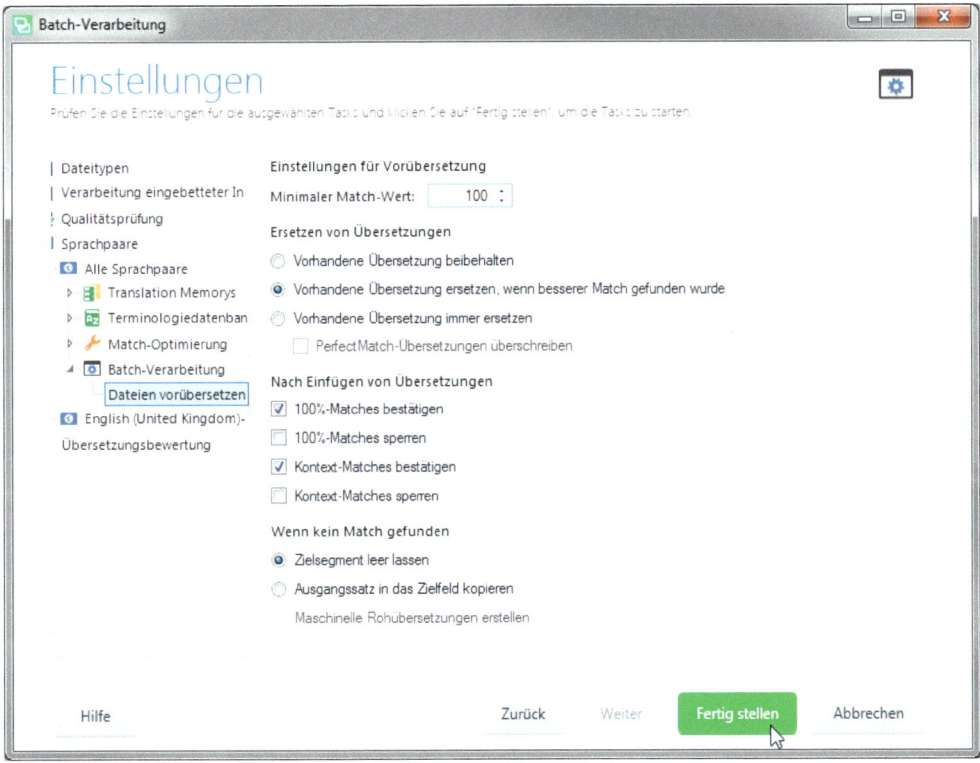

Das Dialogfeld **Batch-Verarbeitung** → **Fertig stellen** öffnet sich und SDL Trados Studio 2019 nimmt die Vorübersetzung vor. Klicken Sie nach Abschluss des Vorgangs auf **Schließen**, um die Vorübersetzung abzuschließen.

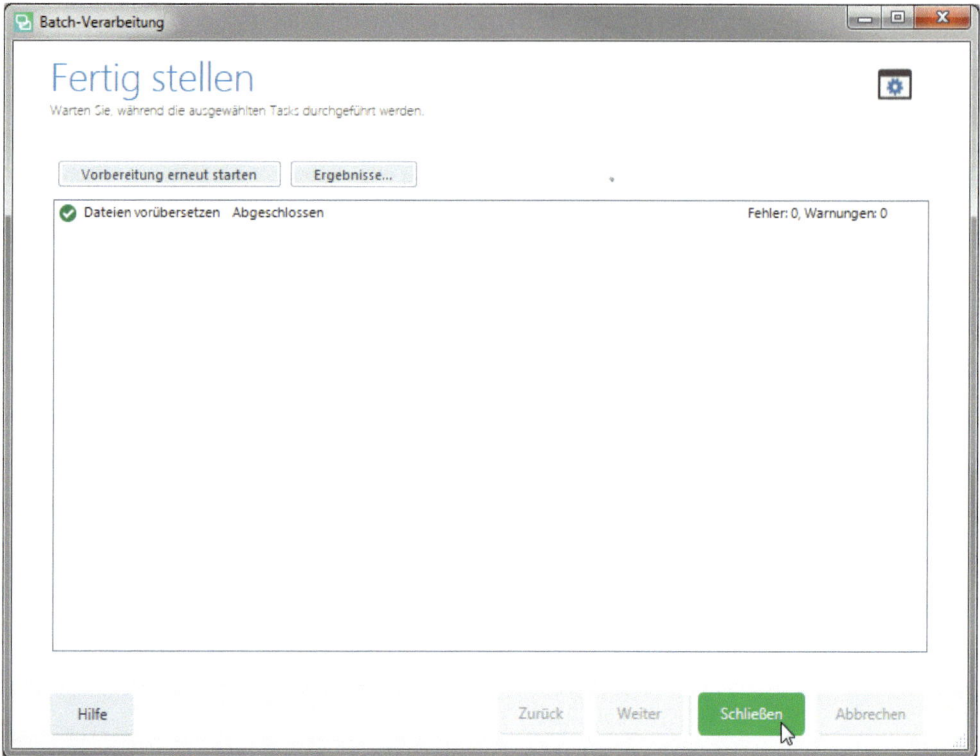

Wechseln Sie in die Ansicht **Berichte**, wenn Sie sich den Bericht zur Vorübersetzung anschauen möchten. Die Berichtsart wird links oben in der Navigationsleiste anzeigt, auf der rechten Seite erscheint eine Zusammenfassung der Einstellungen und darunter ein Gesamtüberblick und eine Detailansicht.

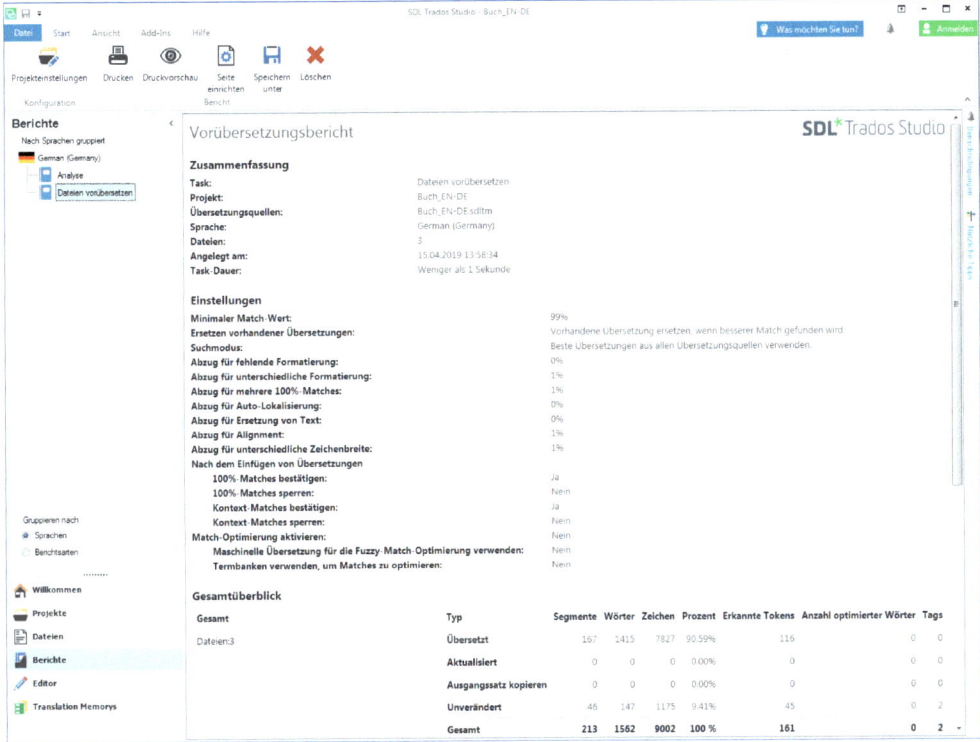

Im Gesamtüberblick werden die Ergebnisse der Vorübersetzung aller in eine Vorübersetzung involvierten Dateien zusammengefasst, in der Detailansicht erscheinen die Vorübersetzungsergebnisse jeder einzelnen Datei. Wird nur eine Datei vorübersetzt, sind die Ergebnisse in Gesamtüberblick und Detailübersicht identisch.

Gesamtüberblick

Gesamt	Typ	Segmente	Wörter	Zeichen	Prozent	Erkannte Tokens	Anzahl optimierter Wörter	Tags
Dateien:3	Übersetzt	167	1415	7827	90.59%	116	0	0
	Aktualisiert	0	0	0	0.00%	0	0	0
	Ausgangssatz kopieren	0	0	0	0.00%	0	0	0
	Unverändert	46	147	1175	9.41%	45	0	2
	Gesamt	213	1562	9002	100 %	161	0	2

Detailansicht

Datei	Typ	Segmente	Wörter	Zeichen	Prozent	Erkannte Tokens	Anzahl optimierter Wörter	Tags
Accounts_1202eCoLoRe_en.xlsx.sdlxliff	Übersetzt	64	192	1202	92.75%	27	0	0
	Aktualisiert	0	0	0	0.00%	0	0	0
	Ausgangssatz kopieren	0	0	0	0.00%	0	0	0
	Unverändert	7	15	107	7.25%	2	0	0
	Gesamt	71	207	1309	100 %	29	0	0
CORPORAT_en.pptx.sdlxliff	Übersetzt	65	263	1472	76.68%	40	0	0
	Aktualisiert	0	0	0	0.00%	0	0	0
	Ausgangssatz kopieren	0	0	0	0.00%	0	0	0
	Unverändert	32	80	756	23.32%	38	0	2
	Gesamt	97	343	2228	100 %	78	0	2
solidarity1_en.doc.sdlxliff	Übersetzt	38	960	5153	94.86%	49	0	0
	Aktualisiert	0	0	0	0.00%	0	0	0
	Ausgangssatz kopieren	0	0	0	0.00%	0	0	0
	Unverändert	7	52	312	5.14%	5	0	0
	Gesamt	45	1012	5465	100 %	54	0	0

Wurde in den Einstellungen für die Vorübersetzung ausgewählt, dass 100%-Matches und Kontext-Matches nach der Vorübersetzung bestätigt werden sollen (Standard), ist der Fortschritt nach der Vorübersetzung auch in der Ansicht **Dateien** ablesbar.

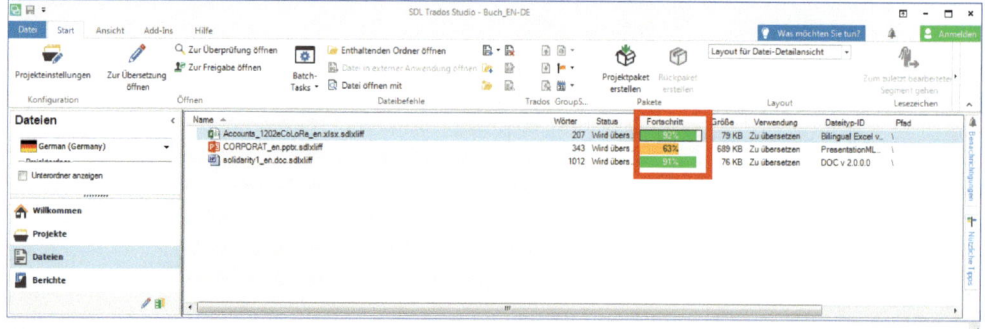

Batch-Task Übersetzte Wörter zählen

Der Batch-Task **Übersetzte Wörter zählen** gibt einen Überblick darüber, wie viele Wörter in einem Projekt bereits übersetzt, im Entwurf befindlich oder nicht übersetzt sind. Darüber hinaus die entsprechenden Status aus Überprüfung und Freigabe.

Öffnen Sie zunächst ein Projekt und klicken Sie dann in der Ansicht **Projekte** auf der Registerkarte **Start** in der Gruppe **Tasks** auf den kleinen Pfeil nach unten rechts neben **Batch-Tasks** und wählen Sie aus der sich öffnenden Dropdown-Liste den Batch-Task **Übersetzte Wörter zählen** aus.

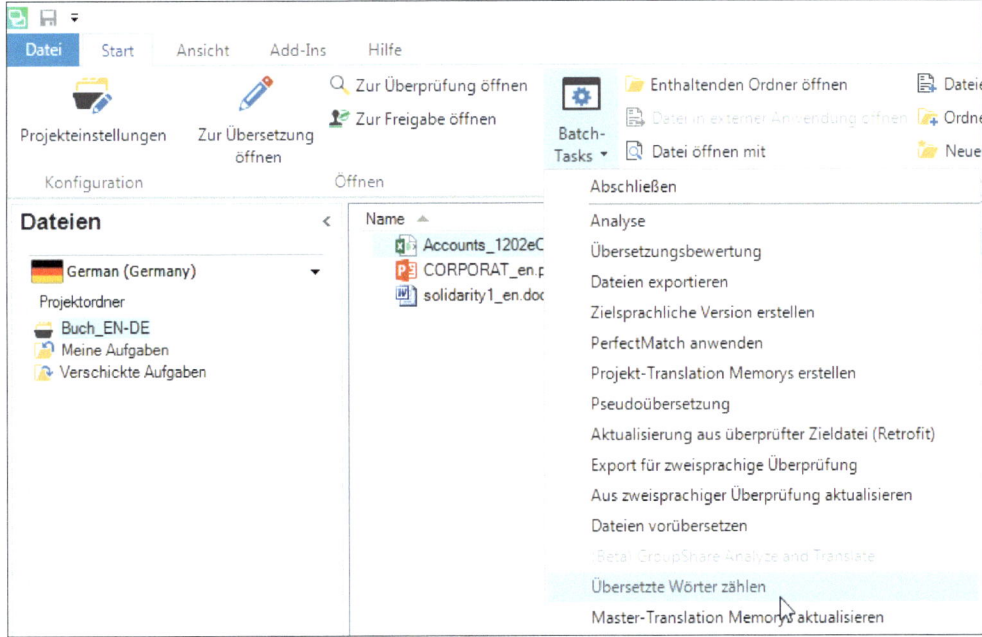

Das Dialogfeld **Batch-Verarbeitung** → **Batch-Tasks** öffnet sich mit der voreingestellten Task-Sequenz **Übersetzte Wörter zählen**. Klicken Sie auf **Weiter**, um fortzufahren.

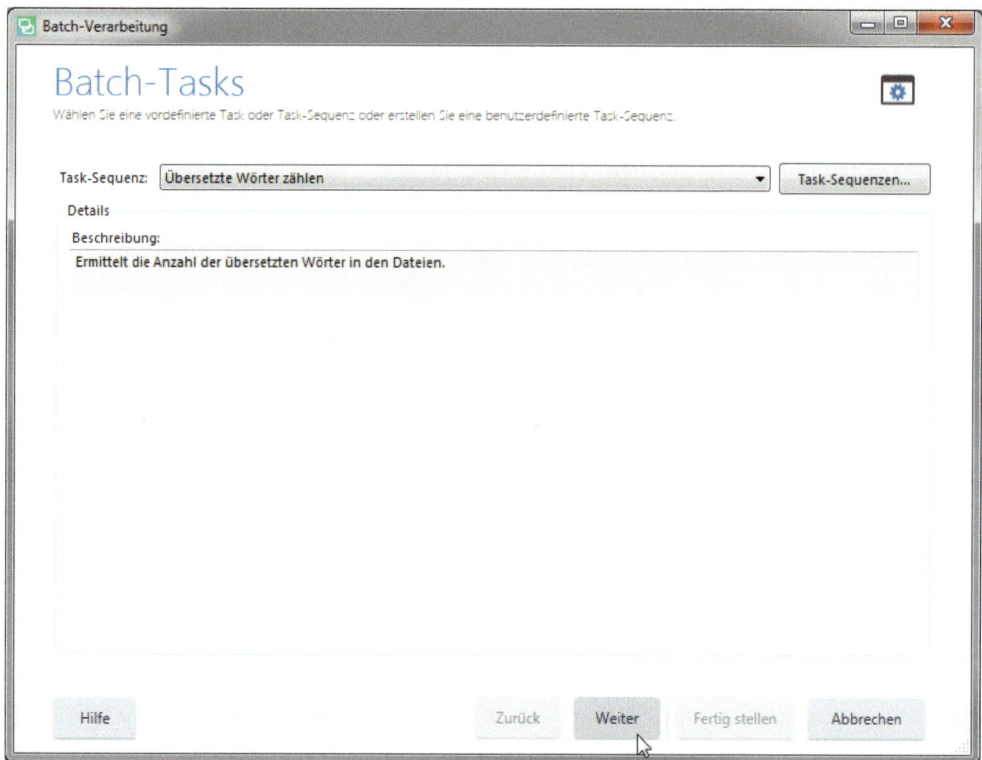

Das Dialogfeld **Batch-Verarbeitung** → **Dateien** öffnet sich. Klicken Sie auf das kleine Pluszeichen links neben einer Sprache, um eine Dropdown-Liste mit allen Dateien dieser Zielsprache aufzurufen.

Als Standard sind alle Dateien eines Projekts für die Zählung aktiviert. Klicken Sie auf **Fertig stellen**, um die Wortzählung durchzuführen.

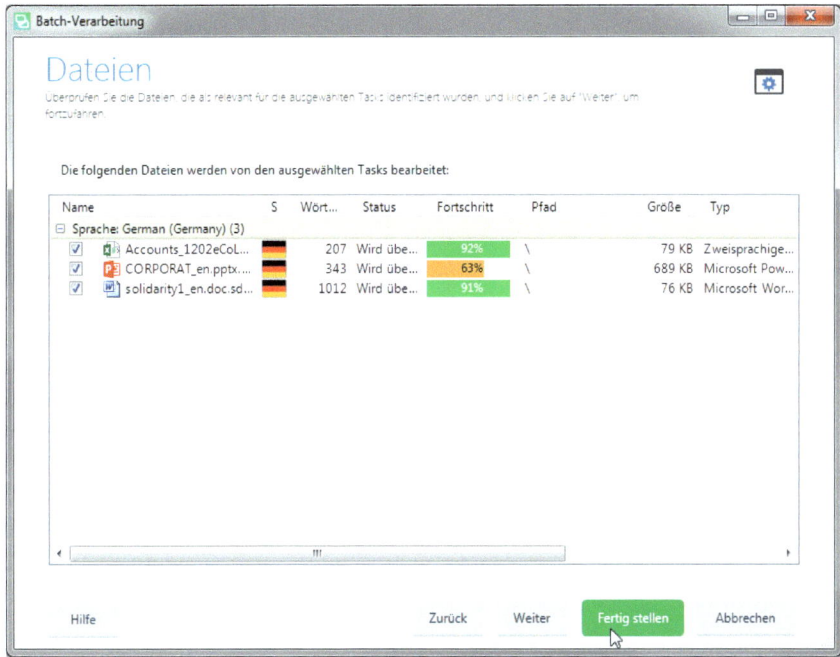

Das Dialogfeld **Fertig stellen** öffnet sich und SDL Trados Studio 2019 führt die Wortzählung durch. Klicken Sie nach Abschluss der Zählung auf **Schließen**.

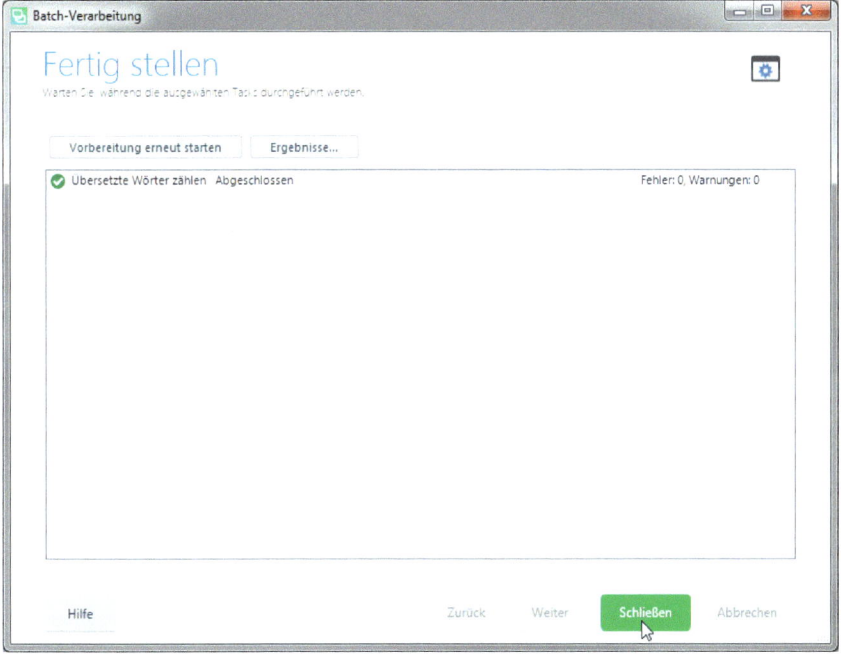

Der Bericht zum ausgeführten Batch-Task **Übersetzte Wörter zählen** befindet sich in der Ansicht **Berichte** und kann in der Navigationsleiste ausgewählt werden. Der aktuellste Bericht befindet sich dabei immer oben.

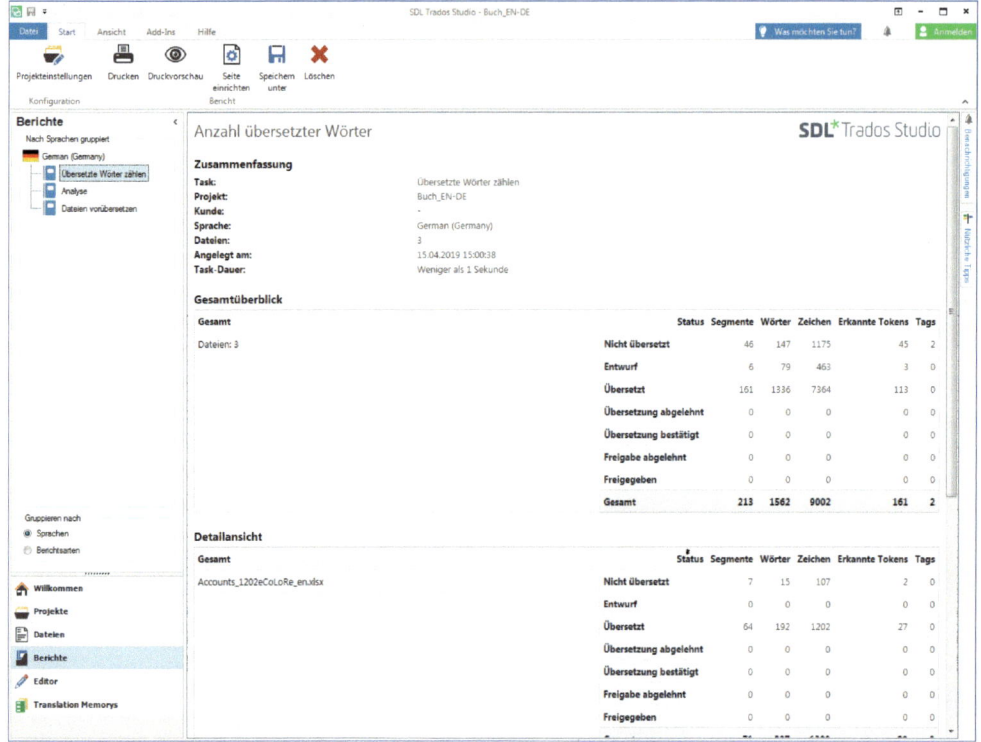

Batch-Task Master-Translation Memorys aktualisieren

Der Batch-Task **Master-Translation Memorys aktualisieren** dient der Übernahme von neuen Übersetzungen in ein oder mehrere Translation Memorys, die in ein Projekt eingebunden sind und in diesem Projekt aktualisiert werden. Dieser Batch-Task ist auch Teil der Batch-Task Sequenz **Abschließen**.

Öffnen Sie zunächst ein Projekt und klicken Sie dann in der Ansicht **Projekte** auf der Registerkarte **Start** in der Gruppe **Tasks** auf den kleinen Pfeil nach unten rechts neben **Batch-Tasks**, um den Batch-Task **Master-Translation Memorys aktualisieren** zu öffnen.

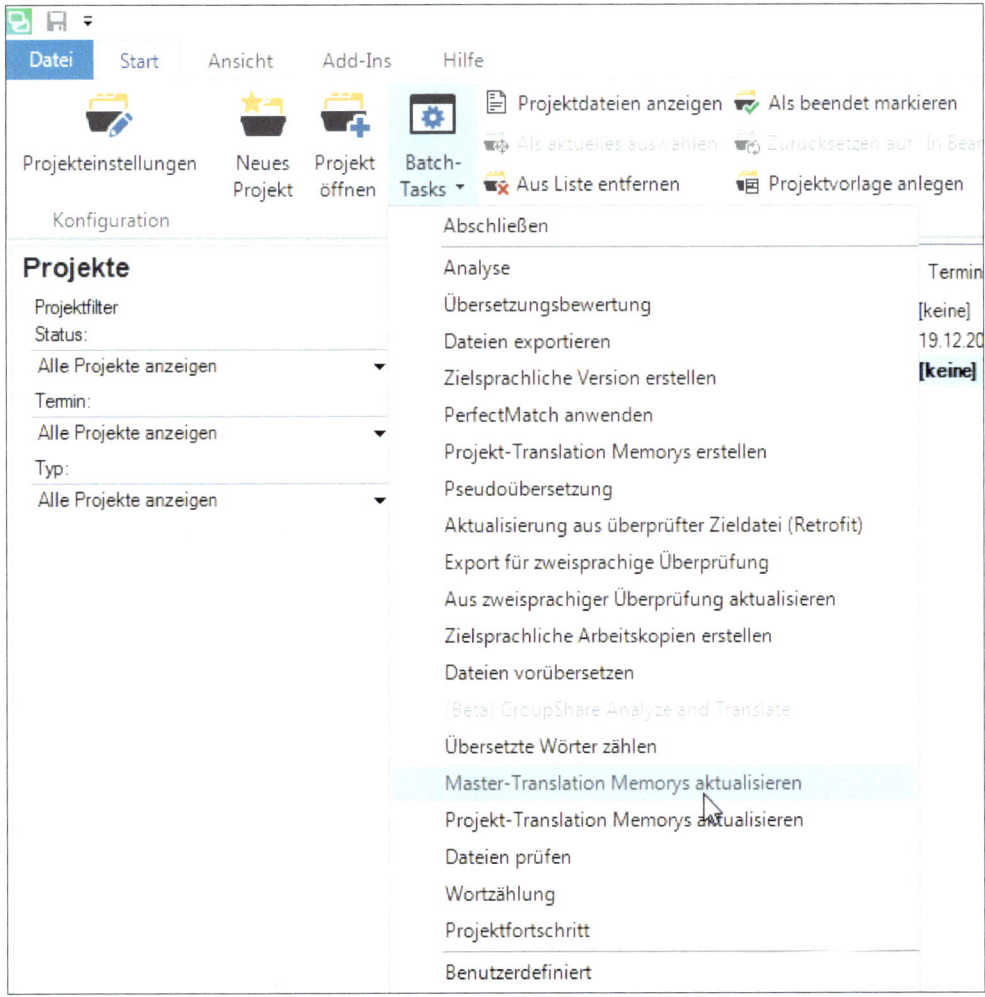

Das Dialogfeld **Batch-Verarbeitung** → **Batch-Tasks** öffnet sich mit der voreingestellten Task-Sequenz **Master-Translation Memorys aktualisieren**. Klicken Sie auf **Weiter**, um fortzufahren.

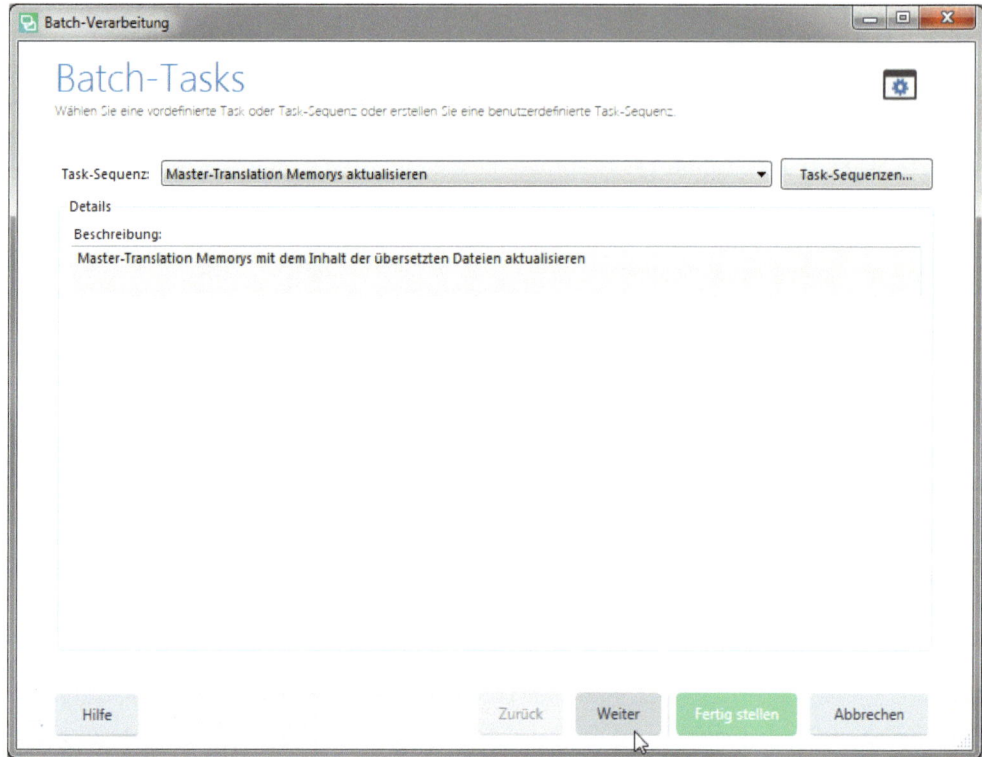

Das Dialogfeld **Batch-Verarbeitung** → **Dateien** öffnet sich. Klicken Sie auf das kleine Pluszeichen links neben einer Sprache, um eine Dropdown-Liste mit allen Dateien dieser Zielsprache aufzurufen.

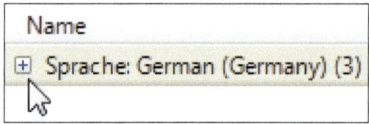

Wählen Sie aus, ob Sie Übersetzungseinheiten aus allen oder einzelnen Dateien verwenden möchten und klicken Sie danach auf **Weiter**.

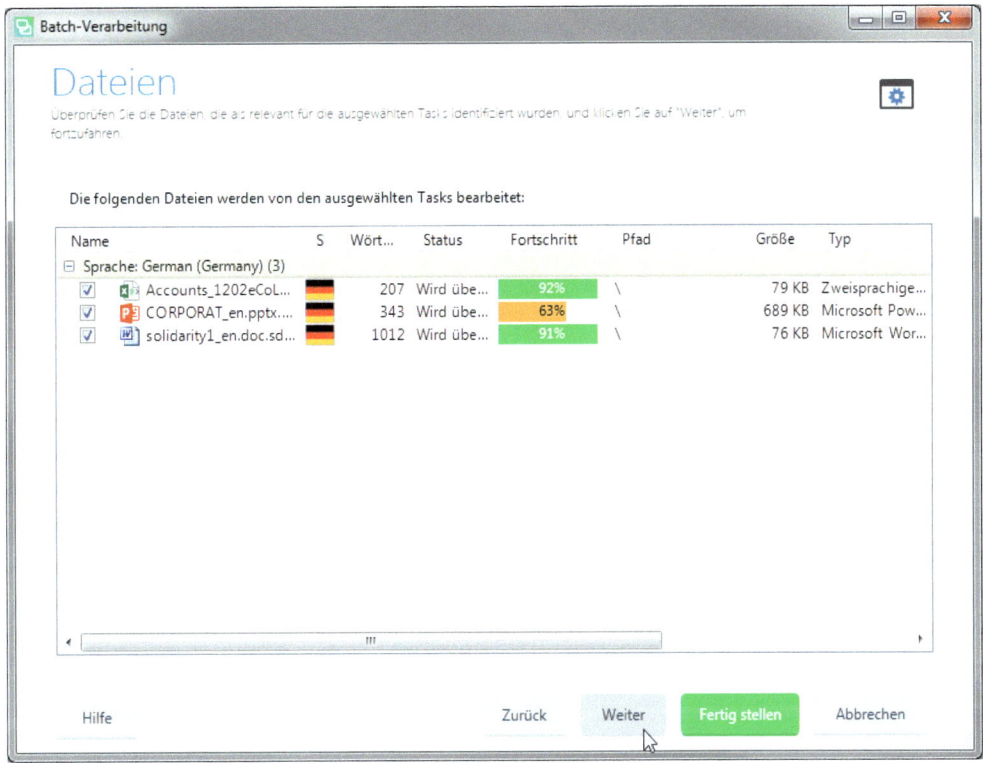

Das Dialogfeld **Batch-Verarbeitung → Einstellungen** öffnet sich. Nehmen Sie Ihre Einstellungen für die Translation Memory-Aktualisierungen vor. Eine Erläuterung zu den Einstellungsmöglichkeiten erhalten Sie im Kapitel **Abschließen von Projekten → Auswahl der Translation Memory-Aktualisierungen, wenn sich Zielsegmente unterscheiden**. Klicken Sie nach erfolgter Auswahl auf **Fertig stellen**.

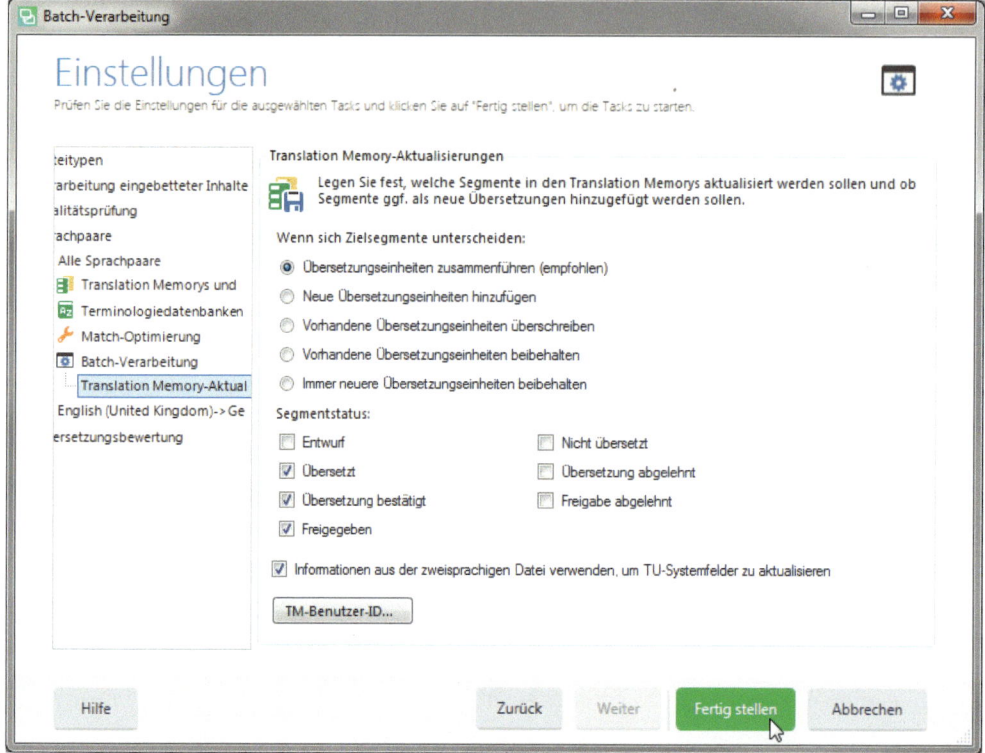

Batch-Task Projekt-Translation Memorys aktualisieren

Das Verfahren im Batch-Task **Projekt-Translation Memorys aktualisieren** ist nahezu identisch zum Aktualisieren von Master-Translation Memorys im vorherigen Kapitel. Der Unterschied besteht darin, dass nicht die projektübergreifenden und bei der Projektanlage ausgewählten Master-Translation Memorys aktualisiert werden, sondern Projekt-Translation Memorys, die für jeweils ein Projekt erzeugt werden. Und zwar entweder bei der Projektanlage mit den Task-Sequenzen **Vorbereiten**, **Nur analysieren** und ggf. **Benutzerdefiniert** oder mit dem Batch-Task **Projekt-Translation Memorys erstellen**, der weiter oben im Kapitel **Batch-Tasks** aufgeführt ist.

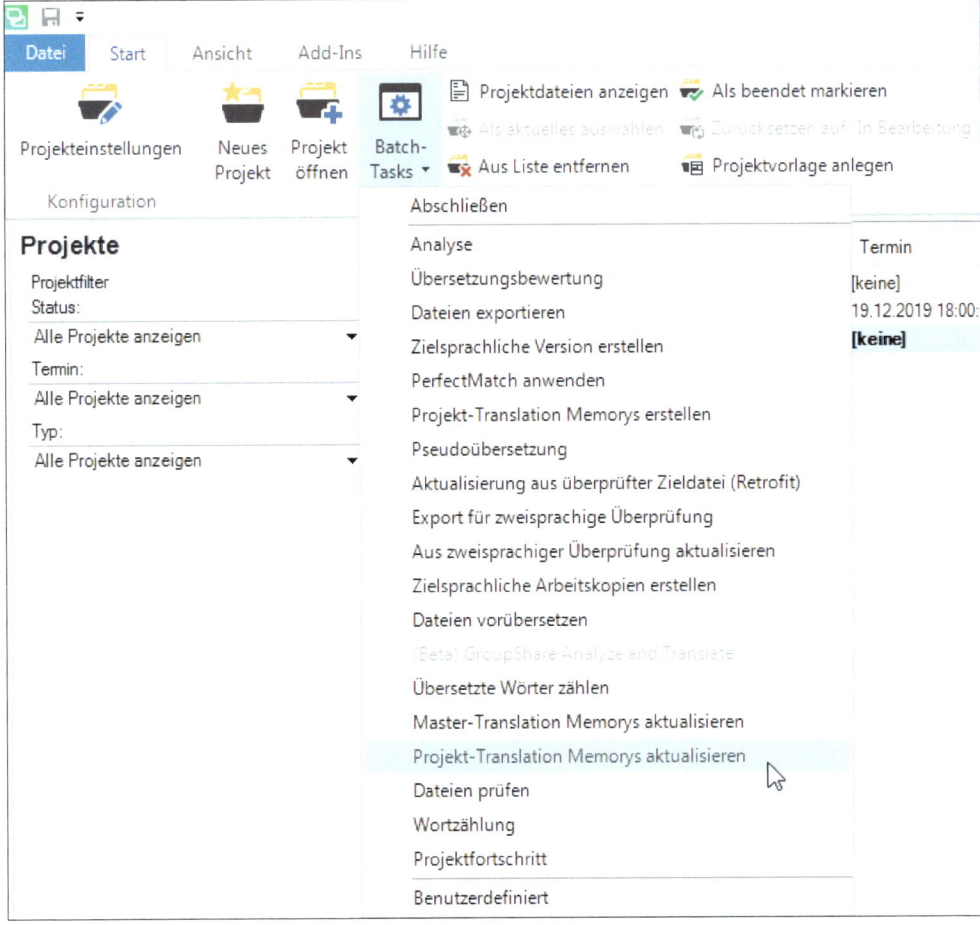

Batch-Task Dateien prüfen

Mit dem Batch-Task **Dateien prüfen** wird das Ergebnis einer Qualitätsprüfung in der Ansicht **Berichte** in Form eines Berichts abgelegt. Dieser Bericht kann in der Navigationsliste der Ansicht **Berichte** aufgerufen werden.

Klicken Sie zunächst in der Ansicht **Projekte** auf der Registerkarte **Start** in der Gruppe **Tasks** auf den kleinen Pfeil nach unten rechts neben **Batch-Tasks** und wählen Sie aus der sich öffnenden Dropdown-Liste den Batch-Task **Dateien prüfen** aus.

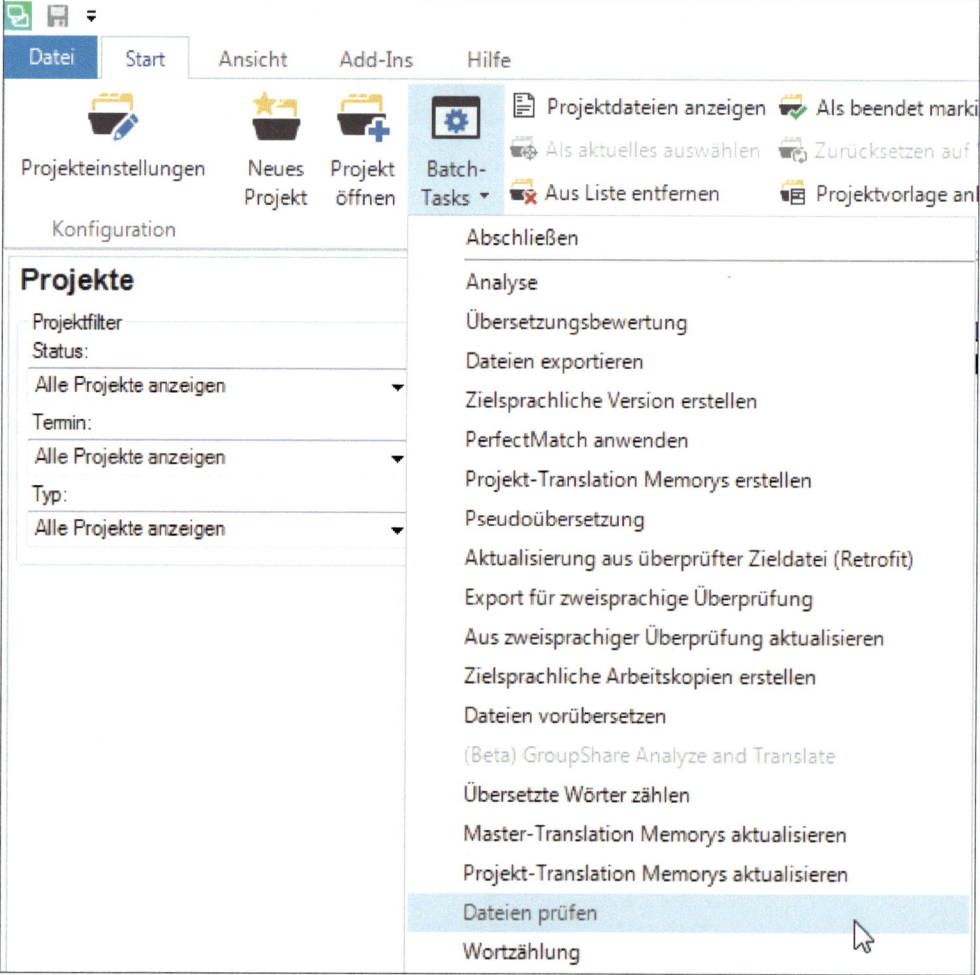

Das Dialogfeld **Batch-Verarbeitung → Batch-Tasks** öffnet sich mit der voreingestellten Task-Sequenz **Dateien prüfen**. Klicken Sie auf **Weiter**, um fortzufahren.

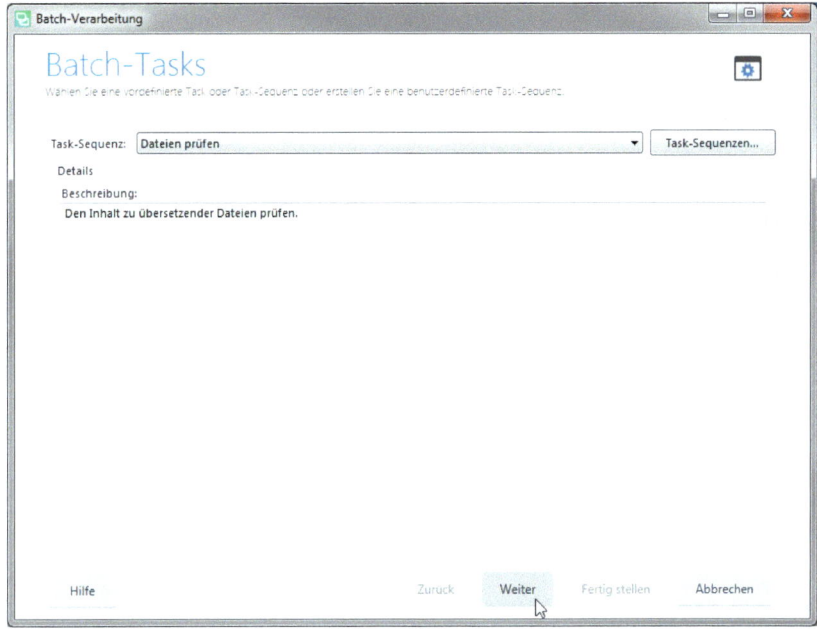

Das Dialogfeld **Batch-Verarbeitung → Dateien** öffnet sich. Klicken Sie auf das kleine Pluszeichen links neben einer Sprache, um eine Dropdown-Liste mit allen Dateien dieser Zielsprache aufzurufen.

Wählen Sie aus, ob Sie für alle oder einzelne Dateien einen Bericht zur Dateiprüfung erstellen lassen möchten, und klicken Sie auf **Weiter**.

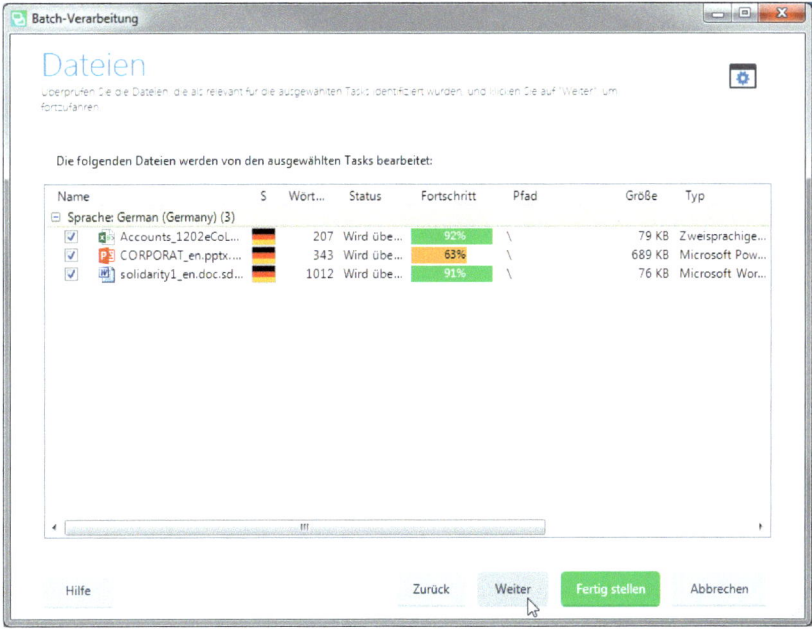

Das Dialogfeld **Batch-Verarbeitung → Einstellungen** öffnet sich. Wählen Sie aus, ob Meldungen, die in der Qualitätsprüfung mit „ignoriert" markiert wurden, in den Bericht aufgenommen werden sollen oder nicht. Weitere Erläuterungen zum Ignorieren von Meldungen finden Sie im Kapitel **Qualitätsprüfung → Ignorieren von Fehlermeldungen**. Klicken Sie auf **Fertig stellen**, um den Batch-Task **Dateien prüfen** abzuschließen.

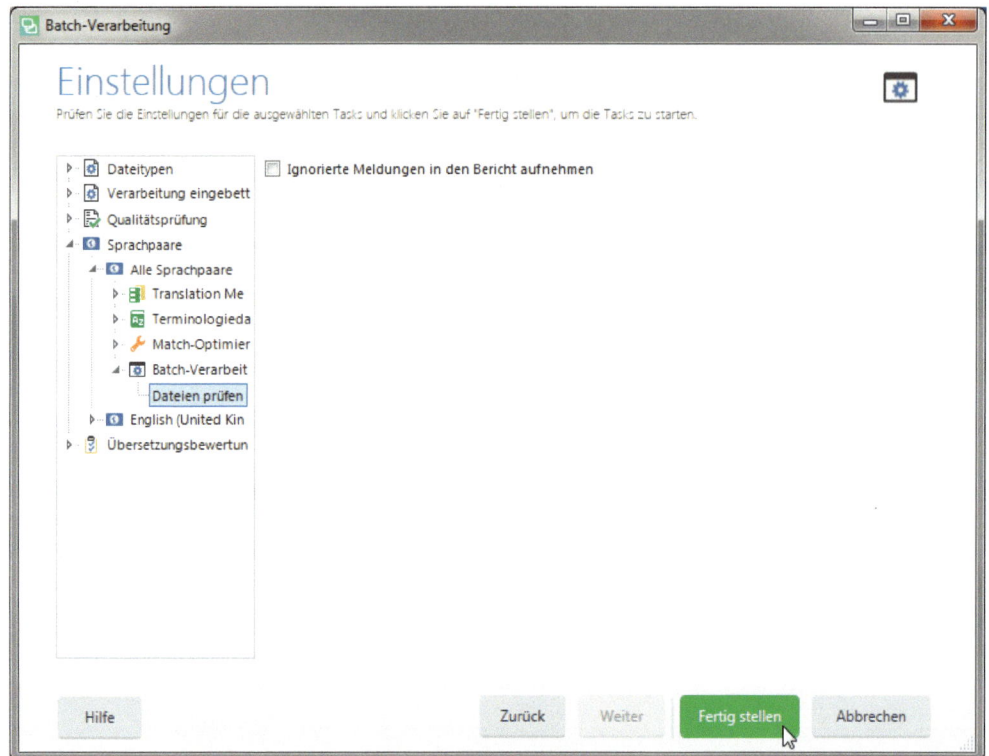

Der Bericht kann nun in der Ansicht **Berichte** in der Navigationsleiste aufgerufen und im Excel-Format oder als html-, mht- oder xml-Datei gespeichert werden.

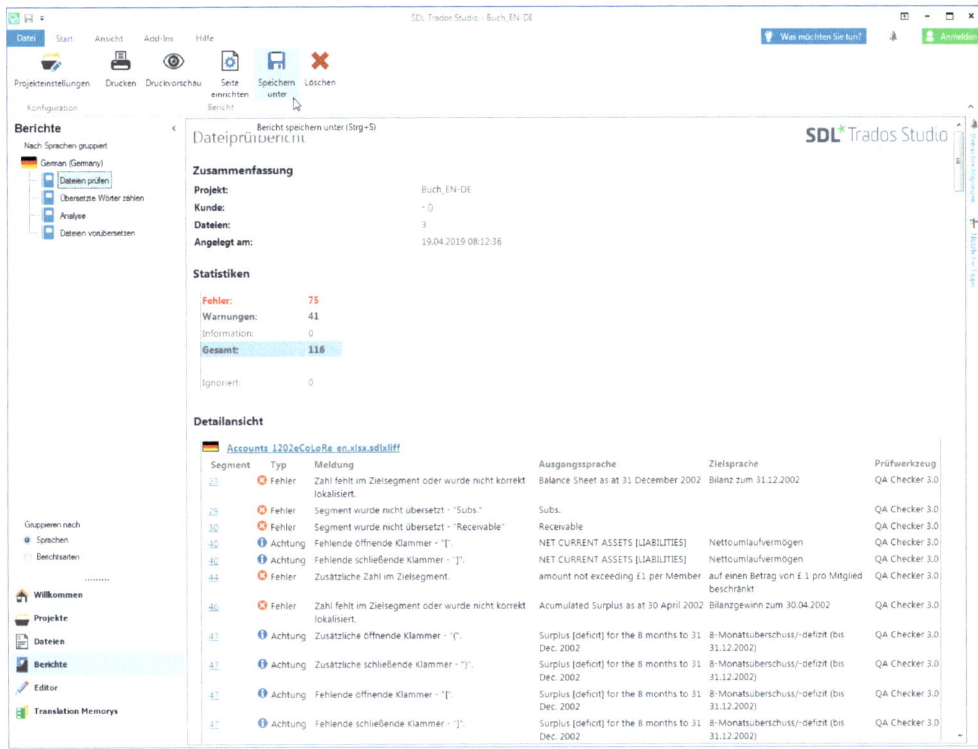

Batch-Task Wortzählung

Der Batch-Task **Wortzählung** ist auf das Zählen von Wörtern, Zeichen, Segmenten und erkannte Token ausgerichtet. Als Token werden dabei Textelemente innerhalb eines Segments definiert, die von SDL Trados Studio 2019 als ein Wort behandelt werden, und zwar dann, wenn sie bei der Anlage eines Translation Memorys, das in einem Projekt verwendet wird, als zu erkennendes Token ausgewählt werden. Beispiele für Token sind:

- Datums-/Zeitangaben
- Zahlen in Ziffern/Maßeinheiten
- Akronyme und URLs
- Alphanumerische Zeichenfolgen
- Variablen und Inline-Tags

Weitere Informationen zu der Erkennung von Token und deren Einstellung bei der Anlage von Translation Memorys erhalten Sie im Kapitel **Einstellungsmöglichkeiten bei der Anlage von Translation Memorys** → **Weitere Einstellungsmöglichkeiten im Dialogfeld Felder und Einstellungen**.

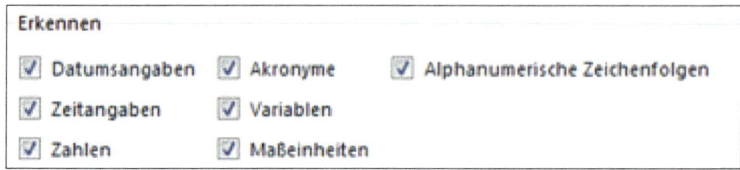

Öffnen Sie zunächst ein Projekt und klicken Sie dann in der Ansicht **Projekte** auf der Registerkarte **Start** in der Gruppe **Tasks** auf den kleinen Pfeil nach unten rechts neben **Batch-Tasks** und wählen Sie aus der sich öffnenden Dropdown-Liste **Wortzählung** aus.

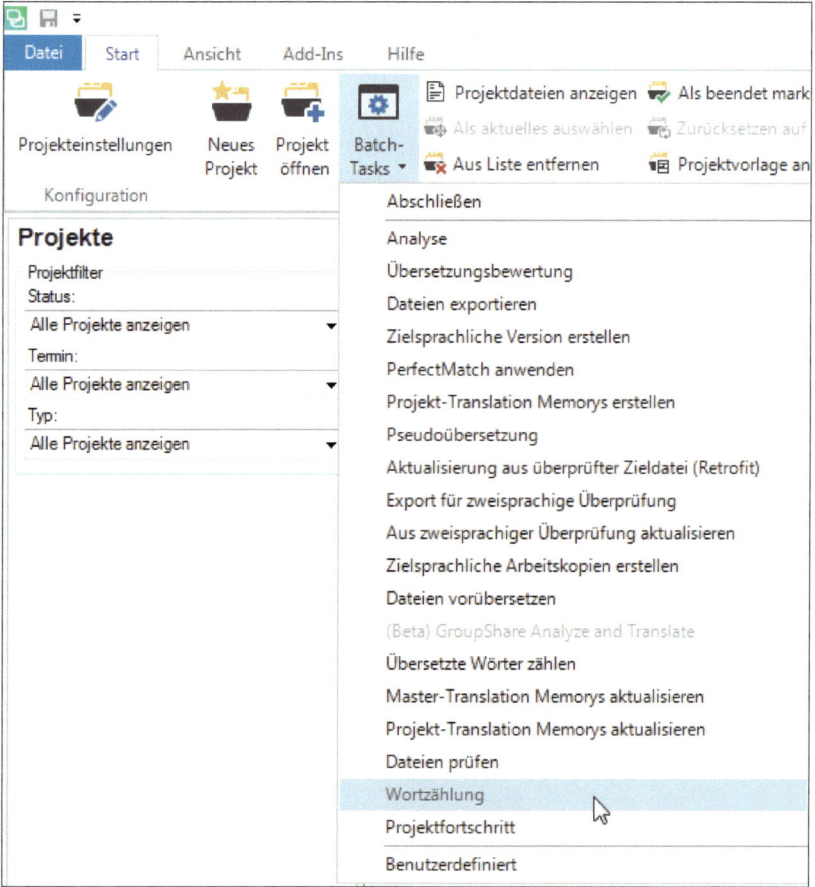

Das Dialogfeld **Batch-Verarbeitung** → **Batch-Tasks** öffnet sich mit der voreingestellten Task-Sequenz **Wortzählung**. Klicken Sie auf **Weiter**, um fortzufahren.

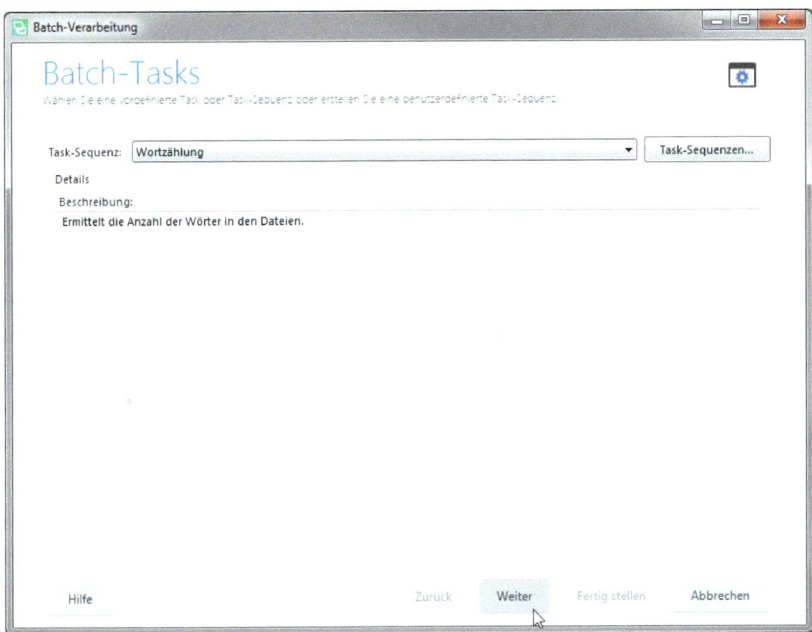

Das Dialogfeld **Batch-Verarbeitung → Dateien** öffnet sich. Klicken Sie auf das kleine Pluszeichen links neben einer Sprache, um eine Dropdown-Liste mit allen Dateien dieser Zielsprache aufzurufen.

Wählen Sie aus, ob Sie für alle oder einzelne Dateien einen Bericht zur Wortzählung erstellen lassen möchten, und klicken Sie danach auf **Fertig stellen**.

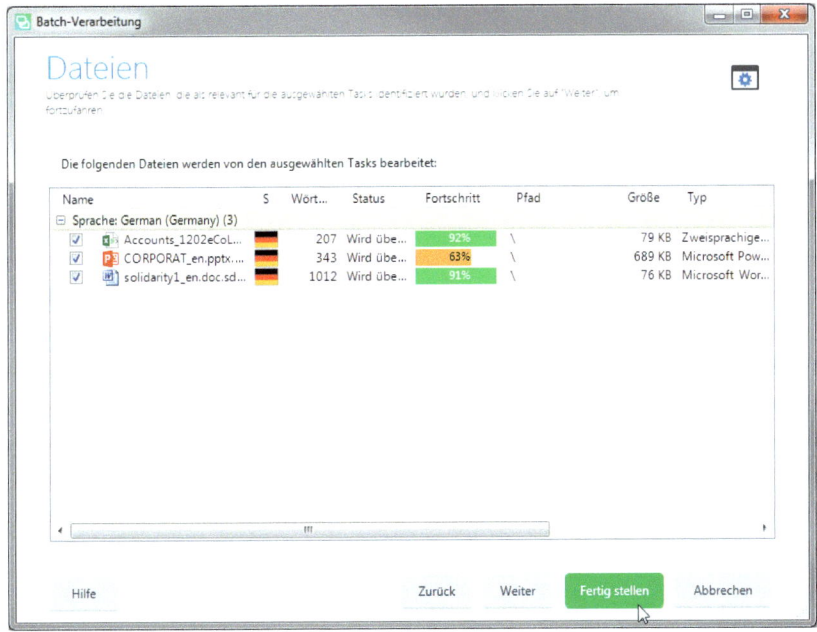

Nach der Fertigstellung ist der Bericht zur Wortzählung in der Ansicht **Berichte** abgelegt. Er kann über die Navigationsleiste aufgerufen und im Excel-Format oder als xml-, mht- oder html-Datei abgespeichert werden.

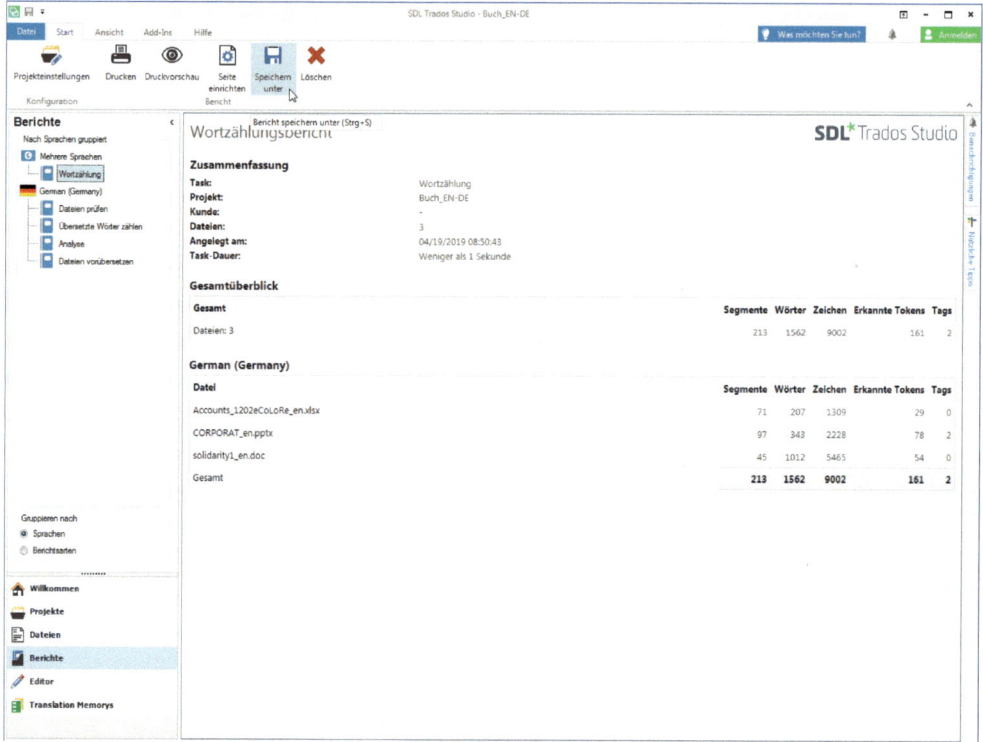

Batch-Task Projektfortschritt

Der Batch-Task **Projektfortschritt** bietet eine Übersicht über bereits durchgeführte und noch zu erledigende Arbeiten in einem Projekt in den verschiedenen Status unterteilt nach **Nicht übersetzt**, **Entwurf**, **Übersetzt**.

Klicken Sie zunächst in der Ansicht **Projekte** auf der Registerkarte **Start** in der Gruppe **Tasks** auf den kleinen Pfeil nach unten rechts neben **Batch-Tasks** und wählen Sie aus der sich öffnenden Dropdown-Liste **Projektfortschritt** aus.

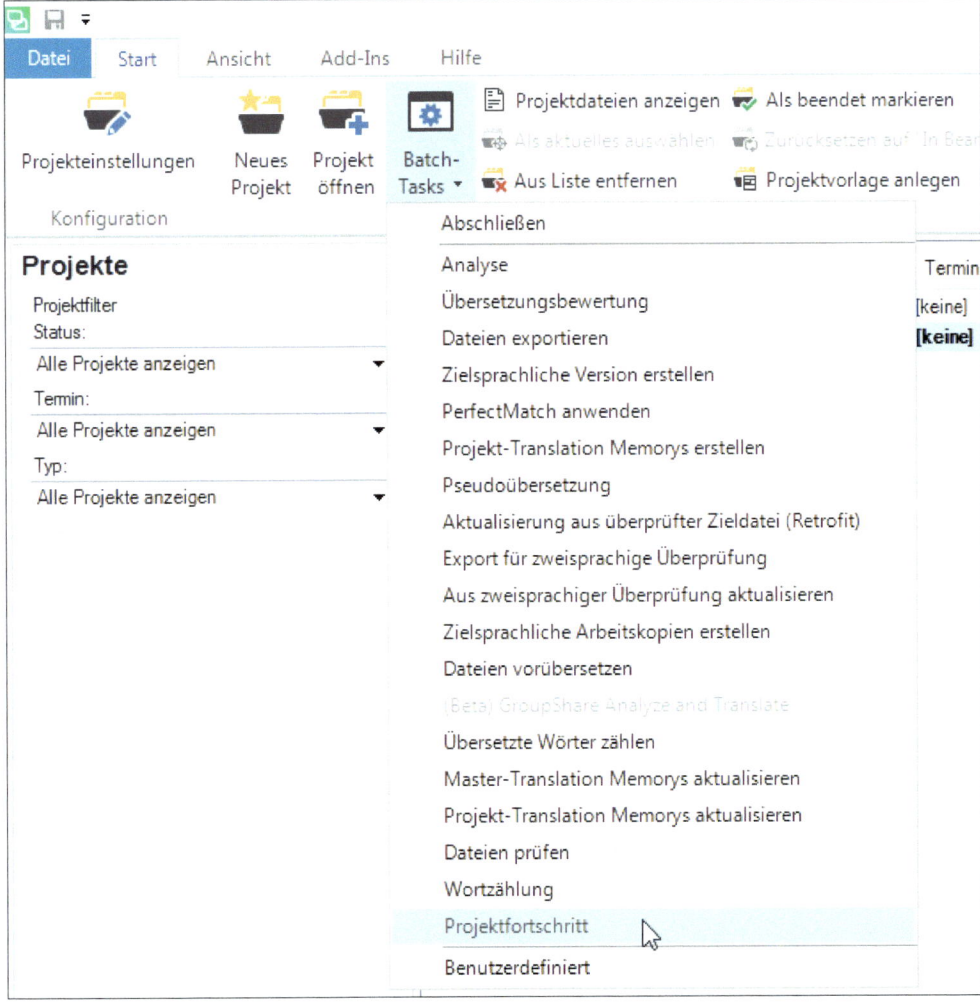

Das Dialogfeld **Batch-Verarbeitung → Batch-Tasks** öffnet sich mit der voreingestellten Task-Sequenz **Projektfortschritt**. Klicken Sie auf **Weiter**, um fortzufahren.

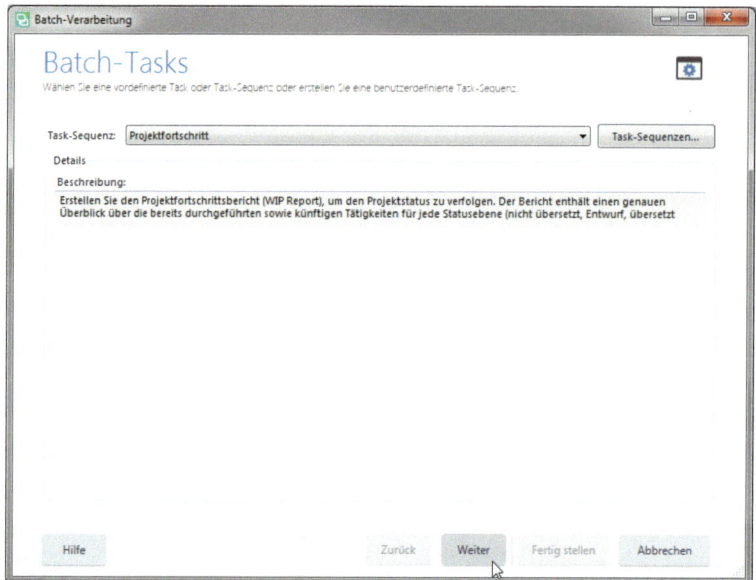

Das Dialogfeld **Batch-Verarbeitung → Dateien** öffnet sich. Klicken Sie auf das kleine Pluszeichen links neben einer Sprache, um eine Dropdown-Liste mit allen Dateien dieser Zielsprache aufzurufen.

Wählen Sie aus, ob Sie für alle oder einzelne Dateien einen Bericht zum Projektfortschritt erstellen lassen möchten, und klicken Sie auf **Weiter**.

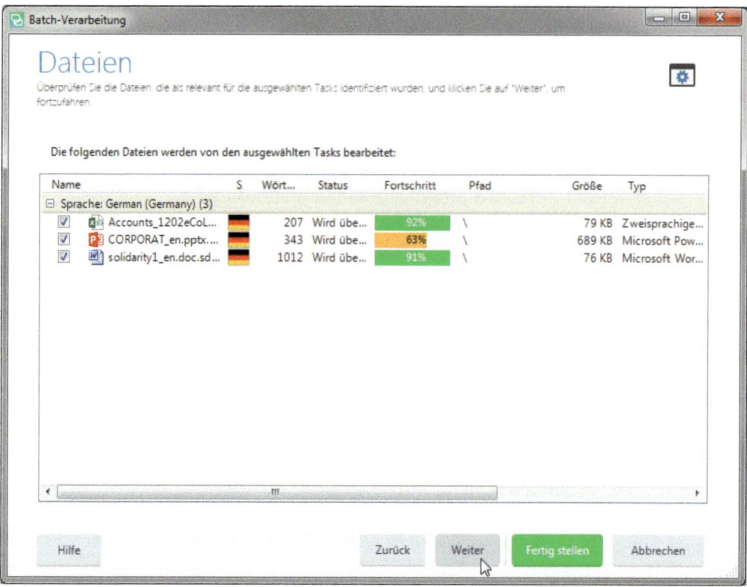

Das Dialogfeld **Batch-Verarbeitung → Einstellungen** öffnet sich. In diesem Dialogfeld haben Sie die Möglichkeit, gesperrte Segmente vom Bericht auszuschließen

und die verschiedenen Bestätigungsarten, Match-Arten und Status zu prüfen und ggf. anzupassen. Klicken Sie nach erfolgter Auswahl auf **Fertig stellen**, um den Bericht zum Projektfortschritt zu erstellen.

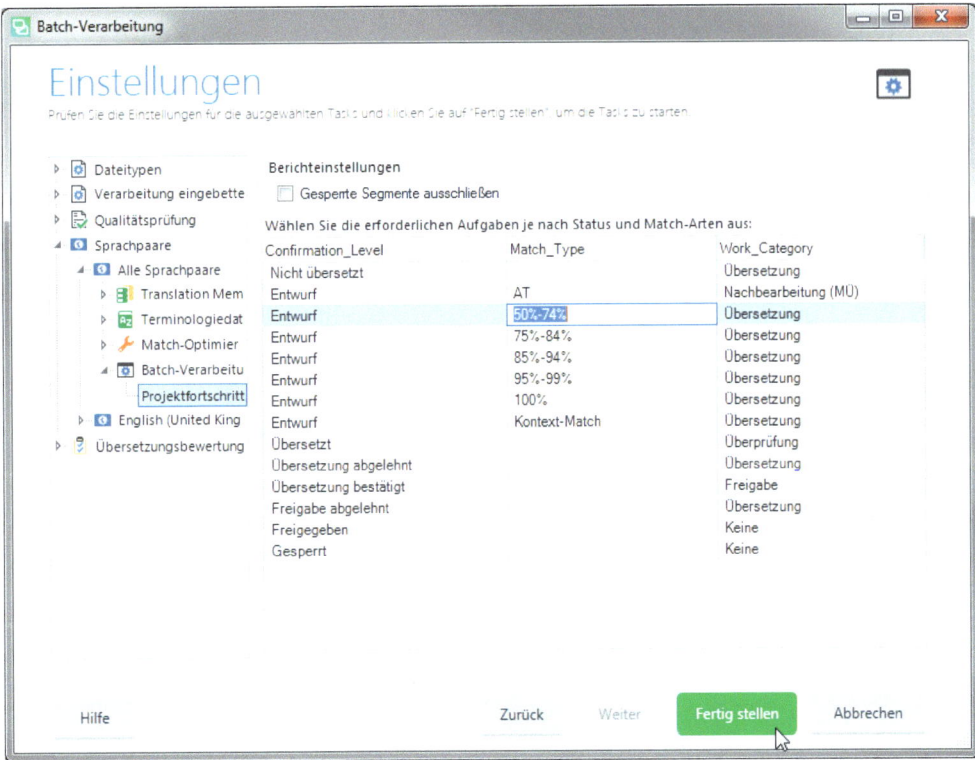

Der Bericht zum Projektfortschritt kann in der Ansicht **Berichte** in der Navigationsleiste aufgerufen und im Excel-Format oder als xml-, html- oder mht-Datei gespeichert werden.

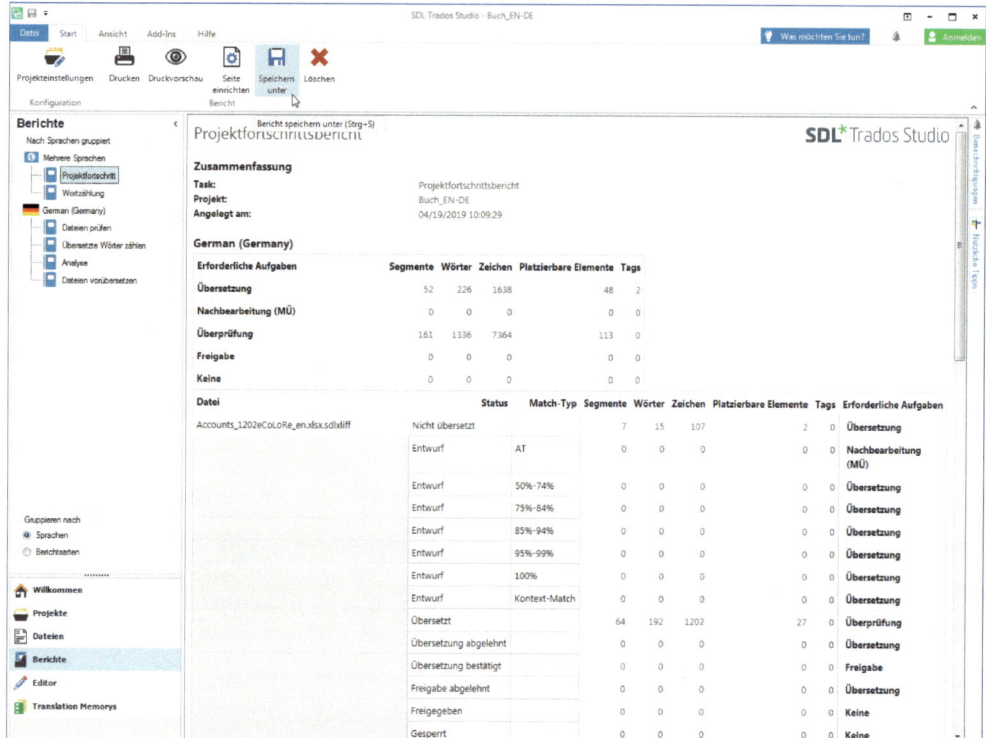

Batch-Task Benutzerdefiniert (Version Professional)

Der Batch-Task **Benutzerdefiniert** bietet dem Benutzer die Möglichkeit, Batch-Tasks zu kombinieren und direkt auszuführen, z.B. wenn eine einzelne Datei ohne Projektanlage geöffnet wurde. Darüber hinaus können diese Batch-Tasks als Task-Sequenzen gespeichert und bei der Projektanlage bzw. Projektvorbereitung verwendet werden.

Dieser Batch-Task ist in der Version Professional, nicht in der Version Freelance oder Freelance Plus enthalten.

Festlegen eines benutzerdefinierten Batch-Tasks zur sofortigen Ausführung

Öffnen Sie zunächst ein Projekt und klicken Sie danach in der Ansicht **Projekte** auf der Registerkarte **Start** in der Gruppe **Tasks** auf den kleinen Pfeil nach unten rechts neben **Batch-Tasks**. Wählen Sie aus der sich öffnenden Dropdown-Liste **Benutzerdefiniert** aus.

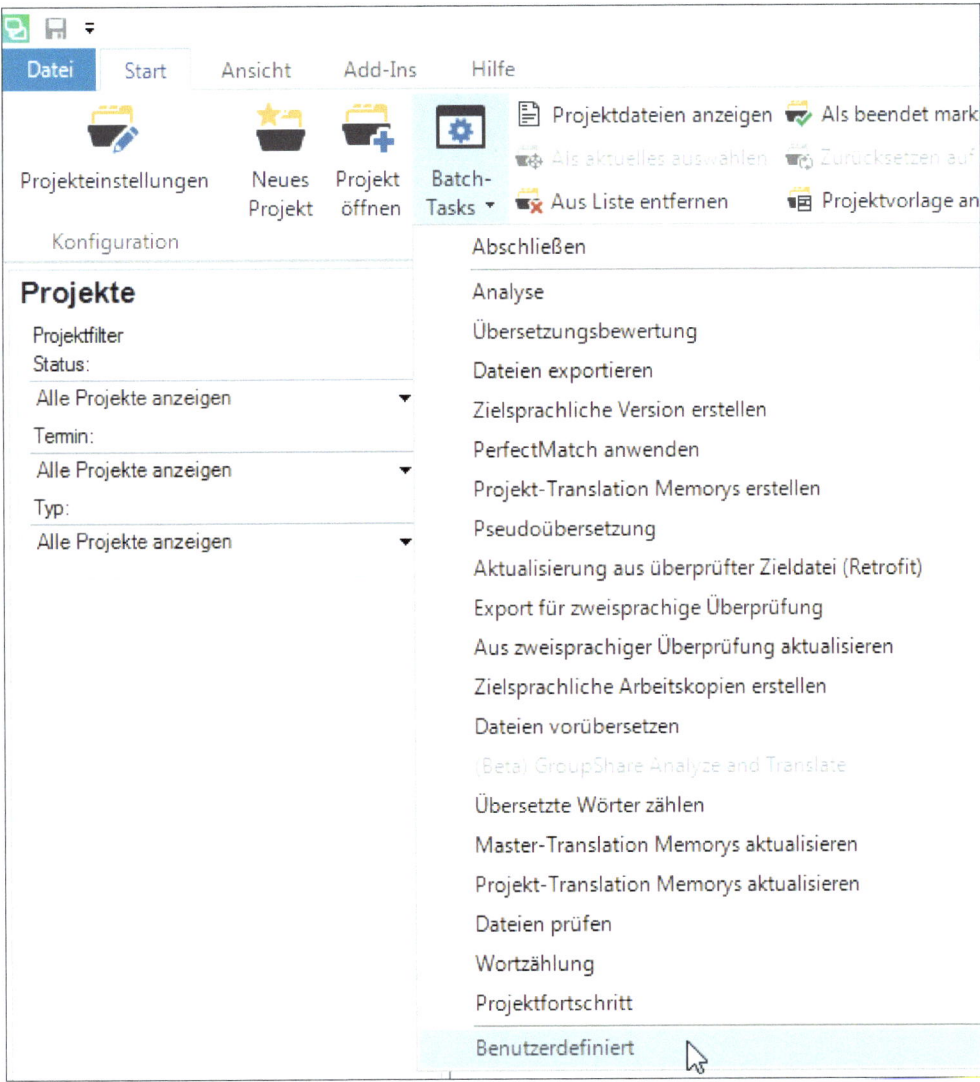

Das Dialogfeld **Batch-Verarbeitung → Batch-Tasks** öffnet sich. Wählen Sie unter **Verfügbare Tasks** die Aufgaben aus, die ausgeführt werden sollen, und klicken Sie danach auf **Hinzufügen**, damit diese unter **Ausgewählte Tasks** erscheinen. Nicht zur Verfügung stehende Batch-Tasks erscheinen ausgegraut. Klicken Sie nach Hinzufügen aller Tasks auf **Weiter**, um fortzufahren.

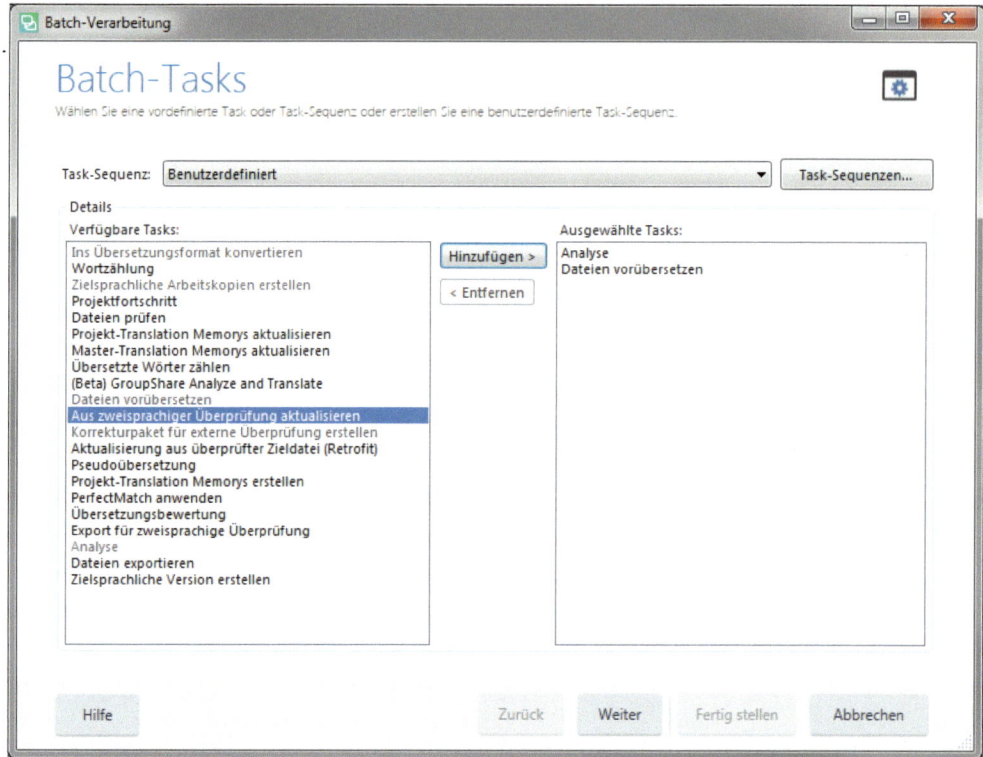

Das Dialogfeld **Batch-Verarbeitung → Dateien** öffnet sich. Klicken Sie auf das kleine Pluszeichen links neben einer Sprache, um eine Dropdown-Liste mit allen Dateien dieser Zielsprache aufzurufen.

Wählen Sie die Dateien aus, für welche die Task-Sequenz durchgeführt werden soll (als Standard sind alle Dateien aktiviert), und klicken Sie danach auf **Weiter**.

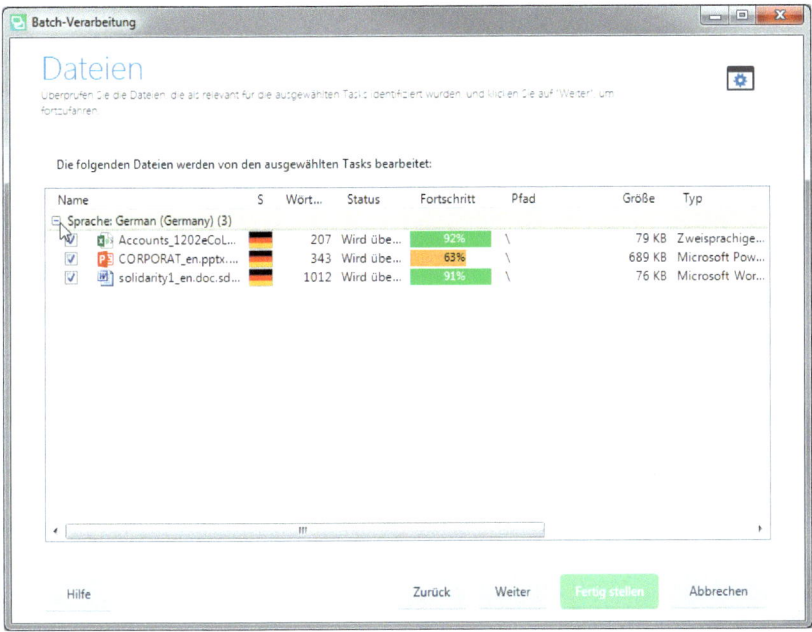

Das Dialogfeld **Batch-Verarbeitung → Einstellungen** öffnet sich. Nehmen Sie Einstellungen für die Batch-Verarbeitung vor und klicken Sie auf **Fertig stellen**. Weitere Informationen zu den Einstellungen erhalten Sie im Kapitel **Anlegen von Projekten → Projektvorbereitung → Einstellungen für die Batch-Verarbeitung**.

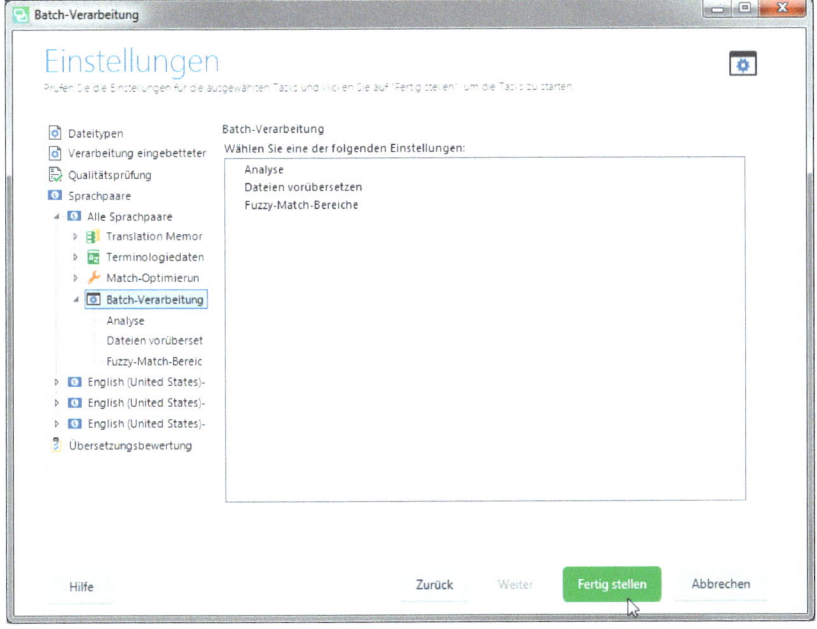

SDL Trados Studio 2019 durchläuft die ausgewählten Schritte und stellt diese fertig. Klicken Sie auf **Schließen**, um den Batch-Task abzuschließen.

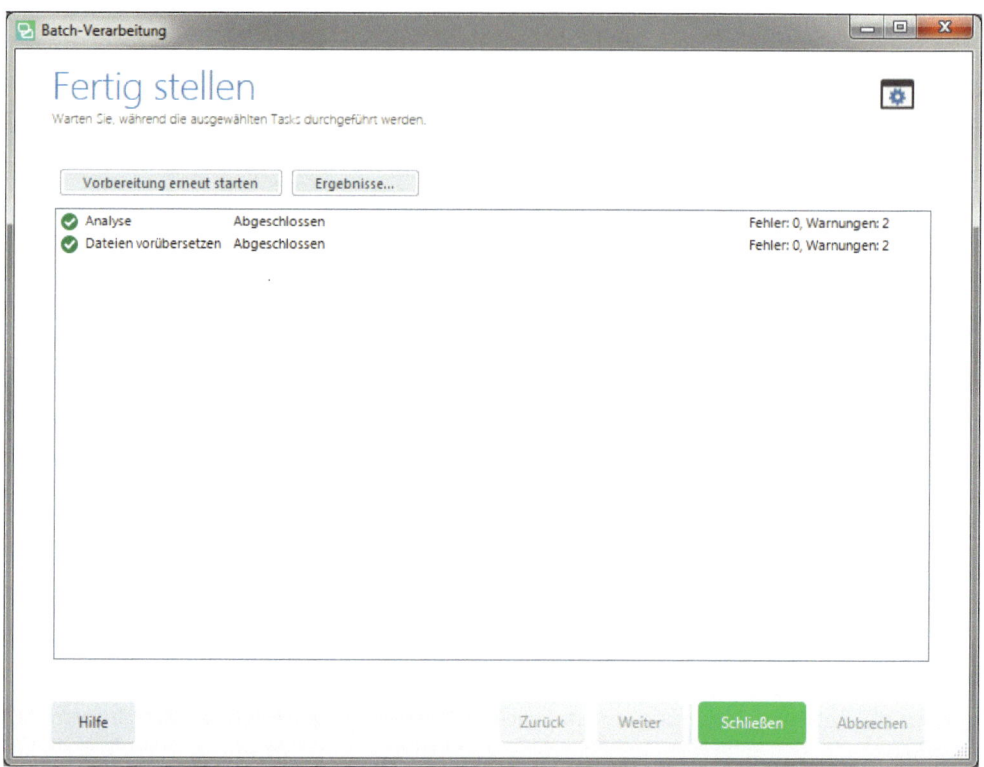

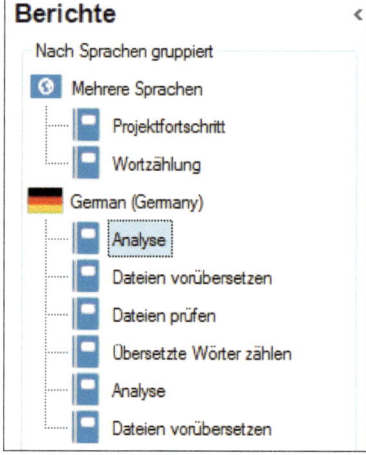

Wurden Aufgaben ausgeführt, für die ein Bericht erstellt wird, wie z.B. **Analyse** und **Dateien vorübersetzen**, erscheinen diese in der Ansicht **Berichte** in der Navigationsleiste.

❗ Bitte beachten Sie, dass die Dialogfelder abhängig von den gewählten Aufgaben abweichen können.

Erstellen von Task-Sequenzen mit benutzerdefinierten Batch-Tasks für die Projektvorbereitung

Öffnen Sie zunächst ein Projekt und klicken Sie danach in der Ansicht **Projekte** auf der Registerkarte **Start** in der Gruppe **Tasks** auf den kleinen Pfeil nach unten rechts neben **Batch-Tasks**. Wählen Sie aus der sich öffnenden Dropdown-Liste **Benutzerdefiniert** aus.

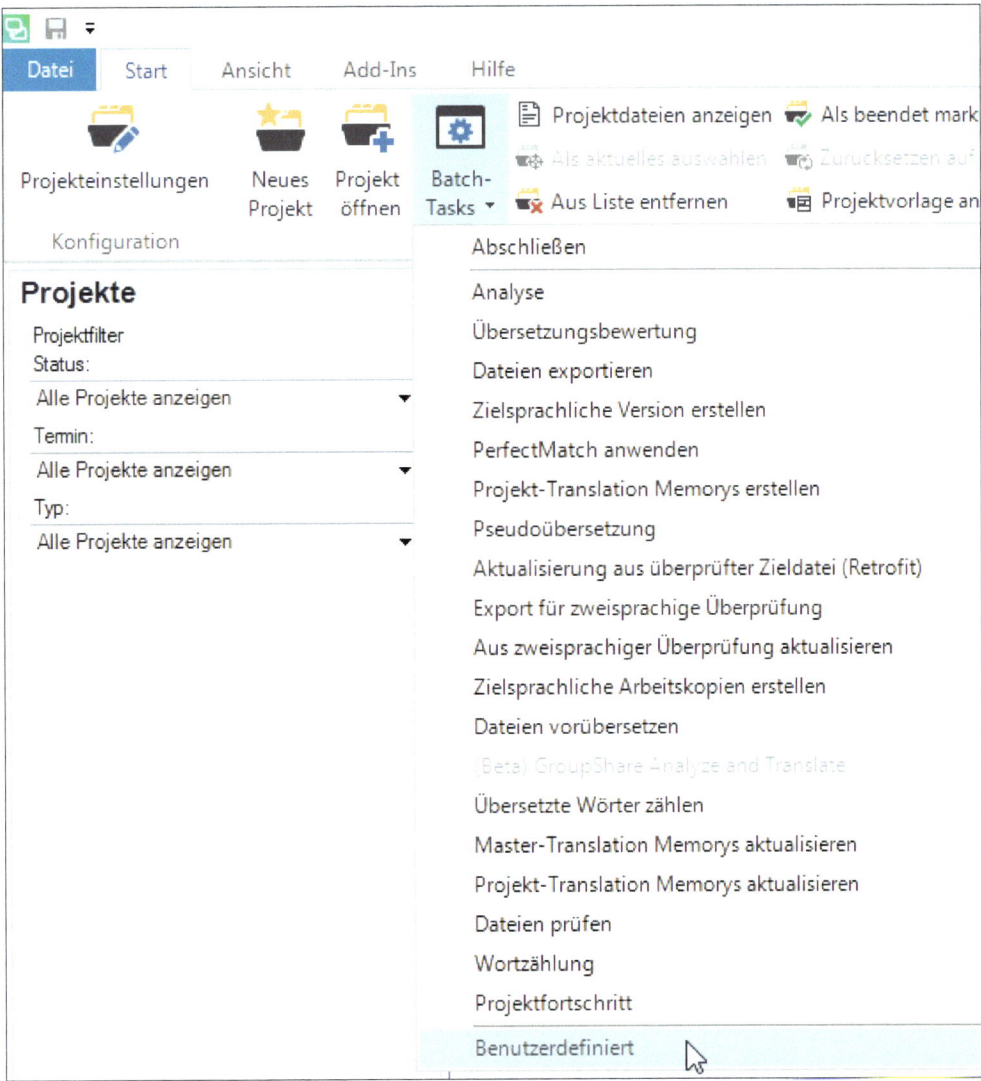

Das Dialogfeld **Batch-Verarbeitung** → **Batch-Tasks** öffnet sich.

Klicken Sie auf **Task-Sequenzen...**.

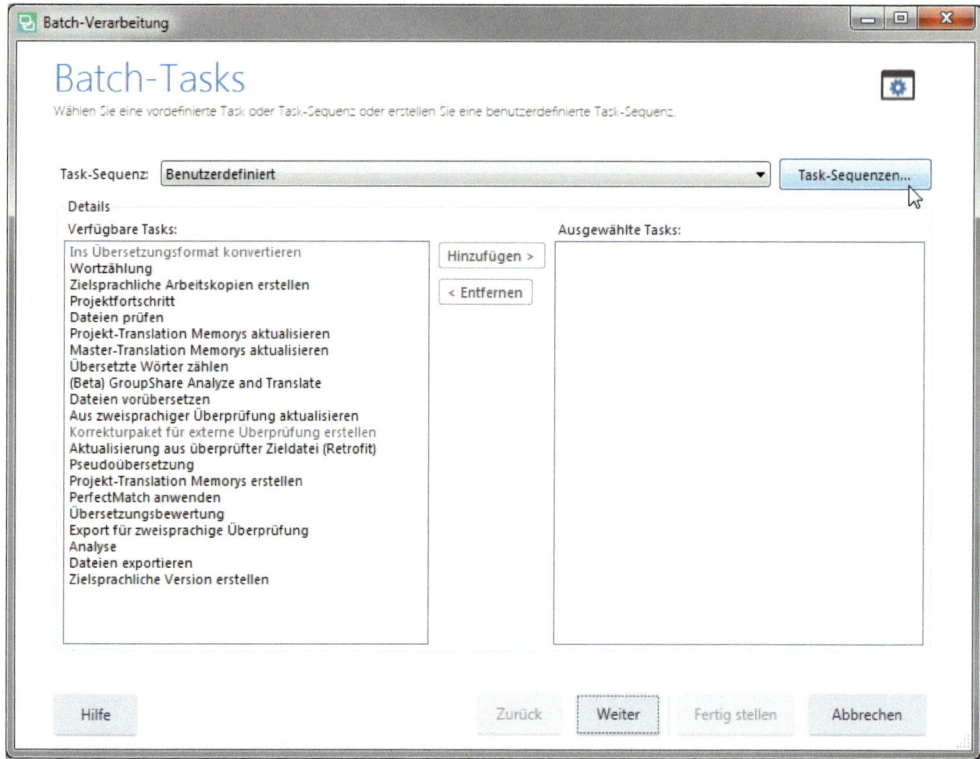

Das Dialogfeld **Task-Sequenzen** öffnet sich. Klicken Sie auf **Hinzu…**.

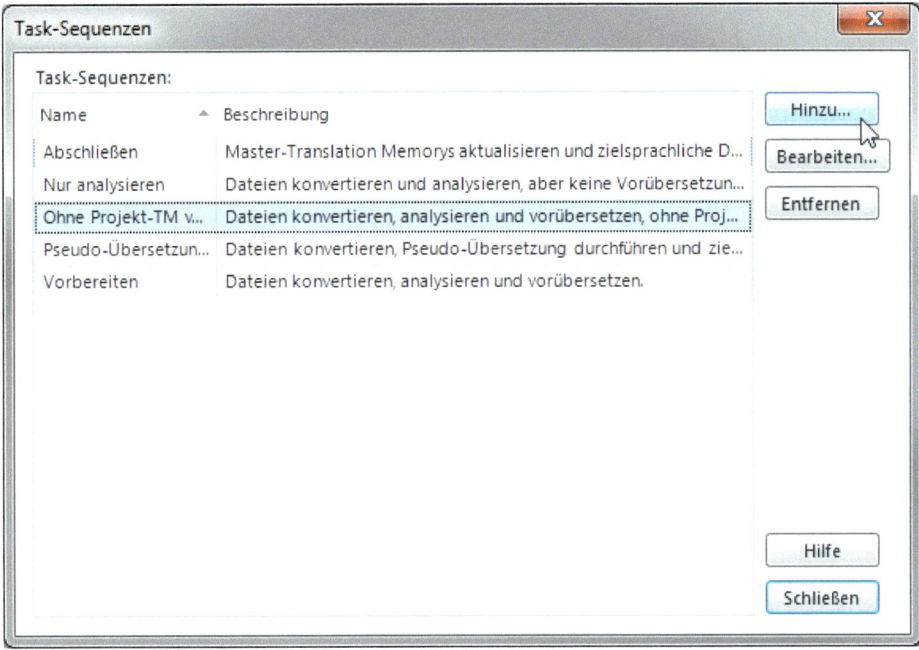

Das Dialogfeld **Neue Task-Sequenz** öffnet sich. Geben Sie zunächst einen Namen für die neue Task-Sequenz ein. Wählen Sie dann unter **Verfügbare Tasks** nach und nach die Aufgaben aus, die ausgeführt werden sollen, und klicken Sie auf **Hinzufügen**, damit diese unter **Ausgewählte Tasks:** erscheinen. Klicken Sie nach Hinzufügen aller Tasks auf **OK**.

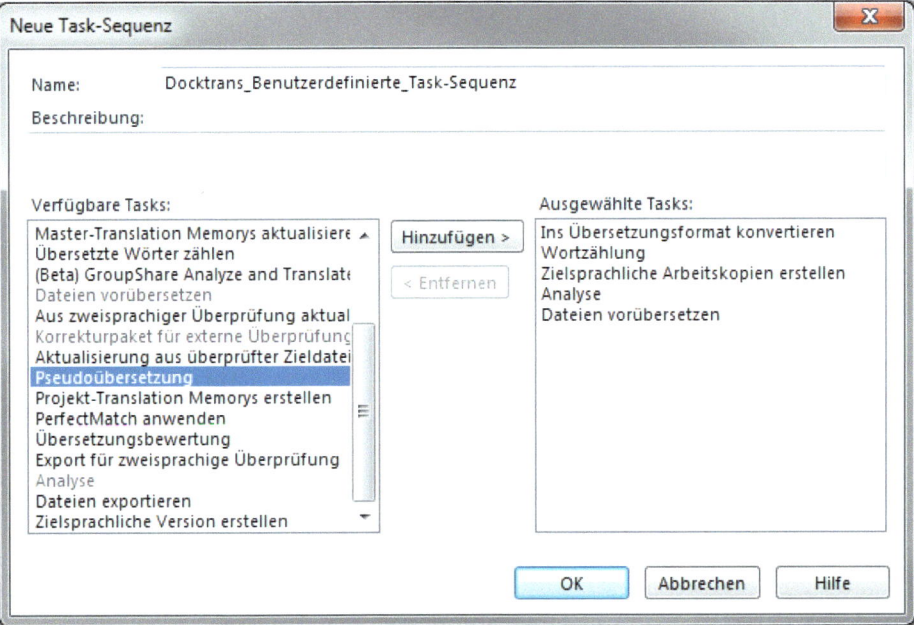

Die neue benutzerdefinierte Task-Sequenz erscheint nun in der Liste der Task-Sequenzen.

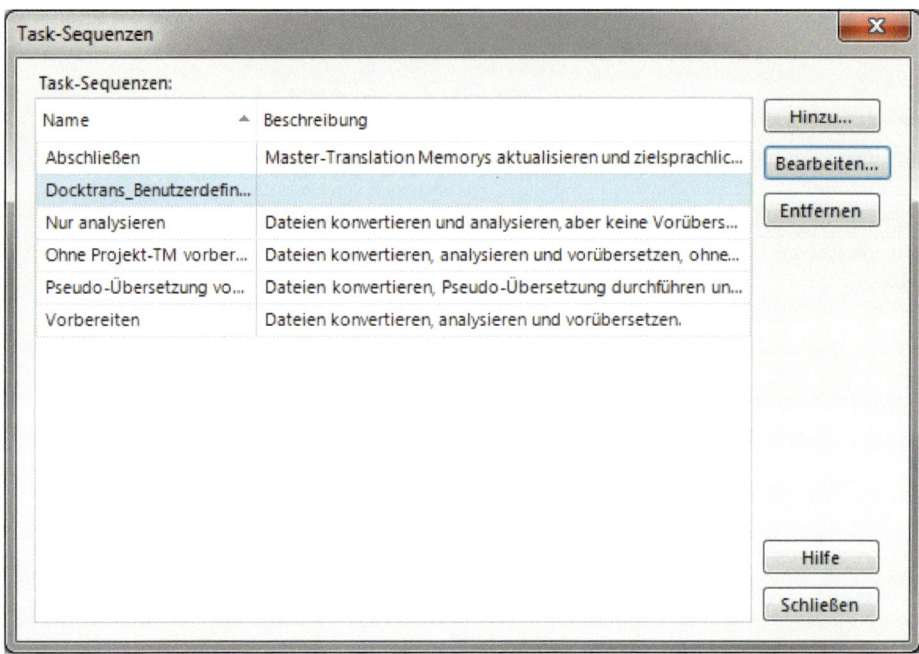

Sie kann nun bei der Anlage von neuen Projekten im Dialogfeld **Batch-Tasks** ausgewählt und ausgeführt werden.

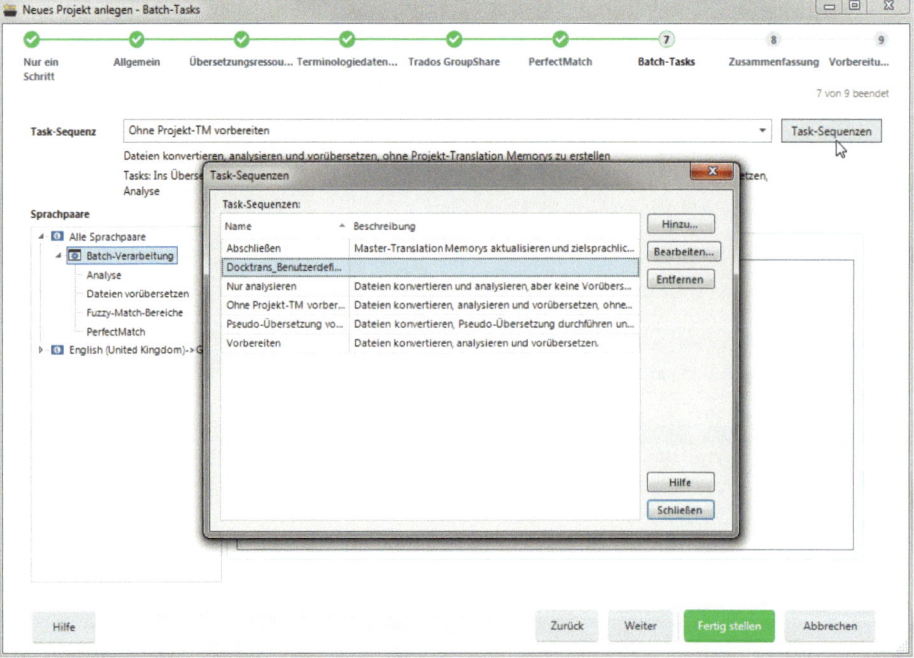

Datenpflege

Die Datenpflege von Translation Memorys wird in SDL Trados Studio 2019 in der Ansicht **Translation Memorys** durchgeführt. Sie ermöglicht die Bearbeitung von ausgangs- und zielsprachlichen Segmenten und das Setzen von Filtern für das Durchsuchen eines Translation Memorys.

Öffnen Sie zunächst die Ansicht **Translation Memorys**, um mit der Datenpflege zu beginnen. Öffnen Sie danach das Translation Memory, in dem Übersetzungseinheiten gepflegt werden sollen. Klicken Sie dazu auf der Registerkarte **Start** in der Gruppe **Tasks** auf den kleinen Pfeil unter **Öffnen** und wählen Sie aus der sich öffnenden Dropdown-Liste **Translation Memory öffnen** aus, um ein dateibasiertes Translation Memory zu öffnen, bzw. **Serverbasiertes Translation Memory öffnen**, wenn das auszuwählende Translation Memory als serverbasiertes Translation Memory angelegt wurde. In der nachfolgenden Beschreibung wird ein dateibasiertes Translation Memory geöffnet.

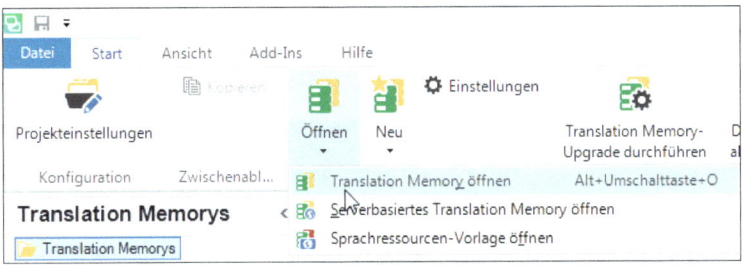

Das Dialogfeld **Dateibasiertes Translation Memory öffnen** öffnet sich. Wählen Sie zunächst den Ordner aus, in dem das Translation Memory abgelegt ist, dessen Daten gepflegt werden sollen. Wählen Sie danach das entsprechende Translation Memory aus und klicken Sie auf **Öffnen** oder doppelklicken Sie auf das Translation Memory, um es zu öffnen.

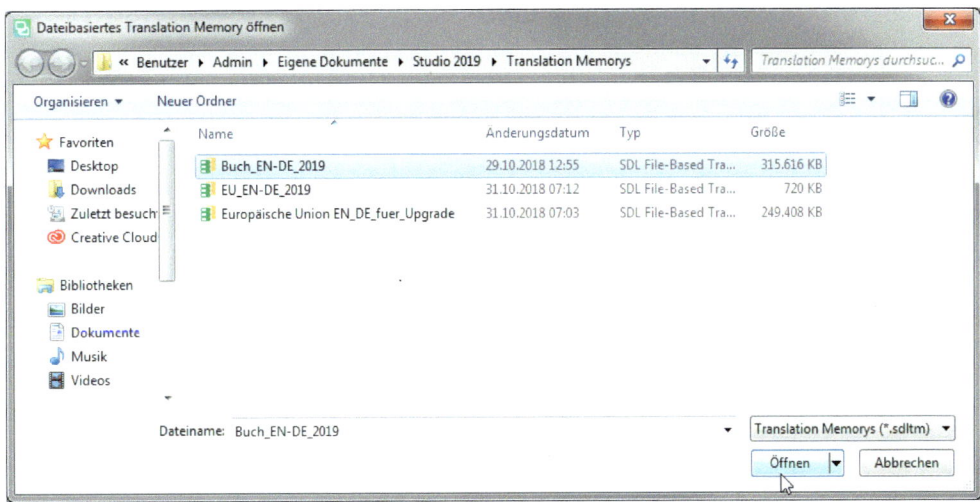

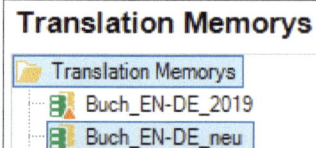
Das Translation Memory wird in der Ansicht **Translation Memorys** geöffnet und in der Navigationsleiste aufgeführt.

Die Translation Memory-Daten sind im Arbeitsbereich der Ansicht **Translation Memorys** geöffnet und können bearbeitet werden.

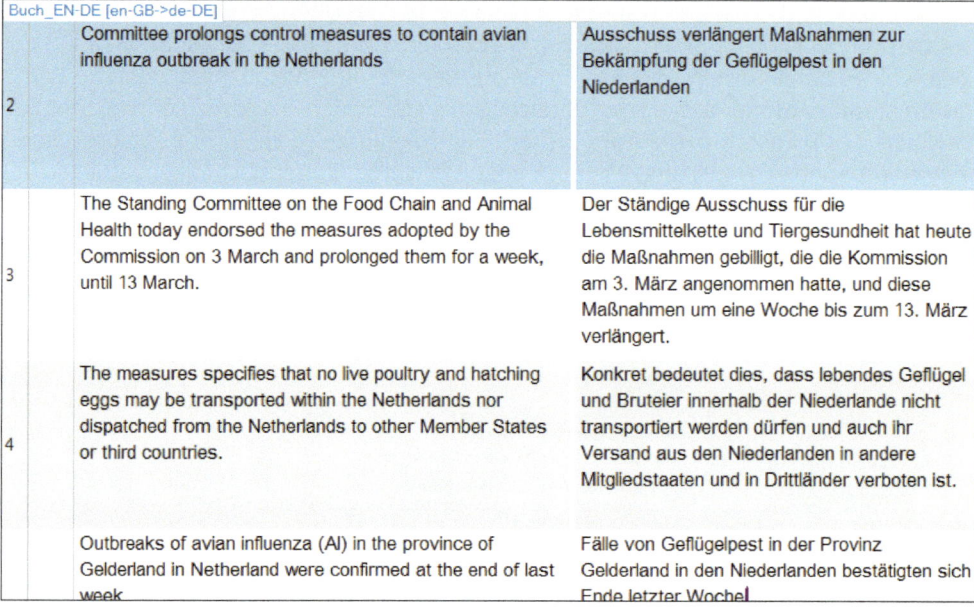

Anzahl der Übersetzungseinheiten pro Seite verändern

Die Anzahl der für die Datenpflege anzuzeigenden Feldwerte pro Seite kann in der Ansicht **Translation Memorys** auf der Registerkarte **Start** in der Gruppe **Durchblättern** zwischen 10 und 1000 Übersetzungseinheiten eingestellt werden.

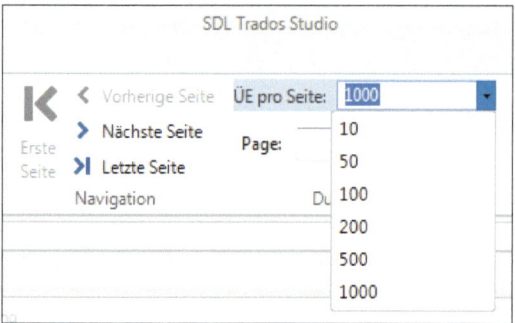

Wechsel zwischen den Seiten eines Translation Memorys

Auf der Registerkarte **Start** in der Gruppe **Navigation** der Ansicht **Translation Memorys** ist es möglich, zwischen der nächsten und vorherigen Seite und zur ersten und letzten Seite eines in dieser Ansicht geöffneten Translation Memorys zu wechseln.

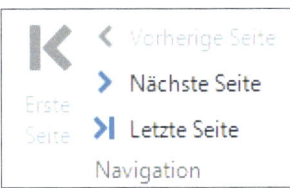

Bearbeiten von ausgangs- und zielsprachlichen Segmenten

Sie haben die Möglichkeit, ausgangssprachliche und zielsprachliche Segmente in Bezug auf Text und Tags zu bearbeiten.

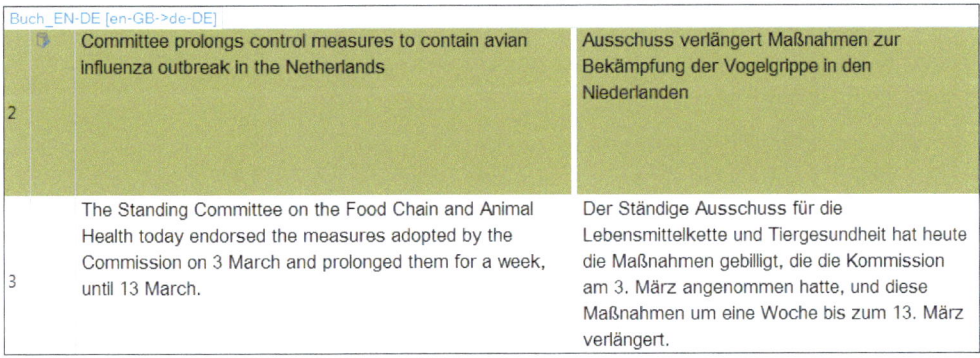

Solange die Segmente nach einer vorgenommenen Änderung ockerfarben unterlegt sind, wurden diese noch nicht im Translation Memory gespeichert. Klicken Sie nach Eingabe der gewünschten Änderungen in der Ansicht **Translation Memorys** auf der Registerkarte **Start** in der Gruppe **Speichern** auf **Änderungen endgültig speichern**.

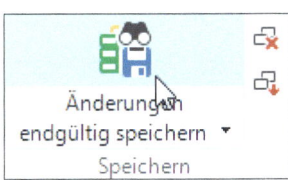

Die Änderungen werden im geöffneten Translation Memory gespeichert und die Segmente erscheinen wieder ohne farbliche Unterlegung.

2	Committee prolongs control measures to contain avian influenza outbreak in the Netherlands	Ausschuss verlängert Maßnahmen zur Bekämpfung der Vogelgrippe in den Niederlanden
3	The Standing Committee on the Food Chain and Animal Health today endorsed the measures adopted by the Commission on 3 March and prolonged them for a week, until 13 March.	Der Ständige Ausschuss für die Lebensmittelkette und Tiergesundheit hat heute die Maßnahmen gebilligt, die die Kommission am 3. März angenommen hatte, und diese Maßnahmen um eine Woche bis zum 13. März verlängert.

Nach Text suchen

In der Ansicht **Translation Memorys** haben Sie im Fenster **Sucheinstellungen** die Möglichkeit, ein geöffnetes Translation Memory im Ausgangs- und Zieltext nach bestimmten Wörtern oder Wortfolgen zu durchsuchen. Geben Sie dazu den Ausgangs- oder Zieltext in das entsprechende Feld ein und klicken Sie auf **Suche durchführen**.

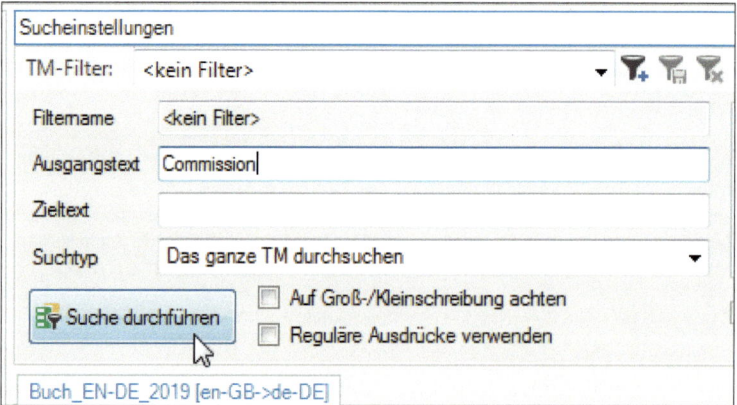

Im vorliegenden Beispiel wurde das Translation Memory auf das Wort „Commission" im Ausgangstext durchsucht und die Segmente, die dieses Wort enthalten, werden entsprechend angezeigt.

3	The Standing Committee on the Food Chain and Animal Health today endorsed the measures adopted by the Commission on 3 March and prolonged them for a week, until 13 March.	Der Ständige Ausschuss für die Lebensmittelkette und Tiergesundheit hat heute die Maßnahmen gebilligt, die die Kommission am 3. März angenommen hatte, und diese Maßnahmen um eine Woche bis zum 13. März verlängert.
6	On Saturday 1 March the Dutch authorities, in co-operation with the Commission services put in place disease control measures in accordance with Directive 92/40/EEC.	Am Samstag, dem 1. März, trafen die niederländischen Behörden in Zusammenarbeit mit den Dienststellen der Kommission die in Richtlinie 92/40/EG vorgesehenen Maßnahmen zur Bekämpfung der Seuche.
8	The Commission on 3 March adopted a Decision (see ▶ IP/03/305◀) specifying that no live poultry and hatching eggs may be dispatched from the Netherlands to other Member States or third countries.	Die Kommission hat am 3. März eine Entscheidung angenommen (vgl. ▶ IP/03/305◀), die ein Versendungsverbot für lebendes Geflügel und Bruteier aus den Niederlanden in andere Mitgliedstaaten und in Drittländer vorsieht.

Darüber hinaus haben Sie die Möglichkeit, auf Groß-/Kleinschreibung zu achten und reguläre Ausdrücke im Fenster **Sucheinstellungen** zu verwenden.

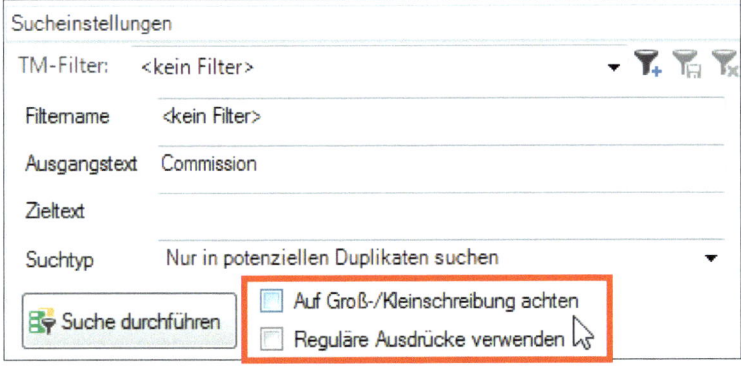

Nach Duplikaten suchen

Und Sie haben die Möglichkeit, das Translation Memory nach potenziellen Duplikaten zu durchsuchen. Klicken Sie in der Ansicht **Translation Memorys** im Fenster **Sucheinstellungen** auf den kleinen Pfeil nach unten rechts neben **Suchtyp**, um eine Dropdown-Liste zu öffnen. Wählen Sie **Nur in potenziellen Duplikaten suchen** aus und klicken Sie auf **Suche durchführen**.

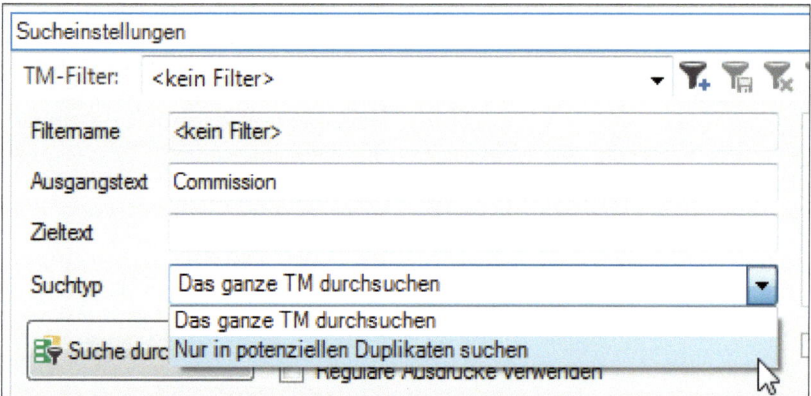

SDL Trados Studio 2019 zeigt alle potenziellen Duplikate aus dem geöffneten Translation Memory an.

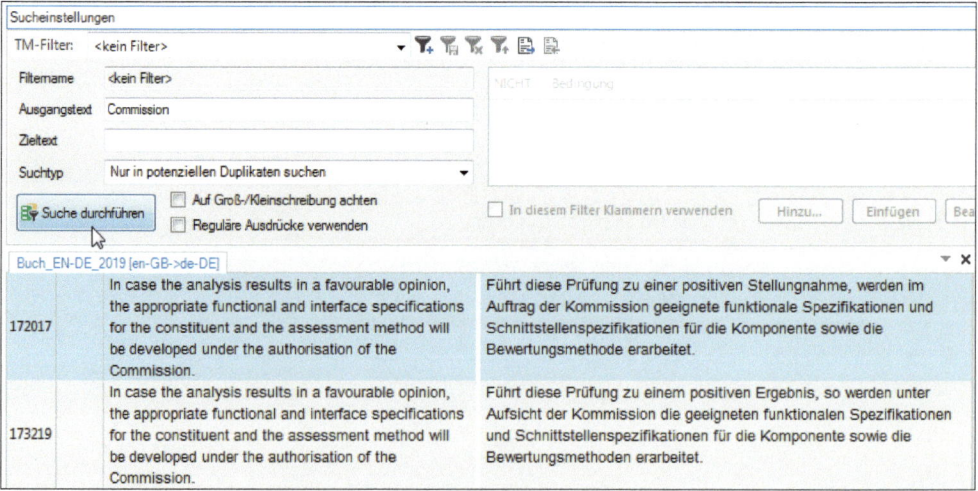

Setzen von Filtern

Darüber hinaus besteht die Möglichkeit, Filter zu setzen. Klicken Sie zunächst in der Ansicht **Translation Memorys** im Fenster **Sucheinstellungen** auf den linken Trichter mit dem grünen Pluszeichen, um mit dem Setzen eines Filters zu beginnen.

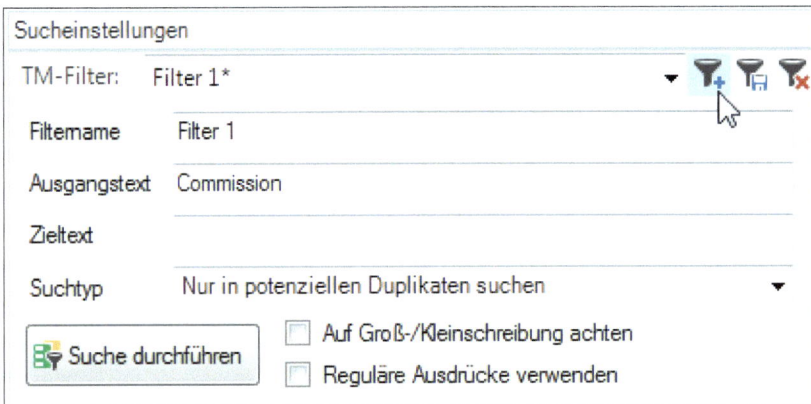

Klicken Sie danach im rechten Bereich des Fensters **Sucheinstellungen** auf **Hinzu…**.

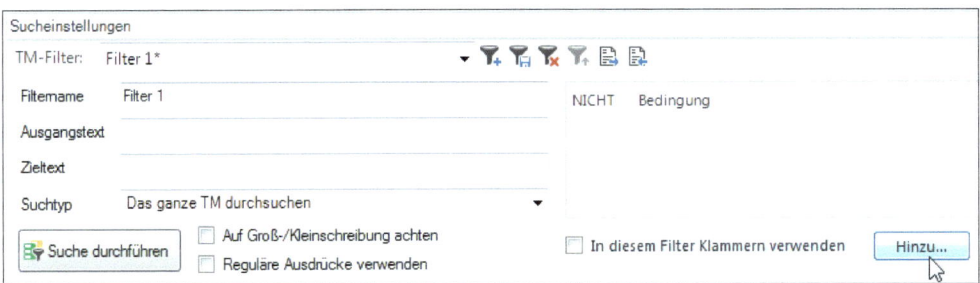

Das Dialogfeld **Bedingung hinzufügen** öffnet sich. Klicken Sie zunächst auf den kleinen Pfeil nach unten rechts neben **Feld:** und wählen Sie aus der sich öffnenden Dropdown-Liste ein Attribut aus.

Klicken Sie danach auf den kleinen Pfeil nach unten rechts neben **Operator:** und wählen Sie aus der sich öffnenden Dropdown-Liste ein Attribut aus.

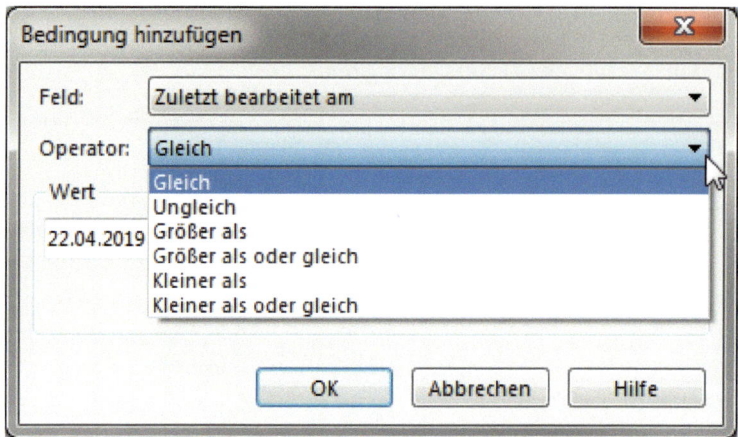

Geben Sie danach entweder selber einen Wert ein oder wählen Sie, wie im vorliegenden Beispiel, ein Datum aus (dies ist abhängig von den gewählten Attributen) und klicken Sie zum Abschluss auf **OK**.

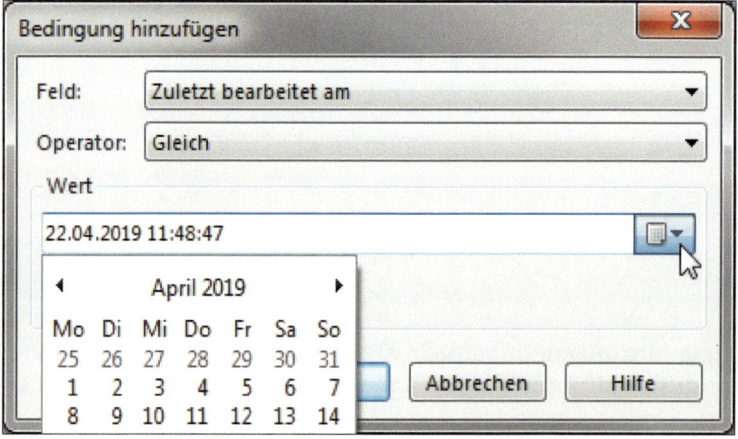

Der Filter ist nun gesetzt und kann zusätzlich mit dem Attribut **NICHT** ergänzt werden. Darüber hinaus ist es möglich, mehr als einen Filter mit **UND/ODER** zu setzen.

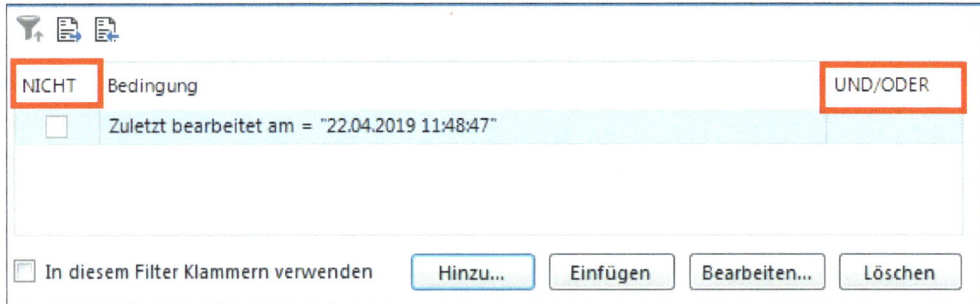

Klicken Sie zum Abschluss im Feld **Sucheinstellungen** auf **Suche durchführen**, um die Suche unter Berücksichtigung des Filters durchzuführen.

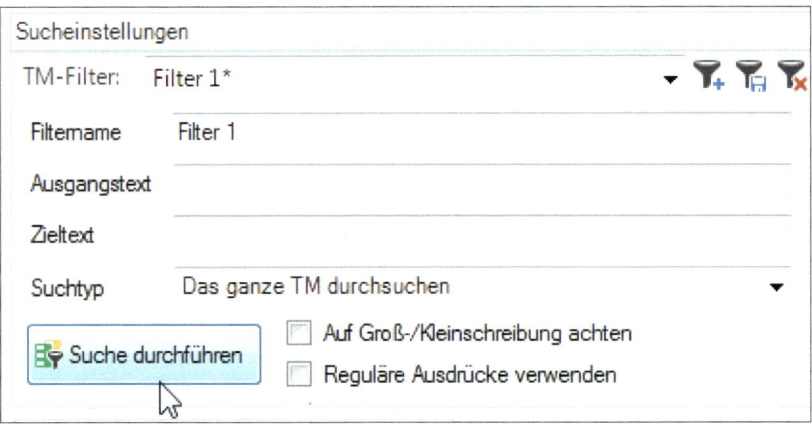

Suchen und Ersetzen von Text

Darüber hinaus stehen Ihnen in der Ansicht **Translation Memorys** auf der Registerkarte **Start** in der Gruppe **Bearbeitung** die Optionen **Suchen** und **Ersetzen** zur Verfügung, mit denen Sie Text auf einzelnen Seiten im Translation Memory suchen und ersetzen können.

Anders als bei der Arbeit in der Ansicht **Editor** haben Sie die Möglichkeit, in der Datenpflege Text sowohl in der Quelle als auch im Ziel zu ersetzen (und natürlich zu suchen).

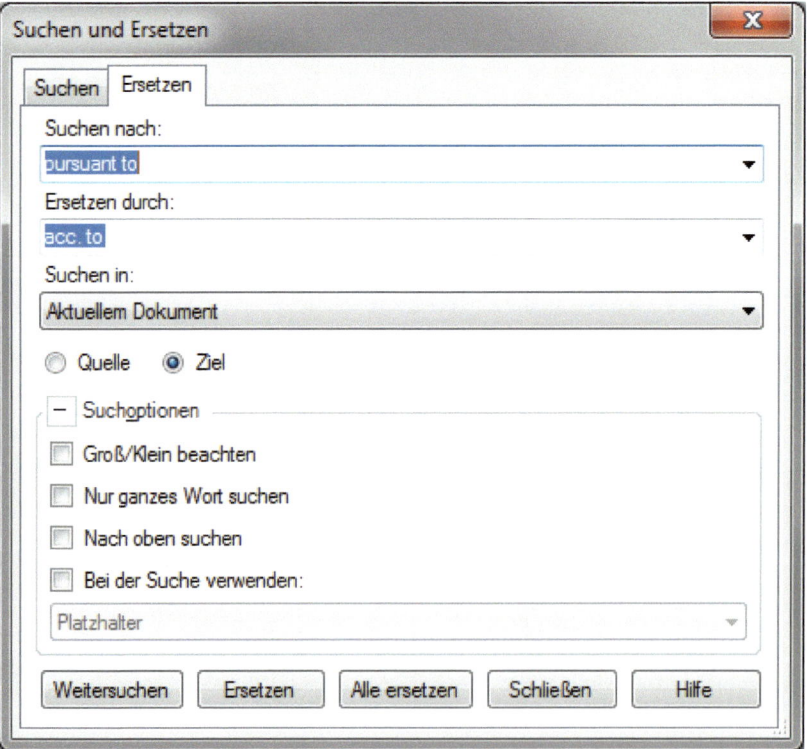

Bearbeitung im Batch

Die Option **Bearbeitung im Batch** gibt Ihnen die Möglichkeit, in der Ansicht **Translation Memorys** (in einem geöffneten Translation Memory) Text im gesamten Translation Memory und nicht nur Seite für Seite zu suchen und zu ersetzen, benutzerdefinierte Feldwerte zu ändern oder zu löschen sowie Tags zu löschen.

Suchen und Ersetzen von Text

Öffnen Sie zunächst in der Ansicht **Translation Memorys** das Translation Memory, das Sie bearbeiten möchten. Klicken Sie danach auf der Registerkarte **Start** in der Gruppe **Tasks** auf **Bearbeitung im Batch**

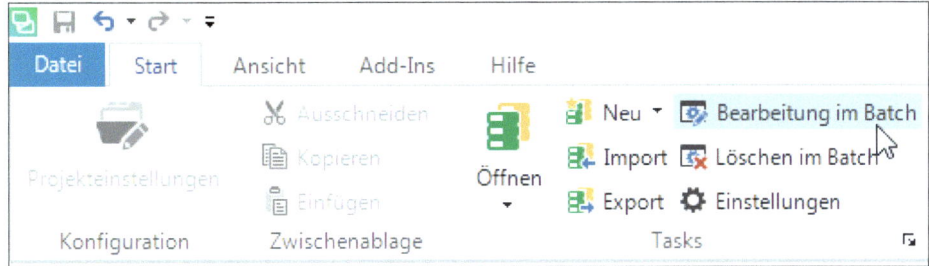

oder klicken Sie in der Ansicht **Translation Memorys** in der Navigationsleiste mit der rechten Maustaste auf ein Translation Memory, sodass dieses farbig unterlegt ist, und wählen Sie **Bearbeitung im Batch** aus, wenn Sie eine globale Änderung im gesamten Translation Memory vornehmen möchten.

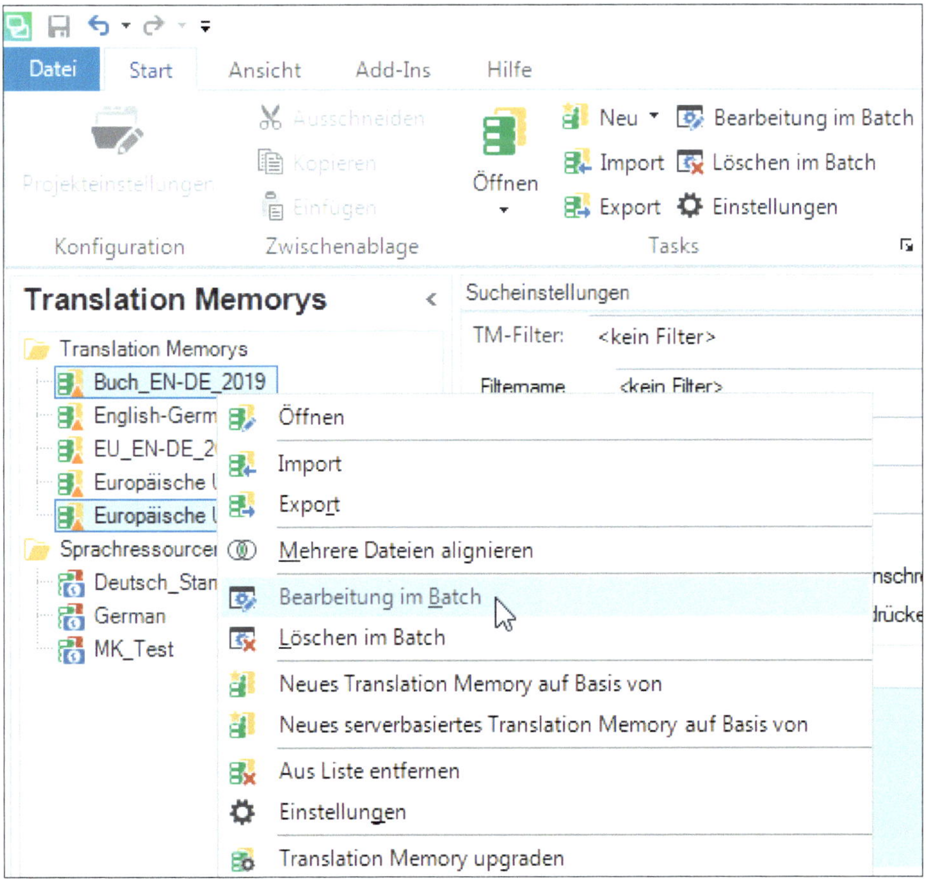

Das Dialogfeld **Bearbeitung im Batch-Modus** → **Skript für Batch-Bearbeitung** öffnet sich. Klicken Sie auf **Hinzu** und wählen Sie in der sich öffnenden Dropdown-Liste **Text suchen und ersetzen** aus, wenn Sie einen bestimmten Text im gesamten Translation Memory suchen und ersetzen möchten.

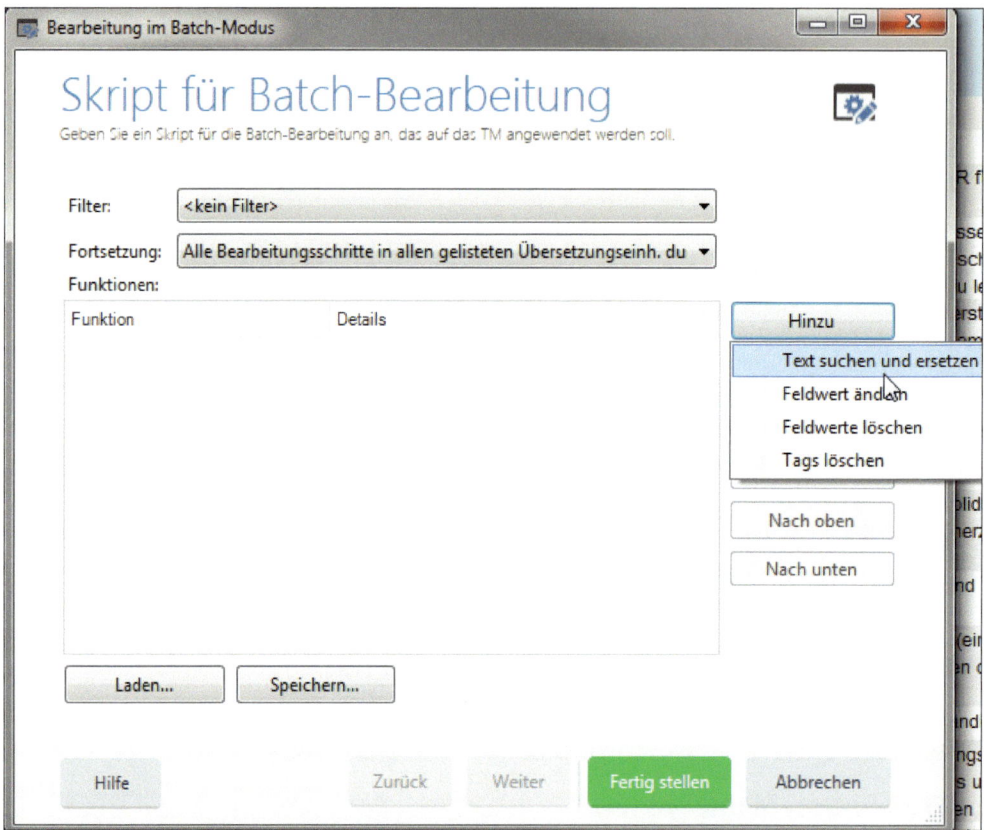

Das Dialogfeld **Bearbeitung: Text suchen und ersetzen** öffnet sich. Im vorliegenden Beispiel wird das Wort „Komitee" im Translation Memory in der Zielsprache durch „Ausschuss" ersetzt. Nehmen Sie entsprechend Ihre gewünschten Eingaben vor und wählen Sie aus, ob SDL Trados Studio 2019 Groß-/Kleinschreibung beachten soll. Darüber hinaus haben Sie die Möglichkeit, in diesem Dialogfeld mit regulären Ausdrücken zu arbeiten. Klicken Sie auf **OK**, um fortzufahren.

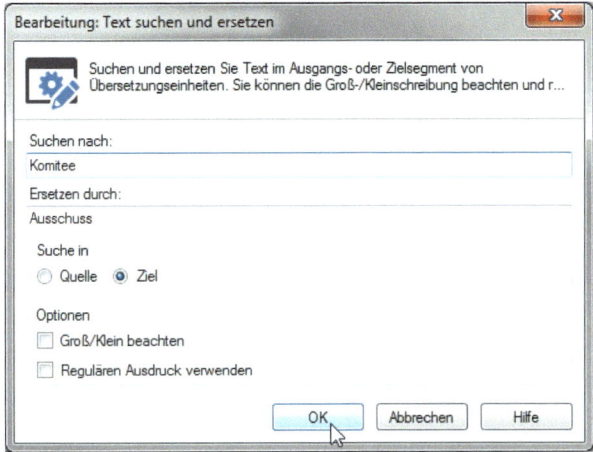

Die Funktion und die Details werden im Dialogfeld **Bearbeitung im Batch-Modus → Skript für Batch-Bearbeitung** eingetragen und können ggf. für eine spätere Bearbeitung gespeichert und in diesem Feld wieder aufgerufen werden. Klicken Sie auf **Fertig stellen**, um die Batch-Bearbeitung zu starten.

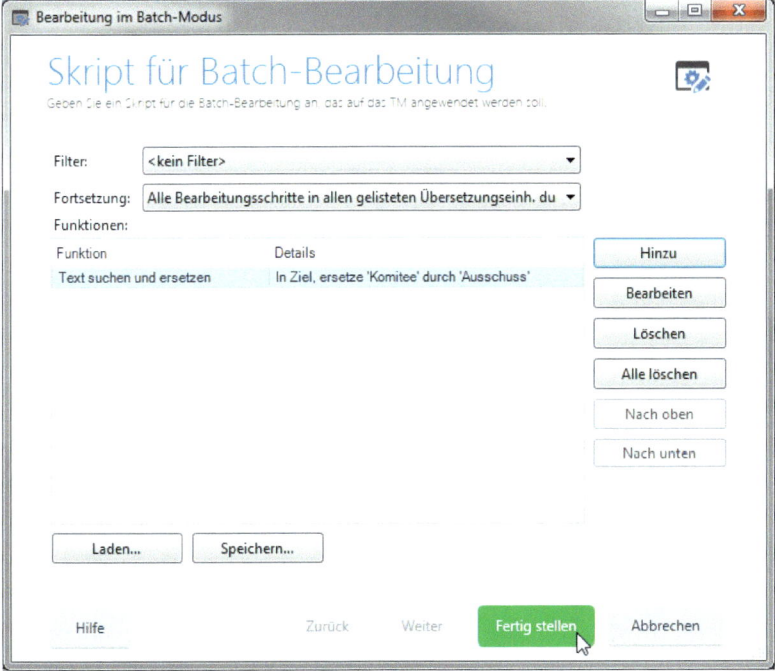

Das Dialogfeld **Bearbeitung im Batch-Modus** → **Batch-Skript anwenden** öffnet sich und SDL Trados Studio 2019 führt die Bearbeitung durch. Klicken Sie nach Abschluss der Bearbeitung auf **Schließen**. SDL Trados Studio 2019 hat die entsprechenden Änderungen im Translation Memory vorgenommen.

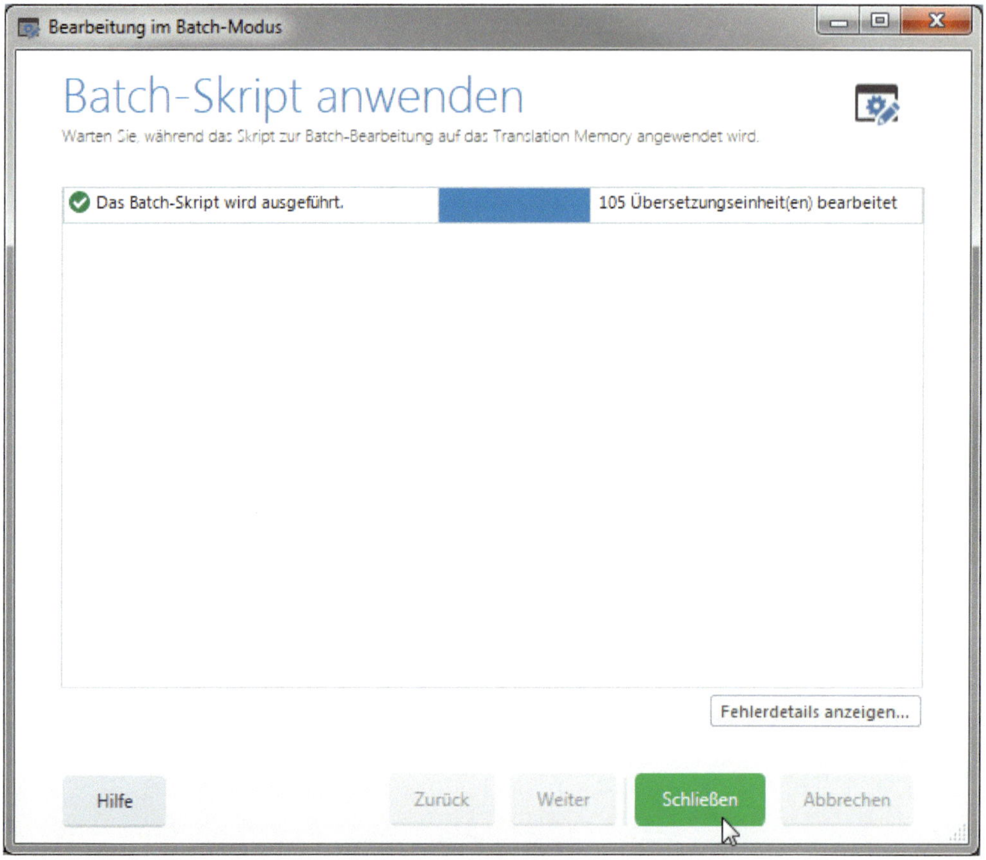

Ändern und Löschen von Feldwerten

Über das Ändern von Text im Batch hinaus ist es möglich, *benutzerdefinierte* Feldwerte zu ändern oder zu löschen. Systemfelder können mit dieser Funktion nicht geändert und gelöscht werden.

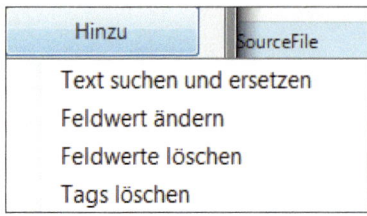

Ändern von Feldwerten: Öffnen Sie ein Translation Memory in der Ansicht **Translation Memorys** und klicken Sie auf der Registerkarte **Start** in der Gruppe **Tasks** auf **Bearbeitung im Batch**.

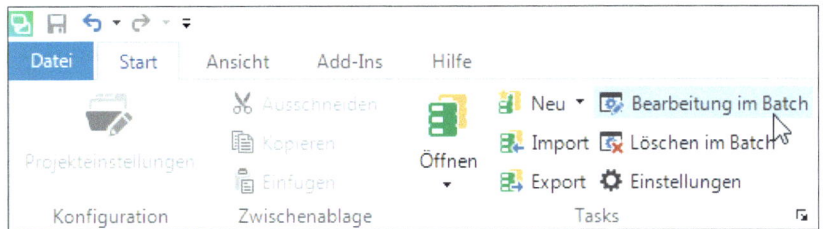

Das Dialogfeld **Bearbeitung im Batch-Modus** → **Skript für Batch-Bearbeitung** öffnet sich. Klicken Sie auf **Hinzu** und wählen Sie **Feldwert ändern** aus, wenn Sie einen Feldwert ändern möchten.

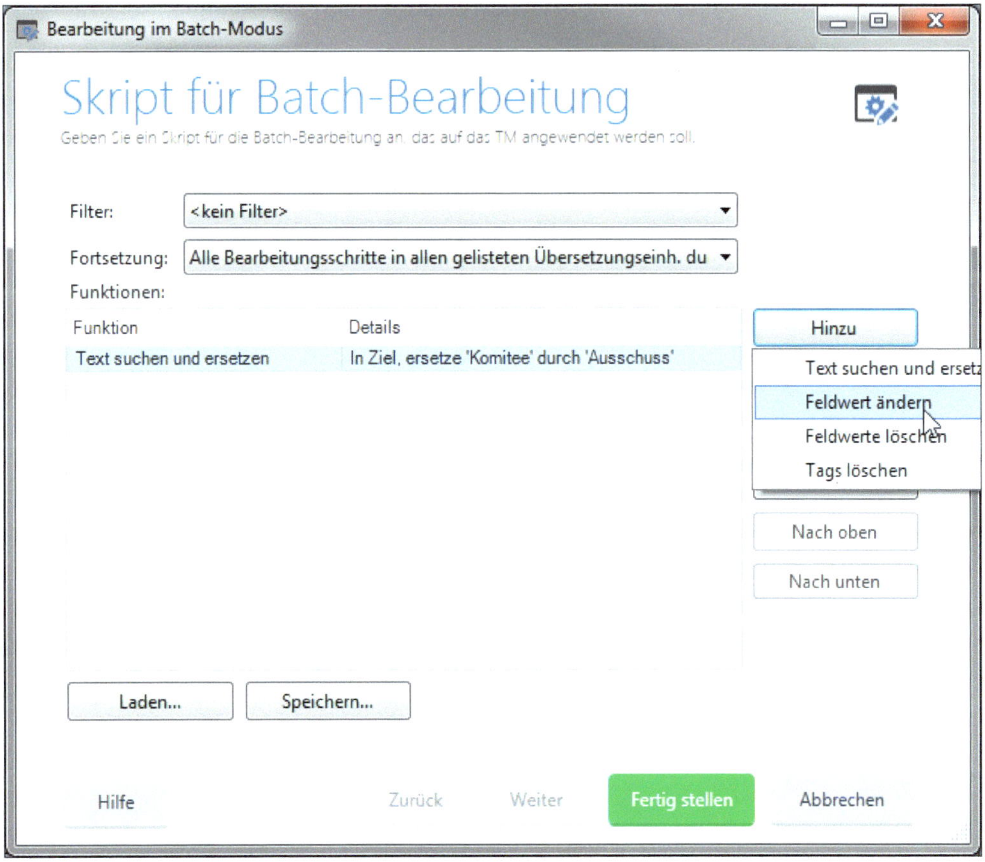

Das Dialogfeld **Bearbeitung: Feldwert ändern** öffnet sich mit den vom Benutzer im geöffneten Translation Memory gesetzten Feldwerten. Im vorliegenden Beispiel wurde vom Benutzer der Feldwert **Qualität** mit den beiden Auswahlmöglichkeiten **intern** und **extern** bei der Anlage des Translation Memorys erstellt. Der Feldwert soll nun für alle Einheiten des Translation Memorys auf **extern** gesetzt werden.

Klicken Sie auf den kleinen Pfeil nach unten rechts unter **Wert** und wählen Sie in der sich öffnenden Dropdown-Liste einen Wert aus, den Sie für alle Übersetzungseinheiten im Translation Memory auswählen möchten. Klicken Sie danach auf **OK**.

Der Feldwert ist nun im Dialogfeld **Bearbeitung im Batch-Modus** → **Skript für Batch-Bearbeitung** eingetragen. Klicken Sie auf **Fertig stellen**, um die Änderung des Feldwerts im gesamten Translation Memory vorzunehmen.

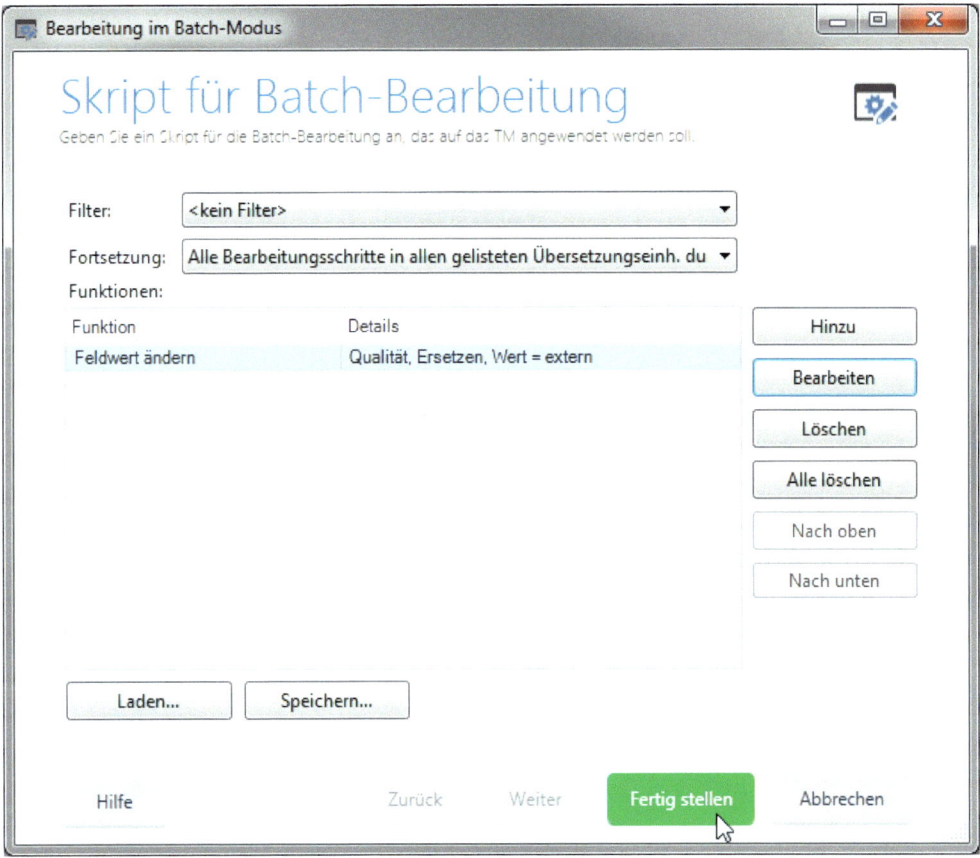

Das Dialogfeld **Bearbeitung im Batch-Modus → Batch-Skript anwenden** öffnet sich und SDL Trados Studio 2019 führt die Bearbeitung durch. Klicken Sie auf **Schließen**, um die Bearbeitung abzuschließen.

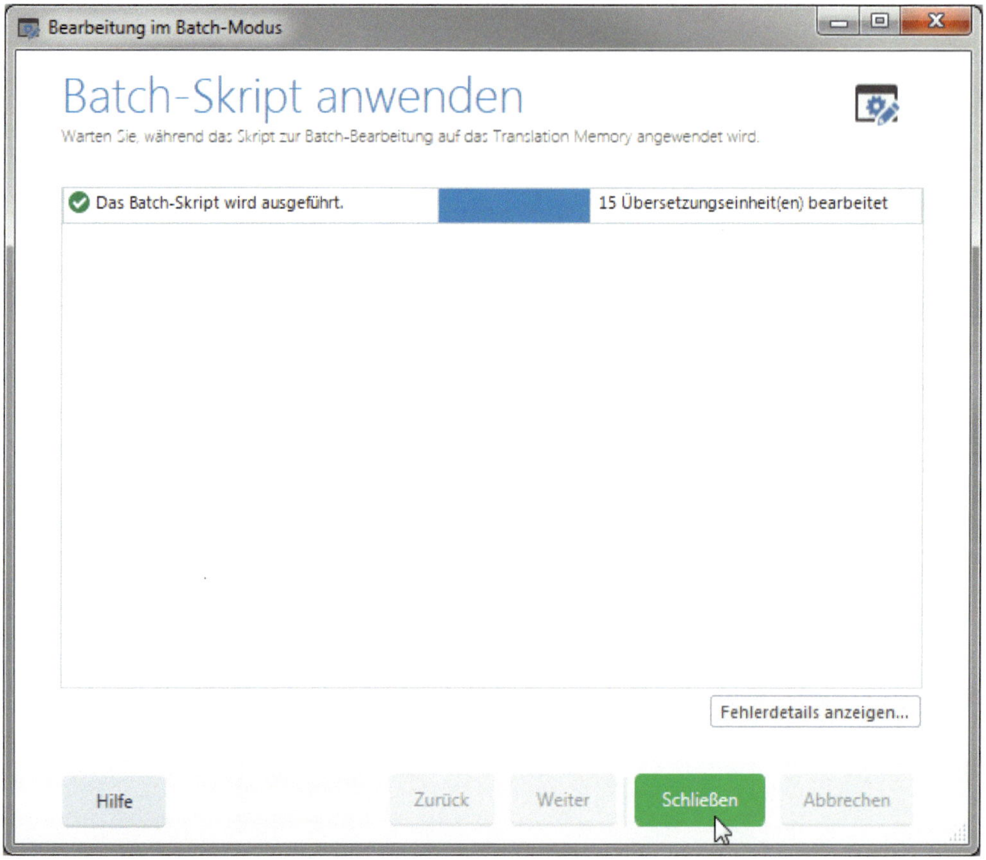

Alle Feldwerte im aktiven Translation Memory sind nun mit dem neuen Feldwert versehen.

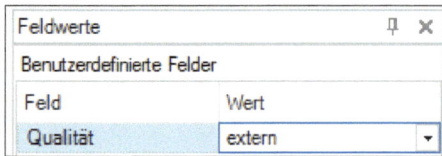

Datenpflege

Löschen von Feldwerten: Öffnen Sie ein Translation Memory in der Ansicht **Translation Memorys** und klicken Sie auf der Registerkarte **Start** in der Gruppe **Tasks** auf **Bearbeitung im Batch**.

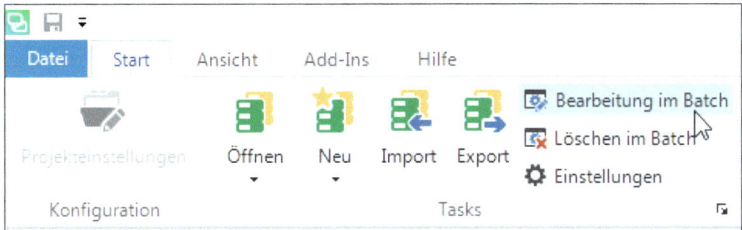

Das Dialogfeld **Bearbeitung im Batch-Modus** → **Skript für Batch-Bearbeitung** öffnet sich. Klicken Sie auf **Hinzu** und wählen Sie **Feldwerte löschen** aus, wenn Sie einen oder mehrere Feldwerte löschen möchten.

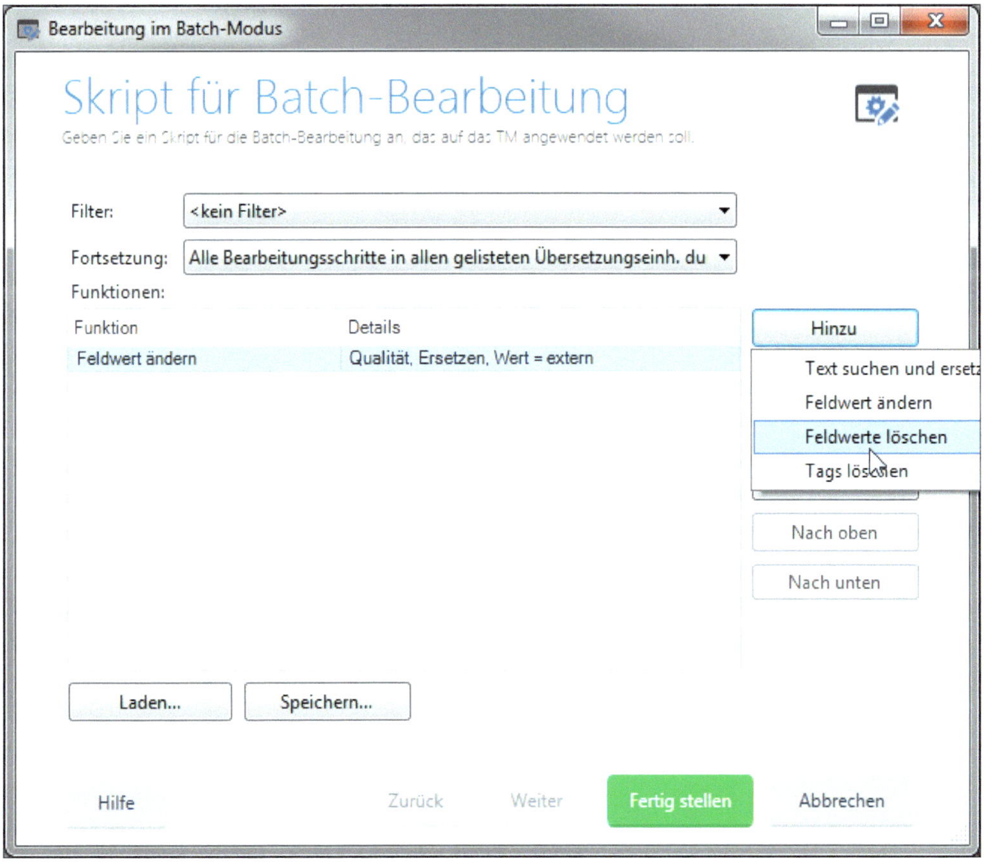

Das Dialogfeld **Bearbeitung: Feldwerte löschen** öffnet sich. Wählen Sie die Felder aus, die Sie aus dem aktiven Translation Memory löschen möchten, und klicken Sie auf **OK**.

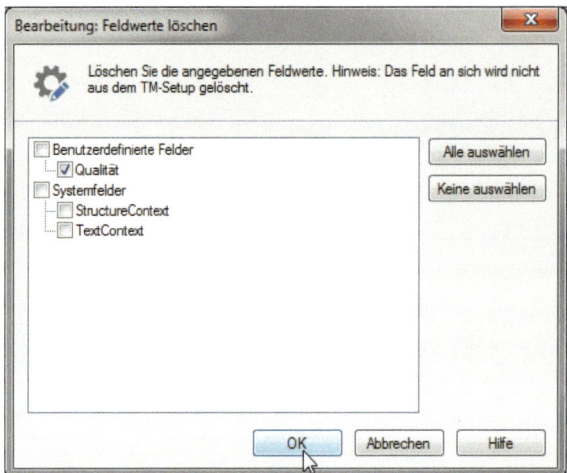

Der bzw. die zu löschenden Feldwerte sind nun im Dialogfeld **Bearbeitung im Batch-Modus → Skript für Batch-Bearbeitung** eingetragen. Klicken Sie auf **Fertig stellen**, um fortzufahren.

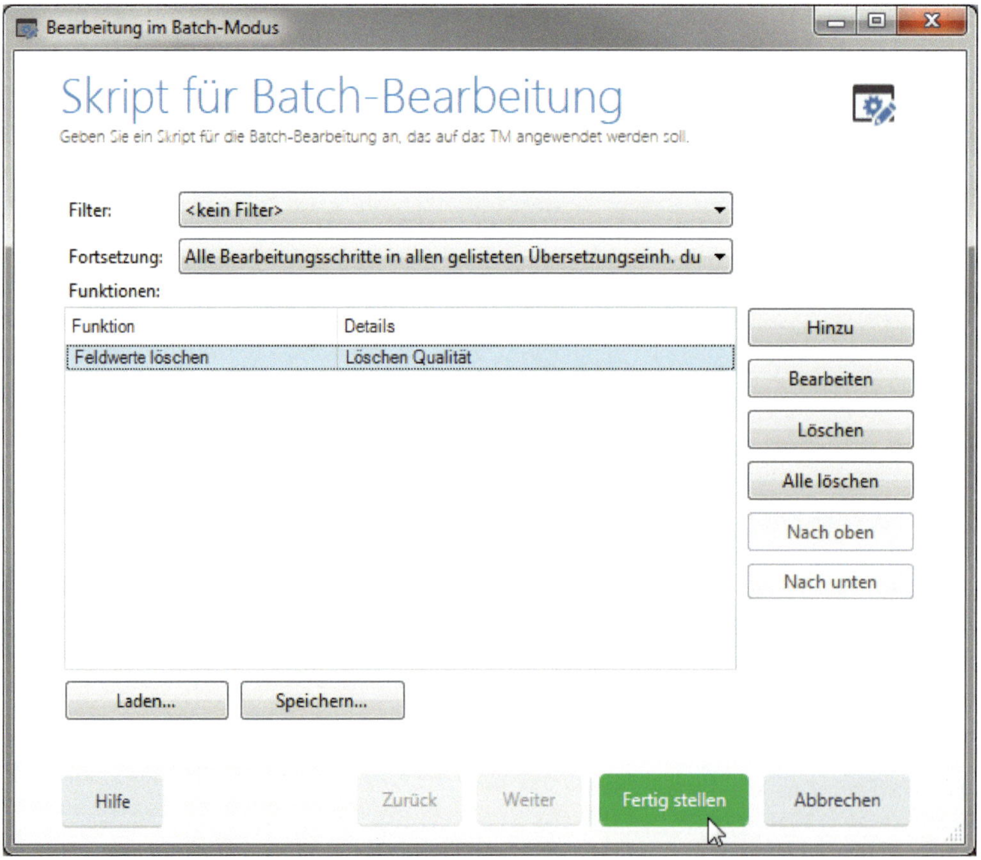

Datenpflege

Das Dialogfeld **Bearbeitung im Batch-Modus** → **Batch-Skript anwenden** öffnet sich und SDL Trados Studio 2019 führt die Bearbeitung durch. Klicken Sie auf **Schließen**, um die Bearbeitung abzuschließen.

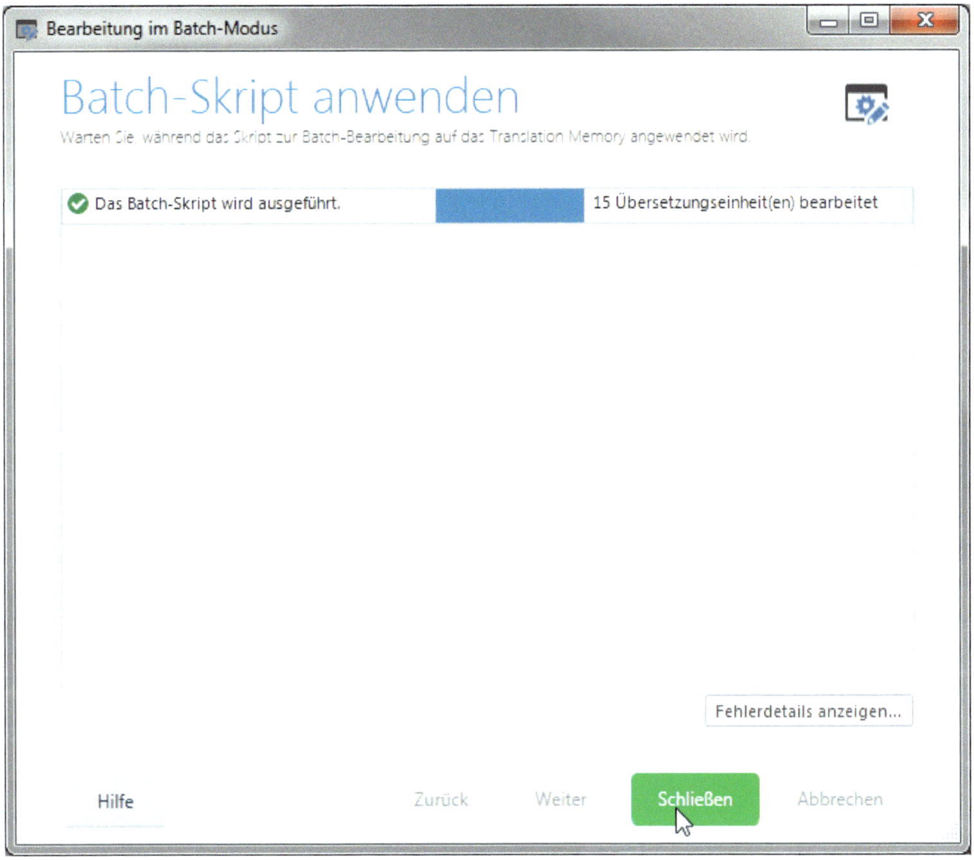

Die einzelnen Übersetzungseinheiten des aktiven Translation Memorys sind nun nicht mehr mit dem gelöschten Wert versehen.

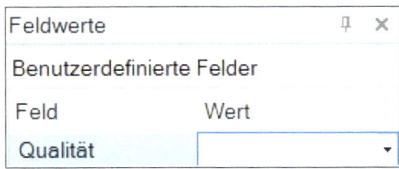

Löschen von Tags

Öffnen Sie ein Translation Memory in der Ansicht **Translation Memorys** und klicken Sie auf der Registerkarte **Start** in der Gruppe **Tasks** auf **Bearbeitung im Batch**.

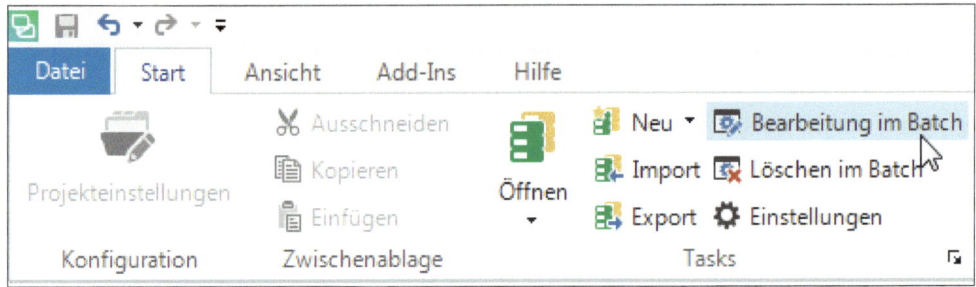

Das Dialogfeld **Bearbeitung im Batch-Modus** → **Skript für Batch-Bearbeitung** öffnet sich. Klicken Sie auf Hinzu und wählen Sie **Tags löschen** aus, wenn Sie Tags in einem geöffneten Translation Memory löschen möchten.

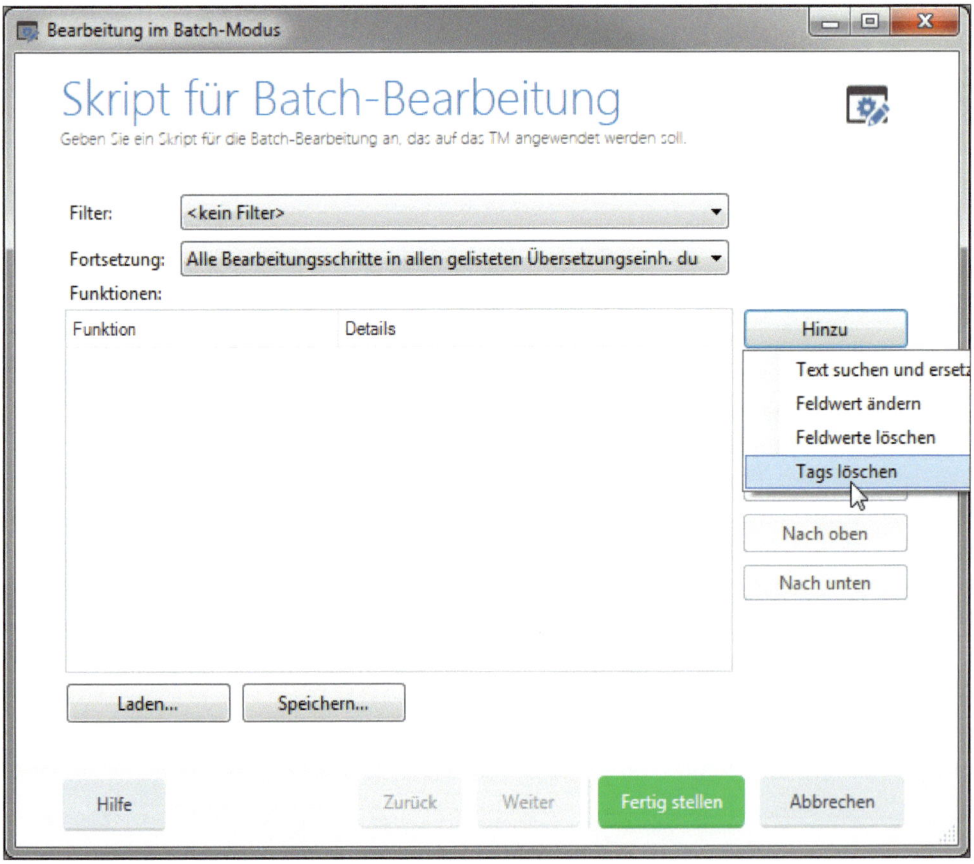

Das Dialogfeld **Bearbeitung: Tags löschen** öffnet sich. Wählen Sie aus, ob Sie neben allen anderen Tags auch Text-Platzhalter-Tags löschen möchten und klicken Sie auf **OK**.

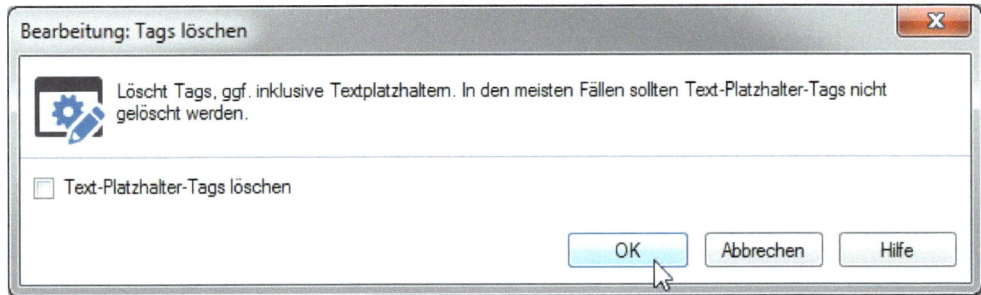

Die Funktion ist nun im Dialogfeld **Bearbeitung im Batch-Modus** → **Skript für Batch-Bearbeitung** eingetragen. Klicken Sie auf **Fertig stellen**, um mit der Bearbeitung fortzufahren.

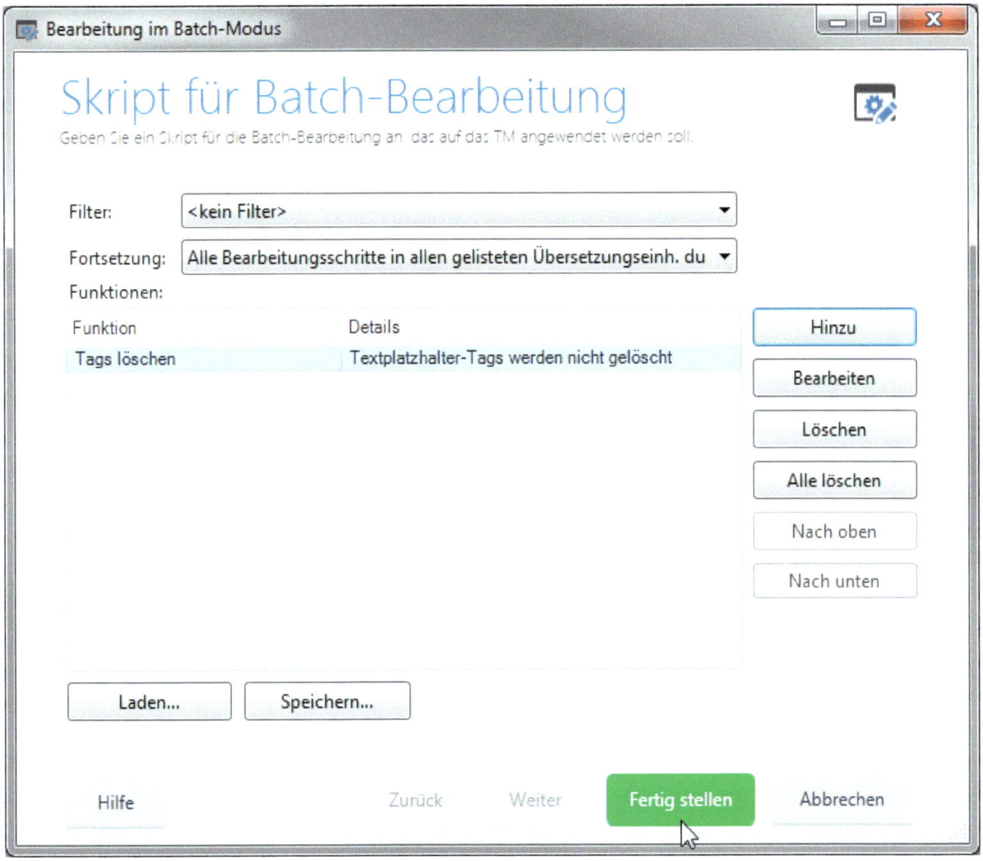

Das Dialogfeld **Bearbeitung im Batch-Modus → Batch-Skript anwenden** öffnet sich und SDL Trados Studio 2019 führt die Anwendung aus. Klicken Sie auf **Schließen**, um den Vorgang abzuschließen.

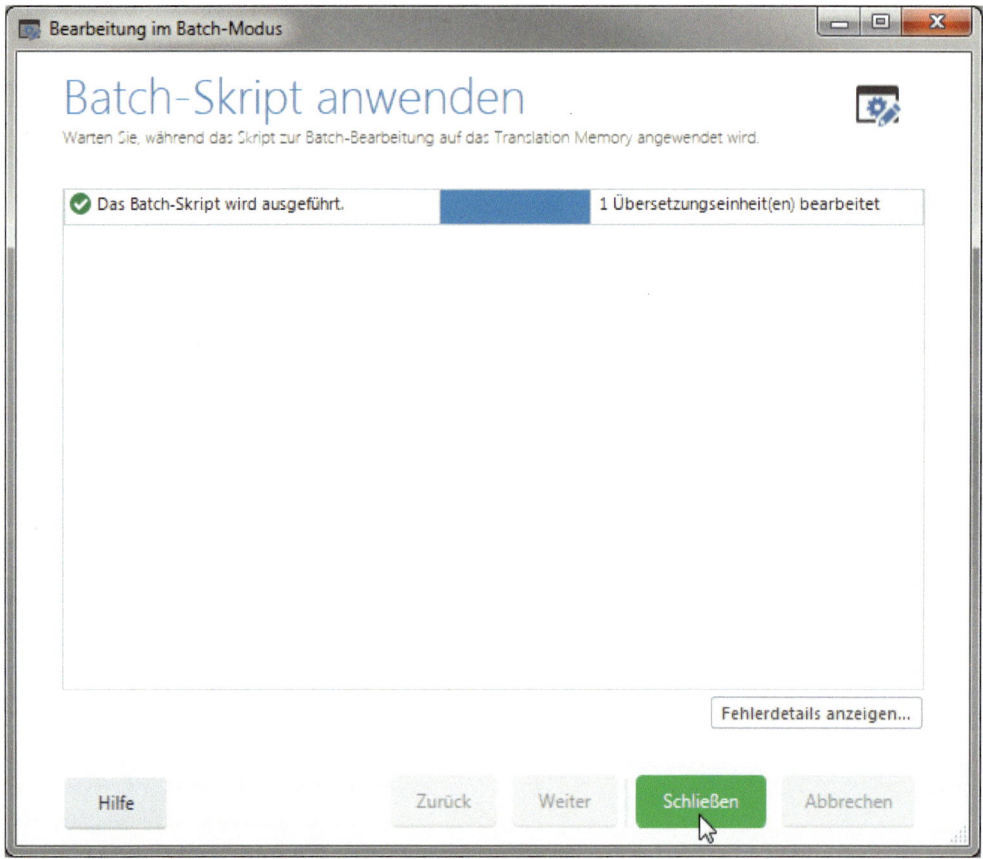

Die Übersetzungseinheiten im geöffneten Translation Memory erscheinen nun ohne Tags.

IP/03/312	IP/03/312
Brussels, 5 March 2003	Brüssel, 5. März 2003
Committee prolongs control measures to contain avian influenza outbreak in the Netherlands	Kommission verlängert Maßnahmen zur Bekämpfung der Geflügelpest in den Niederlanden
The Standing Committee on the Food Chain and Animal Health today endorsed the measures adopted by the Commission on 3 March and prolonged them for a week, until 13 March.	Der Ständige Ausschuss für die Lebensmittelkette und Tiergesundheit hat heute die Maßnahmen gebilligt, die die Kommission am 3. März angenommen hatte, und diese Maßnahme um eine Woche bis zum 13. März verlängert.
The measures specifies that no live poultry and hatching eggs may be transported within the Netherlands nor dispatched from the Netherlands to other Member States or third countries.	Konkret bedeutet dies, dass lebendes Geflügel und Bruteier innerha der Niederlande nicht transportiert werden dürfen und auch ihr Versand aus den Niederlanden in andere Mitgliedstaaten und in Drittländer verboten ist.
Outbreaks of avian influenza (AI) in the province of Gelderland in Netherland were confirmed at the end of last week.	Fälle von Geflügelpest in der Provinz Gelderland in den Niederlande bestätigten sich Ende letzter Woche.
On Saturday 1 March the Dutch authorities, in co-operation with the Commission services put in place disease control measures in accordance with Directive 92/40/EEC.	Am Samstag, dem 1. März, trafen die niederländischen Behörden i Zusammenarbeit mit den Dienststellen der Kommission die in Richtlinie 92/40/EG vorgesehenen Maßnahmen zur Bekämpfung de Seuche.
These measures include a nation-wide standstill for the transport of live poultry and hatching eggs and a	Im Rahmen dieser Maßnahmen wurde der Transport von lebendem Geflügel und Bruteiern landesweit gestoppt; diese Sperre beinhaltet

Verwalten von Benutzern

SDL Trados Studio 2019 bietet die Möglichkeit, die TM-Benutzer-ID, welche jeder Übersetzungseinheit beim Bestätigen und damit Speichern im Translation Memory im Systemfeld **Angelegt von** hinzugefügt wird, entweder im Bereich **Setup** → **Benutzer** oder beim Projektabschluss zu ändern.

Systemfelder	
Feld ▲	Wert
Angelegt am	11.06.2019 11:21:32
Angelegt von	Buch
Dokumentstruktur	x-tm-heading
Verwendungszähler	0
Zuletzt bearbeitet am	11.06.2019 11:21:32
Zuletzt bearbeitet v...	Buch
Zuletzt verwendet a...	11.06.2019 11:21:32
Zuletzt verwendet v...	Buch

Darüber hinaus können Benutzerprofile exportiert und importiert werden.

Ändern der TM-Benutzer-ID im Bereich Setup

Klicken Sie zunächst in einer beliebigen Ansicht auf der Registerkarte **Datei** auf **Setup** → **Benutzer**.

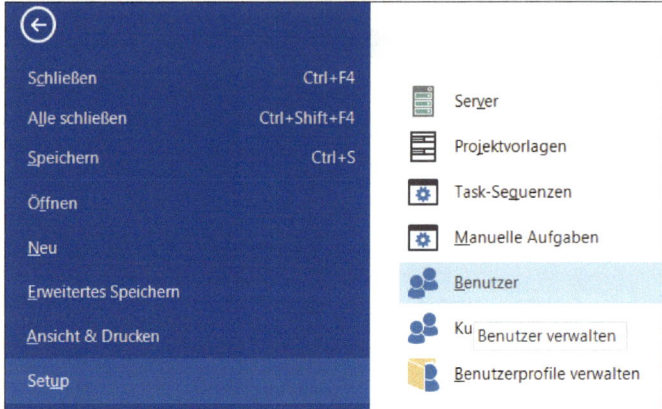

Das Dialogfeld **Benutzer** öffnet sich. Klicken Sie auf den Namen des Benutzers, für den die TM-Benutzer-ID geändert werden soll, sodass dieser farbig unterlegt ist, und klicken Sie danach auf **Bearbeiten**.

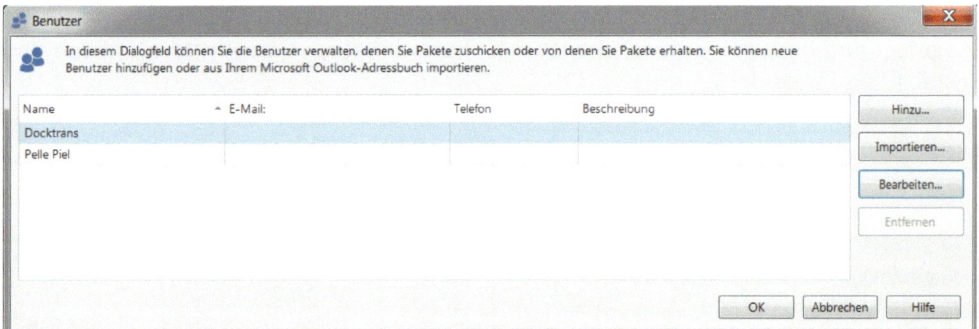

Ändern Sie die **TM-Benutzer-ID** wie gewünscht im sich öffnenden Dialogfeld **Benutzer bearbeiten** und klicken Sie auf **OK**. Die neue TM-Benutzer-ID erscheint nun in jeder von Ihnen neu in Translation Memorys gespeicherten Übersetzungseinheit.

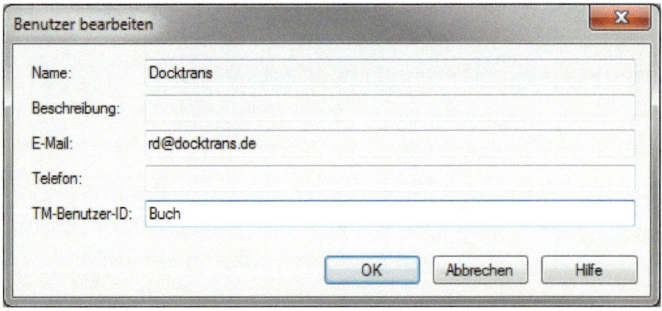

Ändern der TM-Benutzer-ID beim Projektabschluss

Über die Anpassung der Benutzereinstellungen im Bereich **Datei** → **Setup** → **Benutzer** hinaus haben Sie die Möglichkeit, beim Projektabschluss in der Task-Sequenz **Abschließen** eine neue/geänderte TM-Benutzer-ID für die im aktuellen Projekt eingetragenen Übersetzungseinheiten im Dialogfeld **Batch-Verarbeitung** → **Einstellungen** unter **TM-Benutzer-ID...** vorzunehmen.

Klicken Sie zunächst in der Ansicht **Projekte** auf der Registerkarte **Start** in der Gruppe **Tasks** auf den kleinen Pfeil nach unten rechts neben **Batch-Tasks** und wählen Sie aus der sich öffnenden Dropdown-Liste **Abschließen** aus, um mit dem Projektabschluss zu beginnen.

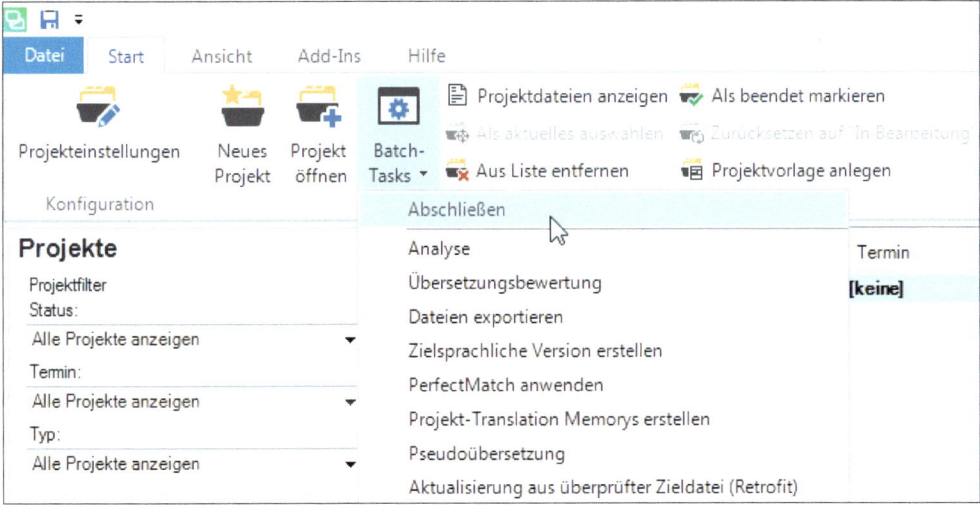

Das Dialogfeld **Batch-Verarbeitung → Batch-Tasks** öffnet sich mit der voreingestellten Task-Sequenz **Abschließen**. Klicken Sie auf **Weiter**, um fortzufahren.

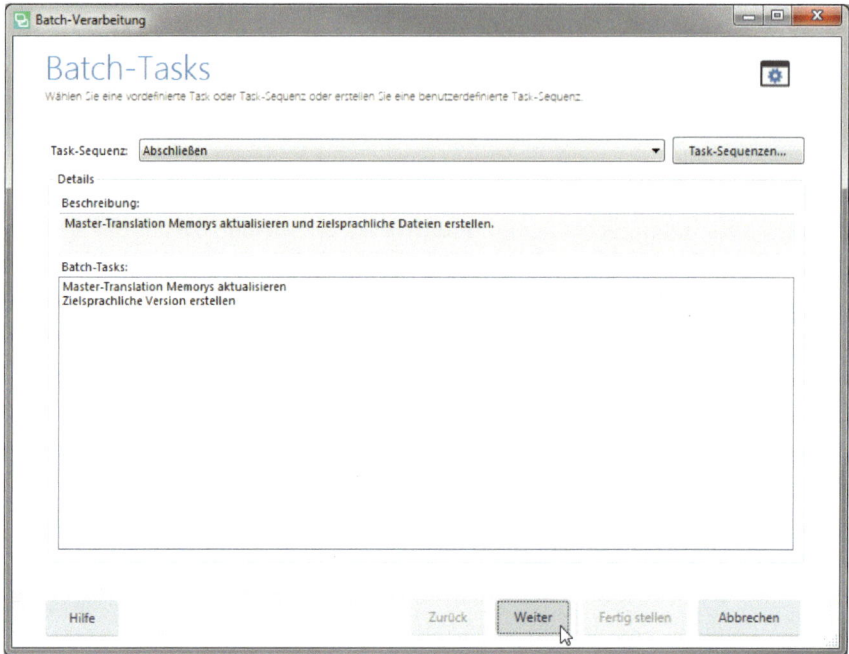

Das Dialogfeld **Batch-Verarbeitung → Dateien** öffnet sich. Wählen Sie die abzuschließenden Dateien aus und klicken Sie auf **Weiter**.

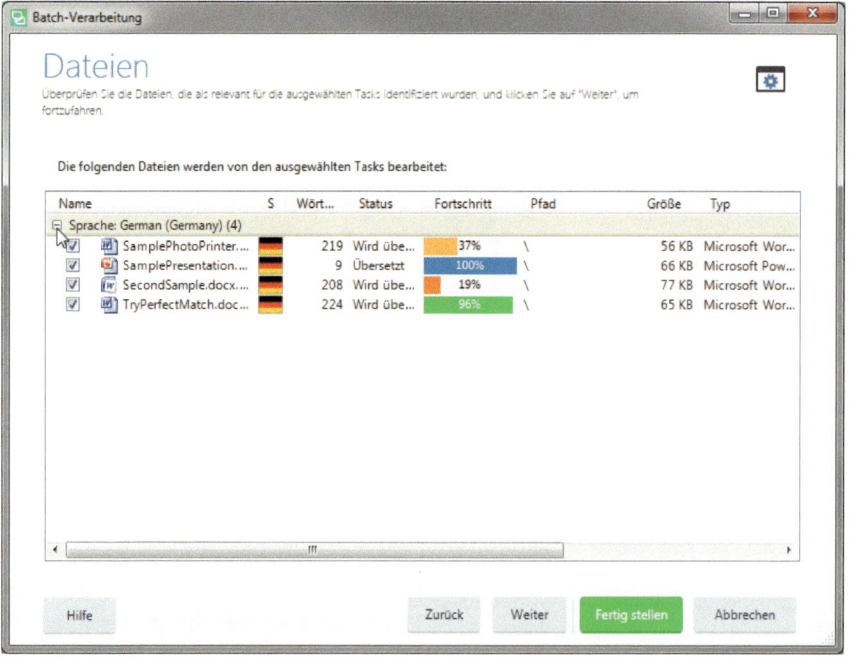

Das Dialogfeld **Batch-Verarbeitung** → **Einstellungen** öffnet sich. Klicken Sie zunächst auf **TM-Benutzer-ID...**.

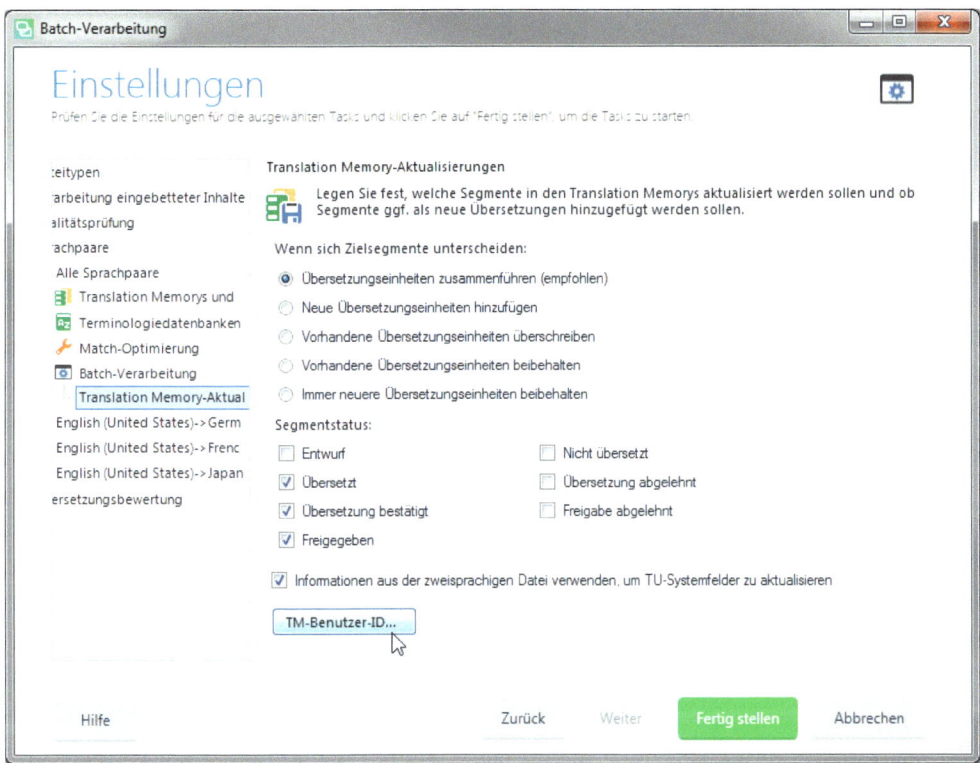

Das Dialogfeld **Benutzer bearbeiten** öffnet sich. Geben Sie die gewünschte TM-Benutzer-ID ein und klicken Sie auf **OK**.

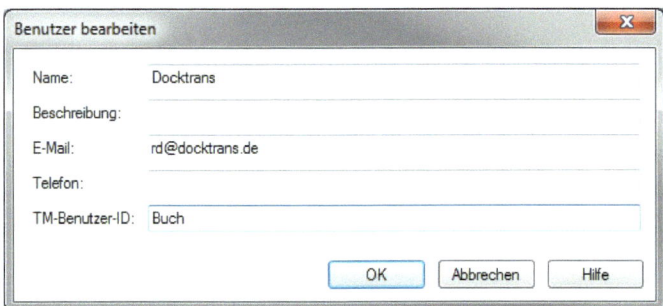

Klicken Sie danach im Dialogfeld **Batch-Verarbeitung** → **Einstellungen** auf **Fertig stellen**, um das Projekt abzuschließen.

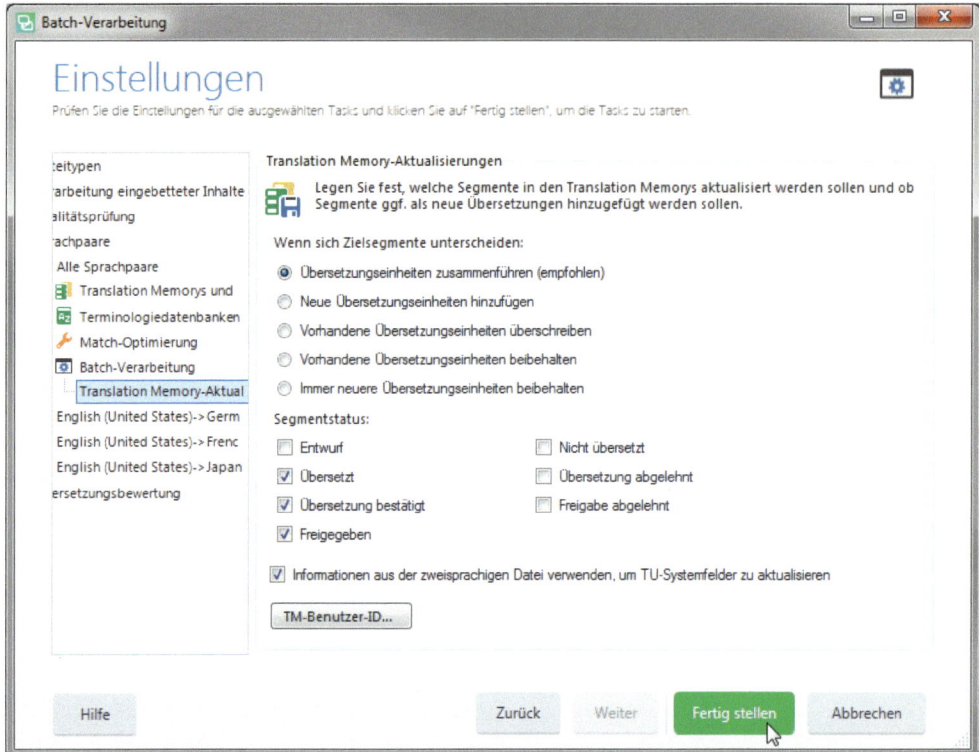

SDL Trados Studio 2019 ersetzt im Projektabschluss alle Übersetzungseinheiten der ausgewählten Dateien aus dem aktuellen Projekt in den entsprechenden Systemfeldern mit der von Ihnen eingegebenen TM-Benutzer-ID.

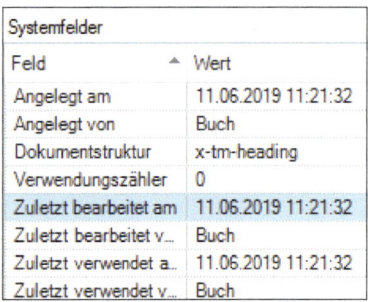

❗ Bitte beachten Sie, dass die bei einem/für einen Projektabschluss eingestellte TM-Benutzer-ID über den Projektabschluss hinausreicht, da diese automatisch ebenfalls im Bereich **Datei** → **Setup** → **Benutzer** eingetragen und zukünftig verwendet wird. Sie kann nach dem Projektabschluss unter **Datei** → **Setup** → **Benutzer** entsprechend in die ursprüngliche TM-Benutzer-ID zurückgeändert werden.

Exportieren und Importieren von Benutzerprofilen

Benutzerprofile enthalten alle Einstellungen, die ein Benutzer in den folgenden Bereichen vorgenommen hat:

- Tastenkombinationen
- Positionierung der Fenster in den einzelnen Ansichten
- Einstellungen im Bereich **Datei** → **Optionen**

Ein Exportieren bzw. Importieren von Benutzerprofilen ist dann von Vorteil, wenn die gleichen Benutzereinstellungen auf mehreren Computern verwendet oder der Computer gewechselt werden soll.

Exportieren von Benutzerprofilen

Klicken Sie auf der Registerkarte **Datei** → **Setup** auf **Benutzerprofile verwalten**, um das Dialogfeld für die Verwaltung von Benutzerprofilen zu öffnen.

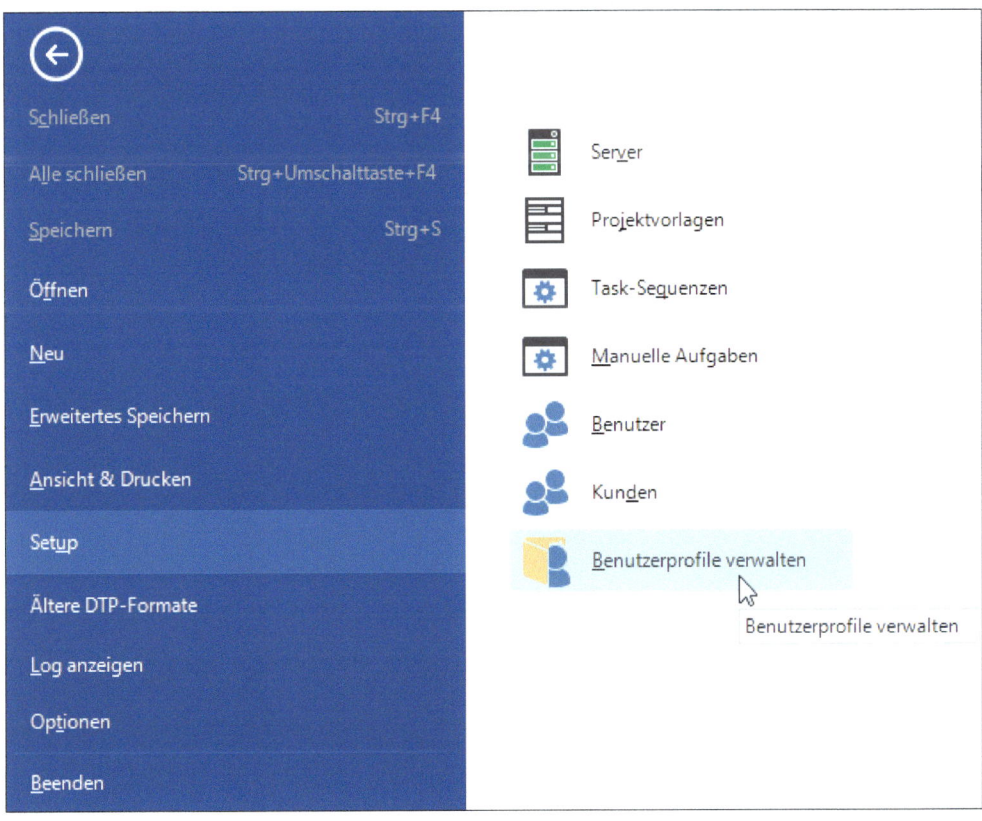

Das Dialogfeld **Benutzerprofile verwalten** → **Benutzerprofile** öffnet sich. Klicken Sie auf **Benutzereinstellungen exportieren**, um mit dem Export der Benutzereinstellungen zu beginnen. Klicken Sie danach auf **Weiter**.

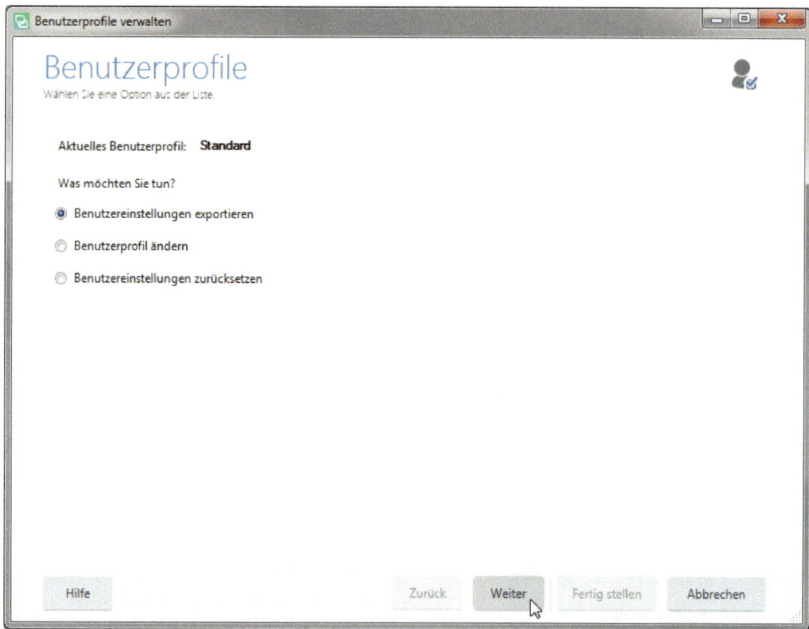

Klicken Sie im sich öffnenden Dialogfeld **Benutzerprofile verwalten** → **Benutzereinstellungen exportieren** auf **Durchsuchen...**.

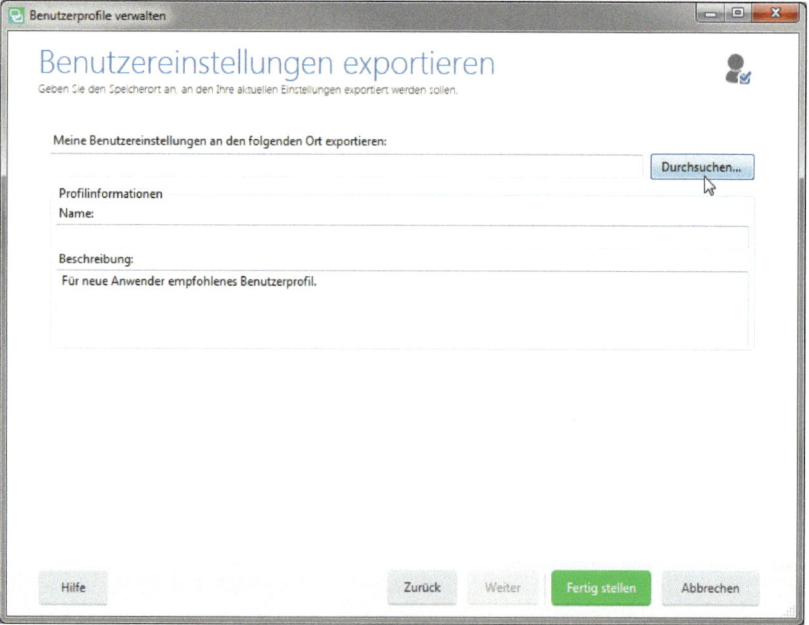

Wählen Sie im sich öffnenden Dialogfeld **Speichern unter** den Speicherort aus und geben Sie den Dateinamen des zu exportierenden Benutzerprofils ein. Klicken Sie danach auf **Speichern**.

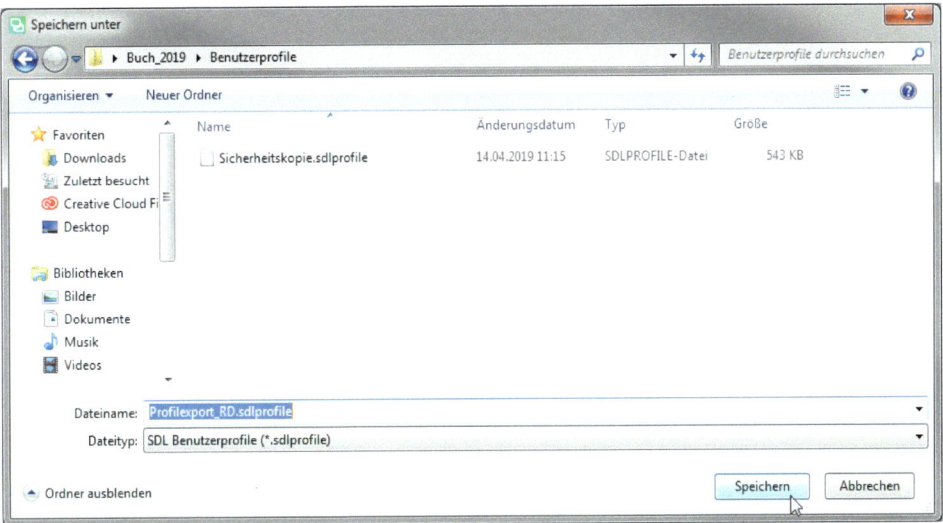

Der Speicherort ist nun im Dialogfeld **Benutzerprofile verwalten → Benutzereinstellungen exportieren** eingetragen. Geben Sie unter **Name:** den Namen des Profils ein und klicken Sie zum Abschluss auf **Fertig stellen**.

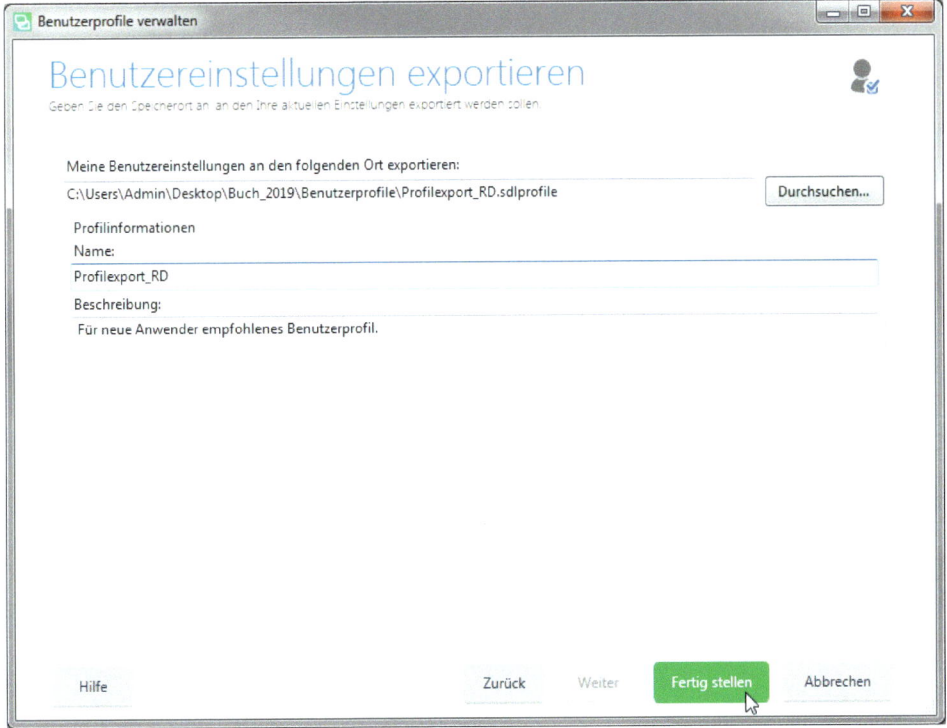

Das Benutzerprofil ist nun am gewünschten Speicherort abgelegt.

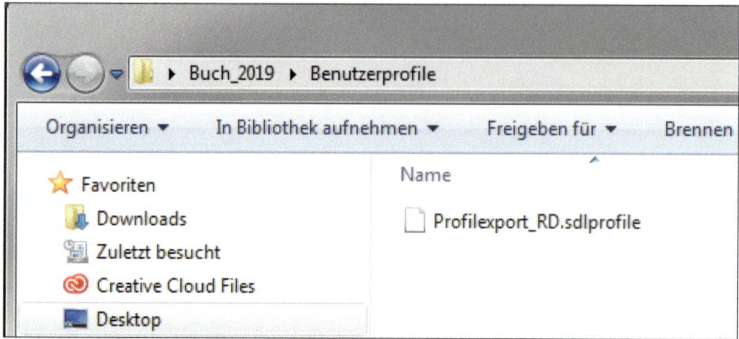

Importieren von Benutzerprofilen

Klicken Sie auf der Registerkarte **Datei** unter **Setup** auf **Benutzerprofile verwalten**, um die Benutzerprofilverwaltung zu öffnen.

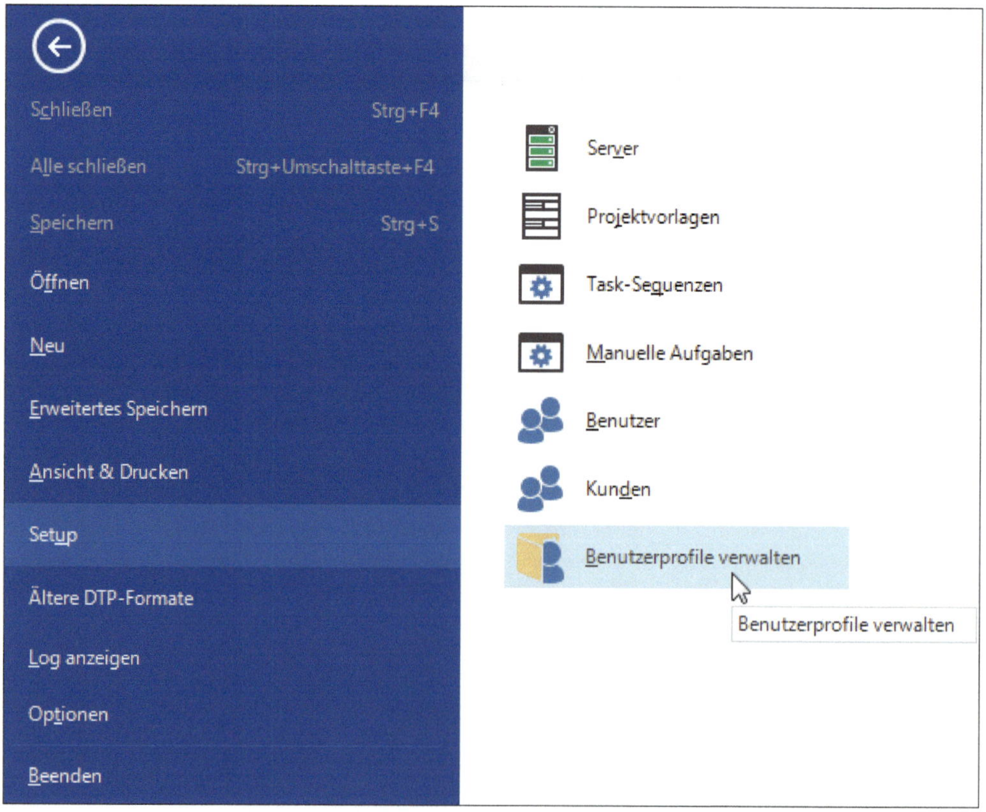

Wählen Sie im sich öffnenden Dialogfeld **Benutzerprofile verwalten** → **Benutzerprofile** → **Benutzerprofil ändern** aus und klicken Sie auf **Weiter**.

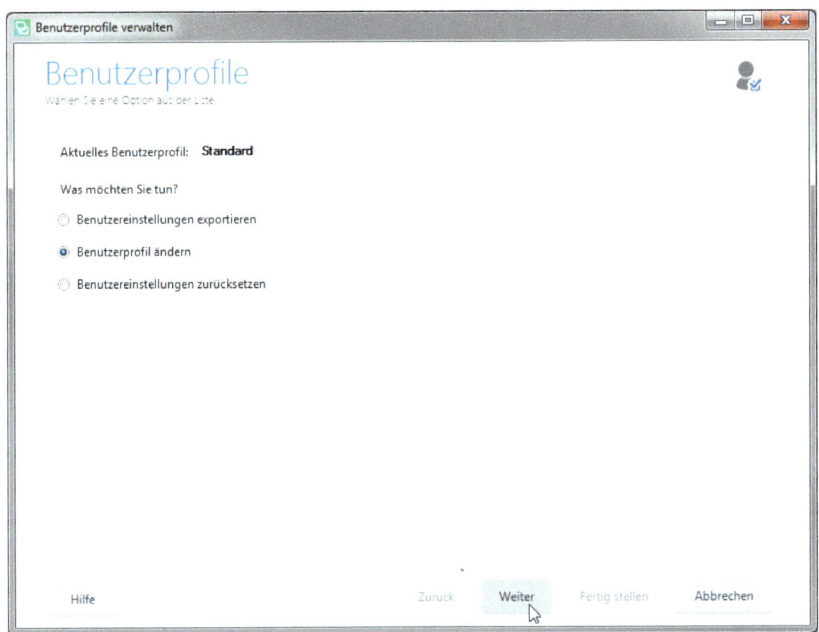

Wählen Sie im Dialogfeld **Benutzerprofile verwalten** → **Sicherheitskopie der Benutzereinstellungen erstellen** den Speicherort für die Ablage einer Sicherheitskopie der aktuellen Benutzereinstellungen aus, bevor die neuen Benutzereinstellungen importiert werden. SDL Trados Studio 2019 gibt dabei einen Standardspeicherort vor, der ggf. geändert werden kann. Darüber hinaus haben Sie die Möglichkeit, auf das Erstellen einer Sicherheitskopie zu verzichten. Klicken Sie nach erfolgter Auswahl auf **Weiter**.

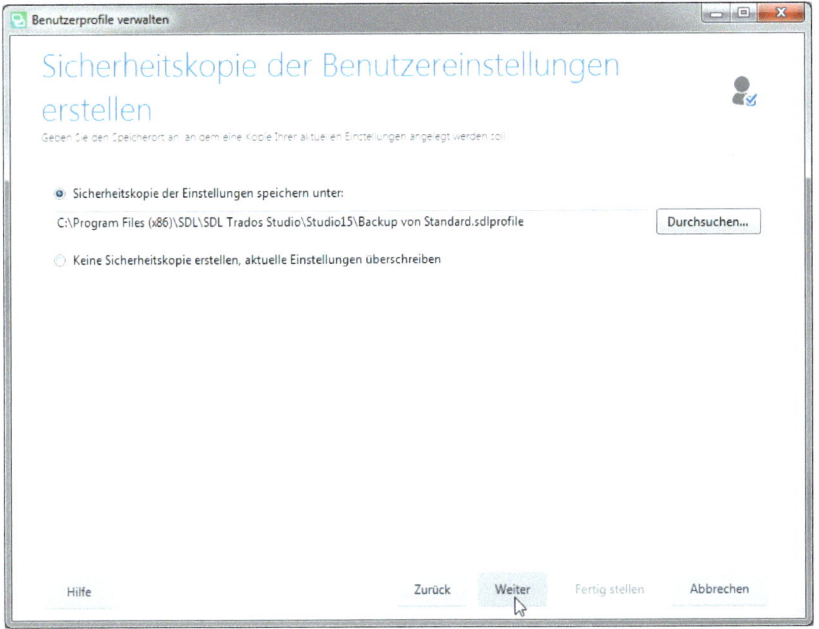

Wählen Sie im Dialogfeld **Benutzerprofile verwalten** → **Benutzerprofil auswählen** ein Benutzerprofil aus, indem Sie zunächst auf **Durchsuchen** klicken.

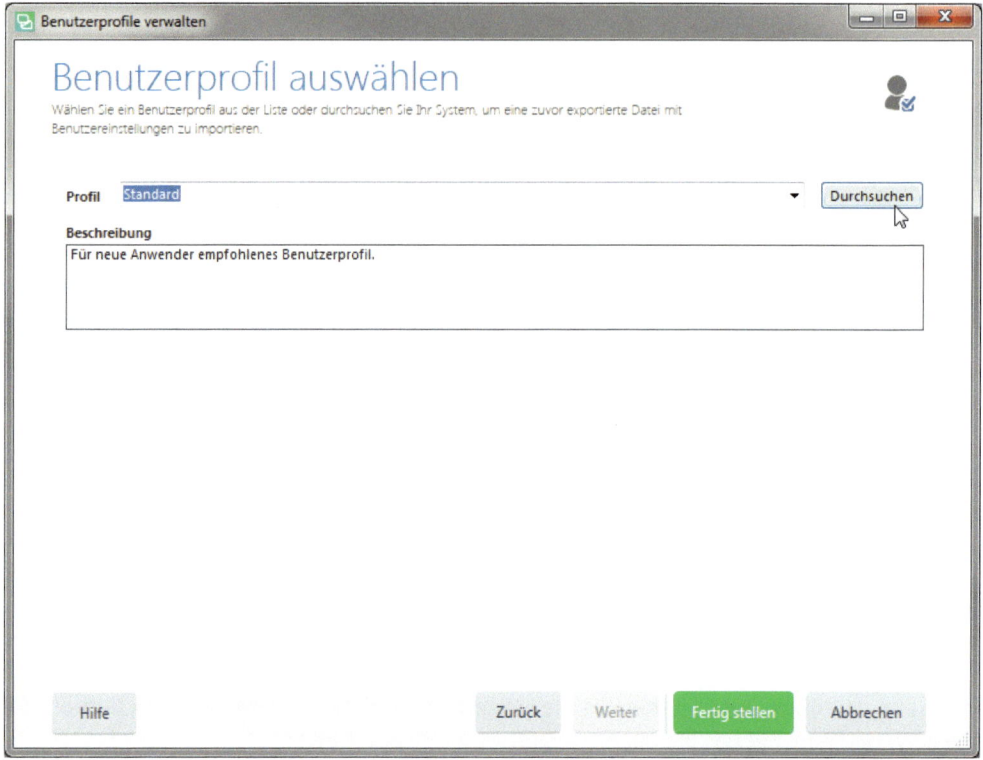

Wählen Sie danach im sich öffnenden Dialogfeld **Öffnen** ein zuvor exportiertes Benutzerprofil aus und klicken Sie auf **Öffnen**.

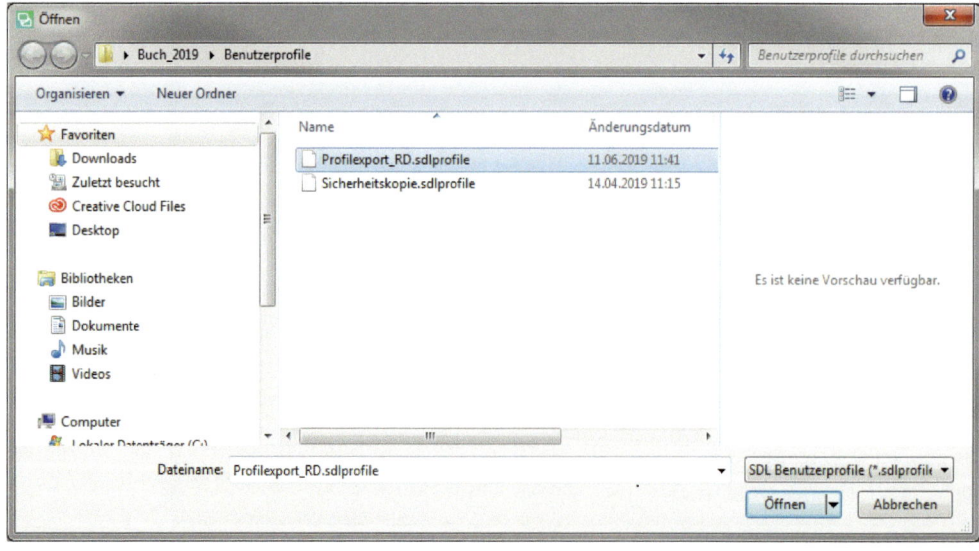

Das ausgewählte Benutzerprofil ist nun im Dialogfeld **Benutzerprofile verwalten** → **Benutzerprofil auswählen** eingetragen. Klicken Sie auf **Fertig stellen**.

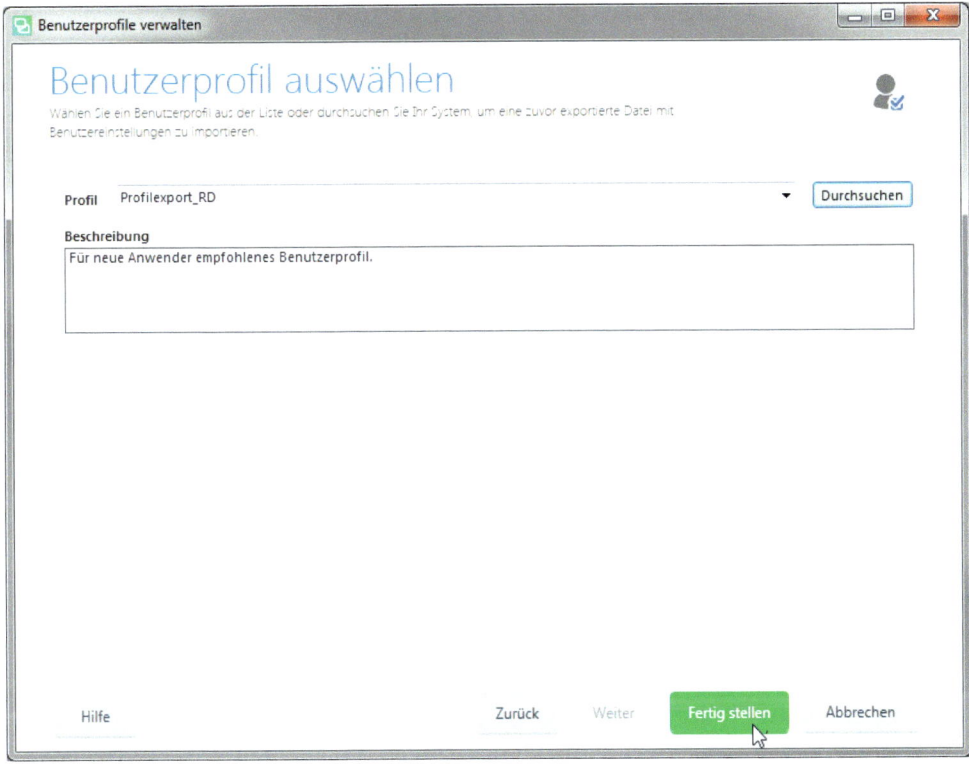

Die Einstellungen des Benutzerprofils werden importiert und sind danach in SDL Trados Studio 2019 eingebunden.

Anpassen von Schnellzugriffsleiste und Multifunktionsleiste

Sie haben in SDL Trados Studio 2019 die Möglichkeit, die Schnellzugriffsleiste, die sich oberhalb der Registerkarten befindet, anzupassen, indem Sie die entsprechenden gewünschten Funktionen hinzufügen. Darüber hinaus haben Sie die Möglichkeit, der Multifunktionsleiste benutzerdefinierte Registerkarten mit Gruppen und Funktionen hinzuzufügen oder Standardregisterkarten mit neuen Gruppen und Funktionen zu ergänzen.

Anpassen der Schnellzugriffsleiste

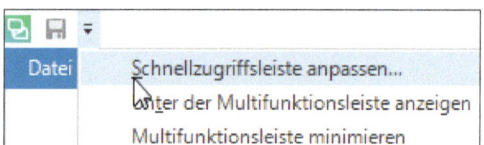

Klicken Sie auf den kleinen Pfeil nach unten rechts neben der Schnellzugriffsleiste und wählen Sie **Schnellzugriffsleiste anpassen...** aus.

Das Dialogfeld **Multifunktionsleiste anpassen** öffnet sich mit der voreingestellten Registerkarte **Schnellzugriffsleiste**.

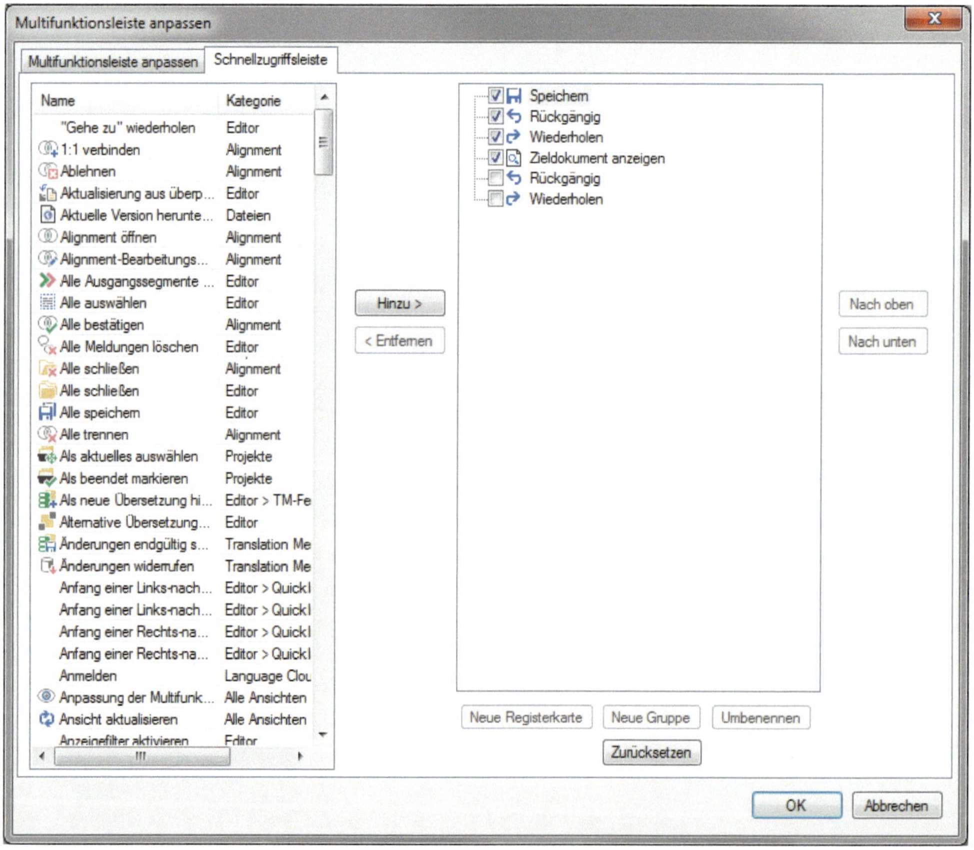

Wählen Sie auf der Registerkarte **Schnellzugriffsleiste** in der Liste der Funktionen eine Funktion aus, die Sie hinzufügen möchten, und klicken Sie auf **Hinzu**. Fahren Sie ggf. mit weiteren Funktionen fort.

Klicken Sie auf **OK**, wenn Sie der Schnellzugriffsleiste alle gewünschten Funktionen hinzugefügt haben.

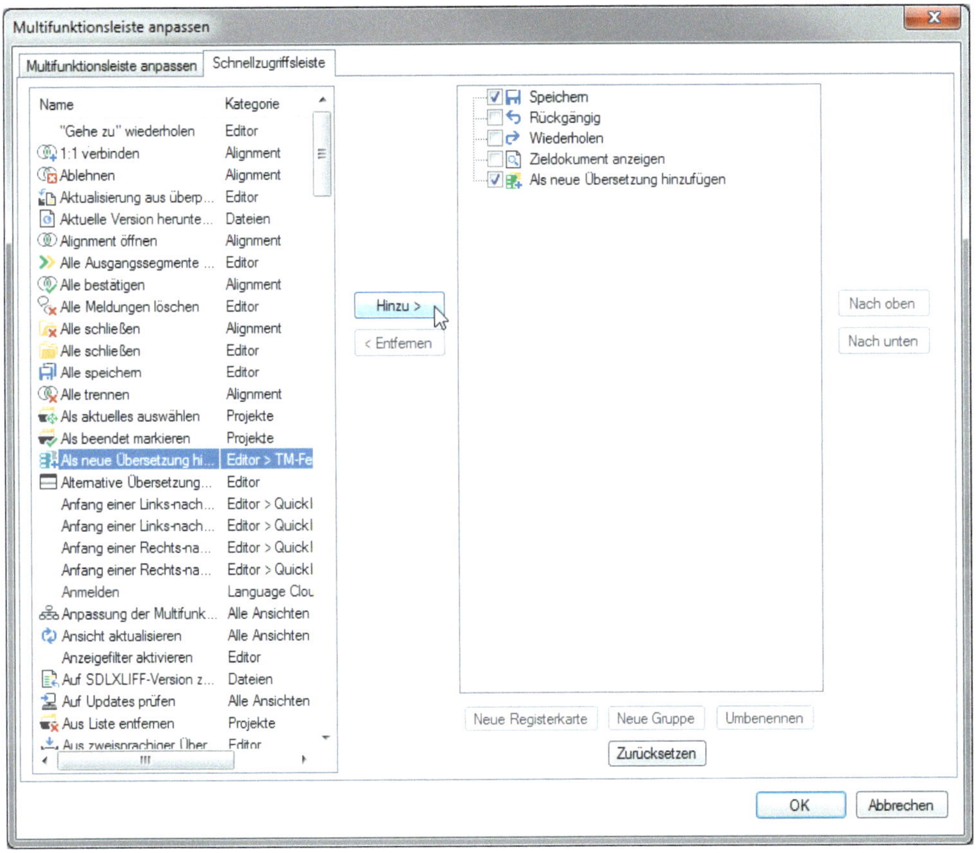

Das/die hinzugefügten Symbol/e erscheinen nun in der Schnellzugriffsleiste, wenn die für die Funktion relevante Ansicht (im vorliegenden Beispiel die Ansicht **Editor**) aktiv ist.

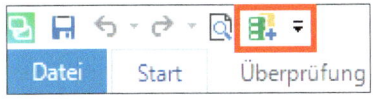

Zurücksetzen der Schnellzugriffsleiste

Klicken Sie auf den kleinen Pfeil nach unten rechts neben der Schnellzugriffsleiste und wählen Sie **Schnellzugriffsleiste anpassen...** aus.

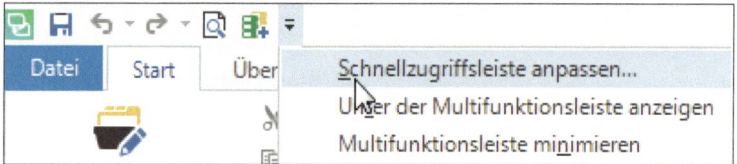

Das Dialogfeld **Multifunktionsleiste anpassen** öffnet sich mit der voreingestellten Registerkarte **Schnellzugriffsleiste**. Klicken Sie rechts unten im Dialogfeld auf **Zurücksetzen**. Klicken Sie danach auf **OK**. SDL Trados Studio 2019 stellt nun die Standardeinstellung der Schnellzugriffsleiste nach einem Neustart von SDL Trados Studio 2019 wieder her.

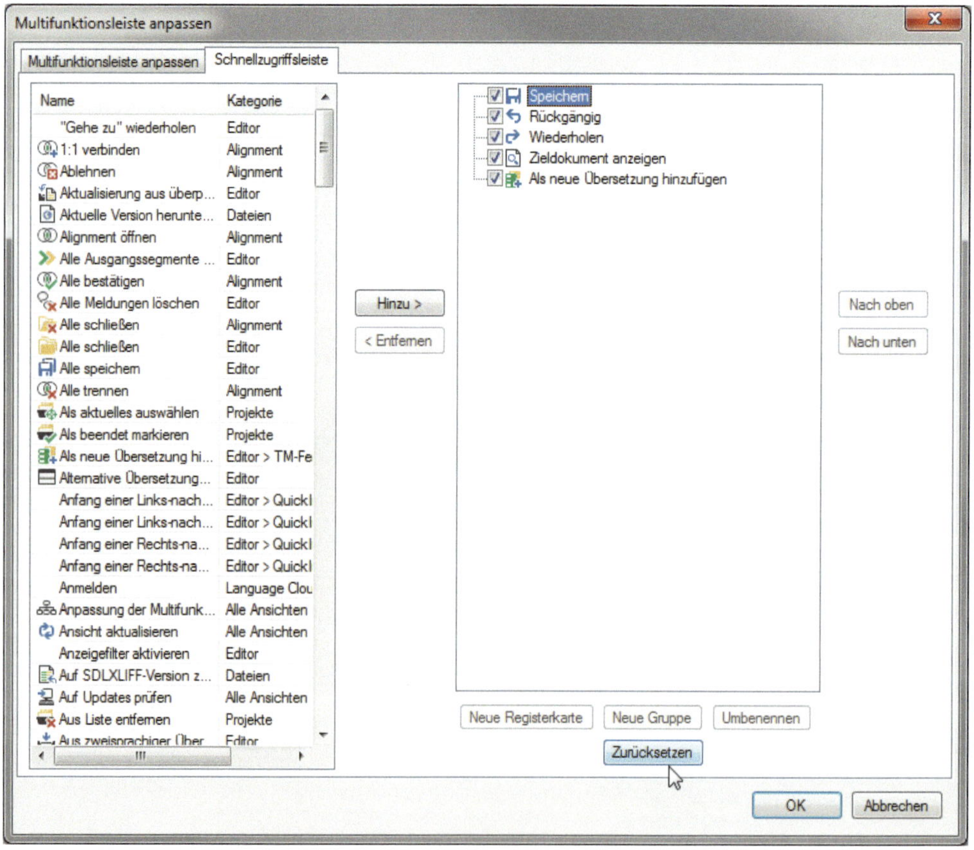

Alternativ haben Sie auch die Möglichkeit, einzelne Funktionen zu entfernen, indem Sie diese zunächst anklicken, sodass sie farbig unterlegt sind, und dann auf **< Entfernen** klicken.

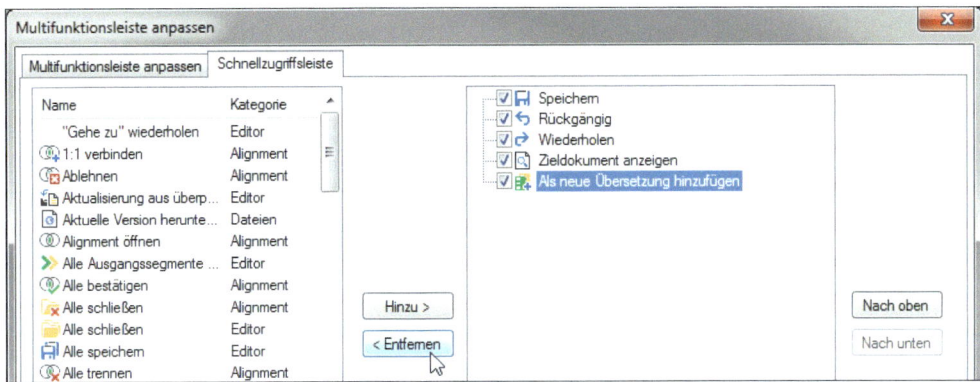

Anpassen der Multifunktionsleiste

SDL Trados Studio 2019 bietet Ihnen die Möglichkeit, Registerkarten mit Gruppen und Funktionen zur Benutzeroberfläche hinzuzufügen. Klicken Sie in der gewünschten Ansicht (im vorliegenden Beispiel Ansicht **Editor**) auf der Registerkarte **Ansicht** in der Gruppe **Benutzeroberfläche** auf **Anpassung der Multifunktionsleiste**.

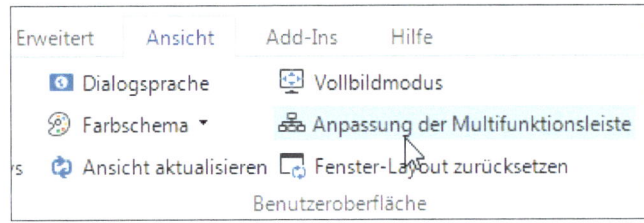

Das Dialogfeld **Multifunktionsleiste anpassen** öffnet sich mit der voreingestellten Registerkarte **Multifunktionsleiste anpassen**.

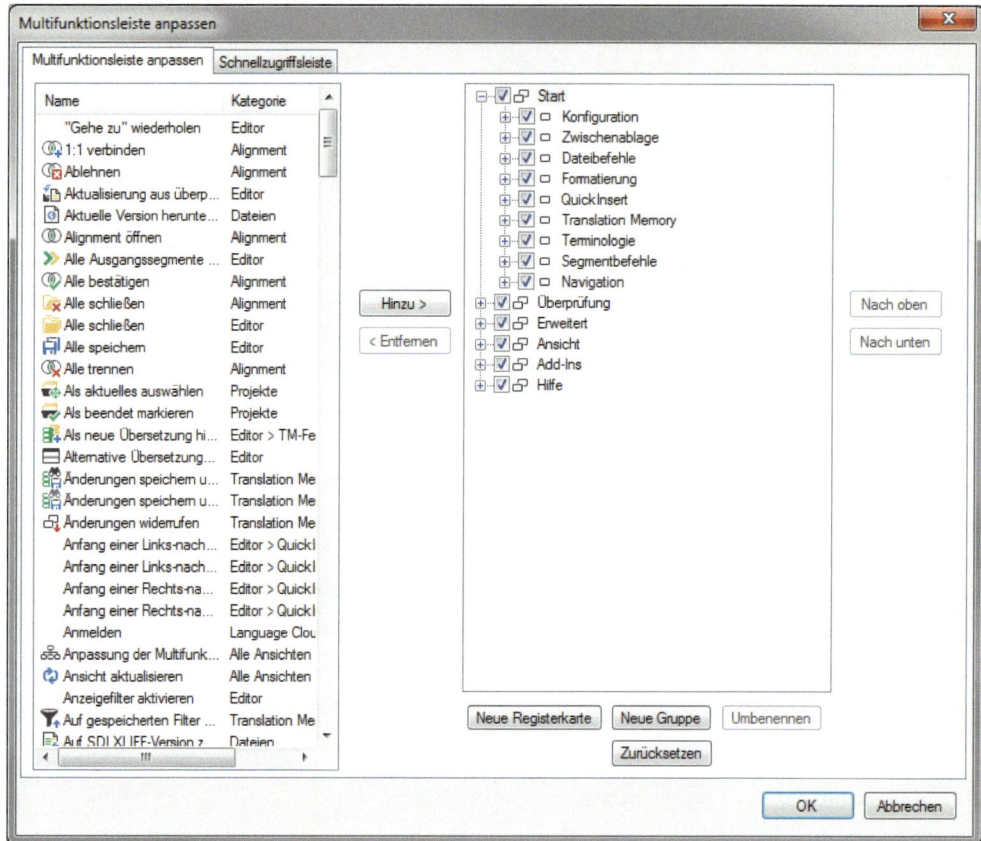

Hinzufügen von Registerkarten zur Multifunktionsleiste

Klicken Sie unten rechts im Dialogfeld **Multifunktionsleiste anpassen** auf **Neue Registerkarte**, um der Multifunktionsleiste eine Registerkarte hinzuzufügen. Die Registerkarte hat zunächst den Namen **Neue Registerkarte (Benutzerdefiniert)**.

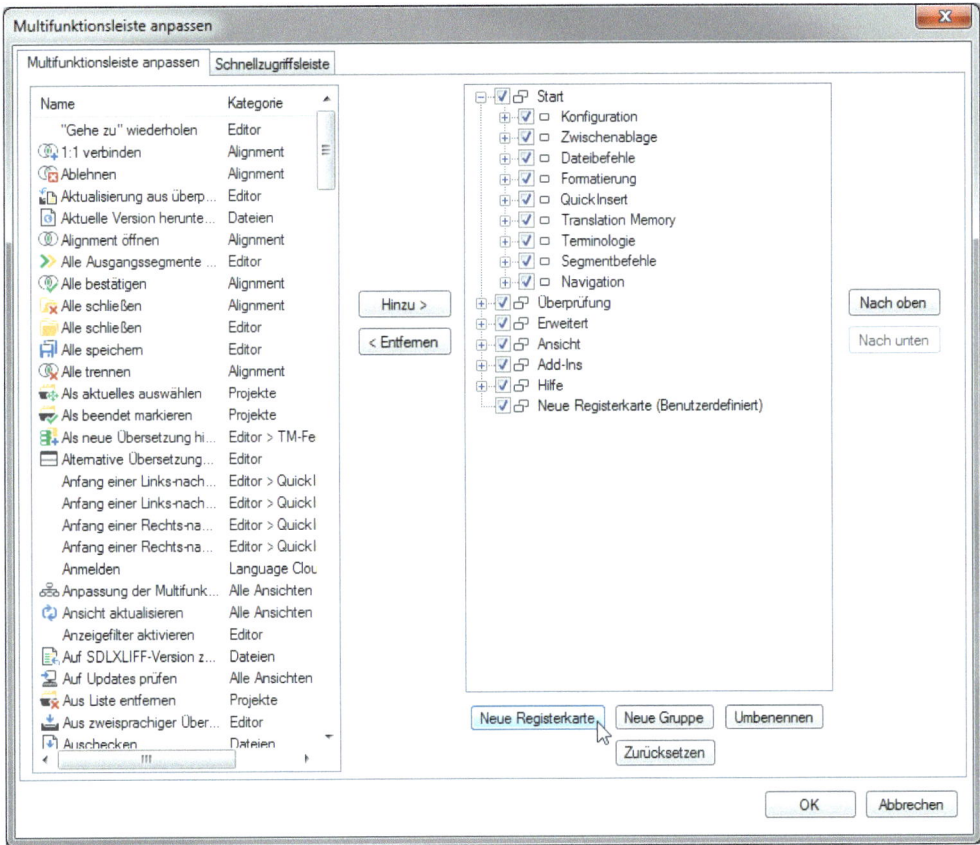

Klicken Sie auf **Umbenennen**. Das Dialogfeld **Umbenennen** öffnet sich.

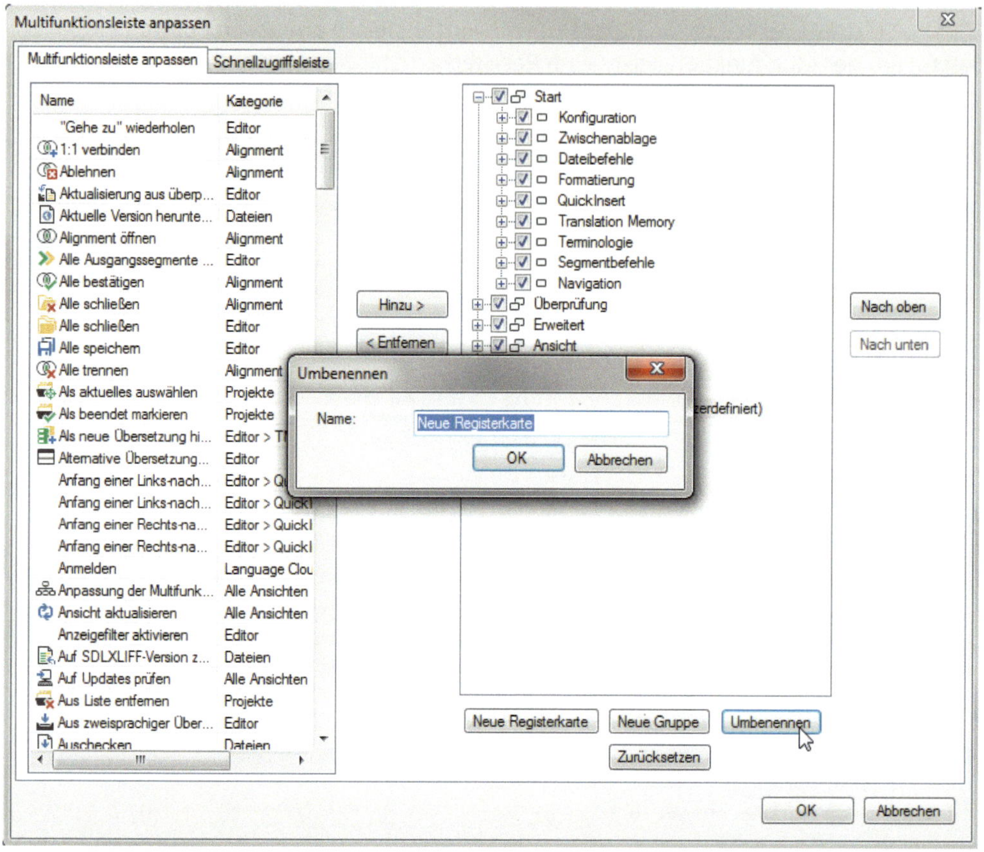

Geben Sie einen Namen für die neue Registerkarte ein und klicken Sie auf **OK**.

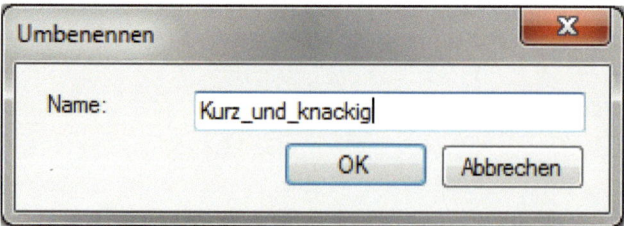

Die Registerkarte erscheint nun im Dialogfeld **Multifunktionsleiste anpassen** mit dem neuen Namen. Klicken Sie nun auf **Neue Gruppe**, um der Registerkarte eine Gruppe hinzuzufügen. Die neue Gruppe hat zunächst den Namen **Neue Gruppe (Benutzerdefiniert)**.

❗ Es ist nicht möglich, der Registerkarte direkt Funktionen hinzuzufügen, ohne zunächst eine Gruppe zu erstellen.

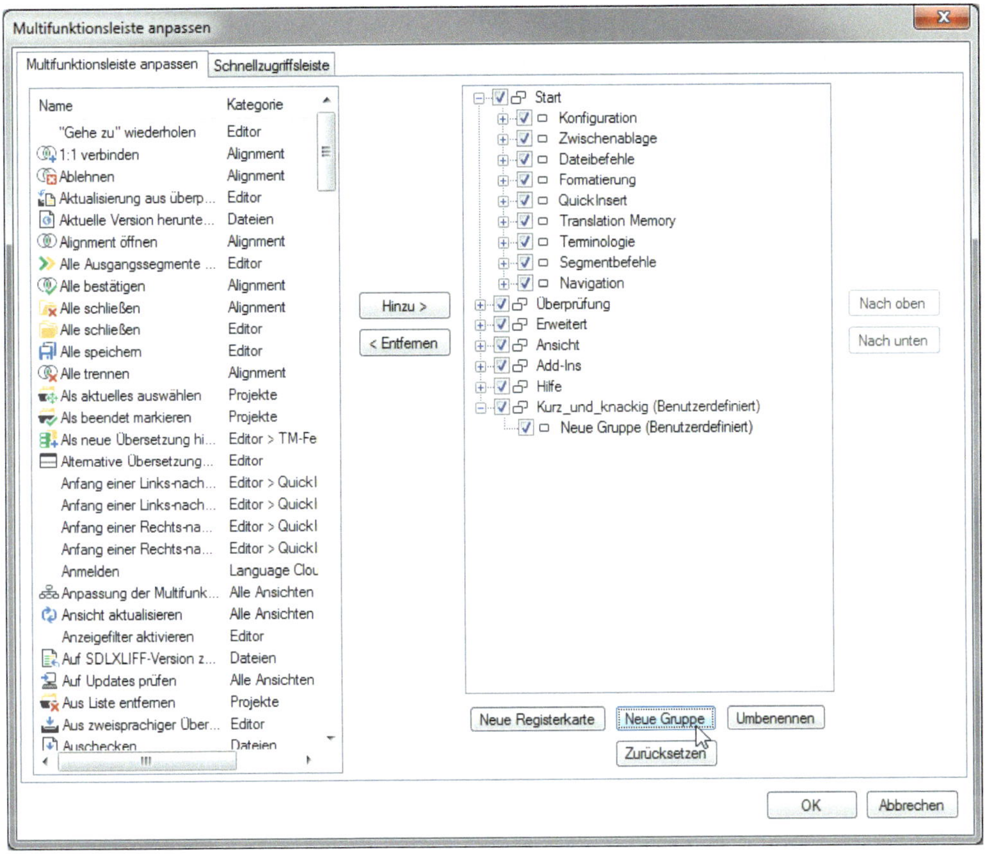

Anpassen von Schnellzugriffsleiste und Multifunktionsleiste

![Dialogfeld Multifunktionsleiste anpassen]

Klicken Sie auf **Umbenennen**, um der Gruppe einen Namen zu geben. Das Dialogfeld **Umbenennen** öffnet sich.

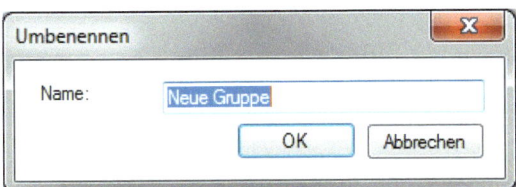

Geben Sie der Gruppe einen Namen und klicken Sie danach auf **OK**.

Die Gruppe ist nun im Dialogfeld **Multifunktionsleiste anpassen** der zuvor angelegten Registerkarte untergeordnet und kann mit Funktionen befüllt werden. Klicken Sie dazu auf der linken Seite des Dialogfelds auf eine Funktion und danach auf **Hinzu >**.

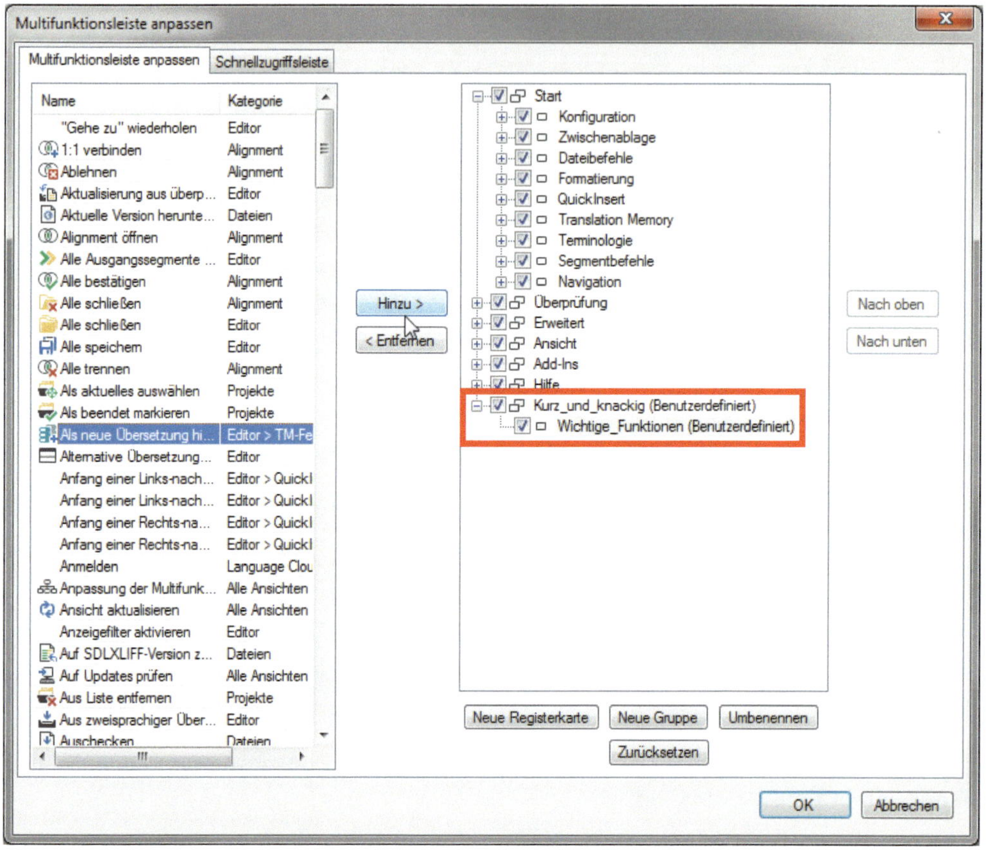

Die Funktion ist nun der Gruppe zugeordnet.

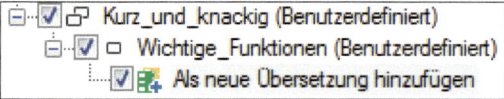

Fügen Sie der Registerkarte beliebig viele Gruppen und beliebig viele Funktionen hinzu und klicken Sie zum Abschluss auf **OK**.

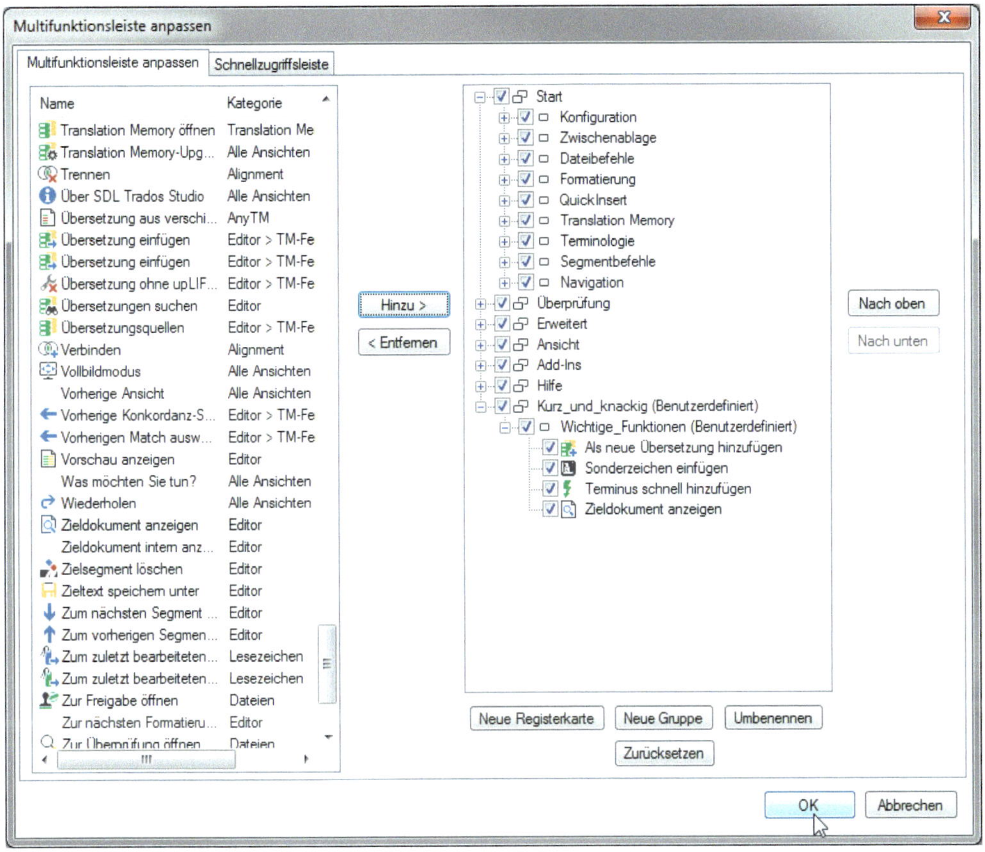

Die benutzerdefinierte Registerkarte erscheint nun mit Gruppe(n) und Funktion(en) in SDL Trados Studio 2019.

❗ Bitte beachten Sie, dass benutzerdefinierte Registerkarten nur dann in SDL Trados Studio 2019 erscheinen, wenn sie mit Gruppen und Funktionen versehen wurden.

Hinzufügen von Gruppen und Funktionen zu Standardregisterkarten

Verfahren Sie analog mit Gruppen und Funktionen, die Sie Standardregisterkarten hinzufügen möchten, die von SDL Trados Studio 2019 vorgegeben sind. Klicken Sie dabei zunächst in der gewünschten Ansicht auf der Registerkarte **Ansicht** in der Gruppe **Benutzeroberfläche** auf **Anpassung der Multifunktionsleiste**.

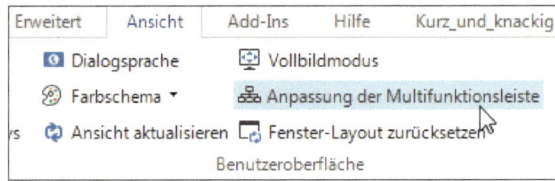

Das Dialogfeld **Multifunktionsleiste anpassen** öffnet sich mit der voreingestellten Registerkarte **Multifunktionsleiste anpassen**. Klicken Sie auf der rechten Seite im Dialogfeld **Multifunktionsleiste anpassen** auf die Standardregisterkarte in SDL Trados Studio, der Sie eine Gruppe hinzufügen möchten, sodass diese farbig unterlegt ist. Fügen Sie danach, wie weiter oben in diesem Kapitel beschrieben, Gruppen und Funktionen hinzu. Achten Sie darauf, dass Gruppen und Funktionen mit einem Häkchen versehen sind und klicken Sie zum Abschluss auf **OK**.

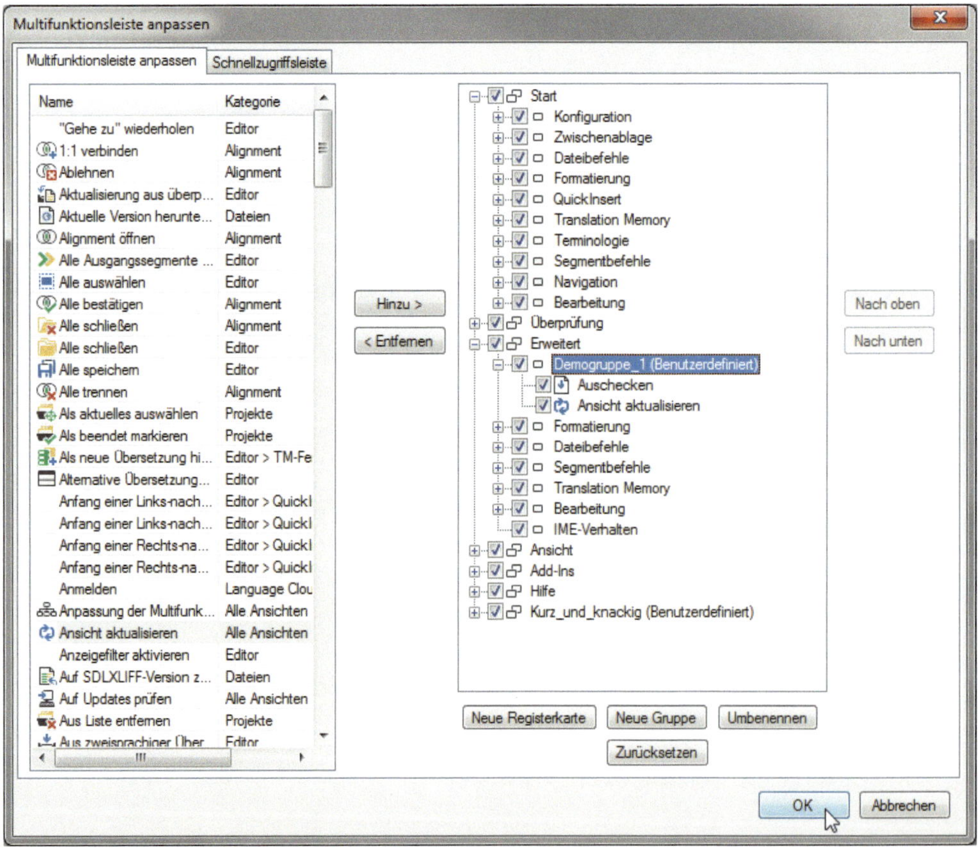

Die Gruppe erscheint nun entsprechend auf der ausgewählten Standardregisterkarte.

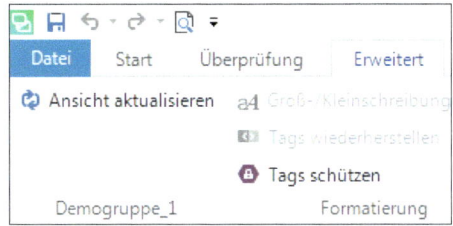

Zurücksetzen der Multifunktionsleiste

Klicken Sie in der gewünschten Ansicht auf der Registerkarte **Ansicht** in der Gruppe **Benutzeroberfläche** auf **Anpassung der Multifunktionsleiste**.

Das Dialogfeld **Multifunktionsleiste anpassen** öffnet sich mit der voreingestellten Registerkarte **Multifunktionsleiste anpassen**. Klicken Sie rechts unten im Dialogfeld auf **Zurücksetzen**. Klicken Sie danach auf **OK**.

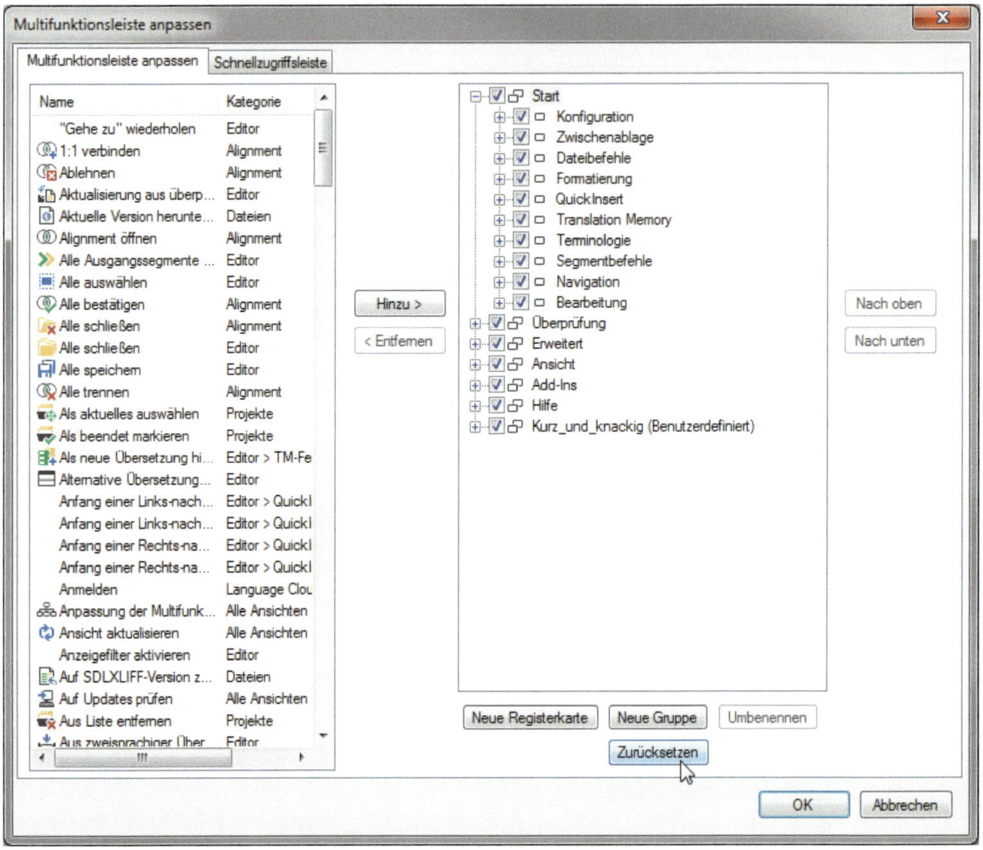

SDL Trados Studio 2019 stellt nach einem Neustart des Programms die Standardeinstellung der Multifunktionsleiste wieder her und entfernt dabei hinzugefügte Registerkarten, Gruppen und Funktionen.

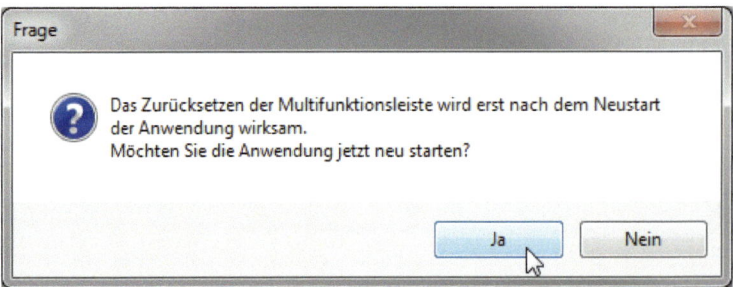

KAPITEL 3: ALIGNMENT

Gerade zu Beginn der Arbeit mit einem Translation Memory-System ist der Einsatz eines Alignment-Tools von großer Wichtigkeit für den Übersetzungsprozess. In einem Alignment werden in einem verarbeitbaren Dateiformat vorliegende ausgangs- und zielsprachliche Texte von einem Translation Memory-System verglichen und die in Ausgangs- und Zieltext enthaltenen Segmente einander gegenübergestellt und mit Linien zugeordnet.

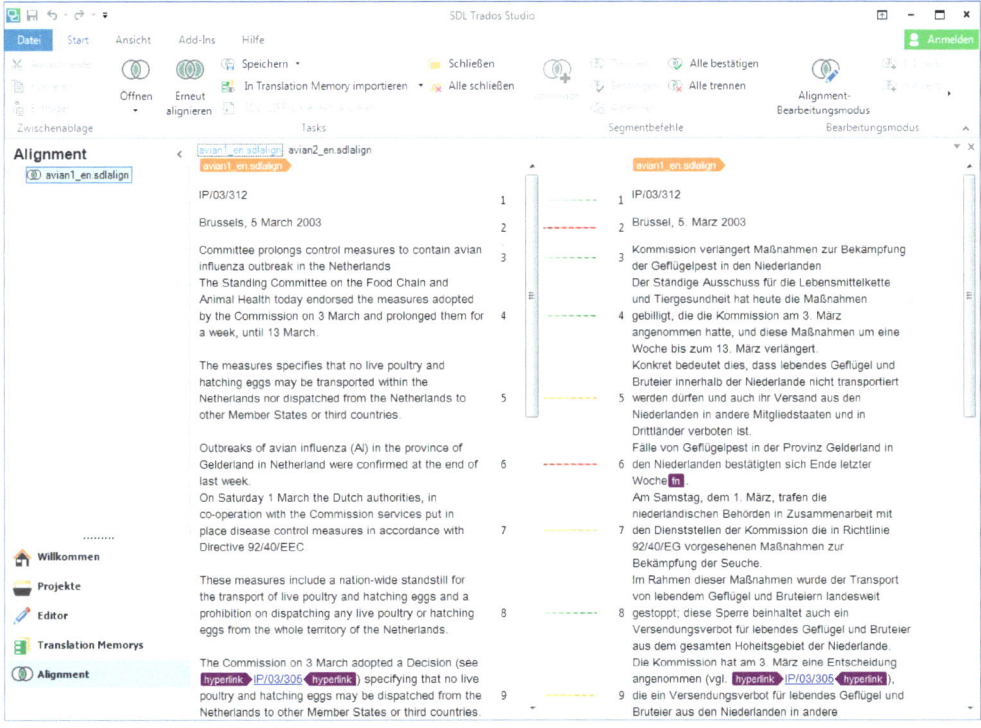

In einem zweiten Schritt werden diese einander zugeordneten Segmente entweder zunächst geprüft oder direkt in SDL Trados Studio 2019 in ein neu erstelltes oder hinzugefügtes Translation Memory importiert oder zuerst als *.sdlxliff-Datei abgespeichert und ggf. später importiert. Sie können im weiteren Arbeitsablauf so genutzt werden, als hätte der Übersetzer sie Segment für Segment in ein Translation Memory eingegeben.

Klicken Sie in der Ansicht **Willkommen** auf der Registerkarte **Start** in der Gruppe **Translation Memory** oder in der Ansicht **Translation Memorys** auf der Registerkarte **Start** in der Gruppe **Extras** auf **Dokumente alignieren**, um mit einem Alignment zu beginnen.

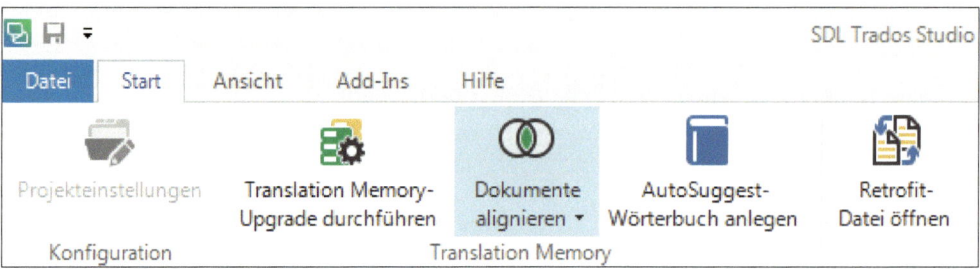

Wählen Sie in der sich öffnenden Dropdown-Liste aus, ob Sie ein einzelnes Dateipaar (bestehend aus Ausgangs- und Zieldatei) oder mehrere Dateipaare alignieren oder ob Sie ein bereits durchgeführtes Alignment öffnen möchten.

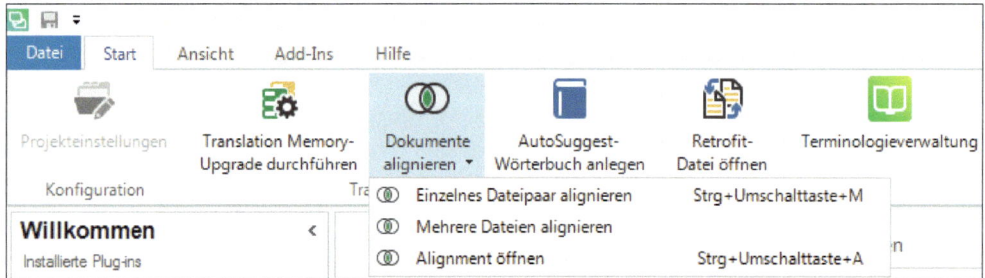

Alignieren von einzelnen Dateipaaren

Beim Alignieren von einzelnen Dateipaaren wird zunächst ein Translation Memory angelegt oder ausgewählt, danach werden Ausgangs- und Zieldatei zum Alignment hinzugefügt. Nach Abschluss der Einstellungen und des Alignments wird beim Alignment eines einzelnen Dateipaars das Alignment unmittelbar für die Prüfung geöffnet.

Klicken Sie in der Ansicht **Willkommen** auf der Registerkarte **Start** in der Gruppe **Translation Memory** oder in der Ansicht **Translation Memorys** in der Gruppe **Extras** auf **Dokumente alignieren → Einzelnes Dateipaar alignieren**, um ein Alignment mit einer Ausgangs- und einer Zieldatei durchzuführen.

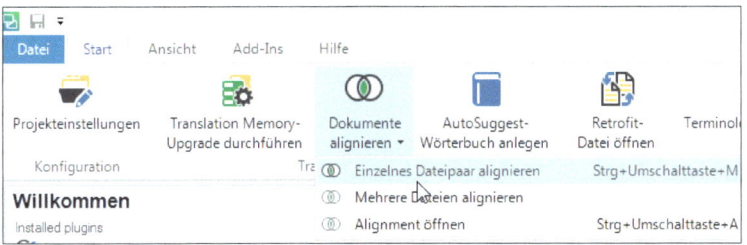

Das Dialogfeld **Dokumente alignieren → Wählen Sie das Translation Memory und die zu alignierenden Dokumente** öffnet sich. In diesem Dialogfeld kann ein Translation Memory für das Alignment neu angelegt oder ein bereits angelegtes Translation Memory hinzugefügt werden und es erfolgt die Auswahl von Ausgangs- und Zieldatei.

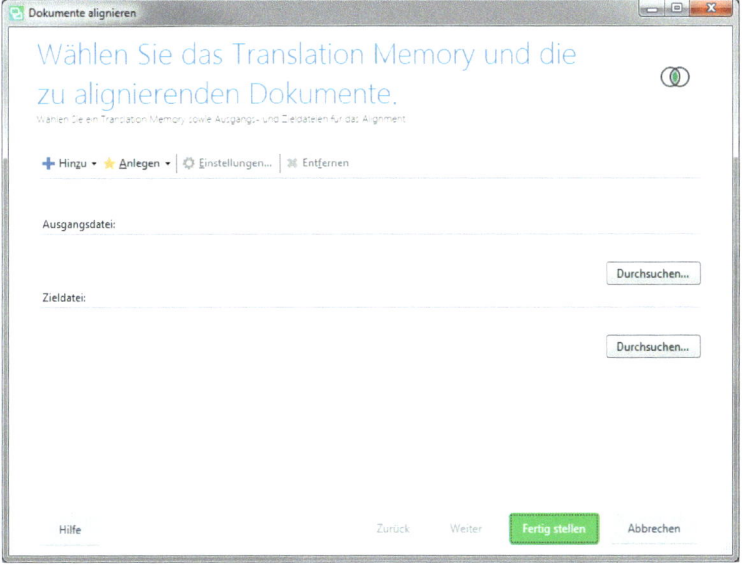

Klicken Sie auf **Hinzu**, um ein vorhandenes Translation Memory zu verwenden oder auf **Anlegen**, um ein neues Translation Memory zu erstellen und für das Alignment zu hinterlegen. Klicken Sie nach dem Hinzufügen oder Anlegen eines Translation Memorys zunächst neben **Ausgangsdatei:** und dann neben **Zieldatei:** auf **Durchsuchen...** und wählen Sie zuerst die gewünschte Ausgangs- und dann die gewünschte Zieldatei aus.

Klicken Sie nach Auswahl des Translation Memorys und der Ausgangs- und Zieldatei auf **Fertig stellen**.

Bitte achten Sie darauf, dass im Alignment verwendete Dateien nicht in einem anderen Programm geöffnet sind, da das Alignment sonst nicht durchgeführt werden kann, der Vorgang mit einer Fehlermeldung abgebrochen wird und nach Schließen der Datei wiederholt werden muss.

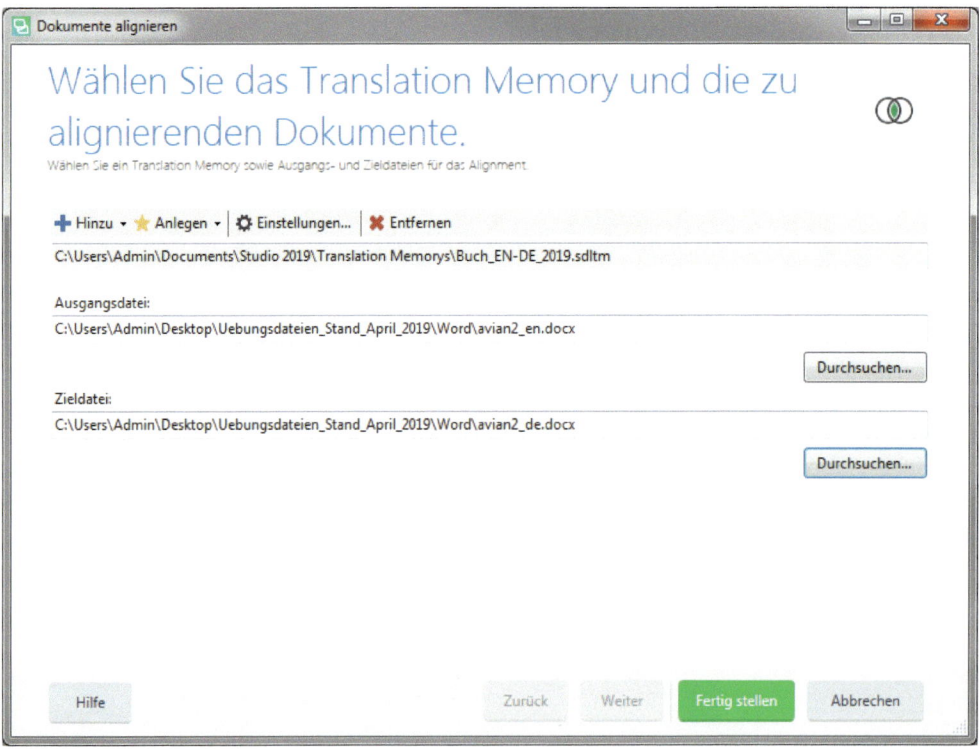

Die Ansicht **Alignment** öffnet sich und gibt dem Benutzer die Möglichkeit, das Alignment zu prüfen, bevor die Daten in das Translation Memory importiert oder als *.sdlxliff-Datei abgespeichert werden. Dabei sind die einander zugeordneten ausgangs- und zielsprachlichen Segmente durch Linien miteinander verbunden, die belassen, bestätigt oder getrennt werden können. Eine grüne oder gelbe Linienfarbe weist auf eine hohe oder mittlere Wahrscheinlichkeit eines richtigen Alignments hin, eine rote Linienfarbe weist darauf hin, dass die Wahrscheinlichkeit eines genauen Alignments geringer ist.

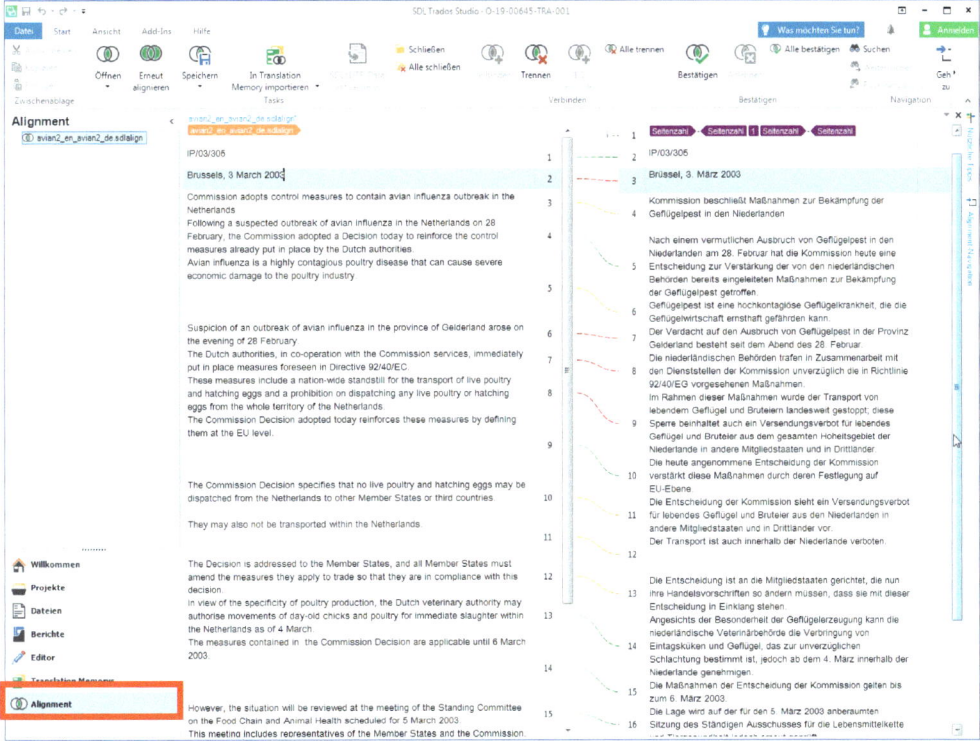

Aktivieren von Segmenten und Rechtschreibkorrektur

Klicken Sie auf ein ausgangssprachliches Segment, um dieses Segment zusammen mit dem/den von SDL Trados Studio 2019 ermittelten und mit Linien verbundenen zielsprachlichen Segment(en) zu aktivieren. Die Segmente werden blau unterlegt und es ist möglich, Rechtschreibkorrekturen sowohl im Ausgangs- als auch im Zieltext durchzuführen.

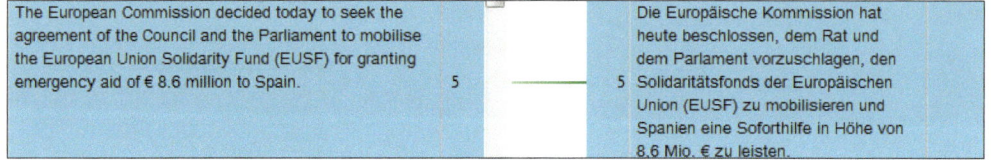

Bestätigen von einzelnen Zuordnungen in einem Alignment

Klicken Sie mit der rechten Maustaste auf ein aktives (farbig unterlegtes) ausgangs- oder zielsprachliches Segment und wählen Sie **Bestätigen** aus, um die Zuordnung von Segmenten zu bestätigen.

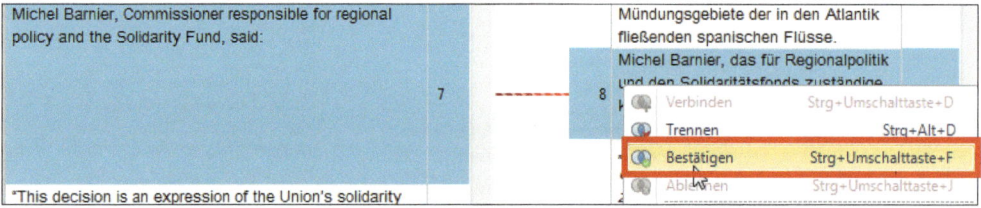

Alternativ finden Sie diesen Befehl in der Ansicht **Alignment** auf der Registerkarte **Start** in der Gruppe **Bestätigen**.

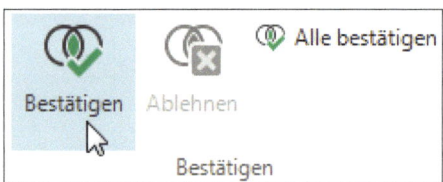

Die zuvor gestrichelte Linie der aktivierten Segmente erscheint nun grün und durchgezogen. SDL Trados Studio 2019 weist so darauf hin, dass die Zuordnung vom Übersetzer/Korrektor geprüft und bestätigt wurde.

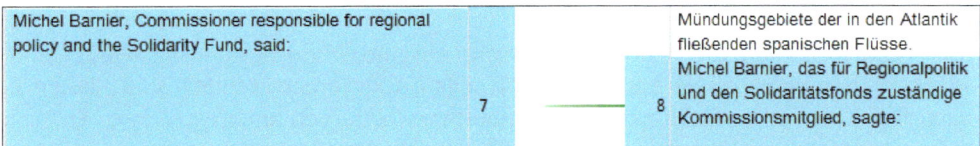

Trennen von Segmenten in einem Alignment

Klicken Sie mit der rechten Maustaste 🖱 auf ein aktives (farbig unterlegtes) ausgangs- oder zielsprachliches Segment und wählen Sie **Trennen** aus, um die Zuordnung von ausgewählten Segmenten zu trennen.

Alternativ finden Sie diesen Befehl in der Ansicht **Alignment** auf der Registerkarte **Start** in der Gruppe **Verbinden**.

Die Zuordnung der ausgewählten ausgangs- und zielsprachlichen Segmente wird gelöscht.

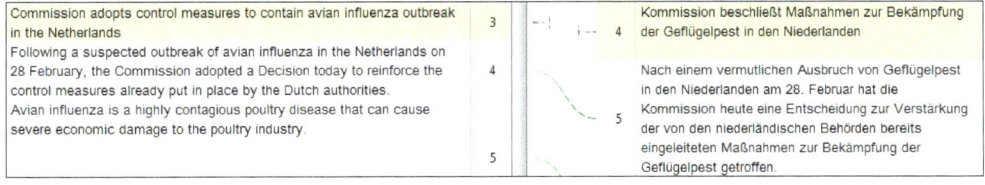

Verbinden von einzelnen Segmenten mit dem Befehl Verbinden

Klicken Sie jeweils auf die Segmentnummer im ausgangs- und zielsprachlichen Segment, sodass die Segmente, die verbunden werden sollen, ockerfarben unterlegt sind. Klicken Sie danach mit der rechten Maustaste 🖱 auf eine der ockerfarben unterlegten Segmentnummern und wählen Sie **Verbinden** aus, um die Segmente zu verbinden.

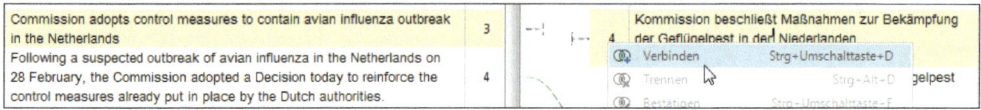

Alternativ finden Sie diesen Befehl in der Ansicht **Alignment** auf der Registerkarte **Start** in der Gruppe **Verbinden**.

Die Segmente erscheinen nun mit einer durchgezogenen grünen Linie, die darauf hinweist, dass das Segmentpaar geprüft und bestätigt ist.

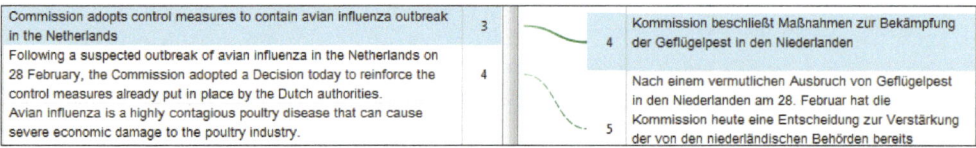

❗ Bitte beachten Sie, dass der Befehl **Verbinden** nur aktiv wird, wenn die einander zuzuordnenden Segmente getrennt, d.h. nicht mit einer Verbindungslinie zugeordnet sind.

Verbinden von einzelnen Segmenten mit Drag & Drop

Klicken Sie mit der Maustaste 🖱 auf eine Segmentnummer im Ausgangstext, sodass das Segment ockerfarben unterlegt ist, halten Sie die Maustaste 🖱 gedrückt und ziehen Sie mit der gedrückten Maustaste 🖱 zu der Segmentnummer im zielsprachlichen Segment, das Sie verbinden möchten, um Segmente im Alignment mit Drag & Drop miteinander zu verbinden.

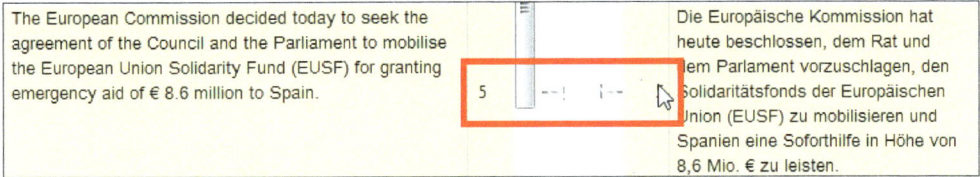

Das Segmentpaar erhält eine grüne durchgezogene Linie, mit der darauf hingewiesen wird, dass es geprüft und bestätigt ist.

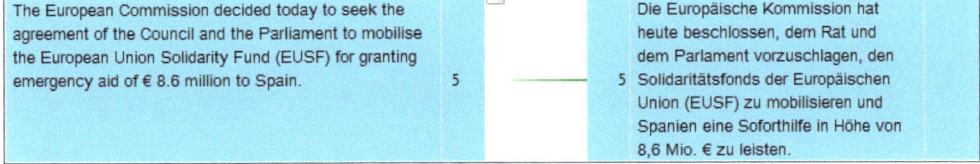

Verbinden von mehreren Segmenten

Wählen Sie die zu verbindenden Segmentnummern im Ausgangs- und Zieltext aus, sodass die Segmente ockerfarben unterlegt sind. Achten Sie dabei darauf, bei der Auswahl auf der Seite mit mehreren auszuwählenden Segmenten die [Strg]-Taste gedrückt zu halten. Maximal können fünf Segmente im Ausgangs- oder Zieltext ausgewählt und mit einem Segment auf der Gegenseite verbunden werden.

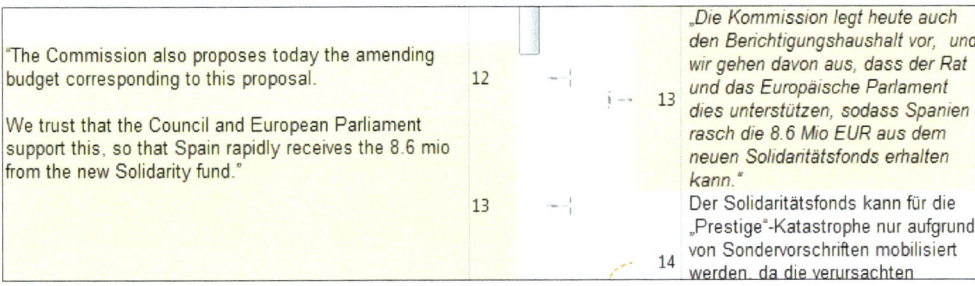

Klicken Sie dann in der Ansicht **Alignment** auf der Registerkarte **Start** in der Gruppe **Verbinden** auf **Verbinden**.

Die Segmente erhalten eine grüne durchgezogene Linie. Sie werden beim Import in ein Translation Memory als ein Segmentpaar (eine Übersetzungseinheit) abgelegt.

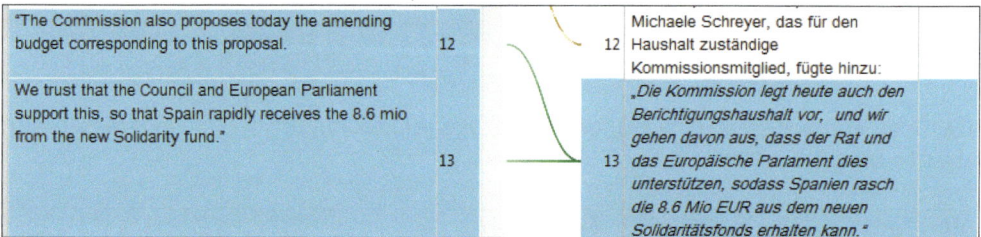

! Bitte beachten Sie, dass der Befehl **Verbinden** nur aktiv wird, wenn alle ausgewählten Segmente getrennt sind.

Verbinden von Segmenten, die weit auseinanderliegen mit dem Befehl Verbinden oder mit Drag & Drop

Klicken Sie zunächst auf die Segmentnummer des zu verbindenden Segments im Ausgangstext, sodass dieses ockerfarben unterlegt ist. Klicken Sie danach auf die Segmentnummer des zielsprachlichen Segments, sodass dieses Segment ebenfalls ockerfarben unterlegt ist. Klicken Sie danach mit der rechten Maustaste und wählen Sie **Verbinden** aus, um die Segmente zu verbinden.

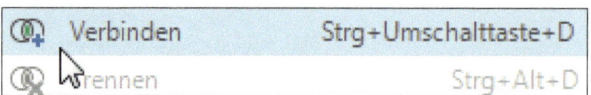

Alternativ finden Sie diesen Befehl in der Ansicht **Alignment** auf der Registerkarte **Start** in der Gruppe **Verbinden**.

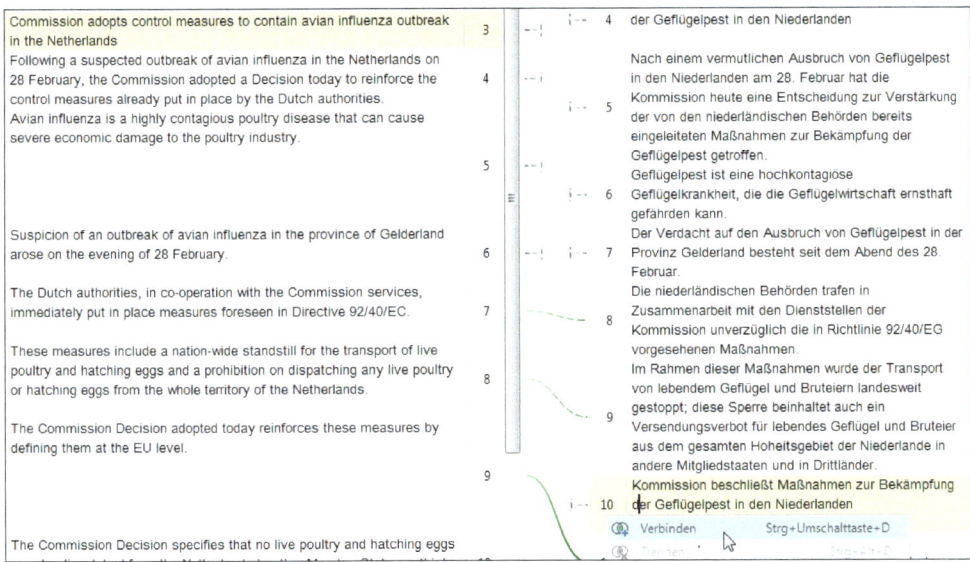

Sie haben auch die Möglichkeit, die Segmente mit Drag & Drop zu verbinden. Klicken Sie auf die ausgangssprachliche Segmentnummer, sodass das Segment ockerfarben unterlegt ist, halten Sie die Maustaste 🖱 gedrückt und ziehen Sie den Cursor zur Segmentnummer des zielsprachlichen Segments. Die beiden Segmente sind nun miteinander verbunden.

❗ Im Gegensatz zum Verbinden von Segmenten mit dem Befehl Verbinden ist es beim **Verbinden** von Segmenten mit Drag & Drop nicht erforderlich, dass die Segmente getrennt sind.

Teilen von Segmenten

Setzen Sie den Cursor an die Stelle im alignierten ausgangs- oder zielsprachlichen Segment, an der dieses geteilt werden soll, klicken Sie mit der rechten Maustaste auf das Segment und wählen Sie aus der sich öffnenden Dropdown-Liste **Segment teilen** aus.

SDL Trados Studio 2019 trennt das Segment in zwei Teile, die bei Bedarf entsprechend angepasst werden können.

Einfügen von leeren Segmenten mit Davor einfügen/Dahinter einfügen

SDL Trados Studio 2019 bietet die Möglichkeit, leere Segmente vor und hinter einem ausgewählten Segment einzufügen, wenn z.B. ein Satz enthalten ist, der im ausgangs- oder zielsprachlichen Segment fehlt. Klicken Sie mit der rechten Maustaste entweder auf der ausgangssprachlichen oder zielsprachlichen Seite auf ein aktives und damit blau unterlegtes Segment und wählen Sie in der sich öffnenden Dropdown-Liste **Davor einfügen** oder **Dahinter einfügen** aus.

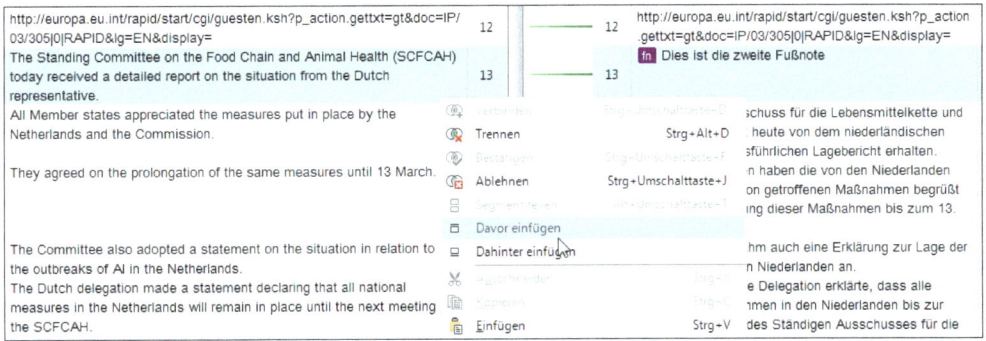

SDL Trados Studio 2019 fügt auf der entsprechenden Seite ein leeres Segment ein, das im Anschluss mit Text befüllt werden kann.

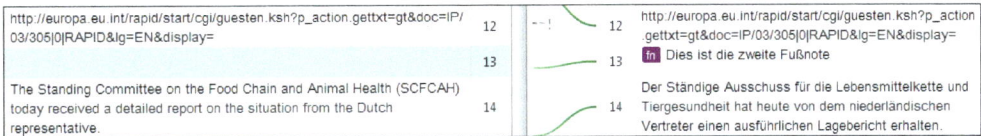

Dateien erneut alignieren

Der Befehl **Erneut alignieren** ermöglicht es, im Verlauf der Alignment-Korrektur in einem geöffneten Alignment ein erneutes Alignment unter Berücksichtigung bereits bestätigter Segmentzuordnungen durchzuführen. Klicken Sie in der Ansicht **Alignment** auf der Registerkarte **Start** in der Gruppe **Tasks** auf **Erneut Alignieren**, wenn Sie möchten, dass SDL Trados Studio 2019 im Verlauf der Alignment-Korrektur ein erneutes Alignment unter Berücksichtigung der bereits von Ihnen korrigierten und bestätigten Segmente durchführt.

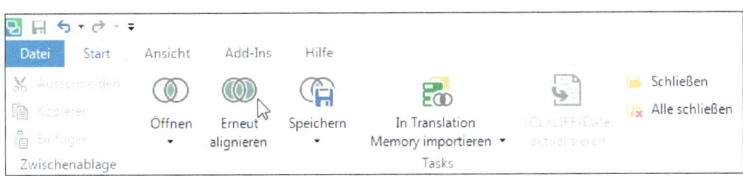

Der Befehl Gehe zu im Alignment

Das Alignment bietet in SDL Trados Studio 2019 in der Ansicht **Alignment** auf der Registerkarte **Start** in der Gruppe **Navigation** die Funktion **Gehe zu**.

Nach Klicken auf **Gehe zu** öffnet sich die **Alignment-Navigation** im rechten Teil des Bildschirms, mit der es möglich ist, bestimmte Status, eine bestimmte Qualität und einen Verbindungstyp in Kombination miteinander aufzurufen.

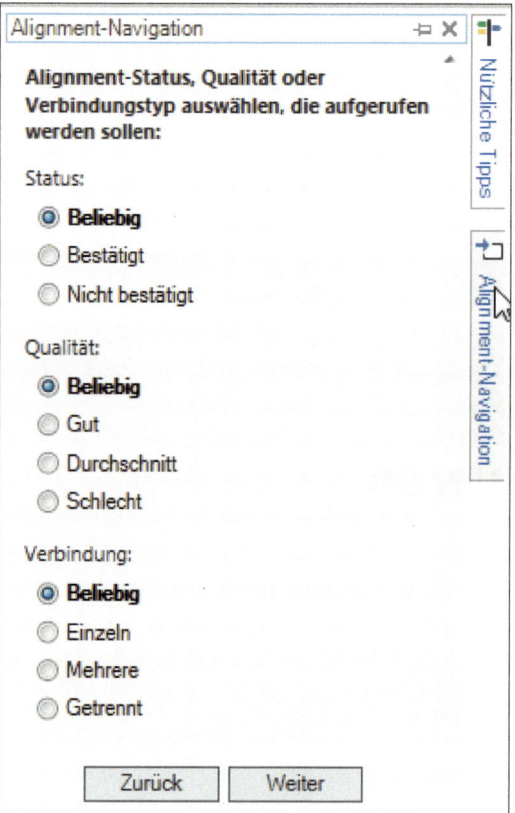

Die Funktion Suchen im Alignment

In der Ansicht **Alignment** von SDL Trados Studio 2019 haben Sie mit der Funktion **Suchen** in einem geöffneten Alignment die Möglichkeit, Text in ausgangs- oder zielsprachlichen Segmenten zu suchen. Die Funktion befindet sich in der Ansicht **Alignment** auf der Registerkarte **Start** in der Gruppe **Navigation** → **Suchen**.

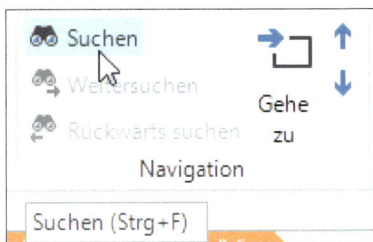

Nach Klicken auf das Symbol öffnet sich das Dialogfeld **Suchen** mit den entsprechenden Auswahlmöglichkeiten.

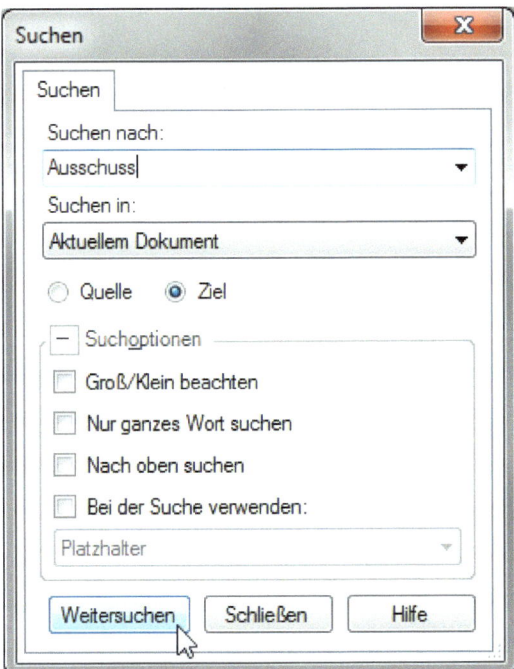

Bestätigen aller Segmente in einem Alignment

Klicken Sie nach Abschluss der Alignment-Prüfung in der Ansicht **Alignment** auf der Registerkarte **Start** in der Gruppe **Bestätigen** auf **Alle bestätigen**, um alle Segmentzuordnungen zu bestätigen.

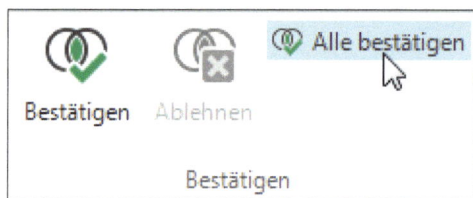

! Bitte beachten Sie, dass bis zu diesem Zeitpunkt noch keine Übersetzungseinheiten aus dem Alignment im ausgewählten Translation Memory gespeichert wurden.

Speichern von Alignment-Ergebnissen

Klicken Sie in der Ansicht **Alignment** auf der Registerkarte **Start** in der Gruppe **Tasks** auf **Speichern** oder **Speichern unter**, wenn Sie das erfolgte Alignment ablegen und ggf. später noch einmal bearbeiten möchten. Alignment-Projekte werden im Format *.sdlalign abgelegt.

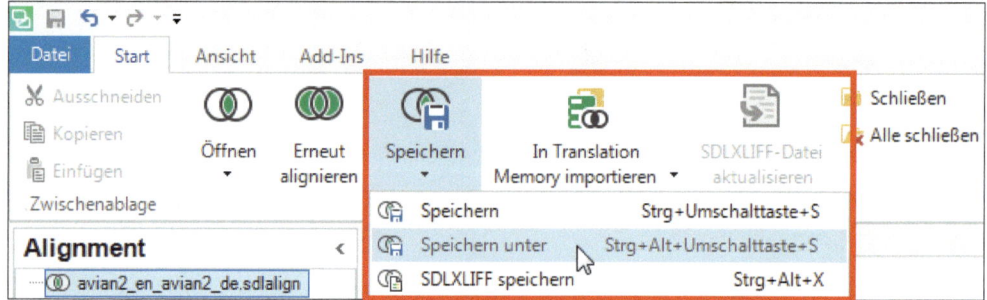

Das Dialogfeld **Speichern unter** öffnet sich. Nehmen Sie ggf. eine Änderung des Speicherorts vor und klicken Sie danach auf **Speichern**, um das Alignment abzuspeichern.

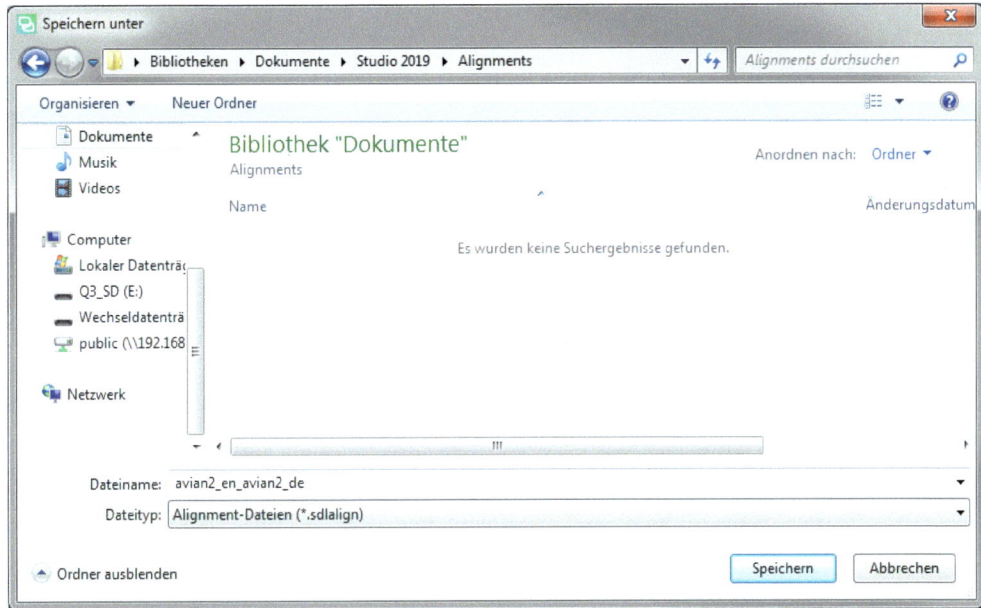

❗ Bitte beachten Sie, dass beim Speichern von Alignment-Ergebnissen die Übersetzungseinheiten nicht gleichzeitig im zuvor ausgewählten Translation Memory gespeichert werden. Dies ist ein separater Schritt.

Importieren von Alignment-Ergebnissen in ausgewähltes Translation Memory

Schnellimport

Klicken Sie in einem geöffneten Alignment in der Ansicht **Alignment** auf der Registerkarte **Start** in der Gruppe **Tasks** auf **In Translation Memory importieren**, um die Alignment-Ergebnisse nach dem Prüfen und Bestätigen direkt mit einem Schnellimport in das bei der Anlage des Alignments angelegte/ausgewählte Translation Memory zu importieren.

Klicken Sie alternativ auf den kleinen Pfeil nach unten rechts neben **In Translation Memory importieren** und wählen Sie in der sich öffnenden Dropdown-Liste **Schnellimport** aus.

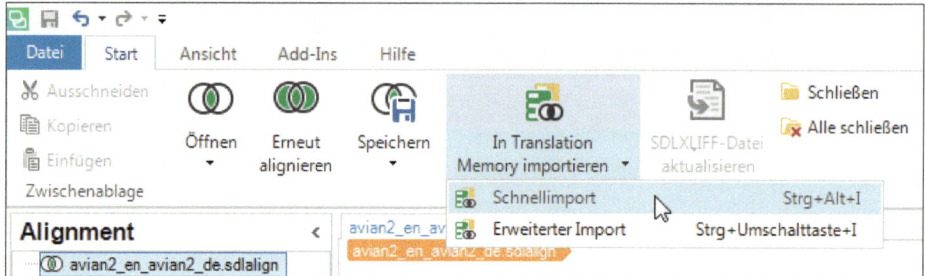

Die Alignment-Ergebnisse werden importiert und das Dialogfeld **Information** öffnet sich. Die Anzahl der importierten Segmentpaare wird angezeigt. Klicken Sie auf **OK**, um den Import abzuschließen.

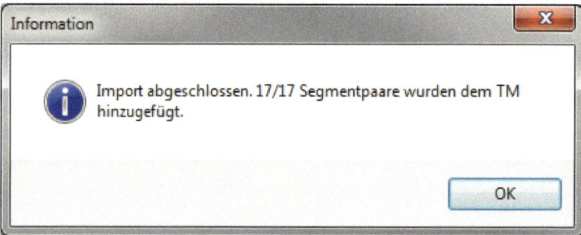

Die Segmentpaare (Übersetzungseinheiten) können nun im ausgewählten Translation Memory in Projekten, bei der Übersetzung von Einzeldateien in SDL Trados Studio 2019 oder natürlich auch für Exporte aus diesem Translation Memory genutzt werden.

Erweiterter Import

Klicken Sie in der Ansicht **Alignment** auf der Registerkarte **Start** in der Gruppe **Tasks** auf den kleinen Pfeil nach unten rechts neben **In Translation Memory importieren**. Klicken Sie in der sich öffnenden Dropdown-Liste auf **Erweiterter Import**, wenn Sie prüfen möchten, welches Translation Memory bei der Anlage des Alignments festgelegt wurde, wenn Sie ein anderes Translation Memory festlegen möchten, in das die Alignment-Ergebnisse importiert werden sollen, und wenn Sie weitere Einstellungen für den Import vornehmen möchten.

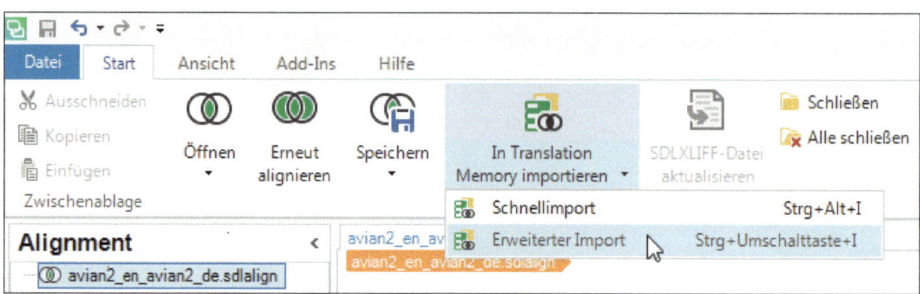

Das Dialogfeld **Assistent für den Translation Memory-Import** → **Translation Memory auswählen** öffnet sich.

Klicken Sie auf **Entfernen**, wenn Sie ein anderes Translation Memory für den Import verwenden möchten. Klicken Sie danach auf **Hinzu** oder **Anlegen**, um ein Translation Memory hinzuzufügen oder anzulegen und für den Import in das aktuelle Alignment-Projekt zu integrieren.

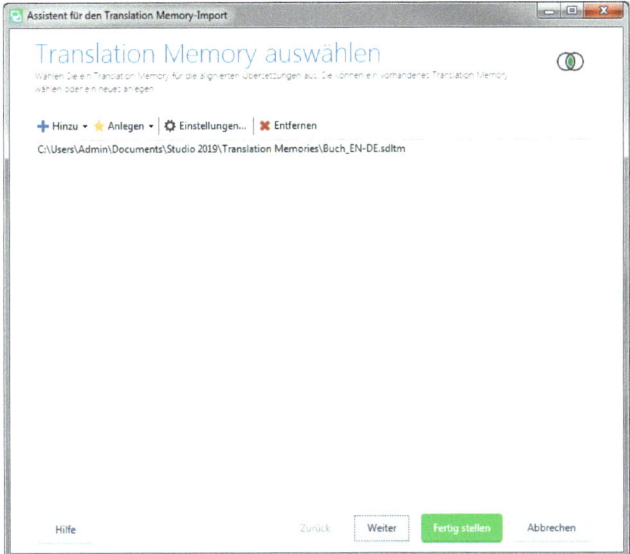

Darüber hinaus haben Sie die Möglichkeit, unter **Einstellungen...** Einstellungen für das Translation Memory vorzunehmen (Felder und Einstellungen, Sprachressourcen, Zugriffsrechte, Leistung und Tuning und Fragment-basiertes Alignment).

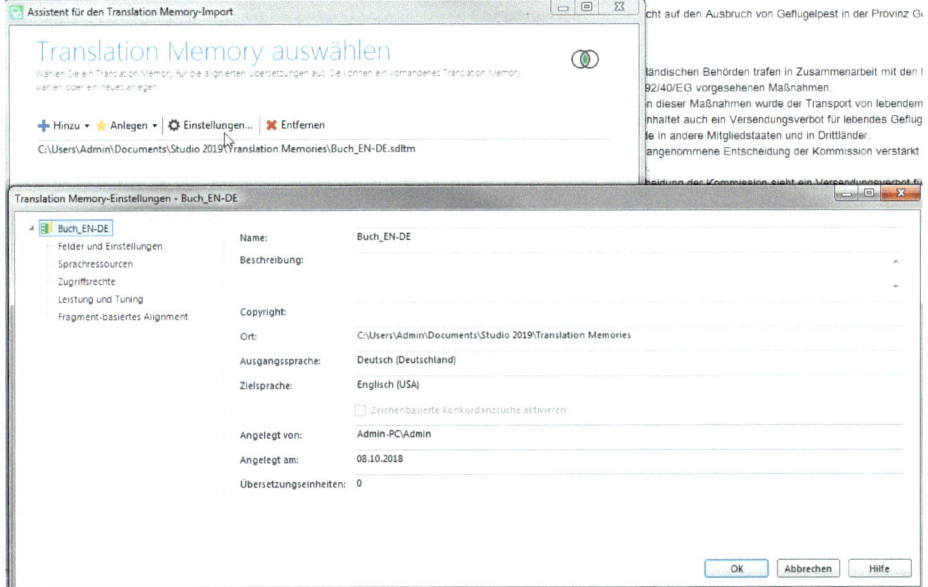

Klicken Sie nach Abschluss der Eingaben auf **Weiter**.

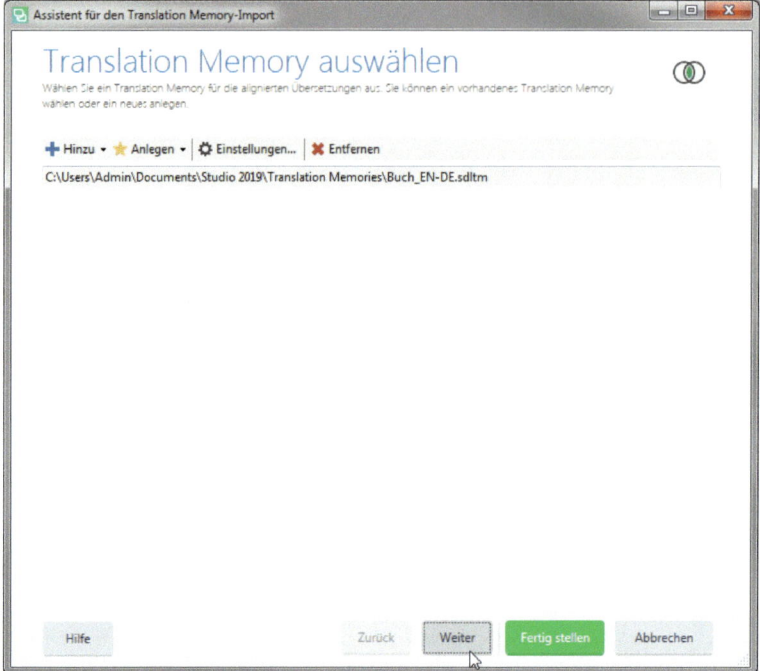

Das Dialogfeld **Assistent für den Translation Memory-Import → Alignment- und TM-Optionen** öffnet sich.

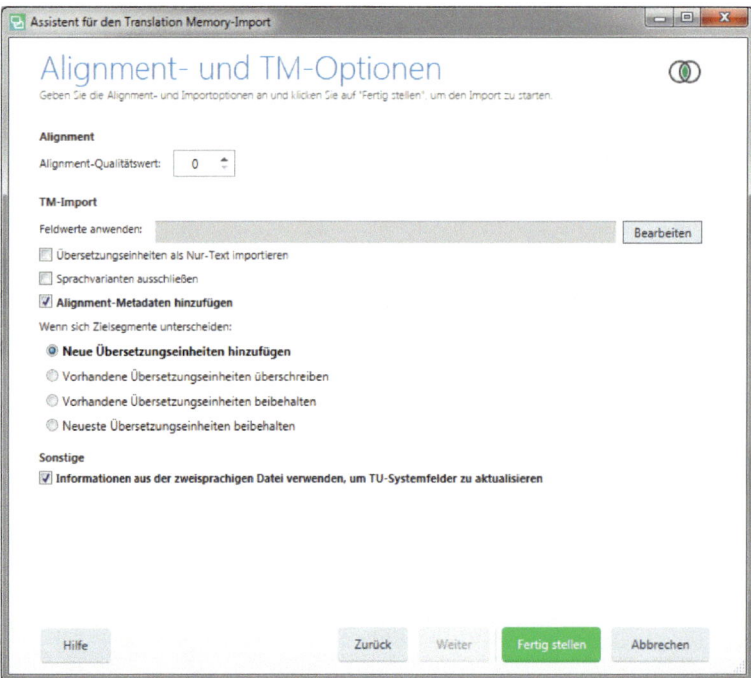

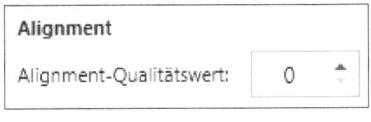

Legen Sie zunächst den **Alignment-Qualitätswert** fest. Bei einem Wert von 0 werden alle Übersetzungseinheiten importiert, die eine Verbindungslinie haben, und zwar unabhängig davon, ob diese geprüft sind oder nicht und welche Farbe die Linien haben, das heißt, wie hoch die Wahrscheinlichkeit eines genauen Alignments ist. Bei einem Alignment-Qualitätswert von 100 werden nur bestätigte Segmente, die über eine durchgezogene grüne Linie und damit einen Alignment-Qualitätswert von 100 verfügen, importiert.

Bei der Zuordnung der Segmentpaare orientiert sich SDL Trados Studio 2019 nicht an Übersetzungsinhalten, sondern an formalen Aspekten wie Dokumentenvorlagen und Überschriften oder z.B. Zahlen in Segmenten. Je genauer die Übereinstimmung der Struktur von Ausgangs- und Zieltext ist, desto höher wird auch die Qualität des Alignments sein.

Darüber hinaus bietet SDL Trados Studio 2019 in diesem Dialogfeld die Möglichkeit, Übersetzungseinheiten als Nur-Text zu importieren. SDL Trados Studio 2019 löscht in diesem Fall alle Formatierungen aus den jeweiligen Übersetzungseinheiten. Der Benutzer hat auch die Möglichkeit, Sprachvarianten vom Import auszuschließen. Dies bedeutet, dass Übersetzungseinheiten, die über vom TM abweichende Subsprachen verfügen, bei aktivierter Option nicht importiert werden[14].

Und es gibt nun die Möglichkeit, auf das Hinzufügen von Alignment-Metadaten zu verzichten, wenn der Benutzer nicht möchte, dass der Name der Ausgangs- und Zieldatei und der Qualitätswert bei jeder alignierten Übersetzungseinheit angezeigt werden, wenn diese bei der Arbeit in der Ansicht **Editor** im Fenster **Übersetzungsergebnisse** erscheint.

Wenn sich Zielsegmente beim Import bei gleichem Ausgangssegment von Übersetzungseinheiten im Translation Memory unterscheiden, können

- **neue Übersetzungseinheiten hinzugefügt werden**.

    Zu einer bestehenden Übersetzung für ein identisches Ausgangssegment wird bei Auftreten eines identischen Segments mit einer anderen Übersetzung eine zweite Übersetzungseinheit mit der zweiten Übersetzung hinzugefügt.

- **vorhandene Übersetzungseinheiten überschrieben werden**.

    Ist diese Option aktiviert, werden bereits im Translation Memory enthaltene Übersetzungseinheiten mit gleichem Ausgangstext überschrieben, wenn die zu importierenden Übersetzungseinheiten über ein identisches ausgangssprachliches Segment verfügen, aber anders übersetzt sind.

---

14 Diese Funktion ist im Alignment nicht ganz nachvollziehbar, da bei der Auswahl der ausgangs- und zielsprachlichen Texte keine Subsprachen eingegeben werden.

- **vorhandene Übersetzungen beibehalten werden**.

  Ist diese Option aktiviert, werden bereits im Translation Memory enthaltene Übersetzungseinheiten mit gleichem Ausgangstext **nicht** überschrieben, wenn zu importierende Übersetzungseinheiten mit identischem Ausgangssegment anders übersetzt sind.

- **neueste Übersetzungseinheiten beibehalten werden**.

  In diesem Fall werden bereits im Translation Memory enthaltene Übersetzungseinheiten mit gleichem Ausgangstext **nur dann** überschrieben, wenn bei Auftreten von Übersetzungseinheiten mit identischen Ausgangssegmenten und abweichenden Übersetzungen die zu importierenden Segmente neueren Datums sind.

Darüber hinaus haben Sie als Standard die Möglichkeit, Informationen aus der zu importierenden zweisprachigen Datei zu verwenden, um Systemfelder zu aktualisieren oder diese Option zu deaktivieren.

Als Standard ist die Option **Neue Übersetzungseinheiten hinzufügen** aktiviert. Klicken Sie nach Abschluss der Eingaben auf **Fertig stellen**.

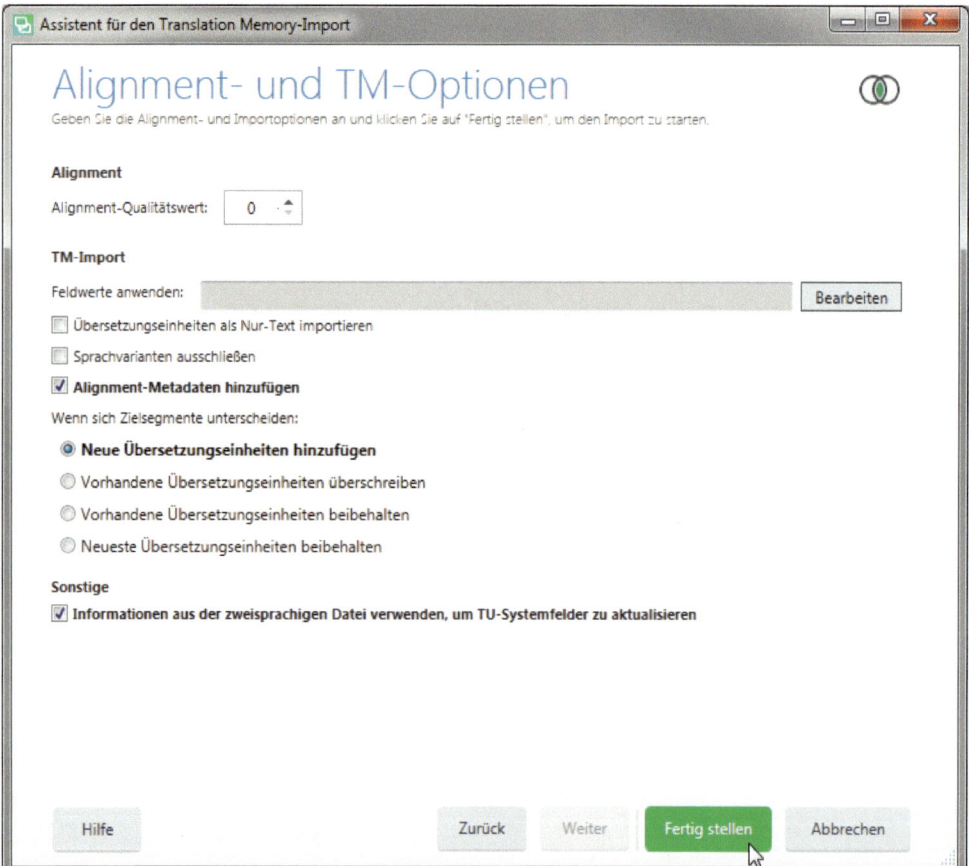

Das Dialogfeld **Information** öffnet sich. Klicken Sie auf **OK**, um den Import abzuschließen.

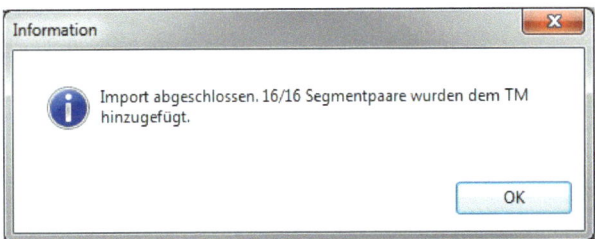

Speichern von Alignment-Ergebnissen im *.sdlxliff-Format

Über den direkten Import in ein Translation Memory hinaus besteht in SDL Trados Studio 2019 die Möglichkeit, ein Alignment im *.sdlxliff-Format abzuspeichern. Dies hat den Vorteil, dass die in einem Alignment-Projekt erzeugte *.sdlxliff-Datei in der Ansicht **Editor** geöffnet und dort einer Prüfung in der Übersetzungsumgebung mit den Qualitätsprüfungsoptionen und der Rechtschreibprüfung unterzogen werden kann.

Klicken Sie in der Ansicht **Alignment** auf der Registerkarte **Start** in der Gruppe **Tasks** auf den kleinen Pfeil nach unten unter **Speichern**. Wählen Sie in der sich öffnenden Dropdown-Liste **SDLXLIFF speichern** aus.

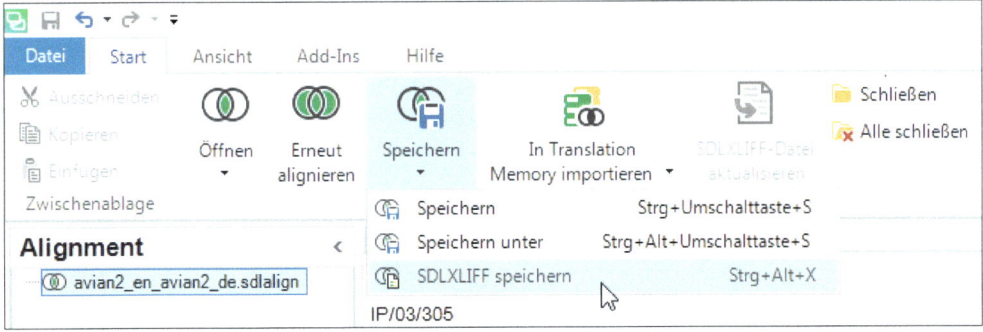

Das Dialogfeld **SDLXLIFF-Datei speichern** öffnet sich. Wählen Sie entweder den vorgegebenen oder einen anderen Speicherort Ihrer Wahl aus und klicken Sie auf **Speichern**.

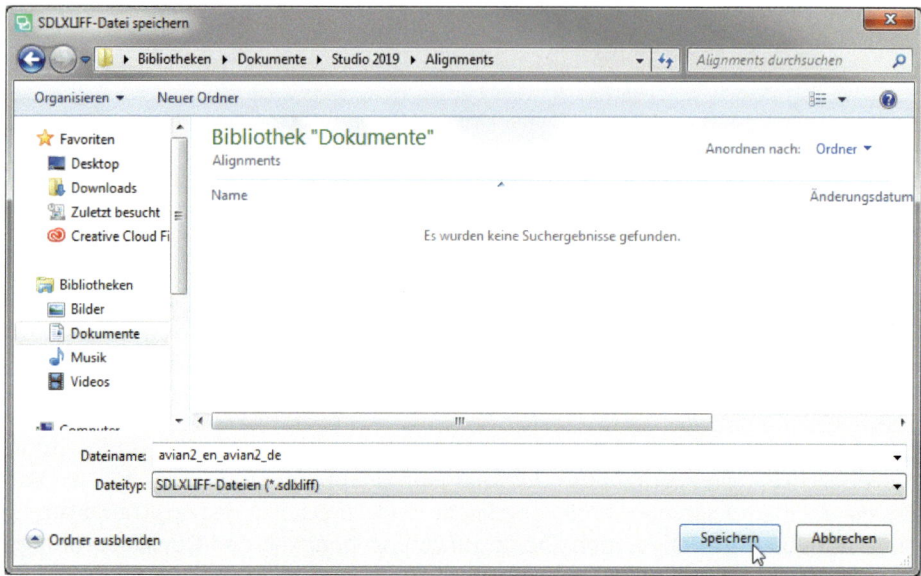

Die Datei wird im Format *.sdlxliff gespeichert und kann in SDL Trados Studio 2019 für die Bearbeitung bzw. Prüfung in der Ansicht **Editor** geöffnet werden.

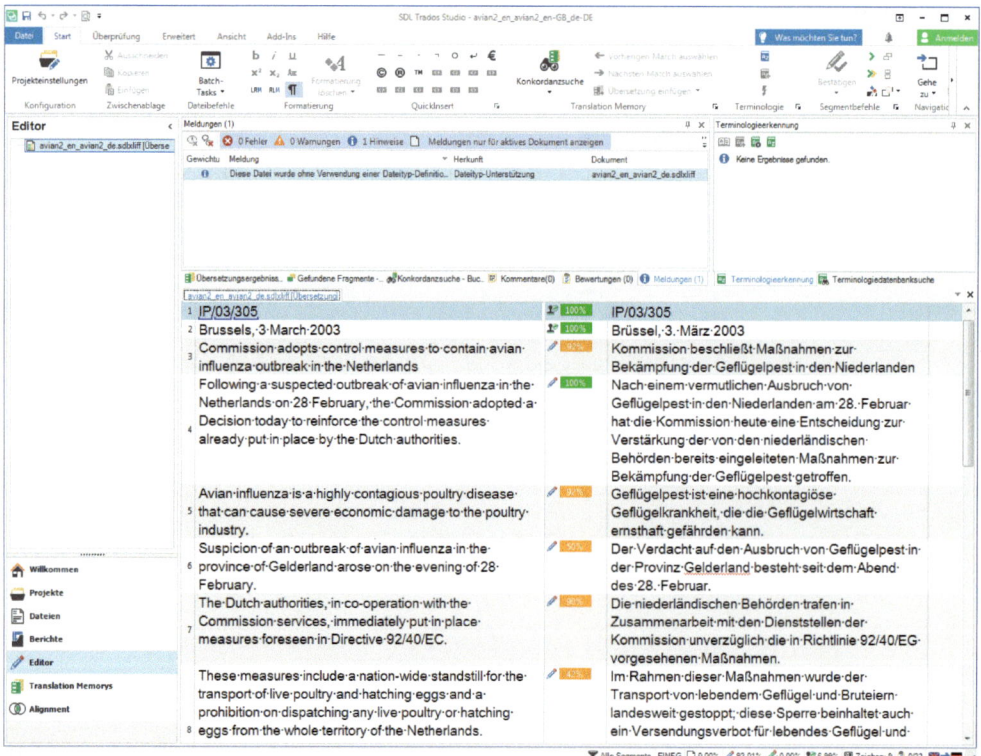

Alignieren von mehreren Dateipaaren

Über das Alignment eines einzelnen Dateipaars hinaus haben Sie in SDL Trados Studio 2019 die Möglichkeit, mehrere Dateipaare gleichzeitig zu alignieren. Klicken Sie in der Ansicht **Willkommen** auf der Registerkarte **Start** in der Gruppe **Translation Memory** oder in der Ansicht **Translation Memorys** auf der Registerkarte **Start** in der Gruppe **Extras** auf den kleinen Pfeil nach unten rechts neben **Dokumente alignieren** und wählen Sie aus der sich öffnenden Dropdown-Liste **Mehrere Dateien alignieren** aus.

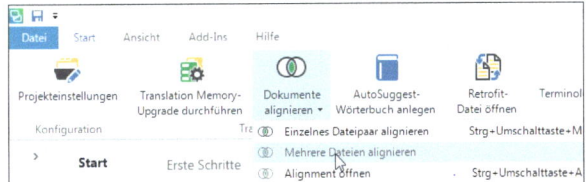

Das Dialogfeld **Dokumente alignieren → Translation Memory auswählen** öffnet sich. Klicken Sie auf **Hinzu**, wenn Sie ein bestehendes Translation Memory auswählen möchten, oder klicken Sie auf **Anlegen**, wenn Sie ein neues Translation Memory anlegen möchten, in das die Alignment-Ergebnisse importiert werden sollen.

❗ Belassen Sie **Alignment-Ergebnisse für spätere Bearbeitung speichern** aktiviert, wenn Sie die Alignment-Ergebnisse nach dem Alignment und vor dem Import in das Translation Memory prüfen möchten. Deaktivieren Sie **Alignment-Ergebnisse für spätere Bearbeitung speichern**, wenn Sie die Alignment-Ergebnisse ohne Prüfung direkt in ein Translation Memory importieren möchten.

Klicken Sie danach auf **Weiter**.

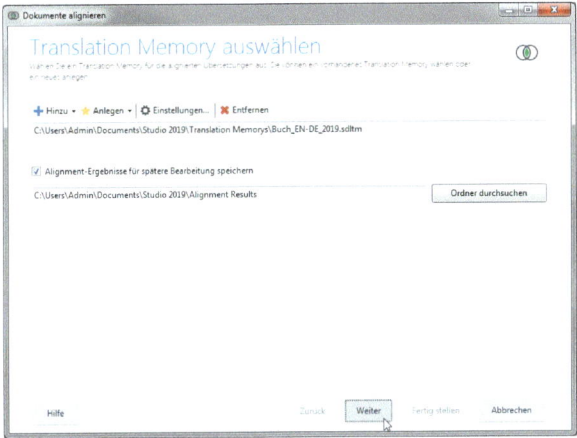

Das Dialogfeld **Dokumente alignieren** → **Dokumente für das Alignment** öffnet sich. Klicken Sie auf den Pfeil nach unten rechts neben **Hinzu** und wählen Sie aus der sich öffnenden Dropdown-Liste **Ausgangsdateien...** aus, um die Ausgangsdateien für das Alignment auszuwählen.

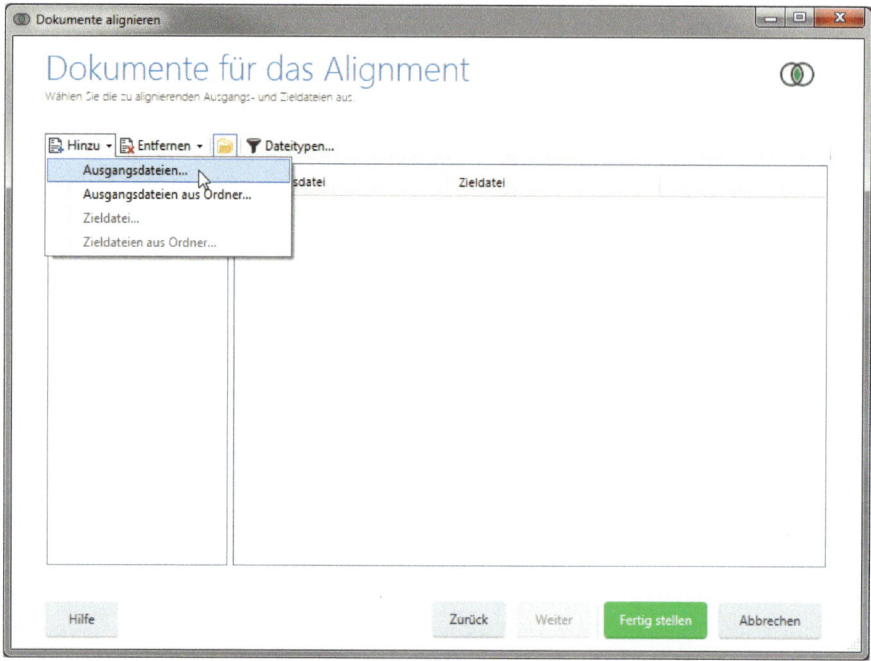

Das Dialogfeld **Dateien hinzufügen** öffnet sich. Wählen Sie den Speicherort der Ausgangsdateien aus, halten Sie die [Strg]-Taste gedrückt und wählen Sie nacheinander die zu alignierenden Ausgangsdateien aus. Klicken Sie danach auf **Öffnen**. Wiederholen Sie den Vorgang, wenn sich die Dateien in mehreren Ordnern befinden.

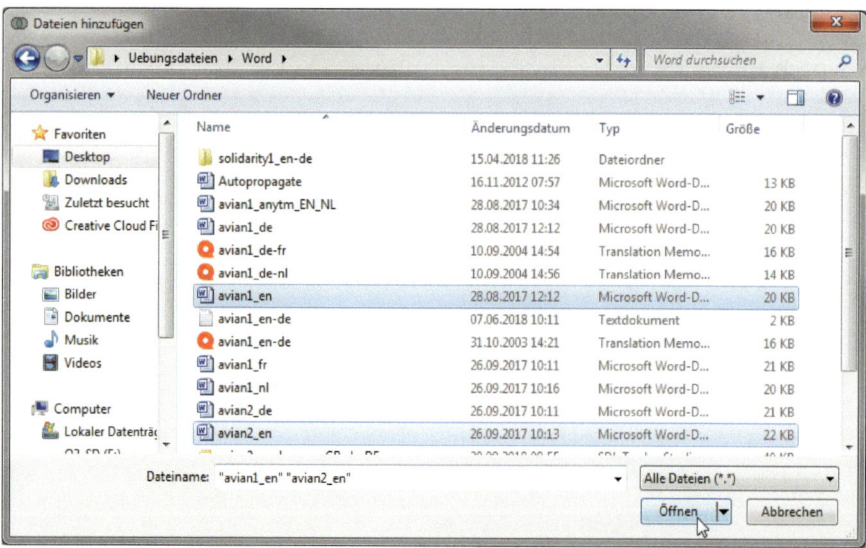

Die ausgangssprachlichen Dateien sind nun in das Dialogfeld **Dokumente alignieren** → **Dokumente für das Alignment** eingefügt und erscheinen zunächst in roter Schrift, da noch keine Zieldateien zugeordnet wurden.

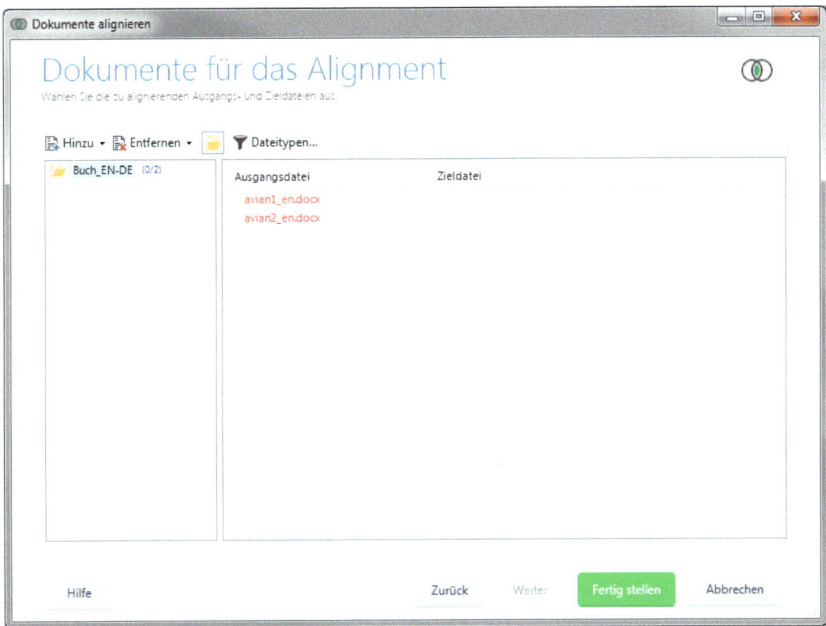

Klicken Sie im Dialogfeld **Dokumente alignieren** → **Dokumente für das Alignment** auf die erste Datei, sodass diese farbig unterlegt ist. Klicken Sie danach auf **Hinzu** und wählen Sie aus der sich öffnenden Dropdown-Liste **Zieldatei...** aus.

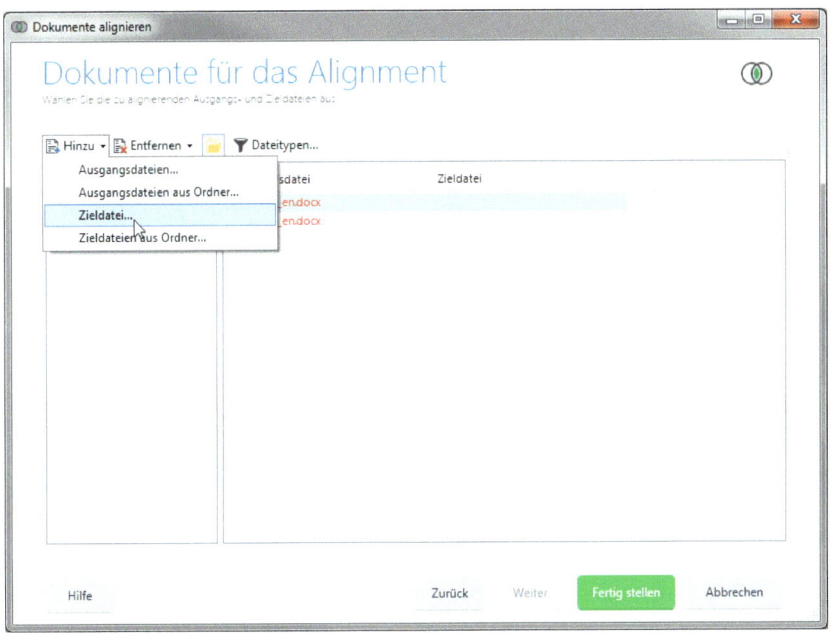

Klicken Sie alternativ mit der rechten Maustaste 🖱 auf eine Ausgangsdatei, sodass diese farbig unterlegt ist, und wählen Sie **Zieldatei hinzufügen** aus, um der ausgewählten Ausgangsdatei eine zielsprachliche Datei hinzuzufügen. Verfahren Sie analog mit allen weiteren Zieldateien.

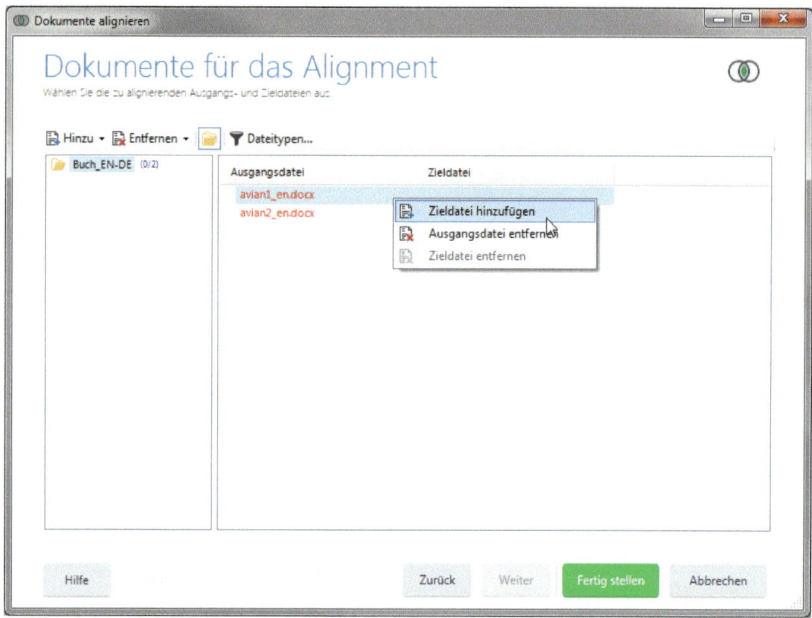

Die Ausgangs- und Zieldateien sind nun einander zugeordnet und für das Alignment vorbereitet. Klicken Sie nach Abschluss der Eingaben auf **Fertig stellen**, um das Alignment durchzuführen.

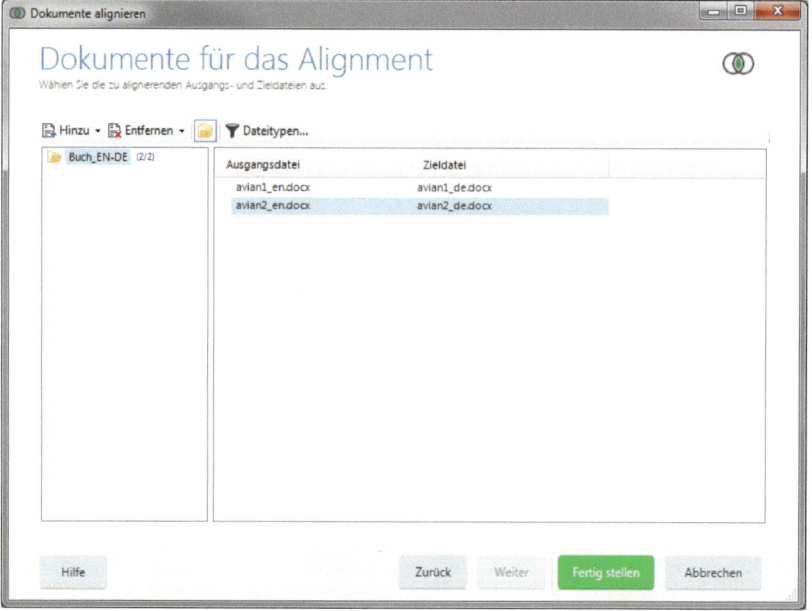

Das Dialogfeld **Dokumente alignieren** → **Alignieren von Dokumenten** öffnet sich. Grüne Symbole mit weißem Häkchen ✅ weisen auf einen erfolgreichen Verlauf des Alignments hin. Klicken Sie in diesem Fall auf **Schließen**, um den Vorgang abzuschließen. Klicken Sie auf **Fehlerdetails anzeigen…**, wenn statt des grünen Felds mit weißem Häkchen ✅ ein rotes Feld mit weißem Kreuz ❌ erscheint, und wiederholen Sie nach Behebung der Fehlerursache den Vorgang.

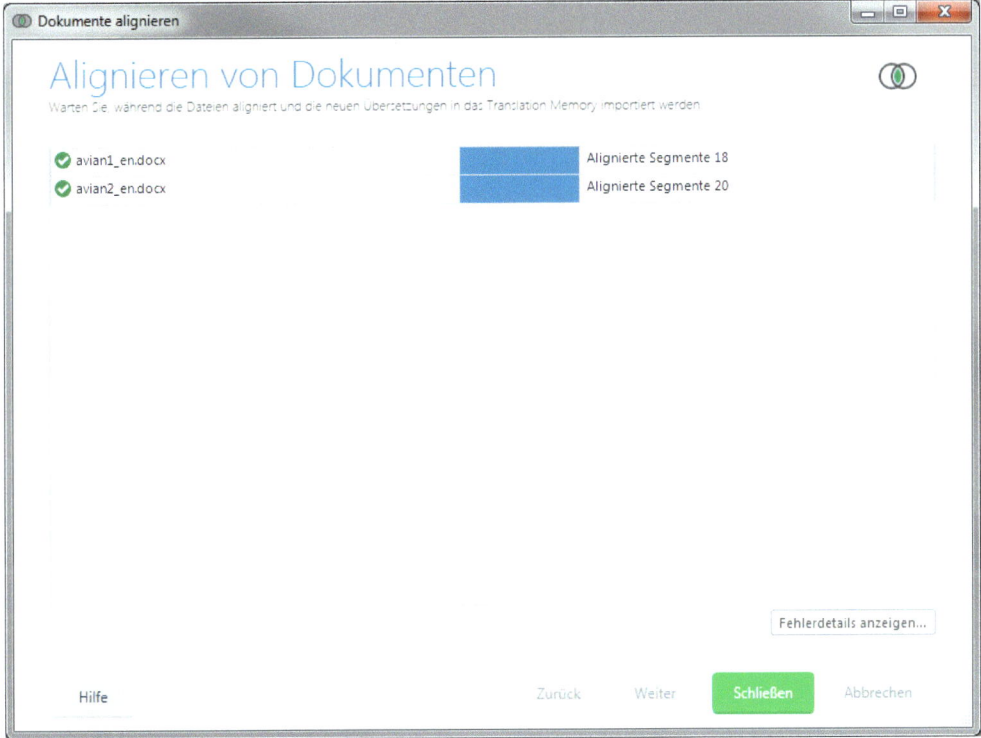

Bestätigen Sie die Frage, ob der Ordner mit den Ergebnisdateien, in dem das erzeugte Alignment-Projekt abgelegt ist, geöffnet werden soll mit **Ja**, wenn Sie die Alignment-Ergebnisse prüfen möchten.

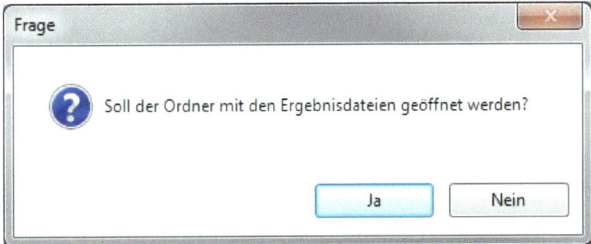

Der Windows Explorer öffnet sich mit dem Standardspeicherort für Alignments. Die alignierten Dateipaare sind untereinander angezeigt. Halten Sie die [Strg]-Taste gedrückt und klicken Sie auf die Alignment-Paare, die Sie öffnen möchten, sodass diese farbig unterlegt sind. Bestätigen Sie danach mit der Eingabetaste [↵].

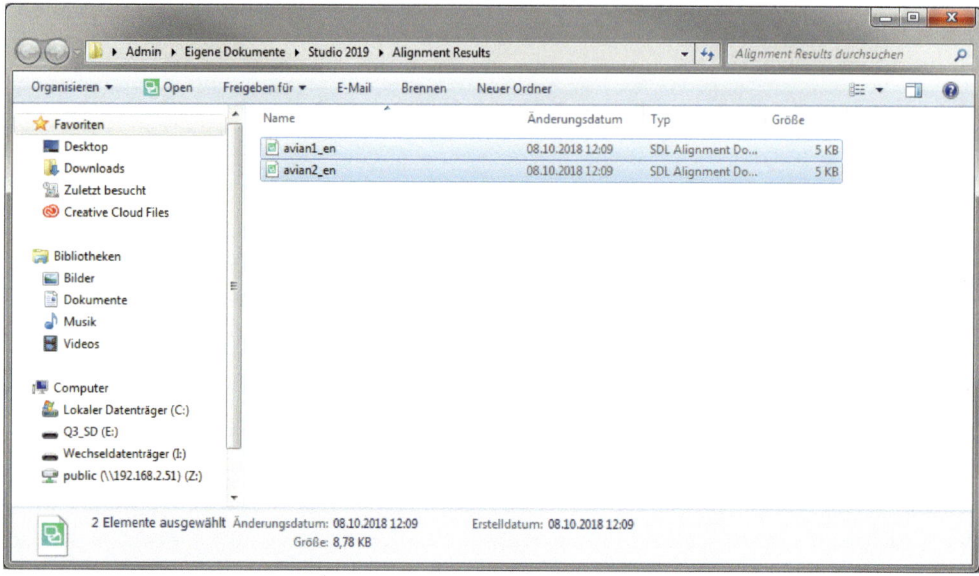

Die Ansicht **Alignment** öffnet sich. Die Dateipaare sind auf verschiedene Registerkarten aufgeteilt, zwischen denen der Benutzer wechseln kann.

Sie können, wie im Kapitel **Alignieren von einzelnen Dateipaaren** beschrieben, bearbeitet und danach in das zuvor ausgewählte Translation Memory importiert oder als *.sdlxliff-Dateien abgespeichert werden.

❗ Bitte achten Sie darauf, die Alignment-Ergebnisse beim Alignment von mehreren Dateipaaren nach Prüfen jedes einzelnen Dateipaars in das Translation Memory zu importieren, damit alle Alignment-Ergebnisse in das ausgewählte Translation Memory übernommen werden.

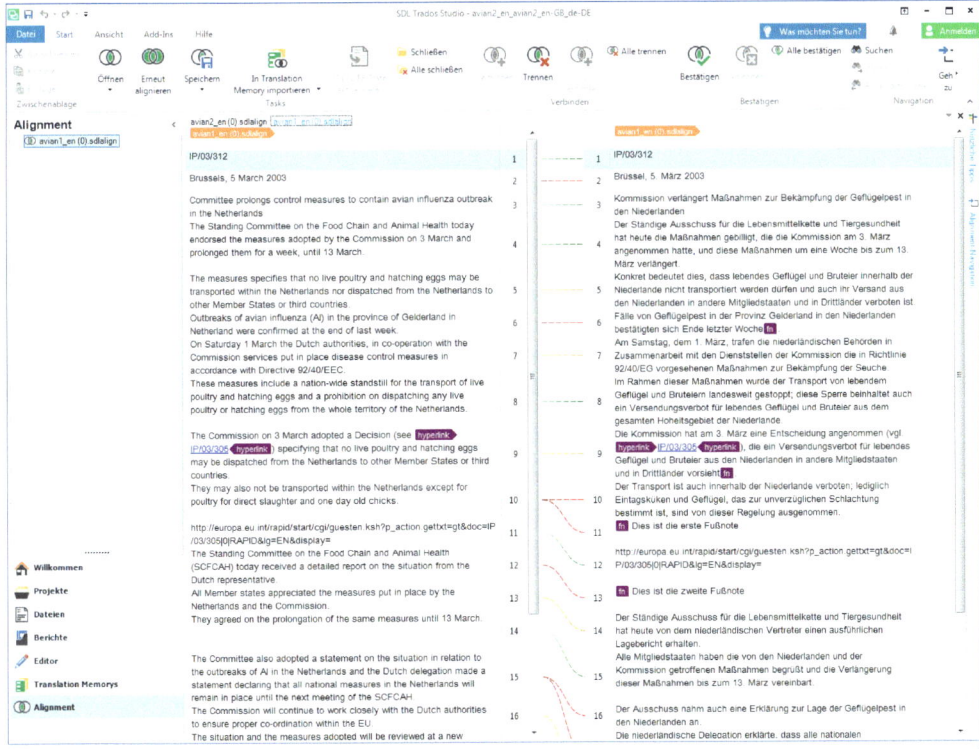

Öffnen von gespeicherten Alignments für die Prüfung

Klicken Sie in der Ansicht **Willkommen** auf der Registerkarte **Start** in der Gruppe **Translation Memory** oder in der Ansicht **Translation Memorys** auf der Registerkarte **Start** in der Gruppe **Extras** auf den kleinen Pfeil nach unten rechts neben **Dokumente alignieren**. Wählen Sie in der sich öffnenden Dropdown-Liste **Alignment öffnen** aus.

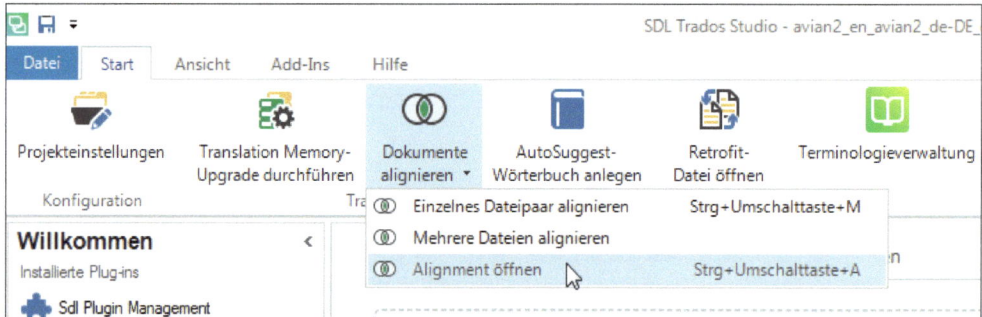

Das Dialogfeld **Öffnen** öffnet sich. Wählen Sie ein oder mehrere beim Alignment im Dateiformat *.sdlalign gespeicherte Alignment-Paare aus, sodass diese farbig unterlegt sind, und klicken Sie auf **Öffnen** oder doppelklicken Sie bei einem einzelnen zu öffnenden Alignment-Paar auf das zu öffnende Alignment-Paar.

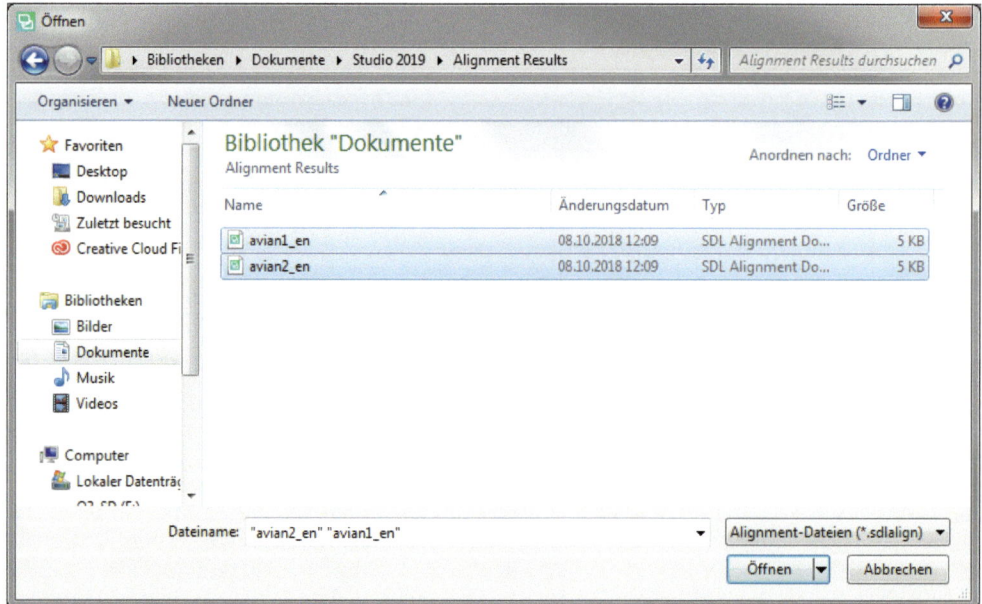

Die Ansicht **Alignment** öffnet sich mit dem alignierten Dateipaar bzw. auf verschiedenen Registerkarten mit den alignierten Dateipaaren, wenn es sich um mehrere Dateipaare handelt. Diese können, wie im Kapitel **Alignieren von einzelnen Dateipaaren** beschrieben, bearbeitet, gespeichert und importiert werden.

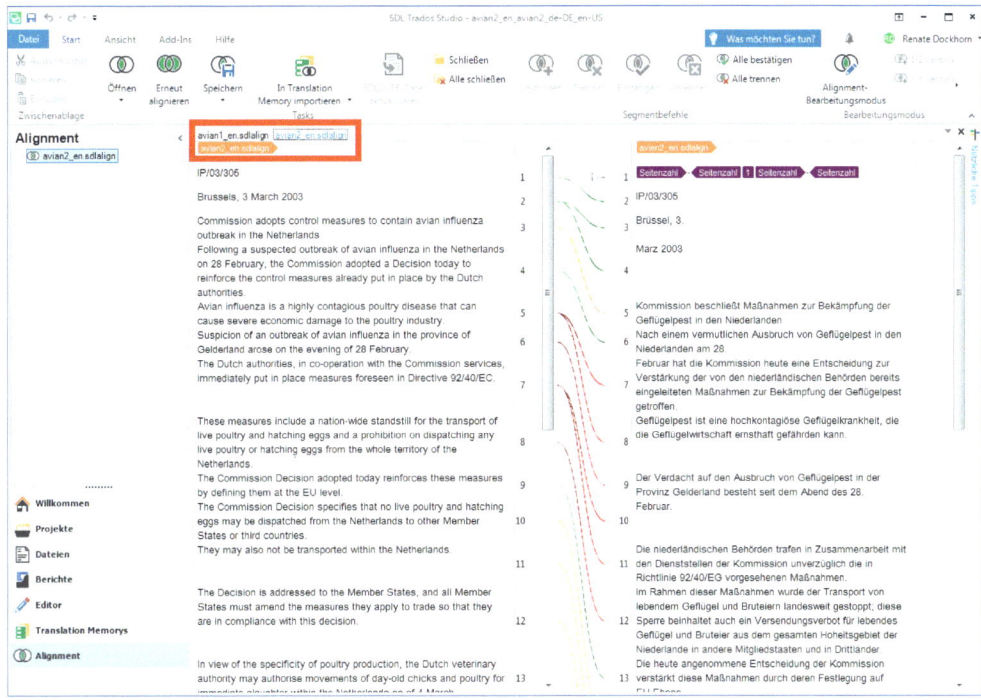

KAPITEL 4:
TERMINOLOGIEARBEIT
MIT SDL MULTITERM 2019

SDL MultiTerm 2019 ist das zu SDL Trados Studio 2019 gehörende Terminologieverwaltungssystem. Es ist (außer in der Starter Edition) im Lieferumfang von SDL Trados Studio 2019 enthalten, befindet sich im Download-Bereich Ihres Benutzerkontos und wird separat heruntergeladen und installiert.

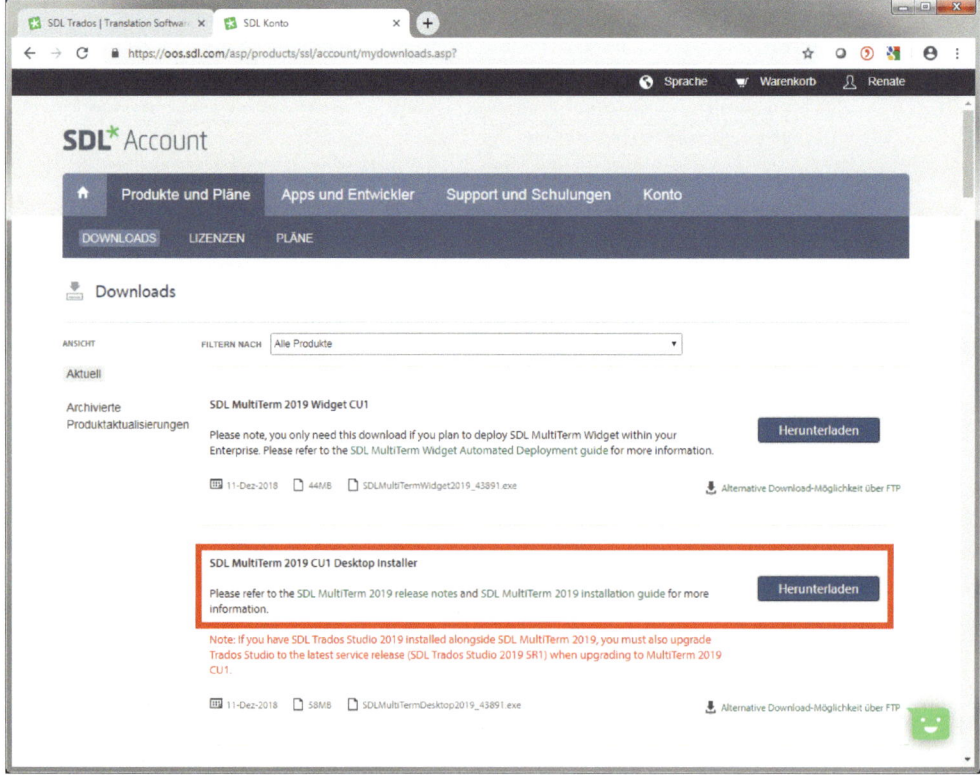

SDL MultiTerm 2019 umfasst

- SDL MultiTerm 2019 Desktop, das eigentliche Terminologieverwaltungssystem
- SDL MultiTerm 2019 Convert, das für die Konvertierung von Glossaren und Termdatenbanken zum Import in SDL MultiTerm 2019 eingesetzt wird
- und SDL MultiTerm 2019 Widget, eine Applikation, mit der Terminologie aus Windows-Applikationen heraus gesucht/überprüft werden kann

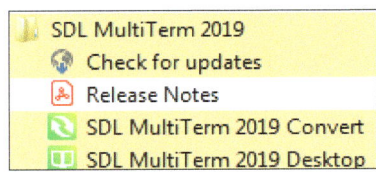

In diesem Buch werden SDL MultiTerm 2019 Desktop (im weiteren Text SDL MultiTerm 2019) und SDL MultiTerm 2019 Convert behandelt. Sie sind in Windows unter SDL MultiTerm 2019 aufrufbar.

In SDL MultiTerm 2019 haben Sie die Möglichkeit, Terminologiebestände in Form von konfigurierbaren Termbanken anzulegen, Terminologiebestände aus verschiedenen Dateiformaten zu importieren, Terminologie aus dem Übersetzungsworkflow heraus in SDL Trados Studio 2019 über eine Schnittstelle zu SDL MultiTerm 2019 in Termbanken einzugeben und natürlich die Terminologiebestände in verschiedenen Formaten aus SDL MultiTerm 2019 heraus zu exportieren. SDL MultiTerm 2019 kann in Kombination mit SDL Trados Studio 2019, aber auch als Stand Alone-Version eingesetzt werden.

Die Anzahl der Sprachen ist in SDL MultiTerm 2019 in allen Versionen nicht beschränkt. Darüber hinaus ist es möglich, die Sprachrichtungen in SDL MultiTerm 2019-Termbanken umzukehren.

Termbanken sind in SDL MultiTerm 2019 in der Eintragsstruktur vom Benutzer frei konfigurierbar. Der Benutzer hat so die Möglichkeit, Termbanken an die eigene Vorgehensweise anzupassen, eine beliebige Anzahl an Sprachen zu einer Termbank hinzuzufügen, entweder nur Benennungen ohne weitere Attribute für diese Sprachen zu verwenden oder beschreibende Felder wie Bild, Quelle, Definition, Kontext usw. hinzuzufügen, die zuvor vom Benutzer bei der Anlage der Termbank selbst definiert und einer Ebene zugeordnet werden.

Dabei ist es wichtig zu wissen, dass die Eintragsstruktur von SDL MultiTerm 2019 in drei Ebenen unterteilt ist:

- **Eintragsebene** für sprachübergreifende Informationen wie die für jeden Begriff automatisch vergebene Eintragsnummer, Bilder, Definitionen, Fachgebiete usw.
- **Sprachebene** für die Sprachen (früher: Indexebene in MultiTerm)
- **Termebene** für die Benennungen (ggf.) mit beschreibenden Feldern wie Genus, Quelle, Kontext usw.

Beim Anlegen einer Termbank sind diese drei Ebenen bei der Verwendung von beschreibenden Feldern relevant. Zunächst muss sich der Terminologe oder Übersetzer bei der Anlage einer Termbank entscheiden, ob und wenn ja, welche beschreibenden Felder in der Termbank angelegt und verwendet werden sollen. Danach müssen diese den Ebenen zugewiesen werden.

Anlegen von Termbanken

Klicken Sie in SDL MultiTerm 2019 auf der Registerkarte **Start** in der Gruppe **Termbank** auf **Terminologiedatenbank anlegen**, um mit der Anlage einer Termbank zu beginnen.

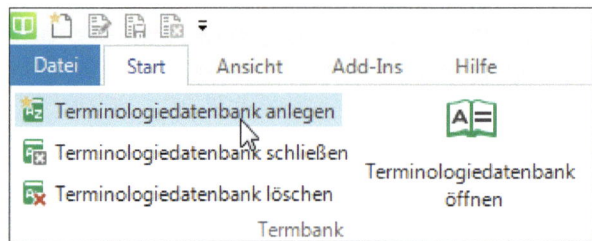

Vergeben Sie im sich öffnenden Dialogfeld **Neue Terminologiedatenbank speichern** einen Dateinamen für die neue Termbank (z.B. ein Fachgebiet oder den Namen eines Kunden) und klicken Sie auf **Speichern**.

❗ Bitte notieren Sie den gespeicherten Termbanknamen, da dieser später noch einmal im Dialogfeld **Termbankname** benötigt wird.

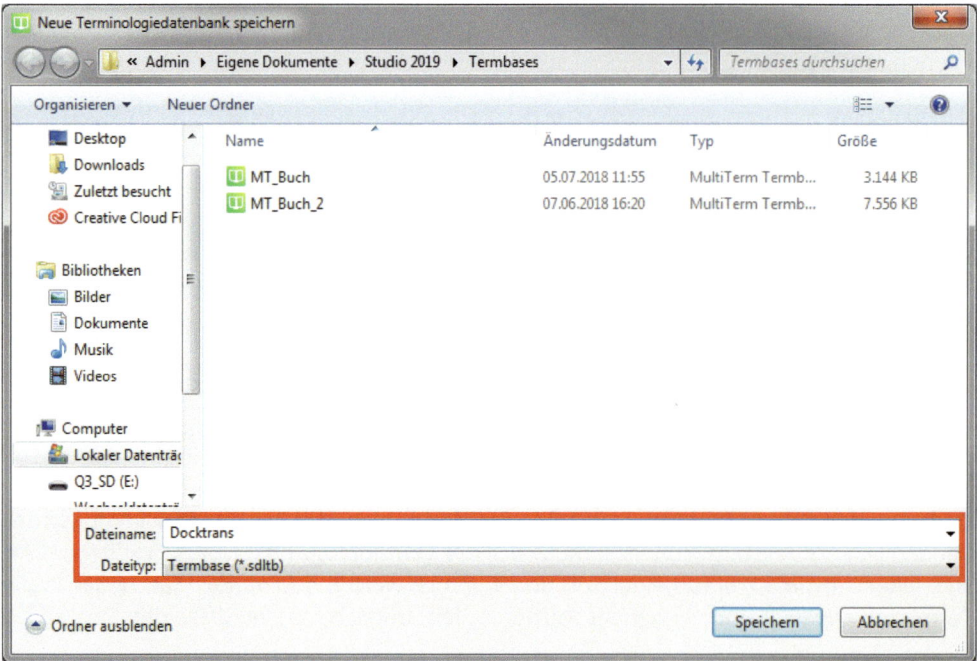

Das Dialogfeld **Termbank-Assistent** öffnet sich. SDL MultiTerm 2019 unterstützt den Benutzer bei der Termbankanlage mit einem Assistenten, der den Benutzer in fünf Schritten durch den Anlageprozess leitet, in denen der Benutzer:

1. festlegen kann, ob er eine eigene Termbankstruktur (Termbankdefinition genannt) erstellen oder eine bestehende Termbankdefinition für die neue Termbank auswählen möchte
2. einen Namen für die Termbank vergibt
3. Sprachen hinzufügt
4. bei Bedarf beschreibende Felder eingibt
5. beschreibende Felder einer Ebene zuweist

Klicken Sie auf **Weiter**, um die einzelnen Schritte durchzuführen.

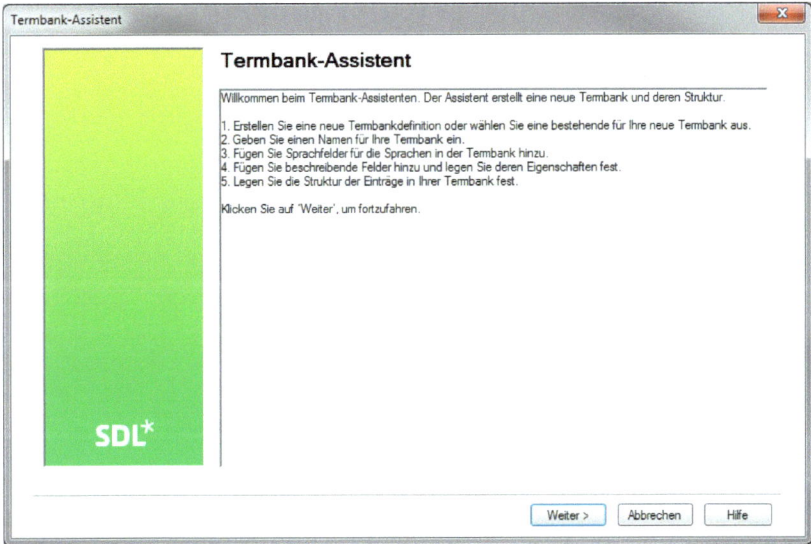

Das Dialogfeld **Termbankdefinition** öffnet sich.

Sie haben die Möglichkeit:

- eine eigene (neue) Termbankdefinition zu erstellen
- eine von SDL MultiTerm 2019 vorgegebene Termbankvorlage mit einer darin enthaltenen Termbankdefinition zu verwenden
- eine vorhandene Termbankdefinitionsdatei im Format *.xdt zu laden, die bei einer Konvertierung mit SDL MultiTerm 2019 Convert erstellt wurde und die Struktur der zu importierenden Daten enthält
- eine bereits angelegte Termbank als Vorlage für die Struktur der neuen Termbank zu verwenden

In diesem Kapitel wird erläutert, wie Sie eine neue Termbankdefinition erstellen. Im Kapitel **Verwenden einer physikalisch vorhandenen Termbank als Vorlage** erfahren Sie, wie Sie eine bereits vorhandene Termbank nutzen können, um weitere Termbanken anzulegen. Im Kapitel **Konvertieren und Importieren von Terminologiedaten** wird erläutert, wie eine vorhandene Termbankdefinitionsdatei für die Anlage einer neuen Termbank genutzt werden kann.

Erstellen einer neuen Termbankdefinition

Aktivieren Sie bei der Erstellung einer neuen Termbankdefinition im Termbank-Assistenten im Dialogfeld **Termbankdefinition** die Option **Neue Termbankdefinition erstellen** und klicken Sie auf **Weiter**.

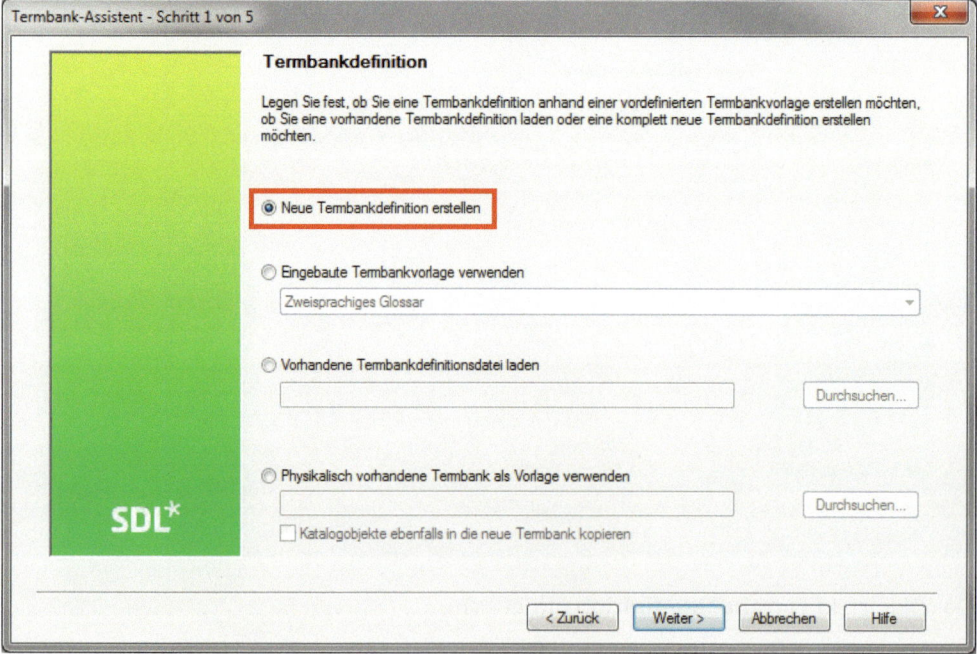

Das Dialogfeld **Termbankname** öffnet sich. Geben Sie eine Bezeichnung für die Termbank, eine optionale Beschreibung und einen Copyright-Vermerk ein und klicken Sie auf **Weiter**.

❗ Es ist von Vorteil, wenn die Bezeichnung für die Termbank dem Namen entspricht, der unter **Neue Terminologiedatenbank speichern** als Speichername vergeben wurde, um die Anzeige unterschiedlicher Namen bei der Suche aus verschiedenen Umgebungen heraus zu vermeiden.

Erstellen einer neuen Termbankdefinition

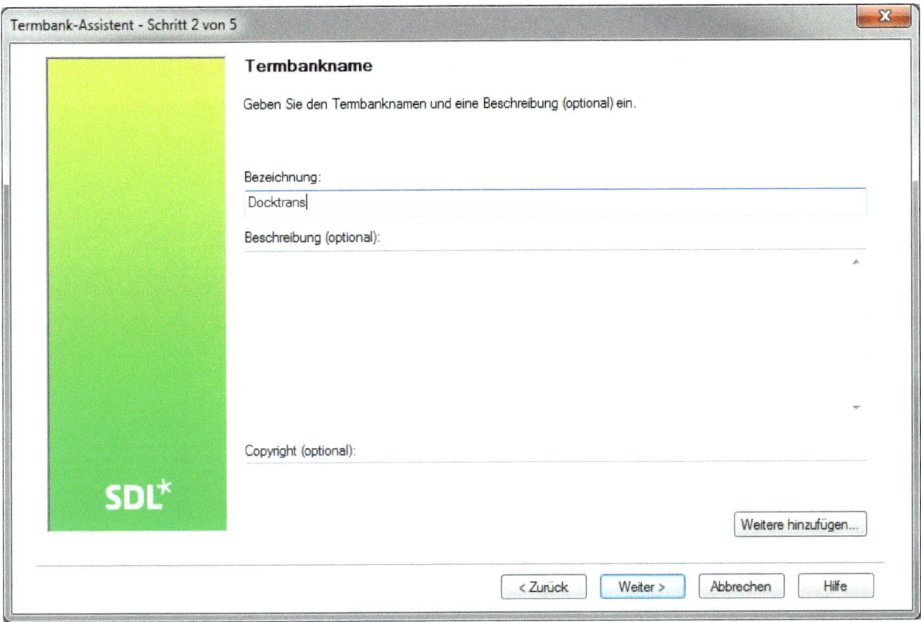

Hinzufügen von Sprachen

Wählen Sie im sich öffnenden Dialogfeld **Sprachfelder** die Sprachen aus, die Sie hinzufügen möchten, und passen Sie bei Bedarf die Namen der Sprachfelder an (siehe weiter unten).

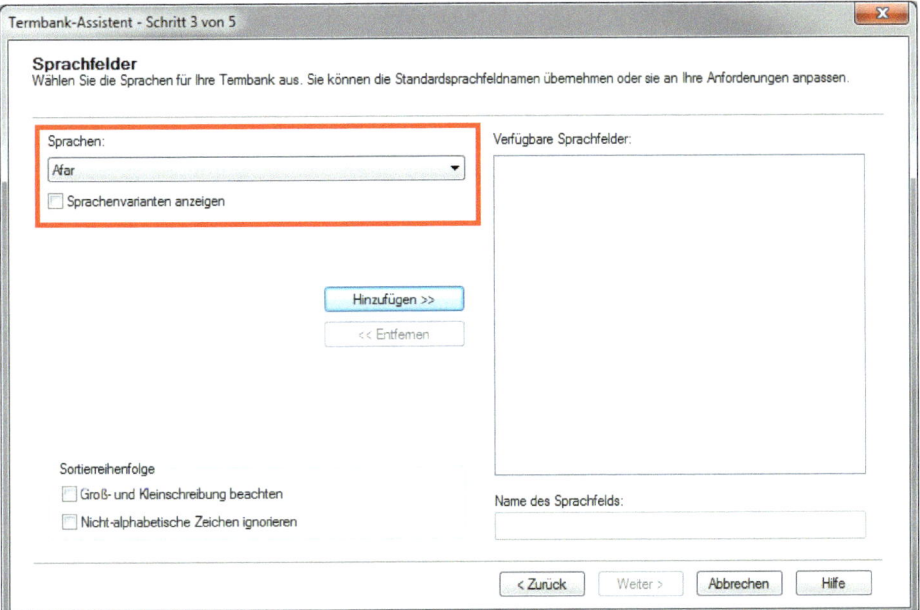

Ist **Sprachenvarianten anzeigen** nicht aktiviert, stehen alle Hauptsprachen zur Auswahl. Ist **Sprachenvarianten anzeigen** aktiviert, stehen über die Hauptsprachen hinaus auch die Subsprachen zur Verfügung.

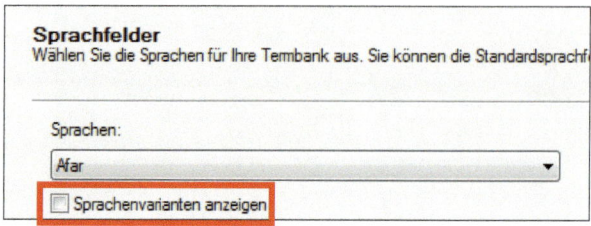

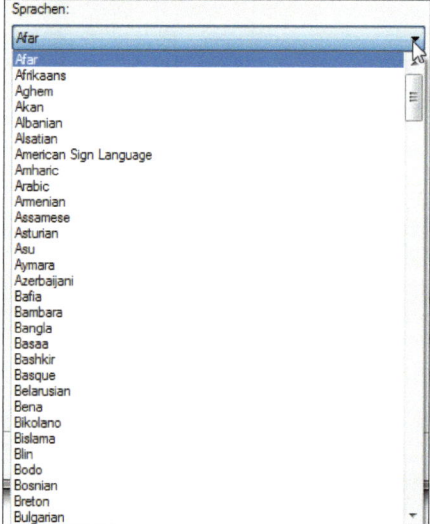 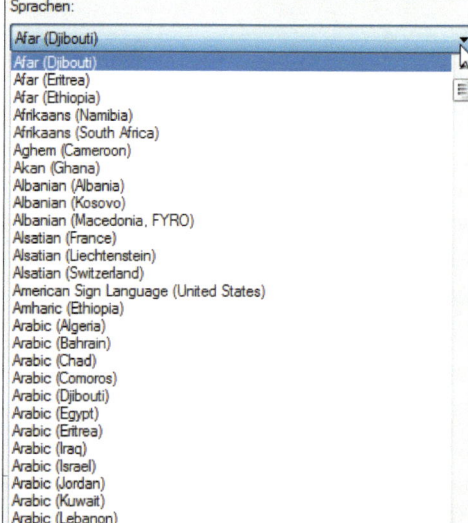

Klicken Sie im Dialogfeld **Sprachfelder** zunächst unter **Sprachen:** auf den kleinen Pfeil nach unten rechts neben der ersten aufgeführten Sprache „Afar". Eine Dropdown-Liste mit allen verfügbaren Sprachen öffnet sich. Wählen Sie die erste Sprache aus der Dropdown-Liste aus, die Sie verwenden möchten.

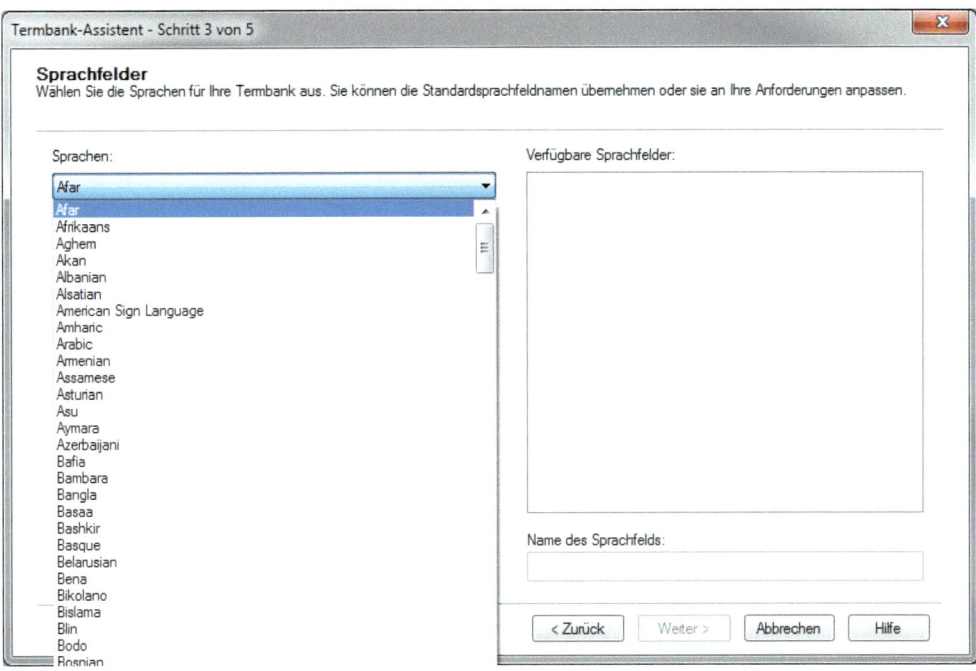

Die ausgewählte Sprache erscheint im Dialogfeld **Sprachfelder** zunächst auf der linken Seite unter **Sprachen:**.

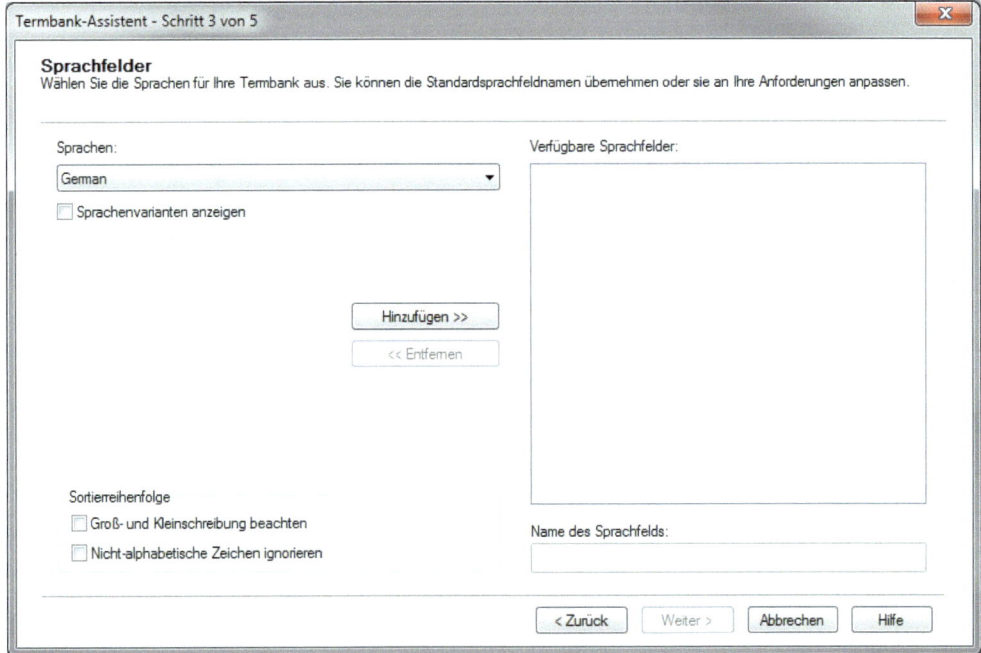

Klicken Sie danach auf **Hinzufügen** →, damit die Sprache im Feld **Verfügbare Sprachfelder:** erscheint.

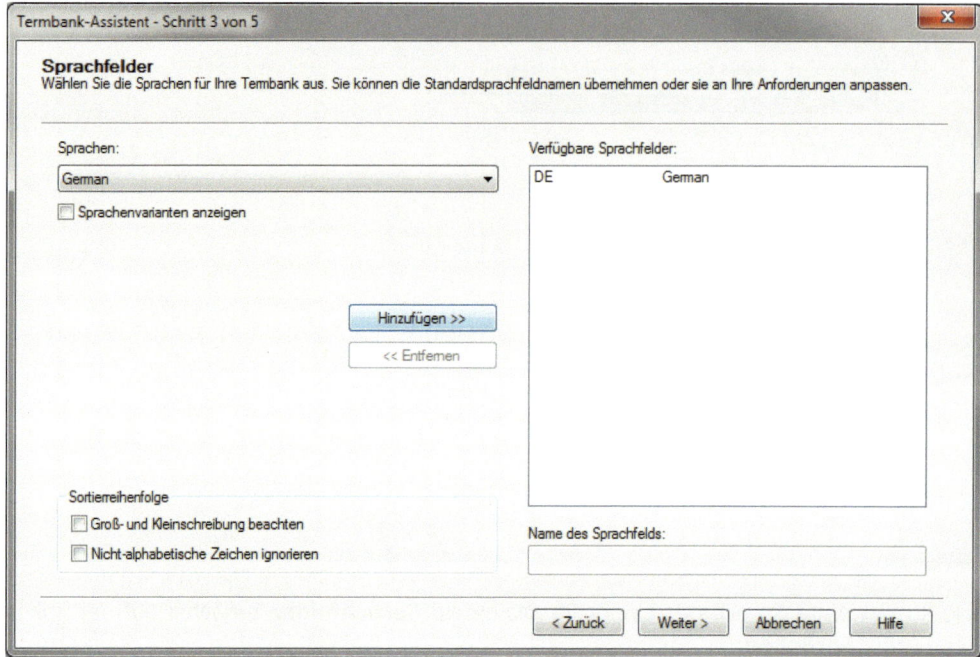

Verfahren Sie analog mit allen weiteren Sprachen, die Sie in dieser Termbank verwenden möchten.

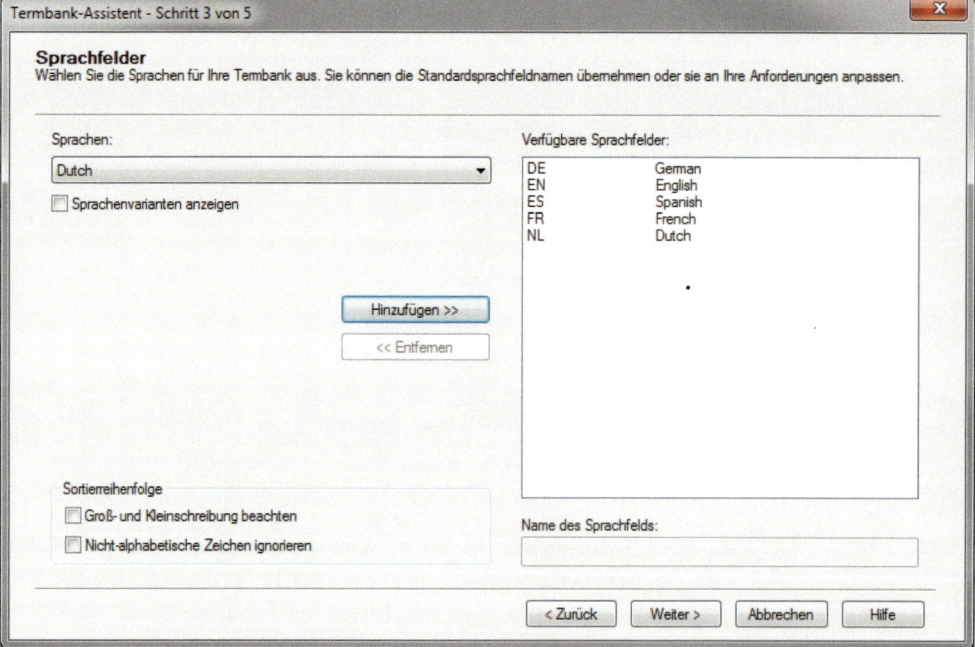

Erstellen einer neuen Termbankdefinition

Wenn Sie den Namen eines in englischer Sprache erscheinenden Sprachfelds ändern möchten, klicken Sie im Dialogfeld **Sprachfelder** im Feld **Verfügbare Sprachfelder:** auf diese Sprache, sodass diese farbig unterlegt ist, und geben Sie dann den Änderungstext in das Feld **Name des Sprachfelds:** ein. Verfahren Sie analog mit allen zu ändernden Namen von Sprachfeldern. Klicken Sie nach Abschluss der Eingaben auf **Weiter**.

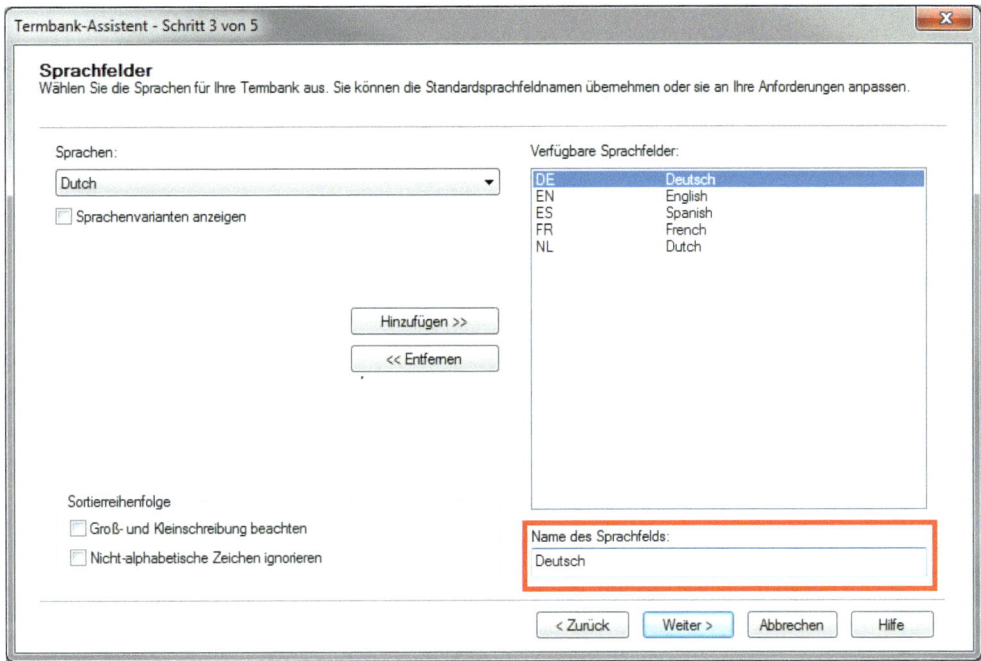

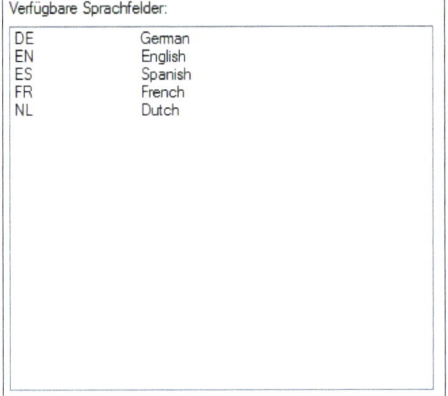

Vorher

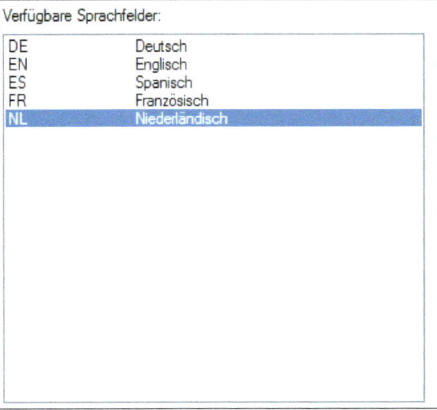

Nachher

Hinzufügen von beschreibenden Feldern

Das Dialogfeld **Beschreibende Felder** öffnet sich. In diesem Dialogfeld haben Sie die Möglichkeit, beschreibende Felder (Text- und Attributfelder) zu definieren, die den Begriff/die Benennungen näher beschreiben, und die Eigenschaften der beschreibenden Felder festzulegen. Die Eingabe von beschreibenden Feldern ist optional, d.h. Sie können eine Termbank auch ohne beschreibende Felder definieren.

Geben Sie im Dialogfeld **Beschreibende Felder** zunächst den Namen eines beschreibenden Feldes unter **Feldname:** ein und klicken Sie dann auf **Hinzufügen** →, um ein beschreibendes Feld in das Feld **Beschreibende Felder:** zu übertragen.

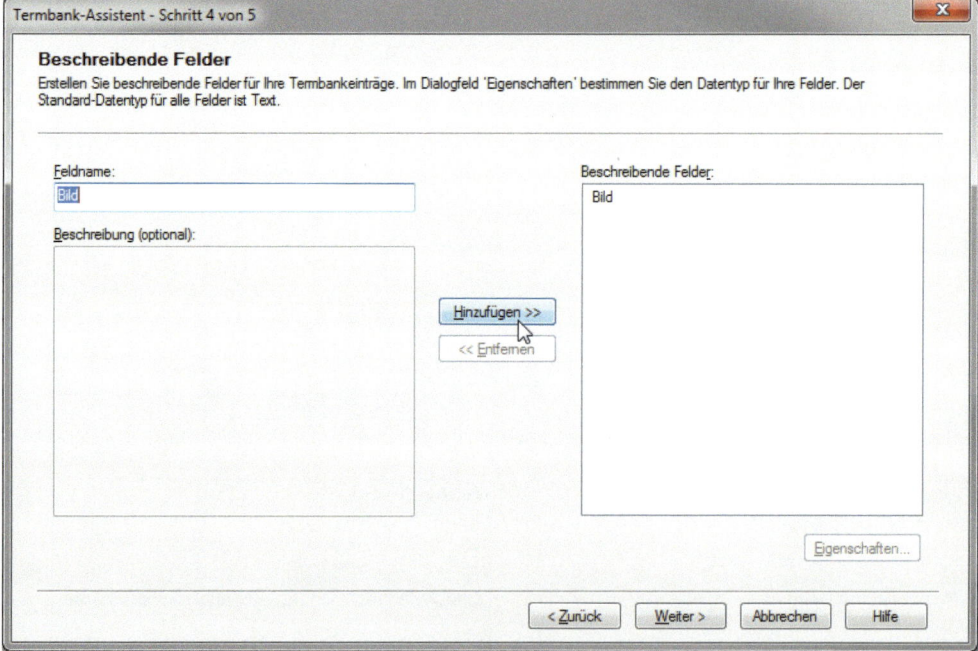

Verfahren Sie analog mit allen weiteren beschreibenden Feldern, die Sie hinzufügen möchten. Die nachstehenden beschreibenden Felder wurden ausgewählt, um alle möglichen Eigenschaften von beschreibenden Feldern darzustellen.

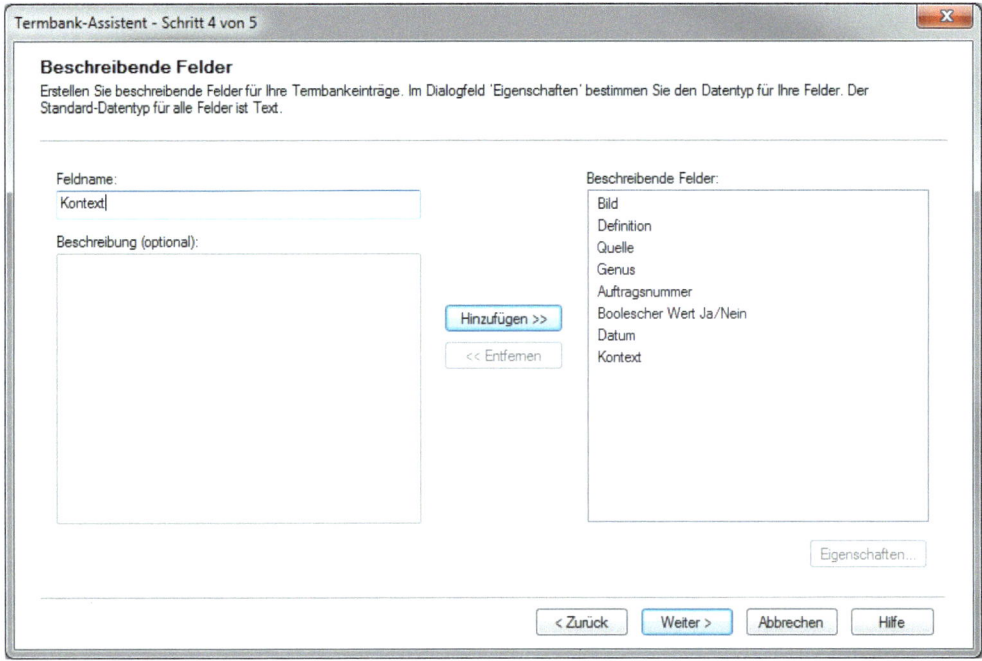

Definieren der Eigenschaften von beschreibenden Feldern

Als Standard sind alle eingegebenen beschreibenden Felder freie Textfelder, die manuell ausgefüllt werden können. Darüber hinaus können die folgenden Eigenschaften ausgewählt werden:

- **Zahl:** In dieses Feld können reine Zahlenfolgen eingegeben werden, eine Kombination aus Zahlen und Buchstaben ist nicht möglich. Beispiel wäre eine Auftragsnummer.
- **Ja/Nein:** Diese Booleschen Werte ermöglichen die Auswahl einer Benennung oder die Kennzeichnung als nicht zu verwenden. Sie erscheinen als kleines Feld, das mit einem Häkchen versehen werden kann.
- **Datum:** Bei Auswahl von Datum wird automatisch das aktuelle Datum mit Uhrzeit eingetragen.
- **Pickliste:** Mit dieser Eigenschaft können benutzerdefinierte Auswahllisten erstellt werden.
- **Multimedia:** Die Eigenschaft Multimedia ermöglicht die Eingabe von Bildern.

Das Verfahren für das Einbinden von beschreibenden Feldern, die keine freien Textfelder sind, ist für alle Eigenschaften mit Ausnahme der Pickliste ähnlich. Klicken Sie zunächst im Dialogfeld **Beschreibende Felder** unter **Beschreibende Felder:** auf ein beschreibendes Feld, sodass es farbig unterlegt ist, und dann auf die aktiv werdende Schaltfläche **Eigenschaften…**.

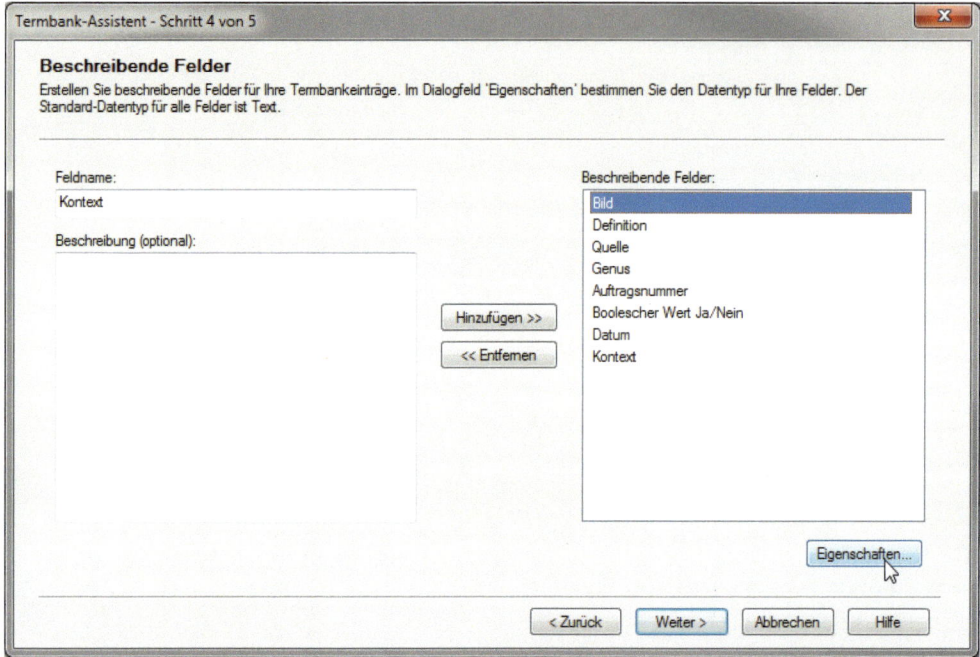

Das Dialogfeld **Eigenschaften** öffnet sich. Klicken Sie auf den kleinen Pfeil nach unten unterhalb von **Datentyp:** und wählen Sie aus der sich öffnenden Dropdown-Liste den gewünschten Datentyp aus. Bestätigen Sie zum Abschluss mit **OK**.

Ist der Einsatz einer Pickliste (Auswahlliste) gewünscht, wie im vorliegenden Beispiel bei Genus, klicken Sie im Dialogfeld **Beschreibende Felder** auf das beschreibende Feld, dem eine Pickliste hinzugefügt werden soll, sodass das Feld farbig unterlegt ist, und danach auf **Eigenschaften...**.

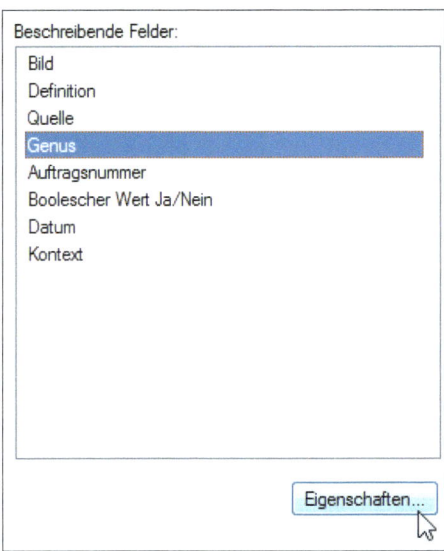

Wählen Sie im sich öffnenden Dialogfeld **Eigenschaften** unter **Datentyp:** → **Pickliste** aus, um die Pickliste anzulegen. Klicken Sie auf das blaue Pluszeichen, klicken Sie anschließend links auf den blauen Balken und geben Sie dann im sich öffnenden weißen Textfeld das erste gewünschte Attribut ein.

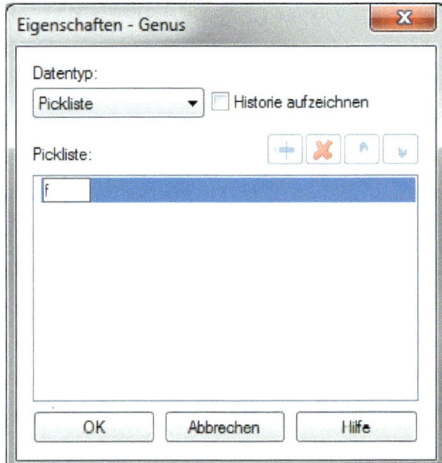

Bestätigen Sie mit der Eingabetaste ⏎. Klicken Sie erneut auf das Pluszeichen, um ein weiteres Attribut einzugeben, und fahren Sie fort, bis alle gewünschten Attribute der Pickliste eingegeben sind.

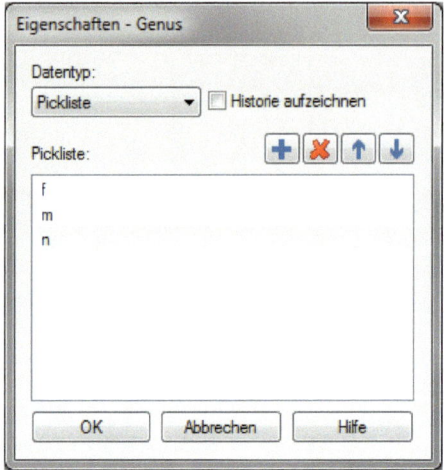

Ein falsch eingegebenes Attribut wird angeklickt, sodass es blau unterlegt ist, und durch Klicken auf das rote Kreuz gelöscht.

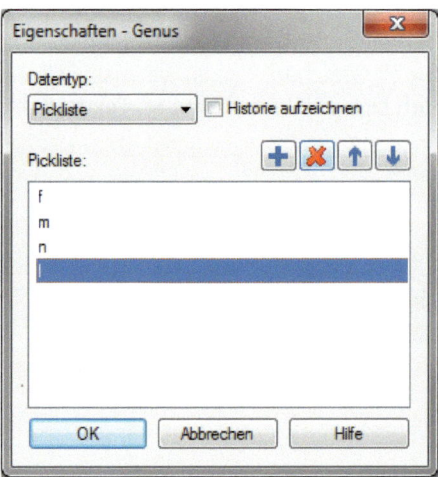

Die Reihenfolge der Attribute kann durch Klicken auf die Pfeile nach oben und nach unten verändert werden. Klicken Sie dazu auf ein Attribut und danach ein- oder mehrmals auf den entsprechenden Pfeil.

Klicken Sie nach Abschluss aller Eingaben auf **OK**. Die Picklistenattribute sind nun eingegeben und können bei zukünftiger Auswahl des beschreibenden Feldes in der Termbank verwendet werden.

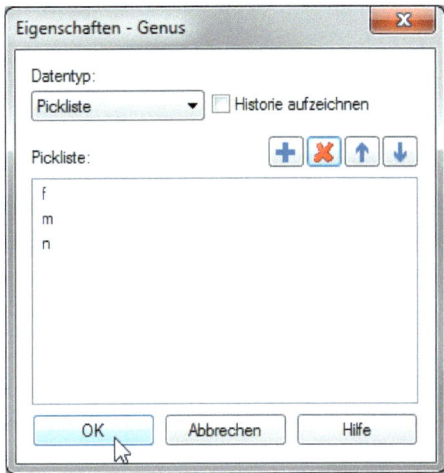

Klicken Sie im Dialogfeld **Beschreibende Felder** auf **Weiter**, wenn alle Eigenschaften der beschreibenden Felder eingetragen sind. Das Dialogfeld **Eintragsstruktur** öffnet sich.

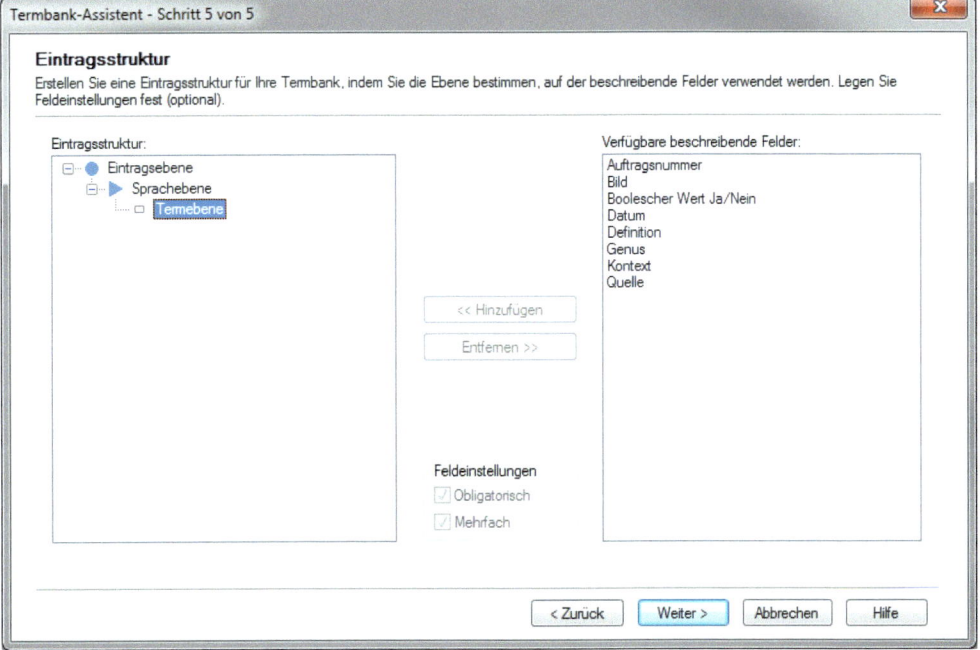

Zuordnen von beschreibenden Feldern

Im Dialogfeld **Eintragsstruktur** werden beschreibende Felder einer Ebene oder verschiedenen Ebenen in der Eintragsstruktur zugeordnet. Zu Beginn dieses Kapitels zu SDL MultiTerm 2019 wurde bereits erläutert, dass SDL MultiTerm 2019 über drei Ebenen verfügt:

- die **Eintragsebene** für sprachübergreifende Felder wie Bilder und Definitionen und die automatisch vergebene ID jedes Eintrags
- die **Sprachebene** für die Sprachen
- die **Termebene** für die Benennungen in den verschiedenen Sprachen mit den beschreibenden Feldern für die jeweilige Sprache

Bild, Definition und die zu Bild und Definition gehörende Quelle werden im vorliegenden Beispiel sprachübergreifend der Eintragsebene zugeordnet. Dabei wird die Quelle sowohl Bild als auch Definition untergeordnet. Die Auftragsnummer (in Form einer Zahl), der Boolesche Wert (Ja/Nein), das Datum, der Kontext und dessen zugehörige Quelle werden der Termebene zugeordnet.

Klicken Sie zunächst im Dialogfeld **Eintragsstruktur** unter **Eintragsstruktur:** auf **Eintragsebene**, sodass diese farbig unterlegt ist. Wählen Sie dann unter **Verfügbare beschreibende Felder:** die beschreibenden Felder aus, die Sie der Eintragsebene hinzufügen möchten, sodass diese blau unterlegt sind, und klicken Sie danach auf **<< Hinzufügen**.

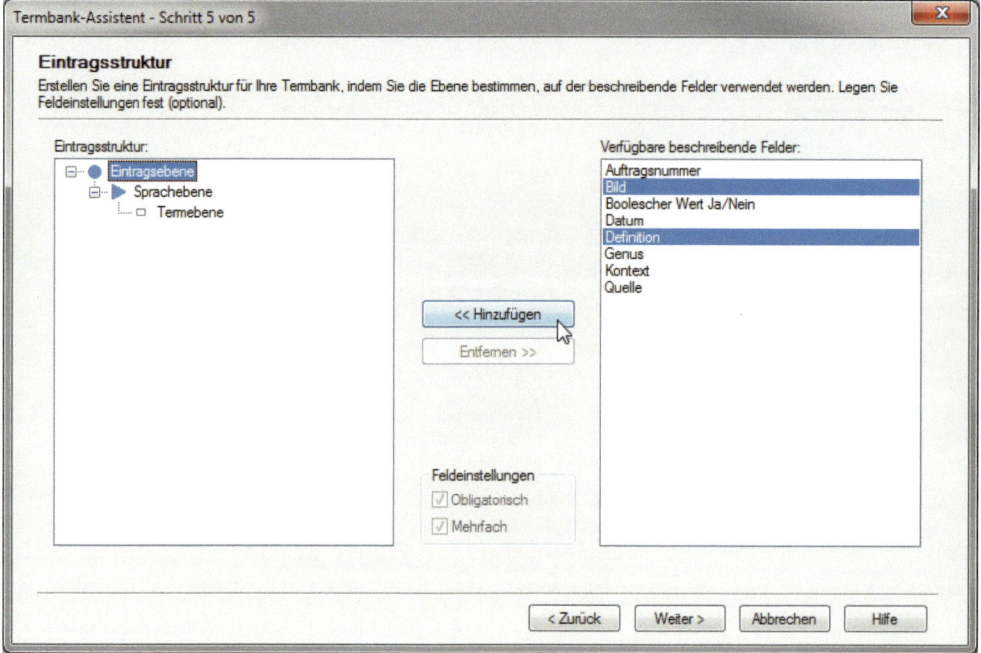

Die ausgewählten beschreibenden Felder, im vorliegenden Beispiel Bild und Definition, werden nun im Feld **Eintragsstruktur:** unter der Eintragsebene angezeigt. Analog erscheinen vom Benutzer für die Eintragsebene ausgewählte beschreibende Felder.

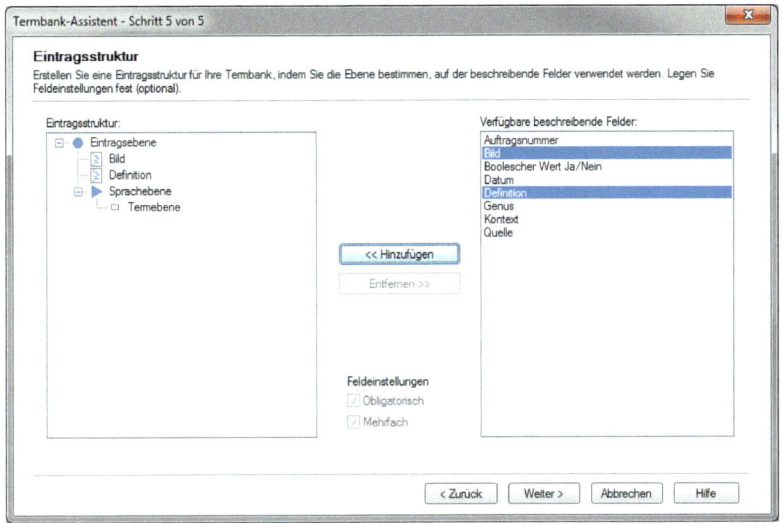

Klicken Sie auf ein beschreibendes Feld im Feld **Eintragsstruktur:** und ziehen Sie dieses mit gedrückter Maustaste 🖱 nach oben, wenn Sie die Reihenfolge der beschreibenden Felder ändern wollen. Klicken Sie danach unter **Eintragsstruktur:** auf ein beschreibendes Feld, dem z.B. eine Quelle zugeordnet werden soll. Im vorliegenden Beispiel ist dies Bild. Klicken Sie danach auf das verfügbare beschreibende Feld, das Sie diesem Feld zuordnen möchten, und klicken Sie danach auf **<< Hinzufügen**. Achten Sie dabei darauf, dass ausschließlich das Feld farbig unterlegt ist, das der Eintragsstruktur hinzugefügt werden soll. Andere von der vorherigen Auswahl farbig unterlegte beschreibende Felder können durch Klicken auf das jeweilige Feld deaktiviert werden, sodass sie ohne farbige Unterlegung erscheinen und damit nicht aktiv sind.

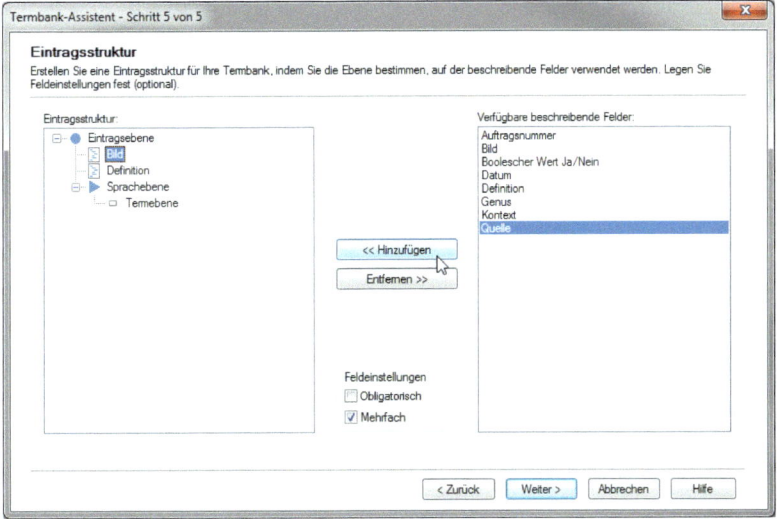

Wiederholen Sie den Vorgang, wenn Sie weitere beschreibende Felder auf der Eintragsebene einem beschreibenden Feld unterordnen möchten. Im vorliegenden Beispiel ist dies noch einmal Quelle, und zwar der Definition untergeordnet.

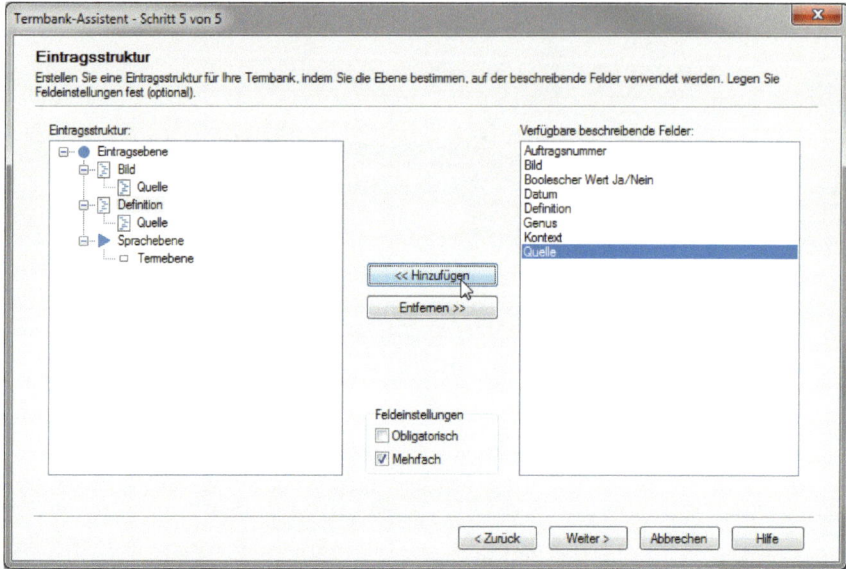

Klicken Sie nach Zuordnung aller beschreibenden Felder auf Eintragsebene im Dialogfeld **Eintragsstruktur** auf **Termebene** und im Feld **Verfügbare beschreibende Felder:** auf die beschreibenden Felder, die Sie der Termebene und damit den entsprechenden Benennungen zuordnen möchten. Sollten beschreibende Felder blau unterlegt sein, die Sie nicht der Termebene zuordnen möchten, klicken Sie auf diese Felder, um die blaue Unterlegung zu entfernen. Klicken Sie danach auf **<< Hinzufügen**.

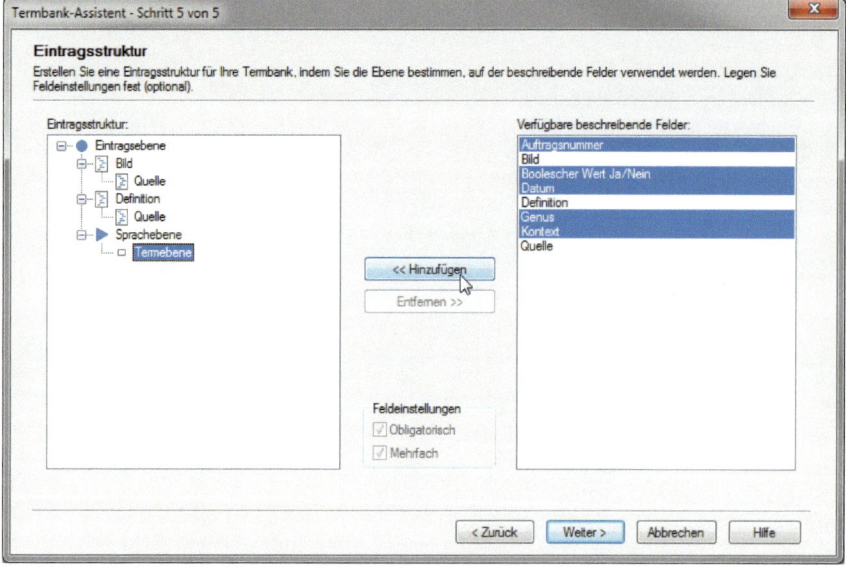

Die ausgewählten beschreibenden Felder sind nun der Termebene zugeordnet.

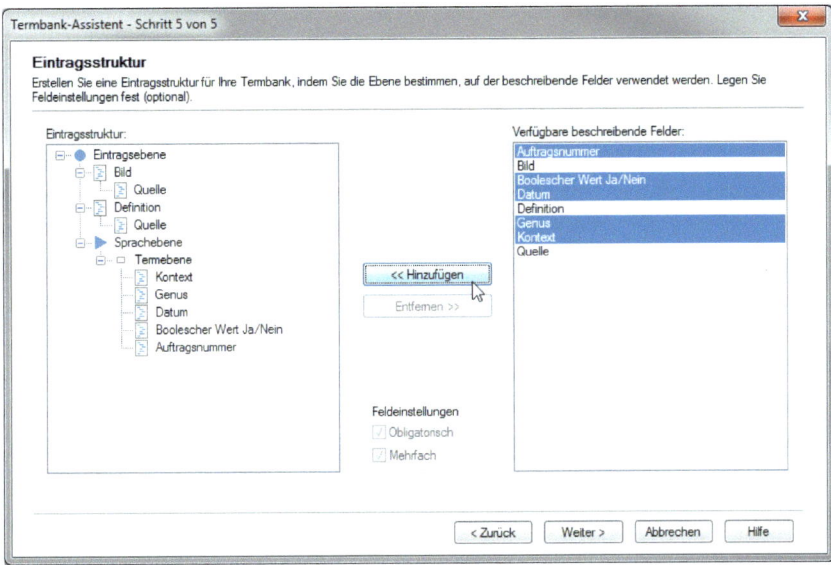

Auch auf Termebene haben Sie die Möglichkeit, die Reihenfolge der beschreibenden Felder zu ändern. Klicken Sie dazu auf der Termebene auf ein beschreibendes Feld im Feld **Eintragsstruktur:** und ziehen Sie dieses mit gedrückter Maustaste nach oben.

Im nächsten Schritt soll nun auch auf Termebene das beschreibende Feld Quelle zugeordnet werden, und zwar dem Kontext. Klicken Sie zunächst auf das beschreibende Feld, das Sie zuordnen möchten. Achten Sie darauf, dass ausschließlich dieses zuzuordnende Feld farbig unterlegt ist. Wählen Sie dann auf der Termebene das beschreibende Feld aus, dem dieses zugeordnet werden soll. Klicken Sie danach auf **<< Hinzufügen**.

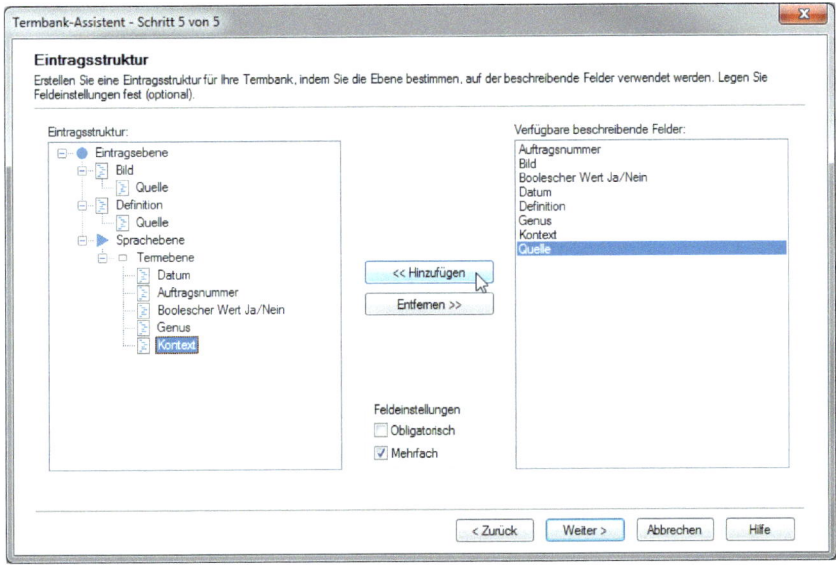

Das ausgewählte beschreibende Feld ist nun dem beschreibenden Feld auf Termebene zugeordnet. Verfahren Sie analog, wenn Sie weitere beschreibende Felder einem anderen Feld zuordnen möchten.

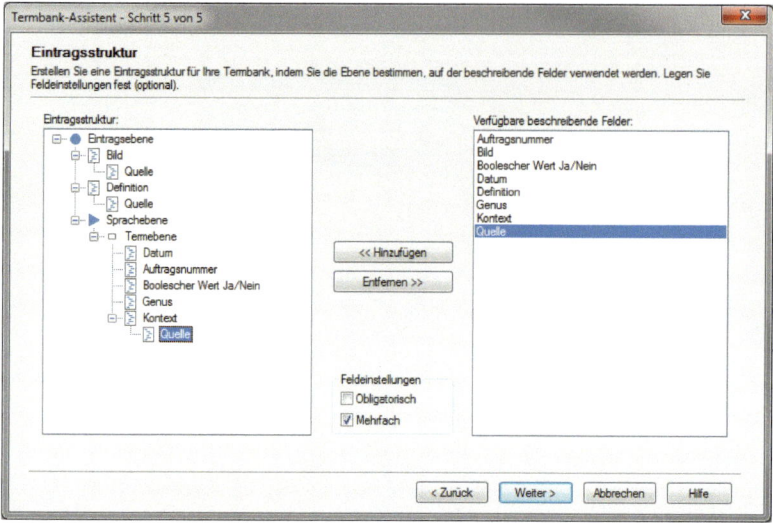

Feldeinstellungen

Im vorgenannten Dialogfeld **Eintragsstruktur** werden auch die Feldeinstellungen für einzelne beschreibende Felder festgelegt.

❗ Bitte beachten Sie, dass die **Feldeinstellungen** inaktiv (ausgegraut) sind, solange Sie im Dialogfeld **Eintragsstruktur** auf der linken Seite unter **Eintragsstruktur: kein spezifisches beschreibendes Feld** ausgewählt haben, für das die Einstellungen gelten sollen.

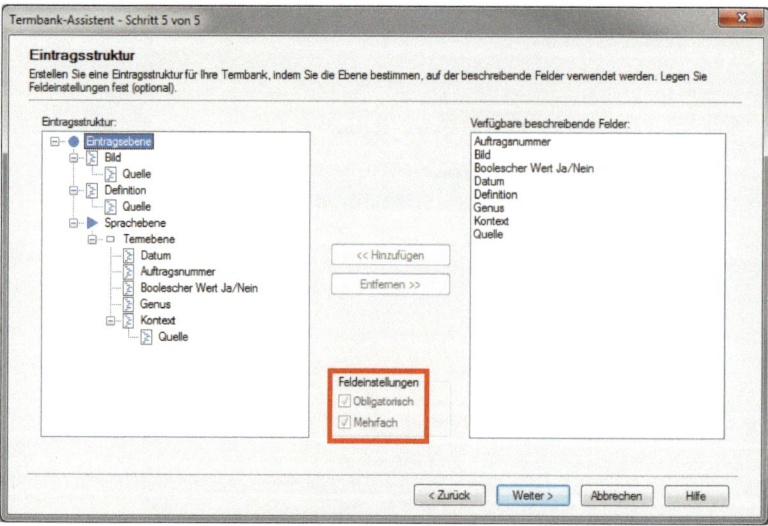

Als Standard-Feldeinstellung können beschreibende Felder mehrfach in einem Eintrag verwendet werden. Sie haben darüber hinaus die Möglichkeit, ein oder mehrere beschreibende Felder als obligatorisch einzustellen, wenn Sie möchten, dass ein Feld in einem Eintrag immer ausgefüllt werden muss.

Klicken Sie im Feld **Eintragsstruktur:** auf ein beschreibendes Feld, sodass dieses blau unterlegt ist. Die Feldeinstellungen werden aktiv. Ändern Sie ggf. die Feldeinstellungen für ein beschreibendes Feld bzw. nacheinander für mehrere beschreibende Felder.

Klicken Sie nach Abschluss der Eingaben auf **Weiter**.

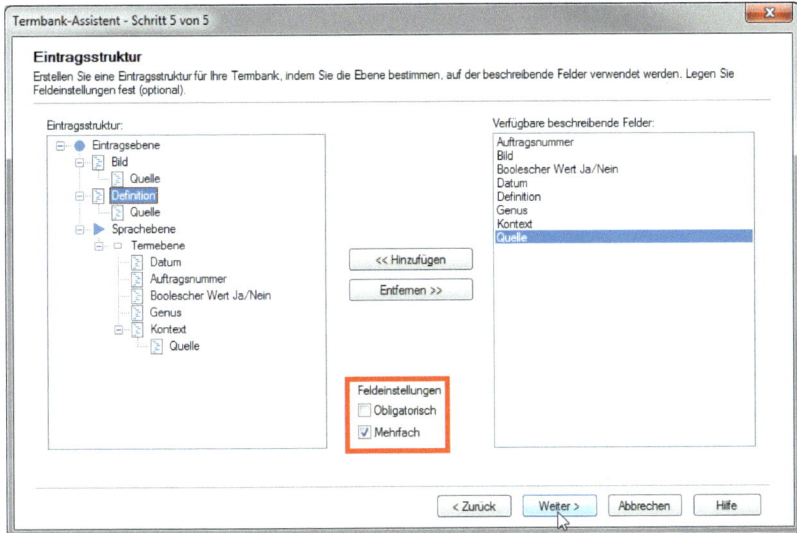

Die Termbankanlage ist an dieser Stelle abgeschlossen. Klicken Sie im Dialogfeld **Assistent beendet** auf **Fertig stellen**, um den Assistenten zu schließen.

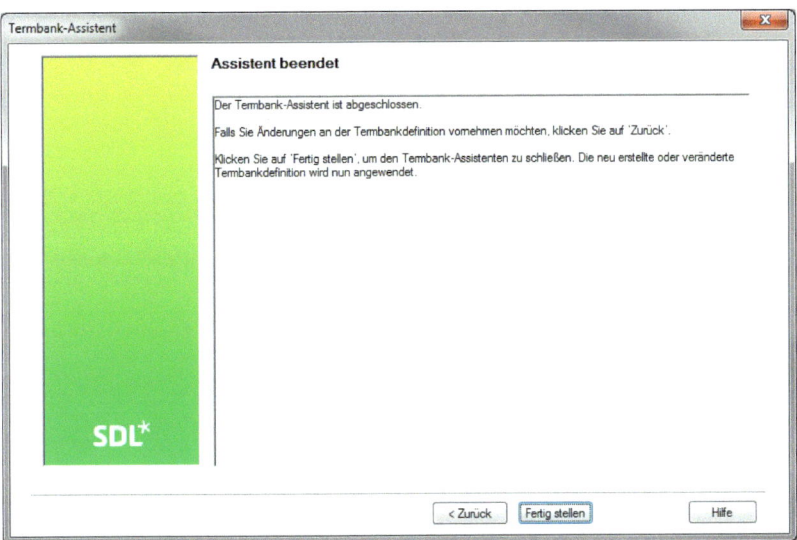

Die angelegte Termbank wird nun in SDL MultiTerm 2019 geöffnet. Der Termbankname erscheint oben in der Mitte des Bildschirms.

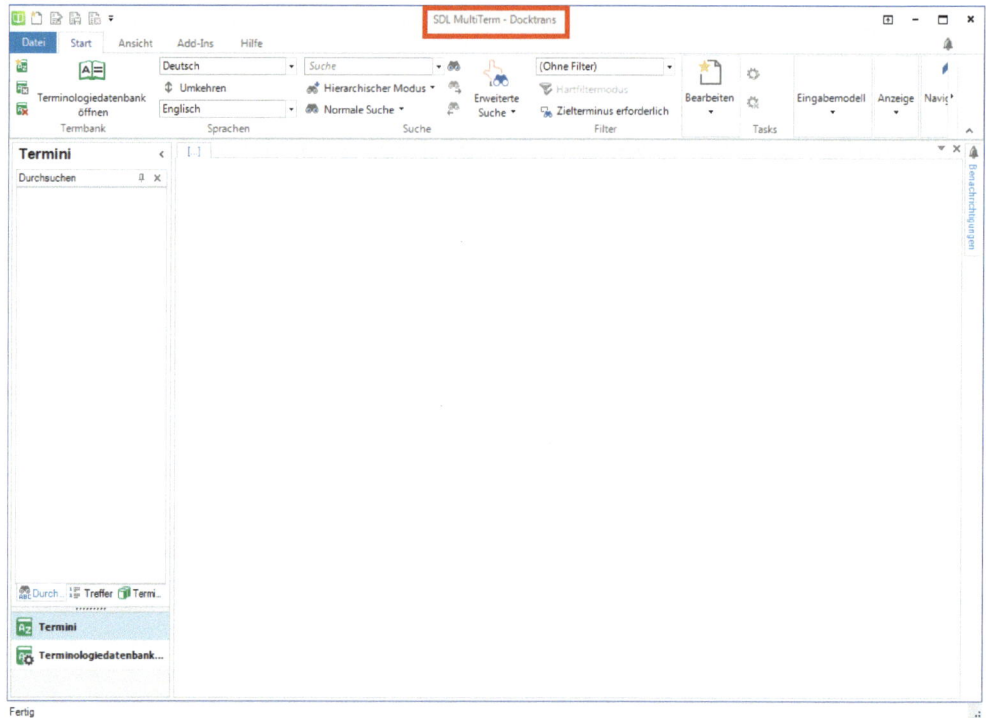

? **Muss ich beim Anlegen einer Termbank immer auch beschreibende Felder eingeben und den MultiTerm-Ebenen zuordnen?**
Nein, Sie können beschreibende Felder hinzufügen, müssen es aber nicht. In manchen Fällen brauchen Sie vielleicht nur ein zwei-, drei-, viersprachiges Glossar ohne beschreibende Felder und auch das ist in SDL MultiTerm 2019 möglich. Sie übergehen in diesem Fall einfach die Anlage und Zuordnung von beschreibenden Feldern, indem Sie die Felder in den entsprechenden Dialogfeldern leer lassen.

Verwenden einer physikalisch vorhandenen Termbank als Vorlage

Wurden bereits eine oder mehrere Termbanken in SDL MultiTerm 2019 erstellt, ist es möglich, diese für die Anlage einer neuen Termbank zu verwenden. Dabei nutzt SDL MultiTerm 2019 bei der Anlage einer neuen Termbank die Einstellungen der bereits vorhandenen, ausgewählten Termbank als Vorlage. Diese können übernommen oder verändert werden.

Verfahren Sie wie folgt, um eine neue Termbank auf Basis einer bereits vorhandenen Termbank zu erstellen. Klicken Sie in SDL MultiTerm 2019 auf der Registerkarte **Start** in der Gruppe **Termbank** auf **Terminologiedatenbank anlegen**.

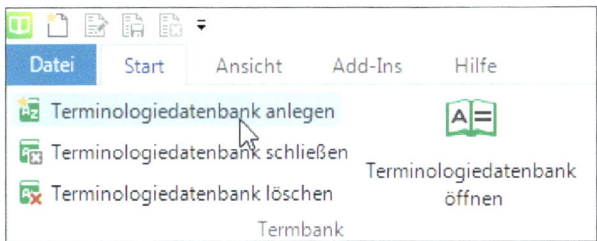

Das Dialogfeld **Neue Terminologiedatenbank speichern** öffnet sich. Vergeben Sie einen Namen für die neue Termbank und klicken Sie auf **Speichern**.

❗ Bitte notieren Sie den an dieser Stelle eingegebenen Speichernamen der Termbank, da dieser später noch einmal im Dialogfeld **Termbankname** benötigt wird.

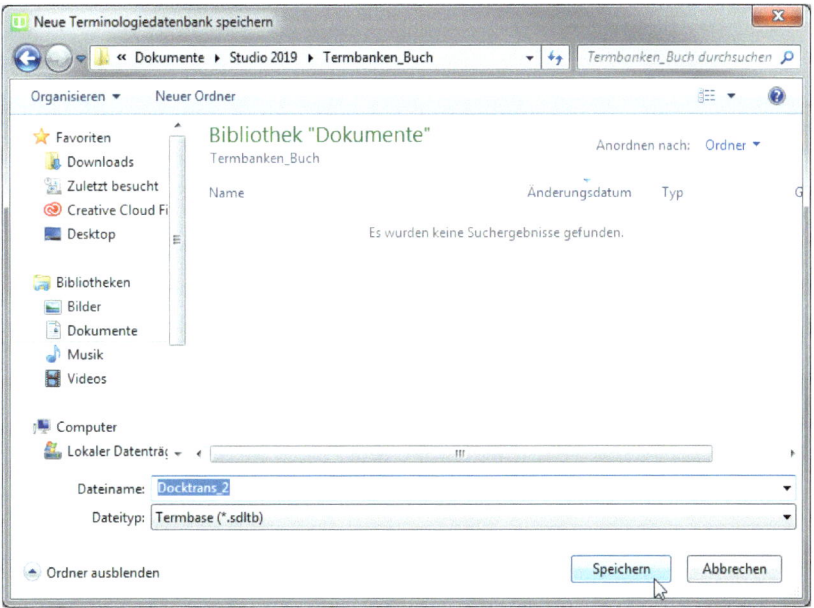

Das Dialogfeld **Termbank-Assistent** öffnet sich. Klicken Sie auf **Weiter**.

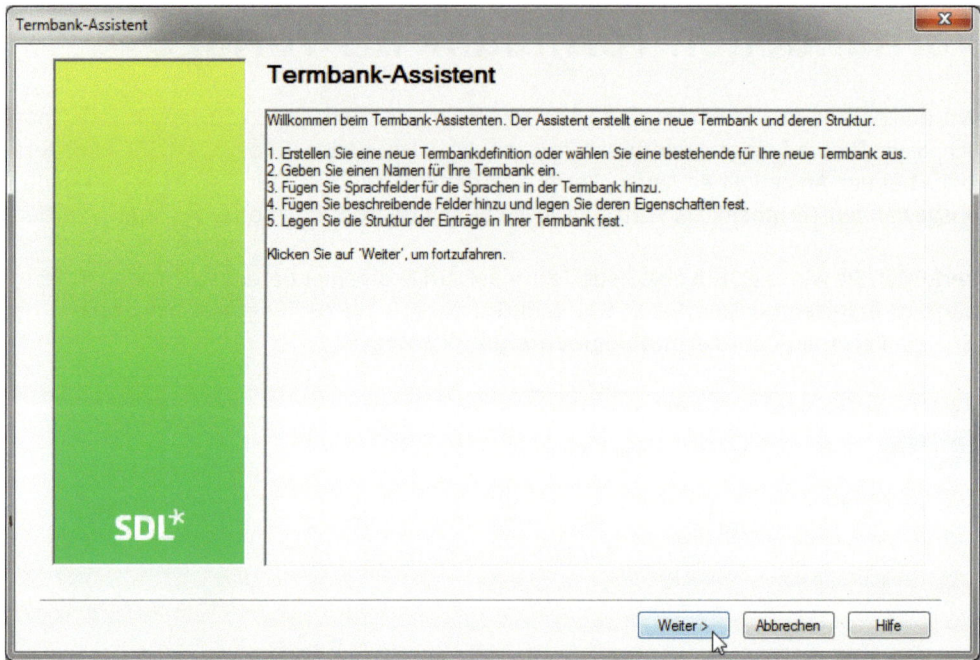

Das Dialogfeld **Termbankdefinition** öffnet sich. Wählen Sie **Physikalisch vorhandene Termbank als Vorlage verwenden** aus und klicken Sie auf **Durchsuchen...**.

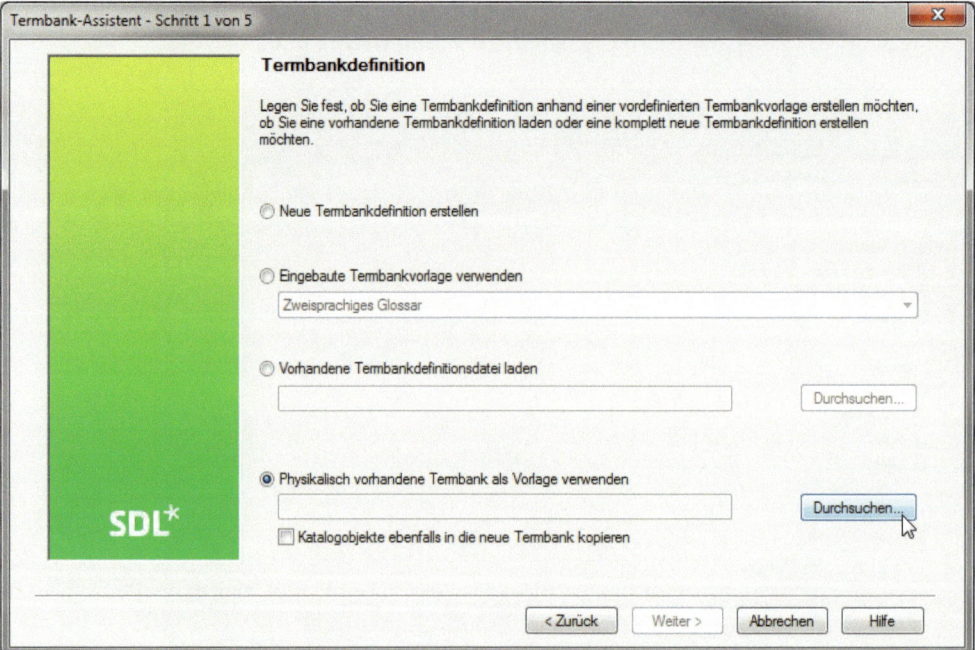

Das Dialogfeld **Termbanken auswählen** öffnet sich. Klicken Sie auf **Durchsuchen...**.

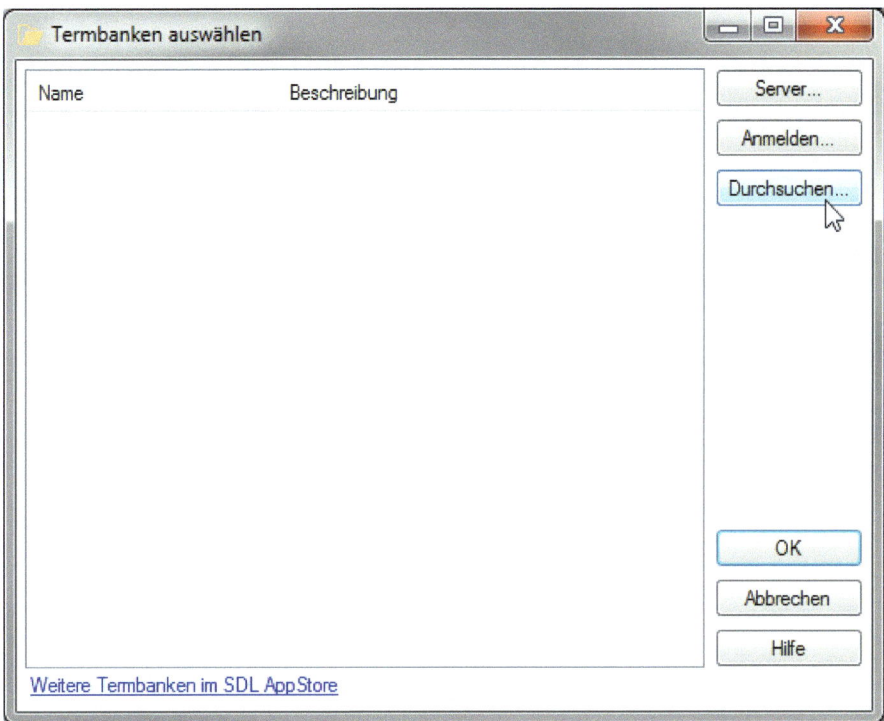

Wählen Sie im Dialogfeld **Terminologiedatenbank öffnen** die Termbank aus, deren Struktur als Basis für die neue Termbank dienen soll, und klicken Sie auf **Öffnen**.

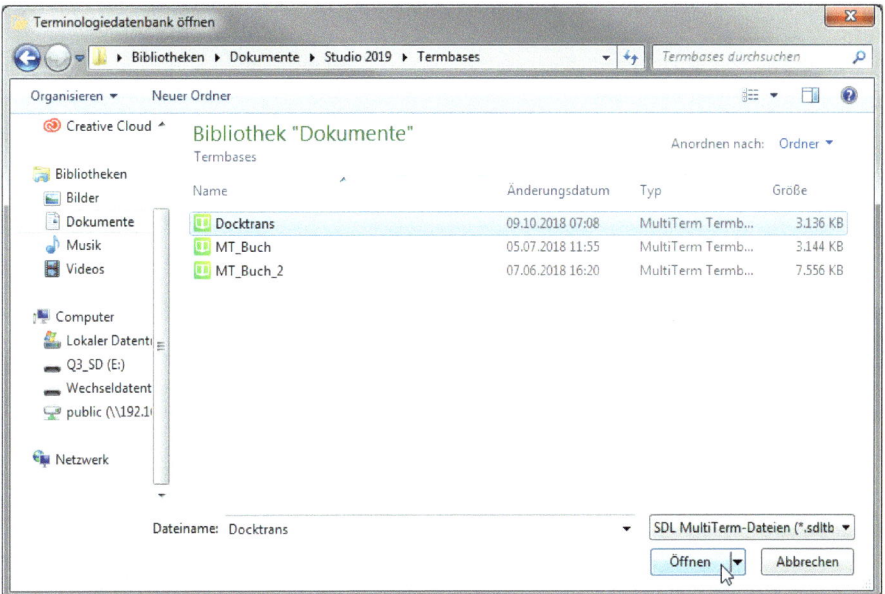

Die Termbank ist nun im Dialogfeld Termbanken auswählen eingefügt. Setzen Sie ein Häkchen vor die Termbank (falls noch nicht vorhanden) und klicken Sie auf OK, um fortzufahren.

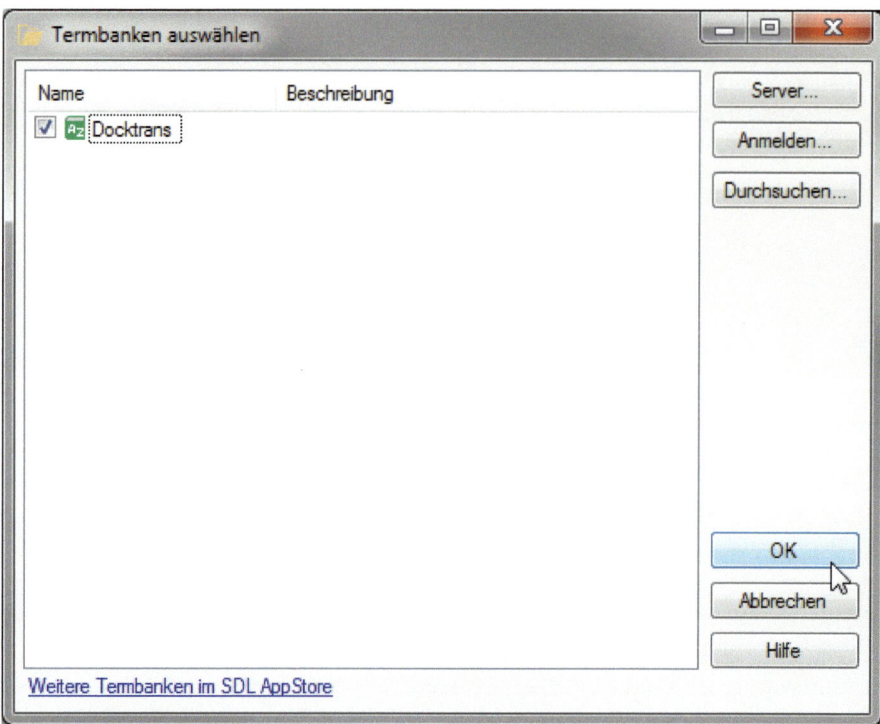

Die physikalisch vorhandene Termbank, die als Vorlage verwendet werden soll, ist nun im Dialogfeld **Termbankdefinition** eingefügt. Klicken Sie auf **Weiter**, um fortzufahren.

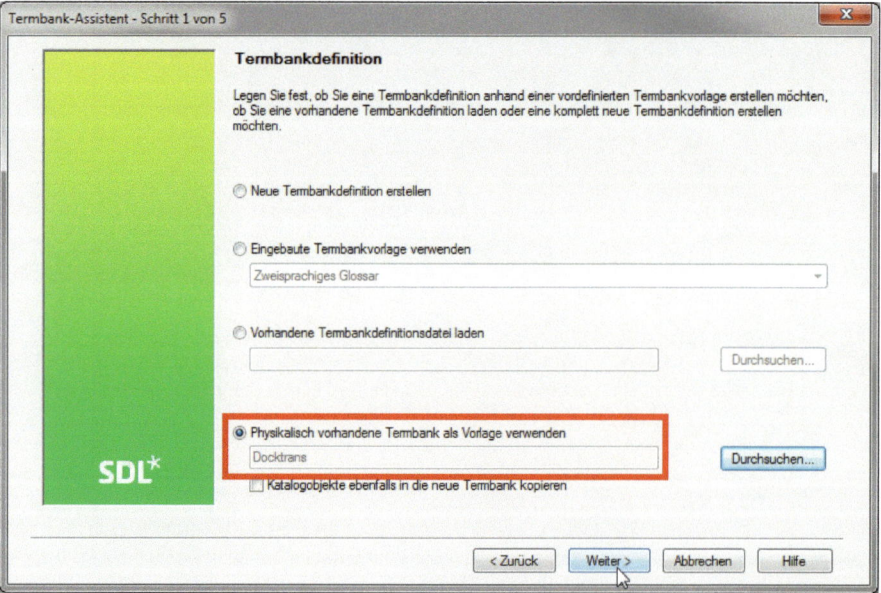

Das Dialogfeld **Termbankname** öffnet sich. Vergeben Sie einen Namen für die neue Termbank, der möglichst dem Namen entspricht, der unter **Neue Terminologiedatenbank speichern** verwendet wurde, und klicken Sie auf **Weiter**.

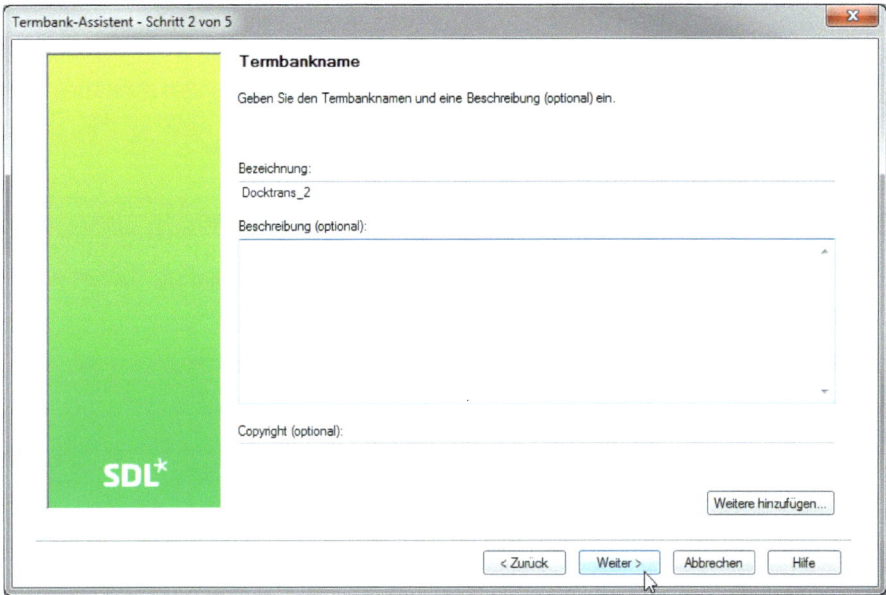

Das Dialogfeld **Sprachfelder** öffnet sich. In diesem Dialogfeld sind bereits alle Sprachen eingetragen, die in der Termbank enthalten sind, die als Vorlage verwendet wird. Übernehmen Sie diese Sprachen, fügen Sie weitere Sprachen hinzu oder entfernen Sie Sprachen. Klicken Sie danach auf **Weiter**.

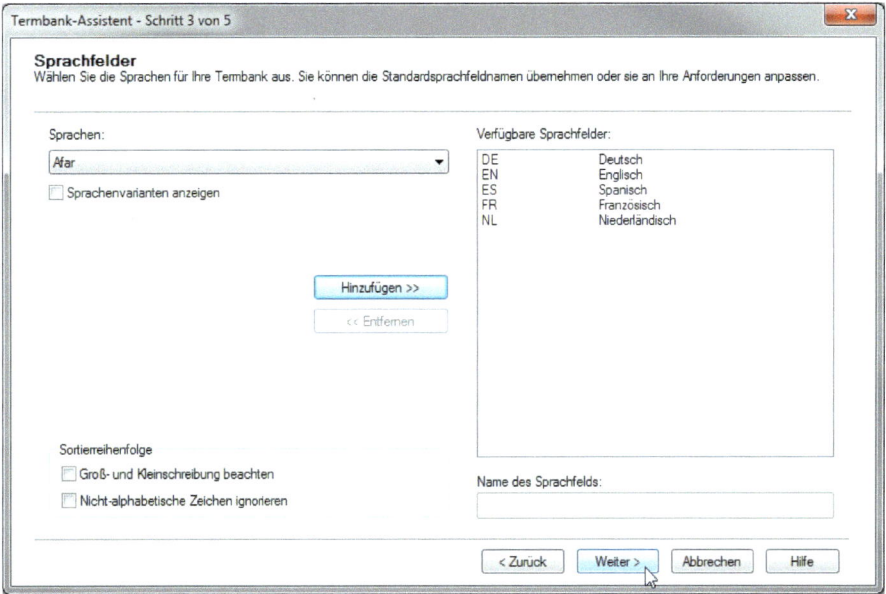

Das Dialogfeld **Beschreibende Felder** öffnet sich. In diesem Dialogfeld sind bereits alle beschreibenden Felder eingetragen, die in der Termbank enthalten sind, die als Vorlage verwendet wird. Übernehmen Sie diese beschreibenden Felder, fügen Sie weitere beschreibende Felder hinzu oder entfernen Sie beschreibende Felder. Passen Sie ggf. unter **Eigenschaften...** die Eigenschaften eines beschreibenden Felds an, wenn neue beschreibende Felder keine reinen Textfelder sind. Weitere Informationen zum Anpassen der Eigenschaften von beschreibenden Feldern finden Sie in den Kapiteln **Erstellen einer neuen Termbankdefinition** → **Hinzufügen von beschreibenden Feldern** und **Definieren der Eigenschaften von beschreibenden Feldern**. Klicken Sie danach auf **Weiter**.

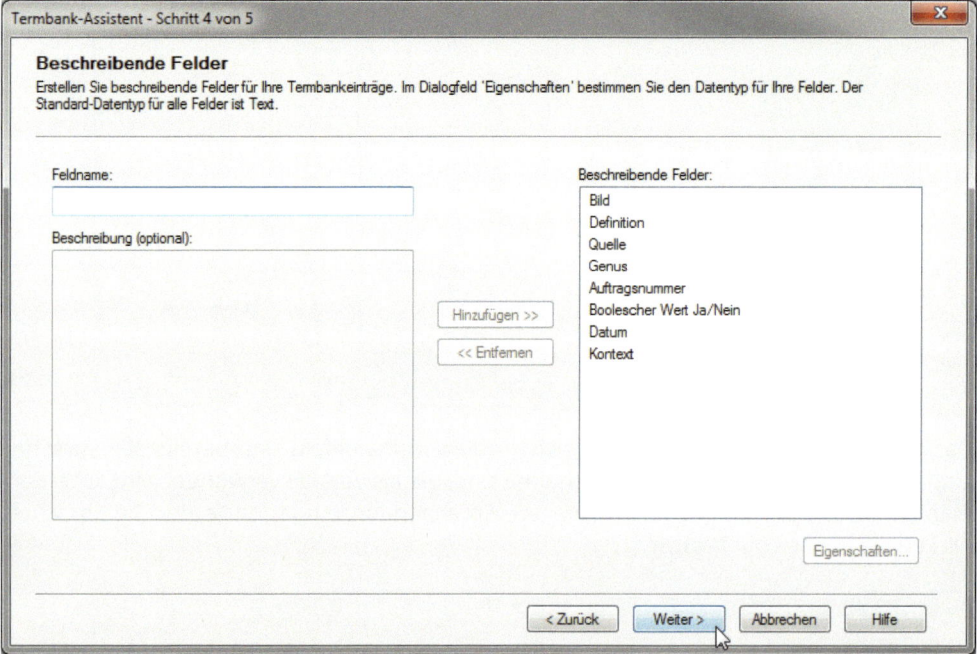

Das Dialogfeld **Eintragsstruktur** öffnet sich. In diesem Dialogfeld sind bereits die beschreibenden Felder aus der Termbank, die als Vorlage dient, der Eintragsstruktur zugeordnet. Fügen Sie den Ebenen ggf. hinzugefügte beschreibende Felder hinzu oder entfernen Sie diese entsprechend und nehmen Sie bei Bedarf Feldeinstellungen vor. Weitere Informationen zur Zuordnung von beschreibenden Feldern im Dialogfeld **Eintragsstruktur** und zu Feldeinstellungen finden Sie im Kapitel **Erstellen einer neuen Termbankdefinition → Zuordnen von beschreibenden Feldern**. Klicken Sie auf **Weiter**.

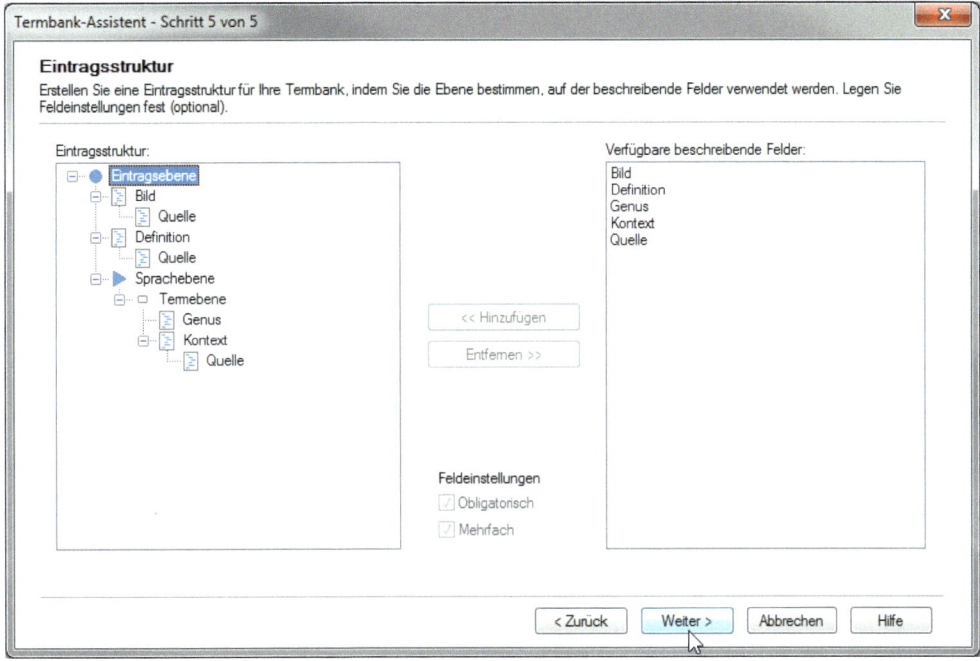

Das Dialogfeld **Assistent beendet** öffnet sich. Klicken Sie auf **Fertig stellen**.

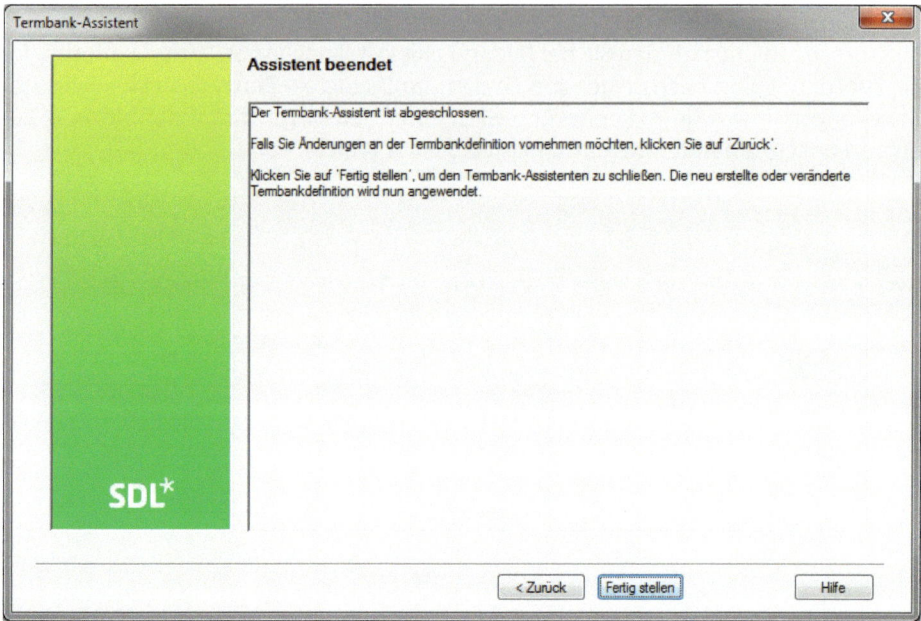

Die neue, auf Basis einer physikalisch vorhandenen Termbank erstellte Termbank öffnet sich in SDL MultiTerm 2019. Der Termbankname erscheint oben in der Mitte des Bildschirms.

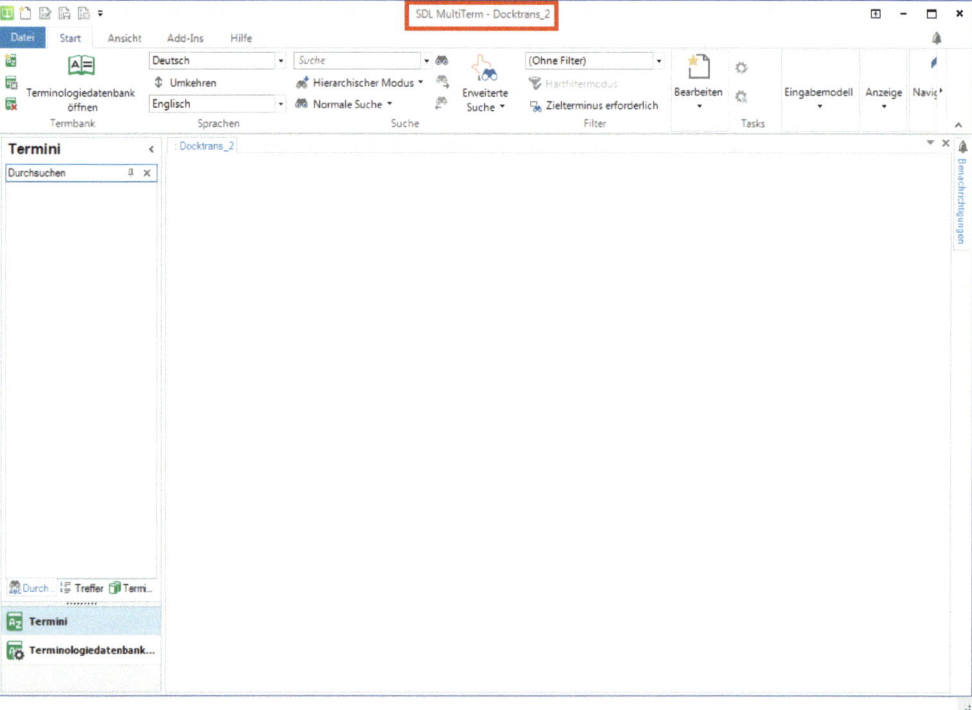

Öffnen von Termbanken in SDL MultiTerm 2019

Klicken Sie in SDL MultiTerm 2019 auf der Registerkarte **Start** in der Gruppe **Termbank** auf **Terminologiedatenbank öffnen**.

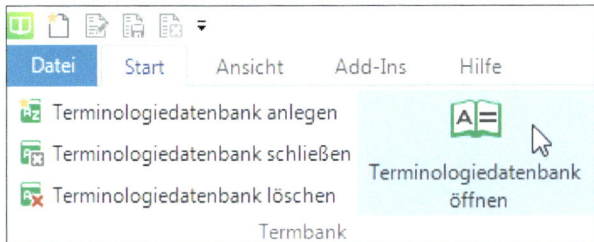

Das Dialogfeld **Termbanken auswählen** öffnet sich. Wählen Sie eine Termbank aus der Liste aus, indem Sie ein Häkchen vor den Namen der Termbank setzen, und klicken Sie auf **OK**.

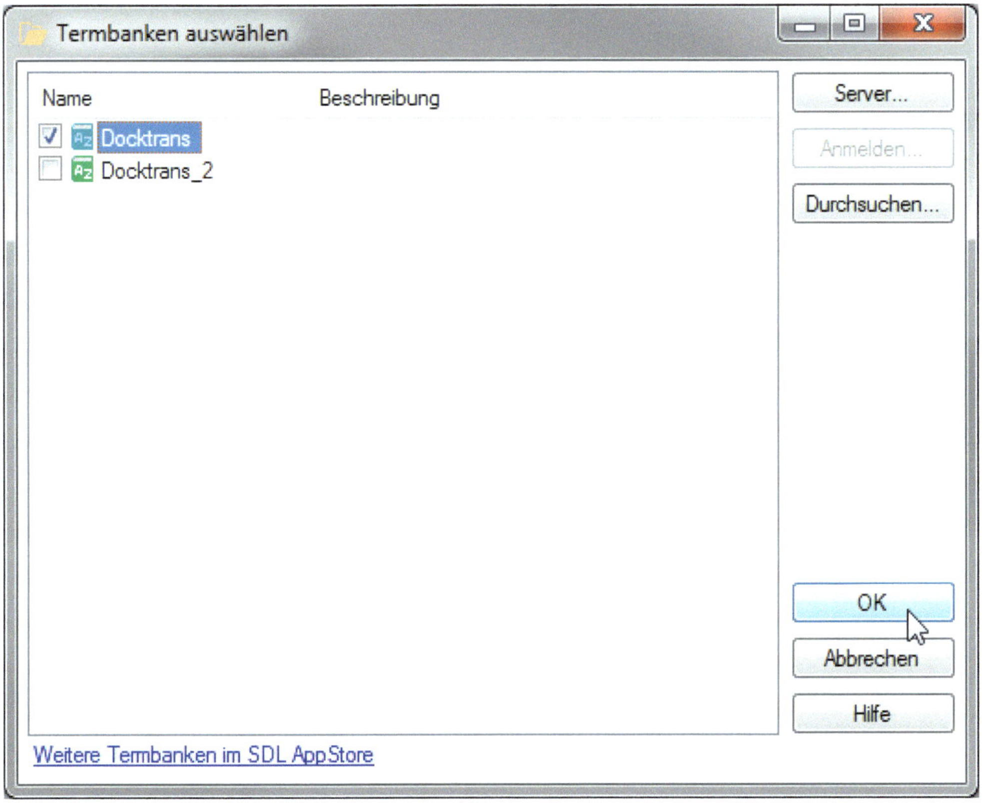

Klicken Sie im Dialogfeld **Termbanken auswählen** auf **Durchsuchen...**, wenn in diesem Dialogfeld keine oder nicht die gewünschte Termbank aufgelistet ist.

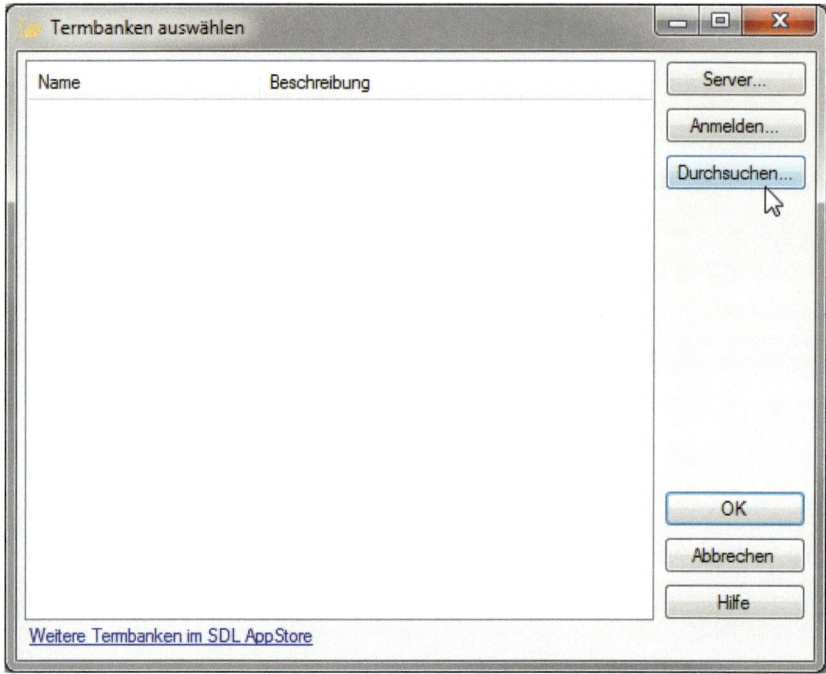

Wählen Sie im sich öffnenden Dialogfeld **Terminologiedatenbank öffnen** eine Termbank aus dem Ordner aus, in dem Sie Ihre Termbank(en) gespeichert haben, und klicken Sie auf **Öffnen** oder doppelklicken Sie auf eine Termbank, um diese zu öffnen.

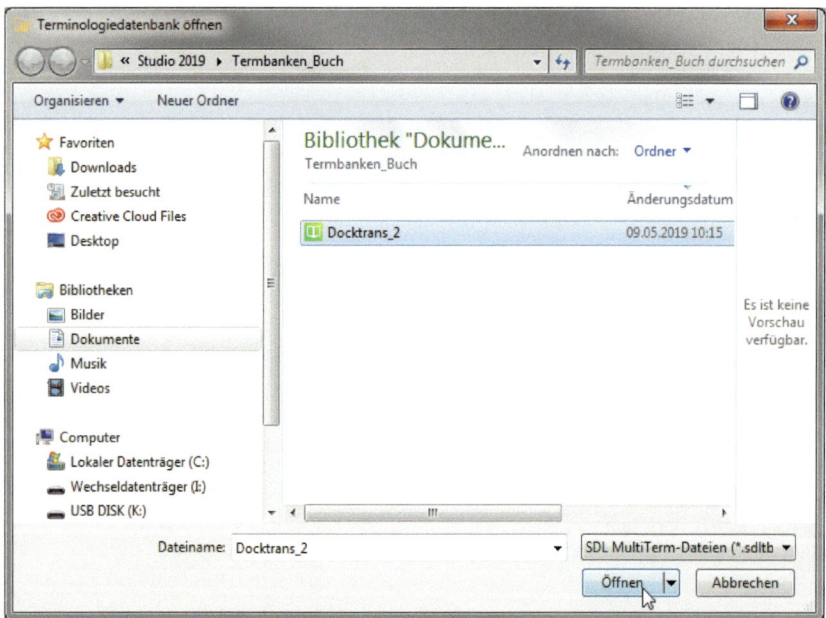

Die Termbank erscheint nun im Dialogfeld **Termbanken auswählen**. Setzen Sie ein Häkchen vor die Termbank (falls noch nicht vorhanden) und klicken Sie auf **OK**.

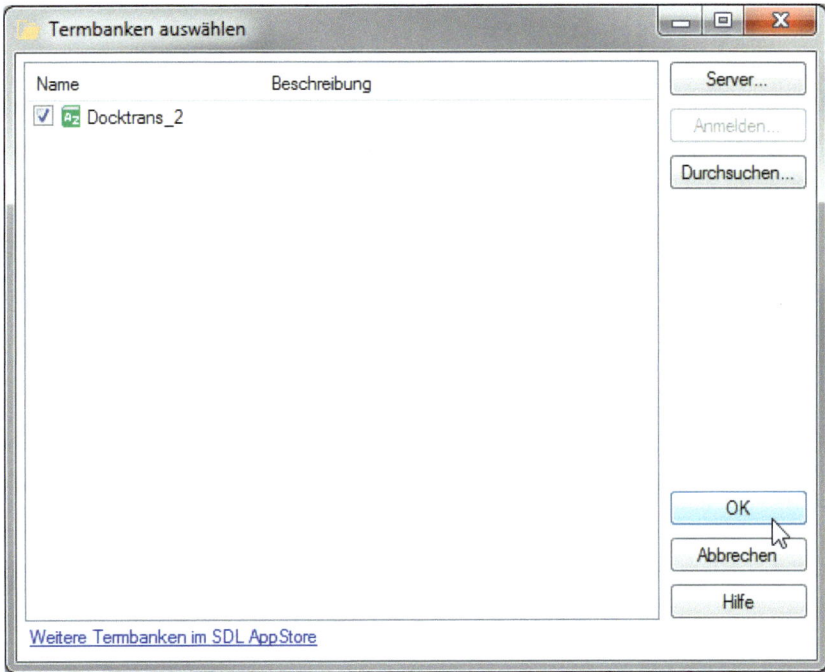

Die Termbank wird in SDL MultiTerm 2019 geöffnet. Der Name der Termbank erscheint in der Mitte am oberen Bildschirmrand.

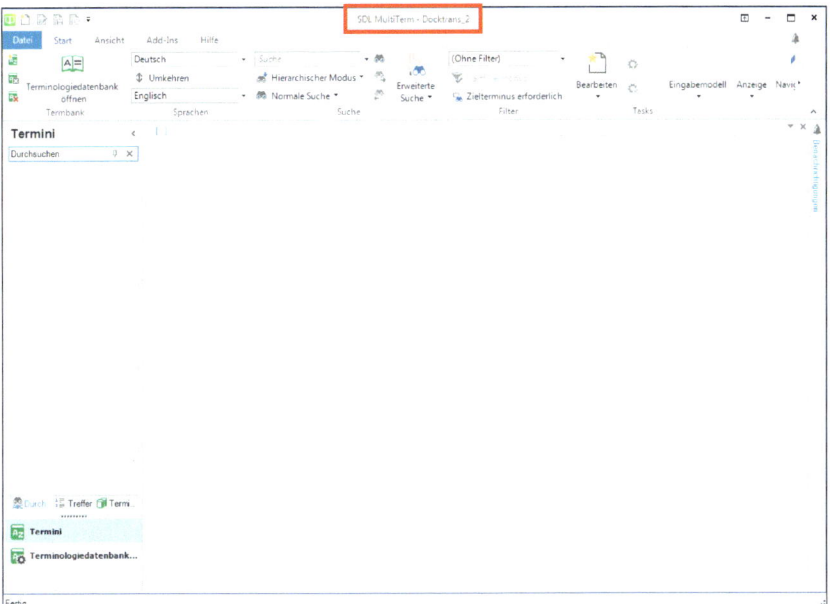

Hinzufügen von Einträgen in SDL MultiTerm 2019

Öffnen Sie zunächst eine Termbank und klicken Sie danach auf der Registerkarte **Start** in der Gruppe **Bearbeiten** auf **Neu hinzufügen** oder drücken Sie F3, um einen neuen Eintrag in SDL MultiTerm 2019 anzulegen.

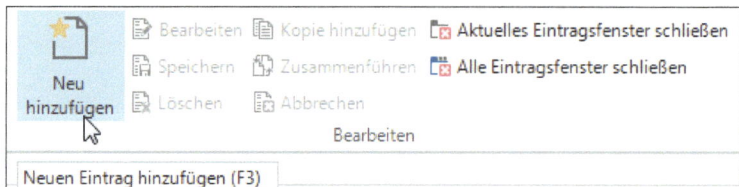

Die Oberfläche für die Bearbeitung eines Eintrags öffnet sich. Dabei ist es interessant zu sehen, dass die in SDL MultiTerm angelegten und als Sprachkombination ausgewählten Sprachen, nicht aber die weiteren ausgewählten Sprachen und angelegten beschreibenden Felder (falls vorhanden) angezeigt werden.

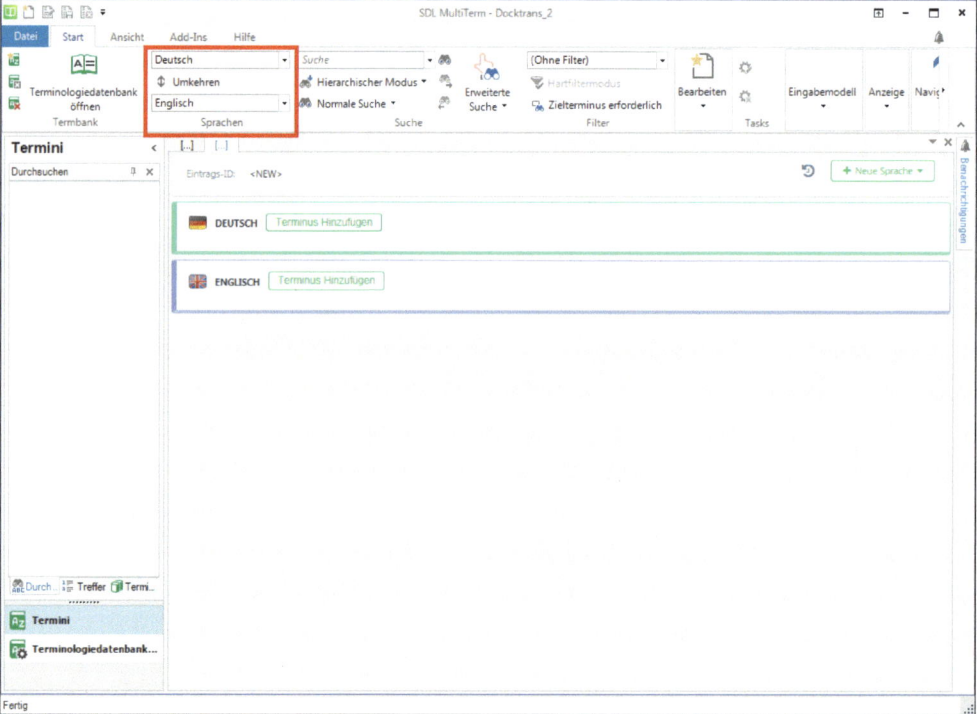

Die beschreibenden Felder werden erst auswählbar, wenn der Benutzer die erste Benennung eingetragen hat. Unter **Eintrags-ID:** und unter der in der jeweiligen Sprache hinzugefügten Benennung erscheint dann **Feld hinzufügen** mit einem kleinen Pfeil nach unten. SDL MultiTerm 2019 versperrt also den Blick nicht mit Informationen, die ggf. zunächst gar nicht relevant sind.

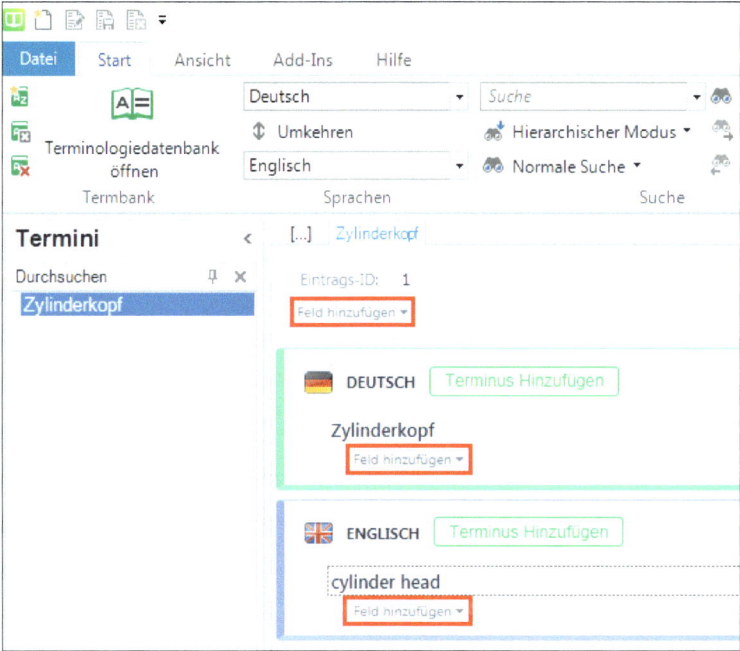

Die weiteren in einer Termbank angelegten Sprachen stehen unter **+ Neue Sprache** zur Verfügung:

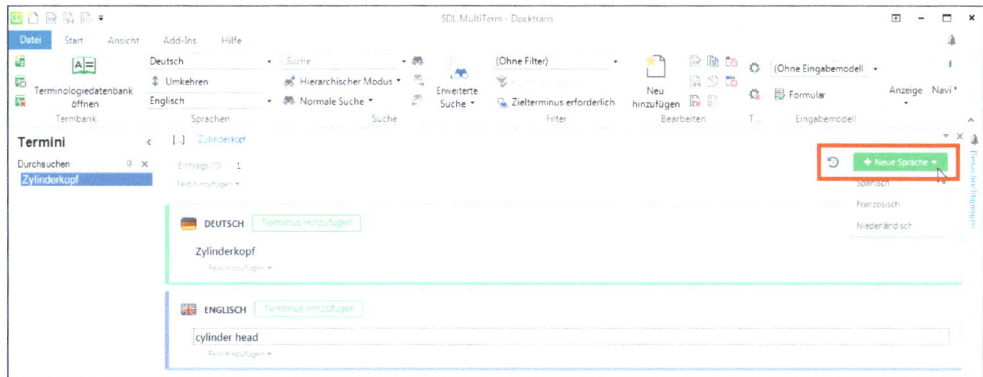

Nachstehend sehen Sie zwei Abbildungen mit beschreibenden Feldern auf Eintragsebene und auf Termebene. Diese sind abhängig davon, ob und welche beschreibenden Felder Sie bei der Termbankanlage angelegt und der Eintrags- und Termebene zugeordnet haben.

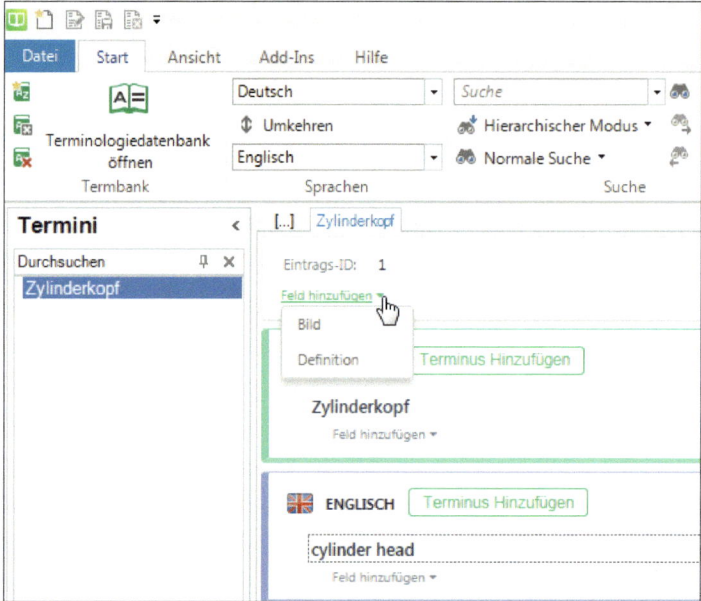

Beispiel beschreibende Felder auf Eintragsebene

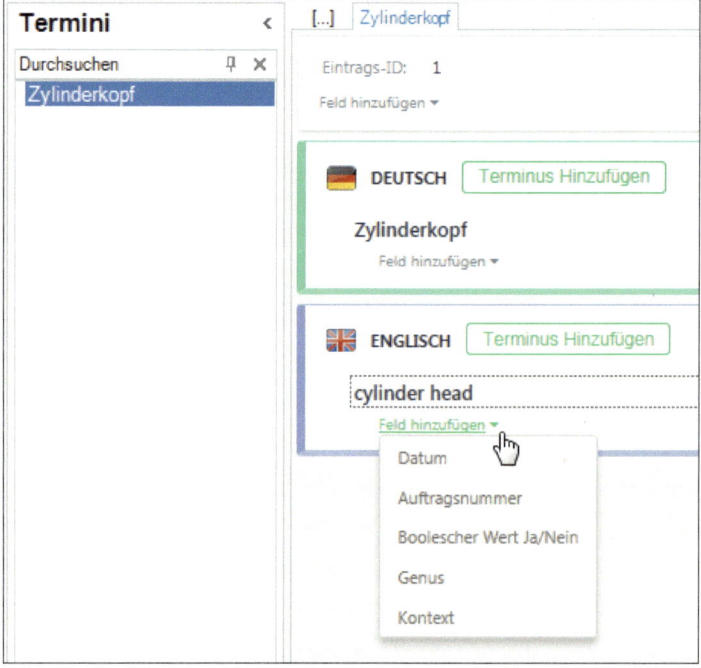

Beispiel beschreibende Felder auf Termebene

Hinzufügen von Benennungen

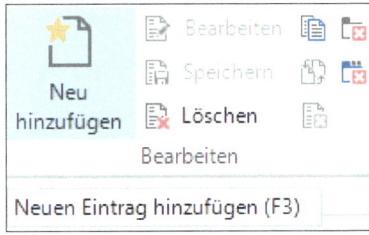

Klicken Sie zunächst in SDL MultiTerm 2019 in der Ansicht **Termini** auf der Registerkarte **Start** in der Gruppe **Bearbeiten** auf **Neu hinzufügen**, um einen neuen Eintrag für die Bearbeitung zu öffnen.

Geben Sie eine Benennung in der ersten Sprache ein und klicken Sie auf das grüne Häkchen rechts von der Benennung oder drücken Sie die Eingabetaste ⏎.

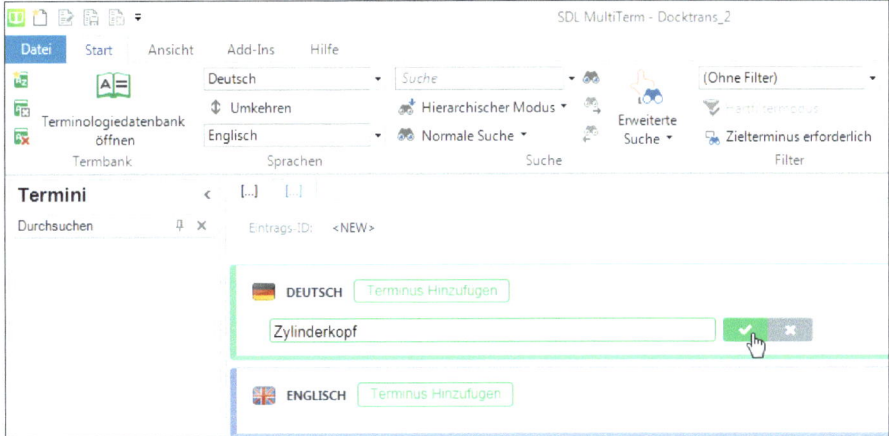

Klicken Sie dann auf **Terminus Hinzufügen** neben der zweiten Sprache, geben Sie die Benennung in das sich öffnende Feld ein und klicken Sie auf das Häkchen rechts von der Benennung oder drücken Sie die Eingabetaste ⏎.

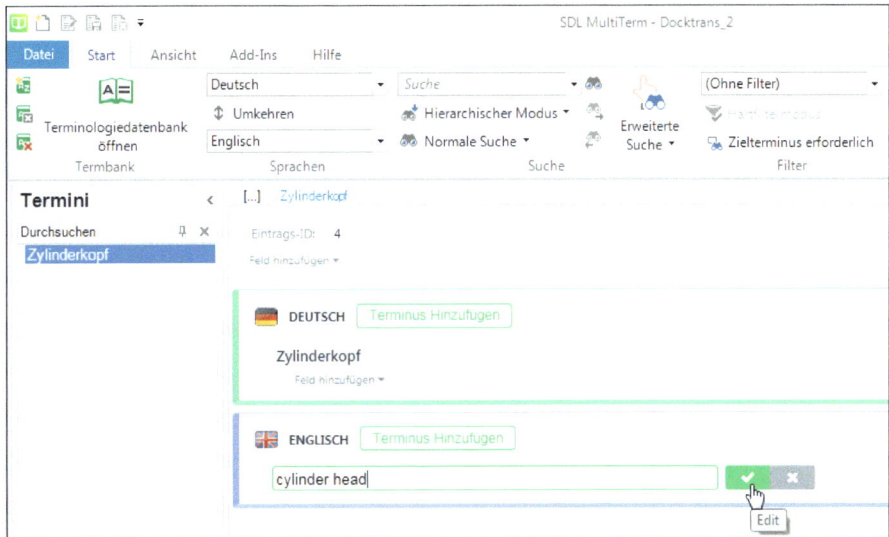

❗ Wechseln Sie mit der ⭾-Taste zwischen den verschiedenen Feldern und drücken Sie die Eingabetaste ↵, um diese zu öffnen, oder doppelklicken Sie einfach mit der Maustaste 🖱 auf ein Feld, um dieses für die Bearbeitung zu öffnen. Tragen Sie die Benennung oder das beschreibende Feld ein und klicken Sie dann auf das weiße Häkchen auf grünem Grund, um das Feld zu schließen.

Klicken Sie im Bearbeitungsfenster auf den kleinen Pfeil nach unten rechts neben **+ Neue Sprache**, wenn Sie Benennungen in einer weiteren Sprache hinzufügen möchten.

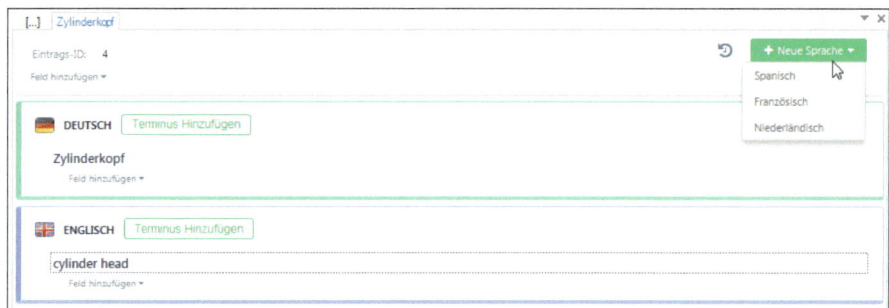

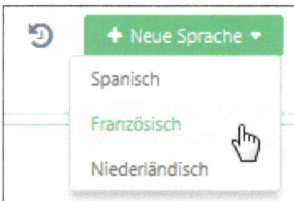

Wählen Sie aus der sich öffnenden Dropdown-Liste eine neue Sprache aus, indem Sie auf die Sprache klicken. In dieser Dropdown-Liste sind alle Sprachen enthalten, die bei der Termbankanlage hinzugefügt wurden.

Das Bearbeitungsfeld für die neue Sprache öffnet sich unterhalb der anderen Sprachen und die Benennung kann eingetragen und bestätigt werden. Nach dem Bestätigen von Benennungen wird der Eintrag automatisch gespeichert und kann weiter bearbeitet werden.

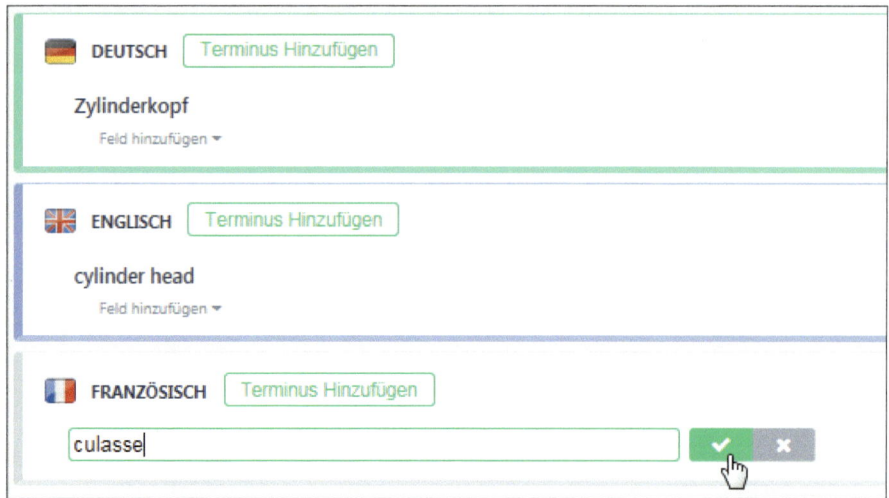

Verfahren Sie analog mit Benennungen für weitere Sprachen, die Sie hinzufügen möchten.

Hinzufügen von Synonymen

Klicken Sie neben einer Sprache auf **Terminus Hinzufügen**, um ein Synonym/eine zweite Benennung für einen Eintrag in einer Sprache einzugeben.

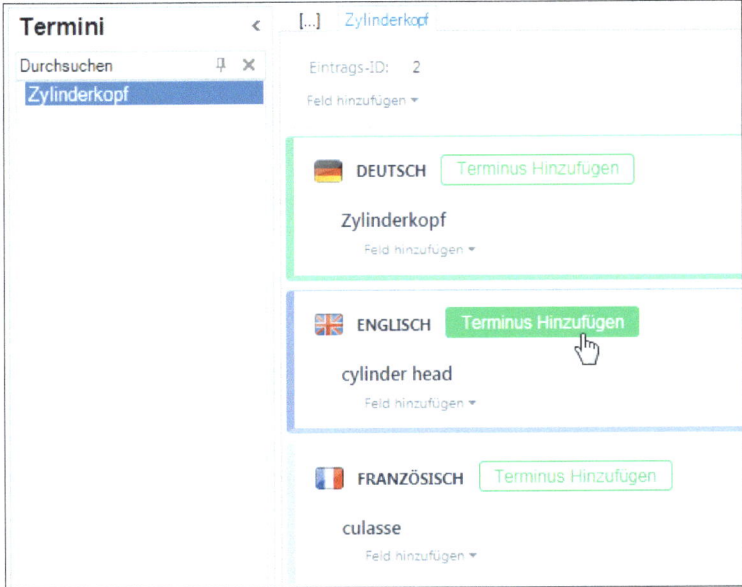

Unterhalb der ersten Benennung für die ausgewählte Sprache erscheint ein Bearbeitungsfenster für das Synonym. Geben Sie die Benennung ein und klicken Sie auf das Häkchen neben der Benennung oder drücken Sie die Eingabetaste ⏎.

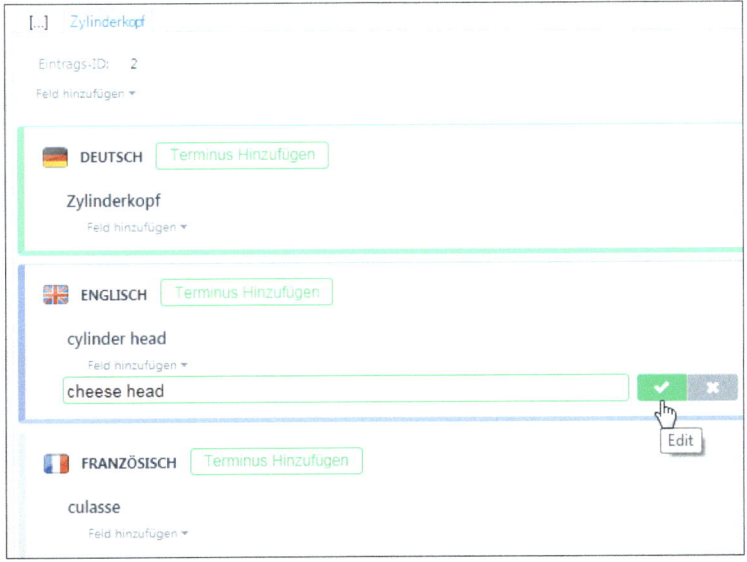

Die zweite Benennung wird hinzugefügt. Verfahren Sie analog mit weiteren Synonymen, die Sie hinzufügen möchten.

Hinzufügen von beschreibenden Feldern auf Eintrags- und Termebene

Verfahren Sie wie folgt, um bei der Termbankanlage erstellte und zugewiesene beschreibende Felder der jeweiligen Ebene hinzuzufügen.

Hinzufügen von beschreibenden Feldern mit der Eigenschaft Multimedia

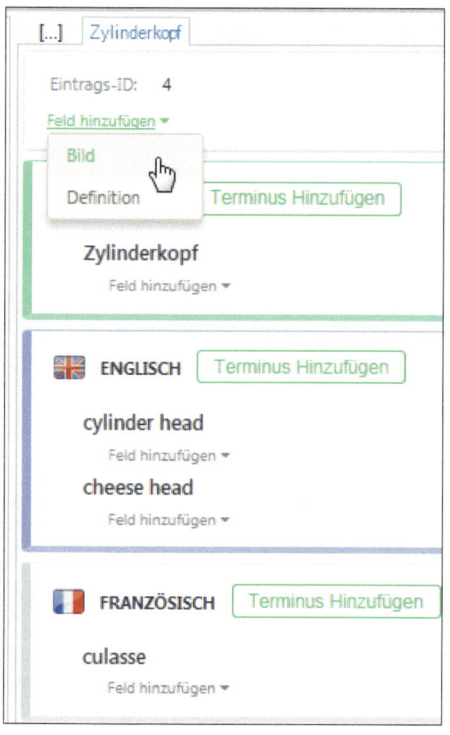

Klicken Sie auf der Ebene, der Sie das beschreibende Feld hinzufügen möchten, auf den kleinen Pfeil nach unten rechts neben **Feld hinzufügen** und wählen Sie aus der sich öffnenden Dropdown-Liste das beschreibende Feld mit der Eigenschaft **Multimedia** (hier: Bild) aus.

Das Dialogfeld **Öffnen** öffnet sich. Wählen Sie den Speicherort aus, an dem das Bild abgelegt ist. Klicken Sie auf das Bild, das eingefügt werden soll, und danach auf **Öffnen** oder doppelklicken Sie auf das zu öffnende Bild.

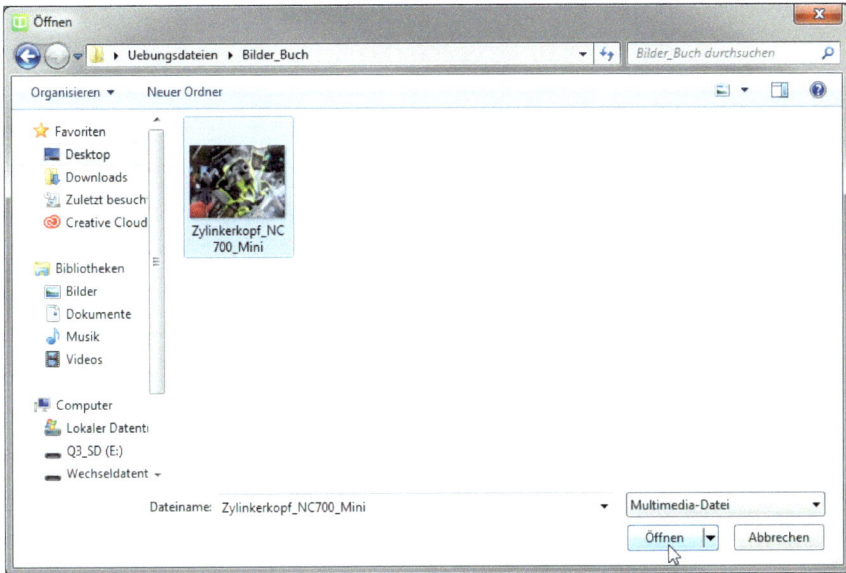

Das ausgewählte Bild ist nun der ausgewählten Ebene (hier: Eintragsebene) zugeordnet.

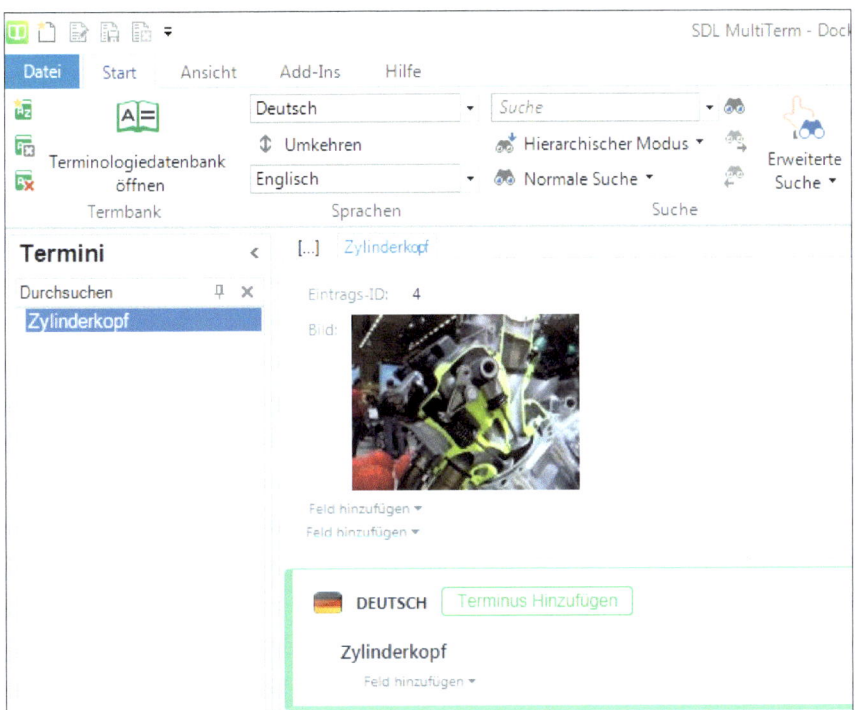

Klicken Sie unterhalb des Bildes auf den kleinen Pfeil nach unten neben **Feld hinzufügen** und wählen Sie Quelle aus, wenn Sie die Bildquelle angeben möchten und vorab bei der Anlage der Termbank dem beschreibenden Feld Bild (oder einer anderen Bezeichnung für ein beschreibendes Feld mit der Eigenschaft **Multimedia**) ein beschreibendes Feld Quelle zugeordnet haben.

Geben Sie die Quelle ein und bestätigen Sie den Eintrag.

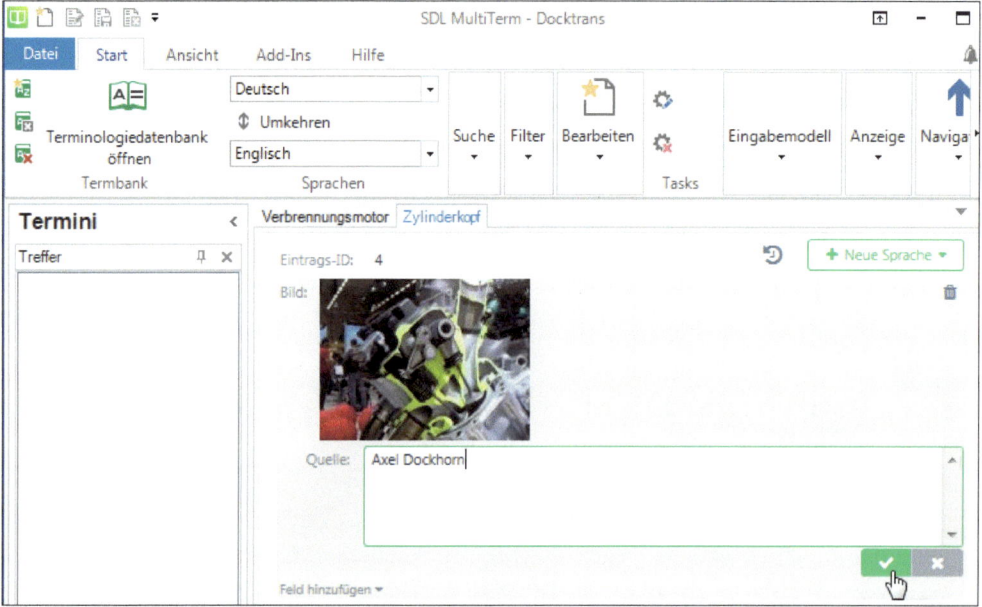

Die Quelle ist nun dem Bild zugeordnet.

Hinzufügen von beschreibenden Feldern mit der (Standard)-Eigenschaft Text

Klicken Sie auf der Ebene, der Sie ein beschreibendes Feld mit der Standardeigenschaft Text[15] hinzugefügt haben, auf den kleinen Pfeil nach unten rechts neben **Feld hinzufügen** und wählen Sie in der sich öffnenden Dropdown-Liste das gewünschte beschreibende Feld (hier: Definition) aus.

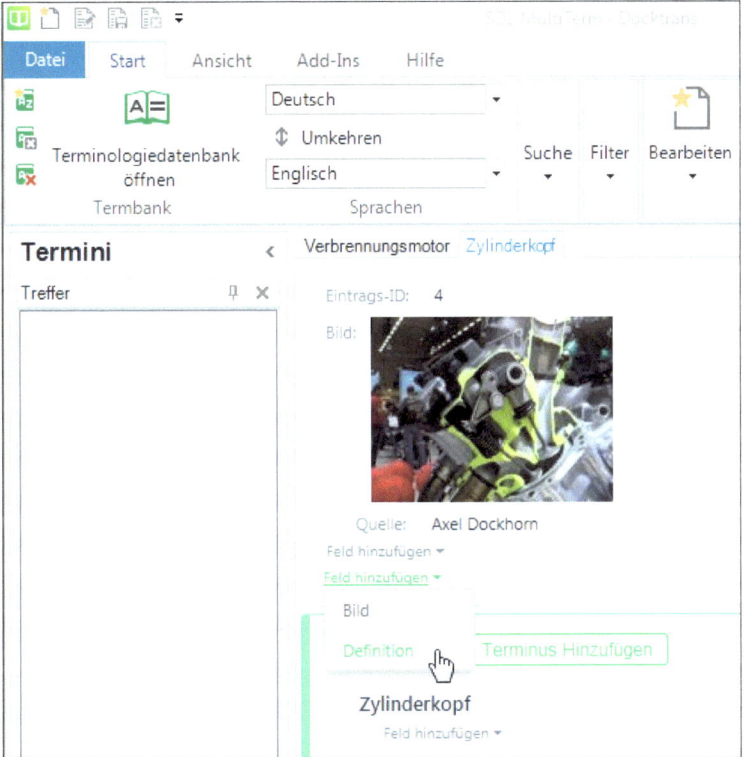

---

15 Wurde nach dem Hinzufügen eines beschreibenden Feldes bei der Termbankanlage keine spezifische Eigenschaft ausgewählt, verwendet SDL MultiTerm 2019 die Standardeigenschaft Text (freies Textfeld) für ein beschreibendes Feld.

Geben Sie den Text in das sich öffnende Bearbeitungsfeld ein und klicken Sie auf das Häkchen unterhalb des beschreibenden Felds mit der Eigenschaft Text.

Das beschreibende Feld mit der Eigenschaft Text ist jetzt eingetragen und gespeichert.

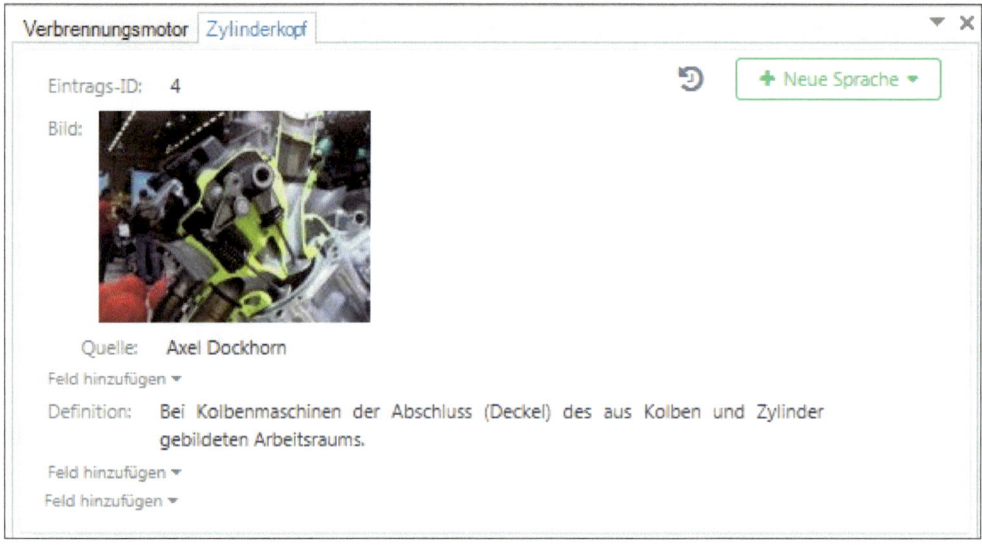

Klicken Sie unterhalb des beschreibenden Felds auf den Pfeil nach unten rechts neben **Feld hinzufügen**, wenn Sie dem Feld eine Quelle hinzufügen möchten und entsprechend bei der Projektanlage dem beschreibenden Feld zugeordnet haben.

Geben Sie die Quelle ein und bestätigen Sie den Eintrag. Die Quelle ist nun dem beschreibenden Feld (hier: Definition) zugeordnet.

Verfahren Sie analog mit weiteren beschreibenden Feldern mit der Standardeigenschaft **Text**, die Sie ergänzen möchten.

Hinzufügen von beschreibenden Feldern mit der Eigenschaft Pickliste

Klicken Sie auf der Ebene, der Sie ein beschreibendes Feld mit der Eigenschaft **Pickliste** hinzugefügt haben, auf den kleinen Pfeil nach unten rechts neben **Feld hinzufügen**. Die Dropdown-Liste mit den zur Verfügung stehenden beschreibenden Feldern öffnet sich. Im vorliegenden Beispiel wird das beschreibende Feld Genus mit der bei der Projektanlage hinterlegten Pickliste ausgewählt.

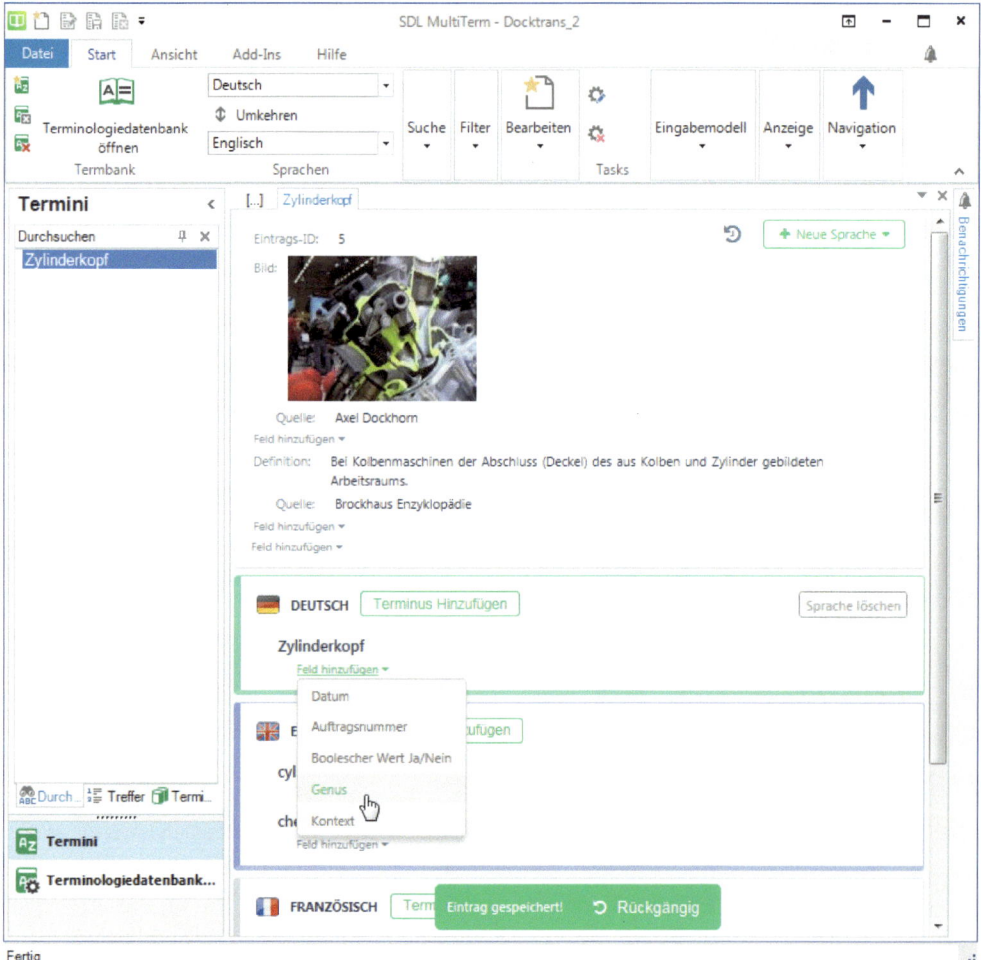

Das beschreibende Feld öffnet sich bei Klicken auf den kleinen Pfeil nach unten. Klicken Sie auf das gewünschte Attribut, damit dieses eingetragen und gespeichert wird.

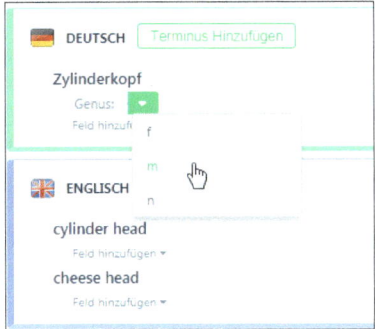

Das gewünschte Attribut (hier „m" für maskulin) ist eingetragen und gespeichert.

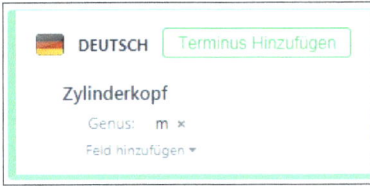

Hinzufügen von beschreibenden Feldern mit der Eigenschaft Ja/Nein

Klicken Sie auf der Ebene, der Sie ein beschreibendes Feld mit der Eigenschaft **Ja/Nein** hinzugefügt haben (hier: Termebene), in der entsprechenden Sprache auf den kleinen Pfeil nach unten rechts neben **Feld hinzufügen** unterhalb der gewünschten Benennung und wählen Sie das entsprechende beschreibende Feld mit der Eigenschaft **Ja/Nein** aus.

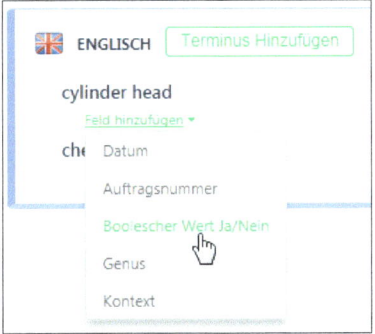

Es öffnet sich ein kleines Feld, das mit einem Häkchen versehen werden kann. Im vorliegenden Beispiel erhalten Benennungen ein Häkchen, die bevorzugt zu verwenden sind, wenn Synonyme in einer Sprache vorhanden sind.

Diese bevorzugten Benennungen können bei der Arbeit in SDL Trados Studio 2019 sichtbar gemacht werden, wenn in der Ansicht **Editor** im Fenster **Terminologieerkennung** in den **Trefferlisteneinstellungen**

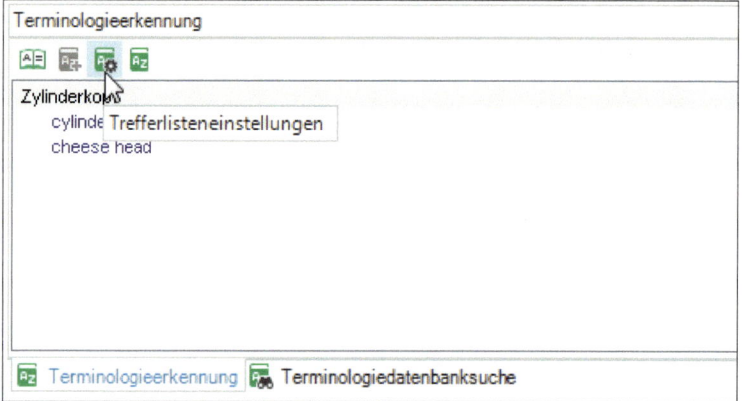

im Dialogfeld **Feldauswahl** das entsprechende Feld ausgewählt wird.

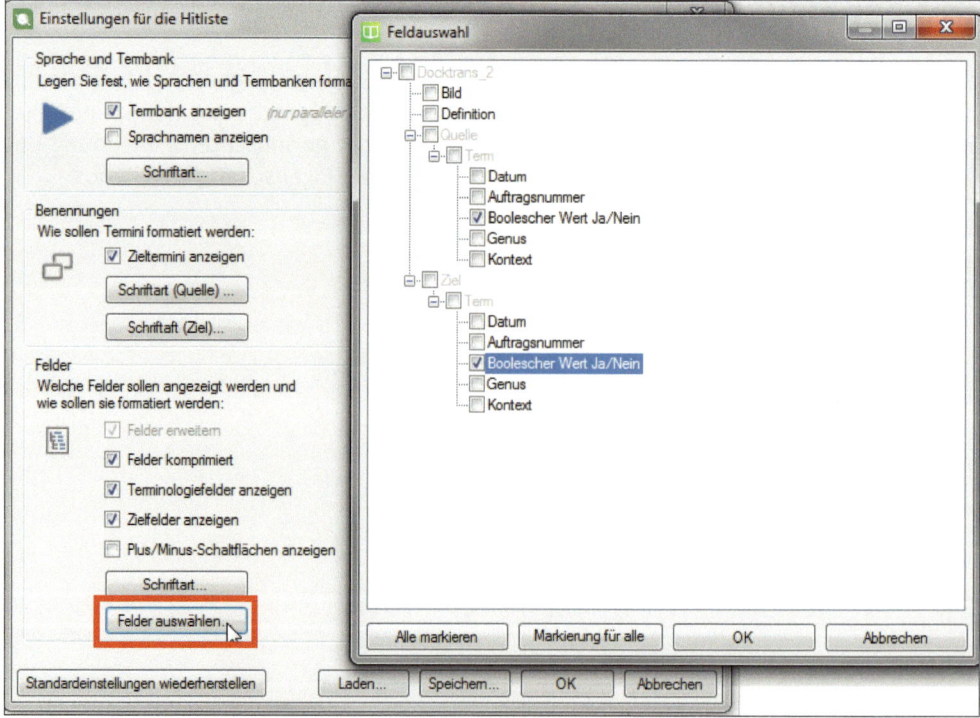

Die Benennung erscheint dann mit einem Häkchen versehen, wenn sie in einem zu übersetzenden Segment im Fenster **Terminologieerkennung** aufgelistet wird.

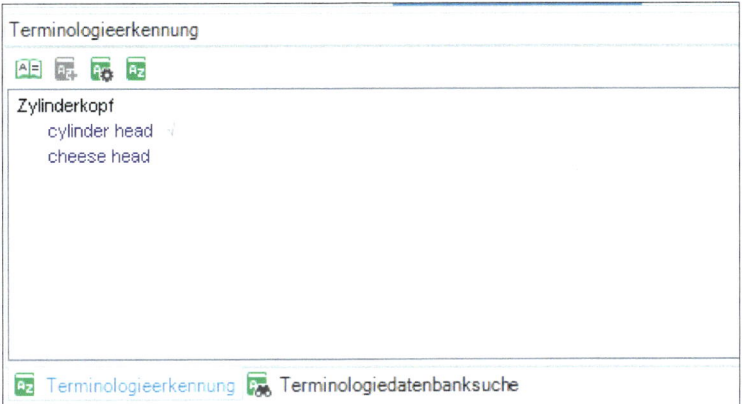

Hinzufügen von beschreibenden Feldern mit der Eigenschaft Datum

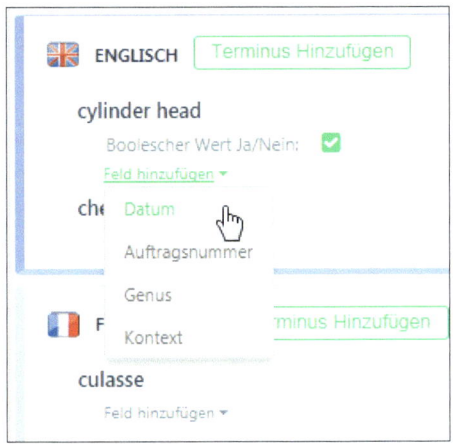

Klicken Sie auf Eintrags- oder Termebene an der Stelle auf den kleinen Pfeil nach unten rechts neben **Feld hinzufügen**, an der Sie ein Datum hinzufügen möchten und das entsprechende beschreibende Feld zugeordnet haben. Wählen Sie aus der sich öffnenden Dropdown-Liste das beschreibende Feld mit der Eigenschaft **Datum** aus.

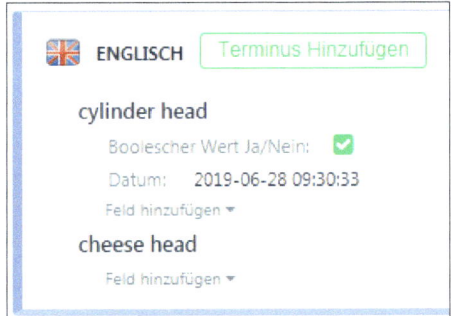

SDL MultiTerm 2019 fügt automatisch Datum und Zeit hinzu.

Hinzufügen von beschreibenden Feldern mit der Eigenschaft Zahl

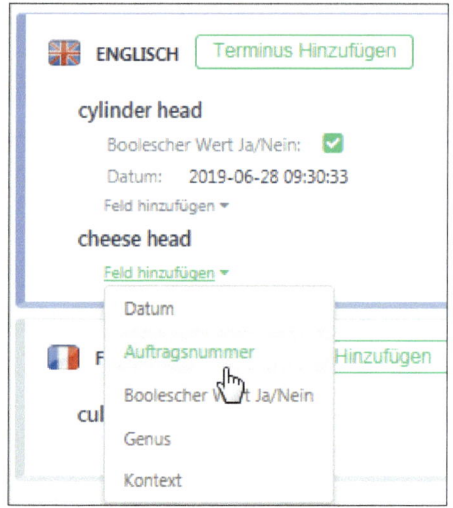

Klicken Sie auf Eintrags- oder Termebene an der Stelle auf den kleinen Pfeil nach unten rechts neben **Feld hinzufügen**, an der Sie eine Zahl hinzufügen möchten und das entsprechende beschreibende Feld zugeordnet haben. Wählen Sie aus der sich öffnenden Dropdown-Liste das beschreibende Feld mit der Eigenschaft **Zahl** aus (hier: Auftragsnummer).

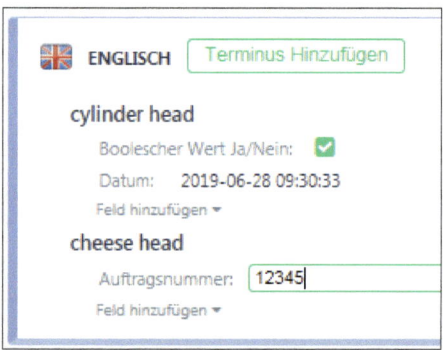

Geben Sie die entsprechende Zahl ein und bestätigen Sie den Eintrag.

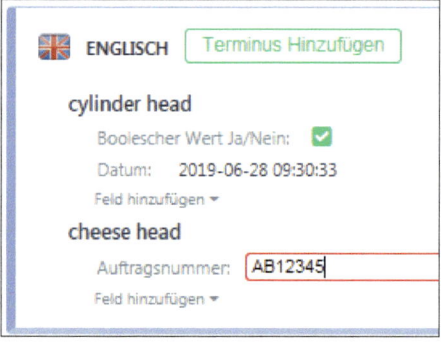

Beschreibende Felder mit der Eigenschaft **Zahl** sind tatsächlich ausschließlich für Zahlen ausgelegt. Werden zusätzlich andere Zeichen eingegeben, kann das Feld nicht bestätigt werden und erhält eine rote Umrandung.

Nachträgliches Bearbeiten von Einträgen

Es ist nicht erforderlich, dass Sie beim Hinzufügen eines Eintrags alle Sprachen mit Benennungen bzw. alle beschreibenden Felder ausfüllen. SDL MultiTerm 2019 aktiviert diese erneut beim Aufrufen eines Eintrags.

Klicken Sie in SDL MultiTerm 2019 in der Ansicht **Termini** in der Navigationsleiste auf der Registerkarte **Durchsuchen** in der Liste der Termini auf einen Eintrag, den Sie bearbeiten möchten, damit dieser blau unterlegt und für die Bearbeitung geöffnet wird, und nehmen Sie die gewünschten Änderungen/Ergänzungen vor. Nach dem Eintragen und Bestätigen durch Klicken auf das Häkchen neben den Ergänzungen werden diese von SDL Trados Studio 2019 gespeichert.

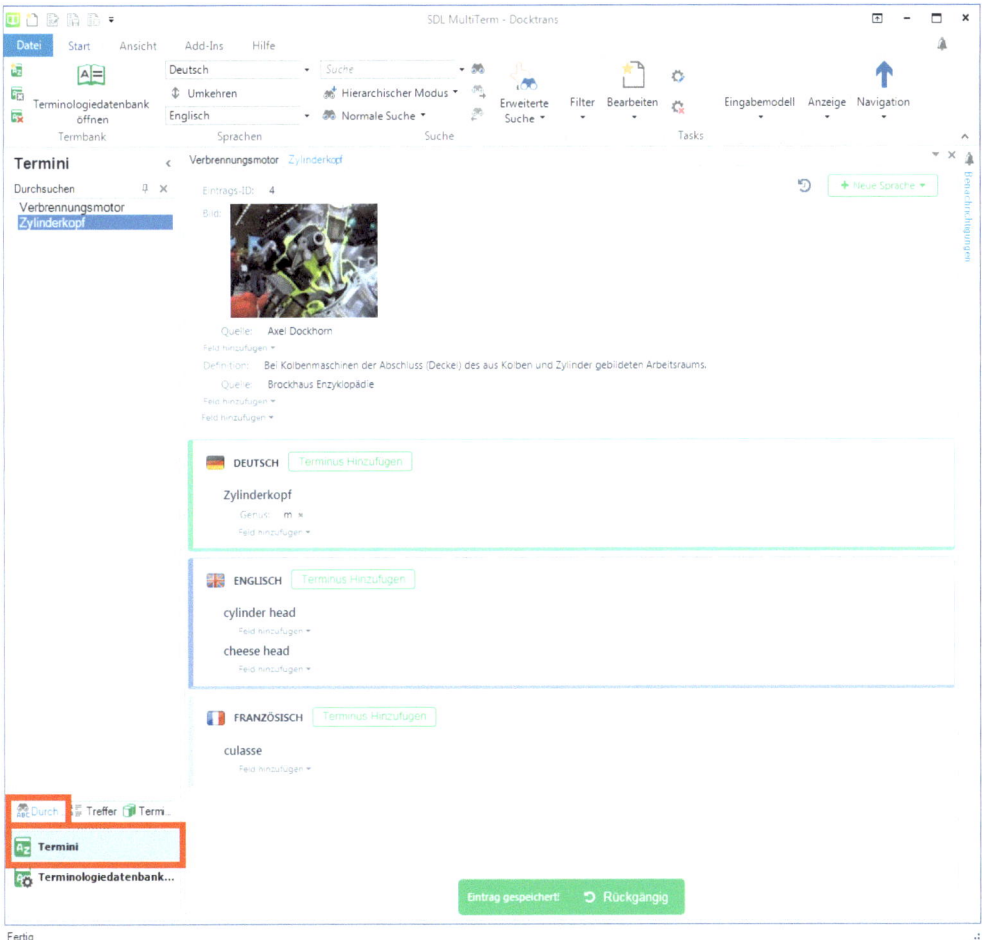

Hinzufügen von Querverweisen

Querverweise können in SDL MultiTerm 2019 in Form von Links eingerichtet werden, die auf einen Eintrag bzw. eine Benennung oder einen Hyperlink verweisen, und zwar ausschließlich in beschreibenden Feldern, die freie Textfelder sind (nicht in Picklisten, numerischen Feldern oder Multimediadateien).

Querverweise zu Benennungen

Öffnen Sie zunächst den Eintrag, von dem ausgehend Sie einen Querverweis erstellen möchten. Markieren Sie den Text, der verlinkt werden soll. Klicken Sie auf **Create link to term**, um direkt auf eine Benennung zu verweisen.

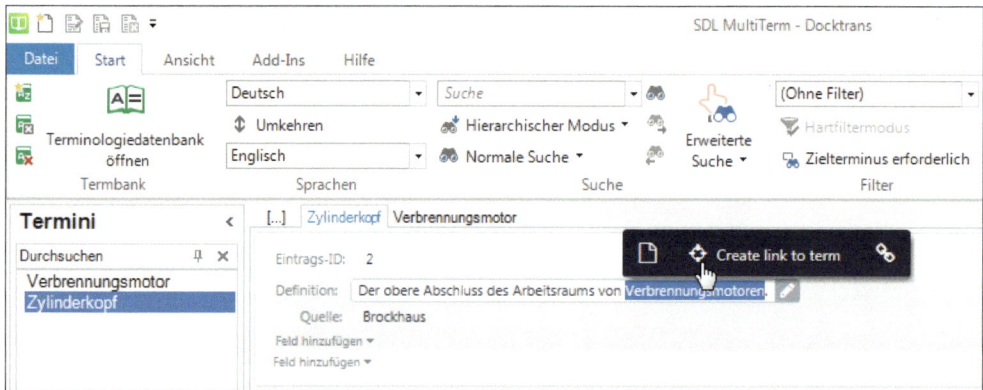

Das Dialogfeld **Referenz für einen Terminus verwalten** öffnet sich. Die Benennung ist entweder bereits eingetragen oder kann gesucht und eingetragen werden. Klicken Sie auf **Erstellen**, um den Querverweis zu erstellen.

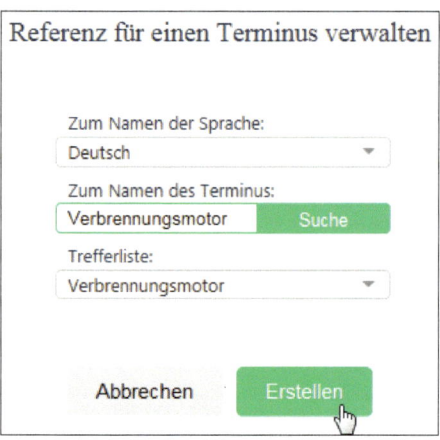

Der Eintrag enthält nun einen Link zur entsprechenden Benennung.

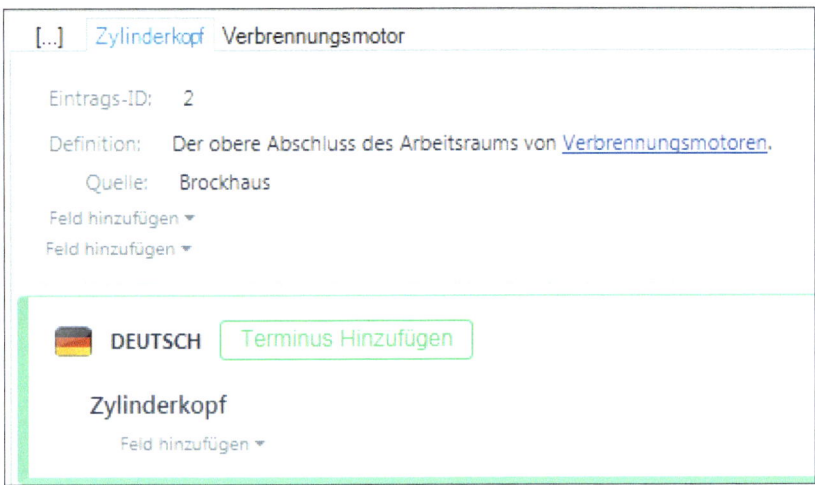

Durch Klicken auf den Link wird die entsprechende Benennung aufgerufen.

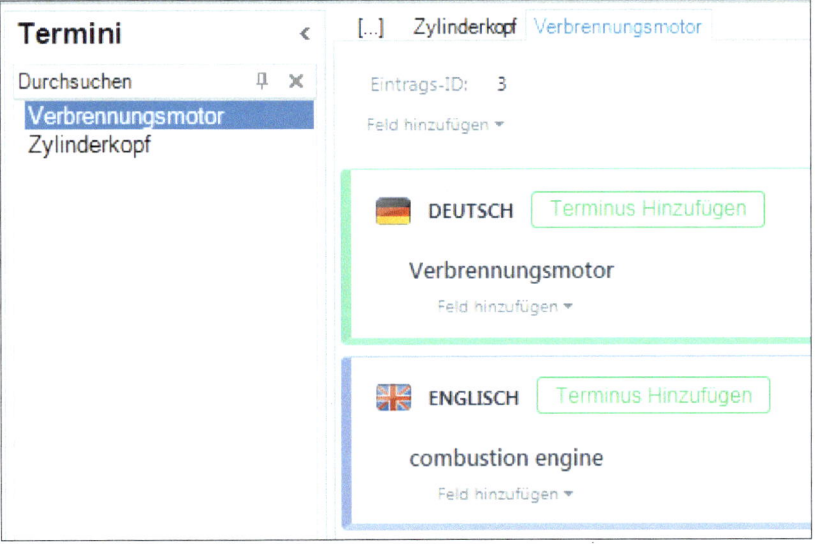

Querverweise zu Einträgen

Alternativ zu Querverweisen zu Benennungen können auch Querverweise zu Einträgen erstellt werden. Hierbei ist es wichtig, dass Sie zunächst die Eintrags-ID des Eintrags heraussuchen, auf den verwiesen werden soll. Diesen finden Sie in der ersten Zeile des Eintrags, wenn dieser geöffnet ist.

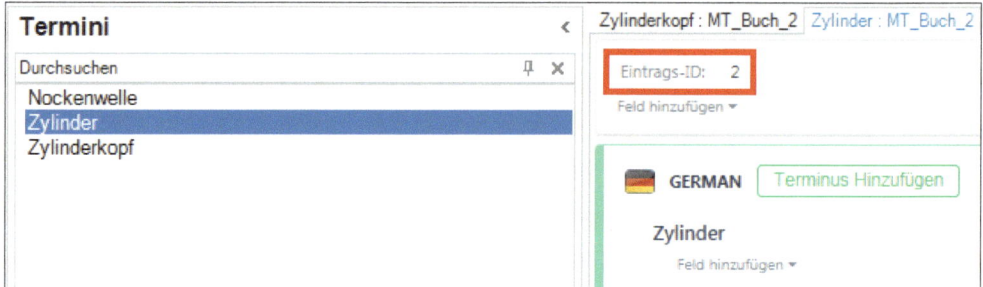

Öffnen Sie danach den Eintrag, von dem ausgehend ein Querverweis erstellt werden soll, und markieren Sie den gewünschten Text. Wählen Sie aus dem sich öffnenden Dialogfeld **Create link to entry** aus.

Das Dialogfeld **Referenz für einen Eintrag verwalten** öffnet sich. Geben Sie die Eintrags-ID ein, die sich in der ersten Zeile des Eintrags auf der Eintragsebene befindet, auf den verwiesen werden soll, und klicken Sie auf **Erstellen**.

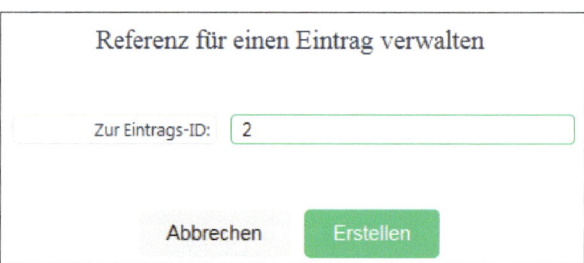

Der Querverweis ist nun entsprechend im Eintrag enthalten.

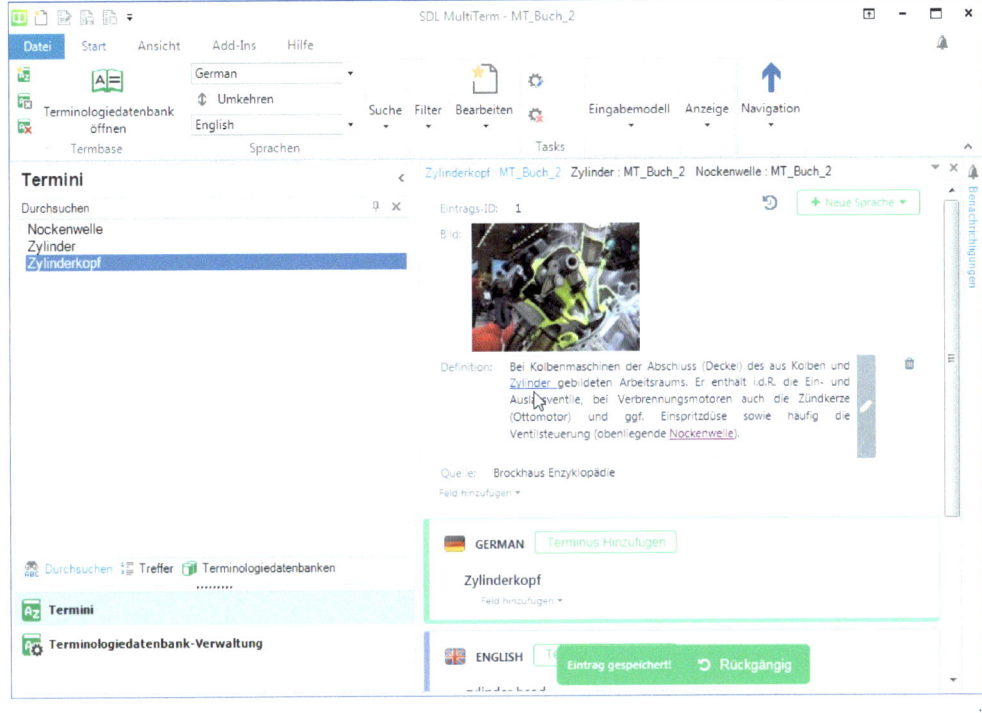

Durch Klicken auf den Querverweis wird der entsprechende Eintrag aufgerufen.

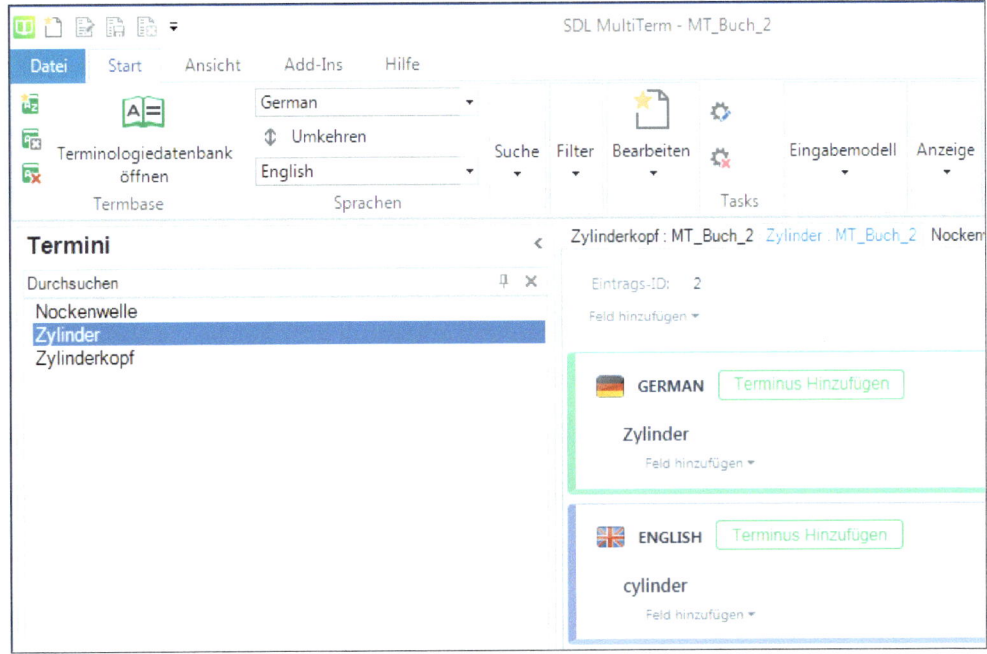

Querverweise zu Hyperlinks

Die dritte Alternative bei Querverweisen ist der Querverweis auf einen spezifischen Hyperlink.

Rufen Sie zunächst die entsprechende Benennung auf, von der aus auf einen Hyperlink verwiesen werden soll, und markieren Sie den gewünschten Text. Klicken Sie im sich öffnenden Dialogfeld auf **Create hyperlink**.

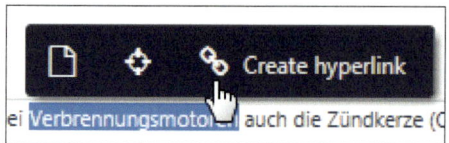

Das Dialogfeld **Hyperlink verwalten** öffnet sich. Geben Sie den gewünschten Hyperlink ein und klicken Sie auf **Erstellen**.

Der entsprechende Querverweis wird erstellt.

Löschen von Einträgen in SDL MultiTerm 2019

Markieren Sie einen Eintrag in SDL MultiTerm 2019 in der Ansicht **Termini** in der Navigationsleiste auf der Registerkarte **Durchsuchen**, sodass dieser farbig unterlegt ist.

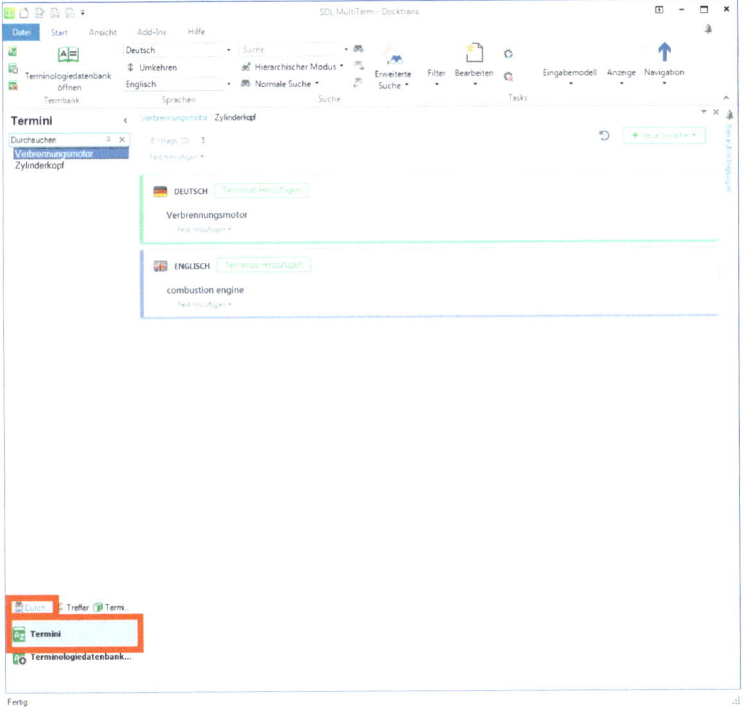

Klicken Sie danach auf der Registerkarte **Start** in der Gruppe **Bearbeiten** auf **Löschen**.

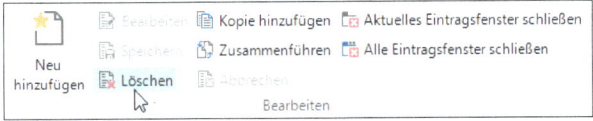

Bestätigen Sie die Frage, ob Sie diesen Eintrag löschen möchten mit **Ja**, wenn der Eintrag gelöscht werden soll.

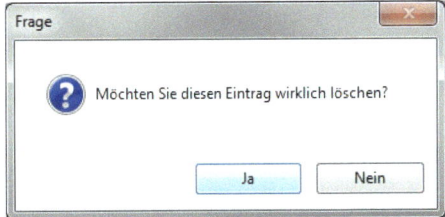

Schnittstelle zwischen SDL MultiTerm 2019 und SDL Trados Studio 2019

SDL Trados Studio 2019 ist über eine Schnittstelle mit SDL MultiTerm 2019 verbunden und bietet die Möglichkeit, Terminologie direkt aus SDL Trados Studio 2019 aus dem Übersetzungsprozess heraus in der Ansicht **Editor** in eine bei der Projektanlage oder im Übersetzungsprozess eingebundene SDL MultiTerm 2019-Termbank einzugeben und die Einträge aus SDL MultiTerm 2019-Termbanken anzeigen zu lassen, die bei der Projektanlage ausgewählt oder später im Prozess hinzugefügt wurden.

Dabei gilt, dass mehrere Termbanken für die Suche in SDL Trados Studio 2019 eingebunden werden können, jedoch immer nur eine für das Befüllen, die Bearbeitung aktiv ist. Diese aktive Termbank wird Standardtermbank genannt. Jede Termbank kann als Standardtermbank ausgewählt und damit für die Bearbeitung aktiviert werden.

Wurden für das Projekt oder die zu übersetzende Einzeldatei in SDL Trados Studio 2019 bei der Projektanlage oder später im Übersetzungsprozess eine oder mehrere Termbanken eingebunden, prüft SDL Trados Studio 2019 im Übersetzungsprozess bei jedem Wechsel von Segment zu Segment, ob in der oder den für das Projekt aktivierten Termbank(en) Benennungen enthalten sind, die im aktiven Segment vorkommen.

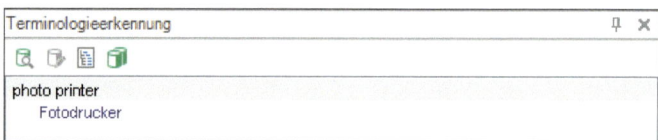

Die Benennungen werden im Übersetzungsprozess im ausgangssprachlichen Segment mit einem roten Balken über der Benennung gekennzeichnet. Im nachfolgenden Beispiel ist dies „photo printer".

Die Markierung weist darauf hin, dass im Fenster **Terminologieerkennung** ein Eintrag vorhanden ist, der bei der Übersetzung verwendet werden kann.

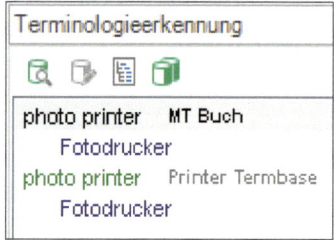

Sind mehrere Termbanken aktiviert, erscheint über die Benennung hinaus der Name der Termbank(en), in der/denen die Benennung enthalten ist/sind.

Neuen Terminus hinzufügen

Sobald eine Termbank in SDL MultiTerm 2019 angelegt und in der Projektanlage hinzugefügt oder für die Übersetzung einer Einzeldatei aktiviert wurde, ist es möglich, Terminologie direkt im Übersetzungsprozess aus der Ansicht **Editor** heraus in die Termbank einzufügen und im Fenster **Terminologieerkennung** anzeigen zu lassen. Dabei ist es nicht erforderlich, SDL MultiTerm 2019 gleichzeitig zu öffnen.

Markieren Sie zunächst in SDL Trados Studio 2019 in der Ansicht **Editor** in einer geöffneten Datei im ausgangs- und zielsprachlichen Segment eine Benennung, um diese einer Termbank hinzuzufügen.

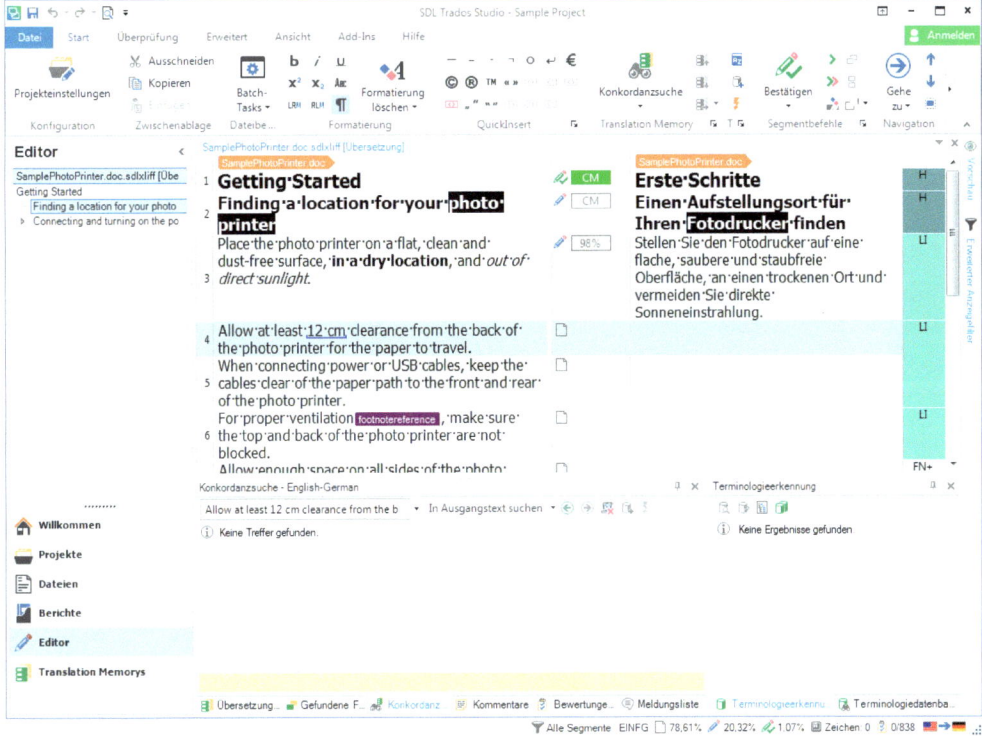

Klicken Sie danach in der Ansicht **Editor** auf der Registerkarte **Start** in der Gruppe **Terminologie** auf **Neuen Terminus hinzufügen**, um eine Benennung zur im Projekt geöffneten SDL MultiTerm 2019 Standardtermbank hinzuzufügen.

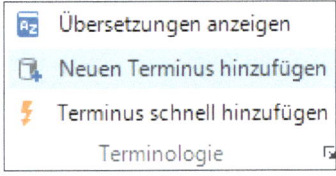

Klicken Sie alternativ mit der rechten Maustaste 🖱 auf das aktive zielsprachliche Segment und wählen Sie im sich öffnenden Fenster **Neuen Terminus hinzufügen** aus. Darüber hinaus können Sie die rechts neben dem Befehl aufgeführte Tastenkombination verwenden.

❗ Bitte beachten Sie, dass die Tastenkombinationen aufgrund von Benutzereinstellungen abweichen können.

	Befehl	Tastenkombination
✂	Ausschneiden	Strg+X
📋	Kopieren	Strg+C
📋	Einfügen	Strg+V
	QuickPlace	Strg+Oemcomma
	Zeile aktivieren	Alt+Pos1
	Bestätigen und zum nächsten unbestätigten Segment gehen	Strg+Eingabetaste
	Segmentstatus ändern	▶
	Konkordanzsuche	F3
	Ausgangssatz in das Zielfeld kopieren	Strg+Einfg
	Zielsegment löschen	Alt+Entf
	Ausgangstext bearbeiten	Alt+F2
	Tags wiederherstellen	Strg+Umschalttaste+G
	Neuen Terminus hinzufügen	Alt+F12
	Terminus schnell hinzufügen	Strg+Umschalttaste+F2
	Kommentar hinzufügen	
	Kommentar bearbeiten	
	Änderung annehmen	Strg+Umschalttaste+F9
	Änderung ablehnen	Alt+Umschalttaste+F9
	Lesezeichen hinzufügen	
	Segmente teilen	Alt+Umschalttaste+T
	Segmente zusammenführen	Strg+Alt+S
	Segmente sperren	Strg+L

Das Fenster **Terminologiedatenbankansicht** öffnet sich in der Ansicht **Editor** in SDL Trados Studio 2019. Nehmen Sie gegebenenfalls eine Anpassung der Rechtschreibung der Benennungen vor, indem Sie zunächst auf die Benennung klicken, um das Eingabefeld zu öffnen, die Eingabe vornehmen und dann mit der Eingabetaste ↵ bestätigen. Darüber hinaus können Sie weitere Eingaben in den beschreibenden Feldern (falls in der Termbank vorhanden) für den SDL MultiTerm 2019 Eintrag vornehmen. Weitere Erläuterungen zum Bearbeiten von beschreibenden Feldern erhalten Sie im Kapitel **Hinzufügen von Einträgen in SDL MultiTerm 2019 → Hinzufügen von beschreibenden Feldern auf Eintrags- und Termebene**.

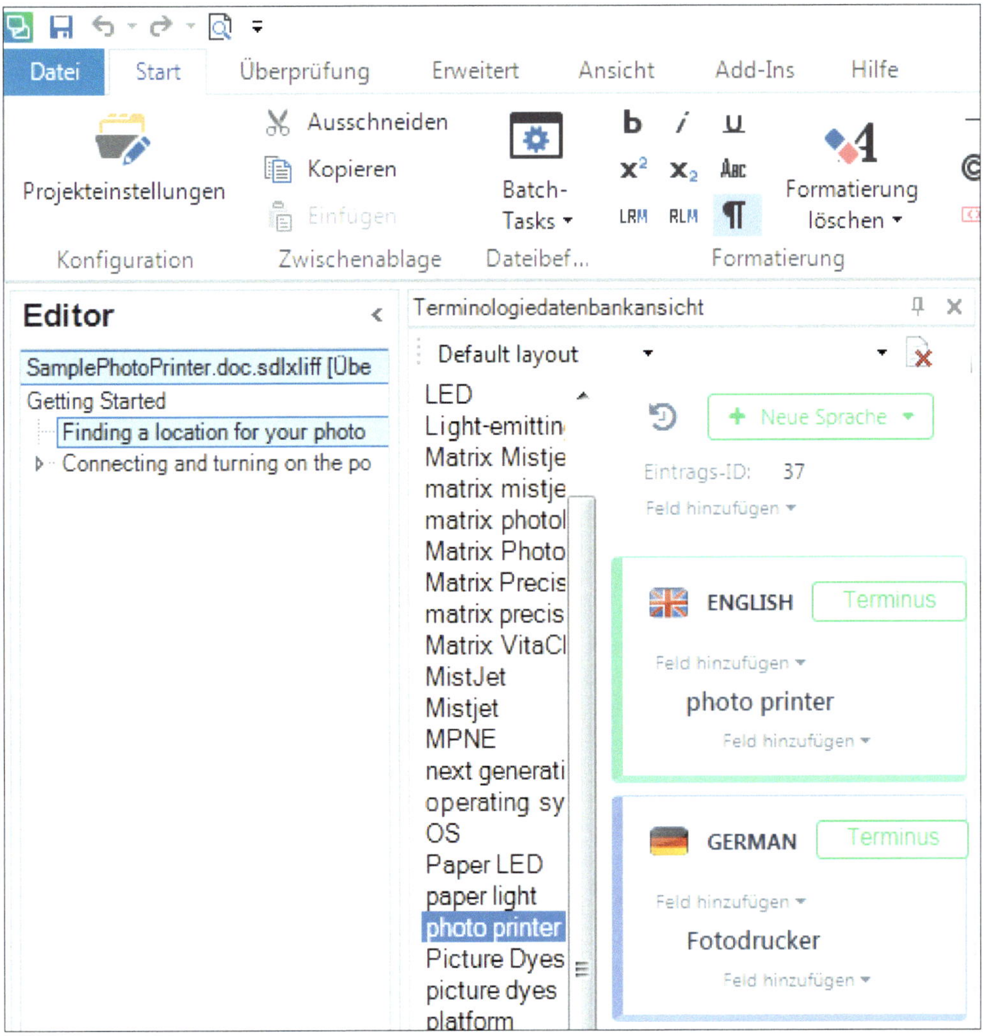

Neuen Terminus hinzufügen

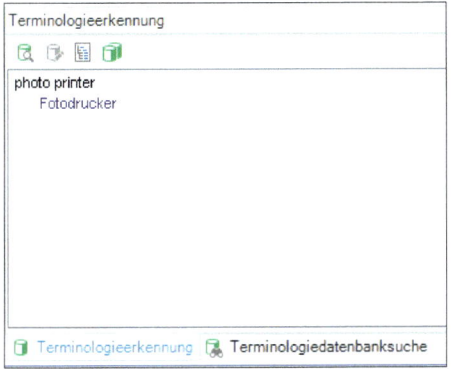

Die Benennung erscheint unmittelbar im Fenster **Terminologieerkennung** und wird bei jedem neuen Segment im Übersetzungsprozess angezeigt, das die Benennung enthält, wenn die entsprechende Termbank bei der Projektanlage ausgewählt wurde.

Terminus schnell hinzufügen

Neben der Option **Neuen Terminus hinzufügen** bietet SDL Trados Studio 2019 die Option **Terminus schnell hinzufügen**. Mit dieser Option werden im ausgangs- und zielsprachlichen Segment markierte Benennungen ebenfalls direkt in der aktiven Standardtermbank gespeichert.

Markieren Sie zunächst die gewünschten Benennungen im aktiven ausgangs- und zielsprachlichen Segment.

Klicken Sie danach auf der Registerkarte **Start** in der Gruppe **Terminologie** auf **Terminus schnell hinzufügen**, um eine Benennung hinzuzufügen und zu speichern.

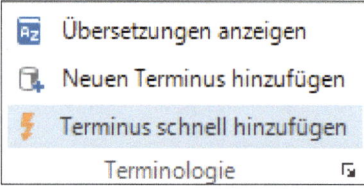

Klicken Sie alternativ mit der rechten Maustaste 🖱 auf das aktive zielsprachliche Segment und wählen Sie im sich öffnenden Fenster **Terminus schnell hinzufügen** aus. Alternativ können Sie die rechts neben dem Befehl aufgeführte Tastenkombination verwenden.

❗ Bitte beachten Sie, dass die Tastenkombinationen aufgrund von Benutzereinstellungen abweichen können.

✂	A̲usschneiden	Strg+X
📋	K̲opieren	Strg+C
📋	Ei̲nfügen	Strg+V
→⬜	QuickPlace	Strg+Oemcomma
▪	Zeile a̲ktivieren	Alt+Pos1
✏	B̲estätigen und zum nächsten unbestätigten Segment gehen	Strg+Eingabetaste
⬜	Segmentstat̲us ändern	▶
🚲	K̲onkordanzsuche	F3
❯	Ausgangssatz in das Zielfeld k̲opieren	Strg+Einfg
✏	Zielseg̲ment löschen	Alt+Entf
📝	Ausgangstext bearbeiten	Alt+F2
🏷	Tags w̲iederherstellen	Strg+Umschalttaste+G
📇	Neuen Terminus hinzufügen	Alt+F12
⚡	Terminus schnell hinzufügen	Strg+Umschalttaste+F2
💬	Kommentar h̲inzufügen	
✏	Kommentar b̲earbeiten	
✓	Ä̲nderung annehmen	Strg+Umschalttaste+F9
✗	Änd̲erung ablehnen	Alt+Umschalttaste+F9
🔖	Lesezeichen hinzufügen	
▫	S̲egmente teilen	Alt+Umschalttaste+T
⬚	Segmente zusammenf̲ühren	Strg+Alt+S
📄	Segmente s̲perren	Strg+L

SDL Trados Studio 2019 öffnet das Fenster **Terminologiedatenbankansicht** und speichert die ausgewählten Benennungen eigenständig ab. Klicken Sie auf eine Benennung, um diese für die Bearbeitung zu öffnen, und nehmen Sie ggf. Einträge in beschreibenden Feldern vor, wenn beschreibende Felder bei der Termbankanlage angelegt wurden.

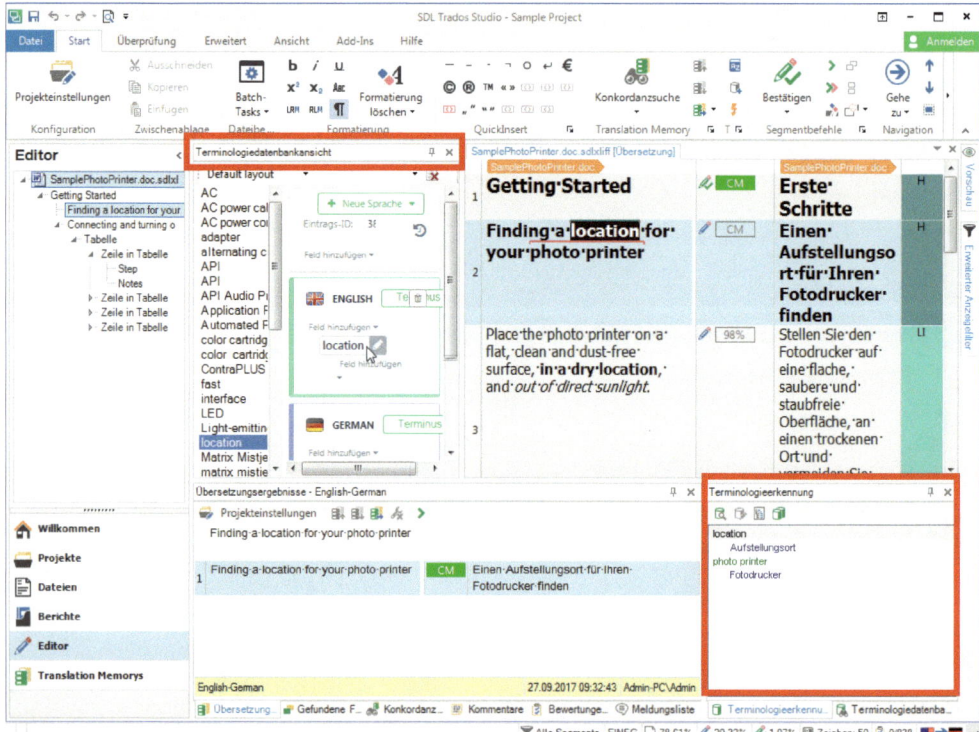

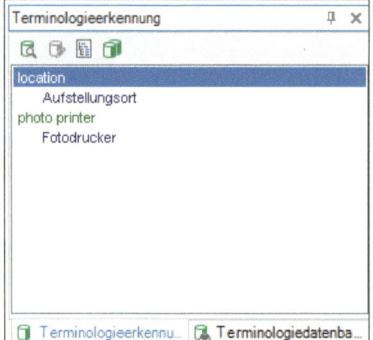

Der Eintrag wird darüber hinaus unmittelbar im Fenster **Terminologieerkennung** angezeigt.

❗ Bitte beachten Sie, dass ausschließlich Einträge, die mit **Terminus schnell hinzufügen** eingetragen wurden, nach Auswahl der Suche nach Ad-hoc-Einträgen in SDL MultiTerm 2019 angezeigt werden.

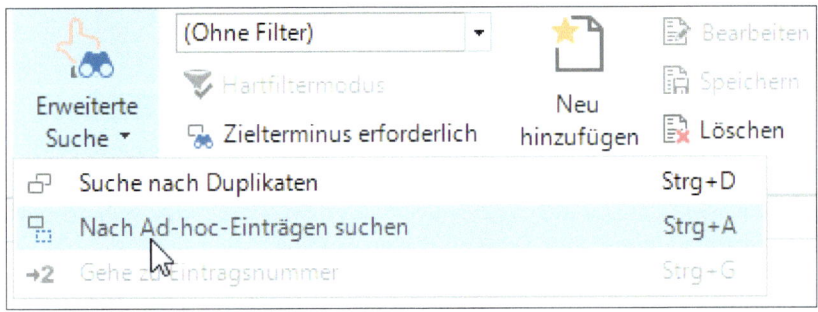

Suche nach Ad-hoc-Einträgen, die aus SDL Trados Studio 2019 heraus eingetragen wurden, in SDL MultiTerm 2019

? Was mache ich, wenn in SDL MultiTerm 2019 eingetragene Benennungen nicht im Übersetzungsprozess in SDL Trados Studio 2019 angezeigt werden, wenn das entsprechende Segment aktiv ist?

Häufig ist es der Fall, dass in der Ansicht **Editor** im Terminologiefenster nicht die Registerkarte **Terminologieerkennung**, auf welcher eingetragene Benennungen automatisch erkannt werden, aktiv ist, sondern die Registerkarte **Terminologiedatenbanksuche**, auf welcher manuell nach Benennungen gesucht wird. Falls dies nicht der Fall ist, schafft häufig ein Wechsel zwischen Segmenten und Rückkehr zum ursprünglichen Segment Abhilfe.

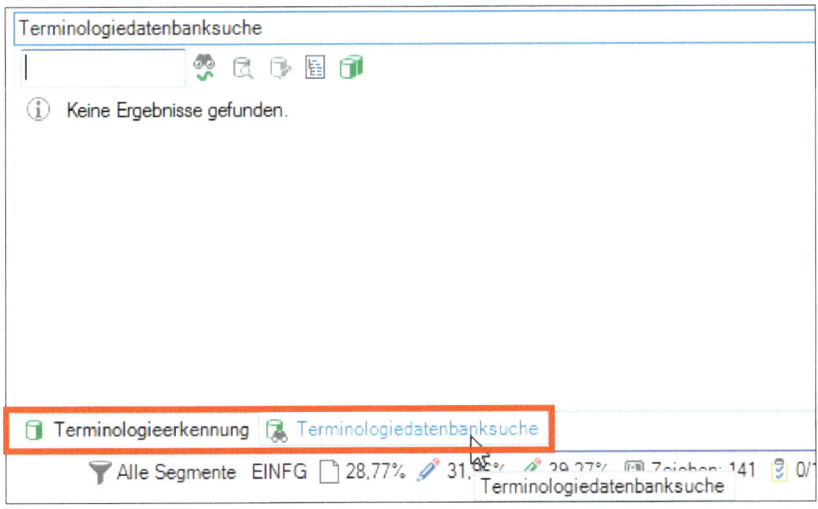

Übernehmen von Terminologie im Übersetzungsprozess mit AutoSuggest

Neben der Eingabe von Terminologie aus dem Übersetzungsprozess heraus können auch Benennungen aus den jeweils in einem Projekt aktiven Termbanken mit AutoSuggest beim Schreiben der Übersetzung angezeigt und übernommen werden.

Prüfen Sie hierzu zunächst, ob auf der Registerkarte **Datei → Optionen → AutoSuggest**

- die Option **AutoSuggest aktivieren**
- und unter **AutoSuggest-Quellen → Terminologiedatenbanken** aktiviert ist.

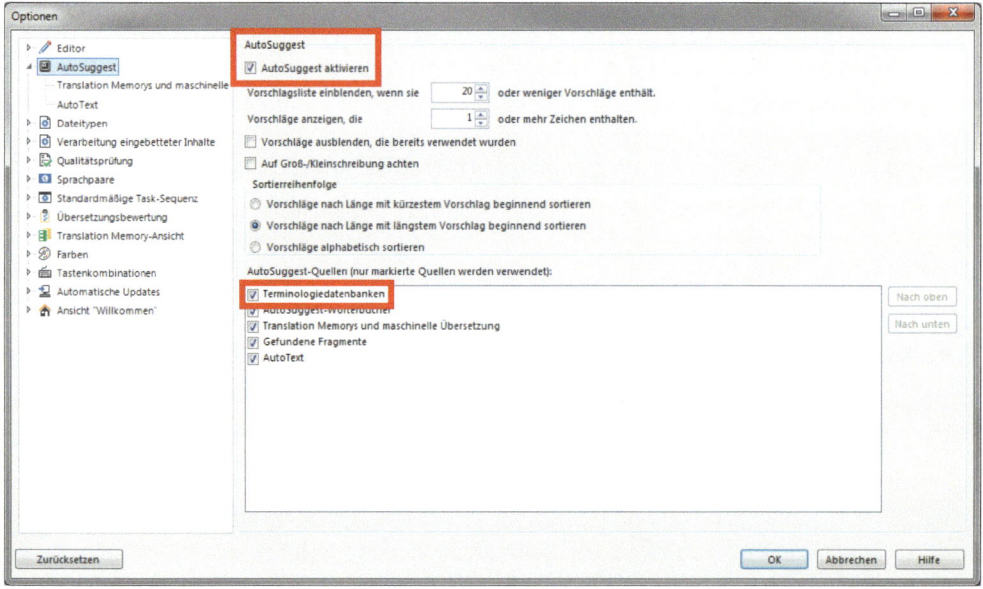

Sind diese Einstellungen aktiv, zeigt SDL Trados Studio 2019 Einträge aus SDL Trados MultiTerm 2019 automatisch beim Schreiben in einem zielsprachlichen Segment in einer Dropdown-Liste an, sobald die Eingabe des entsprechenden Wortes im zielsprachlichen Segment durch den Benutzer begonnen wurde.

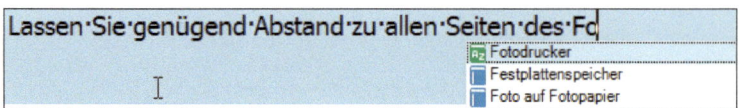

Drücken Sie die Eingabetaste ⏎, wenn Sie die erste aufgeführte Benennung in das zielsprachliche Segment übernehmen möchten, oder wechseln Sie mit der ↓-Taste zu der gewünschten Benennung und fügen Sie diese mit der Eingabetaste ⏎ in das zielsprachliche Segment ein, wenn mehrere Benennungen aufgeführt sind und eine andere als die erste Benennung ausgewählt werden soll. Fahren Sie danach mit der Übersetzung fort.

Konvertieren und Importieren von Glossaren

In vielen Fällen liegen Unternehmen zu Beginn ihrer Arbeit mit SDL Trados Studio 2019 und dem zugehörigen SDL MultiTerm 2019 bereits Terminologiedaten in Form von Glossaren verschiedenster Art vor. Damit diese direkt bei der Arbeit mit SDL Trados Studio 2019 bzw. in SDL MultiTerm 2019 genutzt werden können, bietet SDL MultiTerm 2019 die Möglichkeit, Terminologiedaten aus verschiedenen Formaten in SDL MultiTerm 2019 zu übertragen und bei der Arbeit so zu verwenden, als seien die Daten einzeln eingegeben worden. Diese Konvertierung der Daten und deren Import in SDL MultiTerm 2019 erfolgt in drei Schritten:

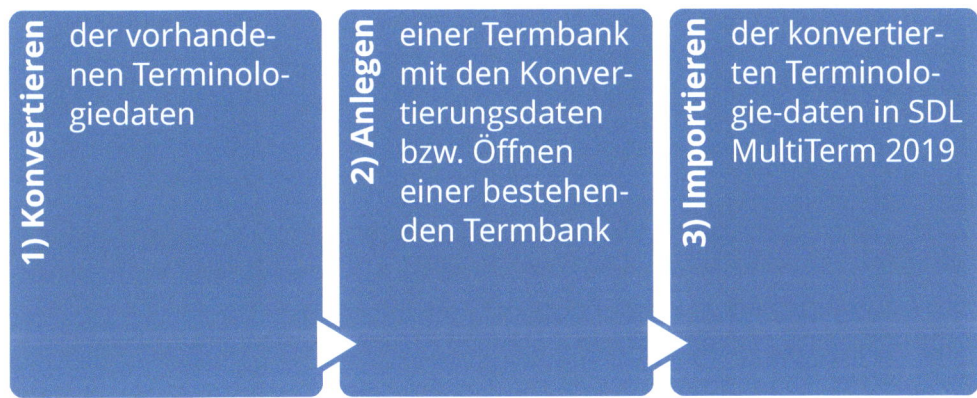

Dabei stehen die in der nachfolgenden Abbildung aufgeführten Formate als Konvertierungsoptionen zur Verfügung. In diesem Buch wird die Konvertierung von Terminologiedaten am Beispiel von Microsoft Excel-Dateien beschrieben.

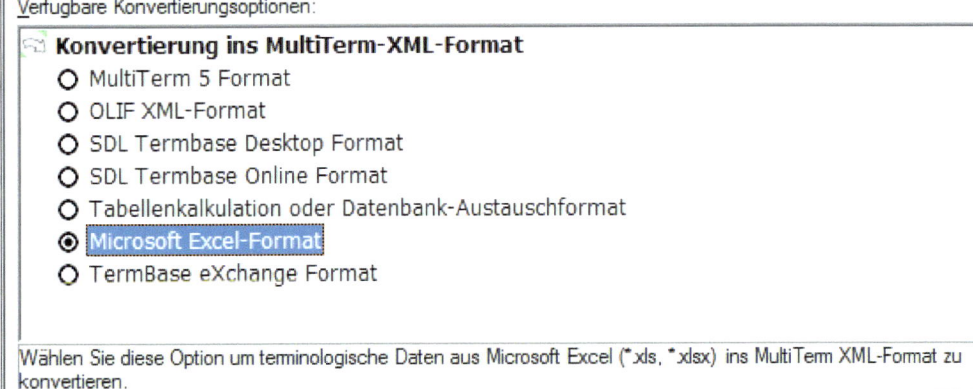

! Liegt ein Glossar im Format Microsoft Word vor, so haben Sie die Möglichkeit, dieses zunächst vollständig in Microsoft Word mit [Strg] + [A] zu markieren, mit [Strg] + [C] in die Zwischenablage zu kopieren, Microsoft Excel zu öffnen, auf das kleine graue Feld links neben Spalte A zu klicken, damit alle Felder markiert sind, und mit [Strg] + [V] die Daten in ein Microsoft Excel-Dokument einzufügen und entsprechend abzuspeichern. Bitte achten Sie darauf, dass die erste Zeile (der Tabellenkopf) die Beschreibung der Sprachen oder beschreibenden Felder enthält und die Einträge in der Tabelle ab der ersten Spalte beginnen.

Konvertieren von Glossaren am Beispiel von Microsoft Excel

SDL MultiTerm 2019 verfügt über das integrierte Dienstprogramm SDL MultiTerm 2019 Convert, mit dem bereits bestehende Terminologiedaten so aufbereitet bzw. konvertiert werden, dass sie in eine bestehende oder neu zu erstellende Termbank importiert werden können. Dabei besteht die Möglichkeit der Konvertierung von einfachen Glossaren, die ausschließlich Benennungen in verschiedenen Sprachen enthalten, und von Terminologiedatenbanken, die neben Benennungen in verschiedenen Sprachen auch beschreibende Felder (Text- und Attributfelder) enthalten.

SDL MultiTerm 2019 Convert legt bei der Konvertierung eine Kopie der Struktur und des Inhalts der Ausgangsdatei in zwei Dateien ab, eine mit der Struktur des Glossars/der Terminologiedaten im Format *.xdt, eine mit dem Inhalt (Benennungen/beschreibende Felder) im Format *.xml.

Glossar_Fahrzeugtechnik_fuer_Konvertier...	17.06.2019 12:00	XML-Dokument	312 KB
Glossar_Fahrzeugtechnik_fuer_Konvertier...	17.06.2019 12:00	XDT-Datei	4 KB
Glossar_Fahrzeugtechnik_fuer_Konvertier...	16.06.2019 12:48	Microsoft Excel-Ar...	40 KB

In einem zweiten Schritt wird dann eine Termbank anhand der vorliegenden Struktur der Microsoft Excel-Datei erstellt und die konvertierten Inhalte werden in diese Termbank importiert. Alternativ haben Sie auch die Möglichkeit, konvertierte Daten in eine bestehende Termbank zu importieren, wenn die Sprachen und beschreibenden Felder aus der Konvertierung auch in der bestehenden Termbank vorhanden sind.

Sobald ein Glossar nicht nur über die Benennungen in den jeweiligen Sprachen, sondern auch über beschreibende Felder verfügt, ist es wichtig, dass sich die beschreibenden Felder, die der sprachübergreifenden Eintragsebene zugeordnet werden sollen, in den Spalten links von der ersten Sprache befinden (im vorliegenden Beispiel Bild, Definition und Quelle). Darüber hinaus werden die beschreibenden Felder, die den Benennungen auf der Termebene zugeordnet werden, in den Spalten rechts neben der jeweiligen Sprache angeordnet. Im vorliegenden Beispiel sind dies Genus und Kommentar, wobei Genus ausschließlich Deutsch zugeordnet ist, da dieser in der englischen Sprache nicht benötigt wird. Der Kommentar ist sowohl rechts von der Sprache Deutsch als auch der Sprache Englisch aufgeführt.

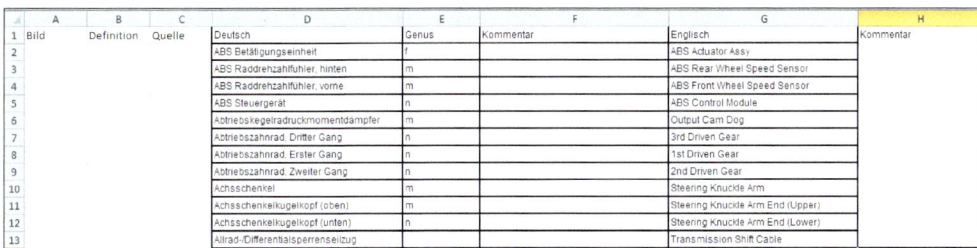

❗ Alternativ ist es natürlich auch möglich, Glossare zu importieren, die ausschließlich Sprachfelder ohne beschreibende Felder enthalten, oder Terminologiedatenbanken, die mehrere Sprachen und andere beschreibende Felder enthalten. Bei Glossaren ohne beschreibende Felder werden die Schritte zu den beschreibenden Feldern einfach ignoriert, bei anderen beschreibenden Feldern werden diese verwendet und diesen der entsprechende Datentyp (Text, Multimedia, Pickliste, Zahl, Datum, ja/nein) zugewiesen.

Bitte achten Sie darauf, dass die erste Zeile (der Tabellenkopf) die Bezeichnung der jeweiligen Sprachen und beschreibenden Felder enthält und nicht leer ist.

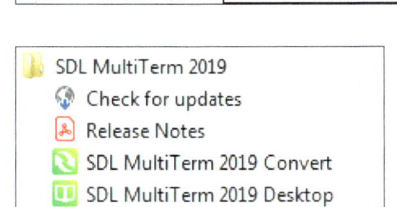

Öffnen Sie SDL MultiTerm 2019 Convert in Microsoft Windows unter **SDL MultiTerm 2019 → SDL MultiTerm 2019 Convert.**

Der Assistent von SDL MultiTerm 2019 Convert öffnet sich. In diesem ersten Dialogfeld wird das weitere Verfahren beim Konvertieren von Dateien in SDL MultiTerm 2019 Convert beschrieben.

Klicken Sie auf **Weiter**, um fortzufahren.

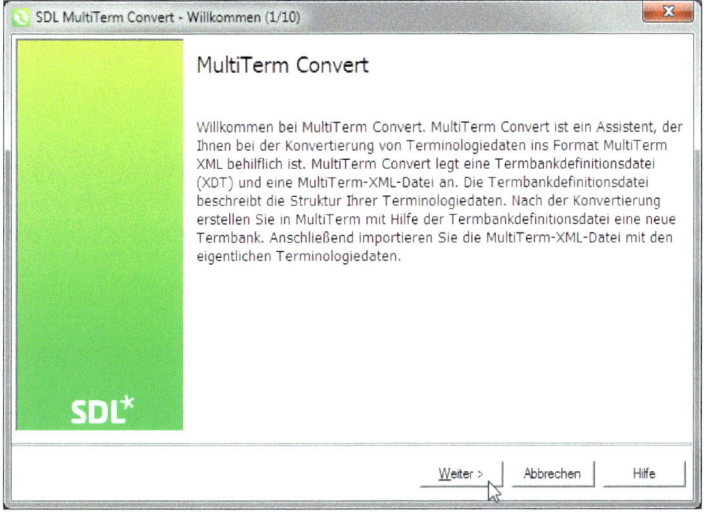

Das Dialogfeld **SDL MultiTerm Convert - Konvertierungseinstellungen** öffnet sich. Die Standardeinstellungen für eine Konvertierung ist **Neue Konvertierung**. Sie haben die Möglichkeit, die Einstellungen für diese Konvertierung zu speichern, indem Sie ein Häkchen vor **Einstellungen für diese Konvertierung speichern:** setzen, auf **Speichern unter...** klicken und die folgende Konvertierung im *.xcd-Format an einem Speicherort Ihrer Wahl ablegen. Darüber hinaus haben Sie die Möglichkeit, Einstellungen aus früheren Konvertierungen zu laden.

Klicken Sie auf **Weiter**, um fortzufahren.

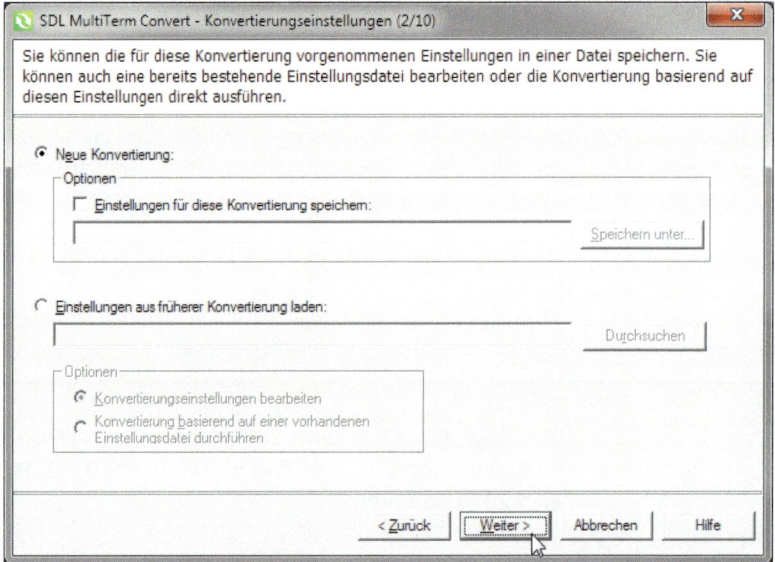

Im vorliegenden Beispiel wird eine Konvertierung eines Glossars aus dem Microsoft Excel-Format vorgenommen. Klicken Sie nach erfolgter Auswahl der Konvertierungsoption auf **Weiter**.

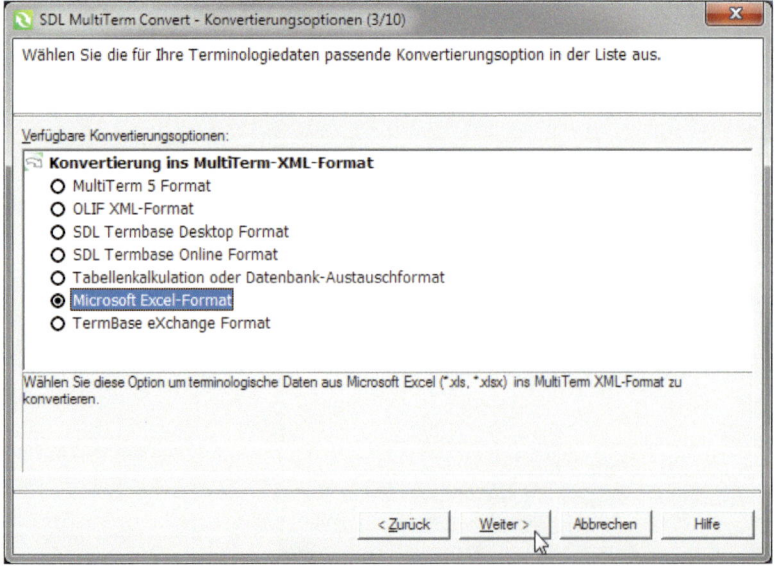

SDL MultiTerm 2019 Convert öffnet das Dialogfeld **SDL MultiTerm Convert – Dateien auswählen**. Klicken Sie neben **Ausgangsdatei:** auf **Durchsuchen...**, um die zu konvertierende Datei auszuwählen.

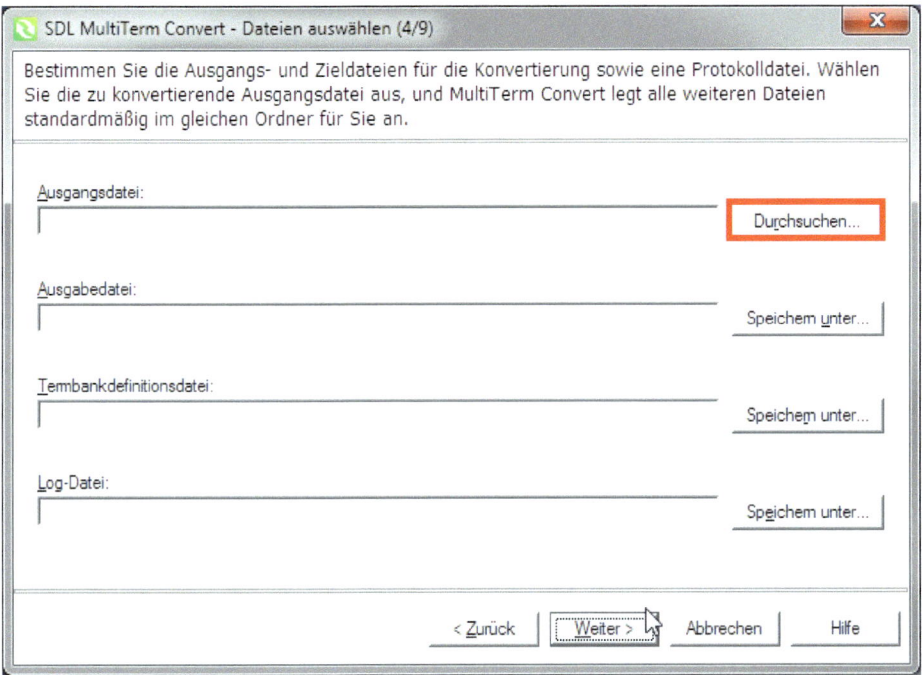

Das Dialogfeld **Öffnen** öffnet sich. Wählen Sie den Speicherort aus, an dem die zu konvertierende Datei abgelegt ist, klicken Sie auf die zu konvertierende Datei und danach auf **Öffnen** oder doppelklicken Sie auf die zu konvertierende Datei, um diese zu öffnen.

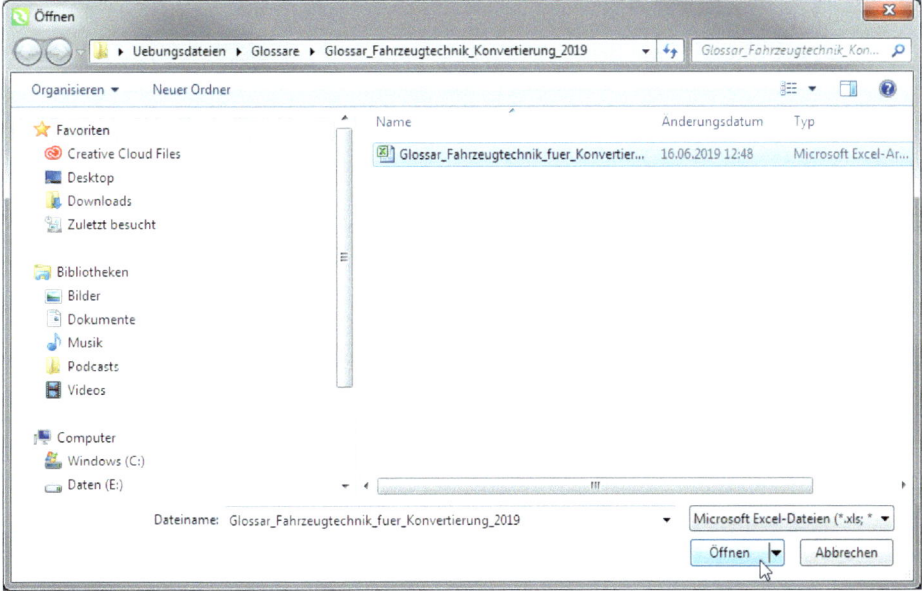

SDL MultiTerm 2019 Convert fügt im Dialogfeld **SDL MultiTerm Convert - Dateien auswählen** den Speicherort der Ausgangsdatei, im vorliegenden Beispiel der *.xlsx-Datei, in das Feld **Ausgangsdatei:** ein.

Darüber hinaus fügt SDL MultiTerm 2019 Convert im Feld

- **Ausgabedatei:** den Speicherort für die Inhalte des Glossars im SDL MultiTerm 2019 (.mtf) *.xml-Format ein
- **Termbankdefinitionsdatei:** die Struktur des Glossars im Format *.xdt ein
- **Log-Datei:** den Speicherort für die Log-Datei ein, in welcher der Verlauf der Konvertierung gespeichert wird

Als Standard legt SDL MultiTerm 2019 Convert dabei die drei Dateien für die Ausgabe-, Termbankdefinitions- und Log-Datei im gleichen Ordner ab, aus der SDL MultiTerm 2019 Convert die Ausgangsdatei entnommen hat. Sollen Ausgabe-, Termbankdefinitions- und Log-Datei an einem anderen Speicherort gespeichert werden, so ist dies jeweils durch Auswahl von **Speichern unter...** und Auswahl eines neuen Speicherorts im Dialogfeld **SDL MultiTerm Convert – Dateien auswählen** möglich.

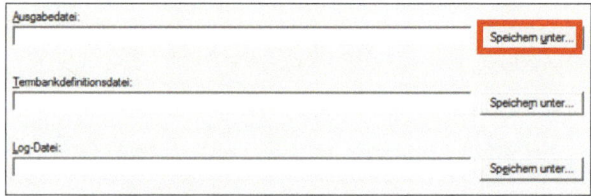

Klicken Sie auf **Weiter**, um fortzufahren.

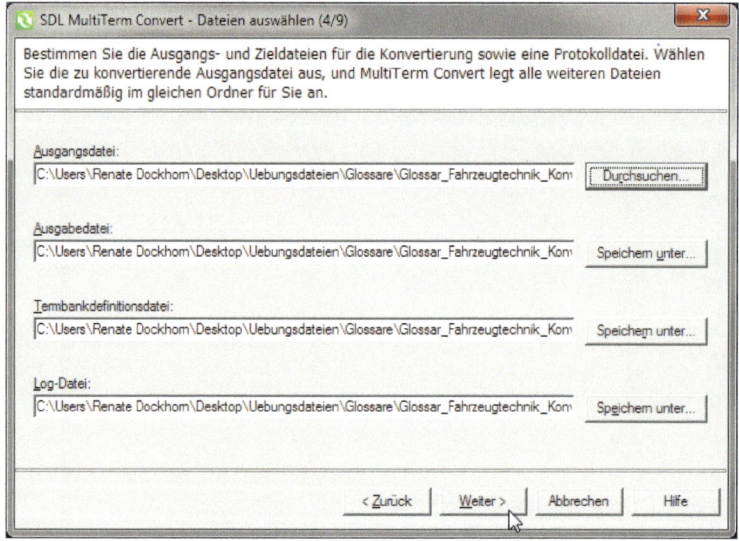

Das Dialogfeld **SDL MultiTerm Convert – Spaltenüberschrift angeben** öffnet sich.

In diesem Dialogfeld sind auf der linken Seite unter **Verfügbare Felder der Spaltenüberschriften:** alle Sprachen und beschreibenden Felder eingetragen, die im Tabellenkopf einer zu konvertierenden Microsoft Excel-Datei vorhanden sind. Die Sprachen werden jeweils einem Sprachfeld zugeordnet, die beschreibenden Felder einem beschreibenden Feld mit dem entsprechenden Datentyp.

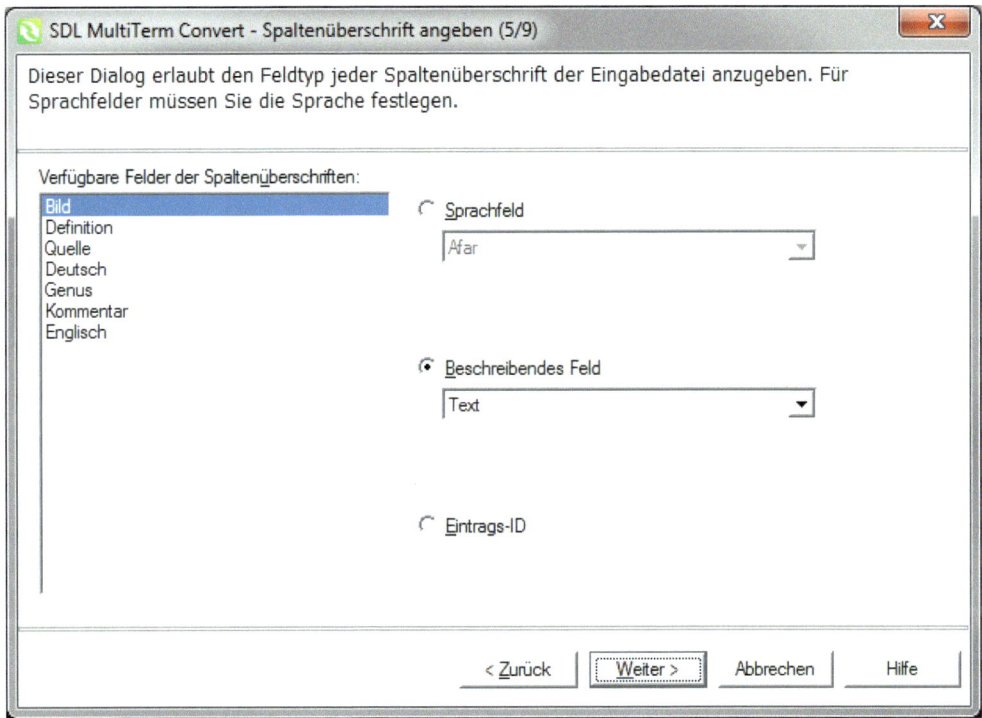

Im vorliegenden Beispiel stehen im Dialogfeld **SDL MultiTerm Convert – Spaltenüberschrift angeben** zwei Sprachen, Deutsch und Englisch, und die beschreibenden Felder Bild, Definition, Quelle, Genus und Kommentar unter **Verfügbare Felder der Spaltenüberschriften:** zur Verfügung. Die beiden Sprachen sind Sprachfelder; Definition, Quelle, Genus und Kommentar beschreibende Felder, denen jeweils der Datentyp zuzuordnen ist.

Klicken Sie bei Glossaren, die Sie konvertieren möchten, zunächst jeweils auf das erste der verfügbaren Felder der Spaltenüberschriften, sodass es blau unterlegt ist, und ordnen Sie dieses jeweils einem Sprachfeld oder beschreibenden Feld zu. Fahren Sie danach analog mit den weiteren verfügbaren Feldern der Spaltenüberschriften fort, bevor Sie zum nächsten Dialogfeld wechseln. Eine Erläuterung zu den verschiedenen Datentypen der beschreibenden Felder finden Sie im Kapitel **Anlegen von Termbanken → Definieren der Eigenschaften von beschreibenden Feldern**.

Im vorliegenden Beispiel wird dabei die Microsoft Excel-Tabelle verwendet, die bereits weiter oben in diesem Kapitel aufgeführt wurde. Hier noch einmal zur Erinnerung:

Im Dialogfeld **SDL MultiTerm Convert – Spaltenüberschrift angeben** ist zunächst das erste Feld unter **Verfügbare Felder der Spaltenüberschriften:** (hier: Bild) blau unterlegt.

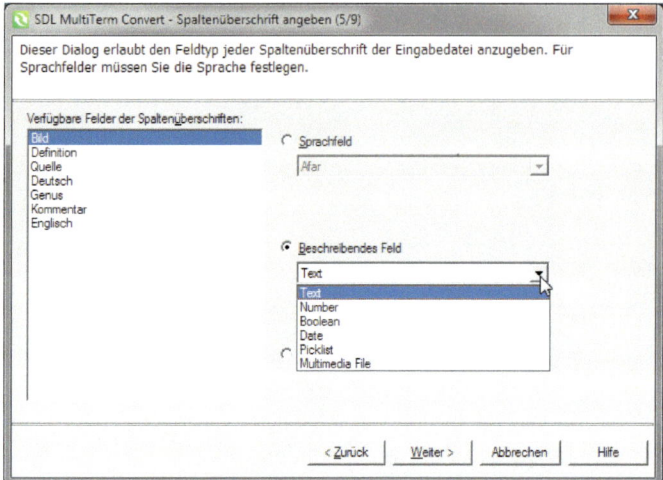

Da Bild ein beschreibendes Feld ist, wird im vorliegenden Beispiel die Option **Beschreibendes Feld** ausgewählt, und zwar der Datentyp **Multimedia File**.

Klicken Sie im Dialogfeld **Spaltenüberschrift angeben** entsprechend unter **Beschreibendes Feld** auf den kleinen Pfeil nach unten rechts neben **Text** und wählen Sie aus der sich öffnenden Dropdown-Liste **Multimedia File** aus, wenn es sich bei einem Ihrer beschreibenden Felder um ein Bild handelt.

❗ Die Zuordnungen müssen nicht einzeln gespeichert werden. SDL MultiTerm 2019 merkt sich Ihre Einstellungen und Sie können nach Zuordnung aller Felder zur Kontrolle die verfügbaren Felder der Spaltenüberschriften im obigen Dialogfeld nacheinander anklicken und die Zuordnung zu den entsprechenden Sprachfeldern und beschreibenden Feldern prüfen.

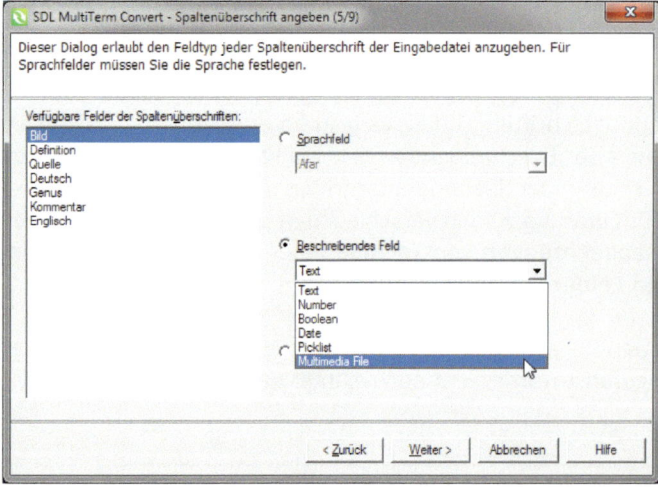

Klicken Sie danach auf die zweite Zeile unter **Verfügbare Felder der Spaltenüberschriften:** (hier: Definition). Die Definition ist ein freies Textfeld, sodass die Standardeinstellung unter **Beschreibendes Feld** verwendet werden kann. Verfahren Sie analog, wenn Sie reine Textfelder einbinden möchten.

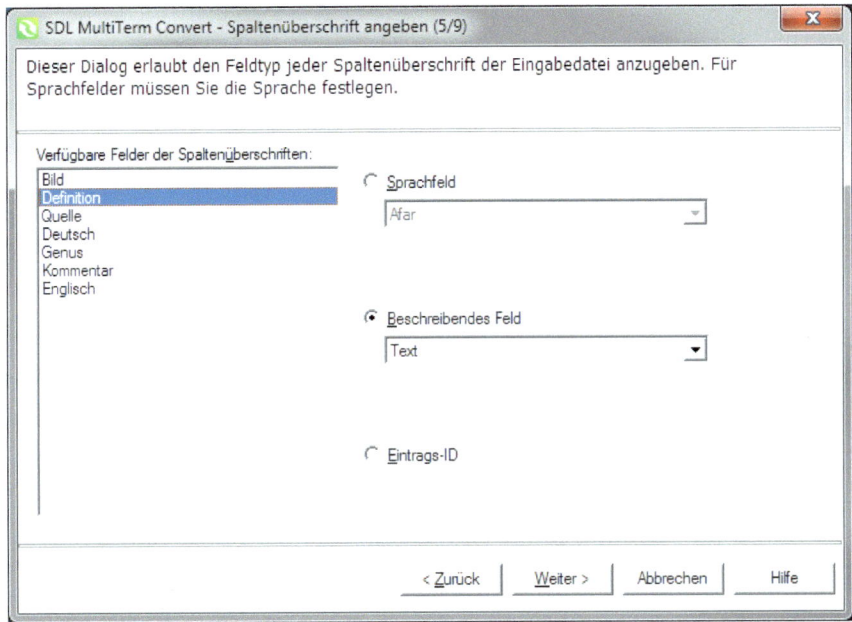

Klicken Sie danach auf die nächste Zeile unter **Verfügbare Felder der Spaltenüberschriften**. Auch dieses Feld Quelle ist im vorliegenden Beispiel ein beschreibendes Feld und ein Textfeld.

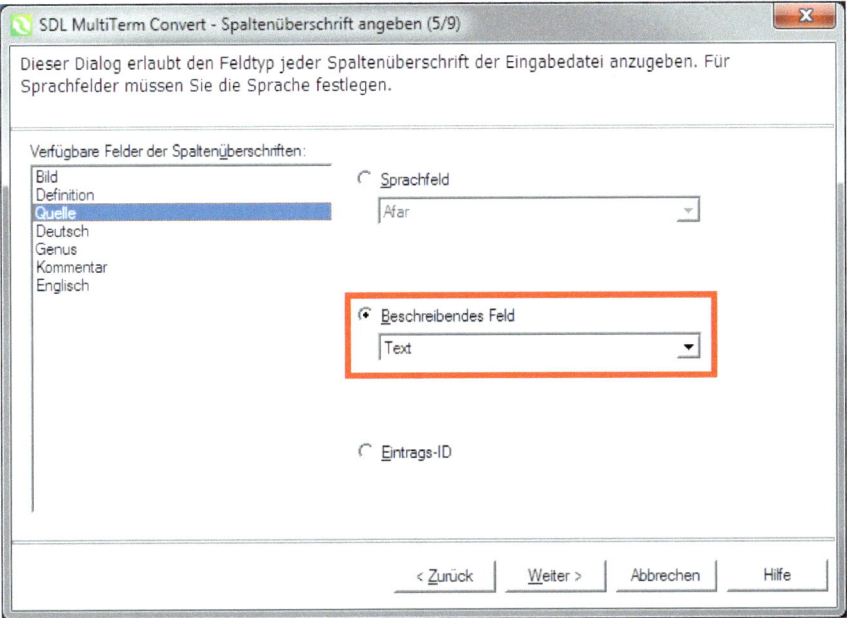

Das vierte Feld ist im vorliegenden Beispiel wieder ein Sprachfeld. Klicken Sie bei Sprachen zunächst unter **Verfügbare Felder der Spaltenüberschriften:** entsprechend auf das nächste Feld (hier: Deutsch), wählen Sie **Sprachfeld** aus und klicken Sie auf den kleinen Pfeil nach unten rechts neben der ersten Sprache „Afar". Wählen Sie aus der sich öffnenden Dropdown-Liste die von Ihnen gewünschte Sprache aus (hier: German).

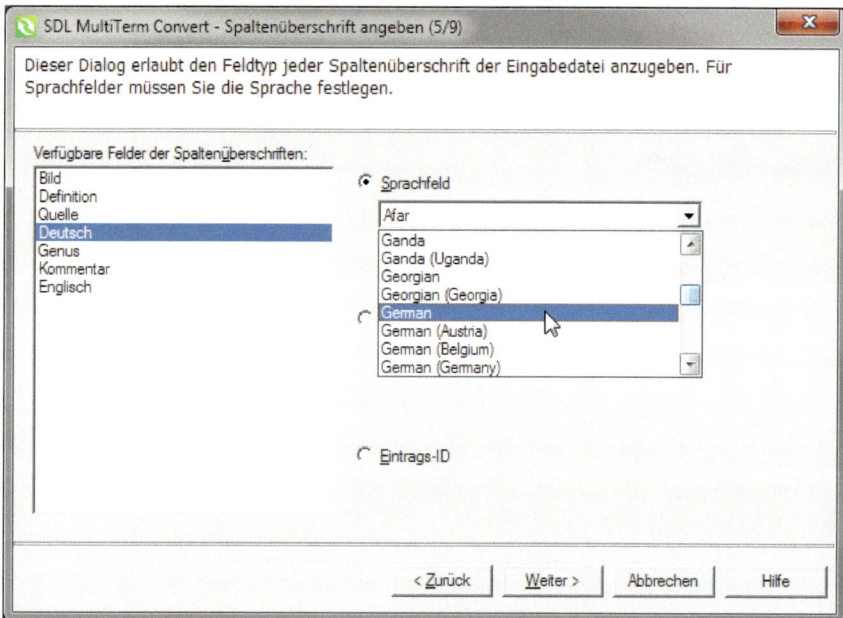

Die gewünschte Sprache ist nun unter **Sprachfeld** eingetragen.

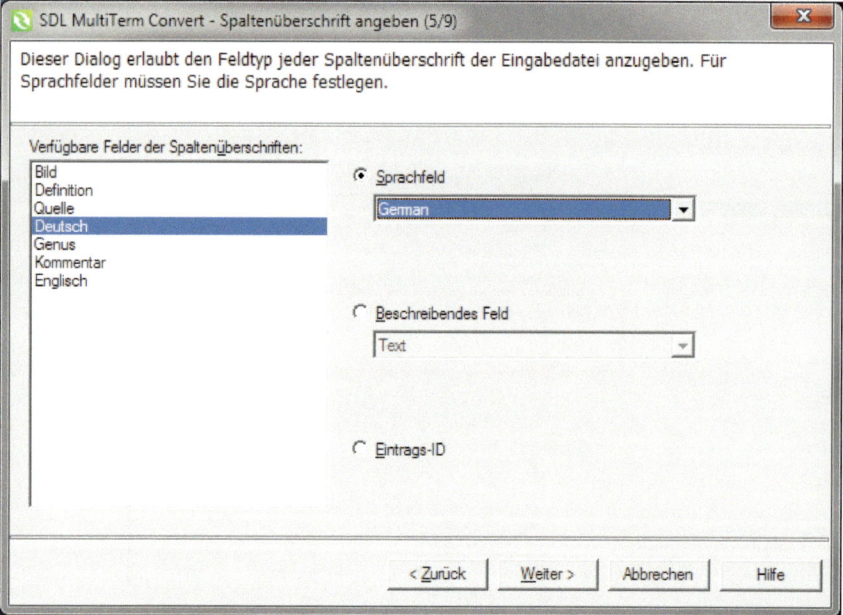

Klicken Sie auf das nächste Feld unter **Verfügbare Felder der Spaltenüberschriften:** (hier: Genus). Bei Genus handelt es sich um ein beschreibendes Feld mit der Eigenschaft **Picklist**. Wählen Sie entsprechend ein beschreibendes Feld mit der Eigenschaft **Picklist** aus, wenn sich dieses in Ihrem Glossar befindet. Dabei muss es sich nicht zwangsläufig um den Genus handeln.

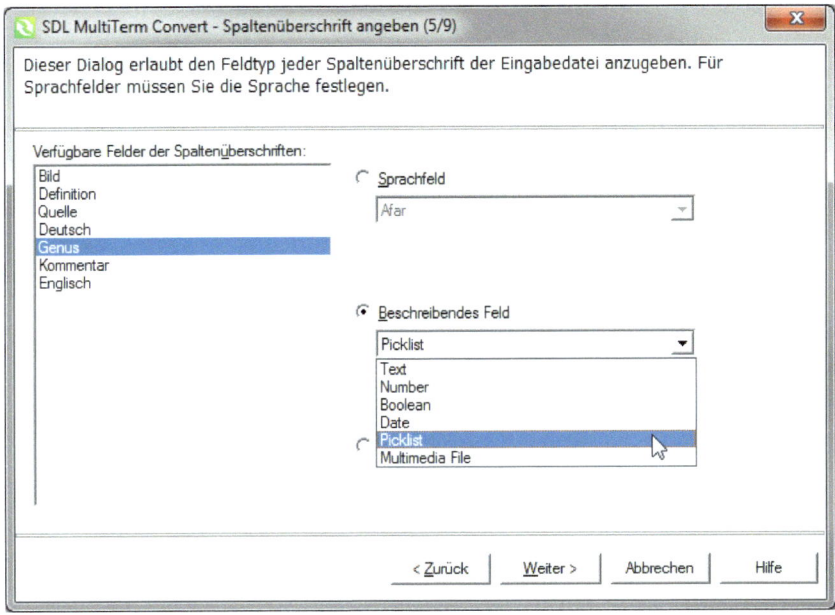

Klicken Sie auf das nächste Feld unter **Verfügbare Felder der Spaltenüberschriften:** (hier: Kommentar). Der Kommentar ist erneut ein beschreibendes Feld mit der Standardeigenschaft **Text**.

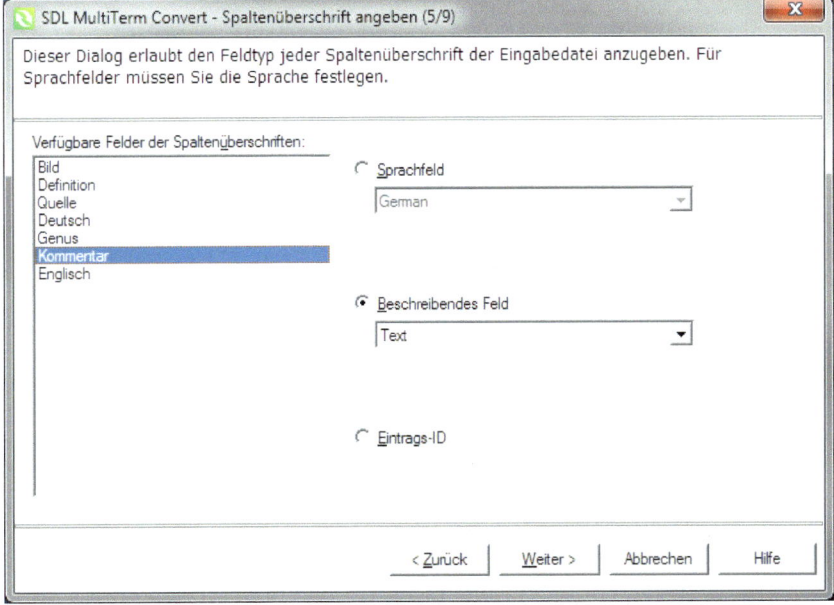

Klicken Sie in die nächste Zeile unter **Verfügbare Felder der Spaltenüberschriften:**. Im vorliegenden Beispiel ist dies die Sprache Englisch. Wählen Sie entsprechend **Sprachfeld** und die von Ihnen gewünschte Sprache aus der Dropdown-Liste aus, wenn Sie ein weiteres Sprachfeld hinzufügen möchten.

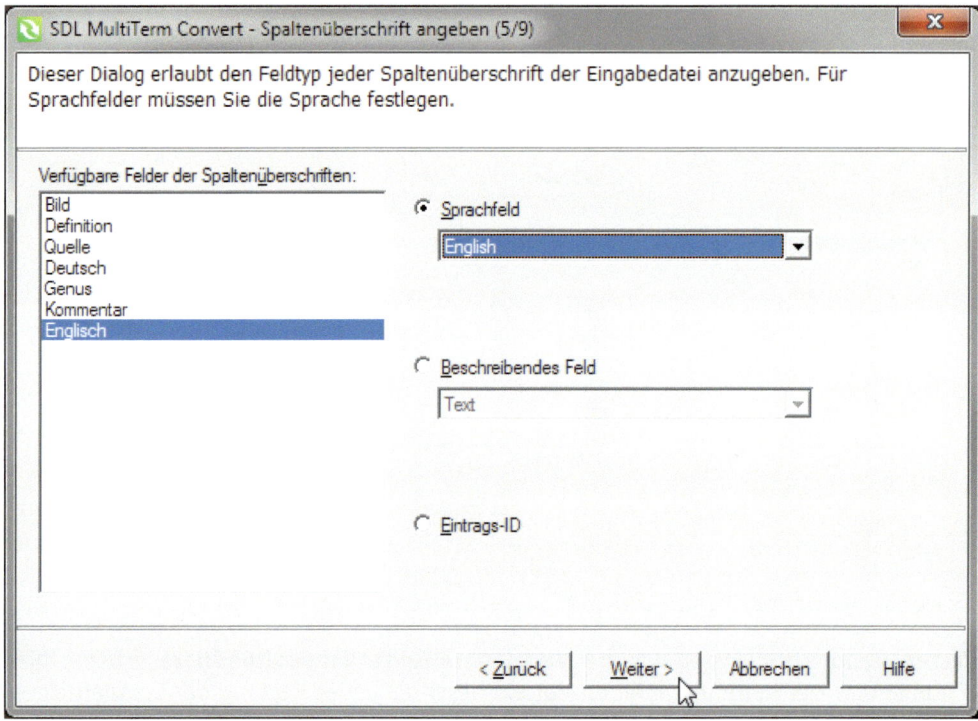

Bitte achten Sie darauf, zunächst alle verfügbaren Felder der Spaltenüberschriften nacheinander als Sprachfeld oder beschreibendes Feld zuzuordnen und überprüfen Sie nach Abschluss der Eingaben noch einmal, ob alle Zuordnungen richtig erfolgt sind, damit die Konvertierung einwandfrei erfolgen kann. Klicken Sie nach Zuordnung aller Sprach- und beschreibenden Felder auf **Weiter**.

Das Dialogfeld **SDL MultiTerm Convert - Eintragsstruktur erstellen** öffnet sich. In diesem Dialogfeld werden die beschreibenden Felder den jeweiligen Ebenen der Eintragsstruktur zugeordnet.

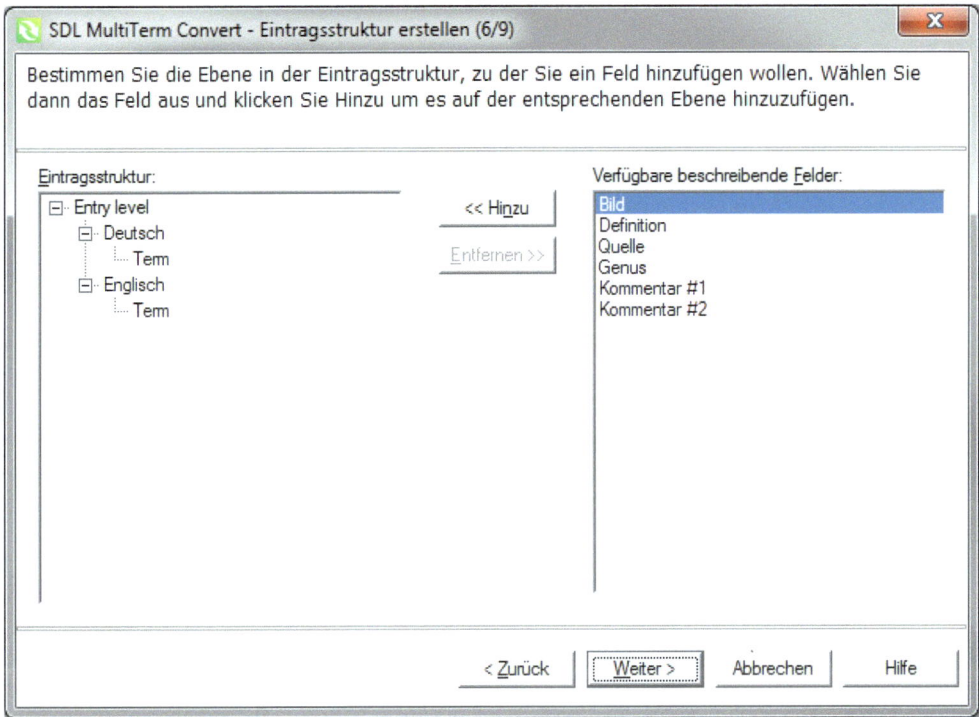

Zunächst sollen im vorliegenden Beispiel die beschreibenden Felder Bild und Definition der Eintragsebene zugeordnet werden. Klicken Sie zunächst unter **Eintragsstruktur:** auf die Eintragsebene, sodass diese farbig unterlegt ist, und danach entsprechend unter **Verfügbare beschreibende Felder:** auf die beschreibenden Felder, die der Eintragsebene zugeordnet werden sollen, sodass diese blau unterlegt sind (im vorliegenden Beispiel zunächst Bild und Definition). Klicken Sie danach auf **<< Hinzu**.

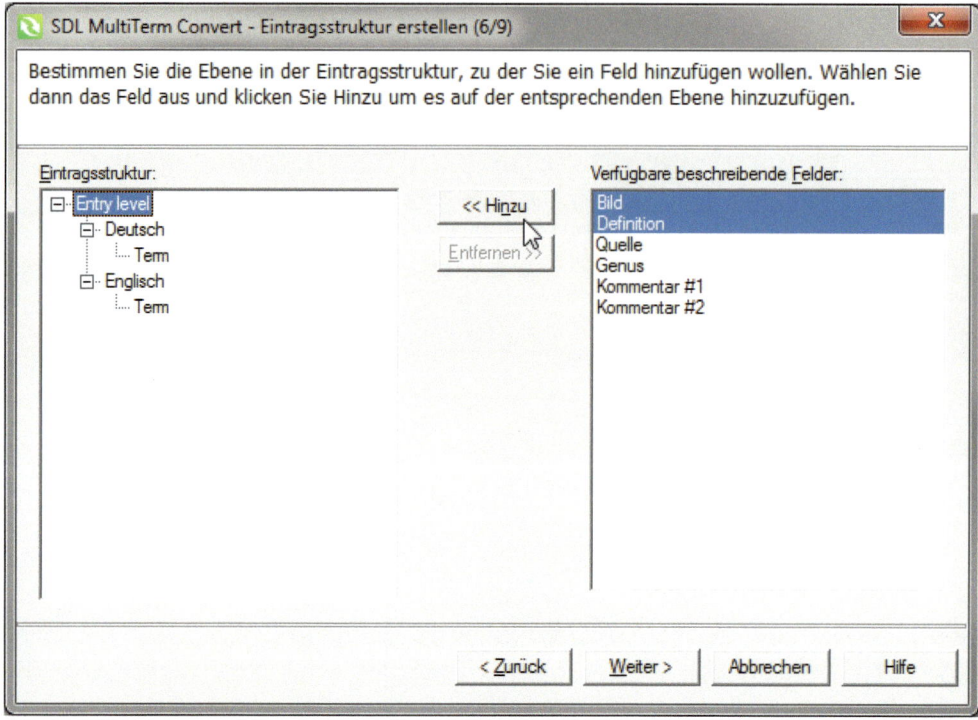

Bild und Definition sind nun der Eintragsebene zugeordnet.

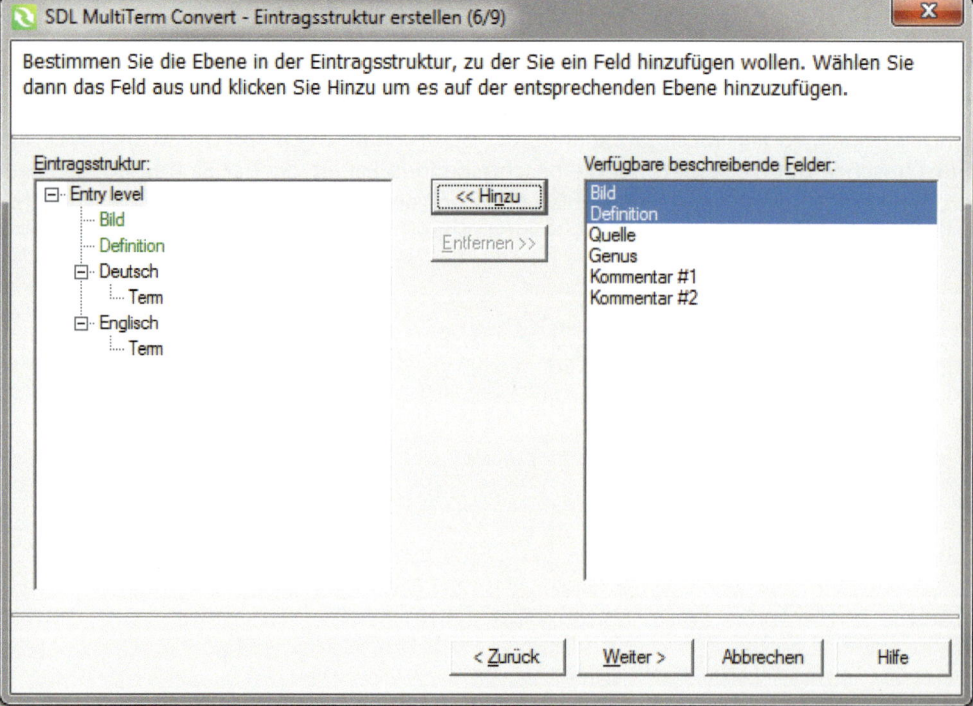

Die Quelle soll ebenfalls auf Eintragsebene eingebracht, dabei allerdings der Definition untergeordnet werden. Klicken Sie zunächst unter **Eintragsstruktur:** auf Definition oder ein entsprechendes beschreibendes Feld, dem Sie ein beschreibendes Feld unterordnen möchten. Wählen Sie danach unter **Verfügbare beschreibende Felder:** das Feld aus, das Sie zuordnen möchten (hier: Quelle), sodass dieses blau unterlegt ist, und klicken Sie danach auf **<< Hinzu**.

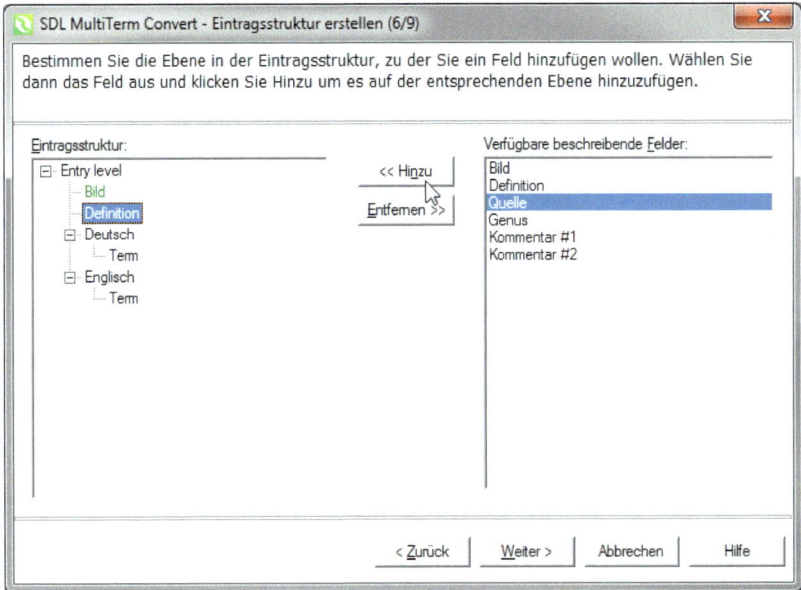

Das gewünschte untergeordnete beschreibende Feld ist nun zugeordnet, im vorliegenden Beispiel die Quelle der Definition.

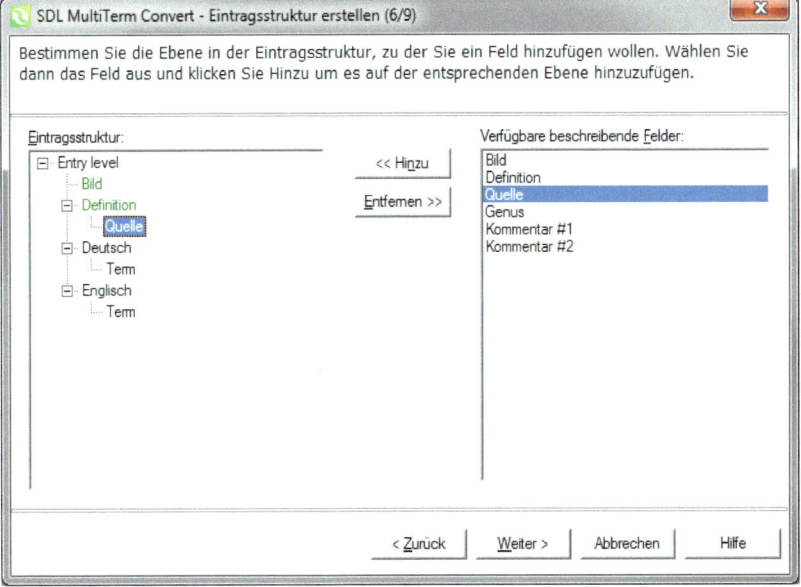

Verfahren Sie analog mit allen beschreibenden Feldern, die Sie der Eintragsebene zuordnen möchten.

Ordnen Sie danach die verfügbaren beschreibenden Felder auf Termebene zu. Sobald ein beschreibendes Feld (wie hier: Kommentar) mehrfach in einer Excel-Datei vorhanden sind, weil die Einträge zu den entsprechenden Sprachen gehören, sind diese mit einer Raute und zusätzlich einer Zahl versehen.

Im vorliegenden Beispiel wird zunächst der Genus zugeordnet, und zwar auf Termebene der Sprache Deutsch.

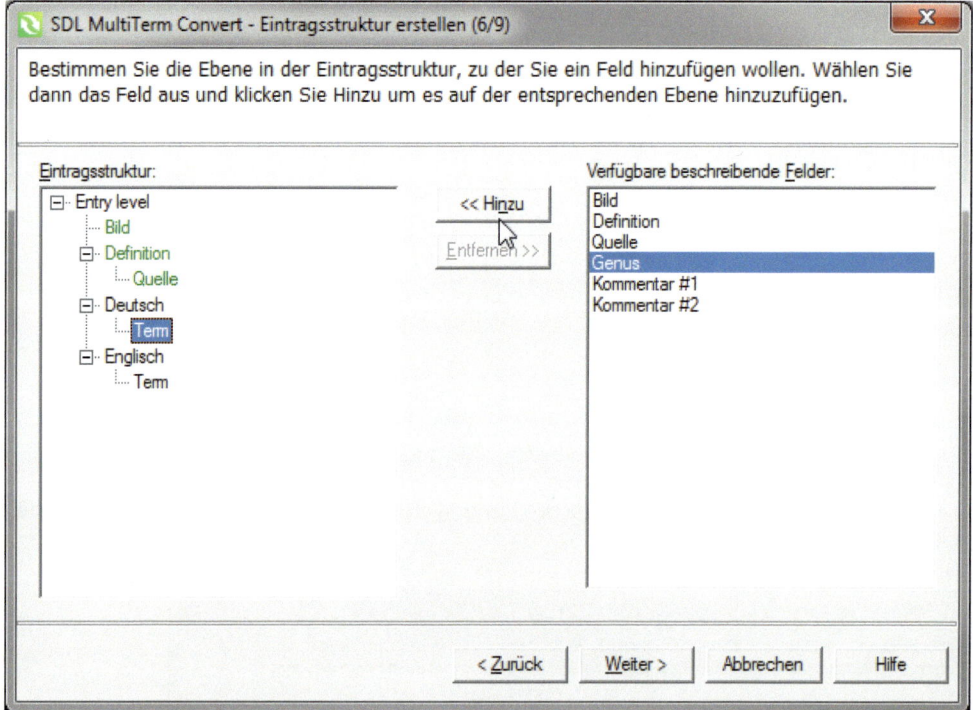

Danach wird auf Termebene der Sprache Deutsch → Kommentar #1 zugeordnet, da die Kommentarspalte zur deutschen Sprache die erste Kommentarspalte in der zu konvertierenden Microsoft Excel-Beispieltabelle ist.

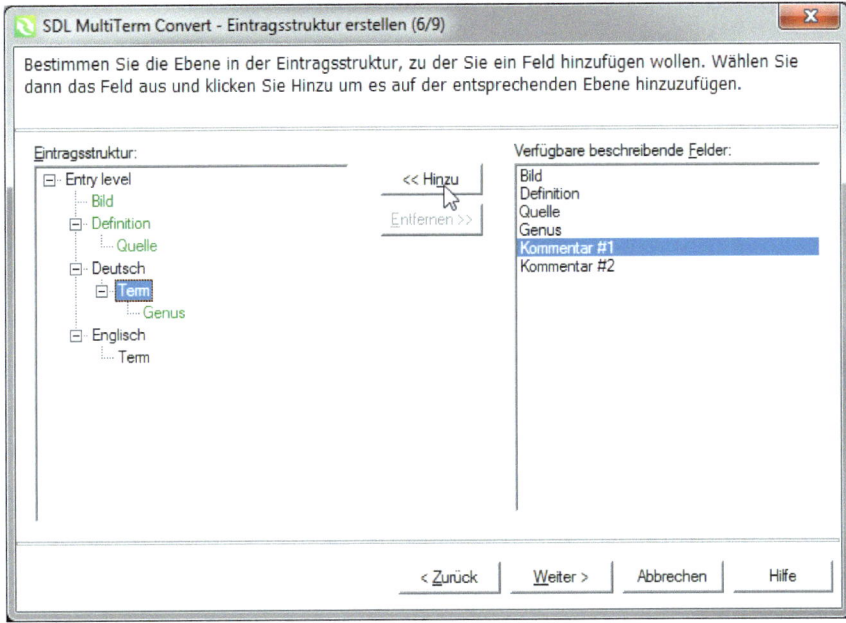

Verfahren Sie danach analog mit weiteren beschreibenden Feldern, die in mehreren Sprachen vorhanden sind (hier: Kommentar #2, der auf Termebene der Sprache Englisch zugeordnet wird).

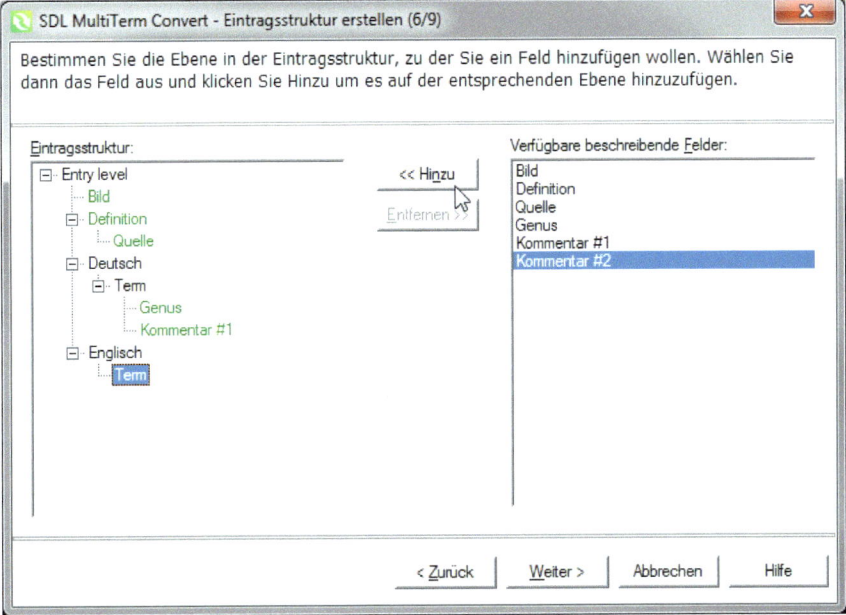

Klicken Sie nach Zuordnung aller beschreibenden Felder auf **Weiter**.

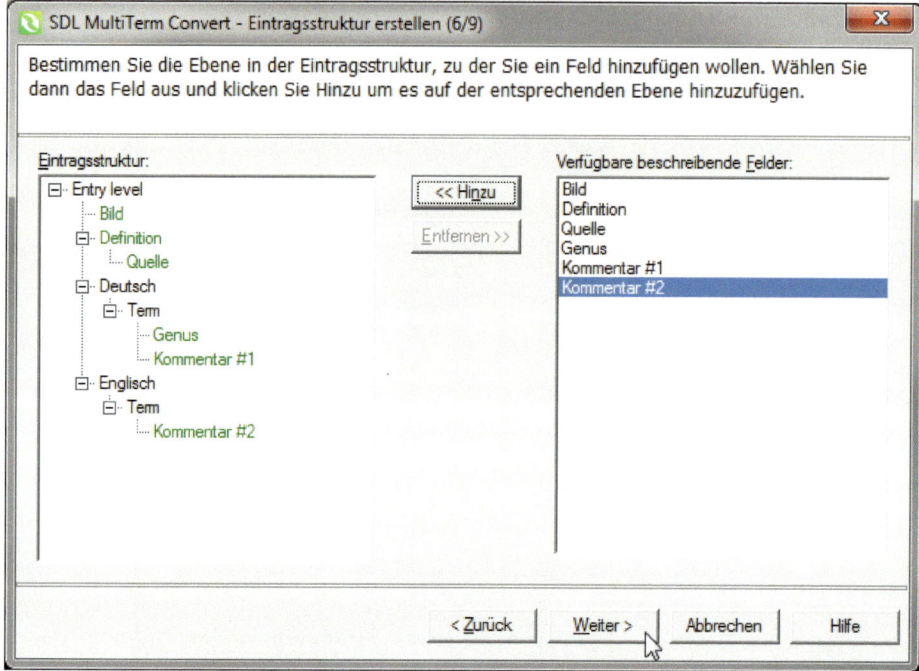

Das Dialogfeld **SDL MultiTerm Convert - Zusammenfassung der Konvertierungseinstellungen** öffnet sich. Klicken Sie auf **Weiter**, um fortzufahren.

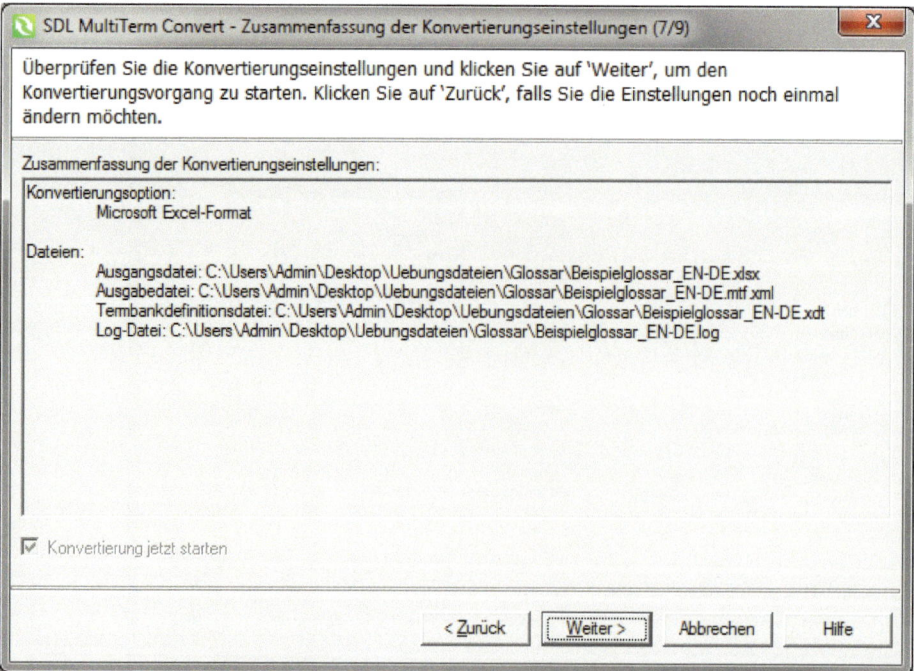

SDL MultiTerm 2019 Convert führt die Konvertierung durch

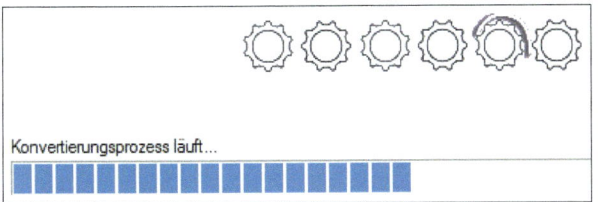

und zeigt nach Abschluss der Konvertierung an, ob die Konvertierung erfolgreich durchgeführt wurde und wie viele Einträge konvertiert wurden. Klicken Sie auf **Weiter**.

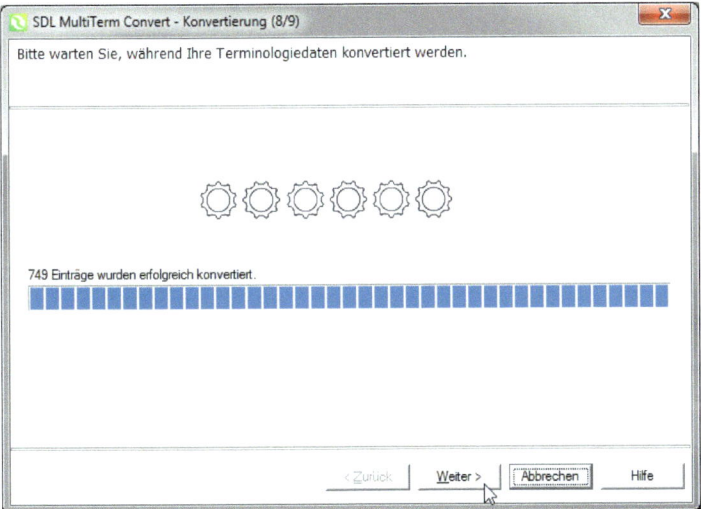

Die Konvertierung ist an dieser Stelle abgeschlossen. Klicken Sie auf **Fertig stellen**, um die Konvertierung zu beenden.

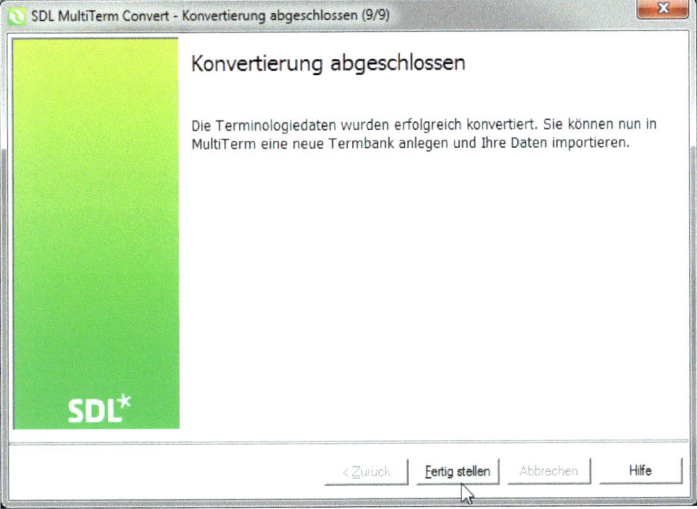

Anlegen von Termbanken anhand der in einer Konvertierung erstellten Termbankdefinitionsdatei

Sie haben nun die Möglichkeit, mit der bei einer Konvertierung in SDL MultiTerm 2019 Convert erstellten Termbankdefinitionsdatei im Format *.xdt eine neue Termbank anzulegen. Alternativ haben Sie die Möglichkeit, diesen Schritt zu überspringen und die in SDL MultiTerm Convert konvertierten Terminologiebestände im Format *.xml in eine bestehende Termbank zu importieren, wenn diese über die konvertierten Sprachen und beschreibenden Felder mit der entsprechenden Zuordnung der Datentypen verfügt.

Im vorliegenden Beispiel wird zunächst anhand der in einer Konvertierung erstellten Termbankdefinitionsdatei *.xdt eine neue Termbank erstellt, in welche dann im nächsten Schritt der konvertierte Inhalt der Ausgangsdatei, der nun im Format *.xml (mtf) vorliegt, importiert wird.

Öffnen Sie zunächst SDL MultiTerm 2019 unter **SDL MultiTerm 2019 → SDL MultiTerm 2019 Desktop**, um eine neue Termbank anhand einer Termbankdefinitionsdatei anzulegen.

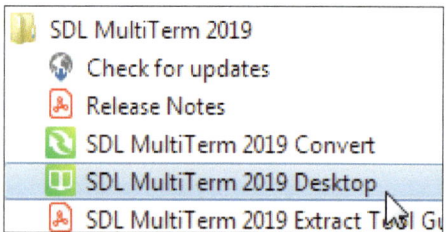

SDL MultiTerm 2019 öffnet sich. Klicken Sie auf der Registerkarte **Start** in der Gruppe **Termbank** auf **Terminologiedatenbank anlegen**.

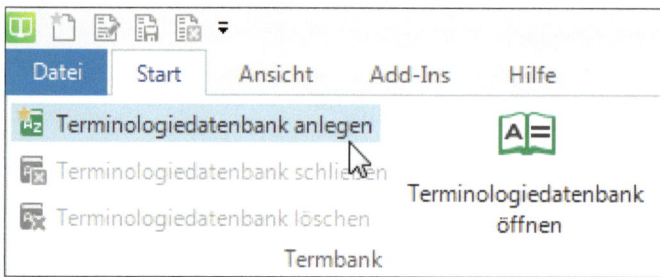

Das Dialogfeld **Neue Terminologiedatenbank speichern** öffnet sich. Legen Sie einen Speicherort fest, vergeben Sie einen Speichernamen für die neue Termbank und klicken Sie auf **Speichern**.

❗ Bitte notieren Sie den Dateinamen, da dieser später noch einmal im Dialogfeld **Termbankname** benötigt wird.

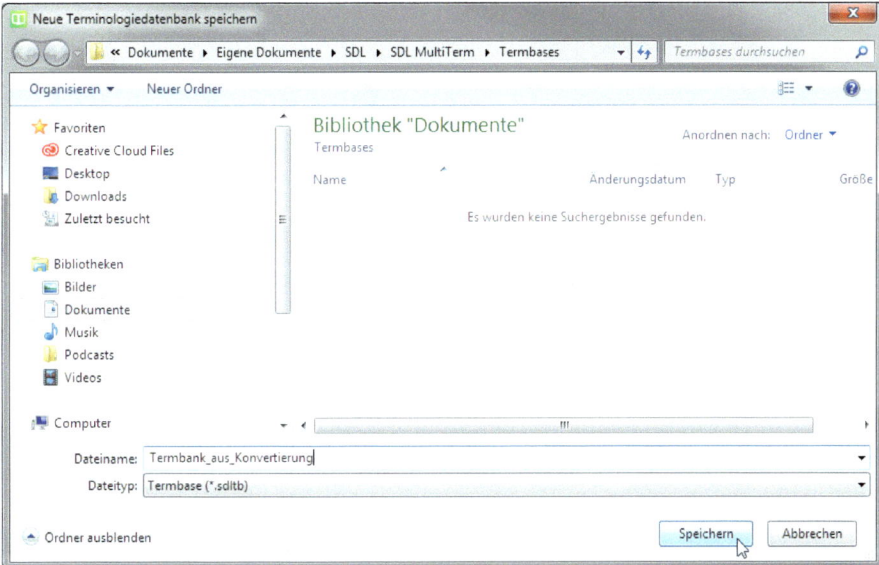

Der Termbank-Assistent öffnet sich. Klicken Sie auf **Weiter**, um fortzufahren.

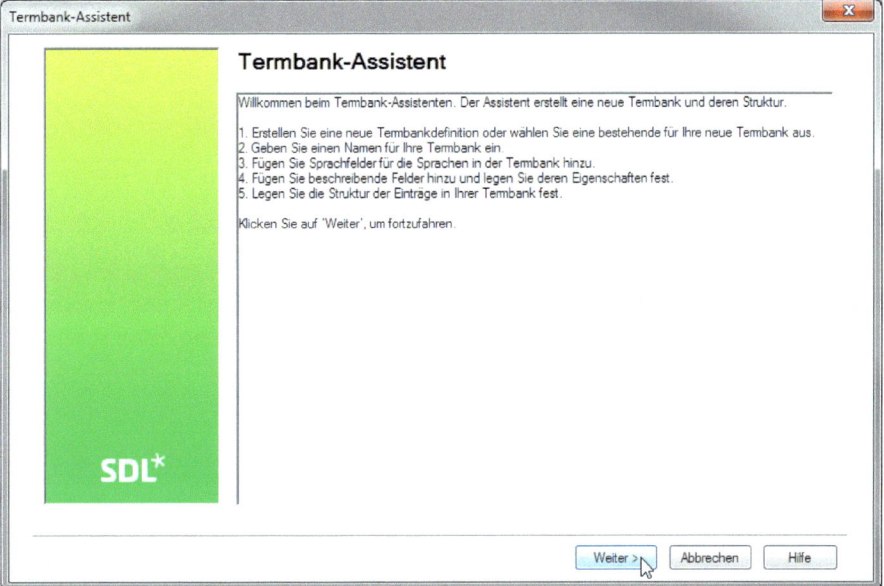

Das Dialogfeld **Termbankdefinition** öffnet sich. Klicken Sie auf **Vorhandene Termbankdefinitionsdatei laden** und dann auf **Durchsuchen...**, um auf die Termbankdefinitionsdatei *.xdt aus der vorhergehenden Konvertierung zuzugreifen.

Das Dialogfeld **Öffnen** öffnet sich. Wählen Sie den Speicherort aus, an dem die Datei abgelegt ist. Obwohl als Standard alle bei einer Konvertierung in SDL MultiTerm 2019 Convert angelegten Dateien an diesem Speicherort abgelegt sind, zeigt SDL MultiTerm 2019 in diesem Schritt ausschließlich *.xdt-Dateien an, um dem Benutzer die Auswahl zu erleichtern. Wählen Sie eine zuvor bei einer Konvertierung in SDL MultiTerm 2019 Convert erstellte Termbankdefinitionsdatei aus, sodass diese farbig unterlegt ist, und klicken Sie danach auf **Öffnen** oder doppelklicken Sie auf die zu öffnende Datei.

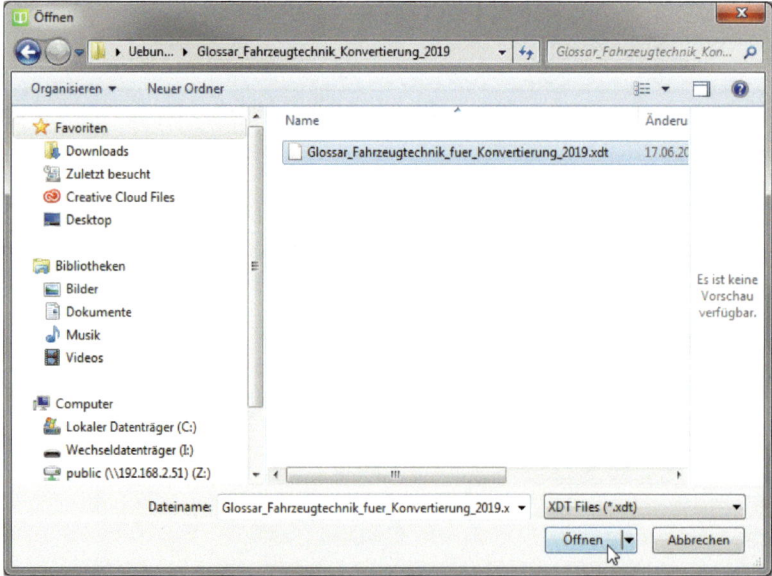

SDL MultiTerm 2019 fügt den Speicherort der vorhandenen Termbankdefinitionsdatei im Dialogfeld **Termbankdefinition** unter **Vorhandene Termbankdefinitionsdatei laden** ein. Klicken Sie auf **Weite**r, um fortzufahren.

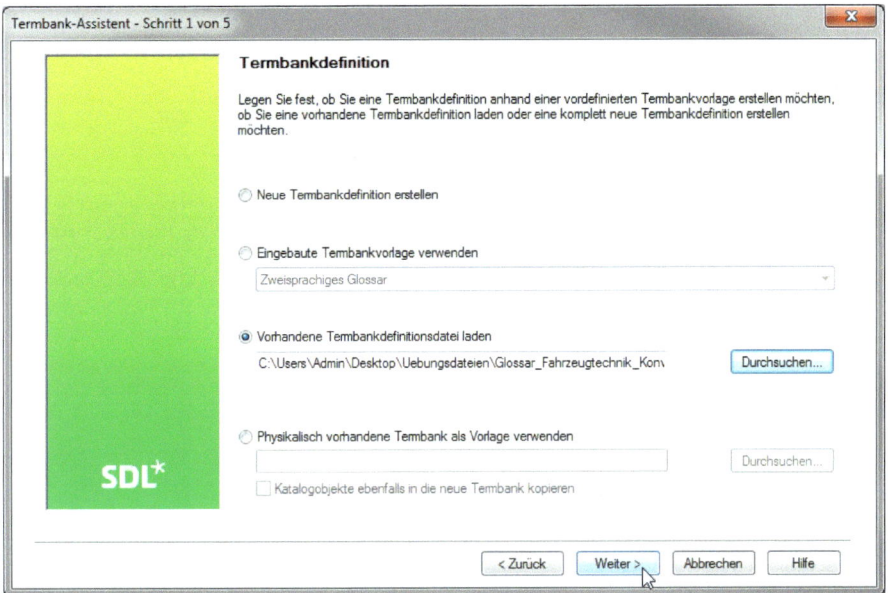

Geben Sie im sich öffnenden Dialogfeld **Termbankname** eine Bezeichnung für die Termbank ein. Bitte achten Sie dabei darauf, dass diese Bezeichnung dem Speichernamen entspricht, den Sie im Schritt **Neue Terminologiedatenbank speichern** vergeben haben, damit der Name einheitlich bei der Suche erscheint. Geben Sie ggf. eine Beschreibung und einen Copyright-Vermerk ein und klicken Sie auf **Weiter**.

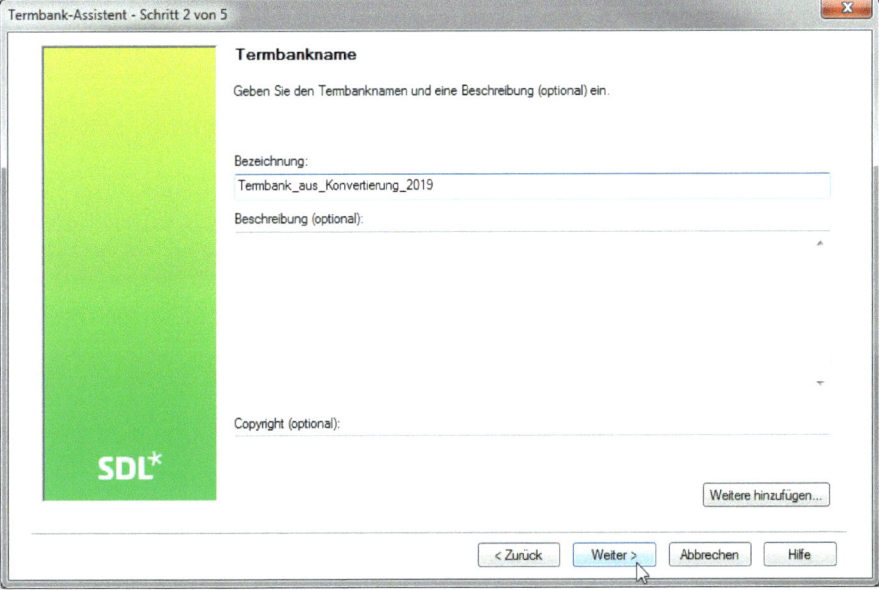

Das Dialogfeld **Sprachfelder** öffnet sich. SDL MultiTerm 2019 setzt die in der Termbankdefinitionsdatei hinterlegten Sprachen ein. Fügen Sie ggf. zusätzliche Sprachen hinzu und passen Sie bei Bedarf die Namen von Sprachfeldern im Feld **Name des Sprachfelds:** an, indem Sie zunächst auf den Namen eines verfügbaren Sprachfelds unter **Verfügbare Sprachfelder:** klicken, sodass dieses farbig unterlegt ist, und den Namen dann unter **Name des Sprachfelds:** ändern. Klicken Sie nach Abschluss der Eingaben auf **Weiter**.

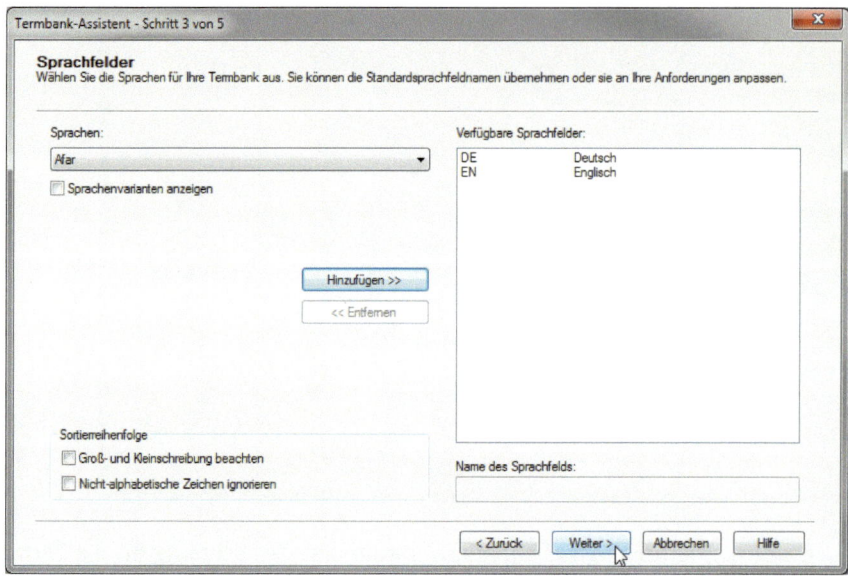

Das Dialogfeld **Beschreibende Felder** öffnet sich. In diesem Dialogfeld sind die bei der Konvertierung ermittelten beschreibenden Felder aufgeführt und Sie haben die Möglichkeit, bei Bedarf beschreibende Felder hinzuzufügen.

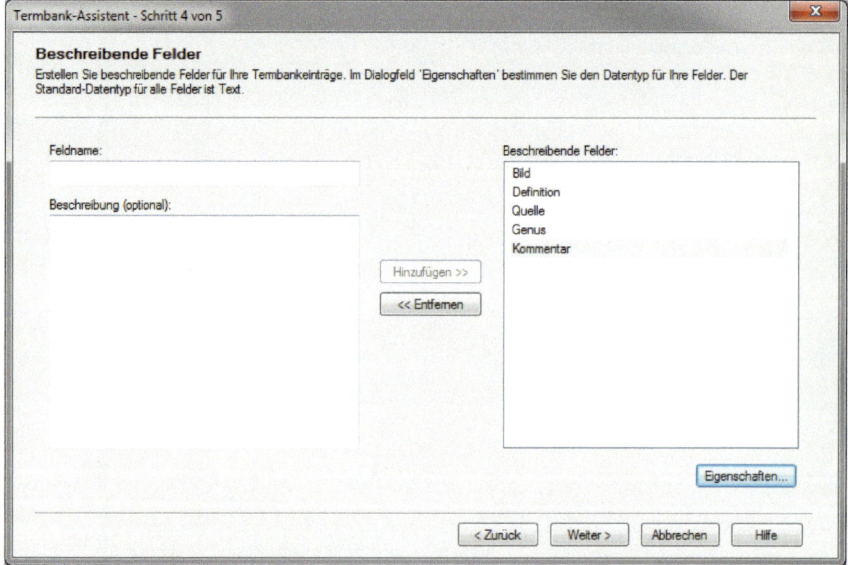

Im vorliegenden Beispiel erhielt das beschreibende Feld Bild bei der Konvertierung die Eigenschaft **Multimedia**; Definition, Quelle und Kommentar die Standardeigenschaft **Text** und Genus die Eigenschaft **Pickliste**. Bitte prüfen Sie die korrekte Übernahme der Eigenschaften der von Ihnen konvertierten beschreibenden Felder, indem Sie zunächst unter **Beschreibende Felder:** ein beschreibendes Feld anklicken, sodass dieses farbig unterlegt ist, und dann auf **Eigenschaften...** klicken.

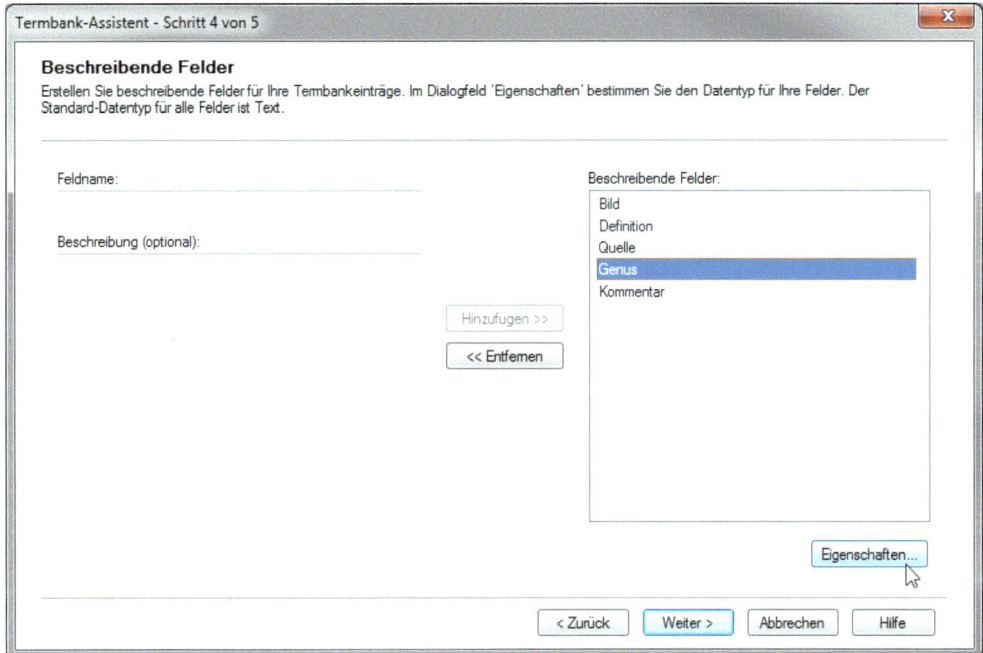

Das Dialogfeld **Eigenschaften** öffnet sich und der vorab ausgewählte Datentyp ist jeweils bereits voreingetragen. Klicken Sie nach Abschluss der Prüfung auf **OK**.

Beispiel Datentyp im Dialogfeld Beschreibende Felder

Verfahren Sie analog mit der Prüfung aller weiteren beschreibenden Felder (falls vorhanden) und klicken Sie nach Abschluss aller Eingaben im Dialogfeld **Beschreibende Felder** auf **Weiter**.

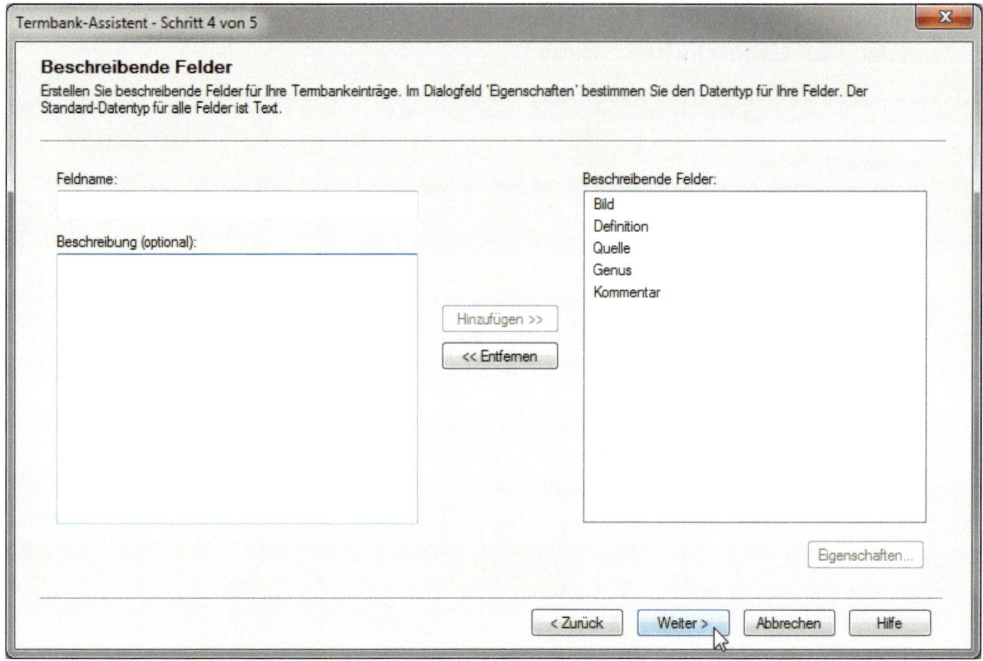

Das Dialogfeld **Eintragsstruktur** öffnet sich. Die Zuordnung der beschreibenden Felder zu den entsprechenden Ebenen ist bereits bei der Konvertierung erfolgt, sodass hier keine weiteren Eingaben erforderlich sind, wenn bei der Termbankanlage im vorherigen Schritt keine weiteren beschreibenden Felder hinzugefügt wurden.

Als Standard ist die Feldeinstellung für alle beschreibenden Felder **Mehrfach**, sodass diese nicht nur einmal, sondern mehrfach eingetragen werden können. Darüber hinaus besteht auch die Möglichkeit, einzelne beschreibende Felder unter **Eintragsstruktur:** als obligatorisch zu kennzeichnen, sodass diese bei der Erstellung eines Eintrags ausgefüllt werden müssen, bevor dieser gespeichert werden kann. Dazu wird das entsprechende Feld unter **Eintragsstruktur:** ausgewählt, sodass es blau unterlegt ist, und in den Feldeinstellungen **Obligatorisch** ausgewählt.

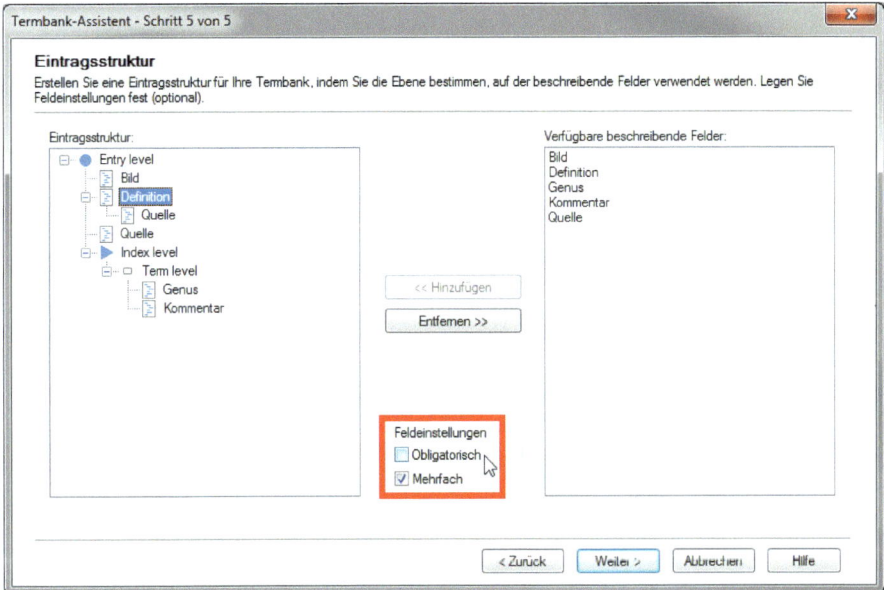

Klicken Sie nach Abschluss der Eingaben auf **Weiter**.

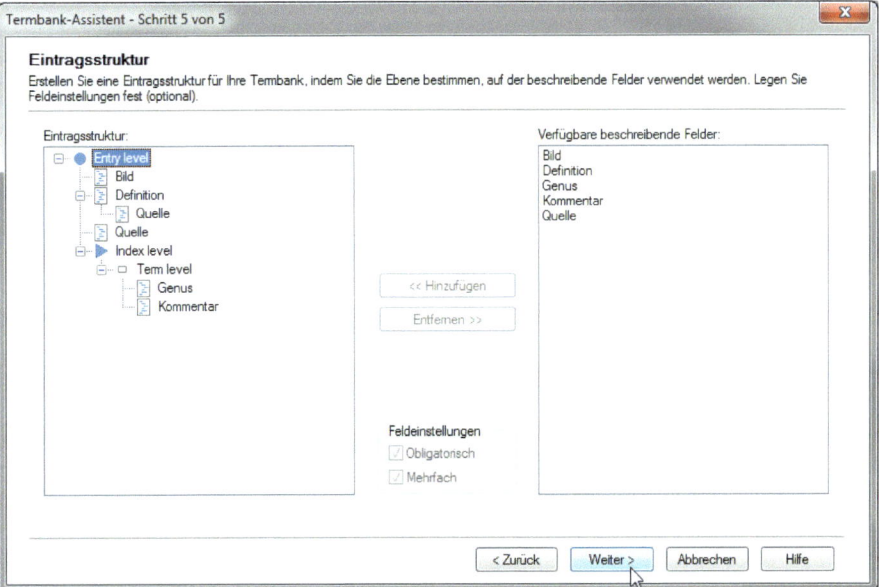

Der Termbank-Assistent ist an dieser Stelle beendet, die neue Termbank kurz vor der Fertigstellung. Klicken Sie auf **Fertig stellen**, um den Assistenten zu schließen oder auf **Zurück**, um ggf. erforderliche Änderungen an der Termbankdefinition vorzunehmen.

Die angelegte Termbank öffnet sich in SDL MultiTerm 2019. Der Name der Termbank erscheint am oberen Bildschirmrand in der Mitte.

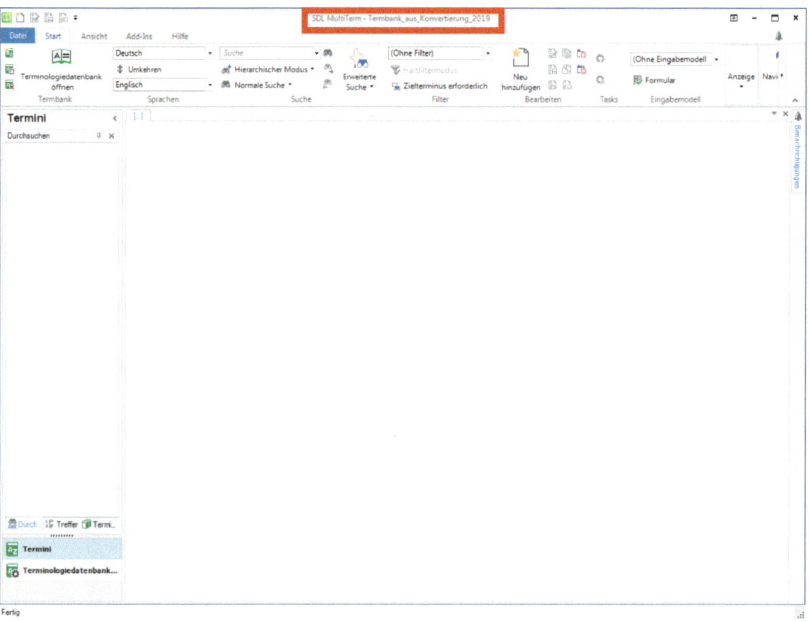

Die Termbank ist zunächst leer, da beim Anlegen der Termbank die Einträge noch nicht importiert wurden. Dies erfolgt im nächsten Schritt **Importieren von konvertierten Glossaren**.

Importieren von konvertierten Glossaren

Klicken Sie auf der Registerkarte **Start** in der Gruppe **Termbank** auf **Terminologiedatenbank öffnen**, um zunächst eine Termbank in SDL MultiTerm 2019 zu öffnen (falls nicht bereits erfolgt).

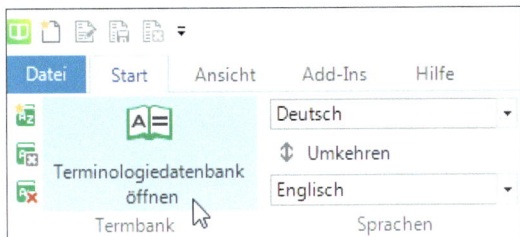

Das Dialogfeld **Termbanken auswählen** öffnet sich. Ist die gewünschte Termbank im Dialogfeld **Termbanken auswählen** in der aufgeführten Liste enthalten, setzen Sie ein Häkchen in das Kästchen vor die Termbank und bestätigen mit **OK**.

Ist die Termbank nicht aufgeführt, klicken Sie auf **Durchsuchen...**, ...

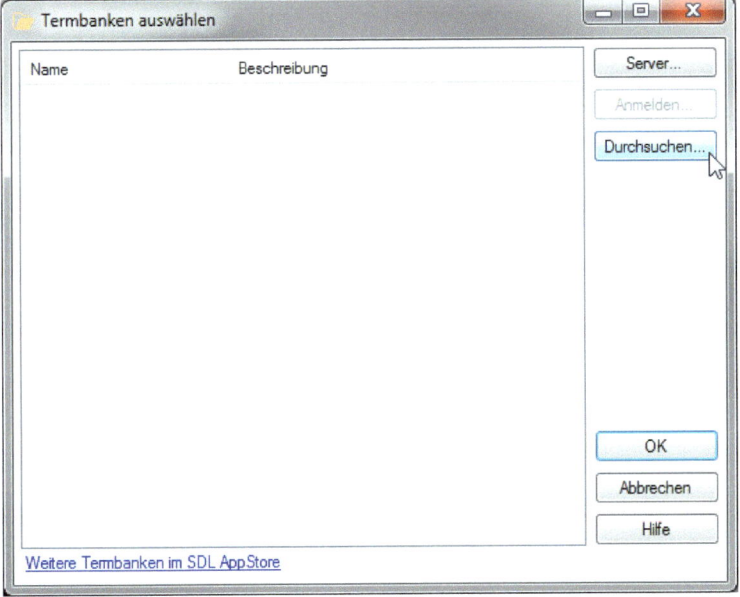

... wählen Sie im sich öffnenden Dialogfeld **Terminologiedatenbank öffnen** die Termbank an dem Speicherort aus, an dem die Termbank abgelegt wurde, und klicken Sie auf **Öffnen**.

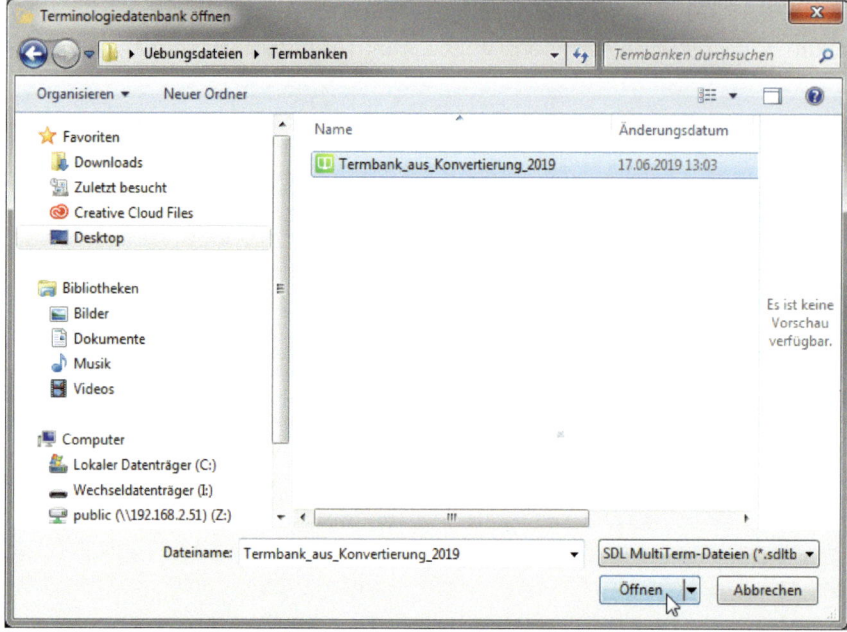

Die Termbank ist nun im Dialogfeld **Termbanken auswählen** eingetragen und mit einem Häkchen versehen. Klicken Sie auf **OK**, um die Eingabe abzuschließen.

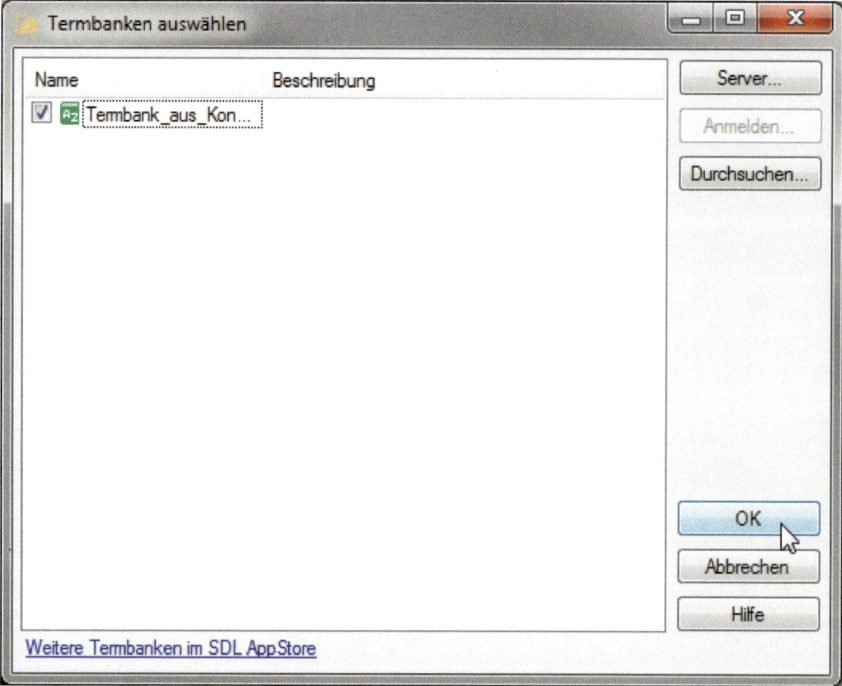

Die Termbank ist nun in SDL MultiTerm 2019 geöffnet. Klicken Sie nach dem Öffnen der Termbank auf der Registerkarte **Datei → Import & Export** auf **In Terminologiedatenbank importieren**, um einen Import durchzuführen.

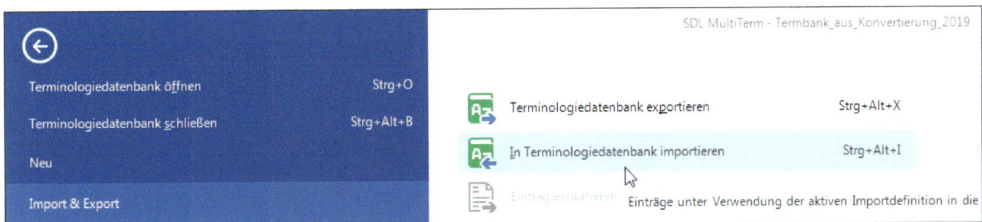

Der Import-Assistent öffnet sich mit dem Dialogfeld **Allgemeine Einstellungen**. Klicken Sie neben **Importdatei:** auf **Durchsuchen...**, um die Datei mit den Inhalten des zu importierenden Glossars (*.xml), die sogenannte Importdatei, auszuwählen.

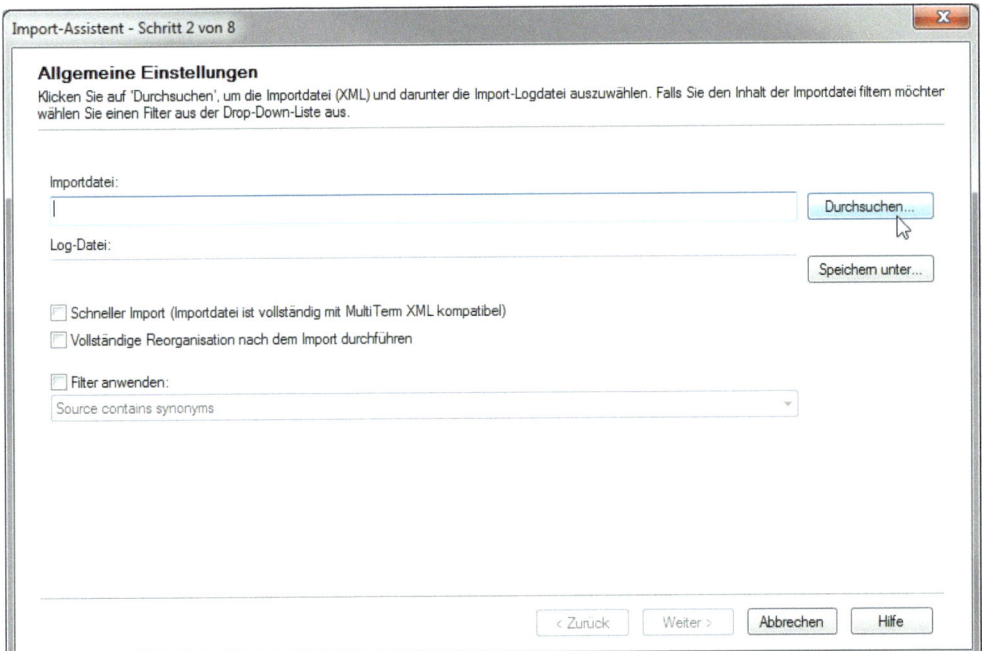

Das Dialogfeld **Öffnen** öffnet sich. Wechseln Sie zum Speicherort der konvertierten Microsoft Excel-Datei und klicken Sie danach auf die zu importierende Datei mit den Inhalten der Microsoft Excel-Datei im SDL MultiTerm *.xml-Format, sodass diese farbig unterlegt ist, und danach auf **Öffnen**. Alternativ können Sie die Datei ebenfalls mit einem Doppelklick auswählen und öffnen. Hinter dem Dateinamen sehen Sie die Endung .mtf. Dies weist darauf hin, dass die *.xml-Datei mit den Inhalten aus der konvertierten Microsoft Excel-Tabelle (oder aus einem anderen Format) eine *.xml-Datei im MultiTerm-Format ist.

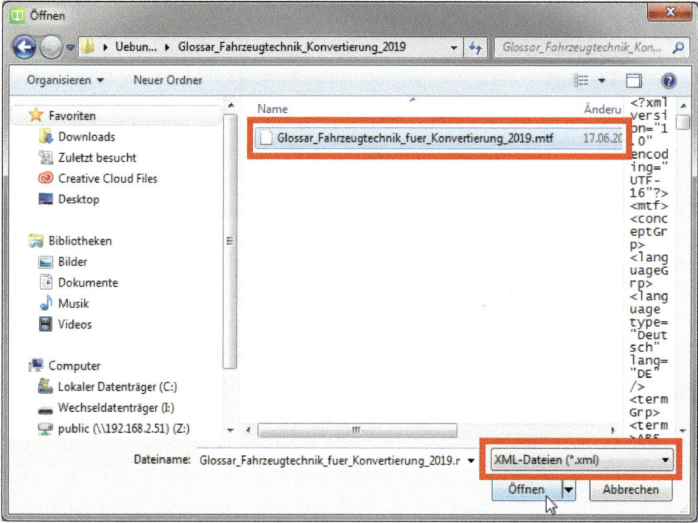

SDL MultiTerm 2019 verfügt im Anschluss im Dialogfeld **Allgemeine Einstellungen** über den Speicherort für den Import der Daten und legt gleichzeitig eine Log-Datei an, in welcher der Importverlauf gespeichert wird. Darüber hinaus besteht die Möglichkeit eines schnellen Imports. Nach dem Import kann eine vollständige Reorganisation der Termbank durchgeführt werden, in der die Daten optimal einander zugeordnet werden. Diese Option empfiehlt sich insbesondere für sehr große Termbanken. Und Sie haben die Möglichkeit, einen Filter anzuwenden, Klicken Sie nach Abschluss der Eingaben auf **Weiter**.

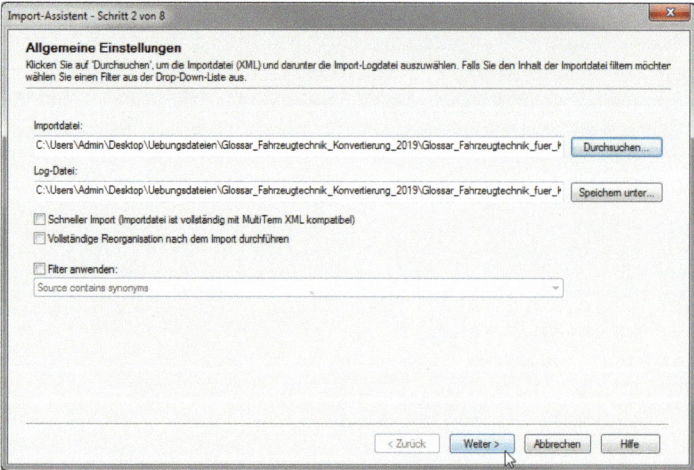

Das Dialogfeld **Validierungseinstellungen** öffnet sich. Legen Sie im Dialogfeld **Validierungseinstellungen** einen Namen für die Ausschlussdatei fest, in der ungültige Einträge abgelegt werden, und speichern Sie diese. Darüber hinaus haben Sie die Möglichkeit,

- **unvollständige Einträge aufzunehmen**. Einträge, die keine Einträge in Feldern haben, die bei der Termbankanlage als obligatorisch gekennzeichnet wurden, werden nicht verworfen, sondern in die Termbank importiert
- **überdefinierte Einträge zu erlauben**, d.h. Einträge, die mehr Felder als die Termbankeinträge aufweisen, in den Import aufzunehmen. Diese Felder werden verworfen und nicht importiert, der Eintrag selber wird importiert
- **Sprachenvarianten zu ignorieren**, wenn SDL MultiTerm 2019 beim Importieren von Einträgen Einträge mit Sprachenvarianten ignorieren soll, die nicht in der Termbankdefinition (Termbankstruktur) enthalten sind

Klicken Sie nach Abschluss der Eingaben auf **Weiter**.

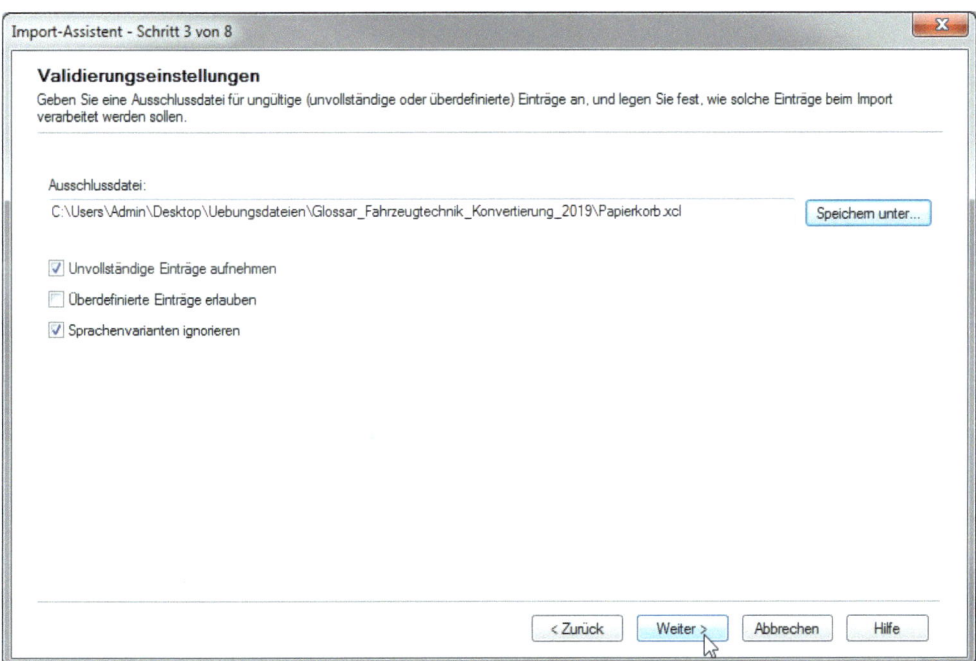

SDL MultiTerm 2019 fasst im nächsten Schritt die Importdefinition zusammen. Klicken Sie auf **Weiter**, um fortzufahren.

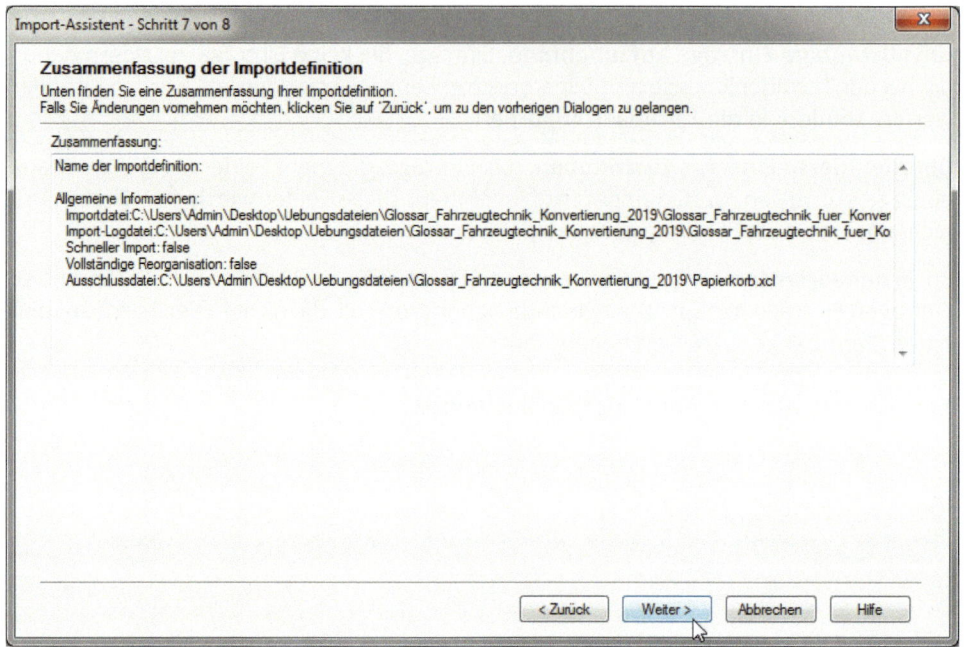

Der Import wird ausgeführt und SDL MultiTerm 2019 zeigt an, ob die Einträge importiert wurden. Wurden Einträge verworfen, so können diese in der zuvor angelegten Ausschlussdatei geprüft werden. Klicken Sie auf **Weiter**.

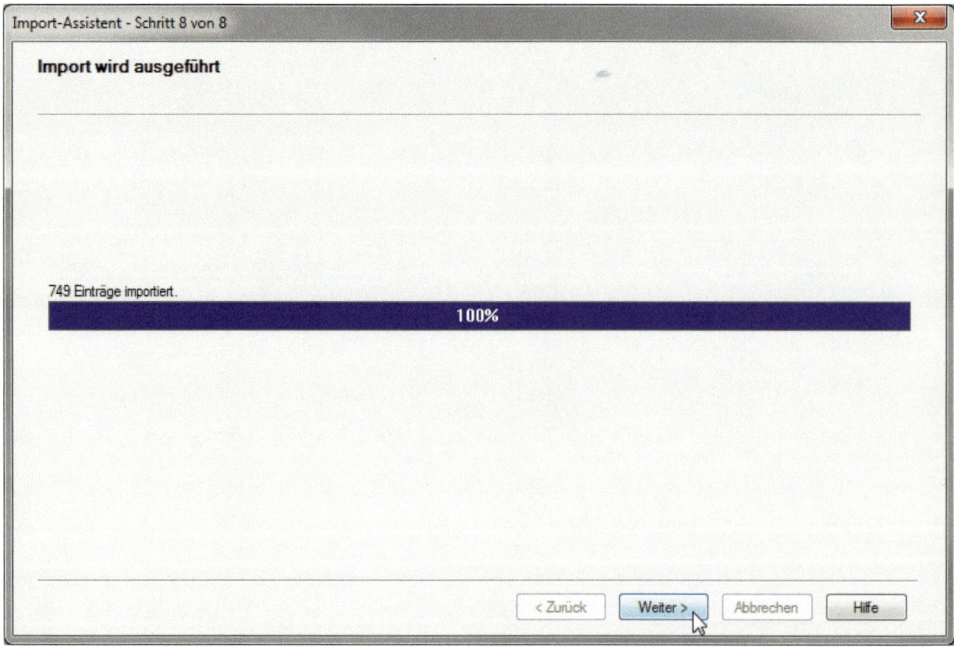

Der Import-Assistent ist an dieser Stelle beendet. Klicken Sie auf **Fertig stellen**, um den Import-Assistenten zu schließen und den Import damit abzuschließen.

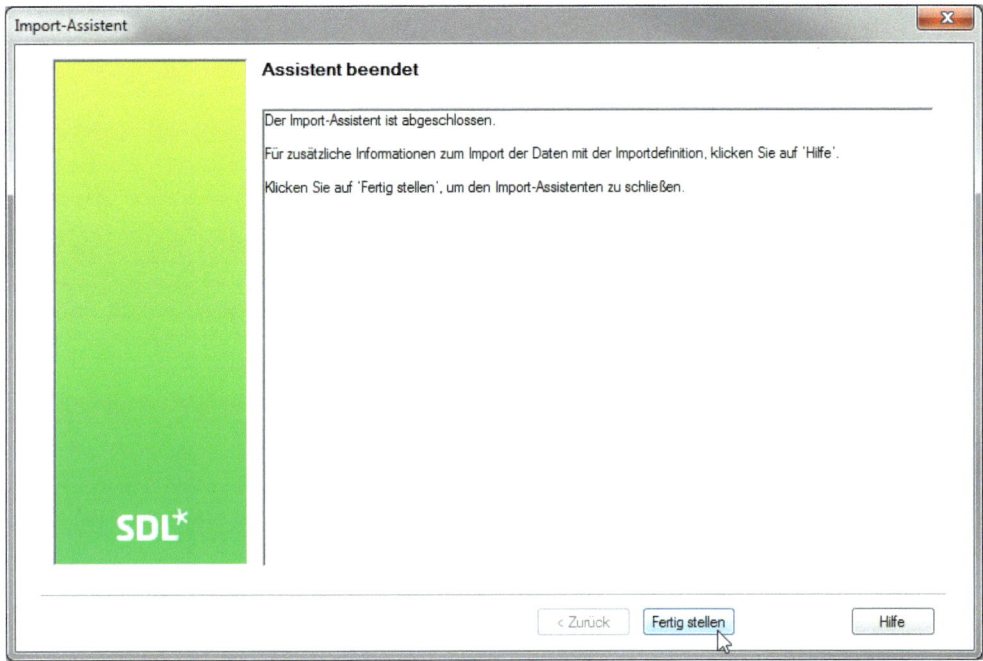

SDL MultiTerm 2019 öffnet sich in der Ansicht **Termini**, in der auf der Registerkarte **Durchsuchen** die Benennungen in einer Liste erscheinen.

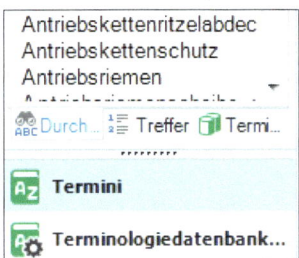

Die bereits vorhandenen Einträge in beschreibenden Feldern werden bereits angezeigt.

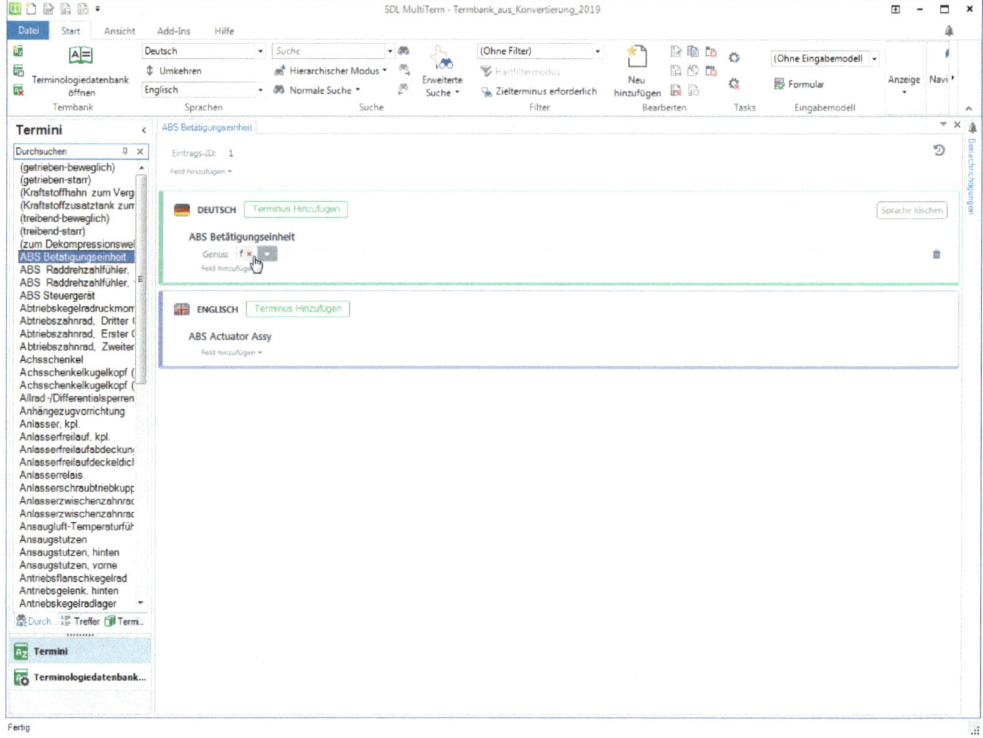

Sowohl auf Eintragsebene …

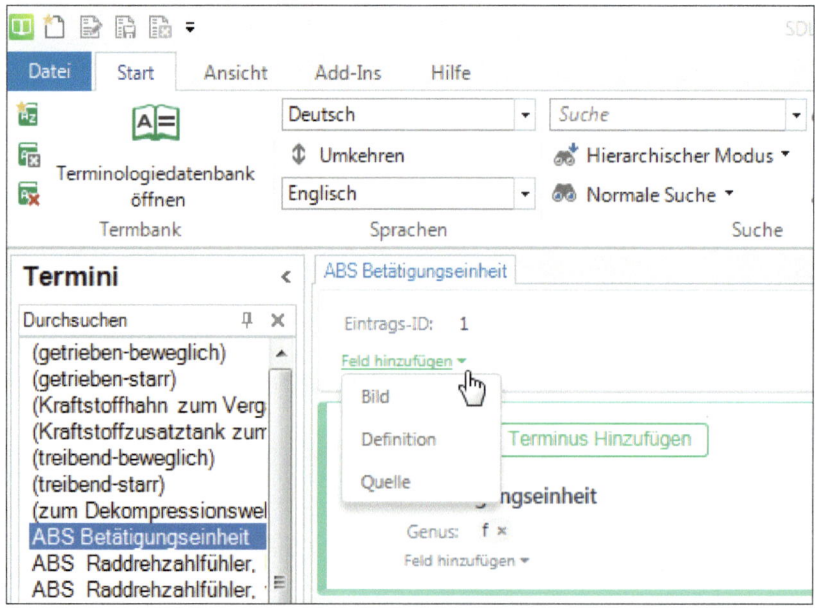

… als auch auf Termebene können die angelegten beschreibenden Felder unter **Feld hinzufügen** durch Klicken auf den kleinen Pfeil nach unten ausgewählt und aktualisiert werden.

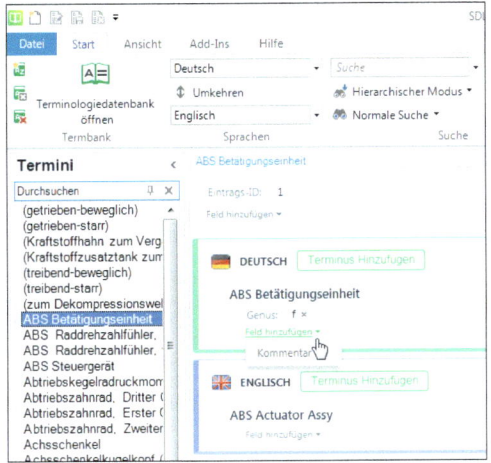

❓ Werden bei einem zweiten Import der gleichen Termbank, die erweitert wurde, Duplikate erzeugt?

Ja, das wäre in der Standardeinstellung der Fall. Wählen Sie deshalb bei einem erneuten Import einer erweiterten Termbank in **SDL MultiTerm 2019** in der Ansicht **Terminologiedatenbank-Verwaltung → Import → Synchronize on Entry Number** aus, damit nur die Einträge importiert werden, die neu hinzugekommen sind.

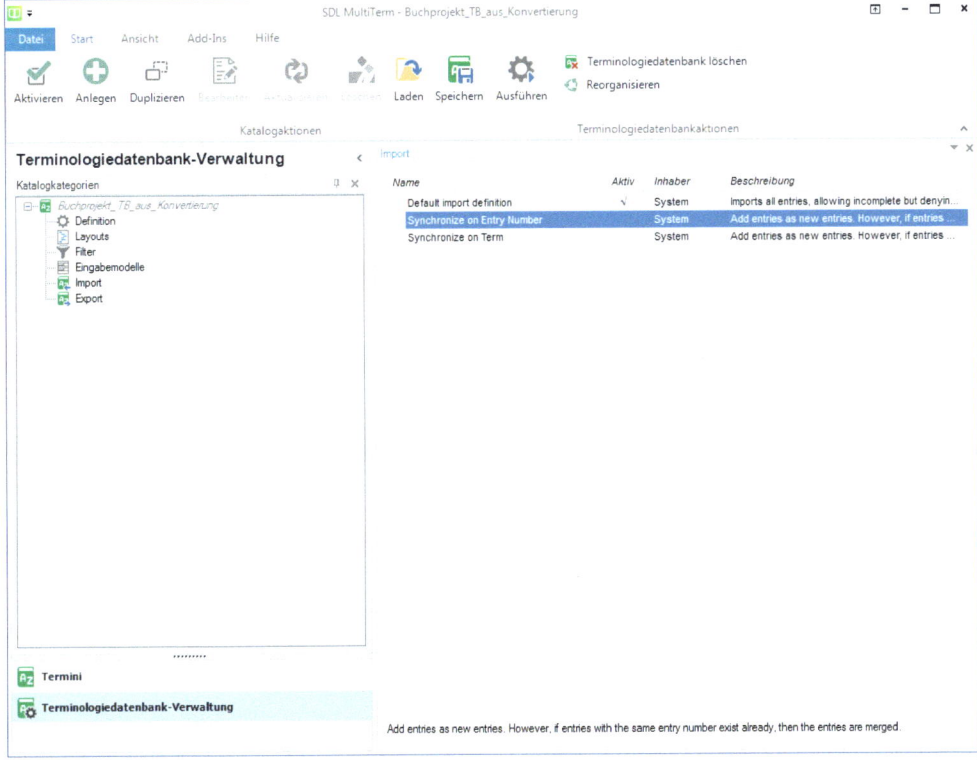

Exportieren von Termbankdaten in das MultiTerm *.xml-Format

Neben dem Import von Terminologiebeständen ist es in SDL MultiTerm 2019 auch möglich, Terminologiedaten aus SDL MultiTerm 2019 zu exportieren, um diese in andere Termbanken zu integrieren oder als Sicherung aufzubewahren.

Öffnen Sie zunächst die zu exportierende Termbank in SDL MultiTerm 2019. Klicken Sie dazu auf der Registerkarte **Start** in der Gruppe **Termbank** auf **Terminologiedatenbank öffnen**.

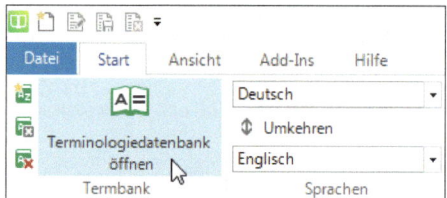

Wählen Sie im sich öffnenden Dialogfeld **Termbanken auswählen** die zu öffnende Termbank aus, wenn diese bereits aufgeführt ist, oder klicken Sie auf **Durchsuchen…**, wählen Sie die zu exportierende Datei aus dem entsprechenden Ordner aus, fügen Sie diese hinzu, setzen Sie ggf. ein Häkchen vor die Datei und klicken Sie dann auf **OK**, damit die Termbank geöffnet wird.

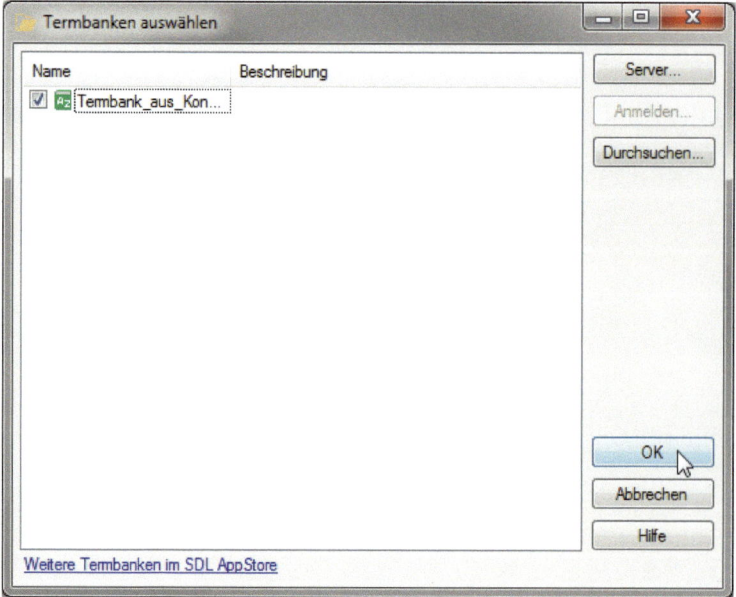

Klicken Sie danach auf der Registerkarte **Datei → Import & Export** auf **Terminologiedatenbank exportieren**.

Das Dialogfeld **Exporteinstellungen** öffnet sich. Wählen Sie den Ordner aus, in dem die Exportdatei abgelegt werden soll, indem Sie zunächst neben **Exportdatei:** auf **Speichern unter...** klicken.

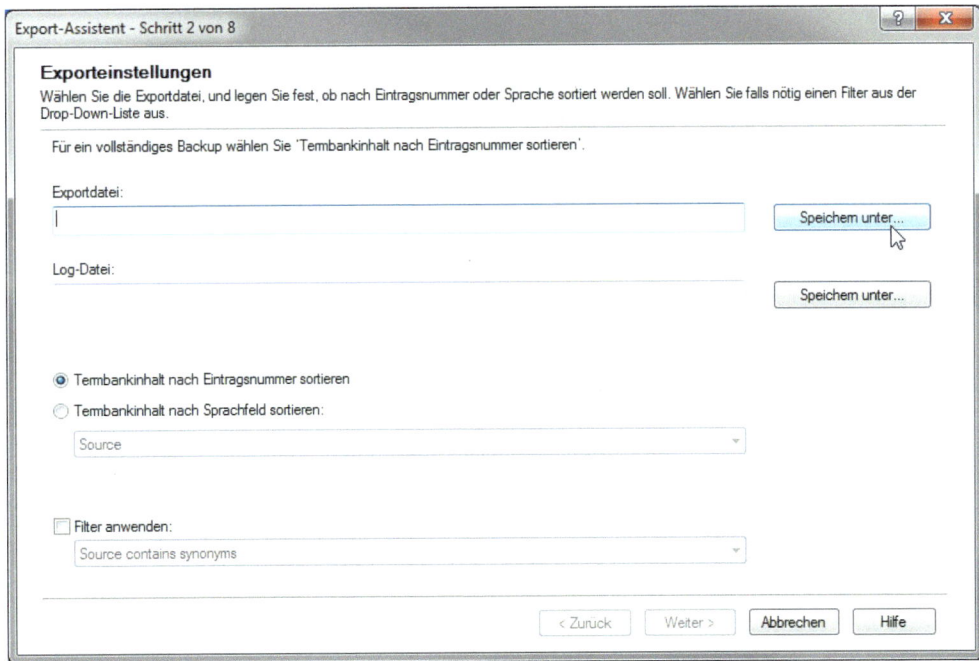

Das Dialogfeld **Speichern unter** öffnet sich. Wählen Sie den Speicherort aus, an dem die zu exportierende Datei abgelegt werden soll, und vergeben Sie einen Dateinamen für die zu exportierende Datei. Klicken Sie danach auf **Speichern**.

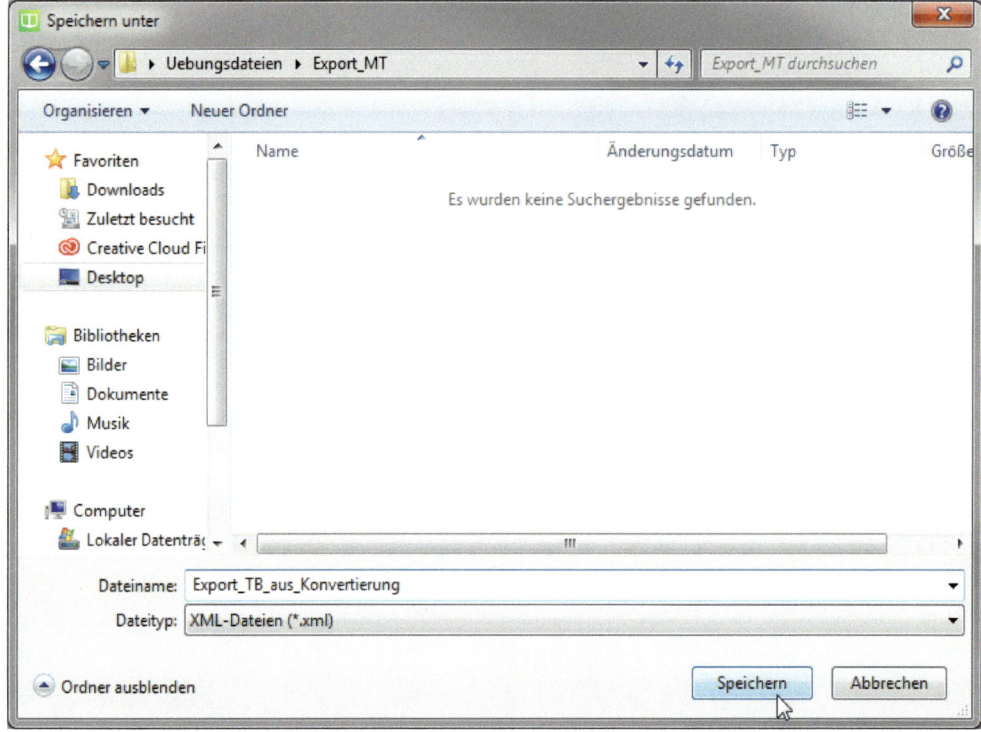

Die Exportdatei wird nun im Dialogfeld **Exporteinstellungen** aufgeführt. Wählen Sie aus, ob SDL MultiTerm 2019 den Export der Termbankinhalte nach Eintragsnummer oder nach Sprache sortieren soll. Bei aktivierter Option **Termbankinhalt nach Eintragsnummer sortieren** werden die Termbankeinträge in der Reihenfolge exportiert, in der sie in SDL MultiTerm 2019 eingetragen wurden. Wird die Option **Termbankinhalt nach Sprachfeld sortieren:** ausgewählt, haben Sie die Möglichkeit auszuwählen, welche Sprache beim Export zugrunde liegen soll, nach der die Einträge gemäß der Sortierreihenfolge exportiert werden, die beim Anlegen der Termbank ausgewählt wurde.

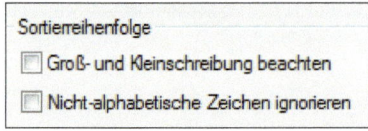

Auswahl der Sortierreihenfolge beim Anlegen einer Termbank

Geben Sie darüber hinaus gegebenenfalls einen Filter ein. Klicken Sie nach Abschluss der Eingaben auf **Weiter**.

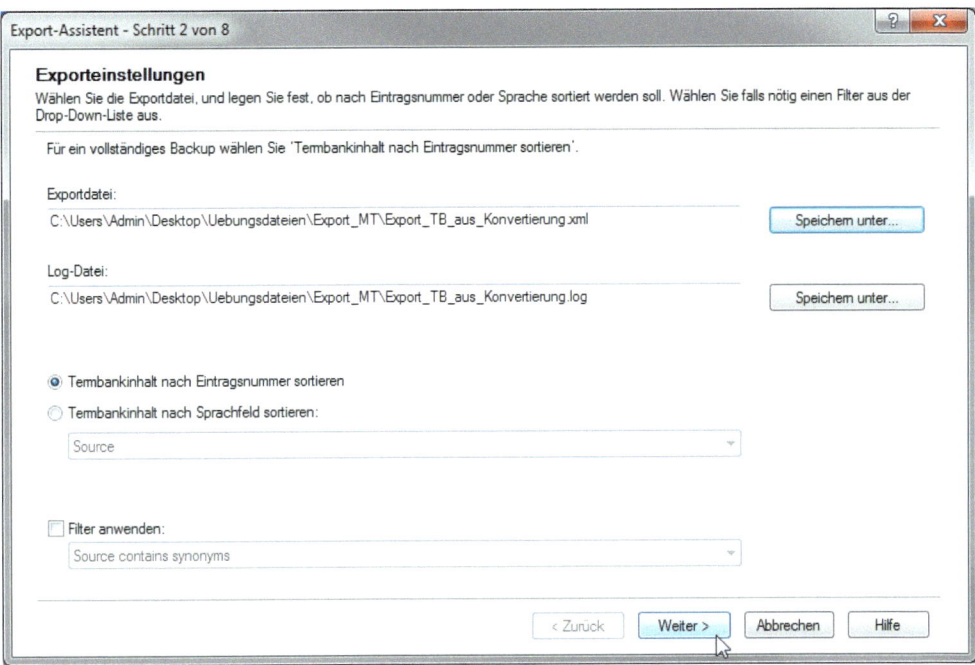

Das Dialogfeld **Export wird ausgeführt** öffnet sich und SDL MultiTerm 2019 führt den Export der Termbankdaten aus. Klicken Sie nach Abschluss des Exports auf **Weiter**.

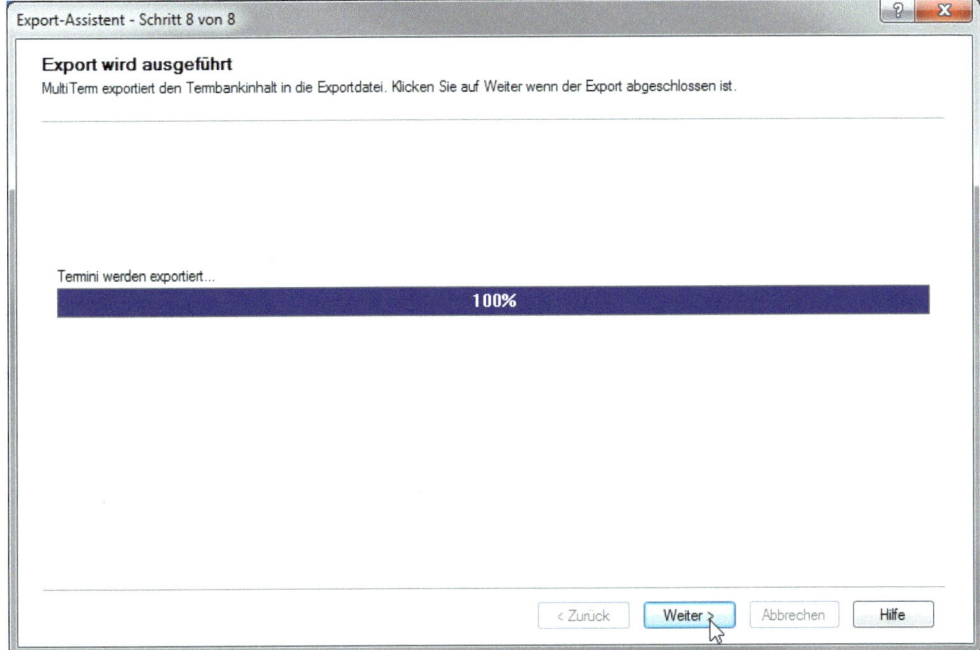

Das Dialogfeld **Assistent beendet** öffnet sich. Klicken Sie auf **Fertig stellen**, um den Export abzuschließen.

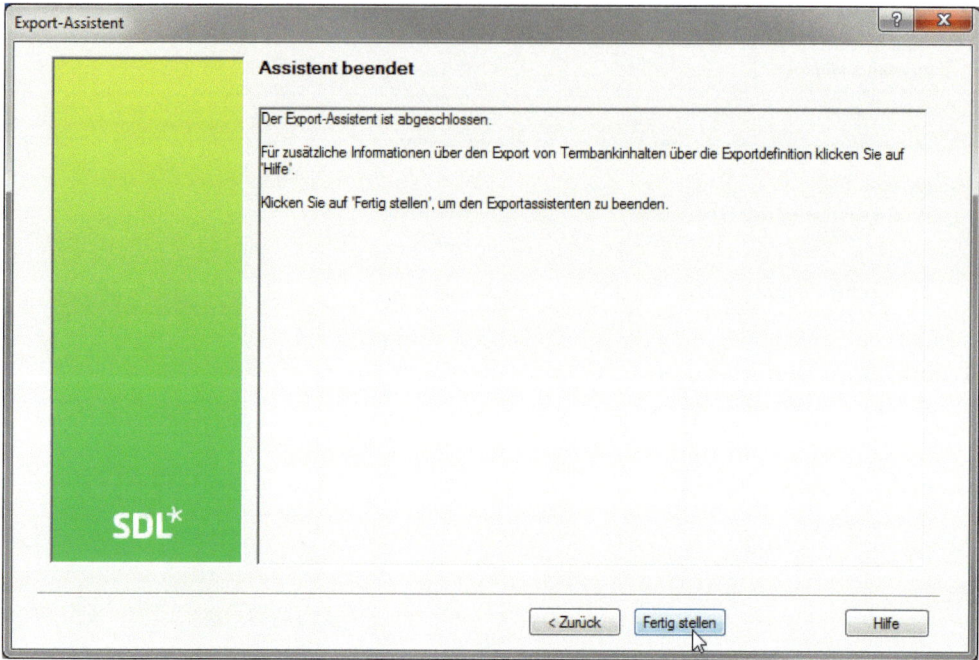

Die exportierten Termbankdaten sind nun im ausgewählten Ordner im *.xml-Format abgelegt und können als Backup oder für den Import in andere Termbanken verwendet werden.

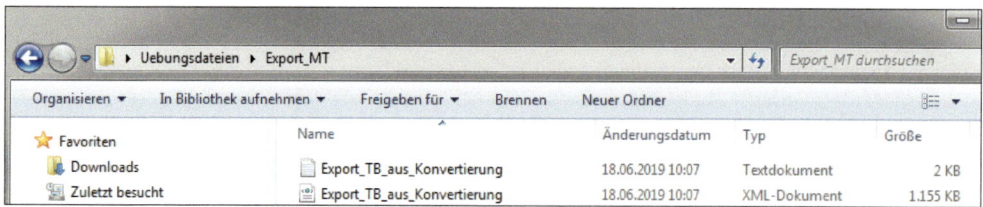

Darüber hinaus ist eine Log-Datei mit dem Bericht zum Export als Textdokument vorhanden.

Exportieren von Termbankdaten in Microsoft Word

Neben dem Import von Termbankdaten in das MultiTerm *.xml-Format haben Sie unter anderem die Möglichkeit, die Inhalte von Termbanken in eine Datei in Microsoft Word zu exportieren.

Öffnen Sie zunächst die zu exportierende Termbank in SDL MultiTerm 2019. Wechseln Sie danach in die Ansicht **Terminologiedatenbank-Verwaltung** und klicken Sie in der Navigationsleiste auf **Export**.

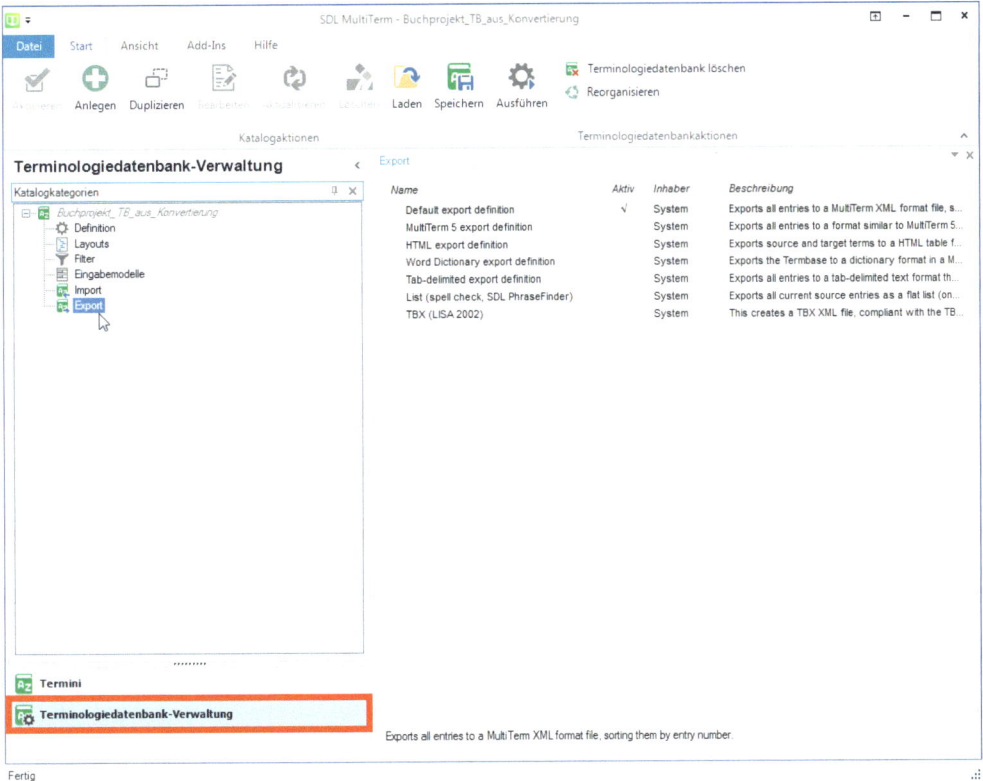

Klicken Sie mit der rechten Maustaste 🖱 auf **Word Dictionary export definition** und klicken Sie in der sich öffnenden Dropdown-Liste auf **Ausführen**.

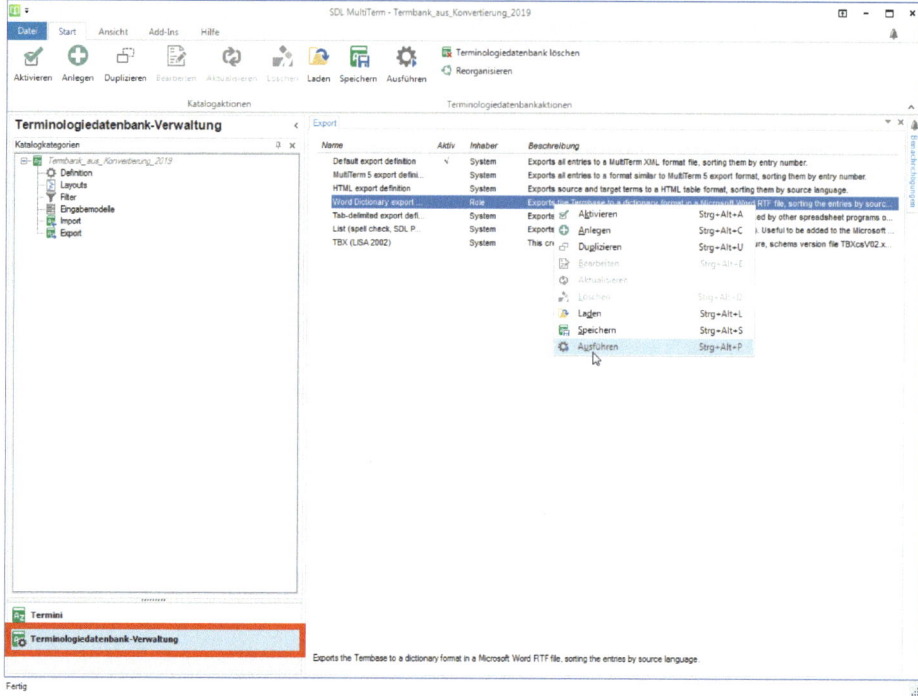

Das Dialogfeld **Exporteinstellungen** öffnet sich. Klicken Sie neben **Exportdatei:** auf **Speichern unter...**.

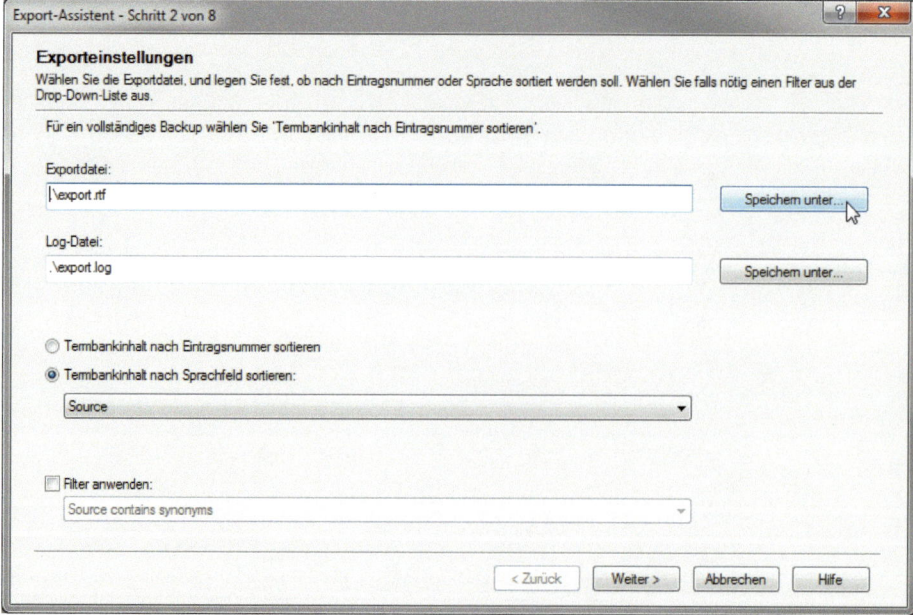

Das Dialogfeld **Speichern unter** öffnet sich. Wählen Sie einen Speicherort aus und vergeben Sie einen Namen für die in Microsoft Word zu exportierende Datei. Klicken Sie danach auf **Speichern**. Die Datei wird im Format *.rtf gespeichert.

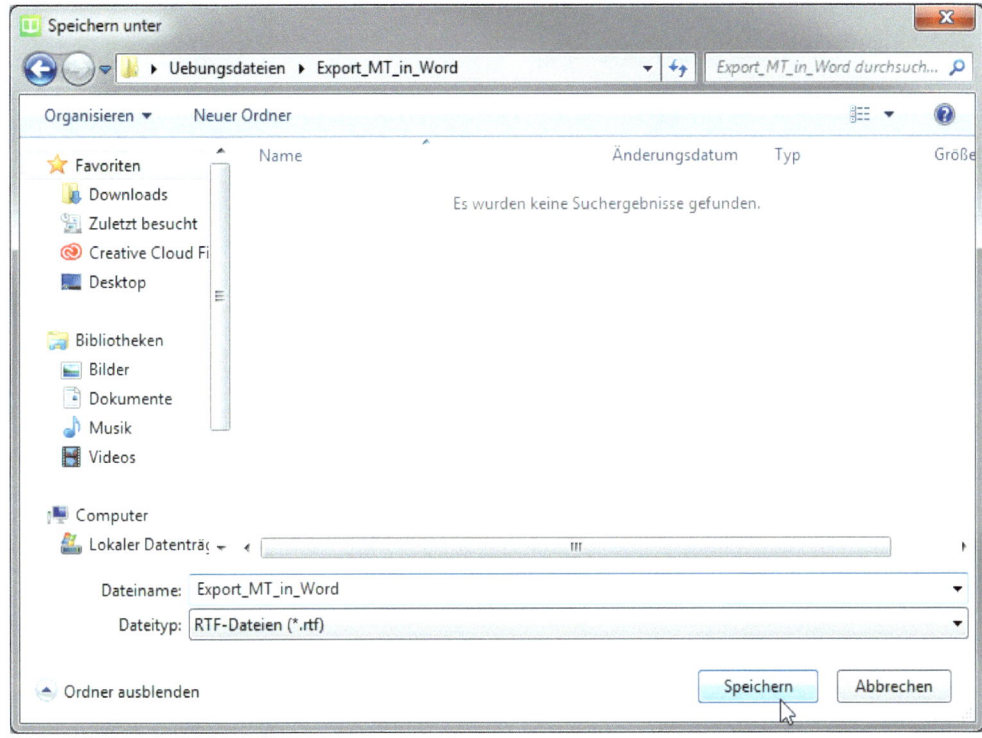

Der Speicherort ist nun im Dialogfeld **Exporteinstellungen** eingetragen. Darüber hinaus erstellt SDL MultiTerm 2019 eine Log-Datei im gleichen Ordner. Den Speicherort für die Log-Datei können Sie ggf. mit **Speichern unter...** und Auswahl eines anderen Speicherorts ändern.

Wählen Sie aus, ob SDL MultiTerm 2019 den Export der Termbankinhalte nach Eintragsnummer oder nach Sprache sortieren soll. Bei aktivierter Option **Termbankinhalt nach Eintragsnummer sortieren** werden die Termbankeinträge in der Reihenfolge exportiert, in der sie in SDL MultiTerm 2019 eingetragen wurden. Wird die Option **Termbankinhalt nach Sprachfeld sortieren:** ausgewählt, haben Sie die Möglichkeit, auszuwählen, welche Sprache beim Export zugrunde liegen soll, nach der die Einträge gemäß der Sortierreihenfolge exportiert werden, die beim Anlegen der Termbank ausgewählt wurde.

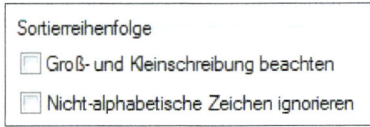

Auswahl der Sortierreihenfolge beim Anlegen einer Termbank

Im vorliegenden Beispiel wird unter **Termbankinhalt nach Sprache sortieren → Deutsch** als Sprache ausgewählt, nach der beim Export sortiert werden soll.

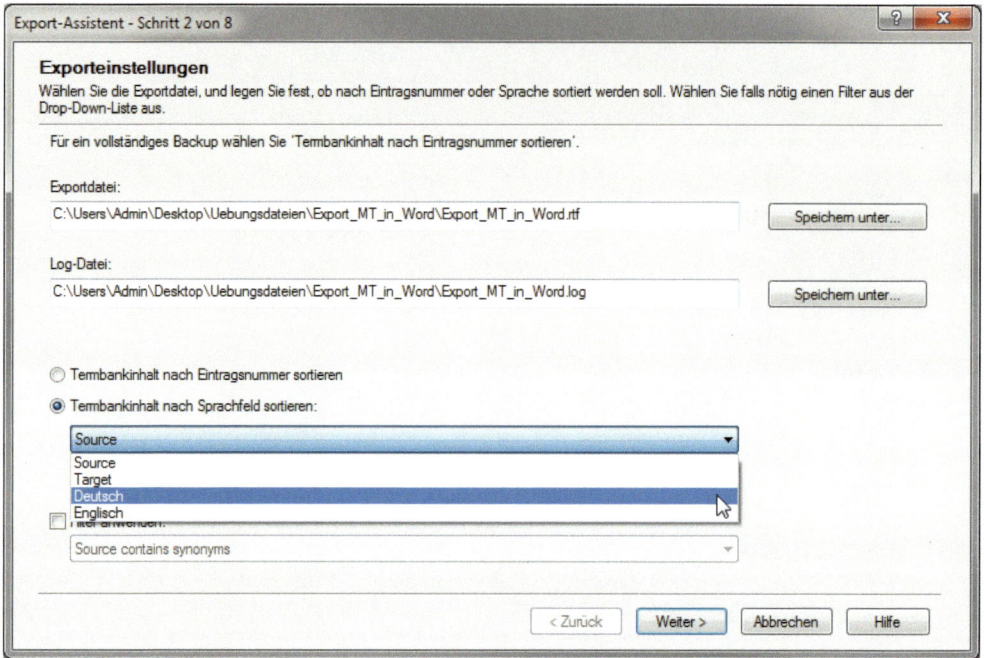

Wenden Sie ggf. einen Filter an und klicken Sie danach auf **Weiter**.

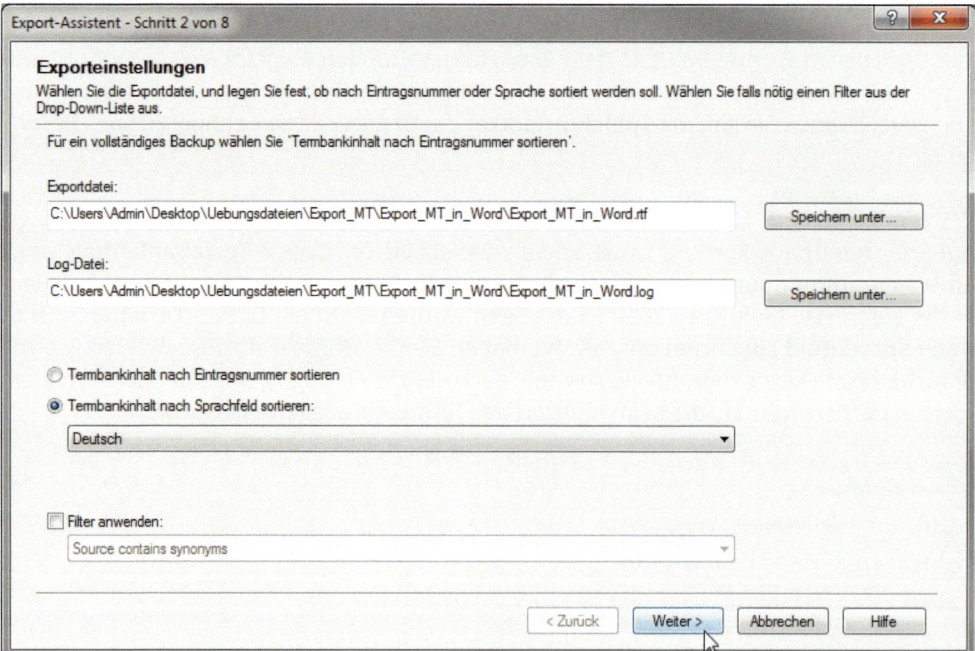

Das Dialogfeld **Export wird ausgeführt** öffnet sich und die Termini werden exportiert. Klicken Sie nach Abschluss des Exports auf **Weiter**.

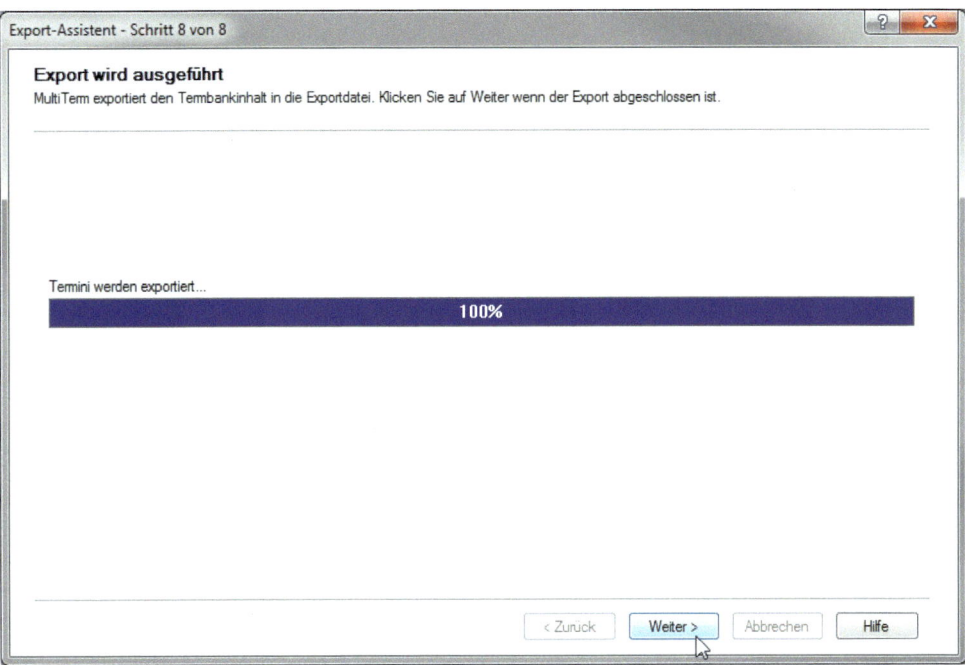

Das Dialogfeld **Assistent beendet** öffnet sich. Klicken Sie auf **Fertig stellen**.

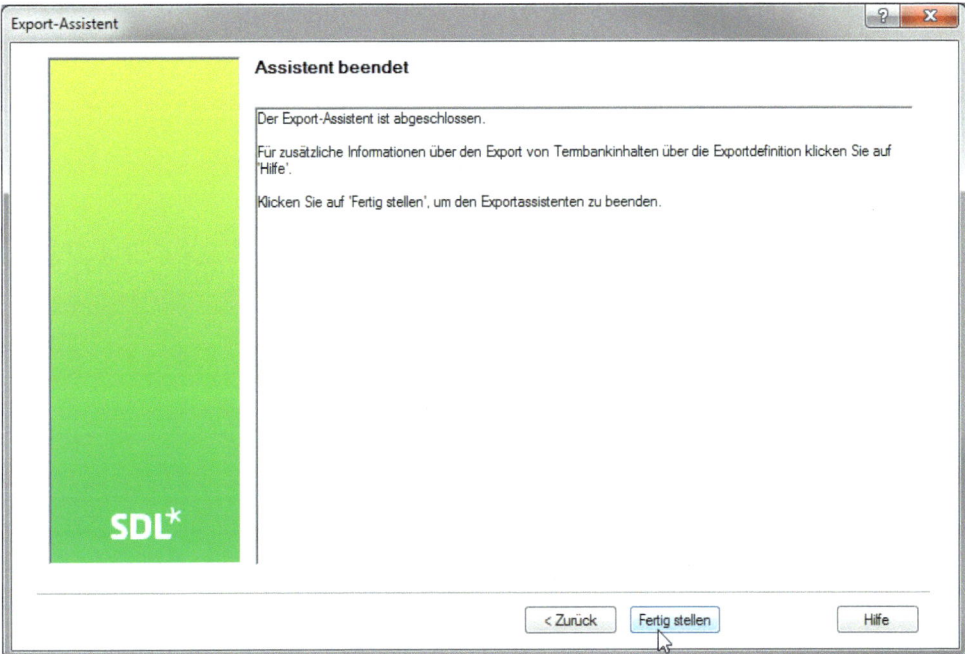

Die exportierten Daten sind nun in einer Microsoft Word-Datei unter dem festgelegten Dateinamen abgespeichert.

Nachstehend sehen Sie ein Beispiel für eine in Microsoft Word im Format *.rtf exportierte Termbank.

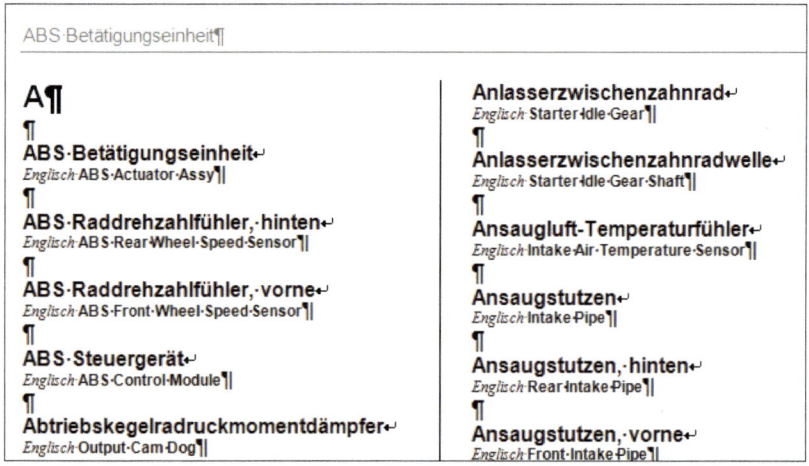

Aus MultiTerm exportierte *rtf-Datei

Exportieren von Termbankdaten in tabulatorgetrennte Textdateien

Öffnen Sie zunächst die zu exportierende Termbank in SDL MultiTerm 2019. Öffnen Sie danach die Ansicht **Terminologiedatenbank-Verwaltung** und klicken Sie in der Navigationsleiste auf **Export**. Klicken Sie mit der rechten Maustaste 🖱 auf **Tab-delimited export definition** und wählen Sie aus der sich öffnenden Dropdown-Liste **Ausführen** aus.

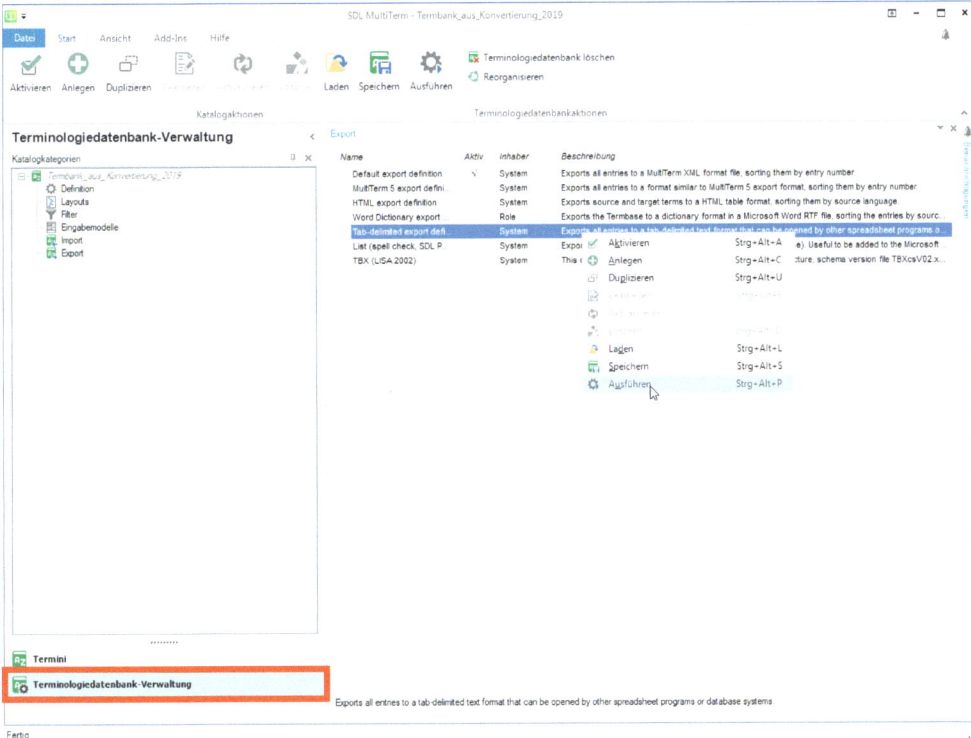

Das Dialogfeld **Exporteinstellungen** öffnet sich. Klicken Sie rechts neben **Exportdatei:** auf **Speichern unter...**.

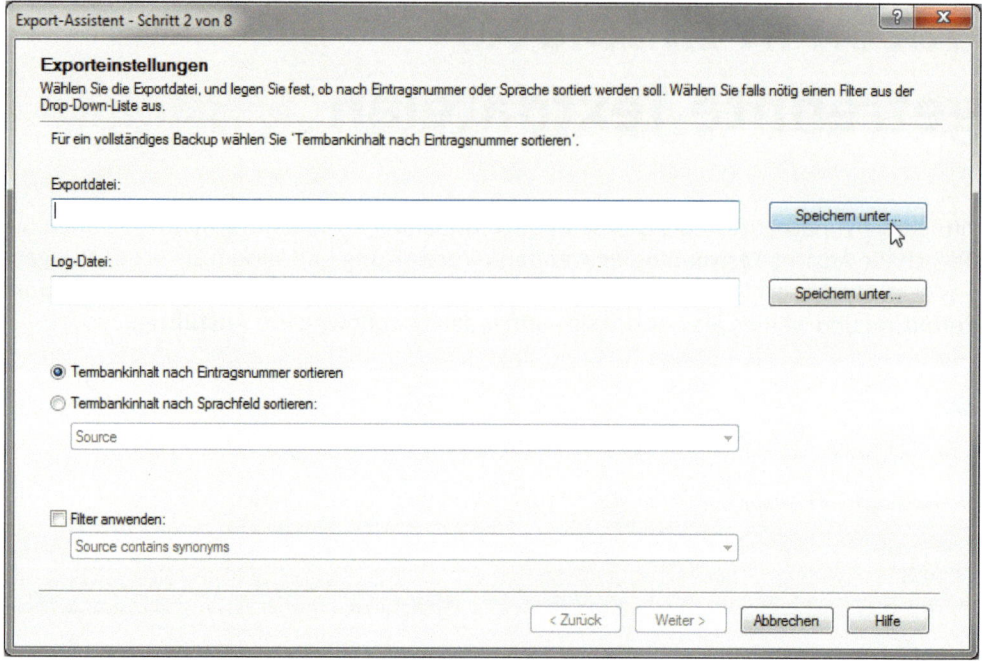

Das Dialogfeld **Speichern unter** öffnet sich. Wählen Sie einen Speicherort aus und vergeben Sie einen Namen für die im Format *.txt zu speichernde Datei. Klicken Sie danach auf **Speichern**.

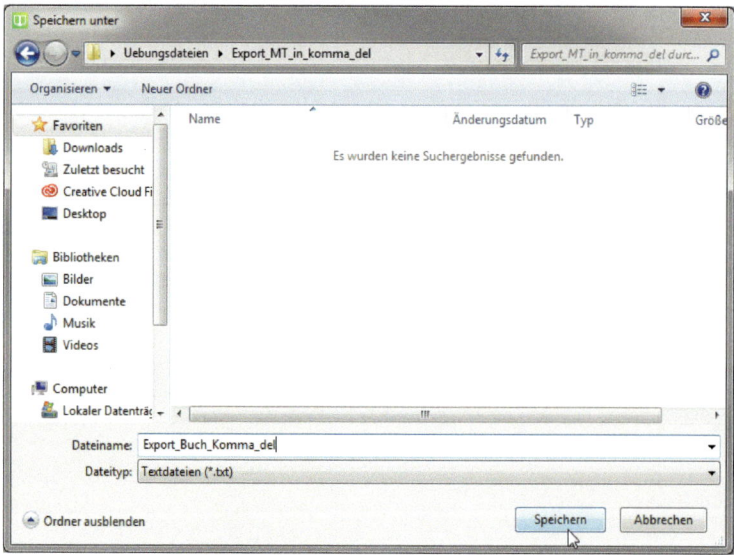

Der Speicherort ist nun im Dialogfeld **Exporteinstellungen** eingetragen. Darüber hinaus erstellt SDL MultiTerm 2019 eine Log-Datei im gleichen Ordner. Den Speicherort für die Log-Datei können Sie ggf. mit **Speichern unter...** und Auswahl eines anderen Speicherorts ändern.

Wählen Sie aus, ob SDL MultiTerm 2019 den Export der Termbankinhalte nach Eintragsnummer oder nach Sprache sortieren soll. Als Standard wird der Export nach Eintragsnummer durchgeführt. Bei aktivierter Option **Termbankinhalt nach Eintragsnummer sortieren** werden die Termbankeinträge in der Reihenfolge exportiert, in der sie in SDL MultiTerm 2019 eingetragen wurden. Wird die Option **Termbankinhalt nach Sprachfeld sortieren:** ausgewählt, haben Sie die Möglichkeit auszuwählen, welche Sprache beim Export zugrunde liegen soll, nach der die Einträge gemäß der Sortierreihenfolge exportiert werden, die beim Anlegen der Termbank ausgewählt wurde.

Auswahl der Sortierreihenfolge beim Anlegen einer Termbank

Geben Sie darüber hinaus gegebenenfalls einen Filter ein. Klicken Sie nach Abschluss der Eingaben auf **Weiter**.

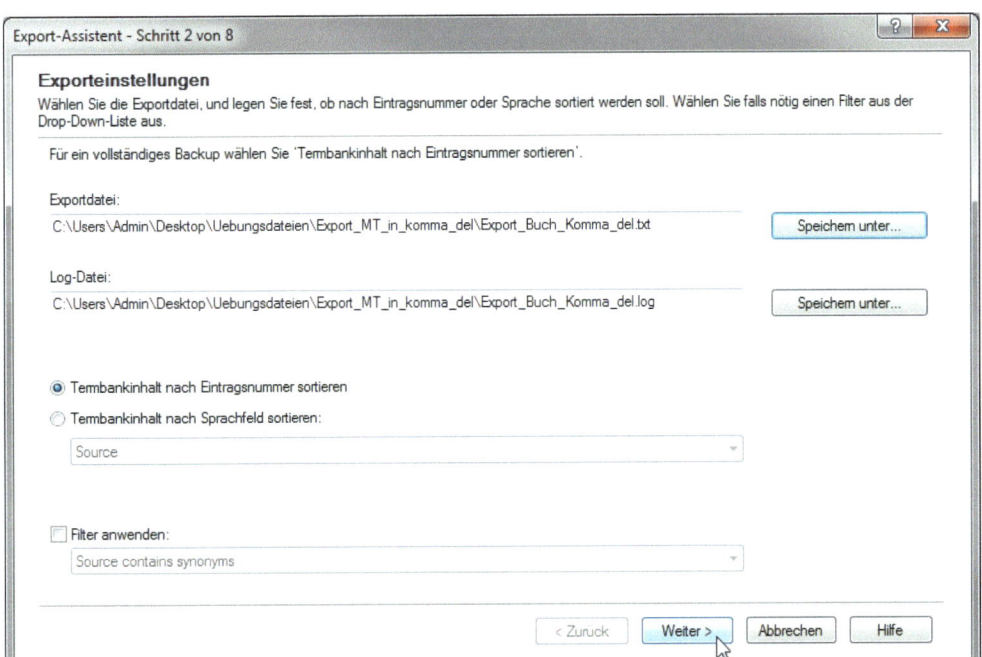

Der Export wird ausgeführt. Klicken Sie nach Abschluss des Exports auf **Weiter**.

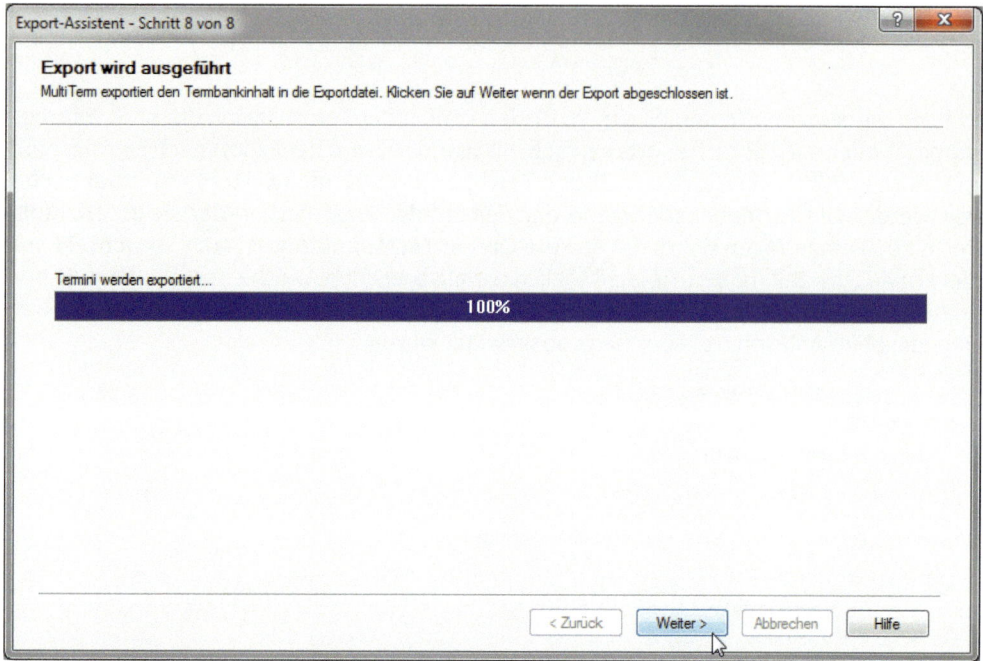

Das Dialogfeld **Assistent beendet** öffnet sich. Klicken Sie auf **Fertig stellen**.

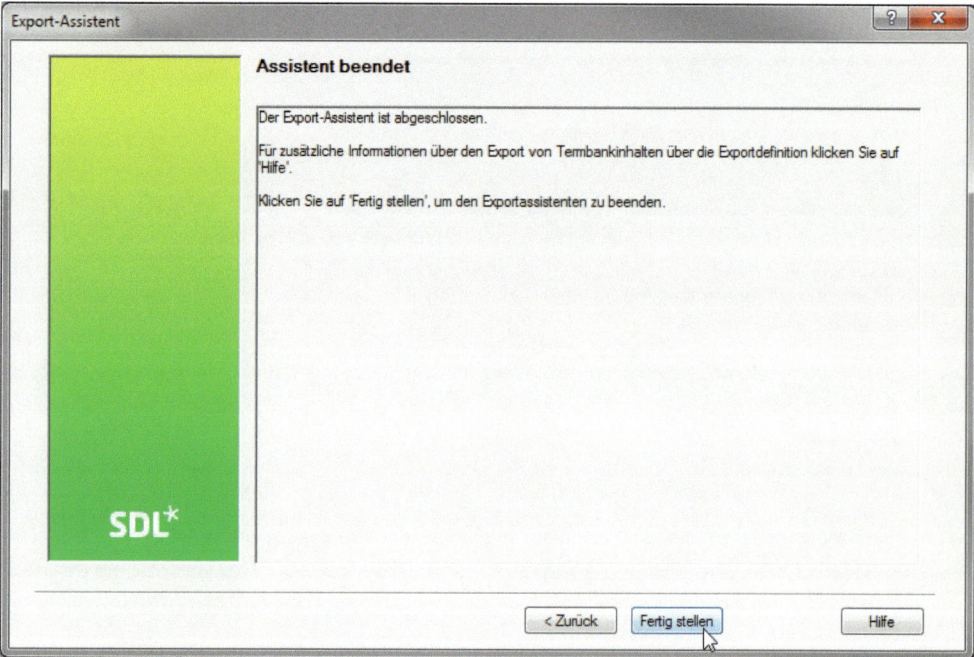

Die Datei ist nun im Format *.txt im entsprechenden Ordner abgelegt.

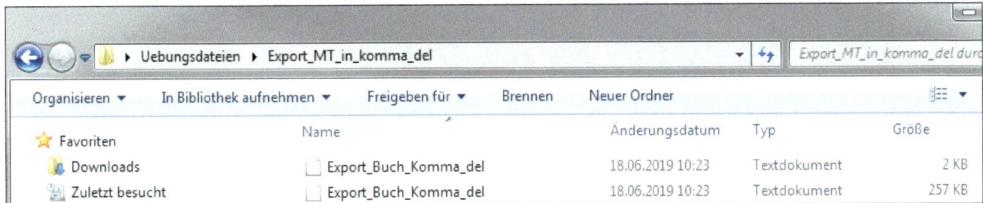

Sie kann z.B. in Microsoft Excel geöffnet und die Felder können entsprechend angepasst werden.

388	388 Kotflügel, hinten	Rear Fender	Admin
389	389 Kotflügel, hinten (Hinterte	Rear Fender Body (Rear)	Admin
390	390 Kotflügel, hinten (Mittelte	Rear Fender (Center)	Admin
391	391 Kotflügel, hinten (Vorderte	Rear Fender Body (Front)	Admin
392	392 Kotflügel, vorne	Front Fender	Admin
393	393 Kotflügel, vorne (Hintertei	Front Fender Body (Real)	Admin
394	394 Kotflügel, vorne (Mitteltei	Front Fender (Center)	Admin
395	395 Kotflügel, vorne (Vorderte	Front Fender Body (Front)	Admin
396	396 Kotflügelabdeckung, hinte	Rear Fender Cover	Admin
397	397 Kotflügelschmutzlappen, h	Rear Mud Guard	Admin
398	398 Kotflügelschmutzlappen, v	Front Mud Guard	Admin
399	399 Kotflügelverstärkung, hint	Rear Fender Reinforcement	Admin
400	400 Kraftstoff-Druckregler	Fuel Pressure Regulator Assy	Admin
401	401 Kraftstoff-Einspritzdüse	Fuel Injector Assy	Admin
402	402 Kraftstoff-Einspritzdüsenh	Fuel Injector Holder	Admin

Definieren von Filtern in SDL MultiTerm 2019

Filter werden in SDL MultiTerm 2019 verwandt, um bestimmte Einträge einer Termbank auszuwählen oder auszublenden. So können zum Beispiel alle Einträge eines bestimmten Datums, aus einem bestimmten Fachgebiet oder alle Einträge eines bestimmten Kunden innerhalb einer Termbank ausgewählt werden. Entsprechend können andere Einträge durch einen Filter ausgeblendet werden. SDL MultiTerm 2019 bietet dabei die Möglichkeit, einfache Filter mit einem Filterkriterium und erweiterte Filter mit mehreren Filterkriterien zu setzen. Verfahren Sie wie folgt, um einen Filter in einer Termbank in SDL MultiTerm 2019 zu setzen.

❗ Bitte beachten Sie, dass Filter in SDL MultiTerm 2019 nicht global, sondern für eine einzelne, geöffnete Termbank erstellt und eingesetzt werden. Wird eine andere Termbank geöffnet, ist dieser Filter nicht vorhanden und muss bei Bedarf neu erstellt werden.

Anlegen eines einfachen Filters

Öffnen Sie zunächst die Termbank, für die ein Filter erstellt werden soll. Wechseln Sie danach in die Ansicht **Terminologiedatenbank-Verwaltung**, klicken Sie in der Navigationsleiste mit der rechten Maustaste 🖱 auf **Filter** und wählen Sie in der sich öffnenden Dropdown-Liste **Anlegen** aus.

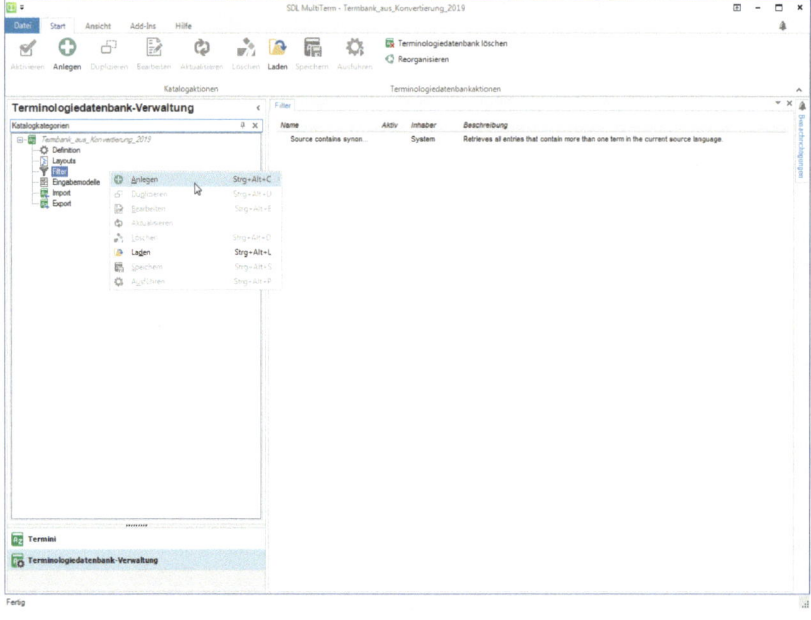

Das Dialogfeld **Filter-Assistent** öffnet sich. Klicken Sie auf **Weiter**.

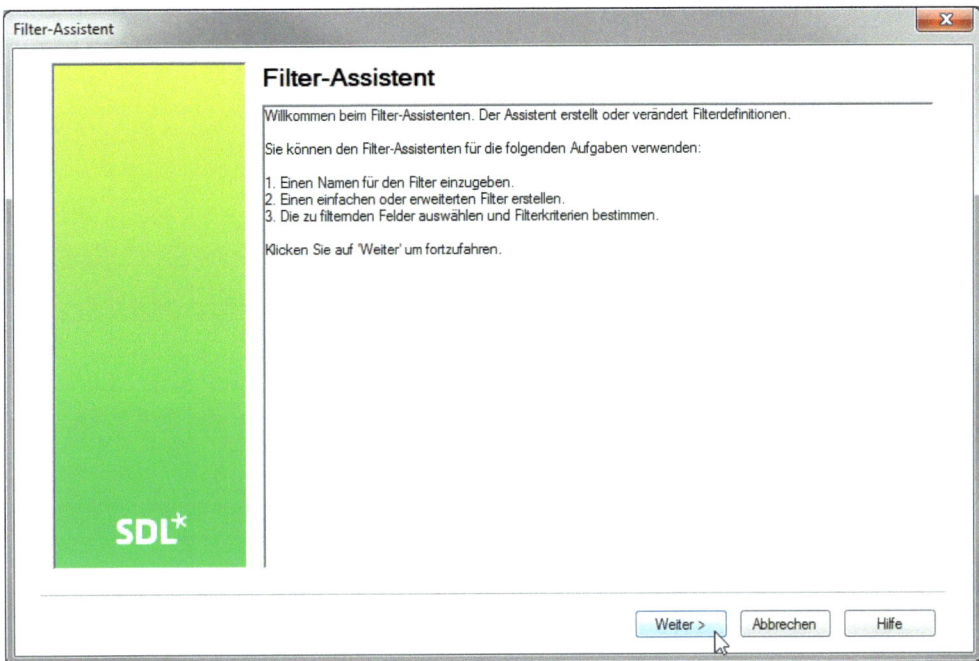

Das Dialogfeld **Filtername** öffnet sich. Vergeben Sie einen Namen für den Filter und klicken Sie auf **Weiter**.

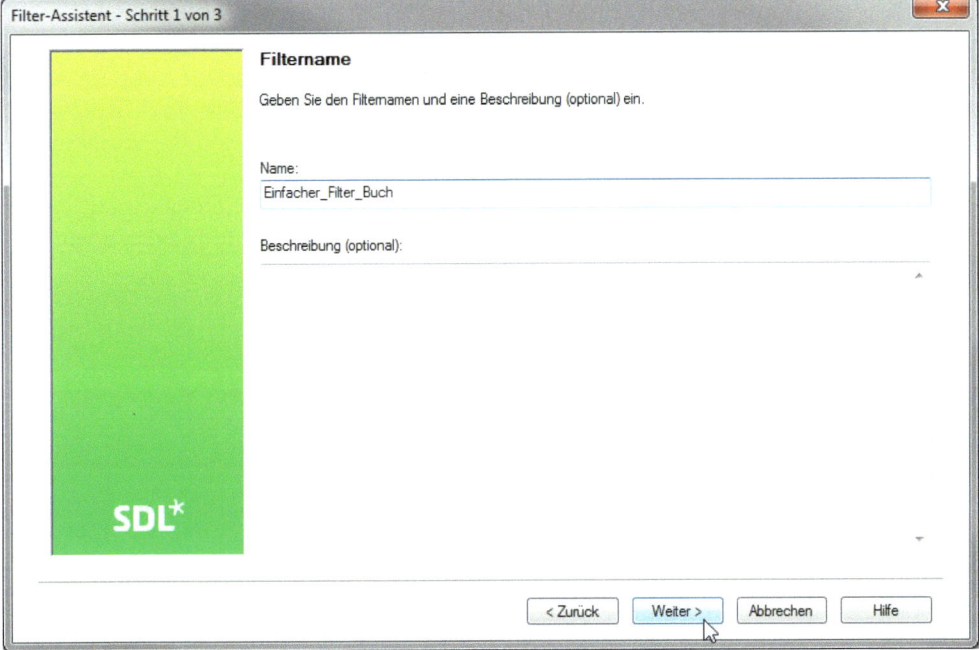

Im sich öffnenden Dialogfeld **Filtertyp** wählen Sie aus, ob Sie einen Filter mit einem Filterkriterium (einfacher Filter) oder einen erweiterten Filter mit mehreren Filterkriterien erstellen möchten. Im vorliegenden Beispiel wird zunächst ein einfacher Filter angelegt. Klicken Sie auf **Weiter**.

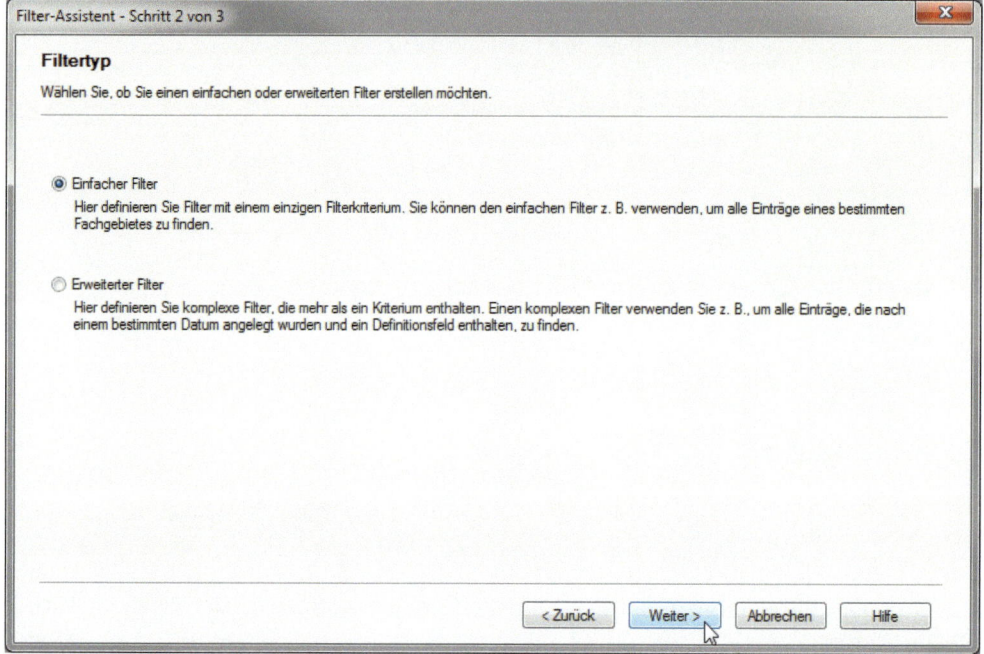

Das Dialogfeld **Filterdefinition** öffnet sich. Wählen Sie zunächst ein Termbankfeld aus. Im vorliegenden Beispiel sollen alle Benennungen gefiltert werden, bei denen eine Definition fehlt. Für diese soll ein einfacher Filter gesetzt werden. Im Kapitel **Anlegen von erweiterten Filtern** werden weitere Filterkriterien erläutert. Klicken Sie im Dialogfeld **Filterdefinition** zunächst unter **Termbankfelder:** auf **Definition**, sodass dieses farbig unterlegt ist, wenn Sie einen Filter bezüglich einer Definition setzen möchten. Wählen Sie alternativ ein Termbankfeld Ihrer Wahl aus. Wählen Sie danach die entsprechende Bedingung aus, indem Sie neben **Anwenden auf:** auf den kleinen Pfeil nach unten klicken und das entsprechende Filterkriterium auswählen (hier: fehlt). Klicken Sie danach auf **Weiter**.

Anlegen eines einfachen Filters

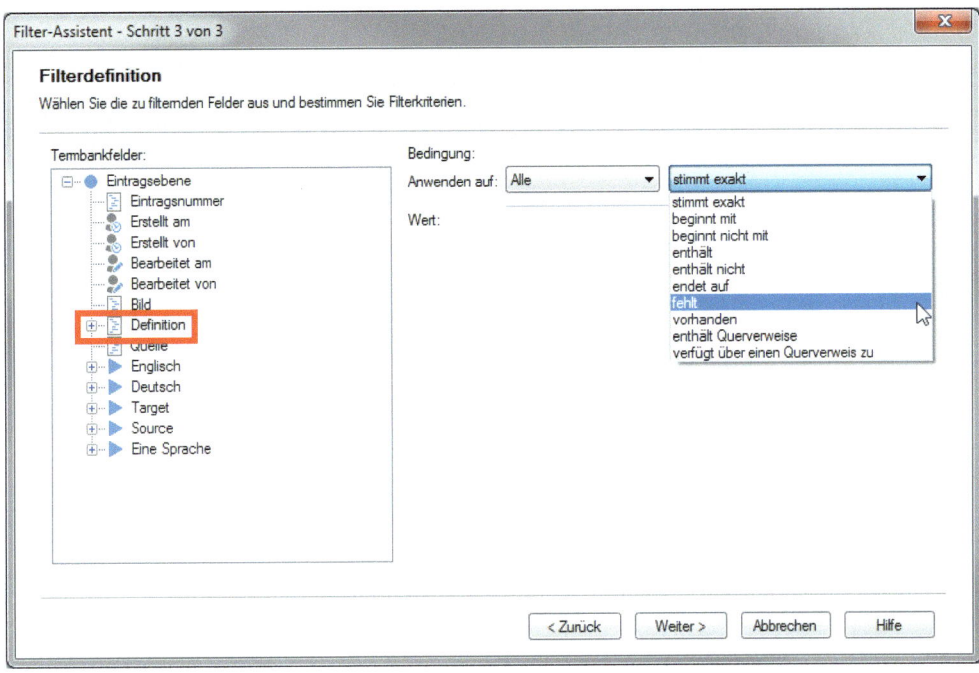

Im vorliegenden Beispiel ist für die geöffnete Termbank nun ein Filter angelegt, mit dem alle Einträge gefiltert werden können, bei denen die Definition fehlt. Klicken Sie auf **Weiter**, um fortzufahren.

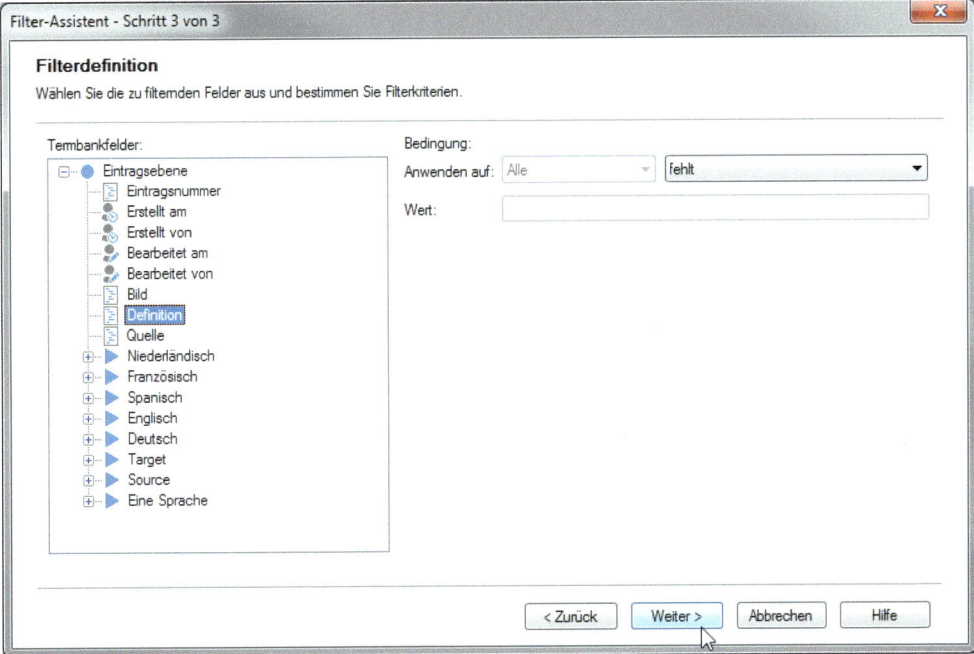

Das Dialogfeld **Assistent beendet** öffnet sich. Klicken Sie auf **Fertig stellen**, um die Definition des Filters zu beenden.

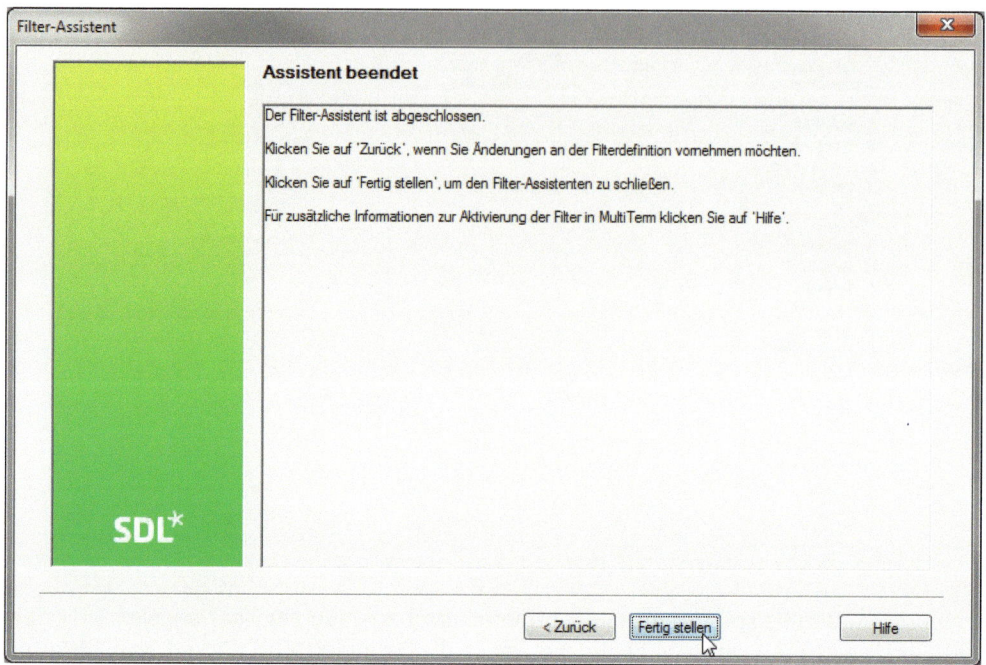

Der Filter ist nun in SDL MultiTerm 2019 in der Ansicht **Terminologiedatenbank-Verwaltung** ...

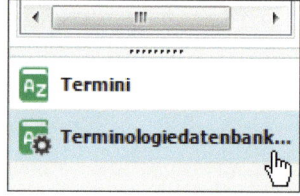

... unter der Katalogkategorie **Filter** abgelegt.

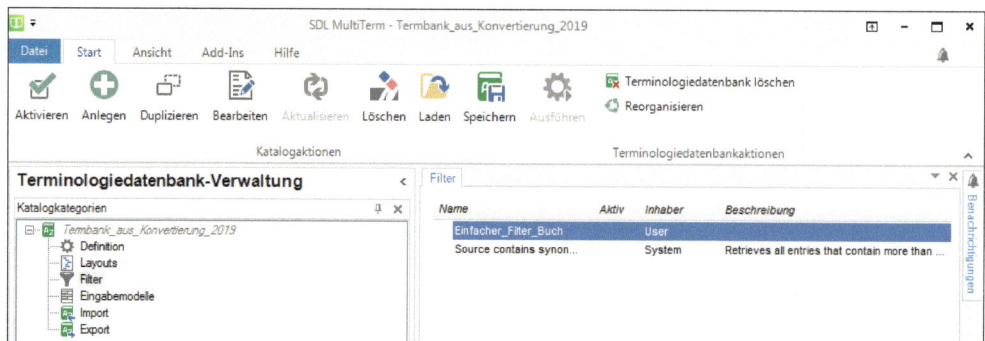

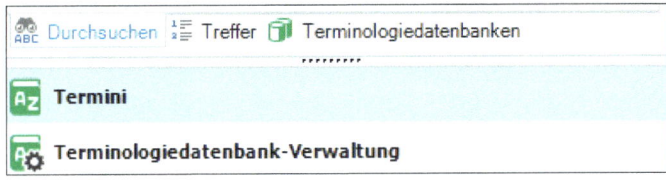

Er kann in der Ansicht **Termini** …

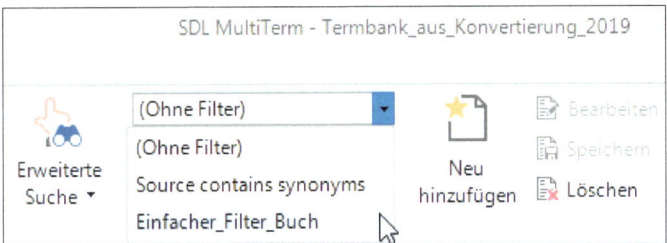

… auf der Registerkarte **Start** in der Gruppe **Filter** ausgewählt werden, wenn die Termbank geöffnet ist, für die er angelegt wurde.

Anlegen von erweiterten Filtern

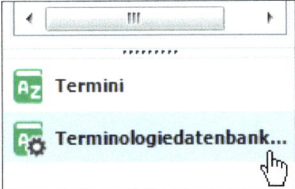

Öffnen Sie zunächst die Termbank, für die ein Filter erstellt werden soll. Wechseln Sie danach in die Ansicht **Terminologiedatenbank-Verwaltung**.

Klicken Sie in der Navigationsleiste mit der rechten Maustaste 🖱 auf **Filter** und wählen Sie in der sich öffnenden Dropdown-Liste **Anlegen** aus.

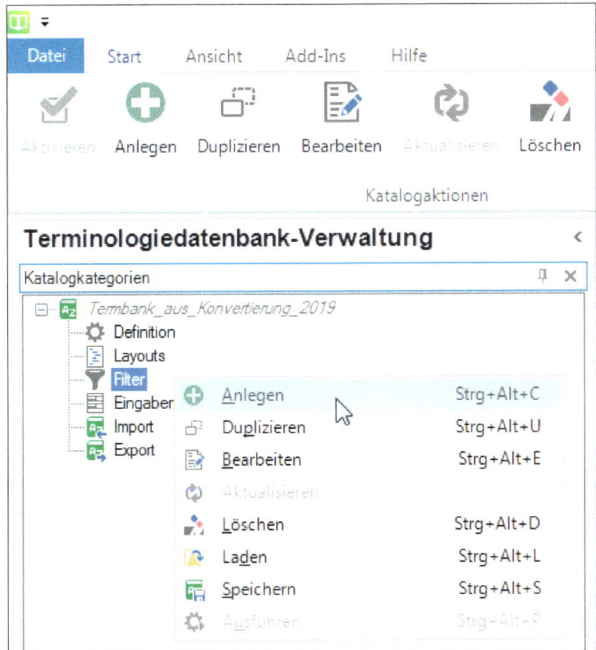

Das Dialogfeld **Filter-Assistent** öffnet sich. Klicken Sie auf **Weiter**.

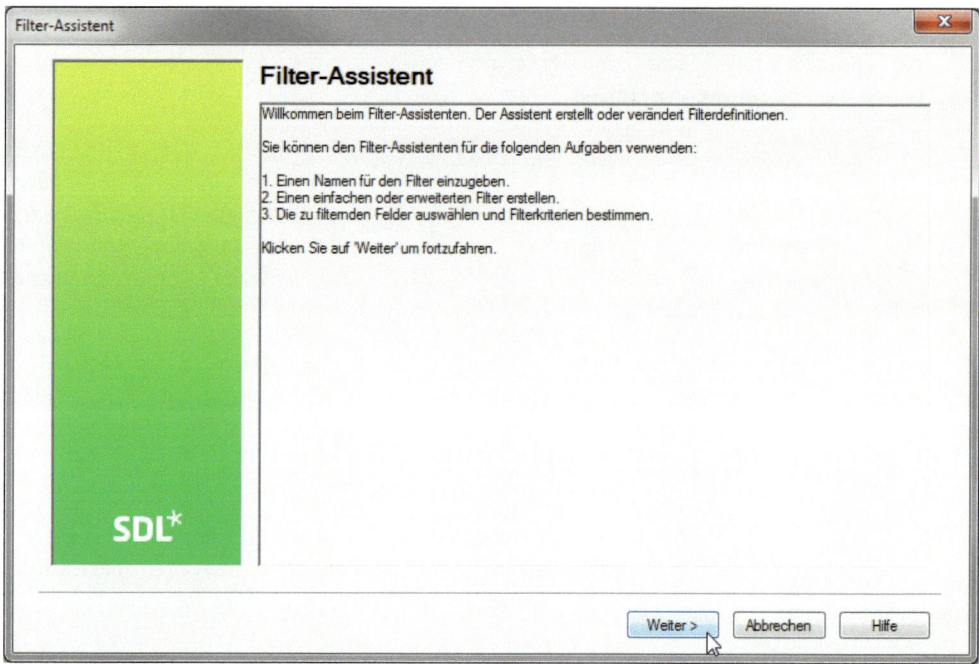

Das Dialogfeld **Filtername** öffnet sich. Vergeben Sie einen Namen für den Filter und klicken Sie auf **Weiter**.

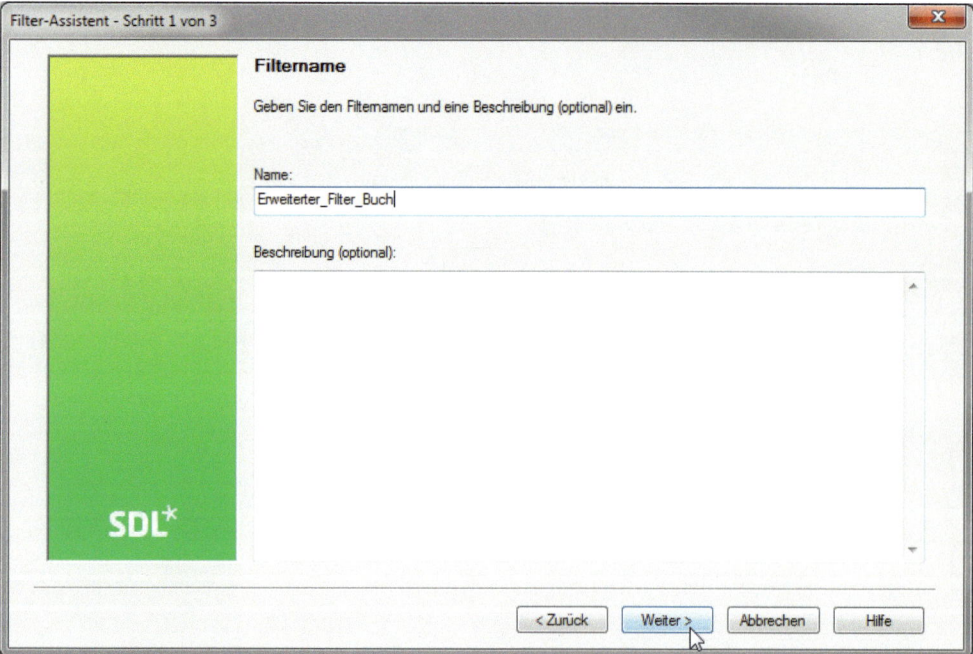

Das Dialogfeld **Filtertyp** öffnet sich. Wählen Sie **Erweiterter Filter** aus und klicken Sie auf **Weiter**.

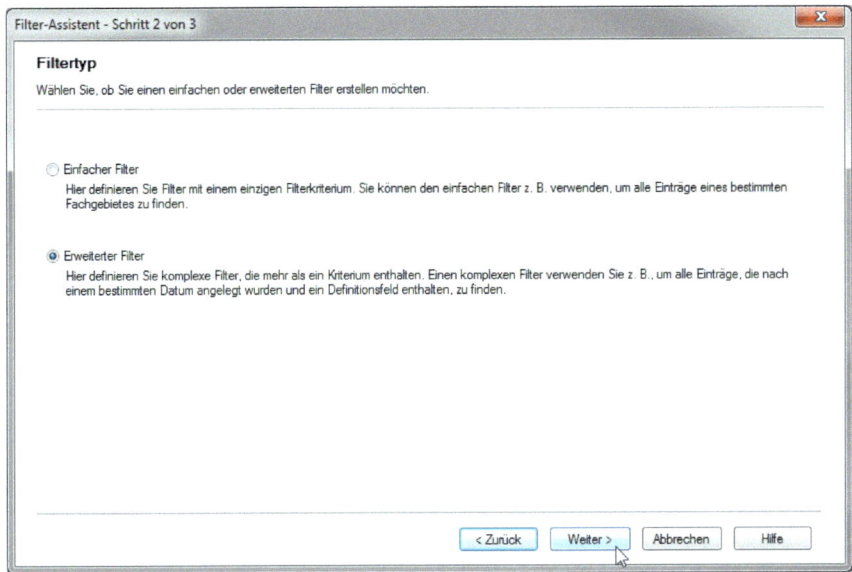

Das Dialogfeld **Filterdefinition** öffnet sich. Im vorliegenden Beispiel sollen drei Filterkriterien für einen erweiterten Filter gesetzt werden.

❗ Abhängig von den jeweils gewählten Termbankfeldern sind unterschiedliche, ggf. vom vorliegenden Beispiel abweichende Auswahlfelder im zweiten Feld neben **Anwenden auf:** vorhanden, die Sie entsprechend auswählen können.

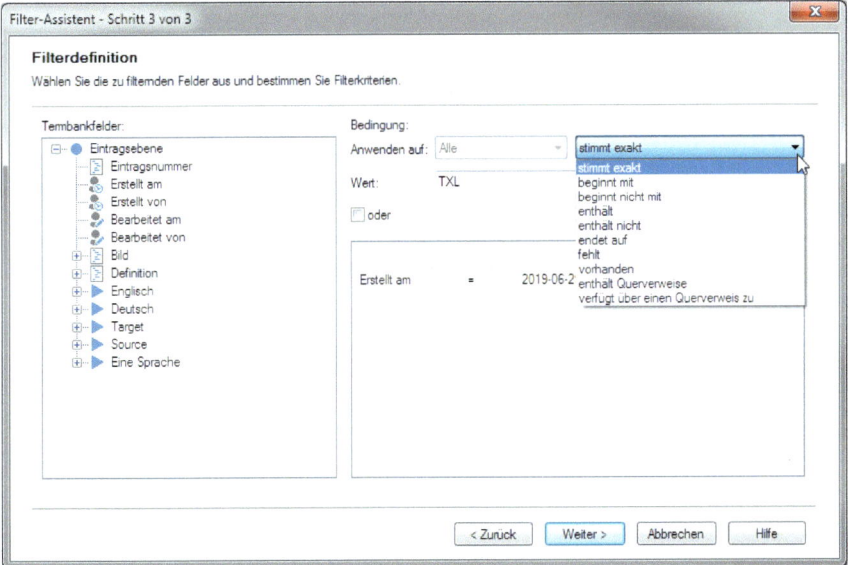

Wählen Sie zunächst den ersten Filter aus, den Sie setzen möchten. Im vorliegenden Beispiel ist dies das Datum, das im Termbankfeld **Erstellt am** bei jedem einzelnen Eintrag einer Termbank hinterlegt ist. Klicken Sie im Dialogfeld **Filterdefinition** unter **Termbankfelder:** auf **Erstellt am**, sodass dieses farbig unterlegt ist, wenn Sie nach einem speziellen Datum filtern möchten, an denen Einträge gespeichert wurden. Klicken Sie dann auf den kleinen Pfeil nach unten im zweiten Feld rechts neben **Anwenden auf:**. Es öffnet sich eine Dropdown-Liste mit den Auswahlmöglichkeiten. Wählen Sie die Einstellung **gleich** aus, wenn Sie ein bestimmtes Datum auswählen möchten.

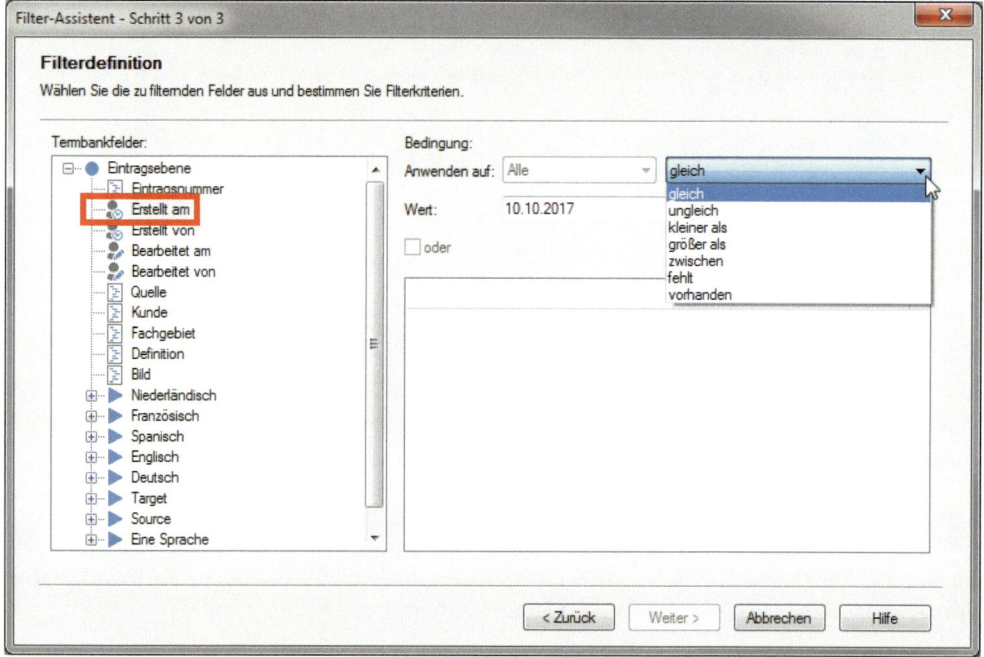

Alternativ haben Sie weitere Auswahlmöglichkeiten.

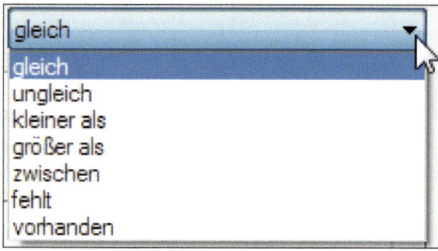

Auswahlmöglichkeiten beim Einsatz des Filters Erstellt am

Klicken Sie danach im Dialogfeld **Filterdefinition** auf den kleinen Pfeil nach unten neben **Wert:** und wählen Sie im sich öffnenden Kalender ein Datum aus, wenn Sie nach Einträgen filtern möchten, die an einem bestimmten Tag angelegt wurden.

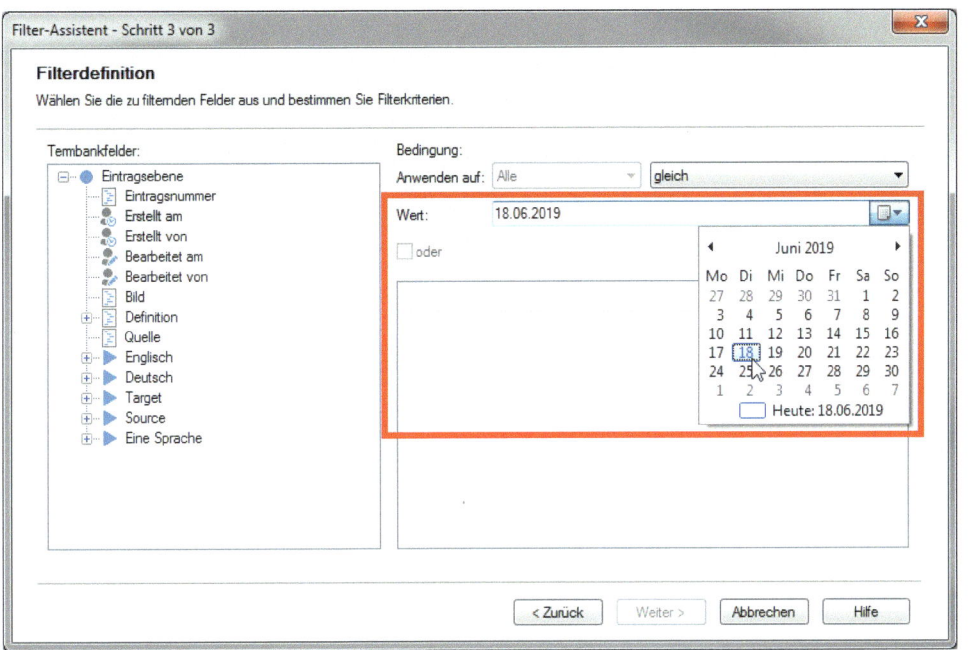

Klicken Sie danach auf das blaue Pluszeichen unter dem gesetzten Datum. Der erste Filter ist gesetzt.

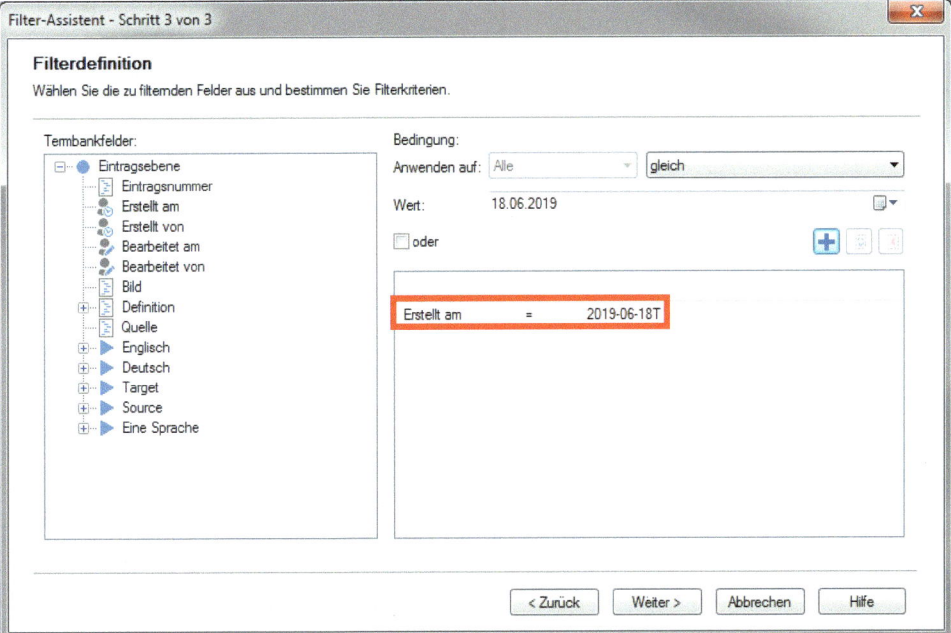

Der zweite Filter ist im vorliegenden Beispiel der Benutzer, der die Einträge erstellt hat.

Klicken Sie im Dialogfeld **Filterdefinition** unter **Termbankfelder:** auf **Erstellt von**, sodass dieses farbig unterlegt ist, wenn Sie einen bestimmten Benutzer als Filterattribut auswählen möchten. Belassen Sie im zweiten Feld rechts neben **Anwenden auf:** die Einstellung **stimmt exakt**. Geben Sie neben **Wert:** die Benutzer-ID des Benutzers ein. Klicken Sie auf das blaue Pluszeichen, um den Filter hinzuzufügen.

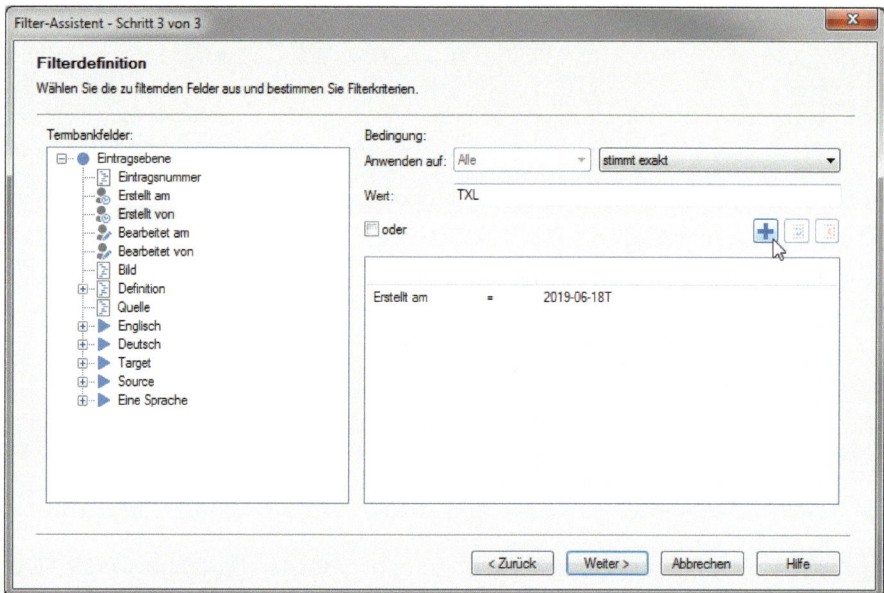

Auch der zweite Filter ist nun gesetzt.

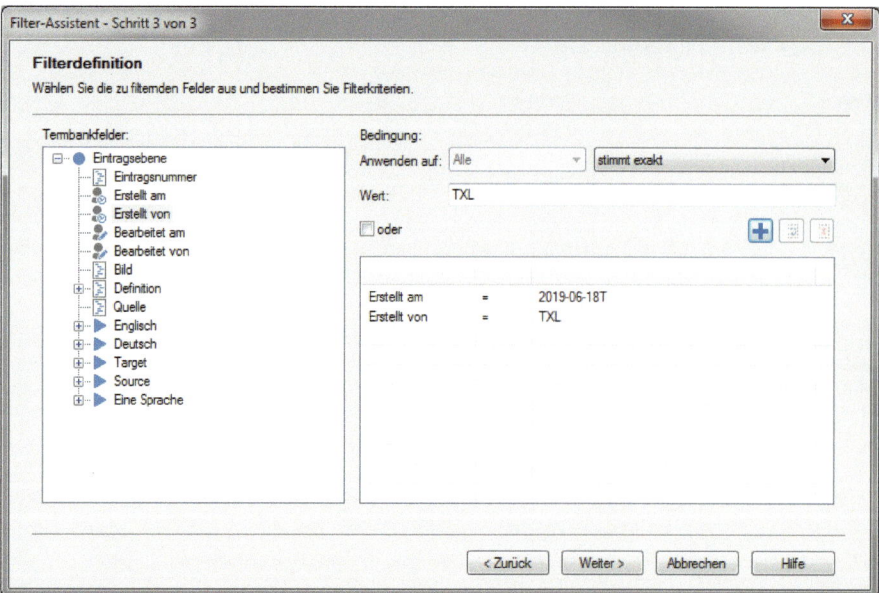

Alternativ zum im vorliegenden Beispiel ausgewählten **stimmt exakt** haben Sie weitere Auswahlmöglichkeiten.

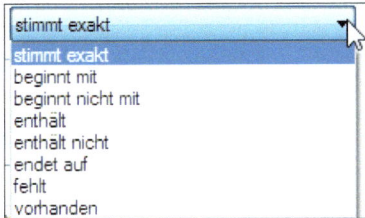

Als drittes Filterkriterium wird im vorliegenden Beispiel die Quelle gesetzt. Es sollen alle Einträge gefiltert werden, die als Quelle den Vermerk RD tragen. Neben **Anwenden auf:** wird entsprechend der Filter **stimmt exakt** gesetzt, neben **Wert:** das Kürzel eingetragen.

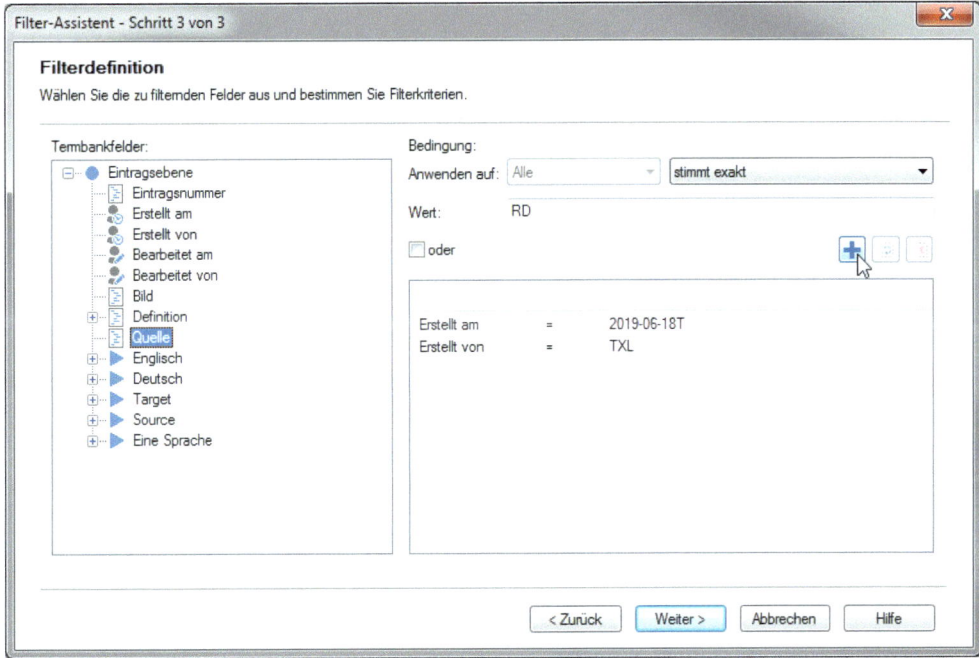

Auch bei diesem Termbankfeld, das im vorliegenden Beispiel ein reines Textfeld ist, stehen weitere Auswahlmöglichkeiten zur Verfügung.

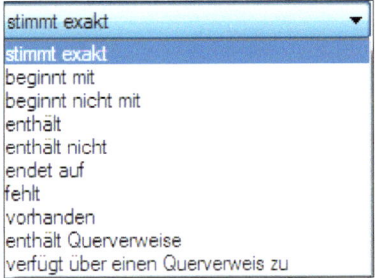

Klicken Sie auch nach Setzen dieses Werts auf das blaue Pluszeichen, sodass dieses hinzugefügt wird.

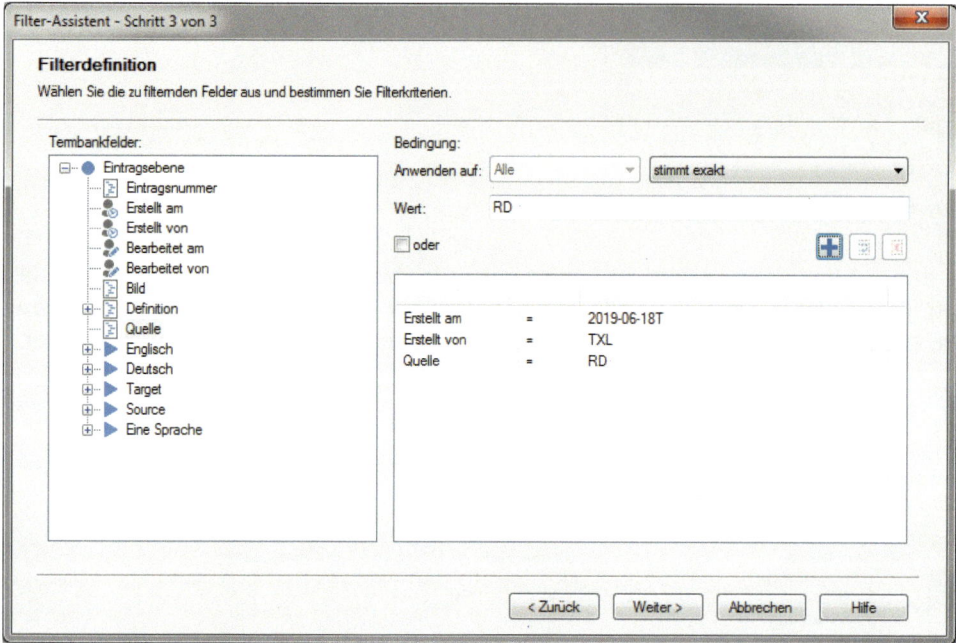

Bitte beachten Sie im Dialogfeld **Filterdefinition** auch die mögliche Option **oder**. Setzen Sie ein Häkchen, wenn Sie Einträge auch dann anzeigen lassen wollen, wenn nur eines der Filterkriterien zutrifft. Als Standard ist diese Einstellung nicht aktiv. Klicken Sie auf **Weiter**.

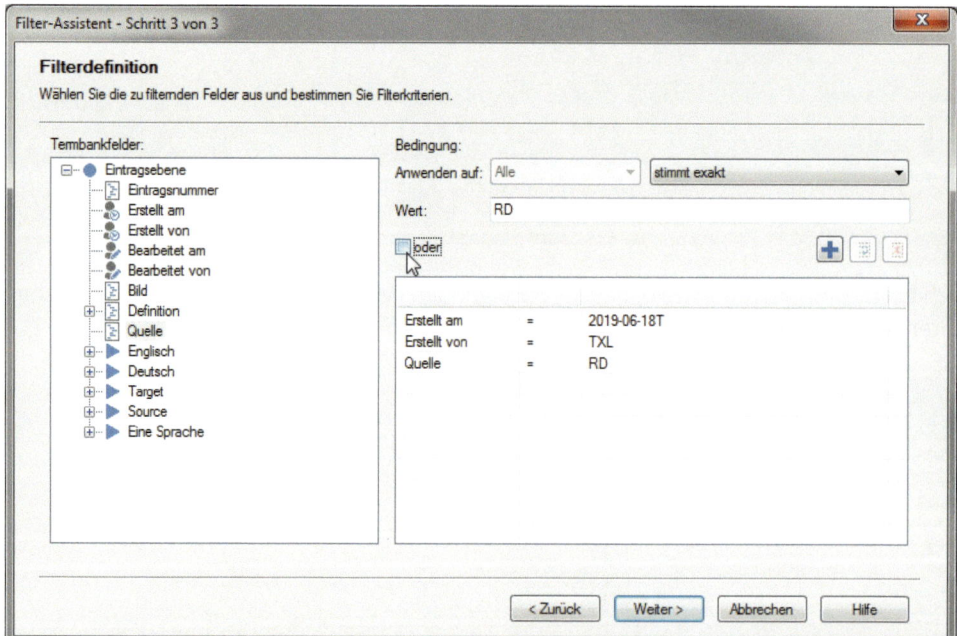

Der Assistent ist an dieser Stelle beendet. Klicken Sie auf **Fertig stellen**, um den Filterassistenten zu schließen.

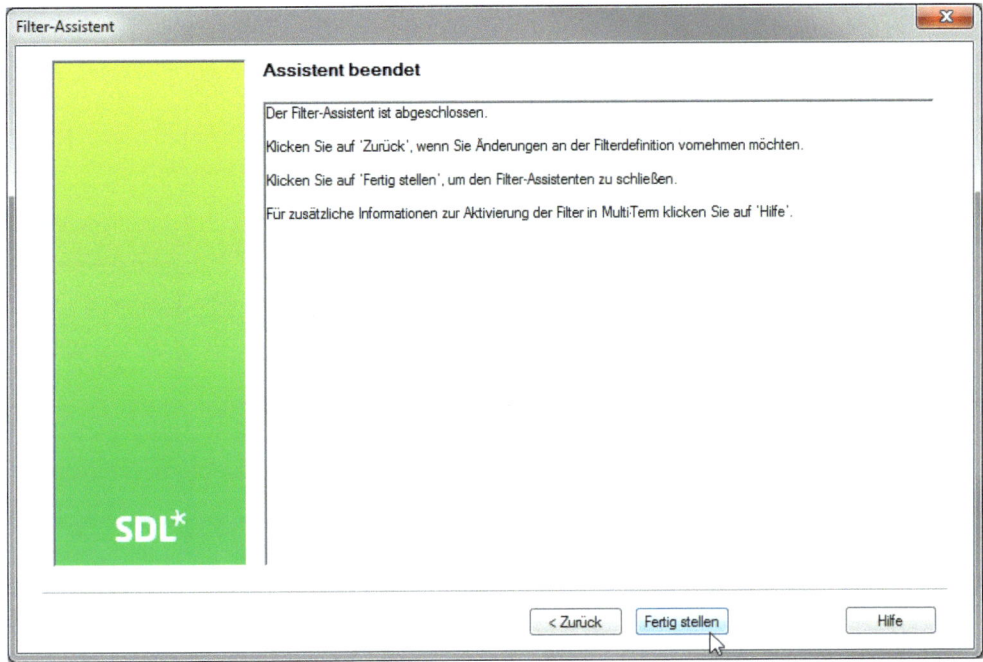

Der Filter kann nun in der Ansicht **Termini** auf der Registerkarte **Start** in der Gruppe **Filter** ausgewählt werden, wenn die Termbank geöffnet ist, für die der Filter angelegt wurde.

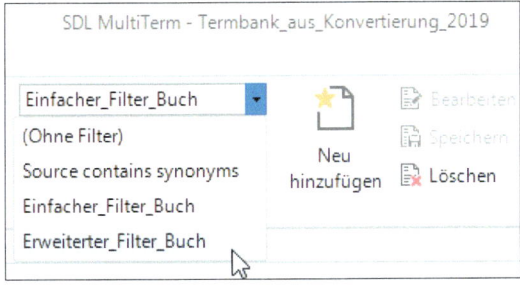

Verwenden von Filtern

Nach Anlage von Filtern stehen diese in SDL MultiTerm 2019 zur Verfügung, wenn die entsprechende Termbank geöffnet ist, für welche die Filter angelegt wurden. Klicken Sie auf der Registerkarte **Start** in der Gruppe **Filter** auf den kleinen Pfeil nach unten neben **(Ohne Filter)**, um einen Filter aus der sich öffnenden Dropdown-Liste auszuwählen.

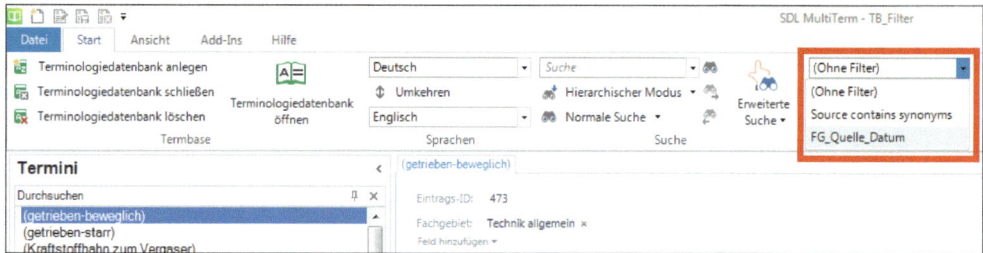

Alle Einträge, die nicht dem Filter entsprechen, erscheinen in der Liste der Benennungen als Standard in grauer statt schwarzer Schrift. Diese Einstellung wird „bedingter Filter" genannt.

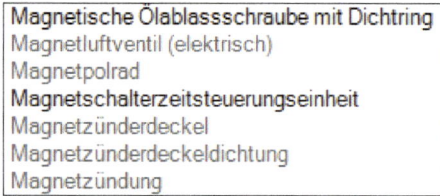

Harte und bedingte Filter

Neben dem reinen Auswählen eines Filters bietet SDL MultiTerm 2019 die Möglichkeit, Filter hart oder bedingt anzuwenden. Bei Verwenden eines harten Filters werden alle Einträge ausgeblendet, die nicht dem Filter entsprechen. Bei Verwenden eines bedingten Filters (dies ist der Standard) erscheinen alle Einträge, die nicht dem Filter entsprechen, in der Liste der Benennungen in grauer statt schwarzer Schrift (siehe Abbildung oben).

Klicken Sie auf der Registerkarte **Start** in der Gruppe **Filter** auf **Hartfiltermodus**, um einen harten Filter auszuwählen.

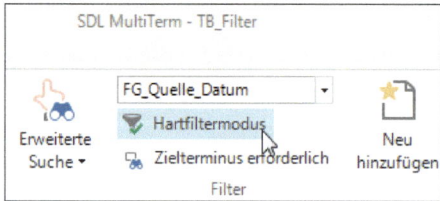

Alle Einträge, die nicht mit dem Filter übereinstimmen, werden in der Liste der Benennungen (Termini) nicht mehr angezeigt.

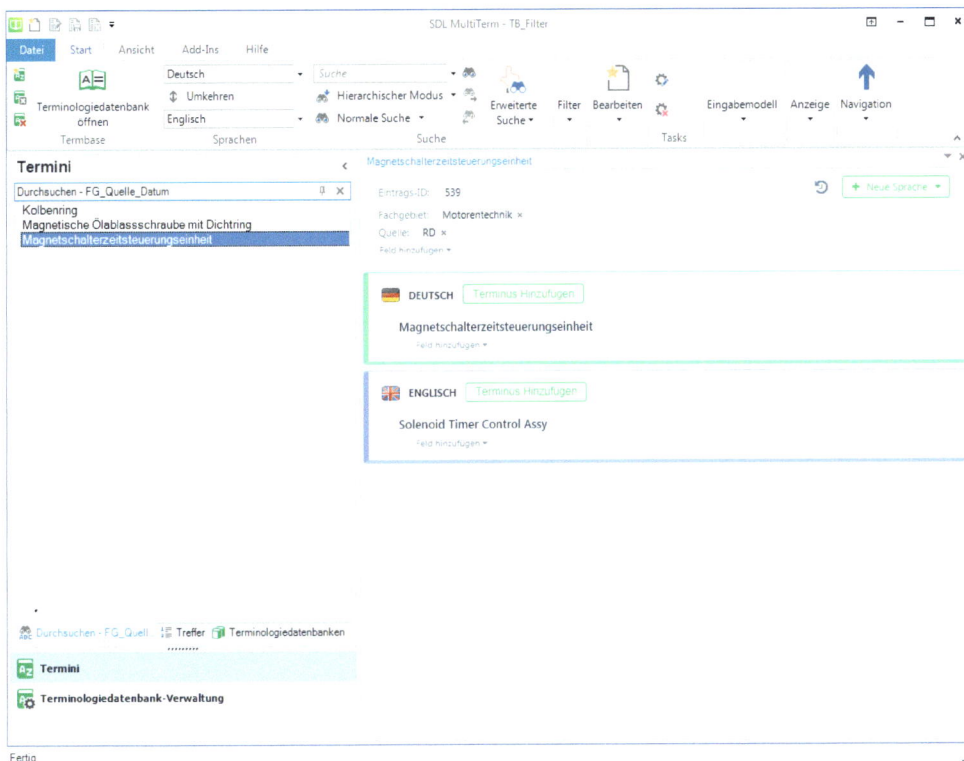

Ist **Hartfiltermodus** nicht aktiviert (nicht farbig unterlegt), ist der bedingte Filter aktiv.

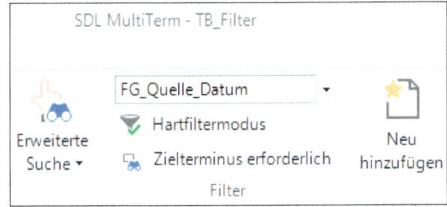

Alle Einträge, die nicht zum bedingten Filter passen, sind grau unterlegt und die Benennungen erscheinen in grauer statt schwarzer Schrift.

Anlegen von Eingabemodellen

In SDL MultiTerm 2019 können sogenannte Eingabemodelle erstellt werden, die als Vorlage für das Anlegen und Bearbeiten von Terminologieeinträgen dienen, wenn beim Erstellen von terminologischen Einträgen Benennungen in bestimmten oder allen Sprachen und ggf. beschreibende Felder einer Termbank von einer Benutzergruppe eingetragen oder ein oder mehrere Standardwerte vorab als Vorauswahl gesetzt werden sollen.

Öffnen Sie zunächst die Termbank, für die ein Eingabemodell erstellt werden soll, und wechseln Sie danach in die Ansicht **Terminologiedatenbank-Verwaltung**. Klicken Sie mit der rechten Maustaste auf **Eingabemodelle** und wählen Sie aus der sich öffnenden Dropdown-Liste **Anlegen** aus.

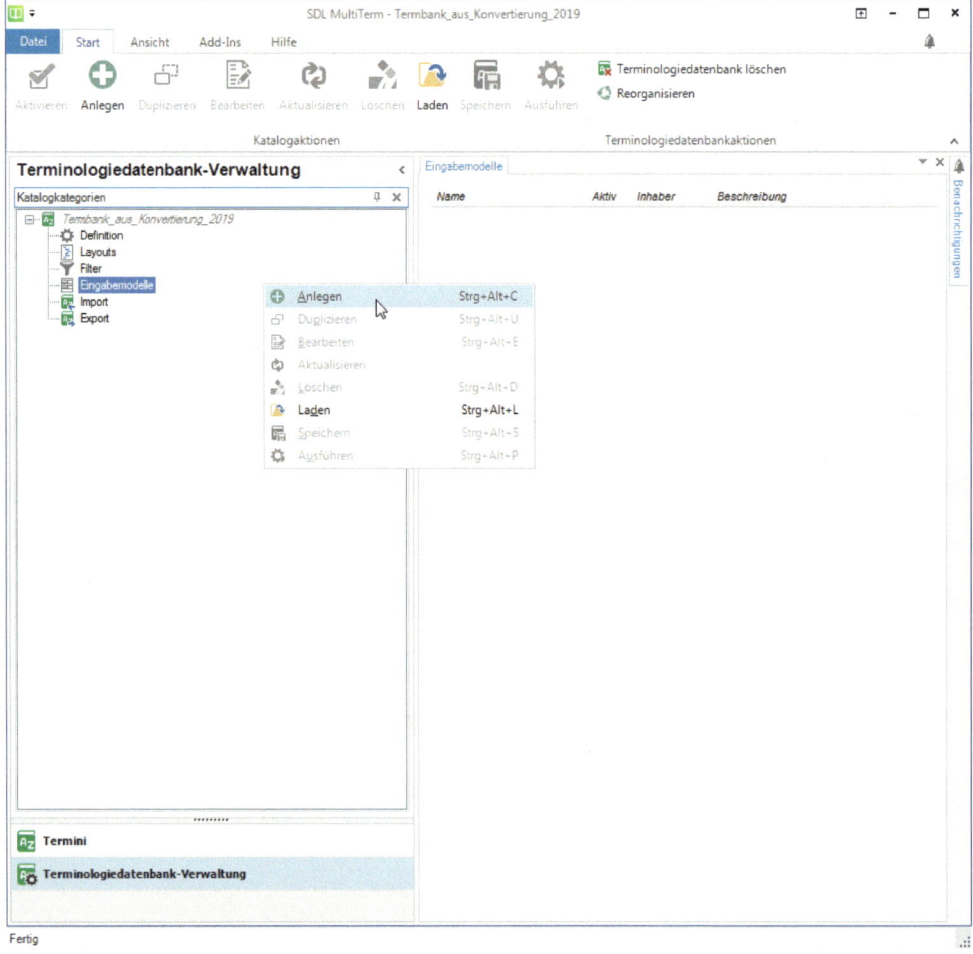

Der **Eingabemodell-Assistent**, mit dem Eingabemodelle erstellt oder verändert werden können, öffnet sich. Klicken Sie auf **Weiter**.

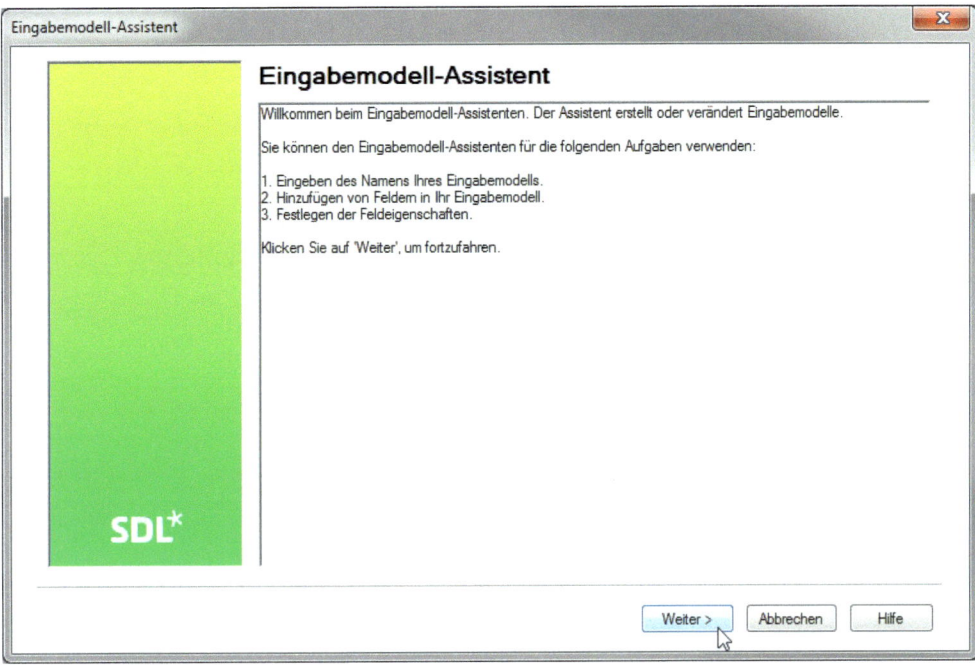

Das Dialogfeld **Eingabemodellname** öffnet sich. Geben Sie einen Namen und optional eine Beschreibung für das Eingabemodell ein und klicken Sie danach auf **Weiter**.

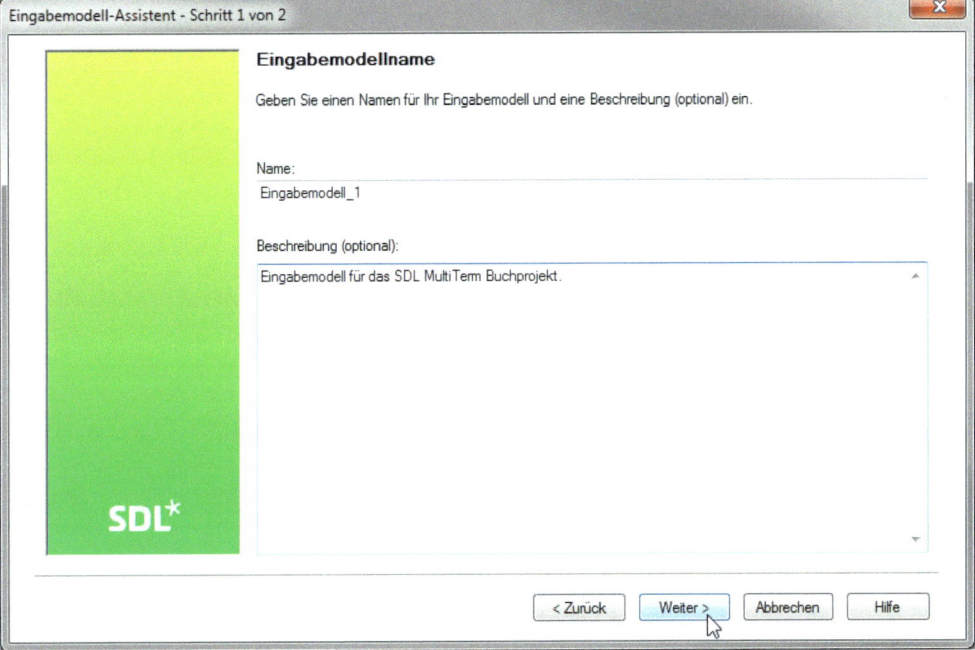

Klicken Sie zunächst mit der rechten Maustaste 🖱 auf **Eintragsebene**.

Wählen Sie aus der sich öffnenden Dropdown-Liste **Eine Sprache** aus, ...

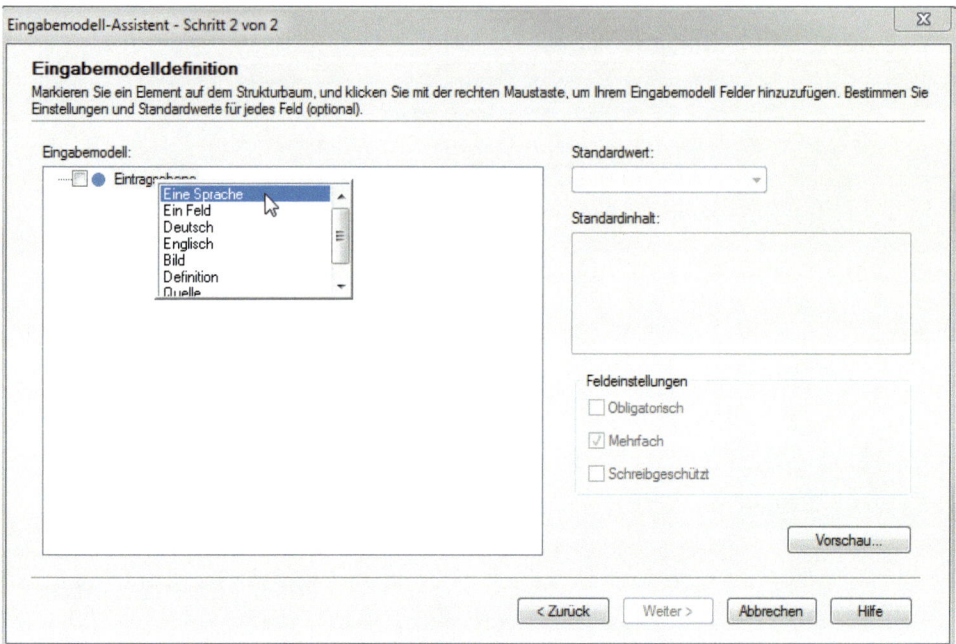

... um Einstellungen für alle Sprachen gleichzeitig vorzunehmen, die in einer Termbank angelegt wurden.

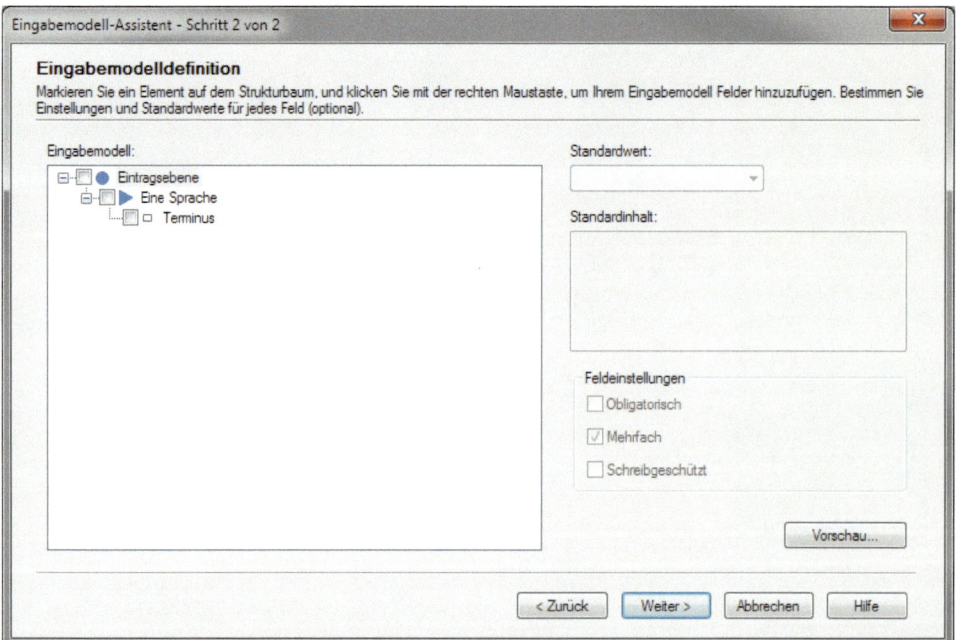

Wählen Sie alternativ eine oder mehrere Sprachen aus, die Sie in das Eingabemodell aufnehmen möchten, indem Sie entweder auf die einzelne Sprache klicken oder indem Sie die ⌈Strg⌉-Taste gedrückt halten, auf die jeweiligen Sprachen klicken und danach die Eingabetaste ↵ drücken. Im vorliegenden Beispiel wurden Deutsch und Englisch ausgewählt, damit unabhängig voneinander Einstellungen für die jeweilige Sprache vorgenommen werden können.

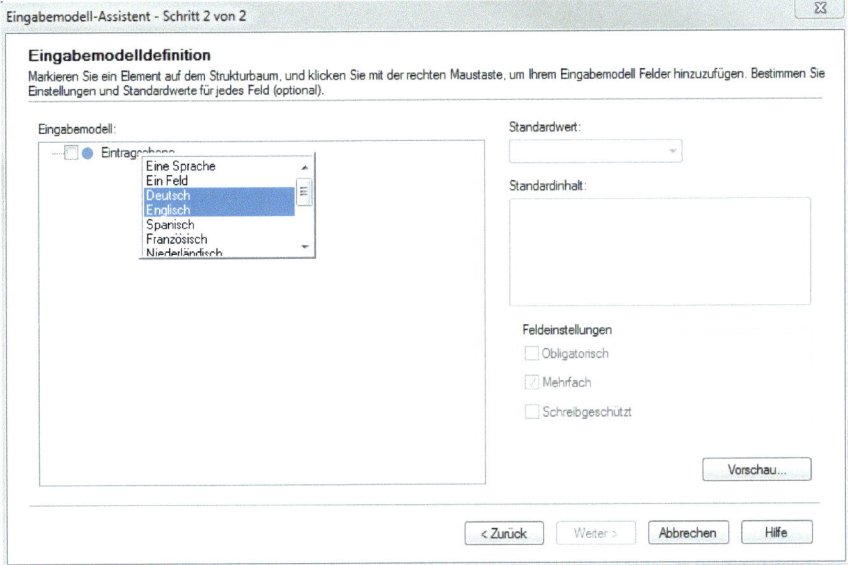

Die Sprachen sind nun eingetragen und Sie haben die Möglichkeit, auf die einzelnen Sprachen zu klicken, sodass diese farbig unterlegt sind, und in den aktiv werdenden Feldeinstellungen festzulegen, ob Benennungen für diese Sprache **obligatorisch** einzutragen sind.

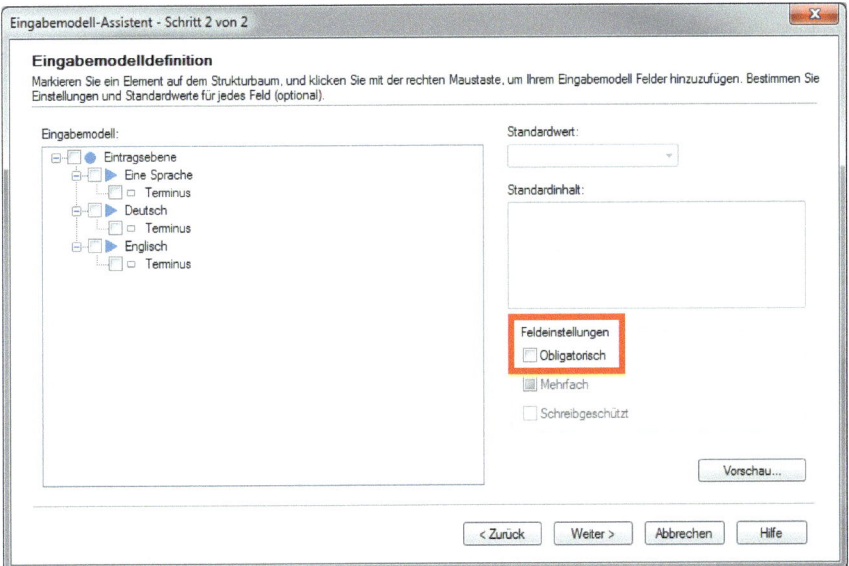

Klicken Sie unterhalb der jeweiligen Sprache auf **Terminus**, um in den **Feldeinstellungen** festlegen zu können, ob Synonyme für die jeweilige Sprache (**Mehrfach**) eingetragen werden dürfen. Als Standard ist die Option **Mehrfach** mit einem Häkchen versehen, das heißt, es ist möglich, nicht nur eine einzelne Benennung, sondern auch Synonyme in der ausgewählten einzelnen Sprache einzutragen.

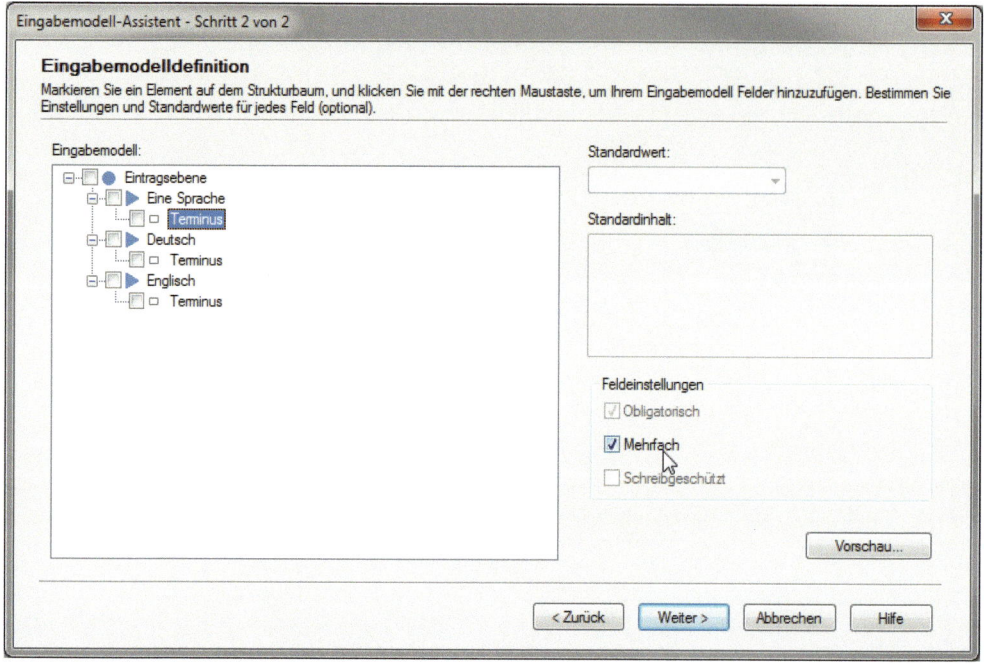

Fügen Sie im Anschluss auf Eintrags- und Termebene die gewünschten (in einer Termbank vorhandenen) beschreibenden Felder hinzu, die in das Eingabemodell aufgenommen werden sollen.

Hinzufügen von beschreibenden Feldern auf Eintragsebene

Klicken Sie im Dialogfeld **Eingabemodelldefinition** zunächst unterhalb von **Eingabemodell:** mit der rechten Maustaste 🖱 auf **Eintragsebene** und wählen Sie aus der sich öffnenden Dropdown-Liste ein beschreibendes Feld (hier: Fachgebiet) oder mehrere beschreibende Felder (mit gedrückter [Strg]-Taste) aus. Bestätigen Sie danach mit der Eingabetaste ⏎.

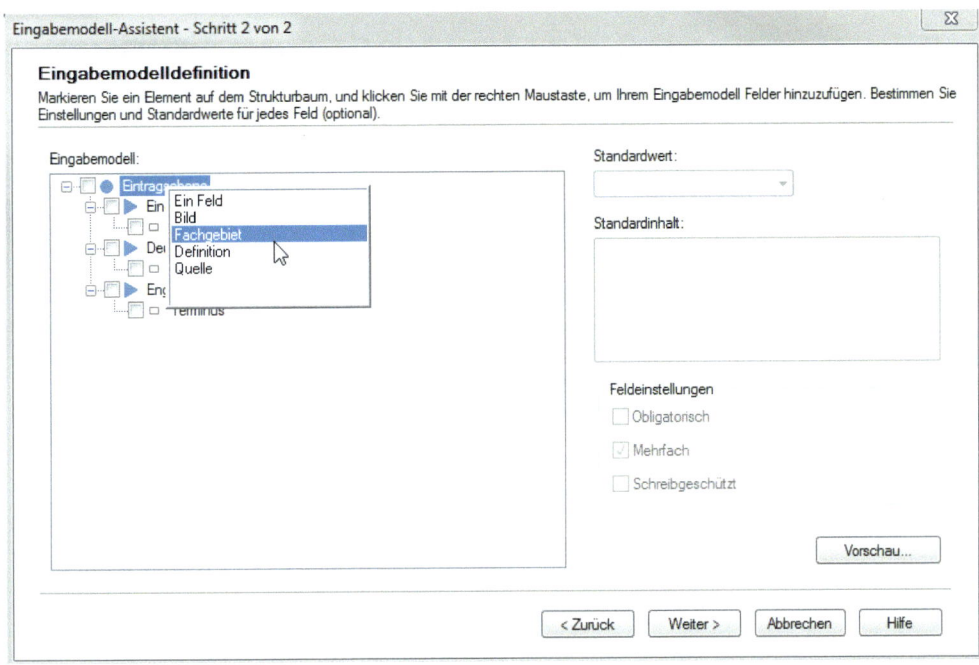

Das beschreibende Feld oder die beschreibenden Felder werden entsprechend hinzugefügt und gehört/gehören damit zum Eingabemodell.

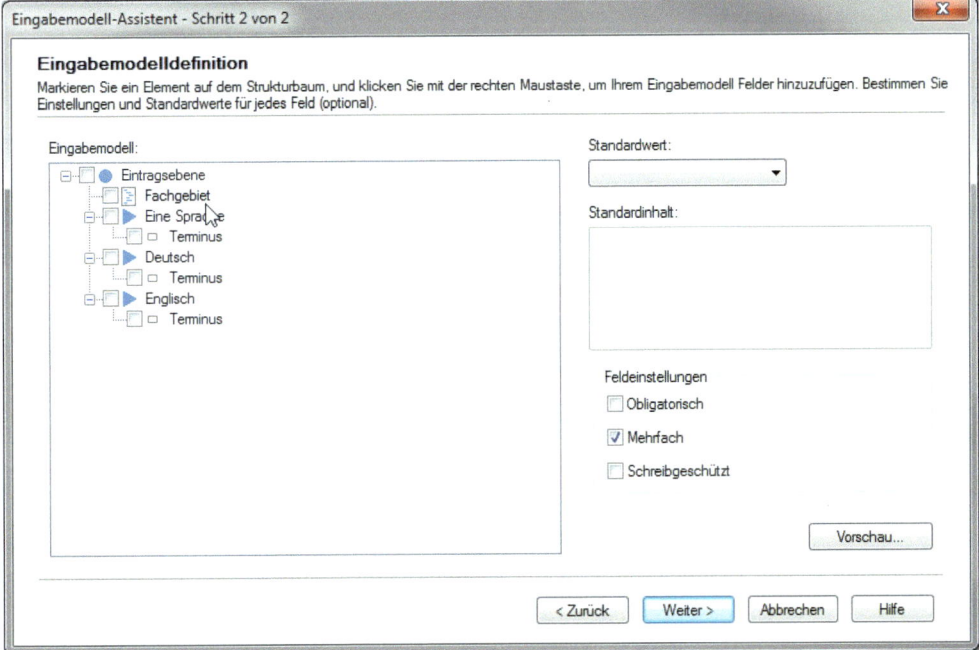

Hinzufügen von beschreibenden Feldern auf Termebene

Verfahren Sie analog mit der Termebene. Klicken Sie dazu mit der rechten Maustaste 🖱 auf ein **Terminus**-Feld unter einer Sprache, sodass dieses farbig unterlegt ist, und wählen Sie aus der sich öffnenden Dropdown-Liste das beschreibende Feld aus, das der Sprache hinzugefügt werden soll (hier: Genus). Bestätigen Sie die Auswahl mit der Eingabetaste ↵.

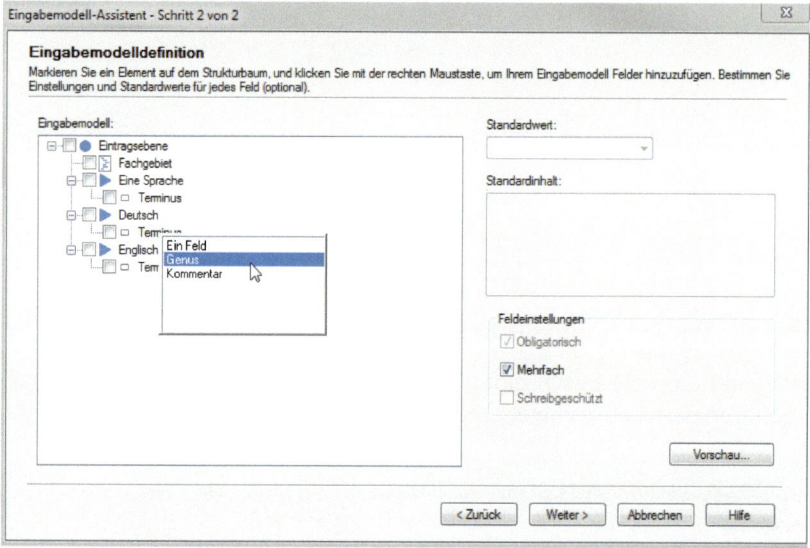

Das beschreibende Feld Fachgebiet ist nun der Eintragsebene, das Feld Genus der Termebene der Sprache Deutsch zugeordnet.

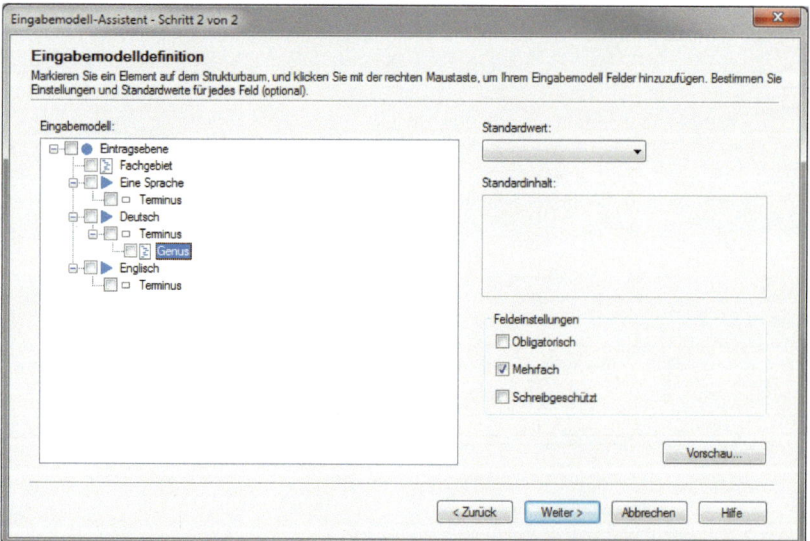

Hinzufügen von Standardwerten

Klicken Sie auf ein beschreibendes Feld, für das bei der Anlage der Termbank eine Pickliste hinterlegt wurde, sodass dieses farbig unterlegt ist (hier: Fachgebiet), damit das Feld **Standardwert:** aktiv wird. Mit dem Standardwert wird eine Vorauswahl aus einer in einer Termbank vorhandenen Pickliste getroffen. Dieser Standardwert wird bei jedem neuen Eintrag eingetragen, wenn das entsprechende Eingabemodell bei der Bearbeitung einer Termbank ausgewählt ist, kann aber bei der Bearbeitung geändert werden.

Klicken Sie auf den kleinen Pfeil unter **Standardwert:**. Eine Dropdown-Liste mit den zur Verfügung stehenden Standardwerten wird aktiv. Wählen Sie einen Wert aus, der als Standardwert gesetzt werden soll.

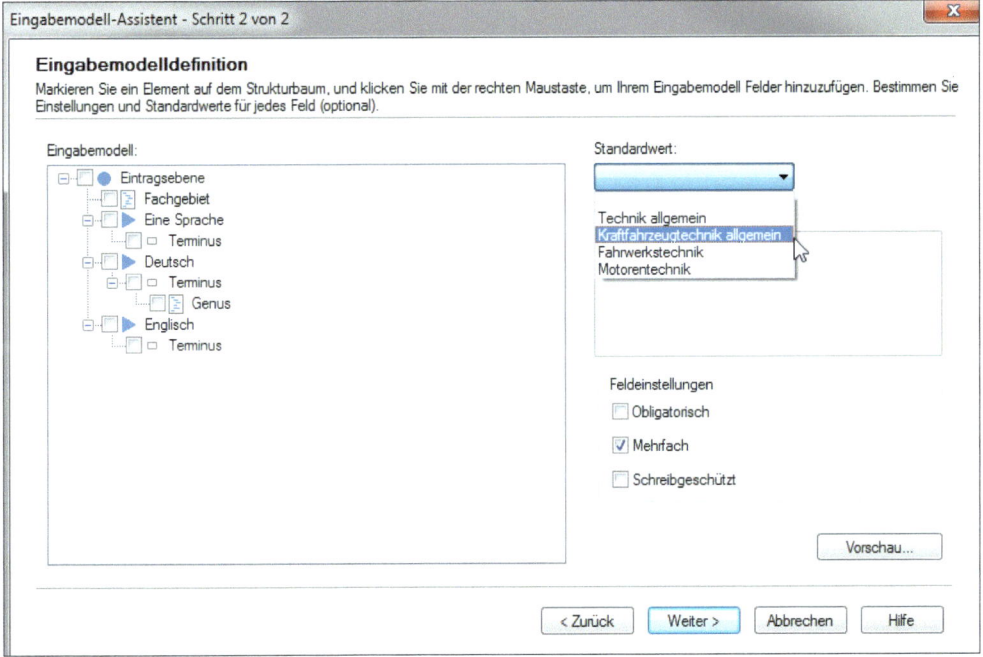

Ausgewählter Standardwert

❗ Standardwerte werden bei der Verwendung von Eingabemodellen bei der Anlage von neuen Einträgen voreingetragen. Sie können jederzeit bei der Bearbeitung geändert werden, wenn sie unter **Feldeinstellungen** (siehe Abbildung oben) nicht als **Schreibgeschützt** eingetragen wurden.

Klicken Sie auf **Weiter**, um fortzufahren.

Der Eingabemodell-Assistent ist an dieser Stelle beendet. Klicken Sie auf **Fertig stellen**, um die Eingaben abzuschließen.

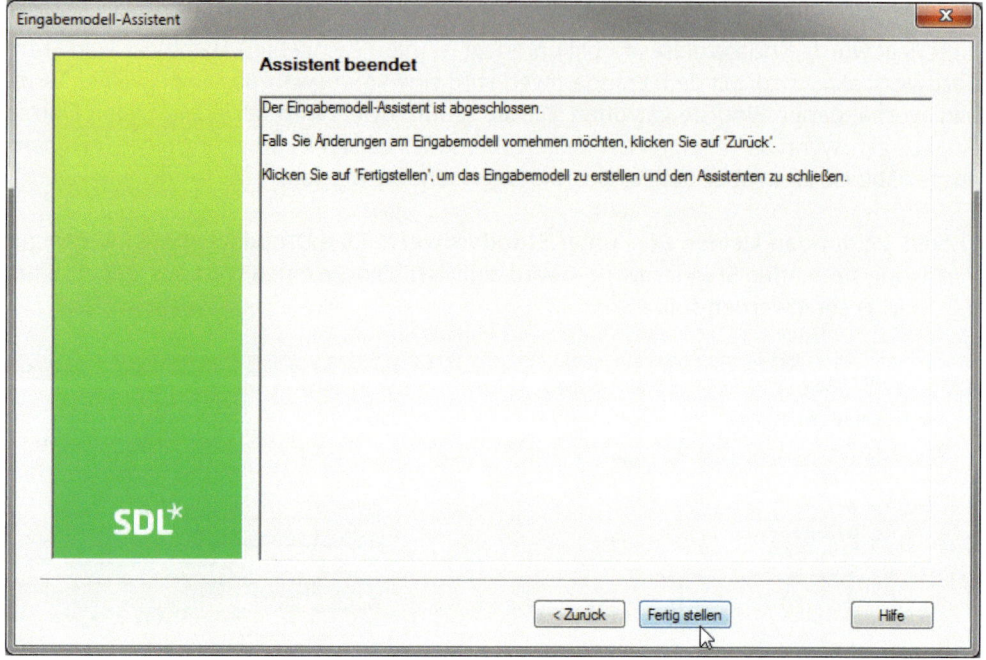

Auswählen von Eingabemodellen

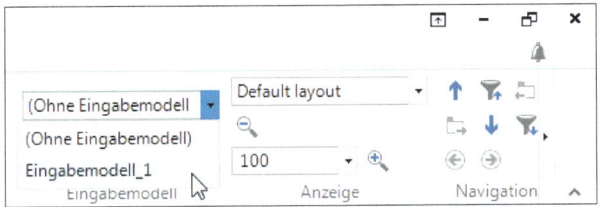

Wählen Sie in der Ansicht **Termini** auf der Registerkarte **Start** in der Gruppe **Eingabemodell** das gewünschte Eingabemodell aus.

❗ Bitte beachten Sie dabei, dass Eingabemodelle nur dann zur Verfügung stehen, wenn die Termbank, für die sie angelegt wurden, geöffnet ist.

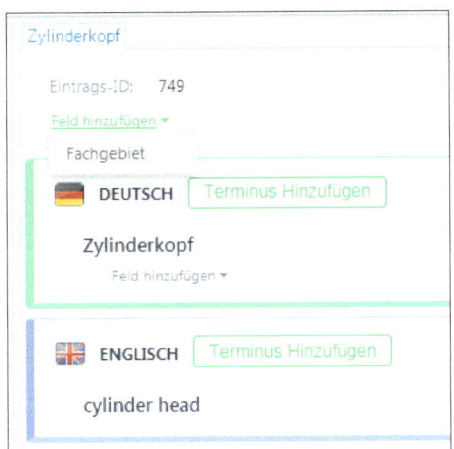

Sobald die Benennungen in einem neuen Eintrag eingegeben wurden, werden die für das Eingabemodell ausgewählten beschreibenden Felder aktiv. Im vorliegenden Beispiel das Fachgebiet auf Eintragsebene

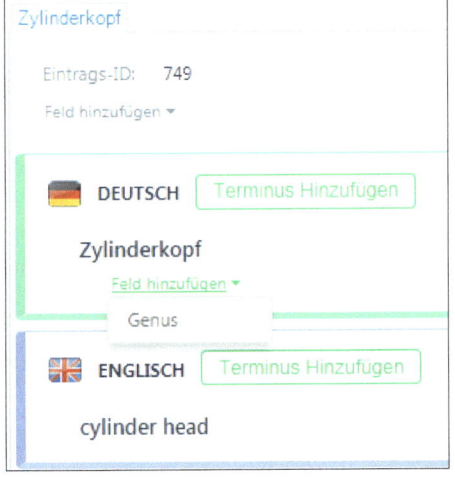

und der Genus als beschreibendes Feld unter der Sprache Deutsch.

Suchoptionen und Suchmodi in MultiTerm

Die Suchoptionen und Suchmodi befinden sich in SDL MultiTerm 2019 in der Ansicht **Termini** auf der Registerkarte **Start** in der Gruppe **Suche**.

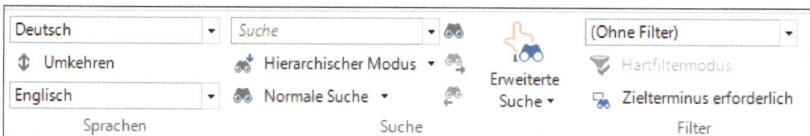

Die Ergebnisse der Suche (in geöffneten Termbanken) werden in der Ansicht **Termini** auf der Registerkarte **Treffer** angezeigt.

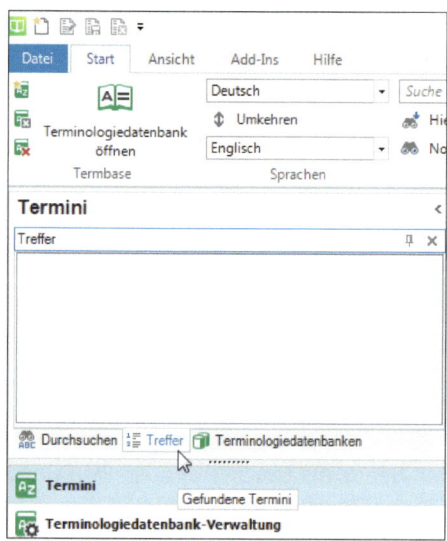

❗ Bitte achten Sie darauf, zunächst die gewünschte Sprachkombination auf der Registerkarte **Start** in der Gruppe **Sprachen** einzustellen, bevor Sie mit einer Suche beginnen.

Normale Suche

In der normalen Suche sucht SDL MultiTerm 2019 in allen geöffneten Termbanken exakt nach dem von Ihnen im Suchfeld eingegebenen Eintrag. Abweichungen, wie z.B. geänderte Akzente, werden nicht angezeigt. Die normale Suche ist als Standard eingestellt.

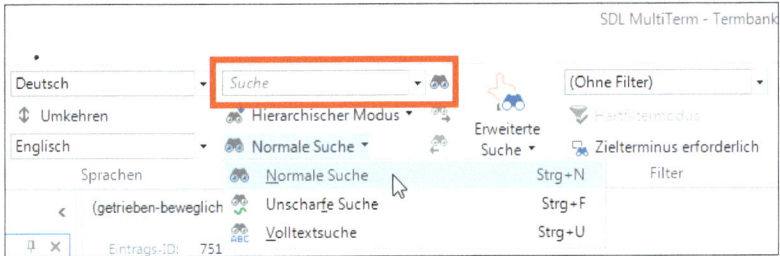

Unscharfe Suche

In der unscharfen Suche von SDL MultiTerm 2019 ist eine Fuzzy-Logik hinterlegt, sodass auch leichte Änderungen erkannt werden, wie zum Beispiel delegation → délégation.

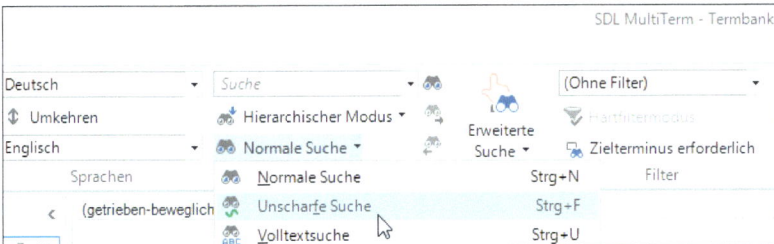

Volltextsuche

In der Volltextsuche sucht SDL MultiTerm 2019 in allen geöffneten Termbanken sowohl auf der Benennungsebene als auch in den beschreibenden Feldern nach dem in der Suche eingegebenen Text.

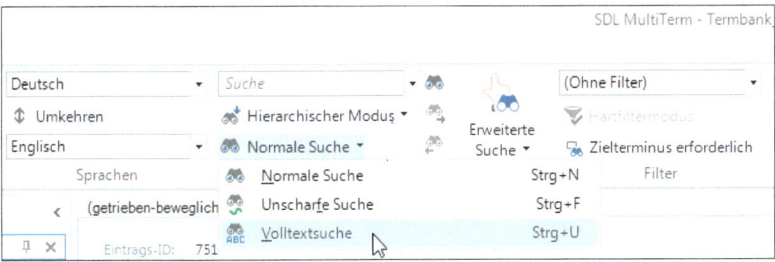

Platzhaltersuche

In der Platzhaltersuche haben Sie die Möglichkeit, mit einem Sternchen (*) mehrere unbekannte Zeichen, mit einem Fragezeichen (?) ein unbekanntes Zeichen zu ersetzen.

Erweiterte Suche
→ Suche nach Duplikaten

In der Suche nach Duplikaten werden alle Duplikate einer in SDL MultiTerm 2019 geöffneten Termbank aufgelistet und können bearbeiten und gelöscht werden. Bitte beachten Sie, dass nicht alle gleich geschriebenen Benennungen wirklich Duplikate sind, da auch Homonyme (gleich geschriebene Benennungen mit einer anderen Bedeutung) in einer Termbank enthalten sein können.

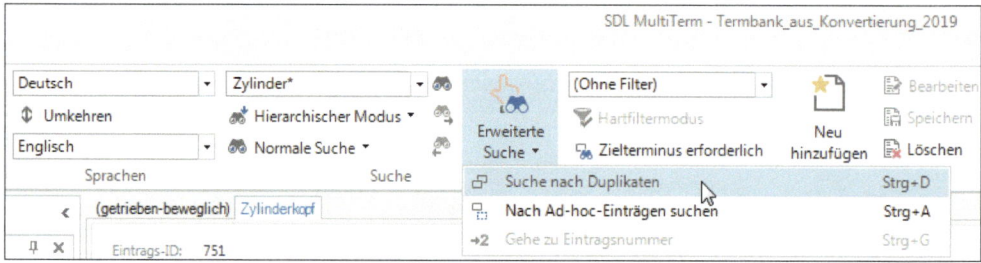

Erweiterte Suche
→ Nach Ad-hoc-Einträgen suchen

Die Suche nach Ad-hoc-Einträgen ermöglicht das Auffinden von Einträgen in einer geöffneten Termbank, die aus der Übersetzung in SDL Trados Studio 2019 heraus mit dem Befehl **Terminus schnell hinzufügen** über die Schnittstelle zu MultiTerm in eine Termbank in SDL MultiTerm 2019 eingegeben wurden, und ggf. nach der Übersetzung in SDL MultiTerm 2019 vervollständigt oder geprüft werden sollen.

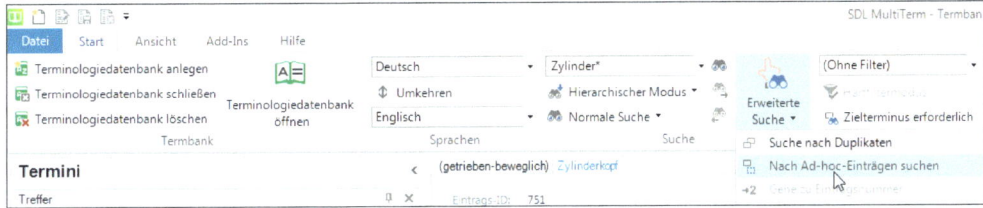

Hierarchischer Modus

Im hierarchischen Modus, der als Standard in SDL MultiTerm 2019 voreingestellt ist, wird eine Suche so lange in geöffneten Termbanken von oben nach unten in der entsprechenden Reihenfolge durchgeführt, in der sie geöffnet wurden, bis eine gesuchte Benennung gefunden wird. Die Suche erfolgt danach **nicht** in weiteren für die Suche geöffneten Termbanken.

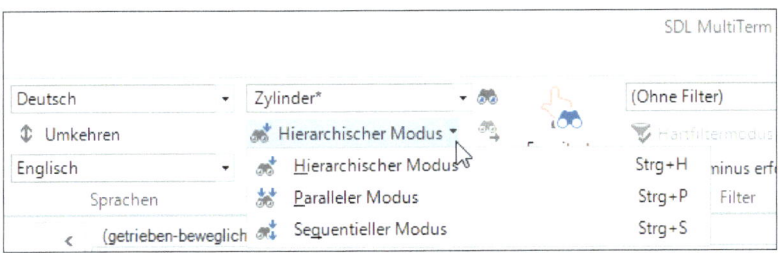

Paralleler Modus

Im parallelen Modus werden alle in SDL MultiTerm 2019 geöffneten Termbanken gleichzeitig durchsucht.

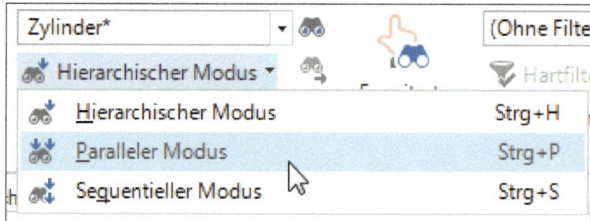

Sequentieller Modus

Im sequentiellen Modus werden die in SDL MultiTerm 2019 geöffneten Termbanken in der Reihenfolge durchsucht, wie sie in der Registerkarte **Termbanken** geöffnet sind und angezeigt werden.

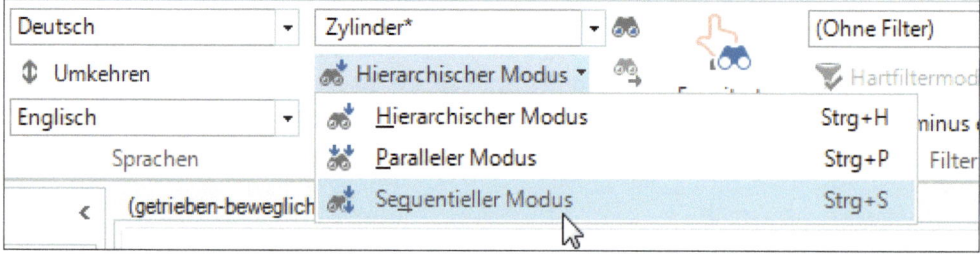

Index

A

Aktivierung von SDL Trados Studio 2019 28
Aktualisierung aus überprüfter Zieldatei 383
Alignment 647
    alle Segmente bestätigen 662
    Befehl Gehe zu 660
    Dateien erneut alignieren 659
    einzelne Dateipaare alignieren 649
    Ergebnisse im sdlxliff-Format speichern 669
    Ergebnisse importieren 663
    Ergebnisse speichern 662
    Fragment-basiertes Alignment 301
    gespeicherte Alignments für Prüfung öffnen 678
    leere Segmente einfügen 659
    mehrere Dateipaare alignieren 671
    mehrere Segmente verbinden 655
    Qualitätswert 667
    Segmente teilen 658
    Segmente trennen 653
    Segmente und Rechtschreibkorrektur aktivieren 652
    Segmente verbinden 654
    Segmente verbinden mit Drag & Drop 655
    Suchen im Alignment 661
    weit auseinander liegende Segmente verbinden 656
    Zuordnungen bestätigen 652
Analyse
    dateiübergreifende Wiederholungen 131
    gesperrte Segmente 133
    interne Fuzzy-Matches 132
Änderung annehmen / ablehnen im Modus Übersetzen 370
Ansichten 46
    Alignment 65
    Berichte 52
    Dateien 50
    Editor 53
    Projekte 48
    Translation Memorys 61
AnyTM 498
    abweichende Subsprache 507
    umgekehrte Sprachrichtung verwenden 504
Anzeigefilter 311
    auswählen 311
    erweiterter Anzeigefilter 202, 314
    zurücksetzen 313
Arbeitsbereich 45
Ausgangssegmente kopieren 263
Ausgangstext
    bearbeiten 254
    mit Zieltext synchronisieren 319
AutoKorrektur 78
Automatisches Öffnen von zuvor bearbeiteten Dokumenten 242
Automatisierung 88
AutoPropagate 90
AutoSuggest 266, 509
    Vorschlag übernehmen 266
    Wörterbücher anlegen 512
    Wörterbücher hinzufügen 519
    Wörterbücher hinzufügen nach Projektanlage 522

B

Batch-Tasks 524
    Abschließen 232, 408, 525
    Aktualisierung aus überprüfter Zieldatei 557
    Analyse 131, 528
    aus zweisprachiger Überprüfung aktualisieren 558
    benutzerdefiniert 124, 588
    Dateien exportieren 538
    Dateien prüfen 578
    Dateien vorübersetzen 134, 562
    Einstellungen 130
    Ersetzen von Übersetzungen 135
    Export für zweisprachige Überprüfung 558
    Fuzzy-Match-Bereiche 136
    Master-Translation Memorys aktualisieren 573
    minimaler Match-Wert 135
    Nur analysieren 122
    ohne Projekt-TM vorbereiten 120
    PerfectMatch 142
    PerfectMatch anwenden 543
    Projektfortschritt 585
    Projekt-Translation Memorys aktualisieren 577
    Projekt-Translation Memorys erstellen 548
    Pseudoübersetzung 123, 553
    übersetzte Wörter zählen 569
    Übersetzungsbewertung 403, 534
    Vorbereiten 121

Batch-Tasks (Forts.)
  Wortzählung 581
  zielsprachliche Arbeitskopien erstellen 559
  zielsprachliche Versionen erstellen 543
Benachrichtigungen 198
Benutzeroberfläche 39
Benutzerprofil 33
  exportieren 627
  importieren 630
  TM-Benutzer-ID 32

D

Datei
  abschließen 230
  aktualisieren 163
  als Zieltext abspeichern 406
  einbinden mit Drag & Drop 174
  hinzufügen 152
  liefern 237
  löschen 161
  öffnen 211, 238
Dateitypen 23
Datenpflege 597
  ausgangs- und zielsprachliche Segmente bearbeiten 599
  Bearbeitung im Batch 606
  Benutzer verwalten 621
  Duplikate suchen 602
  Feldwerte ändern 611
  Feldwerte löschen 615
  Filter setzen 603
  Tags löschen 618
  Text suchen 600
  Text suchen und ersetzen 606
Datum übernehmen 252
Dialogsprache 22
Dokumentstruktur 198

E

Editor
  Benachrichtigungen 198
  Dokumentstruktur 198
  Nützliche Tipps 203
  Registerkarten mit Dateinamen geöffneter Dateien 205
  Segmentnummern 197
  Vorschau 199
  Was möchten Sie tun? 204

Einstellungen
  AutoKorrektur 78
  Automatisierung 88
  AutoPropagate 90
  Fragmenterkennung 83
  Konkordanzsuche 84
  Rechtschreibung 76
  Schriftartenanpassung 86
  Sprachen 92
  Überprüfung 93
  Übersetzungsergebnisse 79
Einzeldatei
  übersetzen 168
Ersetzen 274
Erstmalige Einrichtung 31

F

Farbschema 72
Fehlermeldung
  Ausgangs- und Zielsatz identisch 351
  Fehlende/Zusätzliche öffnende oder schließende Klammer 353
  ignorieren 353
  Leerzeichen vor angegebenem Interpunktionszeichen 352
  löschen 354
  Satz wurde uneinheitlich übersetzt 351
  Segment wurde nicht übersetzt 351
  Tag entfernt oder Tag-Paar entfernt 353
  Überflüssige Leerzeichen gefunden 352
  Überflüssiger Punkt gefunden 352
  Wortwiederholung gefunden 351
  Zahl fehlt im Zielsegment bzw. wurde nicht korrekt lokalisiert 352
  Zielsegment wurde ohne Bearbeitung bestätigt 352
  Zusätzliche Zahl im Zielsegment 353
Fenster
  Ausgangs- und Zieltext 60
  Bewertungen 57
  gefundene Fragmente 55
  Kommentare 56
  Konkordanzsuche 56
  Meldungen 58
  Terminologieerkennung 59
  Übersetzungsergebnisse 54
Fenster-Layout
  zurücksetzen 318

Index

Formatierungen
  einfügen 245
  löschen 248
Fragmenterkennung 83, 298
Fußnoten 279

G

Gehe zu 275
Grafiken 278
Groß-/Kleinschreibung 321
GroupShare 112

H

Hyperlinks 279

I

Import
  korrigierte zielsprachliche Dokumente 383
  sdlalign-Datei 464
  sdlxliff- / ttx- / itd-Datei 462
  tmx-Datei 460
Inhaltsverzeichnis bearbeiten 277

K

Kommentar
  anzeigen in Seitenansicht 285
  auswählen 283
  bearbeiten 284
  beibehalten 291
  exportieren 287
  filtern 287
  gewichten 283
  hinzufügen 281
  löschen 284
Konkordanzsuche 84, 292
  automatische Konkordanzsuche 296
  Benennungen zu MultiTerm hinzufügen 294
  zeichenbasierte Konkordanzsuche 298
Kundenfeedback-Programm 34

L

Längenprüfung 339
Leerzeichen ein- und ausblenden 244
Lesezeichen 269
  anzeigen 272
  hinzufügen 271
Lizenznummer 28
LookAhead 310

M

Master-Translation Memory 122
Match 205
  100%-Match 206
  100%-Matches und Kontext-Matches bearbeiten 223
  100%-Matches und Kontext-Matches entsperren 224
  Fuzzy-Match 207
  Fuzzy-Matches bearbeiten 218
  Kontext-Match 206
  Match-Optimierung 307
  No Match 208
Microsoft Excel-Glossare in MultiTerm konvertieren 748
Multifunktionsleiste 40
  anpassen 637
  Gruppen und Funktionen hinzufügen 644
  Registerkarten hinzufügen 639
  zurücksetzen 645
MultiTerm 680
  Ad-hoc-Einträge suchen 829
  beschreibende Felder auf Eintragsebene hinzufügen 820
  beschreibende Felder auf Termebene hinzufügen 822
  Convert 748
  Duplikate suchen 828
  einfachen Filter anlegen 800
  Eingabemodelle anlegen 816
  Eingabemodelle auswählen 825
  Einräge löschen 737
  Einträge hinzufügen 714
  Einträge nachträglich bearbeiten 731
  erweiterte Filter anlegen 805
  Filter definieren 800
  Filter verwenden 814
  Glossare konvertieren und importieren 747
  Glossaren aus Microsoft Excel konvertieren 748
  harte und bedingte Filter 814
  konvertierte Glossare importieren 775
  Neuen Terminus hinzufügen 739
  normale Suche 827
  Platzhaltersuche 828
  Querverweise hinzufügen 732
  Querverweise zu Einträgen 734
  Querverweise zu Hyperlinks 736
  Schnittstelle zu SDL Trados Studio 738
  Standardwerte hinzufügen 823

MultiTerm (Forts.)
   Suche im hierarchischen Modus 829
   Suche im parallelen Modus 830
   Suche im sequentiellen Modus 830
   Suchoptionen 826
   Termbank anlegen mithilfe der Termbankdefinitionsdatei 766
   Termbankdaten exportieren im xml-Format 784
   Termbankdaten exportieren in Microsoft Word 789
   Termbankdaten exportieren in tabulatorgetrennte Textdateien 795
   Terminologie mit AutoSuggest übernehmen 746
   Terminus schnell hinzufügen 742
   unscharfe Suche 827
   Volltextsuche 827

N

Navigationsleiste 41
   Alignment 43
   Berichte 42
   Dateien 42
   Editor 43
   Projekte 41
   Translation Memorys 43
   Verkleinern/Erweitern 44

O

Optionen 72

P

PerfectMatch 113
Projekt
   abschließen 230, 406
   als beendet markieren 415
   anlegen 94
   anlegen in der Ansicht Projekte 151
   öffnen 211, 238
   Projektdetails 98
Projektabwicklung 94
Projektanlage
   aktualisieren 148
   Termbank anlegen 107
   Termbank hinzufügen 108
   Translation Memorys anlegen 101
   Translation Memorys hinzufügen 104
Projektdatei
   öffnen 240
   öffnen mehrerer Dateien 240

Projektpaket 176
   anlegen 177
   öffnen 185
Projektsprachen 21
Projekt-Translation Memory 122
Projektvorbereitung 118
   benutzerdefiniert 124
   häufige Segmente exportieren 134
   Nur analysieren 122
   Pseudo-Übersetzung 123
   Unbekannte Segmente exportieren 133
   Vorbereiten 121
Projektvorlagen
   anlegen 146
   auswählen 147
Projektzusammenfassung 144
Pseudoübersetzung 123, 553

Q

QA Checker 331
   Profile exportieren/importieren 340
Qualität bewerten 400
Qualitätsprüfung 329
   auf nicht bestätigte Segmente überprüfen 359
   auszuschließende Segmente 333
   Fehlermeldung beheben 350
   formale Qualitätsprüfung 348
   Inkonsistenzen 333
   Interpunktion 334
   Kriterien für eine Sprachkombination festlegen 344
   Längenprüfung 339
   Reguläre Ausdrücke 337
   Segmentprüfung 332
   Spanische Satzzeichen 335
   Trademark-Prüfung 338
   unbearbeitete Fuzzy-Matches 334
   Wortliste 336
   Wortwiederholungen 334
   Zahlen, Zeitangaben, Datumsangaben, Maßeinheiten 336
Qualitätsprüfungsbericht 355
Qualitätssicherung 322
Qualitätssicherungsdurchlauf 323
Qualitätssicherungskriterien 331
QuickMerge 240

R

Rechtschreibprüfung 326
   Ergänzen des Wörterbuchs 328
Rechtschreibung 76
Referenzdateien hinzufügen 159
Reguläre Ausdrücke 337
Retrofit 383, 557
   Aktualisieren einer einzelnen Projektdatei 383
   Aktualisieren einer oder mehrerer Projektdateien 390
Rückpaket erzeugen 190

S

Schaltfläche
   Nützliche Tipps 67
   Was möchten Sie tun 66
Schnellzugriffsleiste 40
   anpassen 634
   zurücksetzen 636
Schriftartenanpassung 86
Segmente
   alle gleichzeitig bestätigen 320
   beim Öffnen zum zuletzt bearbeiteten Segment springen 318
   bestätigen 225
   teilen 261
   zusammenführen 257
   zweite Übersetzung hinzufügen 226
Segmentierungsregeln 486
Segmentnummern 197
Segmentstatus 196, 412
Sonderzeichen
   einfügen 269
Spanische Satzzeichen 335
Sprache
   Benutzeroberfläche 22
   Dialogsprache ändern 69
   Projektsprachen auswählen 35
Sprachressourcen 477
   Abkürzungsliste 482
   neue Vorlage erstellen 478
   Ordinalsubstantiv-Liste 484
   Segmentierungsregeln 486
   Sprache eingeben 479
   Variable eingeben 480
Sprachressourcen-Vorlage
   öffnen 496
   speichern 495

Standardspeicherort 25
Standardsprachpaar einstellen 98
Suchen 273
Systemanforderungen 20

T

Tag-Prüfung
   Einstellungsmöglichkeiten 345
Tags übernehmen 249
Tell me 66
Termbank
   anlegen 682
   anlegen auf Basis einer vorhandenen Termbank 703
   anlegen/hinzufügen 106
   Benennungen hinzufügen 717
   beschreibende Felder hinzufügen 720
   öffnen 711
   Synonyme hinzufügen 719
Termbankdefinition
   beschreibende Felder hinzufügen 690
   beschreibende Felder zuordnen 696
   Eigenschaften von beschreibenden Feldern definieren 691
   erstellen 684
   Feldeinstellungen 700
   Sprachen hinzufügen 685
Termbankdefinitionsdatei 766
Terminologieprüfung
   Einstellungsmöglichkeiten 346
Terminologieverwaltung 680
TM-Benutzer
   ändern beim Projektabschluss 623
   ändern im Bereich Setup 622
   verwalten 621
Trademark-Prüfung 338
Translation Memory
   aktualisieren 411
   anlegen 101
   anlegen auf Basis eines dateibasierten TMs 433
   benutzerdefinierte Felder anlegen 420
   Datenpflege 597
   Einstellungsmöglichkeiten bei Anlage 417
   hinzufügen 104
   umgekehrte Sprachrichtung 504
   Upgrade 439
   Upgrade aus Translators Workbench, SDLX, TMX, Win-Align-Exporten 450
   Upgrade bei Projektanlage 448

Translation Memory-Daten
    exportieren 473
    importieren 456
    importieren bei Projektanlage 469

U

Überprüfung
    abschließen 369
    Änderung (einzeln) annehmen 365
    Änderungen (alle) annehmen 368
    Änderungen ablehnen 368
    Änderungen vornehmen 365
    aus zweisprachiger Überprüfung aktualisieren 377
    außerhalb von SDL Trados Studio 2019 372
    durch den Korrektor 362
    Export für zweisprachige Überprüfung 372
    mehrere Änderungen annehmen 367
    Öffnen von Dateien für die Überprüfung 363
Übersetzungsansicht
    alternative Übersetzungsansicht 242
Übersetzungsbewertung 395
    Batch-Task 403
    erstellen 396
    Überprüfen von Übersetzungen 399
Übersetzungsmodell 304
Übersetzungsprozess 209
    mit Projektabschluss 210
    Qualitätsprüfung, Überprüfung und Projektabschluss 238

V

Variablen übernehmen 251
Version 26
    Freelance / Freelance Plus 26
    Kompatibilität zu früheren Versionen 24
    Professional 26
Vorschau 199

W

Walk me 67

Z

Zahlen übernehmen 251
Zieltext
    farbig markieren 266
    speichern unter 230
Zieltextkommentare 280
Zweite Übersetzung 226

Ricarda Essrich: Positionierung als freiberuflicher Übersetzer – Spezialisierung oder Diversifikation?, Umfang: 120 Seiten, ISBN: 978-3-938430-87-3, Erscheinungsjahr: 2017, Preis: 27,00 €

Der Weg zum Erfolg als freiberuflicher Übersetzer führt über die Spezialisierung", behaupten die einen. „Ohne Diversifikation geht es nicht", die anderen. Doch wer hat Recht? Sollte man sich auf ein möglichst winziges exotisches Fachgebiet konzentrieren oder lieber möglichst viel aus möglichst unterschiedlichen Sparten anbieten, um viele Kunden bedienen zu können? Oder liegt die Lösung vielleicht irgendwo dazwischen?

Die Autorin macht sich in ihrem Buch auf die Suche nach Antworten auf diese Fragen. Dabei lässt sie in eingestreuten Interviews einige erfolgreiche Kolleginnen und Kollegen zu Wort kommen, die erzählen, wie sie sich als Übersetzer positioniert haben.

Die Autorin ist der Überzeugung, dass Übersetzer nur durch eine geschickte Positionierung, die meist auch eine Spezialisierung bedeutet, langfristig wirtschaftlich erfolgreich sein können. Sie zeigt in diesem Buch, wie man sich spezialisiert, was Spezialisierung bedeutet und wie man trotz Spezialisierung das eigene Portfolio verbreitert, um Risiken zu reduzieren und Wachstumspotenziale zu nutzen.

Die Konzentration auf bestimmte Fachgebiete oder Fähigkeiten könnte für etliche Sprachmittler der Weg zu deutlich mehr Erfolg am Markt sein. Wie das gehen kann, zeigt vorliegendes Buch.

Manfred Braun (Hrsg.): Wissensmanagement für Sprachmittler im Überblick und Detail, Umfang: 133 Seiten, ISBN: 978-3-946702-00-9, Erscheinungsjahr: 2018, Preis: 25,00 €

Das Thema Wissensmanagement lässt sich zwischen zwei Buchdeckeln kaum erschöpfend abhandeln. Intention des Sammelbands ist es daher, nach einer theoretischen Einführung in die Materie, einige Aspekte beim Umgang mit Wissen darzustellen, die für Sprachmittler besonders wichtig und interessant sind.

Übersetzer und Dolmetscher sehen sich jeden Tag mit der Aufgabe konfrontiert, Wissen und Fakten möglichst schnell und effektiv zu recherchieren, zu bewerten, zu verwenden und bestenfalls auch zu archivieren, damit es bei zukünftigen Arbeitsaufträgen wieder aufgefunden werden kann.

Während wir früher Wissen, über das wir nicht selbst verfügten, nur in gedruckter Form in Büchern und Zeitschriften zugänglich machen konnten, haben wir dank des Internets heute die Möglichkeit, innerhalb von Millisekunden auf das geballte Wissen oder Nichtwissen der ganzen Welt zuzugreifen. Wie häufig wir dies tun, fällt uns erst auf, wenn der Internetzugang gestört oder zu langsam ist oder ein Stromausfall oder ein defekter Computer uns vom weltweiten Wissen abschneidet.

Wir sollten daher regelmäßig unseren Umgang mit Wissen überprüfen und überlegen, wie wir unsere Arbeitsweise optimieren können. Die Beiträge des Sammelbands bieten hierfür nützliche Anregungen.

Alle Preise sind Bruttopreise und verstehen sich zzgl. Porto und Verpackung (ab 2,50 Euro). Bestellungen erbitten wir bevorzugt über unsere Internetseite: www.bdue-fachverlag.de. Dort finden Sie außerdem Leseproben zum kostenlosen Download.

Ausgewählte Titel aus dem BDÜ Fachverlag

Angelika Ottmann (Hrsg.): Best Practices – Übersetzen und Dolmetschen. Ein Nachschlagewerk aus der Praxis für Sprachmittler und Auftraggeber, Umfang: 398 Seiten, ISBN: 978-3-938430-85-9, Erscheinungsjahr: 2017, Preis: 31,00 €

Best Practices sind bewährte Verfahrensweisen, d. h. Methoden, Prozesse, Arbeitsweisen und Modelle, die sich in der Praxis bewährt haben und von einem Großteil der Praktiker angewendet und unterstützt werden. In diesem Sinne wendet sich das vorliegende Werk an alle, die mit den Dienstleistungen Übersetzen und Dolmetschen befasst sind, sei es als Ausführende (Übersetzer, Dolmetscher), als Vermittler (Agenturen) oder als Auftraggeber (Unternehmen, Behörden, Institutionen). Es ist ein Nachschlagewerk und Referenzhandbuch für alle, die Antworten auf ihre speziellen Fragen suchen, für alle, die wissen möchten, welche Anforderungen ihr Gegenüber hat, für alle, die über den Tellerrand ihrer Tätigkeit hinausblicken und sehen wollen, wie andere es machen. Das vorliegende Buch ist kein Existenzgründungsleitfaden – die Best Practices legen vielmehr die Standards der Branche zu Vorgehensweisen beim Übersetzen und Dolmetschen dar.

Das Buch enthält eine Vielzahl von Checklisten, die in einer ZIP-Datei zusammengestellt sind, heruntergeladen und für den eigenen Gebrauch angepasst werden dürfen.

Jörg Porsiel (Hrsg.): Maschinelle Übersetzung – Grundlagen für den professionellen Einsatz, Umfang: 278 Seiten, ISBN: 978-3-938430-93-4, Erscheinungsjahr: 2017, Preis: 37,00 €

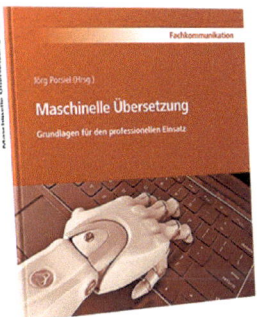

Dieser Sammelband bietet erstmalig im deutsch sprachigen Raum einen umfassenden Überblick über alle wesentlichen Aspekte des Themas „Maschinelle Übersetzung". Die Beiträge stammen von Experten aus Forschung und Entwicklung, Lehre und Beratung sowie von Juristen und Übersetzern.

Gerade der Blickwinkel der Übersetzer, die knapp die Hälfte der Autoren stellen, macht diesen Band sehr praxisnah. Darüber hinaus beleuchten zwei juristische Artikel die äußerst wichtigen Themen Daten- und Informationssicherheit sowie Urheberrecht, die selbst in der Fachöffentlichkeit weitestgehend unbekannt sind. Fallbeispiele aus fünf Ländern runden den Band ab.

Die Artikel sind teilweise in deutscher und teilweise in englischer Sprache verfasst und werden hier im jeweiligen Original abgedruckt.

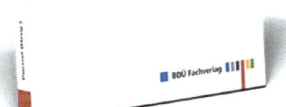

Alle Preise sind Bruttopreise und verstehen sich zzgl. Porto und Verpackung (ab 2,50 Euro). Bestellungen erbitten wir bevorzugt über unsere Internetseite: www.bdue-fachverlag.de. Dort finden Sie außerdem Leseproben zum kostenlosen Download.